# BGB – Allgemeiner Teil

# Bürgerliches Gesetzbuch

## Allgemeiner Teil

**Grundlagen des Zivilrechts**
**Methodik der Fallbearbeitung**

von

**Prof. Dr. jur. Rolf Schmidt**

**Hochschule für Angewandte Wissenschaften**
**Hamburg**

**18. Auflage 2019**

Schmidt, Rolf: Bürgerliches Gesetzbuch – Allgemeiner Teil

18. völlig neu bearbeitete und aktualisierte Auflage – Grasberg bei Bremen 2019

ISBN: 978-3-86651-224-5; Preis: 23,50 EUR

Autor:  Prof. Dr. Rolf Schmidt c/o Verlag Dr. Rolf Schmidt GmbH

Druck:  Pinkvoss GmbH, 30519 Hannover

Verlag:  Dr. Rolf Schmidt GmbH, Wörpedorfer Ring 40, 28879 Grasberg bei Bremen

Tel. (04208) 895 299; Fax (04208) 895 308; www.verlag-rolf-schmidt.de

E-Mail: info@verlag-rolf-schmidt.de

Für Verbraucher erfolgt der deutschlandweite Bezug über den Verlag versandkostenfrei.

# Vorwort

Anliegen auch der 18. Auflage dieses Buches ist es, die Grundstrukturen des Allgemeinen Teils des BGB in einer verständlichen Sprache zu vermitteln, ohne die Komplexität der Materie zu verschleiern oder prüfungsrelevante Detailfragen auszuklammern.

Dementsprechend sind die Art der Darstellung und die Schwerpunktbildung gegenüber den Vorauflagen unverändert geblieben. Das Buch erhebt den Anspruch, zuverlässig und anschaulich die Grundlagen des Bürgerlichen Rechts einschließlich der gerade für Anfangssemester so wichtigen Rechtsmethodik sowie den Aufbau eines zivilrechtlichen Gutachtens zu vermitteln. Folgerichtig werden die notwendigen Verknüpfungen des Allgemeinen Teils zum Bereicherungsrecht, Sachenrecht, Familienrecht und Handelsrecht hergestellt.

Der Konkretisierung und Veranschaulichung dienen zahlreiche Beispielsfälle, Zusammenfassungen, Prüfungsschemata, hervorgehobene Lerndefinitionen, Klausurhinweise sowie mit ausformulierten Lösungen versehene Übungsfälle. Dabei sind die Lösungsvorschläge auf Vollständigkeit ausgerichtet und verkennen nicht, beispielsweise bei einem (etwa wegen fehlender Geschäftsfähigkeit oder wegen erfolgter Anfechtung) gescheiterten Primäranspruch die dann in Betracht kommenden Folgeansprüche (insbesondere solche aus dem Bereicherungsrecht) zu berücksichtigen.

Ein Anliegen dieses Buches besteht auch darin, aktuelle Entwicklungen, etwa das Zustandekommen von Rechtsgeschäften im Internet oder den Zugang von Willenserklärungen, die per E-Mail übermittelt werden, ausführlich zu behandeln.

Selbstverständlich wurde das am 1.1.2018 in Kraft getretene Gesetz zur Reform des Bauvertragsrechts, zur Änderung der kaufrechtlichen Mängelhaftung, zur Stärkung des zivilprozessualen Rechtsschutzes und zum maschinellen Siegel im Grundbuch- und Schiffsregisterverfahren (BGBl I 2017, S. 969) berücksichtigt. Insbesondere die Änderungen der kaufrechtlichen Mängelhaftung wurden in die Darstellung eingearbeitet, um die Auswirkungen, die die Reform auch auf den BGB AT ausgeübt hat, aufzuzeigen.

Mein Mitarbeiter, Herr Marc Bieber, hat zuverlässig Korrektur gelesen. Dafür danke ich ihm sehr herzlich.

Kritik und Verbesserungsvorschläge sind auch weiterhin willkommen und werden unter *rs@jura-institut.de* erbeten.

Hamburg, im März 2019                                      *Prof. Dr. jur. Rolf Schmidt*

# Inhaltsverzeichnis

# Abkürzungsverzeichnis

| | |
|---|---|
| a.A. | anderer Ansicht |
| a.a.O. | am angegebenen Ort |
| Abs. | Absatz |
| AcP | Archiv für die civilistische Praxis |
| AdvermiG | Adoptionsvermittlungsgesetz |
| a.E. | am Ende |
| AEG | Allgemeines Eisenbahngesetz |
| AEUV | Vertrag über die Arbeitsweise der EU |
| a.F. | alte Fassung |
| AG | Aktiengesellschaft, Amtsgericht |
| AGB | Allgemeine Geschäftsbedingungen |
| AGBG | Gesetz zur Regelung der allgemeinen Geschäftsbedingungen |
| AGG | Allgemeines Gleichbehandlungsgesetz |
| AktG | Aktiengesetz |
| Alt. | Alternative |
| AMG | Arzneimittelgesetz |
| Art. | Artikel |
| AT | Allgemeiner Teil |
| AtomG | Atomgesetz |
| Aufl. | Auflage |
| AuR | Arbeit und Recht (Zeitschrift) |
| | |
| BAG | Bundesarbeitsgericht |
| BB | Der Betriebsberater |
| BetrVG | Betriebsverfassungsgesetz |
| BeurkG | Beurkundungsgesetz |
| BFH | Bundesfinanzhof |
| BGBl | Bundesgesetzblatt |
| BGH(Z) | Bundesgerichtshof (Entscheidungen des Bundesgerichtshofs in Zivilsachen) |
| BtMG | Betäubungsmittelgesetz |
| BUrlG | Bundesurlaubsgesetz |
| BVerfG | Bundesverfassungsgericht |
| BZRG | Bundeszentralregistergesetz |
| bzw. | beziehungsweise |
| | |
| c.i.c. | culpa in contrahendo |
| | |
| DAR | Deutsches Autorecht |
| DB | Der Betrieb |
| d.h. | das heißt |
| DNotZ | Deutsche Notar-Zeitschrift |
| | |
| EBV | Eigentümer-Besitzer-Verhältnis |
| EGBGB | Einführungsgesetz zum Bürgerlichen Gesetzbuch |
| EGMR | Europäischer Gerichtshof für Menschenrechte |
| EGStGB | Einführungsgesetz zum Strafgesetzbuch |
| EMRK | Europäische Menschenrechtskonvention |
| EnWG | Energiewirtschaftsgesetz |
| ErbbauRG | Erbbaurechtsgesetz |
| ErbStG | Erbschaftsteuer- und Schenkungsteuergesetz |
| ESchG | Embryonenschutzgesetz |
| etc. | et cetera (lat.: und so weiter) |
| EuGH | Gerichtshof der Europäischen Gemeinschaften |
| EuZW | Europäische Zeitschrift für Wirtschaftsrecht |
| EV | Eigentumsvorbehalt, eidesstattliche Versicherung |
| | |
| f. | folgende (r/s) |
| FamFG | Gesetz über das Verfahren in Familiensachen und in den Angelegenheiten der freiwilligen Gerichtsbarkeit |
| FamRZ | Zeitschrift für das gesamte Familienrecht |
| FernUSG | Fernunterrichtsschutzgesetz |

| | |
|---|---|
| ff. | fortfolgende |
| Fn | Fußnote |
| FS | Festschrift |
| | |
| G | Gesetz |
| GBO | Grundbuchordnung |
| GbR | Gesellschaft bürgerl. Rechts (BGB-Gesellschaft, §§ 705 ff. BGB) |
| GenG | Genossenschaftsgesetz |
| GentechnikG | Gentechnikgesetz |
| GG | Grundgesetz |
| GK | Grundkurs |
| GmbH | Gesellschaft mit beschränkter Haftung |
| GmbHG | Gesetz über die Gesellschaft mit beschränkter Haftung |
| GoA | Geschäftsführung ohne Auftrag |
| grds. | grundsätzlich |
| GS | Gedächtnisschrift |
| GWB | Gesetz gegen Wettbewerbsbeschränkungen |
| | |
| HaftpflG | Haftpflichtgesetz |
| Halbs. | Halbsatz |
| HGB | Handelsgesetzbuch |
| h.L. | herrschende Lehre |
| h.M. | herrschende Meinung |
| | |
| i.d.F. | in der Fassung |
| i.d.R. | in der Regel |
| i.H.v. | in Höhe von |
| InsO | Insolvenzordnung |
| i.S.d. | im Sinne des/der |
| i.S.v. | im Sinne von |
| i.Ü. | im Übrigen |
| i.V.m. | in Verbindung mit |
| | |
| JA | Juristische Arbeitsblätter (Zeitschrift) |
| JArbSchG | Jugendarbeitsschutzgesetz |
| JR | Juristische Rundschau (Zeitschrift) |
| Jura | Juristische Ausbildung (Zeitschrift) |
| JuS | Juristische Schulung (Zeitschrift) |
| JuSchG | Jugendschutzgesetz |
| JW | Juristische Wochenschrift (Zeitschrift) |
| JZ | Juristen-Zeitung (Zeitschrift) |
| | |
| K&R | Kommunikation & Recht (Zeitschrift) |
| KG | Kammergericht (das für Berlin zuständige Oberlandesgericht); auch Kommanditgesellschaft |
| KSchG | Kündigungsschutzgesetz |
| KUR | Kunst und Recht (Zeitschrift) |
| | |
| LG | Landgericht |
| LMK | Lindenmaier-Möhring – Kommentierte Entscheidungen des BGH |
| LPartG | Gesetz über die Eingetragene Lebenspartnerschaft |
| LuftVG | Luftverkehrsgesetz |
| | |
| MDR | Monatsschrift für Deutsches Recht |
| m.E. | meines Erachtens |
| M.M. | Minderheitsmeinung |
| m.w.N. | mit weiteren Nachweisen |
| | |
| n.F. | neue Fassung |
| NJW | Neue juristische Wochenschrift (Zeitschrift) |
| NJW-RR | NJW-Rechtsprechungsreport Zivilrecht (Zeitschrift) |
| NZV | Neue Zeitschrift für Verkehrsrecht |
| | |
| o.Ä. | oder Ähnliche(s) |
| OHG | Offene Handelsgesellschaft |
| OLG(Z) | Oberlandesgericht (Entscheidungen der OLGe in Zivilsachen) |

| | |
|---|---|
| OWiG | Gesetz über Ordnungswidrigkeiten |
| PartG | Parteiengesetz |
| PBefG | Personenbeförderungsgesetz |
| PDLV | Postdienstleistungsverordnung |
| PostG | Postgesetz |
| PrKG | Preisklauselgesetz |
| ProdHaftG | Produkthaftungsgesetz |
| ProstG | Prostitutionsgesetz |
| PStG | Personenstandsgesetz |
| pVV | positive Vertragsverletzung |
| RDG | Rechtsdienstleistungsgesetz |
| RG(Z) | Reichsgericht (Entscheidungen des Reichsgerichts in Zivilsachen) |
| Rn | Randnummer |
| Rspr. | Rechtsprechung |
| S. | Seite oder Satz |
| SchwarzArbG | Schwarzarbeitsbekämpfungsgesetz |
| s.o./u. | siehe oben/unten |
| sog. | so genannt (-e), (-er) |
| StGB | Strafgesetzbuch |
| StPO | Strafprozessordnung |
| str. | streitig |
| StVG | Straßenverkehrsgesetz |
| StVO | Straßenverkehrsordnung |
| TPG | Transplantationsgesetz |
| TzBfG | Teilzeit- und Befristungsgesetz |
| u.a. | unter anderem |
| u.U. | unter Umständen |
| UKlaG | Unterlassungsklagengesetz |
| UmwHaftG | Umwelthaftungsgesetz |
| UrhG | Urheberrechtsgesetz |
| UWG | Gesetz gegen den unlauteren Wettbewerb |
| v. | von/vom |
| VAG | Versicherungsaufsichtsgesetz |
| Var. | Variante |
| VersR | Versicherungsrecht (Zeitschrift) |
| vgl. | vergleiche |
| VOB | Verdingungsordnung für Bauleistungen |
| VuR | Verbraucher und Recht (Zeitschrift) |
| VVG | Versicherungsvertragsgesetz |
| WE | Willenserklärung(en) |
| WEG | Gesetz über Wohnungseigentum und Dauerwohnrecht |
| WHG | Wasserhaushaltsgesetz |
| WM | Wertpapiermitteilungen (Zeitschrift) |
| z.B. | zum Beispiel |
| ZGS | Zeitschrift für das gesamte Schuldrecht |
| ZIP | Zeitschrift für Wirtschaftsrecht |
| ZPO | Zivilprozessordnung |
| z.T. | zum Teil |
| ZVG | Gesetz über die Zwangsversteigerung und die Zwangsverwaltung |

# Lehrbücher, Grundrisse und Kommentare

Boecken, Winfried: BGB – Allgemeiner Teil, 2. Auflage 2011

Bork, Reinhard: Allgemeiner Teil des Bürgerlichen Gesetzbuchs, 4. Auflage 2016

Brox, Hans/Walker, Wolf-Dietrich: Allgemeiner Teil des BGB, 42. Auflage 2018

Erman, Walter: Handkommentar zum BGB, 15. Auflage 2017

Hütte, Felix/Hütte, Marlena: Sachenrecht I (Mobiliarsachenrecht), 8. Auflage 2019

Jacoby, Florian/von Hinden, Michael: Studienkommentar BGB, 16. Auflage 2018

Jauernig, Othmar: Bürgerliches Gesetzbuch. Kommentar, 17. Auflage 2018

Köhler, Helmut: BGB Allgemeiner Teil, 42. Auflage 2018

Medicus, Dieter/Petersen, Jens: Allgemeiner Teil des BGB, 11. Auflage 2016

Medicus, Dieter/Lorenz, Stephan: Schuldrecht II: Besonderer Teil, 18. Auflage 2018

Medicus, Dieter/Petersen, Jens: Bürgerliches Recht, 26. Auflage 2017

Münchener Kommentar zum BGB: 6. Auflage 2012 ff.; 7. Auflage 2015 ff.; 8. Auflage 2018 ff.

Palandt, Otto: Bürgerliches Gesetzbuch. Kommentar, 78. Auflage 2019

Schack, Haimo: BGB – Allgemeiner Teil, 16. Auflage 2019

Schellhammer, Kurt: Schuldrecht nach Anspruchsgrundlagen samt BGB Allgemeiner Teil, 10. Auflage 2018

Schmidt, Rolf: Familienrecht, 10. Auflage 2018; Sachenrecht II (Immobiliarsachenrecht), 9. Auflage 2018; Schuldrecht Allgemeiner Teil, 13. Auflage 2019; Schuldrecht Besonderer Teil II, 13. Auflage 2019

Schwab, Dieter/Löhnig, Martin: Einführung in das Zivilrecht, 20. Auflage 2016

Soergel: Bürgerliches Gesetzbuch. Kommentar, 13. Auflage 1999 ff.

Stadler, Astrid: Allgemeiner Teil des BGB, 19. Auflage 2017

Staudinger: J. v. Staudingers Kommentar zum BGB, 13. Auflage 1993 ff.

Wenzel, Henning/Wilken, Christiane: Schuldrecht Besonderer Teil I, 7. Auflage 2015

Wolf, Manfred/Neuner, Jörg: Allgemeiner Teil des Bürgerlichen Rechts, 11. Auflage 2016

Zerres, Thomas: Bürgerliches Recht, 9. Auflage 2019

Weitere Literatur, insbesondere Aufsatzliteratur, ist in den Fußnoten angegeben.

# 1. Kapitel – Einführung und Grundlagen der Fallbearbeitung

## A. Die Entstehungsgeschichte des Bürgerlichen Gesetzbuches (BGB)

Bis zur Gründung des Deutschen Reichs 1871 war das Privatrecht in Deutschland stark zersplittert; ein einheitliches bürgerliches Recht fehlte. Während in Preußen überwiegend das „Preußische Allgemeine Landrecht" (ALR) von 1794, in Sachsen das „Sächsische Bürgerliche Gesetzbuch" von 1863 und im Gebiet zwischen Rhein und Elbe (Bayern, Württemberg, Hessen, Hannover, Hamburg, Bremen) überwiegend das von Wissenschaft und Praxis fortentwickelte römische Recht, das sog. „Gemeine Recht", galt, waren in den rheinischen Gebieten das auf dem französischen *Code Civil* von 1804 basierende „Rheinische Recht" und in Baden dessen Übersetzung, das „Badische Landrecht" von 1808/09 maßgeblich.[1] Diese Rechtszersplitterung wurde dadurch noch verstärkt, dass die genannten Rechtsordnungen von zahlreichen Partikularrechten, wie z.B. dem Bayerischen Landrecht von 1756 oder dem Hamburger Stadtrecht von 1603, überlagert und durchsetzt waren.

**1**

Diese unterschiedlichen Rechtsordnungen erschwerten den innerdeutschen Handel und den Warenverkehr immens. Daher wundert es nicht, dass der Ruf nach einem einheitlichen bürgerlichen Recht[2] schnell lauter wurde. So forcierte man nach Gründung des Deutschen Zollvereins 1834 im Deutschen Bund die Rechtsvereinheitlichung. Geschaffen wurden zunächst ein einheitliches Wechselrecht (Allgemeine Deutsche Wechselordnung von 1848) und ein einheitliches Handelsrecht (Allgemeines Deutsches Handelsgesetzbuch von 1861).[3] Weitere Bestrebungen, die auf die Schaffung einer einheitlichen Zivilrechtsordnung gerichtet waren, ließen sich wegen der Auflösung des Deutschen Bundes im Jahr 1866 jedoch nicht mehr umsetzen.

**2**

Die politische Basis für eine Rechtsvereinheitlichung war jedoch nach der Reichsgründung im Jahr 1871 gegeben. Zwar wies die Reichsverfassung von 1871 dem Reich Gesetzgebungsbefugnisse nur auf bestimmten Gebieten des Wirtschaftsrechts (insbesondere des Handelsrechts) zu, allerdings verfügte das Reich über die sog. Kompetenz-Kompetenz, also die Befugnis, durch Verfassungsänderung die eigene Zuständigkeit auszuweiten. Daher konnte 1873 durch Änderung der Reichsverfassung die Gesetzgebungskompetenz des Reichs auf das gesamte bürgerliche Recht erstreckt werden.[4] Auf der Grundlage dieser neuen Gesetzgebungskompetenz wurde eine *Vorkommission* zur Klärung von Plan und Methode des Gesetzgebungsvorhabens eingesetzt und 1874 wurde vom Bundesrat die *erste Kommission* zur Ausarbeitung des Gesetzentwurfs gewählt und danach berufen. Diese erarbeitete den *ersten Entwurf* und legte ihn nebst Begründung („Motive") im Jahre 1887 vor. Der Entwurf lehnte sich stark an den Grundsätzen des gemeinen Rechts sowie an den Lehren Savignys[5] an, weshalb er als sozial unausgewogen, unzeitgemäß, undeutsch und schwer verständlich kritisiert wurde. Insbesondere sei die Sprache eine volksfremde Juristensprache und die Vertragsfreiheit führe dazu, dass der sozial Schwächere dem Vertragsdiktat des sozial Stärkeren unterworfen werde.[6] Daher berief der Bundesrat im Jahr 1890 eine *zweite Kommission*, der auch Parlamentarier

**3**

---

[1] Vgl. *Wolf/Neuner*, AT, § 9 Rn 1; *Sprau*, in: Palandt, Einleitung, Rn 4; *Köhler*, AT, § 3 Rn 2; *Boecken*, AT, Rn 24; *Brox/Walker*, AT, Rn 21.

[2] Vgl. *Anton Friedrich Justus Thibaut* (1772-1840), „Über die Notwendigkeit eines allgemeinen bürgerlichen Rechts in Deutschland", 1814; bekämpft allerdings von *Friedrich Carl von Savigny* (vgl. Fußn. 5), „Vom Beruf unserer Zeit für Gesetzgebung und Rechtswissenschaft", 1814 (zitiert nach *Köhler*, AT, § 3 Rn 3).

[3] Vgl. *Köhler*, AT, § 3 Rn 3. Vgl. auch *Boecken*, AT, Rn 24; *Brox/Walker*, AT, Rn 21.

[4] Vgl. *Sprau*, in: Palandt, Einleitung, Rn 5, *Wolf/Neuner*, AT, § 9 Rn 2 und ausf. *Laufs*, JuS 1973, 740, 742 ff.

[5] *Friedrich Carl von Savigny* (1779-1861) – deutscher Jurist und Ratgeber („Kronsyndikus") des Königs *Friedrich Wilhelm III. von Preußen*. Zu dem dem BGB zugrunde liegenden Trennungsprinzip und dem Abstraktionsprinzip, die ebenfalls auf die Lehren *Savignys* zurückgehen, vgl. Rn 49 ff.

[6] So insbesondere die Kritik von *Otto v. Gierke* (1841-1921) – deutscher Jurist, Rechtshistoriker und Politiker.

und Nichtjuristen angehörten. Diese erarbeitete unter Rückgriff auf gemeinrechtliche (letztlich also römischrechtliche) und deutschrechtliche Rechtsgrundsätze[7] einen *zweiten Entwurf* nebst Begründung ("Protokolle"), der den sozialen und wirtschaftlichen Gegenwartsfragen eher gerecht zu werden versuchte, leider jedoch ohne etwas an der für Rechtslaien kaum verständlichen Sprache zu ändern.

**4**    Dieser *zweite Entwurf* wurde mit geringen Änderungen durch den Bundesrat dann vom Reichskanzler als *dritter Entwurf* zusammen mit einer "Denkschrift" 1895 dem Reichstag zugeleitet. Dort wurden leichte Veränderungen im Vereins-, Ehe- und Testamentsrecht vorgenommen und infolge des Einflusses von Lobbyisten wurde zudem das Bienenrecht (§§ 961-964 BGB) eingefügt. Das Gesetz wurde dann nach Zustimmung des Bundesrates als **"Bürgerliches Gesetzbuch"** (BGB) beschlossen und am 18.8.1896 ausgefertigt. Es trat – begleitet vom Einführungsgesetz zum Bürgerlichen Gesetzbuch (EGBGB), in dem Übergangsregelungen zum bis dahin in Deutschland geltenden Recht und Öffnungsklauseln für die Gesetzgebung der Bundesstaaten (heute: Bundesländer) enthalten sind (sog. Landesprivatrecht) – am 1.1.1900 in Kraft. Trotz der zahlreichen Änderungen, insbesondere auf dem Gebiet des Verbraucherschutzrechts, ist es auch heute noch – unter Beibehaltung der Verbindung von römischrechtlichen und deutschrechtlichen Rechtsgrundsätzen – in Kraft (wurde allerdings 2002 neu bekanntgemacht) und bildet die wesentliche Grundlage des deutschen bürgerlichen Rechts.[8]

**5**    Das frühe BGB ging von der Rechtsgleichheit aller Bürger aus (vgl. § 1 BGB) und garantierte weitgehend **Vertragsfreiheit** (vgl. aktuell § 311 I BGB), **Eigentumsfreiheit** (vgl. § 903 BGB) und **Testierfreiheit** (vgl. § 1937 BGB). Der Bürger wurde als Rechtssubjekt verstanden, der seine Interessen eigenverantwortlich wahrnehmen kann. Er sollte grds. in der Gestaltung seiner Rechtsverhältnisse, in der Nutzung seines Eigentums und in der Vererbung seines Vermögens frei sein und möglichst wenigen gesetzlichen Beschränkungen unterliegen. Folgerichtig verzichtete das BGB, von äußersten Schranken (vgl. §§ 134, 138 BGB) einmal abgesehen, trotz der aufgezeigten mehrfachen Überarbeitung auf eine Kontrolle der Vertragsgerechtigkeit. Man glaubte, das "freie Walten der Verkehrskräfte", also das Prinzip der freien Konkurrenz, würde von sich aus einen gerechten Interessenausgleich bewirken. Lediglich vor Gefahren mangelnder Urteilsfähigkeit und fehlerhafter Willensbildung beim Vertragsschluss sollte das BGB schützen (vgl. §§ 104 ff., 119 ff. BGB).[9] Doch schon sehr bald erkannte man, dass die bestehenden Schutzvorschriften nicht mehr genügten. Zu deutlich wurde das Ungleichgewicht zwischen den wirtschaftlich Mächtigen und den wirtschaftlich schwächeren Privatpersonen. Daher wurde der Ruf nach der Notwendigkeit eines ausgeprägten Schutzkonzepts laut, bspw. auf den Gebieten des Miet- und Arbeitsrechts, die sich als äußerst unsozial erwiesen. Deshalb versuchte man, der "sozialen Frage" zumindest durch punktuelle Schutzvorschriften (vgl. §§ 138, 343, 536a, 566, 616-619 BGB) bzw. durch Spezialgesetze gerecht zu werden.[10] In der jüngeren Vergangenheit standen Ergänzungen des BGB v.a. im Hinblick auf eine (Teil-)Kodifizierung der von der Rechtsprechung entwickelten Vertragstypen (Factoring, Franchising, Leasing) und auf eine Stärkung des Verbraucherschutzrechts im Fokus des Gesetzgebers. Bei Letzterem geht es namentlich um die europarechtlich veranlassten Verbraucherschutzvorschriften auf den Gebieten des Verbrauchsgüterkaufs (§§ 474 ff. BGB), der außerhalb von Geschäftsräumen geschlossenen Verträge (§ 312b BGB), Fernabsatzverträge (§§ 312c BGB) sowie der Verbraucherdarlehensverträge (§§ 491 ff. BGB) und sonstiger Finanzierungshilfen (§§ 506 ff. BGB).

---

[7] Vgl. *Sprau*, in: Palandt, Einleitung, Rn 5; *Brox/Walker*, AT, Rn 21.
[8] Vgl. *Köhler*, AT, § 3 Rn 4-6; *Sprau*, in: Palandt, Einleitung, Rn 4; *Brox/Walker*, AT, Rn 22 ff.; *Stadler*, AT, § 1 Rn 6; *Boecken*, AT, Rn 24; *Wolf/Neuner*, AT, § 9 Rn 5.
[9] Vgl. *Köhler*, AT, § 3 Rn 8. Vgl. auch *Musielak*, JuS 2017, 949 f.
[10] *Sprau*, in: Palandt, Einleitung, Rn 4; *Wolf/Neuner*, AT, § 9 Rn 6; *Köhler*, AT, § 3 Rn 9; *Brox/Walker*, AT, Rn 25 f.; *Stadler*, AT, § 1 Rn 6; *Boecken*, AT, Rn 25.

Auch die ursprünglichen Wertvorstellungen im Bereich der Familie erwiesen sich schon **6** bald als nicht mehr tragfähig. Damals beherrschten patriarchalisch-konservative Vorstellungen das Leitbild der Familie. Der Ehemann galt als „Familienoberhaupt" und besaß das Entscheidungsrecht in ehelichen Angelegenheiten und die elterliche Gewalt (Erziehungsrecht; Aufenthaltsbestimmungsrecht etc.) über die Kinder. Die unverheiratete Mutter und das nichteheliche Kind genossen noch weniger Schutz durch die Rechtsordnung.[11] Spätestens mit der verfassungsrechtlich garantierten Gleichberechtigung von Männern und Frauen (Art. 3 II GG) und der Gleichstellung nichtehelicher Kinder (Art. 6 V GG) war der BGB-Gesetzgeber gehalten, das Familienrecht an die Anforderungen der modernen Gesellschaft anzupassen. Hinzu kamen Vorgaben des EU-Rechts sowie des EGMR, der über Beschwerden wegen Verstößen gegen familienrechtliche Bestimmungen der EMRK entschied. So wurden die genannten Defizite sukzessive abgebaut und durch ein modernes Familienrecht abgelöst, bei dem soziologische Aspekte mehr in den Vordergrund geraten. Im Fokus der jüngsten Debatte stand die Frage nach dem Recht des nichtehelichen Vaters auf Zuerkennung der Sorgeberechtigung, die bislang ausschließlich der Mutter zustand, § 1626a II BGB a.F.[12]

Schließlich sei die Vereinsfreiheit genannt, die durch die Möglichkeit staatlicher Intervention **7** gegen Vereine mit politischen, religiösen und sozialpolitischen Zielsetzungen (Kulturkampf; Arbeiterbewegung) stark eingeschränkt war; insbesondere war der nichtrechtsfähige Verein in seiner Bewegungsfreiheit durch Unterstellung unter das Gesellschaftsrecht (§ 54 S. 1 BGB) behindert worden.[13] Durch entsprechende Gesetzesänderungen wurde auch diesen Aspekten Rechnung getragen.

Zusammenfassend lässt sich sagen, dass dem frühen BGB die Vorstellung von Freiheit **8** und rechtlicher Gleichheit aller am Privatrechtsverkehr teilnehmenden Personen zugrunde lag. Die dadurch im Mittelpunkt stehende Vertragsautonomie hatte somit zur Konsequenz, dass die Parteien (bis auf wenige Korrekturmöglichkeiten) dem „freien Spiel der Kräfte" ausgeliefert waren. Es war daher nur eine Frage der Zeit, bis Rufe nach Schutzkonzepten laut wurden, die den veränderten gesellschaftlichen Vorstellungen Rechnung tragen sollten. Siehe dazu auch Rn 60 ff.

## B. Der Anwendungsbereich des BGB

Wie aus den vorstehenden Erläuterungen deutlich geworden sein sollte, baut die heutige **9** deutsche Zivilrechtsordnung auf dem römischen ius civile („Zivilrecht") auf. Ihr liegt das Prinzip zugrunde, dass das BGB allgemein und für alle Menschen gilt, d.h. auf alle bürgerlich-rechtlichen Streitigkeiten anwendbar ist und nur durch Spezialgesetze verdrängt werden soll, die einen besonderen Sachverhalt (abschließend) regeln. Spezialregelungen, die (ganz oder teilweise) die Regelungen des BGB verdrängen, sind etwa solche des HGB, GmbHG, AktG, der InsO etc. Dagegen ist das Verbraucherschutzrecht, das zunächst in zahlreichen Spezialgesetzen wie dem AGB-Gesetz, dem Haustürwiderrufsgesetz, dem Fernabsatzgesetz, dem Verbraucherkreditgesetz und dem Teilzeit-Wohnrechtegesetz geregelt war, im Zuge der „Schuldrechtsmodernisierung" 2002 in das BGB inkorporiert worden, sodass sich auf diesen Gebieten eine innergesetzliche Konkurrenz zu den allgemeinen Regelungen ergibt.[14]

Weiterhin ist der Anwendungsbereich sachlich (im Verhältnis zum Landesprivatrecht), **10** zeitlich (im Verhältnis zu früher geltendem Privatrecht) und räumlich (im Verhältnis zum

---

[11] *Köhler*, AT, § 3 Rn 9.
[12] Vgl. dazu näher *R. Schmidt*, FamR, Rn 504.
[13] *Köhler*, AT, § 3 Rn 9.
[14] Vgl. dazu unten Rn 221 ff., 551 ff. sowie ausführlich *R. Schmidt*, SchuldR AT, Rn 968 ff.

ausländischen Privatrecht) begrenzt.[15] Regelungen hierüber enthalten das Einführungsgesetz zum BGB (EGBGB) sowie die Verordnungen 864/2007 und 593/2008/EG des Europäischen Parlaments und des Rates vom 11.7.2007 bzw. vom 17.6.2008 über das auf vertragliche Schuldverhältnisse anzuwendende Recht. Diese Verordnungen (VO) regeln bei Verträgen über grenzüberschreitende Warenlieferungen, welcher nationalen Rechtsordnung das Vertragsverhältnis unterliegt.[16]

**11** So gilt nach Art. 3 I der VO 593 der Grundsatz der freien Rechtswahl. Danach können bei internationalen Verträgen die Parteien vereinbaren, welche Rechtsordnung auf den Vertrag Anwendung finden soll. Soweit die Parteien keine Vereinbarung über das anzuwendende Recht getroffen haben, unterliegen Kaufverträge über bewegliche Sachen dem Recht des Staates, in dem der Verkäufer seinen gewöhnlichen Aufenthalt hat (Art. 4 Ia der VO). Abweichende Regelungen gelten für Verbraucherverträge (Art. 6 der VO).

**12** Wählen die Parteien das Recht der Bundesrepublik Deutschland, ist zu beachten, dass nur die schuldrechtlichen Verpflichtungen zwischen den Parteien, nicht aber die Eigentumsverhältnisse dem deutschen Recht unterworfen werden können. Denn die Eigentumsrechte bestimmen sich gem. Art. 43 EGBGB nach dem Recht des Staates, in dem sich die Sache befindet. Eine abweichende Rechtswahl ist nicht möglich.

**13** **Beispiel:** Die in der Bundesrepublik ansässige A-GmbH schließt mit der in Frankreich ansässigen B-S.A.R.L. einen Kaufvertrag über die Lieferung von Maschinen und vereinbart gleichzeitig einen Eigentumsvorbehalt[17] zu ihren Gunsten. Bis zur vollständigen Kaufpreiszahlung soll sie Eigentümerin der Maschinen bleiben.

Die Voraussetzungen und die dinglichen Wirkungen eines solchen Eigentumsvorbehalts beurteilen sich bei einem internationalen Warenkauf vom Zeitpunkt des Grenzübertritts in das Bestimmungsland an nach der Rechtsordnung des Bestimmungslandes. Da sich das französische Recht erheblich von der BGB-Sachenrechtsordnung unterscheidet, kann die A-GmbH somit nicht davon ausgehen, dass die von ihr gewünschte Sicherheit tatsächlich zu ihren Gunsten zum Tragen kommt. Daher muss die A-GmbH bereits vertraglich die Geltung des BGB-Sachenrechts und die Einräumung eines Eigentumsvorbehalts nach Maßgabe der §§ 929, 158 BGB vereinbaren.

## C. Aufbau und Inhalt des BGB

**14** Auf der Grundlage der Pandektenwissenschaft[18] des 19. Jahrhunderts ist das Bürgerliche Gesetzbuch in fünf Bücher eingeteilt.

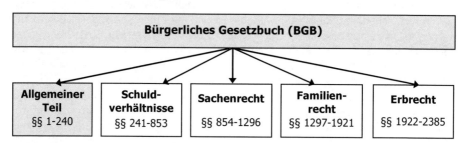

**15** Das **erste Buch** des BGB – der **Allgemeine Teil** – ist in §§ 1-240 BGB normiert. In diesem Teil werden die allgemeinen Regeln aufgestellt, die im gesamten bürgerlichen

---

[15] *Köhler*, AT, § 3 Rn 44.
[16] Zu den beiden sog. Rom-Verordnungen vgl. ausführlich *Staudinger/Steinrötter*, JA 2011, 241 ff.; Grundfälle dazu bei *Lehmann*, JuS 2012, 788 ff. Vgl. auch den Klausurfall von *Schellenbach*, JuS 2013, 239 ff.
[17] Zum Eigentumsvorbehalt vgl. unten Rn 1225 sowie grundlegend *Hütte/Hütte*, SachenR I, Rn 846 ff.
[18] Der Begriff entstammt dem Griechischen und bedeutet eigentlich: „alles enthalten", wird aber allgemein als „5er System" verstanden. Gelegentlich ist auch von „Digesten" (von lat. *digesta*, „Geordnetes") zu lesen. Vgl. dazu auch *Wolf/ Neuner*, AT, § 7 Rn 2.

Recht von Bedeutung sind. So finden sich (sozusagen „vor die Klammer gezogen") in erster Linie Regelungen über natürliche (§§ 1 ff. BGB) und juristische Personen (§§ 21 ff. BGB), über Sachen und Tiere (§§ 90 ff. BGB), Rechtsgeschäfte (§§ 104 ff. BGB), Fristen, Termine und Anspruchsverjährung (§§ 186 ff. BGB). Ebenso wird bestimmt, was unter einem Verbraucher (§ 13 BGB) und einem Unternehmer (§ 14 I BGB) zu verstehen ist. Für das juristische Studium sind im Rahmen des BGB AT vor allem folgende Bereiche relevant:

- die Geschäftsfähigkeit (§§ 104-113 BGB),
- Willenserklärungen (§§ 116-144 BGB),
- der Vertragsschluss (§§ 145-157 BGB),
- das Recht der Stellvertretung (§§ 164-181 BGB),
- die Wirksamkeitshindernisse und Ausschlusstatbestände,
- die Regeln über die Anfechtung (§§ 119-124; 142-143 BGB),
- die Fristen, Termine und die Anspruchsverjährung
- sowie (trotz des Standortes im zweiten Buch) das Recht der Allgemeinen Geschäftsbedingungen (§§ 305-310 BGB), das allgemeine Verbraucherschutzrecht (§§ 312 ff. BGB), der Verbrauchsgüterkauf (§§ 474 ff. BGB) sowie ferner das Recht des Verbraucherdarlehens (§§ 491 ff. BGB).[19]

Das **zweite Buch** des BGB behandelt das **Recht der Schuldverhältnisse**. Es ist in **16** den §§ 241-853 BGB normiert und lässt sich in zwei unterschiedliche Bereiche einteilen. Das **Allgemeine Schuldrecht** (§§ 241-432 BGB) enthält Regelungen, die für alle schuldrechtlichen Verhältnisse gleichermaßen gelten, sofern nicht im besonderen Schuldrecht Sonderregelungen bestehen, die die Normen des Allgemeinen Schuldrechts verdrängen. Das **Besondere Schuldrecht** (§§ 433-853 BGB) wiederum enthält Regelungen über vertragliche und gesetzliche Schuldverhältnisse, die im täglichen Leben häufig vorkommen, z.B. Kauf-, Dienst-, Werkverträge oder Schuldverhältnisse nach einer unerlaubten Handlung. Damit hat der Gesetzgeber auch innerhalb des Rechts der Schuldverhältnisse die Klammertechnik angewandt, sodass im besonderen Schuldrecht grundsätzlich auf das allgemeine Schuldrecht zurückgegriffen werden kann.

Im **dritten Buch** – dem **Sachenrecht** – werden die Rechtsbeziehungen zwischen **17** Rechtssubjekten und Sachen beschrieben. Dort finden sich bspw. Regelungen über den Besitz an Sachen (§§ 854 ff. BGB) sowie über das Eigentum (§§ 903 ff. BGB) oder beschränkt dingliche Rechte, z.B. die Hypothek (§§ 1113 ff. BGB).
Die Rechte an Sachen (z.B. Eigentum) werden *absolute* Rechte genannt, weil sie gegenüber jedermann gelten. Die schuldrechtlichen Beziehungen dagegen wirken nur zwischen den jeweils am Schuldverhältnis beteiligten Parteien, weswegen man sie *relative* Rechte nennt.

Das **vierte Buch** – das **Familienrecht** – regelt zunächst die mit der Ehe zusammen- **18** hängenden Fragen wie Eheschließung, Eheführung, Ehegüterrecht und Ehescheidung, sodann das Verhältnis der Eltern zu ihren Kindern, die Vormundschaft, die rechtliche Betreuung und die Pflegschaft. Es ist in den §§ 1297-1921 BGB geregelt.[20]

Schließlich regelt das **fünfte Buch** – das **Erbrecht** – in den §§ 1922 ff. BGB die vermö- **19** gensrechtlichen Folgen des Todes von Menschen, d.h. den Vermögensübergang im Wege der Erbfolge, entweder aufgrund letztwilliger Verfügung (Testament, Erbvertrag) oder – mangels einer solchen – kraft Gesetzes.

---

[19] Während das Recht der Allgemeinen Geschäftsbedingungen im vorliegenden Buch dargestellt wird (Rn 1488 ff.), findet sich das allgemeine Verbraucherschutzrecht bei *R. Schmidt*, SchuldR AT (Rn 968 ff.).
[20] Vgl. ausführlich *R. Schmidt*, FamR (passim).

## D. Sprache, Regelungssystem und Methodik des BGB

20 Insbesondere Nichtjuristen, aber auch Studienanfänger beklagen sich oft über die kaum verständliche (Fach-)Sprache und die auf den ersten Blick wenig begreifbare Regelungstechnik des BGB, das – wie bereits bei Rn 3 ff. ausgeführt – offenbar nur von Juristen für Juristen geschaffen wurde – auf Kosten von Verständlichkeit und Klarheit. Bei näherer Beschäftigung mit dem Gesetzeswerk erweist sich die Verweistechnik jedoch als logisch und nachvollziehbar. Es bedarf eben einer beharrlichen Beschäftigung und Übung mit ihr. Der Hintergrund für die Regelungstechnik ist der, dass der Gesetzgeber vom Prinzip des **„Vor-die-Klammer-Ziehens"** ausgeht, d.h. allgemeine, für alle oder zumindest viele Rechtsgeschäfte bzw. Schuldverhältnisse gleichermaßen geltende Bestimmungen voranstellt, um grundlegende Bestimmungen nicht bei jedem Vertragstyp erneut regeln zu müssen.[21]

> **Beispiel:** § 119 I BGB regelt das Recht der Anfechtung wegen Inhalts- oder Erklärungsirrtums. Irrt sich also der Erklärende über die Bedeutung seiner Willenserklärung (indem er etwa einer Fehlvorstellung über den Bedeutungsgehalt eines Fachwortes oder eines Fachbegriffs unterliegt), kann er diese grds. anfechten mit der Folge der Nichtigkeit seiner Erklärung und damit des Rechtsgeschäfts (§ 142 I BGB). Ob sich die angefochtene Willenserklärung bspw. auf den Abschluss eines Kauf-, Werk- oder Mietvertrags bezog, spielt keine Rolle, weil nach der Systematik des BGB die Vorschriften des Allgemeinen Teils des BGB grds. auf alle Vertragstypen anwendbar sein sollen. Durch diese Systematik konnte der Gesetzgeber darauf verzichten, bei jedem Vertragstyp Anfechtungsregeln erneut zu formulieren. Dieses Prinzip des „Vor-die-Klammer-Ziehens" gilt gleichermaßen auch für andere Vorschriften des Allgemeinen Teils des BGB, etwa die Sittenwidrigkeit (§ 138 BGB), den Verstoß gegen ein Verbotsgesetz (§ 134 BGB), die Geschäftsfähigkeit (§§ 104 ff. BGB) und die Stellvertretung (§§ 164 ff. BGB).

21 Das Prinzip des „Vor-die-Klammer-Ziehens" ist auch dem Schuldrecht zugrunde gelegt. So sind im allgemeinen Teil des Schuldrechts Regelungen enthalten, die grds. für alle (vertraglichen) Schuldverhältnisse gelten, etwa die Regelungen über Unmöglichkeit, Verzug, (allgemeine) Pflichtverletzungen, Art und Umfang von Schadensersatz etc. Die Regelungen des allgemeinen Schuldrechts werden von den Regelungen des besonderen Schuldrechts nur dann verdrängt, wenn diese speziell und abschließend einen Sachverhalt regeln.

> **Beispiel:** Ist eine Kaufsache mangelhaft, greifen grds. die Mängelrechte gem. §§ 434 ff. BGB. Hier kann der Käufer gem. §§ 437 Nr. 1, 439 BGB vorrangig Nacherfüllung (Lieferung einer mangelfreien Sache oder Reparatur der erhaltenen Sache) verlangen oder (wenn Nacherfüllung fehlgeschlagen ist) etwa gem. §§ 437 Nr. 2 Var. 2, 441 BGB den Kaufpreis mindern. Nacherfüllung und Minderung sind abschließend im Kaufrecht geregelt. Begehrt der Käufer hingegen Rücktritt vom Vertrag oder Schadensersatz, verweist das Gesetz in § 437 Nr. 2 Var. 1 BGB bzw. in § 437 Nr. 3 Var. 1 BGB auf bestimmte Vorschriften des allgemeinen Schuldrechts (hier: auf §§ 323, 326 V BGB bzw. auf §§ 280, 281, 283, 311a BGB). In diesem Fall greifen die Vorschriften des allgemeinen Schuldrechts also kraft gesetzlicher Verweisung ergänzend zu denen der Mängelrechte des Kaufrechts. Insofern lässt sich sagen, dass im besonderen Schuldrecht „zwei allgemeine Teile" Anwendung finden – der BGB AT und der Schuldrecht AT.

---

[21] Vgl. bereits Rn 15, aber auch Rn 39 f.

Graphisch lässt sich das Prinzip des „Vor-die Klammer-Ziehens" wie folgt darstellen:  **22**

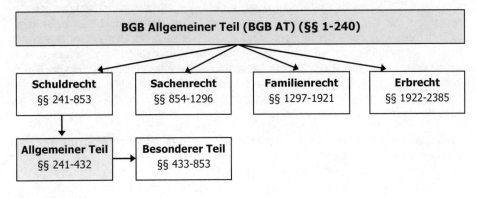

Im Einzelnen gilt:

## I. Bildung abstrakt-genereller Tatbestände; Gesetzesauslegung

### 1. Abstrakt-generelle Rechtsetzungsmethode vs. Fallrechtsmethode

Nach dem Prinzip der Gewaltenteilung[22] steht für den Rechtskreis der Bundesrepublik  **23** Deutschland die Befugnis zur Rechtsetzung grundsätzlich allein der Legislative zu. Diese erlässt Gesetze, die das gesellschaftliche Miteinander ordnen. Da das Parlament jedoch nicht alle erdenklichen Lebenssachverhalte in die Gesetze aufnehmen kann, verzichtet es weitgehend auf die Aufzählung von Einzelfällen, für die eine bestimmte Regelung gelten soll, sondern normiert stattdessen Tatbestände, die unter Verwendung von **unbestimmten Rechtsbegriffen** für eine **unbestimmte Zahl von Fällen** und für eine **unbestimmte Zahl von Adressaten** gelten (sog. **„abstrakt-generelle"** Rechtsetzungsmethode, die unter dem Begriff **„Civil Law"** firmiert).

So heißt es etwa in § 313 I BGB: „Haben sich Umstände, die zur Grundlage des Vertrags geworden sind, nach Vertragsschluss schwerwiegend verändert und hätten die Parteien den Vertrag nicht oder mit anderem Inhalt geschlossen, wenn sie diese Veränderung vorausgesehen hätten, so kann Anpassung des Vertrags verlangt werden, soweit einem Teil unter Berücksichtigung aller Umstände des Einzelfalls, insbesondere der vertraglichen oder gesetzlichen Risikoverteilung, das Festhalten am unveränderten Vertrag nicht zugemutet werden kann."

An dieser abstrakten und generellen Formulierung und der Verwendung einer Vielzahl von unbestimmten Rechtsbegriffen wird deutlich, dass der Gesetzgeber Voraussetzungen und Rechtsfolgen einer Störung der Geschäftsgrundlage nicht an bestimmte Personen oder Sachverhalte knüpft, sondern ganz generell und abstrakt regelt.

Aufgabe der Rechtsprechung in diesem Rechtssystem ist es nun, die abstrakt-generellen Regelungen auf den konkreten Fall anzuwenden. Dies geschieht durch Auslegung der unbestimmten Rechtsbegriffe unter Beachtung der anerkannten Auslegungsmethoden (Rn 25 ff./28 ff.) und Zuhilfenahme der juristischen Argumentationsfiguren (Rn 38 ff.). Der juristischen **Methodenlehre** kommt daher eine entscheidende Bedeutung bei der Rechtsfindung im Einzelfall zu.

Im Gegensatz zum Civil Law steht die kasuistische Methode (**„Fallrechtsmethode"**),  **24** d.h. die Aufzählung und Systematisierung von Einzelfällen, die früher z.B. das Preußische Allgemeine Landrecht beherrschte und auch heute noch die Rechtsfindung in vielen Staaten, insbesondere im angelsächsischen und angloamerikanischen Raum sowie in Staaten

---

[22] Vgl. dazu ausführlich *R. Schmidt*, Staatsorganisationsrecht, 20. Aufl. 2019, Rn 161 ff.

des früheren Commonwealth bestimmt („**Common Law**"). Der grundlegende Unterschied zum Civil Law besteht darin, dass es nicht Aufgabe des parlamentarischen Gesetzgebers sein soll, für alle Anwendungsfälle des Lebens eine abstrakt-generelle Regelung zu treffen. Vielmehr sei die Rechtsfindung im jeweiligen Einzelfall Aufgabe des Richters. Rechtssysteme, die auf dem Common Law basieren, stellen hohe Anforderungen an die Berufserfahrenheit der Richter. Diese müssen weniger rechtsmethodische Fertigkeiten (Umgang mit Gesetzen, systematisches Denken) beherrschen als die systematische Aufarbeitung von Präzedenzfällen. Zudem stehen die richterliche Rechtsfortbildung bzw. Weiterentwicklung des Rechts durch die Gerichte im Fokus des Common Law.

**24a** Trotz der grundlegenden Verschiedenartigkeit ihres methodischen Ansatzes bestehen „Annäherungen" zwischen beiden Systemen. So wird das Common Law zunehmend durch das Statute Law (kodifiziertes Recht) ergänzt und das Civil Law räumt dem Richter trotz seiner Bindung an die Gesetze zum Teil weitgehende Befugnisse zum „Erlass" von Richterrecht ein, was besonders an der Existenz von Generalklauseln (etwa in §§ 138, 242 BGB) deutlich wird.[23] Da im heutigen internationalen Rechtsverkehr durchaus Berührungen mit dem Common Law auftreten, sollten zumindest diesbezügliche Grundkenntnisse vorhanden sein.

**25** Ermöglicht und erleichtert wird die im hiesigen Rechtskreis verwendete abstrakt-generelle Rechtsetzungsmethode des Civil Law durch die Verwendung von **Legaldefinitionen**, also von gesetzlichen Bestimmungen, welche die genannten unbestimmten Rechtsbegriffe definieren und damit die Rechtsanwendung vereinheitlichen.[24]

**26** Eine Legaldefinition enthält das Gesetz bspw. in § 276 II BGB, der den (u.a. in § 823 I BGB enthaltenden) Begriff der „**Fahrlässigkeit**" beschreibt. Danach handelt fahrlässig, wer die im Verkehr erforderliche Sorgfalt außer Acht lässt. „**Kennenmüssen**" in § 166 BGB bedeutet nach § 122 II BGB „infolge von Fahrlässigkeit nicht kannte" und „**unverzüglich**" in § 121 I S. 1 BGB heißt nach der Klammerdefinition derselben Norm „ohne schuldhaftes Zögern". Und „**Anspruch**" bedeutet nach § 194 I BGB „das Recht, von einem anderen ein Tun oder Unterlassen zu verlangen".

## 2. Gesetzesauslegung und Auslegungsmethoden

**27** Die Verwendung abstrakt-genereller Tatbestände mit ihren unbestimmten Rechtsbegriffen hat zwar den Vorteil, dass der Gesetzgeber eine Vielzahl von möglichen Lebenssachverhalten erfassen und damit eine gleichmäßige Rechtsanwendung ermögliche kann, auf der anderen Seite müssen die verwendeten unbestimmten Rechtsbegriffe für den zu entscheidenden Lebenssachverhalt aber konkretisiert, d.h. ausgelegt werden, damit die Frage beantwortet werden kann, ob der konkrete Lebenssachverhalt tatsächlich von der abstrakt-generell formulierten Rechtsnorm erfasst ist. Der Rechtssatz bedarf daher der **Auslegung**. Eine Gesetzesnorm auslegen heißt, ihren Regelungsgehalt zu ermitteln, um den Einzelfall darauf hin zu prüfen, ob er unter die Norm subsumiert werden kann. Hierzu bedient man sich allgemein anerkannter Auslegungsmethoden, die (bis auf die verfassungskonforme und europarechtskonforme Auslegung) im Wesentlichen auf Savigny (Fußn. 5) zurückzuführen sind[25]:

---

[23] Vgl. *Stadler*, AT, § 26 Rn 29. Vgl. auch *Häcker*, JuS 2014, 872 ff.
[24] *Wolf/Neuner*, AT, § 7 Rn 33; *Boecken*, AT, Rn 49.
[25] Vgl. auch BVerfGE 1, 299, 312; *Huber*, JZ 2003, 1, 4 f.; *Bitter/Rauhut*, JuS 2009, 289, 292 ff.; *Muthorst*, JA 2013, 721, 725; *Schäfers*, JuS 2015, 875 ff.

## a. Sprachlich-grammatikalische (philologische) Auslegung

Am Anfang der Auslegung steht die am Wortlaut der Norm anknüpfende sprachlich-grammatikalische (philologische) Auslegung. Das leuchtet ein, weil der Wortlaut als unmittelbare Äußerung des Gesetzgebers Ausgangspunkt aller Überlegungen sein muss. Sofern nicht das Gesetz selbst den betreffenden Begriff definiert oder etablierte Begriffsdefinitionen in der juristischen Fachsprache vorhanden sind, können Fachwörterbücher (z.B. „Wörterbuch der Medizin") und Sprachwörterbücher („Duden" etc.) dabei Hilfe leisten.[26] Im Übrigen sind der allgemeine Wortsinn und der allgemeine Sprachgebrauch zugrunde zu legen.

> **Beispiel[27]:** E ist Eigentümer eines Hofanwesens im Außenbereich der Gemeinde G. Er hält u.a. einige Wildschweine in einem mit dem Nebengebäude verbundenen Gehege. Dieses wurde nachts von Unbekannten aufgeschnitten, sodass die Tiere entliefen und in der unmittelbaren Nachbarschaft erhebliche Schäden in den Gemüsegärten anrichteten. Die Nachbarn verlangen von E daraufhin Schadensersatz nach § 833 S. 1 BGB. E wiederum beruft sich auf die Haftungserleichterung des § 833 S. 2 BGB für die Halter von Haustieren.
>
> § 833 S. 1 BGB normiert eine Gefährdungshaftung, also eine verschuldensunabhängige und keinem Entlastungsbeweis zugängliche Haftung des Tierhalters unter der Voraussetzung, dass das von ihm gehaltene Tier einem Dritten an bestimmten Rechtsgütern einen Schaden zufügt. Mit „Tier" i.S.d. § 833 S. 1 BGB sind alle Tiere gemeint, also Haustiere und andere Tiere (etwa Wildtiere), gleichgültig, ob sie als Nutztiere oder Luxustiere eingesetzt werden. Demnach würde E durchaus auf Schadensersatz haften, weil sich die spezifische Tiergefahr, vor der § 833 S. 1 BGB schützen soll, realisiert hat und es insbesondere nicht auf ein Verschulden (i.S.d. § 276 BGB) ankommt.
>
> Möglicherweise kommt E aber die Haftungsprivilegierung des § 833 S. 2 BGB zugute. Wird nämlich durch ein Haustier, das dem Beruf, der Erwerbstätigkeit oder dem Unterhalt des Tierhalters zu dienen bestimmt ist (Nutztier), ein Mensch getötet oder der Körper oder die Gesundheit eines Menschen verletzt oder eine Sache beschädigt, ist der Tierhalter zwar nach wie vor zum Schadensersatz verpflichtet. Ähnlich den §§ 831 und 832 BGB ist aber der Entlastungsbeweis statthaft: Gemäß der Negativformulierung des § 833 S. 2 BGB haftet der Tierhalter nicht, wenn er beweisen kann, dass entweder er bei der Beaufsichtigung des Tieres die im Verkehr erforderliche Sorgfalt beobachtet hat (Widerlegung der Verschuldensvermutung) oder der Schaden auch bei Anwendung dieser Sorgfalt entstanden wäre (Widerlegung der Ursächlichkeitsvermutung).[28]
>
> Maßgeblich für die Anwendbarkeit des § 833 S. 2 BGB ist also, ob es sich bei den von E gehaltenen Wildschweinen um „Haustiere" i.S.d. § 833 S. 2 BGB handelt. Darunter sind unter Zugrundelegung des allgemeinen Wortsinns und des gewöhnlichen Sprachgebrauchs insbesondere domestizierte Tiere wie Pferde, Kühe, Rinder, Schweine, Ziegen, Schafe, Hunde, Katzen, Geflügel, Kaninchen etc. zu verstehen.[29] Gezähmte Wildtiere wie Rehe, Hirsche oder Wildtiere in Gehegen sollen jedenfalls nicht unter den Begriff „Haustier" fallen, wenn sie zur Fleischerzeugung gehalten werden.[30] Aber auch Tiere in Zoos sind keine „Haustiere".[31] Und das OLG Stuttgart hat entschieden, dass ein Kamel, das als Reittier auf einem Kamelhof eingesetzt wird, weder ein Haus- noch ein Nutztier ist. Somit könne der Kamelführer sich nicht gem. § 833 S. 2 BGB auf das Privileg des Haustierhalters berufen, sich durch Nachweis pflichtgemäßen Verhaltens von der Haftung befreien zu können.[32]

---

[26] Vgl. bereits die 13. Aufl. 2015. Die Möglichkeit, zur (sprachlich-grammatikalischen) Auslegung auf (allgemeine) Wörterbücher zurückzugreifen, findet sich später auch bei OLG Stuttgart WRP 2017, 107 ff.

[27] In Anlehnung an RGZ 158, 388 f. („Überfall" eines Bienenschwarms auf ein Pferdefuhrwerk).

[28] Vgl. dazu OLG Düsseldorf NJW-RR 2001, 390, 391.

[29] Wohl einhellige Auffassung, vgl. nur *Sprau*, in: Palandt, § 833 Rn 16.

[30] Vgl. *Sprau*, in: Palandt, § 833 Rn 16. Vgl. insgesamt dazu *Bocianiak*, VersR 2011, 981, 984.

[31] *Werner*, NJW 2012, 1048 f.

[32] OLG Stuttgart MDR 2018, 1183.

Letztlich wird man bei der Frage, ob ein Tier ein „Haustier" ist, darauf abstellen müssen, ob es in der Hauswirtschaft zwecks dauernder Nutzung oder Dienstleistung gezüchtet und gehalten wird und dabei aufgrund von Erziehung und Gewöhnung an die Beaufsichtigung dem beherrschenden Einfluss des Halters untersteht[33] (Domestiziertheit). Ob die (generelle) Möglichkeit der Domestikation bei Wildschweinen besteht, ist zweifelhaft, kann für den vorliegenden Fall aber dahinstehen, weil E die Wildschweine im Gehege ganz offenbar als Nutztiere hält.

Ergebnis: Zwar ist unter Zugrundelegung des allgemeinen Wortsinns und des allgemeinen Sprachgebrauchs zweifelhaft, ob Wildschweine, auch wenn sie in Gehegen gehalten werden, „Haustiere" i.S.d. § 833 S. 2 BGB sind. Da E die Tiere jedoch als Nutztiere einsetzt, kommt ihm die Haftungsprivilegierung des § 833 S. 2 BGB zugute. Durch die Einzäunung hat er die für die Beaufsichtigung der Tiere erforderliche Sorgfaltspflicht eingehalten und kann damit die Verschuldensvermutung widerlegen. E haftet daher nicht.

**28a** Fraglich kann allein sein, inwieweit dem Wortsinn eine Begrenzungsfunktion beizumessen ist. Was nicht dem Wortsinn zu entnehmen ist, könnte *per se* über die Norm hinausgehen. Im Strafrecht ist aufgrund des Analogieverbots zu Lasten des Beschuldigten (Art. 103 II GG; einfachgesetzlich § 1 StGB) klar, dass der Wortsinn einer Norm gleichzeitig die Grenze der Auslegung bildet. Im bürgerlichen Recht (und auch im öffentlichen Recht) gilt das wegen der Bindung an das Gesetz (Art. 20 III, Art. 97 I GG) zwar auch, jedoch braucht der Richter am Wortsinn einer Norm nicht zwingend Halt zu machen. Überschreitet der Rechtsanwender Wortsinn bzw. Ratio der Norm, legt er sie aber nicht mehr aus[34], sondern bildet das Recht fort. Die **Rechtsfortbildung** unterliegt anderen Kriterien.[35] Im obigen Bienenschwarmfall war das Auslegungsergebnis des Reichsgerichts jedoch noch vom möglichen Wortsinn des Begriffs gedeckt, da Bienen nicht domestizierbar sind und daher nicht dem Begriff „Haustier" unterfallen.

## b. Systematische Auslegung

**29** Lässt sich der mögliche Wortsinn eines Begriffs nicht eindeutig bestimmen, was insbesondere bei Generalklauseln und unbestimmten Rechtsbegriffen der Fall ist, sind zur Auslegung weitere Methoden heranzuziehen. So geht die systematische Auslegung von der Stellung der Vorschrift im bereichsspezifischen Normengefüge und der des Gesetzes innerhalb der Rechtsordnung aus („sachlicher Zusammenhang"). Diese Auslegungsmethode geht also von der Prämisse aus, dass die auszulegende Norm Teil des Gesamtsystems ist und daher nicht isoliert betrachtet werden kann.

**Beispiel:** Die Tatbestände der unerlaubten Handlung sind in §§ 823 ff. BGB geregelt, die Bestimmungen über den Umfang der Schadensersatzpflicht in §§ 249 ff. BGB. Die Haftung des Tierhalters ist in § 833 S. 1 BGB geregelt und setzt kein Verschulden voraus (sog. Gefährdungshaftung). Damit unterscheidet sie sich von anderen Tatbeständen der unerlaubten Handlung (§§ 823 ff. BGB). Das wirft die Frage auf, ob hinsichtlich des Umfangs der Schadensersatzpflicht trotzdem auf §§ 249 ff. BGB zurückgegriffen werden kann. Wenn man bedenkt, dass sich die §§ 249 ff. BGB nicht auf den Haftgrund *unerlaubte Handlung* beschränken, sondern sich auf alle Haftgründe beziehen (so auch z.B. auf Vertragsverletzungen), wird klar, dass die §§ 249 ff. BGB auch für den Haftgrund aus § 833 S. 1 BGB Inhalt und Umfang des Schadensersatzanspruchs bestimmen. Zudem ist die Haftung des Tierhalters ebenfalls im Titel über die „Unerlaubten Handlungen" geregelt, sodass die Bestimmungen dieses Titels über den *Umfang* der Haftpflicht (§§ 249 ff. BGB) auch aus diesem Grund anzuwenden sind.

---

[33] RGZ 158, 388 f.
[34] Vgl. etwa BGHZ 46, 74, 76.
[35] Vgl. dazu unten Rn 33 ff. sowie *R. Schmidt*, Staatsorganisationsrecht, 20. Aufl. 2019, Rn 224.

Im Rahmen der systematischen Auslegung ist schließlich der Grundsatz der **„Einheit** **und Widerspruchsfreiheit der Rechtsordnung"** zu beachten: Eine Vorschrift oder eine Tatbestandsvoraussetzung soll grds. nicht im Widerspruch zu anderen Regelungen (auch nicht zu solchen anderer Gesetze oder anderer Rechtsgebiete) stehen. **29a**

> **Beispiel:** Gemäß § 242 I StGB wird bestraft, wer (unter weiteren in der Vorschrift genannten Voraussetzungen) einem anderen eine fremde bewegliche Sache wegnimmt. Die Begriffe „fremd" und „Sache" werden weder in § 242 I StGB noch an anderer Stelle im StGB definiert. Daher werden (auch um Wertungswidersprüche zu vermeiden) bei der Auslegung des Begriffs „fremd" in § 242 I StGB die zivilrechtlichen Vorschriften über den Erwerb und Verlust des Eigentums (§§ 929 ff. BGB) herangezogen. Auch bei der Auslegung des Begriffs „Sache" in § 242 I StGB wird ganz herrschend der Sachbegriff der §§ 90, 90a BGB herangezogen. Danach werden nur körperliche Gegenstände (und Tiere) erfasst, die nicht im Alleineigentum des Täters stehen und auch nicht herrenlos sind.

Allerdings gibt es auch Abweichungen zu diesem Grundsatz, nämlich, wenn Normen, die sprachlich identische Begriffe verwenden, unterschiedliche Schutzzwecke verfolgen. Dann kann es angebracht sein, gleichlautende Begriffe unterschiedlich zu verstehen. **29b**

> **Beispiel:** Gemäß § 201 I Nr. 1 StGB wird bestraft, wer das nichtöffentlich gesprochene Wort eines anderen auf einen Tonträger aufnimmt. Gemeint sind damit heimliche Sprachaufnahmen unter Verletzung des durch Art. 2 I i.V.m. 1 I GG geschützten persönlichen Lebens- und Geheimnisbereichs. Dementsprechend wird man den Begriff „nichtöffentlich" so verstehen müssen, dass er immer dann vorliegt, wenn das Wort nicht an die Allgemeinheit gerichtet ist, d.h., wenn es nicht über einen abgegrenzten Personenkreis hinaus wahrnehmbar gesprochen wird.[36] Würde also ein Studierender das in einer Lehrveranstaltung gesprochene Wort des Dozenten heimlich aufnehmen, läge darin eine Verwirklichung des § 201 I Nr. 1 StGB, weil das Wort nur gegenüber einem abgegrenzten Personenkreis und nicht gegenüber der Allgemeinheit abgegeben wurde. Etwas anderes gilt in Bezug auf § 60a I Nr. 1 UrhG. Danach dürfen zur Veranschaulichung des Unterrichts und der Lehre an Bildungseinrichtungen zu nicht kommerziellen Zwecken bis zu 15 % eines veröffentlichten Werkes (etwa eines Lehrbuchs) öffentlich zugänglich gemacht und in sonstiger Weise öffentlich wiedergegeben werden. Würde man hier den Begriff „öffentlich" ebenfalls so verstehen, dass damit eine Adressierung an die Allgemeinheit, also an einen über einen abgegrenzten Personenkreis hinausgehenden Personenkreis gemeint ist, dürften die besagten 15 % eines Werkes bspw. frei im Internet veröffentlicht und damit frei zugänglich gemacht werden. Das kann ersichtlich nicht richtig sein und hätte schon vor dem Hintergrund des Art. 14 I S. 1 GG (hier: Urheber- und Verwertungsrechte von Autor und Verleger) keinen Bestand. Daher wird man den Begriff „öffentlich" in § 60a I Nr. 1 UrhG so verstehen müssen, dass nur eine Zurverfügungstellung an einen bestimmten Adressatenkreis (etwa an die im Kurs angemeldeten Studierenden) zulässig ist.

## c. Teleologische Auslegung

Mit Hilfe dieser Auslegungsmethode wird der **Zweck** (die Ratio) der Norm ermittelt. Gefragt wird, welches Ziel mit der betreffenden Norm verfolgt wird bzw. erreicht werden soll. Ziel ist es, ungerechte und/oder sachwidrige Ergebnisse zu vermeiden. **30**

> **Beispiel**[37]**:** § 833 S. 1 BGB regelt die sog. Tierhalterhaftung. Derjenige, der ein Tier hält, haftet verschuldensunabhängig für das Verhalten seines Tieres. Allerdings enthält das Gesetz keine Definition darüber, wann jemand als „Tierhalter" gilt. Fraglich ist daher, ob auch jemand, der das Tier nur kurzfristig und in fremdem Interesse in seine Obhut nimmt (wie etwa der Finder eines entlaufenen Haustieres), als „Tierhalter" gilt und daher ohne Rücksicht auf sein Verschulden der strengen Haftung unterliegt. Würde man hier eine Haftung

---

[36] Allgemeine Auffassung, vgl. nur *Fischer*, § 201 StGB Rn 3.
[37] Vgl. *Köhler*, AT, § 4 Rn 18. Vgl. auch Rn 867 und 868.

nach § 833 S. 1 BGB annehmen, wäre dies mit dem Zweck der Gefährdungshaftung nicht vereinbar. Die strenge Haftung kann vernünftigerweise nur demjenigen auferlegt werden, der über das Tier im eigenen Interesse eine nicht nur vorübergehende Herrschaft ausübt. Denn er ist am ehesten in der Lage, das Risiko durch vorbeugende Maßnahmen zu beherrschen und etwa durch Abschluss einer Tierhalterhaftpflichtversicherung aufzufangen.

**30a** Die teleologische Auslegung gilt auch gesetzesübergreifend, jedenfalls sofern die Gesetze von demselben Gesetzgeber erlassen wurden.

**Beispiel:** Gemäß § 11c TierSchG dürfen ohne Einwilligung der Erziehungsberechtigten Wirbeltiere (etwa Hunde, Katzen, Kaninchen, Meerschweinchen etc.) an Kinder oder Jugendliche bis zum vollendeten 16. Lebensjahr nicht abgegeben werden. Was unter „Einwilligung" zu verstehen ist, definiert das Gesetz nicht. Aus § 183 S. 1 BGB ergibt sich aber, dass der Begriff „Zustimmung" den Oberbegriff darstellt und dass „Einwilligung" die *vorherige* Zustimmung bedeutet und nicht mit der Genehmigung, also der *nachträglichen* Zustimmung (§ 184 I BGB), gleichgesetzt werden darf. Verwendet also der Gesetzgeber in § 11c TierSchG den Begriff „Einwilligung" statt „Zustimmung", deutet dies darauf hin, dass der Gesetzgeber die Möglichkeit der nachträglichen Zustimmung ausschließen wollte. Diese wörtliche Auslegung des Tatbestands dürfte aber nicht der Ratio des Gesetzes entsprechen. Denn ließe man die nachträgliche Genehmigung nicht zu, führte dies dazu, dass der Erwerb des Tieres trotz nachträglicher Erlaubnis des Erziehungsberechtigten wegen § 134 BGB (§ 11c TierSchG ist ein „Verbotsgesetz") nichtig wäre und neu vorgenommen werden müsste. Dies kann auch vom Gesetzgeber ersichtlich nicht gewollt sein. Vielmehr darf davon ausgegangen werden, dass der Gesetzgeber auch die Genehmigung zulassen wollte und den Begriff „Einwilligung" lediglich aus Unachtsamkeit in die Gesetzesfassung aufnahm. Zu § 11c TierSchG vgl. auch Rn 972.

### d. Historische und genetische Methode

**31** Bei der historischen Auslegung geht es darum, Erkenntnisse aus der geschichtlichen Entwicklung der Norm zu gewinnen, insbesondere frühere Fassungen der Norm, ähnliche Gesetze und deren Änderungen zu berücksichtigen. Die genetische Auslegung stützt sich auf die Entstehungsgeschichte des Gesetzes und zieht Reformvorschläge und Gesetzesmaterialien (Gesetzesvorlagen, Protokolle des Parlaments und seiner Ausschüsse etc.) heran, um den Willen des Gesetzgebers zu erkunden.

**Beispiel:** Unter Berufung auf die in Art. 6 I GG verankerten „unveränderlichen Strukturprinzipien" einer Ehe, zu denen die Verschiedengeschlechtlichkeit der Partner gehöre[38], sowie den historischen Gesetzgeber (hier: den Parlamentarischen Rat) geht (trotz der am 1.10.2017 in Kraft getretenen Gesetzesänderung in § 1353 I S. 1 BGB[39]) die nach wie vor h.M. davon aus, dass eine Ehe wirksam nur zwischen einem Mann und einer Frau geschlossen werden könne. Art. 6 I GG gehe von der Verschiedengeschlechtlichkeit aus und lasse eine Ehe zwischen gleichgeschlechtlichen Menschen nicht zu. Dafür sprächen in erster Linie historische Gründe. Der historische Gesetzgeber sei ganz selbstverständlich von der Verschiedengeschlechtlichkeit der Ehepartner ausgegangen und habe diese zur Grundlage seines Eheverständnisses gemacht; ein Verfassungswandel.[40] Das überzeugt schon deshalb nicht, weil es in der Debatte im Parlamentarischen Rat primär um die Frage ging, generell den Schutz von Ehe und Familie in das Grundgesetz aufzunehmen.[41] Der zunächst vom Grundsatzausschuss gebilligte Wortlaut: „Die Ehe ist die rechtmäßige Form der Lebensgemeinschaft von Mann und Frau"[42] wurde später vom Hauptausschuss

---

[38] BVerfGE 105, 313, 345. Vgl. auch BVerfG NJW 1993, 3058; BVerwG NVwZ 1997, 189, 190; *Pieroth/Kingreen*, KritV 2002, 219, 239; *Scholz/Uhle*, NJW 2001, 393, 394.
[39] Gesetz zur Einführung des Rechts auf Eheschließung für Personen gleichen Geschlechts vom 20.7.2017 – BGBl I 2017, S. 2787. Siehe auch BT-Drs. 18/6665, S. 5 ff.
[40] So *Uhle*, in: BeckOK, GG, Art. 6 Rn 4.
[41] *Leibholz/v. Mangoldt*, Jahrbuch des öffentlichen Rechts der Gegenwart, Neue Folge Bd. 1, 1951, S. 93-99.
[42] *Leibholz/v. Mangoldt*, a.a.O., S. 98.

ausdrücklich nicht angenommen. Dort verständigte man sich vielmehr auf die Fassung: „Ehe und Familie stehen unter dem besonderen Schutze der staatlichen Ordnung".[43] Einen Willen des historischen Gesetzgebers, eine Ehe könne nur zwischen Mann und Frau geschlossen werden, hätte man daher jedenfalls dann annehmen können, wenn er den vom Grundsatzausschuss gebilligten Textentwurf übernommen hätte. Indem er diesen aber gerade nicht übernommen, sondern sich für eine offene Formulierung in Art. 6 I GG entschieden hat, kann dem Willen des historischen Gesetzgebers also gerade nicht entnommen werden, dass er einen Verfassungs- bzw. Bedeutungswandel des Ehebegriffs für alle Zeiten ausschließen wollte.

## e. Verfassungskonforme Auslegung

Ausgangspunkt dieser Auslegungsmethode ist, dass alle Gesetze mit der Verfassung vereinbar sein müssen. Ist eine Norm ihrem Wortlaut nach unter verfassungsrechtlichen Gesichtspunkten bedenklich, lässt aber auch eine Auslegung i.S. der Verfassung zu, ist sie nur mit *dieser* Auslegung verfassungsmäßig und gültig.[44] Von mehreren Auslegungsmöglichkeiten ist also diejenige zu wählen, die den Wertentscheidungen des Grundgesetzes entspricht und sie optimal fördert.

**32**

> **Beispiel:** Die verschuldensunabhängige Haftpflicht nach § 833 S. 1 BGB greift stärker in die Grundrechte (hier: Art. 14 I, 12 I, 2 I GG) des Halters ein als die verschuldensabhängige Haftung nach § 823 I BGB. Um daher nicht gegen die genannten Grundrechte zu verstoßen, müssen schon strenge Voraussetzungen an die Haftung gestellt werden. Wenn man sie jedoch nur demjenigen auferlegt, der über das Tier im eigenen Interesse eine nicht nur vorübergehende Herrschaft ausübt und auch den Nutzen aus der Tierhaltung zieht, ist die Norm verfassungsgemäß. Zudem steht es dem Tierhalter frei, sein Haftungsrisiko über den Abschluss einer Tierhalterhaftpflichtversicherung aufzufangen.

Der verfassungskonformen Auslegung wird auch der Grundsatz der **Einheit der Rechtsordnung** zugeschrieben. Dieser Grundsatz greift, wenn zwei Normen derselben Rechtsordnung widersprüchliche Ergebnisse hervorbringen. Dann gebietet es die objektive Werteordnung des Grundgesetzes, dass die Normen harmonisierend ausgelegt werden. Was also z.B. zivilrechtlich erlaubt ist, darf nicht strafrechtlich erfasst sein. Daher wirken zivilrechtliche (und auch verwaltungsrechtliche) Erlaubnissätze auch strafrechtlich rechtfertigend.[45]

**32a**

## f. Europarechtskonforme Auslegung

Ausgangspunkt dieser Auslegungsmethode ist, dass das EU-Recht gegenüber dem nationalen Recht **Anwendungsvorrang** hat. Anwendungsvorrang bedeutet, dass das mit höherrangigem Recht kollidierende niederrangige Recht zwar nicht ungültig ist, aber in seiner Anwendung gesperrt wird.[46] Widerspricht also eine Vorschrift des nationalen Rechts ihrem Wortlaut nach dem EU-Recht, könnte daraus folgen, dass sie nicht anwendbar ist. Dieser Gedanke greift aber zu kurz. Denn bevor eine Norm für mit einer höherrangigen Norm unvereinbar erklärt wird, muss sie nach Möglichkeit zunächst dem höherrangigen Recht entsprechend ausgelegt werden. Ist sie nicht auslegbar (etwa, weil der Wortlaut keine weitere Auslegung mehr zulässt), ist sodann durch teleologische Reduktion/Extension zu versuchen, sie an das höherrangige Recht anzupassen, was durch richterliche Rechtsfortbildung geschieht. Erst, wenn auch dies nicht möglich ist, greift

**33**

---

[43] *Leibholz/v. Mangoldt*, a.a.O., S. 99.
[44] Vgl. nur BVerfGE 59, 336, 350 f. Zu den Grenzen verfassungskonformer Auslegung vgl. *Rieger*, NVwZ 2003, 17 ff.
[45] Zu den Besonderheiten im Strafrecht vgl. *R. Schmidt*, StrafR AT, 20. Aufl. 2018, Rn 49.
[46] Vgl. nur EuGH NVwZ 2000, 497 ff.; BVerfGE 121, 1, 15 ff.; BVerfG NJW 2016, 2473, 2475 ff.; NJW 2010, 833, 835; NJW 2001, 1267; NJW 2016, 1149, 1150. Zum Anwendungsvorrang des EU-Rechts vgl. *R. Schmidt*, Staatsorganisationsrecht, 20. Aufl. 2019, Rn 21n und 354 ff.

(bzgl. des EU-Rechts) der Anwendungsvorrang mit der Folge, dass die widersprechende nationale Norm nicht anwendbar ist. Es ist folgerichtig zu differenzieren:

**33a**

- **Auslegung möglich, da Wortsinn auslegungsfähig:** Ist der Wortlaut der nationalen Norm aber auslegbar, ist diese i.S.d. EU-Rechts auszulegen.[47] Namentlich geht es um nationale Vorschriften, die in Umsetzung einer EU-Richtlinie erlassen wurden. Solche nationalen Vorschriften sind – sofern sie auslegbar sind – stets richtlinienkonform auszulegen[48], d.h. im Zweifel dem Wortlaut, dem Zweck, der Entstehungsgeschichte und den Erwägungsgründen der Richtlinie entsprechend.[49] Das folgt nicht nur unmittelbar aus Art. 4 III EUV (Gebot der Unionstreue) und Art. 288 IV AEUV (Verbindlichkeit von Richtlinien), sondern ergibt sich auch aus dem den Unionsverträgen zugrunde liegenden *Effet-utile*-Prinzip (d.h. dem Effizienzgebot, eine Norm so auszulegen und anzuwenden, dass die Ziele der Union bestmöglich erreicht werden), das beeinträchtigt würde, wenn nationale Bestimmungen im Kollisionsfalle dem EU-Recht vorgingen. Ist eine richtlinienkonforme Auslegung also möglich, ist die nationale Vorschrift entsprechend der Richtlinie auszulegen.

**Beispiel 1:** Ist eine Sache mangelhaft (siehe § 434 BGB), greifen bestimmte Mängelrechte (siehe § 437 BGB). Maßgeblicher Zeitpunkt der Mangelhaftigkeit ist der Gefahrübergang, d.h. die Übergabe (§ 446 BGB)[50]; insofern handelt es sich bei den Gewährleistungsfristen um Ausschlussfristen, innerhalb derer der Käufer die zum Zeitpunkt des Gefahrübergangs vorhandenen (oder zumindest angelegten) Mängel geltend machen muss. Hinsichtlich der Beweislast gilt: Zwar muss der Käufer beweisen, dass (überhaupt) ein Sachmangel vorliegt.[51] Gelingt ihm aber dieser Beweis, greift hinsichtlich des maßgeblichen Zeitpunkts des Bestehens des Sachmangels die Beweislastumkehr des § 477 BGB: Zeigt sich binnen sechs Monaten seit Gefahrübergang der Mangel, wird vermutet, dass dieser Sachmangel bereits im Zeitpunkt des Gefahrübergangs vorlag.[52] In Anpassung zur Rechtsprechung des EuGH[53] zu Art. 5 III der europäischen Verbrauchsgüterkaufrichtlinie (RL 1999/44/EG)[54] muss der Käufer (jedenfalls, sofern es sich um einen Verbrauchsgüterkauf handelt, denn darauf beschränkt sich der Anwendungsbereich der RL[55]) weder darlegen und beweisen, auf welche Ursache dieser Zustand zurückzuführen ist, noch dass diese in den Verantwortungsbereich des Verkäufers fällt.[56] Da das im BGB verankerte Verbrauchsgüterkaufrecht in Umsetzung dieser Richtlinie ergangen ist (s.o.), muss § 477 BGB im Lichte des Art. 5 III der RL ausgelegt werden. Mithin genügt es, wenn der Käufer den Mangel nachweist und ihn binnen der Verjährungsfrist des § 438 BGB geltend macht. Zudem erstreckt sich die Regelvermutung des § 477 BGB darauf, dass der binnen sechs Monaten nach Gefahrübergang zutage getretene mangelhafte Zustand zumindest im Ansatz schon bei Gefahrübergang vorgelegen hat.[57]

**Beispiel 2:** Nach § 439 I BGB steht dem Käufer einer mangelhaften Sache ein Nacherfüllungsanspruch zu. Er kann nach seiner Wahl die Beseitigung des Mangels (d.h. Reparatur)

---

[47] Vgl. dazu nur EuGH NJW 2011, 2269 ff. (Weber und Putz); BGH NJW 2017, 1093, 1095 ff. (Faber).
[48] Vgl. dazu aus jüngerer Zeit etwa EuGH EuZW 2013, 66 ff.; BGH NJW 2017, 1093, 1095 ff. (Faber).
[49] Zur richtlinienkonformen Auslegung vgl. etwa BGH NJW 2017, 1093, 1095 ff. (Faber); aus der Lit. *Kühling*, JuS 2014, 481 ff.; *Gsell*, AcP 124 (2014), 100 ff.
[50] Zur abweichenden Rechtslage beim Versendungskauf (§ 447) vgl. *R. Schmidt*, SchuldR AT, Rn 75 ff.
[51] Insoweit lediglich klarstellend BGH NJW 2017, 1093, 1095 (mit Verweis u.a. auf BGHZ 159, 215, 217 f.; 200, 1).
[52] St. Rspr. des BGH, vgl. nur BGH NJW 2014, 1086, 1087 (mit Verweis u.a. auf BGHZ 159, 215, 217 f.; 167, 40).
[53] EuGH NJW 2015, 2237, 2239 ff. (Faber).
[54] Die Verbrauchsgüterkaufrichtlinie wurde mit Wirkung zum 1.1.2002 in Form des Schuldrechtsmodernisierungsgesetzes in nationales Recht umgesetzt. Die Vorschriften des Verbrauchsgüterkaufs und andere verbraucherschützende Vorschriften sind im Rahmen dieser Schuldrechtsmodernisierung zum 1.1.2002 in das BGB eingefügt worden. Zur Verbrauchsgüterkaufrichtlinie 1999/44/EG sowie zur (davon zu unterscheidenden!) Verbraucherrechterichtlinie 2011/83/EU siehe *R. Schmidt*, SchuldR AT, Rn 464b und Rn 969.
[55] Zum Begriff des Verbrauchsgüterkaufs, also eines Kaufs, bei dem in erster Linie ein Verbraucher von einem Unternehmer eine bewegliche Sache kauft (siehe § 474 I S. 1 BGB), siehe sogleich Bsp. 2 sowie *R. Schmidt*, SchuldR AT, Rn 968 ff.
[56] BGH NJW 2017, 1093, 1095 f. unter ausdrücklicher Bezugnahme auf EuGH NJW 2015, 2237, 2239 ff. und unter Aufgabe seiner bisherigen entgegenstehenden Rechtsprechung (vgl. nur BGHZ 159, 215, 217 – Zahnriemen).
[57] Siehe ebenfalls BGH NJW 2017, 1093, 1095 f. unter ausdrücklicher Bezugnahme auf EuGH NJW 2015, 2237, 2239 ff. und unter Aufgabe seiner bisherigen entgegenstehenden Rechtsprechung (vgl. nur BGHZ 159, 215, 217 – Zahnriemen).

oder die Lieferung einer mangelfreien Sache (d.h. Nachlieferung) verlangen. Die zum Zwecke der Nacherfüllung erforderlichen Aufwendungen, insbesondere Transport-, Wege-, Arbeits- und Materialkosten hat gem. § 439 II BGB der Verkäufer zu tragen (Hauptfälle dürften sein: Abholung und Rücktransport bei Reparatur der Sache in der Werkstatt des Verkäufers; An- und Abfahrt des Monteurs, um die Sache vor Ort nachzubessern). Von der Vorschrift nicht (eindeutig) erfasst ist die Frage, wer bei Nachlieferung einer mangelfreien Sache die Kosten für den Ausbau und Abtransport der mangelhaften Sache sowie für den Einbau der nachgelieferten Sache tragen muss, sofern die mangelhafte Kaufsache beim Käufer verbaut worden ist. Man denke an den Fall, dass der Käufer Pflastersteine kauft, liefern lässt, anschließend verlegt und sich dann ein Sachmangel an den Steinen zeigt. Zwar erfasst der Wortlaut des § 439 I BGB die Nacherfüllung (hier: Nachlieferung von einwandfreien Pflastersteinen), allerdings sind die Kosten für das Entfernen der mangelhaften Pflastersteine vom Boden, für deren Abtransport und für das Verlegen der nachgelieferten Steine vom Wortlaut des § 439 II BGB nicht bzw. nicht eindeutig erfasst. Das könnte bedeuten, dass diese Kosten vom Käufer zu tragen wären.

Dem könnte jedoch Art. 3 II der Verbrauchsgüterkaufrichtlinie (RL 1999/44/EG – dazu bereits oben Bsp. 1) entgegenstehen. Danach hat (bei einem Verbrauchsgüterkauf!) der Käufer einen Anspruch auf unentgeltliche Herstellung des vertragsgemäßen Zustands des Verbrauchsgutes durch Ersatzlieferung nach Maßgabe des Art. 3 III der RL. Wiederum in Auslegung des Merkmals „unentgeltliche Herstellung" hat der EuGH entschieden, dass der Zweck der Vorschrift darin bestehe, den Verbraucher vor drohenden finanziellen Belastungen, die mit dem Ausbau und Abtransport der mangelhaften Sache und dem anschließenden Einbau der mangelfreien Sache verbunden sein könnten, zu schützen. Würde man die Kosten hierfür dem Verbraucher aufbürden, könne dies ihn davon abhalten, seinen Nacherfüllungsanspruch geltend zu machen. Hätte der Verkäufer zudem von vornherein ein vertragsgemäßes Verbrauchsgut geliefert, hätte der Verbraucher auch keine Kosten für den Ausbau des mangelhaften Verbrauchsguts tragen müssen. Daher könne der Käufer, der die Sache gutgläubig gemäß ihrer Art und ihres Verwendungszwecks eingebaut hat oder hat einbauen lassen, auch nicht zum Ausbau der mangelhaften Sache bzw. zur Kostenübernahme verpflichtet werden. Ein anderes Ergebnis hätte zur Folge, dass der Verbraucher, um die ihm durch Art. 3 der RL verliehenen Rechte ausüben zu können, diese zusätzlichen Kosten tragen müsste. Mithin wäre die Ersatzlieferung für ihn nicht mehr „unentgeltlich". Darüber hinaus lege Art. 3 III der RL fest, dass die Ersatzlieferung „ohne erhebliche Unannehmlichkeiten" zu erfolgen habe, was bei Übernahme von Ausbaukosten bzw. eigenhändigem Ausbau der Kaufsache nicht mehr gegeben wäre.[58] Immerhin begrenzt der EuGH die Kostenübernahmepflicht der Höhe nach auf einen „angemessenen Betrag".[59]

§ 439 BGB ist seinerzeit in Umsetzung dieser RL erlassen (bzw. geändert) worden. Da eine Norm, die aufgrund einer EU-Richtlinie erlassen bzw. geändert werden musste, stets richtlinienkonform ausgelegt werden muss, müssen die in Art. 3 II der RL genannten Grundsätze in der vom EuGH vorgenommenen Interpretation maßgeblich in die Auslegung des § 439 BGB (hier: in die Auslegung des Begriffs „Aufwendungen" in § 439 II BGB) einfließen. In Nachzeichnung des EuGH-Urteils hat der BGH entschieden, dass der in § 439 I BGB genannte Nachlieferungsanspruch richtlinienkonform dahingehend auszulegen sei, dass (bei einem Verbrauchsgüterkauf!) die Nachlieferung einer mangelfreien Sache auch den Ausbau und den Abtransport der mangelhaften Kaufsache umfasse.[60] Dem ist jedenfalls dann zuzustimmen, wenn

1. der Verbraucher die Sache gutgläubig gemäß ihrer Art und ihres Verwendungszwecks eingebaut hat oder hat einbauen lassen und
2. diese Kostenübernahmepflicht der Höhe nach auf einen „angemessenen Betrag" begrenzt ist.

---

[58] EuGH NJW 2011, 2269, 2272 (Weber und Putz).
[59] EuGH NJW 2011, 2269, 2273 f. (Weber und Putz).
[60] BGH NJW 2012, 1073, 1077. Zum Verbraucherschutzrecht vgl. i.Ü. ausführlich *R. Schmidt*, SchuldR AT, Rn 968 ff.

Während sich die „Gutgläubigkeit" noch anhand des Maßstabs des § 932 II BGB ermitteln lässt, wonach lediglich Vorsatz oder grobe Fahrlässigkeit die Gutgläubigkeit ausschließen, bereitet der „angemessene Betrag" weitaus größere Auslegungsschwierigkeiten. Eine Orientierung an § 439 IV BGB ist abzulehnen, da es vorliegend nicht um die Nachlieferung geht, sondern um Aus- und Einbaukosten sowie Kosten des Abtransports. Eine Deckelung der Kosten auf die Hälfte des Wertes der mangelhaften Sache erscheint gut vertretbar, um auch den Verkäufer nicht unzumutbar zu belasten.

Der Gesetzgeber hat darauf reagiert und mit Wirkung zum 1.1.2018[61] § 439 BGB ergänzt. Gemäß § 439 III BGB n.F. ist der Verkäufer im Rahmen der Nacherfüllung verpflichtet, dem Käufer die erforderlichen Aufwendungen für das Entfernen der mangelhaften und den Einbau oder das Anbringen der nachgebesserten oder gelieferten mangelfreien Sache zu ersetzen, wenn der Käufer die mangelhafte Sache gemäß ihrer Art und ihrem Verwendungszweck in eine andere Sache eingebaut oder an eine andere Sache angebracht hat. Es geht also exakt um die o.g. Einbau- und Ausbaufälle.

**Beispiel 3:** K kauft beim Ersatzteilehändler V ein generalüberholtes Getriebe für sein gewerblich genutztes Auto. Das Getriebe lässt er von einer Werkstatt ordnungsgemäß einbauen. Drei Wochen später weist das Getriebe einen kapitalen Schaden auf. K fordert V unter Setzung einer Frist zur Mängelbeseitigung auf. V ist der Meinung, K müsse das Getriebe ausbauen (lassen) und zu ihm bringen, damit er es repariere.

Bei einem Austauschgetriebe handelt es sich um eine Sache, die gemäß ihrer Art und ihrem Verwendungszweck in eine andere Sache (hier: in das Auto) eingebaut wird. Dass K das Getriebe nur deshalb kaufte, um es in sein Auto einzubauen, steht außer Zweifel. Daher muss gem. § 439 III BGB V die Kosten für den Ausbau des Getriebes und dessen Versand zu V übernehmen. Ihm bleibt aber die Einwendung des § 439 IV S. 1 BGB, wonach er die Nacherfüllung (und damit auch die Übernahme der Kosten für den Ausbau des defekten Getriebes und den Einbau des reparierten Getriebes bzw. eines mangelfreien Getriebes) verweigern kann, wenn dies nur mit unverhältnismäßigen Kosten möglich ist. In diesem Fall blieben K „nur" das Minderungsrecht und das Rücktrittsrecht. Lediglich bei Verschulden des V hätte K auch einen Anspruch auf Schadensersatz.

Im Rahmen eines **Verbrauchsgüterkaufs**, also eines Kaufs, bei dem ein Verbraucher von einem Unternehmer eine bewegliche Sache kauft (siehe § 474 I S. 1 BGB), gilt ergänzend bzw. abweichend die Regelung des § 475 IV S. 2 BGB. Sind die Kosten für den Ausbau der mangelhaften Sache und den Einbau der reparierten bzw. nachgelieferten mangelfreien Sache unverhältnismäßig, kann der Unternehmer den Aufwendungsersatz auf einen angemessenen Betrag beschränken. Bei der Bemessung dieses Betrags sind gem. § 475 IV S. 3 BGB insbesondere der Wert der Sache in mangelfreiem Zustand und die Bedeutung des Mangels zu berücksichtigen. Das entspricht der im Lichte des Art. 3 III S. 2 der RL ergangenen Rechtsprechung des BGH zur bisherigen Gesetzesfassung.[62]

**Beispiel 4:** Wäre K des Beispiels 3 Verbraucher, müsste V gem. § 439 III S. 1 BGB die Kosten für den Ausbau des Getriebes und dessen Versand zu ihm übernehmen. Sollte dies den V unverhältnismäßig belasten, kann er nicht die Einwendung des § 439 IV S. 1 BGB, sondern wegen § 474 II BGB „nur" die Einwendung des § 475 IV S. 2 BGB geltend machen und den Aufwendungsersatz auf einen angemessenen Betrag beschränken, der sich nach der Art und der Schwere des Mangels im Vergleich zur mangelfreien Sache unter Berücksichtigung der Bedeutung der Vertragswidrigkeit bemisst.

Fazit: War der Wortlaut der bisherigen Regelung in § 439 BGB nicht ganz eindeutig, ließ aber eine Auslegung am Maßstab höherrangigen EU-Rechts zu, war die Vorschrift dem-

---

[61] Gesetz zur Reform u.a. des Bauvertragsrechts und der kaufrechtlichen Mängelhaftung v. 28.4.2017 (BGBl I 2017, S. 969).
[62] Siehe dazu BGH NJW 2012, 1073 ff.

entsprechend europarechtskonform (hier: richtlinienkonform) auszulegen. Der Gesetzgeber hat die vom EuGH und BGH vorgenommene Auslegung sodann in Gesetzesrecht überführt. Seit der am 1.1.2018 in Kraft getretenen Fassung des § 439 BGB kann bei einem Kauf, der kein Verbrauchsgüterkauf ist, der Verkäufer die Nacherfüllung (und damit die Kostenübernahme bzgl. des Ausbaus der defekten Sache und des Einbaus der reparierten bzw. nachgelieferten Ersatzsache) wegen Unverhältnismäßigkeit gänzlich verweigern. Demgegenüber reduzieren sich gem. § 475 IV S. 2 BGB beim Verbrauchsgüterkauf auf Einwendung des Verkäufers hin die Kosten für den Ausbau der mangelhaften Sache und den Einbau der reparierten bzw. nachgelieferten mangelfreien Sache immerhin auf einen „angemessenen" Betrag, wenn die volle Inanspruchnahme des Verkäufers diesen unangemessen belastete. Das folgt aus der neuen Gesetzessystematik, die die Beschränkung des Aufwendungsersatzes nur in § 475 IV S. 2 BGB enthält, nicht aber in § 439 III und IV BGB.

- **Auslegung nicht möglich, da möglicher Wortsinn überschritten:** Ist der Wortlaut der nationalen Norm zwingend (bzw. nicht mehr weiter auslegbar, da anderenfalls der mögliche Wortsinn überschritten würde) und verstößt die Norm gegen zwingendes bzw. nicht weiter auslegbares EU-Recht, ist die nationale Vorschrift teleologisch zu reduzieren. Ist auch das nicht möglich, ist sie ganz oder teilweise schlicht nicht anwendbar. Eine Auslegung am Maßstab des vorrangigen EU-Rechts ist in dieser Konstellation nicht möglich[63], weil es nichts auszulegen gibt. **33b**

  **Beispiel:** Nach § 323 I BGB muss der Gläubiger dem Schuldner eine angemessene Frist setzen, bevor er vom Vertrag zurücktreten kann. Geht es aber um einen Verbrauchsgüterkauf, also in erster Linie um einen Kauf, bei dem der Käufer Verbraucher i.S.d. § 13 BGB ist und der Verkäufer ein Unternehmer i.S.d. § 14 I BGB (dazu § 474 I S. 1 BGB und Rn 221 ff.), sind die Vorgaben des Art. 3 V der o.g. Verbrauchsgüterkaufrichtlinie zu beachten, wonach bei einem Verbrauchsgüterkauf der Rücktritt des Verbrauchers (bereits dann) zulässig ist, wenn er innerhalb einer angemessenen Zeit[64] erfolgt. Von einer „Fristsetzung" ist in der Richtlinie nichts zu lesen. Das Erfordernis einer Fristsetzung in § 323 I BGB widerspricht also dieser Regelung und ist aufgrund des eindeutigen Wortlauts auch nicht „richtlinienkonform auslegbar". Entweder „korrigiert" man diesen Widerspruch durch **teleologische Reduktion** (dazu Rn 49/49a) bzw. **richterliche Rechtsfortbildung** (dazu Rn 38 ff.), indem man bei § 323 I BGB im Rahmen von Verbrauchsgüterkaufverträgen das Fristsetzungserfordernis durch das Abwarten einer angemessenen Zeit ersetzt, oder man interpretiert eine Ausnahme vom Fristsetzungserfordernis in § 475 BGB hinein, um dem Anwendungsvorrang des Art. 3 V der Verbrauchsgüterkaufrichtlinie gerecht zu werden. Auf das Vorliegen eines Entbehrlichkeitsgrundes nach § 440 S. 1 BGB bzw. nach § 323 II BGB kommt es dann nicht an.

- **Besonderheiten bei Vollharmonisierung:** Lässt eine Vorschrift des (umzusetzenden) EU-Rechts dem nationalen Gesetzgeber keinen Spielraum (weil sie eine einheitliche Regelung im EU-Raum, d.h. Vollharmonisierung bezweckt, wie das bei der Verbraucherrechterichtlinie 2011/83/EU[65] der Fall ist), sind die Anforderungen an eine richtlinienkonforme Auslegung des nationalen Rechts noch strenger. In diesem Fall wird das EU-Recht den Rechtsanwender regelmäßig zwingen, eine eindeutige (und damit nicht auslegbare) Vorschrift des nationalen Rechts **teleologisch einzuschränken oder zu erweitern** (zu diesen Methoden vgl. Rn 49-50), um ein richtlinienkonformes Ergebnis zu erzielen. Diese kann ggf. auch im Rahmen einer **(richterlichen) Rechtsfortbildung** zu korrigieren sein oder sie ist (partiell) **nicht anwendbar**. Vgl. dazu bereits oben sowie unten Rn 607 und das Beispiel zu § 241a BGB bei Rn 237. **33c**

---

[63] Davon geht wohl auch *Wernsmann*, NVwZ 2013, 345, aus.
[64] In der englischen Fassung der Richtlinie wird nicht von „Frist" gesprochen, sondern von „within a reasonable time" (also innerhalb einer angemessenen Zeit).
[65] Siehe dazu ausführlich *R. Schmidt*, SchuldR AT, Rn 969 ff.

**33d** ▪ **EU-Primärrecht:** Das soeben Gesagte gilt erst recht bei einer Kollision mit EU-Primärrecht. Auch hier müssen widersprechende nationale Vorschriften am Maßstab des EU-Rechts ausgelegt bzw. teleologisch reduziert oder erweitert werden und schließlich unangewendet bleiben, sollten weder Auslegung noch teleologische Anpassung möglich sein.

**Beispiel:** Bei der Berechnung der Kündigungsfrist gem. § 622 II S. 1 BGB wurden gemäß der bis zum 31.12.2018 geltenden Regelung des § 622 II S. 2 BGB bei der Berechnung der Beschäftigungsdauer Zeiten, die vor der Vollendung des 25. Lebensjahrs des Arbeitnehmers liegen, nicht berücksichtigt. Das konnte zu folgendem Phänomen führen: War bspw. Arbeitnehmer A 30 Jahre alt und seit 5 Jahren bei der X-AG beschäftigt, betrug (und beträgt) gem. § 622 II S. 1 Nr. 2 BGB bei einer Kündigung des Arbeitsverhältnisses durch X die Kündigungsfrist 2 Monate. Wurde demgegenüber dem 27 Jahre alten und ebenfalls seit 5 Jahren bei X beschäftigten Arbeitnehmer B gekündigt, betrug (und beträgt) die Kündigungsfrist gem. § 622 II S. 1 Nr. 1 BGB nur einen 1 Monat, da die ersten 3 Jahre der Beschäftigung (d.h. die Zeit vor dem vollendeten 25. Lebensjahr) wegen § 622 II S. 2 BGB nicht mitgerechnet wurden und B daher so gestellt wurde, als habe das Beschäftigungsverhältnis nur 2 Jahre bestanden.

Nach der zutreffenden Rechtsprechung des EuGH lag darin eine Benachteiligung wegen des Alters (Verstoß gegen Diskriminierungsverbote der Art. 10, 19 AEUV, des Art. 21 GRC und der RL 2000/78/EG).[66] Da § 622 II S. 2 BGB wegen seines eindeutigen und starren Wortlauts weder auslegbar war noch teleologisch reduziert werden konnte, konnte dem Benachteiligungsverbot nur dadurch Rechnung getragen werden, dass die Norm nicht angewendet wurde. Daher galt auch gegenüber B die 2-monatige Kündigungsfrist, da wegen der Unanwendbarkeit des § 622 II S. 2 BGB die vollen 5 Jahre gerechnet wurden. Mit Wirkung zum 1.1.2019 hat denn auch (endlich) der Gesetzgeber die Vorschrift des § 622 II S. 2 BGB gestrichen.[67]

Da zum EU-Primärrecht auch die **EU-Grundrechtecharta** gehört, sind nationale Regelungen auch daran zu messen und in erster Linie im Lichte des betreffenden anwendbaren EU-Grundrechts auszulegen. Sollte eine Auslegung nicht möglich sein, ist die Vorschrift nach Möglichkeit teleologisch zu reduzieren bzw. zu erweitern. Ist auch dies nicht möglich, greift der Anwendungsvorrang und die niederrangige Vorschrift bleibt unangewendet.

**Beispiel**[68]**:** Nach § 7 IV BUrlG ist der Erholungsurlaub abzugelten (d.h. auszuzahlen), wenn er wegen Beendigung des Arbeitsverhältnisses ganz oder teilweise nicht mehr gewährt werden kann. Verstirbt nun ein Arbeitnehmer, bevor es zu einer Auszahlung kommt, war es bisherige Rspr., dass der Anspruch auf bezahlten Jahresurlaub zwar nicht mit dem Tod untergeht[69], jedoch nicht in die Erbmasse fällt, sodass auch nicht die Erben einen Anspruch auf Auszahlung des nicht genommenen Erholungsurlaubs hatten.

Nun aber hat der EuGH in Auslegung des Art. 31 II der EU-Grundrechtecharta entschieden, dass der durch Art. 7 I der Richtlinie 2003/88/EG (Arbeitszeitrichtlinie) gewährte Anspruch auf bezahlten Mindestjahresurlaub nicht mit dem Tod des Arbeitnehmers im laufenden Arbeitsverhältnis untergehen darf, ohne dass ein Anspruch auf finanzielle Vergütung für diesen Urlaub besteht, der im Wege der Erbfolge auf den Rechtsnachfolger des Arbeitnehmers überzugehen hat. Sei eine nationale Regelung (wie § 7 IV BUrlG) nicht entsprechend auslegbar, müsse sie unangewendet bleiben; die Erben könnten sich unmittelbar auf das Unionsrecht berufen.[70]

Das BAG hat in Folge dieses Urteils entschieden, dass im Falle der Beendigung des Arbeitsverhältnisses durch den Tod des Arbeitnehmers dessen Erben nach § 1922 I BGB i.V.m. §

---

[66] EuGH NJW 2010, 427, 429 f. (Seda Kücükdeveci/Swedex GmbH & Co. KG). Siehe auch BAG NJW 2011, 3740, 3741; NJW 2011, 1626, 1627 („§ 622 II 2 BGB ist mit Unionsrecht unvereinbar und (...) wegen des Anwendungsvorrangs des Unionsrechts nicht (...) anzuwenden").
[67] BGBl I 2018, S. 2651.
[68] Nach EuGH EuZW 2018, 1048 (Bauer und Willmeroth) und BAG 22.1.2019 – 9 AZR 45/16.
[69] EuGH NJW 2014, 2415 f.
[70] EuGH EuZW 2018, 1048, 1049 (Bauer und Willmeroth).

7 IV BUrlG Anspruch auf Abgeltung des von dem Erblasser nicht genommenen Urlaubs haben. Dies ergebe sich aus einer EU-konformen Auslegung der §§ 1 und 7 IV BUrlG.[71]

Dass die Erben eines verstorbenen Arbeitsnehmers eine finanzielle Vergütung für noch nicht genommenen bzw. abgegoltenen Erholungsurlaub vom Arbeitgeber des Verstorbenen verlangen können, ist in der Sache richtig. Bezeichnend ist lediglich, dass der EuGH die Vorschrift des § 7 IV BUrlG offenbar für nicht auslegbar hält und daher auf den Anwendungsvorrang zurückgreift, wohingegen das BAG eine europarechtskonforme Auslegung vornimmt.

## g. Verhältnis der Auslegungsmethoden zueinander

Die genannten Auslegungsmethoden stehen (jedenfalls für den Bereich des Zivilrechts) nicht isoliert nebeneinander, sondern im Verhältnis der **wechselseitigen Ergänzung**. Anders als im Strafrecht liegt im Zivilrecht das Schwergewicht nicht allein auf der sprachlich-grammatikalischen, sondern auch auf der teleologischen Auslegung. Je nachdem, ob danach ein Begriff weit oder eng auszulegen ist, spricht man von weiter (**extensiver**) oder enger (**restriktiver**) Auslegung (dazu Rn 49/50). Zu beachten ist jedoch, dass auch die sachgerechte Anwendung der Auslegungsmethoden nicht stets ein eindeutiges, allein „richtiges" Ergebnis mit sich bringt. Denn dadurch, dass in jede Auslegung auch ein Element persönlicher Wertung und Gewichtung einfließt, kann es sein, dass ein anderer Rechtsanwender trotz Anwendung derselben Auslegungsmethoden zu einem anderen (ebenfalls vertretbaren) Ergebnis gelangt, weil er eine andere Gewichtung der Argumente vorgenommen hat. Daher kommt es auch in der **Fallbearbeitung** in erster Linie nicht auf das gefundene Ergebnis, sondern auf die **Methode der Rechtsfindung** und die **Argumentation** an. In keinem Fall aber darf die Auslegung dazu führen, dass der Bereich (unzulässiger) Rechtsfortbildung erreicht wird.[72]

## 3. Konditionale Fassung von Normen

Im Übrigen sind Normen überwiegend nach einem „Wenn-dann-Schema", also **konditional** gefasst: Wenn ein konkreter Sachverhalt den Tatbestand einer Norm erfüllt, kann, soll oder muss die in der Norm genannte Rechtsfolge eintreten. Rechtstechnisch ist also zwischen dem **Tatbestand** und der **Rechtsfolge** zu unterscheiden.

> **Beispiel:** S gießt aufgrund einer Unachtsamkeit Kaffee auf das dem G gehörende Smartphone. G lässt es daraufhin reparieren und verlangt von S Erstattung der Reparaturkosten i.H.v. 35,- € (= **Sachverhalt**).
>
> In Betracht kommt ein Schadensersatzanspruch aus § 823 I BGB. Dazu müsste S vorsätzlich oder fahrlässig das Eigentum des G widerrechtlich verletzt haben (= **Tatbestandsvoraussetzungen**).
>
> S hat aufgrund einer Unachtsamkeit Kaffee auf das Smartphone des G gegossen. Dadurch wurde das Eigentum des G beschädigt. Ein Rechtfertigungsgrund ist nicht ersichtlich, sodass die Eigentumsverletzung widerrechtlich erfolgte. S handelte fahrlässig und damit auch schuldhaft (= **Subsumtion**).
>
> Somit ist S dem G zum Schadensersatz verpflichtet (= **Rechtsfolge**).

Konditional formuliert sind i.d.R. Anspruchsnormen (Anspruchsgrundlagen). Aber auch Vorschriften, die auf eine bestimmte Rechtsfolge hinweisen, ohne einen Anspruch zu begründen, können konditional formuliert sein.

---

[71] BAG 22.1.2019 – 9 AZR 45/16.
[72] Zur verfassungsrechtlichen Problematik (richterlicher) Rechtsfortbildung vgl. sogleich Rn 38-41.

**Beispiel:** Unter Rechtsfähigkeit versteht die Rechtsordnung die Fähigkeit, Träger von Rechten und Pflichten zu sein. Bei natürlichen Personen tritt Rechtsfähigkeit mit Vollendung der Geburt ein (§ 1 BGB).

Hier ordnet § 1 BGB bei Vorliegen einer bestimmten Voraussetzung (Vollendung der Geburt) eine bestimmte Rechtsfolge (Rechtsfähigkeit) an.

37

> **Hinweis für die Fallbearbeitung:** Es findet folgender Prüfungsprozess statt:
> - Zunächst ist der Sachverhalt zu ermitteln/zu erschließen.
> - Sodann ist die streitentscheidende gesetzliche Norm aufzusuchen und deren Tatbestandsmerkmale sind auszulegen bzw. festzustellen.
> - Als Drittes erfolgt die Subsumtion des Sachverhalts unter den Tatbestand der streitentscheidenden Norm.
> - Schließlich ist die Rechtsfolge der Norm festzustellen.

## II. Gesetzesergänzung, Gesetzesanalogie und Rechtsanalogie

38
Nicht selten kommt es vor, dass eine Norm lückenhaft formuliert ist, der zu würdigende Sachverhalt also nicht oder nur teilweise von der einschlägigen Norm erfasst wird. Auch kann es sein, dass eine (gewünschte) Norm gänzlich fehlt. Eine solche **Gesetzeslücke** kann darauf beruhen, dass der Gesetzgeber eine bestimmte Frage im Gesetz bewusst nicht geregelt (planvolles Unterlassen) oder dass er bei der Schaffung des Gesetzes einen Umstand in nachlässiger Weise nicht bedacht hat (sog. unplanmäßiges Unterlassen). Streiten sich die Parteien über die Handhabung einer Gesetzeslücke, ist es Aufgabe des Rechtsanwenders (d.h. letztlich des Richters), die Lücke durch Auslegung zu ermitteln und – im Rahmen rechtsmethodisch zulässiger Weise – auszufüllen (**ergänzende Auslegung**). Hierzu hat er zunächst mit Hilfe der bereits geschilderten Auslegungskriterien festzustellen, ob eine Lücke im Gesetz überhaupt vorliegt. Ist dies der Fall, ist freilich zu beachten, dass der Rechtsanwender die Lücke nicht einfach durch eine eigene Wertung schließen darf; anderenfalls würde er sich insoweit an die Stelle des Gesetzgebers setzen; nur dieser ist von Verfassungs wegen berufen, Gesetze zu erlassen.[73] **Gesetzesvertretendes** und **gesetzeskorrigierendes** Richterrecht ist daher mit Blick auf das Gewaltenteilungsprinzip grds. unzulässig. Allerdings darf bzw. muss die Rechtsprechung unionsrechtswidrige Gesetze am Maßstab des höherrangigen EU-Rechts nicht nur auslegen, sondern – im Falle eines nicht mehr auslegungsfähigen Wortlauts – sogar auch teleologisch reduzieren bzw. unangewendet lassen (siehe dazu Rn 33 ff. und 49a). Unabhängig von dieser Problematik in Bezug auf eine Kollision mit EU-Recht darf sie lückenhafte Gesetze präzisieren, ergänzen und vervollständigen. Erfolgt diese Präzisierung, Ergänzung und Vervollständigung durch den Richter, spricht man von **gesetzeskonkretisierendem** und **lückenfüllendem Richterrecht**.[74]

39
Obwohl gesetzeskonkretisierendes und lückenfüllendes Richterrecht in gewisser Weise Aufgaben des Gesetzgebers übernimmt, ist diese Art von Richterrecht verfassungsrechtlich rechtfertigungsfähig: Dadurch, dass die Gesetze abstrakt-generellen Charakter haben und eine Vielzahl von unbestimmten Rechtsbegriffen und teilweise auch Generalklauseln beinhalten und somit auch Gesetzeslücken systemimmanent sind, gehört es gerade zu den Aufgaben der Gerichte, unbestimmte Rechtsbegriffe und Generalklauseln zu konkretisieren und auf den zu entscheidenden Fall anzuwenden. Der Gesetzgeber wäre überfordert, müsste er alle denkbaren Fälle antizipiert in den Normen regeln. Anerkannt ist daher auch die Befugnis der Gerichte, für den Fall, dass eine im Sachverhalt auftretende Rechtsfrage gesetzlich nicht geregelt und dies eine versehentliche Gesetzeslücke

---

[73] Vgl. BVerfG NJW 2011, 836 ff.
[74] Zum Richterrecht vgl. ausführlich *R. Schmidt*, Staatsorganisationsrecht, 20. Aufl. 2019, Rn 220 ff.

darstellt, diese Lücke im Wege der Analogie zu füllen. Dann kommt eine analoge Anwendung einer Rechtsnorm, die zwar einen anderen Tatbestand, aber die gewünschte Rechtsfolge enthält, in Betracht (**Analogie**).

**40**

> Eine **Analogie** setzt voraus, dass
>
> - zunächst eine **Regelungslücke** (d.h. eine Unvollständigkeit im Gesetz) besteht. Für den zu entscheidenden Sachverhalt darf keine Regelung (Rechtsnorm) existieren; es besteht aber eine andere Norm, die, wenn sie den betreffenden Sachverhalt erfasste, die gewünschte Rechtsfolge enthält.
> - Sodann muss es die **Interessenlage** gebieten, die Lücke bzw. Unvollständigkeit i.S. der vorhandenen Regelung zu schließen (Interessengleichheit).
> - Schließlich muss die Regelungslücke (d.h. die Unvollständigkeit) **planwidrig** (d.h. versehentlich) sein.[75]

**Beispiel:** § 1004 BGB regelt den Unterlassungs- und Beseitigungsanspruch bei Beeinträchtigungen des Eigentums. Beeinträchtigungen des allgemeinen Persönlichkeitsrechts (etwa durch unerlaubte Veröffentlichung von privaten Fotos) sind nicht erfasst (= Regelungslücke). Andererseits besteht ein Bedürfnis, auch dem in seinem allgemeinen Persönlichkeitsrecht Beeinträchtigten einen Unterlassungs- und Beseitigungsanspruch gegen den Verletzer zuzubilligen (= vergleichbare Interessenlage). Die Gesetzeslücke ist zudem planwidrig, da bei Inkrafttreten des § 1004 BGB im Jahre 1900 der Gesetzgeber den Schutz des allgemeinen Persönlichkeitsrechts nicht vor Augen hatte. Daher ist § 1004 BGB analog auch auf Unterlassungs- und Beseitigungsansprüche bei Eingriffen in das allgemeine Persönlichkeitsrecht anzuwenden.

Da eine analoge Anwendung von Normen auf nicht erfasste Sachverhalte immer auch einen Eingriff in gesetzliche Strukturen darstellt und es Aufgabe des Gesetzgebers sein muss, Gesetzeslücken zu schließen, kann eine von der Rechtsprechung vorgenommene Analogie, wenn sie auch der Bemühung geschuldet ist, unbillige Rechtsfolgen abzuwenden, kein erstrebenswertes Ziel eines Rechtsstaates sein. Daher sollte die Handhabung grundsätzlich restriktiv erfolgen. Jedenfalls ist eine Analogie **unzulässig**, wenn das Gesetz erkennbar die Begrenzung der angeordneten Rechtsfolge auf den geregelten Tatbestand will. Das ist insbesondere bei **absichtsvollem Regelungsverzicht** der Fall, was wiederum durch Auslegung zu ermitteln ist. In einem solchen Fall darf die Lücke in diesem Fall auch nicht durch **richterliche Rechtsfortbildung** geschlossen werden, bei der von der Rechtsprechung Entscheidungen getroffen werden, die keine unmittelbare Grundlage mehr im kodifizierten Recht finden, bei denen also das Gericht quasi – extra legem – als Ersatzgesetzgeber auftritt.[76]

**41**

**Beispiel[77]:** M ist gem. § 1592 Nr. 1 BGB juristischer Vater der T. 8 Jahre nach T´s Geburt bringt er in Erfahrung, dass T von einem anderen Mann abstammt. Nach erfolgreicher Vaterschaftsanfechtung begehrt er von der von ihm mittlerweile geschiedenen Kindsmutter F Auskunft über den Mann, der ihr in der gesetzlichen Empfängniszeit beigewohnt hat, damit er in die Lage versetzt wird, diesen in Regress zu nehmen.

Eine spezielle Norm, die M den gewünschten Auskunftsanspruch gewährt, enthält das BGB nicht. Während der BGH einen solchen Anspruch aus § 242 BGB (Treu und Glauben) hergeleitet hatte[78], erteilte das BVerfG einer solchen Herleitung eine klare Absage. Nach seiner Auffassung hat der Gesetzgeber (mit Blick auf die Bedeutung des Geheimhaltungsin-

---

[75] Vgl. dazu auch BGHZ 105, 140, 143; 120, 239, 251 f.; 149, 165, 174; BGH NJW 2003, 1932, 1933; NJW 2016, 2502, 2503; ferner *Koch*, NJW 2016, 2461, 2463; *Kuhn*, JuS 2016, 104.

[76] Vgl. dazu BVerfGE 34, 269, 287 f.; 49, 304, 318; 65, 182, 190 f.; 71, 354, 362; 128, 193, 210; 132, 99, 127.

[77] Nach BVerfG NJW 2015, 1506 ff.

[78] BGH NJW 2012, 450, 451 f.; NJW 2013, 2108; NJW 2014, 2571. Vgl. auch schon davor OLG Bremen OLG-Report 1999, 403, 404 f.; OLG Hamm NJW 2001, 1870.

teresses der Frau bzgl. ihrer Sexualkontakte als Aspekt des allgemeinen Persönlichkeitsrechts) bewusst keinen solchen Auskunftsanspruch gewährt. Dieser gesetzgeberische Wille dürfe nicht dadurch umgangen werden, dass die Zivilgerichte einen Auskunftsanspruch aus der Generalklausel des § 242 BGB herleiteten.[79]

42 Eine Analogie ist zudem unzulässig, soweit ein **Analogieverbot** besteht, so insbesondere im Strafrecht (Art. 103 II GG - vgl. auch Art. 7 I EMRK, §§ 1 u. 2 StGB), aber auch im Ordnungswidrigkeitenrecht und im Disziplinarrecht. I.Ü. kann die Grenze zwischen (zulässiger) Analogie und (unzulässiger) Gesetzesvertretung oder Gesetzeskorrektur unscharf sein. Daher sollten derartige Instrumente restriktiv angewendet werden.

43 Von der (bisher behandelten) Gesetzesanalogie (Einzelanalogie) zu unterscheiden ist die **Rechtsanalogie (Gesamtanalogie)**. Diese beruht auf dem Umstand, dass in einigen Fällen auch eine ausdehnende Anwendung einer Gesetzesbestimmung auf einen gesetzlich nicht geregelten Fall nicht zur Schließung der Gesetzeslücke führt, sondern dass die Lücke allenfalls durch ein Regelungsprinzip, das mehreren Gesetzesbestimmungen zugrunde liegt, gefüllt werden kann. Es werden also *mehrere* Gesetzesbestimmungen analog – d.h. sinngemäß – angewandt.

> **Beispiel:** Vor Inkrafttreten der Schuldrechtsreform am 1.1.2002 wurden im BGB zwei Leistungsstörungen geregelt: die **Unmöglichkeit** (§§ 280 I, 325 I S. 1 BGB a.F.) und der **Verzug** (§§ 286 I, 326 BGB a.F.). Nicht geregelt wurde der Fall der **Schlechtleistung**, insbesondere wenn durch die mangelhafte Sache Schäden an anderen Rechtsgütern des Käufers entstanden waren und diese nicht in unmittelbarem Zusammenhang mit der Kaufsache standen: Enthielt bspw. das vom Verkäufer an den Käufer verkaufte Motoröl aufgrund einer Nachlässigkeit des Verkäufers schädliche Bestandteile und entstand dadurch am Motor des Pkws des Käufers ein Schaden, konnte der Käufer vom Verkäufer wegen dieser schuldhaften Pflichtverletzung nach den genannten Vorschriften keinen Schadensersatz verlangen. Denn es lagen weder eine Unmöglichkeit (der Verkäufer hatte ja geliefert) noch ein Verzug (die Lieferung war auch nicht verspätet) vor. Der Gesetzgeber hatte offenbar übersehen, dass eine Leistungsstörung nicht nur in der Unmöglichkeit und dem Verzug zu sehen ist, sondern auch in der schlichten Schlechtleistung. Um hier den Gläubiger nicht unangemessen zu benachteiligen, griff die Rechtsprechung auf die Figur der Rechtsanalogie zurück und gewährte dem Gläubiger in analoger Anwendung der §§ 280, 286; §§ 325, 326 BGB (a.F.) einen Schadensersatzanspruch. Diese Rechtsanalogie wurde allgemein unter dem Begriff „**positive Vertragsverletzung**" (pVV) bekannt. Im Rahmen der Schuldrechtsreform hat der Gesetzgeber die Vorschrift des § 280 BGB neugefasst und nunmehr den allgemeinen Tatbestand der **Pflichtverletzung** geschaffen, der auch den Fall der pVV erfasst.

## III. Ziehen von Schlüssen

44 Bei der Auslegung von Tatbeständen kann es notwendig und sinnvoll sein, ein bestimmtes Ergebnis mit bestimmten Denkfiguren zu unterstützen bzw. zu begründen.

45 Die Schlussfolgerung „**argumentum a maiori ad minus**" kennzeichnet in der Logik bekannte und einfache Schlüsse insbesondere

■ den Schluss vom **Allgemeinen auf das Einzelne** und vom **Mehr auf ein Weniger** („Setzt für alle die Volljährigkeit mit Vollendung des 18. Lebensjahres ein, wird auch K

---

[79] BVerfG NJW 2015, 1506, 1508 f. Vgl. auch den absichtsvollen Regelungsverzicht des Gesetzgebers in Bezug auf die Frage nach der analogen Anwendung der §§ 630a ff. BGB auf tierärztliche Behandlungsverträge, wo der Gesetzgeber es aber der Rechtsprechung unbenommen gelassen hat, die einst von ihr zu den ärztlichen Behandlungsfehlern entwickelten Kriterien, die zu einer Beweislastumkehr bei schweren Behandlungsfehlern im humanmedizinischen Bereich geführt haben, auf schwere tierärztliche Behandlungsfehler zu übertragen, und der BGH dem gefolgt ist (BGH NJW 2016, 2502 ff.), siehe dazu unten Rn 67 a.E. sowie ausführlich *R. Schmidt*, SchuldR BT II, Rn 606a.

volljährig, wenn er das 18. Lebensjahr vollendet" bzw. „Fasst der Laderaum eines Lkw 3 t Masse, kann man auch 2 t laden"),

- den Schluss vom **Größeren auf das Kleinere** („Beträgt die Brückenhöhe 3 m und dürfte ein Fahrzeug darunter herfahren, das eine Höhe von 2,8 m misst, gilt das auch für ein Fahrzeug, dessen Höhe nur 2,6 m misst"),

- den Schluss vom **Stärkeren auf das Schwächere** („Ein Wagenheber, der für 2 t Masse zugelassen ist, darf auch für einen 800 kg schweren Kleinwagen verwendet werden").

In der juristischen Methodenlehre kennzeichnet das „argumentum a maiori ad minus" **46** den Schluss vom **Größeren auf das Kleinere**, d.h. von einer weitergehenden Regelung auf einen weniger Voraussetzungen erfordernden Fall. Im Ergebnis wird die Rechtsfolge einer Rechtsnorm für den weniger weit gehenden Tatbestand bejaht. Es lässt sich sagen: Was für das „Größere" gilt, muss erst recht für das „Kleinere" gelten (**Erst-recht-Schluss**). Oder: wenn man zum Größeren berechtigt ist, darf man auch das Kleinere.

> **Beispiel:** Wenn jemandem schon eine Prokura, also die umfassendste Vertretungsmacht im Handelsverkehr (§§ 48 ff. HGB) erteilt wurde, ist der Inhaber der Prokura (der Prokurist) erst recht zu allen Handlungen berechtigt, die von der rechtlich geringerwertigen Handlungsvollmacht nach § 54 HGB gedeckt sind.

Der Erst-recht-Schluss ist auch umgekehrt möglich: Der Schluss *argumentum a minori* **47** *ad maius* kennzeichnet in der juristischen Methodenlehre den Schluss **vom Kleineren auf das Größere**: Wenn schon das Engere erlaubt ist, dann ist erst recht das Weitere erlaubt. Oder: Wenn schon das Kleinere verboten ist, dann ist erst recht das Größere verboten.

> **Beispiel:** Wenn die Kündigung eines Arbeitsverhältnisses mit einer Frist von vier Wochen zulässig wäre (§ 622 I BGB), ist eine Kündigung mit einer Frist von drei Monaten erst recht zulässig.

Ebenfalls eine juristische Methode zur Auslegung einer Rechtsnorm ist der **Umkehr-** **48** **schluss** bzw. Gegenschluss (lat.: **argumentum e contrario**). Der Umkehr- bzw. Gegenschluss wird in der Regel mit Hilfe der logischen Gegenposition aus einer anderen Rechtsnorm gezogen; er ist der Schluss von der Regelung eines geregelten Falles auf die umgekehrte Regelung des nicht geregelten Falles. Er stellt damit sozusagen das Spiegelbild der Analogie dar. Dem liegt folgende Überlegung zugrunde: Aus einer offenbar geplanten Regelungslücke wird gefolgert, dass der ungeregelte Sachverhalt nicht durch Analogieschluss mit der Rechtsfolge einer vorhandenen Norm geregelt werden darf. Die Geplantheit der Regelungslücke erkennt man durch Auslegung. Sie kann sich beispielsweise aus den parlamentarischen Beiträgen aus der Zeit der Gesetzesentstehung ergeben oder daraus, dass der Gesetzgeber bestimmte, sehr konkrete Einzelfälle eines Oberthemas geregelt hat, andere, offensichtlich auch in Frage kommende aber nicht. Vgl. hierzu bereits das Beispiel bei Rn 41.

## IV. Teleologische Reduktion und Extension

Schließlich ist die **teleologische Reduktion** zu nennen, die immer dann vorliegt, **49** wenn der textliche Anwendungsbereich einer Rechtsnorm von Rechtsprechung oder Wissenschaft als zu weit angesehen und daher so beschränkt wird, dass Sachverhalte, die nach dem Wortlaut der Norm an sich erfasst würden, von der Anwendung der Norm gleichwohl ausgeschlossen werden. Voraussetzung für die teleologische Reduktion ist aber, dass die vom Wortlaut umfassten Fälle der Zielsetzung (d.h. dem Zweck) des

Gesetzes widersprechen. Dann wird der im Verhältnis zum Normzweck zu weit geratene Normtext „reduziert".[80]

> **Beispiel:** § 164 I BGB (Voraussetzungen der Stellvertretung) verlangt seinem Wortlaut nach, dass der Vertreter die Willenserklärung „im Namen des Vertretenen" abgeben muss. Damit ist das sog. Offenkundigkeitsprinzip gemeint: Der Vertragspartner soll wissen, ob er mit dem Handelnden oder einer anderen Person kontrahiert. Denn die Kenntnis der Person des Vertragspartners ist (etwa mit Blick auf die Zahlungsfähigkeit oder -willigkeit oder die Geschäftsfähigkeit) für den Vertragsschluss i.d.R. nicht unerheblich. Liegt aber die Ratio des Offenkundigkeitsprinzips nicht vor, liefe es den Interessen der Parteien zuwider, am Offenkundigkeitsprinzip festzuhalten. Das ist etwa bei Bargeschäften des täglichen Lebens („Brötchenkauf beim Bäcker") der Fall, da hier unterstellt werden kann, dass es dem Verkäufer letztlich gleichgültig ist, wer sein Vertragspartner wird, solange er nur und sofort die Gegenleistung (den Kaufpreis) erhält. In Fällen dieser Art ist daher in teleologischer Reduktion des § 164 I BGB die fehlende Offenkundigkeit unschädlich. Es liegt ein „Geschäft für den, den es angeht" vor (dazu näher Rn 678 ff.).

**49a** Auch bei einer **Kollision mit EU-Recht** kann man die der EU-Norm widersprechende nationale Norm, deren Wortlaut keine (weitere) Auslegung am Maßstab der höherrangigen EU-Norm mehr zulässt, teleologisch reduzieren, um die Folge der Unanwendbarkeit zu vermeiden (dazu oben Rn 33 ff.).

**50** Demgegenüber spricht man von einer **teleologischen Extension**, wenn eine Norm ihrem Zweck nach auf Fälle ausgedehnt wird, die an sich nicht vom Wortlaut der Norm erfasst werden. Freilich rückt diese Auslegungsmethode in die Nähe der Analogie.

> **Beispiel:** Nach allgemeiner Auffassung handelt es sich auch dann um ein für den Minderjährigen zustimmungsfreies Geschäft, wenn es für ihn rechtlich neutral ist, obwohl § 107 BGB von „nicht lediglich einen rechtlichen Vorteil" spricht. Denn auch in diesem Fall treffen ihn keine nachteiligen Folgen aus dem Rechtsgeschäft und die Ratio des Minderjährigenschutzes wird nicht berührt (dazu Rn 1005).

**51** Im Bereich der Inhaltskontrolle von Allgemeinen Geschäftsbedingungen (AGB) ist eine **geltungserhaltende Reduktion**, bei der durch eine restriktive Auslegung eine unzulässige Klausel auf das gerade noch Vertretbare beschränkt wird, unstatthaft. Vgl. dazu näher Rn 1585.

**51a** Zur **ergänzenden Vertragsauslegung**, die strikt von der ergänzenden Gesetzesauslegung und der analogen Anwendung von Gesetzesbestimmungen zu trennen ist, vgl. Rn 418 ff.

## V. Das Prinzip des „Vor-die-Klammer-Ziehens"

**52** Bereits bei Rn 20 wurde gesagt, dass das BGB allgemeine, für alle oder zumindest viele Rechtsgeschäfte bzw. Schuldverhältnisse gleichermaßen geltende Bestimmungen voranstellt, um grundlegende Bestimmungen nicht bei jedem Vertragstyp erneut regeln oder ständig darauf verweisen zu müssen. Das BGB folgt damit dem Prinzip des „Vor-die-Klammer-Ziehens" (sog. **Klammertechnik**). Der Vorteil dieser Regelungstechnik besteht darin, dass – im Rahmen der anderen Bücher des BGB, aber auch anderer Rechtsgebiete des Zivilrechts – grundsätzlich auf diese Normen zurückgegriffen werden kann (Vermeidung von Wiederholungen, s.o.), sofern nicht Sonderregelungen bestehen, die die Normen des AT verdrängen.

---

[80] Vgl. dazu auch *Kuhn*, JuS 2016, 104 ff.

**Beispiel:** Bei einem Verbrauchsgüterkauf gem. § 474 BGB werden bspw. die Begriffe des Verbrauchers und Unternehmers verwandt. Um diese zu klären, sind dann die allgemeinen Regelungen der §§ 13, 14 I BGB heranzuziehen.

Das System „vor die Klammer ziehen" hat aber auch den Nachteil, dass zur Beurteilung eines Rechtsverhältnisses Normen aus ganz verschiedenen Bereichen heranzuziehen sind, deren Zusammenspiel (insbesondere für den Studienanfänger) oft schwer zu erfassen ist.[81] **53**

**Beispiel[82]:** Verkauft und übereignet V an K ein Auto, gelangen hinsichtlich der Frage nach den Rechten und Pflichten der Parteien verschiedene Regelungsgebiete, die allesamt zu prüfen sein können:

1. die Vorschriften des Allgemeinen Teils (insbesondere die Vorschriften über das Zustandekommen von Verträgen, §§ 145 ff. BGB, die Vorschriften über die Stellvertretung, §§ 164 ff. BGB, aber auch die Vorschriften der Anfechtung, 119 ff. BGB)
2. die Vorschriften über Schuldverhältnisse allgemein (§§ 241 ff. BGB),
3. die Vorschriften über Schuldverhältnisse aus Verträgen (§§ 311 ff. BGB),
4. die Vorschriften über gegenseitige Verträge (§§ 320 ff. BGB),
5. die Vorschriften über den Kauf (§§ 433 ff. BGB) und die Vorschriften über die Mängelhaftung beim Kauf (§§ 433 I S. 2, 434 ff. BGB).
6. Hinsichtlich der Übertragung des Eigentums gelangen zudem Vorschriften des Sachenrechts (hier: §§ 929 ff. BGB) zur Anwendung.

## VI. Verweisung auf andere Vorschriften

Nicht nur die Klammertechnik ist ein probates Mittel, Wiederholungen zu vermeiden; auch Verweisungstechniken sind geeignet, der Fülle an (redundanten) Rechtsvorschriften zu begegnen. Mit „Verweisungstechnik" ist die Verweisung auf andere Rechtssätze bzw. Rechtsgebiete gemeint, was freilich zu einer Unübersichtlichkeit führen kann, die aber eher hinzunehmen ist als eine ständige Wiederholung von (inhaltsgleichen) Regelungen. **54**

**Beispiel:** § 437 BGB beschreibt die Rechte des Käufers bei Sachmängeln. Hinsichtlich des Rücktritts z.B. verweist § 437 Nr. 2 Var. 1 BGB auf §§ 440, 323 und 326 V BGB. Die Rücktrittsfolgen ergeben sich dann aus §§ 346 ff. BGB.

Das bedeutet, dass der Rechtsanwender bzgl. der Rücktrittsvoraussetzungen und Rücktrittsfolgen diese Vorschriften des allgemeinen Schuldrechts heranziehen muss.

Verweist das Gesetz (wie im Fall des § 437 BGB) auf Tatbestand *und* Rechtsfolge der Normen, die entsprechende Anwendung finden sollen, spricht man von einer **Rechtsgrundverweisung**. Wird nur auf die Rechtsfolge verwiesen, liegt eine **Rechtsfolgenverweisung** vor. Ob eine Rechtsgrund- oder Rechtsfolgenverweisung vorliegt, muss durch Auslegung ermittelt werden.

**Beispiele:**
(1) § 951 I S. 1 BGB verweist auf die Vorschriften über die ungerechtfertigte Bereicherung (§§ 812 ff. BGB), und zwar aufgrund seiner Formulierung in Form einer Rechtsgrundverweisung. Daher müssen auch die tatbestandlichen Voraussetzungen der betreffenden bereicherungsrechtlichen Vorschrift vorliegen.

---

[81] *Köhler*, AT, § 3 Rn 14; vgl. auch *Eckert*, SchuldR AT, Rn 1; *Brox/Walker*, AT, Rn 37; *Wolf/Neuner*, AT, § 7 Rn 8 ff. Die Problematik des Zusammenspiels der einzelnen Bücher (Rechtsinstitute) des BGB ist Gegenstand der Ausführungen bei Rn 1588 ff. sowie des Anwendungsfalls bei Rn 1630.
[82] In Anlehnung an *Köhler*, AT, § 3 Rn 14.

**(2)** Demgegenüber verweist § 823 II S. 1 BGB aufgrund der Formulierung „Die gleiche Verpflichtung ..." lediglich auf die Rechtsfolge des § 823 I BGB (Verpflichtung zum Schadensersatz), nicht auch auf dessen Voraussetzungen.

## VII. Fiktion und gesetzliche Vermutung

55 Möchte der Gesetzgeber eine bestimmte Rechtslage festlegen, obwohl diese (naturwissenschaftlich) eigentlich nicht möglich ist, nimmt er eine **Fiktion** an. Von einer Fiktion (im Rechtssinne) spricht man, wenn das Gesetz tatsächliche oder rechtliche Umstände als gegeben behandelt, obwohl sie in Wirklichkeit nicht vorliegen (können). Diese werden fingiert, damit die gewünschte Rechtsfolge greifen kann. Eine Fiktion ist daher auch nicht widerleglich, d.h. nicht durch (Gegen-)Beweis zu entkräften.

> **Beispiel:** Die Rechtsfähigkeit eines Menschen beginnt mit der Vollendung der Geburt (§ 1 BGB). Demzufolge ist der noch ungeborene Mensch (der *Nasciturus*) nicht rechtsfähig und kann damit auch nicht Träger von Rechten und Pflichten sein. Im Erbrecht knüpft § 1923 I BGB an diesen Grundsatz an. Danach kann nur derjenige erben, der zur Zeit des Erbfalls lebt – also nicht derjenige, der bereits gestorben oder noch nicht geboren ist. Für den Fall des noch ungeborenen Menschen macht das Gesetz aber eine Ausnahme, indem es in § 1923 II BGB bestimmt, dass derjenige, der zur Zeit des Erbfalls noch nicht lebte, aber bereits gezeugt war, als vor dem Erbfall geboren gilt.
>
> Hier liegt eine Fiktion vor, weil der noch ungeborene Mensch nicht geboren sein kann; der noch ungeborene Mensch *gilt* lediglich als geboren, damit er (wie ein geborener Mensch) erben kann. Mit dieser Fiktion konnte der Gesetzgeber auf die Normierung von Regelungen hinsichtlich des Erbrechts ungeborener Menschen also verzichten, indem er schlicht fingiert, dass der noch ungeborene Mensch geboren sei. Vgl. dazu Rn 113.

56 Abzugrenzen ist die Fiktion von der **gesetzlichen (Rechts-)Vermutung** (*praesumtio iuris*). Hiervon spricht man, wenn das Gesetz bei Vorliegen bestimmter Gegebenheiten oder Umstände (Vermutungsbasis) vom Vorliegen anderer Gegebenheiten, Umstände oder Folgerungen ausgeht. Je nachdem, ob das Gesetz die Vermutung als zwingend erachtet (also die Folgerung quasi fingiert) oder eine Entkräftung durch Beweis des Gegenteils (Gegenbeweis) zulässt, spricht man von unwiderleglicher oder widerleglicher gesetzlicher (Rechts-)Vermutung. Dabei gilt im Grundsatz, dass das Gesetz immer, wenn es für das Vorhandensein einer Tatsache eine Vermutung aufstellt, den Beweis des Gegenteils zulässt, sofern es nicht ein anderes vorschreibt.[83] Dies entspricht der Beweisregelung des § 292 S. 1 ZPO. Das heißt: Bei den gesetzlichen Vermutungen handelt es sich um widerlegliche Vermutungen, wenn sich nicht aus dem Wortlaut oder aufgrund von Auslegung ergibt, dass der Gegenbeweis ausgeschlossen ist.

> **Beispiel für eine widerlegliche gesetzliche Vermutung:** Nach § 1006 I S. 1 BGB wird zugunsten des Besitzers einer beweglichen Sache vermutet, dass er auch Eigentümer sei. ⇨ Mit dieser Regelung trifft das Gesetz also eine Vermutung. Hat nun bspw. A dem B das Fahrrad geliehen (§ 598 BGB) und hat B das Fahrrad sodann dem gutgläubigen C veräußert (§§ 433, 929 S. 1, 932 I BGB)[84], wird A, der das Fahrrad wenig später bei C entdeckt, versuchen, es gem. § 985 BGB herauszuverlangen. Wenn C aber behauptet, das Fahrrad gehöre ihm, weil er es von B erworben habe und er keinen Anlass hatte, an der Eigentümerstellung des B zu zweifeln, stellt sich die Frage, ob A (als Anspruchsteller) beweisen muss, (noch) Eigentümer zu sein, oder ob C beweisen muss, (nunmehr) Eigentümer zu sein. Bei beweglichen Sachen trifft § 1006 I S. 1 BGB die gesetzliche Vermutung dafür, dass der Besitzer auch Eigentümer sei.[85] Vorliegend wird also zugunsten des C

---

[83] *Wolf/Neuner*, AT, § 8 Rn 36.

[84] Die Gutgläubigkeit betrifft also den Umstand, dass C davon ausging, B sei Eigentümer.

[85] Dies gilt gem. § 1006 I S. 2 BGB jedoch nicht einem früheren Besitzer gegenüber, dem die Sache gestohlen worden, verloren gegangen oder sonst abhandengekommen ist, es sei denn, dass es sich um Geld oder Inhaberpapiere handelt. Damit entspricht die Beweislastregelung in § 1006 BGB also den Gutgläubigkeitsregelungen der §§ 932, 935 BGB.

vermutet, dass B zum Zeitpunkt der Veräußerung Eigentümer war. Dies stützt die Annahme des Gesetzgebers, dass ein gutgläubiger Erwerb vom Nichtberechtigten nur dann nicht möglich ist, wenn dem Erwerber bekannt oder infolge grober Fahrlässigkeit unbekannt war, dass die Sache nicht dem Veräußerer gehört (§ 932 II BGB). Der Besitzer wird also von der Darlegungs- und Beweislast, wie er Eigentümer geworden sei, befreit.[86]

Ähnliches gilt für Immobilien: Ist zugunsten einer Person im Grundbuch ein Recht eingetragen, spricht eine gewisse Wahrscheinlichkeit dafür, dass ihm die unbewegliche Sache auch dinglich zugeordnet ist bzw. ihm das eingetragene Recht auch tatsächlich zusteht. Diesem Umstand hat das Gesetz dadurch Rechnung getragen, dass es in § 891 I BGB eine widerlegliche Vermutung für die dingliche Berechtigung des Besitzers bzw. des Eingetragenen aufstellt.[87]

Weitere Beispiele widerleglicher gesetzlicher Vermutungen sind §§ 280 I S. 2, 286 IV und 311a I S. 2 BGB, wonach aus der jeweiligen negativen Formulierung folgt, dass der Schadensersatz nicht gewährt wird, wenn der Schuldner (d.h. der Anspruchsgegner) die Leistungsstörung *nicht* zu vertreten hat. Der *Schuldner* muss also beweisen, dass *er* die zum Schadensersatz führende Leistungsstörung nicht zu vertreten hat.

Und beim Verbrauchsgüterkauf (zum Begriff vgl. § 474 I S. 1 BGB) wird gem. § 477 BGB vermutet, dass ein Sachmangel bereits bei Gefahrübergang (§ 446 BGB) bestand, wenn sich der Mangel innerhalb der ersten Monate seit Gefahrübergang zeigt. Hier muss also der *Verkäufer* beweisen, dass die Sache nicht im Zeitpunkt des Gefahrübergangs mangelhaft war.[88]

Schließlich finden sich im Vertragsrecht widerlegliche gesetzliche Vermutungen in den Vorschriften über den Behandlungsvertrag: § 630h I, III, IV, V S. 1 BGB („wird vermutet…" – dazu unten Rn 67 a.E.).

Im Familienrecht ist z.B. § 1626a II S. 2 BGB zu nennen, wonach eine gesetzliche Vermutung dafür besteht, dass die gemeinsame elterliche Sorge dem Kindeswohl nicht widerspricht.[89]

Ähnliche Regelungen finden sich auch im Deliktsrecht. So tritt gemäß der Negativformulierung in § 831 I S. 2 Var. 1 BGB die nach § 831 I S. 1 BGB angeordnete Haftung für vermutetes Verschulden nicht ein, wenn der Geschäftsherr bei der Auswahl des Verrichtungsgehilfen und/oder dessen Kontrolle die im Verkehr erforderliche Sorgfalt beachtet hat. Hier enthält also das Gesetz eine Verschuldensvermutung mit der Möglichkeit der Erbringung eines Entlastungsbeweises.[90] Und bezüglich des nach § 844 III S. 1 BGB zu gewährenden Hinterbliebenengelds für Personen, die zu dem Getöteten in einem besonderen persönlichen Näheverhältnis standen, wird gem. § 844 III S. 2 BGB vermutet, dass das für einen Entschädigungsanspruch erforderliche besondere Näheverhältnis beim Ehegatten, Lebenspartner, Elternteil oder Kind des Getöteten bestand. Allerdings kann der Schädiger den Nachweis erbringen, dass bei dem Anspruchsteller das besondere Näheverhältnis nicht bestand. Bestreitet der Schädiger das besondere Näheverhältnis, kann den Anspruchsteller die sekundäre Beweislast treffen.[91]

Für alle Fälle gilt aber: Da die gesetzlichen Vermutungen dem Gegenbeweis offenstehen (§ 292 S. 1 ZPO), kann der jeweils andere Teil versuchen, einen Beweis zu erbringen, der die Vermutung widerlegt. Gelingt ihm das nicht, greift die Vermutung.

**Beispiel für eine unwiderlegliche gesetzliche Vermutung:** Gemäß § 1565 I S. 1 BGB darf eine Ehe nur geschieden werden, wenn sie gescheitert ist. Nach § 1565 I S. 2

---

[86] Vgl. nur BGH NJW 2016, 331.
[87] Vgl. dazu näher *R. Schmidt*, SachenR II, Rn 29 ff.
[88] Mit „Zeitpunkt bei Gefahrübergang" ist derjenige nach §§ 447, 477 BGB gemeint. Nicht gemeint ist damit, dass der Mangel zu diesem Zeitpunkt sichtbar gewesen sein muss; es genügt, wenn der Mangel „latent vorhanden" bzw. „angelegt" war (vgl. nur BGH NJW 2017, 1093, 1095 f. – dazu bereits oben Bsp. 1 bei Rn 33a).
[89] Vgl. dazu auch OLG Brandenburg NJW 2015, 964 ff.
[90] Vgl. dazu näher *R. Schmidt*, SchuldR BT II, Rn 867 ff.
[91] *Sprau*, in: Palandt, § 844 Rn 23 mit Verweis auf *Jaeger*, VersR 2017, 1041, 1052. Zur sekundären Beweislast vgl. Rn 65.

BGB ist die Ehe gescheitert, wenn sie unheilbar zerrüttet ist, was wiederum der Fall ist, wenn die eheliche Lebensgemeinschaft nicht mehr besteht und nicht erwartet werden kann, dass die Ehegatten sie wiederherstellen. Da beide Voraussetzungen vom Familiengericht positiv festgestellt werden müssten, dürfte klar werden, dass dies für die Parteien zur Offenlegung unschöner Umstände führen wird. Daher wird gem. § 1566 I BGB das Scheitern der Ehe unwiderleglich vermutet, wenn die Ehegatten zum Zeitpunkt der letzten mündlichen Gerichtsverhandlung seit einem Jahr getrennt leben und beide Ehegatten die Scheidung beantragen oder wenn zumindest der Antragsgegner der Scheidung zustimmt (einverständliche Scheidung). In diesem Fall wird das Gericht ohne weiteres die Ehe scheiden; eine Prüfung, ob die Voraussetzungen des § 1565 I S. 2 BGB vorliegen, findet nicht statt.

Ein weiteres Beispiel findet sich in § 1566 II BGB, wonach für den Fall, dass der Antragsgegner der Scheidung nicht zustimmt (streitige Ehescheidung), unwiderleglich vermutet wird, dass die Ehe gescheitert ist, wenn die Ehegatten seit drei Jahren getrennt leben. Diese Regelung ermöglicht die Scheidung also auch gegen den Willen des anderen Ehegatten und unabhängig vom Nachweis, dass die Ehe gescheitert ist.[92] Letztlich wird mit diesen Regelungen (§ 1566 I und II BGB) das Scheitern der Ehe fingiert, wodurch auch deutlich wird, dass unwiderlegliche gesetzliche Vermutung und Fiktion nicht klar voneinander unterschieden werden können. Hinsichtlich der Abgrenzung zwischen Fiktion und unwiderleglicher Vermutung kann man kann aber sagen: Die unwiderlegliche Vermutung *kann* der Realität entsprechen, die Fiktion nicht.

Auch wenn das Gesetz von „**gilt**" spricht, wird i.d.R. eine Rechtsfolge unwiderleglich vermutet bzw. fingiert. So „gilt" die Genehmigung eines schwebend unwirksamen „Vertretergeschäfts" als verweigert, wenn sich der Vertretene auf eine Aufforderung des Geschäftsgegners nicht äußert (§ 177 II S. 2 Halbs. 2 BGB – Rn 888). Hier wird also das Schweigen als Ablehnung behandelt (vgl. auch die Parallelnorm bspw. in § 108 II S. 2 Halbs. 2 BGB – Rn 1304). Auch zugunsten des Erwerbers einer Immobilie gilt der Inhalt des Grundbuchs als vollständig und richtig (§ 892 I BGB).[93] Und im kaufrechtlichen Gewährleistungsrecht (§§ 434 ff. BGB) „gilt" gem. § 440 S. 2 BGB die Nachbesserung nach dem zweiten erfolglosen Nachbesserungsversuch als fehlgeschlagen (mit der Folge, dass der Weg frei ist für Rücktritt und Minderung), wenn sich nicht aus der Art der Sache oder des Mangels oder aus sonstigen Umständen etwas anderes ergibt. Die Rechtsvermutung ist also widerleglich. So können nach der Rechtsprechung des BGH auch mehr als zwei Nachbesserungsversuche in Betracht kommen, etwa bei besonderer (technischer) Komplexität der Sache, schwer zu behebenden Mängeln oder ungewöhnlich widrigen Umständen bei vorangegangenen Nachbesserungsversuchen.[94]

## VIII. Zwingendes und dispositives (nachgiebiges) Recht

57 Hinsichtlich der Bindungswirkung von Rechtsnormen unterscheidet das BGB zwischen **zwingendem** (*ius cogens*) und **dispositivem** (*ius dispositivum*) Recht. Zwingendes Recht bedeutet, dass die den Sachverhalt regelnden Normen von den Parteien stets und uneingeschränkt zu beachten sind, ihre Geltung also nicht durch Rechtsgeschäft ausgeschlossen (abbedungen) oder eingeschränkt werden kann. Dem stehen Rechtsnormen gegenüber, deren Geltung von den Beteiligten ausgeschlossen oder eingeschränkt werden kann – *dispositives* (nachgiebiges) Recht.[95] Vom Grundsatz her sind die Bestimmungen des Schuldrechts dispositiv. Denn wegen des im Zivilrecht geltenden Grundsatzes der Privatautonomie, der seine verfassungsrechtliche Grundlage in Art. 2 I GG (allgemeine Handlungsfreiheit; Privatautonomie) findet, müssen die Beteiligten grundsätzlich auch das Recht haben, ihre Rechtsbeziehungen selbstverantwortlich zu gestalten und die

---

[92] Zu den Voraussetzungen der Vermutungsregeln im Scheidungsrecht vgl. *R. Schmidt*, FamR, Rn 261 ff.
[93] Vgl. dazu *R. Schmidt*, SachenR II, Rn 32.
[94] BGH NJW 2007, 504. Zu § 56 HGB, wo das Verb „gilt" von vornherein nicht im Sinne einer Fiktion verstanden wird, vgl. unten Rn 775.
[95] Vgl. *Brox/Walker*, AT, Rn 35 f.; *Köhler*, AT, § 3 Rn 23 f.; *Kötz*, JuS 2013, 289 ff.

Geltung einzelner Bestimmungen des Zivilrechts vertraglich auszuschließen. Denn die Funktion der zivilrechtlichen Normen besteht darin, eine interessengerechte Vertragsordnung zur Verfügung zu stellen und dadurch den Parteien die Last abzunehmen, für alle Eventualitäten der Vertragsdurchführung Vereinbarungen treffen zu müssen, nicht jedoch darin, den Parteien im Wege zu stehen, wenn diese für ihre besonderen Bedürfnisse und Interessen eine andere Regelung treffen wollen. Da die Parteien oftmals jedoch nicht dieselbe wirtschaftliche und/oder intellektuelle Verhandlungsmacht haben und es daher naheliegt, dass die wirtschaftlich und/oder intellektuell überlegene Partei versuchen wird, die andere Partei zu benachteiligen, kann die genannte Vertragsautonomie auf der anderen Seite nicht uneingeschränkt gewährt werden. Daher sind bestimmte Vorschriften für die Beteiligten zwingend und können nicht abbedungen werden.

Zwischen den Kategorien *zwingend* und *dispositiv* steht noch die Kategorie *halbzwingend*. **58** Als *halbzwingend* bezeichnet man Normen, von denen nicht zum Nachteil, wohl aber zum Vorteil einer Partei abgewichen werden darf.[96] In Abhängigkeit von der Art des halbzwingenden Charakters werden bei dieser Kategorie wiederum *subjektiv halbzwingende, zeitlich halbzwingende* und *im Kern zwingende* (bzw. *formal zwingende*) Rechtsnormen unterschieden. Ob eine Rechtsnorm zwingend, halbzwingend oder dispositiv ist, ergibt sich durch **Auslegung**, vornehmlich aus ihrem Wortlaut oder Zweck (zu den Auslegungsmethoden vgl. Rn 27 ff.). Danach gilt:

- Aufgrund der im Zivilrecht geltenden Vertragsfreiheit sind im Grundsatz jedenfalls die meisten **schuldrechtlichen** Bestimmungen **dispositiv**. So stellen die im BGB angebotenen Typenverträge (Kauf, Miete, Leihe, Werkvertrag, Dienstvertrag etc.) nur „Vorschläge" dar. Die in Art. 2 I GG und § 311 I BGB verankerte Vertragsfreiheit ermöglicht es den Parteien, von diesen Typenverträgen ganz oder teilweise abzuweichen. Je nach dem Grad der Abweichung liegt ein gemischttypischer Vertrag oder ein atypischer Vertrag vor.

  Beispiele: Schließt S mit dem Inhaber eines Sportstudios einen „Fitnessstudiovertrag", liegt kein Typenvertrag vor, da ein solcher Vertragstyp vom BGB-Schuldrecht nicht „angeboten" wird. Vielmehr handelt es sich um einen „gemischttypischen" Vertrag, der Elemente eines Mietvertrags (in Bezug auf die Benutzung der Sportgeräte und anderer Einrichtungsgegenstände), eines Kaufvertrags (etwa, wenn Fertigprodukte an der Theke gekauft werden), eines Werkvertrags (etwa, wenn Fitnessdrinks an der Theke zubereitet werden) und eines Dienstvertrags (etwa, wenn Instruktionen des Fitnesstrainers eingeholt werden) vereint. Ähnlich verhält es sich bei einem „Restaurantvertrag", der Elemente eines Mietvertrags (in Bezug auf die Benutzung des Tischs), eines Werkvertrags (in Bezug auf die Zubereitung der Speise) und eines Dienstvertrags (in Bezug auf den Service) enthält. Art. 2 I GG und § 311 I BGB ermöglichen es aber auch, einen Vertrag zu schließen, der gänzlich nicht vom Kanon der Typenverträge erfasst ist, so z.B. einen Franchisevertrag. In diesem Zusammenhang spricht man auch von einem atypischen Vertrag.

  Treten im Rahmen eines gemischt- oder atypischen Vertrags Leistungsstörungen auf, ist zuerst zu schauen, ob sich die Leistungsstörung schwerpunktmäßig einem beteiligten Vertragstyp zuordnen lässt. Dann ist zu prüfen, ob die Parteien von den gesetzlichen Regelungen abweichende Vereinbarungen treffen konnten. Hierbei sind auch die Schutzvorschriften des allgemeinen Schuldrechts zu beachten, insbesondere die des Leistungsstörungsrechts.

- Ist der anhand des Wortlauts bzw. durch Auslegung ermittelte Schutzzweck einer Norm so wichtig, dass diese der Disposition durch die Parteien nicht zugänglich ist, wäre eine vertragliche Abweichung unwirksam. Zu den Vorschriften, die **nicht dispositiv** sind, zählen solche, die einen Warn- oder Übereilungsschutz formulieren, eine Beweisfunktion ausüben, der Sicherheit des Rechtsverkehrs dienen oder schlicht die unterlegene Partei vor Übervorteilung schützen. Nicht dispositiv sind z.B. Schutzvorschriften des BGB AT wie §§

---

[96] Vgl. dazu etwa BGH NJW 2015, 3025, 3028.

104, 105, 123, 125, 134, 138 BGB. So ist z.B. klar, dass das Recht zur Anfechtung wegen arglistiger Täuschung (§ 123 I Var. 1 BGB) nicht vertraglich ausgeschlossen werden kann. Aus dem Schuldrecht wären z.B. §§ 271a, 306a, 311b, 444, 476 I S. 1, 536d, 574c III, 619 BGB zu nennen. Auch Vorschriften, die (aus Gründen der Rechtssicherheit und Rechtsklarheit) einen Typenzwang vorschreiben, stehen nicht zur Disposition, etwa die meisten sachenrechtlichen Vorschriften. Zwingend sind auch die meisten Vorschriften des Familienrechts und des Erbrechts, um die persönlichen und personenrechtlichen Verhältnisse besonders zu schützen. So leuchtet es ein, dass die Verpflichtung der Ehegatten zum Familienunterhalt (§ 1360 BGB) nicht der Disposition der Eheleute unterliegen kann. Insgesamt lässt sich also sagen, dass Rechtsnormen, die der Gesetzgeber aufgrund ihres hervorgehobenen Schutzcharakters nicht zur Disposition der Vertragsparteien stellen möchte, keiner vertraglichen Abweichung zugänglich sind. Ein Verstoß führt gem. § 134 BGB zur Nichtigkeit der vertraglichen Klausel.

- Jedoch sind nicht sämtliche Schutzvorschriften in ihrer Gesamtheit zwingend. Besteht der Zweck einer Schutznorm hauptsächlich darin, *eine* der Parteien zu schützen, spricht man von **halbzwingenden** Normen. Bei diesen ist wiederum zwischen subjektiv halbzwingenden und zeitlich halbzwingengenden Normen zu unterscheiden.

  ⇨ **Subjektiv halbzwingend** sind Normen, die dem Schutz der wirtschaftlich schwächeren oder sonst unterlegenen Partei dienen und von denen die Parteien nicht zum Nachteil der wirtschaftlich schwächeren oder sonst unterlegenen Partei abweichen können. Dazu zählen insbesondere die Vorschriften des Verbraucherschutzrechts der §§ 312 ff. BGB. So bestimmt § 312k I S. 1 BGB, dass von den Vorschriften dieses Untertitels, soweit nichts anderes bestimmt ist, nicht zum Nachteil des Verbrauchers oder Kunden abgewichen werden darf. Ähnliche oder gleichlautende Formulierungen finden sich bspw. in §§ 241a III S. 1, 361 II S. 1, 476 I S. 1, 487 S. 1, 512 S. 1, 650o S. 1 BGB. Den Verbraucher begünstigende Abweichungen sind also wirksam. Halbzwingende Rechtsnormen finden sich aber auch außerhalb des Verbraucherschutzrechts, wenn die Schutzbedürftigkeit einer Vertragspartei unabhängig von deren Verbrauchereigenschaft besteht. So z.B. in § 426 II S. 2 BGB, wonach der Forderungsübergang nicht zum Nachteil des Gläubigers geltend gemacht werden kann. Weitere Beispiele finden sich in § 651k V BGB und § 675e I BGB.

  ⇨ **Zeitlich halbzwingend** sind Rechtsnormen, die die Unabdingbarkeit nur in zeitlicher Hinsicht vorschreiben. So kann z.B. gem. § 202 I BGB bei Haftung wegen Vorsatzes die Verjährung nicht im Voraus durch Rechtsgeschäft erleichtert werden. Das bedeutet also, dass die Verjährung durch Rechtsgeschäft erleichtert werden kann, sofern nur die abweichende Vereinbarung hinterher (d.h. nach dem schadensbegründenden Ereignis) getroffen wurde. Ob eine solche Vereinbarung allerdings am Maßstab anderer Schutznormen zu messen wäre, ist nicht Regelungsgegenstand des § 202 I BGB. Ähnliche Regelungen enthalten bspw. §§ 248 I, 276 III, 288 VI S. 1 BGB.

  ⇨ Schließlich sind im **Kern zwingende** Normen (auch formal zwingende Normen genannt) zu nennen. Darunter sind Schutznormen zu verstehen, von denen zwar individualvertraglich, nicht aber in AGB abgewichen werden kann. Im Kern zwingend ist etwa das Recht zur Kündigung von Dauerschuldverhältnissen aus wichtigem Grund (§ 314 BGB), das demnach nicht wirksam durch AGB eingeschränkt werden kann.[97]

59  Ein Verstoß gegen eine zwingende Regelung führt gem. § 134 BGB zur **Nichtigkeit**. Vielfach legt das BGB sogar ausdrücklich fest, dass bestimmte Vereinbarungen, durch die von gesetzlichen Vorschriften abgewichen wird, nichtig sind oder dass sich die davon begünstigte Partei nicht darauf berufen kann (*pactum de non petendo*).

**Beispiel:** Das Gesetz sieht für den Fall der Mangelhaftigkeit einer Kaufsache verschiedene Mängelrechte vor (siehe § 437 BGB). Die Gewährleistung ist aber im Grundsatz dispositiv (also ausschließbar), wie sich aus dem Umkehrschluss aus § 444 BGB ergibt. Denn nach

---

[97] BGH NJW 2012, 1431 f. (Kündigung eines Fitnessstudio-Vertrags).

dieser Vorschrift kann sich der Verkäufer auf eine Vereinbarung, durch welche die Rechte des Käufers wegen eines Mangels ausgeschlossen oder beschränkt werden, (nur dann) nicht berufen, soweit er den Mangel arglistig verschwiegen oder eine Garantie für die Beschaffenheit der Sache übernommen hat. Im Rahmen eines Verbrauchsgüterkaufs[98] gilt § 476 I S. 1 BGB, wonach sich der unternehmerische Verkäufer auf einen Ausschluss der Gewährleistung von vornherein nicht berufen kann. Insgesamt folgt aus dieser Systematik: Der Verkauf von Sachen (etwa Fahrzeugen) ist unter Ausschluss der Gewährleistung möglich. Ein Gewährleistungsausschluss ist jedoch nicht möglich, wenn

⇨ es sich um einen Verbrauchsgüterkauf i.S.d. § 474 I S. 1 BGB handelt, wenn also auf Seiten des Verkäufers einer beweglichen Sache ein Unternehmer (§ 14 I BGB) und auf Seiten des Käufers ein Verbraucher (§ 13 BGB) steht (§ 476 I BGB),

⇨ oder ein Sachmangel (§ 434 BGB) vorliegt und der Verkäufer diesen arglistig verschwiegen[99] oder eine Garantie für die Beschaffenheit übernommen hat (§ 444 BGB).

Weitere **Beispiele**, in denen sich eine Partei nicht auf von gesetzlichen Schutzvorschriften abweichende Vereinbarungen berufen kann, sind

⇨ § 536d BGB, wonach sich der Vermieter auf eine Vereinbarung, durch die die Rechte des Mieters wegen eines Mangels der Mietsache ausgeschlossen oder beschränkt werden, nicht berufen kann, wenn er den Mangel arglistig verschwiegen hat.

⇨ § 572 I BGB, wonach sich der Vermieter auf eine Vereinbarung, der zufolge er berechtigt sein soll, nach Überlassung des Wohnraums an den Mieter vom Vertrag zurückzutreten, nicht berufen kann.

⇨ § 639 BGB, wonach sich der Unternehmer auf eine Vereinbarung, durch welche die Rechte des Bestellers wegen eines Mangels ausgeschlossen oder beschränkt werden, nicht berufen kann, soweit er den Mangel arglistig verschwiegen oder eine Garantie für die Beschaffenheit des Werkes übernommen hat.

⇨ § 651p II BGB, wonach sich der Reiseveranstalter auf den Ausschluss oder die Beschränkung von bestimmten Schadensersatzpflichten gegenüber dem Reisenden nicht berufen kann.

## IX. Vertragsautonomie: Abschlussfreiheit und Inhaltsfreiheit

Wenn bisher von Vertragsfreiheit (d.h. Vertragsautonomie), also von dem Recht der Parteien, ihre vertraglichen Beziehungen frei zu wählen, gesprochen wurde, sind damit die Abschlussfreiheit und die Inhaltsfreiheit gemeint. **Abschlussfreiheit** bedeutet das Recht, frei zu wählen, ob man einen Vertrag schließt oder nicht. Die **Inhaltsfreiheit** (auch Gestaltungsfreiheit genannt) gewährt das Recht, den Vertragsinhalt so zu gestalten, wie es den Vorstellungen und Bedürfnissen der Parteien entspricht.[100] Verfassungsrechtlich ist die Vertragsfreiheit durch Art. 2 I GG (hier: allgemeine Handlungsfreiheit) gewährleistet. Freilich bergen diese Freiheiten stets die Gefahr in sich, dass die wirtschaftlich und/oder intellektuell überlegene Partei es in der Hand hat, die andere Partei zu übervorteilen bzw. zu benachteiligen. Daher hat der Gesetzgeber bestimmte Schutzmechanismen geschaffen, die er im Laufe der Jahre noch ausgebaut hat. So besteht ein sog. **Kontrahierungszwang**[101] z.B. bei der Energieversorgung (Gas, Elektrizität) gem. 18, 36 ff. EnWG, bei der Personenbeförderung eine grundsätzliche Pflicht der Verkehrsunternehmen zum Vertragsschluss gem. § 22 PBefG und im Wirtschaftsrecht für marktbeherrschende Unternehmen gem. § 19 I GWB. Und gem. § 31 Zahlungskontengesetz

**60**

---

[98] Zum Begriff des Verbrauchsgüterkaufs, also eines Kaufs, bei dem in erster Linie ein Verbraucher von einem Unternehmer eine bewegliche Sache kauft (siehe § 474 I S. 1 BGB), siehe bereits Bsp. 2 bei Rn 33a sowie *R. Schmidt*, SchuldR AT, Rn 968 ff.

[99] Vgl. dazu etwa OLG Oldenburg 5.2.2015 – 1 U 129/13 (Verschweigung der Alufolie hinter Tapete, die zur Verdeckung von Feuchtigkeit angebracht worden war). Vgl. auch LG Coburg 11.7.2014 – 22 O 127/14 (Verschweigen eines Unfalls am Kfz, der einen wirtschaftlichen Totalschaden bedeutet).

[100] *Wolf/Neuner*, AT, § 10 Rn 7; *Brox/Walker*, AT, Rn 74 ff.; *Stadler*, AT, § 3 Rn 4 ff.; *Boecken*, AT, Rn 31. Vgl. auch *Musielak*, JuS 2017, 949 f.

[101] Vgl. den lateinischen Begriff contractus – der Vertrag. Kontrahierungszwang bedeutet somit Vertragsabschlusszwang.

sind Kreditinstitute verpflichtet, Verbrauchern ein Basiskonto einzurichten. Im allgemeinen Zivilrecht kann ein Kontrahierungszwang angenommen werden, wenn die Weigerung der überlegenen Partei eine vorsätzliche sittenwidrige Schädigung der anderen Partei i.S.v. § 826 BGB darstellt. Sofern die genannten Bestimmungen auf ihrer Rechtsfolgenseite Schadensersatz nennen und damit auch Naturalrestitution (= Wiederherstellung des ursprünglichen Zustands) zulassen, ist damit auch die Verpflichtung zum Vertragsschluss umfasst, denn der Kontrahierungszwang ist eine Form der Naturalrestitution.[102]

> **Beispiel:** Die Fachbuchhandelskette B, die bereits einen Marktanteil von 80% hat, erklärt sich nur dann bereit, die Bücher des kleinen Fachverlags V in das Sortiment aufzunehmen, wenn dieser eine „Aufnahmegebühr" bezahlt und zudem eine monatliche „Regalmiete" entrichtet.
>
> Da ein Marktanteil von 80% eine Quasi-Monopolstellung bedeutet und die Bereitschaft, die Titel des V nur dann ins Sortiment aufzunehmen, wenn dieser die genannten Bedingungen erfüllt, als grob anstößig zu bewerten ist, muss das Verhalten von B insgesamt als wettbewerbs- und sittenwidrig bezeichnet werden. B ist daher zur Aufnahme der Titel des V ins Sortiment ohne die genannten Bedingungen verpflichtet. Der allgemeine Buchhändlerrabatt (also die Gewinnmarge der Buchhändler) muss genügen.[103]

**61** Eingeschränkt wird die Vertragsfreiheit auch durch das 2006 in Kraft getretene Allgemeine Gleichbehandlungsgesetz (**AGG**). Ziel des Gesetzes ist, Benachteiligungen aus Gründen der Rasse oder wegen der ethnischen Herkunft, des Geschlechts, der Religion oder Weltanschauung, einer Behinderung, des Alters oder der sexuellen Identität zu verhindern oder zu beseitigen (§ 1 AGG). Praktische Bedeutung findet das Gesetz insbesondere im Arbeitsrecht (vgl. § 2 I Nr. 1-4, §§ 6-18 AGG) und bei Verträgen mit **Gütern und Dienstleistungen** (einschließlich Vermietung von Wohnraum), die öffentlich angeboten werden (§ 2 I Nr. 8 AGG). Im Übrigen beschränkt sich das Diskriminierungsverbot zum einen auf **Massengeschäfte** (§ 19 I Nr. 1 AGG), also auf Vielfachgeschäfte, die ohne Ansehen der Person zu vergleichbaren Konditionen und in einer Vielzahl von Fällen abgeschlossen werden. Dazu zählen alltägliche Geschäfte wie Vertragsschlüsse in Kaufhäusern oder Restaurants. Zum anderen beschränkt sich das AGG auf **privatrechtliche Versicherungen** (§ 19 I Nr. 2 AGG). Das Gesetz lässt bei Vorliegen eines Sachgrundes unterschiedliche Behandlungen aber auch ausdrücklich zu (§ 20 AGG). Ist das nicht der Fall, ist die Ungleichbehandlung unzulässig. Die Rechtsfolgen einer unzulässigen Ungleichbehandlung ergeben sich aus § 21 I und II AGG: Unterlassung und/oder Beseitigung des diskriminierenden Zustands; Schadensersatz. Ansprüche aus unerlaubter Handlung bleiben unberührt (§ 21 III AGG).

> **Beispiel:** Dem aus dem Kongo stammenden O wird der Einlass in ein Restaurant verwehrt.
>
> Die Zutrittsverweigerung stellt eine Diskriminierung des O gem. § 19 I Nr. 1 AGG (hier: Benachteiligung aus Gründen der Rasse) dar. Da selbstverständlich kein Sachgrund (auch nicht gem. § 20 AGG) besteht, ist die Zutrittsverweigerung unzulässig. O hat Anspruch auf Zutritt und ordnungsgemäße – insbesondere diskriminierungsfreie – Bedienung. Das folgt aus § 21 I S. 1 AGG. Ggf. hat er auch einen Schadensersatzanspruch.

**62** Auch die Inhaltsfreiheit unterliegt bestimmten Einschränkungen. Denn dass die (wirtschaftlich oder intellektuell) überlegene Partei bestimmte gesetzliche Vorschriften mit Hilfe von **Allgemeinen Geschäftsbedingungen** (AGB) abzubedingen und dadurch ihre

---

[102] Vgl. dazu unten Rn 190 sowie (zu § 826 BGB) *R. Schmidt*, SchuldR BT II, Rn 778.
[103] Freilich ändert die Pflicht zur Aufnahme der Bücher in das Sortiment nichts daran, dass die Buchhändler den Kontrahierungszwang faktisch unterlaufen können, indem sie die Bücher von V häufig remittieren oder den Kunden vom Kauf abraten etc. Zum Kontrahierungszwang vgl. ausführlich Rn 489 ff.

Interessen auf Kosten des Geschäftspartners durchzusetzen versucht, ist hinlänglich bekannt. Diese Tatsache hat auch der Gesetzgeber erkannt, indem er Regelungen aufgestellt hat, die die Verwendung von AGB einschränken bzw. einer (gerichtlichen) Inhaltskontrolle unterstellen (vgl. §§ 305 ff., 307 ff. BGB).[104]

Weitere Vorschriften des BGB, welche die Inhaltsfreiheit einschränken, finden sich z.B. **63** in den allgemeinen Korrekturvorschriften der §§ 134, 138 und 242 BGB. Auch das Verbraucherschutzrecht (§§ 312 ff., 474 ff., 491 ff., 506 ff. BGB) schränkt die Inhaltsfreiheit erheblich ein (siehe nur §§ 475, 476 BGB).

## X. Regelung der Beweislast

Tragendes Prinzip des Zivilprozesses ist die **Dispositionsmaxime**: Der Anspruchsteller **64** kann zunächst frei entscheiden, ob und in welchem Umfang er zur Durchsetzung seiner Rechte die Gerichtsbarkeit bemüht. Ist er klagebefugt, kann er Klage erheben (siehe § 253 ZPO), muss es aber nicht. Im laufenden Gerichtsverfahren bringt die Dispositionsmaxime zum Ausdruck, dass der Rechtsstreit grds. durch die Parteien beherrscht wird[105]: Was die Parteien nicht vorbringen bzw. nicht beantragen, wird grds. nicht verhandelt. Zudem kann der Kläger die Klage zurückziehen (§ 269 ZPO). An die Dispositionsmaxime knüpft die **Verhandlungsmaxime** an, wonach generell nur die Parteien das Tatsachenmaterial vorgeben, das der gerichtlichen Entscheidung zugrunde liegt. Die Parteien sind insoweit für die Beschaffung der Beweismittel verantwortlich (**Beibringungsgrundsatz**). Der Beibringungsgrundsatz fußt auf der im Zivil(prozess)recht geltenden (unausgesprochenen) Grundregel (*„Rosenbergsche Formel"*[106]), wonach bei einem non liquet („es ist nicht klar") jede Partei die Voraussetzungen der anspruchsbegründenden Rechtsnorm, auf die sie sich stützt, beweisen muss und somit das Risiko der Nichterweislichkeit einer Beweisbehauptung trägt (**Beweislast**, die im Rahmen des § 286 ZPO zu berücksichtigen ist).[107] So heißt es in einem Urteil des BGH hinsichtlich der Geltendmachung von Schadensersatz wegen illegalen Filesharings, dass nach den allgemeinen Grundsätzen die Klägerin als Anspruchstellerin die Darlegungs- und Beweislast dafür trage, dass die Voraussetzungen des geltend gemachten Anspruchs auf Schadensersatz erfüllt seien. Sie habe darzulegen und im Bestreitensfall nachzuweisen, dass die Beklagten für die von ihr behauptete Urheberrechtsverletzung als Täter verantwortlich seien.[108]

Trifft danach den Anspruchsteller die volle Darlegungs- und Beweislast, hat er grundsätzlich auch keinen Auskunftsanspruch gegen den Anspruchsgegner in Bezug auf Nennung der ihn begünstigenden Umstände. Der Anspruchsteller muss sich die für den Prozesssieg erforderlichen Informationen grds. schon selbst beschaffen. So trägt er gemäß den genannten allgemeinen Beweisgrundsätzen die grundsätzliche Beweislast für die rechtsbegründenden Tatsachen (d.h. für das Bestehen der anspruchsbegründenden Voraussetzungen), der Anspruchsgegner für die rechtshindernden und rechtsvernichtenden Tatsachen (d.h. für Gegennormen, die dem Anspruch entgegenstehen, wie z.B. die Anfechtungsvoraussetzungen, die der Anspruchsgegner dem Anspruchsteller entgegenhält[109]).[110]

---

[104] Zum AGB-Recht vgl. ausführlich Rn 1488 ff., zu den Schönheitsreparaturklauseln dort Rn 1569 und 1580 f.
[105] Vgl. Thomas/Putzo-*Reichold*, ZPO, Einl I Rn 5.
[106] *Rosenberg*, Die Beweislast, 5. Aufl. (1965), S. 98 f.
[107] Vgl. etwa NJW 2018, 65; BGH NJW 2012, 3774, 3775; ferner *Gsell*, JuS 2005, 967 ff.; *Wolf/Neuner*, AT, § 7 Rn 34 ff.; *Muthorst*, JuS 2014, 686, 688; *Schärtl*, NJW 2014, 3601 ff.
[108] BGH NJW 2018, 65 (mit Verweis u.a. auf BGH NJW 2017, 78; NJW 2016, 953; NJW 2013, 1441; BGHZ 200, 78).
[109] Zu den rechtshindernden und rechtsvernichtenden Einwendungen vgl. Rn 97, 915 ff., 1622 ff.
[110] Vgl. nur BGHZ 53, 245, 250; 113, 222, 224 f.; *Schilken*, ZivilProzR, Rn 503; *Muthorst*, JuS 2014, 686, 689.

Bei Schuldverhältnissen aus Verträgen greift **§ 363 BGB**. Danach trifft den Gläubiger, der eine ihm als Erfüllung angebotene Leistung als Erfüllung angenommen hat, die Beweislast, wenn er die Leistung deshalb nicht als Erfüllung gelten lassen will, weil sie eine andere als die geschuldete Leistung oder weil sie unvollständig gewesen sei.

**Beispiel:** K kauft von V ein gebrauchtes Smartphone. Eine Woche nach Übergabe macht K geltend, der Akku sei defekt.

Unterstellt, dass V und K Privatpersonen sind und dass ein Ausschluss der Mängelrechte nicht vereinbart wurde, kann K Mängelrechte (Nacherfüllung, Minderung, Rücktritt und u.U. auch Schadensersatz) geltend machen, sofern ein Sachmangel i.S.v. § 434 BGB vorliegt und dieser Sachmangel bereits zum Zeitpunkt der Übergabe (Gefahrübergang, § 446 BGB) vorhanden war.[111] Dies müsste K aber gem. § 363 BGB beweisen. Gelingt ihm dieser Beweis nicht, wird er keinen Erfolg haben.[112]

**65**    Freilich führen die Dispositionsmaxime, die Verhandlungsmaxime und der Beibringungsgrundsatz dazu, dass die Wahrheitsfindung nicht immer gewährleistet ist. Eine ständige Gewährleistung der Wahrheitsfindung will die Zivilrechtsordnung (insbesondere die Zivilprozessordnung) offenbar – jedenfalls im Grundsatz – aber auch gar nicht.[113] Gleichwohl enthält sie – jedenfalls, wenn es um (vertragliche oder deliktische) Schadensersatzansprüche[114] geht – Ausnahmen von den genannten Grundsätzen, insbesondere von der Zuordnung der Beweislast. So kennt die Zivilprozessordnung **Beweiserleichterungen**, also Beweisregelungen, bei denen es zwar bei der Grundregel, wonach der Anspruchsteller das Vorhandensein der ihn begünstigenden Umstände beweisen muss, bleibt, jedoch das Beweismaß herabgesetzt ist, etwa in § 287 I S. 1 ZPO: „Ist unter den Parteien streitig, ob ein Schaden entstanden sei und wie hoch sich der Schaden oder ein zu ersetzendes Interesse belaufe, so entscheidet hierüber das Gericht unter Würdigung aller Umstände nach freier Überzeugung." Ebenfalls eine Beweiserleichterung enthält § 294 ZPO (Glaubhaftmachung). Auch im **familiengerichtlichen** Verfahren wäre die Anwendung der allgemeinen Beweislastregelungen für den Kläger bzw. Antragsteller mitunter unzumutbar. Gemäß §§ 26, 127 FamFG besteht sogar ein (eingeschränkter) **Amtsermittlungsgrundsatz**, d.h. das Familiengericht hat entscheidungserhebliche Tatsachen von Amts wegen zu ermitteln.[115]

In der Rechtsprechung anerkannt ist zudem die Beweisführung durch die Annahme eines **Anscheinsbeweises**. Dieser vermittelt dem Tatgericht die widerlegliche Überzeugung, dass ein Geschehen so verlaufen sei, wie es nach der Lebenserfahrung für gleichartige Geschehnisse typisch ist.[116] Weiterhin ergeben sich Beweislasterleichterungen aus der prozessualen **Wahrheitspflicht** (§ 138 I ZPO) und der **Erklärungslast** (§ 138 II ZPO). Im Rahmen dieser Erklärungslast nach § 138 II ZPO kann der Beklagte sogar verpflichtet sein, dem beweisbelasteten Kläger Informationen zu geben. Das ist der Fall, wenn eine Nichtpreisgabe entscheidungserheblicher Umstände eine Vereitelung grundrechtlich geschützter Rechtspositionen bedeutete. Denn nach der Rechtsprechung des

---

[111] Mit „Mangel bei Gefahrübergang" ist nicht gemeint, dass der Mangel zu diesem Zeitpunkt sichtbar gewesen sein muss; es genügt, wenn der Mangel „latent vorhanden" bzw. „angelegt" war (BGH NJW 2014, 1086, 1087). Die Sachmängelrechte sind also auch dann anwendbar, wenn sich der Mangel erst später zeigt, er jedoch bereits zum Zeitpunkt des Gefahrübergangs latent vorhanden, d.h. angelegt war. Dann ist die Sache wegen der bestehenden Ursache bzw. weil der Mangel latent vorhanden, d.h. angelegt war, mangelhaft i.S.d. § 434 BGB (BGHZ 159, 215, 217 f. – Motorschaden durch gerissenen Zahnriemen; BGH NJW 2006, 434, 435 – Turboladerdefekt; NJW 2006, 2250, 2251 f. – Allergie eines Pferdes gegen Mückenstiche; NJW 2014, 1086 f. – Vorschädigung der Sehnen eines Pferdes). Vgl. dazu auch *Schwab*, JuS 2015, 71, 72 f.

[112] Vgl. auch LG Coburg 11.7.2014 – 22 O 127/14 (zur Beweislast bei Verschweigen eines Unfalls am Kfz, der einen wirtschaftlichen Totalschaden bedeutet).

[113] Siehe dazu BGHZ 118, 312, 323 f.; BGH NJW 2018, 65; *Oetker*, in: MüKo, § 249 Rn 8; *Brand*, NJW 2017, 3558 ff.

[114] Siehe dazu *R. Schmidt*, SchuldR AT, Rn 531 ff. und SchuldR BT II, Rn 579 ff.

[115] Siehe dazu *R. Schmidt*, FamR, 10. Aufl. 2018, Rn 172/237/373/714.

[116] Vgl. BGH NJW 2016, 1098, 1099; NJW 2016, 1100, 1101; OLG Oldenburg 26.10.2017 – 1 U 60/17; OLG Köln AUR 2017, 62; OLG München NJW 2015, 1892, 1893 – siehe dazu unten Rn 68a ff.

BVerfG darf die Verteilung der Darlegungs- und Beweislast den Schutz grundrechtlicher Gewährleistungen nicht leerlaufen lassen.[117] Angesprochen ist damit die mittelbare Drittwirkung der Grundrechte, die ja nicht nur Abwehrrechte des Bürgers gegen den Staat darstellen, sondern als objektive Wertordnung auch im Privatrechtsverhältnis wirken und damit auch im Zivilverfahrensrecht zu beachten sind. Kennt danach lediglich der Prozessgegner die wesentlichen Tatsachen, die über den Prozess entscheiden, und wäre die Vorenthaltung für den beweispflichtigen Kläger vor dem Hintergrund der mittelbaren Grundrechtsgeltung unzumutbar (d.h. bedeutete für ihn eine Grundrechtsvereitelung), kann § 138 II ZPO i.V.m. § 242 BGB dazu führen, dass der Beklagte dem beweisbelasteten und sich in einem „Beweisnotstand" befindlichen Kläger die erforderlichen Informationen verschaffen muss. Allerdings muss der Beweispflichtige, den die **primäre Darlegungslast** trifft, zumindest greifbare Anhaltspunkte dafür liefern, dass allein die andere Partei über prozessentscheidende Informationen verfüge und die Nichtverpflichtung zur Offenlegung für ihn (den Beweispflichtigen) eine unzumutbare Grundrechtsbeeinträchtigung darstellte.[118] Ist das der Fall, kann den Beklagten eine **sekundäre Darlegungslast** treffen.[119] Kommt er ihr nicht nach, droht er, den Prozess zu verlieren. Die sekundäre Darlegungslast fußt mithin auf dem unterschiedlichen Informationsstand der Vertragsparteien und der mittelbaren Grundrechtsgeltung auch im Zivilprozess(recht).

**Beispiel 1:** Im Zuge eines anhängigen Rechtsstreits über den Rücktritt von einem Immobilienkaufvertrag wegen eines angeblichen Wasserschadens macht die Klägerin geltend, das Ausmaß des Wasserschadens sei von der Beklagten im Rahmen der Vertragsverhandlungen bagatellisiert worden. Sie verlangt Herausgabe des seinerzeitigen Sachverständigengutachtens und der Reparaturrechnung, um ihre Ansprüche zu begründen.

In diesem Fall kann es § 138 II ZPO i.V.m. § 242 BGB i.V.m. der mittelbaren Drittwirkung der Grundrechte gebieten, dass sich die Beklagte zu den behaupteten Tatsachen erklärt und die Informationen preisgibt bzw. die Unterlagen offenlegt. Kommt die Beklagte danach ihrer sekundären Darlegungslast nach, trifft nunmehr die Klägerin die volle Darlegungs- und Beweislast für die Mängel und die fehlende Aufklärung. So hat der BGH entschieden: „Behauptet der Verkäufer, den Käufer vor Vertragsschluss über einen offenbarungspflichtigen Umstand aufgeklärt zu haben, muss der Käufer beweisen, dass die Aufklärung nicht erfolgt ist".[120]

**Beispiel 2:** Auch der BGH hat in seinem bereits genannten Urteil hinsichtlich der Geltendmachung von Schadensersatz wegen illegalen Filesharings zunächst deutlich gemacht, dass die Anspruchstellerin die Darlegungs- und Beweislast dafür trage, dass die Voraussetzungen des geltend gemachten Anspruchs auf Schadensersatz erfüllt seien und dass sich der geltend gemachte Anspruch auch gegen die richtige Person richte. Jedoch führt der BGH sodann aus, dass eine tatsächliche Vermutung für eine Täterschaft des Anschlussinhabers spreche, wenn zum Zeitpunkt der Rechtsverletzung keine anderen Personen diesen Internetanschluss hätten benutzen können.[121] Das gelte auch dann, wenn mehrere Personen im Haushalt lebten und der Internetzugang nicht hinreichend gesichert sei oder er bewusst anderen Personen zur Nutzung überlassen werde.[122] Habe der Beklagte Anhaltspunkte dafür, dass diese Annahme nicht zutrifft, könne er vortragen, ob andere Personen und gegebenenfalls welche anderen Personen selbstständigen Zugang zu seinem Internetanschluss hatten und als Täter der Rechtsverletzung in Betracht kommen. In einem solchen Fall genüge der Anschlussinhaber seiner sekundären Darlegungslast durch Namensnennung der Personen, die als Täter in Betracht kommen.[123]

---

[117] BVerfG NJW 2000, 1483, 1484.
[118] Siehe BGH NJW 2012, 3774, 3775; BVerfG NJW 2000, 1483, 1484.
[119] Zur sekundären Darlegungslast vgl. auch BGH NJW 2018, 2412, 2413 ff.
[120] BGH NJW 2014, 3296, 3297.
[121] BGH NJW 2018, 65.
[122] BGH NJW 2018, 65.
[123] BGH NJW 2018, 65 f.

**66** Teilweise sieht aber auch das materielle Recht selbst eine **Erleichterung** oder sogar eine **Umkehr** der Beweislast vor oder normiert eine **gesetzliche Vermutung**. Eine Umkehr der Beweislast nimmt das Gesetz z.B. vor bei

- Schadensersatz bei Pflichtverletzung: Hier muss der Schuldner beweisen, dass er die Pflichtverletzung nicht zu vertreten hat (§ 280 I S. 2 BGB).

- Schuldnerverzug: Hier muss der Schuldner beweisen, dass er den verzugsbegründenden Umstand nicht zu vertreten hat (§ 286 IV BGB).

- Schadensersatz bei Leistungshindernis zum Zeitpunkt des Vertragsschlusses: Hier muss der Schuldner beweisen, dass er das Leistungshindernis nicht kannte und seine Unkenntnis auch nicht zu vertreten hat (§ 311a II S. 2 BGB).

- bestimmten gesetzlich geregelten Ausnahmetatbeständen, die eine (abweichende) Beweislast regeln, etwa bei § 179 III S. 1 BGB, wonach der ohne Vertretungsmacht handelnde Vertreter beweisen muss, dass der andere Teil (d.h. der Geschäftsgegner) den Mangel der Vertretungsmacht kannte oder kennen musste[124], oder bei § 932 I, II BGB, wonach der die Herausgabe Verlangende beweisen muss, dass dem Erwerber entweder bekannt war oder ihm infolge grober Fahrlässigkeit unbekannt war, dass die Sache nicht dem Veräußerer gehört[125]; vgl. dazu das Beispiel bei Rn 67.

- Gewährleistung während der ersten sechs Monate bei einem Verbrauchsgüterkaufvertrag: Ist eine Sache zum Zeitpunkt des Gefahrübergangs mangelhaft (siehe § 434 BGB), greifen bestimmte Mängelrechte (siehe § 437 BGB). Hinsichtlich der Beweislast gilt: Zwar muss der Käufer beweisen, dass (überhaupt) ein Sachmangel vorliegt.[126] Gelingt ihm aber dieser Beweis, greift die Beweislastumkehr des § 477 BGB: Zeigt sich binnen sechs Monaten seit Gefahrübergang der Mangel, wird vermutet, dass dieser Sachmangel bereits im Zeitpunkt des Gefahrübergangs vorlag.[127] In Anpassung zur Rechtsprechung des EuGH zu Art. 5 III der Verbrauchsgüterkaufrichtlinie (siehe dazu Bsp. 1 bei Rn 33a) muss der Käufer weder darlegen und beweisen, auf welche Ursache dieser Zustand zurückzuführen ist, noch dass diese in den Verantwortungsbereich des Verkäufers fällt.[128] Es genügt also, wenn er den Mangel nachweist und ihn binnen der Verjährungsfrist des § 438 BGB geltend macht. Zudem erstreckt sich die Regelvermutung des § 477 BGB darauf, dass der binnen sechs Monaten nach Gefahrübergang zutage getretene mangelhafte Zustand zumindest im Ansatz schon bei Gefahrübergang vorgelegen hat.[129]
  Sache des Verkäufers ist nun, diese Regelvermutung(en) zu widerlegen, d.h. zu beweisen, dass der Mangel nicht schon bei Gefahrübergang vorhanden bzw. angelegt war.

  **Beispiel:** Handelte es sich im Beispiel von Rn 64 um einen Verbrauchsgüterkauf (V wäre Unternehmer und K Verbraucher[130]), bliebe es zwar dabei, dass K das Vorliegen eines Sachmangels beweisen müsste. Gemäß § 477 BGB wird aber innerhalb von sechs Monaten nach Gefahrübergang vermutet, dass dieser Sachmangel (sofern dessen Vorliegen von K bewiesen werden könnte) bereits im Zeitpunkt des Gefahrübergangs vorlag bzw. angelegt war. V müsste nun beweisen, dass der Mangel nicht schon bei Gefahrübergang vorhanden war bzw. angelegt war.

- Haftung bei humanmedizinischen Aufklärungs- und Behandlungsfehlern: Im Rahmen eines Behandlungsvertrags (§§ 630a ff. BGB) hat gem. § 630h II S. 1 BGB der Behandelnde zu beweisen, dass er eine Einwilligung gemäß § 630d BGB eingeholt und entsprechend den Anforderungen des § 630e BGB aufgeklärt hat.[131]

---

[124] *Schubert*, in: MüKo, § 179 Rn 53 ff.
[125] *Herrler*, in: Palandt, § 932 Rn 15.
[126] Insoweit lediglich klarstellend BGH NJW 2017, 1093, 1095 (mit Verweis u.a. auf BGHZ 159, 215, 217 f.; 200, 1).
[127] St. Rspr. des BGH, vgl. nur BGH NJW 2014, 1086, 1087 (mit Verweis u.a. auf BGHZ 159, 215, 217 f.; 167, 40).
[128] BGH NJW 2017, 1093, 1095 f. unter ausdrücklicher Bezugnahme auf EuGH NJW 2015, 2237, 2239 ff. und unter Aufgabe seiner bisherigen entgegenstehenden Rechtsprechung (vgl. nur BGHZ 159, 215, 217 – Zahnriemen).
[129] Siehe ebenfalls BGH NJW 2017, 1093, 1095 f. unter ausdrücklicher Bezugnahme auf EuGH NJW 2015, 2237, 2239 ff. und unter Aufgabe seiner bisherigen entgegenstehenden Rechtsprechung (vgl. nur BGHZ 159, 215, 217 – Zahnriemen).
[130] Zu diesen Begriffen vgl. Rn 221 ff.
[131] Zur Beweislast im Arzthaftungsrecht vgl. etwa BGH NJW 2016, 1328 f.; OLG Hamm ArztR 2018, 292. Siehe auch die Übersicht bei *Spickhoff*, NJW 2018, 1725, 1727 ff.

Kennzeichen ist entweder eine explizite Anordnung der Beweislast („Der Behandelnde hat zu beweisen, dass ..." in § 630h II S. 1 BGB) oder die gesetzliche (meist „negative") Formulierung: „Der Besitzer kann die Herausgabe der Sache verweigern, wenn..." in § 986 I S. 1 BGB; „Der Schuldner kommt nicht in Verzug, solange..." in § 286 IV BGB; „es sei denn" in §§ 287 S. 2, 848 und 932 I S. 1 BGB; „Dies gilt nicht, wenn..." in §§ 280 I S. 2 und 311a II S. 2 BGB". **66a**

Die meisten der aufgezählten Beispiele sind zugleich Beispiele für **widerlegliche gesetzliche Vermutungen** (Rn 56), wodurch klar wird, dass widerlegliche gesetzliche Vermutungen zugleich Beweislastregelungen darstellen. **67**

> **Beispiel:** Vor einiger Zeit hat A sein Notebook an B verliehen, aber trotz mehrfachen Herausgabeverlangens bis heute nicht zurückerhalten. Als A bei C zu Besuch ist, sieht er dort das Notebook und verlangt es von C heraus. C ist aber der Meinung, A könne es nicht herausverlangen, da er (C) es rechtmäßig von B erworben habe; er sei davon ausgegangen, dass das Notebook B gehört habe. A widerspricht dieser Darstellung. Er meint, C habe sehr wohl gewusst, dass B das Notebook nur geliehen habe.
>
> Der geltend gemachte Herausgabeanspruch könnte sich aus § 985 BGB ergeben. Dazu müsste A zunächst (noch) Eigentümer sein. Ursprünglich war er Eigentümer; er hat das Eigentum aber verloren, wenn C gem. §§ 929, 932 BGB gutgläubig Eigentum von B erworben hat. § 932 I S. 1 BGB regelt den Fall, dass ein Eigentumserwerb auch dann möglich ist, wenn der Veräußerer nicht Eigentümer der Sache ist. Voraussetzung ist aber, dass der Erwerber in gutem Glauben ist. Nach der „Negativdefinition" in § 932 II BGB ist der Erwerber nicht in gutem Glauben, wenn ihm bekannt oder infolge grober Fahrlässigkeit unbekannt ist, dass die Sache nicht dem Veräußerer gehört. Mithin stellt sich die Frage, wer die diesbezügliche Beweislast trägt. Die Antwort liefert § 932 I S. 1 BGB. Aus der dortigen Formulierung „es sei denn" folgt, dass das Gesetz einen guten Glauben auf Seiten des Erwerbers vermutet. Gestützt wird diese Vermutung durch § 1006 I S. 1 BGB. Es ist Sache des Anspruchstellers (vorliegend also des A), diese gesetzliche Vermutung zu widerlegen. Er trägt die Beweislast für die Bösgläubigkeit des C. Kann A also nicht beweisen, dass C über die tatsächlichen Verhältnisse informiert war oder zumindest grob fahrlässig die Eigentumslage verkannte (§ 932 II BGB), ist sein Herausgabeanspruch unbegründet.
>
> Ein weiteres Beispiel einer Beweislastregel stellt der bereits erwähnte § 280 I S. 2 BGB dar. Durch die negative Formulierung („Das gilt nicht, wenn...") und die systematische Stellung hinter der Grundregel des § 280 I S. 1 BGB hat der *Schuldner* zu beweisen, dass er die Pflichtverletzung nicht zu vertreten hat.[132] Dieselbe Systematik steht hinter § 833 S. 2 BGB, wonach der Tierhalter beweisen muss, dass z.B. der Schaden auch bei Anwendung der erforderlichen Sorgfalt entstanden wäre. Auch derjenige, der sich eines Verrichtungsgehilfen bedient, muss, wenn er sich entlasten möchte, beweisen, dass er bei der Auswahl des Verrichtungsgehilfen die erforderliche Sorgfalt beobachtet hat oder dass der Schaden auch bei Anwendung dieser Sorgfalt entstanden wäre (§ 831 I S. 2 BGB). V
>
> Und § 630h V S. 1 BGB stellt die widerlegliche Vermutung auf („wird vermutet"), dass ein grober Behandlungsfehler, der grundsätzlich geeignet ist, eine Verletzung des Lebens, des Körpers oder der Gesundheit der tatsächlich eingetretenen Art herbeizuführen, für die Verletzung ursächlich war[133] (vgl. des Weiteren § 630h I, III, IV BGB). Eine Umkehr der Beweislast bzw. eine Anordnung einer widerleglichen Vermutung des Vertretenmüssens für grobe Behandlungsfehler auch im veterinärmedizinischen Bereich hat der Gesetzgeber hingegen bewusst nicht vorgenommen, weshalb auch eine analoge Anwendung des § 630h I, III, IV, V S. 1 BGB ausscheidet.[134] Das heißt jedoch nicht, dass der Geschädigte

---

[132] Das gilt aber nicht uneingeschränkt für alle Schuldverhältnisse. So ordnet im Arbeitsrecht § 619a BGB an, dass der Arbeitgeber die Beweislast für die Pflichtverletzung des Arbeitnehmers trägt.
[133] Zu den Anforderungen an die Darlegungslast des Patienten im Arzthaftungsprozess vgl. etwa BGH NJW 2016, 1328 f. Siehe auch OLG Hamm MDR 2018, 1120 (schwere Hirnschädigung wegen groben Behandlungsfehlers). Übersicht bei *Spickhoff*, NJW 2018, 1725, 1727 ff.
[134] Zu den Voraussetzungen einer Analogie vgl. oben Rn 39 ff.

die (volle) Beweislast trägt. Denn dadurch, dass der Gesetzgeber es der Rechtsprechung unbenommen gelassen hat, die einst von ihr zu den ärztlichen Behandlungsfehlern entwickelten Kriterien, die zu einer Beweislastumkehr bei schweren Behandlungsfehlern im humanmedizinischen Bereich geführt haben, auf schwere tierärztliche Behandlungsfehler zu übertragen, und der BGH dem gefolgt ist[135], muss also auch im veterinärmedizinischen Bereich der Behandelnde, dessen schwerer Behandlungsfehler geeignet ist, den Schaden herbeizuführen, den Nachweis erbringen, dass der Schaden auch bei ordnungsgemäßer Behandlung eingetreten wäre. Soweit ihm dieser Nachweis nicht gelingt, muss er Schadensersatz leisten.[136]

Zu § 477 BGB, der widerleglich vermutet, dass die Sache bereits bei Gefahrübergang mangelhaft war, wenn sich innerhalb von sechs Monaten seit Gefahrübergang ein Sachmangel zeigt, siehe bereits oben.

**68** Beweislasterleichterungen und sogar Beweislastumkehrungen hat die Rechtsprechung insbesondere auf dem Gebiet der **deliktischen Produzentenhaftung** entwickelt, um die Rechtsstellung Produktgeschädigter zu verbessern, die, wenn sie die Beweislast träfe, kaum in der Lage wären, den Beweis zu führen, dass das konkrete Produkt aufgrund eines Verschuldens des Produzenten fehlerhaft war (dazu *R. Schmidt*, SchuldR BT II, Rn 923 ff.). Ähnlich verhält es sich bei **groben Behandlungsfehlern** von Ärzten, wobei die von der Rechtsprechung entwickelte Beweislastumkehr nunmehr (in Bezug auf vertragliche Haftung) gesetzlich geregelt ist (vgl. § 630h I, III, IV, V S. 1 BGB – dazu Rn 66/67). Hinsichtlich der Haftung bei tierärztlichen Behandlungsfehlern hat der Gesetzgeber keine Regelung getroffen. Teilweise wird vertreten, in analoger Anwendung des § 630h I, III, IV, V S. 1 BGB eine Beweislastumkehr auch bei schweren tierärztlichen Behandlungsfehlern anzunehmen.[137] Da aber infolge bewusster Nichtregelung seitens des Gesetzgebers die für eine Analogie erforderliche unbeabsichtigte Regelungslücke (zu den Voraussetzungen einer Analogie vgl. Rn 39 ff.) nicht vorliegt, ist dies abzulehnen.[138] Jedoch greifen – wie bereits ausgeführt – aufgrund ausdrücklichen Anheimstellens des Gesetzgebers die von der Rechtsprechung zu humanmedizinischen Behandlungsfehlern entwickelten Grundsätze nunmehr für den Bereich veterinärmedizinischer Behandlungsfehler (vgl. dazu oben sowie *R. Schmidt*, SchuldR BT II, Rn 606a).

**68a** Insbesondere für den Bereich von Verkehrsunfällen im Straßenverkehr erleichtert die Rechtsprechung die Beweisführung durch die Annahme eines **Anscheinsbeweises**. Dieser vermittelt dem Tatgericht die widerlegliche Überzeugung, dass ein Geschehnis so verlaufen sei, wie es nach der Lebenserfahrung für gleichartige Geschehnisse typisch ist.[139] Bei Verkehrsunfällen impliziert § 9 V StVO („... muss sich ... so verhalten, dass eine Gefährdung anderer Verkehrsteilnehmer ausgeschlossen ist") einen solchen Anscheinsbeweis. Wenn also im Straßenverkehr andere Verkehrsteilnehmer gefährdet werden, spricht der in § 9 V StVO zum Ausdruck kommende Anscheinsbeweis dafür, dass der Gefährdende bzw. der den Verkehrsverstoß Begehende den Unfall, in den er verwickelt ist, auch verursacht hat.[140] So spricht beim Auffahren auf den vorausfahrenden Wagen der Anschein dafür, dass der Auffahrende unaufmerksam war oder einen zu geringen Abstand einhielt.[141] Auch wenn jemand nach links in eine Nebenstraße oder in eine Grundstückseinfahrt einbiegt und mit einem überholenden Fahrzeug kollidiert, spricht der Anscheinsbeweis für ein Verschulden des Abbiegenden.[142]

---

[135] BGH NJW 2016, 2502 ff.
[136] Vgl. dazu den Beispielsfall bei *R. Schmidt*, SchuldR BT II, Rn 606a.
[137] LG Osnabrück 12.9.2014 – 3 O 1494/11.
[138] So auch OLG Oldenburg 26.3.2015 – 14 U 100/14; BGH NJW 2016, 2502, 2503 f.
[139] Vgl. auch BGH NJW 2016, 1098, 1099; NJW 2016, 1100, 1101; OLG Oldenburg 26.10.2017 – 1 U 60/17; OLG Köln AUR 2017, 62; OLG München NJW 2015, 1892, 1893.
[140] OLG München NJW 2015, 1892, 1893.
[141] Vgl. etwa OLG Hamm DAR 2014, 206, 207.
[142] Vgl. auch OLG München NJW 2015, 1892, 1893.

Entkräftet wird der Anscheinsbeweis durch die Darlegung von Tatsachen, die einen atypischen Verlauf ernsthaft möglich erscheinen lassen.[143] So wird der Anscheinsbeweis, dass grds. der Auffahrende der Unfallverursacher ist, entkräftet, wenn das vorausfahrende Fahrzeug scharf abgebremst wurde, ohne dass dies verkehrsbedingt gewesen wäre („Vollbremsung aus dem Nichts").[144] Das wiederum kann etwa der Fall sein, wenn sich der Fahrer des vorausfahrenden Autos durch einen Überholversuch des „Hintermanns" provoziert fühlte und diesen durch das plötzliche Abbremsen maßregeln wollte.[145] Das Gleiche gilt, wenn dem Fahrer des vorausfahrenden Autos plötzlich „einfällt", nach rechts in eine Einfahrt einfahren zu wollen, und er daher scharf abbremst.[146] Die Entkräftung des Anscheinsbeweises kann insbesondere durch Hinzuziehung eines Sachverständigengutachtens erfolgen.[147]

**68b**

Ob Tatsachen, die den Anscheinsbeweis in Frage stellen bzw. entkräften, dazu führen, dass die Haftung ganz oder teilweise entfällt, ist eine Frage des Einzelfalls. Sofern die Haftung nicht gänzlich entfällt, ist ein Mitverschulden auf Seiten des Geschädigten vorstellbar.[148]

**68c**

# E. Trennungsprinzip und Abstraktionsprinzip

## I. Das Trennungsprinzip als Fundamentalprinzip

In rechtstechnischer Hinsicht ist das BGB gekennzeichnet durch das Trennungsprinzip und das Abstraktionsprinzip, welche von *Friedrich Carl von Savigny* (1779-1861)[149] entwickelt wurden[150] und die ihren Hauptanwendungsbereich bei sachenrechtlichen Erwerbstatbeständen finden, die ihre Grundlage im Schuldrecht haben. Wie diesbezüglich bereits erwähnt, wirken schuldrechtliche Verhältnisse nur zwischen den Parteien, also *inter partes*. Mithin beschreibt das **Schuldrecht** die Beziehungen von Rechtssubjekten untereinander, weshalb man insoweit auch von der Relativität der Schuldverhältnisse spricht.[151] Demgegenüber entfalten **sachenrechtliche** Geschäfte Wirkungen gegenüber jedermann, gelten also *inter omnes*. Daraus folgt, dass die schuldrechtlichen Beziehungen zwischen zwei Personen grundsätzlich keine Änderung der sachenrechtlichen Verhältnisse bewirken. Hierzu bedarf es weiterer Geschäfte. Wenn bspw. A dem B ein Kfz verkauft, ist B deswegen noch nicht allein aufgrund des Kaufvertrags Eigentümer geworden. Zwar hat B einen **schuldrechtlichen** Anspruch aus § 433 I S. 1 BGB auf Übereignung (= Eigentumsübertragung) und Übergabe (= Besitzverschaffung) des Wagens, aber für die Änderung der Eigentumsverhältnisse ist zunächst noch ein weiteres, **sachenrechtliches Übertragungsgeschäft** erforderlich.[152] Die Regelungen hierüber finden sich nicht im zweiten, sondern im dritten Buch des BGB, dem Sachenrecht. Die Übereignung des Wagens hat nach den Regelungen der §§ 929 ff. BGB zu erfolgen. Erst wenn dieses Übertragungsgeschäft abgeschlossen ist, ist B Eigentümer geworden. Die strikte

**69**

---

[143] Vgl. dazu BGHZ 8, 239, 240; BGH NJW 2012, 608 f.; NJW 2016, 1098, 1099; NJW 2016, 1100, 1101; OLG Stuttgart NJW 2014, 3317 f.; OLG München NJW 2015, 1892, 1893; *Prütting*, in: MüKo-ZPO, § 286 Rn 48 ff.

[144] OLG Stuttgart NJW 2014, 3317 f.

[145] Vgl. OLG Oldenburg 26.10.2017 – 1 U 60/17.

[146] Vgl. abermals OLG Oldenburg 26.10.2017 – 1 U 60/17.

[147] Vgl. auch OLG Köln AUR 2017, 62.

[148] Vgl. OLG Oldenburg 26.10.2017 – 1 U 60/17: Mitverschulden von 1/3 für den Fall, dass sich der Fahrer durch einen Überholversuch seines Hintermannes provoziert gefühlt habe und diesen durch das plötzliche Abbremsen habe maßregeln wollen.

[149] Vgl. bereits Rn 2 f.

[150] Zwar sind das Trennungs- und Abstraktionsprinzip elementare Bestandteile der Rechtsgeschäftslehre, allerdings sind es auch Fundamentalprinzipien des deutschen bürgerlichen Rechts. Daher werden sie bereits an dieser Stelle behandelt.

[151] Nur in wenigen Ausnahmefällen können dritte Personen von den Wirkungen eines zwischen zwei Subjekten bestehenden Schuldverhältnisses betroffen werden. Das ist bspw. beim echten Vertrag zugunsten Dritter (§ 328 BGB) der Fall, bei dem eine Person sich gegenüber einer anderen verpflichtet, eine Leistung an einen Dritten zu erbringen.

[152] Aufgrund dieser Tatsache werden das Verpflichtungsgeschäft auch als *Grund-* bzw. *Kausalgeschäft* und das Verfügungsgeschäft als *Erfüllungsgeschäft* bezeichnet.

Trennung von schuldrechtlichen Verträgen und sachenrechtlichen Übertragungsgeschäften wird mit dem Begriff **„Trennungsprinzip"** beschrieben, weil die schuldrechtliche Ebene getrennt von der sachenrechtlichen Zuordnung zu behandeln ist.[153] Einher mit dieser Trennung geht die Einteilung in **Verpflichtungs-** und **Verfügungsgeschäfte**: Der Schuldner „verpflichtet" sich schuldrechtlich, über den Inhalt des Geschäfts sachenrechtlich zu „verfügen".

**70**

**Beispiel[154]:** A verkauft B seinen gebrauchten Mini für 5.000,- €. Da A den Wagen am Abend aber noch selbst benötigt, vereinbaren beide, dass B den Wagen am nächsten Tag abholen könne und diesen auch dann erst bezahlen solle.

Das **schuldrechtliche** Verhältnis stellt hier der Kaufvertrag (§ 433 BGB) dar. Danach ist A verpflichtet (daher auch **Verpflichtungsgeschäft** genannt), den Wagen an B zu übereignen (also ihm das Eigentum daran zu verschaffen) und ihn ihm zu übergeben, § 433 I S. 1 BGB. B muss A den Kaufpreis zahlen und die Sache abnehmen, § 433 II BGB.

Allein der Kaufvertrag hat also noch nicht zur Folge, dass B schon Eigentümer des Wagens und A Eigentümer des Geldes ist. Dazu sind zwei weitere (**sachenrechtliche**) Rechtsgeschäfte (**Verfügungsgeschäfte**) erforderlich. Erst wenn A dem B das Auto gem. § 929 S. 1 BGB übereignet hat, ist dieser Eigentümer. Die Übereignung erfolgt durch eine dingliche Einigung und die Übergabe der Sache. Das Gleiche gilt für das Geld. A und B müssen sich über den Eigentumsübergang am Geld einigen und es muss übergeben werden. Nachdem die aus dem Kaufvertrag resultierenden Pflichten durch die sachenrechtlichen Übertragungsgeschäfte erfüllt worden sind, haben also **drei Rechtsgeschäfte** stattgefunden, die stets voneinander zu trennen sind:

1. der Kaufvertrag, § 433 BGB (das **Verpflichtungs- bzw. Kausalgeschäft**),
2. die Einigung über den Übergang des Eigentums und Übergabe der Kaufsache, § 929 S. 1 BGB (**1. Verfügungsgeschäft**) und
3. die Einigung über den Übergang des Eigentums und Übergabe des Kaufpreises, § 929 S. 1 BGB (**2. Verfügungsgeschäft**).

> **Hinweis für die Fallbearbeitung:** Sind die Auswirkungen des dinglichen Rechtsgeschäfts zu untersuchen (etwa, indem nach einem Herausgabeanspruch gem. § 985 BGB gefragt wird), tut man gut daran, sich im Rahmen dieser Prüfung nicht über das schuldrechtliche Kausalgeschäft zu äußern. Schon die Niederschrift des bloßen Wortes „Kaufvertrag" auf dieser Ebene sollte vermieden werden, um Missverständnissen vorzubeugen und um zu zeigen, dass man sehr wohl verstanden hat, dass allein der Kaufvertrag noch keine Änderung der Eigentumslage bewirkt.

**71**

Das Trennungsprinzip ermöglicht es den Vertragsparteien, die Wirkungen der Verfügung und diejenigen der Verpflichtung an verschiedene Voraussetzungen zu knüpfen. Der Vorteil dieses Prinzips wird bspw. beim Verkauf einer Ware unter **Eigentumsvorbehalt** (§ 449 BGB) deutlich: Beim Verkauf unter Eigentumsvorbehalt wird der Verkauf als solcher ohne eine Bedingung (§ 158 BGB) abgeschlossen. Dagegen steht die Übereignung unter der aufschiebenden Bedingung der vollständigen Bezahlung des Kaufpreises. Der Käufer wird also erst dann Eigentümer, wenn er den Kaufpreis vollumfänglich entrichtet hat (§§ 929 S. 1, 158 I[155] BGB). Solange aber die Bedingung (vollständige Kaufpreiszahlung) nicht eintritt, bleibt der Vorbehaltsverkäufer Eigentümer der Sache und kann sie mitunter

---

[153] Vgl. dazu auch BGH NJW 2014, 2790, 2791 ff.
[154] Vgl. bereits die 2. Aufl. 2005.
[155] Geht man bei § 158 BGB davon aus, dass sich die dort genannte „Bedingung" auf ein objektiv ungewisses künftiges Ereignis bezieht, dürfte man im Fall des Eigentumsvorbehalts streng genommen § 158 I BGB lediglich analog anwenden, weil der „Bedingungseintritt" i.d.R. allein vom Verhalten des Vorbehaltskäufers abhängt. In der Sache ändert sich dadurch aber nichts.

gem. § 985 BGB herausverlangen (sofern nicht gem. § 986 BGB der Vorbehaltskäufer ein Recht zum Besitz hat).[156]

**Beispiel:** A verkauft B sein gebrauchtes Smartphone für 50,- €. Da B gerade kein Geld dabeihat, vereinbaren beide, dass B das Geld am nächsten Tag mitbringen könne. Das Smartphone gibt A dem B aber bereits mit.

Geht man davon aus, dass A sich das Eigentum am Smartphone vorbehalten hat, ist A also so lange noch Eigentümer, bis B nicht die 50,- € bezahlt hat. Sollte die Zahlung ausbleiben, kann A das Smartphone gem. § 985 BGB herausverlangen.

Die besondere (praktische) Bedeutung des Eigentumsvorbehalts zeigt sich im **Insolvenzverfahren**. Forderungen der Gläubiger werden vom Insolvenzverwalter i.d.R. nur nach Maßgabe der Fortführung der Unternehmensgeschäfte bedient (§§ 103 ff. InsO). Im Übrigen sind Gläubiger hinsichtlich ihrer Forderungen auf die Anmeldung zur Insolvenztabelle verwiesen (§§ 174, 175 InsO). Lieferanten haben also grds. keinen unmittelbaren Zugriff auf die gelieferten Sachen; vielmehr sind sie regelmäßig auf eine „Quote" aus der Insolvenzmasse (sofern überhaupt vorhanden) angewiesen. Hier kommt nun der Eigentumsvorbehalt ins Spiel: Gläubiger, die an den Schuldner Sachen unter Eigentumsvorbehalt geliefert haben, können im Insolvenzfall vom Insolvenzverwalter die sog. **Aussonderung** verlangen (siehe §§ 47 ff. InsO). Der Gegenstand des Aussonderungsrechts gehört dann nicht zur Insolvenzmasse und kann vom Vorbehaltsverkäufer (da dieser durch den Eigentumsvorbehalt und den nicht erfolgten Bedingungseintritt ja noch Eigentümer ist), gem. § 985 BGB herausverlangt werden. Der Insolvenzverwalter kann dies jedoch abwehren, indem er den Restkaufpreis bezahlt. **72**

Das Trennungsprinzip ist aber auch nicht frei von **Nachteilen**: Schon vor Inkrafttreten des BGB wurde das Trennungsprinzip scharf angegriffen. Man hielt ihm vor allem vor, dass die Trennung eines einheitlichen Vorgangs (Barkauf des täglichen Lebens) in ein Kausalgeschäft (Kaufvertrag) und abstrakte Verfügungsgeschäfte (Übereignung der Kaufsache und Übereignung des Kaufpreises) der Volksanschauung widerspreche.[157] Virulent wird der Nachteil anhand des folgenden Beispiels: **73**

**Beispiel:** A verkauft B seinen gebrauchten Dodge für 5.000,- €. Da A den Wagen am Abend aber noch selbst benötigt, vereinbaren beide, dass B den Wagen am nächsten Tag abholen könne und diesen auch dann erst bezahlen solle. Doch noch am Abend kommt C vorbei und bietet dem A 6.000,- €. A geht sofort auf dieses Angebot ein. Er übereignet den Wagen an C und erhält von diesem Zug um Zug die 6.000,- €. Als B am nächsten Tag erscheint, um den Wagen in Empfang zu nehmen, erfährt er von A die Sachlage.

Da A durch den Kaufvertrag mit B noch nicht das Eigentum an diesen verloren hat, war er zum Zeitpunkt des Rechtsgeschäfts mit C noch Eigentümer. Der Kaufvertrag führt auch nicht dazu, dass der Verkäufer die Verfügungsbefugnis über den Kaufgegenstand verliert. Daher konnte A rechtswirksam das Eigentum auf C übertragen. Da A dadurch aber nicht mehr an B leisten kann, greift die Regelung der §§ 275 I, IV, 280 I, III, 283 S. 1 BGB mit der Folge, dass der schuldrechtliche Anspruch des B auf Übereignung und Übergabe erlischt und dass B nunmehr (nur noch) einen Anspruch auf Schadensersatz wegen Unmöglichkeit hat. Freilich setzt dies einen entsprechenden Schaden voraus.

Dennoch dürften die genannten Vorteile, wie bei Rn 81 ff. noch zu sehen sein wird, überwiegen. **74**

---

[156] Vgl. dazu auch BGH NJW 2006, 3488, 3489 f. mit Bespr. v. *Wolf*, JA 2007, 298 ff. Zum Eigentumsvorbehalt vgl. unten Rn 525/540 und 1226 sowie grundlegend *Hütte/Hütte*, SachenR I, Rn 846 ff.
[157] Vgl. *v. Gierke*, Der Entwurf eines bürgerlichen Gesetzbuches und das deutsche Recht, 1889, S. 335 ff. (dazu bereits oben Rn 2); vgl. dazu auch *Brox/Walker*, AT, Rn 121; *Bayerle*, JuS 2009, 1079, 1080.

75 **Exkurs:** Mit der Geltung des Trennungs- und Abstraktionsprinzips unterscheidet sich das deutsche Rechtssystem grundlegend von vielen anderen Rechtssystemen. Das sei am Beispiel Frankreichs verdeutlicht: Das französische Zivilrecht (Code Civil) kennt keine Trennung von Kausalgeschäft und Erfüllungsgeschäft. Vielmehr gilt das sog. Vertragsprinzip (Konsensprinzip), wonach das Eigentum bereits mit Abschluss etwa des Kaufvertrags auf den Erwerber übergeht, ohne dass es eines (separaten) Übertragungsgeschäfts bedarf.

Im Übrigen ist zu beachten, dass das Trennungsprinzip seinen Hauptanwendungsbereich zwar bei sachenrechtlichen Übertragungstatbeständen hat, es sich aber nicht darauf beschränkt. Vielmehr gilt es auch für rechtsgeschäftliche Übertragungstatbestände außerhalb des Sachenrechts, so etwa, wenn sich der Schuldner zu einer Abtretung einer Forderung verpflichtet und die Forderung später (gem. § 398 BGB) abtritt. Auch hier sind Verpflichtung und Verfügung voneinander getrennt zu beurteilen.

## II. Das Abstraktionsprinzip als Fortführung

76 Das **Abstraktionsprinzip** baut auf dem Trennungsprinzip auf und führt es weiter. Es besagt, dass das Fehlen der Wirksamkeit des (schuldrechtlichen) Verpflichtungsgeschäfts die Wirksamkeit des (sachenrechtlichen) Verfügungsgeschäfts im Grundsatz ebenso wenig berührt, wie dies umgekehrt der Fall ist (sog. **Fehlerunabhängigkeit**). Ist also das Verpflichtungsgeschäft unwirksam, berührt diese Unwirksamkeit grundsätzlich nicht die Wirksamkeit des Verfügungsgeschäfts.[158] Der Leistende kann also nicht einfach die Sache wieder zurückverlangen. Dazu bedarf es einer gesetzlichen Grundlage, die die Folgen des Abstraktionsprinzips wieder rückgängig macht. Eine solche bietet das **Bereicherungsrecht**.

> **Beispiel:** K will von V einen antiken Kompass kaufen und macht ihm (versehentlich) ein schriftliches Angebot in Höhe von 250,- €; er wollte eigentlich 150,- € schreiben. V ist über dieses Angebot erfreut und übereignet dem K am nächsten Tag den Kompass. Dabei vereinbaren sie, dass K mit der Zahlung des Kaufpreises (wobei in diesem Zeitpunkt über die Höhe nicht gesprochen wird) noch eine Woche warten kann, da dieser gerade „knapp bei Kasse" ist. Als V dann die 250,- € verlangt, stellt sich der Irrtum des K heraus. Dieser ficht seine Erklärung sofort nach § 119 I Var. 2 BGB wegen eines Erklärungsirrtums wirksam an. V verlangt den Kompass zurück.
>
> Gemäß § 142 I BGB ist der Kaufvertrag als von Anfang an nichtig anzusehen, sodass das der Verfügung zugrunde liegende Verpflichtungsgeschäft nicht mehr existiert. Dennoch bleibt K Eigentümer des Kompasses, da das Verfügungsgeschäft von der Unwirksamkeit des Verpflichtungsgeschäfts unberührt bleibt. § 985 BGB ist daher nicht einschlägig. Auch Ansprüche aus §§ 1007, 861 und 823 BGB scheiden aus. Es ist aber nicht gerechtfertigt, dass K den Kompass behalten darf, ohne dafür bezahlen zu müssen. Hier hilft das Bereicherungsrecht: Da K durch die Leistung des V das Eigentum und den Besitz am Kompass ohne rechtlichen Grund (der Kaufvertrag ist nichtig) erlangt hat, ist er dem V zur Herausgabe verpflichtet. V kann also nach § 812 I S. 1 Var. 1 BGB bzw. nach § 812 I S. 2 Var. 1 BGB[159] Eigentumsübertragung und Besitzverschaffung verlangen.

77 > **Fazit:** Ist das Verpflichtungsgeschäft (= Kausalgeschäft) unwirksam, das Verfügungsgeschäft jedoch wirksam, besteht kein Herausgabeanspruch nach § 985 BGB; vielmehr erfolgt der Ausgleich des ungerechtfertigten Rechtsverlustes nach § 812 I S. 1 Var. 1 BGB bzw. nach § 812 I S. 2 Var. 1 BGB (sog. **Leistungskondiktion**).

---

[158] Vgl. dazu auch BGH NJW 2014, 2790, 2791 ff. Ausnahmen unten Rn 85 ff.
[159] Vgl. dazu Rn 85, 111 und 1268.

Die grundsätzlich bestehende Fehlerunabhängigkeit gilt auch in der umgekehrten Konstellation:   **78**

> **Beispiel:** V und K schließen einen Kaufvertrag über den gebrauchten Palandt des V. Die Übergabe und Übereignung soll am nächsten Tag stattfinden. V, der die ganze Nacht sein bestandenes juristisches Staatsexamen gefeiert hat und immer noch sturztrunken ist (3,4 ‰), übergibt ihn dem K am darauffolgenden Morgen.
>
> Der Kaufvertrag ist in diesem Fall wirksam zustande gekommen. Die dingliche Einigung nach § 929 S. 1 BGB war jedoch nach § 105 II BGB wegen der hohen Blutalkoholkonzentration nichtig, sodass K nicht Eigentümer des Palandt geworden ist. Trotzdem lässt diese fehlerhafte Verfügung den Bestand und die Wirksamkeit des Verpflichtungsgeschäfts (des Kaufvertrags) unberührt. K hat daher noch immer gegen V einen Anspruch auf Übereignung und Übergabe gem. § 433 I S. 1 BGB.

Schließlich hat die grundsätzlich bestehende Fehlerunabhängigkeit zur Folge, dass auch   **79**
(nur) das Verfügungsgeschäft **angefochten** werden kann mit der Folge von dessen Unwirksamkeit (§ 142 I BGB). Dann besteht ein Herausgabeanspruch aus § 985 BGB.

> **Beispiel[160]:** V und K schließen einen Kaufvertrag über den gebrauchten Palandt des V. Sodann will V dem K den Palandt übergeben und übereignen (§ 929 S. 1 BGB). Jedoch vergreift sich V und übergibt und übereignet dem K aus Versehen den gerade erst erworbenen Hentschel/König/Dauer, Straßenverkehrsrecht, der dem Palandt sehr ähnelt.
>
> Als V am nächsten Tag sein Missgeschick bemerkt, ruft er K an und verlangt den Hentschel/König/Dauer zurück.
>
> Das Herausgabeverlangen könnte sich auf § 985 BGB stützen. Dazu müsste V aber noch Eigentümer des Buches sein. Ursprünglich war er Eigentümer. Eigentum hat er aber durch Übereignung an K gem. § 929 S. 1 BGB verloren. Jedoch könnte die der Übereignung zugrunde liegende dingliche Einigung unwirksam sein mit der Folge, dass V rückwirkend wieder Eigentümer wird (§ 142 I BGB). Die Unwirksamkeit der dinglichen Einigung könnte durch eine Anfechtung herbeigeführt worden sein. Das Herausgabeverlangen stellt eine konkludente Anfechtungserklärung dar (§ 143 BGB). Der zur Anfechtung berechtigende Grund besteht darin, dass V bei der Übereignung etwas Falsches erklärt hat; er irrte über die Identität des Verfügungsgegenstandes (§ 119 I BGB). Damit hat er seine dingliche Einigungserklärung wirksam angefochten. Die dingliche Einigung nach § 929 S. 1 BGB ist damit ex tunc (rückwirkend) unwirksam. V ist Eigentümer geblieben und kann das Buch gem. § 985 BGB von K, der auch kein Recht zum Besitz hat, herausverlangen. Umgekehrt hat K selbstverständlich einen Anspruch auf Übereignung und Übergabe des Palandts (§ 433 I S. 1 BGB).

Das Abstraktionsprinzip ist **keine zwingende Konsequenz aus dem Trennungs-**   **80**
**prinzip.** Es wäre dem Gesetzgeber durchaus möglich gewesen, den dinglichen Vertrag in seiner Wirksamkeit von dem zugrunde liegenden Kausalgeschäft abhängig zu machen. So wäre Folge des Beispiels von Rn 76 gewesen, dass mit Nichtigkeit des Kaufvertrags auch das sachenrechtliche Verfügungsgeschäft nichtig gewesen wäre. V hätte also nicht über das Bereicherungsrecht Eigentumsrückübertragung verlangen müssen, sondern wäre mit Anfechtung des Kausalgeschäfts automatisch wieder Eigentümer geworden, und zwar mit Wirkung *ex tunc* (§ 142 I BGB).

Gleichwohl hat sich der Gesetzgeber aus Gründen des **Verkehrsschutzes** für das Abs-   **81**
traktionsprinzip entschieden (vgl. auch bereits das Beispiel bei Rn 73).

> **Grundüberlegung:** V verkauft (§ 433 BGB) an K ein Gemälde und übereignet es ihm   **82**
> (§ 929 S. 1 BGB). Später kann V seine Willenserklärung in Bezug auf den Kaufvertrag
> (nicht in Bezug auf das Verfügungsgeschäft!) wegen eines Inhaltsirrtums (§ 119 I BGB)

---

[160] Vgl. bereits die 13. Aufl. 2015.

erfolgreich anfechten. ⇨ Hier folgt aus dem Abstraktionsprinzip, dass die Anfechtung der dem Kaufvertrag zugrunde liegenden Willenserklärung keine Auswirkungen auf das sachenrechtliche Verfügungsgeschäft hat (eine Ausnahme, die bei der sog. Fehleridentität zu machen wäre, liegt hier nicht vor – vgl. Rn 1453 f.). Die Übereignung des Gemäldes gem. § 929 S. 1 BGB bleibt also wirksam, sodass K Eigentümer des Gemäldes geworden ist. Ein Anspruch des V aus § 985 BGB auf Herausgabe des Gemäldes (sog. Vindikationsanspruch) kommt daher nicht in Betracht. V hat jedoch einen Kondiktionsanspruch, d.h. er kann das Gemälde gem. § 812 I S. 1 Var. 1 BGB bzw. gem. § 812 I S. 2 Var. 1 BGB herausverlangen (Anspruch auf Rückübereignung und Übergabe).

**83**  **Abwandlung 1:** K hat das Gemälde zwischenzeitlich an D weiterveräußert (vgl. §§ 433 I, 929 S. 1 BGB). ⇨ Da hier K Eigentümer war (V hatte ja nur das Verpflichtungs- bzw. Kausalgeschäft angefochten), konnte er das Gemälde wirksam an D übereignen. Daher ist D Eigentümer des Gemäldes geworden. K kann dem V das Gemälde somit nicht mehr herausgeben. V steht gegen K nur noch ein Anspruch auf Wertersatz (§§ 812, 818 II BGB) zu. Aus Sicht des V besonders misslich ist, wenn K zwischenzeitlich auch noch vermögenslos geworden ist, sodass sich der Anspruch des V nicht realisieren lässt. Hinsichtlich D bleibt festzuhalten, dass er durch das Abstraktionsprinzip geschützt wird. Er muss sich nicht um etwaige Mängel des Kausalgeschäfts bezüglich seines Rechtsvorgängers (hier: K) kümmern; vielmehr wird er in seinem Vertrauen darauf, dass er wirksam Eigentum erworben hat, geschützt. Somit lässt sich sagen, dass das Abstraktionsprinzip auch dem **Verkehrsschutz** dient.[161]

**84**  Eine weitere Konsequenz des Abstraktionsprinzips besteht, wenn ein Gläubiger des Vertragspartners in den Verfügungsgegenstand die **Zwangsvollstreckung** betreibt.

**Abwandlung 2:** Betreibt einer von K´s Gläubigern eine Zwangsvollstreckung in den Verfügungsgegenstand (das Gemälde), kann V – da er aufgrund des wirksamen Verfügungsgeschäfts nicht mehr Eigentümer des Gemäldes ist – gegen die Zwangsversteigerung nichts unternehmen. Die regelmäßig mit der Zwangsvollstreckung einhergehende Vermögenslosigkeit des K macht, wie auch in der Abwandlung 1, den Anspruch auf Wertersatz V gegen K faktisch wertlos.

## III. Einschränkungen des Abstraktionsprinzips

**85**  Das Abstraktionsprinzip ist bei nach §§ 119 I, II, 120 BGB anfechtbaren Kausalgeschäften gut geeignet, den sachenrechtlichen Übertragungstatbestand und dessen Rückabwicklung separaten Regeln zu unterwerfen. In bestimmten (gravierenden) Fällen hat aber auch der Gesetzgeber die Nachteile des Abstraktionsprinzips erkannt und dessen Folgen insbesondere dann eingeschränkt, wenn der sich Verpflichtende **minderjährig** ist oder vom Erwerber **arglistig getäuscht** wurde. Das Gleiche gilt, wenn das Verfügungsgeschäft in besonderem Maße gegen die **guten Sitten verstößt** bzw. **Wucher** darstellt oder gesetzlich **verboten** ist. In Fällen der genannten Art bleibt es zwar beim Trennungsprinzip, allerdings schlägt der Fehler im Verpflichtungsgeschäft auf das dingliche Erfüllungsgeschäft durch mit der Folge, dass auch dieses unwirksam ist (sog. **Fehleridentität**). Der Betroffene kann also kein Eigentum verlieren. Er kann die Sache gem. § 985 BGB herausverlangen. Beispiele:

**86**  **Minderjährigenschutz:** Der 6-jährige S schenkt dem 5-jährigen F seine Spielekonsole. In diesem Fall sind sowohl das Verpflichtungsgeschäft (der Schenkungsvertrag, § 516 BGB) als auch das Verfügungsgeschäft (die Übereignung gemäß § 929 S. 1 BGB) wegen der Geschäftsunfähigkeit beider Parteien (§§ 104 Nr. 1, 105 BGB) nichtig.

---

[161] Etwas anderes hätte gegolten, wenn das Verfügungsgeschäft zwischen V und K (wegen eines Eigenschaftsirrtums gem. § 119 II BGB) anfechtbar gewesen wäre und D diese Anfechtbarkeit gekannt hätte oder kennen musste. Hätte V dann das Verfügungsgeschäft angefochten, wäre D nach § 142 II BGB so zu behandeln gewesen, als wenn er die Nichtigkeit der Übereignung von V an K gekannt hätte. § 932 BGB hätte ihm dann nicht geholfen und V hätte von D das Gemälde gem. § 985 BGB herausverlangen können. Vgl. dazu das Beispiel bei Rn 1277.

**Arglistige Täuschung:** V täuscht K beim Kauf eines Gebrauchtwagens arglistig über die    **87**
Unfallfreiheit des Kfz, also über eine verkehrswesentliche Eigenschaft (§ 123 I Var. 1 BGB).
Nach der Abwicklung sowohl des Verpflichtungs- als auch des Verfügungsgeschäfts bemerkt
K die Täuschung und ficht beide Erklärungen an (was er kann, da bei einer arglistigen Täu-
schung – anders als bei den Anfechtungsgründen des § 119 I, II – der Fehler auf die dingliche
Einigungserklärung regelmäßig durchschlägt). Hier sind sowohl das Verfügungs- als auch (we-
gen Fehleridentität und Schutzbedürftigkeit des K) das Verpflichtungsgeschäft nichtig.

**Sittenwidrigkeit:** Bei einem Verstoß gegen die guten Sitten (§ 138 I BGB) ist i.d.R. zwar nur    **88**
das Verpflichtungsgeschäft betroffen, wohingegen das abstrakte Verfügungsgeschäft grundsätzlich *sittlich neutral* ist.[162] Ausnahmsweise kann jedoch auch das Verfügungsgeschäft
nichtig sein, wenn gerade durch die Nichtigkeit der Verfügung eine sittenwidrige Schädigung
Dritter verhindert werden kann.[163] Das betrifft etwa den Kauf von sog. Radarwarngeräten.[164]

Bei **Formmängeln** (§§ 125 ff. BGB) kommt eine Fehleridentität i.d.R. nicht in Betracht.    **89**
Denn zumeist betreffen die Formverbote entweder nur das Verpflichtungs- oder nur das
Verfügungsgeschäft. So betrifft § 518 I BGB nur den Schenkungsvertrag, nicht auch die
dingliche Übereignung des Gegenstands. Eine Fehleridentität ist in diesem Fall also nicht
denkbar. Findet das dingliche Vollzugsgeschäft statt, ist der Formmangel des Schenkungsvertrags sogar geheilt (so ausdrücklich § 518 II BGB).

Bei den **Verbotsgesetzen** (§ 134 BGB) kommt es bei der Frage nach der Fehleridentität    **90**
darauf an, welche Geschäftsarten das Gesetz verbieten will. In der Regel betrifft ein
Verstoß gegen ein Verbotsgesetz nur das Verpflichtungsgeschäft. Eine Fehleridentität
liegt aber dann vor, wenn die Umstände, die den Gesetzesverstoß begründen, zugleich
und unmittelbar das Verfügungsgeschäft betreffen.[165]

> **Beispiele:** „Verkauft" A an B ein Kilogramm Marihuana und „übereignet" diesem die Ware
> auch, erstreckt sich der Gesetzesverstoß (Verstoß gegen das Betäubungsmittelgesetz)
> auch auf das Übereignungsgeschäft. Aus rechtsgeschäftlicher Sicht kann B also nicht wirk-
> sam Eigentum erwerben. Gleiches gilt im Rahmen des Organhandels. „Verkauft" jemand
> einem anderen etwa eine menschliche Niere und „übereignet" sie ihm, sind sowohl das
> Verpflichtungsgeschäft als auch das Verfügungsgeschäft wegen § 134 BGB i.V.m. § 17
> TPG (Transplantationsgesetz) nichtig.

Eine Ausnahme vom Abstraktionsprinzip ist nach h.M.[166] auch möglich, wenn die Ver-    **91**
tragsparteien eine Vereinbarung treffen, wonach die Wirksamkeit des Verfügungsgeschäfts von der Wirksamkeit des Verpflichtungsgeschäfts abhängt (§ 158 BGB), sog. **Be-
dingungszusammenhang**. Voraussetzung für eine Bedingung i.S.d. § 158 BGB ist jedoch zunächst, dass das Verfügungsgeschäft nicht bedingungsfeindlich ist (wie das z.B.
bei § 925 II BGB der Fall wäre).

Darüber hinaus müssen die Parteien zumindest über die Gültigkeit des Verpflichtungsge-    **92**
schäfts *im Ungewissen* sein (zur Bedingung vgl. ausführlich Rn 515 ff.). Daher wird auch
überwiegend gefordert, dass im Einzelfall zumindest *konkrete Anhaltspunkte* für eine
solche Vereinbarung vorliegen; denn würde man in jedem Fall eine solche Bedingung
annehmen, würde damit das Abstraktionsprinzip unzulässig umgangen.

> **Beispiel:** V und K schließen einen Kaufvertrag über ein gebrauchtes Kfz. Da jedoch Un-
> klarheit über die Unfallfreiheit des Kfz besteht, vereinbaren sie, dass die Wirksamkeit des
> Kaufvertrags von der Unfallfreiheit des Kfz abhängt. Gleichzeitig vereinbaren sie, dass

---

[162] BGH NJW 1990, 384, 385; *Ellenberger*, in: Palandt, § 138 Rn 11, 20; *Medicus/Petersen*, AT, Rn 712.

[163] *Medicus/Petersen*, AT, Rn 712.

[164] Da die Erläuterung der damit zusammenhängenden Problematiken zu sehr in das Bereicherungsrecht führen würde, sei
auf *R. Schmidt*, SchuldR BT II, Rn 319 f. verwiesen. Zum **Wucher** (§ 138 II BGB) vgl. unten Rn 1181 ff.

[165] BGHZ 115, 123, 125 f.; BGH NJW 1992, 2348; 2350; 1993, 1638, 1640. Vgl. dazu auch Rn 1174.

[166] *Brox/Walker*, AT, Rn 123; *Medicus/Petersen*, AT, Rn 239; *Ellenberger*, in: Palandt, Überbl v § 104 Rn 24.

auch die am selben Tage stattfindende Übereignung des Wagens unter der Bedingung erfolgt, dass der Kaufvertrag wirksam ist. Stellt sich nun heraus, dass es sich bei dem Wagen um einen wiederhergestellten Unfallwagen handelt, ist nicht nur die Bedingung für die Wirksamkeit des Kaufvertrags, sondern auch die für die Übereignung nicht eingetreten. Das Verfügungsgeschäft ist daher ebenfalls unwirksam. Es handelt sich um eine sog. **Geschäftseinheit**.

93

### Übersicht über Verpflichtungs- und Verfügungsgeschäfte; Trennungs- und Abstraktionsprinzip

**1.** Bei dem Trennungs- und Abstraktionsprinzip handelt es sich um elementare Grundprinzipien des deutschen Zivilrechts. Grundlage dieser Prinzipien ist die Unterscheidung zwischen **Verpflichtungs**- und **Verfügungs**geschäft.

Ein **Verpflichtungsgeschäft** (schuldrechtliches Geschäft) ist ein Rechtsgeschäft, durch das die Verpflichtung zu einer Leistung begründet wird.

Durch Verpflichtungsgeschäfte werden also (lediglich) Ansprüche begründet. Änderungen der dinglichen Rechtslage vermögen sie indes nicht herbeizuführen. Hierzu sind Verfügungsgeschäfte erforderlich. Das Verpflichtungsgeschäft bildet nur den Rechtsgrund (die sog. *Causa*) für das Verfügungsgeschäft.

**Verfügungsgeschäfte** sind Rechtsgeschäfte, die unmittelbar auf ein Recht durch **Übertragung**, **Aufhebung**, **Belastung** oder **Inhaltsänderung** einwirken. Verfügungs*objekte* sind zumeist **dingliche Rechte** (z.B. das Eigentum oder ein Pfandrecht).

**2.** (Schuldrechtliche) Verpflichtungsgeschäfte und (sachenrechtliche) Übertragungsgeschäfte sind strikt voneinander zu **trennen**.

Das **Trennungsprinzip** besagt, dass zwischen dem (schuldrechtlichen) Verpflichtungs- und dem (sachenrechtlichen) Verfügungsgeschäft strikt zu trennen ist.

Das Trennungsprinzip ist ein grundlegendes Prinzip der deutschen Zivilrechtsordnung. Es ermöglicht es den Vertragsparteien, die Wirkungen der Verfügung und diejenigen der Verpflichtung an verschiedene Voraussetzungen zu knüpfen. Der Vorteil dieses Prinzips wird bspw. beim Verkauf einer Ware unter Eigentumsvorbehalt deutlich, bei dem der Verkäufer so lange Eigentümer bleibt, bis der Käufer den Kaufpreis restlos gezahlt hat.

Das Abstraktionsprinzip baut auf dem Trennungsprinzip auf und führt es weiter.

Das **Abstraktionsprinzip** besagt, dass das Fehlen der Wirksamkeit des Verpflichtungsgeschäfts die Wirksamkeit des Verfügungsgeschäfts ebenso wenig berührt, wie dies umgekehrt der Fall ist.

Folge des Abstraktionsprinzips ist also, dass Fehler im Kausalgeschäft und im Vollzugsgeschäft separaten Regeln unterworfen sind. Lediglich bei Fehleridentität oder wenn durch das Abstraktionsprinzip unangemessene Folgen entstünden, hat der Gesetzgeber diesem Prinzip Grenzen gesetzt, insb. wenn der sich Verpflichtende **minderjährig** ist oder vom Erwerber **arglistig getäuscht** wurde. Das Gleiche gilt, wenn das Verfügungsgeschäft in besonderem Maße gegen die **guten Sitten verstößt** bzw. **Wucher** darstellt. In Fällen dieser Art schlägt die Unwirksamkeit des schuldrechtlichen Kausalgeschäfts regelmäßig auf das Vollzugsgeschäft durch. Bestand das Vollzugsgeschäft in einem sachenrechtlichen Übertragungsgeschäft (etwa gem. § 929 S. 1 BGB), ist auch dieses regelmäßig unwirksam mit der Folge, dass der Gegenstand gem. § 985 BGB vindiziert werden kann. Auf die Voraussetzungen des § 812 BGB kommt es dann nicht an, was insbesondere bei Zahlungsunfähigkeit des Schuldners relevant wird.

# F. Normarten im Zivilrecht

Das Zivilrecht kennt verschiedene Normarten, deren Kenntnis für eine rechtsmethodisch **94** einwandfreie Rechtsanwendung unabdingbar ist.

- So sind zunächst die Normen zu nennen, die als **Anspruchsgrundlagen** konzipiert sind. **95** Unter einem Anspruch ist gemäß der Legaldefinition in § 194 I BGB das Recht zu verstehen, von einem anderen ein Tun, Dulden oder Unterlassen zu verlangen. Anspruchsgrundlagen (Anspruchsnormen) sind also solche Normen, die als Rechtsfolge einen schuldrechtlichen Anspruch i.S.v. § 194 I BGB gewähren bzw. entstehen lassen.

  **Beispiel:** § 433 I S. 1 BGB spricht von der Verpflichtung des Verkäufers, dem Käufer die Sache zu übergeben und das Eigentum an der Sache zu verschaffen. ⇨ Die Vorschrift stellt damit eine Anspruchsgrundlage des Käufers gegenüber dem Verkäufer auf Übereignung und Übergabe des Kaufgegenstands dar. Da Anspruchsgrundlagen mithin eine Antwort auf die Frage nach dem Bestehen eines geltend gemachten Anspruchs liefern, werden sie insoweit auch als **Antwortnormen** bezeichnet.

- Der Beantwortung der Frage, ob ein Anspruch besteht, können **Hilfsnormen** („**Ergän-** **96** **zungsnormen**") zur Seite stehen. Diese formulieren nicht (wie Anspruchsgrundlagen) Tatbestand und Rechtsfolge, sondern definieren Rechtsbegriffe oder beschreiben Pflichten. Zu nennen sind etwa §§ 13, 14 I BGB (Verbraucher und Unternehmer); § 276 BGB (Vertretenmüssen); §§ 269 ff. BGB (Leistungsort und -zeit); §§ 133, 157 BGB (Auslegung von Willenserklärungen bzw. Verträgen); §§ 323 I, 346 I BGB (Beschreibung von Rücktrittsmöglichkeiten); § 434 BGB (Definition des Mangels); § 437 BGB (Festlegung der Mängelrechte). Auch die gesetzlichen Vermutungen (z.B. § 280 I S. 2 BGB oder § 1006 I S. 1 BGB – Rn 56) und die gesetzlichen Fiktionen (z.B. § 1923 II BGB – Rn 55) sind Hilfsnormen. Wie Wirknormen haben Hilfsnormen keine eigenständige Bedeutung, sondern werden in die Prüfung von Anspruchsgrundlagen integriert, etwa, wenn es um die Feststellung geht, ob der grundsätzlich denkbare Anspruch nicht durch bestimmte Umstände beeinflusst wird.

  **Beispiel:** Macht der Käufer einen Erfüllungsanspruch aus § 433 I S. 1 BGB geltend und erklärt der Verkäufer, dass die Leistung noch nicht fällig sei, ist auf § 271 BGB einzugehen, der dem Anspruch entgegenstehen könnte. ⇨ Grundsätzlich ist eine Leistung sofort fällig. Die Parteien können aber eine Leistungszeit bestimmen (§ 271 I BGB). Bestimmen sie eine Leistungszeit, ist im Zweifel anzunehmen, dass der Gläubiger die Leistung nicht vor der vereinbarten Leistungszeit verlangen kann (§ 271 II BGB).[167] Streiten sich die Parteien, ob eine Leistungszeit vereinbart wurde, ist unter Anwendung der §§ 133, 157 BGB zu prüfen, ob eine Leistungszeit tatsächlich vereinbart wurde.

- Auch wenn eine Anspruchsgrundlage vorliegt, heißt das nicht zwingend, dass der Anspruch **97** auch durchgreift. Denn obwohl die Voraussetzungen des anspruchsbegründenden Tatbestands vorliegen, kann dem Anspruch eine **Gegennorm** entgegenstehen. Gegennormen führen dazu, dass der Anspruch bereits am Entstehen gehindert wird, oder aber, dass ein zunächst entstandener Anspruch untergeht oder nicht durchgesetzt werden kann.

  **Beispiele: (1)** Schließt ein Geschäftsunfähiger einen Kaufvertrag, entstehen bereits deshalb keine Ansprüche aus § 433 BGB, weil der Vertrag aufgrund der Geschäftsunfähigkeit unwirksam ist (§ 105 BGB). Es handelt sich um eine rechtshindernde Einwendung. Ebenso um eine rechtshindernde Einwendung handelt es sich, wenn die Kaufsache bereits vor Vertragsschluss untergeht und dadurch der Verkäufer von der Leistungspflicht befreit wird (§ 275 I BGB; hier: anfängliche Unmöglichkeit). **(2)** Geht die Kaufsache erst nach Vertragsschluss, aber noch vor der Übergabe unter, wird der Verkäufer zwar ebenfalls von der Leistungspflicht befreit (§ 275 I BGB), es handelt sich aber um eine rechtsvernichtende Einwendung, da die Unmöglichkeit erst nachträglich (d.h. nach Vertragsschluss) eintritt.

---

[167] Da § 271 II BGB damit dem sofortigen Erfüllungsbegehren entgegensteht, könnte man die Vorschrift letztlich auch den Wirknormen zuordnen.

**(3)** Wäre die Lieferung zwar theoretisch möglich, aber nur mit unzumutbar großem Aufwand verbunden, ist der Schuldner ebenfalls von der Leistungspflicht befreit, allerdings nicht gem. § 275 I BGB, sondern gem. § 275 II BGB. Es handelt sich um eine rechtshemmende Einwendung (um eine Einrede), auf die sich der Schuldner berufen muss, damit diese vom Gericht berücksichtigt wird.[168] Tut er das nicht, bleibt sein Gegenanspruch unberücksichtigt. Im Rahmen der praktisch wichtigen kaufrechtlichen Nacherfüllung stellt der Ausschluss der Nacherfüllungspflicht gem. § 439 IV BGB eine Einrede des Verkäufers dar. Eine Einrede liegt auch vor, wenn bspw. ein Verkäufer dem Käufer, der wegen eines Sachmangels vom Vertrag zurücktritt und die Rückzahlung des Kaufpreises verlangt, gem. § 346 I Halbs. 2 Var. 2 BGB eine Nutzungsentschädigung entgegenhalten möchte. Eine Nutzungsentschädigung wird also nicht von Amts wegen vom Gericht in Abzug gebracht, sondern erst dann, wenn sich der Verkäufer darauf beruft. Schließlich liegt eine Einrede vor, wenn der Anspruch verjährt ist (vgl. §§ 194 ff. BGB). Verjährung bedeutet, dass der Anspruch zwar bestehen bleibt, jedoch nicht durchgesetzt werden kann. Auch hier muss sich der Anspruchsgegner auf die Einrede der Verjährung berufen, damit diese vom Gericht berücksichtigt wird.

**98** ▪ Allein das Vorliegen einer Anspruchsgrundlage und das Nichtvorhandensein einer Gegennorm genügen nicht, damit der Anspruch auch im Ergebnis begründet ist. Vielmehr ist zu beachten, dass das Gesetz Ausschlussgründe bzw. rechtshindernde/rechtsvernichtende Einwendungen enthält. Man spricht diesbezüglich von **Wirknormen**. Wirknormen haben keine eigenständige Bedeutung, sondern werden in die Prüfung von Anspruchsgrundlagen integriert.

**Beispiel:** Macht der Käufer einen Erfüllungsanspruch aus § 433 I S. 1 BGB geltend und erklärt der Verkäufer wirksam die Anfechtung seiner Willenserklärung, bewirkt diese Anfechtung, dass die Willenserklärung und damit der Kaufvertrag rückwirkend vernichtet werden (vgl. § 142 I BGB). ⇨ § 142 I BGB ist damit eine Wirknorm. Sie bewirkt, dass die Anfechtung als rechtshindernde bzw. rechtsvernichtende Einwendung zum Nichtbestehen des geltend gemachten Erfüllungsanspruchs führt.

**99** ▪ Schließlich sind die **Gestaltungsrechte** zu nennen. Darunter sind subjektive Rechte zu verstehen, die den Berechtigten in die Lage versetzen, durch einseitige Erklärung unmittelbar die ihn betreffende Rechtslage zu ändern.[169] Die Gestaltungswirkung tritt unmittelbar mit dem Zugang (§ 130 I BGB) der das Gestaltungsrecht ausübenden einseitigen Willenserklärung beim Erklärungsempfänger ein.[170]

**Beispiele:** Anfechtung nach §§ 119 ff. BGB (mit der Unwirksamkeitsfolge aus § 142 I BGB); Kündigung (mit der Folge der Beendigung eines Dauerschuldverhältnisses, vgl. etwa aus dem allgemeinen Schuldrecht §§ 312h, 313 III S. 2, 314 BGB; speziell zu Verträgen §§ 488 III, 489, 490, 550 S. 2, 555e, 561, 568 BGB etc.); Minderung des Kaufpreises wegen eines Sachmangels gem. § 437 Nr. 2 Var. 2 BGB[171] (mit der Folge der Wiederherstellung des Äquivalenzinteresses durch Herabsetzung des Kaufpreises); Rücktritt nach §§ 323 ff. BGB bzw. nach § 437 Nr. 2 Var. 1 i.V.m. §§ 323 ff. BGB (mit der Folge der Rückabwicklung des Vertrags); Aufrechnung nach §§ 387 ff. BGB (d.h. die wechselseitige Tilgung von zwei sich gegenüberstehenden Forderungen durch ein einseitiges Rechtsgeschäft mit der Folge des Erlöschens sowohl der Haupt- als auch der Gegenforderung)[172]. Auch bei den verbraucherschützenden Widerrufsrechten (vgl. etwa §§ 312g I, 485, 495 I, 510 II, 514 II S. 1, 650l S. 1 BGB, die allesamt auf § 355 BGB verweisen) handelt es sich um Gestaltungsrechte, da sie im Rahmen eines Verbrauchervertrags dem Verbraucher die Möglichkeit einräumen, sich einseitig durch Widerruf von einem bereits geschlossenen Vertrag zu lösen.

---

[168] Generell zu den Einwendungen (Rechtsnatur, Wirkung, Geltendmachung etc.) vgl. unten Rn 915 ff. Zur Leistungsbefreiung nach § 275 BGB vgl. *R. Schmidt*, SchuldR AT, Rn 364 ff.
[169] Vgl. etwa BGH NJW 2018, 2863, 2865; *Ellenberger*, in: Palandt, Überbl v § 104 Rn 17.
[170] BGH NJW 2018, 2863, 2865 mit Verweis auf BAG NZA-RR 2013, 609.
[171] Siehe BGH NJW 2018, 2863, 2865: Minderungsrecht ist Gestaltungsrecht.
[172] Siehe im Einzelnen *R. Schmidt*, SchuldR AT, Rn 188 ff.

Da Gestaltungsrechte dem Berechtigten das einseitige Recht verleihen, unmittelbar eine Änderung der Rechtslage herbeizuführen, unterscheiden sie sich von den Ansprüchen, die nach der Legaldefinition in § 194 I BGB Rechte von Personen darstellen, von einer anderen Person ein Tun oder Unterlassen zu verlangen (dazu Rn 100). Gestaltungsrechte unterliegen somit nicht der Verjährung.[173] Die zeitliche Grenze, innerhalb derer Gestaltungsrechte ausgeübt werden können, nennt man Ausschlussfrist (vgl. bzgl. der Anfechtung Rn 1459). Darüber hinaus muss aufgrund der mit den Gestaltungsrechten verbundenen unmittelbaren Rechtsänderung deren Ausübung für den Gegner unmissverständlich sein, d.h. die Erklärung muss ausdrücklich erfolgen oder zumindest durch Auslegung eindeutig bestimmbar sein. Daher sind Gestaltungsrechte grds. auch bedingungsfeindlich und können auch nicht einseitig zurückgenommen oder widerrufen werden[174]. Da ihnen jedoch Willenserklärungen zugrunde liegen, greift selbstverständlich das Anfechtungsrecht.

**Beispiel:** Verbraucher K kauft im Onlineshop des V eine Dashcam. Ein paar Tage nach dem Erhalt macht er von seinem gesetzlichen Widerrufsrecht Gebrauch, weil ihm zwischenzeitlich Bedenken gekommen sind bzgl. der Rechtmäßigkeit des Einsatzes. Nachdem er dann aber von der vom BGH entschiedenen Verwertbarkeit von Dashcam-Aufzeichnungen im Schadensersatzprozess[175] erfahren hat, „widerruft" er seine Widerrufserklärung. Doch V meint, dass dies nicht möglich sei, und verlangt Rücksendung der Dashcam gegen Erstattung des Kaufpreises.

Wegen der Gestaltungswirkung, die das verbraucherschützende Widerrufsrecht entfaltet, konnte K seine Widerrufserklärung tatsächlich nicht mehr schlicht zurücknehmen. Da auch kein Anfechtungsgrund greift (bei der möglichen Rechtswidrigkeit des Einsatzes handelt es sich um einen unbeachtlichen Motivirrtum[176]), konnte K seine Widerrufserklärung auch nicht wirksam anfechten.

## G. Verjährung von Ansprüchen

Eine zeitlich unbegrenzte Inanspruchnahme des Schuldners wäre für diesen regelmäßig unzumutbar. Das gilt erst recht, wenn die Forderung materiell unbegründet ist. Zudem sind Rechtsfriede und Rechtssicherheit wichtige Anliegen der Rechtsordnung.[177] Daher sieht das Gesetz vor, dass Ansprüche[178] der Verjährung unterliegen (§ 194 I BGB). „Verjährung" bedeutet dabei nicht, dass Ansprüche untergehen, sondern dass sie nach Ablauf einer bestimmten Frist nicht mehr durchgesetzt werden können. Allgemein spricht man von einer rechtshemmenden Einwendung (**Einrede**). Es besteht ein **Leistungsverweigerungsrecht**.

**100**

Anders als rechtshindernde und rechtsvernichtende Einwendungen (Rn 97 und 1622 ff.) sind rechtshemmende Einwendungen gemäß ihrer Rechtsnatur als subjektive Rechte vom Anspruchsgegner geltend zu machen, damit sie vom Gericht beachtet werden.[179] Sollten nicht geltend gemachte rechtshemmende Einwendungen vom Gericht berücksichtigt werden, kann dies wegen einseitiger Parteinahme einen Befangenheitsgrund darstellen.

Die **regelmäßige** Verjährungsfrist beträgt gem. § 195 BGB drei Jahre und beginnt gem. § 199 BGB, soweit nicht ein anderer Verjährungsbeginn bestimmt ist, mit dem Schluss des Jahres, in dem der Anspruch entstanden ist und der Gläubiger von den anspruchsbegründenden Umständen und der Person des Schuldners Kenntnis erlangt oder ohne grobe Fahrlässigkeit erlangen müsste („relative Verjährungsfrist").

**101**

---

[173] Siehe auch BGH NJW 2018, 225, 226.
[174] BGH NJW 2018, 2863, 2865 m.w.N.
[175] BGH NJW 2018, 2883, 2884.
[176] Siehe dazu Rn 1303.
[177] BGHZ 59, 72, 74 unter Verweis auf „Motive I, S. 291". Gemeint sein dürfte S. 541.
[178] Also keine Gestaltungsrechte (siehe auch BGH NJW 2018, 225, 226) – dazu oben Rn 99.
[179] Vgl. nur BGHZ 156, 269, 271.

**Beispiel:** V und K schlossen Mitte 2015 einen Kaufvertrag über die Lieferung eines Computers. Der Kaufpreis betrug 500,- € und war sofort fällig. Doch aufgrund eines EDV-Problems geriet die Forderung in Vergessenheit. Erst Ende Januar 2019 fiel V die noch offene Rechnung auf. K meint, er müsse nun nichts mehr an V bezahlen.

Der Anspruch des V auf Zahlung von 500,- € ist gem. § 433 II BGB Mitte 2015 entstanden und nicht untergegangen. Er könnte allerdings verjährt und damit nicht mehr durchsetzbar sein. Gemäß § 195 BGB beträgt die regelmäßige Verjährungsfrist drei Jahre; sie begann gem. § 199 I BGB am 1.1.2016 und endete dementsprechend am 31.12.2018. K war daher gem. § 214 I BGB berechtigt, die Leistung zu verweigern.

102 **Absolute** Verjährungsfristen normiert § 199 II, III BGB. So verjähren gem. § 199 II BGB Schadensersatzansprüche, die auf der Verletzung des Lebens, des Körpers, der Gesundheit oder der Freiheit beruhen, ohne Rücksicht auf ihre Entstehung und die Kenntnis oder grob fahrlässige Unkenntnis in 30 Jahren von dem Schaden auslösenden Ereignis an. Sonstige Schadensersatzansprüche verjähren gem. § 199 III S. 1 Nr. 1 BGB ohne Rücksicht auf die Kenntnis oder grob fahrlässige Unkenntnis in 10 Jahren von ihrer Entstehung an und gem. § 199 III S. 1 Nr. 2 BGB ohne Rücksicht auf ihre Entstehung und die Kenntnis oder grob fahrlässige Unkenntnis in 30 Jahren von dem Schaden auslösenden Ereignis an. Maßgeblich ist gem. § 199 III S. 2 BGB die früher endende Frist. Sämtliche genannten Verjährungsfristen beginnen gem. § 200 S. 1 BGB mit der Entstehung des Anspruchs.

103 Ansprüche auf Übertragung des Eigentums an einem **Grundstück** sowie auf Begründung, Übertragung oder Aufhebung eines Rechts an einem Grundstück oder auf Änderung des Inhalts eines solchen Rechts sowie die Ansprüche auf die Gegenleistung verjähren gem. § 196 BGB absolut in 10 Jahren. Verjährungsbeginn ist Entstehung des Anspruchs, § 200 S. 1 BGB.

104 § 197 BGB regelt eine sogar 30-jährige Verjährungsfrist. Hauptfälle sind Schadensersatzansprüche, die auf der *vorsätzlichen* Verletzung des Lebens, des Körpers, der Gesundheit, der Freiheit oder der sexuellen Selbstbestimmung beruhen (§ 197 I Nr. 1 BGB), und rechtskräftig festgestellte Ansprüche (§ 197 I Nr. 3 BGB), also i.d.R. rechtskräftige vollstreckbare Gerichtsentscheidungen. Beginn der Verjährung im Fall des § 197 I Nr. 1 BGB ist Entstehung des Anspruchs, § 200 S. 1 BGB; Verjährungsbeginn im Fall des § 197 I Nr. 3 BGB ist gem. § 201 S. 1 BGB der Eintritt der Rechtskraft der Entscheidung.

105 Unter bestimmten Voraussetzungen ist die Verjährung **gehemmt**. „Hemmung" bedeutet, dass die Verjährungsfrist in ihrem Ablauf „unterbrochen" wird, sie nach Beseitigung des Hemmnisses dann aber nicht (wie bei einer Unterbrechung) erneut von vorne beginnt, sondern sich nur um den Zeitraum der Hemmung verlängert. Es geht also um einen Zeitraum, der bei der Berechnung der Verjährung nicht eingerechnet wird (§ 209 BGB).

106 Das Gesetz sieht verschiedene Gründe vor, die zu einer Hemmung der Verjährung führen. Namentlich geht es um:

- Verhandlungen, § 203 BGB
- Rechtsverfolgung, § 204 BGB
- Leistungsverweigerungsrecht, § 205 BGB
- höhere Gewalt, § 206 BGB
- familiäre und ähnliche Gründe, § 207 BGB
- Ansprüche wegen Verletzung der sexuellen Selbstbestimmung, § 208 BGB

107 § 203 BGB ordnet die Verjährungshemmung an für den Fall, dass zwischen dem Schuldner und dem Gläubiger Verhandlungen über den Anspruch oder die den Anspruch begründenden Umstände schweben. Die Verjährung ist so lange gehemmt, bis der eine

oder der andere Teil die Fortsetzung der Verhandlungen verweigert (§ 203 S. 1 BGB). Allerdings führt die Wiederaufnahme abgebrochener Verhandlungen nicht zu einer auf den Beginn der Verhandlungen rückwirkenden Hemmung der Verjährung.[180]

Nach § 204 I BGB ist die Verjährung insbesondere gehemmt durch Klageerhebung (Nr. 1), Zustellung des Mahnbescheids im Mahnverfahren (Nr. 3), Verfahren bei einer Streitbeilegungsstelle (Nr. 4), Zustellung der Streitverkündung (Nr. 6) und die Zustellung des Antrags auf Durchführung eines selbstständigen Beweisverfahrens (Nr. 7).  **108**

> **Beispiel**[181]**:** Die Parteien streiten im Revisionsverfahren über die Verpflichtung des Beklagten zur Rückzahlung einer vom Kläger geleisteten Mietkaution. Der Beklagte meint, die Forderung sei verjährt, da weder die Erhebung einer negativen Feststellungsklage durch den Schuldner noch die Verteidigung des Gläubigers hiergegen eine Hemmung der Verjährung bewirkten. Das sah der BGH ebenso, da kein Fall des § 204 I Nr. 1 BGB vorliege.[182]

Die Hemmung endet sechs Monate nach der rechtskräftigen Entscheidung oder anderweitigen Beendigung des eingeleiteten Verfahrens, § 204 II S. 1 BGB.

Von der Verjährungshemmung ist der **Neubeginn** der Verjährung zu unterscheiden. Dieser richtet sich nach § 212 I BGB und tritt ein, wenn der Schuldner dem Gläubiger gegenüber den Anspruch durch Abschlagszahlung, Zinszahlung, Sicherheitsleistung oder in anderer Weise anerkennt oder eine gerichtliche oder behördliche Vollstreckungshandlung vorgenommen oder beantragt wird.  **109**

---

[180] BGH ZIP 2017, 236, 237.
[181] Nach BGH NJW 2012, 3633.
[182] BGH NJW 2012, 3633, 3634.

# 2. Kapitel – Rechtssubjekte und Rechtsobjekte

## A. Rechtssubjekte/Rechtsfähigkeit

**110**  Wer am Rechtsverkehr teilnehmen möchte, muss zumindest rechtsfähig sein. Unter Rechtsfähigkeit versteht man die Fähigkeit, Träger von Rechten und Pflichten zu sein. Das BGB spricht die Rechtsfähigkeit natürlichen und juristischen Personen sowie rechtsfähigen Personengesellschaften (§ 14 II BGB) zu, sog. Rechtssubjekte. Natürliche Person ist der Mensch (Überschrift vor § 1 BGB). Juristische Person ist eine Konstruktion der Rechtsordnung, damit eine Personenmehrheit oder ein Zweckvermögen als solche(s) am Rechtsverkehr teilnehmen können. Der Zweck ist v.a. darin zu sehen, die dahinterstehenden Personen (im Außenverhältnis) rechtlich nicht zu verpflichten. Tiere können in keinem Fall Träger von Rechten und Pflichten sein.

> **Beispiel**[183]: Setzt Tante Waltraut ihren Mops „Nero" testamentarisch zum Alleinerben ein, ist jedenfalls die Erbeinsetzung unwirksam. Denn Erbe (§ 1922 BGB) und damit Träger der Rechte und Pflichten aus dem Nachlass kann nur eine (natürliche oder juristische) Person sein, nicht aber ein Tier, das weitgehend als Sache behandelt wird (vgl. § 90a BGB) und dem damit die Rechtsfähigkeit fehlt.[184]

## I. Natürliche Personen

**111**  Rechtsfähig ist der **Mensch** mit **Vollendung der Geburt** (§ 1 BGB). Vollendet ist die Geburt mit dem vollständigen Austritt eines lebenden Menschen aus dem Mutterleib.[185]

**112**  Der **ungeborene Mensch** (das Kind im Mutterleib; lat.: *Nasciturus*) ist unter Zugrundelegung der Definition des § 1 BGB nicht rechtsfähig. Das ist nicht ganz unproblematisch, da das BVerfG den Schutz des Art. 2 II S. 1 GG (Recht auf Leben und körperliche Unversehrtheit)[186] und später die Menschenwürde des Art. 1 I GG[187] angenommen hat. Daher wird man nicht umhinkommen, in verfassungskonformer Auslegung des § 1 BGB eine Rechtfähigkeit zumindest in Bezug auf den Schutz von Leben und körperliche Unversehrtheit anzunehmen.[188] Auch kommt eine Rechtsfähigkeit in Bezug auf das allgemeine Persönlichkeitsrecht (Art. 1 I GG i.V.m. 2 I GG) in Betracht, das zivilrechtlich mit Hilfe des § 1004 I BGB i.V.m. §§ 22 f. KUG (Unterlassung) und der §§ 823 I BGB und 823 II BGB i.V.m. §§ 186, 188 I StGB (Schadensersatz) durchgesetzt werden kann.[189] Aber auch unabhängig von der (möglichen) Rechtsträgereigenschaft wird der Nasciturus von der Rechtsordnung in vielerlei Hinsicht nicht schutzlos gelassen, da das BGB ihn so behandelt, als sei er geboren (gesetzliche Fiktion).[190]

**113**  ▪ So fingiert § 1923 II BGB die Erbfähigkeit des Nasciturus. Diese gesetzliche Fiktion beruht auf folgender Überlegung: Gesetzliche Erben sind die Abkömmlinge des Erblassers (§ 1924 I BGB). Stirbt also z.B. Vater V, sind seine Kinder gesetzliche Erben. Erbe kann gem. § 1923 I BGB aber nur sein, wer zur Zeit des Erbfalls (d.h. im Zeitpunkt des Todes des Erblassers, § 1922 I BGB) lebt. Wäre also ein Sohn des V zum Zeitpunkt des Ablebens des V noch nicht geboren (aber bereits gezeugt), lebte er zwar, wäre aber wegen § 1 BGB noch nicht rechtsfähig. Die Rechtsfähigkeit ist aber Voraussetzung, um erben zu können. Um gleichwohl den noch ungeborenen Sohn als Erben anzusehen, bestimmt § 1923 II

---

[183] In Anlehnung an *Köhler*, AT, § 20 Rn 1; *Brox/Walker*, AT, Rn 703; *Stadler*, AT, § 14 Rn 4.
[184] Zur Erbeinsetzung durch Testament siehe Rn 309, 312 und 405.
[185] *Ellenberger*, in: Palandt, § 1 Rn 2.
[186] BVerfGE 39, 1, 36 f. (Schwangerschaftsabbruch I).
[187] BVerfGE 88, 203, 251 f. (Schwangerschaftsabbruch II).
[188] Vgl. auch *Wolf/Neuner*, AT, § 11 Rn 12 sowie *Neuner*, JuS 2013, 577, 581.
[189] Vgl. dazu *R. Schmidt*, SchuldR BT II, Rn 1146 ff.
[190] *Wolf/Neuner*, AT, § 11 Rn 16 ff.; *Brox/Walker*, AT, Rn 706; *Köhler*, AT, § 20 Rn 3. Zu den gesetzlichen Fiktionen vgl. bereits Rn 42.

BGB, dass das zur Zeit des Erbfalls gezeugte, aber noch nicht geborene Kind als vor dem Erbfall geboren gilt (gesetzliche Fiktion).[191]

▪ Ein Minderjähriger erhält einen Vormund, wenn die Eltern aus tatsächlichen oder rechtlichen Gründen das Sorgerecht nicht ausüben können (§ 1773 BGB). Die Vormundschaft ist vom Familiengericht von Amts wegen anzuordnen (§ 1774 S. 1 BGB). Ist anzunehmen, dass ein Kind mit seiner Geburt eines Vormunds bedarf, kann das Familiengericht auch schon vor der Geburt des Kindes einen Vormund bestellen; die Bestellung wird mit der Geburt des Kindes wirksam (§ 1774 S. 2 BGB) – vgl. auch § 151 Nr. 5 FamFG. Und im Wege der einstweiligen Anordnung kann bereits vor der Geburt des Kindes die Verpflichtung zur Zahlung des für die ersten drei Monate dem Kind zu gewährenden Unterhalts geregelt werden (§ 247 I FamFG).    **114**

▪ Da der Nasciturus „ein anderer" i.S.d. § 823 I BGB ist, wird er vor vorgeburtlichen Schädigungen dadurch geschützt, dass er im Falle seiner Geburt einen Schadensersatzanspruch gegen den Schädiger hat.[192] Des Weiteren gewährt § 844 II S. 1 BGB dem Kind einen Anspruch auf Geldrente gegen denjenigen, der den an sich zum Unterhalt Verpflichteten tötet. Diese Ersatzpflicht tritt auch dann ein, wenn der Dritte zur Zeit der Verletzung gezeugt, aber noch nicht geboren war (§ 844 II S. 2 BGB).    **115**

Nach allgemeiner Auffassung endet die Rechtsfähigkeit des Menschen mit seinem **Tod**. Das ist zwar nicht direkt einer Vorschrift zu entnehmen, ergibt sich aber aus § 1922 I BGB, wonach das Vermögen des Erblassers bei dessen Tod auf den oder die Erben übergeht. Hinsichtlich des Zeitpunkts stellt die ganz h.M. stellt auf den Hirntod (Null-Linie im EEG) ab.[193] Der Nachweis ist durch Eintrag in das Sterbebuch und im Personenstandsregister zu führen (vgl. §§ 28 ff. PStG).    **116**

Von der Rechtsfähigkeit ist die **Geschäftsfähigkeit** zu unterscheiden. Hierunter versteht man die Fähigkeit, wirksam Rechtsgeschäfte, also Geschäfte, die eine Änderung der Rechtslage zum Gegenstand haben, abzuschließen. Rechtsgeschäfte, die von einem Geschäftsunfähigen abgeschlossen wurden, sind nichtig (vgl. §§ 104, 105 BGB).    **117**

> **Beispiel:** Ein 5-jähriges Kind ist zwar rechtsfähig, nicht jedoch geschäftsfähig, da die Geschäftsfähigkeit bei Personen, die das 7. Lebensjahr noch nicht vollendet haben, fehlt (§ 104 Nr. 1 BGB). Von dieser Geschäftsunfähigkeit zu unterscheiden ist die beschränkte Geschäftsfähigkeit, die hinsichtlich Personen gilt, die zwar das 7., nicht aber das 18. Lebensjahr vollendet haben. Diese Personen sind nicht geschäftsunfähig, sondern nach Maßgabe der §§ 107 bis 113 BGB lediglich in der Geschäftsfähigkeit beschränkt (§ 106 BGB). Mit dieser Differenzierung wird der zunehmenden Reife und Einsichtsfähigkeit Heranwachsender Rechnung getragen. Die uneingeschränkte Geschäftsfähigkeit tritt mit der Volljährigkeit, also mit Vollendung des 18. Lebensjahres ein (§ 2 BGB). Aber auch Erwachsene können geschäftsunfähig sein mit der Folge, dass auch deren Rechtsgeschäfte grds. unwirksam sind (vgl. § 105 BGB). Eine Ausnahme enthält § 105a BGB. Zum Einwilligungsvorbehalt bei Betreuung, der den Regelungen über die beschränkte Geschäftsfähigkeit bei Minderjährigen nachgezeichnet ist, vgl. § 1903 BGB (dazu Rn 962 f.).

---

[191] *Ellenberger*, in: Palandt, § 1 Rn 6; *Brox/Walker*, AT, Rn 706; *Köhler*, AT, § 20 Rn 3.

[192] Grundsätzlich BGHZ 76, 249 ff. (missglückte Sterilisation); 124, 128 ff. (Unterhaltsschaden bei fehlgeschlagenem Schwangerschaftsabbruch) und BGH NJW 2002, 886 ff. (Unterhaltsschaden bei unterbliebenem Schwangerschaftsabbruch) und NJW 2002, 2636 ff. (Geburt eines schwer behinderten Kindes). Die vom *2. Senat* des BVerfG (NJW 1993, 1751, 1778) vertretene Ansicht, die Menschenwürde verbiete es, auch die Unterhaltspflicht gegenüber einem Kind als Schaden anzusehen, überzeugt nicht und hat als *obiter dictum* auch nicht die Bindungswirkung des § 31 BVerfGG (richtig der *1. Senat* des BVerfG NJW 1998, 519, 522 f. und BGHZ 124, 128, 136; a.A. der *2. Senat* NJW 1998, 523, 524). Vgl. auch *Köhler*, AT, § 20 Rn 3; *Müller*, NJW 2003, 697, 699; *Heinemann/Ramsauer*, JuS 2003, 992 ff.; *Stürner*, JZ 2003, 155, 156 f.; *Lorenz*, JuS 2010, 11 und ausführlich *R. Schmidt*, SchuldR BT II, Rn 1127.

[193] Vgl. nur OLG Frankfurt NJW 1997, 3099 ff.; BayObLG NJW-RR 1999, 1309, 1310; *Ellenberger*, in: Palandt, § 1 Rn 3; *Boecken*, AT, Rn 86. Auch das Transplantationsgesetz stellt auf den Hirntod ab (§ 3 II Nr. 2 TPG). Kritisch *Wolf/Neuner*, AT, § 11 Rn 9 f., der – freilich mit etwas „bemühter" Argumentation – auf den gemeinsamen Ausfall von Herz, Lunge und Gehirn abstellt. Zum **postmortalen Persönlichkeitsrecht** vgl. *R. Schmidt*, Grundrechte, 24. Aufl. 2019, Rn 56 und 230.

118 Zu Rechtsfähigkeit, Geschäftsfähigkeit (mit den Unterarten Ehefähigkeit und Testierfähigkeit) und Deliktsfähigkeit vgl. auch Rn 926 ff.

## II. Juristische Personen des Privatrechts; Personenvereinigungen

119 Von den natürlichen Personen (den Menschen) sind die juristischen Personen des Privatrechts und des öffentlichen Rechts zu unterscheiden (siehe bereits Rn 110). Im vorliegenden Zusammenhang sollen lediglich die juristischen Personen des Privatrechts behandelt werden.[194] Das Recht der Errichtung juristischer Personen ist von der Rechtsordnung geschaffen worden, um zu ermöglichen, dass die Organisationen oder das Zweckvermögen als solche(s) am Rechtsverkehr teilnehmen können. *Sie* sollen Träger von Rechten und Pflichten sein, nicht die hinter ihnen stehenden natürlichen Personen (die Anteilseigner der Gesellschaft). Letztlich geht es um Haftungs- und Vermögenstrennung.

120 Minimalvoraussetzung der Rechtsfähigkeit ist eine feste Organisationsstruktur des Gebildes. Hinzukommen muss die Verleihung der Rechtsfähigkeit durch die Rechtsordnung (i.d.R. durch Gesetz). Das BGB, das i.Ü. den Begriff der juristischen Person nicht definiert, nennt lediglich den eingetragenen **Verein** (§ 21 BGB) als Grundform der juristischen Person sowie die rechtsfähige **Stiftung** (§ 80 BGB).[195] Andere Gesellschaftsformen sind in speziellen Gesetzen geregelt. Allgemein anerkannt ist aber folgende Definition:

121 Eine **juristische Person** ist eine Zusammenfassung von Personen oder Sachen bzw. Vermögensmassen zu einer Organisationseinheit, der die Rechtsordnung Rechtsfähigkeit verliehen hat, wodurch sie Träger von Rechten und Pflichten sein kann.[196]

122 Zu den juristischen Personen zählen Körperschaften, rechtsfähige Anstalten und Stiftungen. Dabei kommt es für die Frage der Rechtsfähigkeit nicht darauf an, ob sie dem Privatrecht oder dem öffentlichen Recht zugeordnet sind. Im Folgenden werden aber lediglich die juristischen Personen des Privatrechts behandelt (s.o., Rn 119).

> **Beispiel:** Die Gesellschaft mit beschränkter Haftung (GmbH) erlangt mit der Eintragung ins Handelsregister ihre rechtliche Existenz als juristische Person (vgl. § 11 I GmbHG) und ist dann auch Träger von Rechten und Pflichten (vgl. § 13 I Halbs. 1 GmbHG); sie kann u.a. Eigentum erwerben, vor Gericht klagen und verklagt werden (vgl. § 13 I Halbs. 2 GmbHG) – Rechtsfähigkeit. Errichtet und betreibt nun G als Gesellschafter eine „Heizungsbaugesellschaft mbH", wird die GmbH Vertragspartner der Kunden, nicht G.

123 **Kapitalgesellschaften**, namentlich die <u>Aktiengesellschaft</u> (§ 1 I S. 1 AktG), die bereits genannte <u>Gesellschaft mit beschränkter Haftung</u> (§ 13 I GmbHG) und die <u>Kommanditgesellschaft auf Aktien</u> (§ 278 AktG) bauen auf dem Verein auf. Des Weiteren sind die <u>Genossenschaft</u> (§ 17 I GenG) und der <u>Versicherungsverein auf Gegenseitigkeit</u> (§§ 171 ff. VAG) zu nennen.[197] Als europäische „Besonderheiten" kommen die <u>Private Limited Company</u> (Ltd.) – vornehmlich nach englischem Recht – sowie die <u>Europäische Gesellschaft</u> (Societas Europaea, SE) hinzu. Die Gründung einer Ltd., die aufgrund einer Grundsatzentscheidung des EuGH[198] auch in Deutschland anzuerkennen ist, ist einfacher und kostengünstiger als die Gründung einer GmbH[199]; hinzu kommt das Fehlen eines (nennenswerten) Mindestkapitalerfordernisses. Jedoch hat 2008 der deutsche Gesetzgeber darauf reagiert und mit § 5a GmbHG die Möglichkeit der Gründung einer <u>Unter-</u>

---

[194] Zu den juristischen Personen des öffentlichen Rechts vgl. *R. Schmidt*, AllgVerwR, 21. Aufl. 2018, Rn 82 ff.
[195] Zur Stiftung vgl. ausführlich *Krumm*, JA 2010, 849 ff.
[196] Vgl. nur *Ellenberger*, in: Palandt, Einf v § 21 Rn 1 (mit Verweis auf *Raiser*, AcP 199, 104); *Wolf/Neuner*, AT, § 16 Rn 1 ff.
[197] Vgl. *Köhler*, AT, § 21 Rn 3; *Brox/Walker*, AT, Rn 735; *Wolf/Neuner*, AT, § 16 Rn 23 ff.
[198] EuGH NJW 2002, 3614, 3617 (Überseering).
[199] Nach § 5 I GmbHG muss das Stammkapital der Gesellschaft mindestens 25.000,- € betragen; allerdings sind gem. § 5 IV GmbHG auch Sacheinlagen möglich.

nehmergesellschaft (haftungsbeschränkt) eingeführt. Damit möchte er die GmbH insbesondere für Existenzgründer „erschwinglich" machen und nicht zuletzt der Verbreitung der Ltd. entgegentreten. Zwar handelt es sich bei der UG (haftungsbeschränkt) auch um eine GmbH, die – wenn auch unter erleichterten Bedingungen – nach wie vor der notariellen Beurkundung und der Eintragung ins Handelsregister bedarf, allerdings mit einem geringeren Stammkapital als dem für die gewöhnliche GmbH vorgeschriebenen Mindeststammkapital von 25.000 €. Das Mindestkapital einer UG (haftungsbeschränkt) beträgt 1 €. Das ergibt sich zwar nicht unmittelbar aus dem Wortlaut des § 5a GmbHG, allerdings aus § 5 II S. 1 GmbHG, wonach der Nennbetrag auf volle Euro lauten muss. Eben hierin liegt aber auch der große Nachteil für die Gläubiger, wenn sie Rechtsgeschäfte mit einer Ltd. oder einer UG (haftungsbeschränkt) eingehen und dabei keine separaten Sicherheiten wie z.B. Bürgschaften der Gesellschafter fordern.[200]

Bei der Societas Europaea handelt es sich um eine Aktiengesellschaft nach einheitlichen Regelungen innerhalb der EU bzw. der EWG (vgl. VO 2157/2001; deutsches SE-Einführungsgesetz). Merkmale der SE sind: Rechtsfähigkeit; Mindestkapital 120.000 €, das in Aktien zerlegt ist; Sitz der Gesellschaft in der EU. Zu den Haupteigenschaften zählen: einheitliches Gesellschaftsrecht in allen EU-Staaten; Sitzverlegung und Gründung von Tochtergesellschaften in EU-Staaten ist ohne weiteres möglich (kein nationalstaatlicher Formalismus); einheitliche Außendarstellung im EU-Raum; Steuerrecht richtet sich nach Sitzstaat.

Von den juristischen Personen im dargelegten Sinn zu unterscheiden sind die bloßen **Personenvereinigungen**. Diese können grundsätzlich als „nichtrechtsfähiger Verein" oder als „Gesellschaft" organisiert sein. Im Einzelnen gilt:    **124**

- Der **Verein** ist als Grundtyp der verbandsmäßig organisierten juristischen Person definiert    **125** als ein Zusammenschluss mehrerer Personen, die sich durch Satzung eine körperschaftliche Organisation gegeben haben und unabhängig vom Ein- und Austritt einzelner Mitglieder einen gemeinsamen Zweck verfolgen. **Rechtsfähigkeit** und damit die Fähigkeit, selbst als Rechtssubjekt am Rechtsverkehr teilzunehmen, erlangt der Verein

  ⇨ entweder durch Eintragung in das Vereinsregister (beim Amtsgericht), sofern es sich um einen **nichtwirtschaftlichen** Verein (**Idealverein**) handelt (§ 21 BGB; Beispiel: „Arbeiter-Samariter-Bund e.V."),

  ⇨ oder – sofern es sich um einen Verein handelt, dessen Zweck überwiegend auf einen wirtschaftlichen Geschäftsbetrieb gerichtet ist (**wirtschaftlicher Verein**) – gem. § 22 BGB entweder aufgrund besonderer bundesgesetzlicher Vorschriften (etwa diejenigen über die Aktiengesellschaft oder die Gesellschaft mit beschränkter Haftung) oder durch staatliche Verleihung („Konzession", §§ 22 ff. BGB).

  Ist der Verein danach vollrechtsfähig, handelt es sich um eine juristische Person; er wird durch seinen Vorstand (= Vertretungsorgan, §§ 26, 27 BGB) vertreten. Fehlt die Rechtsfähigkeit, können lediglich die *Mitglieder* Träger von Rechten und Pflichten sein.

- Der **nichtrechtsfähige** Verein findet sich zumeist als Kleinverein (z.B. Kegelclub, Ge-    **126** sangverein). Jedoch sind auch Gewerkschaften, politische Parteien, Arbeitgeber- und Arbeitnehmerverbände oftmals in dieser Rechtsform organisiert. Auf den nichtrechtsfähigen Verein finden nach dem Wortlaut des § 54 S. 1 BGB die Vorschriften über die Gesellschaft (§§ 705 ff. BGB) Anwendung. Dies widerspricht an sich seiner körperschaftlichen Struktur;

---

[200] Vgl. dazu insgesamt *Miras*, NJW 2015, 1430 ff.; *Zöllner*, GmbHR 2006, 1; *Römermann*, NJW 2006, 2065; *Müller*, BB 2006, 837; *Wachter*, BB 2006, 1463; *Niemeier*, ZIP 2006, 2237; zum Eintragungsverfahren OLG Hamm FGPrax 2006, 276; zur Firma LG Aachen NZG 2007, 600; vgl. ferner OLG Celle NZG 2007, 633; OLG Stuttgart DNotZ 2007, 146; BGH NJW 2007, 2328; LG Chemnitz ZIP 2007, 1013; *Schumann*, ZIP 2007, 118; *Schürnbrand*, JA 2009, 81 ff. Zur Liability Partnership vgl. *Henssler/Mansel*, NJW 2007, 1393. Über das Schicksal der (in Deutschland) bestehenden Private Limited Companies nach Vollzug des Brexits kann gegenwärtig nur spekuliert werden. Denkbar wäre, dass sie zur GbR „zurückfallen". Favorisierungswürdig erscheint jedoch die Annahme von Bestandsschutz, was insbesondere dann naheliegt, wenn die Grundfreiheiten des AEUV ganz oder teilweise völkervertraglich fortgeschrieben werden.

der Gesetzgeber verfolgte aber mit dieser Regelung politische Zwecke. Denn nach der ursprünglichen Fassung des BGB war die Bildung einflussreicher politischer, religiöser oder sozialpolitischer Vereinigungen in der Rechtsform des eingetragenen Vereins erschwert, weil die öffentliche Verwaltung bei einer solchen Zielsetzung der Eintragung widersprechen bzw. dem Verein die Rechtsfähigkeit entziehen konnte. Durch das Unterstellen solcher Vereinigungen unter die Rechtsform des nichtrechtsfähigen Vereins und damit unter das (schwerfällige) Gesellschaftsrecht wollte der Gesetzgeber sie am Erwerb eines größeren Vermögens hindern und ihre gesellschaftliche Einflussmöglichkeit schmälern.[201] Diese Zwecksetzung ist nunmehr weggefallen, sie wäre zudem unvereinbar mit Art. 9 I und III GG (Vereinigungsfreiheit). Daher ist entgegen dem Wortlaut des § 54 S. 1 BGB auf den nichtrechtsfähigen Verein das Vereinsrecht anzuwenden, soweit es nicht die Rechtsfähigkeit voraussetzt. Davon unbeschadet kann ein Verein, der nicht rechtsfähig ist, aber klagen und verklagt werden; in dem Rechtsstreit hat der Verein die Stellung eines rechtsfähigen Vereins (§ 50 II ZPO).

**127** ▪ Die **Gesellschaft bürgerlichen Rechts** („GbR", auch „BGB-Gesellschaft" genannt) ist in den §§ 705 ff. BGB geregelt. Sie entsteht allein dadurch, dass sich mindestens zwei Personen als Gesellschafter auf der Grundlage eines (formlosen) Vertrags gegenseitig verpflichten, auf die Erreichung eines gemeinsamen Zwecks hinzuwirken. Da der Gesellschaftsvertrag formlos (und damit auch konkludent) geschlossen werden kann[202], ist vielen Menschen oftmals gar nicht bewusst, dass sie bereits durch den Zusammenschluss zu einem gemeinsamen Zweck (der ggf. über §§ 133, 157 BGB zu ermitteln ist) Gesellschafter einer GbR sind. Entscheidend sind die (wirtschaftliche) Förderung eines gemeinsamen Zwecks und ein (gemeinsamer) Rechtsbindungswille.[203] Liegen diese Voraussetzungen vor, können auch „Gelegenheitsgesellschaften" des täglichen Lebens („Lottogemeinschaft", „Abiturjahrgang", „Facebook-Gruppe") BGB-Gesellschaften sein (dazu sogleich).

**128** Der erforderliche gemeinsame Zweck kann auf die Verfolgung jedes nicht verbotenen und nicht sittenwidrigen (vgl. §§ 134, 138 BGB) Geschäfts gerichtet sein.

**Beispiele** sind etwa der Zusammenschluss zu einer Reise- oder Fahrgemeinschaft sowie zu einer Lotterie- oder Spielgemeinschaft. Auch ein Abiturjahrgang kann eine GbR sein, wenn nur die o.g. Voraussetzungen vorliegen.[204] Eine GbR kann auch im Zusammenschluss von freiberuflich tätigen Ärzten zu einer Gemeinschaftspraxis und der Zusammenschluss von Rechtsanwälten zu einer Sozietät (sofern nicht eine andere Rechtsform gewählt wird) bestehen. Ferner kann der Zusammenschluss verschiedener Bauunternehmer, um ein bestimmtes Bauvorhaben, z.B. einen Flugplatz, eine Autobahn oder ein Kraftwerk, gemeinsam zu errichten, hierunter fallen (sog. wirtschaftliche ARGE[205]). Auch Banken, die sich zur gemeinsamen Finanzierung eines Vorhabens (oder Unternehmens) zusammenschließen, bilden eine GbR, die als Bankenkonsortium bezeichnet wird. Ebenso Personen, die sich zur gemeinsamen Errichtung eines Bauvorhabens zusammenschließen, nämlich zu einer sog. Bauherrengemeinschaft, bildet eine GbR. Besteht der Zweck aber in der Ausübung eines Handelsgewerbes nach § 1 II HGB, ist die Wahl der Gesellschaftsform der GbR nicht möglich. Unterhalb der Erheblichkeitsschwelle des § 1 II HGB („Kleingewerbe") ist die Teilnahme am Handelsverkehr freilich in der Form der GbR möglich. Da auch die sog. Freien Berufe (vgl. den Katalog in § 18 I Nr. 1 EStG) nicht unter den Begriff des Handelsgewerbes fallen, ist auch deren Ausübung in Form der GbR möglich.

**129** Eine GbR kann auf Dauer angelegt sein und einen eigenen Namen führen. Als nichtkaufmännische Gesellschaft kann sie zwar nicht unter einem Namen firmieren, da dies gem. §

---

[201] Vgl. BGHZ 50, 325, 328; *Köhler*, AT, § 21 Rn 38 ff.
[202] Siehe nur *Sprau*, in: Palandt, § 705 Rn 10 ff.; LG Detmold NJW 2015, 3176 (Abiturjahrgang als GbR).
[203] Vgl. *Sprau*, in: Palandt, § 705 Rn 13.
[204] LG Detmold NJW 2015, 3176 f.
[205] Arbeitsgemeinschaft von selbstständigen Bauunternehmern zur Durchführung eines gemeinsamen Auftrags.

17 I HGB den Handelsgesellschaften vorbehalten ist, sie kann aber die Namen aller Gesellschafter mit einem die GbR andeutenden Zusatz führen. Zulässig ist auch die Führung einer firmenähnlichen Bezeichnung, eine sog. Geschäftsbezeichnung.[206]

Der Unterschied zum Verein besteht in der Verschiedenheit der Organisation: Während für den Verein die Veränderung des Mitgliederbestands unwesentlich ist, stellt die GbR ein Vertragsverhältnis zwischen *bestimmten* Personen dar, das bei Kündigung oder Tod eines Partners grds. aufgelöst wird. Weiterhin gilt für den Verein das Mehrheitsprinzip, wohingegen für die Gesellschaft das Einstimmigkeitsprinzip typisch ist. **130**

Das Spektrum der Erscheinungsformen der GbR ist, wie bereits aus den Beispielen hervorgegangen sein sollte, vielfältig. Wichtig ist schon hier die Differenzierung zwischen der „Außengesellschaft", die nach außen in den Rechtsverkehr eintritt und in diesem agiert, und der „Innengesellschaft", die eben nicht nach außen auftritt, sondern als bloßes Schuldverhältnis die Rechtsbeziehungen zwischen den Gesellschaftern regelt, ohne über eine eigene Organisationsstruktur zu verfügen.[207] **131**

Typische **Beispiele** für eine BGB-Innengesellschaft sind die Lottogemeinschaft oder die Fahrgemeinschaft, während die ARGE als typische BGB-Außengesellschaft zu bezeichnen ist. Ob es sich bei einem Abiturjahrgang (bzw. einem Abiturballkomitee) oder einer Facebook-Gruppe um eine GbR handelt, und wenn ja, um eine Innen- oder Außengesellschaft, muss anhand der Kriterien *(wirtschaftliche) Förderung eines gemeinsamen Zwecks* und *Vorliegen eines (gemeinsamen) Rechtsbindungswillens* (unter Zugrundelegung der §§ 133, 157 BGB) bestimmt werden. Bedeutung erlangt die Einstufung nicht nur wegen der Rechts- und Parteifähigkeit (dazu sogleich), sondern auch wegen der Frage nach einer Solidarhaftung im Verhältnis der „Gesellschafter" untereinander.

Die Frage nach der **Rechtsfähigkeit** der GbR war, da das BGB (bis auf § 718 I BGB) hierzu keine Regelungen enthält, lange Zeit umstritten. Nach dem Grundsatzurteil des BGH sind nunmehr (entgegen dem Wortlaut des § 718 I BGB) auch die Außen-GbR und der „nichtrechtsfähige Verein" rechtsfähig.[208] Die Gesellschafter einer GbR können also einen **Geschäftsführer** berufen, der die GbR im Außenverhältnis in deren Namen **vertritt** (§ 714 BGB) und Rechtsgeschäfte für sie abschließt. Die Außen-GbR ist daher auch **grundbuchfähig**, wovon auch der 2009 in Kraft getretene § 899a BGB ausgeht. Die GbR kann also unter der Bezeichnung, die ihr ihre Gesellschafter im Gesellschaftsvertrag gegeben haben, Eigentum an Grundstücken erwerben und als Eigentümer ins Grundbuch eingetragen werden.[209] Fraglich ist heute allenfalls, ob trotz Anerkennung der Rechtsfähigkeit der Außen-GbR deren Gesellschafter persönlich für die Verbindlichkeiten der Gesellschaft einzustehen haben. Der BGH bejaht diese Frage, indem er die Vorschrift des § 128 HGB analog auf die GbR anwendet. Diese Vorschrift sei Ausdruck eines allgemeinen Rechtsgedankens, demzufolge jeder, der Geschäfte betreibe, sei es allein oder mit anderen, für die daraus entstehenden Verbindlichkeiten auch hafte, es sei denn, dass sich aus dem Gesetz oder aus einer Parteiabsprache etwas anderes ergebe.[210] Damit haften die Gesellschafter einer GbR (wie die einer OHG) im Außenverhältnis analog § 128 S. 1 HGB akzessorisch also neben der Gesellschaft; im Innenverhältnis haften die Gesellschafter als Gesamtschuldner persönlich (§ 128 S. 1 HGB analog). **131a**

Mit der Bejahung der Rechtsfähigkeit ist auch die **Parteifähigkeit**, also die Fähigkeit, in einem gerichtlichen Verfahren Kläger oder Beklagter (damit „Partei") zu sein, beantwortet: **131b**

---

[206] Vgl. dazu BGHZ 146, 341 ff.
[207] Vgl. *Ulmer/Schäfer*, in: MüKo, § 705 Rn 276 ff.
[208] Vgl. BGHZ 146, 341 ff.; dem folgend BGH NJW 2002, 1207; BFH NZG 2002, 741; OLG Düsseldorf NZM 2003, 237; BAG NJW 2005, 1004 f.; vgl. auch BGH NJW 2011, 1959 ff. (dazu *Kesseler*, NJW 2011, 1909 ff.).
[209] Vgl. BGH NJW 2009, 594 ff. mit Bespr. v. *K. Schmidt*, JuS 2009, 278 f. Fehlt eine Bezeichnung im Gesellschaftsvertrag, wird die GbR als „Gesellschaft bürgerlichen Rechts bestehend aus..." und den Namen ihrer Gesellschafter ins Grundbuch eingetragen; vgl. dazu BGH a.a.O. und *R. Schmidt*, SachenR II, Rn 780 ff.
[210] BGHZ 142, 315, 319, 358; 150, 1 ff.; BGH NJW 2012, 1207. Vgl. auch *Steinbeck*, JuS 2012, 105, 108 f.

Nach § 50 I ZPO ist parteifähig, wer rechtsfähig ist. Verneint man die Außen-GbR und damit die Rechtsfähigkeit, haften die Gesellschafter analog § 128 S. 1 HGB persönlich.[211]

**131c**

> **Hinweis für die Fallbearbeitung:** Eine GbR kann also nur klagen oder verklagt werden, wenn man ihr eine Rechtsfähigkeit zuspricht, wenn man mithin eine Außen-GbR annimmt. Bei Annahme einer bloßen Innen-GbR oder sogar bei deren Verneinung ist eine Prozessführung mit der GbR als Prozesspartei indes ausgeschlossen. Eine gleichwohl erhobene Klage wird dann abgewiesen. Daher empfiehlt auch der BGH demjenigen, der eine GbR verklagen möchte, neben der GbR auch die Gesellschafter persönlich zu verklagen, was insbesondere in Betracht komme, wenn nicht sicher sei, ob eine wirkliche Außengesellschaft mit Gesellschaftsvermögen existiert.[212] Gerade bei den „Gelegenheitsgesellschaften", bei denen die (wirtschaftliche) Förderung eines gemeinsamen Zwecks und der (gemeinsame) Rechtsbindungswille unklar ist, sollte daher „zweigleisig" gefahren und Klage sowohl gegen die GbR als auch gegen die „Gesellschafter" erhoben werden.

**131d**

**Fazit:** Eine GbR ist nur dann anzunehmen, wenn die *(wirtschaftliche) Förderung eines gemeinsamen Zwecks* und *ein (gemeinsamer) Rechtsbindungswille* vorliegen, was anhand der §§ 133, 157 BGB zu bestimmen ist. Um zudem eine Außen-GbR mit der Folge der Rechts- und Parteifähigkeit annehmen zu können, muss die GbR nach außen in Erscheinung treten (also als solche am Rechtsverkehr teilnehmen). Der Zweck des Zusammenschlusses der GbR kann indes ein Beliebiger sein. Ist der Zweck aber auf die Ausübung eines Handelsgewerbes i.S.d. § 1 II HGB gerichtet, steht die GbR dafür nicht zur Verfügung. Hier sind dann als Personengesellschaften die OHG oder die KG angesprochen.[213]

**131e** ▪ Die **offene Handelsgesellschaft** („OHG", §§ 105 ff. HGB) ist eine **Personengesellschaft**. In Abgrenzung zur GbR ist Wesen der OHG, dass mit dieser Organisationsform ein **Handelsgewerbe** unter gemeinschaftlicher Firma betrieben wird und sämtliche Gesellschafter den Gesellschaftsgläubigern unbeschränkt haften, § 105 I HGB; sie haften im Außenverhältnis akzessorisch gem. § 128 S. 1 HGB neben der Gesellschaft mit ihrem vollen Vermögen; zudem haften sie gesamtschuldnerisch. Soweit im Recht der OHG (§§ 105-160 HGB) keine besonderen Vorschriften enthalten sind, sind die Bestimmungen über die GbR auch auf die OHG anzuwenden (§ 105 III HGB). Das gilt auch für die zur GbR ergangenen Judikatur. Die OHG entsteht durch Abschluss eines Gesellschaftsvertrags zwischen mindestens zwei unbeschränkt haftenden Gesellschaftern, wie es auch bei der GbR als Grundform der Personengesellschaften der Fall ist. Der Unterschied zur GbR liegt aber in der Art des gemeinsam verfolgten Zwecks; dieser liegt in der Ausübung eines Handelsgewerbes. Als Gesellschafter kommen neben natürlichen Personen auch juristische Personen sowie die OHG und KG in Betracht. Denn aufgrund der aktuellen höchstrichterlichen Rechtsprechung zur GbR ist nunmehr auch diese Gesellschaftsform als Gesellschafterin einer OHG denkbar. Die OHG kann unter ihrer Firma Rechte erwerben und Verbindlichkeiten eingehen, Eigentum und andere dingliche Rechte erwerben, vor Gericht klagen und verklagt werden (§ 124 I HGB). Sie ist also (nach Handelsregistereintragung) **rechtsfähig** und besitzt damit im Außenverhältnis weitgehend eine rechtliche Verselbstständigung und mithin faktisch die Stellung einer juristischen Person, ohne jedoch eine solche zu sein. Die Firma, unter welcher die OHG im Rechtsverkehr auftritt, kennzeichnet nur den Namen, unter dem die Gesellschafter am Wirtschaftsleben teilnehmen.

**132** ▪ Die **Kommanditgesellschaft** („KG", §§ 161 ff. HGB) ist wie die OHG zwar keine juristische Person, jedoch ein **Rechtssubjekt** in Form einer Gesamthandsgesellschaft; sie kann daher (nach Handelsregistereintragung) Trägerin von Rechten und Pflichten sein (auch in der Falllösung können daher Ansprüche der KG sowie Ansprüche gegen die KG geprüft werden). Wesen der KG ist das Betreiben eines Handelsgewerbes unter gemeinschaftlicher Firma. Dabei ist im Gegensatz zur OHG bei mindestens einem der Gesellschafter (dem

---

[211] BGHZ 142, 315, 358; *Weber*, JA 2017, 69, 71.
[212] BGHZ 142, 315, 357 – zitiert auch von *Weber*, JA 2017, 69, 71.
[213] Zur GbR vgl. ausführlich *Grunewald*, JA 2011, 881 ff.; ferner *Steinbeck*, JuS 2012, 10 ff.

Kommanditisten) die Haftung gegenüber den Gesellschaftsgläubigern auf den Betrag einer bestimmten Vermögenseinlage beschränkt. Dies ist das einzige Unterscheidungskriterium zur OHG. Bei der KG werden somit zwei Arten von Gesellschaftern unterschieden, von denen mindestens jeweils einer in der KG vorhanden sein muss:

⇨ **Komplementär:** Dies ist der persönlich (unbeschränkt) haftende Gesellschafter, der wie ein OHG-Gesellschafter haftet (§§ 161 II, 128 f. HGB). Die Komplementäre haben sowohl im Innen- als auch im Außenverhältnis die Rechtsstellung der Gesellschafter einer OHG, vertreten also die KG. Da Komplementär einer KG jedoch oftmals eine GmbH, eine Unternehmergesellschaft (haftungsbeschränkt, vgl. § 5a GmbHG) oder eine Limited ist, liegt in diesen Fällen dennoch eine Haftungsbeschränkung vor.

⇨ **Kommanditist:** Dies ist der Gesellschafter, der grundsätzlich nur beschränkt auf den Betrag einer bestimmten Vermögenseinlage haftet (vgl. die Haftungsregelungen in §§ 171-176 HGB). Die hierauf beschränkte Haftung erlischt durch Leistung der Vermögenseinlage, § 171 I HGB. Weiterhin ist die Rechtsstellung der Kommanditisten vor allem dadurch bestimmt, dass sie von der Geschäftsführung und der Vertretung der Gesellschaft ausgeschlossen sind (§§ 164, 170 HGB).

Soweit in §§ 161 ff. HGB keine besonderen Vorschriften über die KG enthalten sind, gelten gem. § 161 II HGB die Bestimmungen über die OHG (§§ 105 ff. HGB) entsprechend. Schließlich findet über §§ 161 II, 105 III HGB – mangels spezieller Regelungen – auch das Recht der BGB-Gesellschaft Anwendung (§§ 705 ff. BGB).

> **Hinweis für die Fallbearbeitung:** Für den Bereich des BGB-AT ist also wichtig zu wissen, dass die KG **rechtsfähig** und dass der Kommanditist gem. § 170 HGB *gesetzlich* von der Vertretungsmacht ausgeschlossen ist. Damit ist jedoch die Möglichkeit nicht ausgeschlossen, dass die Gesellschafter dem Kommanditisten *rechtsgeschäftlich* Vertretungsmacht (sog. **Vollmacht**) erteilen, z.B. eine Prokura oder sogar eine Generalvollmacht. Im Übrigen ist stets die genannte Verweisung zu beachten: Über § 161 II HGB gelangt man zu den Vorschriften über die OHG. § 105 III HGB wiederum verweist, sofern im HGB keine Regelungen getroffen sind, auf das Recht der GbR (§§ 705 ff. BGB).

Die KG muss nach § 162 I HGB ins Handelsregister eingetragen werden, soweit das Unternehmen ein kaufmännisches ist (Handelsgewerbe i.S.v. § 1 II HGB; die Eintragung hat deklaratorische Wirkung). Seit 1998 kann gem. §§ 161 II, 105 II HGB auch eine kleingewerbliche oder eine nichtgewerbliche Gesellschaft (Verwaltung nur eigenen Vermögens) durch Eintragung ins Handelsregister eine KG werden (die Eintragung hat hier konstitutive Wirkung).

▪ Nicht zu den (Personen-)Gesellschaften zählt das **Einzelunternehmen**. Darunter ist die selbstständige Betätigung einer natürlichen Person im Wirtschaftsverkehr zu verstehen, wobei das Einzelunternehmen selbst kein Rechtssubjekt ist. Rechtssubjekt ist der Inhaber; nur dieser ist Träger von Rechten und Pflichten und haftet mit seinem gesamten Vermögen. Eine Eintragung im Handelsregister ist ebenso wenig erforderlich wie ein Stammkapital. Daher ist das Einzelunternehmen die wohl einfachste Art, ein Gewerbe auszuüben. Soweit der Einzelunternehmer jedoch Kaufmann ist (d.h. die Geringfügigkeitsschwelle des § 1 II HGB überschreitet), bedarf er einer Handelsregistereintragung (§ 29 HGB) und ist zur ordnungsgemäßen Buchführung verpflichtet (§ 238 I S. 1 HGB). Der Einzelunternehmer muss grds. mit seinem natürlichen Namen im Rechtsverkehr auftreten. Er darf (und muss) aber unter einer Firma auftreten, sofern er Kaufmann ist (§§ 17 I, 29 HGB). Firma ist der Name, unter dem der Kaufmann seine Geschäfte betreibt und die Unterschrift abgibt (§ 17 I HGB). Das Führen einer Firma ist also nur bei Kaufmannseigenschaft möglich. Das wiederum ist der Fall, wenn der Unternehmer die Schwelle des § 1 II HGB überschritten hat (er also „Ist-Kaufmann" ist) oder er (als „Kann-Kaufmann") gem. § 2 HGB trotz Nichtüberschreitens der Schwelle des § 1 II HGB eine Handelsregistereintragung hat vornehmen lassen.

132a

Nach erfolgter Eintragung ins Handelsregister ist der Unternehmensname um den Zusatz „eingetragener Kaufmann" oder „eingetragene Kauffrau" bzw. „e.K.", „e.Kfm." oder „e.Kfr." zu ergänzen (§ 19 I Nr. 1 HGB). Der Name i.V.m. dem Zusatz bildet die rechtsverbindliche Bezeichnung – die „Firma" – im Geschäftsverkehr.

Mit der Firma nicht zu verwechseln ist die Geschäftsbezeichnung. Diese zu führen ist stets zulässig, auch ohne Handelsregistereintragung des (Einzel-)Unternehmens. Auch ein Kleingewerbetreibender, der die Schwelle des § 1 II HGB nicht überschreitet und sich auch nicht ins Handelsregister hat eintragen lassen, mithin also kein Kaufmann ist, kann also eine Phantasiegeschäftsbezeichnung führen, selbst wenn diese firmenähnlich aufgemacht ist. Jedoch muss er im Geschäftsverkehr (etwa auf Briefen, Rechnungen, im Impressum einer Internetseite) neben der Geschäftsbezeichnung stets auch seinen natürlichen Namen angeben.

**Beispiel:** Frau Ina Meier möchte so einfach und kostengünstig wie möglich eine Online-Boutique betreiben, dabei jedoch dem Geschäft nach Möglichkeit einen fiktiven Namen (etwa Fashion, Style & More) geben.

Liegt eine Kaufmannseigenschaft (zunächst) nicht vor, ist eine Handelsregistereintragung optional (§ 2 HGB). Bei Verzicht auf Eintragung ist zwar die Verwendung einer Firma nicht möglich, jedoch kann Frau Meier auch ohne ins Handelsregister eingetragen zu sein eine (fiktive) Geschäftsbezeichnung wählen. Allerdings muss sie im Geschäftsverkehr neben der Geschäftsbezeichnung stets auch ihren natürlichen Namen angeben. Frau Meier hat also folgende Möglichkeiten:

⇨ Sie kann unter ihrem natürlichen Namen als Frau Meier auftreten („Boutique Ina Meier").

⇨ Sie kann ihrem Unternehmen eine Geschäftsbezeichnung geben, sofern sie ihren natürlichen Namen mit angibt (also „Fashion, Style & More Ina Meier").

⇨ Bei Handelsregistereintragung kann Frau Meier eine Firma führen, d.h. einen fiktiven Firmennamen (also z.B. „Fashion, Style & More") wählen, muss aber den Zusatz „e.K." bzw. „e.Kfr." anbringen (also Fa. „Fashion, Style & More, Inh. Ina Meier e.K.").

⇨ Ist die Kaufmannseigenschaft gegeben, ist die Handelsregistereintragung pflichtig gem. § 29 HGB. In diesem Fall ist die Führung einer fiktiven Firma („Fashion, Style & More, Inh. Ina Meier e.K.") nach erfolgter Handelsregistereintragung stets möglich. Frau Meier kann auch überlegen, ob sie in der Unternehmensform der Ltd. oder UG auftritt.

**132b** ▪ Neuerdings wird die Frage aufgeworfen, ob eine **Blockchain** (engl. für „Blockkette") ein (virtuelles) Rechtssubjekt und damit ein (virtuelles) Zuordnungssubjekt sein kann. Bei einer Blockchain handelt es sich um eine dezentrale Datenbank, die von jemandem (dem Initiator) erstellt und ins Internet gestellt wird und sodann von anderen (den Nutzern) chronologisch linear erweitert wird, vergleichbar mit einer Kette, der am hinteren Ende ständig neue Elemente („Blöcke") hinzugefügt werden. Ist ein Block (i.S.e. Datensatzes) vollständig, wird der nächste Block erzeugt und mittels kryptographischer Verfahren mit dem vorherigen verkettet. Jeder Block enthält eine Prüfsumme des vorhergehenden Blocks, wodurch eine unautorisierte Ankettung (und damit eine „Verfälschung") vermieden werden soll. Eine Blockchain ist z.B. die Grundlage der Kryptowährung Bitcoin.[214] Selbstverständlich kann eine Blockchain aufgrund ihrer „selbsttätigen" Erweiterung auch andere rechtsverkehrserhebliche Informationen enthalten, weshalb die Frage nach der Rechtsqualität aufgeworfen wurde. Geht man davon aus, dass eine Organisationsstruktur auch eine virtuelle sein kann (Stichwort „künstliche Intelligenz"), erscheint die Annahme einer Rechtssubjektsqualität nicht von vornherein ausgeschlossen. Jedenfalls aber fehlt es an der Anerkennung der Rechtspersönlichkeit durch die Rechtsordnung, weshalb man die

---

[214] Siehe dazu im Einzelnen etwa *Kütük-Markendorf*, Rechtliche Einordnung von Internetwährungen im deutschen Rechtssystem am Beispiel von Bitcoin, 2016; *Schär*, Bitcoin, Blockchain und Kryptoassets: Eine umfassende Einführung, 2017; *Drescher*, Blockchain Grundlagen: Eine Einführung in die elementaren Konzepte in 25 Schritten, 2017.

Blockchain letztlich zu den (nichtkörperlichen) Rechtsobjekten zählen muss. Rechtssubjekte sind lediglich die Initiatoren und die Nutzer.

Auch wenn juristische Personen (und andere Personenvereinigungen) rechtsfähig und damit Träger von Rechten und Pflichten sind, **fehlt** ihnen doch die Handlungsfähigkeit und damit die **Geschäftsfähigkeit**, also die Fähigkeit, im eigenen Namen Rechtsgeschäfte einzugehen. Denn diese knüpft an die natürliche Eigenschaft als Mensch an. Juristische Personen werden daher gesetzlich vertreten durch ihre verfassungsmäßig bestimmten Vertretungsorgane; diese sind als natürliche Person handlungsfähig und schließen im Namen der juristischen Person Rechtsgeschäfte ab (vgl. § 35 I GmbHG: Geschäftsführer, § 76 AktG: Vorstand usw.). **133**

## B. Rechtsobjekte

Während unter Rechtssubjekten die am Rechtsverkehr teilnehmenden Parteien verstanden werden, bilden die Rechtsobjekte den **Gegenstand des jeweiligen Rechtsgeschäfts**. Rechtsobjekte können daher niemals Träger von Rechten und Pflichten sein; das ist den Rechtssubjekten vorbehalten. Das BGB nennt als Rechtsobjekte **Sachen** (auch Tiere sind juristisch weitgehend wie Sachen zu behandeln, s.u.), **Immaterialrechtsgüter** (Rechte, Forderungen) und **Unternehmen**. Im Einzelnen gilt: **134**

## I. Sachen

Unter **Sachen** sind nach der Legaldefinition in § 90 BGB alle **körperlichen Gegenstände** zu verstehen, und zwar unabhängig von deren Aggregatzustand, solange sie von der Außenwelt (räumlich) abgrenzbar sind. **135**

In Abgrenzung zu den „Nichtsachen" muss es sich also um raumausfüllende, jedoch räumlich abgrenzbare und greifbare Gegenstände handeln, was sich nach der Verkehrsauffassung richtet. Die Abgrenzung zu den „Nichtsachen" ist deshalb notwendig, weil nur an Sachen Eigentum und beschränkt dingliche Rechte möglich sind. An „Nichtsachen" sind hingegen bspw. Urheberrechte möglich. In Prüfungsarbeiten können sich Abgrenzungserfordernisse bspw. in folgenden Fallgruppen ergeben: **136**

- Fehlt es an der **räumlichen Abgrenzbarkeit** des Objekts (Wasser im Ozean, Luft etc.), scheidet die Sacheigenschaft aus. **137**

- Da sich die Sacheigenschaft auf *körperliche* Gegenstände beschränkt, fallen konsequenterweise **Daten**, **Forderungen** und andere **Rechte** aus dem Begriff heraus. Ein körperlicher Gegenstand ist aber das **Medium**, auf dem die Daten oder die Rechte gespeichert bzw. verbrieft sind (etwa das Papier, auf dem die Forderung oder das sonstige Recht verbrieft ist, die Maestro-Karte, mit deren Hilfe Geld vom Geldautomaten entnommen werden kann, oder die CD oder DVD, auf der das Computerprogramm gespeichert ist, welches das Ergebnis einer geistigen Leistung darstellt). Zu verneinen ist die Körperlichkeit auch bei **elektrischer Energie**. Die Sacheigenschaft ist aber auch hier zu bejahen, sofern es um das Speichermedium (etwa um die Batterie) geht. **138**

- **Immaterialgüter** sind keine Sachen, sondern geistige Güter, an denen (in beschränktem Umfang) Herrschaftsrechte begründet werden können. So kann bspw. an einer Erfindung (= Immaterialgut) ein Patentrecht (= Herrschaftsrecht) gewährt werden. An Texten und anderen geistigen Werken besteht ein Urheberrecht. **139**

- Neuerdings wird in Anbetracht des Umstands, dass auch in Geräten, Maschinen und Fahrzeugen zunehmend Software, Lizenzen und andere Immaterialgüter integriert sind, diskutiert, den Sachbegriff i.S.d. § 90 BGB zu modifizieren. Als Beispiel wird das Automobil genannt, das online vernetzt ist und ständig Daten austauscht. Im Zeitalter der Digitalisierung (insbesondere der „Cloud-Technologie" bei Navigationsgeräten) sei daher bspw. **140** bei Verträgen über den Kauf eines Autos der Sachbegriff nahezu wertlos, was die norma-tive Brauchbarkeit des Sachbegriffs in Frage stelle.[215] Nach der hier vertretenen Auffas-sung ist der Sachbegriff des § 90 BGB flexibel genug, um bspw. auch „vernetzten Auto-mobilen" gerecht zu werden, zumal den Gewährleistungsrechten bei Sachmängeln ein Sachmangelbegriff zugrunde liegt, der sich nach der Beschaffenheitsvereinbarung richtet bzw. danach, ob sich die Sache zu der nach dem Vertrag vorausgesetzten Verwendung oder für die gewöhnliche Verwendung eignet und eine Beschaffenheit aufweist, die bei Sachen der gleichen Art üblich ist und die der Käufer nach der Art der Sache erwarten kann (§ 434 I S. 1 BGB). Wird also ein „vernetztes Automobil" geschuldet und funktioniert das Gesamtsystem nicht störungsfrei, liegt ein Sachmangel vor, der Gewährleistungs-rechte (§ 437 BGB) auslöst.

**141** ▪ Unstreitig ist der lebende **menschliche Körper** *keine* Sache. Denn die verfassungsrecht-lich garantierte Menschenwürde (Art. 1 I GG) verbietet es, den lebenden Menschen zu einem bloßen Objekt „herabzustufen". Der Mensch kann daher auch nicht Gegenstand von Kauf-, Schenk-, Miet- oder Leihverträgen sein. Auch der **ungeborene Mensch** (*Nascitu-rus*)[216] und der außerhalb des Mutterleibs befindliche **Embryo** sind selbstverständlich keine Sachen.

**142** ▪ Zur Frage nach der Sachqualität von **Leichen**, vom Körper abgetrennter **Körperteile** (Gliedmaßen, Organe, Blut etc.) und **Implantaten** (künstlichem Hüftgelenk, Herzschritt-macher, Zahnprothese etc.) vgl. *R. Schmidt*, StrafR BT II, Rn 10.

**143** ▪ **Tiere** sind nach § 90a BGB keine Sache. Wie Menschen sind sie Lebewesen. Die Rechts-ordnung hat dennoch lange gebraucht, Schutzgesetze (vgl. etwa das erst 1972 erlassene Tierschutzgesetz und die erst 2002 in das GG eingefügte Staatszielbestimmung *Tierschutz* in Art. 20a GG) zu erlassen, die zwar in vielerlei Hinsicht dem Schutzbedürfnis der Tiere nicht hinreichend gerecht werden, aber immerhin Schritte in die richtige Richtung darstel-len. Unabhängig davon, dass Tiere Lebewesen sind, stellt sie die Rechtsordnung im Er-gebnis den Sachen weitgehend gleich, da auf das Rechtsobjekt *Tier* die für Sachen gel-tenden Vorschriften entsprechend anzuwenden sind (vgl. § 90a S. 3 BGB). Daher können Tiere Gegenstand von Rechtsgeschäften, insbesondere eines Tierkaufs, sein und bei Sach-mängeln Rechte aus §§ 434 ff. BGB auslösen. Sonderregeln für Tiere enthalten aber die §§ 251 II S. 2, 903 S. 2 BGB und §§ 765a I S. 3, 811c I ZPO.

## II. Unbewegliche Sachen/bewegliche Sachen

**144** Steht der Sachbegriff fest, ist des Weiteren danach zu fragen, ob es sich um eine **unbe-wegliche** oder **bewegliche** Sache handelt.

**145** ▪ **Unbewegliche Sachen:** Unbewegliche Sachen (Immobilien) sind Grundstücke (vgl. nur § 873 BGB), d.h. abgegrenzte Teile der Erdoberfläche, die im Bestandsverzeichnis eines Grundbuchblatts unter einer bestimmten Nummer eingetragen oder gem. § 3 II GBO ge-bucht ist. Das Grundstück erstreckt sich auch auf den Luftraum (darüber) und auf die Erdsäule (darunter), vgl. § 905 BGB. Vom Grundstücksbegriff erfasst sind auch die we-sentlichen Bestandteile, die nicht Objekt eigenständiger Rechte sind (z.B. auf dem Grund-stück errichtete Gebäude), § 94 BGB.[217] Den Grundstücken gleichgestellt sind einige Grundstücksrechte, etwa das Erbbaurecht (nach dem ErbbauRG) und das Wohnungseigen-tumsrecht (nach dem WEG).

**146** ▪ **Bewegliche Sachen** (= Mobilien bzw. Fahrnis) sind alle Sachen, bei denen eine Ortsver-änderung (wenn auch unter gewissem Aufwand) möglich ist. Letztlich sind das alle Sa-chen, die keine Grundstücke und Grundstücksbestandteile sind. Sachen, die nur vorüber-gehend mit einem Grundstück verbunden sind, gelten aber als bewegliche Sachen (§ 95 BGB).

---

[215] So *Wendehorst*, NJW 2016, 2609.
[216] BVerfGE 88, 203, 252; *R. Schmidt*, Grundrechte, 24. Aufl. 2019, Rn 225 ff.; *Dreier*, ZRP 2002, 377 ff.
[217] Vgl. *Ellenberger*, in: Palandt, Überbl v § 90 Rn 3.

Die Unterscheidung zwischen unbeweglichen und beweglichen Sachen ist in vielerlei Hinsicht wichtig. Beispielhaft seien genannt[218]:                                                                      **147**

- Der Kaufvertrag über eine bewegliche Sache ist grds. formfrei möglich, da das Gesetz hierfür keine Form vorschreibt. Demgegenüber bedarf der Kaufvertrag über ein Grundstück (wegen der weit reichenden Folgen) der notariellen Beurkundung (§ 311b I BGB).

- Auch vollzieht sich die Eigentumsübertragung auf verschiedene Weise: Während die Übertragung des Eigentums an unbeweglichen Sachen durch Auflassung und Eintragung im Grundbuch (§§ 873, 925 BGB) erfolgt, geht das Eigentum an beweglichen Sachen durch dinglichen Vertrag und Übergabe (§ 929 S. 1 BGB) bzw. durch ein Übergabesurrogat (§§ 930, 931 BGB) über.

- Unterschiede ergeben sich auch bei den Pfandrechten. Bei beweglichen Sachen gelten die §§ 1204 ff. BGB. Bei unbeweglichen kommen hingegen Grundpfandrechte wie Hypothek (§ 1113 BGB), Grundschuld (§ 1191 BGB) und Rentenschuld (§ 1199 BGB) in Betracht.

- Grunddienstbarkeiten (§ 1018 BGB) dingliche Vorkaufsrechte (§ 1094 BGB), Reallasten (§ 1105 BGB), Erbbaurechte (§ 1 ErbbauRG) sowie die Vormerkung (§ 883 BGB) sind nur an Grundstücken und nicht an beweglichen Sachen möglich.

- Die Zwangsvollstreckung in eine bewegliche Sache erfolgt durch Pfändung (§ 803 ZPO), wohingegen diejenige in ein Grundstück durch Eintragung einer Sicherungshypothek, durch Zwangsversteigerung oder durch Zwangsverwaltung erfolgt (§ 866 I ZPO).

## III. Vertretbare Sachen/unvertretbare Sachen/Gattungssachen

Des Weiteren sind **vertretbare Sachen**, **unvertretbare Sachen** und **Gattungssachen** voneinander zu unterscheiden.                                                                      **148**

- **Vertretbare Sachen** sind gem. § 91 BGB bewegliche Sachen, die im Verkehr nach Zahl, **149** Maß oder Gewicht bestimmt zu werden pflegen, d.h. ohne weiteres austauschbar sind, da sie sich von anderen Sachen nicht durch Individualisierungsmerkmale abheben. Da sie aus wirtschaftlicher Sicht untereinander austauschbar sind, gelten für sie einige Sonderregelungen (vgl. §§ 607, 650, 700, 706, 783 BGB).

  **Beispiele**[219]**:** Naturprodukte wie Äpfel, Birnen, Eier, Kartoffeln, Kohlen, Wein einer bestimmten Gattung; Bargeld und Wertpapiere; Brötchen; Industrieprodukte, soweit serienmäßig hergestellt (DVDs, Monitore etc.)

- **Unvertretbare Sachen** sind neben Grundstücken und Wohnungen körperliche Gegen- **150** stände, die individuell charakterisiert sind („Einzelanfertigung" oder nach „Bestellerwünschen angefertigte Sachen") und nicht ohne weiteres gegen eine Sache derselben Gattung ausgetauscht werden können. Auch alle gebrauchten Sachen (insb. Antiquitäten) sind unvertretbar, weil sie in ihrer Eigenart nur ein einziges Mal existieren.
  **Beispiele:** Individuell nach Kundenwünschen angefertigte Einzelstücke wie z.B. ein Spezialfahrzeug, ein Kleidungsstück („maßgeschneiderter Anzug") oder eine Einbauküche.

  Die Unterscheidung von vertretbaren und unvertretbaren Sachen ist im Rahmen einiger Schuldverhältnisse von Relevanz. So kann ein Sachdarlehen i.S.d. § 607 BGB nur über eine vertretbare Sache geschlossen werden. Handelt es sich hingegen um eine unvertretbare Sache, besteht lediglich die Möglichkeit einer Leihe (§ 598 BGB). Bei einem Vertrag über die Lieferung oder Herstellung einer beweglichen, aber *nicht vertretbaren* Sache erklärt § 650 S. 3 BGB einige werkrechtliche Vorschriften für anwendbar. Vgl. weiterhin §§ 706 II, 783 BGB. Auch im Schadensersatzrecht ist die Unterscheidung von Bedeutung.

---

[218] Vgl. auch die jeweilige Aufzählung bei *Wolf/Neuner*, AT, § 25 Rn 8; *Stadler*, AT, § 11 Rn 10; *Köhler*, AT, § 23 Rn 6; *Brox/Walker*, AT, Rn 802; *Ellenberger*, in: Palandt, § 91 Rn 2.
[219] Vgl. *Wolf/Neuner*, AT, § 25 Rn 12; *Köhler*, AT, § 23 Rn 6; *Stadler*, AT, § 11 Rn 12; *Brox/Walker*, AT, Rn 802; *Ellenberger*, in: Palandt, § 91 Rn 2.

So kommt bei Zerstörung einer unvertretbaren Sache von vornherein lediglich eine Entschädigung in Geld (§ 251 I BGB) in Betracht. Schließlich wird im Zivilprozessrecht zwischen vertretbaren und unvertretbaren Sachen unterschieden, vgl. §§ 592, 884 ZPO.

151 ▪ **Gattungssachen** sind Sachen, die nach generellen, also allgemeinen Merkmalen (Typ, Sorte, Gewicht, Farbe, Herkunft, Jahrgang) bestimmt werden. Dementsprechend liegt eine Gattungsschuld vor, wenn sich das Schuldverhältnis auf eine Gattungssache bezieht. Der Unterschied zur vertretbaren Sache besteht darin, dass sich die Gattungszugehörigkeit nach der Bestimmung der Parteien richtet, wohingegen sich die Vertretbarkeit nach den Anschauungen des Verkehrs beurteilt. Zwar wird i.d.R. eine Gattungsschuld auf die Leistung einer vertretbaren Sache i.S.d. § 91 BGB gerichtet sein (beide Begriffe fallen also regelmäßig zusammen), Gattungssachen sind jedoch von vertretbaren Sachen zu unterscheiden, weil für sie Sonderregelungen gelten (vgl. § 243 BGB).

**Beispiel:** Äpfel sind vertretbare Sachen (s.o.). Kauft ein Kunde nun im Laden irgendeinen Apfel, handelt es sich um einen Gattungskauf einer vertretbaren Sache. Kauft der Kunde aber einen bestimmten Apfel, den er zuvor ausgewählt hat, wurde eine Konkretisierung (§ 243 II BGB) vorgenommen, sofern der Verkäufer mit der Konkretisierung durch den Käufer einverstanden war. Dann handelt es sich um einen Stückkauf (Spezieskauf) einer vertretbaren Sache.

Die Relevanz der Gattungsschuld liegt v.a. im Unmöglichkeitsrecht. Wurde eine Gattungsschuld vereinbart und führt der Schuldner die Sachen nicht im eigenen Warenbestand, ist er verpflichtet, sich auf dem Markt erfüllungstaugliche Gegenstände zu verschaffen („Beschaffungsschuld"). Unmöglichkeit i.S.d. § 275 I BGB (mit der Folge, dass der Schuldner von seiner Leistungspflicht befreit wird) tritt hier erst dann ein, wenn die Ersatzbeschaffung für den Schuldner unzumutbar ist (§ 275 II BGB), jedenfalls aber, wenn die gesamte Gattung erschöpft ist. Demgegenüber beschränkt sich bei einer Speziesschuld (und einer konkretisierten Gattungsschuld) die Verbindlichkeit des Schuldners grds. auf den von den Parteien bereits bei Vertragsschluss ausgesuchten oder in sonstiger Weise individualisierten Gegenstand. Geht der konkrete Gegenstand unter, tritt Unmöglichkeit (§ 275 I BGB) ein, weil allein mit ihm der Leistungserfolg herbeigeführt werden konnte.[220] An die Stelle der Leistungspflicht tritt aber Schadensersatzpflicht (§ 275 IV BGB i.V.m. §§ 280, 283-285, 311a, 326 BGB).

## IV. Verbrauchbare Sachen

152 **Verbrauchbare Sachen** sind bewegliche Sachen, deren bestimmungsgemäßer Gebrauch in dem Verbrauch oder in der Veräußerung besteht (§ 92 I BGB); zu den verbrauchbaren Sachen gehören auch bewegliche Sachen, die zu einem Warenlager oder sonstigen Sachinbegriff gehören und zur Veräußerung bestimmt sind (§ 92 II BGB).

153 Die Unterscheidung zwischen verbrauchbaren und nicht verbrauchbaren Sachen ist insbesondere für Nutzungsrechte bedeutsam (§§ 1067, 1075 BGB). Auch beim Abschluss von Miet- oder Leihverträgen ist auf die Unterscheidung zu achten, weil eine verbrauchbare Sache naturgemäß nicht Gegenstand einer *vorübergehenden* Gebrauchsüberlassung sein kann.

**Beispiele**[221]**:** Nahrungs- und Genussmittel, Kohlen, Kraftstoff etc. sind zum Verbrauch bestimmt, nicht dagegen Sachen, die durch Gebrauch oder Verschleiß allmählich entwertet werden wie z.B. Maschinen; Letztere können aber – wie Erstere zur Veräußerung bestimmt sein. Zur Veräußerung bestimmt (und damit ebenfalls verbrauchbare Sachen) sind generell Handelswaren aller Art (Kleidung, Bücher etc.).

---

[220] Etwas anderes kann gelten, wenn die Parteien die Ersetzbarkeit der Sache vereinbart haben und die Ersatzsache gleichwertig und gleichartig zur ursprünglich geschuldeten Sache ist. Dann kann eine Nacherfüllungspflicht (Lieferung einer gleichwertigen und gleichartigen Sache) bestehen, vgl. dazu *R. Schmidt*, SchuldR AT, Rn 371.
[221] Vgl. *Wolf/Neuner*, AT, § 25 Rn 15; *Brox/Walker*, AT, Rn 803; *Köhler*, AT, § 23 Rn 7; *Ellenberger*, in: Palandt, § 92 Rn 1.

## V. Teilbare Sachen

**Teilbare Sachen** sind gem. § 752 S. 1 BGB Sachen, die sich ohne Wertminderung in gleichartige Teile zerlegen lassen. **154**

> **Beispiel:** Bargeld, Lebens- und Genussmittel, solange sie sich in gleichartige Teile zerlegen lassen (Mehl, Wein etc.). Vertretbare Sachen (Rn 149) sind stets teilbare Sachen, soweit eine Teilung tatsächlich möglich ist (z.B. Geld).

Bedeutsam ist die Teilbarkeit bei der Aufhebung von Rechtsgemeinschaften (vgl. § 752 sowie §§ 731 S. 2, 1477 I, 2042 II BGB). **155**

## VI. Bestandteile

### 1. Begriff der Bestandteile

**Bestandteile** sind nach dem Normengefüge der §§ 93-96 BGB unselbstständige oder selbstständige, körperlich abgegrenzte Teile einer Sache. **156**

Die Bestandteilsregelung der §§ 93-96 BGB dient der Erhaltung wirtschaftlicher Werte und (im Falle des § 94 BGB, dazu sogleich) der Rechtsklarheit. Zu beachten ist, dass das Gesetz eine Regelung nur für wesentliche Bestandteile (§§ 93, 94 BGB) getroffen hat. Daraus kann der Schluss gezogen werden, dass alle von dieser Norm nicht betroffenen Bestandteile „unwesentlich" sind. **157**

Die Unterscheidung zwischen wesentlichen und unwesentlichen Bestandteilen ist rechtlich sehr bedeutsam, da nur unwesentliche Bestandteile Objekte von Rechtsgeschäften sein können. Wesentliche Bestandteile hingegen können nicht Gegenstand besonderer dinglicher Rechte sein; sie sind nicht sonderrechtsfähig bzw. „rechtsobjektfähig".[222] **158**

### 2. Wesentliche Bestandteile

**Wesentliche Bestandteile** sind Bestandteile einer Sache, die von der Sache nicht getrennt werden können, ohne dass der Bestandteil oder die (Haupt-)Sache zerstört oder in seinem/ihrem Wesen verändert werden (§ 93 BGB). **159**

Einzelsachen können durch Verbindung mit anderen Sachen ihre Sacheigenschaft verlieren und zu Bestandteilen der anderen Sache oder einer neu entstandenen Sache werden. Maßgebend ist, ob der abgetrennte Bestandteil und die Restsache weiterhin in der bisherigen Art wirtschaftlich nutzbar sind, sei es auch erst nach Verbindung mit anderen Sachen.[223] **160**

> **Beispiel:** Werden Räder an einem Auto befestigt, bleiben sie selbstständige Sachen (und damit „unwesentliche" Bestandteile), da sie jederzeit und ohne Beschädigung wieder abmontiert werden können. Sie können also dementsprechend verkauft werden, obwohl sie sich noch am Fahrzeug befinden. Wird in ein Fahrzeug aber eine Autogasanlage verbaut, wird diese zu einem wesentlichen Bestandteil i.S.d. § 93 BGB. Denn durch Verschraubung von Gasdüsen, Verschweißung des Gastanks und Anpassung sonstiger Bauteile der Gasanlage an die Fahrzeugspezifika kann diese nicht wieder ausgebaut werden, ohne erheblich beschädigt bzw. beeinträchtigt zu werden. Durch ihren Einbau verliert die Gasanlage also ihre „Rechtsobjektfähigkeit".

Über den Wortlaut des § 93 BGB hinaus ist ein wesentlicher Bestandteil auch dann anzunehmen, wenn die Aufwendungen für die Trennung bzw. anderweitige Verbindung **161**

---

[222] *Wolf/Neuner*, AT, § 25 Rn 15; *Ellenberger*, in: Palandt, § 93 Rn 4; *Giesen*, AcP 202 (2002), 689, 690.
[223] BGHZ 61, 80, 81 ff.; *Boecken*, AT, Rn 173.

den **Wert des abgetrennten Bestandteils übersteigen**. Denn auch hier wäre eine Trennung wirtschaftlich unvernünftig.

## 3. Wesentliche Bestandteile bei Gebäuden und Grundstücken

162   Zur Schaffung klarer Rechtsverhältnisse enthält § 94 BGB hinsichtlich **Grundstücke** und **Gebäude** eine Erweiterung des Begriffs der wesentlichen Bestandteile. Auch diese verlieren – vorbehaltlich der Einordnung als Scheinbestandteile (§ 95 BGB, dazu Rn 167 ff.) – mit der festen Verbindung ihre Sonderrechtsfähigkeit.

163   Zu den wesentlichen Bestandteilen eines **Grundstücks** gehören die mit dem Grund und Boden **fest verbundenen** Sachen, insbesondere **Gebäude** sowie mit dem Boden zusammenhängende Erzeugnisse (§ 94 I S. 1 BGB).

164   Wann eine feste Verbindung besteht, richtet sich nach der Verkehrsauffassung und ist anzunehmen, wenn die Trennung unverhältnismäßig aufwendig bzw. teuer wäre oder die verbundenen Teile dabei zerstört oder erheblich beschädigt würden.[224] Auch das hohe Eigengewicht der Sache spricht für die Annahme einer festen Verbindung mit dem Grundstück.

> **Beispiele:** Gebäude und andere Bauwerke (wegen § 95 BGB nicht aber Baracken), auch Brücken, Windkraftanlagen und Tiefgaragen gelten als wesentliche Bestandteile des Grundstücks; selbst Fertiggaragen aus Beton sollen (wohl wegen des hohen Gewichts) nach bedenklicher Auffassung als wesentlicher Bestandteil des Grundstücks, auf dem sie stehen, gelten.[225] Jedenfalls ist ein unterirdischer, fest einbetonierter Öltank eindeutig wesentlicher Bestandteil des Grundstücks. Zu den wesentlichen Bestandteilen eines Grundstücks, die keine Gebäude sind, zählen bspw. Zäune, Bäume und Feldfrüchte.

165   Zu den wesentlichen Bestandteilen eines **Gebäudes** gehören die zur *Herstellung* (oder *Renovierung*) des Gebäudes eingefügten Sachen (§ 94 II BGB), also Sachen, ohne die das Gebäude nach der Verkehrsauffassung noch nicht fertig gestellt wäre. Auch Sachen, welche erst die *vorgesehene Nutzung* ermöglichen, sind wesentliche Bestandteile des Gebäudes. Voraussetzung ist nur, dass eine feste körperliche Verbindung mit dem Gebäude besteht.[226]

> **Beispiele:** Mit dem Gebäude fest verbundene Sachen, die der *Erstellung* (oder Renovierung) des Baukörpers dienen, sind stets zur Herstellung eingefügt und damit wesentliche Bestandteile des Gebäudes. Dazu zählen bspw. Ziegel, Fenster, Glaskuppeln, Wintergärten und Türen. Zu den Sachen, die erst die vorgesehene Nutzung des Gebäudes ermöglichen, gehören z.B. fest eingebaute Heizanlagen etc. Dagegen zählen *bloße Einrichtungsgegenstände*, außer wenn sie vom Eigentümer bzw. Vermieter dem Gebäude besonders angepasst wurden (wie z.B. **Einbauküchen**, vgl. näher Rn 178b), nicht dazu. Einbaumöbel gelten nur dann als wesentliche Bestandteile, wenn sie nicht anderswo wieder aufgestellt werden können.

166   Ist das Gebäude nach § 94 I BGB selbst wesentlicher Bestandteil des Grundstücks, sind seine wesentlichen Bestandteile (§ 94 II BGB) folgerichtig zugleich wesentliche Bestandteile des Grundstücks.

> **Beispiel:** In einem Stahlverarbeitungsbetrieb wird eine 15 Tonnen schwere Stahlpresse mit dem Betonfundament des Gebäudes verschraubt. Als der Betriebsinhaber die Presse

---

[224] Allgemeine Auffassung seit RGZ 158, 362, 374 f. (vgl. nur *Wolf/Neuner*, AT, § 25 Rn 28 ff. sowie den Klausurfall von *Gödicke*, JA 2004, 370 ff.).
[225] BFH NJW 1979, 392.
[226] Vgl. etwa *Stresemann*, in: MüKo, § 94 Rn 21.

nicht bezahlen kann, möchte der Lieferant L diese wieder abschrauben und mitnehmen. Darf er dies?

L könnte seinen Anspruch auf § 985 BGB stützen. Dazu müsste er jedoch noch Eigentümer der Presse sein. Ursprünglich war er Eigentümer. Er könnte sein Eigentum aber (trotz eines eventuell vereinbarten Eigentumsvorbehalts) wegen § 946 BGB verloren haben. Das wäre der Fall, wenn die Presse zu einem wesentlichen Bestandteil des Grundstücks geworden wäre.

Es ist fraglich, ob die Stahlpresse wesentlicher Bestandteil des Grundstücks geworden ist. In Betracht kommt zunächst die Annahme als wesentlicher Bestandteil des Gebäudes (94 II BGB). Da das Gebäude wiederum wesentlicher Bestandteil des Grundstücks ist (vgl. § 94 I S. 1 BGB), hätte dies zur Folge, dass die Presse wesentlicher Bestandteil des Grundstücks geworden und daher gem. § 946 BGB in das Eigentum des Grundstückseigentümers gefallen wäre.

Geht man davon aus, dass selbst die mechanische Verbindung mit dem Gebäude (etwa Einbetoniertsein in den Boden) i.d.R. noch nicht zur Annahme einer festen Verbindung i.S.v. 94 II BGB führt[227], muss dies für eine bloße Verschraubung einer Maschine mit dem Gebäudeboden erst recht gelten. Danach hätte der Lieferant sein Eigentum an der Presse nicht gem. § 946 BGB verloren. Da Richtersprüche jedoch teilweise nicht vorhersehbar sind (siehe die obige Angabe zur Garage), ist nicht auszuschließen, dass der Fall, wenn er gerichtlich entschieden werden müsste, anders ausgehen könnte. Wenn also das Gericht entschiede, dass die Stahlpresse wesentlicher Bestandteil des Gebäudes sei, wäre sie zugleich wesentlicher Bestandteil des Grundstücks mit der Folge, dass der Lieferant das Eigentum gem. § 946 BGB verloren hätte. Ihm bliebe dann aber ein bereicherungsrechtlicher Ausgleichsanspruch (§ 951 I BGB), der allerdings weitgehend leerliefe für den Fall der Insolvenz des Schuldners. Besteht dann auch noch ein Grundpfandrecht zugunsten eines Dritten, ist auch der Rückgriff auf das Grundstück für L nicht möglich (vgl. dazu Rn 178a).

## 4. Scheinbestandteile bei Gebäuden und Grundstücken

**Keine** (nicht einmal unwesentliche) Bestandteile eines Grundstücks oder Gebäudes sind die nur zu einem *vorübergehenden Zweck* damit verbundenen oder eingefügten Sachen (**Scheinbestandteile**, § 95 BGB).

**167**

Der Scheinbestandteil bleibt selbstständige Sache und fällt nicht nach § 946 BGB dem Grundstückseigentümer zu (s.o.). Der vorübergehende Zweck, der den Scheinbestandteil ausmacht, ist dann anzunehmen, wenn bei der Verbindung oder Einfügung die spätere Trennung *beabsichtigt* war. Für eine solche Absicht spricht bspw. der (freilich widerlegliche) Umstand, dass die Maßnahme aufgrund eines *befristeten Vertrags* erfolgt.[228]

**168**

> **Beispiel:** V und M schließen einen befristeten Mietvertrag (§§ 535, 575 BGB) über ein Hausgrundstück. Während der Mietzeit errichtet M ein Gartenhäuschen auf dem Grundstück. Nach Beendigung des Mietverhältnisses macht V geltend, ein Recht auf das Gartenhäuschen zu haben.
>
> Hier handelt es sich lediglich um einen Scheinbestandteil gem. § 95 I S. 1 BGB, sodass das Gartenhäuschen nicht wesentlicher Bestandteil des Grundstücks wird und M sein Eigentumsrecht nicht (gem. § 946 BGB) verliert. Er kann das Gartenhäuschen also abmontieren und mitnehmen. Eine etwaige Hypothek an dem Grundstück erstreckt sich daher nicht auf das Gartenhäuschen, das eine bewegliche Sache bleibt und nach §§ 929 ff. BGB vom Mieter auf andere übertragen werden kann. Gleiches würde hinsichtlich einer vom Mieter aufgestellten Fertiggarage oder einer eingebauten Einbauküche gelten (s.o.).

Auch bei den mittlerweile zahlreich aufgestellten **Windenergieanlagen** (WEA) stellt sich die Frage, ob diese gem. § 94 BGB wesentlicher Bestandteil des Grundstücks (und damit

---

[227] *Stresemann*, in: MüKo, § 94 Rn 3 f., 19 f.
[228] BGHZ 104, 298, 301; *Wolf/Neuner*, AT, § 25 Rn 33.

nicht sonderrechtsfähig) sind oder zu den Scheinbestandteilen i.S.d. § 95 I S. 1 BGB zählen. Für die Einordnung als Scheinbestandteil spricht der regelmäßig gegebene lediglich vorübergehende Zweck, basiert die Errichtung der WEA auf einem fremden Grundstück doch regelmäßig lediglich auf einem (befristeten) Miet- oder Pachtvertrag. Andererseits wird die Dauer des Miet- oder Pachtvertrags an der wirtschaftlichen Lebensdauer der WEA ausgerichtet sein. Mithin konzentriert sich die Frage darauf, ob eine Verbindung nur zu einem vorübergehenden Zweck i.S.d. § 95 I S. 1 BGB ausgeschlossen ist, wenn die Sache für ihre gesamte (wirtschaftliche) Lebensdauer auf dem Grundstück verbleiben soll. Der BGH verneint dies. Das mit dem vorübergehenden Zweck verbundene Zeitmoment beziehe sich nicht auf die wirtschaftliche Lebensdauer der Sache, sondern auf deren Verbindung mit dem Grundstück. So sei eine Sache nur zu einem vorübergehenden Zweck mit einem Grundstück verbunden, wenn die Verbindung nach dem Willen des Einfügenden nicht dauernd, sondern nur zeitweilig bestehen soll.[229]

Fazit und weiterführende Hinweise: Ist eine Sache trotz ihrer festen Verbindung zum Grundstück Scheinbestandteil i.S.d. § 95 I S. 1 BGB, bleibt ihre Sonderrechtsfähigkeit erhalten und sie kann Gegenstand eines Veräußerungsgeschäfts nach §§ 929 ff. BGB sein. Da sich umgekehrt das Grundstückseigentum nicht auch auf den Scheinbestandteil erstreckt, geht bei einer Grundstücksveräußerung der Scheinbestandteil nicht mit über. Im Fall einer WEA erwirbt der Grundstückserwerber also nicht (gem. § 925 BGB) Eigentum auch an der WEA. Das kann für einen Grundstückserwerber, der das Grundstück vielleicht gerade wegen der darauf befindlichen WEA erwirbt, sehr misslich sein, zumal die Rechtsordnung den Schutz des guten Glaubens an die Eigenschaft einer Sache als wesentlicher Bestandteil (hier: i.S.d. § 94 BGB) nicht kennt.[230] Es gibt also (in diesem Fall) keinen gutgläubigen Erwerb von Scheinbestandteilen.

**169** Aber auch wenn ein wesentlicher Bestandteil vorliegt, ist der bisherige Eigentümer nicht schutzlos. Zwar hat er sein Eigentum an der Sache verloren, sodass er keinen Herausgabeanspruch gem. § 985 BGB geltend machen kann, allerdings gewährt § 951 BGB für diesen Rechtsverlust eine Entschädigung.

**170** Besonderheiten gelten schließlich auch im **Erbbaurecht**: Das aufgrund des Erbbaurechts errichtete Bauwerk gilt gem. § 12 ErbbauRG als wesentlicher Bestandteil des Erbbaurechts. Diese Formulierung ist unglücklich, weil das BGB nur Bestandteile an Sachen kennt, nicht an Rechten. Die Vorschrift ist daher so zu verstehen, dass das Bauwerk nicht im Eigentum des Grundstückseigentümers steht, sondern in dem des Erbbauberechtigten. Diese Auslegung entspricht insbesondere der Regelung in § 95 I S. 2 BGB für Gebäude, die in Ausübung eines Rechts an fremden Grundstücken errichtet sind. Das Gleiche gilt gem. § 12 I S. 2 ErbbauRG hinsichtlich Gebäuden, die im Zeitpunkt der Begründung des Erbbaurechts bereits errichtet waren. Auch diese stehen im Eigentum des Erbbauberechtigten (zum Erbbaurecht vgl. *R. Schmidt*, SachenR II, Rn 719 ff.).

**171** Gemäß § 96 BGB gelten Rechte, die mit dem Eigentum an einem Grundstück verbunden sind, als Bestandteile des Grundstücks. Damit sind insbesondere Grunddienstbarkeiten (§ 1018 BGB), Notweg- (§ 917 BGB) und Überbaurechte (§ 912 BGB) gemeint. Diese Rechte sind darüber hinaus wesentliche Bestandteile, da sie vom Grundstückseigentum nicht abtrennbar sind.

## 5. Rechtliche Bedeutung der Unterscheidung von wesentlichen Bestandteilen und Scheinbestandteilen

**172** Die rechtliche Bedeutung der Unterscheidung zwischen wesentlichen Bestandteilen und Scheinbestandteilen sollte bereits deutlich geworden sein. Sie besteht darin, dass **wesentliche Bestandteile einer Sache nicht Gegenstand besonderer Rechte sein**

---

[229] BGH NJW 2017, 2099, 2101.
[230] Vgl. *Stieper*, NJW 2017, 2101; *K. Schmidt*, JuS 2017, 1020, 1021.

**können** (§ 93 BGB). Sie teilen das rechtliche Schicksal der Hauptsache; der Eigentümer der „Hauptsache" wird durch die Verbindung kraft Gesetzes Eigentümer auch des „wesentlichen Bestandteils" (§§ 946 ff. BGB), der bisherige Eigentümer des „wesentlichen Bestandteils" verliert sein Eigentum, kann dieses also nicht mehr gem. § 985 BGB herausverlangen (und auch nicht gem. § 929 BGB übertragen, wohl aber nach § 932 BGB, der den guten Glauben an die Eigentümerposition des Veräußerers schützt). Diesem Rechtsverlust trägt für Sachverbindungen § 951 BGB Rechnung, indem er dem bisherigen Eigentümer einen Kondiktionsanspruch gewährt (s.o.).

> **Beispiel:** L liefert an B unter Eigentumsvorbehalt (schuldrechtlich: § 449 BGB; sachenrechtlich: §§ 929 S. 1, 158 I[231] BGB) ein Glaskuppeldach, das dieser in sein Gebäude einbaut. Durch diesen Einbau wird es zu einem wesentlichen Bestandteil des Gebäudes (§ 94 II BGB) und gleichzeitig des Grundstücks (§ 94 I S. 1 BGB). Nach § 946 BGB erstreckt sich damit das Eigentum am Grundstück auf diese Sachen. L verliert sein Eigentum kraft Gesetzes. Er hat aber gem. § 951 BGB i.V.m. § 812 I S. 1 Var. 1 (Leistungskondiktion) i.V.m. § 818 II BGB einen Anspruch auf Wertersatz.

> **Gegenbeispiel:** Baut U an das Fahrzeug des B serienmäßig hergestellte Sporträder an, an denen er sich das Eigentum vorbehalten hat, werden diese nicht wesentliche Bestandteile des Fahrzeugs. § 947 BGB greift nicht ein; vielmehr bleibt U Eigentümer der Sporträder. Zahlt B nicht, kann U Herausgabe nach § 985 BGB, also Abbau und Rückgabe verlangen.

**Scheinbestandteile** (§ 95 BGB) bleiben **selbstständige** Sachen. Für ihre Übereignung gelten die §§ 929 ff. BGB. **173**

> **Beispiel:** E hat in seinem Garten einen Pavillon errichtet, obwohl er bereits zum Zeitpunkt der Errichtung wusste, dass er ihn im Herbst wieder abbauen und verkaufen würde. Dementsprechend verkauft und übereignet er ihn gem. § 929 BGB an K. Auch WEA, die als Scheinbestandteile gelten, können nach §§ 929 ff. BGB übereignet werden.

## VII. Zubehör

**Zubehör** sind bewegliche Sachen, die, ohne Bestandteil der Hauptsache zu sein, dem wirtschaftlichen Zweck der Hauptsache zu dienen bestimmt sind und zu ihr in einem dieser Bestimmung entsprechenden räumlichen Verhältnis stehen (§ 97 I S. 1 BGB). **174**

> Zubehör, das die wirtschaftliche Nutzung der Hauptsache ermöglicht oder erleichtert sind zum **Beispiel** das Mobiliar einer Gaststätte, das Inventar (Maschinen etc.) eines Gewerbebetriebs[232] oder eine vom Eigentümer (Vermieter) eingebaute Einbauküche. Da das Zubehör mit der Sache eine wirtschaftliche Einheit bildet, soll es nach Möglichkeit das rechtliche Schicksal der Sache teilen (s.o.).

Zubehör kann nur eine *bewegliche Sache* („Nebensache") sein, die nicht wesentlicher Bestandteil der Hauptsache ist.[233] Die Hauptsache kann dagegen ein Grundstück, Grundstücksbestandteil (Gebäude) oder eine bewegliche Sache sein[234], nicht dagegen ein Unternehmen als solches (vgl. § 98 BGB, sogleich Rn 179 ff.). Im Einzelnen gilt: **175**

- Dem *wirtschaftlichen Zweck* der Hauptsache zu dienen bestimmt ist das Zubehör, wenn es im Vergleich zur Hauptsache nur eine untergeordnete Bedeutung hat; handelt es sich um Inventar, muss dieses (um als „Zubehör" i.S.v. § 97 BGB zu gelten) in einem engen **176**

---

[231] Geht man bei § 158 BGB davon aus, dass sich die dort genannte „Bedingung" auf ein objektiv ungewisses künftiges Ereignis bezieht, dürfte man im Fall des Eigentumsvorbehalts streng genommen § 158 I BGB lediglich analog anwenden, weil der „Bedingungseintritt" i.d.R. allein vom Verhalten des Vorbehaltskäufers abhängt. In der Sache ändert sich dadurch aber nichts. Zum Eigentumsvorbehalt vgl. unten Rn 1226 sowie grundlegend *Hütte/Hütte*, SachenR I, Rn 846 ff.
[232] Vgl. dazu BGH NJW 2006, 993 (mit Bespr. v. *K. Schmidt*, JuS 2006, 556).
[233] Vgl. *Wolf/Neuner*, AT, § 25 Rn 38; *Brox/Walker*, AT, 823; *Köhler*, AT, § 23 Rn 20; *Ellenberger*, in: Palandt, § 97 Rn 2.
[234] BGHZ 62, 49, 51.

Bezugszusammenhang mit der Hauptsache stehen.[235] Auch muss eine Widmung der Hauptsache für diesen Zweck erfolgt sein, wofür eine schlüssige Handlung genügt. Indiz dafür ist die tatsächliche Nutzung der Nebensache für diesen Zweck, wobei jedoch eine nur vorübergehende Nutzung nicht ausreicht (§ 97 II S. 1 BGB). Die Zubehöreigenschaft endet daher, wenn die Widmung dahin geändert wird, dass die Sache nur noch vorübergehend dem Zweck der Hauptsache dienen soll. Gewerbliches und landwirtschaftliches Inventar ist nach § 98 BGB stets dem wirtschaftlichen Zweck der Hauptsache zu dienen bestimmt; jedoch müssen auch hier die sonstigen Voraussetzungen des § 97 BGB vorliegen.

**177**    ▪ In einem der Zweckbestimmung entsprechenden *räumlichen Verhältnis* zur Hauptsache steht die Nebensache auch dann, wenn eine vorübergehende räumliche Trennung von der Hauptsache vorliegt (§ 97 II S. 2 BGB). So bleibt ein Lkw einer Spedition auch dann Zubehör, wenn er unterwegs ist.

**178**    In rechtlicher Hinsicht ist Zubehör selbstständig und kann daher Gegenstand allgemeiner oder besonderer Rechte sein. Es kann separat veräußert, belastet oder gepfändet werden. Wegen seiner dienenden Funktion („wirtschaftliches Unterordnungsverhältnis") soll das Zubehör nach Möglichkeit aber das Schicksal der Hauptsache teilen. Davon geht auch das BGB aus. Es enthält an einigen Stellen Auslegungsregeln (vgl. dazu bereits Rn 25), die das rechtliche Schicksal von Zubehör betreffen. So erstreckt sich gem. § 311c BGB die Verpflichtung zur Veräußerung oder Belastung einer Sache im Zweifel auf das Zubehör und gem. § 926 I S. 2 BGB ist im Zweifel ist anzunehmen, dass sich die Veräußerung des Grundstücks auf das Zubehör erstrecken soll.

> **Beispiel:** A verkauft an K ein Grundstück mit einem darauf befindlichen Bauernhof (§§ 433, 311b I, 311c BGB). Über den Traktor und die Melkmaschine wurde nicht gesprochen, auch nicht im Kaufvertrag. Nach Grundstücksübereignung (§§ 873, 925 BGB) weigert sich A, Traktor und Melkmaschine herauszugeben, da diese nicht mitverkauft seien.
>
> Ausdrücklich wurden Traktor und Melkmaschine weder verkauft noch übereignet. Nach § 311c BGB sind im Zweifel die Maschinen jedoch als Zubehör (§ 98 BGB) mitverkauft. Auch die Grundstücksübereignung erstreckt sich im Zweifel auf das Zubehör (§ 926 I S. 2 BGB). Eine gesonderte Übereignung der Maschinen nach § 929 BGB ist dann nicht mehr erforderlich (§ 926 II BGB). Demnach ist K Eigentümer auch des Traktors und der Melkmaschine geworden, sodass er diese gem. § 985 BGB herausverlangen kann.

**178a**    Ist das Grundstück mit einer **Hypothek** oder **Grundschuld** belastet, erstrecken sich gem. § 1120 BGB (§ 1192 BGB) die Hypothek bzw. die Grundschuld auch auf das Zubehör und die Bestandteile. Ferner besteht ein **Absonderungsrecht im Insolvenzverfahren** gem. § 49 InsO. Gemäß § 865 II S. 1 ZPO ist das Zubehör **unpfändbar**.

**178b**    Schließlich kann die Frage nach der Zubehöreigenschaft bei **Einbauküchen** relevant werden, etwa wenn es um die Frage geht, ob die in einem durch **Zwangsversteigerung** erworbenen Haus eingebaute Küche ebenfalls in das Eigentum des Ersteigerers übergeht.

> **Beispiel[236]:** K ersteigerte das Hausgrundstück S-Straße 48 in D. Dieses stand zuvor im Eigentum der B. Zum Zeitpunkt des Zuschlags wohnte noch die Mieterin M in dem Haus. Diese hatte ein Jahr zuvor auf eigene Kosten eine Einbauküche einbauen lassen. Bei ihrem Auszug entfernte sie die Einbauküche und nahm diese mit in ihre neue Wohnung. K verlangt nunmehr die Herausgabe der Küche. Zu Recht?

---

[235] BGH NJW 2006, 993 (mit Bespr. v. *K. Schmidt*, JuS 2006, 556).
[236] In Anlehnung an BGH NJW 2009, 1078 ff.

K könnte der geltend gemachte Anspruch gem. § 985 BGB zustehen. Dazu müsste er im Zeitpunkt des Herausgabeverlangens Eigentümer der Einbauküche sein und M dürfte kein Recht zum Besitz haben. Eigentum könnte K aufgrund des Zuschlags gem. § 90 ZVG erworben haben. Denn gem. § 90 I ZVG wird der Ersteher mit dem Zuschlag Eigentümer des Grundstücks. Dabei erstreckt sich dieser gesetzliche Eigentumserwerb auch auf wesentliche **Bestandteile**, insb. auf dem Grundstück befindliche Gebäude. Zu den wesentlichen Bestandteilen eines Gebäudes gehören wiederum die zur *Herstellung* (oder *Renovierung*) des Gebäudes eingefügten Sachen (vgl. § 94 II BGB), also Sachen, ohne die das Gebäude nach der Verkehrsauffassung noch nicht fertig gestellt wäre. Da dies nach der Verkehrsauffassung jedenfalls bei einer vom *Mieter* eingebrachten Einbauküche nicht angenommen werden kann (dieser wird die Küche i.d.R. so einbauen, dass er sie bei Auszug wieder demontieren und abtransportieren kann), hat K insoweit kein Eigentum an der Einbauküche erworben.[237][238]

Möglicherweise handelt es sich bei der Einbauküche aber um **Zubehör** i.S.v. § 97 BGB. Dann hätte sich gem. § 55 II ZVG der Zuschlag auch auf die Küche erstreckt (§ 37 Nr. 5 ZVG, auf den § 55 II ZVG verweist, soll hier außer Betracht bleiben). Zubehör sind bewegliche Sachen, die, ohne Bestandteil der Hauptsache zu sein, dem wirtschaftlichen Zweck der Hauptsache zu dienen bestimmt sind und zu ihr in einem dieser Bestimmung entsprechenden räumlichen Verhältnis stehen (§ 97 I S. 1 BGB).

Einbauküchen werden als Zubehör angesehen, wenn sie nach den Umständen dem Gebäude offensichtlich auf Dauer dienen sollen. Das ist nach der Verkehrsauffassung bei einer Einbauküche, die vom Eigentümer bzw. Vermieter eingebracht und mitvermietet wird, der Fall. Denn in diesem Fall dient die Einbauküche gerade dem wirtschaftlichen Zweck des Gebäudes. Etwas anderes gilt für Einbauküchen, die vom Mieter eingebracht werden. Denn ein Mieter wird in aller Regel die Küche beim Auszug wieder mitnehmen wollen, es sei denn, er kann sie an den Nachmieter (oder an den Vermieter) verkaufen.[239]

Da die Benutzung der Einbauküche der B auch nur vorübergehend dem wirtschaftlichen Zweck der Hauptsache dienen soll, ist die Zubehöreigenschaft auch gem. § 97 II S. 1 BGB zu verneinen. K hat daher kein Eigentum an der Küche erworben; er kann nicht die Herausgabe gem. § 985 BGB verlangen.

## VIII. Nutzungen

Gemäß § 100 BGB werden als **Nutzungen** einer Sache die **Gebrauchsvorteile und Früchte** einer Sache oder eines Rechts verstanden, wobei der Begriff der Früchte in § 99 BGB näher beschrieben wird. 178c

Ein **Gebrauchsvorteil** ist jeder aufgrund des Gebrauchs einer Sache oder eines Rechts eingetretene günstige Erfolg, der nicht in Früchten besteht. Keine Voraussetzung ist, dass durch die Benutzung ein spürbarer Gewinn erzielt wird, weil allein der *Vorteil des Gebrauchs* ausschlaggebend ist (BGH DB 1966, 738, 739). **Nicht** dazu gehören allerdings die Vorteile, die aufgrund einer **Verwertung** erzielt werden. 178d

> **Beispiele/Gegenbeispiel:** Gebrauchsvorteile sind das Benutzen eines Kfz oder eines Fahrrads, das Wohnen in einem Haus, das Tragen von Kleidungsstücken. Kein Gebrauchsvorteil ist der Erlös aus dem Verkauf einer Sache (weil verwertungsbedingt).

---

[237] Danach sind die einzelnen Elemente einer Einbauküche ein eigenständiges und zudem einheitliches Wirtschaftsgut. Aus diesem Grund hatte seinerzeit auch nicht B Eigentum an der Küche gem. § 946 BGB erworben. Auch das OLG Koblenz neigt dazu, eine Einbauküche jedenfalls dann, wenn sie aus serienmäßig hergestellten Einzelteilen zusammengesetzt wurde, nicht als wesentlichen Bestandteil des Gebäudes anzusehen (OLG Koblenz NJW-RR 2017, 838).

[238] Nach der Rspr. des BFH sind die einzelnen Elemente einer Einbauküche ein eigenständiges und zudem einheitliches Wirtschaftsgut (BFH DStR 2016, 2846). Folge ist, dass kein wesentlicher Bestandteil des Gebäudes vorliegt. Zwar ist die Finanzgerichtsbarkeit nicht maßgeblich für die Zivilgerichtsbarkeit, sie kann als Auslegungshilfe aber durchaus herangezogen werden.

[239] Vgl. BGH NJW 2009, 1078 ff.; a.A. OLG Nürnberg NJW-RR 2002, 1485.

**178e** **Früchte** lassen sich in Sach- und Rechtsfrüchte aufteilen und innerhalb dieser Unterscheidung wiederum in unmittelbare und mittelbare (Sach- oder Rechts-)Früchte. Die **unmittelbaren Sachfrüchte** sind gem. § 99 I BGB alle Erzeugnisse der Sache und die sonstige Ausbeute, welche aus der Sache ihrer Bestimmung gemäß gewonnen wird.

> **Beispiele/Gegenbeispiel:** Erzeugnisse: alle natürlichen Tier- und Bodenprodukte wie Eier, Milch, Kälber, Obst, Pflanzen; sonstige Ausbeute: Kies, Sand, Kohle, Mineralwasser (auch wenn diese Produkte durch Raubbau gewonnen sein sollten). Nicht dazu gehören Sachen, welche aus der Substanz der Sache gewonnen werden, z.B. das Fleisch eines geschlachteten Tieres.

**178f** **Mittelbare Sachfrüchte** sind gem. § 99 III BGB die Erträge, die eine Sache vermöge eines Rechtsverhältnisses gewährt. Dazu gehören insbesondere die Gegenleistungen für die Gebrauchsüberlassung einer Sache.

> **Beispiele:** Miet- oder Pachtzinsen

**178g** **Unmittelbare Rechtsfrüchte** sind gem. § 99 II BGB die Erträge, welche ein Recht seiner Bestimmung gemäß gewährt, insbesondere bei einem Recht auf Gewinnung von Bodenbestandteilen die gewonnenen Bestandteile.

> **Beispiele:** Zu den unmittelbaren Rechtsfrüchten gehören Sachfrüchte, die ein Nießbraucher oder Pächter aufgrund seines Nießbrauchs- oder Pachtrechts zieht. Auch die Dividende bei einer Aktie oder einem GmbH-Anteil und die Zinsen einer Forderung sind unmittelbare Rechtsfrüchte.

**178h** **Mittelbare Rechtsfrüchte** sind schließlich gem. § 99 III BGB die Erträge, die ein Recht vermöge eines Rechtsverhältnisses gewährt wie z.B. die Lizenzgebühren für die Überlassung eines Patentrechts.

## IX. Unternehmen

**179** Als **Unternehmen** (Gewerbebetrieb) bezeichnet man im Allgemeinen die auf Dauer angelegte organisatorische Einheit von personellen und sächlichen Mitteln zur Erreichung eines wirtschaftlichen Zwecks.[240]

**180** **Nicht** zu verwechseln ist das Unternehmen im dargelegten Sinn mit dem Unternehmer nach **§ 14 I BGB**, wonach als Unternehmer jede natürliche oder juristische Person oder rechtsfähige Personengesellschaft gilt, die bei Abschluss eines Rechtsgeschäfts in Ausübung ihrer gewerblichen oder selbstständigen beruflichen Tätigkeit handelt (siehe dazu Rn 223). § 14 I BGB betrifft eine Legaldefinition des Unternehmers, wenn es um Verträge zwischen einem Unternehmer und einem Verbraucher (**Verbraucherverträge**) geht. Für diese gelten besondere Vorschriften zum Schutz des Verbrauchers. Dazu gehören u.a. § 312b BGB (außerhalb von Geschäftsräumen geschlossene Verträge), § 312c BGB (Fernabsatzverträge), §§ 474 ff. BGB (Verbrauchsgüterkaufverträge), §§ 491 bis 505 BGB (Verbraucherdarlehensverträge)[241], Finanzierungshilfen (§§ 506-509 BGB), §§ 481-487 BGB (Teilzeitwohnrechteverträge) und außerhalb des BGB das Fernunterrichtsschutzgesetz (FernUSG). Der Schutz des Verbrauchers wird insbesondere durch die Aufstellung von vorvertraglichen Informationspflichten und die Einräumung eines Rücktritts- bzw. Widerrufsrechts (vgl. z.B. §§ 312g, 355 BGB) sowie (beim Verbrauchsgüterkauf) durch eine Beweislastumkehr (§ 477 BGB) gewährleistet. Im AGB-Recht ist die Bestimmung des § 310 III BGB von Bedeutung (Rn 1527). Zu den Verbraucherrechten (insbesondere zum **Widerrufsrecht**) vgl. *R. Schmidt*, SchuldR AT, Rn 968 ff.

---

[240] *Wolf/Neuner*, AT, § 26 Rn 12; *Köhler*, AT, § 22 Rn 16; auch *Brox/Walker*, AT, Rn 791; *Stadler*, AT, § 13 Rn 1.
[241] Zu den Verbraucherdarlehensverträgen vgl. BGH ZIP 2006, 68 ff.

Bestandteile des Unternehmens können Grundstücke, Maschinen, Waren, Patente, Marken, technisches und kaufmännisches *know how*, Rechtsverhältnisse zu Arbeitnehmern, Kunden, Lieferanten und Kreditgebern sowie Forderungen sein. Das Unternehmen stellt somit eine Sachgesamtheit bzw. eine Rechtsgesamtheit dar und damit den „Inbegriff von Vermögensgegenständen". Folgerichtig ist das Unternehmen selbst kein Rechtsgegenstand im sachenrechtlichen Sinn. Zwar kann es Gegenstand eines Kaufvertrags sein, da der Bestimmtheitsgrundsatz nicht für bloße schuldrechtliche Verpflichtungsgeschäfte gilt (Rn 218), eine Verfügung (Übereignung, Sicherungsübereignung, Nießbrauchbestellung, Verpfändung usw.) über das Unternehmen als Ganzes ist wegen des im Sachenrecht geltenden Bestimmtheitsgrundsatz somit rechtlich nicht möglich. Soll also ein Unternehmen, etwa aufgrund eines Kaufvertrags oder Sicherungsvertrags, ganz oder teilweise übertragen werden, bedarf es dazu der Übertragung der zum Unternehmen gehörenden Gegenstände nach den für *sie* geltenden Vorschriften. So sind bewegliche Sachen nach den §§ 929 ff. BGB zu übertragen, Grundstücke nach §§ 873, 925 BGB, Forderungen nach § 398 BGB usw. Lediglich der schuldrechtliche Verpflichtungsvertrag (insbesondere Kauf) kann zusammenhängend geschlossen werden.[242]

Das Unternehmen als solches ist auch Schutzgut i.S.d. § 823 I BGB („Recht am eingerichteten und ausgeübten Gewerbebetrieb")[243] und Gegenstand konzernrechtlicher (vgl. §§ 15 ff. AktG) und kartellrechtlicher (vgl. §§ 1 ff. GWB) Regelungen.

---

[242] Vgl. BGH NJW 2001, 2462; *Schellhammer*, MDR 2002, 475, 488; *Jaques*, BB 2002, 417 ff.
[243] Vgl. dazu ausführlich *R. Schmidt*, SchuldR BT II, Rn 645 ff.

# 3. Kapitel – Überblick über die Rechtsgeschäftslehre

## A. Grundsatz und Grenzen der Privatautonomie

**182**  Wie bei Rn 1 ff. beschrieben, geht das bürgerliche Recht vom Grundsatz der Privatautonomie aus. Dieser Grundsatz ist zwar nicht explizit im BGB genannt, findet aber nunmehr[244] als Teil des allgemeinen Persönlichkeitsrechts seine Fixierung in Art. 1 I und 2 I GG und wird letztlich auch von § 311 I BGB vorausgesetzt. Privatautonomie bedeutet das Recht des Einzelnen, seine Lebensverhältnisse im Rahmen der Rechtsordnung eigenverantwortlich zu gestalten.[245] Sie berechtigt den Einzelnen, Rechte und Pflichten zu begründen, zu ändern oder aufzuheben. Haupterscheinungsformen der Privatautonomie sind die Vereinigungsfreiheit (Art. 9 I GG), die Testierfreiheit (Art. 14 I GG, § 1937 BGB), die Eigentumsfreiheit (Art. 14 I GG, § 903 BGB) und die Vertragsfreiheit (Art. 2 I GG, § 311 I BGB).[246]

**183**  ▪ Die **Vereinigungsfreiheit** wird durch Art. 9 I GG gewährleistet, wonach alle Deutschen das Recht haben, Vereine und Gesellschaften zu gründen. Die Schranken dieses Grundrechts ergeben sich aus Art. 9 II GG. Im BGB ist die Vereinigungsfreiheit u.a. im Vereinsrecht (§§ 21 ff.) und im Gesellschaftsrecht (§§ 705 ff.) von Bedeutung.

**184**  ▪ Die **Testierfreiheit** gibt dem Einzelnen das Recht, im Rahmen der gesetzlichen Regelungen letztwillige Verfügungen zu treffen bzw. Erbverträge zu schließen. Gesetzliche Grundlagen hierzu finden sich in Art. 14 GG und § 1937 BGB.

**185**  ▪ Die in Art. 14 GG und § 903 BGB niedergelegte **Eigentumsfreiheit** besagt, dass der Einzelne berechtigt ist, Eigentum zu haben, mit diesem Eigentum (soweit nicht das Gesetz oder Rechte Dritter entgegenstehen) nach Belieben zu verfahren und andere von jeder Einwirkung auszuschließen.

**186**  ▪ Die **Vertragsfreiheit** umfasst zweierlei: Sie verleiht dem Einzelnen zunächst das Recht, grundsätzlich frei zu entscheiden, ob und mit wem er einen Vertrag schließt (sog. **Abschlussfreiheit**). Darüber hinaus beinhaltet sie das Recht, grundsätzlich frei über den Inhalt des Vertrags zu entscheiden (sog. **Inhalts- und Gestaltungsfreiheit**).

**187**  Wie sich insbesondere aus den Erläuterungen zur **Vertragsfreiheit** ergibt, stellt diese den **wichtigsten Grundpfeiler der Privatautonomie** dar. Da sich Privatautonomie aber nur dann verwirklichen lässt, wenn überhaupt die reelle Chance besteht, die eigenen Interessen durchzusetzen, kam nach dem ursprünglichen liberalen Grundgedanken des BGB ein Vertrag zwischen zwei gleich starken Partnern zustande. Der Einzelne sollte grundsätzlich für sich selbst sorgen und für sich selbst verantwortlich sein. Dementsprechend wurde vor den Risiken des Geschäftsverkehrs nur dann geschützt, wenn die freie willentliche Selbstbestimmung nicht gegeben war, der Betroffene z.B. nicht über die notwendige geistige Reife für die Teilnahme am Rechtsverkehr verfügte (§§ 104 ff. BGB) oder seine Erklärung von Willensmängeln beeinflusst war (§§ 116 ff. BGB). Weitere Einschränkungen der Privatautonomie enthielten z.B. die zentralen Wertaussagen der §§ 134, 138, 242 BGB und die Formbeschränkungen der §§ 125, 311b I, 518, 766, 1154 BGB. Hinsichtlich einer Inhaltskontrolle von Rechtsgeschäften sah man lediglich bei Sittenwidrigkeit (§ 138 BGB) oder bei Gesetzesverstößen (§ 134 BGB) eine Sanktionierung vor. Erst im Laufe der Zeit bemerkte man, dass der liberale Gedanke der Privatautonomie infolge des modernen Massenverkehrs nicht mehr der Realität entsprach. Denn häufig wurden von der überlegenen Partei Vertragsbedingungen standardisiert; der Verbraucher hatte i.d.R. keinerlei Einfluss auf die Vertragsgestaltung, ihm blieb nur die Entscheidung, den Vertrag zu schließen oder von einem Vertragsschluss abzusehen. Daher haben

---

[244] „Nunmehr", weil das BGB 1900 und das Grundgesetz 1949 in Kraft getreten sind. Vgl. dazu auch BVerfG NJW 1994, 36, 38.
[245] BVerfGE 70, 115, 123; 72, 155, 170.
[246] Vgl. auch *Ellenberger*, in: Palandt, Überbl v § 104 Rn 1; *Boecken*, AT, Rn 31 ff.

sowohl der moderne Gesetzgeber als auch die Rechtsprechung im Rahmen der richterlichen Rechtsfortbildung zusätzliche **Einschränkungen** der Vertragsfreiheit vorgesehen, wenn das wirtschaftliche und/oder intellektuelle Gefälle zwischen den am Rechtsverkehr Beteiligten anderenfalls die schrankenlose Ausnutzung der Privatautonomie durch den Stärkeren sowie die rechtliche und wirtschaftliche Unfreiheit des Schwächeren nach sich ziehen würde.[247]

- So ergeben sich Beschränkungen der Vertragsfreiheit insbesondere durch die zahlreichen Verbraucherschutzbestimmungen, die (seit 2002) nach und nach in das BGB inkorporiert wurden. Dazu zählen das Recht der Allgemeinen Geschäftsbedingungen (Rn 1488 ff.) sowie die Vorschriften über außerhalb von Geschäftsräumen geschlossene Verträge, Verbraucherkreditgeschäfte, Fernabsatzgeschäfte etc. (*R. Schmidt*, SchuldR AT, Rn 968 ff.).    **188**

- Korrekturen der Vertragsfreiheit enthalten auch die allgemeinen Regelungen des BGB, z.B. die bereits genannten zentralen Wertaussagen der §§ 134, 138, 242 BGB und die Formbeschränkungen der §§ 125, 311b I, 518, 766, 1154 BGB. Hierher gehören auch die Beschränkungen der Beendigungsfreiheit der §§ 568 ff. (Mietverträge), der §§ 621 ff. BGB, § 1 KSchG (Arbeitsverträge) und der §§ 1564 ff. BGB (Ehe; dazu Rn 1250 ff. sowie *R. Schmidt*, FamR, Rn 50 ff.).    **189**

- Schließlich wird die Privatautonomie durch den sog. Kontrahierungszwang eingeschränkt. Leistungen, die der Einzelne in Anspruch nehmen *muss*, um ein menschenwürdiges Leben zu führen, dürfen ihm nicht verwehrt werden. Das Gleiche nehmen der Gesetzgeber und die Rechtsprechung für den Fall an, dass die Leistungsverweigerung diskriminierend wirkt. Ist das der Fall, besteht ein Zwang zum Abschluss eines entsprechenden Vertrags.[248]    **190**

## B. Begriff des Rechtsgeschäfts

Das **Rechtsgeschäft** ist das rechtstechnische Mittel zur Verwirklichung der Privatautonomie. Das BGB enthält in §§ 104-185 allgemeine Regeln für Rechtsgeschäfte. Ein Rechtsgeschäft besteht aus einer oder mehreren **Willenserklärungen**, die allein oder in Verbindung mit anderen Tatbestandsmerkmalen eine Rechtsfolge herbeiführen, weil sie von den Parteien gewollt ist und von der Rechtsordnung gebilligt wird.[249] Allgemein verwendet wird insoweit auch der Begriff der **rechtsgeschäftlichen Erklärung**.    **191**

> **Beispiel:** A möchte seinen Computer verkaufen. Er bietet B das Gerät für 100,- € zum Kauf an. Dieser ist einverstanden und nimmt das Gerät auch gleich mit. Da er aber kein Geld dabeihat, vereinbaren beide, dass B den Kaufpreis am nächsten Tag vorbeibringen solle. Als B sich aber eine Woche lang nicht blicken lässt, ruft A bei B an und verlangt die 100,- €. Auf welche Grundlage stützt sich sein Anspruch?
>
> Der von A geltend gemachte Anspruch könnte sich auf § 433 II BGB stützen. Dazu müsste ein Kaufvertrag zwischen A und B geschlossen worden sein. Ein Kaufvertrag kommt zustande durch zwei aufeinander bezogene und inhaltlich einander entsprechende Willenserklärungen – Angebot und Annahme.
>
> Eine Willenserklärung des A in Form eines Angebots, den Computer für 100,- € verkaufen zu wollen, liegt vor. Dieses Angebot hat B auch angenommen, indem er gegenüber A erklärte, er sei mit dem Kauf einverstanden. Somit liegt ein wirksamer Kaufvertrag vor.
>
> A hat einen Anspruch gegen B auf Zahlung des Kaufpreises i.H.v. 100,- € aus § 433 II BGB.[250]

Rechtsgeschäftliche Erklärungen finden sich hauptsächlich im Schuldrecht, d.h. im Vertragsrecht. Aber auch dem Sachenrecht, dem Familienrecht und dem Erbrecht sind

---

[247] BVerfG NJW 1994, 2749, 2750; *Stadler*, AT, § 3 Rn 4 ff.; *Boecken*, AT, Rn 35 ff.
[248] Vgl. dazu bereits Rn 46 sowie ausführlich Rn 489 ff. und 1224.
[249] *Ellenberger*, in: Palandt, Überbl v § 104 Rn 2; *Wolf/Neuner*, § 28 Rn 2/4.
[250] Zu den Willenserklärungen vgl. auch ausführlich Rn 227 ff.

rechtsgeschäftliche Erklärungen nicht fremd. So ist im Sachenrecht bspw. das „Einigsein" bei § 929 S. 1 BGB ebenso eine rechtsgeschäftliche Erklärung wie die Eigentumsaufgabe (Dereliktion, §§ 928, 959 BGB). Im Familienrecht basieren bspw. das Verlöbnis und die Eheschließung auf rechtsgeschäftlichen Erklärungen. Auch bei der in § 1901c S. 2 BGB geregelten Vorsorgevollmacht handelt es sich um ein Rechtsgeschäft, durch das eine Person (der Vollmachtgeber) auf der Grundlage zumeist eines Auftrags (§ 662 BGB) eine andere Person dazu bevollmächtigt, im Namen und mit Wirkung für den Vollmachtgeber Erklärungen abzugeben, zu denen der Vollmachtgeber selbst infolge des Verlustes der Entscheidungsfähigkeit nicht mehr in der Lage ist (unten Rn 775a). Um eine rechtsgeschäftliche Erklärung handelt es sich nach der hier vertretenen Auffassung auch bei der Einwilligung des Ehemanns zur künstlichen Befruchtung der Ehefrau mit der Folge, dass er die Vaterschaft nicht anfechten kann (siehe § 1600 IV BGB und ausführlich *R. Schmidt*, FamR, Rn 486).[251] Im Erbrecht ist bspw. das Testament (§§ 1937, 2247 BGB) zu nennen.

**192**  Damit unterscheidet sich das Rechtsgeschäft von den sog. **Rechtshandlungen**, deren Rechtsfolgen *unabhängig* vom Willen des Handelnden *kraft Gesetzes* eintreten.[252] Diesbezüglich können rechtswidrige und rechtmäßige Rechtshandlungen differenziert werden. Die recht*mäßigen* Rechtshandlungen werden noch einmal in rechtsgeschäftsähnliche Handlungen und Tathandlungen (Realakte) unterteilt.

**193**  Unter **rechtswidrigen Handlungen** sind solche Handlungen zu verstehen, die wegen ihrer Widerrechtlichkeit eine Rechtsfolge auslösen.[253]

> **Beispiele:** Unerlaubte Handlungen (§§ 823 ff. BGB), Verstöße gegen schuldrechtliche Verbindlichkeiten (vgl. etwa die Kardinalnorm des § 280 I BGB, aber auch §§ 281 ff., 286, 311 II, III BGB), verbotene Eigenmacht (§§ 858 ff. BGB), Eigentumsstörung (§ 1004 BGB), Billigkeitshaftung (§ 829 BGB)

**194**  **Tathandlungen (Realakte)** sind Handlungen, die zwar ohne Mitteilungs- und Kundgabezweck vorgenommen werden, an die das Gesetz aber dennoch ohne Rücksicht auf das Gewollte eine Rechtsfolge knüpft.[254]

> **Beispiele:** Einbringen von Sachen in Miethäume (§ 562 I S. 1 BGB), Besitzerwerb (§ 854 I BGB), Verbindung und Vermischung (§§ 946-948 BGB), Verarbeitung (§ 950 BGB), Fund (§ 965 BGB), Schatzfund (§ 984 BGB)

> Da solche Handlungen nicht durch Erklärungen vorgenommen werden, besteht schon äußerlich keine Ähnlichkeit zu den Rechtsgeschäften. Aus diesem Grund sind auch die Regeln über die Rechtsgeschäfte nicht, auch nicht analog oder entsprechend, anwendbar.[255] Die sich aus derartigen Handlungen ergebenden Rechtsfolgen (etwa der Eigentumserwerb aufgrund Verbindung gem. § 946 BGB) treten ipso jure ein, ohne dass es einer rechtsgeschäftlichen Handlung bedarf. Davon zu unterscheiden ist die Rückgängigmachung derartiger Folgen bzw. die Geltendmachung von Ansprüchen, die auf Ausgleich des Rechtsverlustes gerichtet sind. So ist der Rechtsverlust, der infolge einer Verbindung gem. § 946 BGB eintritt, über die Rechtsgrundverweisung in § 951 BGB mit Hilfe des Bereicherungsrechts (§§ 812 ff. BGB) auszugleichen. Die Geltendmachung eines solchen Ausgleichsanspruchs ist m.E. eine rechtsgeschäftliche Handlung.

---

[251] So auch OLG Frankfurt NZFam 2018, 1145, 1146.
[252] *Ellenberger*, in: Palandt, Überbl v § 104 Rn 4; *Boecken*, AT, Rn 209.
[253] *Ellenberger*, in: Palandt, Überbl v § 104 Rn 5.
[254] *Brehm*, AT, Rn 92; *Bork*, AT, Rn 407; *Wolf/Neuner*, AT, § 28 Rn 13; *Medicus/Petersen*, AT, Rn 196; *Ellenberger*, in: Palandt, Überbl v § 104 Rn 9; *Boecken*, AT, Rn 210.
[255] Vgl. nur *Medicus/Petersen*, AT, Rn 196.

**Rechtsgeschäftsähnliche Handlungen** sind auf einen tatsächlichen Erfolg gerichtete    **195**
Erklärungen, deren Rechtsfolgen kraft Gesetzes eintreten.[256] Damit stehen sie in gewisser Weise zwischen den Rechtsgeschäften und den Realakten, allerdings mit der Tendenz zu den Rechtsgeschäften, da sie in einer Erklärung bestehen.[257] Im Gegensatz zu den rechtsgeschäftlichen Erklärungen richtet sich die Erklärung der geschäftsähnlichen Handlung aber nicht auf eine bestimmte *gewollte* Rechtsfolge, sondern auf eine *gesetzlich vorgesehene*.

**Beispiele:** Fristsetzung (vgl. §§ 281 I S. 1 oder 323 I BGB); Mahnung (vgl. § 286 I und II BGB); Erteilung einer Rechnung (§ 286 III BGB); Verlangen von Schadensersatz (§ 281 IV BGB); Aufforderungen (§§ 108 II, 177 II BGB), Androhungen (§§ 384 I, 1220 I S. 1 BGB), Weigerungen (§§ 179 I, 295 S. 1 BGB); Mitteilungen, Geltendmachungen bzw. Anzeigen (§§ 149 S. 2, 170, 171 I, 409 I, 415 I S. 2, 416 I S. 1, 651o BGB, § 377 HGB)[258]; Widerspruch beim Überbau (§ 912 I BGB); Einwilligungen in Freiheitsbeschränkungen, Körperverletzungen und ärztliche Eingriffe; Patientenverfügung[259]. Auch die nach außen kundgetane Innenvollmacht ist nach h.M. eine geschäftsähnliche Handlung (vgl. Rn 806-808).

Wegen der bereits beschriebenen Nähe zu den Willenserklärungen und damit zu den Rechtsgeschäften können nach h.M.[260] einige Regeln über die Rechtsgeschäfte analog angewendet werden.

**Beispiele:** So sind die Regeln über die Geschäftsfähigkeit (§§ 104 ff. BGB), die Willensmängel (§§ 116 ff. BGB und damit auch die über die Anfechtung nach §§ 119 ff. BGB), das Wirksamwerden (§§ 130 ff. BGB), die Auslegung (§§ 133, 157 BGB), die Stellvertretung (§§ 164 ff. BGB)[261] und die Einwilligung und Genehmigung (§§ 182 ff. BGB) analog auf rechtsgeschäftsähnliche Handlungen anwendbar.

Allerdings lässt sich hinsichtlich der analogen bzw. entsprechenden Anwendbarkeit der Regeln über die Rechtsgeschäfte keine starre Regel aufstellen. In jedem Einzelfall ist zu prüfen, inwieweit der Zweck und die Eigenart der betreffenden Erklärung tatsächlich eine analoge Anwendung zulassen.[262] So erfordern geschäftsähnliche Handlungen, durch die der Handelnde lediglich einen rechtlichen Vorteil erlangt, z.B. die Fristsetzung oder Mahnung, analog § 107 BGB nur beschränkte Geschäftsfähigkeit.

# C. Einteilung der Rechtsgeschäfte

Gemäß ihrer Rechtsnatur und den unterschiedlichen Rechtsfolgen können Rechtsgeschäfte in verschiedene Kategorien eingeteilt werden:    **196**

## I. Einseitige und mehrseitige Rechtsgeschäfte

Nach der Anzahl der erforderlichen Willenserklärungen lassen sich Rechtsgeschäfte in    **197**
einseitige und mehrseitige Rechtsgeschäfte unterteilen:

Ein **einseitiges Rechtsgeschäft** liegt vor, wenn bereits die Willenserklärung *einer* Person ausreicht, um eine bestimmte rechtsgeschäftliche Folge auszulösen.    **198**

**Beispiele:** Gestaltungsrechte wie Minderung des Kaufpreises wegen eines Sachmangels (§ 437 Nr. 2 Var. 2 BGB)[263], Rücktritt nach §§ 323 ff. BGB (bzw. nach § 437 Nr. 2 Var. 1

---

[256] *Ellenberger*, in: Palandt, Überbl v § 104 Rn 6; *Wolf/Neuner*, § 28 Rn 8.
[257] Daher spricht man auch von *rechts*geschäftsähnlichen Handlungen.
[258] Vgl. dazu BGH NJW 2001, 289, 290.
[259] Vgl. dazu *R. Schmidt*, FamR, Rn 730 ff.
[260] BGHZ 47, 352, 357; 145, 343, 346 f.; *Ellenberger*, in: Palandt, Überbl v § 104 Rn 7; *Medicus/Petersen*, AT, Rn 198; *Brox/Walker*, AT, Rn 95; *Brehm*, AT, Rn 96; *Wolf/Neuner*, § 28 Rn 10; *Boecken*, AT, Rn 209.
[261] Vgl. dazu BGH NJW 2010, 2950 ff.; BGHZ 145, 343, 346 f.; *Schubert*, in: MüKo, § 164 Rn 89.
[262] *Medicus/Petersen*, AT, Rn 198; *Wolf/Neuner*, § 28 Rn 10.
[263] Siehe BGH NJW 2018, 2863, 2865: Minderungsrecht ist Gestaltungsrecht.

i.V.m. §§ 323 ff. BGB), Anfechtung (§§ 119 ff., 142 BGB), Kündigung (etwa nach §§ 568 ff. BGB), Auslobung (§ 657 BGB), Eigentumsaufgabe (Dereliktion, §§ 928, 959 BGB), Genehmigung (etwa nach § 177 BGB), Testament (§§ 1937, 2247 BGB)

Kommt es für die Wirksamkeit eines einseitigen Rechtsgeschäfts nicht darauf an, dass ein anderer von der betreffenden Willenserklärung Kenntnis erlangt, spricht man bzgl. der das einseitige Rechtsgeschäft ausmachenden Willenserklärung von einer nicht empfangsbedürftigen Willenserklärung.[264]

**Beispiele:** Eigentumsaufgabe (§ 959 BGB), Auslobung (§ 657 BGB), Stiftungsgeschäft (§ 81 BGB), Testament (§§ 2064 ff., 2247 BGB), Organisationsakt zur „Einmanngründung" einer AG oder GmbH (§§ 2, 36 II AktG, § 1 GmbHG)

Ist die Kenntniserlangung der Willenserklärung dagegen konstitutiv für die Wirksamkeit des Rechtsgeschäfts, liegt eine empfangsbedürftige Willenserklärung vor.[265]

**Beispiele:** Bevollmächtigung nach § 167 BGB, Ermächtigung, Gestaltungsgeschäfte wie Anfechtung nach §§ 119 ff. BGB (vgl. § 143 I BGB), Erklärung der Minderung oder des Rücktritts (s.o.), Aufrechnung nach § 388 BGB, Kündigung und Widerruf. Auch das Widerrufsrecht nach Verbraucherschutzbestimmungen (etwa §§ 312g, 355 BGB) gehört hierher.

**199**  Ein **mehrseitiges Rechtsgeschäft** liegt vor, wenn es die Willenserklärungen mehrerer (mindestens zwei) Personen enthält.

**200**  Zu den bedeutendsten mehrseitigen Rechtsgeschäften zählen die Verträge, ferner die Gesamtakte und die Beschlüsse.

**201**  ▪ Ein **Vertrag** kommt zustande durch mehrere (mindestens zwei) aufeinander bezogene und inhaltlich einander entsprechende Willenserklärungen. Die zeitlich vorangehende Willenserklärung nennt man *Antrag* bzw. *Angebot* (§ 145 BGB), die zeitlich nachfolgende Willenserklärung *Annahme* (§ 147 BGB).

**Beispiel:** V erklärt K, dass dieser seinen Game Boy für 20,- € kaufen könne. ⇨ Diese Erklärung stellt eine Willenserklärung dar, namentlich das Angebot zum Abschluss eines Kaufvertrags. Erklärt sich nun K mit dem Angebot einverstanden (etwa indem er sagt: „o.k."), liegt in dieser Antwort ebenfalls eine Willenserklärung vor, namentlich die Annahme des Kaufvertragsangebots des V. Da beide Willenserklärungen auch mit Bezug aufeinander abgegeben wurden und inhaltlich einander entsprechen, ist zwischen K und V ein Kaufvertrag (§§ 433 ff. BGB) zustande gekommen.[266]

Zu beachten ist, dass sich die Zweiseitigkeit in diesem Zusammenhang nur auf das Zustandekommen des Rechtsgeschäfts bezieht. Eine andere Frage ist es, ob es sich um einen einseitig verpflichtenden Vertrag handelt, bei dem sich nur der *eine* Vertragspartner verpflichtet, oder (wie oben der Kaufvertrag) um einen zweiseitig verpflichtenden Vertrag, bei dem beide Vertragsparteien Verpflichtungen eingehen.

**Beispiele für einseitig verpflichtende Verträge:** Schenkungsvertrag (§ 516 BGB), Erlassvertrag (§ 397 BGB), Bürgschaft (§ 765 BGB)

**Beispiele für zweiseitig verpflichtende Verträge:** Kaufvertrag (§ 433 BGB), Mietvertrag (§ 535 BGB), Dienstvertrag (§ 611 BGB), Arbeitsvertrag (§ 611a BGB), Werkvertrag (§ 631 BGB)

Kennzeichen des (vollkommen) zweiseitig verpflichtenden Vertrags ist, dass die Parteien jeweils nur um der Gegenleistung willen leisten („Do ut des" = Ich gebe, damit du gibst).

---

[264] Vgl. etwa *Einsele*, in: MüKo, § 130 Rn 5; *Boecken*, AT, Rn 213.
[265] Vgl. nur *Wolf/Neuner*, AT, § 29 Rn 4.
[266] Freilich ist ggf. zu beachten, dass keine rechtshindernden Einwendungen (etwa Minderjährigkeit) vorliegen dürfen, die einem Zustandekommen des Vertrags entgegenstehen. Zu den Voraussetzungen eines Vertragsschlusses vgl. im Einzelnen die Ausführungen auf Rn 424 ff.

Die Gegenseitigkeit der Verpflichtung i.S.v. §§ 320 ff. BGB (vgl. die gesetzliche Überschrift: „Gegenseitiger Vertrag") wird als *Synallagma* bezeichnet, die gegenseitigen Verträge entsprechend als *synallagmatische* Verträge.

So führt der Abschluss eines Kaufvertrags nach § 433 BGB dazu, dass der Verkäufer einer Sache verpflichtet ist, diese zu übergeben und zu übereignen, während der Käufer im Gegenzug verpflichtet wird, den Kaufpreis zu zahlen. Beim Mietvertrag (§ 535 BGB) stehen die Pflicht des Vermieters, dem Mieter die Sache zu überlassen, und die Pflicht des Mieters, den dafür vereinbarten Mietzins zahlen, im Gegenseitigkeitsverhältnis, also im Synallagma. Die außerdem bestehende Pflicht des Mieters, am Ende der Mietzeit die Sache zurückzugeben (§ 546 BGB), steht jedoch nicht im Gegenseitigkeitsverhältnis. Auf diese Pflicht finden daher die Regeln über gegenseitige Verträge (§§ 320 ff. BGB) auch keine Anwendung. In Betracht kommen aber andere Ansprüche (wie etwa Schadensersatz gem. § 280 I BGB).

Bei den zweiseitig verpflichtenden Verträgen gibt es jedoch nicht nur die soeben genannte Kategorie der synallagmatischen Verträge, sondern auch diejenige der **unvollkommen zweiseitig verpflichtenden Rechtsgeschäfte**. Darunter werden solche Rechtsgeschäfte verstanden, bei denen beiden Parteien zwar Leistungspflichten auferlegt werden, die geschuldeten Leistungen aber nicht im Verhältnis von Leistung und Gegenleistung (*Synallagma*) stehen.[267]

**Beispiele:** Bei der Leihe (§ 598 BGB) wird der Gebrauch der Sache unentgeltlich gewährt; es erfolgt also keine Gegenleistung für die Gebrauchsüberlassung. Damit fehlt es an einem entscheidenden Kriterium für die Annahme eines Synallagmas. Daran ändert auch der Umstand nichts, dass den Entleiher auch Pflichten treffen, er etwa die gewöhnlichen Erhaltungskosten nach § 601 BGB zu tragen hat und die Sache nach Ablauf der Zeit der Leihe (§ 604 BGB) zurückgeben muss. Ähnlich verhält es sich beim Auftrag (§ 662 BGB). Dieser ist gerade dadurch gekennzeichnet, dass er unentgeltlich erfolgt (ansonsten läge eine Geschäftsbesorgung gem. § 675 BGB vor). Hier wird die Führung des übertragenen Geschäfts zwar als Hauptpflicht geschuldet (§ 662 BGB), diese steht aber nicht im Synallagma mit der Verpflichtung des Auftraggebers zum Aufwendungsersatz gem. § 670 BGB.

- **Gesamtakte** sind übereinstimmende, gleichgerichtete Willenserklärungen von mindestens zwei Personen.[268] Im Gegensatz zum Vertrag werden hier also nicht wechselseitige, korrespondierende Willenserklärungen abgegeben, sondern parallele (gleichlautende). **202**

  **Beispiel:** Die beiden Jurastudenten A und B haben gemeinsam eine Wohnung gemietet. Dieses Mietverhältnis wollen sie nun kündigen. Aus diesem Grund geben beide jeweils eine gleichlautende Kündigungserklärung gegenüber ihrem Vermieter ab.

- **Beschlüsse** sind eine besondere Art des mehrseitigen Rechtsgeschäfts. Sie dienen der innerorganisatorischen Willensbildung im Gesellschafts- und Vereinsrecht. Ihre Eigenart besteht darin, dass für sie i.d.R. nicht das Prinzip der Willensübereinstimmung gilt, sondern das Mehrheitsprinzip.[269] Daher binden Beschlüsse auch den, der sich nicht an der Abstimmung beteiligt oder dagegen gestimmt hat. Ob sogar ein einstimmiger Beschluss erforderlich ist, ergibt sich aus dem Gesellschaftsvertrag, der Vereinssatzung oder aus dem Gesetz (vgl. z.B. § 33 I S. 1 BGB). **203**

Die **Unterscheidung** zwischen einseitigen und mehrseitigen Rechtsgeschäften ist v.a. im Minderjährigenrecht (hier: § 111 BGB) und im Recht der Stellvertretung (hier: §§ 174, 180 BGB) von Bedeutung. Da bei einseitigen Rechtsgeschäften wie etwa der Kündigung (s.o.) die Rechtswirkung ohne Mitwirkung des Erklärungsempfängers unmittelbar eintritt, entspricht es dem Interesse des Empfängers nach Rechtssicherheit, dass eine solche Rechtshandlung nur mit vorheriger (schriftlicher) Zustimmung (= Einwilligung, vgl. § 183 **204**

---

[267] *Grüneberg,* in: Palandt, Einf v § 320 Rn 4a.
[268] *Brox/Walker,* AT, Rn 101; *Wolf/Neuner,* AT, § 29 Rn 5.
[269] BGH NJW 1998, 3713, 3715; *Wolf/Neuner,* AT, § 29 Rn 11.

S. 1 BGB) des gesetzlichen Vertreters bzw. des Vertretenen vorgenommen werden kann. Eine nachträgliche Zustimmung (= Genehmigung, vgl. § 184 I BGB), wie sie bei mehrseitigen Rechtsgeschäften möglich ist, ist bei einseitigen Rechtsgeschäften also regelmäßig nicht möglich. Vgl. dazu (und zu Ausnahmen) Rn 1046a.

## II. Verpflichtungs- und Verfügungsgeschäfte

**205** Wegen des im deutschen Zivilrecht geltenden Trennungs- und Abstraktionsprinzips (dazu ausführlich Rn 69 ff. sowie Rn 1272) sind Rechtsgeschäfte nach ihren Wirkungen in Verpflichtungs- und Verfügungsgeschäfte zu unterteilen:

**206** Ein **Verpflichtungsgeschäft** (obligatorisches Geschäft) ist ein Rechtsgeschäft, durch das die *Verpflichtung* begründet wird, eine bestimmte Leistung zu erbringen: Der Schuldner verpflichtet sich zu einer Leistung. Der Gläubiger ist berechtigt, die Leistung zu fordern, aber auch die Gegenleistung zu erbringen. Durch Verpflichtungsgeschäfte werden also **Ansprüche** und **Verpflichtungen** erzeugt.

> **Beispiel:** A möchte seinen Laptop verkaufen. B ist interessiert. Daher schließen A und B einen Kaufvertrag.
>
> Allein durch diesen Vertrag tritt noch keine unmittelbare Änderung der (sachenrechtlichen) Eigentumssituation ein: Es wird lediglich der *Verkäufer* A (schuldrechtlich) verpflichtet, dem Käufer B den Laptop zu übergeben und ihm das Eigentum daran zu verschaffen (§ 433 I S. 1 BGB). Die Verpflichtung des *Käufers* B besteht in der Entrichtung des vereinbarten Kaufpreises und der Abnahme der Sache (§ 433 II BGB).
>
> Zu beachten ist also, dass allein durch das Verpflichtungsgeschäft noch keine Änderung der (dinglichen) Eigentumslage herbeigeführt wird. Das Verpflichtungsgeschäft bildet nur den Rechtsgrund (die sog. *Causa*) für das Verfügungsgeschäft, die jeweilige Eigentumsübertragung.

**207** **Verfügungsgeschäfte** sind (dingliche) Rechtsgeschäfte, die unmittelbar auf ein Recht durch **Übertragung, Aufhebung, Belastung** oder **Inhaltsänderung** einwirken.[270]

**208** Zu beachten ist in diesem Zusammenhang, dass der Erwerb eines Rechts *keine* Verfügung darstellt. Es erfolgt nur eine Änderung an einem Recht. Verfügungs*objekte* sind zumeist dingliche Rechte (z.B. das Eigentum oder ein Pfandrecht).

> **Beispiele:** Die Übertragung des Eigentums an einer beweglichen Sache erfolgt durch das Verfügungsgeschäft der Übereignung (§ 929 S. 1 BGB), die Übertragung des Eigentums an unbeweglichen Sachen (Grundstücken) durch das Verfügungsgeschäft der Einigung nach § 873 BGB und der Auflassung nach § 925 BGB.
>
> Im obigen Laptop-Beispiel von Rn 206 erfolgt die Übertragung des Eigentums von A auf B durch Übereignung gem. § 929 S. 1 BGB: A und B einigen sich, dass das Eigentum am Laptop auf B übergehen soll und A übergibt den Laptop dem B.

**209** Das Hauptverbreitungsgebiet des Verfügungsgeschäfts ist – wie das vorstehende Beispiel vermuten lässt – das **Sachenrecht**. Aber auch das **Schuldrecht** kennt zahlreiche Verfügungsgeschäfte.

> **Beispiele:** Der Erlass (§ 397 BGB), die befreiende Schuldübernahme (§§ 414 ff. BGB) und die Abtretung (§§ 398 ff. BGB) stellen trotz ihrer systematischen Stellung im Schuldrecht Verfügungen dar.

---

[270] Allgemeine Auffassung, vgl. nur BGHZ 1, 294, 304; 75, 221, 226; 101, 24, 26; *Wolf/Neuner*, AT, § 29 Rn 17.

Hinsichtlich der Wirksamkeit sind bei den Verfügungsgeschäften jedoch einige Besonderheiten zu beachten:  **210**

Damit der Verfügende eine Verfügung wirksam vornehmen kann, muss er die **Verfügungsmacht** über die Sache besitzen.  **211**

- In aller Regel steht die Verfügungsmacht dem Inhaber des Rechts zu.  **212**

  **Beispiel:** Der Eigentümer einer Sache oder der Inhaber einer Forderung ist grundsätzlich ermächtigt, durch Übereignung der Sache (etwa nach § 929 BGB oder nach §§ 873, 925 BGB) oder durch Abtretung der Forderung (§§ 398 ff. BGB) darüber zu verfügen.

- Ausnahmsweise können Rechtsinhaberschaft und Verfügungsbefugnis auseinanderfallen. **213** Dies sind Fälle, in denen die Verfügungsbefugnis durch Gesetz oder Rechtsgeschäft einem Nichtrechtsinhaber eingeräumt wurde.

  **Beispiele:** Bei der Einrichtung einer Testamentsvollstreckung kann nur der Testamentsvollstrecker, nicht aber der Erbe als Inhaber der Rechte über die Erbschaftsgegenstände verfügen (vgl. §§ 2197 ff. BGB). Gleiches gilt im Falle der Insolvenz. Hier kann ausschließlich der Insolvenzverwalter über das Vermögen des Schuldners verfügen (vgl. § 80 I InsO).

Verfügungen, die von einem **Nichtberechtigten** vorgenommen wurden, sind i.d.R. unwirksam. Von diesem Grundsatz macht das Gesetz jedoch einige Ausnahmen:  **214**

- Gemäß § 185 I BGB führt das **Einverständnis** des Rechtsinhabers zur Wirksamkeit der **215** Verfügung des Nichtberechtigten.

  **Beispiel:** N veräußert das Fahrrad seines Freundes F im eigenen Namen an K. F hat nichts dagegen.

  Da N *nicht im Namen des F*, sondern im *eigenen* Namen handelt, liegt *kein* Fall der Stellvertretung vor, sodass *nicht* §§ 164 ff. BGB gelten, sondern es gilt § 185 I BGB.

- Darüber hinaus wird in einigen Fällen der **gute Glaube des Erwerbenden an das Bestehen der Rechtsinhaberschaft** geschützt (vgl. z.B. §§ 892, 932, 1207 BGB).  **216**

  **Beispiel:** A leiht sich von ihrer Freundin B deren Mountainbike, um ins Kino zu fahren. Auf dem Nachhauseweg begegnet sie dem redlichen R, dem sie unter Vorspiegelung, Eigentümerin des Fahrrads zu sein, das Fahrrad für 100,- € verkauft und übergibt.

  B hat gegenüber R keine vertraglichen oder vertragsähnlichen Ansprüche, weil kein Vertrag zwischen beiden vorliegt. Möglicherweise kann B jedoch von R gem. § 985 BGB das Fahrrad vindizieren. A war zur Veräußerung nicht berechtigt, da sie das Fahrrad lediglich geliehen hatte (§ 598 BGB) und von B auch nicht zur Veräußerung ermächtigt wurde (§ 185 I BGB, vgl. dazu das nächste Bsp.). Da R jedoch gutgläubig hinsichtlich der Eigentumsverhältnisse war (er durfte berechtigterweise davon ausgehen, dass A Eigentümerin des Fahrrads sei), konnte er gem. §§ 929 S. 1, 932 BGB Eigentum an dem Fahrrad erwerben. B kann also nicht von R gem. § 985 BGB das Fahrrad vindizieren. Die Verfügung der A ist mithin wirksam. Da der Gutglaubensschutz im Hinblick auf § 816 I S. 1 BGB (aber auch mit Blick auf § 812 I S. 1 Var. 2 BGB, nicht aber hinsichtlich § 816 I S. 2 BGB) kondiktionsfest ist, kann B von R Eigentum und Besitz am Fahrrad auch nicht kondizieren. Um den Eigentumsverlust zumindest zu mildern, kann B von A gem. § 816 I S. 1 BGB den erlangten Kaufpreis kondizieren. Selbstverständlich ist A der B auch zum Schadensersatz (vertraglich aus §§ 598, 280 BGB, deliktisch aus § 823 I BGB, § 823 II BGB i.V.m. § 246 StGB und § 826 BGB) und nach § 687 II BGB (Geschäftsanmaßung) verpflichtet. Dagegen kommt ein sachenrechtlicher Anspruch aus §§ 989, 990 BGB wegen Nichtbestehens einer Vindikationslage nicht in Betracht (im maßgeblichen Zeitpunkt der Verletzungshandlung war A aufgrund des Leihvertrags berechtigte Besitzerin).

**217** ▪ Gemäß § 185 II S. 1 BGB führt die **Genehmigung** des Rechtsinhabers zur Wirksamkeit der Verfügung des Nichtberechtigten[271] (selbstverständlich bleibt der Verfügende Nichtberechtigter; lediglich die Wirksamkeit der Verfügung wird erreicht).[272]

**Beispiel:** A hat sich von ihrer Freundin B das Mountainbike nicht geliehen, sondern es von ihr gestohlen, bevor sie es dem redlichen R unter Vorspiegelung, Eigentümerin des Fahrrads zu sein, für 100,- € verkauft und übergibt.

Hier konnte R trotz seiner Gutgläubigkeit kein Eigentum am Fahrrad erwerben (§§ 929 S. 1, 932 I, 935 I BGB). B kann das Fahrrad also bei R vindizieren (§ 985 BGB). Sollte das Fahrrad inzwischen aber beschädigt oder nicht mehr auffindbar sein, macht der Vindikationsanspruch regelmäßig keinen Sinn. Das Gleiche gilt, wenn B eher Interesse an den 100,- € hat (etwa weil das Fahrrad einen geringeren Wert hat). In Fällen dieser Art ist ihr zu empfehlen, das Geschäft zwischen A und R zu genehmigen (§ 185 II S. 1 BGB). Die Genehmigung hat zur Folge, dass die Verfügung der A wirksam wird und diese den Verkaufserlös gem. § 816 I S. 1 BGB an B herausgeben muss. Da eine Genehmigung auch konkludent erfolgen kann, genügt die schlichte Aufforderung gegenüber A, das Geld herauszugeben. Selbstverständlich ist A der B auch in diesem Fall zum Schadensersatz (deliktisch aus § 823 I BGB, aus § 823 II BGB i.V.m. § 242 StGB und aus § 826 BGB; sachenrechtlich aus §§ 989, 990 BGB) und nach § 687 II BGB (Geschäftsanmaßung) verpflichtet.
Im Verhältnis zu R ist jedoch zu beachten, dass B durch die Genehmigung selbstverständlich den Vindikationsanspruch aus § 985 BGB verliert.

**218** Für **Verfügungen** gilt darüber hinaus der **Bestimmtheitsgrundsatz**, auch **Spezialitätsprinzip** genannt: Anders als ein (schuldrechtliches) Verpflichtungsgeschäft muss sich eine (sachenrechtliche) Verfügung auf einen konkreten Gegenstand beziehen, damit zweifelsfrei feststeht, bei welchem Objekt die Verfügungswirkung eintreten soll. Erst mit der Konkretisierung wird die Verfügung wirksam. Dagegen kann bei einem Verpflichtungsgeschäft, das eine Geld- oder andere Gattungsschuld zum Gegenstand hat, zunächst offengelassen werden, mit welchen konkreten Objekten zu erfüllen ist. Im Gegensatz zum Verfügungsgeschäft ist das Verpflichtungsgeschäft trotz mangelnder Konkretisierung grundsätzlich wirksam (vgl. § 243 I BGB).

**219** Des Weiteren unterliegen sachenrechtliche Rechtsgeschäfte dem **Typenzwang**. Dem liegt folgende Überlegung zugrunde: Während im Schuldrecht die Parteien die Möglichkeit haben, den Inhalt ihrer Verträge grds. frei zu gestalten (sie können bspw. einen Kaufvertrag i.S.d. § 433 BGB oder kraft der ihnen zustehenden Vertragsfreiheit sogar einen nicht im BGB kodifizierten *Vertrag sui generis* abschließen, vgl. §§ 241, 311 I BGB), ist bei Sachenrechten die freie Gestaltung nicht möglich, weil das Gesetz hier abschließend die dinglichen Rechte regelt (Numerus clausus der Sachenrechte). Dingliche Rechte gibt es also nur, soweit das Gesetz sie zulässt und nur in der vom Gesetz gewollten Form (Typenzwang; Formzwang).[273] Hintergrund des Typenzwangs ist, dass das Sachenrecht absolut, d.h. gegenüber jedermann, wirkt. Daher sollen absolut wirkende Rechte auf einen bestimmten Canon beschränkt bleiben. Es besteht damit keine Möglichkeit, ein neues Sachenrecht nach einer individuellen Vereinbarung zu schaffen und auszugestalten.[274]

**220** Schließlich gilt für **Verfügungen des Sachenrechts** das **Publizitätsprinzip**: Im Gegensatz zum Schuldrecht, das Rechte nur zwischen den Parteien begründet (relative

---

[271] § 185 BGB regelt insgesamt 4 Fälle der Konvaleszenz von Verfügungen eines Nichtberechtigten. Ebenso wie bei § 185 I BGB beruht bei § 185 II Fall 1 BGB die Heilung auf einer Zustimmung des Berechtigten. Nach § 185 II Fall 2 und 3 BGB tritt sie ein, weil der Verfügende den Gegenstand erwirbt oder weil er vom Berechtigten beerbt wird und dieser für die Nachlassverbindlichkeiten unbeschränkt haftet.
[272] Vgl. dazu BGHZ 107, 340, 341 f.
[273] *Lorenz*, in: Erman, Einl v § 854 Rn 10; *Herrler*, in: Palandt, Einl v § 854 Rn 3; *Wolf/Neuner*, AT, § 29 Rn 17; *Hütte/Hütte*, SachenR I, Rn 68.
[274] *Hütte/Hütte*, SachenR I, Rn 68.

Rechte), wirken Rechtsgeschäfte des Sachenrechts absolut, d.h. gegenüber jedermann. Daher müssen sachenrechtliche Verfügungen durch ein Publizitätsmittel nach außen hin kundgetan werden. So ist zur Übertragung des Eigentums an beweglichen Sachen i.d.R. die Übergabe notwendig (§ 929 S. 1 BGB), für die Übertragung von Rechten an Grundstücken die Eintragung in das Grundbuch (§ 873 BGB).

## III. Trennungs- und Abstraktionsprinzip

Zwar ist das Trennungs- und Abstraktionsprinzip elementarer Bestandteil der Rechtsgeschäftslehre, allerdings ist es auch Fundamentalprinzip des deutschen bürgerlichen Rechts. Daher wurde es bereits bei Rn 69 ff. abschließend erläutert. **220a**

## IV. Verbrauchergeschäfte

Wie bereits bei Rn 1 ff. beschrieben, gilt das Vertragsrecht des BGB grundsätzlich für alle Personen, ohne Rücksicht auf ihre Stellung im Wirtschaftsleben. Sondervorschriften für die Verträge von und mit Kaufleuten enthielten lange Zeit nur Sondergesetze, z.B. das HGB. Unter dem Einfluss des Europäischen Unionsrechts ist jedoch 2002 eine neue Unterscheidung, nämlich diejenige zwischen Verbrauchern und Unternehmern, in das BGB eingeführt worden. **221**

**Verbraucher** ist jede natürliche Person, die ein Rechtsgeschäft überwiegend zu einem Zweck abschließt, der weder ihrer gewerblichen noch ihrer selbstständigen beruflichen Tätigkeit zugerechnet werden kann (§ 13 BGB). **222**

Mit dem mit Wirkung zum 13.6.2014 eingefügten Definitionsbestandteil „überwiegend" in § 13 BGB will der Gesetzgeber klarstellen, dass es hinsichtlich der Verbrauchereigenschaft nicht schadet, wenn z.B. die Kaufsache *auch* der gewerblichen oder selbstständigen beruflichen Tätigkeit zugerechnet werden kann („dual use").[275] Es kommt auf den *überwiegenden* Zweck des Rechtsgeschäfts an.[276]

Vom Verbraucherbegriff *nicht* erfasst sind jedenfalls juristische Personen; auch Gesellschaften bürgerlichen Rechts (GbR)[277], Idealvereine und gemeinnützige Stiftungen unterfallen nicht § 13 BGB. Staatliche Stellen sind ebenfalls niemals Verbraucher, weil sie entweder juristische Personen oder zumindest Teile von diesen sind. Bei natürlichen Personen liegt ein Verbrauchergeschäft vor, wenn das von ihnen abgeschlossene Rechtsgeschäft überwiegend zu ihrem privaten Bereich und nicht zu ihrer gewerblichen oder (frei-)beruflichen selbstständigen Tätigkeit gehört (s.o.). Daher können auch Unternehmer Verbraucher sein, solange das abgeschlossene Rechtsgeschäft mit einem anderen Unternehmer überwiegend ihrem privaten Bereich zuzuordnen ist. Auch auf Verkäuferseite kann eine Verbrauchereigenschaft anzunehmen sein, wenn das Geschäft nicht „in Ausübung" der selbstständigen beruflichen Tätigkeit erfolgt. **222a**

> **Beispiel**[278]**:** Erwirbt ein selbstständig tätiger Reitlehrer und Pferdetrainer ausschließlich für private Zwecke ein Dressurpferd und bildet dies auch rein privat aus, fehlt es insoweit an der Unternehmereigenschaft, wenn er das Pferd später an einen Verbraucher verkauft. Denn in diesem Fall hat er beim Verkauf des Dressurpferdes nicht „in Ausübung" seiner selbstständigen beruflichen Tätigkeit als Reitlehrer und Pferdetrainer gehandelt.[279] Folge ist, dass kein Verbrauchsgüterkauf (i.S.d. § 474 I S. 1 BGB) vorliegt und daher auch ein

---

[275] Vgl. *Ellenberger*, in: Palandt, § 13 Rn 1, 4; *Wendehorst*, NJW 2014, 577.
[276] Vgl. dazu näher *Meier*, JuS 2014, 777 ff. Vgl. auch BGH NJW 2015, 3228 ff. (zur Verbrauchereigenschaft einer Wohnungseigentümergemeinschaft).
[277] Siehe dazu BGH NJW 2017, 2753, 2754.
[278] BGH NJW 2018, 150, 153.
[279] Siehe BGH NJW 2018, 150, 153.

Ausschluss der Gewährleistung (von § 444 BGB und der Haftung auf Schadensersatz einmal abgesehen) zulässig wäre.

Auch ein Arbeitnehmer kann (etwa, wenn es um arbeitsvertragliche Angelegenheiten geht) Verbraucher sein[280], da es insoweit am Merkmal „selbstständig" fehlt.

**223** **Unternehmer** ist eine natürliche oder juristische Person oder rechtsfähige Personengesellschaft, die bei Abschluss eines Rechtsgeschäfts in Ausübung ihrer gewerblichen oder selbstständigen beruflichen Tätigkeit handelt (§ 14 I BGB).

**224** Wie sich aus der Definition des Unternehmers ergibt, ist der Begriff des Unternehmers nach § 14 I BGB weiter als der des Kaufmanns nach § 1 HGB. Er erfasst neben den Gewerbetreibenden auch (nicht gewerblich tätige) Freiberufler (wie z.B. selbstständige Architekten, Rechtsanwälte, Ärzte etc.) und nach der Rspr. des BGH auch Existenzgründer[281], nicht aber geschäftsführende Alleingesellschafter einer GmbH[282]. Sowohl die gewerbliche als auch die selbstständige berufliche Tätigkeit setzen ein selbstständiges und planmäßiges, auf gewisse Dauer angelegtes Anbieten entgeltlicher Leistungen am Markt voraus, wobei nach der Rechtsprechung eine Gewinnerzielungsabsicht nicht erforderlich ist.[283] Danach entscheidet also nicht das Ziel, mit der Tätigkeit Gewinn zu erwirtschaften, sondern vielmehr der Umfang der Geschäftstätigkeit, sodass sogar lediglich kostendeckende nebenberufliche und hobbymäßig ausgeübte Tätigkeiten erfasst sein können, solange sie nur von gewisser Regelmäßigkeit[284] und nicht nur von unerheblichem Umfang sind. Schließt man sich dem an, dürfte bspw. eine Hobbymopszüchterin, die einmal pro Jahr Welpen verkauft und dabei nur ihre Kosten decken möchte, als Unternehmerin i.S.d. § 14 I BGB gelten mit der Folge, dass Käufern von Hunden umfangreiche Verbraucherschutzrechte zustehen. Aber auch nach der Rspr. des BGH ist Voraussetzung, dass nach der objektiv zu bestimmenden Zweckrichtung des Rechtsgeschäfts der unternehmerische Charakter im Vordergrund steht[285], wobei stets die jeweiligen Umstände des Einzelfalls, insbesondere das Auftreten der Parteien bei Vertragsschluss, den Ausschlag geben[286].[287] Lägen keine Indizien dafür vor, dass der Verkäufer in der Vergangenheit bereits vereinzelt oder sogar regelmäßig unternehmerisch tätig geworden sei, liege die Annahme, dass ein unternehmerisches Geschäft vorliege, eher fern. Zwar könne auch der erstmalige oder einmalige Abschluss eines entsprechenden Rechtsgeschäfts nach den jeweiligen Umständen des Einzelfalls auf ein (zukünftiges) unternehmerisches Handeln ausgerichtet sein, doch dafür bedürfe es besonderer Indizien.[288] Einen nicht lediglich unerheblichen Umfang nahm das OLG Braunschweig indes an in dem Fall, dass ein Darlehensnehmer Darlehensverträge zum Erwerb von Mehrfamilienhäusern mit insgesamt 27 Wohneinheiten schließt, weshalb er nicht als Verbraucher, sondern als Unternehmer handele.[289]

**225** Generell zu **Verbraucherverträgen** i.S.d. § 310 III BGB und zu den Verbraucherrechten (insbesondere zum **Widerrufsrecht**) vgl. ausführlich *R. Schmidt*, SchuldR AT, Rn 968 ff.; zum Begriff des **Verbrauchsgüterkaufvertrags** vgl. ebenda Rn 464f.

---

[280] Siehe BAG 7.2.2019 – 6 AZR 75/18.
[281] BGHZ 162, 253, 256 ff.
[282] BGH ZIP 2006, 68 f.
[283] Siehe nur BGH NJW 2018, 150, 153; OLG Braunschweig MDR 2018, 1450.
[284] Siehe dazu EuGH ZIP 2019, 37 ff. – allerdings zum Begriff des Gewerbetreibenden i.S.d. Richtlinie 2005/29/EG über unlautere Geschäftspraktiken.
[285] BGH NJW 2018, 150, 153 mit Verweis u.a. auf BGHZ 162, 253, 256 f.; BGH NJW 2018, 146, 149.
[286] BGH NJW 2018, 150, 153 mit Verweis auf BGH NJW 2018, 146, 149.
[287] Zur Frage, ob sich ein Unternehmer bzw. Freiberufler, der für private Zwecke Rechtsgeschäfte abschließt, auf verbraucherschützende Widerrufsrechte berufen kann, vgl. *R. Schmidt*, SchuldR AT, Rn 976.
[288] BGH NJW 2018, 150, 153 mit Verweis auf BGHZ 162, 253, 256 f. (zur Unternehmereigenschaft von Existenzgründern).
[289] OLG Braunschweig MDR 2018, 1450.

# 4. Kapitel – Die Willenserklärung

## A. Einführung; Begriff der Willenserklärung

Minimalvoraussetzung eines jeden Rechtsgeschäfts ist das Vorliegen mindestens einer Willenserklärung. So ist für ein *einseitiges* Rechtsgeschäft *eine* Willenserklärung erforderlich (dann ist die Willenserklärung also zugleich das Rechtsgeschäft) und ein *mehrseitiges* Rechtsgeschäft erfordert mindestens *zwei* Willenserklärungen (dann ist jede einzelne Willenserklärung nur ein Bestandteil des Rechtsgeschäfts). Das BGB verwendet an vielen Stellen den Begriff der Willenserklärung[290], ohne ihn jedoch zu definieren. Gleichwohl besteht keine Unsicherheit, da sich Rechtsprechung und Literatur auf folgende Definition geeinigt haben:

**226**

Eine **Willenserklärung** ist die Willensäußerung einer Person, die auf die Herbeiführung einer bestimmten Rechtsfolge gerichtet ist.[291]

**227**

**Beispiele:** Angebot zum Abschluss eines Vertrags, Annahme eines Angebots zum Abschluss eines Vertrags, Kündigung eines Vertrags, Anfechtung einer Vertragserklärung wegen Irrtums, Errichtung eines Testaments[292], Erklärung des Rücktritts vom Vertrag, Ausübung des verbraucherschutzrechtlichen Widerrufsrechts etc.

**Gegenbeispiele:** Nicht zu dem Begriff der Willenserklärungen i.S.d. BGB gehören die Kundgabeakte staatlicher Organe auf dem Gebiet des öffentlichen Rechts (wie z.B. Urteile, Verfügungen, Verwaltungsakte) sowie Willensäußerungen von Privaten in öffentlichen Angelegenheiten (z.B. Ausübung des Wahlrechts bei einer Bundestagswahl).

## B. Die Bestandteile der Willenserklärung

Allein aus den beiden Wortbestandteilen „Willens" und „erklärung" ergibt sich, dass die Willenserklärung nichts anderes darstellen kann als den nach außen kundgetanen („erklärten") inneren Willen. Daher besteht Übereinkunft darüber, dass eine Willenserklärung grundsätzlich aus dem **objektiven Tatbestand** der „Erklärung" (das Erklärte) und dem **subjektiven Tatbestand** des „Willens" (das Gewollte) besteht: Der innerlich gebildete Wille wird nach außen erklärt.

**228**

Die vom BGB vorgenommene Unterscheidung zwischen Erklärtem und Gewolltem (oder anders formuliert: zwischen dem äußeren und dem inneren Tatbestand), knüpft an die Überlegung an, dass es sowohl auf den inneren Willen des Erklärenden (vgl. § 133 BGB) als auch auf den Verkehrsschutz, also auf die Verlässlichkeit der nach außen kundgetanen Erklärung, ankommen soll (vgl. § 157 BGB). In praktischer Hinsicht ist die Unterscheidung insbesondere für das Anfechtungsrecht von Bedeutung: Erklärt der Äußernde etwas anderes, als er es wollte (etwa weil er sich verspricht oder verschreibt), liegt eine Diskrepanz zwischen Erklärtem und Gewolltem vor; Erklärtes und Gewolltes fallen auseinander. Aus Gründen des Verkehrsschutzes gilt aber grds. das nach außen hin Erklärte und die Erklärung ist zunächst wirksam. Es liegt ein sog. **Erklärungsirrtum** vor. Bei einem solchen Irrtum verleiht § 119 I Var. 2 BGB dem Betroffenen jedoch das Recht, das Rechtsgeschäft (besser gesagt: seine Willenserklärung, die dem Rechtsgeschäft zugrunde liegt) **anzufechten**. Folge dieser Anfechtung ist die **Vernichtung des (zunächst gültigen) Rechtsgeschäfts** mit Wirkung von Anfang an (§ 142 I BGB). Ggf. ist aber Schadensersatz zu leisten (§ 122 I BGB).

**229**

---

[290] So etwa in §§ 105, 107, 116 ff., 119 ff., 130 ff. BGB; vgl. aber auch §§ 111, 125, 134, 138 ff. BGB, wo zwar nicht von Willenserklärungen, sondern von Rechtsgeschäften gesprochen wird, womit jedoch ebenfalls Willenserklärungen gemeint sind.
[291] BGH NJW 2001, 289, 290; *Ellenberger*, in: Palandt, Einf v § 116 Rn 1; *Wolf/Neuner*, AT, § 31 Rn 2; *Brox/Walker*, AT, Rn 82; *Köhler*, AT, § 6 Rn 1; *Stadler*, AT, § 17 Rn 1 ff.
[292] Zum im Testament zum Ausdruck kommenden Testierwillen vgl. etwa OLG Hamm ErbR 2016, 157.

## I. Der objektive (äußere) Tatbestand der Willenserklärung

### 1. Der Erklärungstatbestand

**230** Der (innere) Wille, eine (bestimmte) Rechtsfolge herbeizuführen, muss sich in einem nach außen hin erkennbaren Kundgabeakt manifestiert haben. Es muss ein sog. Erklärungstatbestand geschaffen werden. Denn es leuchtet ein, dass z.B. die Rechtsfolge der Kündigung einer Mietwohnung (= Beendigung des Mietverhältnisses) nur eintreten kann, wenn die Kündigung dem Vertragspartner gegenüber ausgesprochen wird.[293] Allerdings liegt eine Äußerung eines Rechtsfolgewillens erst dann vor, wenn das betreffende Verhalten aus der Sicht eines **objektiven Beobachters in der Rolle des Erklärungsempfängers** als Kundgabe eines solchen Rechtsfolgewillens (Rechtsbindungswillens) aufzufassen ist.[294] Der objektive Beobachter orientiert sich bei der Frage, ob sich ein bestimmtes Verhalten als die Äußerung eines Rechtsbindungswillens darstellt, an der üblichen Bedeutung des Verhaltens (z.B. an Sitten, Gebräuchen, Besonderheiten des Einzelfalls, Absprachen der Beteiligten). Auf die Sicht eines *objektiven Betrachters* in der Rolle des Erklärungsempfängers ist deswegen abzustellen, weil dieses der Rechtsklarheit und Rechtsicherheit dient, was wiederum einen Rechtsgrundsatz des Zivilrechts darstellt. Mithin ergibt sich folgende Definition des objektiven (äußeren) Erklärungstatbestands:

**231** Der objektive (äußere) **Erklärungstatbestand** liegt vor, wenn sich das Verhalten des Erklärenden für einen objektiven Beobachter in der Rolle des Erklärungsempfängers als die Äußerung eines Rechtsfolgewillens (sog. Rechtsbindungswille) darstellt.

### 2. Formen der Kundgabe

### a. Ausdrückliche Kundgabe

**232** Eine eindeutige Art, seinen Willen nach außen kundzutun, ist die ausdrückliche Kundgabe durch Wort oder Schrift, aus der sich unmittelbar der Geschäftswille des Erklärenden ergibt.

**Beispiele:**
**(1)** V schreibt an K folgende E-Mail: „Du kannst mein Smartphone kaufen für 50,- €". K mailt zurück: „Geht in Ordnung".

Hier liegen zwei aufeinander bezogene und inhaltlich einander entsprechende Willenserklärungen, Angebot und Annahme, vor. Mithin liegt ein Kaufvertrag über ein Smartphone zum Preis von 50,- € vor.

**(2)** K möchte über die Internetseite des V eine Computermaus bestellen und klickt auf den Bestell-Button (die Schaltfläche Sofortkauf). Daraufhin schickt V dem K eine E-Mail, indem er diesem mitteilt, dass die Ware umgehend ausgeliefert werde.

Auch hier liegen zwei aufeinander bezogene und inhaltlich einander entsprechende Willenserklärungen, Angebot und Annahme, vor, die zu einem Kaufvertrag führen. Insbesondere genügt das „Klicken" auf ein Icon jedenfalls dann den Anforderungen einer Willenserklärung beim internetbasierten Versandhandelskauf, wenn der Button unmissverständlich und gut lesbar auf die Zahlungspflicht hinweist (vgl. § 312j III, IV BGB – dazu Rn 606 ff.).

Weiterführender Hinweis: Anders wäre es gewesen, wenn V lediglich eine automatisch generierte Bestätigungsmail im Auto-Reply-Verfahren versendet hätte, die nur den Eingang der Bestellung bestätigt, vgl. dazu Rn 273/606 ff.

---

[293] Vgl. BGHZ 88, 373, 382.
[294] BGHZ 97, 372, 377 f. Vgl. auch *Wolf/Neuner*, AT, § 31 Rn 2.

## b. Konkludente Kundgabe

Die Rechtsgeschäftslehre verlangt jedoch nicht stets die ausdrückliche Kundgabe des **233** Willens. Sofern keine entgegenstehenden Formvorschriften existieren, lässt das Zivilrecht es genügen, wenn sich aus dem schlüssigen Verhalten (Gestik, Mimik, Wortumschreibungen etc.) des Erklärenden für einen objektiven Dritten in der Rolle des Erklärungsempfängers zweifelsfrei ergibt, was gemeint ist. Daher kann ein Erklärungstatbestand insbesondere auch nonverbal, d.h. **konkludent** (= durch schlüssiges Verhalten) oder sogar (allerdings nur in seltenen Fällen!) **durch Schweigen** gesetzt werden.

Eine **konkludente** (mittelbare, indirekte) Willenserklärung liegt vor, wenn der Han- **234** delnde mit seinem Verhalten zwar nicht ausdrücklich seinen Geschäftswillen erklärt, seinen Geschäftswillen jedoch mittelbar aus der Sicht eines objektiven Betrachters in der Rolle des Erklärungsempfängers zum Ausdruck bringt.

Aus dem schlüssigen Verhalten ist somit auf den Geschäftswillen (s.u.) zu schließen. **235** Entscheidend ist allein die objektive Erkennbarkeit eines Rechtsbindungswillens.

> **Beispiele:** Schlichte Inanspruchnahme einer entgeltlich angebotenen Leistung wie das Einsteigen in die U-Bahn oder das Befahren einer mautpflichtigen Straße, das unkommentierte Bezahlen des Eintrittsgeldes, der Einwurf einer Münze in einen Warenautomaten etc. Das Gleiche gilt beim wortloses Zeigen auf eine bestimmte (zum Kauf angebotene) Ware, bei der Annahme eines Vertragsangebots durch Kopfnicken, bei der Fortsetzung eines an sich beendeten (Miet-)Vertrags durch schlichtes Weiterbenutzen, die widerspruchslose Fortsetzung des Vertrags nach Bekanntgabe von veränderten Bedingungen etc.

> **Gegenbeispiele:** Die Kündigung eines Mietvertrags über Wohnraum bedarf gem. § 568 I BGB zu ihrer Wirksamkeit der Schriftform; die Erteilung einer Prokura gem. § 48 I HGB ist nur mittels ausdrücklicher Erklärung möglich.

## c. Schweigen als Willenserklärung

### aa. Grundsatz: Schweigen keine Willenserklärung

Das BGB geht von dem Grundsatz aus, dass ein Schweigen rechtlich **unbedeutend** ist **236** (sog. rechtliches *nullum*). Das ist folgerichtig, wenn man bedenkt, dass es kaum möglich ist, einem Schweigen einen Erklärungswert zu entnehmen. Im Rahmen des **Verbraucherschutzrechts** hat der Gesetzgeber dies sogar ausdrücklich klargestellt (§ 241a I BGB): Durch **Schweigen eines Verbrauchers** (§ 13 BGB) nach Erhalt einer durch einen Unternehmer (§ 14 I BGB) gelieferten, jedoch vom Verbraucher **unbestellten Ware** kommt grundsätzlich **kein Vertrag zustande**.

> **Beispiel:** Privatperson P bekommt von der Versandhandel-GmbH (V) ein Anti-Virus-Pro **237** gramm auf CD zugeschickt, ohne dass sie dieses bestellt oder sonst Kontakt zu V gehabt hätte. In dem Begleitschreiben heißt es: „Sofern Sie die CD nicht innerhalb einer Woche zurückschicken, gehen wir davon aus, dass Sie dieses einmalige Angebot annehmen. In diesem Fall überweisen Sie bitte den Rechnungsbetrag unter Angabe der angeführten Rechnungsdaten". P ist verärgert über dieses dreiste Vorgehen, legt die CD aber zunächst in die Schublade ihres Schreibtisches, wo sie in Vergessenheit gerät. Als sie sie dort 4 Wochen später zufällig wieder entdeckt, landet sie im Hausmüll und wird entsorgt. Drei Tage später erhält P von V eine Mahnung. Ist diese begründet?

> Die Mahnung ist begründet, wenn ein Anspruch der V auf Zahlung des „Kaufpreises" besteht und P nicht fristgerecht gezahlt hat. Voraussetzung dafür ist zunächst das Vorliegen eines Kaufvertrags zwischen P und V. Da P die CD nicht bestellt, also gegenüber V auch kein entsprechendes Angebot abgegeben hat, liegt ein solches in dem Zusenden der CD durch V. Dieses Angebot müsste aber auch von P angenommen worden sein. Dies wiede-

rum setzt eine entsprechende Willenserklärung voraus. Fraglich ist, ob allein der körperlichen Entgegennahme bzw. einem Schweigen ein solcher Erklärungswert entnommen werden kann. Grundsätzlich geht das BGB davon aus, dass Schweigen keinerlei Erklärungswert zukommt. Zugunsten von Verbrauchern stellt **§ 241a I BGB** dies sogar ausdrücklich klar. Nach dieser Vorschrift wird durch die Lieferung unbestellter Ware durch einen Unternehmer an einen Verbraucher ein **Anspruch** gegen diesen **nicht begründet**. Das bedeutet, dass im Anwendungsbereich des § 241a I BGB ein Vertrag nicht zustande kommt. Die sonst allgemein anerkannte Möglichkeit, die Annahme konkludent durch Ingebrauchnahme der Sache zu erklären, ist nach h.M. im Anwendungsbereich des § 241a I BGB ausgeschlossen. Die h.M. begründet dies damit, dass anderenfalls das sich aus § 241a II BGB ergebende Recht, mit der unbestellt zugesandten Sache nach Belieben und frei von Verpflichtungen zu verfahren, untergraben würde.[295] Zwar ist es richtig, den Verbraucher vor unbestellten Waren bzw. unerwünschten Leistungen zu schützen, jedoch sind auch die Privatautonomie und das Selbstbestimmungsrecht des Verbrauchers zu beachten und es ist ihm die Möglichkeit zu gewähren, durch Ingebrauchnahme die Annahme des Vertragsangebots zu erklären. Nach der hier vertretenen Auffassung ist § 241a I BGB daher teleologisch zu reduzieren und zur Disposition des Verbrauchers zu stellen; § 241a III BGB steht dem nicht entgegen.

Der Vorteil der hier vertretenen Auffassung wird überaus deutlich, wenn die unaufgefordert gelieferte Sache mangelhaft ist und an den Rechtsgütern des Verbrauchers einen Schaden verursacht. Zu einem vertraglichen Schadensersatzanspruch unter dem Aspekt des Mangelfolgeschadens gelangt man nur, wenn man einen Kaufvertrag annimmt. Aber ein solcher soll nach h.M. ja nicht möglich sein, wenn der Verbraucher die Sache lediglich benutzt. Folgerichtig müsste die h.M. auch einen Anspruch auf Schadensersatz wegen vorvertraglicher Pflichtverletzung aus §§ 280 I i.V.m. 241 II, 311 II BGB (culpa in contrahendo)[296] ablehnen, da mit der Verneinung einer Vertragsmöglichkeit auch kein vorvertragliches Schuldverhältnis angenommen werden kann. Es bliebe zwar ein deliktischer Anspruch, der aber möglicherweise (wegen § 831 I S. 2 BGB) nicht zielführend wäre. Die h.M. ist in dieser Hinsicht also gerade nicht verbraucherschutzfreundlich.

Immerhin schließt auch die h.M. die Möglichkeit des Vertragsschlusses durch ausdrückliche Erklärung oder durch Zahlung des Kaufpreises nicht aus[297], was freilich nicht ganz widerspruchslos erscheint.

In jedem Fall wäre eine Klausel, wonach „eine Annahme vorliegt, sofern der Empfänger der Ware nicht innerhalb einer bestimmten Frist der Zusendung widerspricht", schlichtweg unwirksam, da diese den Verbraucher in Handlungszwang bringen würde, was allgemeinen Rechtsgrundsätzen widerspricht und gerade auch durch § 241a I BGB vermieden werden soll.

P ist Verbraucher (§ 13 BGB) und V Unternehmer (§ 14 I BGB). Die CD wurde auch unbestellt geliefert. Daher kann das Schweigen der P auf keinen Fall als Willenserklärung zur Annahme eines Kaufvertragsangebots gewertet werden. Ein Anspruch der V auf Zahlung des Kaufpreises besteht somit nicht. Die Mahnung ist unbegründet.

Weiterführender Hinweis: Da nach **§ 241a II BGB** unter den dort genannten Voraussetzungen **gesetzliche Ansprüche** (des Unternehmers) **nicht ausgeschlossen** sind, kommt ein **Schadensersatzanspruch** der V gegen P aus §§ 990 I, 989 BGB in Betracht. Eine Vindikationslage i.S.v. §§ 987 ff. BGB liegt bei isolierter Betrachtung vor.[298] P müsste bei Besitzerwerb auch bösgläubig gewesen sein. Sie hätte zumindest wissen müssen, dass sie die CD ohne Kaufvertrag nicht behalten durfte. Dies ist vorliegend gegeben. Weiterhin hätte es P schuldhaft unmöglich geworden sein müssen, die CD wieder herauszugeben. Die Herausgabe der CD ist unmöglich, da sie entsorgt wurde. „Schuldhaftigkeit" in diesem Sinne liegt vor, wenn P die Unmöglichkeit der Herausgabe zumindest fahrlässig verursacht

---

[295] *Saenger*, in: Erman, § 241a Rn 15; *Grüneberg*, in: Palandt, § 241a Rn 6; *Mansel*, in: Jauernig, § 241a Rn 6; *Wolf/Neuner*, AT, § 37 Rn 65.

[296] Vgl. dazu ausführlich *R. Schmidt*, SchuldR AT, Rn 595 ff.

[297] *Finkenauer*, in: MüKo, § 241a Rn 16; *Grüneberg*, in: Palandt, § 241a Rn 6; *Köhler*, JuS 2014, 865 f.

[298] Zum EBV vgl. ausführlich *R. Schmidt*, SchuldR BT II, Rn 121 ff.

hat. Auch dies ist gegeben, denn P musste wissen, dass man fremdes Eigentum nicht einfach wegwirft. Neben diesem Schadensersatzanspruch ist ein solcher aus § 823 I BGB ausgeschlossen (vgl. § 992 BGB). Da P jedoch „entreichert" ist, haftet sie dem Grunde nach der V aus §§ 818 IV, 819, 292, 989 BGB auf Schadensersatz.

Demnach wäre ein Schadensersatzanspruch der V gegen P aus §§ 990 I, 989 BGB sowie aus §§ 818 IV, 819, 292, 989 BGB gegeben.

Allerdings steht diesem Ergebnis entgegen, dass die Leistung der V für den Empfänger P *bestimmt* war, sodass gem. § 241a II Var. 1 BGB der gesetzliche Schadensersatzanspruch trotz Vorliegens der Voraussetzungen der §§ 990 I, 989 BGB nicht besteht.

Dieses Ergebnis („Nichtbestehen gesetzlicher Ansprüche") könnte jedoch mit Art. 27 Verbraucherrechterichtlinie (VRRL)[299] unvereinbar sein. Denn wie bei Rn 33 ff. aufgezeigt, sind nationale Vorschriften, die im Vollzug einer EU-Richtlinie erlassen wurden, nach Möglichkeit **richtlinienkonform** auszulegen, d.h. im Zweifel dem Wortlaut, dem Zweck, der Entstehungsgeschichte und den Erwägungsgründen der Richtlinie entsprechend. Nach Art. 27 VRRL ist der Verbraucher, der z.B. von einem Unternehmer unbestellt Ware zugesendet bekommen hat, von der Pflicht zur Erbringung der Gegenleistung befreit. Mit „Befreiung von der Gegenleistung" ist gemäß Erwägungsgrund 60 der VRRL ein „vertraglicher Rechtsbehelf" gemeint. Damit hat der europäische Gesetzgeber zwar vertragliche, nicht aber gesetzliche Ansprüche[300] und wohl auch nicht Ansprüche aus einem vorvertraglichen Rechtsverhältnis ausgeschlossen.[301] Jedenfalls gesetzliche Ansprüche schließt aber § 241a I, II Var. 1 BGB aus, sofern die unbestellte Ware oder Leistung für den konkreten Verbraucher bestimmt war. Zwar ist es grundsätzlich unschädlich, wenn der nationale Gesetzgeber in Umsetzung einer verbraucherschützenden EU-Richtlinie strengere Verbraucherschutzregelungen erlässt, nicht aber, wenn mit der EU-Vorschrift eine Vollharmonisierung bezweckt ist. Wie sich aus Art. 4 VRRL ergibt, bezweckt Art. 27 VRRL eine Vollharmonisierung: Der europäische Gesetzgeber verfolgt ein EU-weites einheitliches Verbraucherschutzrecht. Der deutsche Gesetzgeber darf daher keine abweichenden (auch keine strengeren) Verbraucherschutzregelungen erlassen. Insoweit könnte § 241a I, II Var. 1 BGB gegen zwingende EU-Vorgaben verstoßen mit der Folge, dass § 241a BGB richtlinienkonform auszulegen wäre, sodass V durchaus gesetzliche Ansprüche gegen P (Herausgabe, soweit vorhanden; anderenfalls ggf. Schadensersatz) hätte.

Möglicherweise ist eine richtlinienkonforme Auslegung aber nicht erforderlich und auch nicht möglich, wenn Art. 27 VRRL seinerseits so ausgelegt werden könnte, dass die Vorschrift auch gesetzliche Ansprüche ausschließt. Dies wird teilweise vertreten mit dem Argument, dass der Zweck der VRRL nach deren Art. 1 u.a. darin bestehe, ein hohes Verbraucherschutzniveau zu erreichen.[302] Den damit verbundenen klaren Verstoß gegen den Wortlaut des Art. 27 VRRL versuchen die Vertreter dieser Auffassung zu überwinden, indem sie eine planwidrige Regelungslücke annehmen, die sie im Rahmen einer richterlichen Rechtsfortbildung schließen möchten. Es sei zu erwarten gewesen, dass der europäische Gesetzgeber auch gesetzliche Ansprüche ausschließen würde, um die Ziele der VRRL zu erreichen. Dass er dies nicht getan habe, sei planwidrig, und die damit verbundene Regelungslücke müsse im Rahmen richterlicher Rechtsfortbildung geschlossen werden. Auch der EuGH lasse die Auslegungsmethode *richterliche Rechtsfortbildung* zu.[303]

Stellungnahme: Zwar verstößt die richterliche Rechtsfortbildung nicht von vornherein gegen das (auch dem EU-Recht zugrunde liegende) Gewaltenteilungsprinzip, sodass die Rechtsprechung durchaus vom Wortlaut einer Norm abweichen darf. Insofern stellt der Hinweis, auch der EuGH lasse die richterliche Rechtsfortbildung zu, kein Argument in der

---

[299] Richtlinie 2011/83/EU, die die Mitgliedstaaten bis zum 13.12.2013 in nationales Recht umsetzen mussten (Art. 28 I VRRL) und die eine umfassende Neuregelung des Verbraucherschutzrechts mit Wirkung zum 13.6.2014 zur Folge hatte (Art. 28 II VRRL). Zu Zweck und Ziel der Richtlinie (umfassender Verbraucherschutz) vgl. *R. Schmidt*, SchuldR AT, Rn 969.
[300] Vgl. auch *Köhler*, JuS 2014, 865, 868 f.
[301] Anders *Jäckel/Tonikidis*, JuS 2014, 1064 f. (in Erwiderung zu *Köhler*, JuS 2014, 865 ff.)
[302] So *Jäckel/Tonikidis*, JuS 2014, 1064, 1065.
[303] *Jäckel/Tonikidis*, JuS 2014, 1064, 1065 mit Verweis auf EuGH Slg. 2004, 1100, 1104.

Sache dar. Voraussetzung für eine Auslegung bzw. eine richterliche Rechtsfortbildung ist neben der sachlichen Notwendigkeit auch, dass sie sich nicht über den Willen des Gesetzgebers hinwegsetzt.[304] Und ebendieser ergibt sich im vorliegenden Zusammenhang aus Erwägungsgrund 60 der VRRL, der den Ausschluss von vertraglichen Ansprüchen beschreibt – und eben nicht auch von gesetzlichen Ansprüchen; anderenfalls hätte er den Ausschluss von Ansprüchen nicht auf vertragliche Ansprüche bezogen. Was „zu erwarten war", kann also nicht entscheidend sein.

Der Wortlaut des Art. 27 VRRL kann daher auch nicht im Rahmen einer „richterlichen Rechtsfortbildung" überwunden werden. Somit hat sich § 241a BGB am Maßstab des Wortlauts des Art. 27 VRRL zu orientieren. Da diese Vorschrift keine gesetzlichen Ansprüche ausschließt und zudem eine Vollharmonisierung bezweckt, hat V daher gesetzliche Ansprüche gegen P (Herausgabe, soweit vorhanden; anderenfalls ggf. Schadensersatz, s.o.).

Anmerkung: Dieses Ergebnis mag auf den ersten Blick gegenüber V privilegierend wirken, da ihr dreistes Vorgehen unsanktioniert erscheint. Das ist es aber nicht, da das Verhalten der V wettbewerbswidrig i.S.d. § 3 I, II UWG ist und V daher gem. § 8 I, III UWG auf Unterlassung in Anspruch genommen werden kann. Dies geschieht in der Praxis regelmäßig durch die Verpflichtung zur Abgabe einer strafbewehrten Verpflichtungs-und Unterlassungserklärung, die im Rahmen einer wettbewerbsrechtlichen Abmahnung erfolgt, was sich im Ergebnis als äußerst effektiv und zudem kostenintensiv erweisen kann. Aus diesen Überlegungen heraus wird zudem klar, dass es keiner „richterlichen Rechtsfortbildung" bedarf, um angemessene Ergebnisse zu erzielen.

**238**

> **Fazit:** § 241a I, II Var. 1 BGB **schließt** seinem Wortlaut nach grds. **alle Ansprüche aus**, auch **Kondiktionsansprüche** aus §§ 812 ff. BGB und den **Vindikationsanspruch** aus § 985 BGB; Letzteres ist der Fall, obwohl der Unternehmer Eigentümer bleibt! (Eigentum und der Anspruch aus § 985 BGB fallen demnach also dauerhaft auseinander).[305] **Ausnahmen** gelten nur nach Maßgabe des § 241a II BGB.
>
> Besteht eine solche Ausnahme nicht, kann an sich der Verbraucher die Sache also z.B. wegwerfen oder verschenken, **ohne sich schadensersatzpflichtig** zu machen.
>
> Allerdings verstößt die Vorschrift insoweit gegen zwingendes vorrangiges EU-Recht (Art. 27 VRRL) und ist richtlinienkonform dahingehend auszulegen, dass gesetzliche Ansprüche nicht ausgeschlossen sind.

## bb. Ausnahme: Vereinbartes Schweigen als Willenserklärung

**239**
Auch wenn eine Person in einer bestimmten Situation schweigt, kann sie damit zum Ausdruck bringen, dass sie eine bestimmte Rechtsfolge gelten lassen möchte.[306] In einem solchen Fall kann Schweigen ausnahmsweise die Bedeutung einer Willenserklärung haben. Voraussetzung ist, dass der andere unter den konkreten Umständen nach Treu und Glauben unter Berücksichtigung der Verkehrssitte (§§ 133, 157 BGB) auf die Abgabe einer Willenserklärung schließen durfte. Das ist jedenfalls ohne weiteres bei einer **Parteivereinbarung** der Fall[307] (vgl. aber § 308 Nr. 5 BGB). Hier kann ein Schweigen als Willenserklärung gelten. Denn dann wurde das Verhalten, dem ein Erklärungswert zukommen soll, ja gerade bestimmt (**„beredtes Schweigen"**). Es handelt sich dann um eine Willenserklärung, für die die allgemeinen Regeln (§§ 104 ff., 116 ff. BGB) gelten.

**Beispiel:** K ist am Kauf eines Schiffskompasses interessiert, den er im Geschäft des V entdeckt hat. Er bittet V daher um Abgabe eines Vertragsangebots. V nennt K den Preis,

---

[304] So auch BVerfG NJW 2012, 669, 670 f. Zur (kritischen) Auseinandersetzung mit der richterlichen Rechtsfortbildung vgl. *R. Schmidt*, Staatsorganisationsrecht, 20. Aufl. 2019, Rn 174 ff./223 f.
[305] Wie hier *Lorenz*, JuS 2000, 833, 841; *Sosnitza*, BB 2000, 2317, 2321; *Wendehorst*, DStR 2000, 1311, 1116; *Schwarz*, NJW 2001, 1449; *Czeguhn/Dickmann*, JA 2005, 587, 588; *Deutsch*, JuS 2005, 997, 998; *Finkenauer*, in: MüKo, § 241a Rn 25 ff.; a.A. *Casper*, ZIP 2000, 1597; ZIP 2001, 1602, 1607.
[306] *Wolf/Neuner*, AT, § 31 Rn 13.
[307] Das ist allgemeine Auffassung, vgl. nur *Wolf/Neuner*, AT, § 31 Rn 14.

für den der Kompass zu haben ist. Daraufhin möchte K es sich noch einmal überlegen. Er bittet V, ihm einen Tag Bedenkzeit zu geben. Sollte V nichts Gegenteiliges hören, komme das Geschäft nach Ablauf der Zeit zustande. V ist mit dieser Vereinbarung einverstanden.

In diesem Fall ist das Schweigen als Willenserklärung vereinbart: Schweigt K bis nach Ablauf der Bedenkzeit, kommt der Kaufvertrag zustande. Möchte er das Zustandekommen verhindern, muss er aktiv werden und widersprechen.

Die Vereinbarung, ein Schweigen solle als Willenserklärung aufgefasst werden, kann auch **konkludent** getroffen werden. Allerdings ist dies i.d.R. nur bei vorheriger Absprache in Form einer rechtsgeschäftlichen Vereinbarung, ständiger Geschäftsbeziehung oder bei entsprechender Verkehrssitte anzunehmen.[308] **240**

**Beispiel**[309]**:** Heidi Lachs ist Inhaberin eines Feinkostladens. Mit dem Fischlieferanten Fang vereinbart sie, dass dieser in den folgenden zwei Wochen täglich morgens vor Ladenöffnung eine Kiste Kieler Sprotten vor dem Laden abstellen solle. Ohne Weiteres zu besprechen, stellt F auch weitere zwei Wochen lang täglich eine Kiste Kieler Sprotten vor dem Laden der L ab. L überweist auch den diesbezüglichen Kaufpreis. Als F am Montag der nunmehr fünften Woche eine Kiste Kieler Sprotten abstellt, lässt L diese unbeachtet. Die Kieler Sprotten verderben. F verlangt Bezahlung dieser Kiste.

Der geltend gemachte Kaufpreisanspruch ist begründet, wenn ein diesbezüglicher Vertrag geschlossen wurde. Ausdrücklich haben L und F keinen Vertrag geschlossen; vielmehr war die ursprüngliche Vereinbarung auf zwei Wochen befristet. Möglicherweise liegt aber eine stillschweigende Vereinbarung vor. Eine solche ist jedenfalls bezüglich der dritten und vierten Woche anzunehmen, da L die Kieler Sprotten in dieser Zeit entgegengenommen und auch bezahlt hat. Gerade aufgrund dieser „Duldung" hat L jedoch den Rechtsschein gesetzt, die Vereinbarung solle auch über die vierte Woche hinaus gelten. L muss ihr Schweigen daher als (weitere) Bestellung gegen sich gelten lassen und auch die nunmehr verdorbene Lieferung bezahlen.

Weiterführender Hinweis: Hätte es sich bei L um eine Verbraucherin (§ 13 BGB) gehandelt, wäre hinsichtlich der in Rede stehenden Kiste Kieler Sprotten möglicherweise § 241a I BGB zu beachten gewesen mit der Folge, dass ein Anspruch des F nicht bestanden hätte. Etwas anderes hätte nur dann gegolten, wenn man das Dulden in der dritten und vierten Woche als konkludente Bestellung mit Widerrufsvorbehalt interpretiert hätte. Eine solche Interpretation ist zwar möglich, allerdings mit dem ausgeprägten Verbraucherschutzbewusstsein des Gesetzgebers nicht vereinbar. Unklarheiten gehen stets zu Lasten des Unternehmers.

Zu beachten ist schließlich, dass, wie schon das Wort *Vereinbarung* zum Ausdruck bringt, es unabhängig davon ist, ob ein ausdrücklicher oder konkludenter Vertragsschluss in Betracht kommt, es eines *beiderseitigen* Willens bezüglich der Bedeutung des Schweigens bedarf. Eine bloß einseitige Bestimmung (wie z.B. der Zusatz zu einem Antrag: „Ich nehme ihr Einverständnis an, wenn Sie nicht binnen 10 Tagen das Angebot ablehnen.") ist bedeutungslos. Niemand kann dem Schweigen eines anderen einseitig eine gewünschte Bedeutung geben und ihm damit eine nicht abgegebene und nicht gewollte Erklärung aufzwingen. **241**

#### cc. Gesetzlich geregelte Willenserklärungen

Auch der Gesetzgeber hat in bestimmten Fällen dem Schweigen einen Erklärungswert beigemessen und einer Willenserklärung gleichgestellt (sog. „fingierte Willenserklärung", auch „normiertes Schweigen" oder „Schweigen an Erklärungs statt" genannt). Grund der **242**

---

[308] *Schwab/Löhnig*, Einführung in das Zivilrecht, Rn 475.
[309] In Anlehnung an das Beispiel von *Stadler*, AT, § 17 Rn 28 („Erdbeeren"); vgl. auch die Beispiele bei *Boecken*, AT, Rn 250 a. E. („Weinflaschen") und *Brox/Walker*, AT, Rn 91 („Bücher").

gesetzlichen Regelung ist die Sicherheit des Rechtsverkehrs und die (widerlegbare) Vermutung, dass der Schweigende mit dem Vertragsschluss einverstanden ist.

**243**     **Beispiele für das Schweigen als Zustimmung i.S. einer Annahme:** Schweigt der Käufer nach Empfang einer zur Probe gekauften Sache (§ 455 S. 2 BGB), gilt dieses Schweigen als Zustimmung. Gleiches gilt nach Empfang einer schenkweisen Zuwendung (§ 516 II S. 2 BGB) und nach Fortsetzung des Gebrauchs einer Mietsache nach Ablauf der Mietzeit (§ 545 BGB). Auch wenn ein Kaufmann auf einen Antrag über eine Geschäftsbesorgung schweigt, gilt dies unter den Voraussetzungen des § 362 HGB als Zustimmung (dazu Rn 236, 246). Des Weiteren ist § 416 I S. 2 BGB zu nennen.
Einen in der Praxis wichtigen Fall stellt schließlich die Erbschaftsannahme durch Verstreichenlassen der Ausschlagungsfrist dar. Diesbezüglich stellt das Gesetz mit der Möglichkeit der Anfechtung (§§ 1954 ff. BGB) sogar indirekt klar, dass es dem Schweigen einen Erklärungswert entnimmt, nämlich die Annahme des Erbes.

**244**     **Beispiele für das Schweigen als Ablehnung:** Schweigt der gesetzliche Vertreter auf eine Aufforderung des Geschäftspartners, kommt der Vertrag nicht zustande (§ 108 II S. 2). Gleiches gilt hinsichtlich der Stellvertretung (§ 177 II S. 2 BGB). In beiden Fällen soll der Geschäftspartner Klarheit über das Schicksal eines schwebend unwirksamen Vertrags haben.

### dd. Abgrenzung zu § 151 BGB

**245**     Nach § 151 S. 1 BGB kommt unter den dort genannten Voraussetzungen ein Vertrag auch dann zustande, wenn die Annahme eines Angebots dem Antragenden gegenüber nicht erklärt wurde. Diese Vorschrift ersetzt also **nicht** die Willenserklärung des Annehmenden (diese muss schon vorliegen!), sondern bringt lediglich zum Ausdruck, dass die Annahmeerklärung dem Vertragspartner gegenüber nicht erklärt zu werden braucht, diesem also nicht zugehen muss (sog. Zugangsverzicht). Rechtstechnisch bedeutet der Zugangsverzicht, dass die Vertragsannahme eine nicht empfangsbedürftige Willenserklärung darstellt[310] (dazu auch Rn 304 ff., 329 ff.).

### ee. Kaufmännisches Bestätigungsschreiben

**246**     Einen Sonderfall des Schweigens als Zustimmung stellt das Schweigen auf ein kaufmännisches Bestätigungsschreiben dar. Da dieses noch mehr als die bisher behandelten Fallgruppen insbesondere bei der Frage der Annahme eines Angebots eine Rolle spielt, sei insoweit auf die Darstellung auf Rn 459 ff. verwiesen.

## II. Der subjektive (innere) Tatbestand der Willenserklärung

**247**     Allein das Vorliegen des äußeren Erklärungstatbestands genügt grundsätzlich nicht, um eine Willenserklärung annehmen zu können. Erforderlich ist regelmäßig auch das Bestehen eines inneren Erklärungstatbestands. Um den inneren Willen jedoch überhaupt erfassen zu können, besteht – unter Zugrundelegung psychologischer Erkenntnisse – allgemeiner Konsens darüber, dass der subjektive Tatbestand einer Willenserklärung drei Bestandteile umfasst, den **Handlungswillen**, das **Erklärungsbewusstsein** und den **Geschäftswillen**.

### 1. Der Handlungswille

**248**     Wie sich aus § 105 II BGB ergibt, ist Minimalvoraussetzung einer jeden Willenserklärung der **Handlungswille**, d.h. **der Wille, überhaupt etwas zu tun oder bewusst zu**

---

[310] Vgl. dazu ausführlich *Repgen*, AcP 200 (2000), 533 ff.

**unterlassen**. Liegt dieser Wille nicht vor, kann – zumindest im Grundsatz – eine Willenserklärung nicht angenommen werden.[311]

So fehlt der Handlungswille bei unbewussten Bewegungen, bei hypnotischen Handlungen, Reflexbewegungen, Bewusstlosigkeit, Schlaf und unmittelbarer willensausschließender körperlicher Gewalt (*vis absoluta*)[312].

249

> **Beispiel:** T hebt bei einer Versteigerung gewaltsam die Hand des O, der daraufhin den Zuschlag erhält.
>
> Hier hatte O nicht den Willen zu handeln, hat also auch keine Willenserklärung abgegeben.

Keinen Fall von *vis absoluta* stellen die Fälle der Täuschung oder widerrechtlichen Drohung dar, der sog. *vis compulsiva* (willensbeugende Gewalt).

250

> **Beispiel:** T droht O, ihn wegen eines Diebstahls anzuzeigen, wenn er nicht den vorliegenden Vertrag unterschreibe.
>
> In Fällen dieser Art handelt der Erklärende bewusst, sodass zunächst eine Willenserklärung vorliegt. Ob Täuschung oder Zwang der Grund für das erklärende Verhalten war, ist hier irrelevant. Allerdings hat der Betroffene i.d.R. ein Anfechtungsrecht (§ 123 BGB) mit der Folge der rückwirkenden Vernichtung des Erklärten (§ 142 I BGB).

---

**Fazit:** <u>Fehlt</u> es am Handlungswillen, liegt grds. <u>keine</u> Willenserklärung vor, da der Handlungswille – jedenfalls bis auf die sogleich zu behandelnde Ausnahme – als Mindestvoraussetzung einer Willenserklärung konstitutive Bedeutung hat.

251

---

## 2. Das Erklärungsbewusstsein

Erklärungsbewusstsein liegt vor, wenn der Handelnde das Bewusstsein hat, etwas rechtlich Erhebliches zu erklären, er also den **Willen** hat, (überhaupt) am **rechtsgeschäftlichen Verkehr** teilzunehmen.[313]

252

> **Beispiel:** Möchte K einen Staubsauger kaufen und unterzeichnet ein entsprechendes Kaufangebot, das er vom Verkaufsvertreter vorgelegt bekommen hat, handelt er in dem Bewusstsein, etwas rechtlich Erhebliches zu erklären bzw. mit dem Willen, am Rechtsverkehr teilzunehmen.
>
> **Gegenbeispiel:** Unterzeichnet K ein Vertragsformular über den Kauf eines Staubsaugers in der Annahme, es handele sich bei dem Schriftstück lediglich um eine Bestätigung, dass er vom Verkaufsvertreter beraten worden sei, <u>fehlt</u> es am Bewusstsein, etwas rechtlich Erhebliches zu erklären. Es fehlt der Wille, am Rechtsverkehr teilzunehmen.

Umstritten ist, wie ein **Fehlen** des Erklärungsbewusstseins zu behandeln ist, ob also eine Willenserklärung überhaupt angenommen werden kann.

253

- Nach der vornehmlich früher vertretenen **Willenstheorie**[314] ist das Erklärungsbewusstsein für das Vorliegen einer Willenserklärung unverzichtbar, für diese also konstitutiv. Fehle das Erklärungsbewusstsein, sei eine Willenserklärung analog § 118 BGB **nichtig**. Konsequenz dieser Auffassung ist, dass durch die angenommene Nichtigkeit eine Anfechtung nicht erforderlich ist (eine nichtige Willenserklärung entfaltet keinerlei Rechtswirkung, braucht also auch nicht angefochten zu werden). Um aber den vermeintlichen Geschäftspartner nicht unangemessen zu benachteiligen, soll der Erklärende diesem analog § 122

254

---

[311] *Armbrüster*, in: MüKo, Vor § 116 Rn 22; *Ellenberger*, in: Palandt, Einf v § 116 Rn 1 u. 16; *Wolf/Neuner*, AT, § 32 Rn 9 ff.; *Boecken*, AT, Rn 202; vgl. auch *Stadler*, JA 2007, 454, 455.

[312] Vgl. *Boecken*, AT, Rn 201; *Stadler*, AT, § 17 Rn 7; *Brox/Walker*, AT, Rn 84; *Köhler*, AT, § 5 Rn 3.

[313] Vgl. BGHZ 91, 324, 326 ff.; *Ellenberger*, in: Palandt, Einf v § 116 Rn 1; vgl. auch *Wolf/Neuner*, AT, § 32 Rn 19 f. („Partizipationswille"); *Boecken*, AT, Rn 203 („Erklärungswille").

[314] *Wieacker*, JZ 1967, 385, 389; *Thiele*, JZ 1969, 405, 407; *Canaris*, NJW 1974, 521, 528; *Singer*, JZ 1989, 1030, 1034 f.

BGB zum Ersatz des Schadens verpflichtet sein, den dieser im Vertrauen auf die Wirksamkeit des Geschäfts erlitten hat (sog. **Vertrauensschaden**, Rn 1468). Bei einem Verschulden kommt zusätzlich eine Haftung aus § 280 I BGB in Betracht.

Diese Auffassung verkennt jedoch die vom BGB vorgenommene Interessenlage: Bei § 118 BGB *will* der Erklärende die Nichtgeltung seiner Erklärung, wohingegen bei demjenigen, bei dem das Erklärungsbewusstsein fehlt, sich gerade noch kein Wille über die Rechtsgeltung gebildet hat. Es besteht also keine vergleichbare Interessenlage, die eine analoge Anwendung des § 118 BGB rechtfertigen würde. Außerdem nimmt man mit der Annahme einer Nichtigkeit dem Erklärenden jede Möglichkeit, sich nachträglich doch noch für das Geschäft zu entscheiden; vielmehr müsste er eine erneute Willenserklärung abgeben, was aus anderen Gründen vielleicht nicht mehr möglich ist. Schließlich verkennt die Willenstheorie den ebenfalls vom BGB statuierten Vertrauensschutz: Jeder soll sich grundsätzlich auf die Wirksamkeit einer getroffenen Vereinbarung verlassen dürfen; lediglich, wenn höherrangige Schutzinteressen des anderen betroffen sind, tritt der Vertrauensschutz zurück. Bei fehlendem Erklärungsbewusstsein ist das jedoch nicht der Fall: Achtet der Betroffene nicht darauf, was er unterschreibt, genießt er auch keinen dem Vertrauensschutz höherrangigen Schutz. Er muss seine Erklärung zunächst gegen sich gelten lassen, kann sie aber wegen Inhaltsirrtums gem. § 119 I Var. 1 BGB anfechten. Denn wenn schon bei einer Abweichung von (subjektiv) Gewolltem und (objektiv) Erklärtem die Anfechtungsmöglichkeit besteht, muss dies erst recht gelten, wenn das Erklärungsbewusstsein ganz fehlt, das Handeln aber als Willenserklärung aufgefasst wird und deshalb zunächst wirksam ist. Freilich hat die Anfechtung unter Beachtung des § 122 BGB zu erfolgen.

255 ▪ Mit der heute **herrschenden Erklärungstheorie**[315] ist es daher sinnvoll, grundsätzlich *nicht* von einer Nichtigkeit des Geschäfts auszugehen, sondern dem Betroffenen die Entscheidungsfreiheit einzuräumen, sich für die Nichtigkeit oder die Gültigkeit seiner Erklärung zu entscheiden. Aus Gründen des Verantwortungsprinzips ist einschränkend jedoch zu verlangen, dass der Erklärende bei pflichtgemäßer Sorgfalt hätte erkennen können und müssen, dass sein Verhalten als Willenserklärung aufgefasst werden könnte.[316] Ist das der Fall, wird ihm seine Erklärung als Willenserklärung **zugerechnet**. Umgekehrt ist eine Zurechnung ausgeschlossen, wenn der Erklärungsempfänger das Fehlen des Erklärungsbewusstseins kannte oder aus anderen Gründen nicht schutzwürdig ist.

256

> **Fazit:** Aus Gründen des Verkehrs- bzw. Vertrauensschutzes wird dem Erklärenden sein Verhalten auch dann als Willenserklärung zugerechnet, wenn er kein Erklärungsbewusstsein hatte. Voraussetzung ist nur, dass er bei pflichtgemäßer Sorgfalt hätte erkennen können und müssen, dass sein Verhalten als Willenserklärung aufgefasst werden könnte (**Verantwortlichkeitsprinzip**). Eine Zurechnung der ungewollten Willenserklärung ist nur dann zu verneinen, wenn der Erklärungsempfänger das Fehlen des Erklärungsbewusstseins kannte oder aus anderen Gründen nicht auf das Geschäft vertrauen durfte (**Vertrauensprinzip**).

257 Die unterschiedlichen Auffassungen sind nicht nur akademischer Natur, sondern können im Einzelfall verschiedene Ergebnisse bewirken. So kann der Erklärende seine Willenserklärung nur bei Befolgung der Erklärungstheorie gem. § 119 I Var. 1 BGB anfechten (es liegt eine Art **Inhaltsirrtum** vor, weil der Erklärende nach außen hin etwas anderes erklärt, als er innerlich meint, s.o.). Ficht er an, muss er allerdings beachten, dass er nach § 122 BGB auf Ersatz des Vertrauensschadens (dazu Rn 1468) haftet. Insoweit ergibt sich zwar kein Unterschied zur Willenstheorie, die ebenfalls analog § 122 BGB einen Schadensersatzanspruch vorsieht. Allerdings tritt diese Rechtsfolge nach der Willenstheorie automatisch ein, wohingegen nach der Erklärungstheorie eine Anfechtungs-

---

[315] BGHZ 91, 324, 327 ff.; 109, 171, 177; BGHZ 149, 129, 134; BGH NJW 2006, 3777 f.; *Medicus/Petersen*, AT, Rn 607; *Brox/Walker*, AT, Rn 380; *Ellenberger*, in: Palandt, Einf v § 116 Rn 17; *Armbrüster*, in: MüKo, vor § 116 Rn 27; *Lorenz*, JuS 2012, 490, 491 f
[316] Vgl. dazu BGHZ 91, 324, 330; BGH NJW 1995, 953.

erklärung (§ 143 BGB) erfolgen muss, was wiederum die Beachtung der **Ausschluss-frist des § 121 I BGB** („unverzüglich") zur Folge hat. „Unverzüglich" bedeutet „Ohne schuldhaftes Zögern".

> **Fazit:** Ergebnisrelevante Bedeutung kommt dem Meinungsstreit also immer dann zu, wenn der Erklärende seine Erklärung nicht „unverzüglich" i.S.v. § 121 I BGB anficht. Nach der Erklärungstheorie wäre er an seine Willenserklärung gebunden, nach der Willenstheorie läge schon keine Erklärung vor, sondern „nur" eine Schadensersatzpflicht analog § 122 BGB. Ein Unterschied in der Rechtsfolge besteht auch dann, wenn man mit der Erklärungstheorie die Zurechnung (und damit in der Folge auch die Willenserklärung) verneint. Denn dann besteht – im Gegensatz zur undifferenzierten Willenstheorie – unter keinen Umständen eine Schadensersatzpflicht nach § 122 BGB (dazu Rn 1468).

**258**

Zur Verdeutlichung des bisher Gesagten sollen folgende, allgemein in der Literatur zum BGB AT genannten Anwendungsfälle erläutert werden:

**259**

**Lotsenfall:** Bei einem Tagesausflug wird in feuchtfröhlicher Stimmung ausgiebig an Bord des Touristendampfers „Jan Cux" gefeiert. Als einige „Süßwassermatrosen" bereits zu viel des guten „Küstennebels" (ein Likör) zu sich genommen haben, hissen sie aus Spaß die Lotsenflagge, ohne die Bedeutung dieses Signalzeichens zu kennen. Daraufhin läuft ein Lotsenboot aus. Der Lotse L verlangt Bezahlung, weil ein Lotsenvertrag zustande gekommen sei.

**260**

Ob vorliegend ein Lotsenvertrag, der den Anspruch des L begründen würde, tatsächlich zustande gekommen ist, ist fraglich. Ein Lotsenvertrag kommt u.a. zustande, wenn jemand eine Lotsenflagge hisst (= Angebot zum Vertragsschluss) und der Lotse dieses Angebot annimmt. Vorliegend könnte es aber an der Willenserklärung zur Abgabe eines Angebots fehlen, weil es am Erklärungsbewusstsein auf Seiten der Flaggenhisser fehlt. Denn diese waren sich nicht darüber bewusst, dass sie eine rechtserhebliche Erklärung abgeben würden.

Befolgt man die *Willenstheorie*, muss man das Vorliegen einer Willenserklärung und damit eines Vertrags verneinen, weil nach dieser Theorie das Erklärungsbewusstsein für das Vorliegen einer Willenserklärung unverzichtbar ist. Diejenigen, die die Lotsenflagge gehisst haben, müssen aber den Vertrauensschaden analog § 122 BGB ersetzen.

Vertritt man indes die *Erklärungstheorie*, muss man zunächst danach fragen, ob die Flaggenhisser bei pflichtgemäßer Sorgfalt hätten erkennen können und müssen, dass das Hissen einer Lotsenflagge ein rechtlich relevantes Signal darstellt und daher als Willenserklärung in Bezug auf den Abschluss eines Lotsenvertrags aufgefasst werden könnte.

⇨ Bejaht man dies, würde den Flaggenhissern ihr Verhalten als Willenserklärung zugerechnet. Ein Lotsenvertrag wäre zustande gekommen; eine (zulässige) Anfechtung wegen Inhaltsirrtums würde zur Schadensersatzpflicht gem. § 122 BGB führen. Eine Zurechnung ihrer Erklärung (und damit ein Vertrag) wären nur dann ausgeschlossen, wenn der Erklärungsempfänger (der Lotse) das Fehlen des Erklärungsbewusstseins kannte oder aus anderen Gründen nicht schutzwürdig wäre. Beides wird man jedoch nicht annehmen können.

Ergebnis: Vertrag wäre zustande gekommen; aber Anfechtung wäre möglich mit der Pflicht zum Schadensersatz nach § 122 BGB (zu den ersatzfähigen Positionen vgl. Rn 1468).

⇨ Ist man dagegen der Meinung, dass die Bedeutung einer Lotsenflagge zwar einem Seemann, nicht aber „Süßwassermatrosen" geläufig ist, und verneint die Pflicht der „Süßwassermatrosen", sich zuvor über die Gepflogenheiten auf See zu informieren, liegt keine zurechenbare Willenserklärung vor, auch wenn der Lotse auf die Gültigkeit des Lotsenvertrags vertraut hat. Dann wären die Flaggenhisser auch nicht zum Ersatz des Vertrauensschadens gem. § 122 BGB verpflichtet.

**Ergebnis:** Vertrag wäre nicht zustande gekommen; keine Anfechtung wäre nötig (und auch nicht möglich), Pflicht zum Schadensersatz gem. § 122 BGB bestünde nicht.

⇨ Bewertung: Nach der hier vertretenen Auffassung ist dieses Ergebnis unbillig. Denn man wird einem Fachunkundigen, der sich zum ersten Mal in einer bestimmten Weise am (fachfremden) Rechtsverkehr beteiligt, zumuten dürfen, sich über die spezifischen Gepflogenheiten zu informieren (Sorgfaltspflicht!), um nichts falsch zu machen. Es liegt in seiner Verantwortung, sich zuvor über die Besonderheiten zu informieren und die Konsequenzen seines Handelns zu tragen. Eine Entlastung kommt nur dann in Betracht, wenn der Geschäftsgegner das fehlende Erklärungsbewusstsein kennt oder kennen musste. Da dies aber bei L nicht angenommen werden kann, liegt eine zurechenbare Willenserklärung vor.

**Ergebnis:** Lotsenvertrag ist zustande gekommen; aber Anfechtung ist möglich mit der Pflicht zum Schadensersatz nach § 122 BGB.

**261** **Unterschriftenliste:** Anton nimmt an der Mitgliederversammlung seines Schützenvereins teil. Dort laufen zwei Unterschriftenlisten um, eine mit einer Glückwunschadresse für den langjährigen Vorsitzenden, die andere mit einer Sammelbestellung für ein Abonnement einer Sportschützenzeitschrift. A will die Glückwunschadresse unterschreiben, unterzeichnet jedoch versehentlich die Bestellung. Der Verlag verlangt Bezahlung, weil ein Abonnementvertrag zustande gekommen sei.

A wollte keine rechtlich erhebliche Erklärung abgeben und hatte daher auch kein Erklärungsbewusstsein. Nach der h.M. ist ihm sein Verhalten dennoch als Willenserklärung zuzurechnen, denn wer ein Schriftstück unterzeichnet, hat die Möglichkeit, sich zu vergewissern, worum es sich handelt. Dies gilt umso mehr, wenn der Erklärende weiß oder Grund zur Annahme hat, dass sich unter den vorgelegten Schriftstücken auch solche befinden, die eine rechtsgeschäftliche Erklärung enthalten. A muss sich daher die durch seine Unterschrift gedeckte Erklärung zurechnen lassen. Er kann sie jedoch gem. § 119 I Var. 1 BGB unter Beachtung der Frist des § 121 I BGB anfechten mit der Folge, dass er gem. § 122 BGB den Vertrauensschaden ersetzen muss. Diesen hätte er aber auch nach der Willenstheorie zu ersetzen.

**262** **Trierer Weinversteigerung**[317]**:** Der ortsfremde und etwas einfältige K nimmt in Trier als Gast an einer Weinversteigerung teil. Als er plötzlich einen alten Schulfreund auf der anderen Seite des Raumes entdeckt, hebt er zum Gruß die Hand. Der Versteigerer V fasst dies als Angebot des K für (s)ein gerade zur Disposition stehendes Fass Wein auf und erteilt ihm den Zuschlag. V verlangt nun von K die Zahlung des Kaufpreises und die Abnahme des Weins. K, der weder den Wein haben noch für denselben bezahlen will, wendet ein, dass er nur seinen Freund habe grüßen, nicht aber den Wein kaufen wollen.

Der geltend gemachte Anspruch besteht, wenn er wirksam entstanden und nicht wieder erloschen ist und seiner Durchsetzung keine Einreden entgegenstehen.

Ein Kaufvertrag kommt zustande, wenn sich die Parteien wirksam über die (wesentlichen) Kaufvertragsbestandteile einigen. Bei einer Versteigerung kommt der Vertrag durch das höchste Gebot und den **Zuschlag** zustande (**§ 156 BGB**). Dabei stellen das Handzeichen des Bietenden das Angebot und der sich darauf beziehende Zuschlag die Annahme dar. K hat ein Handzeichen gegeben. Allerdings ist fraglich, ob er damit ein Angebot zur Ersteigerung abgegeben hat; immerhin wollte er lediglich seinen alten Schulfreund begrüßen, nicht jedoch etwas rechtlich Relevantes erklären.

Jedem Angebot liegt eine entsprechende Willenserklärung zugrunde. Diese wiederum besteht aus einem äußeren (objektiven) und einem inneren (subjektiven) Tatbestand. Der

---

[317] Fiktiver Lehrbuchfall, der – soweit ersichtlich – in allen Lehrbüchern zum BGB AT genannt ist und wohl auf *Isay*, Die Willenserklärung im Tatbestande des Rechtsgeschäfts, 1899, S. 25 zurückgeht. Die Lösung dieses Falls erfolgt vorliegend etwas umfangreicher, um die Verwendung des Gutachtenstils zu präsentieren. Selbstverständlich müssen in der Fallbearbeitung auch die anderen genannten Fälle entsprechend ausformuliert werden, was jedoch den Umfang dieses Buches sprengen würde. Zur „Internetauktion" vgl. Rn 277 und 610.

äußere Erklärungstatbestand liegt vor, wenn sich das Verhalten des Erklärenden für einen objektiven Beobachter (§§ 133, 157 BGB) in der Rolle des Erklärungsempfängers als die Äußerung eines Rechtsfolgewillens (sog. Rechtsbindungswille) darstellt. Da nach den Gepflogenheiten im Rahmen einer Versteigerung das Handheben die Abgabe eines Angebots bedeutet, konnte ein objektiver Betrachter in der Rolle des V davon ausgehen, dass K durch sein Handzeichen ein solches Angebot abgeben wollte. Der äußere Erklärungstatbestand einer Willenserklärung liegt somit vor.

Problematisch ist allein, ob der subjektive Tatbestand der Willenserklärung vorliegt. Dieser setzt sich aus den drei Elementen *Handlungswille*, *Erklärungsbewusstsein* und *Geschäftswille* zusammen. Während das Fehlen des Handlungswillens stets beachtlich und das Fehlen des Geschäftswillens stets unbeachtlich ist, besteht hinsichtlich der Frage nach den Auswirkungen des Fehlens des Erklärungsbewusstseins Unklarheit.

Nach einer älteren Auffassung, der *Willenstheorie*, ist das Erklärungsbewusstsein für das Vorliegen einer Willenserklärung unverzichtbar. Fehle das Erklärungsbewusstsein, sei die Willenserklärung analog § 118 BGB nichtig, brauche also auch nicht angefochten zu werden. Aus Gründen der materiellen Gerechtigkeit solle der Erklärende jedoch analog § 122 BGB zum Ersatz des Vertrauensschadens verpflichtet sein. Schließt man sich dieser Auffassung an, liegt *keine* Willenserklärung des K vor und damit kein Kaufvertrag. In Betracht kommt lediglich ein Schadensersatzanspruch aus § 122 BGB und – bei Verschulden – aus § 280 I i.V.m. §§ 311 II, 241 II BGB.

Gegen diese Auffassung ist jedoch einzuwenden, dass der Erklärende bei § 118 BGB die Nichtgeltung seiner Erklärung wollte, wohingegen er bei fehlendem Erklärungsbewusstsein überhaupt nichts rechtlich Erhebliches erklären möchte. Zudem ist es sachgerecht, aus Gründen des Verkehrsschutzes eine Einzelfallbetrachtung in Form einer normativen Zurechnung zuzulassen.

Die heute herrschende **Erklärungstheorie** macht sich diese Überlegung zu eigen und rechnet aus Gründen des Verkehrs- bzw. Vertrauensschutzes dem Erklärenden eine Handlung als Willenserklärung zu, wenn dieser bei pflichtgemäßer Sorgfalt hätte erkennen müssen, dass sein Verhalten als Willenserklärung aufgefasst werden könnte. Etwas anderes gelte nur dann, wenn der Erklärungsempfänger das Fehlen des Erklärungsbewusstseins gekannt habe.
Vorliegend ist davon auszugehen, dass K bei pflichtgemäßer Sorgfalt hätte erkennen können und müssen, dass er durch das Heben des Armes den objektiven Erklärungstatbestand eines Angebots zum Abschluss eines Kaufvertrags setzte und dass sein Verhalten von V auch so verstanden werden könnte. Der h.M. folgend wird dem K das Handzeichen somit trotz des fehlenden Erklärungsbewusstseins als seine Erklärung zugerechnet.
Somit ist der Anspruch des V gegen K auf Zahlung des Kaufpreises und Abnahme des Weines zunächst wirksam entstanden.

Der Anspruch des V gegen K könnte aber durch Anfechtung gem. § 142 I BGB erloschen sein. In Betracht kommt eine Anfechtung gem. § 119 I Var. 1 BGB. Denn wenn schon bei Abweichung von (subjektiv) Gewolltem und (objektiv) Erklärtem die Anfechtungsmöglichkeit besteht, muss dies erst recht gelten, wenn das Erklärungsbewusstsein ganz fehlt, das Handeln aber als Willenserklärung aufgefasst wird und deshalb zunächst wirksam ist.

Die erforderliche Anfechtungserklärung (§ 143 BGB) muss erkennen lassen, dass die jeweilige Person die Willenserklärung wegen eines Willensmangels nicht gelten lassen will. Des ausdrücklichen Gebrauchs des Wortes „anfechten" bedarf es jedoch nicht. Es kann je nach den Umständen genügen, wenn eine nach dem objektiven Erklärungswert der Willensäußerung übernommene Verpflichtung bestritten, nicht anerkannt oder wenn ihr widersprochen wird. In jedem Fall ist es aber erforderlich, dass sich eindeutig der Wille erkennen lässt, das Geschäft gerade wegen des Willensmangels nicht bestehen lassen zu wollen.
Indem K die Zahlung des Kaufpreises und die Abnahme des Weines mit der Bemerkung verweigerte, dass er nur seinen Freund grüßen, nicht aber den Wein habe kaufen wollen,

hat er hinreichend zum Ausdruck gebracht, dass er das Geschäft wegen eines Willensmangels nicht gelten lassen will.

Im Ergebnis hat V somit keinen vertraglichen Anspruch gegen K auf Zahlung des Kaufpreises und Abnahme des Weines. In Betracht kommt lediglich ein Schadensersatzanspruch gem. § 122 BGB und aus § 280 I i.V.m. §§ 311 II, 241 II BGB.

**263** **Rechnungsähnlich aufgemachtes Angebot:** Lieselotte hat jüngst eine Boutique in der Rechtsform einer GmbH eröffnet. Ca. zwei Wochen nach Veröffentlichung ihrer Firmengründung im Bundesanzeiger erhält sie ein Schreiben hinsichtlich einer „gebührenpflichtigen" Eintragung ihrer Firma in das Firmenregister. Nach dem äußeren Anschein des Schreibens und einigen Textpassagen wie „Zahlen Sie 580,- € unter Angabe des Kassenzeichens ... unter Verwendung des vorgedruckten Zahlscheins" glaubt L, es handele sich um eine behördliche Zahlungsaufforderung. Erst am Abend, als ihr Freund Willi – ein Jurastudent – zu Besuch kommt, klärt sich das Missverständnis auf, weil dieser mehrere kleingedruckte, kaum auffällige Passagen wie „Eintragungsofferte", „Firmenregister GmbH" und „gebührenpflichtige Eintragung ist optional" erblickt. L ist ziemlich empört über die „Dreistigkeit" und fragt, ob für den Fall, dass sie unterschrieben hätte, ein Vertrag über die Aufnahme ihrer Daten in ein Firmenregister zustande gekommen wäre.

Fälle dieser Art sind (leider) immer noch üblich, obwohl sie schon mehrfach gerichtlich entschieden worden sind.[318] Zieht man die o.g. Prinzipien der Verantwortlichkeit und des Vertrauensschutzes heran, ergibt sich, dass die Urheber des Schreibens keinerlei Vertrauensschutz genießen und eine von L geleistete Unterschrift ihr daher nicht als Willenserklärung zugerechnet würde.

## 3. Der Geschäftswille

**264** **Geschäftswille** ist der Wille, eine ganz bestimmte Rechtsfolge herbeizuführen, also die Absicht, ein konkretes Geschäft abzuschließen.[319]

**Beispiel:** K möchte von V dessen Gameboy für 25,- € kaufen. Daher übermittelt er V ein entsprechendes Angebot per E-Mail. Allerdings verschreibt er sich und formuliert: „Ich kaufe Dir das Ding für 52,- € ab."

Hier hat sich K verschrieben. Hinsichtlich der versehentlich erklärten Rechtsfolge (den Gameboy zu einem Preis von 52,- € kaufen zu wollen) fehlte ihm der Geschäftswille, da er diese nicht wollte.

**265** Dadurch, dass das BGB für Fälle dieser Art **Anfechtungsregeln** enthält, geht es davon aus, dass die abgegebene Willenserklärung zunächst wirksam ist. Denn läge keine Willenserklärung vor, bedürfte es keiner Anfechtung. Daraus folgt, dass das Fehlen eines Geschäftswillens für die Wirksamkeit einer Willenserklärung unbeachtlich ist. Das Fehlen des Geschäftswillens berechtigt aber zur Anfechtung.[320]

Im obigen **Beispiel** müsste K die von ihm abgegebene Willenserklärung über 52,- € also zunächst gegen sich gelten lassen. Er kann sie jedoch gem. § 119 I Var. 2 BGB (Erklärungsirrtum) anfechten und damit rückwirkend vernichten (§ 142 I BGB). Allerdings ist er dem V dann zum Ersatz des Schadens verpflichtet, den dieser im Vertrauen auf die Wirksamkeit des Geschäfts erlitten hat (§ 122 BGB – dazu Rn 1468).

---

[318] Vgl. BGH NStZ-RR 2004, 110 (mit Bespr. v. *Baier*, JA 2004, 513 ff.); BGHSt 47, 1 ff.; OLG Frankfurt/M NJW 2003, 3215 ff. jeweils in Bezug auf die Strafbarkeit wegen (versuchten) Betrugs.

[319] Vgl. *Wolf/Neuner*, AT, § 32 Rn 9 ff.; *Brox/Walker*, AT, Rn 86; *Boecken*, AT, Rn 204.

[320] Vgl. BGH NJW 1968, 2102, 2103; *Boecken*, AT, Rn 208; *Stadler*, JA 2007, 454, 455; *Neuner*, JuS 2007, 881, 885.

| Subjektiver (= innerer) Tatbestand einer Willenserklärung | | |
|---|---|---|
| **Handlungswille** | **Erklärungsbewusstsein** | **Geschäftswille** |
| Wille, überhaupt zu handeln | Wille, etwas rechtlich Erhebliches zu äußern | Wille, eine bestimmte Rechtsfolge herbeizuführen |
| ⇨ für eine WE konstitutiv<br><br>⇨ **Bei Fehlen:** WE (-) | ⇨ **streitig**, ob zwingende Vorauss. für WE<br><br>⇨ **bei Fehlen:**<br>**Nach Willenstheorie:** WE (-), § 118 BGB analog, aber § 122 BGB analog<br><br>**Nach Erklärungstheorie:** WE (+), wenn der Handelnde bei Beachtung der im Verkehr erforderlichen Sorgfalt hätte erkennen können, dass seine Handlung als WE aufgefasst werden könnte, und der Empfänger schutzwürdig war. Aber Anfechtung nach § 119 I BGB möglich (ggf. auch § 122 I BGB). | ⇨ ist für eine WE nicht konstitutiv<br><br>⇨ **Fehlen** ist unbeachtlich, aber Anfechtung nach § 119 I BGB möglich (mit der möglichen Folge aus § 122 I BGB) |

**Hinweis für die Fallbearbeitung:** Insgesamt dürften die Ausführungen zur Willenserklärung, insbesondere die Beispiele, gezeigt haben, dass die Trennung zwischen objektivem und subjektivem Erklärungstatbestand nicht immer eingehalten werden kann. Geht man in der Fallbearbeitung jedoch so vor, wie dies in den Beispielsfällen demonstriert wurde, sollte dies zu keiner Beanstandung durch den Korrektor führen.

## III. Abgrenzungsfragen in Bezug auf den Rechtsbindungswillen

Aus der bisherigen Darstellung zum objektiven und subjektiven Erklärungstatbestand folgt, dass eine Willenserklärung nur dann vorliegt, wenn aus der Sicht eines objektiven Dritten in der Rolle des Erklärungsempfängers ein **Rechtsbindungswille** erkennbar ist. Sollten die Beteiligten mit Hilfe übereinstimmender Erklärungen bestimmte Vereinbarungen treffen, ist der jeweilige Rechtsbindungswille evident und keinesfalls zu problematisieren. Nicht selten kommt es jedoch vor, dass ein ausdrücklich oder stillschweigend erklärter Wille der Beteiligten über die Rechtsbindung nicht feststellbar ist.[321] In einem solchen Fall ist fraglich, ob ein Rechtsbindungswille besteht und nach welchen Kriterien er zu ermitteln ist. Die Rechtsprechung stellt zur Ermittlung des Rechtsbindungswillens (unter Zugrundelegung der §§ 133, 157 BGB) auf den objektiven Empfängerhorizont ab: Kann dieser unter Berücksichtigung der Interessenlage beider Parteien nach Treu und Glauben mit Rücksicht auf die Verkehrssitte (§ 242 BGB) auf einen Rechtsbindungswillen schließen, ist ein solcher auch dann anzunehmen, wenn der Erklärende innerlich einen entgegenstehenden Willen hatte.[322] In Praxis und Ausbildung sind folgende Fallgruppen anzutreffen:

1. *invitatio ad offerendum*
2. freibleibendes Angebot
3. Gefälligkeiten
4. Erteilung von Auskünften oder Ratschlägen

---

[321] Vgl. nur BGH NJW 1974, 1705, 1706 - „Lottogemeinschaft"; BGHZ 21, 102, 106 f.
[322] BGH NJW 1974, 1705, 1706; BGHZ 21, 102, 106 f.; 56, 204, 210.

## 1. Die invitatio ad offerendum

**269**   Die Figur der *invitatio ad offerendum* ist eine Erscheinung des modernen Massenverkehrs. Man stelle sich vor, ein Kaufmann hat von den Kühlschränken, die er im Sortiment hat, nur noch einen Kühlschrank des Typs „Everfrost" auf Lager, dessen Produktion ausgelaufen ist und den er im **Schaufenster** ausgestellt hat. Beträten nun zwei Kunden das Geschäft und sagten: „Den nehm´ ich.", sähe sich der Kaufmann zwei Kaufverträgen ausgesetzt, wenn das Ausstellen des Kühlschranks bereits ein Angebot im Rechtssinne wäre. Würde man also bereits das Anpreisen und Bereitstellen des Kühlschranks als Angebot zum Abschluss eines Kaufvertrags werten, würden die jeweiligen Erklärungen der Kunden als Annahme gewertet werden und es würden insgesamt zwei Kaufverträge geschlossen. Der Kaufmann könnte aber nur in einem der Fälle einen Kühlschrank liefern, in dem anderen (d.h.) letzten Fall wäre es ihm unmöglich, seiner Leistungspflicht nachzukommen. Rechtlich gesehen läge hier ein Fall der Unmöglichkeit gem. § 275 I BGB vor, der gem. § 275 IV BGB i.V.m. den dort genannten Vorschriften i.d.R. insbesondere zum Schadensersatz verpflichtet. Die Folge wäre, dass kaum ein Kaufmann etwas zum Kauf bereitstellen würde, möchte er der **Gefahr der Mehrfachverpflichtung** entgehen. Darüber hinaus könnten ihm **zahlungsunfähige Vertragspartner** gegenüberstehen oder er wäre z.B. an einen **falsch ausgezeichneten Preis** einer Ware gebunden.[323] Der Verkäufer hätte auch nicht mehr die Möglichkeit, ohne Einverständnis des Käufers weitere Bedingungen in den Kaufvertrag aufzunehmen. Auch eine etwaige **Minderjährigeneigenschaft** des Kunden wird jedenfalls dann dem Rechtsbindungswillen entgegenstehen, wenn das Geschäft nicht vom „Taschengeldparagraphen" (§ 110 BGB) gedeckt wäre oder wenn dem Rechtsgeschäft gesetzliche Verbote (etwa aus dem JuSchG, wenn es bzw. um den Verkauf von Zigaretten oder Branntwein geht) entgegenstünden.

**270**   Um Folgen dieser Art zu vermeiden, ist man sich einig, dass das schlichte „Anbieten" von Waren und Dienstleistungen bspw. in Versandhauskatalogen, Zeitungsinseraten, Prospekten, Schaufenstern, Speisekarten, Preislisten, im Fernsehen, Internet oder Radio i.d.R. den objektiven Erklärungswert hat, dass **kein Rechtsbindungswille** vorliegt. Vielmehr sind solche Anpreisungen lediglich als **Aufforderung** zu verstehen, *der Kunde möge ein Angebot zu einem Vertragsschluss i.S.d.* § 145 BGB abgeben.[324] Wird dann vom Kunden ein solches Angebot abgegeben (so wie im obigen Fall die Äußerung: „Den nehm´ ich"), kommt ein entsprechender Vertrag erst dann zustande, wenn der „Anbietende" (also i.d.R. der Verkäufer) zustimmt. Siehe dazu auch Rn 440 (4) und (5).

**271**   Ist in dem Anpreisen bzw. Bereitstellen von Ware durch den Verkäufer also selbst noch keine verbindliche Willenserklärung zu sehen, da es insoweit an einem Rechtsbindungswillen fehlt, liegt eine sog. *invitatio ad offerendum* vor, für die folgende Definition anerkannt ist:

**272**   Unter einer ***invitatio ad offerendum*** ist die Aufforderung zu verstehen, eine Willenserklärung (ein Angebot zu einem Vertragsschluss i.S.d. § 145 BGB) abzugeben.

**273**   **Beispiel**[325]**:** V stellt im **Internet** in seinem Onlineshop u.a. Computerhardware zum Verkauf bereit. Daraufhin bestellt K durch Anklicken des Bestell-Buttons einen USB-Stick und erhält eine Bestätigungsmail im Auto-Reply-Verfahren (d.h. automatisiert): „Sehr verehrte Kundin, sehr verehrter Kunde, vielen Dank für Ihre Bestellung! Ihre Bestellnummer lautet: … Sie haben folgende Waren bestellt …". V lehnt jedoch wenig später die Lieferung des USB-Sticks ab und meint, es sei kein Kaufvertrag zustande gekommen.

---

[323] Vgl. *Brox/Walker*, AT, Rn 165a; *Medicus/Petersen*, AT, Rn 360; *Wolf/Neuner*, AT, § 37 Rn 7; *Boecken*, AT, Rn 264.
[324] Vgl. auch *Busche*, in: MüKo, § 145 Rn 10 ff.; *Fritzsche*, JA 2006, 674.
[325] In Anlehnung an LG Essen NJW-RR 2003, 1207 f.

Wann bei Online-Geschäften ein Vertrag zustande kommt, war anfänglich aufgrund der Neuheit des Mediums *Internet* unklar. Mittlerweile besteht jedoch die gesicherte Rechtsauffassung[326], dass sich der Vertragsschluss nach den allgemeinen Regeln des Vertragsschlusses (Angebot und Annahme, §§ 145 ff. BGB) richtet. Somit ist auch das Einstellen und Online-Anbieten eines Produkts – wie im „analogen" Leben die Präsentation im Schaufenster – i.d.R. lediglich als Aufforderung zur Abgabe eines Angebots (***invitatio ad offerendum***) anzusehen, wenn der „Anbieter" nicht bereits mit dem Einstellen des Produkts ein verbindliches Angebot abgeben möchte.[327] Auch im vorliegenden Fall darf davon ausgegangen werden, dass V allein mit der Präsentation seiner Produkte im Onlineshop noch keine rechtsverbindlichen Angebote abgeben möchte, um die oben (bei Rn 269) beschriebenen Folgen zu vermeiden. Daher ist das Angebot zum Abschluss eines Kaufvertrags über den USB-Stick also nicht von V, sondern von K ausgegangen, indem dieser auf den „Bestell-Button" geklickt hat.[328]

Eine Annahme dieses Angebots könnte in der automatisch generierten Bestätigungsmail gesehen werden. Dazu müsste ihr aber nach §§ 133, 157 BGB ein Rechtsbindungswille zukommen. Allerdings ist einer E-Mail im Auto-Reply-Verfahren regelmäßig kein Rechtsbindungswille zu entnehmen. Zum einen ist es dem Verkäufer zuzubilligen, dass er nach Bestelleingang zunächst prüfen darf, ob der Kunde überhaupt zahlungsfähig bzw. -willig ist und ob gesetzliche Anforderungen an den Kauf eingehalten werden (Stichwort: Minderjährigenrecht). Zum anderen aber dürfte eine automatisierte Bestätigungsmail v.a. dem Zweck dienen, der gesetzlichen Pflicht aus § 312i I S. 1 Nr. 3 BGB nachzukommen, wonach der Unternehmer dem Käufer den Zugang von dessen Bestellung unverzüglich auf elektronischem Wege zu bestätigen hat.[329] Denn bei einem Verstoß gegen § 312i I S. 1 Nr. 3 BGB droht dem Unternehmer eine folgenreiche Abmahnung wegen eines angenommenen Wettbewerbsverstoßes. Eben um solche Folgen, aber auch um Nachfragen der Kunden zu vermeiden, ist daher davon auszugehen, dass eine automatisierte Bestätigungsmail, so wie sie im vorliegenden Fall formuliert ist, noch nicht als Annahme eines Angebots zu werten ist. Ein verbindlicher Vertrag wurde daher auch im vorliegenden Fall nicht geschlossen. V braucht nicht zu liefern.

Weiterführender Hinweis: Für den Fall des Absatzvertrags im elektronischen Geschäftsverkehr zwischen einem Unternehmer (§ 14 I BGB) und einem (beliebigen) Käufer vgl. auch die gesetzliche Regelung in § 312i I S. 2 BGB, sodass im vorliegenden Fall die Bestellung des K zumindest zugegangen ist. Die Annahme des Antrags erfolgt zumeist entweder durch eine ausdrückliche E-Mail, in der die Annahme erklärt wird, oder konkludent durch Abschicken der Ware. Im Internethandel wird unterstellt, dass gem. § 151 S. 1 Halbs. 2 BGB der Empfänger auf den Zugang der Annahmeerklärung verzichtet.[330] **274**

Zum **Zustandekommen von Rechtsgeschäften im Internet** vgl. auch die zusammenhängende Darstellung bei Rn 606 ff.; zu den **Internetauktionen** vgl. Rn 277, 610 f. und 1555a; zur **Anfechtung** Rn 1311. **275**

---

[326] Vgl. nicht nur LG Essen a.a.O., sondern auch LG Köln MMR 2003, 481 f.; AG Butzbach NJW-RR 2003, 54; AG Wolfenbüttel MMR 2003, 492 und nunmehr auch BGH NJW 2005, 976 f.; NJW 2013, 598; NJW 2017, 468, 469. Vgl. dazu ausführlich Rn 1311.

[327] BGH MMR 2005, 233; MMR 2005, 833; NJW 2012, 2268. Vgl. auch *Spindler/Anton*, in: Spindler/Schuster, Recht der elektronischen Medien, Vorbem. §§ 145 ff. Rn 2; *Sutschet*, NJW 2014, 1041; *Paal/Kumkar*, JuS 2015, 707, 709.

[328] Das „Klicken" auf ein Icon genügt regelmäßig den Anforderungen einer Willenserklärung beim internetbasierten Versandhandelskauf jedenfalls dann, wenn die Schaltfläche unmissverständlich und gut lesbar auf die Zahlungspflicht hinweist (§ 312j III, IV BGB). Denn hierdurch bringt der Besteller aus der Sicht eines objektiven Dritten zum Ausdruck, dass er die mit dem Anklicken verbundene Rechtsfolge wünscht. Dies entspricht zudem der Art. 8 II der EU-Richtlinie 2011/83/EU über die Rechte der Verbraucher (*R. Schmidt*, SchuldR AT, Rn 968 ff.).

[329] Nebenbei sei erwähnt, dass auch in einer automatisierten Bestätigungsmail (jedenfalls sofern sie an einen Verbraucher verschickt wird) keine Werbung enthalten sein darf, wenn der Verbraucher dem zuvor nicht zugestimmt hat. Anderenfalls drohen eine Unterlassungsklage wegen Verletzung des allgemeinen Persönlichkeitsrechts (vgl. BGH NJW 2016, 870, 871 f.) bzw. eine wettbewerbsrechtliche Abmahnung, die in der Praxis wegen der mit ihr verbundenen Folgen sehr viel schneidiger ist.

[330] *Ellenberger*, in: Palandt, § 151 Rn 4.

**276**  Für **Versteigerungen** enthält das BGB eine ausdrückliche Regelung. Nach **§ 156 BGB** kommt der Vertrag erst mit dem **Zuschlag** zustande. Der vorangehende Aufruf des Versteigerers stellt nur eine Aufforderung zur Abgabe eines Angebots dar.[331]

**277**  Auf „**Internetauktionen**" ist § 156 BGB jedenfalls dann nicht anwendbar, wenn (wie üblich) der Vertrag nicht durch Zuschlag, sondern durch Zeitablauf erfolgt. Denn in diesem Fall liegt keine echte Versteigerung i.S.d. § 156 BGB vor. Derjenige, der innerhalb eines Zeitfensters das höchste Gebot abgibt, nimmt das vom Anbieter zuvor abgegebene befristete Kaufangebot an. Juristisch handelt es sich bei dem Kaufangebot des Anbieters nicht um eine *invitatio ad offerendum*, sondern um ein Angebot, für dessen Annahme durch den Meistbietenden er nach § 148 BGB eine Frist gesetzt hat.[332] Der Vertrag kommt durch die beiden Bedingungen *Fristablauf* und *Meistgebot* zustande.[333]

Nach anderer Auffassung kommt der Vertrag dadurch zustande, dass der Kaufinteressent innerhalb der Bietfrist das Höchstgebot abgibt; dieses habe der Verkäufer bereits in vorweggenommener Weise durch Einstellen der Ware angenommen („antizipierte Annahmeerklärung").[334]

Jedenfalls stellt das Internetauktionshaus (eBay o.Ä.) lediglich die Plattform zur Verfügung, gibt über „Allgemeine Geschäftsbedingungen" jedoch verbindliche Vorgaben an die Versteigerung, insbesondere hinsichtlich der Bindungswirkung des Angebots, der Rücknahme des Angebots und der Übernahme des „Nutzungsentgelts".[335]

Die bereits erwähnten AGB des Internetauktionshauses eBay enthalten insbesondere hinsichtlich des Zustandekommens des Kaufvertrags Klauseln über den Zeitpunkt des Vertragsschlusses, die von den gesetzlichen Regelungen der §§ 145 ff. BGB zum Teil abweichen. Daher stellt sich nicht nur die Frage nach der Vereinbarkeit der eBay-AGB mit den §§ 305 ff. BGB, sondern auch – bei unterstellter Wirksamkeit – nach der Geltung im Verhältnis zwischen Anbieter und Bieter. Der BGH steht auf dem Standpunkt, dass die AGB des Internetauktionshauses das Rechtsverhältnis zwischen Anbieter und Bieter dergestalt beeinflussen, dass sie jedenfalls als Auslegungshilfe bei der gem. §§ 133, 157 BGB vorzunehmenden Feststellung der Bedeutung der Willenserklärungen der Vertragsparteien heranzuziehen seien.[336] Aus diesem Grund spielen die eBay-AGB auch eine Rolle bei der Frage, inwieweit eine der Parteien sich von einer laufenden Auktion lösen kann. Vgl. dazu näher Rn 606 ff.

**278**  Zum **Bereitstellen von Waren in einem Selbstbedienungsladen**, das nach der hier vertretenen Auffassung ebenso wie die Auslage in einem Schaufenster eine *invitatio ad offerendum* darstellt, vgl. Rn 440. **Keinen** Fall einer *invitatio ad offerendum* stellt aber das **Zusenden unbestellter Ware** durch einen Unternehmer an einen Verbraucher dar. Denn dieses Vorgehen enthält alle Voraussetzungen eines Angebots. § 241a I BGB stellt lediglich klar, dass ein Anspruch (auf Abnahme der Ware) grundsätzlich nicht besteht. Vgl. dazu bereits Rn 236.

---

[331] Vgl. BGHZ 138, 339, 342.
[332] Wie hier *Hoeren/Müller*, NJW 2005, 948, 949; *Spindler*, MMR 2005, 40, 41; *Ellenberger*, in: Palandt, § 156 Rn 3.
[333] BGHZ 149, 129, 134; BGH NJW 2005, 53 f. (mit Bespr. v. *Hoeren/Müller*, NJW 2005, 948 ff.); OLG Hamm NJW 2005, 2319. Vgl. auch BGH NJW 2014, 1292 f.; NJW 2015, 548, 549; NJW 2017, 468, 469; *Sutschet*, NJW 2014, 1041; *Kulke*, NJW 2014, 1293 f.
[334] *Schwab*, JuS 2013, 453, 454.
[335] Vgl. dazu die in der vorletzten Fußnote genannten Nachweise.
[336] BGHZ 149, 129, 134 ff. (ricardo.de). Deutlicher für die Geltung von Auktionshaus-AGB im Verhältnis der Parteien zueinander BGH NJW 2014, 1292 f. und NJW 2015, 1009, 1010. Auf die (rechtsmissbräuchlich orientierten) Erscheinungsformen wie Bid-Shielding oder Shill-Bidding (Mitbieten des Verkäufers, um den Preis hochzutreiben) kann hier nicht eingegangen werden; zum Shill-Bidding vgl. BGH NJW 2017, 468 ff. und unten Rn 611. Zum AGB-Recht in diesem Zusammenhang vgl. auch Rn 1555a.

## 2. Das freibleibende Angebot/die (bloße) Absichtserklärung

Grundsätzlich ist der Antragende an seinen Antrag gebunden (§ 145 Halbs. 1 BGB). § 145 **279** Halbs. 2 BGB ermöglicht es dem Antragenden jedoch, seine Bindung an den Antrag aus-zuschließen. Da es bei der Auslegung von Willenserklärungen jedoch stets auf den ob-jektiven Empfängerhorizont ankommt (vgl. §§ 133, 157 BGB), muss der Vorbehalt des Antragenden, seine Bindung auszuschließen, im Antrag klar zum Ausdruck kommen oder zumindest gleichzeitig mit dem Antrag zugehen (Letzteres ergibt sich aus dem Rechts-gedanken des § 130 I S. 2 BGB). In der Praxis wird der Ausschluss des Rechtsbindungs-willens oftmals mit sog. Freiklauseln erreicht, die insbesondere dann verwendet werden, wenn jemand Waren anbietet, die er erst noch herstellen oder erwerben will, jedoch noch nicht weiß, ob oder auch zu welchem Preis ihm dies gelingt. Dann behält sich der „Erklärende" eine rechtliche Bindung vor, indem er sog. Freiklauseln verwendet.

> **Beispiele:** Angebot „freibleibend", „unverbindlich", *„sine obligo"*, „Zwischenverkauf vor-behalten", „freibleibend entsprechend der Verfügbarkeit", „Lieferungsmöglichkeit vorbe-halten", „solange Vorrat reicht" usw.

Fraglich ist, ob aufgrund des Ausschlusses des Rechtsbindungswillens terminologisch **280** überhaupt von einem „Angebot" i.S.v. § 145 BGB gesprochen werden kann. Denn auch bei der *invitatio ad offerendum*, die sich ebenfalls dadurch kennzeichnet, dass der Rechtsbindungswille ausgeschlossen wird, liegt kein Angebot vor. So wird bei den kauf-vertraglichen Freiklauseln diskutiert, ob in ihnen eine bloße *invitatio ad offerendum*[337], aber auch ein Angebot mit Widerrufsvorbehalt oder sogar eine Vertragsbindung durch Statuierung eines Rücktrittsrechts gesehen werden kann. Insbesondere die Klausel „Lie-ferungsmöglichkeit vorbehalten" kann durchaus dahingehend verstanden werden, dass ein Vertrag zunächst geschlossen wurde, allerdings unter Einschluss der Freiklausel.[338] Kann der Verkäufer nicht liefern, liegt kein Fall der Unmöglichkeit i.S.d. § 275 BGB vor; insbesondere haftet der Verkäufer nicht nach § 275 IV BGB i.V.m. den dort genannten Gläubigerrechten.

Sieht man in den Freiklauseln ein Angebot zum Vertragsschluss, allerdings mit **Wider-** **281** **rufsvorbehalt**, ist nach h.M. der Widerruf noch **unverzüglich *nach* dem Zugang der Annahmeerklärung** möglich, da die Bindung an den Antrag regelmäßig wegen einer Ungewissheit (z.B. über die Entwicklung der Marktlage) ausgeschlossen werde. Diese Entwicklung dauere aber regelmäßig bis zum Zugang der Annahmeerklärung.[339]

> **Beispiel:** V bietet K „freibleibend" 50 Laptops zu einem Gesamtpreis von 45.000,- € an.
>
> Sieht man in der Formulierung „freibleibend" das Fehlen eines Rechtsbindungswillens, lie-gen keine Willenserklärung und damit kein Angebot vor. K könnte nun allenfalls V ein entsprechendes Angebot machen, das V annehmen oder ablehnen kann.
>
> Sieht man in der genannten Formulierung jedoch ein Angebot mit Widerrufsvorbehalt, muss sich V spätestens unverzüglich nach der Annahmeerklärung des K äußern. Äußert sich V nicht unverzüglich, kommt ein Vertrag zustande.[340]

Abzugrenzen ist das freibleibende Angebot von der **Absichtserklärung**, die im Han- **281a** delsverkehr üblicherweise als „Grundsatzvereinbarung" oder als **„Letter of Intent"** (LoI) bezeichnet wird. Im angloamerikanischen Raum hat sich der (synonyme) Begriff **Me-** **morandum of Understanding** (MoU) etabliert, der zunehmend auch im europäi-schen Raum verwendet wird. Durch den LoI soll im Grundsatz lediglich das (ernsthafte)

---

[337] So BGH NJW 1958, 1628, 1629; 1996, 919; 920; *Ellenberger,* in: Palandt, § 145 Rn 4 (sofern sich die Freiklausel auf das Angebot im Ganzen bezieht), *Lindacher,* DB 1992, 1813, 1814; *Honsell/Holz-Dahrenstaedt,* JuS 1986, 969.
[338] Vgl. *Medicus/Petersen,* AT, Rn 367; *Brox/Walker,* AT, Rn 169; *Ellenberger,* in: Palandt, § 145 Rn 4.
[339] *Medicus/Petersen,* AT, Rn 366; *Wolf,* in: Soergel, § 145 Rn 10; *Armbrüster,* in: Erman, § 145 Rn 15, 16.
[340] Vgl. dazu auch BGH NJW 1984, 1884, 1886.

Interesse an einem Vertragsschluss bekundet werden, indem die Verhandlungsposition zum Ausdruck gebracht wird. Eine Verbindlichkeit wie bei einem Vertrag kommt ihm nicht zu; insoweit fehlt der Rechtsbindungswille. Andererseits befinden sich die Parteien nicht gänzlich im rechtsfreien Raum. Denn durch den LoI können sich – soweit deutsches Recht greift – Rechte und Pflichten aus den Grundsätzen eines vorvertraglichen Schuldverhältnisses i.S.d. § 311 II BGB ergeben. Soweit es um die Vorbereitung eines Vertrags geht, wird i.d.R. ein ähnlicher geschäftlicher Kontakt i.S.d. § 311 II Nr. 3 BGB vorliegen, der Schutzpflichten i.S.d. § 241 II BGB auslöst. Es können sich dann Schadensersatzansprüche ergeben, wenn bspw. weitere Vertragsverhandlungen grundlos abgebrochen werden bzw. der beabsichtigte Vertragsschluss vereitelt wird.

Gerade, wenn es um die Übernahme von Unternehmen, Patenten und (anderen) Rechten geht, werden die Parteien trotz Unverbindlichkeit ihrer Erklärungen regelmäßig aber sog. Verschwiegenheitsklauseln (bzw. Geheimhaltungsklauseln) in den LoI aufnehmen. Oft werden überhaupt nur Vertragsverhandlungen geführt, wenn zuvor eine Geheimhaltung vereinbart wurde. Denn die Geheimhaltung ist in Anbetracht des Umstands, dass Vertragsverhandlungen sinnvollerweise nicht ohne Kenntnis von Interna und Geschäftszahlen geführt werden kann, selbstverständlich. Die Verpflichtung zur Leistung einer Vertragsstrafe für den Fall der Zuwiderhandlung (Vereinbarung einer Vertragsstrafe) ändert nichts an der Rechtsnatur des Werks als LoI.

Denkbar ist auch, dass die Parteien trotz Unverbindlichkeit des Gesamtwerks in einzelnen Punkten eine Rechtsverbindlichkeit erzielen wollten oder erzielt haben. Ob das der Fall ist, ergibt sich durch ausdrückliche Erklärung oder zumindest durch entsprechende Auslegung (gem. §§ 133, 157 BGB). Auch dann bleibt es bei der Einordnung als LoI.

Eine Pflicht zum späteren Abschluss eines (Haupt-)Vertrags begründet der LoI indes nicht. Das gilt selbst dann, wenn der LoI in einzelnen Punkten eine Verbindlichkeit zum Ausdruck bringt. Denn vereinbaren die Parteien die Pflicht zum späteren Abschluss eines (Haupt-)Vertrags, läge kein LoI vor, sondern ein **Vorvertrag**. Wesen eines Vorvertrags ist gerade, dass die Parteien verbindlich erklären, einen bestimmten (Haupt-)Vertrag zu schließen.

Zu beachten ist: Unabhängig davon, welche Bezeichnung die Parteien verwenden (LoI, MoU, Vorvertrag), entscheidet stets der Inhalt der Übereinkunft. Der wahre Charakter ist stets durch Auslegung zu ermitteln.

## 3. Gefälligkeiten

Nicht selten verabreden die Parteien eine unentgeltliche Tätigkeit wie bspw. eine unentgeltliche Verwahrung des Haustieres oder das Bewässern des Gartens während einer urlaubs- oder berufsbedingten Abwesenheit. Gerade wegen der Unentgeltlichkeit wäre es unbillig, wenn der „Gefällige" in gleichem Maße leistungsverpflichtet oder gar (bei einem Schadenseintritt) schadensersatzpflichtig wäre wie jemand, der die gleiche Tätigkeit gegen Entgelt verrichtet. Folgerichtig sieht das BGB zahlreiche Haftungsprivilegierungen zugunsten des unentgeltlich Tätigen vor wie z.B. eine Beschränkung der Haftung des unentgeltlich tätigen Verwahrers. Dieser hat gem. § 690 BGB nur für diejenige Sorgfalt einzustehen, welche er in eigenen Angelegenheiten anzuwenden pflegt. Gemäß § 277 BGB bedeutet das, dass eine Haftung nur bei grober Fahrlässigkeit (und erst recht bei Vorsatz) gegeben ist. Es gibt aber auch Ausnahmen von der Haftungsprivilegierung bei unentgeltlicher Tätigkeit, etwa im Auftragsrecht (§§ 662 ff. BGB), weil es dort an einer entsprechenden Regelung fehlt.

Nicht im Gesetz geregelt sind bloße Gefälligkeiten im gesellschaftlichen Bereich, etwa die Zusage, den Nachbarn mit dem Auto in die Stadt zum Einkauf zu nehmen. Wird dann nicht daran gedacht, den Nachbarn mitzunehmen, und muss dieser deswegen ein Bus- oder Bahnticket kaufen, wird kaum jemand auf die Idee kommen, ernstlich von Schadensersatzansprüchen zu reden.

Mit Blick auf Leistungs-, aber auch Schadensersatzpflichten kann es im Einzelfall daher von erheblicher Bedeutung sein, ob zwischen den Beteiligten ein Vertrag oder eine Gefälligkeit vorliegt. Entscheidend ist der sog. Rechtsbindungswille, also der Wille, sich in einer bestimmten Art und Weise rechtlich binden (und Verantwortung übernehmen) zu wollen. Dieser ist subjektiv-objektiv zu ermitteln. Sollten die Beteiligten mit Hilfe übereinstimmender Erklärungen bestimmte Vereinbarungen treffen, ist der jeweilige Rechtsbindungswille evident und keinesfalls zu problematisieren. Nicht selten kommt es jedoch vor, dass ein ausdrücklich oder stillschweigend erklärter Wille der Beteiligten über die Rechtsbindung nicht feststellbar ist.[341] In einem solchen Fall ist fraglich, ob ein Rechtsbindungswille besteht und nach welchen Kriterien er zu ermitteln ist. Die Rechtsprechung stellt zur Ermittlung des Rechtsbindungswillens (unter Zugrundelegung der §§ 133, 157 BGB) auf den objektiven Empfängerhorizont ab: Kann dieser unter Berücksichtigung der Interessenlage beider Parteien nach Treu und Glauben mit Rücksicht auf die Verkehrssitte (§ 242 BGB) auf einen Rechtsbindungswillen schließen, ist ein solcher auch dann anzunehmen, wenn der Erklärende innerlich einen entgegenstehenden Willen hatte.[342] In die „Geschichte" eingegangen ist der **„Lotto-Fall"**[343]:

**Sachverhalt:** Fünf Bekannte hatten sich zu einer Lottospielgemeinschaft zusammengeschlossen. Der wöchentliche Einsatz betrug 10,- DM pro Person, die von B, einem der Teilnehmer, eingesammelt wurden. Es wurde verabredet, dass B bestimmte, zuvor festgelegte Zahlen ankreuze, die Tippzettel im eigenen Namen ausfülle und sie bei der Annahmestelle abgebe. Zu einer Ausspielung im Oktober 1971 versäumte er es jedoch, die Tippzettel abzugeben. Nachdem sich nach der Ziehung herausgestellt hatte, dass die verabredeten Zahlen zu einem Gewinn von insgesamt 10.550,- DM geführt hätten, machten drei der Mitglieder gegen B ihre Gewinnanteile geltend.

Wäre in diesem Fall Gesellschaftsrecht (i.S.d. §§ 705 ff. BGB) anwendbar oder läge eine sonstige vertragliche Beziehung zwischen den Beteiligten vor mit dem Inhalt, dass sich B rechtlich verpflichtete, die Tippzettel wie verabredet auszufüllen und abzugeben, wäre

---

[341] Vgl. nur BGH NJW 1974, 1705, 1706 - „Lottogemeinschaft"; BGHZ 21, 102, 106 f.
[342] BGH NJW 1974, 1705, 1706; BGHZ 21, 102, 106 f.; 56, 204, 210.
[343] BGH NJW 1974, 1705 (etwas abgewandelt, um Problem zu fokussieren).

wegen Pflichtverletzung Schadensersatz denkbar (§ 280 I BGB; immerhin mit der Haftungsprivilegierung aus § 708 BGB).

Jedoch hat der BGH entschieden, aus einer „Lottogemeinschaft" ergebe sich nicht ohne weiteres, dass auch eine rechtliche Bindung insoweit bestehe, als einer der Mitspieler es übernommen habe, die Spielscheine in der verabredeten Weise auszufüllen und bei einer Annahmestelle einzureichen. Soweit ein ausdrücklich oder stillschweigend erklärter Wille der Beteiligten nicht feststellbar sei, könne dies nur unter Berücksichtigung der Interessenlage beider Parteien nach Treu und Glauben mit Rücksicht auf die Verkehrssitte geprüft werden.[344] Indizien (d.h. Kriterien), die auf einen Rechtsbindungswillen und damit auf einen (Gefälligkeits-)Vertrag schließen lassen, seien

⇨ die Art der Gefälligkeit, ihr Grund und ihr Zweck,
⇨ ihre wirtschaftliche und rechtliche Bedeutung,
⇨ die bestehende Interessenlage sowie
⇨ der Wert der anvertrauten Sache.

Danach sei entscheidend, ob die Annahme einer entsprechenden Rechtspflicht und das sich daraus ergebende Schadensersatzrisiko auch für B unter Berücksichtigung der Unentgeltlichkeit der übernommenen Geschäftsbesorgung zumutbar sei. Das müsse vorliegend verneint werden. Es sei umgekehrt für die Mitspieler zumutbar, die Gefahr, dass der beauftragte Spieler gegen die von den Mitspielern getroffene Abrede verstoße, hinzunehmen. Es müsse hingenommen werden, dass der beauftragte Spieler das Ausfüllen einmal vergesse, wegen anderer Verpflichtungen daran gehindert werde oder versehentlich andere als die verabredeten Zahlen ankreuze. Zugleich sei die Wahrscheinlichkeit, dass aus einem solchen Fehler ein erheblicher Schaden erwachse, äußerst klein – so wie die Chance eines hohen Gewinns. Wenn sich aber die geringe Gewinnchance verwirkliche, könnte der Gewinn eine außergewöhnliche Höhe erreichen und die wirtschaftliche Existenz des beauftragten Spielers vernichten. Dies müssten sich die anderen Spieler redlicherweise entgegenhalten lassen. Diesen sei bewusst, dass eine Spielgemeinschaft allgemein mit dem Ziel verabredet werde, durch den erhöhten Einsatz die geringe Gewinnchance etwas zu erhöhen. Ihnen sei aber auch klar, dass keiner der Spieler ein mitunter existenzvernichtendes Risiko wissentlich übernehmen wolle. Das Glücksspiel bleibe ein Spiel und damit ein freies, außerhalb wirtschaftlicher Zwecke und Notwendigkeiten stehendes Handeln. Rechtlicher Zwang und Schadensersatz, wie sie sonst zum Schutz wesentlicher Interessen und Güter notwendig seien, seien damit nicht vereinbar.

**283**  Fazit: Relevant ist die Abgrenzung anhand der aufzeigten Kriterien insbesondere für zweierlei rechtliche Folgen: Zum einen geht es um die Frage, inwieweit Zusagen **einklagbare Ansprüche auf Einhaltung** bzw. auf Aufwendungsersatz auslösen (Leistungsansprüche), und zum anderen ist klärungsbedürftig, inwieweit eine **Haftung** des Gefälligen gegeben ist, wenn es zu einer Schädigung eines der Rechtsgüter des anderen Beteiligten oder eines Dritten kommt.

## a. Reine Gefälligkeitsverhältnisse

**284**  Handelt es sich um Abreden, die ausschließlich im **gesellschaftlich-sozialen** Bereich anzusiedeln sind, wie das regelmäßig bei einer Freundschaft, Kollegialität oder Nachbarschaft der Fall ist, spricht man von reinen Gefälligkeitsverhältnissen.[345] In diesen Fällen will sich der Gefällige auch aus der (maßgeblichen) Sicht des objektiven Beobachters in der Rolle des Erklärungsempfängers i.d.R. gerade **nicht rechtlich binden**, somit keine Willenserklärung abgeben und keine vertraglichen Pflichten eingehen. Auch im obigen Lotto-Fall hat der BGH ein Gefälligkeitsverhältnis angenommen.

---

[344] BGH NJW 1974, 1705, 1706 mit Verweis auf BGHZ 21, 102, 106 f.; 56, 204, 210.
[345] BGH NJW 2015, 2880; BGH NJW-RR 2017, 272; *Stadler*, AT, § 17 Rn 17; *Wolf/Neuner*, AT, § 28 Rn 17; *Boecken*, AT, Rn 188.

(Weitere) **Beispiele:** Einladung zu einer Feier, zum Essen oder zu einer Angeltour; Versprechen, einen Brief in den Briefkasten einzuwerfen (zumindest im Grundsatz); die (nicht regelmäßige) unentgeltliche Mitnahme im Auto (sog. Gefälligkeitsfahrt[346]; nicht aber bei regelmäßigen Fahrgemeinschaften etwa zur Arbeitsstätte); Versprechen, ein Kleidungsstück von der Reinigung abzuholen; Bereitschaft, das Haus eines abwesenden Bekannten oder Verwandten zu beaufsichtigen (zumindest im Grundsatz); Bereitschaft, den Garten des Nachbarn während dessen Urlaubsreise zu bewässern[347]

In Fällen dieser Art mangelt es i.d.R. an einem Rechtsbindungswillen und damit am vertraglichen Schuldverhältnis. Der Gefällige will sich weder zur Leistung verpflichten noch besondere Sorgfaltspflichten beachten. Er haftet daher weder auf **Erfüllung** noch auf vertraglichen oder vertragsähnlichen **Schadensersatz**, hat umgekehrt aber ebenfalls **keinen Anspruch auf Aufwendungsersatz bzw. Schadensersatz**[348]. Hiervon unberührt bleibt aber (in beide Richtungen) die Möglichkeit der Schadensersatzpflicht aus einem gesetzlichen Schuldverhältnis, bspw. wegen einer **unerlaubten Handlung** (§§ 823 ff. BGB) oder wegen Vorliegens eines Eigentümer-Besitzer-Verhältnisses (§§ 987 ff. BGB – sog. EBV). Hier ist aber zu beachten, dass nicht jeder Schaden ersatzfähig ist. So werden reine Vermögensschäden von § 823 I BGB nicht erfasst; im Rahmen des § 826 BGB, der auch reine Vermögensschäden erfasst, ist die erforderliche Schädigungsabsicht kaum zu beweisen; bei § 823 II BGB ist die Verletzung eines Schutzgesetzes erforderlich, was bei fahrlässiger Beschädigung einer Sache nicht denkbar ist (die fahrlässige Sachbeschädigung ist nicht strafbar). Auch Ansprüche aus EBV bestehen nicht, wenn der Besitzer gutgläubig ist (vgl. § 993 I a.E. BGB). Kommt es aber zu einem von § 823 I BGB erfassten Schaden, stellt sich die Frage, ob die Annahme eines reinen Gefälligkeitsverhältnisses mit der Folge des Ausschlusses einer vertraglichen Haftung nicht Einfluss auf die deliktische Haftung ausübt.

**285**

**Beispiel[349]:** Während des Sommerurlaubs seines Nachbarn N übernahm es G, dessen Haus zu versorgen und den Garten zu bewässern. Absprachegemäß bewässerte G den Nachbargarten mit einem an den Außenhahn des Hauses des N montierten Wasserschlauch. Anschließend drehte er die am Schlauch befindliche Spritze zu, stellte aber nicht die Wasserzufuhr zum Schlauch ab. In der darauffolgenden Nacht löste sich der weiter unter Wasserdruck stehende Schlauch vom Außenhahn. In der Folge trat eine erhebliche Menge Leitungswasser aus, lief in das Gebäude des N und führte zu Beschädigungen im Untergeschoss. Es entstand ein Schaden von rund 12.000,- €, den N nunmehr gegenüber G geltend macht.

Ein möglicher Schadensersatzanspruch aus Geschäftsführung ohne Auftrag (GoA, §§ 677 ff. BGB) liegt nicht vor. Zwar haftet der Geschäftsführer nach den allgemeinen Regeln (§ 677 i.V.m. §§ 280 ff.; §§ 823 ff. BGB) auf Schadensersatz, wenn er im Rahmen der Geschäftsausübung schuldhaft seine Pflichten aus § 677 oder § 681 BGB verletzt (sog. Ausführungsverschulden) und aus dieser Pflichtverletzung ein adäquat kausaler Schaden des Geschäftsherrn entsteht. Allerdings handelte G nicht „ohne Auftrag oder sonstige Berechtigung" i.S.d. § 677 BGB. Denn G war ja gerade „beauftragt", den Garten zu bewässern.

In Betracht kommt aber ein Schadensersatzanspruch aus § 280 I BGB unter dem Aspekt einer vertraglichen Pflichtverletzung. G versäumte es, den Gartenschlauch drucklos zu machen, und verursachte so den Wasserschaden. Jedoch dürfte es an dem für § 280 I BGB erforderlichen Schuldverhältnis fehlen. Zwar kommt als Schuldverhältnis der Auftrag (§ 662 BGB) in Betracht, jedoch erfolgte – wie der BGH zu Recht angenommen hat – die Versorgung des Nachbarhauses einschließlich der Bewässerung des Gartens durch G im Rahmen eines reinen Gefälligkeitsverhältnisses, da es an einem für einen Auftrag (der eine Haftung wegen Pflichtverletzung begründet hätte) erforderlichen Rechtsbindungswillen

---

[346] Vgl. dazu BGH NJW 2015, 2880 f.
[347] Siehe dazu BGH NJW-RR 2017, 272, 273.
[348] BGH NJW 2015, 2880 f.
[349] Vgl. BGH NJW-RR 2017, 272 (Sachverhalt leicht verändert).

fehlt. Für den bei der Ausführung der Gefälligkeit entstandenen Schaden kämen daher keine vertraglichen, sondern allenfalls <u>deliktische Ansprüche</u> in Betracht.[350]

Anspruchsgrundlage hierfür könnte § 823 I BGB sein. G hat fahrlässig den Wasserschaden verursacht. Es stellt eine Sorgfaltspflichtverletzung i.S.d. § 276 II BGB dar, einen Gartenschlauch nicht drucklos zu machen. Da G aber unentgeltlich, d.h. im Rahmen einer Nachbarschaftshilfe, handelte, stellt sich die Frage nach einer Haftungsprivilegierung. Allgemein sieht die Rechtsordnung Haftungsprivilegierungen bei unentgeltlichen Verträgen vor, so z.B. bei §§ 521, 599 und 690 BGB (Haftung nur bei grober Fahrlässigkeit und Vorsatz bzw. eigenübliche Sorgfaltspflicht), die aus Wertungsgesichtspunkten auch bei der deliktischen Haftung greifen, um die Haftungsprivilegierung nicht auszuhebeln. Vorliegend besteht aber kein Vertragsverhältnis. Selbst wenn ein Auftragsverhältnis bestanden hätte, hätte keine Haftungsprivilegierung bestanden, die auf das Deliktsrecht durchgeschlagen hätte. Eine analoge Anwendung von Haftungsprivilegierungtatbeständen auf Gefälligkeitsverhältnisse wird in Ermangelung einer planwidrigen Regelungslücke abgelehnt.[351]

Der BGH erwägt aber eine Haftungsbeschränkung durch ergänzende, auf einer Hypothese beruhende Vertragsauslegung auf der Grundlage des § 242 BGB. Voraussetzung sei aber grundsätzlich, dass der Schädiger, wäre die Rechtslage vorher zur Sprache gekommen, einen Haftungsverzicht gefordert hätte und sich der Geschädigte dem ausdrücklichen Ansinnen einer solchen Abmachung billigerweise nicht hätte versagen dürfen.[352] Davon könne aber nicht ausgegangen werden, wenn der Schädiger haftpflichtversichert sei. Denn eine Haftungsbeschränkung, die die Haftpflichtversicherung des Schädigers entlastet (und damit den Geschädigten belastet), entspreche regelmäßig nicht dem Willen der Beteiligten.[353]

Keinesfalls sei ein Haftungsverzicht allein deswegen anzunehmen, weil der Schaden bei einem Gefälligkeitserweis entstanden ist und zwischen Schädiger und Geschädigtem enge persönliche Beziehungen bestehen. Ein Haftungsausschluss komme aber dann in Betracht, wenn der Schädiger keinen Haftpflichtversicherungsschutz habe, für ihn ein nicht hinzunehmendes Haftungsrisiko bestünde und darüber hinaus besondere Umstände vorlägen, die im konkreten Fall einen Haftungsverzicht als besonders naheliegend erscheinen ließen.[354]

Daraus folgt: Ist der Schädiger nicht privathaftpflichtversichert und müsste daher selbst für Schäden aufkommen, ist von einer stillschweigend vereinbarten Haftungsbeschränkung (d.h. Beschränkung auf Vorsatz und grobe Fahrlässigkeit) auszugehen. Ist der Schädiger aber haftpflichtversichert und ist der Schaden versicherungsrechtlich abgedeckt, ist eine Haftungsbeschränkung regelmäßig nicht anzunehmen. In diesem Fall kommt es auf die Frage nach dem Maß des Verschuldens (einfache oder grobe Fahrlässigkeit) nicht an.

Stellungnahme: Es mutet auf den ersten Blick seltsam an, den konkludenten Haftungsausschluss bzw. die konkludente Haftungsprivilegierung vom Bestehen einer Privathaftpflichtversicherung aufseiten des Schädigers abhängig zu machen. Auf dieser Grundlage könnte man auch einen Haftungsausschluss bzw. eine Haftungsprivilegierung annehmen für den Fall, dass der Geschädigte den Schaden über die (obligatorische) Gebäudeversicherung regulieren kann. Das aber lehnt der BGH explizit ab mit dem Argument, dass anderenfalls die Willensfiktion einer Haftungsbeschränkung im Ergebnis zulasten des Geschädigten ginge und das Haftungsrisiko sich von dem Verursacher des Schadens und dessen Haftpflichtversicherung ungerechtfertigt auf die (Gebäude-)Versicherung des Geschädigten verschöbe.[355] Das überzeugt schon deshalb nicht, weil man mit dem Argument (keine Verschiebung des Haftungsrisikos zulasten der Versicherung) dann generell die

---

[350] BGH NJW-RR 2017, 272, 273.
[351] BGH NJW-RR 2017, 272, 273 mit Verweis auf BGH VersR 1992, 1145, 1147.
[352] BGH NJW-RR 2017, 272, 273 mit Verweis u.a. auf BGH VersR 1979, 136, 137; 1980, 426, 427; a.A. *Medicus/Petersen* BR, Rn 369; *Wolf/Neuner* AT, § 28 Rn 25. Zur Figur der ergänzenden Vertragsauslegung vgl. Rn 418 ff.
[353] BGH NJW-RR 2017, 272, 273 mit Verweis u.a. auf BGH VersR 1993, 1092, 1093; 1992, 1145, 1147.
[354] BGH NJW-RR 2017, 272, 274 mit Verweis u.a. auf BGH VersR 1993, 1092, 1093.
[355] BGH NJW-RR 2017, 272, 274.

Möglichkeit einer konkludenten, im Rahmen ergänzender Vertragsauslegung vorzunehmenden Haftungsprivilegierung im Verhältnis Schädiger/Geschädigter ablehnen müsste.

Richtigerweise ist die im Rahmen ergänzender Vertragsauslegung zu erwägende Haftungsprivilegierung allein danach zu bestimmen, ob sich Schädiger und Geschädigter redlicherweise auf eine Beschränkung auf Vorsatz und grobe Fahrlässigkeit verständigt hätten. Bei einem Gefälligkeitsverhältnis spricht einiges dafür. Verursacht der Gefällige dann grob fahrlässig einen Schaden, liegt es in seiner Risikosphäre, sich nicht über eine Privathaftpflichtversicherung abgesichert zu haben. Bei vorsätzlicher Schadensverursachung besteht ohnehin kein Grund für die Annahme einer Haftungsprivilegierung.

## b. Der unentgeltliche Vertrag („Gefälligkeitsvertrag")

Im Rahmen der unentgeltlichen Leistungserbringung bildet der unentgeltliche Vertrag (auch „Gefälligkeitsvertrag" genannt) den „Gegenpol" zum Gefälligkeitsverhältnis. Ein solcher unentgeltlicher Vertrag ist anzunehmen, wenn eine echte vertragliche Einigung vorliegt, die nur einen der Vertragspartner zur Leistung verpflichtet. Treffend ist daher auch die Bezeichnung „einseitig verpflichtender Vertrag". Das Gesetz nennt Schenkung (§§ 516 ff. BGB), Leihe (§§ 598 ff. BGB), Auftrag (§§ 662 ff. BGB) und Verwahrung (§§ 688 ff. BGB).    **286**

- Beim **Schenkungsvertrag** (§ 516 BGB) einigen sich die Parteien darüber, dass der Schenkende verpflichtet ist, einen Vermögenswert aus seinem Vermögen auf den Beschenkten zu übertragen, ohne dass dieser dafür eine Gegenleistung erbringen muss. Zu beachten ist insbesondere die erforderliche Form des Schenkungsversprechens (vgl. § 518 BGB).

- Beim **Leihvertrag** (§ 598 BGB) verpflichtet sich der Verleiher, dem Entleiher eine Sache unentgeltlich zum Gebrauch zu überlassen.

- Beim **Auftragsvertrag** (§ 662 BGB) einigen sich die Beteiligten darüber, dass der Beauftragte verpflichtet ist, ein Geschäft für den Auftraggeber unentgeltlich zu besorgen.

- Beim unentgeltlichen **Verwahrungsvertrag** (§§ 688, 690 BGB) verpflichtet sich der Verwahrer, für den Hinterleger eine bewegliche Sache unentgeltlich aufzubewahren.

Kennzeichen solcher Verträge ist, dass trotz Vorliegens eines Vertragsverhältnisses gerade **keine** Verpflichtung zur **Gegenleistung** besteht. Daher kann sich der (einseitig) Verpflichtende i.d.R. auch unter **erleichterten Bedingungen** von seiner Leistungspflicht lösen (vgl. etwa §§ 530, 604 III, 671 I, 696 BGB). Die fehlende Gegenleistungspflicht hat weiterhin zur Folge, dass zugunsten des (einseitig) zur Leistung Verpflichteten – außer im Fall des Auftrags (§ 662 BGB) – der Verschuldensmaßstab gemildert ist: Der zur Leistung Verpflichtete hat i.d.R. nur für **Vorsatz** und **grobe Fahrlässigkeit** einzustehen (bei §§ 521, 599 BGB) bzw. nur dann, wenn er nicht die Sorgfalt walten ließ, die er in eigenen Angelegenheiten anzuwenden pflegt (§ 690 BGB, sog. *diligentia quam in suis*). Denn wenn schon jemand unentgeltlich eine Leistung erbringt, soll er wenigstens nicht den vollen Haftungsmaßstäben unterliegen. Das Auftragsrecht sieht indes keine Haftungsprivilegierung beim Auftragnehmer vor. Immerhin gewährt ihm das Gesetz bisweilen einen Aufwendungsersatzanspruch (vgl. § 670 BGB) sowie einen Schadensersatzanspruch, sofern sich ein mit dem Auftrag verbundenes typisches Schadensrisiko verwirklicht hat.[356]    **287**

---

[356] Vgl. BGH NJW 2015, 2880 f.; *Looschelders*, SchuldR AT, Rn 812; *Mäsch*, JuS 2016, 70.

**288** Wie bereits bei der Darstellung des Lotto-Falls (Rn 282) dargelegt, kann im Einzelfall die **Abgrenzung** zwischen einem reinen Gefälligkeitsverhältnis und einem unentgeltlichen Vertrag schwierig und – wegen diverser Verpflichtungen und Haftungsrisiken[357] – wichtig sein. **Indizien** (d.h. Kriterien), die auf einen Rechtsbindungswillen und damit auf einen (Gefälligkeits-)Vertrag schließen lassen, sind

- die **Art** der Gefälligkeit, ihr **Grund** und ihr **Zweck**,
- ihre **wirtschaftliche** und **rechtliche Bedeutung**,
- die **bestehende Interessenlage** sowie
- der **Wert der anvertrauten Sache**.[358]

**289** Sprechen diese Kriterien dafür, dass sich eine Partei für die andere erkennbar auf die Durchführung der „Vereinbarung" gerade im Hinblick auf die wirtschaftliche und rechtliche Bedeutung verlässt, ist vom Rechtsbindungswillen der Parteien, und damit von einem unentgeltlichen Vertrag, auszugehen.[359] **Gegen** einen Rechtsbindungswillen kann aber wiederum ein unverhältnismäßiges Haftungsrisiko für den Gefälligen sprechen.[360]

**290** **Beispiel**[361]**:** Die Enkelin der K spielte in der Mädchen-Fußballmannschaft des Vereins V. Die Mannschaft nahm an der Hallenkreismeisterschaft teil. K, die ihre Enkelin zu dieser Veranstaltung bringen wollte, verunfallte auf der Fahrt dorthin mit ihrem Pkw und zog sich dabei erhebliche Verletzungen zu. Sie nahm daraufhin den Verein auf Ersatz ihres materiellen und immateriellen Schadens in Anspruch (Sachschaden am Pkw, Heilbehandlungskosten, Schmerzensgeld).

Wie stets im Zivilrecht wäre zunächst eine Anspruchsgrundlage erforderlich. Ein Anspruch aus § 670 BGB scheidet von vornherein aus, da kein Auftrag i.S.v. § 662 BGB angenommen werden kann; es fehlt an der diesbezüglich erforderlichen Einigung. In Betracht kommt aber ein Schadens- bzw. Aufwendungsersatzanspruch nach den Grundsätzen der Geschäftsführung ohne Auftrag (GoA) gem. §§ 677, 683 S. 1, 670 BGB. Dabei ist aber bereits zweifelhaft, ob überhaupt ein „Geschäft" i.S.v. § 667 BGB vorliegt. In jedem Fall problematisch ist der von § 677 BGB geforderte Fremdgeschäftsführungswille; K müsste zumindest *auch* im Interesse des Vereins gehandelt, d.h. einen Fremdgeschäftsführungswillen bzw. „Geschäftsübernahmewillen" gehabt haben.[362] Diese Fragen können jedoch offenbleiben, wenn eine reine Gefälligkeit im außerrechtlichen Bereich vorlag, aus der Ansprüche nicht geltend gemacht werden können.

Der BGH hat entschieden, dass der Transport von Kindern zu Auswärtsspielen durch Personen aus ihrem persönlichen Umfeld nicht auf der Grundlage eines mit wechselseitigen Rechten und Pflichten ausgestalteten Schuldverhältnisses erfolge. Vielmehr handele es sich, wenn minderjährige Mitglieder eines Amateursportvereins von ihren Familienangehörigen oder Angehörigen anderer Vereinsmitglieder zu Sportveranstaltungen gefahren werden, grundsätzlich – auch im Verhältnis zum Sportverein – um eine reine Gefälligkeit, die sich im außerrechtlichen Bereich abspiele. Solange jedenfalls keine gegenteiligen Absprachen getroffen würden, schieden damit Aufwendungsersatzansprüche und Schadensersatzansprüche aus.

Stellungnahme: Die Vorinstanz hatte einen Aufwendungsersatz- und Schadensersatzanspruch aus berechtigter GoA angenommen mit dem Argument, der Verein habe ein Interesse daran, dass sich seine Mitglieder an Meisterschaften oder sonstigen sportlichen Ver-

---

[357] Vgl. dazu etwa BGHZ 21, 102, 107; BGH NJW 1974, 1705, 1706; BGH NJW 2015, 2880 f.; OLG Koblenz 2.4.2014 – 5 U 311/12.

[358] Ständige Rspr. seit BGHZ 21, 102 ff.; vgl. aus jüngerer Zeit insb. BGH NJW 2015, 2880 f.

[359] BGHZ 21, 102, 107; 88, 373, 382; 92, 164, 168; *Stadler*, AT, § 17 Rn 17; *Boecken*, AT, Rn 189.

[360] Vgl. hierzu BGH NJW 1974, 1705 ff. (Lotto-Fall – dazu Rn 282); BGH NJW-RR 2017, 272 (Nachbarschaftshilfe – dazu Rn 285).

[361] Nach BGH NJW 2015, 2880 f. Den Ausgangsfall bildet der viel zitierte Lotto-Fall BGH NJW 1974, 1705 ff. Siehe auch den Fall BGH NJW-RR 2017, 272 (Nachbarschaftshilfe) – dazu Rn 285.

[362] Zu den Voraussetzungen der GoA vgl. *R. Schmidt*, SchuldR BT II, Rn 38 ff.

anstaltungen beteiligten. Sinn und Zweck des Sportvereins sei es nicht nur, dass die Vereinsmitglieder trainierten, sondern auch, dass sie an Turnieren, Meisterschaften und ähnlichen Ereignissen teilnähmen, um sich im sportlichen Wettkampf mit anderen zu messen und über den Sport Kontakte zu anderen Vereinen und Vereinsmitgliedern zu pflegen. Die Übernahme der Geschäftsführung – Transport der Enkelin zur Kreismeisterschaft – habe damit auch im Interesse des Vereins gelegen. Das ist insoweit alles nachvollziehbar. Allerdings darf nicht übersehen werden, dass es sich vorliegend nicht um einen Profi-Fußballverein mit auch kommerziellen Zielen handelt, sondern um einen dem gesellschaftlichen Bereich zuzuordnenden Verein, der sportliche Freizeitaktivität ermöglicht. Das Fahren von Familienangehörigen zu Sportveranstaltungen eines solchen Vereins ist daher ebenfalls dem rein gesellschaftlichen Bereich zuzuordnen. Dem BGH ist daher zu folgen. K stehen die geltend gemachten Ansprüche nicht zu. Für sie hat sich das allgemeine Lebensrisiko verwirklicht.

## c. Gefälligkeitsverhältnisse mit rechtsgeschäftlichem Charakter

Sozusagen zwischen den reinen Gefälligkeitsverhältnissen und den unentgeltlichen Verträgen stehen die „Gefälligkeitsverhältnisse mit rechtsgeschäftlichem Charakter", die – da sie zumindest bestimmte Sorgfaltspflichten auslösen (dazu sogleich) – auch als **„Sorgfaltspflichten auslösende Gefälligkeitsverhältnisse"** genannt werden. Grund für diese Kategorie ist der Umstand, dass ein objektiver Dritter in der Rolle des Erklärungsempfängers trotz Vorliegens einer Gefälligkeit wenigstens auf eine eingeschränkte Verantwortungs- und Haftungsübernahme des Gefälligen schließen kann und der Empfänger daher in gewisser Weise schutzwürdig ist, wobei dieses Schutzbedürfnis weniger ausgeprägt ist, als das bei Vorliegen eines unentgeltlichen Vertrags der Fall wäre. Daher kommt zwar **kein Anspruch auf Leistung in Betracht**. Da der Gefällige aber aufgrund der Bedeutung des Geschäfts für den anderen zumindest stillschweigend bestimmte **Sorgfaltspflichten** übernimmt, sind bei **schuldhafter Verletzung** dieser Pflichten regelmäßig **Schadensersatzansprüche** (aus §§ 280 I, 241 II, 311 II BGB) gegeben. Das ist insoweit allgemein anerkannt.[363]

**291**

Unklar ist jedoch der **Verschuldensmaßstab**. Nach § 276 BGB haftet der Verantwortliche für Vorsatz und jede Form von Fahrlässigkeit. Läge ein unentgeltlicher Vertrag vor, käme regelmäßig eine der gesetzlichen Haftungsprivilegierungen zum Tragen. So ist – mit Ausnahme des Auftrags – bei einem unentgeltlichen Vertrag die Haftung auf Vorsatz und grobe Fahrlässigkeit beschränkt. Leichte und mittlere Fahrlässigkeit ist in einem solchen Fall also nicht zu vertreten (vgl. §§ 521, 599, 690 BGB). Das ist sachgerecht, da der Gefällige ohne Gegenleistungsanspruch handelt und daher auch den normalen Haftungsrisiken nicht ausgesetzt sein soll. Hinsichtlich des Gefälligkeitsverhältnisses mit rechtsgeschäftlichem Charakter könnte man daher erst recht eine solche Haftungsprivilegierung annehmen: Wenn schon bei einem unentgeltlichen Vertrag eine Haftung auf Vorsatz und grobe Fahrlässigkeit begrenzt ist, muss diese Begrenzung erst recht bei einem Gefälligkeitsverhältnis unterhalb des Vertrags gelten. Dennoch lehnt der BGH eine Übertragung dieser Haftungsprivilegien ebenso ab wie die stillschweigende Vereinbarung eines Haftungsausschlusses.[364] Zumindest Letzteres ist zutreffend. Denn dadurch, dass sich das Gefälligkeitsverhältnis gerade durch den fehlenden Rechtsbindungswillen auszeichnet, wäre es widersprüchlich, wenn man nunmehr einen stillschweigenden Haftungsausschluss annehmen würde. Bedenken bestehen allerdings hinsichtlich der vom BGH vertretenen Belassung des normalen Haftungsmaßstabs.

**292**

---

[363] Seit BGHZ 21, 102 ff.
[364] BGH NJW 1992, 2474, 2475.

**293**   **Beispiel**[365]**:** A und B sind jeweils stolze Besitzer eines Reitpferdes. Täglich reiten sie aus. Als A´s Pferd eines Tages aufgrund einer Impfung nicht geritten werden kann, A sich jedoch auf den Ausritt gefreut hatte, leiht B ihm kurzerhand *sein* Pferd. Unterwegs wird A jedoch „abgeworfen", weil B´s Pferd an einer Verhaltensstörung leidet. B hatte in (normal) fahrlässiger Weise vergessen, dies dem A zu sagen. A macht gegenüber B Ersatz seiner Heilbehandlungskosten geltend.

Da nach Ansicht des BGH der normale Haftungsmaßstab gilt, haftet B für Vorsatz und jede Form von Fahrlässigkeit, somit auch für die einfache Fahrlässigkeit. Das überzeugt wenig. Denn hätte vorliegend ein Leihvertrag vorgelegen, müsste B lediglich für Vorsatz und grobe Fahrlässigkeit einstehen (§ 599 BGB); auch träfe ihn nicht die Tierhalterhaftung nach § 833 BGB. Warum B nun strenger haften soll, obwohl gerade kein Leihvertrag, sondern lediglich ein Gefälligkeitsverhältnis vorliegt, ist nicht ersichtlich. Mit der Literatur[366] sind daher die Haftungsprivilegierungen der §§ 521, 599 und 690 BGB analog auf entsprechende Gefälligkeitsverhältnisse anzuwenden. Da B „nur" einfach fahrlässig gehandelt hat, kommt ihm daher dieselbe Haftungsprivilegierung zugute, als wenn er mit A einen Leihvertrag geschlossen hätte, § 599 BGB analog.

**294**   Im Rahmen „auftragsähnlicher" Gefälligkeitsverhältnisses kommt eine Haftungsprivilegierung aber nicht in Betracht, wenn eine solche schon nicht im Rahmen des entsprechenden Vertragsverhältnisses vorgesehen ist. Das ist namentlich beim **Auftrag** (§§ 662 ff. BGB) der Fall. Der dort gegebene „normale" Haftungsmaßstab schlägt durch auf das Gefälligkeitsverhältnis mit rechtsgeschäftlichem Charakter.

**295**   **Beispiel**[367]**:** O war Mitarbeiter eines von A mit der Durchführung von Fassadenarbeiten beauftragten Unternehmens. Bei der Durchführung der Arbeiten stieß er auf einem Metallgerüst stehend gegen das stromführende Gehäuse einer Außenlampe im Eingangsbereich des eingerüsteten Gebäudes. Infolge des Stromschlags erlitt O einen hypoxischen Hirnschaden. Er ist zu 100% behindert und umfassend pflegebedürftig. Verursacht wurde der Stromschlag durch eine fehlerhafte Montage der Lampe. Diese wurde von Nachbar N, einem berufserfahrenen Elektriker, im Rahmen einer Nachbarschaftshilfe unentgeltlich installiert, wobei N auch die Verkabelung der alten Lampe bis hin zur nächsten Unterverteilung erneuerte. O macht Schadensersatz sowie eine Rente geltend.

In Betracht kommt ein Schadensersatzanspruch des O (vertreten durch dessen Betreuer) gegen N aus §§ 280, 241 II, 311 II Nr. 3 BGB wegen Verletzung der Sorgfaltspflichten aus einem Gefälligkeitsverhältnis zwischen A und N, in dessen Schutz O einbezogen sein könnte.[368] Dazu hätte ein solches aber vorgelegen haben müssen. Die Abgrenzung, ob eine vertragliche Bindung von den Parteien gewollt ist, eine Gefälligkeit mit rechtsgeschäftlichem Charakter oder sogar nur bloße Gefälligkeit ohne jeden Rechtscharakter vorliegt, muss durch Auslegung (§§ 133, 157 BGB) anhand der Umstände des Einzelfalls erfolgen. Unter Zugrundelegung der bei Rn 288 genannten Kriterien ist entscheidend, wie erheblich die Gefahr ist, die von Fehlern bei handwerklichen Arbeiten ausgeht. N, ein berufserfahrener Elektriker, hat auf Bitten seiner Nachbarin A an der Außenfassade ihres Hauses eine Lampe angebaut. Dabei machte er Fehler bei der Installation des Kabels, wodurch das Lampengehäuse Strom führte.

Aufgrund der konkreten Bedeutung von Arbeiten an stromführenden Geräten und Anlagen ist trotz Vorliegens von Nachbarschaftshilfe von einem Gefälligkeitsverhältnis mit geschäftsähnlichem Charakter auszugehen („ähnliche geschäftliche Kontakte" i.S.v. § 311 II Nr. 3 BGB). In den Schutz dieses Gefälligkeitsverhältnisses ist O einbezogen worden.

---

[365] In Anlehnung an BGH NJW 1992, 2474 ff. (Reiter-Fall).
[366] *Medicus/Petersen*, AT, Rn 188 f.; *Schack*, AT, Rn 198; *Stadler*, AT, § 17 Rn 21.
[367] In Anlehnung an OLG Koblenz 2.4.2014 – 5 U 311/12.
[368] Beim **Vertrag mit Schutzwirkung** zugunsten Dritter wird der Dritte derart in den Schutzbereich eines Vertrags einbezogen, dass er bei einer Verletzung der auch ihm gegenüber bestehenden Sorgfalts- und Obhutspflichten *vertragliche bzw. vertragsähnliche* Schadensersatzansprüche geltend machen kann (vgl. *R. Schmidt*, SchuldR AT, Rn 1077 ff.).

N müsste gem. § 280 I BGB die in diesem Gefälligkeitsverhältnis bestehenden Sorgfalts-pflichten schuldhaft verletzt haben. Eine Sorgfaltspflicht besteht darin, keine Arbeiten an stromführenden Geräten und Anlagen vorzunehmen, wenn man nicht sachverständig ist. N ist Elektriker und konnte die Gefahren klar einschätzen. Umso schwerer wiegt es, wenn er gleichwohl unsachgemäß an stromführenden Geräten und Anlagen arbeitete.

Infolge der unsachgemäßen Arbeit hat N bei O einen Personenschaden verursacht. Diese Rechtsgutsverletzung müsste er aber auch verschuldet haben.

Nach dem allgemeinen Verschuldensmaßstab des § 276 BGB hat der Schuldner Vorsatz und jede Form von Fahrlässigkeit zu vertreten. Bestünde vorliegend ein Auftragsverhältnis i.S.v. §§ 662 ff. BGB, würde dieser allgemeine Verschuldensmaßstab gelten; insbesondere hat der Gesetzgeber – anders als bei der Schenkung, der Leihe und der unentgeltlichen Verwahrung – im Auftragsrecht keine Haftungsprivilegierung vorgesehen. Bei einem Ge-fälligkeitsverhältnis mit auftragsähnlichem Charakter kann keine Haftungsprivilegierung angenommen werden. N haftet dem O somit auf Schadensersatz aus §§ 280, 241 II, 311 II Nr. 3 BGB wegen Verletzung der Sorgfaltspflichten aus einem Gefälligkeitsverhältnis zwischen A und N.

Etwas anderes gilt etwa im Hinblick auf eine **Tischreservierung** im Restaurant. Zwar wird auch hier nach h.M. kein Leistungsanspruch begründet, da aber aufgrund der wirt-schaftlichen und rechtlichen Bedeutung mehr als ein Gefälligkeitsverhältnis im rein ge-sellschaftlichen Bereich vorliegt, können sich Schadensersatzansprüche aus §§ 280, 241 II, 311 II BGB wegen Verletzung der Sorgfaltspflichten aus einem Gefälligkeitsverhältnis ergeben, wenn eine Partei grundlos die Reservierung nicht einhält (str.).[369]

**296**

## Zusammenfassung zu den Gefälligkeiten

**297 -299**

| Gefälligkeiten | | |
|---|---|---|
| **reine Gefälligkeiten** | **Gefälligkeitsverträge** | **Gefälligkeitsverhältnisse mit rechtsgeschäftlichem Charakter** |
| ⇨ Kein Rechtsbindungs-wille: Es handelt sich um Abreden, die ausschließ-lich gesellschaftlich-sozi-alen Charakter haben. <br><br> ⇨ Der Betroffene haftet da-her weder auf **Erfüllung** noch auf vertraglichen o-der vertragsähnlichen **Schadensersatz.** <br><br> ⇨ Der denkbare **delikti-sche Anspruch** schei-tert daran, dass § 823 I BGB keine reinen Vermö-gensschäden erfasst und ein Schutzgesetz i.S.v. § 823 II BGB i.d.R. nicht gegeben ist. | ⇨ Voller Rechtsbindungs-wille: Beide Parteien **eini-gen** sich darüber, dass der Gefällige zu einem be-stimmten Verhalten ver-pflichtet sein soll (= Leis-tungpflicht) und der Be-günstigte dafür keine Ge-genleistung schuldet. <br><br> ⇨ **Gesetzlich geregelte Fälle:** §§ 516, 598, 662, 688 BGB <br><br> ⇨ **Bei Sorgfaltspflicht-verletzung:** Haftung nach § 280 BGB; aber: i.d.R. Haftungsprivilegie-rung (vgl. §§ 521, 599, 690 BGB). Keine Haftung bei leichter und mittlerer Fahrlässigkeit. | ⇨ Kein Rechtsbindungswille und **kein Anspruch auf Leistung** <br><br> ⇨ Da der Gefällige aber aufgrund der Bedeutung des Geschäfts für den anderen zumindest still-schweigend bestimmte **Sorg-faltspflichten** übernimmt, sind bei **schuldhafter Verletzung** dieser Pflichten regelmäßig **Scha-densersatzansprüche** (aus §§ 280 I, 241 II, 311 II BGB) ge-geben. Es dürfen aber nicht die gesetzlichen Haftungsprivilegie-rungen (vgl. §§ 521, 599, 690 BGB) unterlaufen werden. Leichte und mittlere Fahrlässigkeit sind in einem solchen Fall also nicht zu vertreten (a.A. der BGH). |

---

[369] Vgl. *Paulus*, JuS 2015, 436 ff.

## 4. Erteilung von Auskünften und Ratschlägen

**300** Gibt jemand einem anderen einen Rat oder eine Empfehlung, oder erteilt er ihm eine Auskunft, ist grundsätzlich davon auszugehen, dass er mit dieser Erklärung **keine Rechtsfolgen** auslösen, sondern nur Überzeugungen kundtun, Ereignisse berichten o.Ä. will. **Es mangelt in diesen Fällen an einem Rechtsbindungswillen.** Es wird somit *keine* Willenserklärung kundgetan, es entsteht *kein* Rechtsgeschäft.

**301** Von diesem Umstand geht auch der Gesetzgeber aus, indem er in **§ 675 II BGB** klarstellt, dass derjenige, der einem anderen einen Rat oder eine Empfehlung erteilte, unbeschadet der sich aus einem Vertragsverhältnis oder einer unerlaubten Handlung ergebenden Verantwortlichkeiten, **nicht** zum Ersatz des aus der Befolgung des Rates oder der Empfehlung entstehenden Schadens verpflichtet sei. Aus dieser gesetzlichen Formulierung ergibt sich zweierlei:

**302** Aus § 675 II BGB folgt zunächst, dass eine eventuelle Haftung aus einem zustande gekommenen **Vertrag** (Beratungs- oder Auskunftsvertrag) **nicht ausgeschlossen ist** (… „unbeschadet"). Aus diesem Grund ist hier, wie auch bei den Fällen der Gefälligkeiten, genau zu differenzieren und anhand einer Auslegung zu ermitteln, ob ein diesbezüglicher Rechtsbindungswille vorliegt und damit ein Auskunftsvertrag zustande gekommen ist. Sofern der Parteiwille ausdrücklich auf Verpflichtung zur gewissenhaften Erteilung einer Auskunft gerichtet ist, liegt ein **ausdrücklich geschlossener Auskunfts- oder Beratervertrag** vor. Es ist jedoch auch ein **konkludenter Abschluss** eines solchen Vertrags möglich, auch wenn keine sonstigen vertraglichen Beziehungen zwischen den Parteien bestehen. Ein konkludenter Abschluss ist dann anzunehmen, wenn die Gesamtumstände unter Berücksichtigung der Verkehrsauffassung und des Verkehrsbedürfnisses den Rückschluss zulassen, dass beide Teile nach dem objektiven Inhalt ihrer Erklärung die Auskunft zum Gegenstand vertraglicher Rechte und Pflichten gemacht haben.[370] Ein wichtiges **Indiz** dafür ist, dass die Auskunft für den Empfänger erkennbar von erheblicher Bedeutung ist und er sie zur Grundlage wesentlicher Entschlüsse machen will. Dies ist insbesondere dann gegeben, wenn der Auskunftsgeber für die Erteilung der Auskunft besonders **sachkundig** oder selbst **wirtschaftlich interessiert** ist.[371] Dies gilt nach Auffassung des BGH[372] selbst dann, wenn der Befragte einen Vertragsschluss ablehnt. Ein Vertrag ist jedenfalls anzunehmen, wenn sich ein Unternehmensberater, Rechtsanwalt, Notar, Steuerberater, Statiker, Architekt, Sachverständiger etc. bereit erklärt, ein Gutachten über die im jeweiligen Bereich gefragten Besonderheiten (Rat in Rechts-, Steuer- oder Vermögensangelegenheiten, statische Berechnung etc.) anzufertigen. Diesem Verhalten ist nach Treu und Glauben, den Umständen des Einzelfalls und der Verkehrssitte ein Rechtsbindungswille dahingehend zu entnehmen, dass er die Verpflichtung übernimmt, einen richtigen Rat bzw. eine zutreffende Auskunft zu erteilen. Je nach Einzelfall handelt es sich dann um einen Werk- (§ 631 BGB), einen Dienst- (§ 611 BGB) oder einen Geschäftsbesorgungsvertrag (§ 675 BGB).

**303** Von der Möglichkeit eines Beratungs- oder Auskunftsvertrags unberührt bleibt der Umstand, dass die Beratungs- oder Auskunftspflicht auch eine **Nebenverpflichtung im Rahmen eines anderen Vertrags** sein kann.

> **Beispiele:** Rechtsanwalt als Prozessbevollmächtigter, Beratung durch einen Verkäufer unabhängig von der Zusicherung einer Eigenschaft, Beratung durch Architekten etc.

---

[370] Vgl. BGH NJW 1991, 32.
[371] BGHZ 140, 111, 115; BGH NJW 1998, 448; 1993, 3073, 3075.
[372] BGHZ 7, 371, 374 f.

# C. Abgabe und Zugang von Willenserklärungen

Allein das Vorliegen eines (nach außen kundgetanen) Rechtsbindungswillens genügt für **304** das Zustandekommen eines Vertrags noch nicht; vielmehr müssen die jeweiligen Willenserklärungen auch **abgegeben** werden und (sofern es sich um sog. empfangsbedürftige Willenserklärungen handelt) dem anderen **zugehen**. Der Zugang einer empfangsbedürftigen Willenserklärung ist wichtig, damit die Willenserklärung im Rechtsverkehr überhaupt Wirksamkeit beanspruchen kann. Zudem hängt i.d.R. die Wahrung von Fristen (vgl. etwa die Fälle der §§ 489, 573c, 621 BGB) vom Zugang der betreffenden Willenserklärung ab. Gesetzliche Regelungen finden sich in **§§ 130-132 BGB**. Diese Regelungen sind aber ersichtlich unvollständig: Zum einen werden die Begriffe der Abgabe und des Zugangs zwar genannt, aber nicht definiert; zum anderen beschränken sich die Normen inhaltlich auf Willenserklärungen, die gegenüber <u>Ab</u>wesenden abgegeben werden; es sind jedoch ebenso Fälle denkbar, in denen die Willenserklärung gegenüber einem <u>An</u>wesenden abgegeben wird. Im Grundsatz gilt, dass

- empfangsbedürftige Willenserklärungen erst Zugang der Erklärung wirksam werden,
- wohingegen die Wirksamkeit nicht empfangsbedürftiger Willenserklärungen allein durch Abgabe eintritt.

Schließlich ist angesichts moderner Kommunikationsmittel (VoIP, Videotelefonie etc.) die **305** Abgrenzung zwischen Anwesenden und Abwesenden unscharf geworden. Zunächst ist es aber erforderlich, zwischen **empfangsbedürftigen** und **nicht empfangsbedürftigen** Willenserklärungen zu unterscheiden.

## I. Empfangsbedürftige und nicht empfangsbedürftige Willenserklärungen

Gemäß § 130 I S. 1 BGB ist eine Willenserklärung **empfangsbedürftig**, wenn sie zu **306** ihrer Wirksamkeit *einem anderen gegenüber abgegeben* werden muss.

Empfangsbedürftige Willenserklärungen stellen den Regelfall dar. Das leuchtet ein, denn **307** wie soll z.B. ein **Kauf-, Werk-, Dienst- oder Leihvertrag** zustande kommen, ohne dass die jeweilige Willenserklärung des anderen zuvor empfangen wurde? Gleiches gilt hinsichtlich der **Kündigung** bspw. des Arbeits- oder Mietvertrags. Anders verhält es sich hinsichtlich der nicht empfangsbedürftigen Willenserklärungen. Diese stellen aufgrund des Umstands, dass sie zu ihrer Wirksamkeit gerade nicht dem anderen zugehen müssen, die Ausnahme dar.

Eine **nicht empfangsbedürftige** Willenserklärung liegt vor, wenn sich aus dem Rege- **308** lungszusammenhang oder einer ausdrücklichen Vorschrift ergibt, dass ihre Wirksamkeit nicht vom Zugang abhängt[373]; es genügt die wirksame Willensäußerung.

> **Beispiele:** **309**
> (1) **Auslobung (§ 657 BGB):** Die Auslobung ist deshalb eine nicht empfangsbedürftige Willenserklärung, weil der Auslobende i.d.R. nicht weiß, wer die Handlung vornehmen wird, für die er eine Belohnung aussetzt.
> (2) **Aufgabe des Mobiliareigentums (§ 959 BGB):** Die **Dereliktion**[374] ist deshalb eine nicht empfangsbedürftige Willenserklärung, weil die Möglichkeit, sich die Sache anzueignen, jedermann offensteht (§ 958 I BGB).
> (3) **Testamentserrichtung (§§ 2064 ff., 2229 ff. BGB):** Mit dem Testament als eine Form der letztwilligen Verfügung (auch Verfügung von Todes wegen genannt, weil

---

[373] *Ellenberger,* in: Palandt, § 130 Rn 1.
[374] Zur Dereliktion vgl. etwa *Hütte/Hütte,* SachenR I, Rn 599; *Brade/Vogel,* JA 2014, 412 ff.

die Verfügung bzgl. der erbrechtlichen Folgen erst mit dem Tod des Erblassers wirksam werden soll) möchte der Erblasser die Erbfolge abweichend von den gesetzlichen Vorschriften regeln. Tritt dann der Erbfall ein, soll sich die Erbfolge nicht nach den gesetzlichen Vorschriften der §§ 1924 ff. BGB richten, sondern es soll die durch die letztwillige Verfügung vom Erblasser getroffene Regelung der Erbfolge greifen. Die im Testament genannte Person tritt dann gem. § 1922 BGB in die Rechten- und Pflichtenstellung des Erblassers ein. Daraus folgt zugleich, dass die Testamentserrichtung eine nicht empfangsbedürftige Willenserklärung ist, weil eine Mitteilung des Inhalts des Testaments an andere Personen als Wirksamkeitsvoraussetzung nicht in Betracht kommen kann. In der Regel wird das Testament auch gerade geheim gehalten. Siehe auch Rn 405.

**(4) Erbschaftsannahme (§ 1943 BGB):** Die Erbschaftsannahme ist deshalb eine nicht empfangsbedürftige Willenserklärung, weil bei ihr ebenfalls die Kenntnis anderer Personen als Wirksamkeitsvoraussetzung keinen Sinn macht.

## II. Die Abgabe der Willenserklärung

310 Zur Erlangung ihrer rechtlichen Wirksamkeit muss jede Willenserklärung (zumindest) abgegeben worden sein (s.o.). Das BGB definiert den Begriff der Abgabe nicht. Allgemein wird diese jedoch wie folgt verstanden:

311 Eine Willenserklärung wurde **abgegeben**, wenn der Erklärende alles seinerseits Erforderliche getan hat, damit sie wirksam werden kann.[375]

### 1. Abgabe von nicht empfangsbedürftigen Willenserklärungen

312 Bei **nicht empfangsbedürftigen** Willenserklärungen ist die Abgabe unproblematisch erfolgt, wenn der Erklärende seinen Willen **erkennbar endgültig geäußert hat**.[376]

**Beispiele:** Ein Testament wird gem. § 2247 BGB wirksam, wenn es geschrieben und unterschieben[377], eine Auslobung gem. § 657 BGB, wenn sie versprochen wurde.

### 2. Abgabe von empfangsbedürftigen Willenserklärungen

313 Weniger einfach ist die Frage nach der Abgabe einer **empfangsbedürftigen** Willenserklärung zu beantworten, weil diese sowohl gegenüber **Anwesenden** als auch gegenüber **Abwesenden** abgegeben werden kann. Ganz allgemein gilt zunächst:

314 Eine empfangsbedürftige Willenserklärung ist **abgegeben**, wenn sie *mit dem Willen* des Erklärenden aus dessen Machtbereich gelangt und in Richtung auf den Empfänger in Bewegung gesetzt wird.[378]

### a. Abgabe gegenüber Anwesenden

Bei der Abgabe von Willenserklärungen gegenüber Anwesenden wird man zwischen den verschiedenen Kommunikationsmedien unterscheiden müssen.

315 Eine **mündliche** Willenserklärung ist gegenüber einem Anwesenden abgegeben, wenn sie so geäußert wird, dass ein objektiver Dritter in der Rolle des Erklärungsempfängers in der Lage ist, sie *akustisch* zu verstehen.[379] Ob der Erklärungsempfänger die Erklärung

---

[375] Vgl. nur BGHZ 137, 205, 208; *Lettl*, JA 2003, 948, 950; *Medicus/Petersen*, AT, Rn 263 f.; *Ellenberger*, in: Palandt, § 130 Rn 1; *Brox/Walker*, AT, Rn 145; *Stadler*, AT, § 17 Rn 36; *Köhler*, AT, § 6 Rn 11.

[376] *Wolf/Neuner*, AT, § 33 Rn 5.

[377] Zum im Testament zum Ausdruck kommenden Testierwillen vgl. etwa OLG Hamm ErbR 2016, 157.

[378] BGHZ 65, 13, 14; 137, 205, 208; *Lettl*, JA 2003, 948, 950; *Ellenberger*, in: Palandt, § 130 Rn 4; *Wolf/Neuner*, AT, § 33 Rn 7; *Stadler*, AT, § 17 Rn 37; *Medicus/Petersen*, AT, Rn 265; *Köhler*, AT, § 6 Rn 12.

[379] *Brox/Walker*, AT, Rn 147; *Coester-Waltjen*, Jura 1992, 441.

auch inhaltlich *richtig* bzw. *intellektuell* verstanden hat, ist dagegen eine Frage des Zugangs der Willenserklärung.

> **Beispiel:** Während A und B am Bahnsteig stehen und auf den Zug warten, entschließt sich A, sein Wohnmobil dem B zum Kauf anzubieten. Doch in dem Moment, in dem A das Angebot ausspricht, fährt der Zug ein, sodass B aufgrund der Lautstärke nur „Bahnhof" versteht.
>
> Hier mangelt es bereits an der Abgabe einer Willenserklärung, sodass das Angebot des A nicht wirksam geworden ist.

Entsprechendes gilt für eine **telefonisch** abgegebene Willenserklärung, die gemäß **316** § 147 I S. 2 BGB wie eine Erklärung unter Anwesenden behandelt wird.

> **Beispiel:** Während A am Bahnsteig steht und auf den Zug wartet, telefoniert er mittels seines Mobiltelefons mit B. Gerade als er diesem sein Wohnmobil zum Kauf anbietet, fährt der Zug ein, sodass B aufgrund der Lautstärke nur „Bahnhof" versteht.
>
> Hier mangelt es bereits an der Abgabe einer Willenserklärung, sodass das Angebot des A nicht wirksam geworden ist.

Eine **schriftliche** Willenserklärung gegenüber einem Anwesenden ist abgegeben, wenn **317** sie diesem zur Entgegennahme überreicht wird.[380]

> **Beispiel:** Chef C versucht, sich des missliebigen Angestellten A zu entledigen. Als er endlich einen Grund gefunden hat, zitiert er A zu sich. Als dieser sein Büro betritt, lächelt er ihn an und winkt mit der schriftlichen Kündigung in der Hand.
>
> Hier gilt: Solange C die Kündigung in der Hand hält, hat er sie noch nicht abgegeben. Eine Abgabe ist erst gegeben, wenn C dem A die Kündigung überreicht.

Bei Willenserklärungen, die **elektronisch** per Computer übermittelt werden, ist nach der **318** hier vertretenen Meinung weiter zu differenzieren: Findet die Kommunikation bspw. via IP-Telefonie (VoIP), Instant-Messenger oder Videotelefonie statt, gelten die Regeln der Abgabe und des Zugangs von Willenserklärungen unter Anwesenden. Denn bei normativer Betrachtung besteht kein Unterschied zu der Konstellation, in der der Erklärungsempfänger körperlich anwesend ist. Hier wie dort besteht unmittelbarer Sprech-, Schreiboder Sichtkontakt.[381] Bei Willenserklärungen, die via E-Mail oder SMS übertragen werden, gelten indes die Regeln der Abgabe und des Zugangs gegenüber Abwesenden, da normativ eine Vergleichbarkeit zum „normalen" Schriftverkehr unter Abwesenden besteht.

## b. Abgabe gegenüber Abwesenden

Auch bei der Abhabe von Willenserklärungen gegenüber Abwesenden ist zwischen den **319** verschiedenen Kommunikationsmedien zu unterscheiden. Darüber hinaus stellt sich hier die Frage, wie der Fall zu behandeln ist, in dem sich der (scheinbar) Erklärende eines Schriftstücks bzw. Dokuments nicht willentlich entäußerte, die Willenserklärung aber dennoch durch einen Dritten auf den Weg zum Empfänger gebracht wurde (Problem der sog. abhandengekommenen Willenserklärung – dazu Rn 324 ff.).

---

[380] *Brox/Walker*, AT, Rn 146.
[381] Zu diesem Kriterium vgl. *Wolf/Neuner*, AT, § 33 Rn 34.

### aa. Abgabe einer mündlichen Willenserklärung

320 Eine mündliche Willenserklärung gegenüber einem Abwesenden ist möglich, wenn der Erklärende zu ihrer Übermittlung einen **Erklärungsboten**[382] einschaltet.

321 Bei Einschaltung eines Erklärungsboten gilt die Willenserklärung des Erklärenden als **abgegeben**, wenn er die Erklärung gegenüber dem Boten vollendet und diesem die Weisung gegeben hat, diese Erklärung dem Erklärungsempfänger zu übermitteln.[383]

**Beispiel:** C aus dem obigen Beispiel sagt zu D, er solle dem A ausrichten, dieser könne „seine Sachen packen".

Hier ist die Willenserklärung des C im Zeitpunkt der Weisung an D, dieser solle die Kündigung dem A übermitteln, abgegeben. Freilich eine andere Frage ist es, ob die Willenserklärung dem A auch zugeht und daher wirksam wird (z.B. wenn D den Auftrag nicht ausführt). Vgl. dazu Rn 355 und 640 (Erklärungsbote).

### bb. Abgabe einer schriftlichen Willenserklärung

322 Nach allgemeiner Auffassung ist eine **schriftliche** Erklärung gegenüber einem Abwesenden abgegeben, wenn der Erklärende das Schriftstück in Richtung auf den Erklärungsempfänger willentlich auf den Weg gebracht hat.[384]

**Beispiel:** A wirft eine in einem Brief enthaltene Willenserklärung in den öffentlichen Briefkasten oder beauftragt z.B. seine Sekretärin damit, den Brief zur Post zu bringen.

### cc. Abgabe bei modernen Kommunikationsmitteln

323 Bei der Abgabe einer Willenserklärung durch **moderne Kommunikationsmittel** ist zu differenzieren (vgl. dazu Rn 318). Gelten demnach bei Willenserklärungen, die via E-Mail (oder SMS) übertragen werden, die Regeln der Abgabe und des Zugangs gegenüber Abwesenden, ist die in einer E-Mail (bzw. SMS) enthaltene Willenserklärung abgegeben, wenn die Mail (bzw. SMS) per Mausklick bzw. Bestätigung der „Senden-Schaltfläche" an die richtige E-Mail-Adresse bzw. SMS-Nummer abgeschickt wurde. Bei einem Fax war das Absenden (an die richtige Faxnummer) schon immer anerkannt.

### dd. Abhandengekommene Willenserklärungen

324 Von der Abgabe der Willenserklärung ist die bloße **Fertigstellung** zu unterscheiden. Denn hier existiert noch kein Wille zur Teilnahme am Rechtsverkehr.

**Beispiel:** A will B zum Kauf eines Autos bevollmächtigen. Hierzu stellt er eine Vollmachtsurkunde aus. Da er es sich aber bis zum nächsten Morgen noch einmal überlegen möchte, legt er die Urkunde einstweilen in seinen Schreibtisch und verlässt das Büro. B, der einen Büroschlüssel hat, geht in der Nacht unbemerkt ins Büro und nimmt die Urkunde an sich.

Hier wurde die Vollmachtsurkunde zwar fertig gestellt, nicht jedoch von A abgegeben, da er es sich ja gerade noch einmal überlegen wollte. Es fehlt an dem Definitionsbestandteil *„willentliche* Abgabe". Speziell für die Vollmachtsurkunde greift zudem § 172 I BGB, wonach der Rechtsschein, der mit der Vollmachtsurkunde gesetzt werden soll, nur dann besteht, wenn der Vollmachtgeber die Urkunde an den Vertreter „ausgehändigt hat". Auf die

---

[382] Zu beachten ist, dass der Erklärungsbote keine eigene Willenserklärung, sondern die des Geschäftsherrn überbringt. Die Tätigkeit eines Stellvertreters, der eine eigene Willenserklärung im Namen und mit Wirkung für den Geschäftsherrn abgibt, gehört somit nicht hierher.

[383] *Brox/Walker*, AT, Rn 145; *Stadler*, AT, § 17 Rn 52.

[384] Vgl. nur *Wolf/Neuner*, AT, § 33 Rn 8; *Köhler*, AT, § 6 Rn 12; *Stadler*, AT, § 17 Rn 37; *Boemke/Schönfelder*, JuS 2013, 7, 9.

Frage, ob A fahrlässiges Handeln vorgeworfen werden kann mit der Folge einer Schadensersatzpflicht, soll hier nicht weiter eingegangen werden (dazu Rn 327).

Im Innenverhältnis kommen zivilrechtlich neben Schadensersatz insbesondere Besitzstörung und verbotene Eigenmacht in Betracht, strafrechtlich Diebstahl.  **325**

Erhebliche Probleme entstehen, wenn der Unberechtigte die Erklärung an Dritte weiterleitet, sie sozusagen gegen oder zumindest ohne den Willen des Erklärenden einsetzt.  **326**

**Beispiel:** B aus dem obigen Beispiel fährt gleich am nächsten Morgen, bevor A ins Büro  **327**
kommt, zum Gebrauchtwagenhändler H und kauft unter Vorlage der Vollmachtsurkunde einen Aston Martin Bj. 1978. H verlangt nun von A Zahlung des Kaufpreises. Hilfsweise möchte er den Schaden ersetzt bekommen, den er im Vertrauen auf das Zustandekommen des Geschäfts erlitten hat.

Hier wurde die Vollmachtsurkunde zwar fertig gestellt, nicht jedoch willentlich abgegeben, da A es sich ja gerade noch einmal überlegen wollte. Umstritten ist die rechtliche Beurteilung.

Nach einer Ansicht[385] sind diese Fälle wie die Fälle des fehlenden Erklärungsbewusstseins zu behandeln, da der Empfänger regelmäßig nicht wissen könne, wie die Erklärung abgegeben wurde, und daher auf die Wirksamkeit des Vertragsschlusses vertraue. Eine wirksame Willenserklärung liege somit vor, wenn der Erklärungsgegner die Willenserklärung nach Treu und Glauben und mit Rücksicht auf die Verkehrssitte als abgegeben habe auffassen dürfen und der Erklärende das In-Verkehr-Gelangen bei Anwendung der im Verkehr erforderlichen Sorgfalt habe erkennen und verhindern können. Dem Erklärenden bleibe jedoch die Anfechtungsmöglichkeit analog § 119 I Var. 2 BGB mit der Folge der Haftung aus § 122 I BGB analog (Ersatz des Vertrauensschadens - dazu Rn 1468). Bei Verschulden (A könnte es fahrlässig unterlassen haben, die Urkunde vor unbefugter Ansichnahme zu schützen) komme auch ein Anspruch des Empfängers aus *culpa in contrahendo* (§§ 280 I, 311 II, 241 II BGB) in Betracht.

Die Annahme eines Vertragsschlusses widerspricht aber der in § 172 I BGB zum Ausdruck gekommenen Wertung, wonach sich der Aussteller einer Urkunde deren Inhalt nur dann zurechnen lassen muss, wenn er sie einem anderen „ausgehändigt" hat. Ist die Erklärung ohne den Willen des Erklärenden in den Verkehr gelangt (und kann er dies beweisen), ist sie ihm nicht – auch nicht unter Rechtsschutzgesichtspunkten – zuzurechnen.[386]

Daher liegen nach zutreffender h.M.[387] keine Abgabe und damit keine wirksame Willenserklärung vor. Es bedarf daher auch keiner Anfechtung. Allerdings haftet der „Erklärende" dem Empfänger auch nach h.M. aus *culpa in contrahendo* (§§ 280 I, 311 II, 241 II BGB) auf Ersatz des Vertrauensschadens, wenn er die Absendung der Erklärung bei gebotener Sorgfalt hätte erkennen und verhindern können. Eine analoge Anwendung des § 122 BGB (gerichtet auf Ersatz des Vertrauensschadens) ist abzulehnen.[388] Denn handelte A fahrlässig, greift bereits die c.i.c. und die Voraussetzungen einer Analogie liegen nicht vor. Handelte A nicht fahrlässig, wäre ein (verschuldensunabhängiger) Schadensersatzanspruch aus § 122 BGB nicht sachgerecht.

Vorliegend ist fraglich, ob A ein Verschulden trifft, ob er also z.B. die Schublade hätte abschließen müssen. Hätte A schon häufiger dem B Vollmachtsurkunden ausgestellt und im konkreten Fall die Urkunde bspw. auf dem Schreibtisch liegen gelassen, müsste man wohl annehmen, dass A damit rechnen musste, dass B die Urkunde einfach an sich nimmt. Umgekehrt wäre ein Verschulden zweifelsfrei zu verneinen, wenn A die Schublade abge-

---

[385] *Medicus/Petersen*, AT, Rn 266; *Ellenberger*, in: Palandt, § 130 Rn 4; *Klein-Blenkers*, Jura 1993, 640, 642 f.
[386] Wie hier BGHZ 65, 13, 14; *Ellenberger*, in: Palandt, § 172 Rn 2; *Köhler*, AT, § 6 Rn 12.
[387] BGHZ 65, 13, 14; *Wolf/Neuner*, AT, § 33 Rn 9; *Brox/Walker*, AT, Rn 147; *Köhler*, AT, § 6 Rn 12; a.A. *Stadler*, AT, § 17 Rn 38.
[388] Wie hier BGHZ 65, 13, 14; *Köhler*, AT, § 6 Rn 12; anders *Stadler*, AT, § 17 Rn 38.

schlossen hätte. Vorliegend handelt es sich um einen Grenzfall. Bejaht man ein Verschulden (maßgeblich mit dem Argument, dass B einen Büroschlüssel besaß und A es versäumte, die Urkunde separat zu sichern), hat A den „Rechtsschein" einer wirksamen Willenserklärung gesetzt, auf den H vertrauen durfte. Dann kommt ein Schadensersatzanspruch des H in Betracht.

328

**Fazit:** Fehlt es am Willen, die Erklärung aus dem Machtbereich zu entlassen, liegt keine Abgabe der Willenserklärung vor. Es liegt **kein Vertrag** vor. Eine andere Frage ist es, wer für einen eventuellen **Schaden** aufkommen muss, den der Empfänger der Erklärung im Vertrauen auf die Gültigkeit des Geschäfts erlitten hat.

- Hat der „Erklärende" die unwillentliche Abgabe bzw. das „Abhandenkommen" der Erklärung zu **vertreten** (vgl. § 276 I S. 1 i.V.m. II BGB), haftet er je nach Auffassung aus **§ 122 I BGB** analog oder aus *culpa in contrahendo* (§§ 280 I, 311 II, 241 II BGB). Etwas anderes gilt nur dann, wenn der Empfänger **bösgläubig** ist. Denn dann ist er in keiner Weise schutzwürdig.

- Trifft den „Erklärenden" **kein Verschulden** (etwa weil die Mittelsperson die Erklärung gewaltsam oder für den „Erklärenden" unvorhersehbar an sich genommen und an den Empfänger weitergeleitet hat), ist er nicht zum Ersatz des Vertrauensschadens verpflichtet, weder aus § 122 BGB noch aus c.i.c. (§§ 280 I, 311 II, 241 II BGB).

- Mögliche quasivertragliche Ansprüche (z.B. § 179 I BGB) bzw. Schadensersatzansprüche (z.B. aus c.i.c.) des Empfängers gegenüber dem „Vertreter" bleiben von den genannten Konstellationen ebenso unberührt wie Schadensersatzansprüche des Geschäftsherrn gegenüber dem „Vertreter".

## III. Der Zugang der Willenserklärung

329 Wie bereits ausführlich bei Rn 304 ff. dargestellt, bedarf es bei einer **empfangsbedürftigen** Willenserklärung zu ihrer Wirksamkeit neben der Abgabe grundsätzlich noch des **Zugangs** beim Erklärungsempfänger.

330 Eine Ausnahme vom Zugangserfordernis besteht im Fall des § 151 BGB. Hier ist aber zu beachten, dass diese Vorschrift nicht die Annahme selbst überflüssig macht, sondern nur deren *Zugang* beim Antragenden, wenn eine solche Annahmeerklärung nach der Verkehrssitte nicht zu erwarten ist oder der Antragende auf sie verzichtet hat. Es handelt sich um eine nicht empfangsbedürftige Willenserklärung.[389]

**Beispiel:** Schickt die Versandhandel-GmbH unbestellt Ware an einen Verbraucher (vgl. §§ 241a, 13, 14 I BGB) und überweist dieser den Kaufpreis, ohne eine Annahme des Angebots gegenüber dem Versender zu erklären, kommt trotz § 241a BGB ein Kaufvertrag zustande (str., vgl. Rn 237), obwohl beim Versender keine Annahmeerklärung zugegangen ist. Denn hier muss man bei lebensnaher Betrachtung davon ausgehen, dass der Versender auf den Zugang der Annahmeerklärung verzichtet; zumindest aber ist eine solche Annahmeerklärung nach der Verkehrssitte nicht zu erwarten.

330a Im **Internethandel** (vgl. Rn 606 ff.) wird nicht nur unterstellt, dass eine Bestellung als zugegangen gilt, wenn der Empfänger sie unter gewöhnlichen Umständen abrufen kann (§ 312i S. 2 BGB), sondern es wird auch anzunehmen sein, dass gem. § 151 S. 1 Halbs. 2 BGB der Empfänger auf den Zugang der Annahmeerklärung verzichtet.[390]

331 Da § 130 I S. 1 BGB das Wirksamwerden einer Willenserklärung gegenüber einem <u>Ab</u>wesenden regelt, sollen zunächst die diesbezüglichen Zugangsvoraussetzungen erörtert

---

[389] Vgl. BGHZ 74, 352, 356; 111, 97, 101; BGH NJW 1999, 2179 f.; LG Gießen NJW-RR 2003, 1206; *Ellenberger*, in: Palandt, § 151 Rn 1.
[390] Wie hier auch *Ellenberger*, in: Palandt, § 151 Rn 4.

werden. Der Zugang der Willenserklärung gegenüber einem Anwesenden wird bei Rn 370 ff. erörtert.

## 1. Zugang gegenüber Abwesenden

Eine empfangsbedürftige Willenserklärung wird nicht bereits mit ihrer Abgabe, sondern gem. § 130 I S. 1 BGB erst dann wirksam, wenn sie dem (abwesenden) Erklärungsempfänger zugeht. Eine Erläuterung, was unter „Zugang" zu verstehen ist, enthält das BGB nicht. Allgemein anerkannt ist, dass die Verantwortlichkeiten und Risiken bei der Übermittlung von Willenserklärungen sachgerecht zwischen Absender und Empfänger verteilt werden müssen: Der *Absender* muss die Erklärung derart in den Machtbereich des Empfängers bringen, dass dieser sie unter normalen Umständen zur Kenntnis nehmen kann. Sodann steht es in der Verantwortlichkeit des *Empfängers*, die ihm gebotene Möglichkeit der Kenntnisnahme auch zu nutzen.[391] Dementsprechend definieren Rechtsprechung und Literatur den Begriff des Zugangs wie folgt:

**332**

**Zugegangen** ist eine Erklärung, wenn sie so in den Machtbereich (Herrschaftsbereich) des Adressaten gelangt ist, dass üblicherweise (d.h. gewöhnlich) mit der Kenntnisnahme gerechnet werden kann.[392]

**333**

Aus dieser Definition folgt zunächst, dass zwischen **räumlichem** und **zeitlichem** Herrschaftsbereich zu unterscheiden ist. Weiterhin folgt aus ihr, dass es allein auf die **Möglichkeit** der Kenntnisnahme ankommt, es also nicht erforderlich ist, dass die Erklärung tatsächlich zur Kenntnis genommen wird. Bestätigt wird diese Rechtsauffassung nunmehr durch § 312i I S. 2 BGB, der sich zwar auf Bestellungen (und Bestätigungen) im elektronischen Rechtsverkehr bezieht, insoweit aber lediglich einen allgemeinen Rechtsgedanken konkretisiert.

**334**

**Hinweis für die Fallbearbeitung:** Wie bereits bei Rn 304 erläutert, hat der Zugang nicht nur für die Frage der Wirksamkeit, sondern vor allem auch für solche Erklärungen Bedeutung, die zu einer bestimmten Zeit oder innerhalb einer bestimmten Frist abgegeben werden müssen. Das betrifft insbesondere die Kündigungserklärungen beim Darlehensvertrag gem. § 489 BGB, beim Mietvertrag gem. §§ 542, 573c BGB und beim Dienst- bzw. Arbeitsvertrag gem. §§ 621, 622, 626 II BGB.[393] Bei diesen stellt sich die Frage, ob der Empfänger auch verspätet eingetroffene Erklärungen gegen sich gelten lassen muss (dazu sogleich).

**335**

## a. Eintritt der Willenserklärung in den Herrschaftsbereich des Empfängers

### aa. Räumlicher Herrschaftsbereich

Voraussetzung für den Zugang einer Willenserklärung unter Abwesenden ist zunächst, dass sie in den **Herrschaftsbereich des Empfängers** gelangt. Wie der Absender dies bewerkstelligt, ist seine Sache und geschieht auf **sein Risiko** (s.o.), sofern keine besonderen Vorschriften oder Vereinbarungen für die Form oder Übermittlung der Erklärung bestehen.

**336**

Der Erklärende kann **beispielsweise** ein Vertragsangebot mit der Post an den Empfänger schicken, sei es als einfacher Brief oder als Einwurf-Einschreiben oder als Einschreiben mit

**337**

---

[391] *Köhler*, AT, § 6 Rn 13 unter Bezugnahme auf *Medicus/Petersen*, AT, Rn 268 ff.
[392] Allgemeine Auffassung, vgl. nur BGH NJW 2004, 1320 f.; NJW 2008, 843; BGHZ 137, 205, 208; *Eisfeld*, JA 2006, 851, 853; *Wolf/Neuner*, AT, § 33 Rn 21; *Medicus/Petersen*, AT, Rn 274. Auch der Gesetzgeber hat sich dieser Definition angenommen, wie sich aus § 312i I S. 2 BGB ergibt.
[393] *Wolf/Neuner*, AT, § 33 Rn 22.

Rückschein. Er kann aber auch den Brief persönlich oder durch einen Boten in den Briefkasten des Empfängers einwerfen. Auch kann er ihm das Vertragsangebot als Fax oder E-Mail schicken, es ihm mittels IP-Telefonie unterbreiten oder auf einen Anrufbeantworter sprechen. Gelangt die Erklärung nicht in den Machtbereich des Empfängers, geht sie auch nicht zu. Auf ein Verschulden des Absenders kommt es dabei nicht an. Geht etwa der Brief bei der Post verloren, kommt das Fax wegen eines Defekts des Empfangsgeräts nicht an oder hat der Empfänger gar keinen Internetanschluss, sodass er auch keine E-Mails empfangen kann, oder nimmt nicht mit seiner E-Mail-Adresse am Rechtsverkehr teil, ist dies das (verschuldensunabhängige) Risiko des Absenders.[394] Zugang tritt auch dann nicht ein, wenn der Empfänger es verhindert, dass die Erklärung in seinen Machtbereich gelangt, er etwa den Briefkasten abmontiert oder das Faxgerät ausschaltet. In solchen Fällen stellt sich aber die Frage, ob sich der Empfänger so behandeln lassen muss, als wäre ihm die Erklärung zugegangen (dazu später).

**338**  Zum **räumlichen Herrschaftsbereich** gehören nicht nur die Wohnung, Geschäftsräume etc., sondern auch die vom Empfänger zur Entgegennahme von Erklärungen bereitgehaltenen Einrichtungen.[395]

    **Beispiele:** Hausbriefkasten, Postfach bzw. Packstation (hier findet sozusagen eine „Auslagerung" des Hausbriefkastens statt), Anrufbeantworter, Telefaxgerät, E-Mail-Account

**339**  Eine mündliche Erklärung mittels **Telefons**, die der Empfänger nicht unmittelbar entgegennimmt, ist in den räumlichen Herrschaftsbereich des Empfängers gelangt, wenn die Nachricht auf dem **Anrufbeantworter** aufgezeichnet wurde.[396]

**340**  Ein **Schriftstück** gelangt in den räumlichen Herrschaftsbereich des Empfängers, wenn es in das Postfach[397], in den Hausbriefkasten oder auf den Schreibtisch gelegt wird, ein Fax, wenn es vom Faxgerät des Empfängers gespeichert wird[398]. Dagegen befindet sich ein Übergabeeinschreiben noch nicht im Herrschaftsbereich des Empfängers, wenn der Postzusteller niemanden antrifft und eine Benachrichtigung in den Hausbriefkasten wirft. Die Erklärung selbst verbleibt nämlich in diesen Fällen bis zur Abholung im Machtbereich der Post. Eine andere Frage ist es, ob sich der Empfänger treuwidrig verhält und sich damit so behandeln lassen muss, als sei ihm die Erklärung rechtzeitig zugegangen, wenn er den rechtzeitigen Zugang absichtlich oder zumindest fahrlässig vereitelt. Vgl. dazu sogleich Rn 344 ff.

**341**  Eine per **E-Mail** versandte Erklärung (zu den modernen Kommunikationsmitteln vgl. bereits Rn 318/323) befindet sich nicht erst nach dem Herunterladen auf den eigenen Rechner im räumlichen Herrschaftsbereich des Empfängers, sondern bereits dann, wenn sie im EDV-System des Diensteanbieters (sog. **Provider**), d.h. auf dessen **Mail-Server** (zwischen-)gespeichert wird.[399] Denn der zugeordnete Space (der E-Mail-Account) auf dem Mail-Server kann als elektronisches Postfach angesehen werden, auf das der Empfänger der Erklärung (also der Inhaber der E-Mail-Adresse) mit Hilfe eines Passwortes zugreifen kann.

---

[394] Vgl. auch *Mankowski*, NJW 2004, 1901 ff.; *Dörner*, AcP 2002, 363, 367 f.; *Ellenberger*, in: Palandt, § 130 Rn 7a; *Wolf/Neuner*, AT, § 33 Rn 13 ff.; *Köhler*, AT, § 6 Rn 13.
[395] *Ellenberger*, in: Palandt, § 130 Rn 5; *Ebnet*, NJW 1992, 2985, 2990.
[396] Der Rechtsgedanke des § 147 I S. 2 BGB, wonach eine telefonisch abgegebene Willenserklärung wie eine Erklärung unter <u>An</u>wesenden behandelt wird, gilt bei Aufzeichnungen auf dem Anrufbeantworter nicht.
[397] Bei einer juristischen Person (etwa AG, GmbH) ist eine Willenserklärung auch dann in deren räumlichen Machtbereich gelangt, wenn sie in das *private* Postfach des Vorstands/Geschäftsführers gelegt wird (BGH NJW 2003, 3270 f.).
[398] BGH NJW 2006, 2263, 2265 f. (ein Ausdruck ist insoweit nicht erforderlich).
[399] Wie hier BGHZ 149, 129, 134; später auch *Lange*, JA 2007, 766, 771; *Thalmair*, NJW 2011, 14, 15; *Noack/Uhlig*, JA 2012, 740, 741; *Ehlers/Krumm*, JuS 2016, 135, 137; *Wolf/Neuner*, AT, § 33 Rn 15.

**Beispiel:** V will zum Saisonende seine Ski-Ausrüstung verkaufen. Hierzu unterbreitet er **342** dem K, zu dem er regelmäßigen E-Mail-Kontakt pflegt, am 16.2.2019 per E-Mail ein entsprechendes Angebot, das dieser bis zum 19.2.2019 (Annahmefrist, § 148 BGB) annehmen könne. Als K die E-Mail noch am 16.2.2019 liest, überlegt er es sich nicht lange und nimmt das Angebot sofort an, indem er auf die „Antworten"-Schaltfläche seines E-Mail-Browsers klickt und die Annahme formuliert. Doch da V sich aufgrund des günstigen Winterwetters kurzfristig entschieden hat, die Ski-Ausrüstung noch einmal ausgiebig zu nutzen, kommt er erst am 20.2.2019 von einer Skitour zurück. Als er dann seinen E-Mail-Account abruft, entdeckt er auch die E-Mail des K. Da V es sich inzwischen mit dem Verkauf der Ski-Ausrüstung noch einmal überlegt hat, beruft er sich auf verspäteten Zugang der Annahmeerklärung und verweigert die Herausgabe.

Hier ist die Annahmeerklärung rechtzeitig zugegangen, weil sie fristgemäß auf dem E-Mail-Account des E-Mail-Providers (Diensteanbieter) eingegangen ist. Es steht in V´s Verantwortlichkeitsbereich, regelmäßig seinen E-Mail-Account abzurufen, zumal er damit rechnen musste, dass K zur Übermittlung seiner Willenserklärung dasselbe Medium wählen würde wie er selbst.

Weiterführender Hinweis: Die vorstehenden Erläuterungen stellen lediglich den „Normalfall" dar. Davon zu unterscheiden ist der Fall, dass eine E-Mail zwar beim Mail-Server des Providers ankommt, dann allerdings auf dem Weg zum Empfänger verloren geht. Betrachtet man den E-Mail-Account auf dem Mail-Server als elektronisches Postfach und ordnet ihn dem räumlichen Machtbereich des Empfängers zu, liegt es im Verantwortungsbereich des Empfängers, wenn eine E-Mail nicht oder verstümmelt ankommt.[400]

Für den Fall des **Fernabsatzvertrags** im elektronischen Geschäftsverkehr („Internethandel") vgl. die gesetzliche Regelung in § 312i I S. 2 BGB (vgl. dazu Rn 334/353/608).

## bb. Zeitlicher Herrschaftsbereich (Kenntnisnahmemöglichkeit)

Für den Zugang einer Willenserklärung genügt es nicht, dass diese schlicht in den räumlichen Herrschaftsbereich des Empfängers gelangt. Erforderlich ist auch, dass der Empfänger **unter gewöhnlichen Umständen** die **Möglichkeit** hat, vom **Inhalt der Erklärung Kenntnis zu nehmen** (Rn 333). **343**

Aus diesem Grund ist eine Erklärung auch dann zugegangen, wenn sie unbeachtet (insb. **344** ungelesen) bleibt. Es kommt allein auf den Zeitpunkt der unter *gewöhnlichen* Umständen zu *erwartenden* Kenntnisnahme an.

**Beispiele:** K erhält einen Brief von der Finanzverwaltung. Da außen auf dem Umschlag „ELSTER – machen Sie mit" steht, glaubt K irrtümlich, es handele sich um eine unverbindliche Aufforderung des Finanzamtes, die Steuererklärung demnächst elektronisch einzureichen. Ohne den Umschlag zu öffnen, wirft er den Brief in die Altpapiertonne. Tatsächlich enthielt das Schreiben einen Steuerfestsetzungsbescheid.

Da K die *Möglichkeit* erhielt, vom Inhalt des Briefes Kenntnis zu nehmen, und es in seinen Risikobereich fällt, die äußere Gestaltung des Briefumschlags nicht falsch zu deuten, ist der Steuerbescheid zugegangen.

Das Gleiche würde übrigens gelten, wenn der Brief aus dem Briefkasten gestohlen würde. Auch der Diebstahl von ordnungsgemäß zugestellten Sendungen liegt in der Risikosphäre des Empfängers.

Das Abstellen auf die Kenntnisnahmemöglichkeit statt auf die tatsächliche Kenntnisnahme hat den Grund, dass der Absender den tatsächlichen Zugang seiner Erklärung nach Eintritt in den räumlichen Herrschaftsbereich des Empfängers i.d.R. nicht beeinflussen kann. Fahrlässiges oder vorsätzliches „nicht zur Kenntnis nehmen" (insbesondere Zugangsvereitelungen) seitens des Empfängers können auf diese Weise überwunden

---

[400] Vgl. bereits die 1. Aufl. 2004; später auch *Lange*, JA 2007, 766, 771; *Noack/Uhlig*, JA 2012, 740, 741.

werden. Das Abstellen auf die Kenntnisnahmemöglichkeit trägt aber auch den Interessen des Empfängers Rechnung. Denn es ist einem Teilnehmer am Rechtsverkehr nicht zumutbar, sich rund um die Uhr Klarheit darüber zu verschaffen, ob ihm eine Willenserklärung zugegangen ist. Erst dann, wenn die Kenntnisnahme von ihm erwartet werden kann, darf die Erklärung als zugegangen angesehen werden (vgl. dazu das Beispiel bei Rn 347). Nimmt der Empfänger die Erklärung aber früher zur Kenntnis, als unter normalen Umständen zu erwarten war, geht diese mit der **tatsächlichen Kenntniserlangung** zu.[401]

> **Beispiel:** Der Spediteur S ist noch bis spät abends im Büro und arbeitet an der Buchführung, als ein Fax eingeht. Er geht an das Gerät, nimmt das Fax an sich und liest es.
>
> Unter „gewöhnlichen" Umständen wäre mit dem Zugang der Nachricht erst am nächsten Morgen mit Beginn der Büro- bzw. Geschäftszeit zu rechnen. Da S die Erklärung aber früher zur Kenntnis nahm, als unter normalen Umständen zu erwarten war, geht diese mit der tatsächlichen Kenntnisnahme zu. Anderenfalls könnte die Erklärung – trotz tatsächlicher Kenntnisnahme – noch durch einen Widerruf zerstört werden (vgl. § 130 I S. 2 BGB). Das wäre unangemessen. Es ist also das Risiko des Absenders, wenn der Empfänger die Erklärung früher als „gewöhnlich" zur Kenntnis nimmt.

**345**  Das Gleiche gilt, wenn im **Versand- oder Internethandel** ein **24-Stunden-Bestellservice** eingerichtet wurde. Dann ist die Bestellung mit Annahme bzw., wenn sie per E-Mail erfolgt, mit Eingang auf dem Provider-Speicher zugegangen.

Eine Willenserklärung kann auch in einer Angebotsseite im **Internet** enthalten sein.[402] Zugang tritt in dem Augenblick ein, in dem der Nutzer diese Seite aufruft.[403] Für den Fall des Fernabsatzvertrags im **elektronischen Geschäftsverkehr** vgl. zudem die gesetzliche Regelung in §§ 312i und 312j BGB (dazu Rn 334/608).

**346**  Jenseits dieser Sonderfälle kann im Allgemeinen bei Erklärungen im **geschäftlichen Verkehr** mit einer Kenntnisnahme nur während der **üblichen Öffnungs- bzw. Geschäftszeiten** gerechnet werden. Hier geht ein Brief, der bspw. am Samstagabend in einen Geschäftsbriefkasten eingeworfen wird, regelmäßig erst am Morgen des nächsten Werktags zu, und zwar in dem Zeitpunkt, in dem normalerweise die Post zugestellt wird.[404] Ähnliches gilt auch für eine Erklärung, die via **E-Mail** verschickt wurde: Zwar gelangt die E-Mail bereits mit (Zwischen-)Speicherung auf dem E-Mail-Server in den räumlichen Machtbereich des Empfängers (Rn 341), hiervon zu unterscheiden ist aber die Möglichkeit der tatsächlichen Kenntnisnahme (s.o.). Diesbezüglich kann der Absender i.d.R. nicht erwarten, dass der Empfänger seine E-Mails auch spät abends bzw. außerhalb der Geschäftszeiten abruft; eine zur Unzeit verschickte E-Mail (die nur wenige Sekunden später im elektronischen Postfach des E-Mail-Providers ankommt) geht daher dem Empfänger, der keinen 24-Stunden-Bestellservice o.Ä. unterhält, regelmäßig am folgenden Tag zu Beginn der üblichen Geschäftszeit zu.[405] Voraussetzung für die Zulässigkeit eines E-Mail-Verkehrs ist aber, dass der Empfänger überhaupt mit seiner E-Mail-Adresse am Rechtsverkehr teilnimmt und damit zum Ausdruck bringt, dass auch eine regelmäßige Eingangskontrolle erfolgt.[406]

---

[401] *Ellenberger*, in: Palandt, § 130 Rn 5; *Einsele*, in: MüKo, § 130 Rn 16; *Wolf/Neuner*, AT, § 33 Rn 26; *Stadler*, AT, § 17 Rn 48; *Köhler*, AT, § 6 Rn 13; *Medicus/Petersen*, AT, Rn 276.

[402] Vgl. dazu ausführlich BGHZ 149, 129, 134.

[403] *Köhler*, AT, § 6 Rn 13. Vgl. dazu auch die Ausführungen bei Rn 606 ff.

[404] Vgl. BAG NJW 1984, 1651; BGH NJW 2008, 843; *Ellenberger*, in: Palandt, § 130 Rn 6.

[405] Vgl. BGHZ 137, 205, 208; 149, 129, 134; *Lettl*, JA 2003, 948, 950. Bedeutung erlangt dies v.a. bei der Frage nach dem **Widerruf** gem. § 130 I S. 2 BGB (dazu Rn 378 ff.).

[406] *Stadler*, AT, § 17 Rn 49. Vgl. auch *Lettl*, JA 2003, 948, 950; *Dörner*, AcP 2002, 363 ff.; *Vehslage*, DB 2000, 1803 ff.; *Ehlers/Krumm*, JuS 2016, 135, 137 f.

Auch eine **Privatperson** ist grundsätzlich nicht verpflichtet, den realen oder elektronischen Briefkasten ständig bzw. am späten Abend nochmals auf eingeworfene Sendungen oder – sofern sie ihre E-Mail-Adresse dem Rechtsverkehr eröffnet hat[407] – den E-Mail-Account auf gespeicherte **E-Mails** zu überprüfen. Zwar ist es kaum möglich, hinsichtlich der „Leerung" elektronischer Mailboxen eine allgemeinverbindliche Regel aufzustellen, „gewöhnlich" dürfte die Kenntnisnahmemöglichkeit bei einer abends verschickten E-Mail aber spätestens am nächsten Tag gegeben sein.[408] Freilich kann anders zu entscheiden sein, wenn der Empfänger aufgrund der vorangegangenen Korrespondenz davon ausgehen durfte, auch noch am späten Abend eine Nachricht zu erhalten.

> **Beispiel:** A und B führen mittags eine E-Mail-Korrespondenz, in deren Verlauf A dem B sein gebrauchtes Smartphone zum Kauf anbietet. B erbittet sich etwas Bedenkzeit, woraufhin A entgegnet, er (B) könne es sich bis heute Abend überlegen. Gegen 22 Uhr schickt B dem A eine E-Mail, in der er die Annahme des Angebots erklärt. A nimmt von dieser E-Mail am Abend aber keine Kenntnis mehr, weil er sich bereits gegen 21.45 Uhr schlafen gelegt hat. Erst am nächsten Morgen nimmt er Kenntnis von der E-Mail, will dann aber nicht mehr an B verkaufen.
>
> Zwar geht A offenbar davon aus, dass noch kein Kaufvertrag vorliegt, allerdings könnte diese Annahme unzutreffend sein. A hatte sein Angebot „bis heute Abend" befristet und B konnte die Annahme daher nur innerhalb dieser Frist erklären (§ 148 BGB). Die Frage ist daher, ob die E-Mail des B von 22 Uhr dem A noch rechtzeitig zugegangen ist. Grundsätzlich kann der Absender nicht erwarten, dass der Empfänger E-Mails auch spät abends abruft; eine zur Unzeit verschickte E-Mail geht daher dem Empfänger regelmäßig erst am folgenden Tag zu. Demzufolge wäre die Annahmeerklärung des B zu spät erfolgt und ein Kaufvertrag wäre nicht zustande gekommen. Allerdings konnte A mit einer E-Mail des B auch noch am (späten) Abend rechnen. Sofern also keine besonderen Gründe für die Annahme einer „Unzeit" vorliegen, wird der rechtzeitige Zugang zu bejahen sein. Jedenfalls wird sich A nach Treu und Glauben unter Berücksichtigung der Verkehrssitte (§ 242 BGB) so behandeln lassen müssen, als sei ihm die Annahmeerklärung des B rechtzeitig zugegangen. (Auch) Demnach wäre ein Kaufvertrag zustande gekommen und A wäre verpflichtet, das Smartphone an B zu übereignen und zu übergeben.

Gibt eine Person eine **Postfachadresse** (bzw. eine **Packstation**) an, ist sie verpflichtet, zumindest einmal täglich das Postfach/die Packstation zu überprüfen. Wird daher ein Brief erst nach Schließung der Postfiliale in ein Postfach eingelegt, so hat der Empfänger erst am Morgen des nächsten Werktags bei Abholung die Möglichkeit der Kenntnisnahme.

Wie bereits mehrfach zum Ausdruck gebracht, kommt es bei der Kenntnisnahme auf die „**gewöhnlichen**" Umstände an. Eine (urlaubs-, krankheits- oder berufsbedingte) Abwesenheit des Empfängers, von der der Absender nichts wissen konnte, hindert also den Zugang nicht. Das gilt insbesondere dann, wenn der Empfänger aufgrund bestehender oder angebahnter Vertragsbeziehungen mit rechtserheblichen Erklärungen anderer rechnen muss. In diesem Fall muss er durch geeignete Vorkehrungen dafür Sorge tragen, dass ihn derartige Erklärungen auch erreichen[409], etwa (bei E-Mail-Korrespondenz) durch regelmäßige Sichtung des Spamordners[410], einen Nachsendeantrag bei der Post[411], durch Mitteilung der Urlaubsanschrift an den Erklärenden oder durch Beauftragung eines Dritten mit der Erledigung der eingehenden Post.

347

348

349

---

[407] Vgl. dazu *Einsele*, in: MüKo § 130 Rn 18; *Brox/Walker*, Rn 150b; *Ehlers/Krumm*, JuS 2016, 135, 138.
[408] Vgl. auch *Wendtland*, in: Bamberger/Roth, 3. Aufl. 2012, § 130 Rn 15; *Ehlers/Krumm*, JuS 2016, 135, 137.
[409] BGH NJW 2004, 1320 f.; BGHZ 137, 205, 208.
[410] Vgl. dazu LG Bonn MMR 2014, 709, 710 ff. (Haftung eines Anwalts wegen nicht überprüften Spamordners).
[411] Ist z.B. ein Nachsendeantrag gestellt, geht die Erklärung erst mit Aushändigung am Aufenthaltsort zu (*Ellenberger*, in: Palandt, § 130 Rn 6).

**350**    **Beispiel**[412]**:** Seebär B will sein Segelboot verkaufen. Er unterbreitet M am 1.6. ein entsprechendes Angebot, das dieser bis zum 8.6. (Annahmefrist, § 148 BGB) annehmen kann. M formuliert die Annahme dieses Angebots und sendet den Brief am 3.6. als Einschreiben ab. Da B sich aufgrund des günstigen Wetters kurzfristig entschieden hat, das Boot noch einmal zu nutzen, ist er vom 3.6. bis zum Abend des 8.6. auf See. Als der Postzusteller am 5.6. das Einschreiben zustellen möchte, aber niemanden antreffen kann, wirft er eine Benachrichtigung in den Briefkasten des B. Dieser holt das Einschreiben am 9.6. ab. Nachdem M Übereignung und Übergabe des Bootes verlangt hat, beruft B sich auf verspäteten Zugang der Annahmeerklärung und verweigert die Herausgabe.

Trifft der Postzusteller den Empfänger nicht an und hinterlässt daher einen Benachrichtigungsschein, soll nach einer Meinung[413] der Zugang bereits mit Hinterlassung des Benachrichtigungsscheins eintreten. Dagegen spricht aber, dass damit die Erklärung noch nicht zwingend in den Machtbereich des Empfängers gelangt ist und auch noch nicht stets eine Möglichkeit der Kenntnisnahme besteht. Nach einer zweiten Meinung[414] tritt Zugang in dem Zeitpunkt ein, in dem unter normalen Umständen mit einer Abholung des Einschreibens zu rechnen ist, in der Regel also am nächsten Werktag. Aber auch diese Auffassung verkennt, dass die Erklärung sich letztlich auch in diesem Zeitpunkt noch nicht zwingend im Machtbereich des Empfängers befindet. Außerdem sagt das Benachrichtigungsschreiben nichts darüber aus, wer Absender ist und worauf sich das Einschreiben bezieht. Daher ist zu differenzieren und mit der Rspr.[415] davon auszugehen, dass Zugang grundsätzlich erst im Zeitpunkt der Abholung des Schreibens erfolgt. Davon zu unterscheiden ist aber die Frage, ob sich der Adressat, der das Schreiben nicht rechtzeitig abholt, nach Treu und Glauben unter Berücksichtigung der Verkehrssitte (§ 242 BGB) so behandeln lassen muss, als wäre es ihm rechtzeitig zugegangen. Dies ist jedenfalls dann zu bejahen, wenn er mit rechtserheblichen Erklärungen des Absenders rechnen musste.[416] Vorliegend war B es, der sowohl die Annahmefrist gesetzt als auch den rechtzeitigen Zugang (wenn auch nur fahrlässig) vereitelt hatte. Dass eine solche Annahmeerklärung per Einschreiben erfolgt, ist nicht ungewöhnlich. Nach Treu und Glauben unter Berücksichtigung der Verkehrssitte (§ 242 BGB) muss B sich daher so behandeln lassen, als sei ihm die Annahmeerklärung rechtzeitig zugegangen. Mithin ist ein Kaufvertrag zustande gekommen. B muss das Boot übereignen und übergeben.

**351**    Im Übrigen ist bei einer **Zugangsverhinderung** zu unterscheiden: Erfolgt die Empfangsverweigerung berechtigt (so etwa die Nichtannahme eines unfrankierten Briefs), ist ein Zugang i.d.R. zu verneinen. Verweigert der Empfänger die Annahme unberechtigt (d.h. vorsätzlich), wird der Zugang nach Treu und Glauben (§ 242 BGB) fingiert („Zugangsfiktion").

**Beispiel:** K ist überschuldet. Er rechnet mit der Zustellung einer Zahlungsaufforderung. Um den Zugang des Schreibens zu vereiteln, montiert er den Hausbriefkasten ab und öffnet zudem nicht die Tür, als der Postzusteller klingelt. Dieser nimmt das Schreiben wieder mit.

In diesem Fall hat K vorsätzlich den Zugang verhindert. Da es unbillig wäre, wenn K damit durchkäme, gilt das Schriftstück unter Heranziehung der Grundsätze von Treu und Glauben (§ 242 BGB) als zugegangen (siehe auch das vorherige Beispiel).

Anmerkung: Der Rückgriff auf § 242 BGB ist nicht erforderlich (und auch nicht möglich), wenn eine spezielle gesetzliche Regelung den Zugang fingiert (vgl. etwa § 179 S. 3 ZPO). Hätte es sich also z.B. um einen gerichtlichen Pfändungs- und Überweisungsbeschluss gehandelt, wäre gem. § 179 S. 3 ZPO die Zustellung fingiert worden (vgl. auch Rn 389).

---

[412] In Anlehnung an BGHZ 137, 205 ff.
[413] *Flume*, AT, § 14 3 c.
[414] *Wolf/Neuner*, AT, § 33 Rn 16/24.
[415] BGHZ 67, 271; 137, 205, 208; *Köhler*, AT, § 6 Rn 14.
[416] BGH NJW 1996, 1967, 1968.

Die Grundsätze über die Zugangsverhinderung sind auch dann anzuwenden, wenn der **352** Empfänger das Vorhandensein bestimmter **Empfangsvorrichtungen** (Telefax, E-Mail-Account) mitteilt, es dann aber unterlässt, sie einzurichten oder in Betrieb zu halten.[417]

> **Beispiel:** A sagt zu B, dieser solle im Fall der Annahme des Angebots die Annahmeerklärung bis 18 Uhr zufaxen. Gegen 17 Uhr stellt A fest, dass sein Faxgerät nicht funktioniert.
>
> Hier muss A tätig werden und B informieren. Unterlässt er dies und versucht B vergeblich, bis 18 Uhr das Fax an A zu senden, gilt die Annahmeerklärung als rechtzeitig zugegangen (§ 242 BGB).

Eine mündliche Erklärung mittels **Telefons**, die der Empfänger nicht unmittelbar entge- **353** gennimmt, ist zugegangen, wenn die Nachricht auf dem **Anrufbeantworter** aufgezeichnet wurde und mit der Kenntnisnahme gerechnet werden kann.[418]

> **Beispiel:** Bei einem **Anruf** morgens um 3 Uhr wird unter normalen Umständen nicht der sofortige Zugang anzunehmen sein, sondern erst dann, wenn mit dem Aufstehen und dem Abhören des Anrufbeantworters zu rechnen ist.

## b. Hinzuziehung von Mittelspersonen

Eine Erklärung unter Abwesenden kann auch durch die Hinzuziehung von Mittelsperso- **354** nen erfolgen. Werden Mittelspersonen eingesetzt, richtet sich die Frage des Zeitpunkts des Zugangs (und der damit verbundenen Frage der Risikoverteilung bei unterlassener, verzögerter oder fehlerhafter Übermittlung) nach der Funktion der Mittelsperson. Zu unterscheiden sind folgende Möglichkeiten:

- Der Erklärende setzt zur **Übermittlung** einen **Erklärungsboten** oder einen **Stellvertreter** ein,
- die Erklärung wird an einen **Empfangsvertreter** oder **Empfangsboten** des Empfängers übermittelt.

## aa. Mittelspersonen auf Erklärungsseite

**Erklärungsbote** ist, wer vom Erklärenden mit der Übermittlung der Erklärung an den **355** Empfänger beauftragt wurde.[419]

> **Beispiel:** Mutter M schickt ihre 6-jährige Tochter T mit Einkaufzettel und Geld zum gegenüber gelegenen Bäcker. ⇨ Hier ist T Erklärungsbotin der M.

Bedient sich der Erklärende eines **Erklärungsboten**, kommt es für den Zugang der **356** Erklärung darauf an, ob und wann der Bote die Erklärung an den Empfänger übermittelt. Die Erklärung ist daher nicht bereits mit der Übermittlung an den Boten zugegangen, sondern erst dann, wenn die Erklärung an den Empfänger selbst übermittelt worden ist.[420] Das Risiko, dass die Erklärung nicht, nicht richtig oder nicht rechtzeitig beim Empfänger ankommt, trägt der *Erklärende*. Bedient sich der Erklärende hingegen eines **Stellvertreters**, ist dies im vorliegenden Zusammenhang unproblematisch, da es wegen §§ 164 I S. 1, 166 I BGB auf die Person des Vertreters ankommt. Eine empfangsbedürftige Willenserklärung ist daher abgegeben, wenn sie *mit dem Willen* des Stellvertreters aus dessen Machtbereich gelangt und in Richtung auf den Empfänger in Bewegung gesetzt wird.

---

[417] Vgl. auch *Köhler*, AT, § 6 Rn 18; *Stadler*, AT, § 17 Rn 58.
[418] Der Rechtsgedanke des § 147 I S. 2 BGB, wonach eine telefonisch abgegebene Willenserklärung wie eine Erklärung unter <u>An</u>wesenden behandelt wird, gilt bei Aufzeichnungen auf dem Anrufbeantworter nicht (s.o.).
[419] *Wolf/Neuner*, AT, § 33 Rn 43.
[420] *Medicus/Petersen*, AT, Rn 284; *Brox/Walker*, AT, Rn 153; *Wolf/Neuner*, AT, § 33 Rn 43.

### bb. Mittelspersonen auf Empfängerseite

**357** Da gemäß **§ 164 III BGB** eine Erklärung auch gegenüber einem **Stellvertreter** des Geschäftspartners abgegeben werden kann, muss – da das Gesetz hieran unterschiedliche Voraussetzungen und Rechtsfolgen knüpft – stets danach gefragt werden, ob es sich bei der Mittelsperson, die der Geschäftspartner zur Entgegennahme von Willenserklärungen einsetzt, um einen Empfangsboten oder um einen Empfangsvertreter handelt. So kommt eine vom Erklärungsempfänger eingesetzte Mittelsperson nur als Empfangsvertreter in Betracht, wenn die Voraussetzungen der Stellvertretung erfüllt sind, d.h. wenn die Mittelsperson im fremden Namen mit Vertretungsmacht handelt (dazu Rn 612 ff.). Da der Stellvertreter den Vertretenen repräsentiert (an seiner Stelle am Rechtsverkehr teilnimmt), müssen die Voraussetzungen des Zugangs in *seiner Person* vorliegen. Für die Frage nach dem Zugang von Willenserklärungen bedeutet dies:

**358** Eine an einen **Empfangsvertreter** abgegebene Willenserklärung gilt als beim Geschäftspartner zugegangen, wenn die Willenserklärung derart in den Herrschaftsbereich des *Stellvertreters* gelangt ist, dass *dieser* unter normalen Umständen die Möglichkeit der Kenntnisnahme hatte und diese nach den Gepflogenheiten des Rechtsverkehrs auch erwartet werden darf.[421]

**359** Gemäß **§ 164 III i.V.m. I BGB** wirkt der Zugang der Willenserklärung beim Empfangsvertreter **unmittelbar für und gegen den Vertretenen**. Unerheblich ist daher, ob und wann der Vertreter die Erklärung an den Vertretenen weiterleitet. Es kommt also nicht auf die tatsächliche Kenntnisnahme an (vgl. § 166 I BGB). Das Risiko, dass die Erklärung nicht, nicht richtig oder nicht rechtzeitig beim Vertretenen ankommt, trägt der *Vertretene*.

**360** **Beispiel:** V will seinen alten VW Käfer Cabrio Bj. 1973 gegen Gebot verkaufen. Dazu gibt er eine Anzeige im Internet auf. K erfährt davon und bittet den V um die Zusendung eines Verkaufsangebots. Dieses sendet V dem K auch zu. Da V am nächsten Tag jedoch mit seiner Familie in Urlaub fahren will, ermächtigt er seinen Freund F, die (eventuelle) Annahmeerklärung des K entgegenzunehmen. Dies teilt er auch dem K mit und gibt ihm zugleich Adresse und Telefonnummer des F. K hat sich entschlossen, das Angebot des V anzunehmen. Er schickt daher dem F seine Annahmeerklärung per Postbrief zu. F, der schon immer etwas schusselig war, vergisst, dem V die Erklärung nach dessen Rückkehr zu übermitteln. Als K etwa 2 Wochen später noch immer nichts gehört hat, wendet er sich an V und verlangt von ihm gegen Zahlung des Kaufpreises die Übergabe und Übereignung des Wagens. V, der nun wirklich überrascht ist, es sich inzwischen auch anders überlegt hat und das Auto nicht mehr verkaufen will, entgegnet, dass kein Vertrag zustande gekommen sei, da ihn eine Annahmeerklärung nie erreicht habe.

Voraussetzung für den von K geltend gemachten Erfüllungsanspruch ist, dass eine wirksame Einigung zwischen K und V gegeben ist. Es müssten somit ein wirksames Angebot und eine wirksame Annahme vorliegen. Das Angebot des V zum Abschluss des Kaufvertrags liegt vor. Fraglich ist dagegen der Zugang der Annahmeerklärung des K, da V von dieser keine Kenntnis erlangt hat.

V hatte F die Vollmacht erteilt, die Annahmeerklärung des K entgegenzunehmen (vgl. § 167 I BGB). F war diesbezüglich Stellvertreter des V, dessen sog. Empfangsvertreter. Aus diesem Grund wirkt der Zugang der Erklärung bei F gemäß § 164 III i.V.m. I BGB unmittelbar für und gegen den Vertretenen V. Dass F dem V die Erklärung tatsächlich nicht übermittelte, ist unerheblich, da V dieses Risiko bei Einschalten eines Vertreters zu tragen hat. Ein Kaufvertrag über das Auto ist daher wirksam zustande gekommen, sodass der Anspruch des K aus § 433 I S. 1 BGB auf Übergabe und Übereignung besteht.

---

[421] BGH NJW 2002, 1041, 1042. Vgl. nun auch *Eisfeld*, JA 2006, 851, 853 f.

Ist die Mittelsperson des Empfängers kein Stellvertreter, kann es sich allenfalls um einen sog. **Empfangsboten** handeln.

361

**Empfangsbote** ist, wer vom Empfänger zur Annahme von Erklärungen ausdrücklich oder konkludent ermächtigt wurde oder wer nach der Verkehrsanschauung als ermächtigt gilt und hierzu bereit und geeignet ist.[422]

362

> **Beispiele** für Personen, bei denen der Erklärende von einem Empfangsboten ausgehen kann: Haushaltsgehilfen im Haus des Empfängers; kaufmännische Angestellte im Betrieb des Empfängers; Ehegatten (auch wenn die Nachricht außerhalb der Wohnung übermittelt wird)[423]; die im Haushalt lebenden Familienangehörigen des Empfängers; Partner einer nichtehelichen Lebensgemeinschaft, Buchhalter gegenüber dem Betriebsleiter
>
> **Keine** Empfangsboten sind nach der Verkehrsanschauung Nachbarn, Gärtner oder Handwerker im Haus des Empfängers. Etwas gilt nur dann, wenn entsprechende Absprachen getroffen wurden.

Empfangsboten brauchen zwar nicht geschäftsfähig zu sein, müssen jedoch die geistige Fähigkeit zur Wiedergabe der Willenserklärung haben. Bei einem 3-jährigen Kind wird man dies verneinen müssen. Dies gilt insbesondere bei mündlichen Willenserklärungen.

363

Eine Mittelsperson, die weder Vertretungsmacht für den Empfänger hat noch als dessen Empfangsbote angesehen werden kann, weil sie zum Empfang von Willenserklärungen weder geeignet noch ermächtigt ist, ist als Bote des Erklärenden anzusehen. Eine von einem Erklärungsboten übermittelte Erklärung geht erst zu, wenn sie tatsächlich in den Herrschaftsbereich des Empfängers gelangt ist. Das *Risiko* der richtigen Übermittlung trägt in diesem Fall der Erklärende (s.o., Rn 356).

364

> **Beispiel:** Paketzusteller Z möchte dem K ein Paket zustellen. Da er diesen jedoch zu Hause nicht antrifft, übergibt er das Paket dem Nachbarn des K, dem N. Dieser stellt das Paket in eine Ecke und vergisst es später.
>
> Sofern K dem Paketdienst keine „Abstellgenehmigung" erteilt hat, kann N – anders als bspw. ein Mitbewohner – nicht als Empfangsbote angesehen werden. N ist daher als Erklärungsbote des Absenders anzusehen. Es ist also das Risiko des Versenders, wenn der Paketdienst die Sendung an eine ungeeignete bzw. nicht ermächtigte Person aushändigt.

> **Hinweis für die Fallbearbeitung:** Klausursachverhalte, in denen die Willenserklärung nicht gegenüber dem Erklärungsempfänger direkt, sondern gegenüber einer als Empfangsbote ungeeigneten Person abgegeben wird, sind nicht unüblich. Zumeist erfolgt dann auch noch die Weiterleitung der Erklärung an den Erklärungsempfänger erst nach Ablauf der gesetzten Annahmefrist, also verspätet. Das Angebot kann nicht mehr angenommen werden. In einem solchen Fall ist die Prüfung jedoch nicht vorschnell zu beenden, sondern ggf. auf die Regelung des **§ 150 I BGB** einzugehen: Nimmt der Erklärungsempfänger ein Angebot verspätet an, ist diese „Annahmeerklärung" als neues Angebot zu verstehen, das der andere Teil wiederum entweder annehmen oder ablehnen kann.

365

Ist aber die Boteneigenschaft der Mittelsperson gegeben, kommt dieser lediglich die Funktion einer personifizierten Empfangseinrichtung zu. Daher tritt der Zugang der Willenserklärung folgerichtig noch nicht mit Aushändigung oder Mitteilung der Erklärung an den Empfangsboten ein; insoweit gelten die gleichen Grundsätze, als würde der Erklärungsempfänger technische Vorrichtungen einsetzen. Daher ergibt sich folgende Definition des Zugangs:

366

---

[422] BAG NJW 2011, 2604 f.; BGH NJW 2002, 1565, 1566; *Ellenberger*, in: Palandt, § 130 Rn 9; *Wolf/Neuner*, AT, § 33 Rn 45.
[423] BAG NJW 2011, 2604 f.

**367** Wird die Erklärung gegenüber einem **Empfangsboten** abgegeben, geht sie dem Erklärungsempfänger in dem Zeitpunkt zu, in dem üblicherweise die Weiterleitung an den Empfänger zu erwarten ist.[424]

> **Beispiel:** Der 17-jährige M kauft im Elektronikmarkt des V ein Smartphone. Später kommen V Bedenken wegen der Minderjährigkeit des M. Er schickt daher einen Brief an die Eltern des M, in dem er diese auffordert, sich dazu zu äußern, ob das mit dem Kauf des Smartphones in Ordnung gehe (vgl. § 108 II BGB). Als der Brief am nächsten Tag von der Post zugestellt wird, nimmt ihn M, der gerade zu Hause ist, persönlich entgegen und öffnet ihn, weil er (zutreffend) denkt, dass dieses Schreiben sein Smartphone betreffe. Doch der Inhalt des Briefes enttäuscht ihn. Er legt den Brief daher erst einmal weg.
>
> Eine Willenserklärung geht in dem Moment zu, in dem sie derart in den Machtbereich des Empfängers gelangt, dass dieser unter gewöhnlichen Umständen die Möglichkeit hat, vom Inhalt der Erklärung Kenntnis zu nehmen. In Abweichung zu dieser allgemeinen Zugangsformel gilt jedoch bei Hinzuziehung von Empfangsboten, dass die Erklärung dem Erklärungsempfänger in dem Zeitpunkt zugeht, in dem üblicherweise die Weiterleitung an den Empfänger zu erwarten ist.
>
> Zu prüfen ist daher, ob M Empfangsbote ist. Dem Sachverhalt ist nicht zu entnehmen, dass M von seinen Eltern ausdrücklich zum Empfangsboten bestimmt worden wäre. Empfangsbote kann aber auch sein, wer vom Empfänger zur Annahme von Erklärungen konkludent ermächtigt wurde oder wer nach der Verkehrsanschauung als ermächtigt gilt und hierzu bereit und geeignet ist. Nach diesen Grundsätzen sind als Empfangsboten die in der Wohnung des Empfängers lebenden Angehörigen und (auch minderjährigen) Haushaltsmitglieder anzusehen, soweit sie die geistige Fähigkeit zur Wiedergabe (oder Weiterleitung) der Willenserklärung haben. Bei einem 17-Jährigen kann diese Fähigkeit ohne weiteres angenommen werden.

**368** Handelt es sich bei der Empfangsperson um einen Empfangsboten, trägt das Risiko der falschen oder verspäteten Übermittlung der Erklärung stets der Empfänger. Lehnt der Empfangsbote die Entgegennahme der Erklärung jedoch (ohne dies zuvor mit dem Adressaten abgesprochen zu haben) ab, geht sie überhaupt nicht zu.[425]

> Im obigen **Beispiel** geht das Schreiben des V den Eltern des M also erst dann zu, wenn dieser es an sie weiterleitet.

**369**

> **Hinweis für die Fallbearbeitung:** Bedient sich der Erklärungsempfänger oder der Erklärende einer Empfangsperson, empfiehlt sich bei der Frage nach dem Zugang einer Willenserklärung prüfungstechnisch mit der speziellsten Art, dem Empfangsvertreter, zu beginnen. Liegen die dafür erforderlichen Voraussetzungen nicht vor, ist zu untersuchen, ob die eingeschaltete Person ein Empfangsbote ist. Ist auch dies zu verneinen, kann die Mittelsperson nur noch als Erklärungsbote klassifiziert werden.

## 2. Zugang gegenüber Anwesenden

**370** Der Zugang einer Willenserklärung gegenüber <u>A</u>nwesenden ist im Gesetz nicht geregelt. § 130 I S. 1 BGB regelt – wie gesehen – nur das Wirksamwerden einer Willenserklärung gegenüber einem <u>Ab</u>wesenden. Nach h.M.[426] ist hier jedoch ebenfalls der Grundgedanke

---

[424] BAG NJW 2011, 2604 f.; BGHZ 131, 66, 75; BGH NJW 1994, 2613, 2614; NJW-RR 1989, 757, 759; *Brox/Walker*, AT, Rn 152; *Ellenberger*, in: Palandt, § 130 Rn 9; *Wolf/Neuner*, AT, § 33 Rn 46; *Nippe*, JuS 1991, 285, 287; *Coester-Waltjen*, Jura 1992, 441, 442; a.A. *Medicus/Petersen*, AT, Rn 285, der annimmt, dass die Erklärung an den Empfangsboten zugleich den Zugang an den Adressaten begründe. Diese Auffassung ist aber abzulehnen, da sie die erforderliche Differenzierung zwischen Empfangsvertreter (für die Stellvertretung müssen gewisse, gesetzlich normierte Voraussetzungen vorliegen) und Empfangsboten (dessen Stellung eher aus einer tatsächlichen Position hervorgeht) nicht berücksichtigt.
[425] BAG NJW 1993, 1093 ff. a.A. *Schwarz*, NJW 1994, 891 ff.
[426] Vgl. BGH NJW 1998, 3344; *Brox/Walker*, AT, Rn 155; *Medicus/Petersen*, AT, Rn 288.

des § 130 BGB zu berücksichtigen. Danach wird eine empfangsbedürftige Willenserklärung ebenfalls mit Zugang wirksam. Bei der Frage nach dem Zugang ist (wie bei der Abgabe) nach der Art des Kommunikationsmediums zu unterscheiden.

### a. Der Zugang schriftlicher Erklärungen

Schriftliche Erklärungen unter Anwesenden sind zugegangen, wenn sie übergeben, d.h. ausgehändigt werden und damit in den Herrschaftsbereich des Empfängers gelangen. Schlichtes Zeigen des Schriftstücks, ohne es aus der Hand zu geben, genügt somit nicht. Auch genügt es nicht, wenn der Adressat den Inhalt *vor* einer Übergabe zur Kenntnis genommen hat.

**371**

> **Beispiel**[427]: Gläubiger G will bei dem hoch verschuldeten Schuldner S eine Darlehensforderung eintreiben. Da S nicht zahlen kann, erklärt sich G zur weiteren Stundung der Forderung bereit, wenn sich F, die Frau des S, für S verbürgt. In Anwesenheit des G unterzeichnet F daraufhin eine auf dem Tisch liegende Bürgschaftsurkunde (vgl. § 766 BGB). In diesem Augenblick erschießt sich S im Nebenzimmer. G läuft bestürzt ins Nebenzimmer, ohne die Bürgschaftsurkunde an sich zu nehmen. Diese bleibt später verschwunden. G klagt nun aus der Bürgschaft. Dagegen wendet F ein, dass G die Bürgschaftserklärung gar nicht zugegangen sei.
>
> Das RG teilte die Auffassung der F und lehnte die Forderung des G ab. § 130 BGB stelle die allgemeine, auch für Erklärungen unter Anwesenden geltende, Regel auf, „dass der Erklärende nicht gebunden sein soll, solange er in der Lage ist, über das die Erklärung enthaltende Schriftstück zu verfügen, wohl aber, sobald der Adressat die Verfügungsgewalt über das Schriftstück erlangt hat". G habe die Verfügungsgewalt an der Urkunde noch nicht erlangt.

> **Hinweis für die Fallbearbeitung:** Da es für den Zugang einer schriftlichen Willenserklärung unter Anwesenden erforderlich ist, dass sie dem Empfänger zur Entgegennahme überreicht wird, fallen Abgabe und Zugang faktisch in einen Akt zusammen, was aber nicht von dem Erfordernis einer gesonderten Prüfung entbindet. Daher ließe sich im vorliegenden Beispielsfall bereits die *Abgabe* der Willenserklärung verneinen.

Bei der Übermittlung einer Willenserklärung via Instant-Messenger (Rn 318) sollte man den Zugang annehmen, wenn die Nachricht auf dem Monitor des Empfängercomputers angezeigt wird.

**372**

### b. Der Zugang mündlicher Erklärungen

Auch bei mündlichen Willenserklärungen[428] ist unter Berücksichtigung des Grundgedankens des § 130 I BGB erforderlich, dass die Willenserklärung dem Empfänger zugeht. Das Problematische an mündlich übermittelten Willenserklärungen ist, dass sie i.d.R. nicht (wie z.B. auf einem Anrufbeantworter) gespeichert werden. Mangels zu wiederholender Abrufmöglichkeiten (bei einem Anrufbeantworter kann man das gesprochene Wort beliebig oft abhören) ergibt sich die Notwendigkeit des sofortigen Verstehens der Erklärung. Da auch hier Risiken bei der Übermittlung bestehen (z.B. wenn der Empfänger hörgeschädigt ist oder bei einem fernmündlichen Gespräch die Leitung rauscht), stellt sich auch in diesen Fällen die Frage der Aufteilung der Risiken.

**373**

- Nach der sog. **reinen Vernehmungstheorie**[429] geht die Erklärung so zu, wie sie der Empfänger akustisch (bzw. bei Gesten: optisch) vernommen, d.h. verstanden hat. Die

**374**

---

[427] Nach RGZ 61, 414 ff.
[428] Darunter sind auch **telefonische** Erklärungen zu subsumieren (vgl. § 147 I S. 2 BGB) sowie bestimmte **elektronische** (vgl. Rn 318/377).
[429] *Jauernig*, in: Jauernig, § 130 Rn 12; *Einsele*, in: MüKo, § 130 Rn 10/28; *Schack*, AT, Rn 187.

bloße Möglichkeit der richtigen Kenntnisnahme genügt nach dieser Auffassung nicht. Das Risiko der unrichtigen Übermittlung trägt in diesem Fall einseitig der Erklärende.

Für diese Auffassung spricht, dass der Empfänger nichts in die Hand bekommen hat, um sich des Inhalts der Erklärung zu versichern, bei unrichtiger Vernehmung häufig auch gar keine Veranlassung zur Rückfrage hat. Dagegen spricht jedoch, dass es nicht sachgerecht ist, *alle* Vernehmungsrisiken dem Erklärenden aufzubürden.

**375** ▪ Daher genügt es nach der sog. **eingeschränkten Vernehmungstheorie**[430] entsprechend dem Gedanken des Zugangs von Willenserklärungen unter Abwesenden auch für das Wirksamwerden der Willenserklärung unter Anwesenden, wenn für den Erklärenden vernünftigerweise keine Zweifel bestehen konnten, dass seine Erklärung richtig und vollständig vernommen wurde. Anderenfalls bestünden unüberwindliche Beweisschwierigkeiten.[431] Im Interesse der Verkehrssicherheit müsse demjenigen, der besondere, dem Erklärenden nicht erkennbare, Hörschwierigkeiten habe, im Rahmen des Übermittlungskontakts eine gewisse Mitverantwortung für den Verständigungsvorgang zugemutet werden. Er müsse auf die Behinderung hinweisen oder sich sonst vergewissern, ob er die Erklärung richtig verstanden habe. Das gelte etwa für den Schwerhörigen oder denjenigen, der ein gestörtes Ferngespräch entgegennehme.

**376** **Fazit:** Nach der auch hier favorisierten eingeschränkten Vernehmungstheorie ist der Zugang einer (auch fern-) mündlichen Willenserklärung anzunehmen, wenn der Erklärende nach den für ihn erkennbaren Umständen davon ausgehen durfte, dass der Empfänger die Erklärung richtig und vollständig verstanden hat, auch wenn dies tatsächlich nicht der Fall war. Das Risiko von Übermittlungsfehlern wird also sachgerecht zwischen den Parteien aufgeteilt.

**Beispiel:** V und K verhandeln am Telefon über eine Ladung (500 Stück) Computerfestplatten. Da dem K das Angebot des V günstig erscheint, bestellt er gleich zwei Ladungen. Der etwas hörgeschwächte V, der zudem gerade von seiner Sekretärin ein wenig abgelenkt wird, nimmt die Bestellung entgegen und antwortet, dass alles in Ordnung gehe. Nach einer Woche liefert V *eine* Ladung Festplatten. K verlangt die Lieferung auch der zweiten Ladung. V macht dagegen geltend, dass er die Bestellung von nur *einer* Ladung verstanden habe.

Der von K geltend gemachte Anspruch setzt einen Kaufvertrag über *zwei* Ladungen voraus. Fraglich ist, ob eine entsprechende Einigung vorliegt.
Eine fernmündliche Erklärung wird wie eine Erklärung unter Anwesenden behandelt, § 147 I S. 2 BGB. Jedoch fehlt für das Wirksamwerden einer in Anwesenheit des Erklärungsempfängers abgegebenen Erklärung eine gesetzliche Regelung. Allerdings ist § 130 I S. 1 BGB seinem Grundgedanken nach entsprechend anzuwenden. Schriftliche Erklärungen sind also zugegangen, sobald der Empfänger die tatsächliche Verfügungsgewalt über das Schriftstück erlangt und er unter normalen Umständen davon Kenntnis nehmen kann; die tatsächliche Kenntnisnahme ist entbehrlich. Dagegen soll nach der **reinen Vernehmungstheorie** bei mündlichen (und fernmündlichen, vgl. § 147 I S. 2 BGB) Erklärungen tatsächliche Kenntniserlangung erforderlich sein. Dafür spricht, dass der Empfänger nichts in die Hand bekommen hat, um sich des Inhalts der Erklärung zu versichern, bei unrichtiger Vernehmung häufig auch gar keine Veranlassung zur Rückfrage hat. Indessen dürfen nicht alle Vernehmungsrisiken dem Erklärenden aufgebürdet werden. Entsprechend dem Gedanken des Zugangs bei Willenserklärungen unter Abwesenden genügt es nach der **eingeschränkten Vernehmungstheorie** für das Wirksamwerden, wenn der Erklärende nach den für ihn erkennbaren Umständen davon ausgehen durfte, dass der Empfänger die Erklärung richtig und vollständig verstanden hat, auch wenn dies tatsächlich nicht der Fall war. Das Risiko von Übermittlungsfehlern wird also sachgerecht zwischen den Parteien aufgeteilt.

---

[430] Auch „modifizierte" oder auch „abgeschwächte" Vernehmungstheorie genannt.
[431] *Medicus/Petersen*, AT, Rn 289; *Hefermehl*, in: Soergel, § 130 Rn 21; *Ellenberger*, in: Palandt, § 130 Rn 14; *Brox/Walker*, AT, Rn 156; *Stadler*, AT, § 17 Rn 56; *Köhler*, AT, § 6 Rn 19; *Coester-Waltjen*, Jura 1992, 441.

Da K deutlich erklärte, zwei Ladungen Festplatten haben zu wollen, und er davon ausgehen durfte, dass V ihn richtig verstanden hat, ist dem V nach der vorzugswürdigen eingeschränkten Vernehmungstheorie ein Angebot auf Lieferung von *zwei* Ladungen Festplatten zugegangen. Mit seiner Äußerung, „es geht alles in Ordnung", hat er dieses Angebot auch ohne Einschränkungen angenommen. Das Zustandekommen eines wirksamen Kaufvertrags über zwei Ladungen Festplatten ist daher zu bejahen, sodass K grundsätzlich einen Anspruch auch auf Lieferung der zweiten Ladung hat.

V kann jedoch dadurch, dass er sich bei der Abgabe der Annahmeerklärung über deren Inhalt geirrt hat, seine Willenserklärung anfechten, § 119 I Var. 1 BGB. Macht er von diesem Anfechtungsrecht Gebrauch, ist er dem K jedoch zum Ersatz des Schadens verpflichtet, den dieser dadurch erleidet, dass er auf die Wirksamkeit der Annahmeerklärung vertraut, § 122 I BGB (dazu Rn 1468).

Anders hätte es sich verhalten, wenn die Verhandlungen durch ein extremes Rauschen in der Leitung gestört gewesen wären und V dadurch die Bestellung des K falsch verstanden hätte. Hier wären auch die Vertreter der abgeschwächten Vernehmungstheorie zu dem Ergebnis gekommen, dass die Erklärung des K nicht zugegangen ist, da K aufgrund des Rauschens in der Leitung nicht davon ausgehen durfte, dass V die Erklärung richtig verstanden hat.

**377**

Bei Willenserklärungen, die **elektronisch** per Computer übermittelt werden, gelten nach der hier vertretenen Meinung die soeben erläuterten Grundsätze (eingeschränkte Vernehmungstheorie) auch bei der Kommunikation via IP-Telefonie (VoIP) und Videotelefonie.

## 3. Widerruf einer Willenserklärung

### a. Widerruf einer noch nicht zugegangenen Willenserklärung

**378**

Wie die bisherigen Ausführungen gezeigt haben, geht das Vertragsrecht zum Schutz des Rechtsverkehrs von dem Grundsatz aus, dass Verträge einzuhalten sind (pacta sunt servanda); der Vertragspartner soll sich auf die Wirksamkeit des Vertrags verlassen können. Des Weiteren wurde gesagt, dass eine empfangsbedürftige Willenserklärung grundsätzlich erst mit Zugang beim Empfänger wirksam wird (§ 130 I S. 1 BGB). Der Erklärende trägt bis zu diesem Zeitpunkt also das Risiko des Untergangs bzw. der Verzögerung oder inhaltlichen Verfälschung. Aus diesen Gründen muss ihm daher aber auch das Recht zustehen, seine Erklärung bis zum Zugang zu widerrufen. § 130 I S. 2 BGB stellt dies klar, indem er konstatiert, dass der Widerruf dem Empfänger vorher oder gleichzeitig zugehen muss. Ist dem Empfänger die Erklärung also bereits zugegangen, ist ein Widerruf nach dieser Regelung nicht mehr möglich.

> **Beispiel:** K ist auf der Suche nach einem neuen Anzug und schaut im Internet nach. Auf den Seiten des Internetversandhauses X entdeckt er ein ihm gefallendes Modell. Sogleich legt er den Anzug in den virtuellen Warenkorb und klickt um 23.00 Uhr auf den „Bestell-Button", nachdem er die Kundendaten in das Onlineformular eingeben hat. Doch dann entdeckt er kurze Zeit später auf den Internetseiten des Versandhauses Y den gleichen Anzug, allerdings 10,- € günstiger, den er sofort bestellt. Gegen 0.45 Uhr schickt er an X eine E-Mail, dass er die Bestellung storniere. Erfolgte dieser Widerruf i.S.d. § 130 I S. 2 BGB rechtzeitig oder ist ein Vertrag zwischen K und X zustande gekommen?[432]

> Zwischen K und X wäre ein Kaufvertrag zustande gekommen, wenn diesbezügliche Willenserklärungen, Angebot und Annahme, vorlägen. K hat um 23.00 Uhr ein Angebot ab-

---

[432] Auf die Besonderheiten des Fernabsatzgeschäfts (automatische Bestätigungs-Mail, verbraucherschützendes Widerrufsrecht gem. § 312g I BGB etc.), die – bei Vorliegen eines Verbrauchsgüterkaufs – in der Praxis sehr viel bedeutsamer sind als § 130 I BGB, soll in diesem Zusammenhang nicht eingegangen werden, vgl. dazu sogleich Rn 382 sowie ausführlich *R. Schmidt*, SchuldR AT, Rn 968 ff.

gegeben. Das könnte bedeuten, dass ein Kaufvertrag zustande kommt, wenn X dieses Angebot annimmt. Dem könnte jedoch entgegenstehen, dass K gegen 0.45 Uhr seine Bestellung stornierte. Denn gem. § 130 I S. 2 BGB ist die (ursprüngliche) Willenserklärung nicht wirksam, wenn dem anderen vorher oder gleichzeitig ein Widerruf zugeht.

Zwar ist die Bestellung des K kurze Zeit nach dem Absenden in den räumlichen Machtbereich von X gelangt, da hierzu ein Speichern auf dem Empfänger-Mailserver genügt. Allerdings ist gem. § 130 I S. 1 BGB eine Erklärung erst dann zugegangen, wenn sie so in den Machtbereich (Herrschaftsbereich) des Adressaten gelangt ist, dass üblicherweise mit der Kenntnisnahme gerechnet werden kann. Sofern X *keinen* 24-Stunden-Bestellservice anbietet (dazu Rn 345), geht die Bestellung also erst zu Beginn der üblichen Geschäftszeit zu. Das gilt auch für den Widerruf. Dieser ist damit rechtzeitig zugegangen und genügt den Anforderungen des § 130 I S. 2 BGB. Ein Kaufvertrag zwischen K und X ist daher nicht zustande gekommen.

**379** Weniger einfach zu lösen ist die Konstellation, in der der Widerruf zwar später als die Erklärung zugeht, der Widerruf jedoch **vorher** oder **gleichzeitig** mit der ursprünglichen Erklärung **zur Kenntnis genommen** wird.

> **Beispiel:** Wie oben, allerdings mit der Abweichung, dass K den Widerruf erst um 10 Uhr an X verschickt. Ein Mitarbeiter von X, M, liest die E-Mail bzgl. des Widerrufs um 10.15 Uhr und öffnet erst daraufhin die E-Mail bzgl. der Bestellung.

> Da im Versandhandel unter normalen Umständen während der üblichen Geschäftszeiten mit der Kenntnisnahme von Bestellmails (und deren Widerrufen) nach deren Eintritt in den räumlichen Herrschaftsbereich (also Speicherung auf dem Mailserver) innerhalb von wenigen Minuten gerechnet werden kann, kommt es auf die Anwesenheit eines bestimmten Sachbearbeiters nicht an, zumal § 130 I S. 1 BGB ausdrücklich darauf abstellt, dass es auf den Zeitpunkt ankommt, in dem *üblicherweise* mit der Kenntnisnahme gerechnet werden kann. Demnach wäre vorliegend der Widerruf erst nach der Bestellung, also zu spät, zugegangen. Auf der anderen Seite stellt sich die Frage, ob es sach- bzw. interessengerecht ist, auf die strenge zeitliche Abfolge abzustellen, zumal M sogar zuerst den Widerruf zur Kenntnis genommen und auch bei X noch keine Bearbeitung des Auftrags stattgefunden hat. Gleichwohl darf nicht verkannt werden, dass § 130 I S. 1 BGB insoweit eindeutig ist. Zweck der Vorschrift ist die Gewährleistung einer Rechtssicherheit, indem sie auf die generelle Kenntnisnahmemöglichkeit abstellt und schwierige bis unmögliche Beweisfragen vermeiden will. Das Risiko, dass ein Widerruf dem Empfänger später zugeht als die ursprüngliche Erklärung, ist damit eindeutig dem Erklärenden zugewiesen. Der Widerruf des K ist daher zu spät zugegangen.[433]

**380** Weiterführender Hinweis: Da es sich bei K offenbar um einen Verbraucher i.S.d. § 13 BGB handelt und ein Fernabsatzvertrag gem. § 312c BGB vorliegt, kann K – wie bereits angedeutet – ohnehin gem. §§ 312g I, 355 BGB seine Willenserklärung innerhalb von 14 Tagen widerrufen (dazu sogleich Rn 382). Auf die vorstehende Problematik kommt es dann nicht an. § 130 I S. 2 BGB bleibt aber bedeutsam bei unternehmensbezogenen Geschäften sowie bei Geschäften zwischen Privaten, da das Widerrufsrecht nach §§ 312g I, 355 BGB nur im Verhältnis Verbraucher/Unternehmer greift (vgl. § 355 I S. 1 BGB).

### b. Sonstige gesetzliche Widerrufsmöglichkeiten

**381** Während § 130 I S. 2 BGB den Widerruf als Wirksamkeitshindernis beim Zugang einer Willenserklärung versteht, kennt das BGB auch eine Reihe von Möglichkeiten, dass sich der Erklärende von bereits *zugegangenen* Willenserklärungen lösen kann. Zu nennen sind etwa § 109 BGB (Minderjähriger schließt zustimmungspflichtiges Rechtsgeschäft ohne Einwilligung) oder § 178 BGB (Vertreter handelt ohne Vertretungsmacht). In diesen

---

[433] Wie hier *Singer*, in: Staudinger, § 130 Rn 60; *Medicus/Petersen*, AT, Rn 300; *Köhler*, AT, § 6 Rn 23; *Ellenberger*, in: Palandt, § 130 Rn 11; a.A. *Stadler*, AT, § 17 Rn 65; *Hübner*, AT, Rn 422.

Fällen ist der Vertrag schwebend unwirksam, d.h. die Wirksamkeit hängt von der Genehmigung des gesetzlichen Vertreters bzw. des Geschäftsherrn ab. Eine weitere Widerrufsmöglichkeit sieht das BGB etwa für die Vollmacht vor (§ 168 BGB). Auch kann unter den Voraussetzungen des § 530 BGB („grober Undank") eine Schenkung widerrufen werden. Vgl. ferner §§ 183, 658, 671 I, 790 BGB.

Von besonderer Bedeutung ist der bereits erwähnte **§ 355 BGB**, der bei **Verbraucherverträgen**[434] dem Verbraucher ein **Widerrufsrecht** einräumt. Danach ist dieser an seine auf Abschluss eines Vertrags gerichtete Willenserklärung nicht mehr gebunden, wenn er sie fristgerecht widerrufen hat und der Widerruf durch eine gesetzliche Vorschrift zugelassen ist (etwa durch § 312g BGB). Die Widerrufserklärung kann gem. § 355 I BGB in **beliebiger Form** erfolgen. Das kann in Textform (E-Mail) geschehen, per Fax oder durch Notiz, die der Rücksendung der Sache beigelegt wird. Selbst eine mündliche Erklärung (etwa am Telefon) genügt, wobei diese Art der Widerrufserklärung wegen etwaiger Beweisschwierigkeiten nicht zu empfehlen ist. Das **kommentarlose Zurückschicken** der Ware genügt nach der gesetzlichen Neuregelung dem Erfordernis der Widerrufserklärung aber **nicht**.[435] Der Widerruf ist innerhalb einer Frist von **zwei Wochen** gegenüber dem Unternehmer zu erklären (§ 355 II S. 1 BGB), wobei zur Fristwahrung die **rechtzeitige Absendung** genügt (§ 355 I S. 5 BGB). Die Widerrufsfrist **beginnt** gem. § 355 II S. 2 BGB mit **Vertragsschluss**, soweit nichts anderes bestimmt ist. Eine solche „andere Bestimmung" ist bei außerhalb von Geschäftsräumen geschlossenen Verträgen und Fernabsatzverträgen nach Maßgabe des § 356 II, III BGB möglich. | **382**

Dadurch, dass der Verbraucher bei Ausübung seines Widerrufsrechts gem. § 355 BGB an seine Erklärung nicht mehr gebunden ist, wird der bereits geschlossene und zunächst voll wirksame Vertrag in ein **Rückabwicklungsverhältnis** umgewandelt. Rechtstechnisch bedeutet diese Folge nichts anderes als ein **spezielles gesetzliches Rücktrittsrecht**. Zu den verbraucherschützenden Widerrufsrechten vgl. *R. Schmidt*, SchuldR AT, Rn 968 ff. | **383**

## 4. Zugang gegenüber nicht voll Geschäftsfähigen

Zum Schutz von geschäftsunfähigen und in der Geschäftsfähigkeit beschränkten Personen formuliert **§ 131 BGB** eine spezielle Regelung für den Zugang von Willenserklärungen, die gegenüber diesem Personenkreis abgegeben wurden. Denn Erklärungen machen in der Regel irgendwelche geschäftlichen Entscheidungen erforderlich, die diese Personen selbst nicht wirksam vornehmen können. Da das Gesetz jedoch auch sonst zwischen Geschäftsunfähigen und in der Geschäftsfähigkeit Beschränkten unterscheidet, ist es folgerichtig, dass eine entsprechende Unterscheidung auch von § 131 BGB vorgenommen wird. | **384**

- So bestimmt § 131 I BGB, dass eine Erklärung, die gegenüber einem **Geschäftsunfähigen** (vgl. § 104 BGB) abgegeben wurde, erst wirksam wird, wenn sie seinem gesetzlichen Vertreter zugeht. Der Geschäftsunfähige kommt aber als Empfangs- oder bei mangelnder Eignung als Erklärungsbote in Betracht (dazu Rn 355, 361, 640, 641). | **385**

**Hinweis für die Fallbearbeitung:** Die Regelung des § 105 II BGB ist nicht auf den Zugang von Willenserklärungen übertragbar, wenn es sich z.B. um bewusstlose oder berauschte Personen handelt. Diese können gem. § 105 II BGB zwar keine wirksamen Willenserklärungen *abgeben*, bezüglich des Zugangs gelten bei diesen aber die allgemeinen Regeln, sodass die generelle Möglichkeit zur Kenntnisnahme genügt. Ist daher | **386**

---

[434] Das sind Verträge, die zwischen einem Unternehmer (§ 14 I BGB) und einem Verbraucher (§ 13 BGB) geschlossen wurden, vgl. dazu Rn 551 ff. sowie ausführlich *R. Schmidt*, Schuldrecht AT, Rn 968 ff.
[435] BT-Drs. 17/12637, S. 60.

> der Empfänger in dem Zeitpunkt, in dem die Post in seinen Briefkasten gelangt, gerade berauscht, hindert dies den Zugang einer Willenserklärung nicht.[436]

**387** ▪ § 131 II S. 1 BGB sieht grds. die gleiche Rechtsfolge vor für Erklärungen, die gegenüber **beschränkt Geschäftsfähigen**[437] abgegeben werden.

**Beispiel:** Der 17-jährige K hat im Geschäft des Trödlers V einen antiken Globus entdeckt, der sich gut als Geburtstagsgeschenk für seinen Vater eignen würde. Doch leider können sich V und K nicht auf den Preis einigen. Daher schlägt K dem V vor, dass er bereit wäre, 50,- € zu zahlen; V könne es sich überlegen und K innerhalb von 2 Tagen Bescheid geben. Am nächsten Tag gibt V einen an K adressierten Brief in die Post, der wiederum einen Tag später in den Briefkasten des K eingeworfen wird.

Vordergründig betrachtet war die Annahmeerklärung des V dem K rechtzeitig zugegangen (vgl. § 148 BGB). Da K jedoch beschränkt geschäftsfähig ist (und der Empfang der Annahmeerklärung des V für K nicht lediglich rechtlich vorteilhaft ist, weil der dadurch zustande kommende Vertrag bei K eine Zahlungspflicht auslösen würde), genügt es wegen § 131 II S. 1 BGB nicht, wenn die Annahmeerklärung des V dem K fristgerecht zugeht; vielmehr ist zu ihrer Wirksamkeit erforderlich, dass die Erklärung dem gesetzlichen Vertreter des K zugeht, d.h. in dessen Machtbereich gelangt und dieser die Möglichkeit der Kenntnisnahme hat.

Die Erklärung des V wird also erst dann wirksam, wenn sie dem gesetzlichen Vertreter des K zugeht, d.h. wenn K sie weiterleitet. Leitet K sie bspw. erst am nächsten Tag weiter, wird sie zwar wirksam, ist aber zu spät zugegangen, weil die von K gesetzte Annahmefrist verstrichen ist.

Für V hätte es sich daher empfohlen, die Annahmeerklärung direkt dem gesetzlichen Vertreter des K zuzuschicken. Auf § 131 BGB wäre es dann nicht angekommen.

**388** Erlangt der beschränkt Geschäftsfähige durch die ihm gegenüber abgegebene Erklärung lediglich einen **rechtlichen Vorteil** oder hat der **gesetzliche Vertreter eingewilligt**, wird die Erklärung – in Abweichung zu § 131 I BGB – wirksam, wenn sie dem beschränkt Geschäftsfähigen zugeht (§ 131 II S. 2 BGB). Das ist konsequent, weil das Gesetz auch sonst die Wirksamkeit von Rechtsgeschäften anordnet, wenn der beschränkt Geschäftsfähige lediglich einen rechtlichen Vorteil erlangt oder der gesetzliche Vertreter einwilligt (vgl. § 107 BGB).

**Beispiel:** K möchte vom 17-jährigen V dessen Fahrrad kaufen. Hierzu schreibt er ihm eine E-Mail, in der er dem V ein verbindliches Angebot unterbreitet.

Dieses Kaufangebot wird nicht erst dann wirksam, wenn es dem gesetzlichen Vertreter des V zugeht, sondern bereits dann, wenn es V zugeht. Denn allein das Kaufangebot begründet für V keinerlei Verpflichtung, ist für ihn also lediglich rechtlich vorteilhaft.

## 5. Ersatz des Zugehens durch Zustellung

**389** Gemäß § 132 I BGB steht dem Zugang der Willenserklärung **die Zustellung der Erklärung durch den Gerichtsvollzieher** gleich. Diese förmliche Zustellung richtet sich nach §§ 166 ff. ZPO. Bei der Zustellung durch den Gerichtsvollzieher wird eine Zustellungsurkunde errichtet, aus der sich ergibt, welches Schriftstück übergeben wurde Dies bedeutet eine Beweiserleichterung für den Erklärenden, dem i.d.R. die Beweisführung obliegt (bei Zugangsvereitelung greift § 179 S. 3 ZPO). Gemäß § 132 II BGB die auch **öffentliche Zustellung durch das Amtsgericht** möglich (§§ 185 ff. ZPO).

---

[436] Vgl. auch *Wendtland*, in: Bamberger/Roth, 3. Aufl. 2012, § 131 Rn 3; *Boemke/Schönfelder*, JuS 2013, 7, 10
[437] Volljährige, für die ein Betreuer bestellt ist und ein Einwilligungsvorbehalt angeordnet wurde (§§ 1896 I, 1903 I S. 2 BGB) stehen den beschränkt Geschäftsfähigen nach § 131 II BGB gleich (*Boemke/Schönfelder*, JuS 2013, 7, 11).

## 6. Zugangsbeweis

Auch für den Beweis des Zugangs gilt, dass grundsätzlich der Erklärende den Zugang und ggf. seinen Zeitpunkt zu beweisen hat.[438] Der Nachweis der Abgabe der Erklärung reicht dazu nicht aus. Will der Erklärende sichergehen, muss er die Übermittlungsform so wählen, dass er den Zugang auch beweisen kann.

390

## 7. Disponibilität des § 130 BGB

Da § 130 I S. 1 BGB dispositives, d.h. abdingbares Recht ist, können die Parteien abweichende Vereinbarungen treffen. Sie können z.B. vereinbaren, dass bei formbedürftigen Erklärungen der Zugang einer Abschrift genüge oder dass überhaupt eine Erklärung auch ohne Zugang wirksam werden solle.[439] Jedoch sind bei abweichenden Vereinbarungen in Allgemeinen Geschäftsbedingungen (z.B. Zugangsfiktionen) die Grenzen des § 308 Nr. 6 BGB zu beachten. Eine von § 130 BGB abweichende Regelung ist auch in § 151 BGB enthalten. Schließlich sind gesetzliche Vorschriften zu beachten, nach denen zur Fristwahrung die rechtzeitige Absendung genügt, etwa gem. § 355 BGB, auf den insbesondere in den §§ 312g und 495 BGB verwiesen wird. Hier wird die Erklärung nur dann wirksam, wenn sie dem Empfänger zugeht[440], wobei im Internethandel unterstellt wird, dass gem. § 151 S. 1 Halbs. 2 BGB der Empfänger auf den Zugang der Annahmeerklärung verzichtet.[441]

391

## 8. Zusammenfassung zur Willenserklärung

Eine Willenserklärung ist eine Äußerung, die nach ihrem objektiv zu ermittelnden Sinngehalt auf die Herbeiführung einer bestimmten Rechtsfolge gerichtet ist. Sie besteht aus einem objektiven und einem subjektiven Tatbestand.

392

- Objektiv ist erforderlich, dass eine ausdrückliche oder schlüssige Erklärung vorliegt. Einem Schweigen kommt grundsätzlich kein solches Erklärungsverhalten zu. Ausnahmen ergeben sich aus dem Gesetz, können aber auch ausdrücklich oder schlüssig zwischen den Vertragsparteien vereinbart sein; eine einseitige Bestimmung genügt jedoch nicht.

393

- Subjektiv muss das Erklärungsverhalten von einem Handlungswillen getragen sein und der Erklärende muss sich der rechtlichen Erheblichkeit seines Verhaltens bewusst sein (Erklärungsbewusstsein, Rechtsbindungswille). Fehlt dieses Bewusstsein, ist der Erklärende dennoch an seiner objektiven Erklärung zunächst festzuhalten, wenn er bei hinreichender Sorgfalt hätte erkennen und vermeiden können, dass sein Verhalten als Willenserklärung aufgefasst wird. Er kann seine Willenserklärung aber anfechten. Der auf ein bestimmtes Rechtsgeschäft gerichtete Wille (Geschäftswille) ist hingegen nicht notwendiger Bestandteil einer Willenserklärung. Das Rechtsgeschäft kommt also auch ohne den Geschäftswillen zustande. Aber auch hier ist eine Anfechtung möglich.

394

Der Rechtsbindungswille ist bei Gefälligkeiten (unentgeltliche Hilfeleistungen, Dienste etc.) im gesellschaftlich-sozialen Umfeld fraglich. Ob hier nur eine reine Gefälligkeit, eine Sorgfaltspflichten auslösende Gefälligkeit oder gar ein Gefälligkeitsvertrag vorliegt, ist v.a. nach Art, Anlass und Zweck der Gefälligkeiten, deren wirtschaftlicher Bedeutung für die Beteiligten und der Interessen- und Risikolage zu entscheiden.

395

Für das **Wirksamwerden** von Willenserklärungen ist zwischen empfangsbedürftigen und nicht empfangsbedürftigen Willenserklärungen zu unterscheiden. Letztere sind die Ausnahme (z.B. Testament, Auslobung) und werden bereits mit ihrer Abgabe wirksam. Hierunter versteht man die willentliche Entäußerung der Erklärung in den Rechtsverkehr.

396

---

[438] BGHZ 70, 232, 234; 101, 49, 55.
[439] BGH NJW 1995, 2217; *Armbrüster*, NJW 1996, 438, 439; *Brox/Walker*, AT, Rn 154; *Köhler*, § 6 Rn 22.
[440] BGHZ 101, 49, 53.
[441] So auch *Ellenberger*, in: Palandt, § 151 Rn 4.

Empfangsbedürftige Willenserklärungen müssen zu ihrer Wirksamkeit hingegen in Richtung auf den Empfänger abgegeben werden und diesem zugehen.

**397** Zugang unter **Abwesenden** (§ 130 BGB) bedeutet, dass die Erklärung so in den räumlichen oder persönlichen Herrschaftsbereich des Empfängers gelangt, dass dieser unter gewöhnlichen Umständen die Möglichkeit der Kenntnisnahme hat.

Hinsichtlich der Abgabe und des Zugangs können auf beiden Seiten **Hilfspersonen** zur Übermittlung bzw. Entgegennahme eingeschaltet werden (Boten, Stellvertreter). Wird die Erklärung einem Stellvertreter des Adressaten abgegeben, ist die Erklärung zugegangen, wenn sie dem Stellvertreter zugeht. Bei Abgabe an einen Empfangsboten ist sie zugegangen, wenn der Empfänger die Möglichkeit der Kenntnisnahme hat bzw. wenn unter gewöhnlichen Umständen mit der Weiterleitung zu rechnen ist.

**398** Unter **Anwesenden** gilt § 130 BGB analog (grds. „modifizierte Vernehmungstheorie" für mündliche Erklärungen, schriftliche Erklärungen sind auszuhändigen).

**399** Gemäß § 130 I S. 2 BGB kann eine Willenserklärung bis zu ihrem Zugang vom Erklärenden **widerrufen** werden, gleichzeitiger Zugang von Erklärung und Widerruf genügt. Dieser Widerruf ist nicht zu verwechseln mit dem in § 355 BGB geregelten, der ein **gesetzliches Rücktrittsrecht** von einem bereits geschlossenen Vertrag umschreibt.

# D. Die Auslegung von Willenserklärungen

## I. Erfordernis einer Auslegung

Während die Methoden der **Gesetzesauslegung** bereits ausführlich bei Rn 27 ff. dargestellt wurden, soll nunmehr die Auslegung von **Willenserklärungen** erläutert werden. Bei dieser geht es darum, die rechtliche Bedeutung privaten Handelns festzustellen. Denn nicht selten sind Äußerungen der am Rechtsverkehr Beteiligten unklar formuliert, sodass ihnen nicht ohne weiteres ein bestimmter Rechtsfolgewille entnommen werden kann (vgl. dazu schon die Ausführungen zu den Gefälligkeiten bei Rn 282 ff.). Darüber hinaus kann oft nur durch Auslegung festgestellt werden, ob sich die Vertragsparteien tatsächlich geeinigt haben bzw. ob das objektiv Erklärte mit dem subjektiv Gewollten übereinstimmt. Voraussetzung einer jeden Auslegung ist aber zunächst, dass der Auslegungsgegenstand überhaupt **auslegungsbedürftig** ist.[442] So fehlt es an der Auslegungsbedürftigkeit, wenn die Erklärung nach dem Wortlaut und Zweck einen eindeutigen Inhalt hat.[443]

**400**

> **Beispiel:** Wenn V zu K sagt: „Du kannst meinen gebrauchten Palandt aus dem Jahr 2018 für 60 € kaufen" und K daraufhin erwidert: „Ja, nehme ich", sind beide Willenserklärungen, die zum Vertragsschluss führen, eindeutig und daher auch nicht auslegungsbedürftig.

Umgekehrt ist eine Auslegung auch dann nicht möglich, wenn die fragliche Willenserklärung nicht **auslegungsfähig** ist. Das ist der Fall, wenn sich nach Ausschöpfung aller denkbaren Auslegungsmöglichkeiten kein geltungsfähiger Sinn ermitteln lässt. Auch hier ist also für eine Auslegung kein Raum.

> **Beispiel:** Wenn V zu K sagt: „Du kannst meinen gebrauchten Palandt aus dem Jahr 2018 für 60 € kaufen" und K daraufhin erwidert: „Ja, ich wollte schon immer einen Rucksack kaufen", ist diese Erklärung des K nicht (jedenfalls nicht objektiv) auf die des V bezogen und daher auch nicht auslegungsfähig.

Auslegungsfähig sind aber Willenserklärungen, die zwar uneindeutig sind, denen sich aber durchaus ein geltungsfähiger Sinn entnehmen lässt.

> **Beispiel:** Der Deutsche D möchte vom Amerikaner A 1.000 Computerfestplatten kaufen. Dazu bittet D den A, ihm ein Angebot zuzusenden. In diesem Angebot verschreibt sich A und bietet dem D die Festplatten statt für 50.000,- € für 50.000,- $ an. Dieses Angebot nimmt D sofort an, weil zum Zeitpunkt des Angebots der Wechselkurs 1,- € zu 1,35 $ steht, er also somit nur rund 37.037,- € zahlen muss. A verlangt demgegenüber Zahlung von 50.000,- €, weil die Parteien ihre Geschäfte bislang stets in € abgewickelt hätten und es daher für D klar gewesen sei, dass A auch dieses Mal € gemeint habe.
>
> Vorliegend kannte D den wirklichen Willen des A oder hätte diesen zumindest kennen müssen. Er konnte das Angebot daher nur dahingehend verstehen, dass A ihm die Festplatten trotz des (für ihn aus den vorigen Kontakten erkennbaren) Schreibfehlers für 50.000,- € anbot. Die Auslegung nach dem insoweit maßgeblichen objektiven Empfängerhorizont (vgl. Rn 406 ff.) ergibt daher, dass vorliegend ein Vertrag zwischen D und A über 1.000 Festplatten zu einem Preis von 50.000,- € zustande gekommen ist.
>
> Weiterführender Hinweis: Kannte D den wirklichen Willen des A nicht oder durfte er nach Treu und Glauben unter Berücksichtigung der Verkehrssitte das Angebot so verstehen, wie es ihm von A zugesendet worden war, wäre zwar zunächst ebenfalls ein wirksamer Kaufvertrag zwischen D und A über 1.000 Festplatten zum Preis von (hier allerdings nur) 50.000,- $ zustande gekommen. Da A subjektiv aber etwas anderes erklären wollte, kann

---

[442] BGHZ 25, 318, 319; 80, 246, 249 f.; BGH NJW 1998, 3268.
[443] Wie hier nun auch *Stadler*, JA 2007, 454, 455.

er den Kaufvertrag nach § 119 I Var. 2 BGB anfechten (Zum Anfechtungsrecht vgl. Rn 1264 ff.).

## II. Gesetzliche Auslegungsbestimmungen

**401**  Außerhalb der Auslegungsregelungen des AGB-Rechts (§§ 305-310 BGB) und anderen Auslegungsregelungen (vgl. etwa die subsidiären „Zweifelsregelungen" in §§ 154 II, 271 II, 311c, 507 II, 594a I, 613, 632 III, 664 I S. 1 BGB ...) hält das BGB mit §§ 133, 157 zwei grundlegende Auslegungsnormen bereit.

- Nach **§ 133 BGB** ist bei der Auslegung einer Willenserklärung der **wirkliche Wille** zu erforschen und nicht an dem buchstäblichen Sinn des Ausdrucks zu haften (sog. **natürliche Auslegung**).

- Nach **§ 157 BGB** sind Verträge so auszulegen, wie **Treu und Glauben** es mit Rücksicht auf die **Verkehrssitte** erfordern (sog. **objektiv-normative Auslegung**).

**402**  Angesichts dieser Formulierungen könnte man meinen, dass sich die Auslegung von Willenserklärungen (§ 133 BGB) wesentlich von der Vertragsauslegung (§ 157 BGB) unterscheidet. Dem steht aber schon entgegen, dass Verträge regelmäßig aus zwei Willenserklärungen bestehen. Entgegen dem jeweiligen Wortlaut der §§ 133, 157 BGB werden daher nach allgemeiner Ansicht[444] jedenfalls bei Vertragserklärungen beide Vorschriften gemeinsam zur Auslegung herangezogen. Sie ergänzen einander und werden, gerade wenn es um die Auslegung von Vertragserklärungen geht, häufig auch zusammen zitiert. Eine Ausnahme wird man dort machen müssen, wo es um nicht empfangsbedürftige Willenserklärungen geht, aber auch bei Willenserklärungen in Bezug auf höchstpersönliche Rechtsgüter des Äußernden, wenn nur diese betroffen sind, namentlich bei einer Patientenverfügung. In diesen Fällen wird man allein auf § 133 BGB abstellen müssen.[445]

## III. Auslegung der konkreten Willenserklärung

**403**  Für die Auslegung von Willenserklärungen gelten somit (mit unterschiedlicher Gewichtung) folgende drei Auslegungsmaßstäbe:

- der **wirkliche Wille** des Erklärenden **(§ 133 BGB)**,
- **Treu und Glauben (§ 157 BGB)** und
- die **Verkehrssitte (§ 157 BGB)**.

**404**  Die gemeinsame Heranziehung beider Normen bedeutet jedoch nicht, dass alle Rechtsgeschäfte gleich zu behandeln wären. Welcher Auslegungsmaßstab mit welcher Gewichtung im Einzelfall stärker zu gewichten ist, hängt insbesondere davon ab, auf welche Weise unter Berücksichtigung der einzelnen Arten von Willenserklärungen und den mit ihnen einhergehenden Besonderheiten das interessengerechteste Ergebnis erzielt werden kann. Anstelle der unglücklichen Unterscheidung von Willenserklärung und Vertrag differenziert die h.M. daher einerseits nach der **Empfangsbedürftigkeit** und andererseits nach der **Formbedürftigkeit** der Willenserklärung.[446]

### 1. Auslegung nicht empfangsbedürftiger Willenserklärungen

**405**  Bei den nicht empfangsbedürftigen Willenserklärungen, also solchen, die zu ihrer Wirksamkeit keiner besonderen Person zugehen müssen (vgl. schon Rn 198 und 308 f.), ist

---

[444] Vgl. nur BGH NJW 2014, 2100 f.; NJW 1998, 1480; 2966; 3268, 3270; *Busche*, in: MüKo, § 133 Rn 19 f.; *Ellenberger*, in: Palandt, § 133 Rn 1; *Medicus/Petersen*, AT, Rn 320; *Stadler*, AT, § 18 Rn 5.
[445] Hinsichtlich Patientenverfügungen geht dies deutlich aus BGH NJW 2017, 1737, 1738 ff. hervor. Zur Patientenverfügung vgl. *R. Schmidt*, FamR, Rn 731 ff.
[446] Vgl. nur *Ellenberger*, in: Palandt, § 133 Rn 7 ff.

zu unterscheiden: Erklärungen, die an einen **unbestimmten Adressatenkreis** oder die **Allgemeinheit** gerichtet sind, wie bspw. die Auslobung (§ 657 BGB), sind – obwohl es zur Wirksamkeit keines Zugangs bzw. keiner Kenntnisnahme bedarf – unter Zugrundelegung der Auslegungsregelung der §§ 133, 157 BGB (Rn 401 f.) so auszulegen, wie sie der (potentielle) Erklärungsempfänger nach Treu und Glauben unter Berücksichtigung der Verkehrssitte und der Umstände des Einzelfalls verstehen dürfte (**objektiver Empfängerhorizont**).[447] Bei **letztwilligen Verfügungen**, namentlich dem Testament (§§ 2064 ff., 2229 ff. BGB), dem gemeinschaftlichen Testament von Ehegatten (§§ 2265 ff. BGB) und Lebenspartnern nach dem LPartG (§ 10 IV LPartG) sowie dem Erbvertrag (§§ 2274 ff. BGB), kommt es hingegen allein auf den **wirklichen (bzw. mutmaßlichen) Willen** des Erblassers an, da es um seine höchstpersönliche Entscheidung geht und daher auch nicht auf das Verständnis anderer Personen Rücksicht genommen werden muss, sodass die Auslegung primär am Maßstab des § 133 BGB zu erfolgen hat.[448] Ergänzend tritt § 2084 BGB hinzu[449], wonach bei nicht eindeutigen Willensäußerungen im Zweifel diejenige Auslegung vorzuziehen ist, bei welcher die Verfügung Erfolg haben kann (d.h. wirksam ist). Und bei einem gemeinschaftlichen Testament von Ehegatten („Berliner Testament", siehe §§ 2265 ff. BGB), bei dem sich die Ehegatten gegenseitig zum Alleinerben einsetzen, um zu gewährleisten, dass dem überlebenden Ehegatten der Nachlass des Verstorbenen allein zufällt, gilt ergänzend § 2268 II BGB, wonach das Testament auch im Scheidungsfall gültig bleibt, wenn anzunehmen ist, dass die Eheleute beim Abfassen des Testaments dies so festlegen wollten.

**Beispiel**[450]**:** Die Eheleute M und F hatten ein „Berliner Testament" verfasst, in dem sie sich gegenseitig zum Alleinerben einsetzten. Ein Jahr später trennten sie sich. M verfasste nunmehr ein neues Testament, in dem er die gemeinsame Tochter T zu seiner Alleinerbin einsetzte; F solle nichts bekommen. F stellte später einen Scheidungsantrag. Vor Gericht stimmte M der Scheidung zu. M und F einigten sich aber darauf, trotz Vorliegens der Scheidungsvoraussetzungen (die Eheleute lebten bereits mehr als drei Jahre getrennt, siehe § 1566 II BGB) das Scheidungsverfahren auszusetzen und im Rahmen eines Mediationsverfahrens noch einmal zu prüfen, ob sie die Ehe „eventuell" nicht doch fortführen wollten. Kurz darauf verstarb M jedoch. Nunmehr streiten sich F und T um das Erbe. Beide halten sich allein für erbberechtigt.

Nach §§ 2268 I, 2077 I BGB ist ein gemeinschaftliches Testament u.a. unwirksam, wenn die Ehe geschieden wird oder die Voraussetzungen für eine Scheidung vorlagen und der Erblasser die Scheidung beantragt oder einem Scheidungsantrag zugestimmt hatte. Vorliegend lagen die Scheidungsvoraussetzungen vor; M hatte zudem dem Scheidungsantrag der F zugestimmt. Das OLG macht deutlich, dass die Bereitschaft des M zur Durchführung eines Mediationsverfahrens seine ursprünglich erklärte Zustimmung zur Scheidung nicht habe entfallen lassen. Zur Annahme des Entfalls der ursprünglichen Zustimmung zur Scheidung hätte es vielmehr einer Erklärung des M bedurft, dass die Ehe Bestand haben solle, zumal im vorliegenden Fall die Eheleute bereits mehr als drei Jahre getrennt lebten und das Gesetz in diesem Fall von einer unwiderleglichen Vermutung des Scheiterns der Ehe ausgeht (§ 1566 II BGB). Fehlt es also an einer Erklärung, trotz unwiderleglicher Vermutung des Scheiterns der Ehe am gemeinsamen Testament festhalten zu wollen, greift nach Auffassung des OLG auch keine Ausnahme nach § 2268 II BGB, wonach ein gemeinsames Testament auch im Scheidungsfall gültig bleibt, wenn anzunehmen ist, dass die Eheleute dies beim Abfassen des Testaments so festlegen wollen. Eine solche Absicht könne vorliegend nicht festgestellt werden. Demnach war T also (Allein-)Erbin.

---

[447] Siehe auch *Ellenberger*, in: Palandt, § 133 Rn 12: Auslegung nach der objektiven Verständnismöglichkeit eines durchschnittlichen Beteiligten. Ferner BGH NJW 1993, 256; *Brox/Walker*, AT, Rn 125 f.; *Medicus/Petersen*, AT, Rn 322.
[448] *Ellenberger*, in: Palandt, § 133 Rn 13. Siehe auch OLG Oldenburg 26.9.2018 – 3 W 71/18.
[449] *Ellenberger*, in: Palandt, § 133 Rn 13.
[450] Nach OLG Oldenburg 26.9.2018 – 3 W 71/18.

Stellungnahme: Dem OLG ist im Ergebnis, aber nicht in der Herleitung zuzustimmen. Die Vermutungsregel des § 2268 II BGB stellt klar auf den Zeitpunkt des Abfassens des gemeinschaftlichen Testaments ab. Nachträgliche Umstände sind daher an sich nicht geeignet, die Vermutung zu widerlegen. Mangels entgegenstehender Anhaltspunkte wird man vielmehr stets annehmen müssen, die gegenseitige Erbeinsetzung stehe unter der „Bedingung" einer zum Zeitpunkt des Erbfalls bestehenden Ehe. Insofern war die Argumentation des OLG allein geeignet, das Vorliegen der Scheidungsvoraussetzungen und die Zustimmung des M zur Scheidung mit dem Nichtbestehen der Ehe gleichzusetzen.

## 2. Auslegung empfangsbedürftiger Willenserklärungen

### a. Maßgeblicher Standpunkt: objektiver Empfängerhorizont

**406** Nach § 130 I S. 1 BGB ist eine Willenserklärung **empfangsbedürftig**, wenn sie *einem anderen gegenüber abzugeben* ist. Die Wirksamkeit solcher Willenserklärungen tritt erst mit ihrem Zugang beim Empfänger ein (vgl. schon Rn 198, 304 ff. und 306). Daraus folgt, dass empfangsbedürftige Willenserklärungen auch die Interessen des Empfängers berühren. Es liegt daher nahe, das Interesse des Adressaten zu schützen, sodass die Erklärung so gilt, wie er sie redlicherweise verstehen durfte.[451] Das entspricht dem Standpunkt der h.M., wonach unter Zugrundelegung der Auslegungsregelung der §§ 133, 157 BGB (Rn 401 f.) **empfangsbedürftige Willenserklärungen** so auszulegen sind, wie sie der Erklärungsempfänger nach Treu und Glauben unter Berücksichtigung der Verkehrssitte und der Umstände des Einzelfalls verstehen durfte (**objektiver Empfängerhorizont**).[452] Bei der Auslegung dürfen jedoch nur solche Umstände berücksichtigt werden, die beim Zugang der Erklärung für den Empfänger erkennbar waren.[453] Das bedeutet aber nicht, dass der Empfänger der Erklärung einfach den für ihn günstigsten Sinn beilegen darf. Er ist nach Treu und Glauben seinerseits verpflichtet, unter Berücksichtigung aller ihm erkennbaren Umstände mit gehöriger Aufmerksamkeit zu prüfen, was der Erklärende meinen könnte (objektiv-normative Auslegung).[454] Nur dann liegt ein sachgerechter Ausgleich der unterschiedlichen Interessen des Erklärenden und des Erklärungsempfängers vor. Da jedoch auch das BGB mit seinen Anfechtungsregeln (hier: § 119 I BGB) von der einstweiligen Gültigkeit des Erklärten ausgeht (denn sonst bedürfte es schon keiner (Inhalts- oder Erklärungs-)Anfechtung), ist im Zweifel der objektive Empfängerhorizont entscheidend.

**407** **Beispiel:** V beabsichtigt, sein Mountainbike zu verkaufen. Darüber hat er gelegentlich auch schon mit seinem Freund K gesprochen; als Preis nannte V stets 500,- €, da das Fahrrad erst ein Jahr alt und noch neuwertig sei und neu 700,- € gekostet habe. Als V dem K nun per E-Mail mitteilt, es sei so weit und dieser könne das Fahrrad kaufen, vertippt er sich jedoch und gibt statt der beabsichtigten 500,- € lediglich 400,- € an. Im Glauben, V habe speziell für K noch etwas am Preis nachgelassen, antwortet K auf die E-Mail und nimmt das Angebot an.

In diesem Fall weichen das subjektiv Gewollte (Preis: 500,- €) und das objektiv Erklärte (Preis: 400,- €) voneinander ab. Hier leuchtet es ein, dass V daran interessiert ist, das Fahrrad nur zu einem Preis von 500,- € zu verkaufen, was ja seinem wirklichen Willen entspricht. Auf der anderen Seite möchte K auf das von V objektiv Erklärte vertrauen können; immerhin hat dieser im konkreten Angebot einen Preis von 400,- € genannt. Stellt man also darauf ab, wie sich das Angebot für den Erklärungsempfänger K darstellt (Vertragsschluss über 400,- €), missachtet man (unter Vorbehalt der Anfechtungsmöglichkeit wegen Irrtums) den tatsächlichen Willen des V. Stellt man demgegenüber auf die Sicht

---

[451] *Medicus/Petersen*, AT, Rn 323; *Stadler*, AT, § 18 Rn 8; *Ellenberger*, in: Palandt, § 133 Rn 9.

[452] Allgemeine Auffassung, vgl. nur BGHZ 103, 275, 280; BGH NJW 1990, 3206; 1992, 1446; 2006, 3777; *Ellenberger*, in: Palandt, § 133 Rn 9; *Stadler*, AT, § 18 Rn 8; *Boecken*, AT, Rn 245; *Wolf/Neuner*, AT, § 35 Rn 52.

[453] BGH NJW 1988, 2878, 2879.

[454] BGH NJW 1981, 2296; NJW 2006, 3777 f.; *Ellenberger*, in: Palandt, § 133 Rn 9; *Medicus/Petersen*, AT, Rn 323. Vgl. später auch *Stadler*, JA 2007, 454, 455.

des V ab und betrachtet dessen wahren Willen (Vertragsschluss über 500,- €) als maßgeblich, enttäuscht man das Vertrauen des K auf die Gültigkeit der Erklärung des V.

Schutzwürdig sind letztlich beide: V hat sich lediglich vertippt; andererseits hat sich K auf die objektive Erklärung, so, wie er sie verstehen durfte, verlassen. Denkbar sind also verschiedene Lösungsmöglichkeiten:

⇨ Vertragsschluss über 500,- €
⇨ Vertragsschluss über 400,- €
⇨ kein Vertragsschluss

Da das Ergebnis nicht offenbleiben kann, bedarf es einer (grundlegenden) Entscheidung, wessen Sicht maßgeblich sein soll. Nach zutreffender h.M. sind auf der Grundlage der §§ 133, 157 BGB empfangsbedürftige Willenserklärungen so auszulegen, wie sie der Erklärungsempfänger nach Treu und Glauben unter Berücksichtigung der Verkehrssitte und der Umstände des Einzelfalls verstehen durfte (objektiver Empfängerhorizont). Daher ist auch vorliegend der objektive Erklärungswert des Verhaltens des V, wie er sich für einen Dritten in der Rolle des Erklärungsempfängers K darstellt, entscheidend. Jeder objektive Dritte in der Rolle des K durfte das Vertragsangebot nur so verstehen, wie es sich für K darstellte. V ist daher an seine Erklärung gebunden. Jedoch gewährt ihm die Rechtsordnung die Möglichkeit, sich durch Anfechtung (hier: gem. § 119 I Var. 2 BGB) vom Vertrag zu lösen. Dann aber muss V gem. § 122 I BGB dem K denjenigen Schaden ersetzen, den dieser im Vertrauen auf die Gültigkeit des Geschäfts erlitten hat.

Daraus folgt zugleich der Grundsatz: **„Auslegung vor Anfechtung"** (dazu Rn 1296 ff.). Denn ergibt eine Auslegung, dass der Erklärungsempfänger die Erklärung nach Treu und Glauben unter Berücksichtigung der Verkehrssitte und der Umstände des Einzelfalls so verstanden hat oder sie verstehen musste, wie sie der Erklärende verstanden wissen wollte, gilt die Erklärung auch mit dieser Bedeutung. Für eine Anfechtung wegen Irrtums ist dann kein Raum. Bevor also eine Anfechtung wegen Irrtums geprüft wird, ist vorab durch Auslegung zu ermitteln, ob das Erklärte und das Gewollte tatsächlich auseinanderfallen.

Daher wäre im vorliegenden Fall möglicherweise anders zu entscheiden gewesen, wenn V bspw. Ausländer gewesen wäre und K dies erkannt hätte. Denn in einem solchen Fall muss der Erklärungsempfänger auch die Gefahr von Übersetzungsfehlern in Betracht ziehen, sofern Anhaltspunkte dafür vorliegen.[455] Bejahte man dies im vorliegenden Fall, wäre ein Kaufvertrag nicht zustande gekommen.

## b. Vorrang des übereinstimmend Gewollten

Haben sich die Parteien zwar unrichtig ausgedrückt, ihren Erklärungen allerdings **übereinstimmend denselben Sinn** beigemessen, ist selbstverständlich an dem beidseitig gewollten Erklärungswert festzuhalten. Eine übereinstimmende Falschbezeichnung schadet nicht (*falsa demonstratio non nocet*).[456]  **408**

**Beispiel**[457]**:** V verkaufte an K 100 Fässer **„Haakjöringsköd"**. Dieses norwegische Wort steht für „Haifischfleisch", welches die Fässer auch tatsächlich enthielten. V und K waren jedoch übereinstimmend davon ausgegangen, dass dieses Wort „Walfischfleisch" bedeute, und wollten auch über solches den Kaufvertrag schließen. Als K den Fehler bei Lieferung bemerkte, verlangte er Schadensersatz.  **409**

Weil hier beide Parteien trotz unrichtiger Bezeichnung einen Kaufvertrag über „Walfischfleisch" schließen wollten, kam der Vertrag auch über 100 Fässer „Walfischfleisch" zustande, sodass K Recht zu geben war.

---

[455] *Medicus/Petersen,* AT, Rn 323.
[456] BGH NJW 1998, 746, 747; 1999, 486, 487; 2002, 1038, 1039; NJW 2008, 1658, 1659 f.; *Ellenberger,* in: Palandt, § 133 Rn 8; *Medicus/Petersen,* AT, Rn 327; *Brox/Walker,* AT, Rn 133; *Boecken,* AT, Rn 246; *Wolf/Neuner,* AT, § 35 Rn 27; *Wieser,* JZ 1985, 407.
[457] Nach dem Schulfall RGZ 99, 147 ff., der auch sonst in (fast) allen Lehrbüchern zum BGB AT enthalten ist.

**410**

> **Hinweis für die Fallbearbeitung:** Bei der Frage, ob der vertragliche Anspruch durch Einigung der Parteien zustande gekommen ist, muss zunächst geprüft werden, ob eine subjektive Übereinstimmung trotz beidseitig objektiv unrichtiger Bezeichnung vorliegt. Denn gelangt man zu dem Ergebnis, dass beide Parteien dasselbe meinen, obwohl sie übereinstimmend das Falsche gesagt haben, gilt das übereinstimmend Gemeinte (*falsa demonstratio non nocet*).
>
> Liegt kein Fall der *falsa demonstratio* vor, sind beide Willenserklärungen vom objektiven Empfängerhorizont her objektiv-normativ auszulegen. Stimmen beide Willenserklärungen überein, liegt eine Einigung vor. Weicht das mittels der objektiv-normativen Auslegung Ermittelte, das der Empfänger auch so verstanden hatte, jedoch vom wirklichen Willen des Erklärenden ab, kann dieser die Erklärung wegen eines Inhalts- oder Erklärungsirrtums nach § 119 I BGB anfechten.

## 3. Die Auslegung formgebundener Willenserklärungen

**411**  Verträge und Willenserklärungen können kraft Gesetzes, aber auch kraft Parteivereinbarung einer bestimmten Form unterliegen.

> **Beispiel:** Möchten V und K einen Kaufvertrag über ein Hausgrundstück schließen, können sie dies nicht einfach mündlich oder schriftlich tun. Um die Parteien auf die Bedeutung des Geschäfts hinzuweisen und vor übereiltem Vorgehen zu schützen, aber auch um den Beweis der getroffenen Vereinbarung zu sichern, bedarf ein Kaufvertrag über ein Grundstück der notariellen Beurkundung (§ 311b I S. 1 BGB). Ein ohne Einhaltung dieser Form geschlossener Vertrag ist nichtig, sofern nicht die Auflassung (§ 925 BGB) und die Eintragung in das Grundbuch (§ 873 BGB) erfolgen (vgl. §§ 125 S. 1, 311b I S. 2 BGB).[458]

**412**  Entspricht der Inhalt einer Willenserklärung nicht dem Inhalt, den man an eine formgebundene Erklärung stellt, wirft dies die Frage auf, ob der Verstoß gegen die geforderte Form zur Nichtigkeit der Erklärung führt (vgl. § 125 BGB). In einem solchen Fall ist in zwei Schritten vorzugehen: Zunächst ist die Erklärung nach allgemeinen Grundsätzen auszulegen. Dabei sind nach h.M.[459] auch Umstände heranzuziehen, die außerhalb der Urkunde liegen, sodass die Auslegung zu einem Ergebnis führen kann, das mit dem Wortlaut der Erklärung nichts mehr zu tun hat.[460] Erst wenn dies geklärt ist, ist zu entscheiden, ob die durch Auslegung ermittelten Willenserklärungen den jeweiligen Formerfordernissen entsprechen.[461]

**413**  > **Beispiel:** V und K aus dem Beispiel von Rn 411 sind sich darüber einig, dass das Grundstück, auf dem sich das Wohnhaus mit der Hausnummer 10 befindet, an K verkauft werden soll. K beauftragt daher den Notar N mit der Durchführung des Geschäfts. Dieser besorgt sich beim Grundbuchamt einen Lageplan, aus dem hervorgeht, dass dem Kaufgegenstand die Flurstücknummer 123/57 zugeordnet ist (im notariellen Kaufvertrag über ein Grundstück wird nicht auf die Adresse, sondern auf die Flurbezeichnung des Kaufgegenstands abgestellt). Aufgrund eines Übertragungsfehlers innerhalb des Notarbüros wird im notariellen Vertrag versehentlich als Kaufgegenstand jedoch das Grundstück mit der Flurstücknummer 123/75 bezeichnet, das – wie der Zufall so will – ebenfalls dem V gehört, ohne dass dies V oder K auffällt.
>
> Hier führt die Auslegung nach allgemeinen Grundsätzen zunächst dazu, dass ein Vertrag über das Grundstück mit der Flurbezeichnung „Nr. 123/57" gewollt ist, da dies dem übereinstimmenden Willen von V und K entspricht (1. Schritt). Notariell beurkundet (Form-

---

[458] Zur Grundstücksübertragung vgl. *R. Schmidt*, SachenR II, Rn 202 ff.
[459] BGHZ 63, 359, 362; 86, 41, 45; BayObLG NJW 1999, 1118, 1119; *Medicus/Petersen*, AT, Rn 330; *Ellenberger*, in: Palandt, § 133 Rn 19.
[460] Vgl. z.B. BGH NJW 1994, 850; BGHZ 124, 64, 68.
[461] *Stadler*, AT, § 18 Rn 16.

pflicht des § 311b I S. 1 BGB) ist jedoch ein Vertrag über das Grundstück mit der Flurbezeichnung „Nr. 123/75". Ob hier ein formwirksamer Kaufvertrag geschlossen wurde, und über welches Grundstück (2. Schritt), ist fraglich.

⇨ Einerseits vertritt der BGH, dass in Fällen der vorliegenden Art zur Wirksamkeit des Vertrags das wirklich Gewollte in der objektiven Erklärung zumindest angedeutet sein müsse (sog. **Andeutungstheorie**).[462] Sei das wirklich Gewollte nicht wenigstens angedeutet, gelte die Formnichtigkeit nach § 125 BGB.

⇨ Andererseits steht der BGH auf dem Standpunkt, dass auch bei formbedürftigen Verträgen der Grundsatz „**falsa demonstratio non nocet**" gelte.[463] Danach trete selbst dann keine Formnichtigkeit ein, wenn keinerlei Anhaltspunkte für den durch Auslegung ermittelten Willen in der Erklärung selbst enthalten seien.

Welcher Lösung der Vorzug zu geben ist, kann nicht allgemein, sondern nur unter Berücksichtigung der Erklärung und des jeweiligen Formzwecks entschieden werden.[464]

⇨ Übt die Formvorschrift, wie etwa § 311b I S. 1 BGB, eine Warn- oder Aufklärungsfunktion (nur) gegenüber den Parteien aus, ist kein Grund ersichtlich, den Grundsatz „falsa demonstratio non nocet" nicht anzuwenden. Insbesondere ist eine Andeutung des wirklichen Willens in der Erklärung nicht erforderlich, wenn kein schutzwürdiges Vertrauen eines Dritten betroffen ist. Wurde also – wie im vorliegenden Fall – durch Auslegung der rechtlich bedeutsame Inhalt der Erklärung ermittelt (vorliegend nämlich der Kaufvertrag über das Grundstück mit der Flurstücknummer 123/57), schadet die Falschbezeichnung nicht.

⇨ Etwas anderes würde nur dann gelten, wenn hinsichtlich des wahren Grundstücks besonderer Aufklärungsbedarf seitens des Notars bestünde (etwa eine Baulast) oder wenn die Parteien bewusst etwas Falsches angeben, z.B. einen zu niedrigen Grundstückskaufpreis, um Steuern und Gebühren zu sparen. Dann bliebe es bei der Formunwirksamkeit, wobei zu beachten wäre, dass der Formmangel durch die Auflassung und die Eintragung in das Grundbuch geheilt wäre.

---

[462] BGH NJW 1995, 1886, 1887; 1995, 43, 45; BGHZ 86, 41, 47; 63, 359, 362.
[463] BGHZ 87, 150, 152 ff.
[464] *Stadler*, AT, § 18 Rn 17 ff.

# E. Die Auslegung von Verträgen

**414** In der Rechtspraxis müssen nicht nur Willenserklärungen, sondern auch die ihnen folgenden Verträge ausgelegt werden. Denn nicht selten kommt es vor, dass die Parteien zu ungenaue Formulierungen verwandt haben und sich hinterher darüber streiten, was genau gemeint war. Außerdem ist es möglich, dass die Parteien schlicht bestimmte Punkte nicht in den Vertrag aufgenommen haben, sei es, dass ihnen die Vorstellungskraft fehlte, oder sei es, dass in der Zeit nach Vertragsschluss bestimmte Entwicklungen eingetreten sind, die bei Vertragsschluss nicht vorhersehbar waren. Bei der Auslegung von Verträgen kommen daher zum einen die **erläuternde** Vertragsauslegung und zum anderen die **ergänzende** Vertragsauslegung in Betracht.

## I. Die erläuternde Vertragsauslegung

**415** Ist die Formulierung bestimmter Sachverhalte in einem Vertrag nur ungenau oder mehrdeutig, ist der Vertrag – um die Bedeutung der vertraglich vereinbarten Regelung zu ermitteln – *erläuternd* auszulegen.

**416** Bei der **erläuternden** Vertragsauslegung gilt es festzustellen, welchen Inhalt ein Vertrag bzw. eine Vertragsklausel hat.[465] Wesentliche Kriterien für diese Auslegung sind

- der **Wortlaut** unter **Berücksichtigung der Begleitumstände**,
- der jeweilig mit dem Vertrag verfolgte **Zweck**,
- **Treu und Glauben** sowie
- die **Verkehrssitte**.

**Beispiel:** Unternehmer K erkundigt sich telefonisch beim gewerblichen Verkäufer V nach dem Preis für 10 Computerfestplatten. V teilt dem K telefonisch mit, die Festplatten kosteten 45,- €/St. Als nach dem Kauf K die Rechnung über 535,50 € inkl. 19% USt erhält, stellt er fest, dass offenbar ein Missverständnis vorliegt. Während er von einem Brutto-Preis (also von 45,- €/St. inkl. 19% USt) ausging, meinte V offenbar 45,- €/St. zzgl. USt.

Hier liegt also eine Diskrepanz zwischen der jeweiligen Vorstellung. Wenn man bedenkt, dass Rechtsgeschäfte unter Unternehmern i.d.R. auf Netto-Basis erfolgen (der vorsteuerabzugsberechtigte Käufer kann die an den Verkäufer gezahlte USt von der Finanzverwaltung erstattet verlangen), musste auch K v.a. unter Berücksichtigung der Begleitumstände und der Verkehrssitte den von V genannten Preis als Netto-Preis verstehen.

**417** Ist allerdings ein übereinstimmender Wille der Parteien erkennbar (z.B. im Fall der *falsa demonstratio*), ist für eine erläuternde Vertragsauslegung kein Raum.

## II. Die ergänzende Vertragsauslegung

**418** Während die erläuternde Vertragsauslegung den Zweck hat, den Inhalt des Vertrags bzw. seiner Vertragsbestandteile zu ermitteln, geht es bei der ergänzenden Vertragsauslegung darum, *Lücken* rechtsgeschäftlicher Vereinbarungen zu schließen. Da sich jedoch derjenige, der den Vertrag ergänzend auslegt, nicht über den Parteiwillen und damit die Vertragsfreiheit hinwegsetzen darf, ist die ergänzende Vertragsauslegung an **strenge Voraussetzungen** geknüpft.

### 1. Voraussetzungen der ergänzenden Vertragsauslegung

**419** Zunächst muss durch Auslegung festgestellt werden, ob eine **planwidrige Regelungslücke** in einem zustande gekommenen Vertrag besteht.[466] Unerheblich ist, aus welchen

---

[465] *Stadler*, AT, § 18 Rn 20 ff.; *Boecken*, AT, Rn 297; *Ellenberger*, in: Palandt, § 157 Rn 2.
[466] BGH NJW 2008, 1218 f.; BGHZ 127, 138, 142; 125, 7, 17; 158, 201, 206. Vgl. auch BGH NJW 2009, 1482 ff.; NJW 2013, 678 ff.; NJW 2015, 1167, 1168

Gründen die Parteien diesen Punkt offengelassen haben. Häufig ist eine solche Lücke darauf zurückzuführen, dass die Parteien einen bestimmten regelungsbedürftigen Punkt nicht bedacht haben.[467] Sie kann aber auch darauf beruhen, dass eine früher getroffene Vereinbarung nicht mehr feststellbar ist. Ist eine vertragliche Regelung unwirksam (z.B. bei unwirksamen AGB, vgl. Rn 1488 ff.), kann auch dies als Lücke aufzufassen sein.[468]

Dagegen liegt **keine** (im Wege der Vertragsauslegung zu schließende) Regelungslücke vor, wenn die getroffene Regelung nach dem Willen der Parteien **bewusst abschließend** sein sollte. Eine trotzdem erfolgte Auslegung würde in das Recht der Parteien auf Privatautonomie eingreifen. Die ergänzende Vertragsauslegung darf somit nicht zu einer Einschränkung, Abänderung oder Ergänzung des Vertragswillens führen; sie darf nur den Vertragsinhalt zweck- und willensgerecht ergänzen.[469]     **420**

Wurde eine planwidrige Regelungslücke festgestellt, ist des Weiteren zu prüfen, ob die Vertragslücke mit Hilfe **dispositiver** (vertraglich abdingbarer) **gesetzlicher Regelungen** geschlossen werden kann (vgl. etwa § 448 BGB). Ist dies der Fall, scheidet eine ergänzende Vertragsauslegung grds. aus, da das dispositive Recht anderenfalls leerlaufen würde und funktionslos wäre.[470] Die Ergänzung von Vertragslücken mittels dispositiven Rechts kommt v.a. bei Leistungsstörungen (Verzug, Unmöglichkeit, Sachmängel etc.) sowie Krankheit oder Tod eines Beteiligten in Betracht. Eine Ergänzung mittels dispositiver Normen scheidet aber in den Fällen aus, in denen die Vertragsparteien die Anwendung der gesetzlichen Vorschriften erkennbar nicht gewollt haben.[471] Die Vertragslücke ist dann im Wege der ergänzenden Vertragsauslegung zu schließen.     **421**

## 2. Ergänzende Vertragsauslegung mittels hypothetischen Parteiwillens

Wurde nach entsprechender Auslegung eine planwidrige Vertragslücke festgestellt und konnte diese nicht mit dispositivem Gesetzesrecht geschlossen werden, ist diese nun im Wege der ergänzenden Vertragsauslegung zu schließen. Um aber nicht gegen die beschriebene Privatautonomie zu verstoßen, müssen in erster Linie die im Vertrag zum Ausdruck kommenden Wertungen der Parteien zugrunde gelegt werden. Zugleich sind mit Treu und Glauben sowie der Verkehrssitte aber auch objektive Maßstäbe zu berücksichtigen. Daher fragt die h.M. danach, was die Parteien bei einer angemessenen Abwägung ihrer Interessen unter Berücksichtigung des Vertragszwecks nach Treu und Glauben (§ 242 BGB) redlicherweise gewollt und vereinbart hätten, wenn sie den nicht geregelten Fall bedacht hätten[472] (hypothetische Ermittlung des Parteiwillens).[473]     **422**

Bei diesem hypothetischen Parteiwillen kommt es nicht darauf an, was die Parteien *jetzt* wirklich wollen[474], sondern darauf, was sie redlicherweise gewollt hätten, wenn sie die fragliche Konstellation bedacht hätten – Grundsatz der beiderseitigen interessengerechten Auslegung.[475] Kann der hypothetische Parteiwille nicht ermittelt werden, verbietet sich eine ergänzende Vertragsauslegung, da man sich anderenfalls über den (hypothetischen) Parteiwillen hinwegsetzen würde. Dann liegt ein Dissens nach § 155 BGB vor.     **423**

---

[467] Vgl. auch BGH NJW 2015, 1167, 1168.
[468] BGHZ 63, 132, 135 f.; 90, 69, 74. Vgl. auch *Kötz*, JuS 2013, 289, 294.
[469] BGH NJW 2008, 1218 f.; BGHZ 23, 282, 285.
[470] BGHZ 90, 69, 75; *Ellenberger*, in: Palandt, § 157 Rn 4; *Stadler*, AT, § 18 Rn 28; vgl. auch *Brox/Walker*, AT, Rn 140; *Kötz*, JuS 2013, 289, 294.
[471] BGH NJW-RR 1990, 817, 818; *Stadler*, AT, § 18 Rn 28; vgl. auch *Brox/Walker*, AT, Rn 140.
[472] BGHZ 84, 1, 7; BGH NJW-RR 1990, 1218 f.; BGH NJW-RR 2017, 272, 274; BGHZ 164, 286, 292; 158, 201, 207; 90, 69, 77; 84, 1, 7; OLG Düsseldorf NJW-RR 1996, 1035.
[473] Siehe auch den Fall BGH NJW-RR 2017, 272 – oben Rn 285.
[474] Nachträgliche Änderungen der Umstände können nur im Rahmen des § 313 BGB (Störung bzw. Wegfall der Geschäftsgrundlage) zu einer Vertragsanpassung führen (vgl. dazu *R. Schmidt*, SchuldR AT, Rn 785 ff.).
[475] Vgl. dazu auch BGH NJW 2013, 678, 679.

# 5. Kapitel – Zustandekommen und Inhalt von Verträgen

## A. Einführung

**424** Das unserer Rechtsordnung zugrunde liegende, ausführlich bei Rn 1 ff. beschriebene Prinzip der Privatautonomie überlässt es grundsätzlich dem Einzelnen, seine Lebensverhältnisse im Rahmen des Rechts eigenverantwortlich zu gestalten. Das rechtliche Mittel, dies zu erreichen, ist der Vertrag, in dem die Parteien gemeinsam festlegen, welche Rechte und Pflichten zwischen ihnen gelten sollen.[476] Gemäß § 311 I BGB ist zur Begründung eines Schuldverhältnisses durch Rechtsgeschäft sowie zur Änderung des Inhalts eines Schuldverhältnisses grundsätzlich ein Vertrag zwischen den Beteiligten erforderlich. Voraussetzung für das Zustandekommen eines Vertrags ist die **inhaltliche Übereinstimmung (mindestens) zweier mit Bezug aufeinander abgegebener Willenserklärungen.**[477] Dabei wird die zeitlich früher (wenn auch nur für eine logische Sekunde) abgegebene Willenserklärung **Antrag** bzw. **Angebot** (oder Offerte) genannt (§ 145 BGB[478]) und die darauf folgende Willenserklärung **Annahme** (§§ 146 ff. BGB). Selbstverständlich muss den Willenserklärungen zudem ein **Rechtsbindungswille** zugrunde liegen. Denn fehlt der Wille, sich rechtlich binden zu wollen, kann begriffslogisch kein Vertrag zustande kommen. Allgemein üblich ist folgende Definition:

**425** Ein **Vertrag** ist ein Rechtsgeschäft, das durch zwei aufeinander bezogene und inhaltlich einander entsprechende (also korrespondierende) Willenserklärungen, Angebot und Annahme, zustande kommt.[479]

**426** Zu unterscheiden sind gemäß dem Trennungsprinzip (Rn 69 ff.) Verträge, die unmittelbar auf ein bestehendes Recht einwirken (i.d.R. **verfügende Verträge**), und Verträge, die Forderungsrechte erzeugen (i.d.R. **Verpflichtungsverträge**).

**427** Die Forderungsabtretung nach § 398 BGB und die Übereignung beweglicher Sachen nach § 929 BGB sind Verfügungen, da sie eine unmittelbare Rechtsänderung bewirken – sog. dingliche Rechtsgeschäfte. Dagegen erzeugen bspw. der Kaufvertrag (§ 433 BGB), der Mietvertrag (§ 535 BGB), der Dienstvertrag (§ 611 BGB), der Arbeitsvertrag (§ 611a BGB) und der Werkvertrag (§ 631 BGB) lediglich Forderungsrechte, d.h. sie bewirken nicht unmittelbar eine Rechtsänderung, sondern lediglich die *Verpflichtung*, eine solche herbeizuführen.

> **Beispiel:** Schließen V und K einen Kaufvertrag über ein gebrauchtes Motorrad (§ 433 BGB), begründet ein solcher Vertrag – streng dem Trennungsprinzip folgend – lediglich die Verpflichtung zum Güteraustausch: V wird verpflichtet, K Eigentum und Besitz an dem Motorrad zu verschaffen, K muss den Kaufpreis zahlen. Eine unmittelbare Rechtsänderung dergestalt, dass allein durch den Kaufvertrag K Eigentümer und Besitzer des Motorrads und V Eigentümer und Besitzer des Geldes wird, ist dadurch aber noch nicht eingetreten. Hierzu bedarf es jeweils eines weiteren Rechtsgeschäfts, namentlich eines dinglichen (sachenrechtlichen) Verfügungsgeschäfts (vgl. § 929 S. 1 BGB).

> Zur Unterscheidung zwischen Verpflichtungs- und Verfügungsgeschäften (Trennungsprinzip) vgl. im Übrigen Rn 69 ff.

---

[476] Vgl. auch § 311 I BGB, wonach „zur Begründung eines Schuldverhältnisses durch Rechtsgeschäft sowie zur Änderung des Inhalts eines Schuldverhältnisses ein Vertrag zwischen den Beteiligten erforderlich ist, soweit nicht das Gesetz ein anderes vorschreibt".

[477] Zum Begriff der Willenserklärung vgl. grundlegend die Ausführungen bei Rn 191 ff. und 226 ff.

[478] § 145 BGB spricht zwar ausschließlich von „Antrag", im juristischen Sprachgebrauch hat sich bei Verträgen aber auch die Bezeichnung „Angebot" verbreitet.

[479] Allgemeine Auffassung, vgl. nur *Ellenberger*, in: Palandt, Einf v § 145 Rn 1 ff.; *Wolf/Neuner*, AT, § 37 Rn 1; *Köhler*, AT, § 8 Rn 3; *Brox/Walker*, AT, Rn 77.

## Prüfung von Angebot und Annahme

### I. Der Antrag

#### 1. Definition

Der **Antrag** ist eine empfangsbedürftige Willenserklärung, durch die einem anderen ein Vertragsschluss so angetragen wird, dass das Zustandekommen des Vertrags nur von dessen Einverständnis abhängt. Fehlt der objektiv zu bestimmende Rechtsbindungswille, liegt eine *invitatio ad offerendum* vor.

#### 2. Inhaltliche Bestimmtheit des Antrags

Gegenstand und Inhalt des Vertrags müssen im Antrag grds. so bestimmt oder so bestimmbar (§§ 133, 157, 315 ff. BGB) enthalten sein, dass die Annahme durch ein einfaches „Ja" erfolgen kann. Der Antrag muss also die wesentlichen Punkte des intendierten Vertrags (die sog. *essentialia negotii*) enthalten.

#### 3. Bindung an den Antrag

§ 145 BGB bestimmt, dass der Antragende an sein Angebot gebunden ist. Diese Bindungswirkung *beginnt* grds., wenn dem Erklärungsempfänger das Angebot des Antragenden **wirksam zugegangen** ist, und endet mit dem Erlöschen des Antrags. Bis zum Zugang des Antrags ist ein Widerruf gemäß § 130 I S. 2 BGB noch zulässig. Nach § 145 a.E. BGB ist es dem Antragenden jedoch möglich, die Gebundenheit auszuschließen.

#### 4. Sonder- und Problemfälle im Bereich des Antrags

⇨ Offerta *ad incertas personas*
⇨ Gleichzeitige Abgabe der Willenserklärungen
⇨ Zusendung unbestellter Ware
⇨ Realofferte

#### 5. Annahmefähigkeit des Antrags

Die Annahme kann schließlich nur zu einem wirksamen Vertragsschluss führen, wenn das Vertragsangebot (noch) wirksam ist und (noch) besteht. Die Annahmefähigkeit ist dann nicht mehr gegeben, wenn das Angebot zwischenzeitlich *erloschen* ist. Es kommen folgende Erlöschensgründe in Betracht:

⇨ **Widerruf** des Angebots, § 130 I S. 2 BGB
⇨ **Ablehnung** des Angebots, §§ 146 Var. 1, 150 II BGB
⇨ **Verspätete Annahme** des Angebots, § 146 Var. 2 i.V.m. §§ 147-149 BGB
⇨ **Abweichender Wille** des Antragenden **bei dessen späterem Tod oder bei Geschäftsunfähigkeit**, § 153 a.E. BGB
⇨ Erlöschen des Angebots bei einer **Versteigerung**, § 156 S. 2 BGB

### II. Die Annahme

#### 1. Definition

Die Annahme ist eine empfangsbedürftige Willenserklärung, durch die der Antragsempfänger dem Antragenden sein Einverständnis mit dem angebotenen Vertragsschluss zu verstehen gibt.

#### 2. Voraussetzungen

Auch die Annahme wird erst mit ihrer Abgabe und grds. ihrem **Zugang** beim Antragenden wirksam (§ 130 I S. 1). Bis zum Zugang der Erklärung kann der Annehmende seine Willenserklärung daher **widerrufen** (§ 130 I S. 2 BGB). Ausnahmsweise ist jedoch der Zugang **entbehrlich**, vgl. §§ 151, 152, 156 BGB. **Inhaltlich** muss sich die Annahme **auf den Antrag beziehen** und mit ihm bezüglich des bezweckten Rechtserfolgs **übereinstimmen**. Eine wörtliche Übereinstimmung ist nicht erforderlich. Liegen aber selbst durch Auslegung nicht zu überwindende Mängel im Antrag und in der Annahme vor, die ein Einigwerden der Parteien verhindern, spricht man von einem **Dissens**. Geregelt ist der Dissens in §§ 154, 155 BGB. Weicht die „Annahmeerklärung" inhaltlich vom Angebot ab (Erweiterung, Einschränkung, sonstige Änderung), liegt i.d.R. keine Annahme, sondern eine **Ablehnung verbunden mit einem neuen Antrag** vor (**§ 150 II BGB**).

# B. Der Antrag (Angebot, Offerte)

## I. Allgemeines

**428**  Nach der gesetzlichen Regelung der §§ 145 ff. BGB kommt ein Vertrag zustande durch den **Antrag** (Angebot, Offerte) zum Abschluss eines Vertrags mit einem bestimmten Inhalt und durch **Annahme** als Zustimmung hierzu. Es handelt sich jeweils um eine *empfangsbedürftige* **Willenserklärung**, die mit ihrem Zugang beim Erklärungsempfänger wirksam wird (vgl. § 130 BGB). Beide Willenserklärungen müssen aufeinander bezogen abgegeben werden (Konsens). Für die Bestimmung des zunächst zu erläuternden Antrags wird üblicherweise folgende Definition verwendet:

**429**  Der **Antrag** ist eine empfangsbedürftige Willenserklärung, durch die sich eine Person mit Rechtsbindungswillen gegenüber einer anderen zum Abschluss eines bestimmten Vertrags bereit erklärt und er an diese Erklärung grds. gebunden ist.[480]

**430**  Der Antrag muss – wie sich schon aus dem Begriff der Willenserklärung ergibt – den **Willen zu einer rechtlichen Bindung** zum Ausdruck bringen. Davon ist z.B. der Fall der *invitatio ad offerendum* abzugrenzen. Bei dieser handelt es sich mangels Rechtsbindungswillens nicht um ein Angebot, sondern um die Aufforderung, der *andere* möge ein Angebot abgeben.[481] Ob es sich im konkreten Fall um ein Vertragsangebot oder um eine *invitatio ad offerendum* handelt, ist durch Auslegung (§§ 133, 157 BGB) aus der Sicht eines objektiven Dritten in der Rolle des Erklärungsempfängers zu ermitteln. **Maßgeblich ist mithin der objektive Erklärungswert.** Gleiches gilt für das reine Gefälligkeitsverhältnis und das Sorgfaltspflichten auslösende Gefälligkeitsverhältnis.[482]

## II. Inhaltliche Bestimmtheit des Antrags

**431**  Da das Gesetz davon ausgeht, dass der Vertrag durch Angebot und Annahme zustande kommt und die Beteiligten daran gebunden sind (***pacta sunt servanda*** = Verträge sind einzuhalten), müssen bestimmte Voraussetzungen von den jeweiligen zum Vertragsschluss führenden Willenserklärungen erfüllt sein.

### 1. Die essentialia negotii

**432**  Klar ist, dass die Person des Antragstellers offenbart werden muss. Denn der andere Teil muss schließlich wissen, mit wem er kontrahieren soll. Klar ist auch, dass der Antrag den Rechtsbindungswillen zum Ausdruck bringen muss (s.o.). Soll der Vertrag lediglich durch eine bloße Zustimmungserklärung des anderen Teils zustande kommen, muss das Angebot zudem **alle wesentlichen Punkte des intendierten Vertrags** (sog. *essentialia negotii*) enthalten; es müssen Gegenstand und Inhalt des Vertrags sowie der Vertragspartner bereits im Antrag so bestimmt oder zumindest bestimmbar (§§ 133, 157, 315 ff. BGB) angegeben werden, dass die Annahme durch ein **einfaches „Ja"** erfolgen kann.

**432a**  Das soeben genannte Erfordernis nach der Person des Antragstellers spielt insbesondere bei **Internetgeschäften** eine Rolle. Denn in diesem Medium treten jedenfalls Privatleute[483] (bei eBay o.Ä.) i.d.R. unter **Phantasienamen** (also pseudonym) in Erscheinung und lassen ihre wahre Identität (vorerst) nicht erkennen. Das ändert aber nichts daran, dass die allgemeinen Vorschriften über die Rechtsgeschäftslehre Anwendung finden.[484] Das bedeutet, dass man mit der hinter dem Phantasienamen stehenden Person kontrahiert, auch wenn deren natürlicher

---

[480] Allgemeine Auffassung, vgl. nur *Ellenberger*, in: Palandt, § 145 Rn 1; *Brox/Walker*, AT, Rn 165; *Boecken*, AT, Rn 262; *Wolf/Neuner*, AT, § 37 Rn 3 ff.
[481] Vgl. dazu ausführlich Rn 269 ff., aber auch Rn 440, 608 und 1128.
[482] Vgl. dazu ausführlich Rn 282 ff.
[483] Bei Geschäftsleuten gilt etwas anderes, da sie umfangreiche Aufklärungspflichten zu beachten haben.
[484] Insoweit klarstellend OLG Köln NJW 2006, 1676.

Name im Zeitpunkt des Vertragsschlusses (noch) nicht bekannt ist. Es muss gem. §§ 133, 157 BGB davon ausgegangen werden, dass es dem Käufer gerade auf die wahre Identität des Verkäufers ankommt. Denn gerade bei Rechtsgeschäften im Internet als anonymes Massenmedium ist die Kenntnis der wahren Identität des Vertragspartners in aller Regel wichtig. Jede Partei möchte wissen, an wen sie das Erfüllungsbegehren richten und etwaige Ansprüche wegen Sachmängel geltend machen kann. Zu den praktischen Schwierigkeiten, die dabei auftreten können, vgl. Rn 606 ff.

Zu den *essentialia negotii* gehört weiterhin, dass die **Person des Vertragspartners**     **432b** bestimmt bzw. bestimmbar ist (zur Ausnahme der sog. Offerta *ad incertas personas* vgl. Rn 439), da die Individualisierung aufgrund der privatautonomen Rechtsordnung grds. nicht durch das Gesetz oder ein Gericht erfolgen kann.[485] Die übrigen unverzichtbaren und **wesentlichen Vertragsbestandteile** ergeben sich bei den typischen schuldrechtlichen Verträgen unmittelbar aus dem Gesetz.

> **Beispiele:** Beim **Mietvertrag** (§ 535 BGB) ist der Antrag bestimmt, wenn er den Mietgegenstand, den Mietzins und die Vertragspartner benennt, beim **Kaufvertrag** (§ 433 BGB), wenn er den Kaufgegenstand, den Kaufpreis und die Vertragspartner beinhaltet.

Da andererseits auch eine ***Bestimmbarkeit*** der vertragswesentlichen Inhalte ausreicht,     **433** kann ausnahmsweise auch ohne eine Benennung sämtlicher *essentialia negotii* ein für einen Vertragsschluss ausreichender Antrag vorliegen. Eine für den Vertragsschluss ausreichende Bestimmbarkeit der vertragswesentlichen Inhalte ist gegeben, wenn sich die offengebliebenen Punkte nach objektiven Maßstäben ermitteln lassen. Wichtig ist aber, dass sich die Parteien ausdrücklich oder stillschweigend einig sind, dass der Vertrag als solcher stehen soll und dass man über einzelne, noch offene Punkte schon Einigkeit erzielen wird.[486] Ist das nicht der Fall, liegt der für die Annahme eines Vertrags erforderliche (Grund-)Konsens nicht vor. Die folgenden, gesetzlich geregelten oder zumindest allgemein anerkannten genannten Fallgruppen sollen eine Orientierung geben:

- Der **Antragende überlässt die Festlegung einzelner Vertragspunkte dem**     **434**
  **Antragsempfänger oder einem Dritten** (vgl. §§ 315-319 BGB).

> Bei den §§ 315 ff. BGB handelt es sich größtenteils um Auslegungsregeln, die an die Prämisse anknüpfen, dass der für die Annahme eines Vertrags erforderliche (Grund-)Konsens vorliegt. Lediglich einzelne Vertragspunkte sollen dem Grundkonsens zufolge der anderen Partei oder einem Dritten überlassen werden.

> **Beispiel**[487]**:** Sachverständiger S wird von einem Institut beauftragt, ein Gutachten anzufertigen. Über das Honorar wird nicht gesprochen.

> Obwohl hier über eine vertragswesentliche Angelegenheit nicht gesprochen wurde, liegt ein Vertrag vor (hier: Werkvertrag, § 631 BGB). Denn es greift die Auslegungsregel des § 316 BGB. Jedoch enthält § 632 I, II BGB eine (vorrangige) Vergütungsregel (siehe auch sogleich Rn 435).

> **Gegenbeispiel:** A sagt zu B: „Den kannst du kaufen" und zeigt dabei auf seinen Wagen. B sagt: „O. K., nehm` ich."

> Obwohl auch hier über einen vertragswesentlichen Gegenstand nicht gesprochen wurde, könnte (wegen § 316 BGB) ein Vertrag vorliegen. Das setzt aber zumindest einen Grundkonsens voraus, sich vertraglich in Form eines Kaufvertrags binden zu wollen. Nach entsprechender Auslegung der Willenserklärung des A (siehe §§ 133, 157 BGB) kann jedoch nicht davon ausgegangen werden, dass dieser die Bestimmung des Kaufpreises allein B überlassen wollte. Das musste auch B bewusst sein. Die Auslegungsregelung des § 316

---

[485] *Schimmel/Buhlmann*, JA 2003, 916, 917 f.; *Jung*, JuS 1999, 28, 29; *Medicus/Petersen*, AT, Rn 431.
[486] Siehe dazu BGH NJW 2016, 936, 939; NJW-RR 2015, 1008; *Grüneberg*, in: Palandt, § 315 Rn 1.
[487] Nach BGH NJW 1966, 539.

BGB greift daher nicht; es ist kein Kaufvertrag zustande gekommen.[488] Man wird sogar davon ausgehen können, dass schon kein Angebot im Rechtssinne vorlag, da bei A wohl der Rechtsbindungswille (dazu Rn 268 ff.) fehlte. B konnte die Äußerung des A daher wohl nur so verstehen, dass A eine Verkaufsabsicht (Rn 281a) zum Ausdruck bringen wollte.

**435** ▪ Das **Gesetz** enthält Bestimmungen, die **unvollständige Regelungen ergänzen** (etwa §§ 612, 632 BGB).

Besteht nach objektiven Maßstäben (d.h. nach der Verkehrssitte) eine Vergütungserwartung, greift bei einer Dienstverpflichtung die Zweifelsregelung nach § 612 BGB, und zwar hinsichtlich des „ob" der Vergütung (§ 612 I BGB) und der Höhe der Vergütung (§ 612 II BGB). Die Regelung des § 612 I BGB grenzt zudem den vergütungspflichtigen Dienstvertrag vom unentgeltlichen Auftrag bzw. vom unentgeltlichen Gefälligkeitsverhältnis ab.

**Beispiel 1:** X hat Ärger mit dem Nachbarn bzgl. eines Überbaus. Er sucht daher Rechtsanwalt R auf, um sich über die Rechtslage beraten zu lassen. Über eine Vergütung wird nicht gesprochen. Umso erstaunter ist X, als er einige Tage später eine Kostenrechnung erhält.

Da ein Rechtsanwalt, der von der Vergütung seiner Tätigkeit lebt, im Zweifel keine unentgeltliche Rechtsberatung vornimmt, bestand auch vorliegend eine für X erkennbare Vergütungserwartung, sodass eine grundsätzliche Vergütungspflicht nach § 612 I BGB besteht. Hinsichtlich der Höhe der Vergütung (§ 612 II BGB) greift die „taxmäßige" Vergütung nach den Gebührensätzen des Rechtsanwaltsvergütungsgesetzes.

**Beispiel 2:** Bei Y ist die Heizung defekt. Er erteilt daher dem Heizungsinstallateur H einen Reparaturauftrag. Über eine Vergütung wird nicht gesprochen. Umso erstaunter ist Y, als er einige Tage später eine Rechnung erhält.

Da auch ein Reparaturbetrieb, der von der Vergütung seiner Tätigkeit lebt, im Zweifel keine unentgeltlichen Reparaturen vornimmt, bestand auch vorliegend eine für Y erkennbare Vergütungserwartung, sodass eine grundsätzliche Vergütungspflicht nach § 632 I BGB besteht. Hinsichtlich der Höhe der Vergütung (§ 632 II BGB) greifen die (orts-)üblichen Vergütungssätze.

Diskutiert wird bisweilen, ob die Auslegungsregelungen der §§ 612, 632 BGB analog auf Vertragsgestaltungen angewendet werden können, bei denen das Gesetz keine Regelung getroffen hat.

**Beispiel**[489]**:** A und B sind Schwestern. A möchte an ihrem Haus eine Anbauwohnung errichten. Da ihr das nötige Kleingeld fehlt, „leiht" B ihr den erforderlichen Betrag. Beide vereinbaren, dass B dafür in die Wohnung einziehen könne. Sollte B ausziehen, werde der von ihr investierte Betrag ausgezahlt, soweit er nicht abgewohnt sei. Als B einige Jahre später ausziehen soll, streiten sich beide vor Gericht über die Höhe des von A zurückzuzahlenden Betrags.

Hier kommt eine Verrechnung des zurückzuzahlenden Darlehens (vgl. §§ 488 ff. BGB) mit dem insoweit nicht erhobenen Mietzins in Betracht. Dafür müsste jedoch überhaupt ein Mietvertrag vorliegen. Bedenken an dessen Vorliegen knüpfen an den Umstand, dass A und B keine Vereinbarung über die Mietzinshöhe getroffen hatten, diese jedoch einen wesentlichen Vertragsbestandteil darstellt, ohne dessen Vorliegen ein Vertrag nicht zustande kommt. Ausnahmsweise kann jedoch auch ohne Benennung sämtlicher *essentialia negotii* ein Vertrag vorliegen. Das ist insbesondere dann der Fall, wenn das Gesetz Regelungen enthält, die unvollständige Regelungen ergänzen. Für das Dienst- und Werkvertragsrecht enthält das BGB in §§ 612 und 632 entsprechende Regelungen, nicht jedoch

---

[488] Möglicherweise anders wäre es wiederum gewesen, wenn sich die Parteien über den Verkauf des Wagens an B an sich einig gewesen und auch davon ausgegangen wären, sich über den Preis später auch noch einig zu werden. Dann hätte möglicherweise ein Kaufvertrag vorgelegen und nach der Zweifelsregel des § 316 BGB hätte die Bestimmung des Kaufpreises B zugestanden. Aber wie bereits ausgeführt, dürfte der Grundkonsens, auch ohne Vereinbarung des Kaufpreises einen Kaufvertrag zu schließen, zumindest aus Sicht des A zu verneinen sein.
[489] In Anlehnung an BGH NJW 2003, 1317 ff.

für das Mietvertragsrecht. Man könnte daher annehmen, dass der Gesetzgeber für das Mietvertragsrecht keine „taxmäßige" bzw. „übliche" Bestimmung des Mietzinses zulassen und damit wegen Fehlens eines vertragswesentlichen Umstands das Vorliegen eines Mietvertrags verneinen wollte. Folge wäre ein Ausgleich über das Bereicherungsrecht. Anders hat jedoch der BGH entschieden. Er ist der Auffassung, die Bestimmung der Mietzinshöhe könne analog §§ 612 II, 632 II BGB erfolgen, wenn zwar (wie vorliegend) die Entgeltlichkeit der Gebrauchsüberlassung vereinbart worden sei, nicht aber die Höhe des Entgelts.

Stellungnahme: Ob die zur analogen Anwendung der §§ 612 II, 632 II BGB erforderliche Planwidrigkeit der Regelungslücke besteht, ist zu bezweifeln. Wie bereits ausgeführt, kann man sich auf den Standpunkt stellen, dass der Gesetzgeber auch im Mietvertragsrecht eine §§ 612 II, 632 II BGB entsprechende Regelung getroffen hätte, wenn er eine „taxmäßige" bzw. „übliche" Bestimmung des Mietzinses hätte zulassen wollen. Für die Auffassung des BGH spricht indes, dass anderenfalls mangels Einigung über einen vertragswesentlichen Umstand kein Mietvertrag zustande gekommen wäre, was für die Parteien mitunter nachteiliger wäre. Die Interessenlage spricht daher für die analoge Anwendung der §§ 612 II, 632 II BGB.

Folgt man dem, hat vorliegend also das Gericht über die Höhe des Mietzinses zu entscheiden. Es hat den ortsüblichen (und nötigenfalls den angemessenen) Mietzins und damit die Verrechnungsgrundlage festzustellen.

---

**Hinweis für die Fallbearbeitung:** Zwar ist der Auffassung des BGH im Ergebnis zuzustimmen, in der Fallbearbeitung darf man jedoch nicht sofort auf die analoge Anwendung der §§ 612 II, 632 II BGB abstellen. Vielmehr hat wegen des Grundsatzes vom Vorrang des Parteiwillens die Prüfung in der richtigen Reihenfolge zu erfolgen:

⇨ Zunächst ist danach zu fragen, ob überhaupt eine (zumindest schlüssige) Vereinbarung über eine entgeltliche Gebrauchsüberlassung vorliegt.

⇨ Ist dies der Fall, ist sodann hinsichtlich der Mietzinshöhe eine erläuternde Vertragsauslegung über §§ 133, 157 BGB vorzunehmen.

⇨ Kann trotz Auslegung keine Vereinbarung über die Mietzinshöhe angenommen werden, ist danach zu fragen, ob die Festlegung der Höhe einer der Parteien überlassen worden ist (§ 315 BGB).

⇨ Kann demnach keine Vereinbarung über die Mietzinshöhe bzw. deren einseitige Bestimmung durch eine Vertragspartei angenommen werden, ist auf die Regelungen der §§ 612 II und 632 II BGB hinzuweisen und festzustellen, dass das Mietvertragsrecht solche nicht enthalte.

⇨ Schließlich ist zu diskutieren, ob aus dem Fehlen entsprechender Bestimmungen für das Mietvertragsrecht der Umkehrschluss oder der Analogieschluss gezogen werden muss. Zieht man den Umkehrschluss mit dem Argument, dass der Gesetzgeber einen „üblichen" Mietzins als vereinbart angesehen hätte, wenn er dies (wie im Dienst- und Werkvertragsrecht) gewollt hätte, ist ein Mietvertrag zu verneinen. Ein Ausgleich findet dann ggf. über das Bereicherungsrecht (§§ 812 ff. BGB) statt. Steht man indes auf dem Standpunkt, dass es interessengerechter sei, bei Fehlen einer Vereinbarung über die Höhe des Mietzinses die übliche Mietzinshöhe unter analoger Anwendung der §§ 612 II, 632 II BGB zu bestimmen, liegt ein wirksamer Mietvertrag vor. Der Ausgleich findet dann über § 535 II i.V.m. § 387 BGB (Aufrechnung) statt. Auch kommt ein Zurückbehaltungsrecht gem. § 273 BGB in Betracht.[490]

**436**

---

[490] Zwar ist das Zurückbehaltungsrecht des Mieters gegenüber dem Rückgabeverlangen des Vermieters nach § 570 BGB ausgeschlossen, jedoch ist § 570 BGB abdingbar (vgl. *Weidenkaff*, in: Palandt, § 570 Rn 2) und im vorliegenden Fall nach Auffassung des BGH auch (stillschweigend) abbedungen worden (BGH NJW 2003, 1317, 1318). Vgl. dazu auch *Schimmel/Buhlmann*, JA 2003, 916, 917 f.

437 ▪ Ein **Bestimmungskauf nach BGB** liegt vor (§§ 433, 315 BGB). Ein Bestimmungs-kauf liegt vor, wenn gemäß der vertraglichen Vereinbarung der Leistungsgegen-stand[491] nachträglich durch eine Partei oder durch einen Dritten bestimmt wird. Bei einem Bestimmungskauf steht der Leistungsgegenstand zum Zeitpunkt des Vertrags-abschlusses also noch nicht eindeutig fest, er ist lediglich bestimmbar und wird von einer Partei nach Vertragsschluss bestimmt.

**Beispiel:** Die K möchte von der Hobbymopszüchterin V einen Mops kaufen. Da V noch zwei Tiere zur Auswahl hat und K sich nicht entscheiden kann, welchen Hund sie nun nehmen will, vereinbaren sie, dass V nach ihrer Wahl eines der Tiere liefern solle.

Hier ist der Kaufgegenstand hinreichend bestimmt, da es vereinbarungsgemäß um den Kauf eines Mopswelpen aus dem „Bestand" der V geht. Es ist lediglich der V überlassen, das zu verkaufende Tier zu bestimmen (vgl. § 315 BGB).

438 ▪ Ein **Bestimmungskauf** (Spezifikationskauf) nach **Handelsrecht** liegt vor (§ 433 BGB i.V.m. § 375 HGB). Im Unterschied zum Bestimmungskauf nach BGB ist der Bestimmungskauf nach HGB u.a. dadurch gekennzeichnet, dass die nachträgliche Leistungsbestimmung ausschließlich von Käufer vorzunehmen ist.

**Beispiel:** Kaufmann K möchte vom Hersteller H einige Computer kaufen. Da sich K aber noch nicht hinsichtlich des Gehäuse-Designs entscheiden kann, vereinbaren beide, dass K die nähere Bestimmung des Gehäuses zu einem späteren Zeitpunkt vornehmen solle.

Hier ist der Kaufgegenstand hinreichend bestimmt, da es K vertraglich überlassen war, Form, Maß oder ähnliche Verhältnisse zu bestimmen (Spezifikationskauf im Handelsrecht, vgl. § 375 HGB).

439 ▪ Ein Angebot an jedermann liegt vor (sog. *Offerta ad incertas personas*).

Dieser Ausnahme liegt der Gedanke zugrunde, dass sich der Antrag zwar grundsätzlich an eine bestimmte Person richten muss, ausnahmsweise jedoch auch eine *Bestimmbarkeit* der Person des Vertragspartners genügt. Das kommt insbesondere für solche Fälle in Be-tracht, in denen der Antragende darauf *verzichtet*, sich seinen Vertragspartner individuell auszusuchen, oder in Fällen, in denen ein individueller Antrag an einzelne Empfänger *nicht möglich* ist. Hier kann ein Antrag auf Abschluss eines Vertrags an die Allgemeinheit erfol-gen. Einen solchen Antrag nennt man eine *Offerta ad incertas personas*.

440 **Beispiele:**
(1) Der **Betrieb einer Straßenbahn** ist ein Angebot zum Abschluss eines Beförderungs-vertrags an jedermann. Angenommen wird ein solcher Antrag durch Inanspruch-nahme der Bahn bzw. durch Zahlen des Fahrpreises.

(2) Ob das Aufstellen eines **Warenautomaten** als Offerta *ad incertas personas* zu qua-lifizieren ist, wird uneinheitlich gesehen.

⇨ Teilweise wird das Aufstellen von Automaten lediglich als Vorbereitungshandlung (***invitatio ad offerendum***, vgl. dazu Rn 269 ff.) angesehen.[492]

Nach dieser Auffassung geht das Angebot also erst (durch Einwerfen der Münze(n)) vom Kunden aus. Dabei ist jedoch nicht ganz klar, worin die Annahme letztlich zu sehen ist. Die Vertreter der genannten Auffassung meinen, die An-nahme des vom Kunden ausgehenden Angebots liege in der Entgegennahme des eingeworfenen Geldes bzw. konkludent in der Ausgabe der Ware. Dem ist

---

[491] Soweit ersichtlich, wird vom Begriff des „Bestimmungskaufs" nicht auch das Recht einer Partei, die Gegenleistung zu bestimmen, erfasst. Damit betrifft der Bestimmungskauf nur den Leistungsgegenstand (§ 315 BGB), nicht die Gegen-leistung (§ 316 BGB). Gleichwohl ist es den Parteien unbenommen, gem. § 316 BGB die Bestimmung der Gegenleistung einer Partei zu überlassen (siehe Rn 434); in diesem Fall lässt sich eben nur nicht terminologisch von einem „Bestimmungs-kauf" sprechen.
[492] *Medicus/Petersen*, AT, Rn 362; *Köhler*, AT, Rn 8 Rn 10; *Eckert*, in: Bamberger/Roth, 3. Aufl. 2012, § 145 Rn 41; *Armbrüster*, in: Erman, § 145 Rn 8; *Wolf/Neuner*, AT, § 37 Rn 11.

jedoch entgegenzuhalten, dass die Annahme als Willenserklärung eine *menschliche* Handlung sein muss. Der Automatenaufsteller wird aber bereits mit der Bereitstellung der Ware *abschließend* tätig, sodass darin schwerlich nur eine Vorbereitungshandlung gesehen werden kann.

⇨ Die herrschende Auffassung[493] betrachtet daher das Aufstellen eines Automaten als einen Antrag an jedermann (**Offerta *ad incertas personas***), der das verlangte Geldstück einwirft. Jedoch stehe dieses Angebot unter einer dreifachen Bedingung: Es sei (1) auf den im Automaten enthaltenen Vorrat beschränkt, (2) darauf, dass der Automat funktioniere und (3) dass keine falschen Münzen eingeworfen würden. Insbesondere die beiden zuerst genannten Kriterien seien erforderlich, um eine Schadensersatzpflicht des Automatenbetreibers bei Funktionsstörungen wegen Unmöglichkeit zu vermeiden.

Die Annahme dieses Angebots liegt dann im Einwerfen der Münze durch den jeweiligen Kunden, wobei auf den Zugang der Annahmeerklärung des Kunden nach § 151 S. 1 BGB verzichtet wird.[494] Ist allerdings eine der genannten Bedingungen (ausreichender Vorrat, bestimmungsgemäße Zahlung, ordnungsgemäßes Funktionieren) nicht erfüllt, liegt kein wirksames Angebot vor, sodass es zu keinem Vertrag kommt. Etwaige Rechtsfolgen sind über § 812 BGB oder über §§ 823 ff. BGB abzuwickeln.

**(3)** Letztlich mit denselben Erwägungen wird auch bei **Selbstbedienungstankstellen** das Bereitstellen der betriebsbereiten Zapfsäule als Antrag zum Abschluss eines Kaufvertrags mit jedem zahlungsbereiten Kunden betrachtet. Es liegt eine auf die Zahlungsfähigkeit und -bereitschaft des Kunden beschränkte **Offerta *ad incertas personas*** vor, da alle für einen Antrag konstitutiven wesentlichen Vertragsbestandteile (*essentialia negotii*) vorliegen: Den Preis pro Liter erfährt der Kunde spätestens mit Aushängen des Zapfhahns, weil er sodann im Display der Zapfsäule angezeigt wird, noch bevor der Kraftstoffhahn betätigt wird. Die zu entnehmende Kraftstoffmenge ist gem. § 315 BGB der Entscheidung des Kunden überlassen (Übertragung des Leistungsbestimmungsrechts auf den Kunden). Die Annahme dieses Antrags erfolgt dann durch das Tanken, wobei die Erklärung dieser Annahme gegenüber dem Tankstellenpächter/Mineralölunternehmen gem. § 151 S. 1 BGB entbehrlich ist.[495] Damit ist also der Vertragsschluss gegeben.

Auf sachenrechtlicher Ebene kann die auf Eigentumsübertragung gerichtete dingliche Einigungserklärung des Tankstellenpächters bzw. Mineralölunternehmens jedenfalls dann als aufschiebend bedingt (vgl. §§ 929 S. 1, 158 I[496] BGB) durch vollständige Bezahlung des Kaufpreises ausgelegt werden, wenn an der Tanksäule ein Hinweis auf einen Eigentumsvorbehalt angebracht ist.[497] Das bedeutet, dass der Kraftstoff bis zur vollständigen Bezahlung im Eigentum des Tankstellenbetreibers/Mineralölunternehmens verbleibt (vgl. §§ 929 S. 1, 158 I BGB). Der Kunde erwirbt allenfalls Miteigentum durch Vermischung (vgl. § 948 I i.V.m. § 947 BGB).

**(4)** Uneinheitlich wird schließlich die Frage beantwortet, wie das **Bereitstellen von Waren in einem Selbstbedienungsladen** zu bewerten ist.

---

[493] *Brox/Walker*, AT, Rn 166 f.; *Stadler*, AT, § 19 Rn 7; *Boecken*, AT, Rn 263; *Larenz/Wolf*, AT, 9. Aufl. 2004, § 29 Rn 23; *Ellenberger*, in: Palandt, § 145 Rn 7; *Bork*, in: Staudinger, § 145 Rn 8; *Jauernig*, in: Jauernig, § 145 Rn 6.

[494] Vgl. bereits die 2. Aufl. 2005; später auch *Fritzsche*, JA 2006, 674, 679 und *Conrad/Bisenius*, JA 2011, 740, 741.

[495] Vgl. etwa BGH NJW 2011, 2871 f.; *Armbrüster*, in: Erman, § 145 Rn 10; *Jauernig*, in: Jauernig, § 145 Rn 7; *Bork*, in: Staudinger, § 145 Rn 8; *Ellenberger*, in: Palandt, § 145 Rn 8; *Faust*, JuS 2011, 929, 930.

[496] Geht man bei § 158 BGB davon aus, dass sich der dort genannte „Bedingung" auf ein objektiv ungewisses künftiges Ereignis bezieht, dürfte man im Fall des Eigentumsvorbehalts streng genommen § 158 I BGB lediglich analog anwenden, weil der „Bedingungseintritt" i.d.R. allein vom Verhalten des Vorbehaltskäufers abhängt. In der Sache ändert sich dadurch aber nichts. Zum Eigentumsvorbehalt vgl. unten Rn 1226 sowie grundlegend *Hütte/Hütte*, SachenR I, Rn 846 ff.

[497] Von einer aufschiebenden Bedingung kann nach der hier vertretenen Auffassung auch dann ausgegangen werden, wenn an der Tanksäule kein Hinweis auf den Eigentumsvorbehalt besteht. Dies unter Zugrundelegung der Auslegungsregeln der §§ 133, 157 BGB darf auch der Kunde davon ausgehen, dass der Tankstellenbetreiber (bzw. dass Mineralölunternehmen) nicht bedingungsfrei Eigentum übertragen möchte. Man kann also von einem konkludent vereinbarten Eigentumsvorbehalt ausgehen (a.A. BGH NJW 2011, 2871 f., der die Vorinstanz insoweit nicht beanstandet hat).

⇨ Teilweise wird bereits im Aufstellen der Waren ein **Antrag** an die Allgemeinheit (**Offerta *ad incertas personas***) gesehen, den der jeweilige Kunde durch das Vorweisen der Ware an der Kasse annehme.[498] Denn wenn der Betreiber eines Kaufhauses Waren auslege und mit Preisen auszeichne bzw. mit Preisschildern versehe, stünden Kaufsache und Preis fest. Auch bestehe ein Rechtsbindungswille des Warenhausbetreibers, weil sich aus der Sicht des objektiven Empfängers in der Rolle des Durchschnittskunden (§§ 133, 157 BGB) ergebe, dass sich der Verkäufer bereits durch die Warenauslage binden wolle.

Nach dieser Auffassung nimmt also der Kunde das Angebot zum Kauf der Ware an, indem er sie an der Kasse vorweist. Das bedeutet, dass der Kunde vor diesem Zeitpunkt jederzeit die Ware wieder aus dem Einkaufskorb herausnehmen und in das Regal zurücklegen kann, ohne dass er an eine Annahme gebunden wäre.

⇨ Die h.M. wertet dagegen das Bereitstellen der Ware als ***invitatio ad offerendum***, wobei das endgültige Angebot erst durch den Kunden abgegeben werde, der die Ware an der Kasse vorzeige, damit das Kassenpersonal die Ware erfassen könne.[499]

Nach dieser Auffassung liegt die Annahme des Angebots regelmäßig in der Feststellung des Rechnungsbetrags an der Kasse. Dann auch erst liegt der Vertragsschluss vor.

Stellungnahme: Die zuerst genannte Auffassung kann für sich in Anspruch nehmen, dass bei einem SB-Laden, bei dem der Betreiber die Waren auslegt, die für eine *invitatio ad offerendum* ins Felde geführte Gefahr einer Mehrfachverpflichtung nicht besteht. Denn ist eine Ware vergriffen, kann kein anderer Kunde diese Ware greifen und einen Vertragsschluss herbeiführen. Das Argument der Mehrfachverpflichtung, das zur Begründung einer *invitatio ad offerendum* herangezogen wird, ist also tatsächlich nicht stichhaltig. Gleichwohl dürfte das Aufstellen der Ware deshalb als *invitatio ad offerendum* einzustufen sein, weil entgegen der zuerst genannten Auffassung der gem. §§ 133, 157 BGB maßgebliche objektive Empfängerhorizont darauf schließen lässt, dass sich der Betreiber eines SB-Ladens mit der Auslage der Ware trotz Nichtbestehens der Gefahr einer Mehrfachverpflichtung nicht rechtlich binden möchte. Denn der Durchschnittskunde wird dem Inhaber eines SB-Ladens redlicherweise das Recht einräumen müssen, dass dieser im Falle einer falschen Preisauszeichnung den Vertragsschluss noch verhindern darf, ohne später den Vertrag gem. § 119 BGB anfechten und gem. § 122 BGB dem Kunden den Vertrauensschaden (dazu Rn 1468) ersetzen zu müssen. Das aber setzt zwingend voraus, dass mit der Auslage der Ware gerade noch kein rechtsverbindliches Angebot zum Kaufvertragsschluss vorliegt. Gegen die zuerst genannte Auffassung spricht außerdem, dass mit der Annahme, bereits in der Auslage der Ware liege ein Angebot vor, der Geschäftsinhaber einen Vertragsschluss nicht verhindern könnte. So müsste er bspw. einem Ladendieb, dem er zuvor ein Hausverbot erteilt hatte, und der sich widerrechtlich im SB-Laden aufhält, diesem die von ihm ergriffene Ware verkaufen. Dies käme einem Kontrahierungszwang gleich, für den es für die vorliegende Fallkonstellation keine sachliche Begründung gibt. Wollte der Geschäftsinhaber derartige Kontrahierungszwänge vermeiden, müsste er Eingangskontrollen durchführen. Dies jedoch dürfte kaum zumutbar sein. Auch ist es allgemein üblich, dass Kunden, die Waren aus dem Regal genommen haben, diese i.d.R. auch wieder zurücklegen dürfen, jedenfalls, wenn es um Waren geht, bei denen der Kunde die Verpackung nicht aufgerissen hat. Dies würde der Ladeninhaber wohl kaum zulassen, wenn bereits ein Vertragsschluss vorläge. Schließlich können nur mit der Annahme einer invitatio ad offerendum „Hamsterkäufe" oder (schwebend) unwirksame Geschäfte mit Minderjährigen

---

[498] *Ellenberger*, in: Palandt, § 145 Rn 8; *Bork*, in: Staudinger, § 145 Rn 4; *Eckert*, in: Bamberger/Roth, 3. Aufl. 2012, § 145 Rn 43; *Petersen*, Jura 2009, 183, 185; *Zwickel*, JA 2010, 700, 702.

[499] *Armbrüster*, in: Erman, § 145 Rn 10; *Jauernig*, in: Jauernig, § 145 Rn 3; *Wolf/Neuner*, AT, § 37 Rn 7; *Stadler*, AT, § 19 Rn 5; *Boecken*, AT, Rn 265; *Fritzsche*, JA 2006, 674, 678. Offengelassen von BGHZ 66, 51, 55 f.

verhindert werden. Daher ist im Ergebnis der h.M. zu folgen, wonach das Auslegen von Ware in einem SB-Laden lediglich eine *invitatio ad offerendum* darstellt. Antrag und Annahme erfolgen an der Kasse durch Vorlage der Ware und Einscannen des Strichcodes, nachdem sich das Kassenpersonal von den Voraussetzungen eines Kaufvertrags überzeugt hat. Siehe dazu auch Rn 269 ff.

Ein besonderes Problem besteht, wenn der Kunde Verpackungen aufreist oder unverpackte Lebensmittel anfasst. Denn aufgrund von lebensmittel- und hygienerechtlichen Vorschriften darf der Ladeninhaber von Kunden berührte unverpackte Lebensmittel nicht mehr anderweitig anbieten. Daher wird man in einem solchen Fall entweder bereits in dem Bereitstellen der Lebensmittel ein rechtsverbindliches Angebot sehen müssen mit der Folge, dass der Kaufvertrag mit Berühren der Lebensmittel durch den Kunden zustande kommt[500], oder man wird zumindest in dem Berühren der Lebensmittel durch den Kunden ein rechtsverbindliches Kaufangebot sehen müssen, sodass der Kaufvertragsabschluss von der Annahmeerklärung des Supermarktpersonals abhängt. Freilich sind damit etwaige Probleme nicht gelöst, wenn der Kunde zahlungsunfähig oder minderjährig ist. Siehe dazu insgesamt Rn 1564.

(5) Beim **Onlinestellen von Ware im Internet** kann eine Offerta *ad incertas personas* gesehen werden, sofern man denn einen Rechtsbindungswillen annimmt. Während dieser bei sog. „Internetauktionen" (dazu Rn 277) noch angenommen werden kann, ist er bei „Onlineshops" wegen der Vergleichbarkeit mit „herkömmlichen Schaufenstern" fraglich - vgl. dazu Rn 269 ff. und 606 ff.

441   Zu unbestimmt wäre jedenfalls eine Formulierung wie: „Ich wäre nicht abgeneigt, Dein Fahrrad zu kaufen". Hier liegt nicht nur aus der Sicht des Erklärenden, sondern insbesondere aus der Sicht eines objektiven Dritten in der Rolle des Erklärungsempfängers lediglich eine **Interessenbekundung**, keinesfalls eine auf Abschluss eines Kaufvertrags gerichtete Willenserklärung vor. Insbesondere würde es für das Zustandekommen eines Kaufvertrags nicht genügen, wenn der andere mit einem bloßen „Ja" antwortete.

## 2. Die accidentalia negotii

442   Bei den *accidentalia negotii* handelt es sich um vertragliche *Nebenpunkte*, die in einem Vertrag nach Belieben der Parteien ebenfalls mitberücksichtigt und geregelt werden können, die für einen Vertrag grundsätzlich aber nicht konstitutiv sind.

> **Beispiele:** Vereinbarung eines Eigentumsvorbehalts, Vereinbarung über Zeit, Ort, Beschaffenheit der Leistung etc.

443   Sollte eine Vereinbarung über einen vertraglichen Nebenpunkt fehlen, über den aber nach dem Willen zumindest einer Partei eine Einigung erzielt werden sollte, ist dennoch grundsätzlich von einem zustande gekommenen Vertrag auszugehen, sofern die *essentialia negotii* vorhanden sind (sog. **versteckter Dissens**, § 155 BGB – Rn 504).

## III. Die Bindung an den Antrag

444   Nach § 145 BGB ist der Antragende grundsätzlich an seinen Antrag gebunden. Er kann also nicht einfach ein Angebot abgeben und es sich sodann anders überlegen. Auf der anderen Seite ermöglicht ihm § 145 BGB a.E. jedoch, die Gebundenheit auszuschließen. Der Ausschluss einer solchen Bindungswirkung kann z.B. durch die Verwendung von **Freiklauseln** („Angebot freibleibend", „unverbindlich" etc.) erfolgen. Bei diesen Formulierungen ist aber im jeweiligen Einzelfall durch Auslegung zu ermitteln, welche Bedeutung diesem Zusatz im Antrag beizumessen ist. Insbesondere ist es möglich, dass der Verwender die Vertragsbindung durch Einräumung eines **Rücktrittsrechts** ausschließt;

---

[500] Davon geht *Henke* (JA 2017, 339, 342) aus.

auch könnten sie eine bloße *invitatio ad offerendum* oder ein **Angebot mit Widerrufsvorbehalt** darstellen (vgl. bereits Rn 279 ff.).

**445** Jedenfalls hindert der **geheime Vorbehalt**, das Erklärte nicht zu wollen, **nicht** die Bindung an den Antrag (§ 116 I S. 1 BGB).

**446** Im Übrigen tritt die Bindungswirkung mit Zugang des Antrags beim Empfänger ein, es sei denn, diesem geht vorher oder gleichzeitig ein Widerruf zu (§ 130 I S. 2 BGB).

**447** Die Bindungswirkung **erlischt**, wenn der Adressat das Angebot annimmt oder ablehnt. Dasselbe gilt, wenn dieser den Antrag nicht oder nicht fristgerecht annimmt, §§ 146 ff. BGB.

**448** **Beispiel:** V bietet K sein gebrauchtes Fahrrad zum Kauf an. Der Preis soll 100,- € betragen. K möchte es sich noch überlegen und bittet um etwas Bedenkzeit. Als eine Woche später D bei V zu Besuch ist und bei diesem das Fahrrad sieht, unterbreitet er V sofort ein Kaufangebot, das dieser, der nicht mehr mit einer Zusage des K rechnet, sofort annimmt. Er gibt D das Fahrrad gleich mit. Am nächsten Tag ruft K bei V an und teilt ihm mit, dass er das Angebot annehme.

Da es V unmöglich ist, das Fahrrad an K zu liefern, ist er schadensersatzpflichtig, sofern man einen Vertrag annimmt, §§ 275 I, IV, 283, 280 I BGB. Das Vorliegen eines Vertrags zwischen V und K ist jedoch zu verneinen, wenn V im Zeitpunkt der Übereignung des Fahrrads an D nicht mehr an sein zuvor an K abgegebenes Angebot gebunden ist.

Ausgehend vom Grundsatz der Privatautonomie stellt das Gesetz in § 148 BGB dem Antragenden frei, das Angebot zu befristen. Das Gesetz enthält keine Aussage hinsichtlich einer zeitlichen Grenze. Die Frist kann vom Antragsteller also grds. beliebig festgesetzt werden. Die Annahme des Angebots kann nur innerhalb der Frist erfolgen. Erfolgt die Annahme durch einen Vertreter ohne Vertretungsmacht, muss die Genehmigung durch den Vertretenen (§ 177 I BGB) noch innerhalb der Annahmefrist erfolgen: Zwar wirkt die Genehmigung grundsätzlich auf den Zeitpunkt der Vornahme des Rechtsgeschäfts zurück (§ 184 I BGB), diese Rückwirkung darf jedoch nicht zu Lasten des Antragenden gehen, da er nach Fristablauf in seinen Dispositionen wieder frei sein soll. Die gleichen Grundsätze gelten bei der Vertragsannahme durch einen Minderjährigen.

Ist – wie vorliegend – jedoch keine (oder keine wirksame[501]) Annahmefrist gesetzt, muss zwischen dem Angebot an einen *Anwesenden* und an einen *Abwesenden* unterschieden werden.

⇨ Der einem **Anwesenden** gemachte Antrag kann gem. § 147 I S. 1 BGB nur **sofort** angenommen werden. Dies gilt auch für fernmündliche Angebote (§ 147 I S. 2 BGB). „Sofort" bedeutet, dass sich der Empfänger ohne Zögern erklären muss. Dies schließt freilich – etwa bei einem komplexen oder weit reichenden Angebot – eine gewisse Überlegungsfrist nicht aus.

> Als Faustformel lässt sich sagen: Je **komplexer** das Angebot und/oder je **wertvoller** der Angebotsgegenstand sind, desto **länger** muss die Überlegungsfrist sein.

Im Übrigen hängt es davon ab, wie lange der Antragende sich annahmebereit zeigt (gegebenenfalls stillschweigende Einräumung einer Annahmefrist). Die Annahme muss allerdings unter Anwesenden erfolgen.

Bei **schriftlichen** Angeboten unter Anwesenden ist dagegen zu differenzieren: Es kommt darauf an, ob der Antragende den Umständen nach eine sofortige Antwort erwarten kann oder dem Empfänger die Möglichkeit der schriftlichen Rückäußerung eingeräumt sein soll. Im letzteren Fall ist § 147 II BGB analog anzuwenden (dazu sogleich).

---

[501] Vgl. dazu den Fall BGH NJW 2010, 2873 ff.

Würde man vorliegend bei V und K eine mündliche Angelegenheit unter Anwesenden annehmen, hätte sich K zwar nicht in Sekundenschnelle entscheiden müssen, sondern sich die Sache durch den Kopf gehen lassen dürfen. Eine Woche Bedenkzeit war ihm angesichts des geringen Wertes des Kaufgegenstands jedoch nicht zuzubilligen. Demzufolge wäre seine Annahme zu spät erfolgt.

⇨ Ein Antrag unter **Abwesenden** kann nach § 147 II BGB nur bis zu dem Zeitpunkt angenommen werden, in welchem der Antragende den Eingang der Antwort unter **regelmäßigen Umständen** erwarten darf. Der Antragende muss dabei die regelmäßige Dauer der Beförderung des Angebots zum Empfänger, eine angemessene Überlegungsfrist und die regelmäßige Dauer der Beförderung der Antwort in Rechnung stellen.[502] Die Beförderungsdauer bemisst sich nach der Art der Übermittlung. Dabei darf der Antragende mit derselben Übermittlungsart rechnen, die er selbst benutzt hat (sog. Korrespondenz der Beförderungsmittel). Die reine Überlegungsfrist bemisst sich nach der Bedeutung und Eilbedürftigkeit des Geschäfts.[503]

Hätte vorliegend V dem K das Angebot mittels **Telefax** oder **E-Mail** gemacht, hätte er auch mit rascher Überlegung und Antwort durch dasselbe Medium rechnen dürfen. Dann wäre die Antwort des K freilich zu spät erfolgt.

Bei **brieflicher** Übermittlung gilt regelmäßig etwas anderes, da sich Postlaufzeiten nicht sicher bestimmen lassen. Hier gilt Folgendes: Das Risiko des verspäteten Zugangs einer an sich rechtzeitig abgesendeten Annahmeerklärung trägt grundsätzlich der Angebotsempfänger. Sofern der Antragende (vorliegend V) jedoch die rechtzeitige Absendung erkennen musste (bspw. am Poststempel), hat er dem Annehmenden (vorliegend dem K) die Verspätung unverzüglich anzuzeigen (§ 149 S. 1 BGB). Verzögert er die Absendung der Anzeige, gilt die Annahme als nicht verspätet (§ 149 S. 2 BGB). Der Vertrag kommt also zustande.[504]

> **Hinweis für die Fallbearbeitung:** Nach Ablauf der Frist erlischt der Antrag und damit auch die Bindungswirkung (§ 146 BGB). Der Vertrag kann also nicht mehr dadurch zustande kommen, dass der andere Teil das Angebot annimmt. Das gilt selbst dann, wenn der Antragsteller weiterhin an einem Vertragsschluss interessiert ist. Da aber die verspätete Annahme als neuer Antrag gilt (vgl. § 150 I BGB), ist es dem ursprünglichen Antragsteller unbenommen, die als erneuter Antrag zu qualifizierende Annahmeerklärung wiederum anzunehmen und dadurch den Vertrag zustande zu bringen.
>
> Gerade wegen §§ 146, 148, 150 I BGB empfiehlt es sich für die Fallbearbeitung, den durch Erlöschen des Antrags hervorgerufenen Entfall der Bindungswirkung nicht beim Antrag, sondern bei der Annahme anzusprechen. Vgl. auch Rn 471 ff.

**449** Der Antrag erlischt nicht schon dadurch, dass der Antragende vor der Annahme **stirbt** oder **geschäftsunfähig** wird, sofern kein anderer Wille des Antragenden anzunehmen ist (vgl. § 153 BGB, aber auch § 130 II BGB, der den Zeitraum zwischen Abgabe und Zugang des Angebots betrifft). Ein abweichender Wille ist durch Auslegung der Erklärung festzustellen und insbesondere bei höchstpersönlichen Geschäften anzunehmen.

**450** **Beispiel:** Der querschnittsgelähmte K ist am 1.12. gestorben. Die Angehörigen schalten eine Todesanzeige in der Tageszeitung. Das ruft V auf den Plan. Er schickt am 4.12. ein an K adressiertes HDTV-Plasma-Fernsehgerät der neuesten Generation nebst Rechnung i.H.v. 5.000,- €. Als Bestellzeichen gibt er an: „Ihre telefonische Bestellung vom 27.11." Die Angehörigen und zugleich Erben sind entsetzt, da sie sich in Erwartung des Erbes bereits selbst zuvor ein solches Gerät zugelegt hatten.

---

[502] BGH NJW 2010, 2873, 2874 f. Vgl. auch BGH NJW 2014, 854 f.
[503] Zur Auslegung des Begriffs „Rechtzeitigkeit" vgl. BGH NJW 2010, 2873 ff. und *Faust*, JuS 2010, 1106 f.
[504] *Köhler*, AT, § 8 Rn 18 und später auch *Volp/Schimmel*, JuS 2007, 899 ff.

Hier sind die Erben – auch wenn sie das Erbe antreten und gem. § 1922 BGB in alle Rechte und Pflichten des Erblassers eintreten – selbstverständlich nicht verpflichtet, da K kein entsprechendes Angebot abgegeben hatte (V könnte ein solches auch nicht beweisen).

Unterstellt, K hätte tatsächlich ein solches Angebot abgegeben, würde die Regelung des § 153 BGB (und die des § 130 II BGB) greifen. Dann wäre durch Auslegung zu ermitteln gewesen, ob der Wille des K dahin gegangen wäre, dass das Geschäft unabhängig von seinem Tod gelten soll. Hätte es sich bspw. um einen Rollstuhl gehandelt, wäre die Frage zweifelsfrei zu verneinen gewesen. Aber auch bei allen anderen Geschäften wird man im Zweifel annehmen müssen, dass eine Bestellung nur für den Fall gelten soll, dass der Besteller die bestellte Ware auch noch nutzen kann. Insbesondere darf unterstellt werden, dass er es den Erben überlässt, die geerbten Mittel einzusetzen. Die Erben brauchen also die bestellte Ware nicht abzunehmen und nicht zu bezahlen. Ob wenigstens eine Schadensersatzpflicht analog § 122 I BGB gegeben ist, sollte vom Einzelfall abhängig gemacht werden.

Freilich ist zu beachten, dass die vorstehende Problematik nicht praxisrelevant ist, wenn das verbraucherschützende Widerrufsrecht aus § 355 BGB greift.

Auch ist die o.g. Konstellation von derjenigen abzugrenzen, in der jemand einen Vertrag schließt, aber noch vor Vertragserfüllung verstirbt.

**Beispiel**[505]**:** K bestellt beim Händler V ein neues Wohnmobil, verstirbt aber vor Übergabe und Bezahlung. V verlangt von den Erben Vertragserfüllung oder zumindest Zahlung des mit K seinerzeit vereinbarten Schadensersatzes bei Nichtabnahme.

In diesem Fall wurde der Vertrag wirksam geschlossen. Erst danach ist K verstorben und die Erben müssen gem. § 1922 BGB die Vertragspflichten übernehmen.

Zur Frage nach der Geltung von Willenserklärungen bzw. Verträgen über den Tod hinaus vgl. auch Rn 550.

---

[505] Nach OLG Hamm DAR 2015, 643.

# C. Die Annahme

## I. Begriff und Voraussetzungen

Auf die Annahme musste bereits im Rahmen des Angebots eingegangen werden (vgl. insb. Rn 448). Daher sollen an dieser Stelle die noch nicht behandelten Aspekte behandelt werden. **451**

Auch bei der Annahme handelt es sich um eine empfangsbedürftige Willenserklärung, die grundsätzlich erst mit ihrer Abgabe und ihrem **Zugang beim Antragenden** wirksam wird (zur Ausnahme des Zugangserfordernisses gem. § 151 S. 1 BGB, s.u.). Bis zu ihrem Zugang kann der Annehmende seine Annahmeerklärung daher widerrufen (§ 130 I S. 2 BGB). **452**

**Inhaltlich** muss sich die Annahme **auf den Antrag beziehen** und mit ihm bezüglich des bezweckten Rechtserfolgs korrespondieren. Eine wörtliche Übereinstimmung ist nicht erforderlich; insbesondere genügt i.d.R. ein schlichtes „Ja", weil die Essentialen des intendierten Vertrags bereits im Angebot enthalten sein sollen. Weicht die „Annahmeerklärung" jedoch inhaltlich vom Angebot ab (Erweiterung, Einschränkung, sonstige Änderung), liegt in der Regel keine Annahme vor, sondern eine Ablehnung, verbunden mit einem neuen Antrag (**§ 150 II BGB**). **453**

> **Beispiel:** V bietet K 100 Computerfestplatten für 4.500,- € zum Kauf an. K sagt, dass er sie nehme, wenn V mit 4.000,- € einverstanden sei.
>
> Dadurch, dass K sich nicht mit dem Kaufpreis i.H.v. 4.500,- € einverstanden zeigte, liegt – isoliert betrachtet – eine Ablehnung des Angebots vor. Da K gleichzeitig aber auch einen geänderten Kaufpreis vorschlug, liegt ein Fall des § 150 II BGB vor: Die ebenfalls auf den Abschluss eines Kaufvertrags gerichtete Erklärung des K wich inhaltlich vom Angebot des V ab, war aber gleichzeitig verbunden mit einem neuen Antrag, da die Erklärung alle essentialia negotii enthielt.
>
> Zeigt V sich nun mit dem von K genannten Preis einverstanden, liegt eine Annahme vor. Sollte V dagegen beispielsweise sagen: „Mit 4.000,- € komme ich nicht klar, würde aber einen Preis von 4.250,- € akzeptieren", läge erneut ein Fall des § 150 II BGB vor. Dann läge es wiederum bei K, anzunehmen, abzulehnen oder gem. § 150 II BGB erneut ein verändertes Angebot zu machen („Pingpong-Spiel").

Aber auch in diesem Fall ist zu beachten, dass der Parteiwille Vorrang hat. Daher ist zunächst durch Auslegung zu ermitteln, ob das Angebot eine teilbare Leistung zum Inhalt hat und ob nach dem Willen des Antragenden eine eingeschränkte, sich auf einen Teil des Angebots beziehende Annahme möglich sein soll. **453a**

> **Beispiel:** Diesmal bietet V dem K 100 Mobiltelefone für 4.500,- € zum Kauf an. K sagt, dass er 50 Stück nehme.
>
> Hier ergibt sich bei einer Auslegung, dass K 50 Geräte für 2.250,- € nehmen möchte, die Hälfte des Angebots zu der Hälfte des Preises. Fraglich ist, ob es sich bei dem Angebot des V um ein teilbares Angebot in der Form handelt, dass bei einer Abnahme von *bis zu* 100 Stück eine lineare Preisgestaltung Grundlage des Angebots war. Dies ist in der Regel aber zu verneinen, denn je größer die Abnahmemenge ist, desto günstiger kann der Anbietende hinsichtlich des Kaufpreises kalkulieren. Es ist daher von einer Ablehnung des Angebots, verbunden mit einem neuen Angebot i.S.d. § 150 II BGB, auszugehen.

Vgl. zu § 150 II BGB im Übrigen Rn 477 ff.

## II. Formen der Annahme

### 1. Formfreiheit bzw. Formbedürftigkeit

454 Grundsätzlich bedarf es zu einem Vertragsschluss keiner besonderen **Form**. Daher kann auch die Annahme eines Vertragsangebots durch **konkludentes** Verhalten erfolgen. Typische Fälle sind die Ingebrauchnahme einer zugesendeten Sache oder deren Bezahlung. Etwas anderes gilt jedoch dann, wenn das Gesetz eine besondere Form vorschreibt (Schriftform, notarielle Beurkundung).[506] Aber auch der Antragende kann nicht nur eine Frist für die Annahme bestimmen (vgl. § 148 BGB), sondern auch, dass die Annahme nur durch eine bestimmte Form (persönliche Übergabe, Schriftform, notarielle Beurkundung, die gesetzlich nicht vorgesehen ist) erfolgen kann. Auch kann er bestimmen, dass ein Zugang der Annahmeerklärung (nicht die Annahmeerklärung selbst!) nicht erforderlich ist (vgl. § 151 S. 1 Var. 2 BGB).

### 2. Das Schweigen nach bürgerlichem Recht

#### a. Grundsatz: keinerlei rechtliche Bedeutung

455 Wie schon bei Rn 243 f. ausgeführt, hat ein **Schweigen** im Rechtsverkehr grundsätzlich keinerlei rechtliche Bedeutung (sog. rechtliches *nullum*). Bei einem Schweigen auf ein Vertragsangebot ist daher grundsätzlich *keine* Annahme gegeben („*qui tacet, consentire non videtur*" - „Wer schweigt, stimmt nicht zu"). Für den Bereich des Verbraucherschutzes wird dies in besonderer Weise durch **§ 241a I BGB** klargestellt.[507]

#### b. Ausnahme: vertragliche oder gesetzliche Regelung

456 Unter bestimmten Voraussetzungen kann ausnahmsweise auch einem Schweigen Erklärungswert zukommen. Das ist dann der Fall, wenn die Parteien (freilich unter Beachtung des § 308 Nr. 5 BGB) **vereinbart** haben, dass das Schweigen eines Teils als Annahme gelten soll (sog. „**beredtes Schweigen**") oder wenn das **Gesetz** das Schweigen als Zustimmung wertet. Da auch diese Konstellationen bereits bei Rn 243 f. behandelt wurden, bleibt im vorliegenden Zusammenhang, lediglich auf das **Schweigen im Handelsrecht** hinzuweisen.

#### c. Schweigen im Handelsrecht

457 Nach § 362 I HGB gilt Schweigen als Annahme des Antrags; nach §§ 75h, 91a HGB gilt das Schweigen des unberechtigt Vertretenen als Genehmigung (vgl. auch hier die gegensätzliche Regelung in § 177 II S. 2 BGB). Das hat seinen Grund darin, dass Kaufleute als geschäftserfahren gelten und dass durch derartige Regelungen die Sicherheit und Schnelligkeit des Rechtsverkehrs im Handelsrecht gefördert werden sollen.

#### aa. „Auftragsbestätigung"

458 Gerade im Handelsverkehr ist es nicht unüblich, dass ein Vertrag lediglich mündlich oder fernmündlich geschlossen wurde. In solchen Fällen kann es im Nachhinein zu Meinungsverschiedenheiten über den genauen Inhalt des Vertrags kommen. Eine Vertragsurkunde oder ein anderes Schriftstück, in dem der Inhalt der Vereinbarung nachzulesen wäre, existiert ja gerade nicht. Daher ist es v.a. im Verkehr **zwischen Unternehmen** üblich, den Inhalt der Vereinbarung mittels schriftlicher Bestätigung zu verifizieren. Man spricht von „**kaufmännischem Bestätigungsschreiben**" (KBS).

---

[506] Zu den Folgen der Nichteinhaltung siehe Rn 1097 ff.
[507] Vgl. dazu Rn 236 f., 278 und 480.

Nicht zu verwechseln ist das KBS von der sog. „**Auftragsbestätigung**". Diese bestätigt nicht den zustande gekommenen Vertrag, sondern sie soll den Vertrag erst zustande bringen. Sie stellt also die schriftliche **Annahme eines Angebots** dar[508] (vgl. DIN 69905). Weicht die „Auftragsbestätigung" jedoch vom Angebot inhaltlich ab, handelt es sich um eine Ablehnung, verbunden mit einem neuen Angebot (§ 150 II BGB). Schweigt nun der andere Teil auf diese sog. „Auftragsbestätigung", ist darin (sofern es sich nicht um ganz unwesentliche Änderungen handelt) grundsätzlich noch keine stillschweigende Annahmeerklärung zu erblicken.[509] Eine solche ist jedoch dann anzunehmen, wenn die Vertragsleistung widerspruchslos entgegengenommen wird.[510]

> **Beispiel:** Einzelhändler E bestellt beim Großhändler H 500 Stück DVD-Laufwerke. Daraufhin schickt H dem E eine Auftragsbestätigung, in der er (in Abweichung zu den bisherigen Geschäften mit E) darauf hinweist, dass er unter verlängertem Eigentumsvorbehalt[511] liefere.

> Hier wird diese Klausel auch dann nicht Vertragsinhalt, wenn E nicht widerspricht. Nimmt E allerdings die Lieferung widerspruchslos entgegen, hat er damit konkludent zugestimmt und den Vertrag unter Geltung des verlängerten Eigentumsvorbehalts zustande gebracht.

## bb. „Kaufmännisches" Bestätigungsschreiben

### a.) Rechtliche Bedeutung

Während nach dem bisher Gesagten die Auftragsbestätigung die schriftliche Annahme eines Vertragsangebots darstellt und auch gegenüber einem Nichtkaufmann erklärt werden kann, bedient sich ein **Unternehmer**[512] gegenüber einem **anderen Unternehmer** (nach h.M.: gegenüber einer kaufmannsähnlich auftretenden Person) eines „kaufmännischen" Bestätigungsschreibens, um – aus Gründen der Beweissicherung – den Inhalt eines angeblich geschlossenen Vertrags wiederzugeben.[513] Widerspricht der Empfänger eines derartigen Bestätigungsschreibens diesem nicht unverzüglich (vgl. § 121 I S. 1 BGB), muss er den Vertrag so hinnehmen, wie ihn der Inhalt des unwidersprochenen Bestätigungsschreibens angibt. Das ist gewohnheitsrechtlich anerkannt und allgemeine Auffassung. Der Bestätigende darf dann nach Treu und Glauben aus dem Schweigen des Empfängers schließen, dass dieser mit dem bestätigten Vertragsschluss einverstanden ist. Das gilt selbst dann, wenn der Verfasser des Bestätigungsschreibens in diesem einen Fehler gemacht hat.

459

> **Beispiel:** Verleger V verhandelt mit dem Hersteller von Verpackungsmaterialien H telefonisch über 15.700 Stück Faltschachteln. Nachdem sich beide über den Preis einig geworden sind, schließen sie noch am Telefon einen Vertrag. H bestätigt dem V den Vertragsschluss, wobei er *aus Versehen* 17.500 Stück in das Bestätigungsschreiben schreibt. Widerspricht V diesem Bestätigungsschreiben nicht unverzüglich, gilt der Vertrag mit dem Inhalt des Bestätigungsschreibens als zustande gekommen.

> **Hinweis für die Fallbearbeitung:** Das Schweigen auf ein kaufmännisches Bestätigungsschreiben wird nach h.M. *nicht* als Willenserklärung eingeordnet. Daher muss der Schweigende keinen Handlungswillen und auch kein Erklärungsbewusstsein haben. Vielmehr reicht es aus, dass ihm ein Bestätigungsschreiben zugegangen ist und er

460

---

[508] *Köhler*, AT, § 8 Rn 30.
[509] BGHZ 61, 282, 285; *Ellenberger*, in: Palandt, § 147 Rn 12; *Köhler*, AT, § 8 Rn 30.
[510] BGH NJW 1995, 1671, 1672; *Köhler*, AT, § 8 Rn 30.
[511] Zum Eigentumsvorbehalt vgl. unten Rn 1226 sowie grundlegend *Hütte/Hütte*, SachenR I, Rn 846 ff.
[512] Spätestens mit der Aufnahme des Begriffs „Unternehmer" in das BGB (vgl. nunmehr dort § 14) hat der Gesetzgeber klargestellt, dass ein „kaufmännisches Bestätigungsschreiben" auch zwischen Unternehmern, die nicht notwendigerweise „Kaufleute" nach HGB sind, möglich sein muss (dies übersehen *Medicus/Petersen*, wenn sie in BR, Rn 63, verlangen, der Empfänger des Schreibens müsse „Kaufmann nach HGB" sein).
[513] Allgemeine Auffassung, vgl. etwa BGH NJW 2011, 1965 f.

diesbezüglich geschwiegen hat. Dennoch kann der Empfänger sein Schweigen mit Erklärungswirkung analog[514] § 119 I BGB **anfechten**, wenn er hinsichtlich des Inhalts der Bestätigung einem Irrtum unterlegen ist. Ausgeschlossen ist dagegen eine Anfechtung wegen eines Irrtums über die bestätigende Bedeutung des Schweigens überhaupt. Dieser Irrtum stellt einen **unbeachtlichen Rechtsfolgeirrtum** dar.[515] Eine Anfechtung kann aus den schon genannten Rechtssicherheitserwägungen auch nicht darauf gestützt werden, dass das Bestätigungsschreiben und die mündliche Abrede voneinander abweichen.[516]

## b.) Voraussetzungen

**461**  Nach allgemeiner Auffassung sind an die Wirksamkeit eines „kaufmännischen" Bestätigungsschreibens folgende Voraussetzungen geknüpft[517]:

---

### Voraussetzungen eines „kaufmännischen" Bestätigungsschreibens

**I. Persönlicher Anwendungsbereich**

Eine Kaufmannseigenschaft der Parteien i.S.d. §§ 1 ff. HGB ist nach heute nahezu einhelliger Auffassung nicht mehr erforderlich. Auf *Empfängerseite* genügt es, wenn die Person „kaufmannsähnlich" am Rechtsverkehr teilnimmt und der Absender daher die Beachtung kaufmännischer Gewohnheiten erwarten kann. So werden als taugliche Empfänger Vertreter der sog. Freien Berufe (Architekten, Ärzte, Apotheker, Schriftsteller etc.), Insolvenzverwalter und ggf. auch Kleingewerbetreibende angesehen. Erforderlich ist aber stets, dass das fragliche Geschäft berufsbezogen ist. Hinsichtlich des *Absenders* fordert die h.M. ebenfalls zumindest eine kaufmannsähnliche Teilnahme am Geschäftsverkehr.[518] Demgegenüber wird in der Lit. ein gänzlicher Verzicht der Kaufmannseigenschaft diskutiert, da die KBS-Grundsätze keine Rechtswirkungen zu Lasten des Absenders entfalteten.[519] Dies ist zwar richtig, führt jedoch gleichzeitig zu einer Schlechterstellung des Adressaten und entspricht i.Ü. nicht dem hintergründigen Zweck des KBS als Erscheinungsform des Handelsrechts. Nach der hier vertretenen Auffassung müssen daher auf beiden Seiten zwar keine Kaufleute i.S.d. §§ 1 ff. HGB, aber zumindest **Unternehmer** i.S.d. § 14 I BGB stehen.[520]

**II. Vorausgegangener rechtsgeschäftlicher Kontakt**

Zwischen den Parteien muss ein **rechtsgeschäftlicher Kontakt** stattgefunden haben. Darunter sind sowohl Vertragsverhandlungen als auch ein Vertragsschluss zu verstehen, gleichgültig ob mündlich, fernmündlich oder schriftlich. Ob Vorverhandlungen durch einen Stellvertreter durchgeführt worden sind, ist irrelevant. Das gilt auch dann, wenn die Vorverhandlungen von einem Vertreter ohne Vertretungsmacht geführt worden sind. Selbst dann, wenn der Vertretene mit den Vorverhandlungen „überhaupt nichts anfangen kann", muss er dem Bestätigungsschreiben widersprechen, da sein Schweigen - entgegen § 177 II S. 2 Halbs. 2 BGB – als Genehmigung des Vertragsinhalts aufzufassen ist.[521]

**III. Keine besondere Form des Bestätigungsschreibens**

Da das Bestätigungsschreiben keiner besonderen Form bedarf, kann es auch in einem Fax oder einer E-Mail enthalten sein.[522]

---

[514] Da die §§ 119 ff. BGB direkt nur für Willenserklärungen gelten, kommt lediglich eine analoge Anwendung in Betracht.
[515] BGHZ 11, 1, 5; *Medicus/Petersen*, AT, Rn 442; *Deckert*, JuS 1998, 121, 124.
[516] BGH NJW 1969, 1711; 1972, 45; *Ellenberger*, in: Palandt, § 147 Rn 8; *Schwerdtner*, Jura 1988, 443, 446.
[517] Vgl. nur BGHZ 7, 187; 11, 1, 4; 40, 42, 46; 93, 338; 343; *Ellenberger*, in: Palandt, § 147 Rn 8 ff.; *Medicus/Petersen*, BR, Rn 60 ff.; *Köhler*, AT, § 8 Rn 32; *Hartmann*, HandelsR, Rn 539 ff.; *Schärtl*, JuS 2007, 567, 568; *Lettl*, Jus 2008, 849, 850.
[518] BGHZ 40, 42, 43 f.; BGH NJW 1987, 1940, 1941; OLG Düsseldorf NJW-RR 1995, 501, 502; *K. Schmidt*, HandelsR, § 19 III 2b; *Roth*, in: Koller/Kindler/Roth/Drüen, HGB, § 346 Rn 24. Dem zustimmend *Schärtl*, JuS 2007, 567, 569; *Lettl*, Jus 2008, 849, 850 f.
[519] *Hopt*, in: Baumbach/Hopt, HGB, § 346 Rn 19; *Canaris*, HandelsR, § 23 Rn 45; *Hübner*, HandelsR, Rn 496.
[520] Vgl. bereits die Vorauflage; wie hier nun auch *Lettl*, Jus 2008, 849, 850.
[521] Vgl. BGH NJW 2007, 987, 988.
[522] OLG Hamm NJW 1994, 3172.

## IV. Wiedergabe des wesentlichen Inhalts

In dem Bestätigungsschreiben muss der **wesentliche Inhalt** des (angeblich) zustande gekommenen Vertrags wiedergegeben sein. Allerdings darf der Bestätigende die Verhandlungen um **geringfügige** Inhalte ergänzen oder erweitern, **die vernünftige Parteien zur ordnungsgemäßen Abwicklung vereinbart hätten und mit deren Billigung der Bestätigende rechnen darf.**

## V. Redlichkeit des Bestätigenden (Schutzwürdigkeit des Absenders)

Der Bestätigende muss **redlich** hinsichtlich des Inhalts des Bestätigungsschreibens sein. Daher liegt *kein* kaufmännisches Bestätigungsschreiben vor, wenn der Bestätigende das Verhandlungsergebnis **bewusst unrichtig** oder **entstellt** wiedergibt (Problem der Beweisbarkeit). Dabei muss sich der Bestätigende gemäß § 166 I BGB die Kenntnis seines Vertreters zurechnen lassen. Das gilt selbst dann, wenn nicht der bösgläubige Vertreter, sondern der falsch unterrichtete gutgläubige Vertretene das Bestätigungsschreiben verfasst.

## VI. Enger zeitlicher Zusammenhang und kein unverzüglicher Widerspruch des Empfängers

Das Bestätigungsschreiben muss schließlich alsbald nach dem (angeblichen) Vertragsschluss abgesandt worden und dem Empfänger zugegangen (§ 130 I S. 1 BGB analog) sein. Ist dieser mit dem Inhalt des Bestätigungsschreibens nicht einverstanden, muss er **„unverzüglich"** (§ 121 I S. 1 BGB) widersprechen. Als „unverzüglich" und somit rechtzeitig ist i.d.R. nur ein Widerspruch anzusehen, der nach ein bis zwei Tagen ergeht. Im Einzelfall kann ein Widerspruch selbst nach sieben Tagen noch rechtzeitig sein. Ein noch späterer Widerspruch ist i.d.R. nicht mehr rechtzeitig.

## c.) Rechtsfolgen

Ein unwidersprochen gebliebenes KBS hat zur Folge, dass der Inhalt des Schreibens als vereinbart gilt. Absender und Empfänger müssen sich so behandeln lassen, als wäre der Vertrag von Anfang an mit dem Inhalt des KBS wirksam zustande gekommen. **462**

## cc. Zusammenfassung

Eine **Auftragsbestätigung** ist die schriftliche Annahme eines Auftrags und damit Vertragsangebots (vgl. DIN 69905). **463**

Das **„kaufmännische" Bestätigungsschreiben** (KBS) ist ein gesetzlich nicht geregelter, jedoch allgemein anerkannter Handelsbrauch, wonach (aus Gründen der Beweissicherung) der Inhalt eines (angeblich) geschlossenen Vertrags, der von einem Kaufmann schriftlich festgehalten und an den Vertragspartner versandt wird, von diesem als angenommen gilt („Fiktion"), wenn dieser nicht unverzüglich widerspricht. **464**

Da eine Auftragsbestätigung lediglich die Annahme eines Vertragsangebots darstellt, ist eine in ihr enthaltene Änderung zum ursprünglichen Antrag nicht mehr als „Bestätigung" zu werten, sondern gem. § 150 II BGB als neuer Antrag, den der andere Teil annehmen oder ablehnen kann. Ein Schweigen auf ein solches Schreiben ist – anders als das Schweigen eines Unternehmers auf ein „kaufmännisches" Bestätigungsschreiben – nicht rechtserheblich und stellt insbesondere keine Annahme dar. Deshalb trifft den Anbietenden auch keine Pflicht, auf eine abweichende Auftragsbestätigung zu reagieren. Das Schweigen auf eine solche „Auftragsbestätigung" bedeutet also keine Zustimmung.[523] **465**

---

[523] Ein Übungsfall zum KBS findet sich bei *Lettl*, Jus 2008, 849, 853 f.

### dd. Exkurs: Untersuchungs- und Rügefrist beim Handelskauf

**466** Für das Handelsrecht bedeutsam ist § 377 HGB, durch den die bürgerlich-rechtlichen Mängelvorschriften der §§ 434 ff. BGB beim beidseitigen Handelskauf entscheidend modifiziert werden. Auch hier knüpft das Gesetz an das Unterlassen einer Erklärung bestimmte rechtliche Folgen, nämlich die **Fiktion der Genehmigung** einer **mangelhaften** Ware, wenn der Käufer **nicht unverzüglich rügt** (§ 377 II HGB). Dem liegt der Gedanke zugrunde, dass dem Käufer die Pflicht zur Untersuchung der gelieferten Ware und zur Rüge ihrer Mangelhaftigkeit obliegt. Der Verkäufer soll möglichst rasch über die Mangelhaftigkeit der von ihm gelieferten Ware in Kenntnis gesetzt werden. § 377 HGB verpflichtet den Käufer daher, erkennbare Mängel unverzüglich nach der Untersuchung und die erst später erkennbaren Mängel unverzüglich nach ihrer Entdeckung zu rügen. Unterlässt der Käufer die Rüge, verliert er gemäß § 377 II HGB alle Mängelrechte; auch die Einrede des § 320 BGB gegen den Zahlungsanspruch des Verkäufers wird ihm abgeschnitten. § 377 HGB statuiert demnach eine sehr weit reichende Folge für das Ausbleiben einer Erklärung: Wer schweigt, verliert seine Mängelrechte.

## III. Annahmefrist und verspätete Annahmeerklärung

**467** Grundsätzlich kann die Annahme nur unter Beachtung der Frist des § 147 BGB angenommen werden (vgl. dazu Rn 448). Gemäß dem Grundsatz der Privatautonomie stellt das Gesetz in **§ 148 BGB** dem Antragenden allerdings frei, das Angebot zu **befristen**. In diesem Fall kann die Annahme – in Abweichung zu der gesetzlichen Annahmefrist des § 147 BGB – nur innerhalb der Frist, mag sie kurz oder lang bemessen sein, erfolgen. Erfolgt die Annahme durch einen Vertreter ohne Vertretungsmacht, muss die Genehmigung durch den Vertretenen (§ 177 I BGB) noch innerhalb der Annahmefrist erfolgen: Zwar wirkt die Genehmigung grundsätzlich auf den Zeitpunkt der Vornahme des Rechtsgeschäfts zurück (§ 184 I BGB), diese Rückwirkung darf jedoch nicht zu Lasten des Antragenden gehen, da er nach Fristablauf in seinen Dispositionen wieder frei sein soll. Die gleichen Grundsätze gelten bei der Vertragsannahme durch einen Minderjährigen.

**468** Die gewillkürte Frist nach § 148 BGB kann **ausdrücklich** oder **konkludent** einseitig vom Anbietenden bestimmt werden. Eine nachträgliche einseitige Fristverlängerung durch den Antragenden ist möglich, nicht aber eine Fristverkürzung. In Allgemeinen Geschäftsbedingungen sind überlange Annahmefristen zugunsten des Verwenders nach § 308 Nr. 1 BGB unwirksam.

**469** Für die **Fristberechnung** gelten die §§ 186 ff. BGB, deren Anwendung sich selbst für den Fortgeschrittenen nicht immer einfach gestaltet.

**470** **Beispiel 1:** K ist am Kauf eines Hundes interessiert. Dazu besichtigt er am 7.1.2019 (Montag) bei der Hobbymopszüchterin Z einen Mops. Am Ende der Besichtigung macht Z dem K ein konkretes Angebot. Da K sich nicht sofort entscheiden kann, gibt Z ihm 7 Tage Bedenkzeit. Wann läuft die Frist ab?

Die Fristberechnung erfolgt nach §§ 187 ff. BGB. Gemäß § 187 I BGB wird bei der Fristberechnung der Tag, an dem die Frist beginnt, nicht mitgerechnet. Fristbeginn ist vorliegend also der 8.1.2019 (Dienstag) um 0.00 Uhr. Da die von Z eingeräumte Frist nach Tagen bestimmt ist, greift hinsichtlich des Fristendes § 188 I BGB. Die Frist endet also mit Ablauf des letzten Tages. Das ist vorliegend der 14.1.2019 (Montag) um 24 Uhr. K kann sich also bis zum Ablauf des 14.1.2019 entscheiden.[524]

**Beispiel 2:** Wie Beispiel 1, mit dem Unterschied, dass Z dem K 5 Tage Bedenkzeit gibt. Wann läuft die Frist in diesem Fall ab?

---

[524] Nicht berücksichtigt werden soll in diesem Zusammenhang die Problematik des Zugangs der Willenserklärungen gem. § 130 I S. 1 BGB, wenn die Annahmeerklärung erst in den späten Abendstunden zugeht, vgl. dazu Rn 378.

Die Fristberechnung erfolgt selbstverständlich auch hier nach §§ 187 ff. BGB. Fristbeginn ist gem. § 187 I BGB ebenfalls der 8.1.2019 (Dienstag) um 0.00 Uhr. Problematisch ist lediglich das Fristende. Denn gem. § 188 I BGB endet die 5-Tages-Frist mit Ablauf des 12.1.2019 um 24 Uhr. Da es sich bei dem 12.1.2019 aber um einen Samstag handelt, greift § 193 BGB mit der Folge, dass als Fristende der nächste Werktag gilt. K kann sich also auch in diesem Fall bis zum Ablauf des 14.1.2019 (Montag) entscheiden.

Wird der Antrag **verspätet** angenommen, gilt diese verspätete **Annahmeerklärung** ebenso wie eine Annahme unter Einschränkungen und Erweiterungen gem. **§ 150 I BGB** als **neuer Antrag**. Dieser kann dann wiederum angenommen werden und der Vertrag kann zustande kommen (vgl. bereits Rn 447 f.).

**471**

> **Hinweis für die Fallbearbeitung:** Ist die Annahme eines Angebots verspätet erfolgt, darf die Prüfung eines Vertragsschlusses nicht abgebrochen werden; vielmehr ist nach § 150 I BGB weiterzuprüfen, bis feststeht, dass alle Angebote erloschen sind oder der Vertrag zustande gekommen ist.

**472**

**Beispiel:** Diesmal beabsichtigt K, bei Z eine französische Bulldogge zu kaufen. Dazu besichtigt er an einem Vormittag einen Hund namens Frenchie. Z bietet den Hund – den einzigen, den sie von dieser Gattung hat – dem K für 750,- € an. K möchte es sich noch einmal überlegen. Z gibt ihm daher eine Bedenkzeit bis 18 Uhr desselben Tages. Als K gegen 18:25 Uhr bei Z anruft und das Angebot annehmen möchte, teilt diese ihm mit, sie habe den Hund vor 10 Min. dem D angeboten und sei an einem Verkauf an K nicht mehr interessiert. K legt verärgert den Hörer auf. Doch schon gegen 19 Uhr ruft Z wiederum bei K an und teilt diesem mit, er könne den Hund nun doch noch haben, da D „abgesprungen" sei. K will mit Z nichts mehr zu tun haben. Diese verlangt dennoch Abholung des Hundes und Bezahlung des Kaufpreises.

**473**

Voraussetzung wäre ein Kaufvertrag über den Hund. Z hat dem K am Vormittag ein Angebot gemacht. Fraglich ist allein, ob K dieses Angebot rechtzeitig angenommen hat. Gemäß § 147 I S. 1 BGB kann ein Angebot nur sofort angenommen werden, wobei dem Annehmenden eine gewisse Bedenkzeit einzuräumen ist. Vorliegend ist von Z jedoch eine Annahmefrist (18 Uhr) bestimmt worden. Nach § 148 BGB kann die Annahme nur innerhalb dieser Frist erfolgen. Vorliegend hat K angenommen, allerdings erst nach Ablauf der von Z gesetzten Frist. Das Angebot der Z war damit nach §§ 146, 148 BGB erloschen. K konnte (insoweit) nicht mehr annehmen.

Gemäß § 150 I BGB gilt die verspätete Annahme des K jedoch als neues Angebot zum Abschluss des Kaufvertrags. Dieses Angebot hat Z aber ihrerseits zunächst abgelehnt, indem sie dem K mitteilte, sie habe den Hund dem D angeboten. Mit dieser Aussage war zugleich das Angebot des K erloschen.

Allerdings ist in dem Anruf der Z um 19 Uhr gem. § 150 I BGB ein erneutes Angebot zu sehen. Doch dieses hat K abgelehnt, indem er der Z sagte, er wolle mit ihr nichts mehr zu tun haben. Damit ist das Angebot der Z, das diese um 19 Uhr abgegeben hat, wegen der Ablehnung des K gem. § 146 Var. 1 BGB erloschen.

Ergebnis: Es liegt kein Kaufvertrag vor. Z hat keinen Zahlungsanspruch.

Der in § 150 I BGB aufgestellte Grundsatz, dass ein Angebot bei verspäteter Annahme erlischt, wird durch **§ 149 BGB** zum Schutz des Annehmenden eingeschränkt. Diese Vorschrift regelt in S. 2 den Fall, dass wenn eine dem Antragenden verspätet zugegangene Annahmeerklärung dergestalt abgesendet worden ist, dass sie bei regelmäßiger Beförderung ihm rechtzeitig zugegangen wäre, er die Verspätung dem Annehmenden unverzüglich nach dem Empfang der Erklärung anzuzeigen hat, wenn er dies erkennen musste. Verzögert (oder unterlässt) er die Absendung der Anzeige, gilt gemäß S. 2 die Annahme als nicht verspätet. In diesem Fall wird die **Rechtzeitigkeit** der Annahmeerklärung also **fingiert**. Es kommt ein wirksamer Vertrag zustande.

**474**

**475**    **Beispiel:** V bietet dem K, Sammler maritimer Antiquitäten, per E-Mail eine Schiffsuhr der legendären Rickmer Rickmers zum Preis von 500,- € an. K, der seit Langem an einer solchen Uhr interessiert ist, antwortet auf diese E-Mail, indem er auf die „Beantworten-Schaltfläche" klickt und in die E-Mail schreibt, dass er die Uhr nehme und um baldige Zusendung bitte. Dann versendet er die E-Mail. Aufgrund von Problemen beim E-Mail-Server des K wird die E-Mail aber erst nach 5 Tagen dem V zugestellt. V nimmt die E-Mail des K zwar zur Kenntnis, unternimmt aber nichts, da er die Uhr mittlerweile für D reserviert hat. Als K einen Tag später bei V anruft, um sich nach dem Liefertermin zu erkundigen, erfährt er von V, dass die Uhr für D reserviert sei. K besteht aber auf Lieferung der Uhr, weil ein Vertrag zustande gekommen sei. Mit Recht?

Der von K geltend gemachte Lieferungsanspruch könnte sich aus § 433 I S. 1 BGB ergeben. Dazu müsste ein wirksamer Kaufvertrag vorliegen. Ein Kaufvertrag kommt durch zwei aufeinander bezogene und inhaltlich einander entsprechende Willenserklärungen, Angebot und Annahme, zustande (§§ 145 ff. BGB). Beide Erklärungen sind abgegeben worden und dem jeweils anderen zugegangen (§ 130 I BGB). Fraglich ist allein, ob die Annahmeerklärung des K nach § 147 II BGB dem V auch rechtzeitig zugegangen ist. K hat die Annahmeerklärung sofort nach Erhalt des Angebots abgesandt, sodass sie unter normalen Umständen (gewöhnliche Laufzeit von E-Mails: wenige Minuten) rechtzeitig bei V eingetroffen wäre. Tatsächlich ist die E-Mail aber zu spät eingegangen, weil V eine Antwort durchaus früher erwarten durfte (§ 147 II BGB). V hätte den Absendezeitpunkt aufgrund des Headers der E-Mail aber erkennen und auch ersehen können, dass die Verzögerung nicht auf ein Verhalten des K zurückzuführen war. V traf daher die Pflicht, nach § 149 BGB dem K unverzüglich Anzeige vom verspäteten Zugang der E-Mail zu machen, wenn er die Annahme nicht mehr gelten lassen wollte. Durch sein Untätigbleiben gilt die Annahmeerklärung des K als rechtzeitig abgegeben.

**476**    > **Zusammenfassung:** Wird der Antrag nach den oben dargelegten Fristen **verspätet** angenommen, gilt diese Annahmeerklärung gemäß **§ 150 I BGB** als **neuer Antrag**. Eine Einschränkung von diesem Grundsatz ist in **§ 149 BGB** geregelt. Wurde eine verspätet zugegangene Annahmeerklärung dergestalt abgesendet, dass sie dem Antragenden bei regelmäßiger Beförderung rechtzeitig zugegangen wäre, und musste der Antragende dies erkennen, ist er gemäß § 149 S. 1 BGB verpflichtet, dem Annehmenden die Verspätung „unverzüglich" (= ohne schuldhaftes Zögern, vgl. § 121 BGB) nach dem Empfang der Erklärung anzuzeigen, sofern er dies nicht schon vorher getan hat. Kommt der Antragende dieser Verpflichtung nach, dann sind der Antrag erloschen und die Annahme endgültig verspätet. Verzögert der Antragende jedoch die Absendung der Anzeige (oder unterlässt er sie ganz), gilt die Annahme nach § 149 S. 2 BGB als nicht verspätet. In diesem Fall ist der Vertrag wirksam zustande gekommen.
    >
    > Die Voraussetzungen des § 149 S. 2 BGB sind also:
    >
    > **(1)** Der Annehmende muss die Annahmeerklärung *rechtzeitig* unter Verwendung eines verkehrsüblichen Beförderungswegs („regelmäßige Beförderung") abgesendet haben.
    >
    > **(2)** Für den Antragenden muss es bei Anwendung der im Verkehr erforderlichen Sorgfalt *erkennbar* sein, dass die Absendung rechtzeitig erfolgt ist.
    >
    > **(3)** Zuletzt muss es der Antragende *versäumt* haben, dem Annehmenden die Verspätung der Annahmeerklärung unverzüglich (§ 121 BGB) anzuzeigen.
    >
    > Die **Beweislast** bezüglich der Rechtzeitigkeit der Absendung der Annahme trägt der Annehmende. Die Beweislast für die unverzügliche Absendung der Verspätungsanzeige trägt dagegen der Antragende.[525]

---

[525] *Ellenberger*, in: Palandt, § 149 Rn 4.

## IV. Inhaltlich abweichende Annahmeerklärung

Ein Vertrag kommt nur dann zustande, wenn die Annahme zum Angebot kongruent ist, **477** d.h. auf dieselbe Rechtsfolge gerichtet ist. Als Annahmeerklärung ist demnach nur eine solche Erklärung geeignet, die dem Angebot uneingeschränkt und bedingungslos zustimmt. Weicht die Annahme inhaltlich vom Angebot ab, gilt sie nach **§ 150 II BGB** als **Ablehnung** des Antrags verbunden mit einem **neuen Angebot** (vgl. bereits Rn 453 nebst Beispiel). Ob allerdings eine Annahmeerklärung inhaltlich vom Angebot abweicht, ist stets durch Auslegung zu ermitteln. Ergibt diese, dass Angebot und Annahme mit Bezug aufeinander abgegeben wurden, bedarf es einer Anwendung des § 150 BGB nicht; es liegt ein wirksamer Vertragsschluss vor.

> **Beispiel:** V bietet K seinen Flachbildschirm für 150,- € zum Kauf an. K wittert hier eine günstige Gelegenheit, einen solchen Bildschirm zu erwerben. Er wäre auch bereit, den geforderten Preis zu zahlen. Da er aber stets zu handeln versucht, gibt er V zu verstehen, dass er bereit sei, den Monitor für 100,- € zu kaufen. Da V mit diesem Preis jedoch nicht einverstanden ist, will K nunmehr das ursprüngliche Angebot des V annehmen. V, dem die Handelei bei diesem fairen Angebot zuwider ist, ist nun aber nicht mehr bereit, den Monitor an K zu verkaufen.
>
> Die Annahme des K unter der Einschränkung, dass er bereit wäre, (nur) 100,- € zu zahlen, ist auch nach entsprechender Auslegung (§§ 133, 157 BGB) als eine Ablehnung verbunden mit einem neuen Angebot zu werten (§ 150 II BGB). Das ursprüngliche Angebot des V ist daher nach § 146 Var. 1 BGB erloschen, sodass eine spätere „Annahme" des K mangels Annahmefähigkeit des ursprünglichen Angebots nicht zu einem Vertragsschluss führen kann. Das neue Angebot des K hat V abgelehnt. Ein Vertrag ist daher nicht zustande gekommen.

## V. Treuwidrige Änderungen des Angebots

Es kommt vor, dass die beiden Vertragsparteien gemeinsam an einem Vertragsentwurf **478** arbeiten und diesen per E-Mail austauschen, damit jede Partei die jeweiligen Änderungswünsche in das Dokument einpflegen und dieses an die andere Partei zurückschicken kann. In der Regel vereinbaren die Parteien dabei, dass die jeweils vorgenommenen Änderungen kenntlich gemacht werden, damit die andere Partei nicht jedes Mal das gesamte Vertragswerk auf etwaige Änderungen durchschauen muss. Fügt nun eine Partei heimlich Änderungen in den Text ein, ohne diese zu markieren, in der Absicht, die Änderungen würden von der anderen Partei nicht bemerkt, stellt sich die Frage nach den rechtlichen Auswirkungen, wenn auf diese Weise ein Vertrag zustande kommt, der von der anderen Partei so nicht gewollt war.

> **Beispiel**[526]**:** Bauunternehmer U und Besteller B verhandeln über einen Bauvertrag. Den Vertragsentwurf schicken sie mehrmals hin und her, wobei jede Partei die Änderungswünsche einarbeiten und die geänderten Textteile farblich markieren soll, damit die jeweils andere Partei die Änderungen sofort erkennt und nicht jedes Mal den gesamten Text mit der Vorgängerversion vergleichen muss. U, der (zutreffend) erkennt, dass B einem Aufrechnungsverbot niemals zustimmen würde, fügt einen Satz ein, der ein Aufrechnungsverbot enthält, ohne ihn zu kennzeichnen. Bei der späteren Kontrolle wird diese Änderung von B übersehen. Die Parteien unterzeichnen den Vertrag. Später, nachdem U von B die Zahlung der Vergütung verlangt hat, erklärt B die Aufrechnung der Forderung mit einer Gegenforderung. U meint, dies sei unzulässig, und verweist zur Begründung auf das vertraglich vereinbarte Aufrechnungsverbot, was B jetzt erst aufgrund dieser Einlassung bemerkt. B ist der Meinung, das Aufrechnungsverbot sei erschlichen und daher unwirksam.

---

[526] In Anlehnung an BGH NJW 2014, 2100 f.

Das Zustandekommen von Verträgen richtet sich nach §§ 145 ff. BGB. Die jeweils vorgenommenen Änderungen im Vertragsentwurf stellen Ablehnungen dar, verbunden mit einem neuen Vertragsangebot (§ 150 II BGB). Der Vertrag kommt also zustande, nachdem beide Parteien die zuletzt bearbeitete Version unterschrieben haben. Stellt man sich nun auf den Standpunkt, dass der Vertrag so gilt wie geschlossen, wäre an eine Anfechtbarkeit durch B wegen Inhaltsirrtums (§ 119 I BGB) oder arglistiger Täuschung (§ 123 Var. 1 BGB) zu denken. Dann aber würde der Vertrag vernichtet (§ 142 I BGB) und B verlöre Mängelrechte (vgl. §§ 633, 634 BGB), was nicht in seinem Interesse sein kann. Der BGH hat deshalb auf der Basis von § 242 BGB entschieden, dass U durch sein Verhalten gegen den Grundsatz von Treu und Glauben verstoßen habe und er sich daher so behandeln lassen müsse, als wäre ein Aufrechnungsverbot nicht vereinbart worden. B durfte daher die Aufrechnung erklären.

## VI. Ausnahme vom Erfordernis des Zugangs der Annahmeerklärung

**479**  Wie schon ausgeführt, handelt es sich auch bei der Annahme um eine empfangsbedürftige Willenserklärung, die grundsätzlich erst mit ihrer Abgabe und ihrem Zugang beim Antragenden wirksam wird. Eine Ausnahme von diesem Zugangserfordernis normiert § 151 S. 1 BGB, nach dem der Vertrag durch die Annahme des Antrags zustande kommt, ohne dass die Annahme dem Antragenden gegenüber erklärt zu werden braucht. Voraussetzung ist aber, dass entweder eine solche Erklärung nach der Verkehrssitte nicht zu erwarten ist (1. Var.) oder der Antragende auf sie verzichtet hat (2. Var.).

**480**  Zu beachten ist, dass, § 151 BGB nicht die Annahme selbst überflüssig macht, sondern nur deren *Zugang* beim Antragenden, wenn eine solche Annahmeerklärung nach der Verkehrssitte nicht zu erwarten ist oder der Antragende auf sie verzichtet hat. Es muss also auch bei § 151 BGB eine nach außen kundgetane Annahmeerklärung vorliegen; diese muss lediglich bei Vorliegen einer der genannten Voraussetzungen nicht zugehen![527] Es handelt sich also um eine nicht empfangsbedürftige Willenserklärung.

> **Beispiel:** Schickt die Versandhandel-GmbH unbestellt Ware an einen Verbraucher (vgl. §§ 241a, 13, 14 I BGB) und überweist dieser den Kaufpreis, ohne eine Annahme des Angebots gegenüber dem Versender zu erklären, kommt ein Kaufvertrag trotz § 241a BGB zustande, obwohl beim Versender keine Annahmeerklärung zugegangen ist (str.; vgl. Rn 236). Denn hier muss man bei lebensnaher Betrachtung davon ausgehen, dass der Versender auf den Zugang der Annahmeerklärung verzichtet; zumindest ist eine solche Annahmeerklärung nach der Verkehrssitte nicht zu erwarten.
>
> Für den Bereich des **Internethandels** wird unterstellt, dass gem. § 151 S. 1 Halbs. 2 BGB der Empfänger auf den Zugang der Annahmeerklärung verzichtet.[528]

## D. Vertragsschluss durch sozialtypisches Verhalten

**481**  Im Massengeschäft des täglichen Lebens werden vielfach Leistungen in Anspruch genommen, ohne dass es zu einem ausdrücklichen Vertragsschluss kommt.

> **Beispiele:** Einsteigen in die Straßenbahn, Benutzen eines gebührenpflichtigen Parkplatzes etc., wobei der Vertrag durch die Inanspruchnahme der Leistung zustande kommt. Fraglich ist dabei lediglich der juristische Weg.

**482**  Der Schulfall für die Annahme eines Rechtsgeschäfts ohne ausdrücklich erklärten Willen des Handelnden ist der sog. **„Hamburger Parkplatzfall"**:[529]

---

[527] Vgl. dazu BGHZ 74, 352, 356; 111, 97, 101; LG Gießen NJW-RR 2003, 1206.
[528] *Ellenberger*, in: Palandt, § 151 Rn 4.
[529] BGHZ 21, 319, 333. Vgl. auch BGHZ 23, 175, 177 („Stromversorgungsfall"); 23, 249, 258, 261 („Hoferbenfall").

**Sachverhalt:** Die Stadt Hamburg erklärte 1953 einen Teil des Rathausmarktes zum be-  **483**
wachten, gebührenpflichtigen Parkplatz und machte dies durch die Aufstellung eines Schil-
des „Parkgeldpflichtig und bewacht" deutlich. X stellte seinen Pkw auf ebendiesem Teil
des Parkplatzes ab, verweigerte dann aber gegenüber dem Parkwächter die Bezahlung
des Entgelts. Er meinte, das Parken gehöre auch weiterhin zum unentgeltlichen Gemein-
gebrauch. Zudem wolle er gar keine Bewachung seines Kfz.

⇨ Nach der von *Haupt*[530] begründeten **„Lehre vom faktischen Vertrag"** sollen Ver- **484**
tragsverhältnisse auch ohne Willenserklärungen allein durch sozialtypisches Verhalten
entstehen können. Zur Begründung wird angeführt, dass Massengeschäfte des täglichen Lebens mit den herkömmlichen rechtlichen Mitteln nicht angemessen zu bewäl-
tigen seien. Der Fahrpreis, der Wasser- oder Strompreis seien nicht deshalb geschuldet, weil der Kunde den Willen geäußert habe, einen Vertrag über die entsprechenden
Leistungen zu schließen. Die Rechtsordnung knüpfe die Zahlungspflicht hier unmittelbar an ein „sozialtypisches Verhalten". Es handele sich nicht um rechtsgeschäftliche
Verträge, sondern um faktische Vertragsverhältnisse.

Diese Auffassung hat zur Konsequenz, dass die Gegenleistung bereits dann geschuldet
wird, wenn die Leistung faktisch (tatsächlich) in Anspruch genommen wurde. Auf das
Vorliegen einer Willenserklärung kommt es nicht an. Daher finden auch die Vorschriften über Geschäftsfähigkeit, Nichtigkeit oder Anfechtung keine Anwendung.

⇨ Da sich das beschriebene „sozialtypische" Verhalten jedoch regelmäßig – und zwar **485**
ohne konstruktive Schwierigkeiten – mit einer konkludenten Willenserklärung deckt,
ist die Lehre vom faktischen Vertrag schlichtweg überflüssig. Insbesondere ist nicht
einzusehen, warum die Vorschriften über Geschäftsfähigkeit, Nichtigkeit oder Anfechtung, die nicht ohne Grund in das BGB aufgenommen wurden, keine Rolle spielen
sollen. Zu Recht wird die Lehre vom faktischen Vertrag daher heute nicht mehr vertreten.[531] Mit dem Verbrauch oder der Inanspruchnahme einer Leistung macht der
Teilnehmer am Rechtsverkehr unmissverständlich klar, dass er sie auch in Anspruch
nehmen will. Ein Irrtum über die rechtliche Bedeutung seines Tuns kann im Regelfall
ausgeschlossen werden. Der geheime Vorbehalt, etwa beim Einsteigen in öffentliche
Verkehrsmittel nicht zahlen zu wollen, ist nach § 116 BGB unbeachtlich.

⇨ Eine weitergehende Minderheitsmeinung, die den geheimen Vorbehalt für beachtlich **486**
erklären möchte mit der Folge, dass ein Vertrag nicht zustande kommt und die empfangenen Leistungen über §§ 812, 818 BGB zurückzugewähren sind[532], ist abzulehnen.
Denn sie verkennt das Schutzbedürfnis des die Leistung Anbietenden, das dann unterlaufen wird, wenn sich der die Leistung in Anspruch Nehmende auf Entreicherung
(§ 818 III BGB) beruft.

⇨ Richtigerweise ist also auf die **allgemeine Rechtsgeschäftslehre** abzustellen. Da- **487**
nach ist im obigen Parkplatzfall das Angebot zum Abschluss eines Vertrags in dem
Leistungsangebot des Parkplatzbetreibers zu sehen (sog. Realofferte[533]). Das Einfahren auf den Parkplatz stellt sodann die (konkludente) Annahmeerklärung dar. Der zugleich oder anschließend erfolgte ausdrückliche Protest, einen Vertrag nicht schließen
zu wollen, ist als **widersprüchliches Verhalten** nach § 242 BGB zu bewerten und
unbeachtlich[534] (*protestatio facto contraria non valet*).

Daher ist ein Verwahrungs- bzw. Bewachungsvertrag zu bejahen. X ist zur Zahlung des **488**
Entgelts verpflichtet.

---

[530] *Haupt*, Über faktische Vertragsverhältnisse, 1941.
[531] Wie hier BGHZ 95, 393, 399; *Medicus/Petersen*, AT, Rn 245 ff.; *Stadler*, AT, § 19 Rn 34; *Brox/Walker*, AT, Rn 194; *Wolf*, in: Soergel, vor § 145 Rn 102 ff.; *Ellenberger*, Einf v § 145 Rn 25; sich anschließend *Fritzsche*, JA 2006, 674, 678.
[532] *Köhler*, AT, § 8 Rn 29; *Larenz*, AT, 7. Aufl. 1989, § 28 II; dem sich annähernd BGH NJW 2002, 817.
[533] Vgl. auch OLG Saarbrücken NJW-RR 1994, 436.
[534] *Ellenberger*, Einf v § 145 Rn 25; *Stadler*, AT, § 19 Rn 34; *Brox/Walker*, AT, Rn 194.

## E. Vertragsfreiheit und Kontrahierungszwang

**489** Privatautonomie bedeutet nicht nur die Freiheit, Verträge zu schließen und sich den Vertragspartner auszusuchen, sondern auch das Recht, von einem Vertragsschluss abzusehen, sog. **negative Vertragsfreiheit**. Der rechtliche Schutz dieser Freiheit darf andererseits aber nicht dazu führen, dass marktbeherrschende Unternehmen bzw. Institutionen ihre Machtposition missbrauchen, indem sie den Vertragsschluss mit Personen verweigern, die auf den Abschluss eines Vertrags angewiesen sind. Man denke bspw. an die sachlich nicht gerechtfertigte Weigerung eines Energieversorgungsunternehmens, einem bestimmten Haushalt die Stromlieferung zu verweigern, oder an ein privatwirtschaftlich betriebenes Krankenhaus, das sich weigert, einen Patienten aufzunehmen bzw. einem Menschen die medizinisch notwendige Versorgung zu geben. Der Nichtabschluss eines Vertrags kann also einen auf die Leistung angewiesenen Menschen in seiner **wirtschaftlichen**, **gesellschaftlichen** und/oder physischen **Existenz** treffen. Allgemein würde eine uneingeschränkte Anerkennung der negativen Vertragsfreiheit die rechtliche Kapitulation vor Willkür und Machtmissbrauch bedeuten. Die Vertragsfreiheit muss daher dort zurücktreten, wo der Schutz überwiegender Interessen der Allgemeinheit oder des einzelnen dies gebietet. An die Stelle der Abschlussfreiheit tritt die Abschlusspflicht (sog. **Kontrahierungszwang** oder Abschlusszwang).

**490** Ein Kontrahierungszwang kann sich zunächst unmittelbar aus dem Gesetz ergeben (z.B. aus §§ 17, 20, 36 EnWG für den Bezug von Versorgungsenergien wie Strom und Gas, aus §§ 22 PBefG, 21 II LuftVG gegenüber Beförderungsunternehmen, aus § 10 AEG gegenüber Eisenbahnbetreibern, aus § 3 PDLV i.V.m. §§ 11 ff. PostG gegenüber Postdienstleistern, aus § 5 II PflVG für den Abschluss einer Kfz-Haftpflichtversicherung oder aus § 21 I S. 1 AGG gegenüber Arbeitgebern, wenn die Ablehnung einer Person, die sich um einen Arbeitsplatz bewirbt, diese diskriminiert[535]). Ein Kontrahierungszwang kann sich auch im Wege eines Schadensersatzanspruchs ergeben, wenn die Weigerung des Vertragsabschlusses eine vorsätzliche sittenwidrige Schädigung darstellt (§§ 826, 249 S. 1 BGB), was insbesondere bei einer monopolähnlichen Stellung der sich weigernden juristischen oder natürlichen Person in Betracht kommt.[536]

> **Beispiel:** Die Stadt S betreibt ihre Stadthalle in der Rechtsform einer GmbH. Schon seit Jahren vermietet sie diese an politische Parteien zwecks Abhaltung der gesetzlich vorgesehenen (vgl. § 9 PartG) Parteitage. Als nun die missliebige, aber nicht verbotene P-Partei die Halle zu diesem Zweck anmieten möchte, verweigert die Stadthallen-GmbH den Abschluss eines Mietvertrags. Ein anderer Raum, in dem der Parteitag abgehalten werden könnte, steht auch in der weiteren Umgebung nicht zur Verfügung.
>
> Hier könnte die Versagung der Überlassung sittenwidrig i.S.d. § 826 BGB sein. Lassen sich keine sachlichen Gründe für die Verweigerung finden, folgt aus § 826 BGB ein Kontrahierungszwang; die Vertragsfreiheit wird insoweit eingeschränkt (vgl. dazu Rn 46/190/489/1224).

**491** Außerdem wird teilweise ein allgemeiner Kontrahierungszwang aus einer Gesamtanalogie zu den im Bereich der öffentlichen Daseinsvorsorge geltenden Vorschriften sowie dem Sozialstaatsprinzip hergeleitet, so z.B. für Krankenhäuser im Hinblick auf die medizinisch notwendige Versorgung.[537]

**492** Zu beachten ist, dass der Kontrahierungszwang nicht die notwendige Annahmeerklärung des Abschlusspflichtigen ersetzt; diese muss schon vorliegen. Weigert sich der Abschlusspflichtige, den Vertrag zu schließen, bleibt dem Berechtigten letztlich nur die gerichtliche Klage auf Abgabe der gewünschten Willenserklärung (§ 894 ZPO), verbunden mit der

---

[535] Vgl. dazu *Thüsing/von Hoff*, NJW 2007, 21 ff.; *Armbrüster*, NJW 2007, 1494 ff.
[536] BGHZ 63, 282, 284 f.; BGH NJW 1990, 761, 762.
[537] Vgl. BGH NJW 1990, 761, 763; vgl. auch *Looschelders*, SchuldR AT, Rn 115.

Vornahme der Leistung. Zu welchen Bedingungen der Abschlusspflichtige den Vertrag zum Abschluss bringen muss, ist der jeweiligen Norm zu entnehmen. Grundsätzlich besteht die Pflicht zum Abschluss zu den üblichen bzw. nicht diskriminierenden Bedingungen.

Fraglich ist, ob ein Kontrahierungszwang nur bei lebensnotwendigen oder jedenfalls lebenswichtigen Leistungen in Betracht kommt oder bei jeder Bedarfsdeckung im Rahmen der **normalen Lebensführung** eines Durchschnittsbürgers. Um hier einen Kontrahierungszwang anzunehmen, muss ein schutzwürdiges Interesse des Einzelnen an der betreffenden Leistung bestehen und bei einer Abwägung mit der Vertragsautonomie des sich Weigernden klar den Vorrang genießen. Das kann z.B. bei der Benutzung kultureller Einrichtungen (wie z.B. Museen) oder Sportstätten (z.B. Stadien)[538] durchaus zu bejahen sein, nicht aber beim Zugang zu einer Spielbank.[539]

**493**

Im Verhältnis zwischen Unternehmen ist das **kartellrechtliche Diskriminierungsverbot** (§ 20 II GWB, der insoweit § 826 BGB nahezu völlig verdrängt) von überaus großer Bedeutung. Diese Vorschrift bestimmt, dass ein marktbeherrschendes oder doch marktstarkes Unternehmen ein anderes, von ihm abhängiges Unternehmen nicht unbillig behindern oder ohne sachlich gerechtfertigten Grund unterschiedlich behandeln darf. Da eine Diskriminierung auch und gerade in einer Lieferverweigerung bestehen kann, ergibt sich daraus mittelbar ein Kontrahierungszwang. Der Abschluss des verweigerten Vertrags kann im Wege der Schadensersatzklage vom betroffenen Unternehmen nach § 33a I GWB i.V.m. § 249 I BGB (Naturalherstellung durch Vertragsschluss) oder im Wege der Beseitigungsklage (§ 1004 I BGB analog) durchgesetzt werden.[540]

**494**

> **Beispiel**[541]**:** H ist Marktführer und Hersteller exklusiver Wohnmöbel. Als er in Erfahrung bringt, dass der Vertragshändler V die Möbel unter dem gewünschten Endverkaufspreis verkauft, stellt er die Belieferung des V ein. V klagt auf Weiterbelieferung, weil er die Möbel des H im Sortiment führen müsse, um konkurrenzfähig zu bleiben.
>
> Geht man davon aus, dass die Angaben des V zutreffen, ist dieser von der Weiterbelieferung durch H abhängig. Die Liefersperre ist auch nicht sachlich gerechtfertigt, weil der Wiederverkäufer in seiner Preisgestaltung frei sein soll (vgl. das Benachteiligungsverbot in Bezug auf Verbraucher in § 2 GWB). H ist daher zur Weiterbelieferung verpflichtet. Die Klage des V ist begründet.

Stellt die Weigerung, einen Vertrag zu schließlich, eine Diskriminierung dar (Beispiel: diskriminierende Einlasspraxis in Diskotheken, dazu Rn 46), kann sich aus §§ 19, 21, 22 AGG auch ein **Schadensersatzanspruch** (Geldentschädigung) ergeben.[542]

**494a**

# F. Konsens und Dissens

## I. Vorrang der Auslegung

Wie schon mehrfach ausgeführt, kommt ein Vertrag nur dann zustande, wenn sich die Parteien über die **wesentlichen vertraglichen Umstände** geeinigt haben, mithin ein **Konsens** besteht. Ob ein solcher Konsens besteht, ist durch **Auslegung** (§§ 133, 157 BGB) zu ermitteln. Hierbei sind zwei Grundsätze zu beachten:

**495**

- **Nur subjektive Übereinstimmung der Parteien:** Erklären die Parteien objektiv etwas anderes, als sie subjektiv übereinstimmend wollten, gilt der Grundsatz der *falsa demonstratio non nocet* (die Falschbezeichnung schadet nicht, dazu Rn 408, 413, 416).

**496**

---

[538] BGH NJW 2010, 534, 535.
[539] BGH MDR 1995, 105; *Köhler*, AT, § 8 Rn 46; *Wolf/Neuner*, AT, § 48 Rn 13 f.
[540] *Köhler*, AT, § 8 Rn 47; vgl. auch *Wolf/Neuner*, AT, § 48 Rn 18.
[541] In Anlehnung an den sog. Rossignol-Fall BGH NJW 1976, 801 ff.
[542] Vgl. OLG Stuttgart NJW 2012, 1085 f.

Eine Auslegung der Willenserklärungen führt in diesem Fall eindeutig zu einem Konsens, sodass für eine Anwendung der §§ 154, 155 BGB kein Raum ist.

**497** ▪ **Nur objektive Übereinstimmung der Parteien:** Wollten die Parteien subjektiv zwar Unterschiedliches, ergibt aber die Auslegung, dass beide Erklärungen objektiv übereinstimmen, liegt ebenfalls eine vertragliche Einigung vor, ein objektiv-normativer Konsens, der die Anwendbarkeit der §§ 154, 155 BGB ebenso ausschließt. In Betracht kommt aber stets eine Anfechtung wegen Inhalts- oder Erklärungsirrtums.

**Beispiel:** V will seine Taschenuhr – ein Erbstück – für 520,- € verkaufen. In dem schriftlichen Angebot, das er dem K schickt, verschreibt er sich jedoch und bietet das Stück für 250,- € zum Kauf an. K, der den Fehler nicht als solchen bemerkt, freut sich und schreibt dem V, dass er das Angebot gerne annehme.

In diesem Fall haben sowohl V als auch K nach außen übereinstimmend erklärt, dass sie einen Kaufvertrag über die Taschenuhr zum Preis von 250,- € schließen wollen. Es liegt also ein Konsens auf objektiver Ebene vor, sodass der Kaufvertrag tatsächlich zu diesen Konditionen zustande kommt. Unberührt bleibt davon natürlich die Anfechtungsmöglichkeit des V nach § 119 I Var. 2 BGB. Zunächst aber ist der Vertrag wirksam.

## II. Anwendung der §§ 154, 155 BGB

**498** Ergibt die Auslegung, dass sich die Parteien **nicht** oder **nicht vollständig** geeinigt haben, liegt ein **Einigungsmangel** (Dissens) vor. Bei der rechtlichen Beurteilung ist wiederum zu beachten:

**499** ▪ Haben sich die Parteien noch **nicht** einmal über die **vertragswesentlichen** Punkte, die *essentialia negotii*, geeinigt, hindert dieser Mangel von vornherein das Zustandekommen eines Vertrags, und zwar mit logischer Notwendigkeit. Man spricht daher auch von einem „**Totaldissens**" oder einem „**logischen Dissens**". Auf die Regelungen der §§ 154, 155 BGB darf **nicht** zurückgegriffen werden.

**Beispiel:** Wenn V zu K sagt: „Du kannst meinen gebrauchten Palandt aus dem Jahr 2016 für 60 € kaufen" und K daraufhin erwidert: „Ja, ich wollte schon immer einen Rucksack kaufen", ist diese Erklärung des K nicht auf die des V bezogen und daher auch nicht auslegungsfähig. Die §§ 154, 155 BGB sind nicht anwendbar.

**500** ▪ Die §§ 154, 155 BGB behandeln also (nur) den Fall, in dem der Vertrag trotz seiner Unvollständigkeit eine **sinnvolle Regelung** enthält sowie die Fälle des Erklärungsdissenses und des Scheinkonsenses (dazu sogleich). Sie erfassen bei einer Unvollständigkeit nur die mangelnde Einigung über **Nebenpunkte** (sog. *accidentalia negotii*), die nicht automatisch das Zustandekommen des Vertrags hindern.

## III. Offener und versteckter Dissens

**501** Zu unterscheiden sind der sog. *offene* (§ 154 BGB) und der sog. *versteckte* (§ 155 BGB) Dissens.

### 1. Der offene Dissens

**502** Konnte eine Einigung über vertragliche **Nebenpunkte** (*accidentalia negotii*) nicht erzielt werden (Unvollständigkeit der Einigung) und ist den Parteien die mangelnde Einigung bekannt, liegt ein **offener Dissens** i.S.d. § 154 BGB vor. In diesem Fall kommt es **auf den Willen der Parteien** an, ob der Vertrag erst bei einer Einigung über diesen Punkt geschlossen sein soll oder ob sie den Vertrag trotz des offenen Punktes bindend anerkennen wollen. Der Wille der Parteien ist dabei durch **Auslegung** zu ermitteln. Gemäß § 154 I S. 1 BGB ist der Vertrag **im Zweifel** dann als **nicht geschlossen** zu betrachten, wenn sich aus der Auslegung ergibt, dass (auch nur) eine Partei eine Einigung über diesen Punkt als wesentlich erachtet. Eine Bindung kommt nach § 154 I S. 2 BGB selbst dann nicht zustande, wenn die Punkte, über die schon eine Einigung erzielt wurde, aufgezeichnet wurden (sog. Punktation). Auf der anderen Seite kann die Auslegung aber auch ergeben, dass ein Bindungswille vorhanden ist. Indiz für einen solchen Bindungswillen ist es, wenn die Parteien mit der Vertragsdurchführung beginnen.[543] Ist demnach eine Bindung gewollt, müssen die offengebliebenen Punkte, wenn darüber keine Einigung erzielt werden kann, durch Heranziehung des dispositiven Rechts, durch ergänzende Vertragsauslegung nach dem Vertragszweck oder nach § 315 BGB analog (Billigkeit) ausgefüllt werden.[544]

Eine weitere Auslegungsregel enthält **§ 154 II BGB**. Nach dieser Vorschrift ist ein Vertrag im Zweifel nicht geschlossen, wenn eine Beurkundung des beabsichtigten Vertrags verabredet wurde, diese aber noch nicht durchgeführt worden ist. § 154 II BGB gilt auch dann, wenn die Parteien **Schriftform** (§§ 126, 127 BGB) vereinbart haben.[545] Er ist jedoch nicht anwendbar, wenn die Beurkundung nach dem Willen beider Parteien nur **Beweiszwecken** dienen soll.[546] Für einen solchen Willen müssen aber konkrete Anhaltspunkte vorliegen.[547] Er ist in der Regel zu bejahen, wenn die Parteien erst nach dem Vertragsschluss eine Formabrede treffen.[548]

## 2. Der versteckte Dissens

Während die Parteien beim offenen Dissens wissen, dass ihre Einigung unvollständig ist, gehen die Parteien beim versteckten Dissens davon aus, dass sie sich über alle Vertragsbestandteile geeinigt haben, obwohl dies in Wirklichkeit nicht der Fall ist. § 155 BGB knüpft in diesem Fall an den vermuteten Parteiwillen an. Stellt man bei der Auslegung der beiden Willenserklärungen fest, dass die Einigung über einen Punkt fehlt, ist danach zu fragen, ob die Parteien den Vertrag auch ohne eine diesbezügliche Vereinbarung geschlossen hätten. Ist dies nicht der Fall, so ist der Vertrag nicht zustande gekommen.

Anders als beim offenen Dissens kann beim versteckten Dissens gerade wegen der tatsächlichen Erfüllung des Vertrags auch keine Wertung bezüglich des fraglichen Punkts hergeleitet werden. Da die Parteien die fehlende Übereinstimmung ja gerade nicht bemerkten, besagt die Erfüllungshandlung nichts über die Wichtigkeit, die sie dem strittigen Punkt beigemessen hätten, wäre er ihnen nicht entgangen.

Ergibt aber die Auslegung, dass die Parteien den Vertrag auch ohne eine Einigung über den fraglichen Punkt geschlossen hätten, sind die verbliebenen Einigungslücken durch das dispositive Recht oder durch eine ergänzende Vertragsauslegung auszufüllen.

Denkbar sind drei Fälle eines versteckten Dissenses:

- Die Parteien vergessen oder übersehen einen regelungsbedürftigen Punkt, sog. **verdeckte Unvollständigkeit**.

  **Beispiel:** Der in Deutschland ansässige Verleger V und der in den USA ansässige Druckereibetreiber D verhandeln über die Lieferung von 1.000 Bildbänden über die Rocky-Mountains. V macht dem D deutlich, dass er die Bücher nur dann drucken und liefern lassen wolle, wenn auch eine Vereinbarung über die Transportkosten getroffen werde. Später wird der Vertrag schriftlich fixiert, wobei V und D jedoch eine Transport-Abrede vergessen.

  V und D haben sich in diesem Fall zwar über die wesentlichen Vertragsbestandteile, die *essentialia negotii*, geeinigt (Kaufgegenstand und Kaufpreis), sodass kein Totaldissens

503

504

505

506

507

508

---

[543] BGH NJW 1983, 1727, 1728.
[544] Vgl. BGHZ 41, 271, 275; BGH NJW 1983, 1189, 1190; 1983, 1777, 1778; 1997, 2671, 2672; *Köhler*, AT, § 8 Rn 39; *Brox/Walker*, AT, Rn 255; *Ellenberger*, in: Palandt, § 154 Rn 2.
[545] *Ellenberger*, in: Palandt, § 154 Rn 4.
[546] BGH NJW 1964, 1269, 1270; OLG Hamm NJW-RR 1995, 274, 275.
[547] BGH NJW-RR 1991, 1053, 1054; OLG Hamm NJW-RR 1995, 274, 275.
[548] BGH NJW 1994, 2026.

vorliegt, der das Zustandekommen des Kaufvertrags von vornherein hindern würde. Eine Einigung über die Versandkosten (*accidentalia negotii*) wurde aber nicht erzielt. Eine Auslegung diesbezüglich ist nicht möglich. Da V eine Transportabrede treffen wollte und es ihm auch ersichtlich darauf ankam, auch diesbezüglich eine Einigung zu erzielen, liegt ein versteckter Dissens i.S.d. § 155 BGB vor. Da nicht anzunehmen ist, dass V den Vertrag ohne eine Einigung bezüglich dieses Punktes geschlossen hätte, ist der Vertrag in Ermangelung einer solchen Abrede nicht zustande gekommen.

**509** ▪ Die Parteien geben äußerlich voneinander abweichende Erklärungen ab, die auch dem Sinn nach auseinandergehen, von denen die Parteien aber annehmen, dass sie sich decken, sog. **Erklärungsdissens**.

**Beispiel**[549]**:** $V_1$ und $V_2$ verhandeln via SMS in Kürzeln über eine Ware und werden sich „einig". Erst als $V_1$ Erfüllung verlangt, stellt sich heraus, dass beide verkaufen wollten.

Da aus den SMS nicht hervorging, wer kaufen und wer verkaufen wollte, liegt ein versteckter Dissens vor. Der Vertrag ist daher nicht zustande gekommen.

**510** ▪ Die Parteien geben Erklärungen ab, die sich zwar äußerlich decken, bei denen sich aber im Wege der Auslegung ergibt, dass der verwandte Begriff mehrdeutig ist und beide Parteien ihn unterschiedlich verstanden haben, sog. **Scheinkonsens**.

**Beispiele:** Unterschiedliche Bedeutung der Begriffe „Eigenkapital", „Typenflug", „Baukostenzuschuss" o.Ä.[550]

**511** § 155 BGB ist auch dann anzuwenden, wenn nur eine Partei den Vertrag irrtümlich für geschlossen hält, die andere aber von dem Einigungsmangel weiß (sog. **einseitig versteckter Dissens**).[551]

**512** Fraglich ist, wer den **Schaden**, der bei einem Dissens entstanden ist, trägt. Im Wesentlichen werden zwei Auffassungen vertreten:

**513** ▪ Teilweise wird vertreten, dass eine Pflicht zum Schadensersatz auch bei der schuldhaften Verursachung des Dissenses **nicht** in Betracht komme, da jeder das Risiko eines Einigungsmangels gleichermaßen tragen müsse.[552]

**514** ▪ Nach der Gegenauffassung ist diejenige Partei, die durch ein von ihr zu vertretendes Verhalten (z.B. durch mehrdeutige Formulierungen) den Dissens verursacht hat, wegen eines Verschuldens bei Vertragsschluss nach c.i.c. (§ 311 II, 241 II BGB) zum Schadensersatz verpflichtet, der gegebenenfalls gemäß § 254 BGB zu mindern sei.[553]

---

[549] In Anlehnung an RGZ 104, 265 ff.
[550] Vgl. die Nachweise bei *Ellenberger*, in: Palandt, § 155 Rn 4.
[551] *Ellenberger*, in: Palandt, § 155 Rn 1; a.A. *Med Medicus/Petersen icus*, AT, Rn 436.
[552] *Flume*, AT II, § 34, 5, S. 626; ähnlich *Busche*, in: MüKo, § 155 Rn 15; *Schlachter*, JA 1991, 105, 108.
[553] RGZ 104, 265, 267 f.; *Ellenberger*, in: Palandt, § 155 Rn 5; im Ergebnis auch *Medicus/Petersen*, AT, Rn 439.

# G. Bedingte und befristete Rechtsgeschäfte

## I. Einführung

Das Gesetz räumt den Vertragsparteien die grundsätzliche Möglichkeit ein, den Eintritt der Rechtswirkungen ihres Geschäfts von einem zukünftigen Ereignis abhängig zu machen. Ist der Eintritt dieses Ereignisses ungewiss, handelt es sich um eine **Bedingung** (§§ 158-162 BGB). Ist der Eintritt des Ereignisses hingegen gewiss, handelt es sich um eine **Befristung** (§ 163 BGB), unabhängig davon, ob der Zeitpunkt des Eintritts gewiss ist.

**515**

> **Beispiel 1:** Die Eltern versprechen ihrer Tochter eine Reise nach Paris, wenn sie das Abitur bestehe.
>
> Da dieses (Schenkungs-)Versprechen an eine Voraussetzung geknüpft ist, deren Eintritt noch ungewiss ist (T könnte die Abiturprüfung nicht bestehen), handelt es sich um eine **Bedingung**, vorliegend um eine aufschiebende Bedingung gem. § 158 I BGB.
>
> **Beispiel 2:** Nachdem T das Abitur bestanden und einen Studienplatz an der Universität erhalten hat, überlassen ihr ihre Eltern die kleine Zweitwohnung in der Stadt, damit T näher an der Universität wohnt, und zwar ab dem 1.10.
>
> Da die Wohnung ab einem bestimmten, gewiss eintretenden Zeitpunkt überlassen werden soll (sofern unentgeltlich: Leihe, § 598 BGB), handelt es sich um eine **Befristung** (der 1.10. ist der Anfangstermin, daher gilt gem. § 163 BGB die Vorschrift des § 158 I BGB).

**516**

Bedingte oder befristete Rechtsgeschäfte sind – vorbehaltlich anderer Voraussetzungen – voll wirksam. Lediglich die Rechtswirkungen bleiben zunächst schwebend unwirksam.[554] Für die **Gültigkeitsvoraussetzungen des Rechtsgeschäfts** (z.B. Geschäftsfähigkeit, Formmangel, Nichtigkeit wegen §§ 134 oder 138 BGB etc.) ist daher auf den **Zeitpunkt der Vornahme des Rechtsgeschäfts** und nicht auf den Bedingungseintritt oder -ausfall bzw. die Terminerreichung abzustellen.

**517**

> **Beispiel:** S soll zum 18. Geburtstag von seinem Onkel ein Auto übereignet bekommen. Obwohl S noch nicht volljährig und auch noch nicht Eigentümer des Wagens ist, schließt er – weil er lieber über Bargeld verfügen möchte – mit seinem Freund K bereits jetzt einen Kaufvertrag.
>
> Hier war S im Zeitpunkt des Kaufvertragsschlusses noch nicht (voll) geschäftsfähig. Daher konnte er ohne Zustimmung seines gesetzlichen Vertreters keinen wirksamen Kaufvertrag schließen. Dass der Wagen erst nach Eintritt der vollen Geschäftsfähigkeit an K übereignet werden soll, spielt dabei keine Rolle. Insbesondere wird ein Rechtsgeschäft (hier: der Kaufvertrag), das von einem Minderjährigen eingegangen wird, nicht automatisch mit Erreichen der Volljährigkeitsgrenze wirksam. S muss (nach Vollendung seines 18. Lebensjahres) mit K einen neuen Kaufvertrag schließen (oder den ursprünglichen genehmigen, vgl. § 108 III BGB), sofern der gesetzliche Vertreter nicht zustimmt.

**518**

## II. Die Bedingung (§§ 158-162 BGB)

### 1. Begriffsbestimmung

Eine **Bedingung** i.S.d. §§ 158 ff. BGB ist die durch den Parteiwillen in ein Rechtsgeschäft eingefügte Bestimmung, die die Rechtswirkungen des Geschäfts von einem **zukünftigen** (objektiv) *ungewissen* **Ereignis** abhängig macht.[555]

**519**

---

[554] BGH NJW 1994, 3227, 3228.
[555] *Ellenberger*, in: Palandt, Einf v § 158 Rn 1; BGH NJW 1999, 1467, 1470.

**520**    Neben der Ungewissheit des Ereignisses ist also auch dessen **Zukünftigkeit** ausschlaggebend. Bei einer auf ein **vergangenes** oder **gegenwärtiges Ereignis** abgestellten „Bedingung" fehlt es an dieser Voraussetzung, auch wenn der Eintritt des     Ereignisses für die Parteien ungewiss ist. Auch reicht eine nur subjektiv bestehende Ungewissheit nicht aus. Die Auslegung kann aber ergeben, dass die Erklärung nur dann wirksam sein soll, wenn die Erwartungen des Erklärenden zutreffen.[556]

**521**    **Beispiel:** K ist schon lange an dem Ferrari seines Freundes F interessiert, verfügt aber nicht über die nötigen Mittel. Als nun die Erbtante des K verstirbt, trifft er mit F die Vereinbarung, dass er den Wagen kaufen werde, sofern er Alleinerbe seiner Tante sein werde. Ein entsprechendes Testament ist aber noch nicht gefunden worden.

Hier ist die Rechtsfolge entweder schon eingetreten oder sie tritt überhaupt nicht ein. Es liegt also kein Schwebezustand vor. Die „Bedingung" ist nur subjektiv ungewiss.

Teilweise werden in einem solchen Fall die Bestimmungen der §§ 158 ff. BGB analog angewandt.[557] Einer analogen Anwendung bedarf es aber nicht, wenn z.B. die Auslegung ergibt, dass die Wirksamkeit des Kaufvertrags von dem späteren Auffinden (also nicht von der gegenwärtigen Existenz) eines entsprechenden Testaments abhängen soll. Dann nämlich liegt eine echte Bedingung vor.

## 2. Aufschiebende und auflösende Bedingung

**522**    Hinsichtlich der unterschiedlichen Rechtsfolgen unterscheidet das Gesetz in § 158 BGB zwischen einer aufschiebenden und einer auflösenden Bedingung.

### a. Aufschiebende Bedingung

**523**    Bei der **aufschiebenden Bedingung** (Suspensivbedingung) tritt die von der Bedingung abhängig gemachte Wirkung mit dem Eintritt der Bedingung ein, § 158 I BGB.

**524**    Da ein unter einer aufschiebenden Bedingung abgeschlossenes Rechtsgeschäft tatbestandlich vollendet und vollgültig ist und sich lediglich die Rechtswirkungen des Geschäfts bis zum Eintritt der Bedingung in der Schwebe befinden, erwirbt der bedingt Berechtigte mit dem Rechtsgeschäft ein sog. Anwartschaftsrecht.[558] Ein solches entsteht immer dann (also nicht nur bei bedingten Rechtsgeschäften, sondern insbesondere im Sachenrecht), wenn von einem mehraktigen Entstehungstatbestand eines Rechts schon so viele Erfordernisse erfüllt sind, dass der andere am Rechtsgeschäft Beteiligte sich nicht mehr durch einseitige Erklärung von dem Geschäft lösen kann.[559] Der Erwerber (Anwartschaftsberechtigte) hat also eine gesicherte Rechtsposition inne.

**525**    **Beispiel:** Nach allgemeiner Auffassung liegt eine aufschiebende Bedingung i.S.v. § 158 I BGB bspw. beim Verkauf einer beweglichen Sache unter **Eigentumsvorbehalt** vor (vgl. schuldrechtlich: **§§ 433, 449 BGB**; sachenrechtlich: **§§ 929 S. 1, 158 I**[560] **BGB**). Ein Verkauf unter Eigentumsvorbehalt kommt insbesondere in Betracht, wenn der Verkäufer dem Käufer bereits die Sache mitgibt oder diesem zuschickt, die Bezahlung der Sache aber erst nach deren Erhalt oder später stattfinden soll. Würde man hier in der Mitgabe der Sache auch eine (bedingungslose) Übereignung gem. § 929 S. 1 BGB sehen, hätte dies zur Folge, dass der Erwerber bereits in diesem Zeitpunkt Eigentum erwirbt, obwohl er den

---

[556] *Ellenberger*, in: Palandt, Einf v § 158 Rn 6; *Medicus/Petersen*, AT, Rn 829.
[557] So *Brox/Walker*, AT, Rn 481.
[558] *Ellenberger*, in: Palandt, Einf v § 158 Rn 9; *Brox/Walker*, AT, Rn 499. Vgl. auch *Armgardt*, JuS 2010, 486 ff.; *Lorenz*, JuS 2011, 199, 200.
[559] BGH NJW 1994, 3099, 3100.
[560] Geht man bei § 158 BGB davon aus, dass sich die dort genannte „Bedingung" auf ein objektiv ungewisses künftiges Ereignis bezieht, dürfte man im Fall des Eigentumsvorbehalts streng genommen § 158 I BGB lediglich analog anwenden, weil der „Bedingungseintritt" i.d.R. allein vom Verhalten des Vorbehaltskäufers abhängt. In der Sache ändert sich dadurch aber nichts.

Kaufpreis noch nicht entrichtet hat. Bezahlte nun der Käufer den Kaufpreis nicht (etwa weil er zahlungsunwillig oder -unfähig ist), behielte der Verkäufer zwar seinen schuldrechtlichen Anspruch auf Zahlung (§ 433 II BGB), könnte aber nicht mehr die Sache gem. § 985 BGB herausverlangen. Auch ein bereicherungsrechtlicher Anspruch auf Herausgabe der Sache gem. §§ 812 ff. BGB würde hier nicht weiterhelfen, weil der Rechtsgrund für die Leistung nicht weggefallen wäre. Um sich daher den Anspruch auf Kaufpreiszahlung zu sichern, kann der Verkäufer einen Eigentumsvorbehalt vereinbaren: Der Käufer erhält zwar die Ware, wird aber erst Eigentümer, wenn er den Kaufpreis vollständig entrichtet hat, §§ 929 S. 1, 158 I BGB.[561] Während dieser „Schwebezeit" bleibt der Veräußerer also formal noch Eigentümer. Das könnte ihn veranlassen, anzunehmen, dass er die Sache an einen Dritten übereignen darf. Ob eine solche Verfügung wirksam wäre, richtet sich nach § 161 BGB. Vgl. dazu ausführlich Rn 539-541.

Eine gesetzliche Regelung des Kaufs unter einer aufschiebenden Bedingung enthält § 454 I S. 2 BGB (**Kauf auf Probe**). **526**

Tritt das Ereignis, von dem die Wirksamkeit des aufschiebend bedingten Rechtsgeschäfts abhängen soll, ein, hat dies zur Folge, dass das Rechtsgeschäft *ipso iure* wirksam wird. Es bedarf also keines weiteren Rechtsgeschäfts. Auch ist es unerheblich, wenn derjenige, der das bedingte Rechtsgeschäft vorgenommen hat, die Rechtsfolge nicht mehr will.[562] Zu beachten ist auch, dass der Bedingungseintritt grundsätzlich **keine rückwirkende Kraft** entfaltet, sondern nur *ex nunc* wirkt, d.h. *ab* dem Zeitpunkt des Bedingungseintritts (vgl. den Wortlaut der §§ 158, 159 BGB). Allerdings können die Parteien gem. § 159 BGB vereinbaren, dass die an den Eintritt der Bedingung geknüpften Wirkungen rückwirkend gelten sollen.[563] Eine solche Vereinbarung hat jedoch lediglich eine schuldrechtliche, keine dingliche Wirkung. **527**

Beispiel[564]: Hat V dem K eine Kuh verkauft und unter der aufschiebenden Bedingung vollständiger Kaufpreiszahlung übereignet, wird K erst im Zeitpunkt der Zahlung der letzten Rate Eigentümer und nicht schon (rückwirkend) vom Zeitpunkt der bedingten Übereignung an. Nun könnte man annehmen, dass es letztlich unerheblich sei, ob K im Zeitpunkt des Kaufvertragsschlusses oder erst im Zeitpunkt der letzten Ratenzahlung Eigentümer wird. Bedenkt man jedoch, dass die Kuh im Zeitraum zwischen Kaufvertragsschluss und Eintritt der Bedingung bspw. kalben könnte, kommt es sehr wohl auf den Zeitpunkt des Eigentumserwerbs an: Kalbt die Kuh im Zeitraum zwischen bedingter Übereignung und Zahlung der letzten Rate (Bedingungseintritt), gehört das Kalb nach § 953 BGB dem V als (Noch-)Eigentümer der Kuh. Ist nach entsprechender Auslegung (§§ 133, 157 BGB) der Willenserklärungen der Parteien diesen zu entnehmen, dass der Eintritt der Bedingung auf den Vertragsschluss zurückwirken soll, hat das zwar auf die *dingliche* Rechtslage keinen Einfluss. V ist auch hier Eigentümer des Kalbs geworden. Nach der Vereinbarung ist er aber *schuldrechtlich* verpflichtet, den K so zu stellen, als wäre die Bedingung schon bei Geschäftsabschluss eingetreten (§ 159 BGB). V ist daher verpflichtet, dem K das Kalb zu übereignen. **528**

## b. Auflösende Bedingung

Bei der **auflösenden Bedingung** (Resolutivbedingung) hängt das *Fortbestehen* der Rechtswirkungen von dem zukünftigen ungewissen Ereignis ab, § 158 II BGB. **529**

---

[561] Zum Eigentumsvorbehalt vgl. unten Rn 1226 sowie grundlegend *Hütte/Hütte*, SachenR I, Rn 846 ff.
[562] BGHZ 121, 131, 134.
[563] Ganz ähnlich nunmehr auch *Martens*, JuS 2010, 578, 581 f.
[564] *Brox/Walker*, AT, Rn 492.

**Beispiel:** A beantragt bei der B-Bank ein Gelddarlehen (§§ 488, 491 ff. BGB) i.H.v. 10.000,- €. Zur Sicherung des Darlehens übereignet er der B sein Auto. Die Parteien einigen sich darüber, dass das Eigentum automatisch wieder an A zurückfallen soll, wenn dieser das ihm gewährte Darlehen vollständig zurückgeführt hat.

Hier steht die Übereignung des Fahrzeugs an B unter der auflösenden Bedingung der Rückzahlung des Darlehens (Wegfall des Sicherungszwecks, §§ 929, 930, 158 II BGB). Es handelt sich um den klassischen Fall einer **Sicherungsübereignung**.

530  Damit wird der Unterschied zur aufschiebenden Bedingung deutlich: Während bei dieser das Verfügungsgeschäft *erst mit* dem Eintritt der Bedingung (vorher ist es noch schwebend unwirksam) wirksam wird, besteht es bei der auflösenden Bedingung *nur bis* zum Bedingungseintritt fort (hier ist das Verfügungsgeschäft mit seinen Rechtswirkungen sofort mit seinem Abschluss wirksam und wird mit dem Eintritt der Bedingung unwirksam).

### 3. Gesetzlich geregelte Umstände, die keine Bedingungen darstellen

**Keine Bedingung** i.S.d. §§ 158 ff. BGB liegen dagegen in folgenden Fällen vor:

531  ▪ **Rechtsbedingungen:** Eine Rechtsbedingung ist eine Voraussetzung, die eine Rechtsnorm (kraft Gesetzes) für die Wirksamkeit des Rechtsgeschäfts fordert[565] (z.B. die Genehmigung des gesetzlichen Vertreters nach § 108 BGB). In den §§ 158 ff. BGB ist nur die *rechtsgeschäftlich* begründete Bedingung geregelt.

532  ▪ **Vertragsbedingungen** wie z.B. AGB, Liefer- oder Zahlungsbedingungen legen (nur) die beiderseitigen Rechte und Pflichten fest, machen aber die Wirkungen des Rechtsgeschäfts nicht von einem zukünftigen, ungewissen Ereignis abhängig.

533  ▪ Auch **Auflagen** (§§ 525, 1940, 2192 BGB) sind keine Bedingung i.S.d. §§ 158 ff. BGB, da sie den Empfänger einer Zuwendung „nur" zu einer Leistung verpflichten, die Wirkungen des Rechtsgeschäfts aber unberührt lassen.

### 4. Zulässigkeit der Bedingung

534  Grundsätzlich können alle Arten von Rechtsgeschäften unter Bedingungen vorgenommen werden. Bestimmte Rechtsgeschäfte sind jedoch **bedingungsfeindlich**, d.h. sie können nur <u>un</u>bedingt vorgenommen werden.

535  Teilweise ist die Bedingungs- (und Befristungs-)feindlichkeit ausdrücklich **gesetzlich geregelt**. In solchen Fällen möchte der Gesetzgeber aus Gründen der Rechtssicherheit (Schutz des Rechtsverkehrs) einen Schwebezustand vermeiden.

**Beispiele:** Aufrechnungserklärung (§ 388 S. 2 BGB), Auflassung (§ 925 II BGB), Eheschließung (§ 1311 S. 2 BGB), Anerkennung der Vaterschaft (§ 1594 III BGB), Sorgeerklärung (§ 1626b I BGB), Erbannahme oder -ausschlagung (§ 1947 BGB) etc.

536  Unter Anwendung allgemeiner Rechtsgrundsätze ist auch die Ausübung von **Gestaltungsrechten**, also solchen Rechten, die dem Berechtigten die Befugnis verleihen, durch einseitige Willenserklärung ein Recht zu begründen, aufzuheben oder zu ändern, grundsätzlich bedingungsfeindlich. Denn dadurch, dass der Berechtigte hier einseitig und ohne Mitwirkungsmöglichkeit des Erklärungsempfängers in dessen Rechtsstellung eingreift, wäre es für den Erklärungsempfänger unzumutbar, wenn eine Ungewissheit und ein Schwebezustand bestünden.[566]

**Beispiele:** Das gilt insbesondere für die Aufrechnung (s.o.), die Anfechtungserklärung, den Rücktritt, die Kündigung, die Genehmigung und die Ausübung des Vorkaufsrechts.

---

[565] *Brox/Walker*, AT, Rn 480. Vgl. auch BGH NJW 1999, 1252, 1253.
[566] Siehe auch *Martens*, JuS 2010, 578, 579.

**Zulässig** sind solche grundsätzlich bedingungs-(und befristungs-)feindlichen Rechtsge- 537
schäfte, die mit einer Bedingung versehen sind, aber dann, wenn der Erklärungsempfänger auf den Schutz vor der ungewissen Rechtslage verzichtet[567] oder er nicht in eine
ungewisse Lage versetzt wird, seine berechtigten Interessen also nicht beeinträchtigt
werden.[568] So sind insbesondere sog. **Potestativbedingungen** unbedenklich, da deren
Erfüllung vom Willen des *Erklärungsempfängers* abhängt, dieser also selbst den Eintritt
der konkreten Bedingung in der Hand hat.

**Beispiele:** 538

(1) Vermieter V kündigt dem M zum Jahresende unter der Bedingung, dass dieser bis
Ende November die noch ausstehenden Mietzinsen nicht bezahlt hat. ⇨ Hier hängt
es allein von M ab, ob er bis Ende November zahlt. Die hierdurch geschaffene Rechtsunsicherheit ist M zumutbar, da er sie selbst beseitigen kann. Die bedingte Kündigung
ist daher in diesem Fall wirksam.

(2) Arbeitgeber A möchte den Arbeitsvertrag, den er mit dem Angestellten B geschlossen
hat, ändern. Da B sich nicht ohne weiteres bereit erklärt, einer Vertragsänderung
zuzustimmen, kündigt A dem B das Arbeitsverhältnis unter der Bedingung, dass B
nicht dem Änderungswunsch zustimmt – sog. **Änderungskündigung**. ⇨ Bei dieser
besteht die Bedingung der Kündigung also darin, dass sich der andere Teil zu einer
bestimmten Vertragsänderung bereitfindet.[569]

## 5. (Un-)Wirksamkeit einer Zwischenverfügung

Da der Berechtigte (hier: der Erwerber) einer bedingten Verfügung erst mit Bedingungs- 539
eintritt Eigentümer und damit Vollrechtsinhaber wird, der (Noch-)Rechtsinhaber also
während der Schwebezeit anderweitig über die Sache verfügen könnte, ist der Berechtigte schutzbedürftig. Zwar hat er ein Anwartschaftsrecht, dies könnte den (Noch-)
Rechtsinhaber aber nicht davon abhalten, aufgrund seiner formalen Eigentümerstellung
die Sache während der Schwebezeit an einen Dritten zu veräußern. Um diese Folge zu
vermeiden, hat der Gesetzgeber in **§ 161 I BGB** bestimmt, dass Verfügungen, die der
(Noch-)Rechtsinhaber während der Schwebezeit trifft, mit Eintritt der Bedingung **unwirksam** werden, soweit sie Rechte des Erwerbers vereiteln oder beeinträchtigen. Die
angeordnete Unwirksamkeit der Zwischenverfügung (nicht des Kausalgeschäfts!) ist **absolut**, wirkt also gegenüber jedermann.[570]

**Beispiel:** K ist an einer Uhr interessiert, die er im Juweliergeschäft des J entdeckt hat. 540
Der Preis soll 300,- € betragen. Da K nicht den gesamten Kaufpreis sofort zahlen kann,
vereinbaren die beiden eine Ratenzahlung. Der Kauf erfolgt unter Eigentumsvorbehalt (§§
433, 449 BGB), die Übereignung unter der aufschiebenden Bedingung der restlosen Kaufpreiszahlung (§§ 929 S. 1, 158 I BGB). Kurz vor Zahlung der letzten Rate bringt K die Uhr
zu einer Überprüfung zurück. Bei dieser Gelegenheit veräußert J die Uhr an D, der über
die gesamte Sach- und Rechtslage informiert ist. Nachdem K die letzte Rate gezahlt hat
und die Uhr wiederhaben möchte, erfährt er von J, dass die Uhr „nicht mehr da" sei.

Hier hat K zunächst aufschiebend bedingt Eigentum an der Uhr erworben (§§ 929 S. 1,
158 I BGB). Da J aber noch bis zur Zahlung der letzten Rate Eigentümer war, konnte er
die Uhr dem D übereignen (§ 929 S. 1 BGB). Fällt die Bedingung aus, bleibt es bei dem
Eigentum des D. Tritt die Bedingung (wie vorliegend) aber ein, ist die Verfügung von J auf
D nach § 161 I S. 1 BGB unwirksam. Die Möglichkeit des Gutglaubenserwerbs nach §§
161 III, 932, 934 BGB außer Betracht gelassen (dazu sogleich Rn 541), ist K mit Zahlung
der letzten Rate also Eigentümer der Uhr geworden und kann diese von dem unberech-
tigten Besitzer D gem. § 985 BGB i.V.m. § 161 I BGB herausverlangen.

---

[567] *Brox/Walker*, AT, Rn 487.
[568] BGHZ 97, 264, 267; *Medicus/Petersen*, AT, Rn 850; *Brox/Walker,* AT, Rn 487.
[569] Vgl. auch BAG NJW 1995, 1981, 1982 und § 2 KSchG. Eine Änderungskündigung ist aber unzulässig, wenn das Gesetz
dies bestimmt, vgl. etwa § 573 I S. 2 BGB.
[570] *Wolf*, in: Soergel, § 161 Rn 9; *Ellenberger*, in: Palandt, § 161 Rn 1. Vgl. auch *Lorenz*, JuS 2011, 199, 200.

**541** Diese für den Anwartschaftsberechtigten vermeintlich günstige Regelung wird allerdings durch **§ 161 III BGB** wieder relativiert. Nach dieser Bestimmung sind die Vorschriften über den **Gutglaubenserwerb** entsprechend anzuwenden. Bei Verfügungen über Grundstücke gelten demnach die §§ 892, 893 BGB entsprechend, bei Verfügungen über bewegliche Sachen die §§ 932-936, 1032, 1207 BGB, § 366 HGB. Ist der Dritte, zu dessen Gunsten die Zwischenverfügung erfolgt, also **gutgläubig** (vgl. § 932 II BGB), greift der Schutz des bedingt Berechtigten nicht. Denn wenn der Erwerber (hier: der Dritte) das Recht kraft guten Glaubens auch von einem Nichtberechtigten hätte erwerben können, ist er beim Erwerb vom (Noch-)Berechtigten erst recht schutzwürdig. Im Unterschied zu § 932 BGB bezieht sich der gute Glaube aber nicht auf die Eigentümerstellung des die Zwischenverfügung Treffenden, sondern auf dessen **Verfügungsbefugnis**, da anderenfalls kaum ein Gutglaubenserwerb möglich wäre.

> **Beispiel:** Glaubt D aus dem obigen Beispiel, dass J zur Verfügung befugt sei, und beruht die Unkenntnis der wahren Sach- und Rechtslage auch nicht auf grober Fahrlässigkeit (vgl. § 932 II BGB), ist die Übereignung auch nach Eintritt der Bedingung (Zahlung der letzten Rate) nach § 161 III BGB wirksam. Ein Herausgabeanspruch des K gegen J aus § 985 BGB besteht dann nicht.
>
> Weiterführender Hinweis: Im Fall des § 161 III BGB ist stets an die Möglichkeit des Ausschlusses des gutgläubigen Erwerbs gem. § 936 III BGB analog zu denken, der aber vorliegend nicht greift, da D im Besitz der Uhr war. § 936 III BGB greift aber (analog) im folgenden Fall:
>
> A hat seinen Wagen zu B (Autowerkstatt) in Reparatur gegeben. Weil er die Rechnung nicht bezahlen kann, sieht er sich gehindert, den Wagen abzuholen. Denn er weiß, dass B unter Berufung auf das Werkunternehmerpfandrecht (§ 647 BGB) den Wagen nicht herausgeben würde. Daher veräußert er den Wagen unter Abtretung des Herausgabeanspruchs gegen B an D gem. §§ 929 S. 1, 931 BGB. D weiß nichts von dem Werkunternehmerpfandrecht. Hat D das Eigentum lastenfrei erworben?
>
> Eine Einigung zwischen A und D sowie die Übergabe liegen vor. Darüber hinaus war A Eigentümer des Autos und damit zur Verfügung berechtigt. D hat mithin das Eigentum erworben. Allerdings ist zu beachten, dass an dem Auto wegen der Werkleistung des B ein Werkunternehmerpfandrecht (§ 647 BGB) besteht, sodass D kein lastenfreies Eigentum erworben haben könnte. Allerdings ist wiederum die Vorschrift des § 936 I S. 1 BGB zu beachten, wonach das Pfandrecht des B erloschen sein könnte: An sich liegen die Voraussetzungen für einen lastenfreien Erwerb des Autos vor: Einigung, Abtretung des Herausgabeanspruchs, mittelbarer Besitz des Veräußerers (deswegen keine besondere besitzrechtliche Lage erforderlich), guter Glaube seitens D[571], kein Abhandenkommen i.S.d. § 935 I BGB. Vorliegend greift aber § 936 III BGB ein, da B im Besitz des Wagens ist. Ein lastenfreier Erwerb zugunsten des D scheidet aus.

**542** Nach **§ 161 II BGB** gelten die obigen Ausführungen bei **auflösend** bedingten Verfügungen entsprechend.

## 6. Treuwidrige Verhinderung oder Herbeiführung des Bedingungseintritts

**543** Verhindert die Partei, zu deren Nachteil die Bedingung gereichen würde, wider Treu und Glauben den Bedingungseintritt, gilt die Bedingung als eingetreten (§ 162 I BGB). § 162 I BGB ist ein Spezialfall des § 242 BGB und damit Ausdruck des allgemeinen Rechtsgedankens, dass niemand aus seinem treuwidrigen Verhalten Vorteile ziehen darf. Die Vorschrift greift unter zwei Voraussetzungen:

---

[571] Wobei man den guten Glauben in Frage stellen müsste, wenn D gewusst hat oder hätte wissen können, dass zwischen A und B ein Werkvertrag über den Wagen geschlossen wurde.

■ Zunächst muss die Partei, die durch den Eintritt der Bedingung benachteiligt würde, den **544**
Eintritt der Bedingung verhindert haben. Erforderlich ist eine wirkliche (auch mittelbar
mögliche) Beeinflussung des Kausalverlaufs. Ein bloßer Einwirkungsversuch ist ebenso
wenig ausreichend wie eine bloße Erschwerung des Bedingungseintritts.[572] Ein Unterlassen
genügt nur dann, wenn eine Rechtspflicht zum Handeln besteht (z.B. aus § 242 BGB, vgl.
LG Gießen NJW-RR 1997, 1081).

■ Darüber hinaus muss die Einwirkung auf den Bedingungseintritt gegen Treu und Glauben **545**
verstoßen. Das Verhalten muss daher bei Würdigung von Anlass, Zweck und Beweggrund
als treuwidrig erscheinen. Ein absichtliches Verhalten wird zwar nicht vorausgesetzt[573],
streitig ist aber, ob ein schuldhaftes (vorsätzliches oder fahrlässiges) Verhalten erforderlich
ist[574].

Sind die Voraussetzungen des § 162 I BGB erfüllt, gilt die Bedingung zu dem Zeitpunkt **546**
als eingetreten, zu dem die Bedingung bei redlichem Handeln eingetreten wäre.

**Beispiele:**
**(1)** V übereignet dem K den Kaufgegenstand unter der aufschiebenden Bedingung vollständiger Kaufpreiszahlung. Verweigert V die Annahme der letzten Kaufpreisrate, um
den Bedingungseintritt zu verhindern, gilt die Bedingung nach § 162 I BGB gleichwohl
als eingetreten, sodass K (trotzdem) Eigentümer der Sache wird.[575]

**(2)** Gleiches gilt, wenn der Gläubiger, dem der Schuldner am letzten Tag der vereinbarten
Frist einen Scheck übersandt hat, wahrheitswidrig dessen Empfang leugnet und der
Schuldner daraufhin den Scheck sperren lässt. Hier darf sich der Gläubiger nicht darauf berufen, der Schuldner habe die Frist versäumt, wenn der Scheck bei unverzüg-
licher Vorlage eingelöst worden wäre.[576]

Nicht anwendbar ist § 162 BGB aber, wenn der Eintritt der Bedingung nach der Partei- **547**
vereinbarung im Belieben einer Partei steht.[577]

## 7. Haftung während der Schwebezeit

Gemäß § 160 I BGB kann der Berechtigte **Schadensersatz** verlangen, wenn die Bedin- **548**
gung eintritt[578] und der andere Teil während der Schwebezeit das von der Bedingung
abhängige Recht durch sein Verschulden vereitelt oder beeinträchtigt.

Entsprechendes gilt gem. § 160 II BGB für auflösend bedingte Rechtsgeschäfte. Hier
macht sich derjenige schadensersatzpflichtig, der durch sein Verschulden das Recht desjenigen, zu dessen Gunsten die auflösende Bedingung eingeräumt wurde, vereitelt oder
beeinträchtigt.

## III. Die Befristung (§ 163 BGB)

Eine **Befristung** ist die durch den Parteiwillen in ein Rechtsgeschäft eingefügte Bestim- **549**
mung, wonach ein zukünftiges *gewisses* Ereignis für den Beginn der Rechtswirkungen
(Anfangstermin) oder deren Ende (Endtermin) maßgebend ist.[579]

---

[572] *Ellenberger*, in: Palandt, § 162 Rn 2.
[573] BGH NJW-RR 1989, 802; *Ellenberger*, in: Palandt, § 162 Rn 3.
[574] Dafür BGH NJW-RR 1989, 802. Dagegen *Jauernig*, in: Jauernig, § 162 Rn 4; *Ellenberger*, in: Palandt, § 162 Rn 3; *Bork*,
in: Staudinger, § 162 Rn 10.
[575] BGHZ 75, 221, 228.
[576] BGH NJW 2002, 1788, 1789.
[577] BGH NJW 1996, 3338, 3340.
[578] Da das Rechtsgeschäft erst mit Bedingungseintritt Rechtswirkungen entfaltet, entsteht dem Berechtigten nur bei Eintritt
der Bedingung ein Schaden.
[579] Bezüglich der Abgrenzung zur Bedingung vgl. Rn 515 ff. Dem Anfangstermin bei der Befristung entspricht die aufschiebende, dem Endtermin die auflösende Bedingung. Nach § 163 BGB sind die §§ 158, 160, 161 BGB jeweils entsprechend
anzuwenden (s.o.).

# H. Fortgeltung von Verträgen nach dem Tod?

**550**  Gemäß § 1922 I BGB geht mit dem Tod einer Person (Erbfall) deren Vermögen (Erbschaft) als Ganzes auf den oder die Erben über (sog. Universalsukzession). Ob dazu auch die Rechte und Pflichten aus Verträgen, die der Erbe zu Lebzeiten mit Dritten geschlossen hat, gehören, hängt vom Vertragstyp ab. Dass z.B. ein Arbeitsvertrag (§ 611a BGB) nicht auf einen Erben übergeht, ist eindeutig, da ja hier die Vertragspartner nicht beliebig austauschbar sind (§ 613 S. 2 BGB stellt dies indirekt klar). Bei (anderen) Dauerschuldverhältnissen (insbesondere Miete) enthält das Gesetz teilweise Regelungen (etwa §§ 563-564, 580 BGB); im Übrigen kommt es darauf an, inwieweit die Vertragspflichten an eine konkrete Person anknüpfen, ob sie also (höchst-)persönlicher Natur sind, was durch Auslegung zu ermitteln ist. So ist bei persönlichen Rechten und Pflichten (etwa aus der Mitgliedschaft in einem „Reitverein" oder aus einem „Fitnessstudiovertrag") ein Übergang auf die Erben regelmäßig ausgeschlossen. Verträge mit Sachbezug (Gebäude- oder Hausratversicherung; Kfz-Versicherung etc., nicht aber Privathaftpflichtversicherung) sind dagegen regelmäßig von der Universalsukzession erfasst. Das ergibt sich entweder aus gesetzlichen Vorschriften (etwa § 207 VVG) oder aus den Vertragsbedingungen (AGB). Es ist dann Sache der Erben, sich um Vertragsauflösung (bei Dauerschuldverhältnissen: Kündigung) zu kümmern.

Ist die Frage nach der Fortgeltung weder gesetzlich noch vertraglich klar geregelt, ist (unter Heranziehung des Rechtsgedankens aus §§ 153, 130 II BGB) durch Auslegung zu ermitteln, ob der Wille des Verstorbenen dahin ging, dass der Vertrag unabhängig von seinem Tod gelten soll. Die gesetzliche Grundvermutung geht in diese Richtung. Zudem sind verkehrsschutzrechtliche Aspekte zu berücksichtigen. So kann der Vertragspartner durchaus ein Interesse an der Fortgeltung des Vertrags auch über den Tod des anderen Teils hinaus haben. Auch hier müssen dann die Erben eine Vertragsauflösung (bei Dauerschuldverhältnissen: Kündigung) herbeiführen. Vgl. dazu bereits Rn 449 f. Zur Frage nach der Geltung einer Vollmacht über den Tod des Vollmachtgebers hinaus (postmortale Vollmacht) vgl. Rn 787.

# I. Verbraucherschützende Widerrufsrechte

Zwar geht die Zivilrechtsordnung im Grundsatz davon aus, dass Verträge einzuhalten **551** sind und eine Lösung vom Vertrag nur unter bestimmten Voraussetzungen möglich ist. Jedoch sind Verbraucher (vgl. § 13 BGB), gerade in Bezug auf Fernabsatzgeschäfte, besonders schutzwürdig, da sie sehr leicht Opfer von unseriösen Geschäftspraktiken werden können. Der Gesetzgeber hat daher, nicht zuletzt aufgrund europarechtlicher Vorgaben, verbraucherschützende Widerrufsrechte nachträglich in das BGB aufgenommen. Diese verhindern zwar nicht das Zustandekommen des Rechtsgeschäfts, räumen aber im Rahmen eines Verbrauchervertrags dem Verbraucher die Möglichkeit ein, sich durch Widerruf von einem bereits geschlossenen Vertrag einseitig zu lösen, was sich rechtsdogmatisch als rechtsvernichtende Einwendung einordnen lässt.[580]

Verbraucherschützende Widerrufsrechte lassen sich an verschiedenen Stellen des BGB **552** finden. So wird dem Verbraucher, der einen Darlehensvertrag abschließt (vgl. §§ 491 ff. BGB), in § 495 BGB das Recht eingeräumt, seine auf den Abschluss des Verbraucherdarlehensvertrags gerichtete Willenserklärung bei Vorliegen der dort genannten Voraussetzungen zu widerrufen. Ähnliche Widerrufsrechte bestehen bei außerhalb von Geschäftsräumen geschlossenen Verträgen (§§ 312b I, 312g I BGB), Fernabsatzverträgen (§§ 312c I, 312g I BGB), Teilzeit-Wohnrechteverträgen (§ 485 BGB), Verbraucherdarlehensverträgen (§§ 491, 495 I BGB), Ratenlieferungsverträgen (§ 510 II BGB) und bei Fernunterrichtsverträgen (§ 4 FernUSG). Zur Anwendbarkeit der Verbraucherschutzvorschriften auf Leasing- und Mietkaufverträge vgl. § 506 BGB.

Besteht ein Widerrufsrecht, verweist es meist auf **§ 355 BGB**, der in seiner Rechtsfolge die **553** Bindung an eine zuvor wirksam abgegebene Erklärung nachträglich aufhebt. Damit ist klargestellt, dass § 355 BGB nicht eigenständig ein Widerrufsrecht begründet, sondern voraussetzt, dass eine andere Rechtsnorm ausdrücklich ein Widerrufsrecht „nach" bzw. „gemäß" § 355 BGB einräumt (vgl. etwa §§ 312g I, 485, 495 I, 510 II, 650l S. 1 BGB). § 355 BGB regelt mithin nicht die Voraussetzungen eines Widerrufsrechts, sondern vielmehr (i.V.m. §§ 356-357 BGB) nur die **Ausübung** und die **Rechtsfolgen** der sich aus anderen Normen ergebenden Widerrufsrechte. Es kann auch vorkommen, dass widerrufsbegründende, aber auch Rechtsfolgen regelnde Normen als Spezialregelungen gegenüber § 355 BGB vorrangige Sonderregelungen enthalten (namentlich § 357 II BGB). Die **weiteren Folgen** des ausgeübten Widerrufsrechts sind in § 357 BGB geregelt, etwa die Pflicht zur Rückgewähr der empfangenen Leistungen und die Pflicht zum Wertersatz bei gebrauchsbedingter Wertminderung.

Wie aus diesen Ausführungen folgt, liegt der vom Gesetzgeber gewählte systematische **554** Standort der verbraucherschützenden Widerrufsrechte im allgemeinen Schuldrecht, wes- **-605** halb sich der Verfasser entschlossen hat, sie nunmehr ausschließlich dort darzustellen. Insoweit sei daher auf *R. Schmidt*, Schuldrecht AT, Rn 968 ff. verwiesen.

---

[580] Wie hier später auch *Lettl*, JA 2011, 9.

# J. Zustandekommen von Rechtsgeschäften im Internet

**606**  Bei den Rechtsgeschäften, die im Internet getätigt werden, handelt es sich zumeist um **Kaufverträge**. Das gilt auch für sog. **Internetauktionen**, da – anders als bei einer tatsächlichen Auktion i.S.d. § 156 BGB – auf das Angebot des Käufers kein Zuschlag erfolgt, sondern der Vertrag automatisch nach Beendigung der „Auktion" mit dem Höchstbietenden zustande kommt.[581] Diese kommen also – wie alle (gegenseitigen) Verträge – durch zwei aufeinander bezogene und inhaltlich einander entsprechende Willenserklärungen, Angebot und Annahme, zustande, wobei das Angebot (der Antrag) mit Freischaltung der „Auktion" erfolgt und sich dabei an einen unbestimmten Personenkreis (Offerta ad incertas personas) richtet: Angesprochen ist jeder, der sich für den Gegenstand interessiert. Der Rechtsbindungswille des Anbietenden (des das Angebot Einstellenden) wird regelmäßig angenommen und ist darauf bezogen, den Vertrag mit demjenigen zu schließen, der bei Auktionsende das höchste Gebot abgegeben hat (antizipierte Annahmeerklärung).[582] Der für ein verbindliches Vertragsangebot erforderliche Rechtsbindungswille kann aber im Einzelfall fraglich sein. Er kann etwa fehlen, wenn es sich nur um eine invitatio ad offerendum handelt oder wenn der Anbieter sein Angebot unter den „Vorbehalt einer berechtigten Angebotsrücknahme" stellt bzw. sich den Widerruf vorbehält.[583] Solche Einschränkungen des Rechtsbindungswillens sind möglich, weil es § 145 BGB gerade zulässt, dass der Antragende die Bindungswirkung ausschließt. Ob im konkreten Fall eine solche Einschränkung des Rechtsbindungswillens bzw. ein Widerrufsvorbehalt vorliegt, ist anhand der §§ 133, 157 BGB zu beurteilen, wobei nach Auffassung des BGH die (dem Bieter zur Verfügung stehenden) AGB des Internetauktionshauses maßgeblich sind[584]. Ob also der Anbieter einen Rechtsbindungswillen hat oder nicht oder berechtigt ist, sein Angebot zurückzunehmen (d.h. die Auktion durch Ausübung des Widerrufsvorbehalts zu beenden), richtet sich nach Auffassung des BGH nach den AGB des Auktionshauses. Das ist mit Blick auf die gesetzliche Regelung in §§ 133, 157 BGB, wonach auch sonst nach st. Rspr. des BGH auf den objektiven Empfängerhorizont abzustellen ist (vgl. Rn 406), nicht ganz unproblematisch, lässt sich aber damit begründen, dass sowohl Anbieter als auch Bieter sich vor Beginn der Auktion bzw. vor Abgabe eines Gebots der Geltung der Auktionshaus-AGB unterworfen haben.

> **Beispiel 1**[585]: V bot über eBay einen gebrauchten Motor an. Nach kurzer Zeit beendete er die Auktion vorzeitig. Zu dieser Zeit war K Höchstbietender. K ist mit der Beendigung des Angebots nicht einverstanden. Er macht Schadensersatz geltend, da er den Motor mit Gewinn hätte verkaufen können.
>
> § 6 Nr. 6 der eBay-AGB lautet: „Bei vorzeitiger Beendigung des Angebots durch den Verkäufer kommt zwischen diesem und dem Höchstbietenden ein Vertrag zustande, es sei denn der Verkäufer war dazu berechtigt, das Angebot zurückzunehmen und die vorliegenden Gebote zu streichen."[586]
>
> Der geltend gemachte Schadensersatzanspruch könnte sich auf §§ 280 I, III, 281 I S. 1 BGB stützen lassen. Voraussetzung wäre, dass V unberechtigt die Lieferung des Motors,

---

[581] Vgl. etwa BGH NJW 2014, 1292 f.; BGH NJW 2017, 468, 469. Zu den sog. Internetauktionen wurde bereits Stellung genommen, vgl. Rn 277.
[582] Vgl. auch *Schwab*, JuS 2012, 839, 840 und grundlegend BGHZ 149, 129, 134.
[583] BGH NJW 2014, 1292 f.; NJW 2011, 2643.
[584] BGH NJW 2014, 1292 f.; NJW 2015, 1009, 1010 f.
[585] Nach BGH NJW 2014, 1292 f. Vgl. auch BGH NJW 2015, 548 f. (dazu sogleich Beispiel 2) und BGH NJW 2015, 1009 ff.
[586] Nur in den folgenden Fällen ist der Verkäufer berechtigt, sein Angebot vorzeitig zu beenden: 1. Er hat sich beim Eingeben des Angebots geirrt (Beispiele: wesentlicher Fehler bei der Beschreibung des Artikels; Fehler bei Angabe von Start- oder Mindestpreis). 2. Es ist ihm unverschuldet unmöglich, den Artikel dem Käufer zu übereignen (Beispiele: der Artikel wurde unverschuldet zerstört oder beschädigt oder wurde gestohlen; der Verkäufer kann den Artikel wegen eines rechtlichen Verbots oder eines Rechtsmangels nicht übereignen). *Nicht* berechtigt ist der Verkäufer z.B., wenn er den Artikel anderweitig verkaufen, verschenken oder sonst weitergeben möchte oder dies bereits getan hat, oder wenn er sich zwischenzeitlich gegen einen Verkauf entschieden hat (https://www.ebay.de/help/selling/listings/creating-managing-listings/cancel-ling-listing?id=4146). Download am 1.1.2019.

und damit die Vertragspflicht aus § 433 I S. 1 BGB, verweigerte. Dazu müsste aber zunächst ein Kaufvertrag zustande gekommen sein. Ein Kaufvertrag kommt durch Angebot und Annahme zustande.

Ein Angebot könnte in dem Einstellen des Motors bei eBay durch V gesehen werden. Grundsätzlich ist ein Anbieter an sein Vertragsangebot gebunden, § 145 BGB. Jedoch lässt § 145 BGB auch einen Ausschluss der Bindungswirkung zu. Ob das der Fall ist, bestimmt sich aus der Sicht des objektiven Empfängerhorizonts (§§ 133, 157 BGB). Jedoch sind nach Auffassung des BGH die AGB des Auktionshauses maßgeblich zu berücksichtigen. Danach sei der Anbieter unter den dort genannten Voraussetzungen berechtigt, die Auktion zu beenden und sein Angebot zurückzuziehen. Ziehe er das Angebot berechtigt zurück, könne der Bieter nicht Vertragserfüllung verlangen.

Gemäß § 6 Nr. 6 der eBay-AGB ist bei vorzeitiger Beendigung des Angebots durch den Verkäufer dessen Angebot nicht bindend, wenn er war dazu berechtigt war, das Angebot zurückzunehmen und die vorliegenden Gebote zu streichen.

V begründete die Beendigung des Angebots damit, dass der Motor zwischenzeitlich seine Straßenzulassung verloren habe und dies ihn berechtigen würde, den Vertrag wegen Eigenschaftsirrtums anzufechten.[587] Nach Auffassung des BGH war V damit berechtigt, gemäß den eBay-AGB das Angebot zu beenden. Demnach ist der Kaufvertrag also nicht zustande gekommen; K hat keine Ansprüche.

Bewertung: Dem BGH ist in zweierlei Hinsicht nicht zuzustimmen.

1. Ob die Bindungswirkung eines Vertragsangebots ausgeschlossen wurde, bestimmt sich aus der Sicht des objektiven Empfängerhorizonts (§§ 133, 157 BGB). Aus der (objektivierten) Sicht des K lagen keine Anhaltspunkte dafür vor, dass der Motor zwischenzeitlich die Straßenzulassung verloren haben soll (wie sollte dies auch möglich sein ohne Manipulation am Motor; und wenn der Motor manipuliert wurde, geschah dies pflichtwidrig und hätte ebenfalls zu Folgeansprüchen des K geführt).

2. Zudem untergräbt der BGH die Mängelrechte des K. Die Zulässigkeit der Irrtumsanfechtung durch den Verkäufer führt nämlich wegen der damit verbundenen Nichtigkeitsfolge (§ 142 I BGB) zum Wegfall der Mängelrechte des Käufers. Dieser wäre dann nur auf die Geltendmachung des Vertrauensschadens nach § 122 BGB verwiesen. In diesem Fall bedeutete die Anfechtung also eine deutliche Einschränkung der Rechte des Käufers. Im Hinblick darauf kann dem Verkäufer daher nur dann ein Anfechtungsrecht nach § 119 II BGB eingeräumt werden, wenn dadurch die Rechte des Käufers auf Geltendmachung seiner Mängelrechte nicht eingeschränkt werden.[588] Vorliegend werden die Rechte des K aber eingeschränkt.[589] Die eBay-AGB sind nicht geeignet, die gesetzlichen Gewährleistungsrechte des Käufers zu unterlaufen.

Entgegen der Auffassung des BGH war V nicht zur Beendigung der Auktion berechtigt. Er ist daher K gegenüber zum Schadensersatz wegen Nichterfüllung verpflichtet.

Erfreulicherweise entschied der BGH in einem anderen Fall anders und verneinte die Berechtigung zum Abbruch, sodass ein Kaufvertrag zustande kam und der Verkäufer dem Käufer Schadensersatz leisten musste.

**Beispiel 2**[590]: V bot über eBay einen Gebrauchtwagen (im Wert von ca. 5.500 €) zu einem Startpreis von 1 € an. Nach kurzer Zeit beendete er die Auktion vorzeitig. Zu dieser Zeit war K der einzige Bieter. Dessen Gebot lag bei 550 €. K ist mit der Beendigung des Angebots nicht einverstanden. Er macht Schadensersatz wegen Nichterfüllung geltend. V

---

[587] Bezeichnenderweise räumte V zwischenzeitlich ein, er habe die Auktion deshalb beendet, weil er außerhalb der Internetauktion ein besseres Angebot für den Motor erhalten habe. Im Prozess begründete V die Beendigung des Angebots jedoch mit der angeblich verlorenen Straßenzulassung. Im ähnlich gelagerten Fall BGH NJW 2015, 538 f. begründete der Verkäufer den vorzeitigen Abbruch damit, dass er außerhalb von eBay einen Käufer gefunden habe (dazu sogleich).
[588] So auch sonst der BGH (vgl. BGH NJW 1988, 2597).
[589] Wie hier *Kulke*, NJW 2014, 1293 f.
[590] Nach BGH NJW 2015, 548 f. Vgl. auch BGH NJW 2015, 1009 ff. und BGH MDR 2016, 1279 f. Zum sog. Shill-Bidding vgl. BGH NJW 2017, 468 ff. (dazu unten Rn 611).

begründete den vorzeitigen Abbruch damit, dass er außerhalb von eBay einen Käufer gefunden habe.

In diesem Fall lehnte der BGH die Berechtigung zur vorzeitigen Beendigung der Auktion ab, da weder die eBay-AGB noch die gesetzlichen Vorschriften ein solches Recht zubilligten.[591] Weiterhin lehnte der BGH die Berechtigung zur Anfechtung nach §§ 119 ff. BGB ab, da V kein Anfechtungsgrund zustehe. Auch verneinte der BGH die mit Bezug auf 138 I BGB geltend gemachte Nichtigkeit des Vertrags, da ein sittlich missbilligendes Verhalten und eine verwerfliche Gesinnung bei K nicht vorgelegen hätten. Es sei gerade Eigenart von Internetauktionen, dass Bieter einen möglichst geringen, auch weit unterhalb des Marktwerts liegenden Preis zahlen wollten. V habe es freigestanden, ein für ihn unvorteilhaftes Geschäft durch Angabe eines (höheren) Mindestpreises zu verhindern. Dass er dies nicht getan habe, liege in seiner Verantwortung. Daher sei es auch nicht rechtsmissbräuchlich bzw. stelle keine unzulässige Rechtsausübung i.S.v. § 242 BGB dar, wenn sich K auf das Zustandekommen eines Kaufvertrags berufe. Mithin sei ein Kaufvertrag zwischen V und K zu einem Preis von 555 € zustande gekommen.

Dem ist zuzustimmen. Da V sich zu Unrecht weigerte, den Vertrag zu erfüllen bzw. wegen der infolge einer Veräußerung des Wagens an einen Dritten eingetretenen Unmöglichkeit (§ 275 I BGB) nicht erfüllen konnte, steht K der geltend gemachte Schadensersatzanspruch gem. §§ 280 I, III, 281 I S. 1 BGB zu.[592] Er ist so zu stellen, wie er bei Vertragserfüllung gestanden hätte.[593] Die Möglichkeit, dass K bei ordnungsgemäßem Verlauf der Auktion den Wagen nicht oder nicht zu dem Preis erworben hätte, muss außer Betracht bleiben. Denn V hat die Auktion vorzeitig beendet, obwohl bereits ein Gebot vorlag. Diese Pflichtwidrigkeit löst den Schadensersatzanspruch aus.

Auch die Besonderheit, dass die Beteiligten (oder zumindest der Käufer) unter Mitgliedsnamen bzw. unter **Phantasienamen**, die ihre wahre Identität nicht erkennen lassen, in Erscheinung treten, ändert nichts daran, dass die allgemeinen Vorschriften über die Rechtsgeschäftslehre Anwendung finden.[594] Man kontrahiert mit der hinter dem Mitglieds- bzw. Phantasienamen stehenden Person, auch wenn deren natürlicher Name im Zeitpunkt des Vertragsschlusses noch nicht bekannt ist. Außerdem muss gem. §§ 133, 157 BGB davon ausgegangen werden, dass es dem Käufer gerade auf die wahre Identität des Verkäufers ankommt. Denn gerade bei Rechtsgeschäften im Internet als anonymes Massenmedium ist die Kenntnis der wahren Identität des Vertragspartners in aller Regel wichtig. Jede Partei möchte im Zweifel wissen, an wen sie das Erfüllungsbegehren richten und etwaige Ansprüche wegen Sachmängel geltend machen kann.

Das Verlangen nach der wahren Identität kann in der Praxis jedoch zu der Schwierigkeit führen, wenn die Person, die unter dem Pseudonym eine Willenserklärung abgegeben hat, nicht ermittelt werden kann. Denn derjenige, der sich auf einen wirksamen Vertragsschluss beruft, muss darlegen und beweisen, dass die hinter der jeweiligen Bezeichnung stehende Person tatsächlich Vertragspartner geworden ist. Erst recht ergeben sich Schwierigkeiten, wenn ein Dritter (unbefugt) den Mitgliedsnamen benutzt und unter diesem Rechtsgeschäfte tätigt. Sofern unter den Voraussetzungen der Duldungs-, Anscheins- oder Rechtsscheinvollmacht keine Zurechnung gegenüber dem Namensinhaber stattfinden kann[595], haftet der Benutzer des fremden Namens entsprechend § 179 BGB auf Erfüllung oder Schadensersatz. Freilich besteht auch hier das genannte Darlegungs- und Beweisproblem.[596]

---

[591] Anders wäre es, wenn der Gegenstand während der Auktion gestohlen würde oder unterginge. In diesem Fall dürfte der Anbieter die Auktion vorzeitig beenden (BGH NJW 2011, 2643; NJW 2015, 1009).

[592] Der BGH erwähnt in diesem Zusammenhang noch die Verweisungsnorm des § 437 Nr. 3 BGB. Das ist aber abzulehnen, da es vorliegend ausschließlich um Schadensersatz wegen Nichterfüllung geht, nicht um Schadensersatz, der seine Grundlage in einem Sach- oder Rechtsmangel i.S.d. §§ 434, 435 BGB hat (ein solcher wird nämlich von § 437 Nr. 3 BGB vorausgesetzt; zudem greift § 437 BGB auch erst ab dem Zeitpunkt der Übergabe).

[593] Von einem Erfüllungsanspruch geht auch *Oechsler*, NJW 2015, 665 ff. aus.

[594] Insoweit klarstellend OLG Köln NJW 2006, 1676.

[595] So im Fall BGH NJW 2011, 2421 mit Anm. v. *Faust*, JuS 2011, 1027. Vgl. dazu Rn 685.

[596] Vgl. hierzu OLG Köln NJW 2006, 1676.

Problematisch können auch die **Abgabe** und der **Zugang** von Willenserklärungen sein sowie – im Rahmen des Sofortkaufs – die Beantwortung der Frage, ob **allein die Präsentation** von Waren (oder Dienstleistungen) in einem **Onlineshop** bereits eine verbindliche Erklärung in Form eines **Vertragsangebots** darstellt oder – in Ermangelung eines Rechtsbindungswillens – lediglich eine Aufforderung zur Abgabe eines Vertragsangebots, eine sog. *invitatio ad offerendum* (zu dieser Figur vgl. ausführlich Rn 269 ff.). Zudem sind – da es sich bei Internetkaufverträgen um **Fernabsatzverträge** handelt – die Vorschriften der §§ 312c ff. BGB zu beachten, sofern auf Verkäuferseite ein Unternehmer i.S.v. § 14 I BGB und auf Käuferseite ein Verbraucher i.S.v. § 13 BGB steht.[597] Diesbezüglich ist der am 13.6.2014 in Kraft getretene (vgl. zuvor § 312g III BGB a.F.) § 312j III S. 1 BGB zu beachten, wonach der Unternehmer die Bestellsituation bei einem Verbrauchervertrag im elektronischen Geschäftsverkehr, der eine entgeltliche Leistung des Unternehmers zum Gegenstand hat (§ 312j II BGB), so zu gestalten hat, dass der Verbraucher mit seiner Bestellung ausdrücklich bestätigt, dass er sich zu einer Zahlung verpflichtet. Erfolgt die Bestellung über eine Schaltfläche („Bestell-Button"), muss diese gut lesbar und mit nichts anderem als den Wörtern „zahlungspflichtig bestellen" oder mit einer entsprechenden eindeutigen Formulierung beschriftet sein (§ 312j III S. 2 BGB). Anderenfalls kommt der Vertrag nicht zustande (§ 312j IV BGB), sog. „**Buttonlösung**". Mit dieser Regelung sollen „Kostenfallen" bzw. unseriöse oder irreführende Geschäftspraktiken im Internet vermieden werden, indem sie bereits das Entstehen eines vertraglichen Anspruchs verhindert.[598]

Die Beschriftung „Sofortkauf" auf der Schaltfläche dürfte den Anforderungen des § 312j III BGB genügen, da aus dem Wortbestandteil „-kauf" eindeutig eine Zahlungspflicht hervorgeht.[599] Zu beachten ist aber, dass § 312j III, IV BGB nicht einen Vertragsschluss fingiert, sondern lediglich eine spezielle Pflicht anordnet und seinem Wortlaut nach einen Vertragsschluss verhindert, sofern die Pflicht nicht eingehalten wird. Das Zustandekommen eines Vertrags richtet sich nach wie vor nach §§ 145 ff. BGB.[600] § 312j IV BGB hindert schlicht die Wirksamkeit des Vertrags.

Die Rechtsnatur des § 312j IV BGB ist fraglich. Teilweise wird eine rechtshindernde Einwendung angenommen.[601] Das ist abzulehnen, da dies weder dem Wortlaut des § 312j IV BGB noch der Gesetzessystematik entspricht. Vielmehr ist in der Vorschrift eine reine Rechtsfolgenanordnung zu sehen[602]: Der Gesetzgeber möchte schlicht die Unwirksamkeit des Vertrags. Genau hierin liegt aber ein anderes Problem. Denn § 312j BGB ist in Umsetzung der Verbraucherrechterichtlinie 2011/83/EU (VRRL) eingefügt worden.[603] Art. 8 II Unterabsatz 2 S. 3 VRRL spricht davon, dass der Verbraucher durch den Vertrag oder die Bestellung nicht gebunden ist, wenn die Schaltfläche, die den Bestellvorgang auslöst, nicht mit den Worten „zahlungspflichtig bestellen" oder einer entsprechenden eindeutigen Formulierung gekennzeichnet ist, die den Verbraucher darauf hinweist, dass die Bestellung mit einer Zahlungsverpflichtung gegenüber dem Unternehmer verbunden ist. Damit will die Richtlinie offenbar keine Unwirksamkeit a priori, sondern dem Verbraucher die Entscheidung überlassen, ob er die Vertragsdurchführung will. „Nicht gebunden" heißt also, dass sich der Verbraucher durchaus auch für die Vertragsdurchführung entscheiden kann. § 312j IV BGB bedeutet mithin nicht nur eine Bevormundung des Verbrauchers, sondern missachtet auch die Zielvorgabe des Art. 8 II VRRL. Da die Richtlinie vollharmonisierend wirkt, durfte der Gesetzgeber auch nicht von Art. 8 II VRRL abweichen und damit keine Unwirksamkeit des Vertrags bei einem Verstoß gegen die „Buttonlösung" anordnen. Im Ergebnis wird man daher § 312j IV BGB entweder im Sinne des Art.

---

[597] Zum Begriff des Unternehmers und des Verbrauchers i.S.d. §§ 13, 14 I BGB vgl. Rn 221 ff.
[598] Vgl. dazu ausführlich *R. Schmidt*, SchuldR AT, Rn 968 ff.
[599] Vgl. bereits die 9. Aufl. 2013; später auch *Bisges*, NJW 2014, 183, 184.
[600] Insoweit klarstellend BGH NJW 2013, 598 f.; BGH NJW 2017, 468 f.
[601] So etwa von *Raue*, MMR 2012, 438 ff.
[602] So auch *Weiss*, JuS 2013, 590, 593 f. Auch der BGH geht davon aus, vgl. BGH NJW 2013, 598 f.
[603] Die VRRL war von den Mitgliedstaaten bis zum 13.12.2013 in nationales Recht umzusetzen (Art. 28 I VRRL). Sie hatte eine umfassende Neuregelung des Verbraucherschutzrechts mit Wirkung zum 13.6.2014 zur Folge (Art. 28 II VRRL). Zu Zweck und Ziel der Richtlinie (umfassender Verbraucherschutz) vgl. *R. Schmidt*, SchuldR AT, Rn 969.

8 II der Richtlinie lesen, d.h. richtlinienkonform auslegen müssen[604] oder, sofern man wegen des klaren und zwingenden Wortlauts des § 312j IV BGB eine Auslegung für nicht möglich erachtet, den Richtlinienverstoß durch „richterliche Rechtsfortbildung" (dazu Rn 38 ff.) dadurch korrigieren müssen, dass man die Rechtsfolgeanordnung des § 312j IV BGB im Sinne des Art. 8 II Unterabsatz 2 S. 3 VRRL modifiziert und der Vertragserklärung des Verbrauchers schlicht die Bindungswirkung abspricht. Im Ergebnis kann sich der Verbraucher aber in jedem Fall (entgegen § 312j IV BGB) entscheiden, ob er trotz Verstoßes gegen § 312j III BGB Vertragsdurchführung möchte.

> **Hinweis für die Fallbearbeitung:** Der Gesetzgeber stellt also ganz konkrete Voraussetzungen an das Zustandekommen von (bestimmten) Rechtsgeschäften im Internet und präzisiert bzw. modifiziert die allgemeinen Regeln der §§ 145 ff. BGB. Erfolgt die Bestellung (unabhängig davon, ob in ihr die Abgabe oder die Annahme eines Angebots gesehen wird, vgl. Rn 608) über eine Schaltfläche („Bestell-Button"), muss diese unmissverständlich und gut lesbar auf die Zahlungspflichten hinweisen. Erfüllt der Unternehmer diese Pflicht nicht, hindert dies entgegen dem Wortlaut des § 312j IV BGB das Zustandekommen des Vertrags nicht. Denn § 312j IV BGB ist richtlinienkonform auszulegen und schließt lediglich eine Bindungswirkung gegenüber dem Verbraucher aus. Geht es im Rahmen der Fallbearbeitung also um einen Vertragsanspruch (auf Zahlung des Kaufpreises), ist § 312j II-IV BGB beim Prüfungspunkt „Anspruch entstanden" (Rn 1629) zu verorten.

608 **Anwendungsfall**[605]: V, ein Unternehmer i.S.v. § 14 I BGB, bietet in seinem **Onlineshop** u.a. Computerhardware zum Verkauf an. In seinen Allgemeinen Geschäftsbedingungen steht die Klausel: „Die Annahme Ihrer Bestellung erfolgt durch Versendung der Ware." Daraufhin bestellt K (ein Verbraucher i.S.d. § 13 BGB) durch Anklicken des Bestell-Buttons, der klar und deutlich auf die Zahlungsverpflichtung hinweist, einen Monitor und erhält folgende Bestätigungsmail im Auto-Reply-Verfahren (d.h. automatisiert): „Vielen Dank für Ihre Bestellung! Ihre Bestellnummer lautet: ... Sie haben folgende Waren bestellt ...".

V lehnt jedoch wenig später die Lieferung des Monitors ab und meint, es sei kein Kaufvertrag zustande gekommen.

Wann bei Online-Geschäften ein Vertrag **zustande kommt**, war anfänglich aufgrund der Neuheit des Mediums *Internet* unklar. Mittlerweile besteht jedoch die gesicherte Rechtsauffassung[606], dass Verträge über den Absatz von Waren, die im Internet getätigt werden, wie „normale" Rechtsgeschäfte zu behandeln sind, also gemäß der allgemeinen Rechtsgeschäftslehre wie alle gegenseitigen Verträge durch zwei aufeinander bezogene und inhaltlich einander entsprechende Willenserklärungen, Angebot und Annahme (§§ 145 ff. BGB), zustande kommen, wenn nicht die Vorschriften über den elektronischen Geschäftsverkehr Besonderheiten enthalten (wie namentlich § 312g IV BGB). Insbesondere kann eine Willenserklärung auch in einer Angebotsseite im Internet enthalten sein.[607]

Um daher im vorliegenden Fall einen Anspruch des K auf Lieferung der gewünschten Ware zu begründen, ist ein Kaufvertrag (§ 433 BGB) erforderlich, der – wie gesagt – durch Angebot und Annahme zustande kommt. Fraglich ist vorliegend allein, worin das **Angebot** zum Abschluss eines solchen Vertrags zu sehen ist. Würde man **allein in der Präsentation** von Waren (oder Dienstleistungen) in einem Onlineshop bereits eine verbindliche Erklärung in Form eines Vertragsangebots sehen, hätte K durch seine Bestellung eine entsprechende Annahmeerklärung abgegeben mit der Folge, dass ein Kaufvertrag zustande gekommen wäre.

---

[604] Davon geht z.B. *Fervers* (NJW 2016, 2289) aus. Zur richtlinienkonformen Auslegung siehe oben Rn 33 ff.

[605] In Anlehnung an LG Essen NJW-RR 2003, 1207 f. Vgl. auch BGH NJW 2005, 976 ff.; AG Lahr NJW 2005, 991 f.; AG Bad Kissingen NJW 2005, 2463.

[606] Vgl. nicht nur LG Essen a.a.O., sondern auch LG Köln MMR 2003, 481 f.; AG Butzbach NJW-RR 2003, 54; AG Wolfenbüttel MMR 2003, 492; OLG München NJW 2004, 1328 f.; AG Menden NJW 2004, 1329 f. Der BGH hat diese Rechtsauffassung bestätigt (NJW 2005, 976 ff.; NJW 2013, 598; NJW 2015, 548; NJW 2017, 468, 469). Vgl. auch *Kocher*, JA 2006, 144 ff.

[607] Vgl. dazu ausführlich BGHZ 149, 129, 134; BGH NJW 2005, 976 f.

- Tatsächlich wird vereinzelt vertreten, dass allein die Präsentation von Waren (oder Dienstleistungen) in einem Onlineshop bereits eine verbindliche Erklärung in Form eines Vertragsangebots darstelle.[608] Zur Begründung wird angeführt, dass dem Kunden durch die Präsentation der Waren der direkte Zugriff „auf den Lagerbestand" des Anbieters suggeriert werde. Daher müsse seine Bestellung wie eine Angebotsannahme gewertet werden.

- Diese (undifferenzierte) Auffassung verkennt jedoch, dass auch in einem Onlineshop der Warenbestand nun einmal begrenzt ist und dass es bei der Vielzahl von gleichzeitigen oder zumindest schnell abfolgenden „Bestellungen" (auch nachts) dem Anbieter unmöglich ist, den Artikel aus dem Bestellmenü herauszunehmen, sobald die Zahl der Bestellungen den Vorrat des betreffenden Artikels erschöpft hat. Würde man Gegenteiliges annehmen, käme dies einer „Beschaffungsschuld" gleich, die auch im allgemeinen Rechtsverkehr über Waren wegen des fehlenden Rechtsbindungswillens zu Recht abgelehnt wird. Schließlich würde man bei Bejahung des Vertragsschlusses allein durch das Absenden der Bestellung dem Unternehmer die Möglichkeit nehmen, vor Vertragsschluss die Zahlungsfähigkeit des Kunden oder etwaige gesetzliche Verbote (Stichwort: Minderjährigenrecht) zu prüfen.[609]

Daher sind das Einstellen und Online-Anbieten eines Produkts – wie im „herkömmlichen" Leben die Präsentation im Schaufenster – lediglich als Aufforderung zur Abgabe eines Angebots (**invitatio ad offerendum**) anzusehen (siehe bereits Rn 273).

> Weiterführender Hinweis: Etwas anderes würde allenfalls dann gelten, wenn der Anbieter von Waren auf seiner Internetseite einen Counter, d.h. einen Zähler, anbringt, dem zu entnehmen ist, wie viele Exemplare des Artikels noch vorrätig sind. Entsprechendes würde bei einer „Ampel" gelten. Damit wäre zwar das Problem der Mehrfachverpflichtung vom Tisch, nicht jedoch das Bedürfnis des Verkäufers, die Bonität des Käufers bzw. dessen Berechtigung zum Kauf zu prüfen. Nach der hier vertretenen Auffassung ist daher auch in einem solchen Fall von einer *invitatio ad offerendum* auszugehen.

Ein Angebot zum Abschluss eines Kaufvertrags könnte aber von K ausgegangen sein, indem er auf den „Bestell-Button" geklickt hat. Das „Klicken" auf ein Icon genügt regelmäßig den Anforderungen einer Willenserklärung beim internetbasierten Versandhandelskauf jedenfalls dann, wenn die Schaltfläche (der „Bestell-Button") unmissverständlich und gut lesbar auf die Zahlungspflicht hinweist (§ 312j II-IV BGB). Denn hierdurch bringt der Besteller aus der Sicht eines objektiven Dritten zum Ausdruck, dass er die mit dem Anklicken verbundene Rechtsfolge wünscht.[610]

Sieht man also das Angebot zum Vertragsschluss in dem Anklicken des Bestell-Buttons und dem damit verbundenen Absenden dieser Mail, müsste diese dem V auch **zugegangen** sein. Eine per **E-Mail** (auch eine Bestell-Mail ist eine E-Mail) versandte Erklärung gelangt nicht erst nach dem Herunterladen auf den eigenen Rechner in den räumlichen Herrschaftsbereich des Empfängers, sondern bereits dann, wenn sie auf dem Rechner des Diensteanbieters (sog. **Provider**), d.h. auf dessen **Mail-Server**, (zwischen-)gespeichert wird und mit der Kenntnisnahme durch Abruf gerechnet werden kann.[611] Denn der Mail-Server hat die Funktion eines (elektronischen) Postfachs, auf das der Empfänger der Erklärung mittels Passwortes zugreifen kann. Selbstverständlich gilt das Gleiche, wenn im **Versand- oder Internethandel** ausdrücklich ein **24-Stunden-Bestellservice** angeboten wird. Vorliegend kommt es darauf jedoch nicht an, weil V die Mail ohnehin schon abgerufen hat.

> Weiterführender Hinweis: Sollte der Computer des Empfängers defekt sein und dieser daher keine E-Mails abrufen können, hindert dies den Zugang nicht. Denn wer den Rechtsverkehr via Internet bzw. E-Mail zulässt, trägt auch die Verantwortung für seine technischen Vorrichtungen zum Abruf der E-Mails. Davon zu unterscheiden ist der Fall, dass die E-Mail zwar beim Provider ankommt, dann aber auf dem Weg zum Empfänger verloren

---

[608] *Muscheler/Schewe*, Jura 2000, 565, 568 f.; *Kimmelmann/Winter*, JuS 2003, 532, 533.
[609] Ganz ähnlich nunmehr auch *Keller/Purnhagen*, JA 2011, 894, 895.
[610] Dies entspricht zudem Art. 8 II der EU-Richtlinie 2011/83/EU über die Rechte der Verbraucher.
[611] Vgl. BGHZ 137, 205, 208; 149, 129, 134; *Lettl*, JA 2003, 948, 950. Zum Zugangsnachweis bei E-Mails vgl. *Mankowski*, NJW 2004, 1901 ff.

geht oder verstümmelt wird. Wer hier das Risiko tragen soll, ist unklar. Nach der Definition des Zugangs müsste man den Zugang verneinen, da der Empfänger keine Möglichkeit der Kenntnisnahme hatte. Aber wäre es sachgerechter, dem Absender der E-Mail dieses Risiko aufzubürden? Hier besteht noch erheblicher Handlungsbedarf des Gesetzgebers. Für den Fall des Absatzvertrags im elektronischen Geschäftsverkehr ist jedenfalls die gesetzliche Regelung in §§ 312i, 312j BGB zu beachten[612], sodass im vorliegenden Fall die Bestellung des K zumindest zugegangen ist. V hat den Eingang im Übrigen auch nicht bestritten.

Das von K abgegebene Angebot müsste von V auch **angenommen** worden sein. Nach den Allgemeinen Geschäftsbedingungen, die V dem K zugänglich gemacht hat, heißt es: „Die Annahme Ihrer Bestellung erfolgt durch Versendung der Ware". Da dies nicht geschehen ist, könnte durchaus gefolgert werden, dass ein Vertrag nicht zustande gekommen sei. Allerdings hat V auch eine automatisierte Bestätigungsmail an K verschickt, die wegen § 305b BGB (Individualvereinbarung) Vorrang vor den AGB haben könnte. Doch dazu müsste dieser Bestätigungsmail überhaupt ein Rechtsbindungswille zu entnehmen sein.

Richtigerweise ist einer (nicht personalisierten) Bestätigungsmail im Auto-Reply-Verfahren regelmäßig kein Rechtsbindungswille zu entnehmen. Denn diese wird zumeist nur versendet, damit der Besteller erkennt, dass seine Bestellung angekommen ist und nunmehr bearbeitet wird.[613] Auch die automatisierte Bestätigungsmail des V ist gem. §§ 133, 157 BGB so zu verstehen, dass er lediglich automatisiert den Eingang der Bestellung bestätigen wollte. Denn V ist es zuzubilligen, dass er nach Bestelleingang prüfen darf, ob der Kunde überhaupt zahlungsfähig bzw. -willig ist. Für dieses Ergebnis spricht vor allem § 312i I S. 1 Nr. 3 BGB, der eine solche Bestätigungsmail ausdrücklich vorschreibt. Somit ist davon auszugehen, dass der Versender einer solchen Bestätigungsmail zuvorderst den Erfordernissen des Verbraucherschutzrechts nachkommen möchte (etwa, um eine Abmahnung wegen angeblichen Wettbewerbsverstoßes zu vermeiden). Im Ergebnis ist daher die Bestätigungsmail, so wie sie im vorliegenden Fall formuliert ist, noch nicht als Annahme eines Angebots zu werten.

Weiterführender Hinweis: Etwas anderes gilt, wenn die Bestätigungsmail z.B. den Besteller als Kunden (namentlich) anspricht, ihm mitteilt, dass man sich für den Einkauf bedanke und dass die Bestellung nunmehr von der Versandabteilung bearbeitet werde, o.Ä. Dann wird man die Bestätigungsmail als konkludente Erklärung der Annahme des Angebots des Bestellers auslegen müssen. Ist das aber nicht der Fall, bedarf es einer separaten Annahmeerklärung.[614] Diese besteht zumeist darin, dass der Anbieter dem Kunden entweder eine Auftragsbestätigung zuschickt oder die Ware ausliefert. Welcher dieser Akte letztlich den Vertragsschluss begründet, ist – wie bei herkömmlichen Sachverhalten – aus der Sicht des objektiven Empfängerhorizonts (§§ 133, 157 BGB) zu ermitteln. Entscheidend können aber auch die AGB des Anbieters sein.

Im vorliegenden Fall liegt keine Individualvereinbarung vor, die Vorrang vor der genannten AGB-Klausel haben könnte. Da V den Monitor nicht verschickt hat, liegt gemäß der AGB-Klausel keine Annahmeerklärung durch V vor. Mithin wurde ein Kaufvertrag zwischen V und K nicht geschlossen. V muss nicht liefern.

**609**

**Zusammenfassung und weiterführende Hinweise:**

**1.** Hinsichtlich der invitatio ad offerendum hätte etwas anderes nur dann gegolten, wenn V zum Ausdruck gebracht hätte, dass bereits mit der Anpreisung seiner Waren auf der Internetseite eine rechtsverbindliche Erklärung abgegeben werden soll. Dann hätte in dem „Anbieten" der Waren auch juristisch ein Angebot i.S.d. § 145 BGB vorgelegen. Der Vertrag

---

[612] Zu beachten ist, dass § 312i BGB (anders als § 312j BGB) nicht nur bei Verträgen im elektronischen Geschäftsverkehr zwischen einem Unternehmer (§ 14 I BGB) und einem Verbraucher (§ 13 BGB) gilt, sondern bei allen Verträgen im elektronischen Geschäftsverkehr, also auch gegenüber Nichtverbrauchern.

[613] Nebenbei sei erwähnt, dass auch in einer automatisierten Bestätigungsmail (jedenfalls sofern sie an einen Verbraucher verschickt wird) keine Werbung enthalten sein darf, wenn der Verbraucher dem zuvor nicht zugestimmt hat. Anderenfalls drohen eine Unterlassungsklage wegen Verletzung des allgemeinen Persönlichkeitsrechts (vgl. BGH NJW 2016, 870, 871 f.) bzw. eine wettbewerbsrechtliche Abmahnung, die in der Praxis wegen der mit ihr verbundenen Folgen sehr viel schneidiger ist.

[614] Wie hier auch BGH NJW 2005, 976 f. Vgl. auch *Blasek*, JA 2007, 585 ff.; *Paal*, JuS 2010, 953 ff.

wäre dann mit der Bestellung des K zustande gekommen.[615] Dann aber hätte K das gesetzliche **Widerrufsrecht gem. §§ 312g I, 355 BGB** zugestanden.

**2.** Verneint man aber den Rechtsbindungswillen auf Seiten des „Anbieters", geht das **Angebot** zum Abschluss eines Kaufvertrags vom Kunden aus, und zwar durch Klicken bspw. der Schaltfläche „Kostenpflichtig bestellen" o.Ä. Da es sich hierbei um eine Willenserklärung handelt, greifen auch die allgemeinen Regeln, insb. die §§ 104 ff., 145 ff., 119 ff., 164 ff. BGB. Macht der Kunde bspw. einen Eingabefehler oder klickt aus Versehen auf eine falsche Schaltfläche, unterliegt er einem Erklärungsirrtum gem. § 119 I BGB, der ihn zur Anfechtung berechtigt (siehe unten Punkt 5). In der Praxis dürfte aber eher das verbraucherschützende Widerrufsrecht nach §§ 312g I, 355 BGB relevant werden.

**3.** Zu beachten ist auch, dass bei einem Internetkauf die **Annahmeerklärung** durch den Verkäufer **nicht** notwendig bereits in der (automatisch generierten) **Bestätigung des Zugangs der elektronischen Bestellung**, wie sie nach § 312i I S. 1 Nr. 3 BGB unverzüglich auf elektronischem Wege zu erfolgen hat, zu erblicken ist. Durch diese soll der Kunde in aller Regel lediglich erfahren, dass seine Bestell-Mail angekommen ist und nunmehr bearbeitet wird. Selbstverständlich ist es dem Unternehmer unbenommen, seine Bestätigungsmail so zu gestalten, dass diese *auch* die Annahmeerklärung bezüglich des Vertrags darstellt. Ob dies im konkreten Fall anzunehmen ist, ist durch Auslegung (§§ 133, 157 BGB), die sich freilich am Wortlaut der Bestätigungsmail orientiert, zu ermitteln. Liegt (wie in der Regel) lediglich eine Bestätigungsmail vor, in der der bloße Eingang der Bestellung bestätigt wird, bedarf es einer separaten Annahmeerklärung, die jedoch – wegen § 151 S. 1 BGB – auch z.B. durch Absenden der Ware erfolgen kann. Nur wenn die Bestätigungsmail den Besteller als Kunden anspricht und ihm mitteilt, dass sein Auftrag nunmehr von der Versandabteilung bearbeitet werde und dass man sich für den Auftrag bedanke, ist sie als konkludente Erklärung der Annahme des Angebots des Bestellers auszulegen. In der Regel wird der Zeitpunkt der Annahme jedoch durch die AGB des Verkäufers (dazu sogleich Punkt 8) explizit bestimmt. Auf die vorstehenden Auslegungsmöglichkeiten ist daher in der Fallbearbeitung nur dann einzugehen, wenn entweder keine AGB bestehen oder die verwendeten AGB (nach entsprechender Prüfung) nicht Vertragsbestandteil geworden oder unwirksam sind. Vgl. hierzu auch den Anwendungsfall bei Rn 1311.

**4.** Da in den weit überwiegenden Fällen Erklärungen **formfrei** möglich sind, sind Internetgeschäfte auch von daher oft unproblematisch. Ist für eine bestimmte Erklärung (z.B. in den Fällen der §§ 312h, 479 II, 510 I S. 3 BGB, Art. 246 III S. 1, Art. 246a § 1 II S. 2, Art. 246b § 2 III EGBGB) **Textform** (§ 126b BGB) vorgeschrieben, kann diese Form ebenfalls ohne weiteres bei Online-Erklärungen erfüllt werden. Ausgeschlossen ist die elektronische Form i.d.R. aber bei formbedürftigen Rechtsgeschäften wie in den Fällen der §§ 484 I, III S. 1, 766 S. 2, 780 S. 2, 781 S. 2 BGB (§ 126 III BGB greift hier nicht, weil die elektronische Form in den genannten Vorschriften ausgeschlossen ist). Die **Widerrufserklärung** bei Ausübung des Widerrufsrechts kann gem. § 355 I BGB in **beliebiger Form** erfolgen. Das kann in Textform (E-Mail) geschehen, per Fax oder durch Notiz, die der Rücksendung der Sache beigelegt wird. Selbst eine mündliche Erklärung (etwa am Telefon) genügt, wobei diese Art der Widerrufserklärung wegen etwaiger Beweisschwierigkeiten nicht zu empfehlen ist. Das **kommentarlose Zurückschicken** der Ware genügt nach der gesetzlichen Neuregelung dem Erfordernis der Widerrufserklärung aber **nicht**.[616]

**5.** Auch die **Anfechtbarkeit** elektronisch erzeugter und/oder übermittelter Willenserklärungen richtet sich nach den allgemeinen Vorschriften über das Rechtsgeschäft, also nach den §§ 119 ff. BGB. Hätte K sich bspw. vertippt oder auf eine falsche Schaltfläche geklickt und daher einen falschen Artikel bestellt, könnte er die Erklärung nach § 119 I Var. 2 BGB anfechten (zur Begründung: Beim Erklärungsirrtum setzt der Erklärende ein anderes Erklärungszeichen als gewollt; typische Fälle sind das Sichversprechen, Sichverschreiben, Sichvertippen, Sichvergreifen, vgl. Rn 1305 ff.; vgl. auch den Anwendungsfall bei Rn 1311).

---

[615] Vgl. dazu BGHZ 149, 129, 134; *Lettl*, JuS 2002, 219, 220 und JA 2003, 948, 950.
[616] BT-Drs. 17/12637, S. 60.

Soweit der Fehler bei der Übermittlung der Erklärung auftritt (z.B. Netzfehler oder Computer-Hack), kann der Absender nach § 120 BGB anfechten. Jedoch ist zu beachten, dass i.d.R. das verbraucherschützende Widerrufsrecht die bessere Wahl sein dürfte, was freilich auf Seiten des Kunden die Verbrauchereigenschaft voraussetzt.

**6.** Um den Verbraucher nicht von der Ausübung des ihm zustehenden Widerrufsrechts abzuhalten, muss der Unternehmer auch etwaige Zahlungen des Verbrauchers für die Lieferung (**„Hinsendekosten"**) zurückgewähren (§ 357 II S. 1 BGB). Dies gilt nicht, soweit dem Verbraucher zusätzliche Kosten entstanden sind, weil er sich für eine andere Art der Lieferung als die vom Unternehmer angebotene günstigste Standardlieferung entschieden hat (§ 357 II S. 2 BGB). Die unmittelbaren Kosten für die Rücksendung der Ware (sog. **Rücksendekosten**) bei ausgeübtem **Widerrufsrecht** trägt dagegen grds. der Verbraucher, wenn ihn der Unternehmer nach Art. 246a § 1 II S. 1 Nr. 2 EGBGB über diese Pflicht informiert hat (§ 357 VI S. 1 BGB). Bei Fernabsatzverträgen hat der Verbraucher die Kosten der Rücksendung auch dann zu tragen, wenn die Waren aufgrund ihrer Beschaffenheit nicht auf dem normalen Postweg zurückgesendet werden können. Voraussetzung hierfür ist aber, dass der Unternehmer zusätzlich zu der Kostentragungspflicht auch über die Kosten der Rücksendung informiert hat (Art. 246a § 1 II S. 1 Nr. 2 EGBGB). Freilich steht es dem Unternehmer zu, sämtliche Kosten der Rücksendung zu übernehmen.

**7.** Hinsichtlich **Informationspflichten** sind zunächst die Regelungen der **§§ 312i, 312j BGB** zu beachten. So muss gem. § 312j BGB (i.V.m. Art. 246a § 1 I S. 1 Nr. 1, 4, 5, 11 und 12 EGBGB) dafür gesorgt werden, dass bei Verwendung einer Schaltfläche („Bestell-Button") der Kunde unmissverständlich und gut lesbar auf die Zahlungspflicht hingewiesen wird (§ 312j III S. 2 BGB) und Eingabefehler vor Abgabe seiner Bestellung erkennen und berichtigen kann (vgl. § 312i I S. 1 Nr. 1 BGB). Auch müssen die Informationspflichten nach der gesetzlichen Musterbelehrung beachtet werden. Der Kunde muss unverzüglich eine **Eingangsbestätigungsmail** erhalten (§ 312i I S. 1 Nr. 3 BGB, s.o.) und er muss die Möglichkeit haben, die **AGB** einzusehen und zu speichern.

**8.** Auch hinsichtlich der Einbeziehung von **AGB** gelten im Grundsatz die allgemeinen Bestimmungen, also die **§§ 305 ff. BGB** (ausführlich Rn 1488 ff.). Danach muss über ihre Einbeziehung eine beiderseitige Vereinbarung vorliegen. Nach § 305 II BGB hat der Verwender den Vertragspartner spätestens bei Vertragsschluss (und keinen Augenblick später) ausdrücklich auf die Geltung von AGB hinzuweisen. Der Verwender kann dem nachkommen, indem er eine Schaltfläche einbaut, mittels derer der Kunde die AGB aufrufen (und speichern) kann. Bei Fernabsatzverträgen *muss* der Kunde sogar die Möglichkeit haben, die AGB zu speichern und auszudrucken (vgl. § 312i I S. 1 Nr. 4 BGB). Dabei genügt es wohl nicht, dass der Kunde den AGB-Text mit Hilfe der jeweiligen Browserfunktionen speichern und ausdrucken kann. Vielmehr ist es erforderlich, dass die AGB durch Klicken auf eine Schaltfläche ausgedruckt werden können.
Ein Hinweis auf die Einbeziehung der AGB *nach* Vertragsschluss, etwa als „Beipackzettel" in der Warensendung, genügt in jedem Fall nicht. „Ausdrücklich" ist der Hinweis nur dann, wenn er so angeordnet und gestaltet ist, dass er von einem Durchschnittskunden auch bei flüchtiger Betrachtung nicht übersehen werden kann. Diese Hinweispflicht besteht auch dann, wenn das Angebot zum Vertragsschluss vom Kunden ausgeht. Darüber hinaus hat der Verwender dem Verbraucher die Möglichkeit zu verschaffen, in zumutbarer Weise vom Inhalt der konkreten AGB Kenntnis zu erlangen. Es gelten die Erfordernisse müheloser Lesbarkeit, eines Mindestmaßes an Übersicht sowie eines vertretbaren Umfangs im Verhältnis zur Vertragsbedeutung.[617]
Wenn AGB nicht wirksam einbezogen sind, sind sie (komplett) nicht Bestandteil des betreffenden, im Übrigen gem. § 306 BGB wirksamen Vertrags geworden. Zur Frage, ob und inwieweit bei einer **Internetauktion** die AGB des Auktionshauses auch für das Verhältnis zwischen Anbieter und Bieter gelten, vgl. Rn 606, 611 und 1555a.

---

[617] OLG Hamburg WM 2003, 581.

**9.** Fraglich ist schließlich, wie bei Rechtsgeschäften, die über **Mobiltelefon** geschlossen werden (M-Commerce), eine wirksame Einbeziehung von AGB gelingen kann. Die Displays der Telefone sind für eine Anzeige zu klein. Die Lösung muss wohl über technische Veränderungen gefunden werden. Zu beachten ist ggf. § 305a Nr. 2b BGB.[618]

Die vorgenannten Ausführungen gelten größtenteils auch für die bei Rn 277 und 606 dargestellten „**Internetversteigerungen**". Insbesondere hat der BGH klargestellt, dass sich der Vertragsschluss nach den allgemeinen Regeln des Vertragsschlusses (Angebot und Annahme, §§ 145 ff. BGB) richte[619] und dass das verbraucherschützende Widerrufsrecht auch bei Internetauktionen gelte[620]. Der Aspekt der Geltung des verbraucherschützenden Widerrufsrechts auch bei Internetauktionen ist folgerichtig, wenn man bedenkt, dass die Internetauktionen gerade keine Versteigerungen i.S.d. § 156 BGB sind und daher der Ausschlussgrund des § 312d IV Nr. 5 BGB nicht greift.

**610**

Ein besonderes Phänomen stellt das sog. **Shill-Bidding** dar. Hierbei geht es um das rechtsmissbräuchlich orientierte Mitbieten des Verkäufers, um auf diese Weise den Auktionsverlauf zu seinen Gunsten zu manipulieren.

**611**

**Beispiel[621]:** V bot auf der Internetplattform eBay einen gebrauchten VW Golf im Wege einer Internetauktion mit einem Startpreis von 1 € zum Verkauf an. Diesen Betrag bot ein unbekannt gebliebener Fremdbieter. Als einziger weiterer Fremdbieter beteiligte sich K an der Auktion. Dabei wurde er von V, der über ein zweites Benutzerkonto Eigengebote abgab, immer wieder überboten. Derartige Eigengebote sind nach den zugrunde liegenden allgemeinen Geschäftsbedingungen von eBay unzulässig.[622] Bei Auktionsschluss lag ein „Höchstgebot" des V über 17.000 € vor, sodass K mit seinem danach in gleicher Höhe abgegebenen Gebot nicht mehr zum Zuge kam.

K ist der Auffassung, er habe das Kfz für 1,50 € – den auf 1 € folgenden nächsthöheren Bietschritt – ersteigert, da er ohne die unzulässigen Eigengebote des V die Auktion bereits mit einem Gebot in dieser Höhe für sich entschieden hätte. Nachdem V ihm mitgeteilt hatte, das Fahrzeug bereits anderweitig veräußert zu haben, verlangte K Schadensersatz in Höhe des von ihm mit mindestens 16.500 € angenommenen Marktwerts des Kfz.

Der geltend gemachte Schadensersatzanspruch könnte sich auf §§ 275 I, IV, 280 ff. BGB stützen lassen. Dazu müsste zunächst eine vertragliche Verpflichtung zur Übereignung und Übergabe bestanden haben, der V (wegen Unmöglichkeit) nicht mehr nachkommen könnte. Eine Verpflichtung zur Übereignung und Übergabe könnte sich aus § 433 BGB (Kaufvertrag) ergeben. Fraglich ist, ob ein Kaufvertrag zwischen V und K vorliegt.

Wie bereits bei Rn 277 ausgeführt, kommt bei „Internetauktionen" der vorliegenden Art ein Kaufvertrag durch Anwendung der §§ 145 ff. BGB, d.h. durch die beiden Bedingungen *Fristablauf* und *Meistgebot* zustande. Da V als Verkäufer nicht auch als Käufer auftreten und damit nicht bieten konnte, blieb außer den unwirksamen Eigengeboten des V nur ein einziges reguläres Gebot i.H.v. 1 € auf den PKW. K war damit mit dem nächsthöheren Gebot von 1,50 € Höchstbietender, sodass eine Annahmeerklärung von K ausging.

Mithin kam ein Kaufvertrag über den VW Golf zu einem Preis i.H.v. 1,50 € zustande. Da V den Wagen aufgrund der zwischenzeitlichen Veräußerung an einen Dritten nicht mehr an K übereignen und übergeben konnte, greift wegen Unmöglichkeit ein Schadensersatzanspruch des K aus §§ 275 I, IV, 283, 280 I BGB.

Zur **Anfechtbarkeit** von Rechtsgeschäften im Internet vgl. i.Ü. ausführlich Rn 1311; speziell zur **Internetauktion** vgl. Rn 1555a. Zum **vorzeitigen Abbruch einer Internetauktion** vgl. bereits Rn 606.

**611a**

---

[618] Vgl. dazu näher *Grüneberg*, in: Palandt, § 305a Rn 5 i.V.m. § 305 Rn 48.
[619] Vgl. nur BGH NJW 2017, 468, 469.
[620] BGH NJW 2005, 53.
[621] Nach BGH NJW 2017, 468 ff.
[622] Siehe dazu das Bsp. 1 bei Rn 606.

# 6. Kapitel – Die Stellvertretung

## A. Grundlagen der Stellvertretung

### I. Einführung

**612** Im Rechtsverkehr ist es nicht unüblich, dass eine Partei nicht selbst handeln möchte oder kann und sich daher eines Stellvertreters bedient bzw. bedienen muss.

**Beispiele:**

(1) **Geschäftsunfähige** Personen sind aus rechtlichen Gründen (vgl. §§ 104, 105 I, 105a BGB) nicht in der Lage, wirksame Willenserklärungen abzugeben. Daher bedürfen sie im Rechtsverkehr eines Stellvertreters, der für sie handelt (vgl. etwa § 1629 BGB für die Eltern, § 1793 BGB für den Vormund, § 1902 BGB für den Betreuer).

(2) Auch **juristische Personen** (Verein, GmbH, AG usw.) können nicht selbst (rechtsgeschäftlich) handeln. Sie werden von ihren Organen vertreten, deren Handeln der juristischen Person zugerechnet wird (vgl. § 26 II BGB und § 78 AktG: Vorstand; § 35 I GmbHG: Geschäftsführer).

(3) Eine Stellvertretung kann auch schlicht dann erforderlich sein, wenn der Geschäftsherr keine Zeit hat, das Rechtsgeschäft selbst zu erledigen.

(4) Eine Stellvertretung kann schließlich aus **tatsächlichen** Gründen erforderlich sein. So kann z.B. der Inhaber eines großen Warenhauses nicht selbst alle notwendigen Rechtsgeschäfte vornehmen. Daher bedient er sich seiner Angestellten, die ihn in diesen Situationen vertreten (vgl. insbesondere §§ 48-58 HGB).

### II. Die in §§ 164 ff. BGB geregelte unmittelbare Stellvertretung

**613** Das Institut der Stellvertretung ermöglicht es also, dass eine Person für eine andere rechtsgeschäftlich handeln kann. Die Willenserklärungen, die der Stellvertreter für den Vertretenen abgibt, wirken dabei ohne weiteres unmittelbar für und gegen den Vertretenen (vgl. § 164 I S. 1, III BGB). Daraus folgt zugleich, dass der Stellvertreter von dem Rechtsgeschäft, das er für den Vertretenen tätigt, unberührt bleibt. Dieses Prinzip, dass allein der Vertreter (mit Wirkung für und gegen den Vertretenen) nach außen hin rechtsgeschäftlich handelt, nicht der Vertretene, nennt man **Repräsentationsprinzip** („Der Vertretene wird durch den Vertreter, der für ihn handelt, repräsentiert").[623] Für den Inhalt und die Wirksamkeit des Vertretergeschäfts kommt es also ausschließlich auf den Willen des Vertreters an (vgl. auch § 166 BGB). Lediglich die Rechtswirkungen des Rechtsgeschäfts treffen den Vertretenen (§ 164 I S. 1, III BGB).

**614** Damit jedoch die Rechtswirkungen **beim Vertretenen** bzw. **Geschäftsherrn** eintreten, müssen drei Voraussetzungen erfüllt sein:

1. **Abgabe einer eigenen Willenserklärung** seitens der Mittelsperson
2. Handeln der Mittelsperson **im fremden Namen**
3. Bestehen von **Vertretungsmacht**

**615** **Eigene Willenserklärung** seitens der Mittelsperson: Die Mittelsperson muss eine eigene Willenserklärung abgeben. Überbringt sie nur die Willenserklärung des Geschäftsherrn, liegt ein Fall der **Botenschaft** (dazu Rn 629 ff.) vor.

---

[623] *Ellenberger*, in: Palandt, Einf v § 164 Rn 2 ff.; *Schubert*, in: MüKo, § 164 Rn 19. Dem Stellvertretungsrecht liegen insgesamt drei Prinzipien zugrunde: das soeben erläuterte Repräsentationsprinzip, das Offenkundigkeitsprinzip (Rn 665 ff.) und das stellvertretende Abstraktionsprinzip (Rn 714 ff.). Die beiden Letzteren werden in dem jeweiligen Sachzusammenhang an angegebener Stelle erläutert.

**Handeln der Mittelsperson im fremden Namen**: Die Mittelsperson muss im fremden    **616**
Namen handeln (Offenkundigkeitsprinzip, ausführlich Rn 665 ff.). Macht sie nach außen
nicht erkennbar, dass sie im Namen eines anderen handelt, liegt kein Fall der unmittelbaren Stellvertretung vor. In Betracht kommt dann aber eine **mittelbare Stellvertretung** (dazu sogleich).

**Bestehen von Vertretungsmacht**: Die Wirkung des Vertretergeschäfts gegenüber dem    **617**
Vertretenen tritt nur ein, wenn der Vertreter zum Zeitpunkt des Vertretergeschäfts Vertretungsmacht hatte oder der Vertretene genehmigt, § 177 BGB (dazu Rn 686 ff.).

> **Beispiel:** K möchte von Händler H ein Auto kaufen (§ 433 BGB). Da er jedoch keine Zeit    **618**
> hat, beauftragt er den V, das Geschäft für ihn abzuwickeln. V kauft im Namen des K das
> Auto und stellt es dem K vor die Tür.
>
> Hier sind drei Personen beteiligt:
>
> 1. der **Vertreter** (V), auch **Vordermann** oder **Mittelsperson** genannt, der seine Wil-
>    lenserklärung im Namen des Vertretenen abgibt, der also vorliegend das Rechtsge-
>    schäft mit H tätigt,
> 2. der **Vertretene** (K), auch **Geschäftsherr**[624] oder **Hintermann** genannt, bei dem die
>    Rechtsfolgen der Stellvertretung eintreten (der also Vertragspartner des H wird),
> 3. und der **Dritte** (H), auch **Geschäftsgegner** oder **Geschäftspartner** genannt, ge-
>    genüber dem der Vertreter das Rechtsgeschäft des Vertretenen tätigt.
>
> Folge der wirksamen Stellvertretung ist, dass die Erklärung des V dem K gem. § 164 I BGB
> zugerechnet wird. Vertragspartner des H ist also K, <u>nicht</u> V. Zu den Folgen, wenn V ohne
> Vertretungsmacht handelt bzw. diese überschreitet oder missbraucht, vgl. Rn 727 f.

Am Beispiel der rechtsgeschäftlich eingeräumten Vertretungsmacht („**Vollmacht**", vgl.    **619**
§ 166 II S. 1 BGB) ergeben sich somit folgende Rechtsbeziehungen:

1. Das **Vertretergeschäft**: Dies ist das Rechtsgeschäft, das der Vertreter im Namen des
   Vertretenen mit dem Dritten (dem Geschäftspartner des Vertretenen) tätigt und das gem.
   § 164 I S. 1, III BGB für und gegen den Vertretenen wirkt.

2. Die **Bevollmächtigung**: Dieses Geschäft beschreibt das Innenverhältnis zwischen dem
   Vertretenen und dem Vertreter. Die Vertretungsmacht wird rechtsgeschäftlich erteilt, kann
   sich aber auch aus Rechtsscheingesichtspunkten (vgl. §§ 170-172 BGB, aber auch Dul-
   dungs- und Anscheinsvollmacht) ergeben (vgl. dazu Rn 686 ff.). Der Bevollmächtigung
   liegt zudem ein **Grundverhältnis** („Grundgeschäft") zugrunde. Das ist i.d.R. ein Vertragsverhältnis zwischen dem Vollmachtgeber und dem Bevollmächtigten. Zumeist handelt es
   sich um einen **Auftrag** (§ 662 BGB), eine **Geschäftsbesorgung** (§ 675 BGB) oder einen
   **Arbeitsvertrag** (§ 611a BGB).

3. Das „**Zuwendungsverhältnis**": Der Vertreter mittelt den Vertrag zwischen dem Vertretenen und dessen Geschäftspartner, ohne selbst diesem gegenüber verpflichtet zu sein.

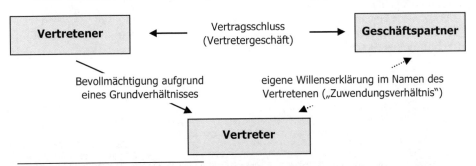

---

[624] Der Begriff „Geschäftsherr" ist jedenfalls bei der rechtsgeschäftlich eingeräumten Vertretungsmacht üblich, bei der
gesetzlichen Stellvertretung (Rn 689 ff.) dagegen unpräzise; hier sollte besser von „Vertretenem" gesprochen werden.

Für die unmittelbare Stellvertretung ergibt sich folgende Definition:

**620**  Eine **Stellvertretung** i.S.d. §§ 164 ff. BGB ist ein rechtsgeschäftliches Handeln im Namen des Vertretenen mit der Wirkung, dass die Rechtsfolgen unmittelbar in der Person des Vertretenen eintreten (sog. **unmittelbare oder direkte Stellvertretung**).[625]

## III. Abgrenzung zur „mittelbaren Stellvertretung"

**621**  **Nicht** von den §§ 164 ff. BGB erfasst wird die **„mittelbare Stellvertretung"**. Bei dieser treffen die Folgen des Rechtsgeschäfts zunächst nur den Handelnden, weil dieser nicht im fremden Namen, sondern **im eigenen Namen** handelt. Daher ist der Hintermann auch nicht Vertragspartner des Geschäftsgegners, woraus deutlich wird, dass es sich bei der „mittelbaren Stellvertretung" juristisch nicht um eine Stellvertretung handelt. Allerdings bestehen zwischen dem mittelbaren Stellvertreter und dem Hintermann anderweitige Geschäftsbeziehungen, wonach der mittelbare Stellvertreter verpflichtet ist, im Sinne des Hintermanns zu handeln und diesem die Rechtsfolgen seines Handelns zukommen zu lassen. Haupterscheinungsformen der mittelbaren Stellvertretung sind die **Kommission** (§§ 383 ff. HGB), bei der der Kommissionär gewerbsmäßig Waren oder Wertpapiere für Rechnung eines anderen (den Kommittenten) im eigenen Namen kauft und verkauft, und die **Spedition** (§§ 453 ff. HGB). Eine mittelbare Stellvertretung kommt aber auch außerhalb des Handelsrechts in Betracht.

**622**  **Beispiel:** Geschäftsherr G sammelt hochwertige Gemälde. Da er jedoch anonym bleiben möchte, beauftragt er stets seinen Freund F, für ihn die Gemälde zu kaufen. Diesmal schickt er F zu D, um einen Kandinsky zu kaufen. Dabei soll F den G nicht namentlich benennen. So geschieht es.

Hier liegt kein Fall der in den §§ 164 ff. BGB geregelten unmittelbaren Stellvertretung vor, weil F den G nicht offenkundig repräsentiert hat. Vielmehr ist ein Fall der mittelbaren Stellvertretung („**Strohmanngeschäft**")[626] gegeben. F hat im eigenen Namen mit D den Kaufvertrag geschlossen und ist nun selbst aus dem Kaufvertrag berechtigt und verpflichtet. Auch erfolgte die Übereignung des Bildes gem. § 929 S. 1 BGB zunächst von D auf F. Dieser, und nicht G, ist insoweit Eigentümer geworden.[627]

Allerdings hat G einen schuldrechtlichen Anspruch gegen F auf (Weiter-)Übereignung. Denn aufgrund des zwischen ihm und F bestehenden Vertragsverhältnisses (§ 662 BGB) ist F verpflichtet, das Bild auf G zu übereignen (§ 667 BGB). G muss dem F im Gegenzug den für das Bild aufgewendeten Kaufpreis ersetzen (§ 670 BGB), sofern er nicht schon dem F das Geld mitgegeben hatte.

**623**  **Fazit:** Da die Rechtswirkungen des getätigten Geschäfts den mittelbaren „Vertreter" also selbst treffen und der Geschäftsherr an diesem Geschäft nicht unmittelbar beteiligt ist, handelt es sich bei der mittelbaren Stellvertretung um keine wirkliche Stellvertretung. Vielmehr werden die Rechte des mittelbaren Vertreters erst durch ein weiteres Rechtsgeschäft an den Geschäftsherrn übertragen. Daher wird die mittelbare Stellvertretung allgemein wie folgt definiert: Eine **mittelbare** (unechte, indirekte) **Stellvertretung** liegt vor, wenn jemand ein Rechtsgeschäft im eigenen Namen, aber im (wirtschaftlichen) Interesse und **für Rechnung des Geschäftsherrn** vornimmt.[628]

---

[625] Allgemein übliche Definition, vgl. etwa *Ellenberger*, in: Palandt, Einf v § 164 Rn 1.

[626] Zum Strohmanngeschäft und zur Abgrenzung zu § 117 BGB vgl. auch Rn 1083 ff.

[627] Damit G möglichst rasch Eigentümer des Bildes wird, wäre es auch möglich, dass F das Bild an G gem. §§ 929 S. 1, 930 BGB durch antizipierte Einigung und antizipiertes Besitzkonstitut (auch schon vor Erwerb des F von D) bzw. durch Insichgeschäft weiterübereignet. Aber auch hier würde F – zumindest für eine logische Sekunde – Eigentümer des Bildes (sog. „Durchgangserwerb", *Stadler*, AT, § 29 Rn 4; *Baur/Stürner*, SachenR, § 51 Rn 42).

[628] *Ellenberger*, in: Palandt, Einf v § 164 Rn 6; *Brox/Walker*, AT, Rn 515.

## IV. (Un-)Zulässigkeit der Stellvertretung

Da § 164 I S. 1 BGB eine Zurechnung von **Willenserklärungen** anordnet, ist die Stellvertretung grundsätzlich bei **allen Rechtsgeschäften** möglich, also bei einseitigen Rechtsgeschäften (Kündigung, Anfechtung, Erklärung des Rücktritts von einem Vertrag etc.) und mehrseitigen Rechtsgeschäften, d.h. solchen, die auf den Abschluss eines Vertrags gerichtet sind. Auch bei **rechtsgeschäftsähnlichen Handlungen** (z.B. Mahnung, Fristsetzung etc.) ist eine Stellvertretung möglich, allerdings unter analoger Anwendung der §§ 164 ff. BGB.[629] Geht es jedoch um die Vornahme **höchstpersönlicher Rechtsgeschäfte** (insbesondere aus dem Bereich des Familien- und Erbrechts), ist eine Stellvertretung i.d.R. **ausgeschlossen**. Das gilt vor allem für die Eheschließung (§ 1311 BGB), die Testamentserrichtung (§ 2064 BGB) und den Erbvertrag (§ 2274 BGB).

624

> **Beispiel:** Vor der Eheschließung mit M muss F noch einen wichtigen Geschäftstermin in den USA wahrnehmen. Sie plant ihre Rückkehr einen Tag vor dem Standesamtstermin. Wegen eines Sturms an der Ostküste der USA werden aber alle Flüge für diesen Tag abgesagt. Daher bittet F telefonisch ihre Freundin V, in ihrem Namen die Ehe mit M zu schließen, damit wenigstens der Hochzeitstermin nicht verschoben werden muss.
>
> Da die Rechtsfolgen einer Stellvertretung den Vertretenen, nicht den Vertreter treffen (§ 164 I S. 1 BGB), erscheint eine Stellvertretung auch vorliegend möglich, da V keinesfalls Ehefrau des M wird. Die Eheschließung ist aber ein höchstpersönliches Rechtsgeschäft, bei dem die Trauwilligen zudem gleichzeitig vor dem Standesbeamten erscheinen müssen (§ 1311 S. 1 BGB).[630] Daher ist eine Stellvertretung nicht möglich. Der Standesbeamte würde seine Mitwirkung an der Eheschließung verweigern, wenn ein Stellvertreter erschiene.

Die Höchstpersönlichkeit eines Geschäfts kann sich aber auch aus den **vertraglichen Abreden der Parteien** ergeben (sog. gewillkürte Höchstpersönlichkeit).[631]

625

> **Beispiel:** Bevor A den ihm wohlbekannten Finanzexperten F mit der persönlichen Verwaltung seines Vermögens engagiert, beauftragt er noch schnell den weltbekannten Pianisten P für ein Konzert in höchst exponiertem Rahmen.
>
> Hier können P und F die ihnen obliegenden Aufgaben nicht an einen Vertreter delegieren. Das ergibt sich aus der Parteivereinbarung, auch wenn darüber nicht gesprochen sein sollte.

Wird ein unzulässiges Vertretergeschäft vorgenommen, ist es nichtig. Eine Heilung (etwa durch Genehmigung, vgl. § 177 BGB) ist nicht möglich.

626

Ausgeschlossen ist eine Stellvertretung auch bei **Realakten**, d.h. bei (Willens-)Betätigungen rein *tatsächlicher* Art, die kraft Gesetzes eine Rechtsfolge auslösen. Denn solche Handlungen können nicht durch Erklärungen vorgenommen werden und haben schon äußerlich keine Ähnlichkeit mit den Rechtsgeschäften.[632]

627

> **Beispiele:** Erwerb des unmittelbaren Besitzes (§ 854 I BGB), Verbindung und Vermischung (§§ 946-948 BGB), Verarbeitung (§ 950 BGB), Fund (§ 965 BGB), Schatzfund (§ 984 BGB), unerlaubte Handlungen (§§ 823 ff. BGB)
>
> In diesen Fällen kann jedoch bei Pflichtverletzungen von Hilfspersonen oder bei unerlaubten Handlungen eine Zurechnung über §§ 278, 31 BGB in Betracht kommen.

---

[629] BGHZ 47, 352, 357; BGH NJW 1995, 45 ff.; *Giesen/Hegermann*, Jura 1991, 357, 359; *Ellenberger*, in: Palandt, Einf v § 164 Rn 3; *Brox/Walker*, AT, Rn 513; *Stadler*, AT, § 30 Rn 1.
[630] Vgl. dazu im Einzelnen *R. Schmidt*, FamR, Rn 58 ff.
[631] BGHZ 99, 90, 94; *Stadler*, AT, § 29 Rn 4; *Ellenberger*, in: Palandt, Einf v § 164 Rn 4.
[632] BGHZ 16, 259, 263; *Ellenberger*, in: Palandt, Einf v § 164 Rn 3; *Brox/Walker*, AT, Rn 513; *Medicus/Petersen*, AT, Rn 196; *Giesen/Hegermann*, Jura 1991, 357, 360; *Köhler*, AT, § 11 Rn 7; *Stadler*, AT, § 29 Rn 9.

## B. Einordnung der Stellvertretung in den Prüfungsaufbau

**627a**
Da bei einer Stellvertretung der Stellvertreter seine Willenserklärung für und gegen den Vertretenen abgibt, das Rechtsgeschäft also für *diesen* zustande bringt, erfolgt die Einordnung der Stellvertretung in den Prüfungsaufbau der Anspruchsprüfung (Schema bei Rn 1629) im Punkt „Zustandekommen des Vertrags" bzw. „Anspruch entstanden".

**627b**

### Einbeziehung eines Stellvertreters im Anspruchsaufbau

#### I. Anspruch entstanden?

##### 1. Vorliegen einer Einigung
Es gelten die Prüfungspunkte, die im Prüfungsschema bei Rn 1629 dargestellt wurden. Daher soll nur auf die Besonderheiten der Einbeziehung eines Stellvertreters eingegangen werden: Ein Vertrag kommt nur dann zustande, wenn zwei aufeinander bezogene und inhaltlich einander entsprechende Willenserklärungen vorliegen und sich die Parteien über die vertragswesentlichen Inhalte geeinigt haben (§§ 145 ff. BGB). Bedient sich eine der Parteien (oder beide) eines **Stellvertreters**, gibt *dieser* seine Willenserklärung mit Wirkung für und gegen den Vertretenen ab und einigt sich im Namen des Vertretenen mit dem Geschäftsgegner (oder mit dessen Stellvertreter). Es kommt grds. allein auf das Handeln und Wissen des Stellvertreters an. Das Gesetz stellt mit den §§ 164 ff. BGB aber bestimmte Anforderungen an die Stellvertretung:

##### a. Anwendbarkeit der §§ 164 ff. BGB
Unmittelbare Anwendung bei Willenserklärungen; analoge Anwendung bei geschäftsähnlichen Handlungen; keine Anwendung bei Realakten

##### b. Zulässigkeit der Stellvertretung
Zulässig ist eine Stellvertretung bei allen Rechtsgeschäften, die **nicht höchstpersönlicher** Natur sind. Die Höchstpersönlichkeit kann sich dabei aus Gesetz (vgl. z.B. §§ 1311, 2064, 2274 BGB) oder aus einer Parteiabrede (sog. gewillkürte Höchstpersönlichkeit) ergeben.

##### c. Abgabe einer *eigenen* Willenserklärung
Bei der **Abgrenzung** zwischen **Stellvertretung** und **Botenschaft** kommt es entscheidend darauf an, ob die Mittelsperson eine *fremde* Willenserklärung übermittelt (dann Bote) oder ob sie eine *eigene* Willenserklärung abgibt (dann Stellvertreter). Maßgeblich ist bei dieser Beurteilung, wie das **Auftreten der Mittelsperson im Außenverhältnis verständigerweise zu beurteilen ist**, also aus der **Sicht des Erklärungsempfängers**.
Bei der Abgrenzung ergeben sich vor allem bei Willensmängeln, bei formbedürftigen Rechtsgeschäften und dem Zeitpunkt des Zugangs rechtliche Unterschiede.

##### d. Im fremden Namen
Der Vertreter muss gem. § 164 I S. 1 BGB die Willenserklärung **erkennbar im Namen des Vertretenen** abgeben (sog. **Offenkundigkeitsprinzip**). Dabei ist es gemäß § 164 I S. 2 BGB ausreichend, wenn sich **aus den Umständen** ergibt, dass die Abgabe der Erklärung im Namen des Vertretenen erfolgen soll. Für diese Abgrenzung zwischen Vertreter- und Eigengeschäft gelten die allgemeinen Auslegungsregeln (§§ 133, 157 BGB). Entscheidend ist daher, wie der Erklärungsempfänger das Verhalten des Handelnden unter Berücksichtigung aller Gegebenheiten des Einzelfalls verstehen durfte. Zu berücksichtigen sind dabei alle Umstände, insbesondere früheres Verhalten, Zeit und Ort der Erklärung, die berufliche Stellung der Beteiligten, die Art ihrer Werbung und die erkennbare Interessenlage. Auch beim **offenen Geschäft für den, den es angeht** liegt ein Fall der zulässigen Stellvertretung vor. **Ausnahmen vom Offenkundigkeitsprinzip:**

⇨ verdecktes Geschäft für den, den es angeht
⇨ Handeln unter fremden Namen (Fall der Identitätstäuschung)
⇨ Sonderfall: § 1357 BGB

##### e. Mit Vertretungsmacht
Das Vertretergeschäft kommt nur zustande, wenn der Vertreter mit **Vertretungsmacht** handelt. Darunter ist die Befugnis zu verstehen, einen anderen wirksam zu vertreten und für ihn mit verbindlicher Wirkung Willenserklärungen abzugeben oder entgegenzunehmen. Sie liegt

vor, wenn der Vertreter entweder **kraft Gesetzes** zur Vornahme des Rechtsgeschäfts befugt ist oder wenn der Vertretene dem Vertreter **rechtsgeschäftlich** eine entsprechende Vertretungsmacht eingeräumt hat, sog. Vollmacht (vgl. die Legaldefinition in § 166 II S. 1 BGB) bzw. gewillkürte Stellvertretung. Vgl. hierzu die Übersicht bei Rn 688. Zur **Vertretungsmacht kraft Rechtsscheins** vgl. Rn 809 ff.

**f. Rechtsfolge**

Liegen die vorstehenden Voraussetzungen vor, wirkt die Willenserklärung unmittelbar für und gegen den Vertretenen, § 164 I S. 1, III BGB.

**2. Nichtvorliegen von rechtshindernden Einwendungen**

⇨ Mangelnde Geschäftsfähigkeit (§§ 104 ff. BGB – Rn 926 ff.)

⇨ Bewusste Willensmängel (Schein-/Scherzerklärung, §§ 116-118 BGB – Rn 1061 ff.)

⇨ Verletzung der vorgeschriebenen Form (§ 125 BGB – Rn 1097 ff.)

⇨ Verstoß gegen ein Verbotsgesetz (§ 134 BGB – Rn 1164 ff.)

⇨ Wucher (§ 138 II BGB – Rn 1181 ff.)

⇨ Sittenwidrigkeit (§ 138 I BGB – Rn 1209 ff.)

⇨ Anfängliche Unmöglichkeit (§§ 275 I, 326 I BGB – SchuldR AT, Rn 364 ff.)

⇨ Vertrag über künftiges Vermögen oder Nachlass (§ 311b II, IV BGB – SchuldR AT, Rn 118 ff.)

**II. Anspruch (nicht) untergegangen (rechtsvernichtende Einwendungen)?**

⇨ Anfechtung (§§ 119 ff. BGB, § 142 I BGB – Rn 1264 ff.)

⇨ Erfüllung (§§ 362 ff. BGB – SchuldR AT, Rn 118 ff.)

⇨ Kündigung von Dauerschuldverhältnissen (z.B. nach §§ 314, 543 BGB etc. – unten Rn 1286a und SchuldR AT, Rn 838 ff.)

⇨ Nachträgliche Unmöglichkeit (§§ 275 I, 326 I BGB – SchuldR AT, Rn 364 ff.)

⇨ Hinterlegung (§§ 372 ff. BGB – SchuldR AT, Rn 171 ff.)

⇨ Aufrechnung (§§ 387 ff. BGB – SchuldR AT, Rn 188 ff.)

⇨ Erlass (§ 397 BGB – SchuldR AT, Rn 233 ff.)

⇨ Änderungsvertrag/Aufhebungsvertrag (§ 311 BGB – SchuldR AT, Rn 240 ff.)

⇨ Novation/Konfusion (SchuldR AT, Rn 243 ff.)

⇨ Rücktritt (§§ 346 ff. BGB – SchuldR AT, Rn 442 ff.)

⇨ Widerruf, insb. nach Verbraucherschutzvorschriften (§ 355 BGB, auf den etwa in § 312g I BGB verwiesen wird – SchuldR AT, Rn 968 ff.)

⇨ Gläubiger- und Schuldnerwechsel (Abtretung, §§ 398 ff. BGB; Schuldübernahme, §§ 414 ff. BGB; gesetzl. Forderungsübergang, § 412 - SchuldR AT, Rn 247 ff. und 1103)

⇨ Störung der Geschäftsgrundlage (§ 313 III BGB – der sich daraus ergebende Rücktritt ist aber nur letztes Mittel der Konfliktlösung – SchuldR AT, Rn 785 ff.)

⇨ Unredlicher Erwerb einer eigenen Rechtsstellung (§ 242 BGB – SchuldR AT, Rn 65 ff.)

**III. Anspruch durchsetzbar (rechtshemmende Einwendungen)?**

⇨ Leistungsverweigerungsrechte nach § 275 II, III BGB (SchuldR AT, Rn 394 ff.)

⇨ Ausschluss der Nacherfüllungspflicht nach § 439 IV BGB (SchuldR AT, Rn 702)

⇨ Verjährung (§§ 214 ff. BGB)

⇨ Zurückbehaltungsrecht (§ 273 BGB – SchuldR AT, Rn 334 ff.)

⇨ Nichterfüllter Vertrag (§ 320 BGB – SchuldR AT, Rn 352 ff.)

# C. Voraussetzungen einer wirksamen Stellvertretung

Nachdem (in der Fallbearbeitung) die Anwendbarkeit der §§ 164 ff. BGB bejaht und die Unzulässigkeit der Stellvertretung – etwa wegen des höchstpersönlichen Charakters des Rechtsgeschäfts – verneint wurde, sind sodann die Voraussetzungen der §§ 164 ff. BGB zu prüfen. Diese sind wie gesehen: **628**

I. **Abgabe einer eigenen Willenserklärung** bei der Mittelsperson

II. Handeln der Mittelsperson **im fremden Namen**

III. Bestehen einer **Vertretungsmacht**

## I. Abgabe einer eigenen Willenserklärung

**629** Wie schon bei Rn 615 einleitend erwähnt, setzt eine wirksame Stellvertretung zunächst voraus, dass der Vertreter eine *eigene* (wirksame) **Willenserklärung** abgibt (§ 164 I BGB). Die Mittelsperson ist also nur dann als Vertreter i.S.d. §§ 164 ff. BGB zu qualifizieren, wenn sie selbst rechtsgeschäftlich tätig wird.

### 1. Abgrenzung zwischen Stellvertretung und Botenschaft

**630** Bei diesem Prüfungspunkt ist eine **Abgrenzung zur Botenschaft** erforderlich, da der Bote *keine* eigene Willenserklärung kundtut, sondern lediglich die bereits von seinem Geschäftsherrn abgegebene Willenserklärung übermittelt. Er vermittelt also nur das Wirksamwerden dieser bereits abgegebenen Willenserklärung, indem er ihren Zugang bewirkt.[633] Er handelt daher nicht rechtsgeschäftlich, sondern rein tatsächlich. Verkürzt kann man sagen:

- Der **Bote** übermittelt eine **fremde Willenserklärung**, nämlich die seines Geschäftsherrn („Ich soll von meinem Chef ausrichten, dass er ... kaufen möchte").
- Der **Stellvertreter** unterbreitet dem Geschäftspartner seine **eigene Willenserklärung** („Ich kaufe im Namen meines Chefs ... ").

### a. Abgrenzungskriterien

**631** Die Frage, ob eine Mittelsperson eine *fremde* Willenserklärung übermittelt (dann Bote) oder eine *eigene* Willenserklärung abgegeben hat (dann Vertreter), ist nach h.M. aus Gründen des Verkehrsschutzes im Wege der **Auslegung** (§§ 133, 157 BGB) danach zu beantworten, wie das **Auftreten der Mittelsperson im Außenverhältnis verständigerweise zu beurteilen ist**, also aus der **Sicht des Erklärungsempfängers**.[634] Unerheblich ist also das zwischen dem Geschäftsherrn und der Mittelsperson bestehende Innenverhältnis. Tritt der Bote gegenüber Dritten als Vertreter auf oder tritt umgekehrt der Vertreter als Bote auf, zählt nur das nach außen hin deutlich gewordene Erscheinungsbild.

**632** Die Abgrenzung zwischen Vertreter und Boten ist nach dem **objektiven Empfängerhorizont** vorzunehmen. Es kommt demnach entscheidend darauf an, wie der Empfänger das Auftreten der Mittelsperson verstehen durfte.

> **Beispiel:** Tritt eine Leitende Angestellte gegenüber Geschäftspartnern auf, dürfte kaum ein Zweifel daran bestehen, dass sie *Stellvertreterin* des Unternehmens ist. Nimmt eine Hausangestellte eine Nachricht für ihren Geschäftsherrn entgegen, dürfte umgekehrt im Zweifel anzunehmen sein, dass sie *Botin* ist. Auch wenn der Ehepartner Post entgegennimmt, ist i.d.R. von einem Empfangsboten auszugehen. Geschäftsunfähigkeit der Mittelsperson kann ausschließlich Botenschaft begründen (dazu Rn 636 f.).

**633** Vereinfacht lässt sich sagen, dass der Vertreter über das „Ob" und „Wie" des Rechtsgeschäfts entscheidet, während der Bote vorformulierte Erklärungen wiedergibt.

> **Beispiel:** Sagt die Mittelsperson: „Ich mache Ihnen im Namen des G folgendes Angebot ...", ist sie Stellvertreter. Denn hier bringt sie zum Ausdruck, eine gewisse Entscheidungsfreiheit zu haben. Sagt sie hingegen: „Ich überbringe Ihnen ein Angebot des G ...", ist sie Bote. Denn hier ist offenkundig, dass sie lediglich die Willenserklärung des Geschäftsherrn übermittelt.

---

[633] *Brox/Walker*, AT, Rn 518; *Boecken*, AT, Rn 609 f.; *Ellenberger*, in: Palandt, Einf v § 164 Rn 11; *Schilken*, in: Staudinger, Vorbem zu §§ 164 ff. Rn 73 f.; *Medicus/Petersen*, BR, Rn 77.
[634] BGHZ 12, 327, 334; 36, 30, 33; BAG NJW 2008, 1243 f.; *Schubert*, in: MüKo, § 164 Rn 71; *Schilken*, in: Staudinger, Vorbem zu §§ 164 ff. Rn 74; *Brox/Walker*, AT, Rn 518; *Köhler*, AT, § 11 Rn 16; *Medicus/Petersen*, BR, Rn 77; *Wolf/Neuner*, AT, § 49 Rn 16.

Ob die Mittelsperson Stellvertreter ist, kann jedoch sehr zweifelhaft sein, wenn ihr nur ein **sehr geringes Maß an Entscheidungsfreiheit** zusteht. **634**

> **Beispiel:** Erhält der in einem Warenhaus angestellte Verkäufer von der Geschäftsleitung die Weisung, die festgesetzten Preise einzuhalten, kann er regelmäßig auch nicht entscheiden, mit wem er kontrahiert und mit wem nicht. Vielmehr ist anzunehmen, dass er mit jedem kontrahieren muss, der den Kaufpreis zahlt (sofern keine gesetzlichen Verbote bestehen). Dennoch muss der Verkäufer als Vertreter qualifiziert werden, weil es an einer Willensbildung der Geschäftsleitung für die einzelnen konkreten Vertragsabschlüsse fehlt.[635] Die Vertretung bezieht sich in diesen Fällen gerade auf den Vertragsschluss. Zu § 56 HGB vgl. Rn 775.

Vertreter, deren Willenserklärung wie in der eben aufgezeigten Konstellation in allen Einzelheiten bereits vorgegeben ist, werden als **„Vertreter mit gebundener Marschrichtung"** bezeichnet. **635**

Ein wichtiges Abgrenzungskriterium stellt auch die **Geschäftsfähigkeit** der Mittelsperson dar. Denn dadurch, dass der Stellvertreter eine *eigene wirksame* Willenserklärung abgibt (wenn auch im Namen des Geschäftsherrn) und die Willenserklärung eines **Geschäftsunfähigen** immer unwirksam ist (vgl. §§ 104, 105 I, 131 I BGB), muss der **Vertreter** folgerichtig zumindest **beschränkt geschäftsfähig** (vgl. §§ 2, 106 BGB) sein, damit die Folgen des Rechtsgeschäfts den Vertretenen treffen. Eine Umgehung des Minderjährigenschutzes besteht nicht, da die Rechtsfolgen des Vertretergeschäfts ja gerade nicht den Vertreter, sondern ausschließlich den Vertretenen treffen. **§ 165 BGB** stellt dies (i.V.m. § 164 I S. 1 BGB) klar. **636**

Lässt der Geschäftsherr dennoch ein Geschäft durch einen **Geschäftsunfähigen** abschließen, folgt daraus jedoch noch nicht zwingend die Nichtigkeit. **637**

> **Beispiel:** Mutter M möchte ihrer 5-jährigen Tochter T eine Freude machen. Sie gibt ihr 2,- €, womit diese sich etwas Süßes kaufen soll. Eine Weisung, in welchen Laden sie gehen oder welche Süßigkeiten sie kaufen soll, gibt M der T nicht.

> Hier steht es der T also frei, wo sie sich welche Süßigkeiten kauft. Aufgrund ihrer Geschäftsunfähigkeit (§ 104 Nr. 1 BGB) kann T aber keine eigene Willenserklärung abgeben und damit weder ein Rechtsgeschäft im eigenen Namen schließen noch ihre Mutter wirksam vertreten (vgl. §§ 105 I, 165 BGB). Angenommen, T ginge weisungswidrig zum Bäcker B und träte mit der ihr eingeräumten Entscheidungsfreiheit auf, wäre sie aus der Sicht eines objektiven Empfängers an sich als Vertreterin zu qualifizieren. In diesem Fall wäre das Rechtsgeschäft wegen § 165 BGB aber nichtig. Teilweise wird daher eine teleologische Reduktion des § 165 BGB vorgenommen mit der Folge, dass Vertretungsrecht anzuwenden ist. Richtigerweise ist in einem solchen Fall der **Geschäftsunfähige** jedoch trotz dieser gewissen Weisungsfreiheit als **Bote** zu qualifizieren, der die Willenserklärung des Geschäftsherrn (hier der M) überbringt, auf diese Weise also den Zugang der Willenserklärung bewirkt, sodass ein Rechtsgeschäft zustande kommen kann.

> **Fazit:** Während die **Stellvertretung** zumindest eine **beschränkte Geschäftsfähigkeit** des Vertreters verlangt, besteht die **Botenstellung** unabhängig von der Geschäftsfähigkeit, kann also auch von einem **Geschäftsunfähigen** vorgenommen werden. Plastisch gesprochen lässt sich sagen: „Und ist das Kindlein noch so klein, so kann es doch schon Bote sein".[636] **638**

---

[635] *Medicus/Petersen*, AT, Rn 886.
[636] Vgl. etwa *Köhler*, AT, § 11 Rn 16.

## b. Abgrenzung in aktiver und passiver Hinsicht

**639** Da einerseits eine aktive und passive Stellvertretung und andererseits eine aktive und passive Botenschaft denkbar sind, muss in Zweifelsfällen auch diesbezüglich, und zwar in zweierlei Hinsicht, eine Abgrenzung zwischen Stellvertretung und Botenschaft vorgenommen werden.

**640** ▪ **Abgrenzung Aktivvertreter/Erklärungsbote:** Sowohl der Aktivvertreter (vgl. § 164 I BGB) als auch der Erklärungsbote stehen auf der Seite desjenigen, der eine Willenserklärung übermitteln (lassen) will, also auf der **Seite des Absenders**. Während der Aktivvertreter jedoch eine *eigene* Willenserklärung abgibt, übermittelt der Erklärungsbote eine *fremde* Willenserklärung, nämlich die seines Geschäftsherrn. Die Abgrenzung erfolgt nach dem objektiven Empfängerhorizont (s.o.).

> **Hinweis für die Fallbearbeitung:** Die Abgrenzung zwischen Aktivvertreter und Erklärungsbote ist im Prüfungspunkt „Abgabe der Willenserklärung" vorzunehmen, wenn feststeht, dass der Geschäftsherr nicht selbst gehandelt hat, sondern die Mittelsperson.

**641** ▪ **Abgrenzung Passivvertreter/Empfangsbote:** Dagegen finden sich sowohl der Passivvertreter (§ 164 III BGB) als auch der Empfangsbote auf der **Seite des Erklärungsadressaten**. Beide nehmen eine Willenserklärung für ihren Geschäftsherrn entgegen. Die Abgrenzung erfolgt auch hier nach dem objektiven Empfängerhorizont[637] (s.o.).

> **Hinweis für die Fallbearbeitung:** Die Abgrenzung zwischen Passivvertreter und Empfangsbote ist im Prüfungspunkt **„Zugang der Willenserklärung"** vorzunehmen, wenn feststeht, dass der Geschäftsgegner die Willenserklärung nicht selbst entgegengenommen hat, sondern die Mittelsperson, derer er sich bedient.[638]

## 2. Bedeutung der Unterscheidung

**642** Relevant wird die Abgrenzung Passivvertreter/Empfangsbote vor allem bei der Frage des **Zeitpunkts des Zugangs der Willenserklärung**, der z.B. für die Bestimmung der Anfechtungsfrist des § 121 BGB („unverzüglich") oder für den fristgerechten Zugang einer Kündigung (etwa gem. § 622 BGB) von Belang sein kann. Handelt es sich bei der Person, die die Erklärung entgegennimmt, um einen **Stellvertreter** i.S.d. §§ 164 ff. BGB, ist die Willenserklärung in dem Augenblick zugegangen, in dem sie dem Stellvertreter zugegangen ist. Ob und ggf. wann sie an den Vertretenen weitergeleitet wird, ist dann unerheblich. Ist die Empfangsperson indes lediglich **Empfangsbote**, gilt die Erklärung erst dann als zugegangen, wenn sie in den Machtbereich des Adressaten gelangt und dieser die Möglichkeit der Kenntnisnahme hat.

Im Übrigen ist die Unterscheidung zwischen Stellvertretung und Botenschaft vor allem bei **Willensmängeln** und bei der **Wissenszurechnung** bedeutsam. Denn während es bei der Stellvertretung grds. auf die Willensmängel oder Kenntnisse des Stellvertreters ankommt (§ 166 BGB), sind bei der Botenschaft diejenigen des Geschäftsherrn maßgeblich. Darüber hinaus ergeben sich Unterschiede, wenn die Erklärung formbedürftig ist oder wenn es um die Frage nach dem Zeitpunkt des Zugangs der Willenserklärung geht. Im Einzelnen gilt:

### a. Willensmängel

### aa. Willensmängel bei der Stellvertretung

**643** Da sich die **Stellvertretung** gerade dadurch auszeichnet, dass der Vertreter eine *eigene* Willenserklärung abgibt, *er* also rechtsgeschäftlich tätig wird, kommt es folgerichtig gem.

---

[637] Vgl. hierzu auch den Fall BAG NJW 2011, 2604 ff.
[638] Wie hier nun auch *Faust*, JuS 2012, 68 f.

**§ 166 I BGB** grundsätzlich auch auf *seine* Kenntnis der Sach- und Rechtslage an.[639] Willensmängel, die beim Vertreter vorliegen, sind somit für den Geschäftsherrn beachtlich.

**Beispiel:** G ist an dem antiken Schiffskompass des D interessiert, den dieser zum Verkauf im Internet angeboten hat. Da G jedoch dringend eine Geschäftsreise antreten muss, beauftragt er seinen Freund V, für ihn den Kompass zu kaufen. Dieser wird von D jedoch über die Echtheit des Kompasses getäuscht, denn in Wirklichkeit handelt es sich um einen Nachbau. Zu Hause angekommen, bemerkt G – ein Fachmann auf dem Gebiet maritimer Antiquitäten – sofort, dass es sich um einen Nachbau handelt. Da G jedoch kein Fachmann auf dem Gebiet des Bürgerlichen Rechts ist, fragt er seinen Freund R, der Jura studiert, ob er den Kaufpreis zurückverlangen könne. Dieser rät ihm, er solle anfechten. So geschieht es.

644

Anspruchsgrundlage des G gegen D auf Erstattung des Kaufpreises ist § 812 I S. 2 Var. 1 BGB (Leistungskondiktion wegen späteren Wegfalls des Rechtsgrunds).[640] Zunächst bestand ein Rechtsgrund für das Behaltendürfen des Geldes, da zwischen G und D ein wirksamer Kaufvertrag zustande gekommen war. Durch die gegenüber D erklärte Anfechtung könnte G diesen Rechtsgrund aber vernichtet haben. Die Anfechtung stützt sich auf § 123 BGB, da V von D hinsichtlich der Echtheit arglistig getäuscht wurde. Nach § 166 I BGB werden das Wissen – und damit auch **Irrtümer** – des Vertreters dem Geschäftsherrn **zugerechnet**. Dieser wird also so gestellt, als sei er selbst getäuscht worden. G konnte daher (freilich im Rahmen der Frist des § 124 BGB) den Kaufvertrag mit D anfechten.

Weiterführende Hinweise:

**(1)** Selbstverständlich hätte dasselbe gegolten, wenn V einem Irrtum nach § 119 BGB unterlegen wäre. Auch hier hätte G das Rechtsgeschäft anfechten können, da ihm auch hier die von V abgegebene Willenserklärung als eigene zugerechnet worden wäre. Auch V hätte im Namen des G anfechten können, wenn seine Vertretungsmacht auch diese rechtsgeschäftliche Handlung umfasst hätte.

**(2)** Anfechtung der Willenserklärung: Leidet die vom Vertreter gegenüber dem Vertragspartner abgegebene Willenserklärung an einem Mangel, ist jedenfalls der Vertretene berechtigt, die vom Vertreter abgegebene Willenserklärung gegenüber dem Vertragsgegner anzufechten. Denn dadurch, dass er gem. § 164 I S. 1 BGB durch die (mängelbehaftete) Willenserklärung des Stellvertreters gebunden wird, muss ihm auch das Recht zustehen, die vom Vertreter abgegebene Willenserklärung gegenüber dem Vertragspartner anzufechten. Gesetzlich nicht geregelt ist, ob daneben auch der Vertreter anfechtungsberechtigt ist. Das ist jedenfalls dann anzunehmen, wenn Vertretener und Vertreter rechtsgeschäftlich (im Rahmen der Vollmachtserteilung) vereinbart haben, dass auch der Vertreter seine Willenserklärungen soll anfechten können. Besteht eine solche (ausdrückliche oder auch konkludente) Vereinbarung nicht, ist auf die Interessenlage abzustellen.[641]

Die Wissenszurechnung findet aber auch umgekehrt statt, nämlich in der Weise, dass dem Geschäftsherrn auch eine **Bösgläubigkeit** seines Vertreters zugerechnet wird:

645

**Beispiel:** Diesmal bedient sich auch D eines Stellvertreters, des S. Dieser verkauft im Namen des D den nachgebauten Kompass wider besseres Wissen an den gutgläubigen V (der ja im Namen des G handelt und den Kompass für echt hält, s.o.). Wenig später erfährt G jedoch die wahre Sachlage und ficht das Rechtsgeschäft gemäß § 123 BGB an. D wendet ein, dass er nichts von der Täuschung des S gewusst habe.

Auch in diesem Fall ist dem Geschäftsherrn D die Kenntnis des Vertreters S gem. § 166 I BGB zuzurechnen. Insbesondere ist der Vertreter S kein „Dritter" i.S.d. § 123 II BGB. Die

---

[639] Sehr ausführlich zur Wissenszurechnung *Schilken*, in: Staudinger, § 164 Rn 3 ff.
[640] Vgl. dazu ausführlich *R. Schmidt*, SchuldR BT II, Rn 373 ff.
[641] Vgl. dazu ausführlich *Preiß*, JA 2010, 6 ff.

Anfechtung des G ist also berechtigt. D muss den Kaufpreis gem. §§ 812 I S. 2 Var. 1, 818 I oder II BGB zurückzahlen.

**646** Eine Zurechnung ist auch im Falle des **gutgläubigen Erwerbs** (vgl. § 932 BGB) von Belang. Ist zwar der Geschäftsherr gutgläubig, sein Vertreter aber nicht, wird ihm dessen Bösgläubigkeit nach § 166 I BGB zugerechnet, sodass ein gutgläubiger Erwerb ausscheidet.[642]

**Beispiel:** Diesmal ist G an dem antiken Maschinentelegrafen des D interessiert, den dieser zum Verkauf im Internet angeboten hat. Was G jedoch nicht weiß ist, dass D das Stück lediglich von A geliehen hatte. G beauftragt seinen Freund V, für ihn den Maschinentelegrafen zu kaufen. Dieser erfährt von D jedoch die wahre Sachlage. Dennoch kauft er den Telegrafen im Namen des G. A verlangt von G Herausgabe des Telegrafen.

Anspruchsgrundlage des A ist § 985 BGB. Da A den Maschinentelegrafen lediglich an D verliehen hatte, liegt kein „Abhandenkommen" i.S.d. § 935 I BGB vor. Insofern ist A also zunächst Eigentümer geblieben. Sein Eigentum könnte er aber gem. § 932 I BGB an G verloren haben. G war gutgläubig i.S. dieser Vorschrift. Allerdings wusste sein Vertreter V um die wahren Umstände. Wegen § 166 I BGB wird dieses Wissen dem G zugerechnet mit der Folge, dass sich G so behandeln lassen muss, als sei er selbst bösgläubig i.S.d. § 932 II BGB gewesen.

G konnte daher nicht gutgläubig Eigentum erwerben. A ist Eigentümer geblieben und kann den Maschinentelegrafen gem. § 985 BGB herausverlangen.

**647** Schließlich bewirkt § 166 I BGB, dass der Geschäftsherr die ihm zugerechnete Willenserklärung nicht anfechten kann, wenn nur *er* sich, nicht aber sein Vertreter irrte.

**Beispiel**[643]**:** Hotelier H will bei D 500 Gros Toilettenpapier kaufen und glaubt, Gros sei eine Größenbezeichnung für „groß". H schickt seinen Vertreter V, der weiß, dass Gros = ein Dutzend mal ein Dutzend, also 144, bedeutet, zu D. V bestellt trotzdem im Namen des H 500 Gros Toilettenpapier. H will den Kaufvertrag über 72.000 Rollen Toilettenpapier nach § 119 I Var. 1 BGB anfechten.

Hier kann H das Rechtsgeschäft *nicht* anfechten, da V, dessen Wissen allein maßgeblich ist (§ 166 I BGB), keinem Irrtum unterlag. Der Kaufvertrag ist wirksam zustande gekommen.

**648**
> **Fazit:** Über **§ 164 I BGB** werden ***Willenserklärungen*** zugerechnet; über **§ 166 I BGB** hingegen erfolgt eine ***Wissenszurechnung***. So wird dem Vertretenen z.B. Arglist (etwa gem. § 444 BGB) seines Vertreters zugerechnet. Der Vertretene kann sich also nicht auf eigene Redlichkeit berufen, wenn sein Vertreter unredlich war. Mit dieser Wertung trägt das Gesetz dem Verlangen des Verkehrsschutzes Rechnung, dass derjenige, der sich eines Helfers bedient, auch die Verantwortung für dessen Fehlverhalten übernehmen muss. Letztlich geht es um eine Risikozuordnung, die das Gesetz zu Lasten des Geschäftsherrn vornimmt.
>
> Daher wird der dem § 166 BGB zugrunde liegende Rechtsgedanke für eine Wissenszurechnung auch dann herangezogen, wenn die Voraussetzungen einer rechtsgeschäftlichen Vertretung nicht vorliegen, z.B. im Rahmen des § 990 BGB beim Besitzerwerb durch einen bösgläubigen Besitzdiener (zur Definition des Besitzdieners vgl. § 855 BGB) oder bei § 819 I BGB. Auch scheitert ein Eigentumserwerb nach §§ 929, 932 BGB an der Bösgläubigkeit des Vertreters (Zurechnung über § 166 I BGB, s.o.).

**649** Da die Regelung des § 166 I BGB die Gefahr des Missbrauchs des Instituts der Stellvertretung in sich birgt, bestimmt **§ 166 II BGB**, dass sich der Geschäftsherr bezüglich

---

[642] Vgl. auch *Schilken*, in: Staudinger, § 164 Rn 21.
[643] Vgl. LG Hanau NJW 1979, 721.

solcher Umstände, die er selbst kannte oder die er kennen musste, dann nicht auf die Unkenntnis seines Vertreters berufen kann, wenn dieser nach bestimmten Weisungen gehandelt hat.

**Beispiel:** D hat sich von E die Xbox geliehen. Da er knapp bei Kasse ist, will er diese verkaufen. G ist an dem Teil interessiert, weiß aber, dass es dem E gehört. Aus diesem Grund beauftragt der den ahnungslosen V, die Xbox für ihn von D zu kaufen. So geschieht es. Als E die Xbox bei G sieht, verlangt er sie heraus. Mit Recht?

Anspruchsgrundlage ist § 985 BGB. Ursprünglich war E Eigentümer. Sein Eigentum könnte er aber an G verloren haben. Einem Eigentumsverlust steht zwar nicht die Regelung des § 935 I BGB entgegen, da die Xbox nicht „abhandengekommen" ist, allerdings könnte er das Eigentum wegen § 932 I BGB verloren haben. Zwar konnte D dem G nicht das Eigentum nach § 929 S. 1 BGB übereignen, weil er nicht Eigentümer war, möglicherweise hat G aber Eigentum aufgrund der Regelung des § 932 BGB erworben. Zieht man § 166 I BGB heran, wonach es auf die Kenntnis des Stellvertreters ankommt, könnte er in der Tat gutgläubig Eigentum erworben haben. Um aber Missbrauchsfälle der vorliegenden Art auszuschalten, hat der Gesetzgeber in § 166 II BGB bestimmt, dass sich der Geschäftsherr in Ansehung solcher Umstände, die er selbst kannte oder kennen musste, dann nicht auf die Unkenntnis des Vertreters berufen kann, wenn der Vertreter nach seinen Weisungen handelte. Dies ist vorliegend der Fall. G war bösgläubig und ließ den redlichen V die Xbox für sich kaufen. § 166 II BGB verhindert, dass sich G auf die Unkenntnis des V berufen kann. G ist also nicht Eigentümer der Xbox geworden.

Der Herausgabeanspruch des E aus § 985 BGB ist begründet.

## bb. Willensmängel bei der Botenschaft

Von der Wissenszurechnung bei der Stellvertretung unterscheidet sich die Wissenszurechnung bei der Botenschaft grundlegend. Denn dadurch, dass der Bote keine eigene Willenserklärung abgibt, sondern nur die seines Geschäftsherrn übermittelt, kommt es folgerichtig bei der Übermittlung einer Willenserklärung durch einen **Boten** hinsichtlich etwaiger Willensmängel grundsätzlich auf die Person des *Geschäftsherrn* an.

**Beispiel:** Gastronom G will bei D ein Gros Tischgestecke kaufen und glaubt, Gros sei eine Größenbezeichnung. G schickt seinen Boten B, der weiß, dass Gros 144 bedeutet, zu D. B bestellt im Auftrag des G ein Gros Tischgestecke. G will den Kaufvertrag über 144 Tischgestecke nach § 119 I Var. 1 BGB anfechten.

Anders als im entsprechenden Beispiel zur Stellvertretung (Rn 647) fungierte die Mittelsperson hier nur als Bote des G und überbrachte dem D die Willenserklärung des G. Für etwaige Willensmängel kommt es daher nur auf G und nicht auf B an. G kann seine Willenserklärung daher nach § 119 I Var. 1 BGB anfechten, sodass der Kaufvertrag gemäß § 142 I BGB als von Anfang an nichtig anzusehen ist.

Ausnahmsweise ist aber dann auf die Kenntnis des Boten abzustellen, wenn der Willensmangel bei *diesem* vorgelegen hat. So wird bei einem Übermittlungsfehler dem Geschäftsherrn die durch den Boten falsch übermittelte Willenserklärung zugerechnet, wenn der Übermittlungsfehler des Boten **unbewusst** geschah. Dem Geschäftsherrn steht dann das Anfechtungsrecht nach § 120 BGB (mit der Folge des § 122 BGB) zu.

§ 120 BGB ist jedoch **nicht** anwendbar, wenn der Bote die Willenserklärung **bewusst** falsch übermittelt (sog. Pseudobote). Denn in diesem Fall wäre es unbillig, dem Erklärenden die bewusst falsche Übermittlung zwingend zuzurechnen. Zwar ist es richtig, dass der Erklärende auch in diesem Fall die bewusst falsche Übermittlung kausal verursacht hat, jedoch hat er damit dem Boten lediglich einen Anlass zur bewusst falschen Übermittlung gegeben, der unter Zurechnungsgesichtspunkten irrelevant erscheint: Die

„Übermittlung" einer eigenen Willenserklärung des Boten ist gerade keine Folge der Arbeitsteilung mehr, die der Hinzuziehung eines Boten zugrunde liegt, sondern unterscheidet sich im Grunde genommen durch nichts von dem Fall, dass der „Bote" ohne jeden Auftrag des Erklärenden eine angebliche Erklärung desselben überbringt. Der Zurechnung einer solchen Erklärung steht dann entgegen, dass sie in keiner Hinsicht mehr auf dem Willen des Erklärenden, sondern vielmehr allein auf dem selbstständigen Entschluss des Boten beruht. Es ginge zu weit, den Erklärenden auch für eigene Willensentschlüsse seines Boten haften zu lassen, denn mit der bewusst falschen Übermittlung verwirklicht sich aus der Sicht des Erklärungsempfängers nicht das vom Erklärenden geschaffene Risiko einer Falschübermittlung, sondern ein allgemeines Lebensrisiko. Kann somit die vom Boten bewusst falsch übermittelte Willenserklärung dem Erklärenden nicht als eigene Willenserklärung zugerechnet werden kann, stellt sich auch die Frage einer Anfechtung dieser Erklärung nach § 120 BGB nicht. Ganz überwiegend werden stattdessen die Regeln über den Vertreter ohne Vertretungsmacht (§§ 177-180 BGB) angewendet.[644] Das bedeutet, dass die von dem Boten abgegebene Erklärung als Erklärung des Erklärenden bis zur Genehmigung durch den Erklärenden analog § 177 I BGB unwirksam ist (sog. schwebende Unwirksamkeit) und dass der Bote dem Erklärungsempfänger bei Verweigerung der Genehmigung analog § 179 BGB nach dessen Wahl auf Erfüllung oder Schadensersatz haftet. Denkbar sind auch Ansprüche des Erklärungsempfängers gegen den „Erklärenden" aus *culpa in contrahendo* (§§ 280 I, 311 II, 241 II BGB) auf Ersatz des Vertrauensschadens. Vgl. dazu die Ausführungen zur bewusst falschen Übermittlung i.S.d. § 120 BGB bei Rn 1341 f.

## b. Form

**652**   Die Unterscheidung zwischen Stellvertreter und Bote ist aber auch von Bedeutung, wenn die Erklärung **formbedürftig** ist. Da der **Stellvertreter** eine *eigene* Willenserklärung abgibt, muss bei der Stellvertretung die **Willenserklärung des *Vertreters*** der bestimmten Form genügen. Die Vollmachtserteilung im Innenverhältnis ist (bis auf einige Ausnahmen) grundsätzlich **formfrei** (vgl. § 167 II BGB). Dagegen muss bei der **Botenschaft** – da der Bote keine eigene Willenserklärung abgibt – die übermittelte **Willenserklärung des *Geschäftsherrn*** stets die vorgeschriebene Form erfüllen. Aber auch bei der Stellvertretung fordert der BGH hinsichtlich der Bevollmächtigung die Form des Rechtsgeschäfts, derentwegen die Vollmacht erteilt wird, wenn anderenfalls der Zweck der vorgeschriebenen Form unterlaufen würde.

**653**   **Beispiel:** Zur Sicherung eines Darlehens erklärt sich B bereit, für D eine Bürgschaft abzugeben. Da er jedoch etwas im Stress ist, schickt er V vorbei, um die Angelegenheit zu regeln. So geschieht es. V gibt eine schriftliche Erklärung im Namen des B ab.

Gemäß § 766 S. 1 BGB bedarf die durch den Bürgen abgegebene Bürgschaftserklärung zu ihrer Wirksamkeit der Schriftform. B hat keine schriftliche Bürgschaftserklärung abgegeben. Eine solche hat allerdings V abgegeben. Dies könnte genügen, da gem. § 167 II BGB die Vollmachtserteilung nicht der Form bedarf, die für die Wirksamkeit des formbedürftigen Rechtsgeschäfts im Außenverhältnis erforderlich ist. Eine Ausnahme von diesem Grundsatz macht der BGH aber dann, wenn der Schutzzweck der Formbedürftigkeit unterlaufen würde. Das ist jedenfalls bei **Grundstückskaufverträgen** gem. § 311b I BGB der Fall. Würde man hier eine mündliche (oder schriftliche) Beauftragung des Stellvertreters genügen lassen, würden der Sinn und Zweck der notariellen Beurkundung (Aufklärung, Schutz vor Übereilung) in Frage gestellt.[645] Freilich verstößt diese Auffassung gegen den eindeutigen Wortlaut des § 167 II BGB, ist aber aus teleologischen Gründen gerechtfertigt.[646]

---

[644] Vgl. nur *Schilken*, in: Staudinger, § 177 Rn 22.
[645] So BGHZ 125, 218, 219. Vgl. auch *Schilken*, in: Staudinger, § 167 Rn 25.
[646] So nun auch *Weber/Gräf*, JA 2014, 417, 418 f. (Fallbearbeitung).

> Aufgrund der Rechtsprechung des BGH ist zumindest in der Praxis die Vollmachtsertei-
> lung zu einem **Grundstückskaufvertrag** in derselben Weise formbedürftig (notari-
> elle Beurkundung) wie der Grundstückskaufvertrag selbst.

In diesem Sinne hat der BGH auch entgegen § 167 II BGB hinsichtlich der **Bürgschaftserklärung** entschieden.[647] Dies ist in der Sache sicherlich richtig, allerdings ist auch der
BGH nicht befugt, sich über bestehende gesetzliche Regelungen hinwegzusetzen. Letztlich
führt die Auffassung des BGH dazu, dass dem § 167 II BGB praktisch kein Anwendungsbereich verbleibt.

Folgt man dennoch der Auffassung des BGH, ist die Bürgschaftserklärung des V im Namen
des B nicht wirksam erfolgt, gerade weil B den V nur mündlich beauftragt hat.

Fraglich ist, ob etwas anderes gegolten hätte, wenn V zunächst ohne Vollmacht die Bürgschaftserklärung im Namen des B abgegeben hätte, dann aber die Bürgschaft von B mündlich (etwa telefonisch) genehmigt (vgl. §§ 182 ff. BGB) worden wäre. Nach dem Wortlaut
des § 182 II BGB (auch die Genehmigung ist eine Zustimmung, wie sich aus § 184 I BGB
ergibt) ist die Zustimmung zu einem formbedürftigen Geschäft nicht formbedürftig, sodass
vorliegend auch eine telefonische Genehmigung durch B genügen würde. Auch der BGH
entscheidet in diesem Sinne[648] und kommt daher zu folgendem Ergebnis:

⇨ Die Erteilung einer Vollmacht zu einem formbedürftigen Rechtsgeschäft ist entgegen
   § 167 II BGB ebenfalls formbedürftig.

⇨ Dagegen ist die Genehmigung eines formgebundenen Rechtsgeschäfts in Übereinstimmung zu § 182 II BGB formlos möglich.

Wäre V ein *Bote* des B gewesen, hätte er dem D schon von Gesetzes wegen eine notariell
beurkundete Willenserklärung des B überbringen müssen.

Ähnliches gilt bei der **Auflassung** (Einigung des Veräußerers und Erwerbers) gem. § 925    **654**
I S. 1 BGB, die bei gleichzeitiger Anwesenheit vor einer zuständigen Stelle (zumeist dem
Notar) erfolgen muss. Da § 925 BGB keine persönliche Anwesenheit verlangt, können sich
die Vertragsparteien auch vertreten lassen. Dagegen genügt die Anwesenheit eines Boten
nicht, da dieser keine eigene Willenserklärung abgibt, sondern nur die des Geschäftsherrn
übermittelt. Daher fehlt es bei der Anwesenheit nur eines Boten an der Anwesenheit des
Geschäftsherrn i.S.d. § 925 I S. 1 BGB.

## c. Zeitpunkt des Zugangs einer Willenserklärung

Da sich auch auf Empfängerseite der Geschäftsherr sowohl eines Empfangsvertreters    **655**
(vgl. § 164 III BGB) als auch eines Empfangsboten bedienen kann, ist die Abgrenzung
Bote/Stellvertreter auch bei der Frage nach dem Zugang von Willenserklärungen von
Bedeutung. Wird die zu übermittelnde Willenserklärung gegenüber einem **Empfangsvertreter** abgegeben, so geht sie dem Vertretenen in dem Augenblick zu, in dem sie
dem Vertreter zugeht (vgl. § 164 III i.V.m. I BGB). Die Voraussetzungen des Zugangs
müssen nur in der Person des Vertreters vorliegen. Dabei spielt es keine Rolle, ob die
Willenserklärung den Vertretenen tatsächlich erreicht.

Nimmt dagegen ein **Bote** die Willenserklärung für den Geschäftsherrn in Empfang, ge-    **656**
langt sie zwar in dessen räumlichen Herrschaftsbereich, der Zugang beim Geschäftsherrn
erfolgt jedoch erst dann, wenn regelmäßig mit der Weiterleitung der Erklärung an den
Geschäftsherrn zu rechnen war (vgl. Rn 361 und 641).

[647] BGH NJW 1996, 1467, 1469.
[648] Vgl. BGHZ 125, 218, 219; a.A. *Einsele*, DNotZ 1996, 835; *Medicus/Petersen*, AT, Rn 976.

## 3. Weisungswidriges Auftreten des Boten bzw. Bevollmächtigten

**657**  I.d.R. liegt der Botenschaft bzw. der Vollmacht ein Rechtsverhältnis („Grundverhältnis") zugrunde. Das kann insbesondere ein Auftrag, eine Geschäftsbesorgung oder ein Arbeitsvertrag sein. Fehler bzw. Beschränkungen im Grundverhältnis üben grds. keinen Einfluss auf die Vertretungsmacht aus. Das folgt aus dem stellvertretungsrechtlichen Abstraktionsprinzip, wonach Fehler beim Grundverhältnis und bei der Vollmacht grds. unabhängig voneinander zu bewerten sind (dazu Rn 717 f.). Pflichtverletzungen im zwischen Vollmachtgeber und Bevollmächtigtem bestehenden Grundverhältnis üben grds. keinen Einfluss auf die Vertretungsmacht aus und sind im Außenverhältnis mithin grds. unbeachtlich. Es zählt allein die wirksame Bevollmächtigung. Anders ist die Rechtslage, wenn der Bevollmächtigte die ihm zugewiesene Vertretungsmacht überschreitet. Dann wirkt – wie sich aus dem Umkehrschluss aus § 164 I BGB ergibt – das Rechtsgeschäft grds. nicht für und gegen den Vertretenen (dazu Rn 727 f.). Im vorliegenden Zusammenhang geht es indes um die Frage, wie es sich auswirkt, wenn die Mittelsperson abweichend von der ihr im Innenverhältnis zugewiesenen Funktion statt als Vertreter als Bote auftritt oder umgekehrt. Es ist zu unterscheiden:

### a. Handeln innerhalb der Vertretungs- bzw. Botenmacht

**658**  Weicht die Mittelsperson von der ihr vom Geschäftsherrn zugedachten Funktion als Bote bzw. Vertreter ab und bewegt sich dabei <u>innerhalb</u> der ihr zugewiesenen Vertretungs- bzw. Botenmacht, dann findet eine Zurechnung an den Geschäftsherrn statt.

**659**  ▪ **Bote geriert sich als Vertreter:** Tritt der Bote nach außen hin als Vertreter auf (sei es bewusst oder unbewusst), handelt dabei jedoch im Rahmen seiner Botenmacht (d.h. wird bezüglich des Inhalts des Rechtsgeschäfts weisungsgemäß tätig), ist die kundgetane Willenserklärung dennoch als Willenserklärung des Geschäftsherrn anzusehen. Einer Genehmigung gemäß § 177 BGB bedarf es hier nicht.[649]

**660**  ▪ **Vertreter geriert sich als Bote:** Tritt hingegen der Vertreter nach außen hin als Bote auf (sei es bewusst oder unbewusst), handelt dabei jedoch im Rahmen seiner Vertretungsmacht (d.h. wird bezüglich des Inhalts des Rechtsgeschäfts i.S. des Geschäftsherrn tätig), wird die getätigte Erklärung dem Geschäftsherrn **zugerechnet**, wenn sie auch durch die Vertretungsmacht gedeckt wäre. Zwar haben hier eigentlich weder die Mittelsperson noch der Geschäftsherr eine Willenserklärung abgegeben[650], wenn die geäußerte „Willenserklärung" der Mittelsperson aber letztlich das vom Geschäftsherrn gewünschte Rechtsgeschäft zustande bringt, wird es diesem auch einerlei sein, wie der Vertreter das Geschäft zustande gebracht hat.

### b. Handeln außerhalb der Vertretungs- bzw. Botenmacht

**661**  Weicht die Mittelsperson von der ihr vom Geschäftsherrn zugedachten Funktion als Bote bzw. Vertreter ab und bewegt sich dabei <u>außerhalb</u> der ihr zugewiesenen Vertretungs- bzw. Botenmacht, dann findet grundsätzlich **keine** Zurechnung statt.

**662**  ▪ **Bote geriert sich als Vertreter:** Tritt der Bote nach außen als Vertreter auf (sei es bewusst oder unbewusst), handelt dabei jedoch (bewusst oder unbewusst) außerhalb seiner Botenmacht, besteht dieselbe Situation wie bei einem Vertreter ohne Vertretungsmacht. Der Bote haftet nach h.M. gem. §§ 177 ff. BGB analog[651] bzw. direkt[652]. Vgl. dazu ausführlich Rn 879 ff.

---

[649] *Giesen/Hegermann*, Jura 1991, 357, 359; *Medicus/Petersen*, BR, Rn 78.

[650] Der Geschäftsherr hat keine Willenserklärung abgegeben, weil er dies dem Vertreter überlassen wollte, die Mittlungsperson hat keine eigene Erklärung abgegeben, da sie eine vermeintliche Erklärung des Geschäftsherrn übermittelt hat (*Giesen/Hegermann*, Jura 1991, 357, 359; *Medicus/Petersen*, BR, Rn 79).

[651] *Stadler*, AT, § 30 Rn 2 ff.; *Ellenberger*, in: Palandt, Einf v § 164 Rn 11.

[652] *Giesen/Hegermann*, Jura 1991, 357, 359; *Medicus/Petersen*, BR, Rn 78.

**Beispiel:** G ist an dem Motorrad des D interessiert, das dieser zum Kauf anbietet. Hierzu schickt er seinen Boten B zu D, um von diesem ein Angebot i.H.v. 2.000,- € übermitteln zu lassen. Als B bei D das Motorrad sieht, ist er der Auffassung, dass dieses jedoch 3.000,- € wert sei. Weil er ein fairer Mensch ist, erklärt er gegenüber D, dass er das Motorrad im Namen des G für 3.000,- € kaufe. D erklärt sich sofort damit einverstanden.

Hier hat B weisungswidrig nicht die Willenserklärung des G übermittelt, sondern eine eigene abgegeben. Damit hat er nicht nur seine Botenmacht überschritten, sondern ist gegenüber D auch als Vertreter des G aufgetreten. Damit gelten nicht die Grundsätze über den Boten ohne Botenmacht (= analoge Anwendung der §§ 177 ff. BGB), sondern die §§ 177 ff. BGB direkt. Folge ist, dass G nicht gebunden ist, aber die Möglichkeit hat, das (schwebend unwirksame) Geschäft zu genehmigen (§ 177 I BGB). Genehmigt er nicht, wird das Vertretergeschäft endgültig unwirksam. B haftet dann dem D gem. § 179 BGB (direkt oder analog) auf Erfüllung oder Schadensersatz.

▪ **Vertreter geriert sich als Bote:** Tritt der *Vertreter* im Außenverhältnis als *Bote* auf und weicht er dabei **bewusst** von der ihm eingeräumten Vertretungsmacht ab bzw. fehlt eine Beauftragung der als Bote handelnden Person ganz (sog. Pseudobote), wendet die h.M.[653] die §§ 177 ff. BGB analog an.     **663**

**Beispiel:** G ist an dem Motorrad des D interessiert, das dieser zum Kauf anbietet. Hierzu schickt der seinen Stellvertreter V zu D, um durch ihn das Geschäft abwickeln zu lassen. Dabei gibt er dem V lediglich die Vorgabe, dass dieser maximal 2.000,- € bieten solle. Als V bei D das Motorrad sieht, ist er der Auffassung, dass dieses jedoch 3.000,- € wert sei. Weil er ein fairer Mensch ist, erklärt er gegenüber D, dass er diesem von G ausrichten solle, G wolle das Motorrad für 3.000,- € kaufen. D erklärt sich sofort damit einverstanden.

Hier hat V weisungswidrig nicht eine eigene Willenserklärung abgegeben, sondern eine nicht vorhandene des G übermittelt. Damit ist er nach außen hin als Bote des G aufgetreten und hat auch seine Vertretungsmacht überschritten. Daher gelten nicht die Regeln über die Stellvertretung, sondern die Grundsätze über den Boten ohne Botenmacht (dazu Rn 662). Da aber auch hier die Vorschriften der §§ 177 ff. BGB analog herangezogen werden, ergibt sich nicht wirklich ein ergebnisrelevanter Unterschied. G hat auch hier die Möglichkeit, das schwebend unwirksame Geschäft zu genehmigen (§ 177 I BGB analog). Genehmigt er nicht, wird das Vertretergeschäft endgültig unwirksam. V haftet dann dem D gem. § 179 BGB analog auf Erfüllung oder Schadensersatz

Handelt ein *Vertreter* im Außenverhältnis als *Bote*, weicht allerdings **unbewusst** von der ihm eingeräumten Vertretungsmacht ab, wirkt die Übermittlung zunächst, kann aber durch Anfechtung vernichtet werden.[654] Da die Vorschrift des § 120 BGB jedoch nicht auf die vorliegende Konstellation zugeschnitten ist, ist sie analog anzuwenden. Der Vertretene kann also anfechten, ist aber dem Anspruch aus § 122 I BGB (analog) ausgesetzt.     **664**

**Beispiel:** G ist an dem Motorrad des D interessiert, das dieser zum Kauf anbietet. Hierzu schickt der seinen Stellvertreter V zu D, um durch ihn das Geschäft abwickeln zu lassen. Dabei gibt er dem V lediglich die Vorgabe, dass dieser maximal 2.000,- € bieten solle. V missversteht G jedoch. Er glaubt, G habe 2.000,- € lediglich als Verhandlungsbasis genannt. Als V bei D das Motorrad sieht, ist er der Auffassung, dass dieses 3.000,- € wert sei. Weil er ein fairer Mensch ist, erklärt er daher gegenüber D, dass er diesem von G ausrichten solle, G wolle das Motorrad für 3.000,- € kaufen. D erklärt sich sofort damit einverstanden.

Tritt ein *Vertreter* im Außenverhältnis als *Bote* auf und weicht unbewusst von der ihm eingeräumten Vertretungsmacht ab, wendet die h.M. § 120 BGB analog an. G ist daher zunächst an das Rechtsgeschäft gebunden, kann dies aber gem. § 120 BGB analog anfechten. Er ist dann aber dem D ggf. nach § 122 I BGB analog verpflichtet.

---

[653] Statt vieler *Ellenberger*, in: Palandt, § 177 Rn 2; *Wolf/Neuner*, AT, § 41 Rn 40; a.A. *Medicus/Petersen*, BR, Rn 80.
[654] *Wolf/Neuner*, AT, § 41 Rn 40; a.A. *Medicus/Petersen*, BR, Rn 80.

## II. Handeln im fremden Namen (Offenkundigkeitsprinzip)

### 1. Grundsatz: Offenkundiges Handeln im fremden Namen

665 § 164 I BGB verlangt für eine wirksame Stellvertretung nicht nur Vertretungsmacht, sondern auch, dass der Vertreter seine Willenserklärung **erkennbar im Namen des Vertretenen** abgibt. Dieses sog. Offenkundigkeitsprinzip dient in erster Linie dem Schutz des Erklärungsempfängers, der i.d.R. ein Interesse daran hat, zu erfahren, mit wem er kontrahiert.[655] Insbesondere geht es um die Vertrauenswürdigkeit und Zahlungsfähigkeit des Vertragspartners, da sich der Erklärungsempfänger ein genaues Bild über das Risiko der Durchsetzbarkeit seiner Ansprüche auf Zahlung, Gewährleistung etc. machen können soll. Daneben bezweckt das Offenkundigkeitsprinzip durch seine Klarstellungsfunktion bezüglich der Rechtsverhältnisse aber auch den Schutz des Rechtsverkehrs im Allgemeinen.[656]

666 Gemäß **§ 164 I S. 2 Var. 1 BGB** kann der Vertreter **ausdrücklich** im Namen des Vertretenen handeln.

**Beispiel:** V sagt zu D: „Ich kaufe das Fahrrad im Namen des G."

667 Das Gesetz lässt es gem. **§ 164 I S. 2 Var. 2 BGB** aber auch genügen, wenn sich **aus den Umständen** ergibt, dass die Abgabe der Erklärung im Namen des Vertretenen erfolgen soll. Für diese Abgrenzung zwischen Vertreter- und Eigengeschäft gelten die allgemeinen Auslegungsregeln (§§ 133, 157 BGB). Danach ist entscheidend, wie der Erklärungsempfänger das Verhalten des Handelnden unter Berücksichtigung aller Gegebenheiten des Einzelfalls verstehen durfte. Zu berücksichtigen sind dabei alle Umstände, insbesondere früheres Verhalten, Zeit und Ort der Erklärung, die berufliche Stellung der Beteiligten, die Art ihrer Werbung und die erkennbare Interessenlage.[657]

668 **Beispiele[658]:** Ein **Architekt** handelt bei der Beauftragung von Bauunternehmern, Handwerkern und Statikern i.d.R. im Namen des Bauherrn. Der **Bauträger** und **Baubetreuer** handelt dagegen im Zweifel im eigenen Namen. Schließt dieser ausdrücklich im Namen des Bauherrn ab, wird dieser auch dann verpflichtet, wenn er an den Bauträger einen Festpreis gezahlt hat. Auch der **Hausverwalter** handelt beim Abschluss von Mietverträgen im Zweifel für den Eigentümer, auch wenn er dessen Namen nicht nennt. Dagegen kann beim Abschluss eines Werkvertrags auch ein Eigengeschäft vorliegen. Werden im Text eines Mietvertrags beide **Ehegatten als Mieter** aufgeführt, sind im Zweifel beide auch dann als Mieter anzusehen, wenn der Mietvertrag nur von einem Ehegatten unterzeichnet wird (der andere aber sebstverständlich diesen Umstand kannte). Verträge mit **zusammenarbeitenden Rechtsanwälten, Steuerberatern oder Ärzten** kommen im Zweifel mit allen Partnern zustande, auch wenn sie keine Sozietät (aber eine GbR) bilden. Der Vertrag erstreckt sich im Zweifel auch auf später eintretende Partner. Der **Reiseveranstalter**, der wie ein Vertragspartner auftritt, kann nicht unter Hinweis auf seine AGB geltend machen, dass er nur Vermittler sei (§ 651b I S. 2 BGB). Der **Sammelbesteller** will sich im Zweifel nicht selbst verpflichten, sondern ist nur Vertreter oder Bote.

### 2. Unternehmensbezogene Geschäfte

669 Bei **unternehmensbezogenen Geschäften** geht im Zweifel der Wille der Beteiligten dahin, dass nicht der Handelnde, sondern der Betriebsinhaber gebunden sein soll.[659] Das gilt auch für einen Freiberufler, der im Rechtskreis eines Unternehmers handelt. Will der

---

[655] BGH NJW 1998, 1719.
[656] *Schubert*, in: MüKo, § 164 Rn 24.
[657] St. Rspr. seit BGHZ 36, 30, 33; vgl. auch *Ellenberger*, Palandt, § 164 Rn 4; *Schilken*, in: Staudinger, § 164 Rn 1.
[658] Vgl. *Ellenberger*, in: Palandt, § 164 Rn 5 ff. mit den jeweiligen Nachweisen.
[659] BGHZ 62, 216, 220; BGH NJW 1995, 43, 44; NJW 1998, 2897; NJW 2000, 2984; NJW 2008, 1214; NJW 2012, 3368; *Ellenberger*, in: Palandt, § 164 Rn 2; *Schilken*, in: Staudinger, § 164 Rn 1; *Medicus/Petersen*, AT, Rn 917.

Handelnde ausnahmsweise selbst Vertragspartner werden, so muss er ausdrücklich darauf hinweisen.

**Beispiel:** E bringt seinen Wagen in die Reparaturwerkstatt des B. Dort angekommen, wird er vom Angestellten A empfangen, der auch das Auftragsformular ausfüllt und einen Kostenvoranschlag unterbreitet. E unterschreibt sodann den Reparaturauftrag.

Hier ergibt sich aus den (unternehmensbezogenen) Umständen, dass nicht A Vertragspartner des E sein soll, sondern der Inhaber der Werkstatt (Betriebsinhaber). A handelt als Vertreter. Da dies auch E klar ist, bedarf es einer ausdrücklichen Offenkundigkeit beim Beratungsgespräch bzw. bei der Auftragsannahme nicht.

> **Hinweis für die Fallbearbeitung:** Von der für die Offenkundigkeit der Stellvertretung maßgeblichen indiziellen Bedeutung der Unternehmensbezogenheit ist die im Rahmen der Frage nach der Vertretungsmacht wesentliche Vorschrift des **§ 56 HGB** strikt zu trennen. Während die Unternehmensbezogenheit die Frage betrifft, ob ein fremdes Geschäft oder ein Eigengeschäft des Handelnden vorliegt, fingiert § 56 HGB eine Vertretungsmacht des Ladenangestellten. Vgl. dazu Rn 775, 824.

670

## 3. Offenes Geschäft für den, den es angeht

Der Offenkundigkeitsgrundsatz besagt, dass der Vertreter offenlegen muss, dass er das Geschäft für einen anderen und nicht als eigenes führen möchte. Hingegen ist fraglich, ob das Offenkundigkeitsprinzip verlangt, dass der Vertreter den Vertretenen bei Vertragsschluss genau bezeichnen muss. Es sind zwei Konstellationen denkbar:

671

- **Vertretener bleibt gegenüber dem Geschäftspartner (zunächst) unbenannt:** In der ersten Konstellation ist dem Vertreter der Vertretene zwar bekannt, dieser möchte jedoch (noch) nicht namentlich benannt werden oder der Vertreter will diesen (noch) nicht namentlich benennen.

672

**Beispiel:** Der millionenschwere M ist leidenschaftlicher Sammler von antiken Kunstgegenständen. Da er sich der Öffentlichkeit jedoch nicht gerne präsentieren möchte, beauftragt er seit einiger Zeit den V, für ihn entsprechende Exponate zu kaufen. Dabei soll V seinen „Auftraggeber" nicht namentlich benennen. Als eines Tages eine berühmte russische Ikone zum Kauf angeboten wird, tritt V an den Verkäufer D heran und erklärt diesem, er wolle das Stück für einen anderen erwerben, der momentan noch unerkannt bleiben wolle. D ist mit diesem Geschäft einverstanden und schließt mit V einen entsprechenden Kaufvertrag.

Die Privatautonomie lässt es den Parteien unbenommen zu vereinbaren, dass sie wesentliche Punkte des intendierten Vertrags erst später bestimmen. Auch ist in diesen Fällen der Geschäftspartner nicht schutzwürdig, da er nicht gezwungen ist, sich auf ein solches Geschäft einzulassen. Daher wird der Vertrag bereits mit dem Vertragsschluss durch den Vertreter wirksam, auch wenn der Geschäftspartner (vorerst) nicht weiß, wer sein Vertragspartner ist. Soweit der Vertrag problemlos abgewickelt wird, muss die Identität des Vertretenen selbst später nicht offengelegt werden. Es liegt eine **zulässige Stellvertretung unter Offenhaltung der Person des Vertretenen** vor.[660]

Unter bestimmten Voraussetzungen kann der Geschäftspartner jedoch ein berechtigtes Interesse an der Offenlegung haben - etwa wenn er sich im obigen Beispiel darauf eingelassen hat, die Ikone nur gegen eine Anzahlung zu übereignen und der Kaufpreis nicht vollständig bezahlt wird. Nennt der Vertreter trotz Aufforderung des Geschäftspartners, der seinen Zahlungsanspruch gegen den „Hintermann" geltend machen möchte, den Namen des Vertretenen nicht, haftet er selbst nach § 179 BGB analog.[661]

---

[660] BGH JZ 1959, 441, 442; *Leptien*, in: Soergel, vor § 164 Rn 26; *Stadler*, AT, § 30 Rn 8.
[661] BGHZ 129, 136, 149 f.; *Stadler*, AT, § 30 Rn 8.

673 ▪ **Vertretener ist (auch gegenüber dem Vertreter) zunächst noch unbekannt:**
Denkbar ist auch, dass der Vertreter zwar zu erkennen gibt, dass er nicht im eigenen Namen kontrahieren will, gleichzeitig aber auch deutlich macht, dass der von ihm Vertretene, mit dem der Geschäftspartner kontrahieren soll, auch dem Vertreter noch **unbekannt** ist. Er (der Vertreter) werde jedoch eine Vertragspartei finden, die den Geschäftsschluss durch Genehmigung für und gegen sich gelten lassen werde. Nach h.M.[662] ist auch diese Konstellation zulässig, sofern der Vertreter sich verpflichtet, einen Vertragspartner zu bestimmen, der das Geschäft genehmigt. Findet der Vertreter einen Vertretenen, wird das Geschäft mit der Bestimmung des Vertretenen gültig. Kommt der Vertreter seiner Pflicht zur Bestimmung nicht nach, gilt ebenfalls § 179 BGB analog.[663]

**Beispiel:** Diesmal möchte V von D eine Statue kaufen. Dabei macht er deutlich, dass er sie nicht für sich kaufen will, sondern für einen von ihm noch zu benennenden Geschäftsherrn. D ist einverstanden. Übereignung und Übergabe sollen in zwei Wochen stattfinden. Schon nach einer Woche findet V den Interessenten G, der die Statue haben möchte. V teilt dies dem D mit und bittet ihn, die Statue an G zu übereignen.

Auch hier ist das Geschäft gültig, und zwar ab Genehmigung des G.

## 4. Unanfechtbares Eigengeschäft des Vertreters

674 Tritt der Wille, in fremdem Namen zu handeln, nicht erkennbar hervor, kommt der Mangel des Willens, im eigenen Namen zu handeln, nicht in Betracht (§ 164 II BGB). Folge dieser Regelung ist zweierlei: Zunächst ordnet sie an, dass der Vertreter selbst aus dem Geschäft berechtigt und verpflichtet (also Vertragspartner des Geschäftsgegners) wird, auch wenn er (innerlich) für den Geschäftsherrn handeln will. Es liegt ein **Eigengeschäft des Vertreters** vor. Aus Gründen des Verkehrsschutzes versagt § 164 II BGB zudem dem Vertreter, seine Willenserklärung mit der Begründung anzufechten, er habe die Erklärung nicht für sich selbst, sondern für einen anderen abgeben wollen. **Der „Vertreter" ist Vertragspartner.**

**Beispiel:** V wird von G bevollmächtigt, in dessen Namen einen nautischen Kompass zu kaufen. Im Geschäft des D kauft er einen Kompass, versäumt es aber, dabei die Stellvertretung offenzulegen. D geht davon aus, mit V zu kontrahieren.

Hier ist wegen § 164 II BGB ein Kaufvertrag zwischen D und V zustande gekommen. V (nicht G) ist also Vertragspartner des D. V kann auch nicht (gem. § 119 I Var. 2 BGB) seine Vertragserklärung mit der Begründung anfechten, er habe gar nicht für sich handeln wollen. § 164 II BGB versagt diese Möglichkeit zugunsten des Verkehrsschutzes.

Freilich schließt dies nicht aus, dass der „Vertreter" das Geschäft mit dem Dritten aus Gründen anfechten kann, die mit dem Fehler bei der Stellvertretung nichts zu tun haben (vgl. dazu Rn 1287a).

## 5. Vertreter handelt äußerlich im fremden Namen, innerlich jedoch für sich

675 Fraglich ist, ob § 164 II BGB (und die damit verbundene Versagung der Anfechtungsmöglichkeit) auch für den **umgekehrten Fall** gilt, nämlich, dass der Vertreter zwar nach außen hin im fremden Namen handelt, (innerlich) jedoch im eigenen Namen handeln will.

676 **Beispiel:** G sammelt leidenschaftlich maritime Antiquitäten. Als er erfährt, dass beim Trödler D ein nautisches Fernrohr eingetroffen ist, ruft er bei diesem an und sagt, er wolle seinen Mitarbeiter V vorbeischicken, damit dieser das Fernrohr für ihn kaufe. Als V bei D

---

[662] Vgl. nur BGH NJW 1998, 62, 63; 1989, 164, 166; *Medicus/Petersen*, AT, Rn 916.
[663] BGHZ 129, 136, 149; *Ellenberger*, in: Palandt, § 177 Rn 2.

ankommt, stellt er fest, dass sich das Fernrohr auch ganz gut im eigenen Wohnzimmer machen würde. Kurzerhand beschließt er, das Teil für sich zu kaufen. Er erklärt daher dem D, dass er das Fernrohr kaufe. Ist zwischen G und D ein Kaufvertrag zustande gekommen?

Zwischen G und D könnte ein Kaufvertrag über das Fernrohr zustande gekommen sein. Allerdings hat G nicht selbst gehandelt. Gleichwohl ist er Vertragspartner des D, wenn das Handeln des V dem G zugerechnet wird. In Betracht kommt eine Zurechnung gem. § 164 BGB. V hätte eine eigene Willenserklärung im Namen des G abgegeben und mit Vertretungsmacht gehandelt haben müssen.

V gab eine eigene Willenserklärung ab. Fraglich ist jedoch, ob er auch im fremden Namen gehandelt hat.

Für die Abgrenzung zwischen Vertreter- und Eigengeschäft gelten die allgemeinen Auslegungsregeln (§§ 133, 157 BGB). Entscheidend ist daher, wie der Erklärungsempfänger (hier: D) das Verhalten des Handelnden (hier: V) unter Berücksichtigung der Gegebenheiten des Einzelfalls verstehen durfte. Vor dem Hintergrund, dass G dem D das Kommen des V ankündigte, musste D nach den Gesamtumständen davon ausgehen, dass V das Fernrohr für G kaufen wollte. V hat daher im fremden Namen gehandelt. Der gegenteilige, nicht zum Ausdruck gekommene Wille ist (zumindest zunächst) allein schon wegen § 116 S. 1 BGB unbeachtlich.

V müsste aber auch mit Vertretungsmacht gehandelt haben. Mit der Beauftragung zum Erwerb des Fernrohrs bevollmächtigte G den V, den Kaufvertrag für ihn mit D abzuschließen (sog. Innenvollmacht, § 167 I Var. 1 BGB). Mit dem Anruf bei D tat er diesem gegenüber die Vollmacht des V kund (§ 171 I Var. 1 BGB) – sog. nach außen kundgetane Innenvollmacht. V handelte insgesamt also mit Vertretungsmacht, sodass ein Kaufvertrag zwischen D und G, vertreten durch V, zustande gekommen ist.

Fraglich ist aber, ob V zur Anfechtung gemäß § 119 I BGB berechtigt ist, da er (subjektiv) im *eigenen* Namen handeln wollte.[664]

⇨ Teilweise[665] wird vertreten, dass es sich in dieser Konstellation um eine irrtümlich abgegebene Willenserklärung handele, die **anfechtbar** sei. § 164 II BGB behandele einen Ausnahmefall und sei daher nicht analogiefähig.

⇨ Dagegen bejaht die h.M.[666] die analoge Anwendung mit Blick auf die gleiche Interessenlage. Wie auch sonst gelte nicht das subjektiv Gewollte, sondern das objektiv Erklärte. Aus dem Umkehrschluss aus § 164 II BGB ergebe sich, dass der Wille, im eigenen Namen zu handeln, ebenso wie der Wille, im Namen eines anderen zu handeln, unbeachtlich sei, sofern dies nach außen hin nicht zum Ausdruck komme. Daher könne der Vertreter, der ein eigenes Rechtsgeschäft tätigen wolle, nach außen hin aber wie ein Vertreter aufgetreten sei, seine Erklärung **nicht anfechten**.

Der h.M. ist zuzustimmen. Insbesondere fehlt es an der Schutzbedürftigkeit des Vertreters. Dieser könnte zwar der Gefahr ausgesetzt sein, nach § 179 BGB zu haften, andererseits dient die Vorschrift des § 164 II BGB aber der Rechtssicherheit und gibt dieser den Vorrang vor dem nicht zum Ausdruck gekommenen Willen des Vertreters. Nach § 164 II BGB ist der Vertreter dann selbst Vertragspartner und zur Erfüllung verpflichtet, wenn er seinen Willen, im fremden Namen zu handeln, nicht ausreichend zum Ausdruck bringt. Vor dem Hintergrund der Rechtssicherheit und dem Schutz des Geschäftsgegners kann daher auch im umgekehrten Fall nichts anderes gelten. So entspricht es auch der Wertung des § 179 BGB, dass der Vertreter, wenn er ohne Vertretungsmacht gehandelt hat, auch auf Erfüllung bzw. Schadensersatz haftet. Im Ergebnis ist daher mit der h.M. analog § 164 II BGB dem Vertreter auch dann das Anfechtungsrecht zu versagen, wenn dieser zwar äußerlich im fremden Namen, innerlich jedoch für sich handelt.

---

[664] Eine Anfechtung würde für V deshalb Sinn machen, weil er mit ihr das zunächst zwischen G und D zustande gekommene Rechtsgeschäft vernichten und dadurch doch noch (durch separates Rechtsgeschäft) das Fernrohr bekommen könnte.
[665] *Lieb*, JuS 1967, 106, 112 Fn 63; *Flume*, AT II, § 44 III; *Brox/Walker*, JA 1980, 449, 454.
[666] BGHZ 36, 30, 33; BGH NJW-RR 1992, 1010, 1011; *Ellenberger*, in: Palandt, § 164 Rn 16.

> **Fazit:** Nach der vorzugswürdigen Auffassung der Rechtsprechung und einem Teil der Literatur ergibt der Umkehrschluss aus § 164 II BGB, dass der Wille, im eigenen Namen zu handeln ebenso, wie der Wille, im Namen eines anderen zu handeln, unbeachtlich ist, sofern dieser nach außen hin nicht zum Ausdruck kommt. Daher kann der Vertreter, der ein eigenes Rechtsgeschäft tätigen wollte, nach außen hin aber wie ein Vertreter auftrat, wegen § 164 II BGB analog seine Erklärung **nicht anfechten**. Wie bereits gesagt, schließt dies freilich nicht aus, dass der „Vertreter" das Geschäft mit dem Dritten aus Gründen anfechten kann, die mit dem Fehler bei der Stellvertretung nichts zu tun haben (vgl. dazu Rn 1287a).

Im vorliegenden Fall berührt daher auch der entgegenstehende Wille des V die Wirksamkeit des Kaufvertrags zwischen D und G nicht. V kann nicht anfechten.

## 6. Ausnahmen vom Offenkundigkeitsprinzip

**677**    Entgegen § 164 I, II BGB kann in Ausnahmefällen von den Folgen einer Missachtung des Offenkundigkeitsprinzips abgesehen werden, wenn für den Geschäftsgegner kein schutzwürdiges Interesse an der Offenlegung der Vertretung besteht. Das ist in zwei Fällen anerkannt[667]:

- beim **verdeckten Geschäft für den, den es angeht**, und
- beim **Handeln unter fremdem Namen (Identitätstäuschung)**.

## a. Verdecktes Geschäft für den, den es angeht

**678**    Von einem **verdeckten Geschäft für den, den es angeht**, wird gesprochen, wenn der Erklärende zwar für den Vertretenen handeln möchte, dies jedoch nicht deutlich macht und dem Geschäftsgegner die Person des Vertragspartners **gleichgültig** ist. Hauptfall sind **Bargeschäfte des täglichen Lebens**. Hier kommt nach h.M. das Geschäft auch ohne Offenlegung der Stellvertretung unmittelbar zwischen dem Geschäftspartner und dem Vertretenen zustande.[668]

**679**    **Beispiel:** A und B wohnen zusammen in einer WG. Als A im Supermarkt Besorgungen machen möchte, bittet B ihn, ihm eine Tüte Chips mitzubringen. Das Geld gibt er ihm gleich mit. A kauft im Supermarkt des D – ohne an der Kasse zu sagen, dass die Tüte Chips für B bestimmt sei – u.a. eine Tüte Chips. Ist hier ein Kaufvertrag zwischen B und D über eine Tüte Chips zustande gekommen? Wer ist Eigentümer der Chips?

Hier hat B selbst keine Willenserklärung abgegeben. Eine solche hat aber A abgegeben. Ein Vertrag zwischen B und D ist also nur dann zustande gekommen, wenn die Erklärung des A dem B zugerechnet werden kann. In Betracht kommt eine Zurechnung über § 164 I BGB. Diese setzt dreierlei voraus: Abgabe einer eigenen Willenserklärung des Handelnden, Handeln im fremden Namen und Bestehen einer Vertretungsmacht. Vorliegend ist allein das Handeln im fremden Namen fraglich, da A nicht offenkundig gemacht hat, dass er die Tüte Chips für B kaufte. Da aber unterstellt werden kann, dass es dem D letztlich gleichgültig ist, wer sein Vertragspartner wird, solange er nur (sofort) die Gegenleistung (den Kaufpreis) erhält und nicht gegen geltendes Recht verstößt, ist in teleologischer Reduktion des § 164 I, II BGB die fehlende Offenkundigkeit hier unschädlich. Entgegenstehende Anhaltspunkte, wie wirtschaftliche Bedeutung des Vertrags[669], sind nicht ersichtlich. Es liegt ein „Geschäft für den, den es angeht" vor. Damit ist B Vertragspartner des D.[670]

---

[667] Der Sonderfall des § 1357 BGB, bei dem unklar ist, ob er einen Fall der echten Stellvertretung darstellt, soll wegen des Sachzusammenhangs erst im Rahmen der Vertretungsmacht erläutert werden, vgl. dazu Rn 692 ff.

[668] Vgl. BGHZ 114, 74, 79; BGH NJW-RR 2003, 921 ff.; OLG Celle ZGS 2007, 79; *Schubert*, in: MüKo, § 164 Rn 127-135; *Ellenberger*, in: Palandt, § 164 Rn 8; *Stadler*, AT, § 30 Rn 7; *Boecken*, AT, Rn 617; *Petersen*, Jura 2010, 187, 188.

[669] BGH NJW-RR 2003, 921 ff.; OLG Celle ZGS 2007, 79 (Autokauf).

[670] Vgl. auch BGHZ 114, 74, 80; 154, 276, 279; *Schubert*, in: MüKo, § 164 Rn 127; *Ellenberger*, in: Palandt, § 164 Rn 8; *Brox/Walker*, AT, Rn 526; *Boecken*, AT, Rn 617; a.A. *Baur/Stürner*, SachenR, § 51 Rn 43 (keine Durchbrechung des Offenkundigkeitsprinzips, sondern Eigenschaft des „Vertreters", § 164 II BGB).

Fraglich ist schließlich, wann B **Eigentum** an der Tüte Chips erwirbt. Der rechtsgeschäftliche Eigentumserwerb an beweglichen Sachen richtet sich nach § 929 S. 1 BGB. Danach sind eine dingliche Einigung darüber, dass das Eigentum der Sache übergehen soll, und die Übergabe der Sache erforderlich. Da die dingliche Einigung nach § 929 S. 1 BGB auch ein Rechtsgeschäft darstellt und daher entsprechende Willenserklärungen der Parteien voraussetzt, sind folgerichtig auch die Regeln über die Stellvertretung anwendbar. Die Einigung erfolgte vorliegend also zwischen B und D, wobei B von A vertreten wurde. Insbesondere steht dem nicht das Offenkundigkeitsprinzip entgegen, da es dem Verkäufer bei Bargeschäften des täglichen Lebens (jedenfalls nach Erhalt der Gegenleistung) regelmäßig gleichgültig ist, wer das Eigentum an der Kaufsache erwirbt[671].

Hinsichtlich der Übergabe der Tüte Chips an A ist zwar zu beachten, dass – da hier gerade kein Rechtsgeschäft, sondern ein Realakt vorliegt – die Regeln der Stellvertretung nicht anwendbar sind, allerdings erlangt der Vertretene nach § 868 BGB **mittelbaren Besitz**. Man spricht hier von einem **Besitzmittlungsverhältnis**.

Kritik: Der Grundsatz, dass bei Bargeschäften des täglichen Lebens ein „Geschäft für den, den es angeht" vorliegt mit der Folge, dass der „Hintermann" Vertragspartner des Geschäftsgegners wird, mag zwar im Prinzip eine juristisch und wirtschaftlich angemessene Lösung sein, diese stößt aber an ihre Grenzen, wenn es um Waren geht, die der Geschäftsgegner bei Kenntnis der Person des Vertragspartners wohl nicht an diesen verkaufen würde. Das betrifft insbesondere Waren, deren Verkauf an Minderjährige verboten oder zumindest eingeschränkt ist (Tabakwaren, alkoholhaltige Getränke etc.).

---

**Fazit:** Das *verdeckte* Geschäft für den, den es angeht, wirkt trotz fehlender Offenkundigkeit grds. **für und gegen den ungenannten Geschäftsherrn**. Die Ausnahme vom Offenkundigkeitsprinzip wird damit gerechtfertigt, dass es bei Geschäften des täglichen Lebens dem Geschäftsgegner grds. nicht auf die Person des Geschäftspartners ankommt, sofern das Geschäft (durch Barzahlung) gleich erfüllt wird.

680

---

## b. Handeln unter fremdem Namen

Vom Handeln im fremden Namen strikt zu unterscheiden ist das Handeln *unter* fremdem Namen. Bei diesem bedient sich der Handelnde des Namens einer anderen existierenden Person oder auch eines erfundenen Namens, um seine Identität nicht zu offenbaren. Er tritt also nicht *für* einen anderen, sondern *als* ein anderer auf. Hinsichtlich der Rechtsfolge ist zu differenzieren[672]:

681

### aa. Die Namenstäuschung (Eigengeschäft des Handelnden)

Ist die Identität des Handelnden für den Geschäftsgegner unerheblich und will er mit der Person, die „vor ihm steht", unabhängig von ihrem Namen den Vertrag schließen, handelt es sich um eine sog. **Namenstäuschung**, d.h. ein **Handeln unter falscher Namensangabe**. In diesen Fällen wird der Handelnde selbst Vertragspartei. Es liegt ein **Eigengeschäft** des Handelnden vor.[673]

682

Gemeint sind hier die Geschäfte, bei denen der Handelnde z.B. unter einem Fantasie- oder Allerweltsnamen auftritt und die Identität nach der Art des Geschäfts (zumeist Bargeschäfte) für den Abschluss und die Durchführung des Vertrags keine Rolle spielen. In diesen Fällen will der Geschäftsgegner i.d.R. mit dem ihm Gegenüberstehenden kontrahieren und unterliegt diesbezüglich auch keiner Identitätstäuschung. Er würde mit dem Handelnden also auch dann kontrahieren, wenn er wüsste, dass er nicht X, sondern Y heißt. Die Vorschriften der §§ 164 ff., 177, 179 BGB sind hier nicht anwendbar. Der wirkliche Namensträger - sofern es ihn

683

---

[671] Vgl. dazu auch BGHZ 154, 276, 279.
[672] BGHZ 45, 193, 195; OLG Düsseldorf NJW 1989, 906; OLG München NJW 2004, 1328 f.; *Ellenberger*, in: Palandt, § 164 Rn 10; *Brox/Walker*, AT, Rn 528.
[673] Vgl. BGH NJW-RR 1988, 814, 815; *Ellenberger*, in: Palandt, § 164 Rn 12; *Saenger/Scheuch*, JA 2013, 494, 495.

überhaupt gibt - kann das Geschäft daher auch nicht wie bei § 177 BGB durch eine Genehmigung an sich ziehen.[674]

**Beispiel:** Die verheiratete Vorstandsvorsitzende A möchte mit ihrem Praktikanten ungestört ein paar schöne Stunden verbringen. Zu diesem Zweck steigen die beiden im „Parkhotel" ab. Um „keine Spuren zu hinterlassen", stellt sich A an der Rezeption als „Frau Müller" vor und zahlt das Zimmer in bar.

Hier wird es dem Inhaber des Hotels bzw. dem Rezeptionisten eher nicht auf die Identität des Handelnden ankommen. Man will mit der Person, die vor einem steht, und die sofort die Gegenleistung erbringt (Zahlung des Zimmers), einen Vertrag schließen. Der falsche Name ist unerheblich. Daher kommt auch vorliegend ein Vertrag zwischen dem Hotelinhaber und A zustande.

### bb. Die Identitätstäuschung (ggf. Geschäft des Namensträgers)

**684**  Kommt es dem Dritten dagegen sehr wohl auf die Identität des Geschäftspartners an, würde er also nicht mit dem Handelnden kontrahieren, wenn er wüsste, dass dieser nicht derjenige ist, für den er sich ausgibt, liegt ein Fall der sog. **Identitätstäuschung** vor. In diesem Fall wird das Handeln unter fremdem Namen wie das Handeln im fremden Namen behandelt, allerdings unter analoger Anwendung der §§ 164 ff. BGB.[675] Es kommt also ein **Geschäft zwischen dem Erklärungsempfänger und dem Namensträger** (nicht dem Handelnden!) zustande, sofern die Voraussetzungen einer Zurechnung (auch unter den Aspekten einer Rechtsscheinvollmacht) gegeben sind. Kann eine Zurechnung nicht erfolgen, ist das (Vertreter-)Geschäft schwebend unwirksam. Ob dieses schwebend unwirksame Geschäft „geheilt" wird, hängt von der Genehmigung des „Vertretenen" analog §§ 177 I, 184 I BGB ab. Verweigert dieser die Genehmigung, haftet der Handelnde bei Bösgläubigkeit dem Geschäftsgegner persönlich wie ein Vertreter ohne Vertretungsmacht analog § 179 I BGB nach dessen Wahl auf Erfüllung oder Schadensersatz; anderenfalls auf Ersatz des Vertrauensschadens, § 179 II BGB.[676]

**Beispiel:** Der kleinkriminelle K ist Gast im Hotel „Vierjahreszeiten". Als er im hoteleigenen Restaurant speist, hört er, wie der Gast des Nachbartisches zum Ober sagt, dieser könne die Rechnung für das Essen auf die Hotelrechnung setzen, sein Name sei Deumeland. Daraufhin geht K zielstrebig in die hoteleigene Boutique, kauft dort einen Armani-Anzug und gibt sich gegenüber dem dort tätigen Hotelangestellten H als Herr Deumeland aus, dessen Hotelrechnung mit dem Anzug belastet werden solle. Als D am nächsten Morgen abreisen und die Hotelrechnung begleichen möchte, fällt der Schwindel auf. D ist empört. Muss er den Anzug bezahlen?

Ein Anspruch des Hotelinhabers gegen D auf Zahlung des Kaufpreises gemäß § 433 II BGB setzt einen wirksamen Vertragsschluss zwischen den beiden voraus. D hat selbst keine Willenserklärung abgegeben. Eine solche hat aber K abgegeben. Fraglich ist daher, ob D das Verhalten des K über § 164 BGB zugerechnet werden kann.

K gab eine eigene Willenserklärung ab. Dies müsste er aber auch *im* fremden Namen getan haben. K handelte aber nicht *in*, sondern *unter* fremdem Namen, sodass das Offenkundigkeitsprinzip nicht gewahrt ist. Es könnte aber ein Fall der sog. Identitätstäuschung vorliegen, sodass eine analoge Anwendung der §§ 164 ff. BGB möglich ist.

Vorliegend kam es dem H als Vertreter des Hotelinhabers entscheidend darauf an, im Namen des Hotels mit D zu kontrahieren, da insbesondere keine Barzahlung, sondern eine (spätere) Belastung der Zimmerrechnung erfolgen sollte. Hätte H gewusst, dass K nicht D war, hätte er den Vertrag nicht geschlossen. Es liegt also eine sog. Identitätstäuschung

---

[674] *Medicus/Petersen*, AT, Rn 907; *Ellenberger*, in: Palandt, § 164 Rn 11; *Leptien*, in: Soergel, § 164 Rn 23.

[675] BGHZ 45, 193, 195; 111, 334, 338; OLG München NJW 2004, 1328 f.; *Medicus/Petersen*, AT, Rn 908. Vgl. auch BGH NJW 2011, 2421 f. für den Fall, dass ein Dritter unbefugt einen eBay-Account benutzt und unter dem eBay-Namen des Account-Inhabers kontrahiert (dazu auch *Faust*, JuS 2011, 1027; *Saenger/Scheuch*, JA 2013, 494, 495) – unten Rn 685.

[676] Wie hier nunmehr auch BGH NJW 2011, 2421 f.

vor mit der Folge der analogen Anwendung der §§ 164 ff. BGB. Das Handeln unter fremdem Namen wird in diesem Fall dem Handeln in fremdem Namen gleichgestellt.

Damit D aus dem Geschäft verpflichtet wird, müsste K aber auch mit Vertretungsmacht gehandelt haben. Diese ist nach dem Sachverhalt nicht gegeben. Auch von der Möglichkeit der Genehmigung analog § 177 I BGB will D offensichtlich keinen Gebrauch machen. Das (zunächst schwebend unwirksame) Vertretergeschäft ist also endgültig unwirksam.

Ergebnis: Ein Anspruch des Hotelinhabers gegen Herrn Deumeland auf Zahlung des Kaufpreises für den Anzug aus § 433 II BGB ist daher nicht gegeben.

K haftet aber dem Hotelinhaber analog § 179 I BGB entweder auf Erfüllung oder Schadensersatz.

## cc. Unbefugte Nutzung eines fremden „eBay-Mitgliedskontos"

Gelegentlich kommt es vor, dass jemand unbefugt den (passwortgesicherten) eBay-Account eines anderen nutzt, um Rechtsgeschäfte abzuschließen. Hier stellt sich die Frage, wer Vertragspartner wird.

**685**

> **Beispiel:** Violetta ist seit vielen Jahren Freundin der Gunda, die eine Modeboutique betreibt und auch Konfektionsware über die Internetplattform eBay verkauft. V weiß, dass G ihren eBay-Account mit dem eBay-Mitgliedsnamen „Fantasia" unterhält. Auch kennt sie zufällig das Passwort. Nachdem sich die beiden Damen überworfen haben, nutzt V den eBay-Mitgliedsnamen der G und stellt eine Designer-Lederjacke der G ein. Ottokar erhält als Höchstbietender den Zuschlag. G hat davon keine Kenntnis. Liegt hier ein Kaufvertrag vor und wenn ja, zwischen wem?

Ein Kaufvertrag könnte zwischen G und O vorliegen, da O einen Vertrag mit einem Nutzer namens „Fantasia" geschlossen hat und dieser Mitgliedsname der G zugeordnet ist.

Jedoch hat G nicht selbst gehandelt. Fraglich ist daher, ob das Handeln der V der G zugerechnet werden kann. In Betracht kommt eine Zurechnung gem. § 164 I S. 1 BGB. Die §§ 164 ff. BGB greifen jedoch von vornherein nicht im Fall einer sog. **Namenstäuschung**, d.h. bei einem Handeln unter falscher Namensangabe, wenn der Handelnde in Wahrheit für sich selbst handeln möchte, dabei lediglich einen Allerwelts- oder Phantasienamen benutzt, um seine wahre Identität zu verbergen. Zwar hat V einen Phantasienamen benutzt, sie wollte jedoch nicht für sich selbst handeln. Außerdem muss davon ausgegangen werden, dass es O gerade auf die wahre Identität des Verkäufers ankommt. Denn gerade bei Rechtsgeschäften im Internet als anonymes Massenmedium ist die Kenntnis der wahren Identität des Vertragspartners in aller Regel wichtig. Jede Partei möchte wissen, an wen sie das Erfüllungsbegehren richten und etwaige Ansprüche wegen Sachmängel geltend machen kann.

Kommt es dem Dritten also auf die Identität des Geschäftspartners an und würde er nicht mit dem Handelnden kontrahieren, wenn er wüsste, dass dieser nicht derjenige ist, für den er sich ausgibt, liegt ein Fall der sog. **Identitätstäuschung** vor, wonach das Handeln unter fremdem Namen wie das Handeln im fremden Namen behandelt wird, allerdings unter analoger Anwendung der §§ 164 ff. BGB.

Es müssten daher die Voraussetzungen der Stellvertretung vorliegen. Eine Vollmacht liegt explizit nicht vor. Möglicherweise muss G aber nach den Grundsätzen der **Duldungs- oder Anscheinsvollmacht** für die unter Verwendung ihres passwortgeschützten Mitgliedskontos abgegebene Erklärung der V einstehen. Zwar hat O sicherlich auf das Zustandekommen eines Vertrags mit G vertraut, jedoch hat G es weder wissentlich geschehen lassen, dass V für sie wie eine Vertreterin auftritt, noch hätte sie das Handeln der V bei pflichtgemäßer Sorgfalt erkennen und verhindern können.[677]

Fraglich ist jedoch, ob sich G die von V unter Nutzung ihres eBay-Kontos abgegebenen

---

[677] Zur Duldungsvollmacht vgl. Rn 826 ff. und zur Anscheinsvollmacht vgl. Rn 837 ff.

Erklärungen deswegen zurechnen lassen muss, weil sie keine ausreichenden Sicherheitsvorkehrungen gegen einen Zugriff der V auf die maßgeblichen Kontodaten getroffen hat.

Im Bereich des gewerblichen Rechtsschutzes und Urheberrechts hat der BGH eine unsorgfältige Verwahrung der Kontaktdaten eines eBay-Mitgliedskontos als eigenständigen Zurechnungsgrund für von einem Ehegatten unter Verwendung dieses Kontos begangene Urheberrechts- und/oder Markenrechtsverletzungen und Wettbewerbsverstöße genügen lassen.[678] Nach Auffassung des BGH lassen sich diese zur deliktischen Haftung entwickelten Grundsätze jedoch nicht auf die Zurechnung einer unter unbefugter Nutzung eines Mitgliedskontos von einem Dritten abgegebenen rechtsgeschäftlichen Erklärung übertragen. Denn während im Deliktsrecht der Schutz absoluter Rechte Vorrang vor den Interessen des Schädigers genieße, sei bei der Abgabe von auf den Abschluss eines Vertrags gerichteten Erklärungen eine Zurechnung nur dann gerechtfertigt, wenn die Interessen des Geschäftspartners schutzwürdiger seien als die eigenen.[679] Dies sei nicht schon allein deswegen der Fall, weil der Kontoinhaber bei eBay ein passwortgeschütztes Mitgliedskonto eingerichtet und sich den Betreibern dieser Plattform zur Geheimhaltung der Zugangsdaten verpflichtet habe. Denn das Stellvertreterrecht des BGB weise das Risiko einer fehlenden Vertretungsmacht des Handelnden grds. dem Geschäftsgegner und nicht demjenigen zu, in oder unter dessen Namen jemand als Vertreter oder scheinbarer Namensträger auftrete. Etwas anderes gelte nur dann, wenn der Geschäftsgegner annehmen durfte, der „Vertretene" kenne und billige das Verhalten des Dritten. Nur dann verdiene ein vom „Vertretenen" oder Namensträger möglicherweise schuldhaft mitverursachter Rechtsschein im Rechtsverkehr in der Weise Schutz, dass das Handeln des Dritten dem „Vertretenen" zugerechnet werde. Ein solcher Vertrauenstatbestand lasse sich vorliegend jedoch nicht begründen.[680]

Schließlich ist zu prüfen, ob sich eine Zurechnung des Verhaltens der V über die Allgemeinen Geschäftsbedingungen von eBay begründen lässt. Denn die AGB sehen vor, dass Mitglieder grundsätzlich für „sämtliche Aktivitäten" haften, die unter Verwendung ihres Mitgliedskontos vorgenommen werden. Da diese AGB jedoch jeweils nur zwischen eBay und dem Inhaber eines Mitgliedskontos vereinbart sind, kommt ihnen keine unmittelbare Geltung zwischen Anbieter und Bieter zu.[681]

Im Ergebnis findet daher keine Zurechnung statt. Macht G von der Möglichkeit der Genehmigung analog §§ 177 I, 184 I BGB keinen Gebrauch, haftet V dem O persönlich wie ein Vertreter ohne Vertretungsmacht analog § 179 I BGB.

## III. Vertretungsmacht

**686** Damit die Rechtsfolgen des „Vertretergeschäfts" beim Geschäftsherrn eintreten, muss der Vertreter nicht nur eine **eigene Willenserklärung** abgegeben und das **Offenkundigkeitsprinzip** gewahrt, sondern gem. § 164 I S. 1 BGB auch mit **Vertretungsmacht** gehandelt haben.

**687** **Vertretungsmacht** ist die Befugnis, einen anderen wirksam zu vertreten und für ihn mit verbindlicher Wirkung Willenserklärungen abzugeben oder entgegenzunehmen.

---

[678] Vgl. BGHZ 180, 134 ff. (Halzband - Zur Haftung des Inhabers eines eBay-Mitgliedskontos für durch Dritte über sein Mitgliedskonto begangene Schutzrechtsverletzungen und Wettbewerbsverstöße); BGHZ 185, 330 ff. („Sommer unseres Lebens" - Zur Störerhaftung des Betreibers eines privaten WLAN-Netzwerkes für Urheberrechtsverletzungen Dritter; hier: im Rahmen sog. Internettauschbörsen).
[679] BGH NJW 2011, 2421 f. – dazu *Borges*, NJW 2011, 2400 ff.
[680] BGH NJW 2011, 2421 f.
[681] Auf die hier ebenfalls nicht gegebene Möglichkeit der Annahme eines Vertrags zugunsten Dritter (§ 328 BGB) soll hier ebenso wenig eingegangen werden wie auf die Möglichkeit der Haftung der G aus §§ 280 I, 241 II, 311 II BGB (culpa in contrahendo).

Die Vertretungsmacht liegt vor, wenn der Vertreter entweder **kraft Gesetzes** zur Vor-    **688**
nahme des Rechtsgeschäfts befugt ist oder wenn der Vertretene dem Vertreter **rechts-geschäftlich** eine entsprechende Vertretungsmacht eingeräumt hat. In diesem Fall
spricht man von **Vollmacht** (vgl. die Legaldefinition in **§ 166 II S. 1 BGB**).

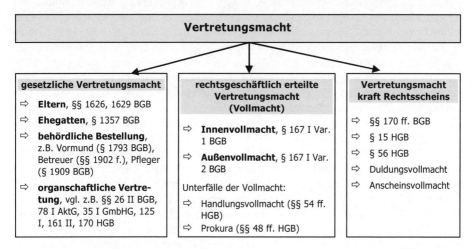

Anmerkung: Streng genommen handelt es sich bei einigen der genannten Rechtsscheintatbe-stände (insbesondere bei der Duldungs- und Anscheinsvollmacht) nicht um Arten einer Ver-tretungsmacht, weil sie ja gerade an den Umstand anknüpfen, dass keine Vertretungsmacht
i.S.v. §§ 164 ff. BGB besteht, eine Zurechnung der Willenserklärung jedoch aus Gründen des
Verkehrsschutzes angezeigt ist. Daher dürften eigentlich insbesondere die Duldungs- und An-scheinsvollmacht lediglich als „dem Verkehrsschutz dienende Zurechnungsinstitute", nicht
aber als „Arten einer Vertretungsmacht" bezeichnet werden. Dennoch werden Duldungs- und
Anscheinsvollmacht verbreitet als „Arten einer Vertretungsmacht" bezeichnet.

## 1. Gesetzliche Vertretungsmacht

### a. Insbesondere: Elterliche Vertretungsmacht

Die für eine Stellvertretung erforderliche Vertretungsmacht kann zunächst auf gesetzli-    **689**
chen Vorschriften beruhen. So bedürfen insbesondere Personen, die geschäftsunfähig
oder beschränkt geschäftsfähig sind, eines gesetzlichen Vertreters. Eine derartige Ver-tretungsmacht ergibt sich z.B. für die **Eltern** aus §§ 1626, 1629 BGB, die als **Gesamt-vertretung** ausgestaltet ist. Beide Elternteile vertreten ihre Kinder also gesetzlich und
zugleich gemeinschaftlich. „Gemeinschaftlich" bedeutet, dass ein Elternteil allein das Kind
nicht vertreten kann. Allerdings findet bei einfachen Angelegenheiten des täglichen Le-bens zumeist eine gegenseitige (konkludente) Übertragung des Erziehungsrechts statt,
sodass in diesem Fall der andere Elternteil dann auch *allein* wirksam einwilligen oder
genehmigen kann. Gleiches gilt, wenn mit der gewählten Form der Aufgabenverteilung
eine Übertragung der Alleinentscheidungsbefugnis einhergeht. Liegt eine Übertragung
der Vertretungsbefugnis aber nicht vor, hängt folgerichtig unter Anwendung des § 177
BGB die Wirksamkeit der Stellvertretung von der Genehmigung des „übergangenen"
Elternteils ab.

> **Beispiel:** Während sich der eine Elternteil beruflich außer Haus befindet, unterschreibt
> der andere einen Mobilfunkvertrag der 17-jährigen Tochter, über die das gemeinsame
> Sorgerecht besteht.
>
> Kann man in einem solchen Fall (ausnahmsweise) keine konkludente Übertragung der
> Gesamtvertretungsbefugnis annehmen (die rechtsgeschäftlicher Natur wäre), greift die

Folge aus § 177 I BGB: Der Mobilfunkvertrag ist schwebend unwirksam, d.h. die Wirksamkeit hängt von der Genehmigung des „übergangenen" Elternteils ab.

**690** Die elterliche Vertretungsmacht ist aber nicht unbeschränkt. So können die Eltern gemäß § 1629 II BGB das Kind insoweit nicht vertreten, als nach § 1795 BGB ein Vormund von der Vertretung des Kindes ausgeschlossen ist. Ferner bedürfen Eltern nach § 1643 I BGB bei Rechtsgeschäften, bei denen ein Vormund nach §§ 1821 und 1822 Nr. 1, 3, 5, 8 bis 11 BGB der Genehmigung des Familiengerichts bedarf, ebenfalls einer solchen Genehmigung. Geht es um die Vermögenssorge als Teilbereich des Sorgerechts (siehe § 1626 I S. 2 BGB), ist die Regelung des § 1638 I BGB zu beachten, wonach sich die Vermögenssorge nicht auf das Vermögen erstreckt, welches das Kind von Todes wegen (also durch Erbschaft) erwirbt oder welches ihm unter Lebenden unentgeltlich zugewendet wird, wenn der Erblasser durch letztwillige Verfügung, der Zuwendende bei der Zuwendung bestimmt hat, dass die Eltern das Vermögen nicht verwalten sollen. Geht es in diesem Zusammenhang um eine Erbschaft, umfasst ein testamentarisch angeordneter Ausschluss der elterlichen Vermögensverwaltung für vom Kind ererbtes Vermögen auch die Befugnis zur Ausschlagung der Erbschaft.[682] Die in einem solchen Fall gleichwohl im Namen des Kindes erklärte Ausschlagung ist daher mangels Vertretungsmacht unwirksam.[683] Da es in diesem Fall also an einer diesbezüglichen Vertretungsbefugnis fehlt, kommt es auch nicht auf § 1643 II S. 1 BGB (Genehmigung durch das Familiengericht) an, da diese Vorschrift von einem genehmigungsfähigen Rechtsgeschäft ausgeht, an dem es in der vorliegenden Konstellation fehlt.

Schließen die Eltern ohne Genehmigung des Familiengerichts einen genehmigungsbedürftigen (und selbstverständlich auch genehmigungsfähigen) Vertrag, ist dieser bis zur Genehmigung durch das Familiengericht schwebend unwirksam, §§ 1643 III i.V.m. § 1829 I BGB. Zu beachten ist aber, dass wenn der Minderjährige volljährig geworden ist, auch er das Rechtsgeschäft genehmigen kann, §§ 1643 III BGB i.V.m. § 1829 III BGB. Allein das Volljährigwerden ist jedoch nicht ausreichend. Es ist zumindest eine konkludent erteilte Genehmigung erforderlich. Erfolgt *keine* wirksame Genehmigung, haften die Eltern als Vertreter ohne Vertretungsmacht.

**691** Die gesetzliche Vertretungsmacht kann sich aber auch aus einem aufgrund Gesetzes erlassenen Akt der freiwilligen Gerichtsbarkeit ergeben (vgl. § 1793 BGB für den **Vormund**, §§ 1902, 1903 BGB für den **Betreuer** und § 1909 BGB für den **Pfleger**). Eine Entscheidung hierüber fällt das Familiengericht.

### b. Sonderfall des § 1357 BGB

**692** Die aus der sog. **Schlüsselgewalt** entstandene Regelung des § 1357 I BGB bestimmt, dass jeder Ehegatte berechtigt ist, Geschäfte „zur angemessenen Deckung des Lebensbedarfs" der Familie **mit Wirkung auch für den anderen Ehegatten** zu besorgen. Durch solche Geschäfte werden *beide* Ehegatten berechtigt und verpflichtet, es sei denn, dass sich aus den Umständen etwas anderes ergibt.[684]

**693** Ob es sich bei der Regelung des § 1357 BGB um einen Fall gesetzlicher Vertretungsmacht handelt oder – da ja auch der selbst handelnde Ehegatte verpflichtet wird und die der Stellvertretung eigentümliche Offenkundigkeit fehlt – ein familienrechtliches Institut eigener Art bzw. eine Rechtsmacht *sui generis* angenommen werden muss, ist unklar. Für die Rechtswirkungen des § 1357 BGB ist es aber unerheblich, ob für den Geschäftspartner erkennbar war, dass er mit einer verheirateten Person kontrahierte. Denn liegen die Voraussetzungen des § 1357 BGB vor, werden – wie gesehen – beide Ehegatten berechtigt und verpflichtet.

---

[682] Vgl. BGH NJW 2016, 3032, 3033 f.
[683] Vgl. BGH NJW 2016, 3032, 3033 f.
[684] Zur Verfassungsmäßigkeit des § 1357 BGB vgl. BVerfG NJW 1990, 175 f.

Die aus § 1357 BGB folgende Mitverpflichtung des anderen Ehepartners tritt – sofern sie **694** nicht durch diesen gem. § 1357 II BGB ausgeschlossen wurde – unabhängig davon ein, ob dieser mit dem Geschäft einverstanden ist. Keine Rolle spielt es auch, wem die Haushaltsführung obliegt. Voraussetzung ist nur, dass ein Geschäft zur angemessenen Deckung des Lebensbedarfs vorliegt. Damit führt § 1357 BGB, der eigentlich die Eigenständigkeit der Haushaltsführung sichern soll, zu einem weit reichenden Gläubigerschutz. Denn dieser sieht sich kraft Gesetzes stets *zwei* Schuldnern gegenüber. Um daher den Regelungszweck des § 1357 I BGB zu wahren und die Folgen für den anderen Ehepartner überschaubar zu halten, ist die theoretische Reichweite des Tatbestandsmerkmals „angemessene Deckung des Lebensbedarfs" auf ein sinnvolles Maß zu beschränken (enge Auslegung). Bei der Beurteilung der Angemessenheit ist nicht von einer Durchschnittsfamilie auszugehen, sondern es entscheidet stets der nach außen tretende individuelle Zuschnitt der Ehegatten.[685] Die Maßgeblichkeit dieser objektivierten Betrachtungsweise findet ihren Grund darin, dass bei den heutigen anonymen Massengeschäften (z.B. im Supermarkt oder im Versandhandel) ein persönlicher Kontakt überhaupt nicht stattfindet und das jeweilige Auftreten beim Vertragsschluss daher auch keine oder kaum Rückschlüsse auf die Vermögensverhältnisse bzw. den Zuschnitt der Familie zulässt.[686] Ebenso muss außer Betracht bleiben, ob der tatsächliche Lebensstil den Einkommensverhältnissen „angemessen" ist. Wenn Ehegatten einverständlich über ihre Verhältnisse leben, müssen sie auch solidarisch dafür aufkommen.[687] Zu beurteilen ist schließlich nur das konkret abgeschlossene Geschäft für die konkrete Familie. Bleiben mehrere selbstständige Geschäfte je für sich im Rahmen des § 1357 BGB, werden sie nicht deshalb unangemessen, weil sie zusammengerechnet dessen Rahmen übersteigen würden.[688] Mithin ergibt sich folgende Definition:

Als **Geschäfte zur angemessenen Deckung des Lebensbedarfs der Familie** gel- **695** ten daher nur solche, die nach Art und Umfang den Gebrauchsgewohnheiten der Familie entsprechen und bei denen die vorherige Abstimmung zwischen den Ehegatten gewöhnlich als nicht notwendig angesehen wird.[689]

**Beispiele**[690]**:** Zu den Geschäften zur angemessenen Deckung des Lebensbedarfs der Familie gehören insbesondere solche des familiären Konsumbereichs: Anschaffung von Lebensmitteln, von Kleidungsstücken für die Familie und den haushaltsführenden Ehepartner selbst, Heizmaterial, Beleuchtungskörpern, Haushaltsgeräten (einschließlich hierauf bezogener Reparaturaufträge) und Hausrat, insb. Einrichtungsgegenständen (jedenfalls Kleinmöbel, wohl nicht aber Großmöbel oder gar der gesamte Hausrat[691]), Beauftragung von Handwerkern, Ersetzung von unbrauchbar Gewordenem, Abschluss eines Telefon- oder Energielieferungsvertrags etc. Auch kann der Abschluss eines Versicherungsvertrags von § 1357 BGB erfasst sein, sofern sich die Höhe der Beiträge bezogen auf die Bedarfsdeckung der Familie noch in einem angemessenen Rahmen bewegt und daher auch keine vorherige Verständigung der Ehegatten über den Abschluss des Versicherungsvertrags erforderlich erscheint (Gleiches gilt für dessen Kündigung).[692]

**Gegenbeispiele:** Wohl nicht in den Rahmen der Schlüsselgewalt fallen der Erwerb von kostbaren Teppichen, der Abschluss von Versicherungs- und Kreditverträgen oder von Teilzahlungsgeschäften, die Verpflichtung zur Zahlung einer Maklerprovision i.H.v.

---

[685] BGH NJW 2018, 1313, 1314; BGHZ 116, 184, 188 f.; OLG Brandenburg FamRZ 2007, 558.
[686] *Roth*, in: MüKo, § 1357 Rn 21.
[687] *Roth*, in: MüKo, § 1357 Rn 21.
[688] *Roth*, in: MüKo, § 1357 Rn 21.
[689] BGH NJW 2018, 1313, 1314; OLG Frankfurt FamRZ 1983, 913; OLG Köln FamRZ 1991, 434; OLG Düsseldorf NJW-RR 1996, 1524; *Brudermüller*, in: Palandt, § 1357 Rn 10 ff.
[690] Vgl. OLG Düsseldorf NJW-RR 2001, 1084; LG Stuttgart FamRZ 2001, 1610; zu weiteren Nachweisen vgl. *Brudermüller*, in: Palandt, § 1357 Rn 13.
[691] Vgl. OLG Brandenburg FamRZ 2007, 558.
[692] BGH NJW 2018, 1313, 1314 (Kündigung einer Kfz-Vollkaskoversicherung).

15.000,- €[693], die Anmietung oder Kündigung eines Hauses oder einer Wohnung[694], die Anschaffung eines (größeren) Haustieres, der Verkauf oder die Verpachtung von Möbeln etc. Vgl. dazu näher *R. Schmidt*, FamR, Rn 139.

**696** **Überschreitet** der handelnde Ehepartner die Grenzen des angemessenen Lebensbedarfs, wird der andere nicht durch § 1357 I BGB mitverpflichtet. In einem solchen Fall gelten die §§ 177, 179 BGB analog, sofern der handelnde Ehepartner den anderen mitverpflichten wollte. Ansonsten verpflichtet sich der handelnde Ehepartner gegenüber dem Geschäftspartner allein.

**697** **Nicht** anwendbar ist § 1357 BGB auf den minderjährigen[695] Ehepartner und auch nicht im Rahmen einer nichtehelichen Lebensgemeinschaft. Im Rahmen einer eingetragenen Lebenspartnerschaft nach dem LPartG ist § 1357 BGB (wie auch die §§ 1365 bis 1370 BGB) entsprechend anwendbar, § 8 II LPartG.

**698** Für die Mit**berechtigung** der Ehegatten, die ebenfalls nach § 1357 I S. 2 BGB eintritt, ist unklar, ob Gesamtgläubigerschaft nach § 428 BGB[696] oder Mitgläubigerschaft nach § 432 BGB[697] eintritt. Unterschiede ergeben sich hier insbesondere bei der Erfüllung: Nach § 428 BGB tritt Erfüllung schon dann ein, wenn nur an *einen* der Ehegatten geleistet wurde. Bei § 432 BGB müsste der Geschäftsgegner zur Erfüllung regelmäßig an *beide* Ehegatten gemeinsam leisten, es sei denn, dass der eine Ehegatte auch bei der Leistungsannahme für den anderen Ehegatten handeln kann, z.B. durch §§ 164 ff. BGB (wobei dann möglicherweise wiederum § 1357 I BGB greift).

**699** Unklar ist schließlich, ob der nichthandelnde Ehegatte auch **dinglich berechtigt** wird, ob er also kraft Gesetzes bspw. Miteigentum (§ 1008 BGB) erwirbt. Teilweise[698] wird vertreten, dass der nicht handelnde Ehegatte über § 1357 I BGB auch dinglich mitberechtigt werde. Dagegen lehnt der BGH[699] die automatische Entstehung von Miteigentum bei § 1357 BGB ab. Er begründet seine Auffassung mit den Grundsätzen des Güterrechts. Nach § 1363 II BGB blieben die Gütermassen getrennt. Eine dingliche Beteiligung des einen Ehegatten am Vermögen des anderen fände innerhalb der Ehe also grundsätzlich nicht statt. Durch § 1357 BGB könne dann nur ein **obligatorischer** Anspruch auf Einräumung des Miteigentums gewährt werden.

Anders entscheidet der BGH aber bei **Haushaltsgegenständen**.[700] Hier kommt er über zum Miteigentum, sofern die Voraussetzungen des § 1357 BGB vorliegen.[701]

### c. Die organschaftliche Vertretungsmacht

**700** Einen Unterfall der gesetzlichen Vertretung bildet die **organschaftliche Vertretung**. Im Gegensatz zur gesetzlichen Vertretung handeln die Organe nicht *für*, sondern *anstatt* der juristischen Person. Denn diese ist zwar rechtsfähig, aber nicht handlungsfähig. Die juristischen Personen handeln *durch* ihre Organe.

---

[693] OLG Oldenburg NJW-RR 2010, 1717.
[694] OLG Brandenburg FamRZ 2007, 558; LG Köln FamRZ 1990, 744 - sog. Grundlagengeschäfte.
[695] Zwar hat der Gesetzgeber mit Wirkung zum 22.7.2017 (BGBl I 2017, S. 2429) ein Verbot solcher Ehen angeordnet, die mit Minderjährigen geschlossen worden sind (§ 1303 S. 1 BGB); Ehen mit Minderjährigen, die das 16. Lebensjahr vollendet hatten, aber wirksam, solange sie nicht gem. § 1314 I Nr. 1 BGB aufgehoben worden sind. Siehe dazu ausführlich *R. Schmidt*, FamR, Rn 2g, 54, 56 und 61.
[696] Dafür z.B. *Medicus/Petersen*, BR, Rn 89; *Löhnig*, FamRZ 2001, 135.
[697] Dafür z.B. *Brudermüller*, in: Palandt, § 1357 Rn 5.
[698] OLG Schleswig FamRZ 1989, 88; LG Münster NJW-RR 1989, 391; LG Aachen NJW-RR 1987, 712, 713; *Brudermüller*, in: Palandt, § 1357 Rn 20; *Schwab*, FamR, Rn 176 f.
[699] BGHZ 114, 74, 75 ff.
[700] Vgl. BGHZ 114, 74, 79 f.
[701] Vgl. im Übrigen *R. Schmidt*, FamR, Rn 130 ff.

So bestimmt **§ 26 I S. 2 BGB**, dass der Vorstand den **Verein** gerichtlich und außergerichtlich 701
vertritt und dass er die Stellung eines gesetzlichen Vertreters hat. Aus dieser Formulierung
folgt, dass der Vorstand nicht unmittelbar gesetzlicher Vertreter ist, sondern nur *wie* ein gesetzlicher Vertreter behandelt wird. Weitere examensrelevante Fälle der organschaftlichen
Vertretung sind in **§ 78 I AktG** (Vorstand für die AG) und **§ 35 I GmbHG** (Geschäftsführer
für die GmbH) geregelt.

## 2. Durch Rechtsgeschäft erteilte Vertretungsmacht (Vollmacht)

Die durch Rechtsgeschäft begründete Vertretungsmacht nennt das Gesetz „Vollmacht" 702
(§ 166 II S. 1 BGB). Sie berechtigt den Bevollmächtigten, Rechtsgeschäfte mit Wirkung
für und gegen den Vertretenen zu besorgen.

### a. Erteilung der Vollmacht

### aa. Allgemeines

Die Vollmacht muss erteilt werden. Gemäß § 167 I BGB stellt die Erteilung der Vollmacht 703
eine **einseitige, empfangs-, aber nicht annahmebedürftige Willenserklärung**
dar (sog. Bevollmächtigung). Das bedeutet zunächst, dass sämtliche Vorschriften über
Willenserklärungen auch für die Vollmachtserteilung Anwendung finden. Dies kann zu
Folgendem führen: Ist der Vollmachtgeber geschäftsunfähig, ist die Vollmacht unwirksam. Das Vertretergeschäft ist dann ebenfalls unwirksam und der ohne Vertretungsmacht handelnde Vertreter haftet nach § 179 I oder II BGB (sofern nicht ein Ausschlusstatbestand aus § 179 III BGB greift).[702] Das Gleiche gilt, wenn der Vollmachtgeber in
seiner Geschäftsfähigkeit beschränkt ist und es an der erforderlichen Zustimmung von
dessen (gesetzlichem) Vertreter fehlt bzw. man die Rechtsfolge aus § 111 BGB anwendet.

> **Beispiel:** Der 17-jährige A möchte seinen Motorroller verkaufen. Da er aber verhindert
> ist, bittet er den Nachbarn V, den Motorroller in seinem Namen zu verkaufen. V kann den
> Motorroller im Namen des A an B verkaufen. Als die Eltern des A ein paar Tage später von
> dem Verkauf erfahren, sind sie damit überhaupt nicht einverstanden. Sie verlangen (im
> Namen des A) von B die Herausgabe des Motorrollers.
>
> Das Herausgabeverlangen könnte sich auf § 985 BGB stützen. Dazu müsste A aber noch
> Eigentümer sein. Ursprünglich war er es. Er könnte das Eigentum aber gem. § 929 S. 1
> BGB an B verloren haben, indem V den Motorroller dem B infolge des Verkaufs mitgab,
> was als Übereignung i.S.d. § 929 S. 1 BGB angesehen werden könnte. Eine Übereignung
> setzt u.a. eine dingliche Einigung voraus. A selbst hat nichts gegenüber B erklärt. Mög-
> licherweise wird ihm aber die Einigungserklärung des V gem. § 164 I S. 1 BGB zugerech-
> net. Das setzt aber eine Vollmacht des V voraus. Zwar hat A ihm eine Vollmacht erteilt,
> allerdings war A in seiner Geschäftsfähigkeit beschränkt (§ 106 BGB). Willenserklärungen
> eines in der Geschäftsfähigkeit Beschränkten, durch die dieser nicht lediglich einen recht-
> lichen Vorteil erlangt, bedürfen der Einwilligung seines gesetzlichen Vertreters (§ 107
> BGB). Diese fehlte, sodass die Wirksamkeit der Vollmachtserteilung an sich von der
> Genehmigung des Vertreters abhing (§ 108 I BGB). Allerdings handelt es sich bei der
> Vollmachtserteilung um ein einseitiges Rechtsgeschäft, das bei fehlender Einwilligung des
> gesetzlichen Vertreters gem. § 111 BGB an sich von vornherein unwirksam ist. Dennoch
> wird auch hier vertreten, § 108 BGB analog anzuwenden und so den Eltern eine Geneh-
> migungsmöglichkeit einzuräumen (vgl. dazu Rn 1046a). Vorliegend verweigern die Eltern
> des A ihre Zustimmung, sodass die Bevollmächtigung des V so oder so unwirksam ist.
>
> V handelte damit ohne Vertretungsmacht. Infolge der Verweigerung der Genehmigung
> durch die Eltern des A ist das Vertretergeschäft des V unwirksam (§ 177 I BGB). V konnte
> nicht wirksam das Eigentum am Motorroller an B übertragen. Das auf § 985 BGB gestützte

---

[702] Vgl. dazu auch den Klausurfall von *Thum*, JuS 2014, 418 ff.

Herausgabeverlangen ist begründet. Zur weitergehenden Frage der Haftung des Vertreters ohne Vertretungsmacht gegenüber dem Geschäftspartner vgl. Rn 891 ff.

**703a** Gibt der Bevollmächtigte nicht ausdrücklich zu erkennen, dass er für sich selbst handelt, ergibt sich jedoch aus den Umständen für den Geschäftsgegner, dass der Handelnde für den Bevollmächtigenden tätig wird, wird der wirksam Vertretene selbst dann Vertragspartner, wenn der Bevollmächtigte eigentlich für sich handeln wollte (Umkehrschluss aus § 164 II BGB).

**704** Handelt der Vertreter **ohne Vollmacht**, ist das Rechtsgeschäft schwebend unwirksam. Das Schicksal des Rechtsgeschäfts hängt dann von der Genehmigung ab, §§ 177 ff. BGB (vgl. Rn 881 ff.).

**705** **Unterfälle der Vollmacht** sind die **Prokura** (§§ 48 ff. HGB) und die **Handlungsvollmacht** (§§ 54 ff. HGB). Bei diesen Vorschriften ist zu beachten, dass sie nur den **Umfang** der Vertretungsmacht regeln, *nicht* deren Bestand. Es handelt sich also gerade **nicht** um Fälle einer *gesetzlichen* Vertretungsmacht, sondern um eine gesetzlich geregelte Vollmacht. Der Bestand einer solchen handelsrechtlichen Vertretungsmacht bemisst sich vielmehr nach den allgemeinen Vorschriften der §§ 164 ff. BGB. Vgl. ausführlich Rn 748 ff.

### bb. Innen- und Außenvollmacht

**706** Die Vollmacht kann zunächst als sog. **Innenvollmacht** erteilt werden. Darunter versteht das Gesetz die Erteilung der Vollmacht gegenüber dem Bevollmächtigten, **§ 167 I Var. 1 BGB**.[703]

> **Beispiel:** A möchte sein Auto verkaufen. Er hat auch schon einen Interessenten gefunden, den B. Da er jedoch dringend eine Geschäftsreise antreten muss, bittet er den V, den Wagen in seinem Namen an B zu verkaufen.

**707** Es ist auch möglich, die Vollmacht gegenüber dem potentiellen Geschäftspartner oder Dritten zu erteilen, sog. **Außenvollmacht**, **§ 167 I Var. 2 BGB**.

> **Beispiel:** A des obigen Beispiels bevollmächtigt nicht V, sondern ruft bei B an und teilt diesem mit, V sei befugt, den Wagen zu verkaufen.

**708** Bei der Innenvollmacht steht es dem Geschäftsherrn frei, dem potentiellen Geschäftspartner oder Dritten die erteilte Vollmacht anzuzeigen. Zeigt er sie an, spricht man von „**nach außen kundgetaner Innenvollmacht**", **§ 171 BGB**.

> **Beispiel:** A des obigen Beispiels ruft kurz vor der Abreise noch schnell bei B an und teilt diesem mit, er habe den V bevollmächtigt, den Wagen zu verkaufen.

**709**
> **Hinweis für die Fallbearbeitung:** Obwohl sich die nach außen kundgetane Innenvollmacht und die Außenvollmacht einander ähnlich sind und auch leicht verwechselt werden können, sind sie doch voneinander zu trennen. Denn während es sich bei der Außenvollmacht um eine echte **Willenserklärung** handelt, stellt die Mitteilung der Innenvollmacht lediglich eine (deklaratorische) **geschäftsähnliche Handlung** dar. Die Unterscheidung könnte insbesondere dann Bedeutung erlangen, wenn der Vollmachtgeber **anfechten** möchte, da nur <u>Willens</u>erklärungen, nicht jedoch schlichte <u>Wissens</u>erklärungen angefochten werden können. Jedoch setzt die h.M. – jedenfalls soweit es um die Anfechtung geht – die Mitteilung einer Innenvollmacht der Außenvollmacht gleich. Bei der Mitteilung einer Innenvollmacht handele es sich um eine geschäftsähnliche Handlung, deren Rechtsfolge zwar als gesetzliche Rechtsfolge eintrete,

---

[703] Vgl. auch BGH NJW 2010, 1203 f.

> aber doch an ein gewolltes Verhalten anknüpfe und deshalb mit einer Willenserklärung vergleichbar sei, sodass sie ebenfalls angefochten werden könne. Insoweit seien die Anfechtungsregeln analog anwendbar. Vgl. dazu Rn 806-808.

Einen Sonderfall der nach außen kundgetanen Innenvollmacht stellt die **Vollmachtsurkunde** nach § 172 BGB dar. Diese soll dem Geschäftspartner die Sicherheit geben, dass die Vollmacht wirklich besteht. Letztlich geht es um Vertrauensschutz.[704]     **710**

> **Beispiel:** A des obigen Beispiels händigt dem V ein Schriftstück aus mit dem Inhalt, dass er diesen bevollmächtige, den Wagen zu verkaufen. Bei B angekommen, zeigt V diesem das Schriftstück.

### cc. Form der Vollmachtserteilung

Die Erteilung der Vollmacht ist grundsätzlich **formlos** möglich. Insbesondere bedarf sie gem. **§ 167 II BGB** nicht der Form des Hauptgeschäfts, das der Bevollmächtigte für den Vollmachtgeber tätigen soll. Daher kann die Vollmacht in der Regel **ausdrücklich** oder auch **konkludent** erteilt werden (vgl. aber § 48 I HGB, der für die Erteilung der Prokura eine ausdrückliche Erklärung verlangt). Eine **konkludente** Bevollmächtigung ist insbesondere dann anzunehmen, wenn Aufgaben übertragen werden, deren ordnungsgemäße Erfüllung eine bestimmte Vollmacht erfordert[705], ist im Übrigen aber eine Auslegungsfrage.     **711**

> **Beispiel:** G ist in Geldnot. Er bevollmächtigt daher (formgerecht) seinen Freund V, seine im Bayerischen Wald gelegene (Berg-)Hütte bestmöglich zu verkaufen. V gelingt es zwar nicht, die (Berg-)Hütte zu verkaufen, jedoch kann er einen Abnehmer für ein Gemälde, das sich im Wohnbereich der Hütte befindet, finden. Ohne mit G Rücksprache zu halten, verkauft er das Gemälde im Namen des G an D. Ist zwischen G und D ein Kaufvertrag über das Gemälde zustande gekommen?
>
> Ein Kaufvertrag zwischen G und D über das Gemälde ist zustande gekommen, wenn G wirksam von V vertreten wurde. Ob dies der Fall ist, hängt maßgeblich vom Bestehen einer Vertretungsmacht ab. Ausdrücklich hat G den V nicht zum Verkauf des Gemäldes bevollmächtigt. Da G den V aber zum „bestmöglichen" Verkauf der (Berg-)Hütte bevollmächtigt hat, könnte dies eine stillschweigende Bevollmächtigung auch zum Verkauf des Bildes implizieren, zumal G in Geldnot ist und der Erlös aus dem Verkauf des Gemäldes nicht ungelegen sein könnte. Nimmt man dies an, konnte V wirksam das Gemälde an D verkaufen; anderenfalls kommt eine Zurechnung über den Rechtsscheintatbestand der Anscheinsvollmacht (Rn 837 ff.) in Betracht oder V haftet als Vertreter ohne Vertretungsmacht gem. §§ 177 ff. BGB. Welche Lösung zutreffend ist, ist eine Auslegungsfrage (vgl. dazu Rn 724 ff.).

Der Grund für die grundsätzliche Formfreiheit besteht darin, dass das Hauptgeschäft noch nicht vollzogen ist und der Vollmachtgeber die Vollmacht grundsätzlich jederzeit widerrufen kann (§ 168 S. 2 BGB), sodass der Vollmachtgeber den mit einem Formzwang verbundenen Schutz grundsätzlich nicht bedarf. Aus Gründen der Rechtssicherheit kann es aber empfehlenswert sein, eine **Vollmachtsurkunde** auszustellen (dazu Rn 814). Ausnahmsweise ist die Vollmachtserteilung jedoch **formbedürftig**. Das ist jedenfalls dann der Fall, wenn die Parteien eine besondere Form **vereinbaren** oder wenn das **Gesetz** ein entsprechendes Schutzinteresse erkennt und selbst eine besondere Form vorschreibt.     **712**

---

[704] Zur Vollmachtsurkunde vgl. BGHZ 102, 60, 63; BGH NJW 2002, 2325, 2326; NJW 2003, 2088; OLG Karlsruhe ZIP 2003, 109, 113.
[705] *Ellenberger*, in: Palandt, § 167 Rn 1.

**Beispiel:** Die Vollmacht, die ein Darlehensnehmer zum Abschluss eines Verbraucherdarlehensvertrags erteilt, muss – wie der Verbraucherdarlehensvertrag selbst – schriftlich erteilt werden (§ 492 I, IV BGB). Die Bevollmächtigung, eine Erbausschlagung vorzunehmen, muss beglaubigt werden (§ 1945 III BGB). Gleiches gilt für die Bevollmächtigung zur Ablehnung der fortgesetzten Gütergemeinschaft (§ 1484 II BGB). Die Bevollmächtigung zur Ausübung des Stimmrechts bei einer Aktiengesellschaft bedarf der Schriftform (§ 134 III AktG). Die Bevollmächtigung zur Unterzeichnung des Gesellschaftsvertrags einer GmbH bedarf der notariellen Errichtung oder Beglaubigung (vgl. § 2 II GmbHG). Die Prozessvollmacht bedarf der Form des § 80 ZPO.

713 Darüber hinaus wurde bereits im Rahmen der Abgrenzung zur Botenschaft bei Rn 630 ff. erläutert, dass – zumindest nach Auffassung des BGH – die Bevollmächtigung ausnahmsweise in der für das Vertretergeschäft vorgeschriebenen Form erteilt werden muss, wenn die formfreie Bevollmächtigung im Ergebnis **zu einer Umgehung des** (dem Schutz des Vollmachtgebers dienenden) **Formzwangs** führen würde.

**Beispiele:** Die Vollmachtserteilung zu einem **Grundstückskaufvertrag** ist nach Auffassung des BGH trotz des entgegenstehenden eindeutigen Wortlauts des § 167 II BGB in derselben Weise formbedürftig (notarielle Beurkundung, § 311b I BGB) wie der Grundstückskaufvertrag selbst, und zwar jedenfalls dann, wenn die Vollmacht unwiderruflich erteilt wurde.[706] Entgegen § 167 II BGB hat der BGH auch hinsichtlich der Bevollmächtigung zur Abgabe einer **Bürgschaftserklärung** (Schriftform, § 766 S. 1 BGB) entschieden.[707] Diese teleologische Reduktion des § 167 II BGB ist in der Sache sicherlich richtig, allerdings wäre es wünschenswert, wenn der Gesetzgeber die Formbedürftigkeit des Vertretergeschäfts auch bei der Vollmachtserteilung berücksichtigte. Nach gegenwärtiger Gesetzeslage führt die Auffassung des BGH dazu, dass dem § 167 II BGB praktisch kein Anwendungsbereich verbleibt und der dort statuierte Grundsatz selbst zur Ausnahme wird. Nicht nachvollziehbar ist es jedenfalls, wenn der BGH hinsichtlich der Bevollmächtigung zur Abgabe einer Bürgschaftserklärung Schriftform verlangt, er es für die widerruflich erteilte Vollmacht zum Abschluss eines **Ehevertrags** (vgl. § 1410 BGB) aber genügen lässt, wenn diese mündlich erteilt wurde.[708]

## dd. Abstraktheit der Bevollmächtigung

714 Die Erteilung einer Vollmacht erfolgt i.d.R. nicht losgelöst von einem Grundgeschäft, das der Bevollmächtigte tätigen soll. So liegen bspw. der Bevollmächtigung zum Kauf einer Sache zumeist ein **Auftrag** (§ 662 BGB) oder eine entgeltliche **Geschäftsbesorgung** (§ 675 BGB) zugrunde. Als Grundgeschäft kommt aber auch ein **Dienstvertrag** (§ 611 BGB) bzw. ein **Arbeitsvertrag** (§ 611a BGB) in Betracht.

715 Rechtlich ist die Vollmacht von dem Rechtsgeschäft, das ihr zugrunde liegt (sog. Grundverhältnis), zu unterscheiden. Denn aus dem Grundverhältnis ergeben sich die Rechte und Pflichten im Innenverhältnis für Vertreter und Vertretenen, wohingegen die Vollmacht in erster Linie im Außenverhältnis zwischen dem Vertreter und dem Geschäftspartner wirkt.

**Beispiel:** A beauftragt den V, bei B 100 Mobiltelefone zu kaufen. Hinsichtlich des Modells und des Preises lässt er ihm freie Hand.

Hier liegt in Ermangelung entgegenstehender Informationen im **Grundverhältnis** ein **Auftrag** vor (§ 662 BGB). Dieser Vertrag verpflichtet den V, das Geschäft unentgeltlich für A zu besorgen. Sollte V die Mobiltelefone bei B körperlich entgegennehmen, verpflichtet ihn § 667 BGB, diese an A herauszugeben.

---

[706] BGHZ 89, 41, 47; 125, 218, 219. Vgl. auch *Wolf/Neuner*, AT, § 50 Rn 21.
[707] BGHZ 132, 119, 124 f.
[708] BGH NJW 1998, 1857, 1858; dazu *Kanzleiter*, NJW 1999, 1612 ff.

In der Beauftragung liegt zudem eine **Bevollmächtigung** (§ 167 I Var. 1 BGB), die (im Außenverhältnis) ein Zustandekommen eines Kaufvertrags zwischen A und B bewirkt, indem V bei B die Telefone im Namen des A kauft.

Wenngleich wirtschaftlich gesehen ein einheitlicher Zusammenhang besteht, ist in juristischer Sicht die **Vollmachtserteilung** (= Bevollmächtigung) ein vom Grundgeschäft, vorliegend dem Auftrag, unabhängiges, also **selbstständiges Rechtsgeschäft**. Das wirft die Frage auf, ob Fehler im Grundgeschäft Auswirkungen auf die Wirksamkeit der Vollmacht haben. **716**

Jedenfalls für die **Außenvollmacht** und die nach **außen kundgetane Innenvollmacht** gilt aus Gründen des Verkehrsschutzes im Grundsatz, dass sie (bei ihrer Entstehung) **abstrakt**, d.h. **unabhängig** vom Grundgeschäft sind. Die wirksam erteilte Vollmacht bleibt danach z.B. auch dann bestehen, wenn das Grundgeschäft (wegen einer rechtshindernden oder rechtsvernichtenden Einwendung) nichtig ist, weil in diesen Fällen die isolierte Wirksamkeit zum Schutz des Geschäftspartners sachgerecht erscheint (**stellvertretungsrechtliches Abstraktionsprinzip**).[709] **717**

Problematisch ist hingegen, ob das stellvertretungsrechtliche Abstraktionsprinzip auch bei der **Innenvollmacht** gilt. Virulent wird das Problem, wenn die Innenvollmacht selbst keiner Beschränkung unterliegt, eine Beschränkung sich aber aus dem Grundverhältnis (etwa dem Auftrag oder dem Arbeitsvertrag) ergibt. In diesem Fall stellt sich die Frage, ob sich Beschränkungen aus dem Grundverhältnis auf die Vollmachtserteilung (also auf die Stellvertretungsmacht) erstrecken.[710] **718**

> **Beispiel:** V ist bei A, einem Onlinehändler für Smartphones, angestellt und für den Verkauf zuständig. Die Verkaufspreise solle er mit ca. 20% Gewinnmarge kalkulieren. Ohne Rücksprache mit A verkauft V jedoch im Rahmen einer eigenmächtig organisierten Werbeaktion („20% Rabatt auf alles") 50 Smartphones der Marke X an verschiedene Kunden. A ist nun der Meinung, die Geräte nicht ausliefern zu müssen, da V seine Vollmacht überschritten habe, wodurch kein Vertrag zwischen A und den Kunden zustande gekommen sei.
>
> Sollte eine Zurechnung gem. § 164 I BGB gegeben sein, muss A ausliefern, weil er dann Kaufverträge mit den Kunden hätte und gem. § 433 I S. 1 BGB zur Lieferung verpflichtet wäre. Die V erteilte Vollmacht selbst war nicht beschränkt, sodass eine Zurechnung gem. § 164 I BGB in der Tat gegeben sein könnte. Andererseits ist die Zurechnung fraglich, da V gegen eine interne Weisung aus dem Arbeitsverhältnis verstoßen hat. Denn V war aufgrund des zwischen ihm und Vollmachtgeber A bestehenden Arbeitsverhältnisses (§ 611a BGB) verpflichtet, die Interessen seines Arbeitgebers zu wahren. Dazu gehörte, dass er die Verkaufspreise mit ca. 20% Gewinnmarge kalkulieren soll. Folglich war bzw. ist V verpflichtet, die Vollmacht in einer die Interessen des A wahrenden Form einzusetzen. Das könnte dazu führen, von einem Fehlen der Vertretungsmacht auszugehen und eine Zurechnung über § 164 I S. 1 BGB zu verneinen.
>
> ⇨ Tatsächlich wird teilweise die reine Innenvollmacht **nicht für abstrakt** gehalten. Der Zweck des stellvertretungsrechtlichen Abstraktionsgrundsatzes, der Verkehrsschutz, greife bei der reinen Innenvollmacht nicht, weil der Rechtsverkehr mangels eines verkehrsbezogenen Kundgebungsaktes nicht schutzwürdig sei.[711]
>
> Folge dieser Auffassung ist, dass eine Zurechnung der Willenserklärung nicht stattfindet. V haftet dann gegenüber den Kunden als Vertreter ohne Vertretungsmacht,

---

[709] Ganz h.M.; vgl. nur *Wolf/Neuner*, AT, § 50 Rn 7; *Schubert*, in: MüKo, § 164 Rn 221; *Maier-Reimer*, in: Erman, Vorb § 164 Rn 2 ff.; *Lieder*, JuS 2014, 393, 395; anders wohl nur bei sog. Fehleridentität (vgl. etwa BGH NJW-RR 2007, 1202).

[710] Davon streng zu trennen ist die Konstellation, in der der Vertreter die Beschränkung der Innenvollmacht missachtet und aus *diesem* Grund die Vollmacht überschreitet, siehe dazu Rn 727 f.

[711] *Medicus/Petersen*, AT, Rn 949; *Petersen*, Jura 2004, 829, 832; *Schilken*, in: Staudinger, Vorbem zu §§ 164 ff. Rn 34.

und zwar auf Erfüllung oder auf das positive Interesse, § 179 I BGB, da er den Mangel der Vertretungsmacht kannte.

⇨ Nach h.M. ist v.a. aus Gründen des Verkehrsschutzes auch die reine Innenvollmacht **abstrakt**. Der Geschäftspartner solle sich grundsätzlich auf die Zurechenbarkeit der Vertretererklärung verlassen können. Der Schutz des Geschäftsherrn gegenüber dem Vertreter sei ausreichend über §§ 280 ff. BGB gewährleistet.[712]

Folge dieser Auffassung ist, dass eine Zurechnung der Willenserklärung stattfindet. A wird Vertragspartner der Kunden, kann aber gem. §§ 280 I, 241 II BGB V im Innenverhältnis auf Schadensersatz in Anspruch nehmen.

⇨ Stellungnahme: Es wäre unzumutbar, wenn potentielle Vertragspartner sich stets zunächst beim Geschäftsherrn des Vertreters über die Reichweite der Vertretungsmacht erkundigen müssten – jedenfalls dann, wenn für sie keine Anhaltspunkte bestehen, an der Reichweite der Vertretungsmacht zu zweifeln. Dass V arbeitsrechtliche Pflichten verletzte, also gegen das „rechtliche Dürfen" verstieß, kann sie nicht belasten. Nicht zuletzt ist entscheidend, dass A es war, der den V eingebunden hat. Ein weisungswidriges Verhalten des V ist Bestandteil der Risikosphäre des A. Daher muss sich A im Zweifel auch das Fehlverhalten des V zurechnen lassen, zumal für die Kunden auch keine Anhaltspunkte hinsichtlich der Begrenzung des „rechtlichen Dürfens" ersichtlich waren. Diese haben sich auf das „rechtliche Können" des V verlassen und durften von einem wirksamen Vertragsschluss mit A ausgehen. Schließlich geht auch § 164 I BGB von einer Zurechnung trotz Verstoßes gegen Pflichten aus dem Innenverhältnis aus, indem er allein auf das Bestehen und den Umfang der Vollmacht abstellt.

Folge: Pflichtverletzungen im zwischen Vollmachtgeber und Bevollmächtigtem bestehenden Grundverhältnis (Verstöße gegen das „rechtliche Dürfen") sind im Außenverhältnis unbeachtlich. Der redliche Rechtsverkehr ist schutzwürdiger als A. Dieser hat daher die vertragliche Pflicht gem. § 433 I S. 1 BGB, die Smartphones an die Kunden zu liefern. Immerhin kann A den Schaden, den er aufgrund der Zurechnung erleidet, über §§ 280 I, 241 II BGB an V „weiterreichen". Die Durchsetzung eines solchen Anspruchs ist dann ebenfalls Bestandteil der Risikosphäre des A; vgl. dazu auch den Übungsfall bei Rn 729.

Fazit: Das Auseinanderfallen von rechtlichem Können und rechtlichem Dürfen ist infolge des stellvertretungsrechtlichen Abstraktionsprinzips ohne Einfluss auf die Vollmacht. Für die Wirkung des § 164 I BGB kommt es ausweislich seines klaren Wortlauts nur auf das Bestehen und den Umfang der Vertretungsmacht an.

**719** Fraglich ist schließlich, ob Bevollmächtigung und Grundverhältnis zu einem einheitlichen Geschäft i.S.d. **§ 139 BGB** verbunden sein können. Folge wäre, dass bei Nichtigkeit des Grundverhältnisses im Zweifel auch die Vollmacht nichtig wäre.

**Beispiel:** Der in die Jahre gekommene emeritierte Juraprofessor P hatte gehofft, auch noch die letzten beiden Jahre seines Berufslebens ohne PC auskommen zu können. Stets hatte er dem Verlag, über den er sein Lehrbuch veröffentlicht, hand- und teilweise auch maschinengeschriebene Manuskripte zugeschickt. Nun aber verlangt der Verlag Word-Dateien. Da solche Dateien jedoch nur mit einem Computer erstellt werden können und P keine Ahnung hat, welches Gerät zweckdienlich ist, „beauftragt" er den 17-jährigen M aus der Nachbarschaft, ihm einen adäquaten Computer zu kaufen. Die Eltern des M sind damit überhaupt nicht einverstanden, da sie befürchten, M könnte sich irgendwie haftbar machen. Immerhin lehrte P Haftungsrecht. M erwirbt dennoch im Namen des P einen Computer. Ist ein wirksamer Kaufvertrag zustande gekommen?

Ein Kaufvertrag setzt zwei aufeinander bezogene und inhaltlich einander entsprechende Willenserklärungen, Angebot und Annahme, voraus.

---

[712] *Schubert*, in: MüKo, § 164 Rn 209; *Ellenberger*, in: Palandt, § 164 Rn 13; *Wolf/Neuner*, AT, § 49 Rn 100; *Lieder*, JuS 2014, 681, 682; *Hellgardt/Majer*, WM 2004, 2380, 2383; *Brox/Walker*, AT, Rn 551/579.

P hat selbst keine entsprechende Willenserklärung gegenüber dem Computerverkäufer abgegeben. Eine solche hat aber M abgegeben. Diese ist dem P gem. § 164 BGB zuzurechnen, wenn die Voraussetzungen einer Stellvertretung vorliegen.

M hat eine eigene Willenserklärung abgegeben, da er gerade selbst über Typ und Modell entscheiden sollte. M hat zudem im Namen des P gehandelt. Auch eine Vollmacht wurde ihm ausdrücklich von P erteilt. Dieser Vollmachtserteilung steht auch nicht die Minderjährigkeit des M entgegen (vgl. § 131 II BGB): Zum einen ist die Vollmachtserteilung ein einseitiges Rechtsgeschäft, das keine eine Willenserklärung darstellende Annahmeerklärung des Bevollmächtigten und daher auch keine Zustimmung seines gesetzlichen Vertreters erfordert. Zum anderen stellt § 165 BGB klar, dass auch ein Minderjähriger Vertreter sein kann, weil der Stellvertreter aus dem Vertretergeschäft selbst nicht unmittelbar verpflichtet wird, es für ihn ein rechtlich neutraler Vorgang ist. Mithin ist die Vollmacht des M wirksam.

Allerdings ist das der Vollmacht zugrunde liegende Rechtsgeschäft – ein Auftrag gem. § 662 BGB – unwirksam, da es sich insoweit um ein mehrseitiges Rechtsgeschäft handelt, dessen Zustandekommen eine Willenserklärung des M erfordert. Der Auftrag ist für M nicht lediglich rechtlich vorteilhaft, da er bestimmte Pflichten begründet (Rn 715). Die Eltern des M als gesetzliche Vertreter (§§ 1626, 1629 BGB) haben nicht zugestimmt, §§ 107, 108 BGB.

M hat daher nur dann wirksam eine Willenserklärung für P abgegeben, wenn die Vollmacht trotz nichtigen Grundgeschäfts wirksam war. Nach einem Teil der Literatur[713] sowie nach der Rspr.[714] ist auch für diese Fälle § 139 BGB anwendbar mit der Folge, dass im Zweifel auch die Vollmacht nichtig ist. Nach der Gegenansicht[715] ist die Anwendung des § 139 BGB auf das Verhältnis zwischen Vollmacht und Grundgeschäft mit dem stellvertretungsrechtlichen Abstraktionsgrundsatz nicht zu vereinbaren. Zum Schutz des Geschäftspartners, für den grundsätzlich nur das Außenverhältnis zwischen ihm und dem Vertretenen maßgeblich sei (dazu Rn 717 f.), müsse insoweit Zurückhaltung geübt werden. Dem ist jedenfalls dann zuzustimmen, wenn der Vertreter minderjährig ist und durch die Anwendung des § 139 BGB keinen Nachteil erfährt.

M ist minderjährig. Auch würde er durch die Anwendung des § 139 BGB keinen Nachteil erfahren, weil die Eltern nicht zugestimmt haben und er daher wegen § 179 III S. 2 BGB nicht haften würde. Aus Gründen des Verkehrsschutzes ist es daher angebracht, einen wirksamen Kaufvertrag zwischen P und dem PC-Händler zu bejahen.

Somit hat M mit wirksamer – isolierter – Vollmacht den Kaufvertrag mit Wirkung für und gegen P abgeschlossen.

**720** Zur Frage, wie sich das **Erlöschen des Grundgeschäfts** auf die Vollmacht auswirkt, vgl. Rn 776 ff.

### ee. Umfang und Arten der Vollmacht

### a.) Arten der Vollmacht

**721** Nach **Umfang und Art der Vollmacht** wird allgemein zwischen Spezial-, Gattungs- und Generalvollmacht unterschieden.[716]

**722** ▪ Durch die **Spezialvollmacht** wird der Bevollmächtigte (nur) zur Vornahme eines *einzelnen, ganz bestimmten Rechtsgeschäfts* ermächtigt.

---

[713] *Edelmann*, DB 2001, 687, 688; *Ganter*, WM 2001, 195; *Köhler*, AT, § 11 Rn 26; *Boecken*, AT, Rn 632.
[714] BGHZ 110, 363, 369; 102, 60, 62; BGH WM 1964, 182, 183; WM 1970, 1294, 1295; NJW 1980, 41, 43; WM 1985, 596, 597; NJW 1992, 1662, 1664.
[715] *Stadler*, AT, § 30 Rn 16.
[716] Vgl. auch *Wolf/Neuner*, AT, § 50 Rn 39 ff.

**Beispiel:** Da P des obigen Beispiels den M ausschließlich beauftragt hat, für ihn einen Computer zu kaufen, besitzt M nur eine Spezialvollmacht bezüglich des Kaufs eines Computers. Würde M darüber hinaus einen Drucker, Scanner etc. kaufen, handelte er diesbezüglich ohne Vertretungsmacht.

**723** ▪ Eine **Gattungsvollmacht** liegt vor, wenn jemand für eine *bestimmte Art* von Rechtsgeschäften oder für Geschäfte in einem *bestimmten Tätigkeitsbereich* bevollmächtigt wird.

**Beispiele:** Bank- oder Inkassovollmacht; Geschäfte der Hausverwalter, Einkäufer in einer bestimmten Abteilung eines Warenhauses, Kellner, Kassierer etc.

**724** ▪ Die **Generalvollmacht** ist dadurch gekennzeichnet, dass jemand zur Vornahme *aller* Rechtsgeschäfte befugt ist, bei denen eine Vertretung gesetzlich zulässig ist.

**Beispiel:** Die 86-jährige O ist dem Alltagsstress nicht mehr gewachsen. Daher bittet sie ihren Sohn, den gesamten Rechtsverkehr für sie zu erledigen.

Da die Generalvollmacht sehr weit reicht, ist im Wege der Auslegung (§§ 133, 157 BGB) zu ermitteln, ob nicht doch eine gewisse Beschränkung vorliegt.[717] So sind völlig außergewöhnliche Rechtsgeschäfte und Rechtsgeschäfte, die den Vertretenen erkennbar und eindeutig schädigen, in der Regel nicht mehr von der Vollmacht gedeckt.[718] In der Bestimmung, dass der Generalbevollmächtigte die Interessen des Vollmachtgebers zu wahren hat, ist aber keine Beschränkung der Vollmacht zu sehen.[719]

**725** Im Interesse des Verkehrsschutzes hat in bestimmten Fällen der Gesetzgeber den Umfang der Vollmacht bestimmt.

**Beispiele:**

**(1)** Der **Prokurist** ist zu allen gerichtlichen und außergerichtlichen Geschäften und Rechtshandlungen ermächtigt, die der Betrieb eines Handelsgewerbes mit sich bringt (§ 49 HGB). Eine Beschränkung seiner Vertretungsmacht ist Dritten gegenüber unwirksam (§ 50 I HGB).[720] Daraus folgt: Rechtsgeschäftliche Beschränkungen im Innenverhältnis sind zwar möglich, diese wirken aber nicht im Außenverhältnis, also nicht gegenüber Geschäftspartnern. Verstöße gegen interne Weisungen berühren also nicht die Wirksamkeit der Stellvertretung im Außenverhältnis. Sie führen lediglich zu arbeitsrechtlichen Konsequenzen bzw. zu Schadensersatzansprüchen unter dem Aspekt der Pflichtverletzung (§ 280 I BGB, sofern keine Spezialnorm greift). Vgl. dazu Rn 753 ff.

**(2)** Bei sonstigen **Handelsgeschäften** ist der Umfang der Vollmacht insbesondere in den §§ 54, 55 HGB geregelt. Vgl. hierzu Rn 764 ff. und 775 ff.

## b.) Bestimmung der Reichweite der Vollmacht durch Auslegung

**726** Bereits bei der Generalvollmacht wurde gesagt, dass im Zweifel eine Bestimmung der Reichweite der Vollmacht durch Auslegung nach Treu und Glauben und unter Berücksichtigung der Verkehrssitte (§§ 133, 157 BGB) erforderlich werden kann. Entscheidend ist dabei der **objektive Empfängerhorizont**. Bei einer Außenvollmacht kommt es somit darauf an, wie ein unbefangener Dritter in der Position des (künftigen) Geschäftspartners die Erklärung des Vollmachtgebers unter Einbeziehung sämtlicher - ihm bekannter - Umstände verstehen durfte. Bei der Innenvollmacht ist entsprechend auf die objektivierte Sicht des Bevollmächtigten abzustellen. Bei der Auslegung kann hier auch das Grundverhältnis, insbesondere sein Zweck, einbezogen werden. Ist demnach eine Vollmacht anzunehmen, kann sich der Geschäftsherr der Bindung nicht mit der Begründung

---

[717] OLG Zweibrücken NJW-RR 1990, 931.
[718] *Joussen*, WM 1994, 273, 276; *Ellenberger*, in: Palandt, § 167 Rn 7.
[719] *Ellenberger*, in: Palandt, § 167 Rn 7.
[720] Vgl. auch § 37 II GmbH, wonach Beschränkungen der Vertretungsbefugnis des Geschäftsführers gegenüber Dritten keine rechtliche Wirkung haben.

entziehen, er habe den Handelnden nicht oder nicht so bevollmächtigen wollen. In Betracht kommt aber eine **Anfechtung** der objektiv gegebenen Vollmachtserteilung, vgl. dazu Rn 793 ff.

### c.) Überschreitung der Vollmacht

Fraglich ist, welche Auswirkungen Beschränkungen der Innenvollmacht im Außenverhältnis haben. Namentlich geht es um das **Überschreiten der Vollmacht**.[721] Die Problematik soll anhand eines Beispiels verdeutlicht werden.

**727**

> **Beispiel:** Dem V, Leiter Einkauf bei der B-GmbH, wurde vom Geschäftsführer der B, dem G, Vollmacht erteilt, jedoch mit der Beschränkung, er dürfe Verträge nur bis zu einem Auftragsvolumen von 10.000,- € abschließen. Verträge, die dieses Volumen überschreiten, bedürften der vorherigen Genehmigung des G. Ein paar Tage später kaufte V im Namen der B-GmbH bei der X-AG drei neue Kopiergeräte für den Geschäftsbetrieb. Der Gesamtwert des Auftrags betrug 12.000,- €. Ursprünglich sollte der Kaufpreis pro Kopiergerät 5.000,- € betragen. Aufgrund des guten Verhandlungsgeschicks des V und der Bestellmenge von 3 Stück gelang es ihm, den Gesamtpreis von 12.000,- € zu vereinbaren. Die Kopiergeräte sollten eine Woche später in der Niederlassung der B-GmbH übergeben werden. Der Kaufpreis sollte in der Zwischenzeit durch Vorabüberweisung gezahlt werden. Doch als V die Finanzbuchhalterin F anwies, den Rechnungsbetrag zu überweisen, verweigerte diese die Ausführung mit Verweis auf den hohen Betrag. Sie werde erst dann überweisen, wenn G dies genehmige. G erklärte daraufhin (auch gegenüber dem Vertreter der X-AG), dass die Fa. B an den Kopiergeräten kein Interesse habe; das Verhalten des V sei „eigenmächtig" gewesen. Kann die X-AG gleichwohl Zahlung des Kaufpreises verlangen?

⇨ Denkbar ist zunächst, dass Beschränkungen der Vollmacht den Umfang der Vollmacht unberührt lassen. Folge dieser Annahme wäre, dass die Vollmacht im Außenverhältnis (also das rechtliche Können) weiter reichte als das der Vollmacht innewohnende rechtliche Dürfen. Es lägen mithin eine Zurechnung der Vertretererklärung und damit ein Vertrag zwischen dem Geschäftsherrn (vorliegend der B-GmbH) und dem Dritten (vorliegend der X-AG) vor. Der Vertreter (vorliegend V) wäre später immerhin im Innenverhältnis gegenüber dem Vertretenen wegen Verletzung der Vertragspflichten schadensersatzpflichtig (aus §§ 280 I, 241 II BGB, sofern keine Spezialnorm wie etwa § 678 BGB greift).

⇨ Möglich ist aber auch die Annahme, dass das Handeln des Vertreters nicht von der Vertretungsmacht gedeckt sei, wenn dieser gegen die Beschränkung der Vollmacht verstößt. Folgte man dem, bestünde keine Zurechnung; der Vertreter handelte als Vertreter ohne Vertretungsmacht. Durch das weisungswidrig abgeschlossene Geschäft würde der Vertretene (vorliegend die B-GmbH) weder berechtigt noch verpflichtet. Es bestünde aber die Möglichkeit der Genehmigung (§ 177 BGB); bliebe diese aus, griffe § 179 BGB und V haftete als Vertreter ohne Vertretungsmacht auf Erfüllung oder Schadensersatz (§ 179 I BGB) bzw. auf Ersatz des Vertrauensschadens (§ 179 II BGB).

⇨ Für die zuerst genannte Überlegung spricht der Verkehrsschutz. Ähnlich wie beim Auseinanderfallen zwischen der Vollmacht und dem ihr zugrunde liegenden Rechtsgeschäft (Rn 718) könnte man daher eine Zurechnung fordern. Dagegen sprechen allerdings der klare Wortlaut des § 164 I BGB („innerhalb der ihm zustehenden Vertretungsmacht") und die gesetzliche Systematik der §§ 177-179 BGB. Bei Überschreitung der Vertretungsmacht handelt der Vertreter ohne Vertretungsmacht; eine Zurechnung über § 164 I BGB findet nicht statt. Der Vertreter (vorliegend V) haftet nach § 179 BGB, sofern keine Genehmigung (§ 177 BGB) erteilt wird.[722]

---

[721] Davon abzugrenzen ist die Konstellation, in der der Vertreter Pflichten aus dem der Vollmacht zugrunde liegenden Rechtsgeschäft (dem Grundgeschäft) verletzt, nicht aber vollmachtswidrig handelt; siehe dazu bereits Rn 718.
[722] Das ist (ganz) h.M., vgl. nur *Ellenberger*, in: Palandt, § 164 Rn 13; NK-*Ackermann*, § 167 Rn 45; *Medicus/Petersen*, AT, Rn 927/932. Auch der BGH scheint davon auszugehen, dass eine Überschreitung der Innenvollmacht nicht dazu führt, dass das Vertretergeschäft dem Vertretenen zugerechnet wird (BGH NJW 2015 1510, 1511).

⇨ **Ergebnis:** Auf der Basis der auch hier vertretenen ganz h.M. kann die X-AG nicht von der B-GmbH Zahlung des Kaufpreises verlangen, weil V die B-GmbH aufgrund der Überschreitung der Innenvollmacht und der ausgebliebenen Genehmigung nicht wirksam vertreten hat. Es ist mithin kein Vertrag zwischen der B-GmbH und der X-AG zustande gekommen, der eine Kaufpreiszahlungspflicht begründet hätte.

**728** Weiterführende Hinweise: Eine „Korrektur" dieser Folge findet allenfalls über die Figuren der Anscheins- oder Duldungsvollmacht statt (dazu Rn 825 ff.), die aber vorliegend aufgrund fehlender Sachverhaltsangaben nicht einschlägig sind. Möchte der Geschäftsgegner das Risiko, dass eine Anscheins- oder Duldungsvollmacht nicht vorliegt und dass der dann nur bestehende Anspruch gegen den Vertreter ohne Vertretungsmacht uneinbringlich ist, ausschließen, bleibt ihm selbstverständlich unbenommen, sich nicht auf das Vertretergeschäft einzulassen, sollte ihm nicht das Bestehen der Vertretungsmacht nachgewiesen werden. Im Übrigen hätte sich die vorstehende Problematik nicht gestellt, wenn V wirksam Prokura erteilt worden wäre (siehe dazu Rn 757).

**729** Ob im konkreten Fall durch Erteilung von internen Weisungen/Vorgaben eine Begrenzung der Vollmacht stattfindet und ob eine Nichtbeachtung von Weisungen/Vorgaben zu einem Überschreiten der Vollmacht und zur Verneinung der Zurechnung des Vertretergeschäfts führt, ist im Übrigen durch Auslegung zu ermitteln.

**Beispiel:** Antiquitätenhändler H plant eine Erkundungsreise. Vor der Abreise bittet er den V, für ihn einen nautischen Kompass aus dem 18. Jahrhundert zu verkaufen. Allerdings soll V möglichst einen Preis von wenigstens 1.500,- € erzielen. Schon nach einer Woche findet V einen Käufer (K) und veräußert den Kompass im Namen des H zu einem Preis von 1.000,- € an den K. Kann K von H die Übereignung des Kompasses verlangen?

**Variante:** Wie im Ausgangsfall, nur diesmal erteilt H dem V die Weisung, den Kompass nicht unter 1.500,- € zu verkaufen.

Im Ausgangsfall könnte sich der Anspruch des K gegen H auf Übereignung des Kompasses aus § 433 I S. 1 BGB ergeben. Dazu müsste zwischen den beiden ein wirksamer Kaufvertrag geschlossen worden sein, § 433 BGB. Ein Kaufvertrag setzt zwei aufeinander bezogene und inhaltlich einander entsprechende Willenserklärungen, Angebot und Annahme, voraus. H hat selbst keine diesbezügliche Willenserklärung abgegeben. Eine solche hat aber V abgegeben. Diese könnte H gem. § 164 I S. 1 BGB zuzurechnen sein.

Eine eigene Willenserklärung des V liegt vor. Diese hat er auch im Namen des H abgegeben. Fraglich ist allein, ob V Vertretungsmacht besessen hat.

H hat V eine Vollmacht in Form der Innenvollmacht (§ 167 I Var. 1 BGB) erteilt. Allerdings war diese Innenvollmacht mit der Maßgabe erteilt, V solle möglichst einen Preis von wenigstens 1.500,- € erzielen. V könnte also außerhalb der ihm zustehenden Vertretungsmacht gehandelt haben, indem er den Kompass für 1.000,- € an K verkaufte.

Der Umfang einer Vertretungsmacht ist im Zweifel durch Auslegung (§§ 133, 157 BGB) zu ermitteln und bestimmt sich nach Maßgabe der Bevollmächtigung. Bei der Innenvollmacht ist insbesondere das Grundverhältnis zu berücksichtigen.

H hat V beauftragt, den Kompass zu verkaufen, allerdings mit der Einschränkung, möglichst einen Kaufpreis von 1.500,- € zu erzielen. Das Wort „möglichst" deutet darauf hin, dass V gegebenenfalls auch nach unten hin abweichen darf, wenn sich der gewünschte Preis nicht realisieren lässt. Daher ist anzunehmen, dass die Vollmacht nicht die zwingende Vorgabe enthält, wenigstens 1.500,- € zu erzielen.

Folgt man dieser Auslegung, wirkt gem. § 164 I S. 1 BGB die Erklärung des V für und gegen H. Ein Kaufvertrag zwischen K und H liegt damit vor. K ist mithin berechtigt, von H die Übereignung des Kompasses zu verlangen (a.A. vertretbar mit dem Argument, es habe kein Grund vorgelegen, die Sollvorgabe zu missachten, was zur Überschreitung der Vertretungsmacht geführt habe; dann aber wäre eine Anscheinsvollmacht zu prüfen).

Findet also eine Zurechnung gem. § 164 I BGB statt, ist ein Schadensersatzanspruch des H gegen den V aus § 280 I BGB wegen schuldhafter Verletzung der Pflichten aus dem Auftragsverhältnis denkbar. Freilich trägt H die Beweislast dafür, dass er (oder V) den Kompass auch für 1.500,- € hätte veräußern können (er also einen Schaden hat, weil V „nur" 1.000,- € erzielte). Während ihm dieser Nachweis noch gelingen könnte, ist ein Verschulden des V wohl zu verneinen, da V keine strikte Vorgabe hatte, wenigstens 1.500,- € zu erzielen.

Auch in der **Variante** ist bei der Auslegung der Bevollmächtigung auf die Vollmachtserteilung zu schauen. Anders als im Ausgangsfall hatte V hier die strikte Vorgabe, den Kompass nicht unter 1.500,- € zu verkaufen. Daher ist anzunehmen, dass die Vollmacht insoweit begrenzt war und V einen Verkauf des Kompasses nur für mindestens 1.500,- € vornehmen durfte. Der Verkauf für 1.000,- € stand damit außerhalb der zwingenden Vorgabe. Fraglich ist die sich daraus ergebende Folge.

⇨ Es lässt sich der Standpunkt vertreten, dass eine Vertretungsmacht nicht bestanden habe. Für V ergäben sich die Rechtsfolgen dann aus §§ 177 ff. BGB. Er haftete dem K gem. § 179 I BGB auf Schadensersatz, sofern H nicht das Geschäft genehmigte.

⇨ Man kann sich aber auch auf den Standpunkt stellen, dass in Konstellationen der vorliegenden Art der Verkehrsschutz überwiege und eine Vertretungsmacht daher (unmittelbar aus § 164 BGB oder wegen § 242 BGB) bestehe.

⇨ Der zuerst genannte Standpunkt ist der der h.M. und entspricht auch dem Wortlaut des § 164 I BGB („innerhalb der ihm zustehenden Vertretungsmacht"). Für eine teleologische Auslegung der Norm ist trotz des Bedürfnisses des K nach Verkehrsschutz kein Raum, da der Gesetzgeber eine klare Regelung zugunsten des Geschäftsherrn getroffen hat. Die Interessen des Geschäftsgegners sind nach Auffassung des Gesetzgebers hinreichend über § 179 BGB gewahrt. Möchte dieser das Risiko, dass sein Anspruch gegen den Vertreter ohne Vertretungsmacht uneinbringlich ist, ausschließen, bleibt ihm selbstverständlich unbenommen, sich nicht auf das Vertretergeschäft einzulassen, sollte ihm nicht das Bestehen der Vertretungsmacht nachgewiesen werden.

V hat außerhalb der „ihm zustehenden Vertretungsmacht" gehandelt, was die Anwendbarkeit der §§ 177-179 BGB zur Folge hat. Sollte H nicht genehmigen, ist kein Kaufvertrag zwischen ihm und K zustande gekommen, der H verpflichtete, den Kompass (für 1.000,- €) an K zu übereignen.[723]

## d.) Untervollmacht

Erteilt der Geschäftsherr einer Person eine Vollmacht, wird diese Vollmacht als **Haupt-** **vollmacht** bezeichnet. Das ist der bisher behandelte Normalfall. Es ist aber auch denkbar, dass der Hauptbevollmächtigte die Vollmacht an eine weitere Person „weiterleitet", diese also ermächtigt, den Geschäftsherrn zu vertreten. Diese weitere Vollmacht wird als **Untervollmacht** bezeichnet.[724]

730

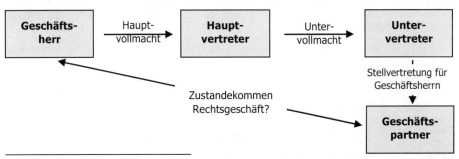

---

[723] H kann dann aber gem. §§ 280 I, 241 II BGB V wegen Verletzung einer Pflicht aus dem Grundverhältnis auf Schadensersatz in Anspruch nehmen. (Vorrangig) denkbar ist auch ein Schadensersatzanspruch wegen unberechtigter Geschäftsführung ohne Auftrag (§ 678 BGB). Eine solche liegt vor, wenn die Übernahme der Geschäftsführung weder dem objektiven Interesse des Geschäftsherrn noch dessen Willen entspricht (*R. Schmidt*, SchuldR BT II, Rn 104 ff.).
[724] Vgl. auch *Wolf/Neuner*, AT, § 50 Rn 33.

## aa.) Zulässigkeit der Unterbevollmächtigung; Umfang der Vertretungsmacht

**731** Ob der Hauptvertreter einem Dritten Untervollmacht erteilen darf, ist – jedenfalls bei einer **rechtsgeschäftlich** erteilten Hauptvollmacht – eine Auslegungsfrage (§§ 133, 157 BGB)[725] und wird – ohne ausdrückliche Regelung – regelmäßig anzunehmen sein, wenn der Geschäftsherr kein erkennbares Interesse an der persönlichen Wahrnehmung der Vertretungsmacht durch den (Haupt-)Bevollmächtigten hat.[726] Dieser kann dann den Untervertreter im Namen des Vertretenen bevollmächtigen.[727]

Die wirksame **Untervertretung** setzt sowohl eine *wirksame Vertretungsmacht des Hauptvertreters* (Hauptvollmacht) als auch eine *wirksame Untervollmacht* voraus.

**732** Indiz für die Zulässigkeit der Unterbevollmächtigung kann neben dem fehlenden persönlichen Interesse des Geschäftsherrn an der ausschließlichen Hauptvollmacht auch der Umfang der Hauptbevollmächtigung sein.

So kann zum **Beispiel** ein Generalbevollmächtigter regelmäßig Unterbevollmächtigte bestellen.

**733** Beruht die Hauptvollmacht aber auf einem ganz besonderen Vertrauen des Vollmachtgebers, **schließt** dieser Umstand die Erteilung einer Untervollmacht regelmäßig **aus**.[728]

So kann zum **Beispiel** ein Rechtsanwalt, der Vollmacht zum Geldempfang hat, hierfür keine Untervollmacht an eine nicht bei ihm angestellte Person erteilen.[729]

**734** Die **gesetzliche** Vertretungsmacht deckt i.d.R. die Erteilung einer Untervollmacht, sofern nicht gesetzliche Bestimmungen entgegenstehen. Ebenso deckt die organschaftliche Vertretung grundsätzlich die Erteilung weiterer Vollmachten, jedoch nicht die Erteilung der Generalvollmacht an ein Nichtorgan.[730]

**735** Fehlen eine *wirksame Vertretungsmacht des Hauptvertreters* (Hauptvollmacht) oder eine *wirksame Untervollmacht*, handelt der Untervertreter als Vertreter ohne Vertretungsmacht (mit der Folge aus § 179 BGB, sofern eine Genehmigung gem. § 177 BGB ausbleibt). Im Übrigen gelten für die Wirksamkeit der Untervertretung dieselben Kriterien wie für die „normale" Vertretung. So muss der **Untervertreter eine eigene Willenserklärung im Namen des Vertretenen abgeben**. Für die Wirksamkeit der Untervertretung ist es aber nicht erforderlich, dass er die Untervertretung offenlegt.[731]

**735** Liegen die Voraussetzungen der Untervertretung jedoch vor, treffen die Wirkungen des Rechtsgeschäfts unmittelbar den Vertretenen, nicht den Hauptvertreter.

**Beispiel:** Metzgermeister M beauftragt und bevollmächtigt seinen Gesellen G, Wurstdärme zu besorgen. G erteilt daraufhin dem Auszubildenden A den Auftrag, das Material für M zu erwerben.

Hier besitzt jedenfalls G eine von M erteilte Hauptvollmacht. Sofern man davon ausgeht, dass G nicht den Kauf von Wurstdärmen höchstpersönlich tätigen muss (etwa weil er im Vergleich zu A eine besondere Sachkunde besitzt), konnte G seinerseits dem A Untervollmacht einräumen (völlig unproblematisch wäre im Übrigen eine reine Botenschaft des A). Kauft A dann Wurstdärme, kommt der Kaufvertrag unmittelbar mit Wirkung für und gegen

---

[725] OLG Frankfurt VersR 1976, 172, 173.
[726] *Brox/Walker*, AT, Rn 548 mit Verweis auf BGH WM 1959, 377. Vgl. auch OLG Frankfurt VersR 1976, 172, 173.
[727] So auch *Schilken*, in: Staudinger, § 167 Rn 61 f.
[728] OLG Frankfurt VersR 1976, 172, 173.
[729] OLG Düsseldorf WM 1974, 616.
[730] Vgl. zu den Beispielen *Leptien*, in: Soergel, § 167 Rn 56; *Schubert*, in: MüKo, § 167 Rn 82.
[731] *Schubert*, in: MüKo, § 167 Rn 76.

M zustande. Entscheidend ist nur, dass A zum Ausdruck bringt, dass er für M handelt. Er muss nicht erwähnen, dass er selbst (nur) Untervertreter ist.

---

**Zusammenfassung:** Damit die Rechtsfolgen des Geschäfts, das der **Untervertreter** tätigt, den Geschäftsherrn treffen, ist es erforderlich, dass im Zeitpunkt des Untervertretergeschäfts

- eine wirksame Hauptvollmacht vorlag, die den Hauptvertreter ermächtigte, im Namen des Geschäftsherrn eine Untervollmacht zu erteilen,

- der Hauptvertreter **im Namen des Geschäftsherrn** eine Untervollmacht erteilt hat und dass

- der Unterbevollmächtigte die Willenserklärung **im Namen des Geschäftsherrn** abgab, also offenlegte, für den Geschäftsherrn zu handeln.

Nicht erforderlich ist es, dass der Untervertreter seine Stellung als Unterbevollmächtigter offenlegt.

737

---

## bb.) Sonderfall „Vertreter des Vertreters"

Teilweise ist anerkannt, einen Fall der Untervertretung auch dann anzunehmen, wenn der Hauptvertreter den Untervertreter **im eigenen Namen bevollmächtigt**, für **ihn** tätig zu werden. Der Unterbevollmächtigte handelt dann im Namen des Hauptvertreters, vertritt diesen also in seiner Eigenschaft als Vertreter des Hauptvollmachtgebers.[732] Er ist sozusagen „**Vertreter des Vertreters**". Die Rechtsfolgen des Handelns des Untervertreters treffen jedoch – wenn auch für eine juristische Sekunde über den Hauptvertreter – den Geschäftsherrn.[733]

738

Bedeutung gewinnt diese Konstruktion v.a. bei **fehlender Hauptvollmacht**. Denn handelt der Hauptvertreter ohne Vertretungsmacht, entfällt nach Auffassung des BGH für den Untervertreter die Einstandspflicht nach § 179 BGB. Dieser hafte nur, wenn die Untervollmacht nicht bestand.[734] Im Übrigen müsse sich der Geschäftspartner an den Hauptvertreter wenden.

Die überwiegende Literatur lehnt die Konstruktion des „Vertreters des Vertreters" ab. Sie verbleibt bei dem Grundsatz, dass die Folgen des Geschäfts – soweit der Untervertreter im Namen des Hauptvertreters handelt – allein und direkt in der Person des Hauptvertreters eintreten. Lege der Untervertreter seine Stellung als Untervertreter (also die Mehrstufigkeit der Vertretung) offen, hafte im Fall der fehlenden Hauptvollmacht nur der Hauptvertreter nach § 179 BGB, da der Untervertreter bei fehlender Kenntnis von diesem Mangel selbst schutzwürdig sei. Habe der Untervertreter, ohne das gestufte Vertretungsverhältnis offenzulegen, im Namen des Geschäftsherrn gehandelt, dürfe der Geschäftspartner sich auf eine – wie auch immer konstruierte – wirksame Vertretung verlassen. Da der Hauptvertreter selbst nicht auftrete, hafte nicht er, sondern der Untervertreter ggf. auch für Mängel der Hauptvollmacht.[735] Nach dieser Auffassung ist aber eine **Genehmigung** des Rechtsgeschäfts, das der Untervertreter als „Vertreter des Vertreters" getätigt hat, sowohl durch den Geschäftsherrn als auch (bei entsprechender Vertretungsmacht) durch den Hauptbevollmächtigten möglich.[736]

---

[732] *Stadler*, AT, § 30 Rn 26; *Brox/Walker*, AT, Rn 548 – zurückgehend auf RGZ 108, 405, 407; BGHZ 32, 250, 253 f.
[733] *Stadler*, AT, § 30 Rn 26 mit Verweis auf BGHZ 32, 250, 254.
[734] BGHZ 32, 250, 254 f.; 68, 391, 394 ff.
[735] *Stadler*, AT, § 30 Rn 26; *Wolf/Neuner*, AT, § 50 Rn 33 ff.; *Medicus/Petersen*, AT, Rn 951; *Schubert*, in: MüKo, § 167 Rn 79; *Schilken*, in: Staudinger, § 167 Rn 62; *Leptien*, in: Soergel, § 167 Rn 60; *Brox/Walker*, AT, Rn 548.
[736] *Schubert*, in: MüKo, § 167 Rn 79; *Leptien*, in: Soergel, § 167 Rn 60.

### cc.) Haftungsfragen

**739** Bestand eine der beiden Vollmachten (Hauptvollmacht, Untervollmacht) nicht und wurde das Vertretungsgeschäft auch nicht nach § 177 BGB genehmigt, stellt sich die Frage nach der Haftung. Hier ist zu unterscheiden:

**740** ▪ **Es bestanden weder Haupt- noch Untervollmacht:** Ist sowohl die Haupt- als auch die Untervollmacht mangelhaft, dann haftet der Untervertreter dem Geschäftspartner unstreitig nach § 179 BGB.

**741** ▪ **Es bestand eine Hauptvollmacht, aber keine Untervollmacht:** Bestand zwar eine wirksame Hauptvollmacht, ist aber die Untervollmacht nicht wirksam erteilt worden, haftet der Untervertreter dem Geschäftspartner nach allgemeiner Auffassung als Vertreter ohne Vertretungsmacht ebenfalls nach **§ 179 BGB**.[737]
Eine Genehmigung des Rechtsgeschäfts ist aber sowohl durch den Geschäftsherrn als auch (bei entsprechender Vertretungsmacht) durch den Hauptbevollmächtigten möglich (s.o.). Dies gilt nach allgemeiner Auffassung auch bei der zum Teil abgelehnten Vertretung des Vertreters (s.o.).

**Beispiel:** Hauptbevollmächtigter V erzählt seinem Freund F, dass er (V) für seinen Geschäftsherrn G einen Pkw kaufen solle. Da sich F in diesem Bereich auskennt, bittet V den F, sich einmal „umzusehen". F geht daraufhin in der (irrigen) Annahme, eine Untervollmacht erteilt bekommen zu haben, zu D und kauft im Namen des G ein Auto.
F hat vorliegend als Vertreter ohne Vertretungsmacht gehandelt, sodass das Rechtsgeschäft zunächst schwebend unwirksam ist. Erteilt G keine Genehmigung (§ 177 BGB), dann wird es endgültig unwirksam. In diesem Fall haftet F dem D nach § 179 BGB.

**742** ▪ **Es bestand keine Hauptvollmacht, aber eine Untervollmacht:** Streitig ist die Frage nach der Haftung des Untervertreters nach § 179 BGB, wenn die Hauptvollmacht nicht bestand (Hauptvollmacht wurde nicht wirksam erteilt oder deckt nicht den Umfang der Untervollmacht) und *deswegen* die Untervollmacht mangelhaft ist.

⇨ Nach Auffassung des BGH[738] und eines Teils der Literatur[739] haftet der Untervertreter dem Geschäftspartner nur dann nach § 179 BGB, wenn er seine Untervertretung nicht offengelegt hat. Teile er dem Geschäftspartner dagegen mit, dass eine mehrstufige Vertretung vorliege und dass er seine Vollmacht von der Hauptvertretung ableite, nehme er nur das Vertrauen des Geschäftspartners hinsichtlich einer wirksam erteilten Untervollmacht in Anspruch. Bei Mängeln der Hauptvollmacht hafte dann der Hauptvertreter.

⇨ Nach der Gegenauffassung[740] muss der Hauptvertreter nach § 179 BGB haften, wenn keine wirksame Hauptvertretung besteht, da sie ja gerade die Figur des „Vertreters des Vertreters" ablehnt.

**743**
> **Hinweis für die Fallbearbeitung:** Gelangen die dargestellten Auffassungen zu unterschiedlichen Ergebnissen, ist eine Streitentscheidung erforderlich. Vertretbar sind beide Auffassungen gleichermaßen. Der Klausurbearbeiter muss nur die Argumente vortragen und sich für die eine oder die andere Auffassung entscheiden. Letztlich geht es um die Abwägung der Schutzwürdigkeit der Personen des Untervertreters und des Geschäftsgegners und um die Frage, wem von beiden das Insolvenzrisiko bezüglich der Person des Hauptvertreters (eher) zugemutet werden kann bzw. soll.

---

[737] BGHZ 32, 250; 68, 391, 397; *Leptien*, in: Soergel, § 167 Rn 60; *Medicus/Petersen*, AT, Rn 950; *Stadler*, AT, § 33 Rn 10.
[738] BGHZ 32, 250, 254 f.; 68, 391, 394 ff.; OLG Köln NJW-RR 1996, 212.
[739] *Medicus/Petersen*, AT, Rn 996; *Wolf/Neuner*, AT, § 50 Rn 38; *Stadler*, AT, § 32 Rn 10; *Ellenberger*, in: Palandt, § 179 Rn 3; *Bühler*, MDR 1987, 985, 986.
[740] *Schubert*, in: MüKo, § 167 Rn 79; *Leptien*, in: Soergel, § 167 Rn 60; *Brox/Walker*, AT, Rn 548.

## e.) Die Gesamtvollmacht

Soll die Vertretungsmacht mehreren Personen zustehen, kann dies auf unterschiedliche Arten verwirklicht werden. **744**

■ Zum einen ist es möglich, dass jeder Einzelne allein vertretungsberechtigt ist (sog. **Einzel- oder Solidarvollmacht**).

■ Zum anderen kann auch eine Gesamtvollmacht erteilt werden. Eine **Gesamtvollmacht** (auch Kollektivvollmacht) liegt vor, wenn nur alle Vertreter zusammen oder jeweils mehrere Vertreter gemeinsam vertretungsberechtigt sind. Diese Art der Vollmacht ist zumeist eine Vorsichtsmaßnahme gegen eine treuwidrige Ausübung der Vertretungsmacht und ist insbesondere bei gesetzlicher (organschaftlicher) Vertretungsmacht die Regel.

**Beispiele:** § 1629 I S. 2 BGB, § 78 II AktG, § 35 II S. 2 GmbHG, § 25 I S. 1 GenG. Auch bei der Prokura ist eine gemeinsame Stellvertretung nicht unüblich (sog. Gesamtprokura), vgl. dazu Rn 749 ff.

Bei einer rechtsgeschäftlich erteilten Vertretungsmacht kommt es für die Frage, ob eine Einzel- oder Gesamtvollmacht gewollt war, auf die **Auslegung** der Bevollmächtigung an.[741] Nicht selten findet sich die Gesamtvertretung bei der Prokura und der Handlungsvollmacht oder bei den Personenhandelsgesellschaften (vgl. dazu §§ 48 II, 125 II S. 1 HGB und sogleich). Nach allgemeiner Auffassung genügt es jedoch, dass **nach außen hin ein Gesamtvertreter** auftritt. Die anderen können gegenüber dem nach außen handelnden Gesamtvertreter (also intern) oder gegenüber dem Geschäftsgegner zustimmen.[742] Im letzteren Fall wird das Rechtsgeschäft erst mit der letzten Erklärung *ex nunc* wirksam. Sowohl die interne Zustimmung als auch die Genehmigung können durch schlüssiges Verhalten erklärt werden. Die vorher erteilte Zustimmung („Ermächtigung", vgl. §§ 125 II S. 2, 150 II S. 1 HGB, 78 IV, 269 IV AktG, 25 III GenG) erweitert die Gesamtvertretungsmacht punktuell zu einer Einzelvertretungsmacht. In Anknüpfung an die eben aufgezählten Vorschriften soll eine solche punktuelle Ermächtigung in allen Fällen der Gesamtvertretung zulässig sein.[743] Eine *unbeschränkte* Ermächtigung ist aber wegen der Vereitelung des Zwecks der Gesamtvertretung unzulässig.[744] **745**

**Willensmängel** und Kenntnis oder Kennenmüssen des Vertreters i.S.d. **§ 166 I BGB** sind gegeben, wenn diese Voraussetzungen bei *einem* beteiligten Vertreter vorliegen.[745] **746**

Zur **Entgegennahme von Willenserklärungen** (**Passivvertretung**) ist jeder Gesamtvertreter allein berechtigt, da bei passiver Vertretung die Gefahr eines ungetreuen Handelns nicht besteht. Ausdrücklich geregelt ist dies in §§ 26 II S. 2, 1629 I S. 2 BGB, 125 II S. 3 HGB, 78 II AktG, 35 II S. 3 GmbHG, die gesetzlicher Ausdruck eines allgemeinen Rechtsgedankens sind.[746] **747**

## f.) Vollmachten im Handelsverkehr

## aa.) Prokura, §§ 48 ff. HGB

## (a.) Begriff und Bedeutung

Die Prokura ist eine **rechtsgeschäftlich erteilte**, in ihrem **Umfang** jedoch **gesetzlich** geregelte besondere Form der Vertretungsmacht i.S.d. § 164 BGB. Insbesondere im Handelsverkehr wäre das Risiko der mangelnden Vertretungsmacht, das jede Stellvertretung **748**

---

[741] *Ellenberger*, in: Palandt, § 167 Rn 13.
[742] BGH NJW 1982, 1036, 1037; BAG NJW 1996, 2594, 2595.
[743] BGHZ 64, 72, 74.
[744] BGHZ 34, 27, 30; NJW-RR 1986, 778.
[745] BGHZ 62, 166, 173.
[746] *Ellenberger*, in: Palandt, § 167 Rn 14. Vgl. auch BGHZ 62, 166, 173.

in sich birgt, unannehmbar. Durch die Prokura soll dieses Risiko weitestgehend ausgeschlossen werden, sodass sich der Dritte auf die Vertretungsmacht des Stellvertreters und damit die Gültigkeit des Geschäfts mit dem anvisierten Geschäftspartner verlassen kann. Dies wird zum einen durch den gesetzlich festgelegten Umfang der Prokura (§ 49 HGB) und zum anderen durch die gesetzlich bestimmte Wirkungslosigkeit der Beschränkung des Umfangs gegenüber Dritten (§ 50 HGB) erreicht.

### (b.) Einzelprokura – Gesamtprokura, § 48 HGB

**749**   Gemäß § 48 I HGB kann die Prokura nur von dem Inhaber des Handelsgeschäfts oder seinem gesetzlichen Vertreter und nur mittels **ausdrücklicher Erklärung** erteilt werden. Eine Prokuraerteilung aufgrund schlüssigen oder duldenden Verhaltens ist somit ausgeschlossen. Sie kann allenfalls als Erteilung einer Handlungsvollmacht gewertet werden.[747] Eine darüber hinausgehende besondere Form der Prokuraerteilung (etwa Schriftform) ist aber nicht erforderlich; sie ist lediglich gem. § 53 I HGB ins **Handelsregister** einzutragen. Dabei handelt es sich jedoch nicht um eine Wirksamkeitsvoraussetzung. Die Handelsregistereintragung wirkt nur **deklaratorisch**.[748]

Bedeutung kann die Eintragung aber nach dem **Erlöschen** der Prokura erlangen. Denn gem. § 53 III HGB ist das Erlöschen der Prokura in gleicher Weise wie die Erteilung ins Handelsregister einzutragen. Geschieht dies nicht, haftet derjenige, in dessen Angelegenheiten sie einzutragen gewesen wäre, nach § 15 I HGB. Dies gilt nach h.M. sogar, wenn die Erteilung der Prokura nicht eingetragen war (dazu Rn 758 ff.).

**750**   Gemäß § 48 II HGB kann die Prokura auch mehreren Personen gleichzeitig erteilt werden (sog. **Gesamtprokura**). Es sind aber auch Mischformen möglich.

> **Beispiel:** P hat Einzelprokura. X hat Gesamtprokura gemeinsam mit Y.

**751**   Die Gesamtprokura gem. § 48 II HGB ist eine Gemeinschaftsprokura, bei der das Zusammenwirken mehrerer Prokuristen erforderlich ist, um den Kaufmann wirksam zu verpflichten. Die Gesamtprokuristen müssen die Prokura grundsätzlich bei allen aktiven Rechtsgeschäften zusammen ausüben, was aber nicht bedeutet, dass alle zur selben Zeit und am selben Ort handeln müssen; es genügt, wenn sie nacheinander handeln.[749] Selbst die interne Genehmigung durch den anderen Prokuristen genügt. Die Stellvertretung greift in diesem Fall also dann, wenn der letzte Prokurist gehandelt hat.

**752**

> **Hinweis für die Fallbearbeitung:** Im Rahmen der Passivvertretung ist analog §§ 125 II S. 3, III S. 2 HGB, 26 II S. 2 BGB, 78 II S. 2 AktG, 35 II S. 3 GmbHG beim Zugang von Willenserklärungen die Entgegennahme durch einen Prokuristen ausreichend.[750] Dieses Prinzip gilt auch im Hinblick auf das Kennen oder Kennenmüssen bestimmter Umstände oder Willensmängel (vgl. §§ 166, 932 II BGB, 366 HGB), bei denen die Kenntnis lediglich eines Prokuristen ausreicht.[751]

### (c.) Umfang der Prokura, § 49 HGB

**753**   § 49 HGB legt den Umfang der Prokura fest. Nach § 49 I HGB wird der Prokurist zu allen Arten von gerichtlichen und außergerichtlichen Geschäften und Rechtshandlungen, die der (laufende) Betrieb (irgend-)eines Handelsgewerbes mit sich bringt, ermächtigt.

---

[747] *Joussen*, WM 1994, 273, 274.
[748] Wohl unstreitig, vgl. nur *Ruß*, in: Heidelberger Kommentar zum HGB, § 53 Rn 1.
[749] *Brox/Henssler*, HandelsR, Rn 171.
[750] *Roth*, in: Koller/Kindler/Roth/Drüen, HGB, § 48 Rn 15; *Brox/Henssler*, HandelsR, Rn 171.
[751] *Brox/Henssler*, HandelsR, Rn 171; *Roth*, in: Koller/Kindler/Roth/Drüen, HGB, § 48 Rn 15.

**Beispiele:** Kreditaufnahme, Anstellung von Personal, Eingehen von Verbindlichkeiten, Erwerb von Grundstücken, Erteilen von Handlungsvollmacht, Gründen und Beenden von Zweigniederlassungen etc.

**Nicht** zum laufenden Betrieb eines Handelsgewerbes gehören Geschäfte, die das Handelsgeschäft als solches betreffen (sog. **Grundlagengeschäfte**). Tätigt der Prokurist hier Geschäfte, handelt er außerhalb seiner Vertretungsmacht. Das betrifft insbesondere die in § 49 II HGB genannten Geschäfte. Danach ist der Prokurist nur dann zur *Veräußerung* und *Belastung* von Grundstücken ermächtigt, wenn ihm diese Befugnis erteilt wird. Ein Grundstücks*erwerb* ist dagegen bereits nach § 49 I HGB ohne zusätzliche Vollmacht möglich. Dies gilt selbst dann, wenn dabei zur Sicherung des Kaufpreises eine Hypothek übernommen wird (einheitliches Erwerbsgeschäft).[752] Gleiches gilt für die Vermietung, Verpachtung, Bestellung eines Vorkaufsrechts oder die Löschung von Grundpfandrechten.

**754**

> **Beispiele:** Der Prokurist ist nicht ermächtigt, den Betrieb zu veräußern, neue Gesellschafter aufzunehmen, die Rechtsform des Betriebs zu ändern, einen Insolvenzantrag zu stellen oder den Unternehmensgegenstand zu ändern.

Ausgenommen von der Vertretungsmacht des Prokuristen sind auch die sog. **Prinzipalgeschäfte**.

**755**

> **Beispiele:** Der Prokurist kann also z.B. Anmeldungen zum Handelsregister, die die Grundlagen des eigenen Unternehmens betreffen, nicht anstelle des Kaufmanns wirksam vornehmen (§§ 29, 31 HGB), er kann keine Bilanzen für den Kaufmann unterzeichnen (§ 245 HGB) und er kann auch seinerseits keine Prokura erteilen, § 48 I HGB.[753]

Der Prokurist ist schließlich auch nicht vom Verbot des **Selbstkontrahierens** (vgl. § 181 BGB) befreit. In dieser Hinsicht bedarf er einer besonderen Gestattung, die sich im Falle ihrer Erteilung auf den Umfang der Prokura beschränkt und ins Handelsregister einzutragen ist.[754] Eine diesbezügliche Registereintragung könnte lauten: „Unter Befreiung der Beschränkungen des § 181 BGB ist Herr ... zum Prokuristen bestellt."

**756**

## (d.) Keine Beschränkung der Prokura im Außenverhältnis, § 50 HGB

Der gesetzlich festgelegte Umfang der Prokura kann im Innenverhältnis zwar beschränkt werden, gem. § 50 I HGB haben solche Beschränkungen Dritten gegenüber aber keine Wirkung (sog. Unbeachtlichkeit der Beschränkungen im Außenverhältnis). Dies gilt gem. § 50 II HGB insbesondere dann, wenn gemäß den Vorgaben im Innenverhältnis die Prokura nur für gewisse Geschäfte oder gewisse Arten von Geschäften oder nur unter gewissen Umständen oder für eine gewisse Zeit oder an einzelnen Orten ausgeübt werden soll. Im Außenverhältnis hat der Prokurist also immer die Vertretungsmacht i.S.d. § 49 HGB. Nur ausnahmsweise führt ein Missbrauch der Vertretungsmacht (= Überschreitung der im Innenverhältnis gesetzten Beschränkungen) nicht zu einer Verpflichtung im Außenverhältnis. Dies ist nach den Grundsätzen des Missbrauchs der Vertretungsmacht nur in den Fällen der Kollusion (= absichtliches Zusammenwirken von Vertreter und Drittem zum Nachteil des Vertretenen) oder Evidenz (= der Dritte weiß oder hätte bei Anwendung der im Verkehr erforderlichen Sorgfalt erkennen müssen, dass der Prokurist missbräuchlich handelt) der Fall.[755] Vgl. dazu Rn 871 ff.

**757**

Wenn – bis auf die genannten Ausnahmen – nach diesen Grundsätzen eine im Innenverhältnis vorgenommene Beschränkung der Prokura im Außenverhältnis unbeachtlich ist, stellt sich die

---

[752] *Ruß*, in: Heidelberger Kommentar zum HGB, § 49 Rn 3.
[753] Der Prokurist ist auch kein „gesetzlicher Vertreter" des Kaufmanns i.S.v. § 48 I Var. 2 HGB.
[754] BayObLG BB 1980, 1487.
[755] Vgl. BGH NJW 2006, 2776 f.

Frage, warum es in der Praxis überhaupt vorkommt, dass im Innenverhältnis Beschränkungen vorgenommen werden. Zwar kann der Kaufmann trotz interner Beschränkung der Prokura das Vertretergeschäft nicht verhindern, handelt der Prokurist aber weisungswidrig, macht er sich gegenüber dem Kaufmann mitunter schadensersatzpflichtig (wegen Verletzung vertraglicher Pflichten, § 280 I BGB) und riskiert arbeitsrechtliche Konsequenzen (Abmahnung, Kündigung).

**Beispielsfall** zur Prokura: Dem P, Leiter der Vertriebsabteilung bei der B-GmbH, wurde vom Geschäftsführer der B, dem G, Prokura erteilt. In der schriftlichen Urkunde heißt es, dass P zu allen Arten von gerichtlichen und außergerichtlichen Geschäften und Rechtshandlungen ermächtigt werde, die der (laufende) Betrieb der B-GmbH mit sich bringe, jedoch Verträge nur bis zu einem Auftragsvolumen von 50.000,- € abschließen dürfe. Verträge, die dieses Volumen überschreiten, bedürften der vorherigen Genehmigung des G. Die Prokura wurde anschließend formell ordnungsgemäß ins Handelsregister eingetragen. Später kaufte P im Namen der B-GmbH bei der X-AG drei neue Lieferwagen für den Vertrieb. Der Gesamtwert des Auftrags betrug 60.000,- €. Ursprünglich sollte der Kaufpreis pro Fahrzeug 25.000,- € betragen. Aufgrund seines Verhandlungsgeschicks und der Bestellmenge gelang es P, den Gesamtpreis von 60.000,- € zu vereinbaren. Die Fahrzeuge sollten eine Woche später in der Niederlassung der X-AG bezahlt und übergeben werden. Der Kaufpreis sollte in der Zwischenzeit durch Vorabüberweisung gezahlt werden. Unmittelbar danach wies P die Finanzbuchhalterin F an, den Rechnungsbetrag zu überweisen. F jedoch verweigerte dies mit Verweis auf den hohen Betrag; sie werde erst dann überweisen, wenn G dies genehmige. G erklärte daraufhin (auch gegenüber dem Vertreter V der X-AG), dass die Fa. B an den Fahrzeugen kein Interesse habe; das Verhalten des P sei eigenmächtig gewesen.

Kann die X-AG, vertreten durch V, gleichwohl von der B-GmbH, vertreten durch G, Zahlung des Kaufpreises und Abnahme der Fahrzeuge verlangen?

Lösung: Mögliche Anspruchsgrundlage ist § 433 II BGB. Voraussetzung für den Kaufpreisanspruch ist zunächst ein wirksamer Kaufvertrag (§ 433 BGB) zwischen der B-GmbH und der X-AG. Ein Kaufvertrag kommt durch übereinstimmende, mit Bezug aufeinander abgegebene Willenserklärungen (Angebot und Annahme, §§ 145 ff. BGB) zustande.

Aufseiten der X-AG ist die Vertragserklärung unproblematisch. Aufseiten der B-GmbH hat jedoch nicht G als gesetzlicher Vertreter gem. § 35 I GmbHG gehandelt, sondern P. Eine Zurechnung kann über § 164 I BGB erfolgen. Dazu müssten dessen Voraussetzungen vorliegen. Eine eigene Willenserklärung des P liegt vor. Auch an der Einhaltung des Offenkundigkeitsprinzips ("Handeln im fremden Namen") bestehen keine Zweifel. Fraglich ist allein, ob P mit (ausreichender) Vertretungsmacht handelte. Zwar war P bevollmächtigt, Verträge im Namen der B-GmbH zu schließen, jedoch nur bis zu einem Auftragsvolumen von 50.000,- €. Da P aber mit der X-AG einen Vertrag mit einem Auftragsvolumen von 60.000,- € schloss, ist die Vollmacht überschritten, was die Frage nach der Konsequenz aufwirft. Während es generell denkbar erscheint, aus Gründen des Verkehrsschutzes eine Zurechnung anzunehmen, verneint die (wohl ganz) h.M. die Zurechnung.[756] In der Tat sprechen der Wortlaut des § 164 I S. 1 BGB ("innerhalb der ihm zustehenden Vertretungsmacht") und die Regelungen der §§ 177 ff. BGB (Vertretung ohne Vertretungsmacht) für die Auffassung der h.M. Gleichwohl kann die Frage dahinstehen, wenn die Rechtslage im Rahmen der Prokura eindeutig ist. Diese ist in §§ 48 ff. HGB geregelt. Nach § 49 I HGB wird der Prokurist zu allen Arten von gerichtlichen und außergerichtlichen Geschäften und Rechtshandlungen ermächtigt, die der (laufende) Betrieb eines Handelsgewerbes mit sich bringt. Ausnahmen gelten bei Grundlagengeschäften und Prinzipalgeschäften. Hingegen wirken sich Beschränkungen im Innenverhältnis nicht auf das Außenverhältnis aus: Zwar kann im Innenverhältnis der Umfang der Prokura beschränkt werden, gem. § 50 HGB haben solche Beschränkungen Dritten gegenüber aber keine Wirkung. Im Außenverhältnis hat der Prokurist also immer die Vertretungsmacht i.S.d. § 49 HGB. Ausnahmen von diesem Grundsatz bestehen lediglich bei Missbrauch der Vertretungsmacht und sind

---

[756] Vgl. nur *Ellenberger*, in: Palandt, § 164 Rn 13; NK-*Ackermann*, § 167 Rn 45; *Medicus/Petersen*, AT, Rn 927/932. Auch der BGH scheint davon auszugehen, dass eine Überschreitung der Innenvollmacht nicht dazu führt, dass das Vertretergeschäft dem Vertretenen zugerechnet wird (BGH NJW 2015 1510, 1511).

gegeben bei Kollusion (= absichtliches Zusammenwirken von Vertreter und Drittem zum Nachteil des Vertretenen) und Evidenz (= der Dritte weiß oder hätte bei Anwendung der im Verkehr erforderlichen Sorgfalt erkennen müssen, dass der Prokurist missbräuchlich handelt). Vorliegend ist aber ein solcher Missbrauch der Vertretungsmacht nicht erkennbar.

Somit wirkt die Beschränkung auf 50.000,- € pro Rechtsgeschäft nicht im Außenverhältnis. P handelte mit Vertretungsmacht i.S.d. § 164 I BGB i.V.m. § 49 HGB.

Mithin erfolgt eine Zurechnung der Vertragserklärung des P und ein Kaufvertrag zwischen der B-GmbH und der X-AG ist wirksam zustande gekommen. Der Anspruch auf Kaufpreiszahlung i.H.v. 60.000,- € besteht.

Ergebnis: Die X-AG, vertreten durch V, kann gem. § 433 II BGB von der B-GmbH, vertreten durch G, Zahlung von 60.000,- € und Abnahme der Fahrzeuge verlangen.

## (e.) Erlöschen der Prokura

758 Gemäß § 168 S. 1 BGB bestimmt sich das Erlöschen der Vollmacht nach dem ihrer Erteilung zugrunde liegenden Rechtsverhältnis. Damit erlischt auch die Prokura mit der Beendigung des Grundverhältnisses (z.B. Arbeitsverhältnis oder Gesellschafterstellung).[757]

759 Im Übrigen ist die Prokura – auch beim Fortbestehen des Grundverhältnisses – jederzeit ohne Begründung und ohne Rücksicht auf das zugrunde liegende Rechtsverhältnis widerruflich, §§ 168 S. 2 BGB, 52 I HGB. Der Widerruf der Prokura ist ein einseitiges, gestaltendes Rechtsgeschäft und erfolgt durch ausdrückliche, formlose, unbefristete und unbedingte Erklärung gegenüber dem Prokuristen (vgl. § 130 I BGB), der Öffentlichkeit oder ggf. gegenüber einem Dritten.[758]

760 -768 Nach Widerruf und Erlöschen der Prokura hat der Prokurist zwar keine Vertretungsmacht mehr, es besteht aber weiterhin der in **§ 15 I HGB** geregelte, aus der Publizität des Handelsregisters folgende **Verkehrsschutz**. Dritten gegenüber, denen der Widerruf der Prokura nicht bekannt ist, kann deren Erlöschen nach h.M. selbst dann nicht entgegengehalten werden, wenn die Erteilung der Prokura pflichtwidrig nicht ins Handelsregister eingetragen worden war.[759] Es gilt also: Solange die Prokura im Handelsregister eingetragen ist, ist das Vertretergeschäft genauso wirksam, als bestünde die Prokura fort.

> **Beispiel:** Wenn der Vertragspartner A, der mit dem Prokuristen P im Namen von dessen Firma B einen Vertrag geschlossen hat, zum Zeitpunkt des Vertragsschlusses keine Kenntnis von dem Erlöschen der Prokura hatte (weil die Prokura noch im Handelsregister eingetragen war und er auch sonst nichts von dem Erlöschen wusste), greift der Vertrauensschutz des § 15 I HGB. A kann sich gegenüber B darauf berufen, dass P Prokurist sei und damit Vertretungsmacht für B hatte. Liegt damit ein Zurechnungstatbestand vor, ist der Vertrag zwischen A und B zustande gekommen.

## bb.) Handlungsvollmacht, § 54 HGB

769 Auch die Handlungsvollmacht gem. § 54 HGB ist eine gesetzlich geregelte Sonderform der allgemeinen zivilrechtlichen Vertretungsmacht (§§ 164 ff. BGB). Ihr Umfang ist jedoch, wie auch der der Prokura, gesetzlich vorgegeben. Nach § 54 I HGB ist eine Handlungsvollmacht eine Vollmacht, die keine Prokura ist und beim Vorliegen bestimmter Voraussetzungen zur Vornahme aller Geschäfte und Rechtshandlungen ermächtigt, die der Betrieb eines **derartigen** Handelsgewerbes oder die Vornahme **derartiger** Geschäfte gewöhnlich mit sich bringen. Der Handlungsbevollmächtigte ist im Unterschied zu den in

---

[757] *K. Schmidt*, HandelsR, 5. Aufl. 1999, § 16 III 5 a (S. 477 f.).
[758] Vgl. *Roth*, in: Koller/Kindler/Roth/Drüen, HGB, § 52 Rn 2.
[759] Siehe zum Streitstand *Roth*, in: Koller/Kindler/Roth/Drüen, HGB, § 15 Rn 9. Zur nicht eingetragenen Befreiung eines Vertreters von den Beschränkungen des § 181 BGB vgl. BGH NJW-RR 2004, 120.

§ 55 HGB geregelten Abschlussvertretern im Betrieb des Geschäftsinhabers beschäftigt (Umkehrschluss aus § 55 I HGB).[760]

**770** Die Handlungsvollmacht hat einen gesetzlich festgelegten Mindestumfang, wobei der Dritte ungewöhnliche Beschränkungen nicht gegen sich gelten lassen muss, § 54 II und III HGB. Allerdings kann der Kaufmann eine Handlungsvollmacht so ausgestalten, dass sich daraus Beschränkungen für den Rechtsverkehr ergeben. Diese Beschränkungen sind in § 54 I HGB geregelt.

**771** Andere, ihm unbekannte Beschränkungen, muss sich der Dritte aber nur insoweit entgegenhalten lassen, als sie sich schon aus dem Gesetz ergeben, **§ 54 III HGB**. Hier kommt es auf die Kenntnis oder das Kennenmüssen (§ 122 II BGB) des Dritten an.

> **Beispiel:** Bedeutsam ist dafür die negative Abgrenzung des Umfangs einer Handlungsvollmacht in § 54 II HGB: Zur Veräußerung oder Belastung von Grundstücken, zur Eingehung von Wechselverbindlichkeiten, zur Aufnahme von Darlehen und zur Prozessführung ist der Handlungsbevollmächtigte nur ermächtigt, wenn ihm eine solche Befugnis besonders erteilt ist. Nur insoweit ist es also wie bei der Prokura auch hier notwendig bzw. empfehlenswert zu prüfen, ob eine derartige zusätzliche Befugnis des Handlungsbevollmächtigten, den Kaufmann zu verpflichten, besteht.

**772** Eine Handlungsvollmacht kann jeder Kaufmann erteilen. Sie braucht aber nicht – wie die Prokura – vom Inhaber persönlich erteilt zu werden, sondern kann auch von einem anderen Bevollmächtigten – z.B. von einem Prokuristen – erteilt werden.[761] Nichtkaufleute können dagegen grundsätzlich keine Handlungsvollmacht erteilen.
Die Handlungsvollmacht braucht auch nicht – ebenfalls anders als die Prokura –ausdrücklich erteilt zu werden.[762] Möglich ist auch die **stillschweigende** Erteilung einer Handlungsvollmacht. Freilich ist in solchen Fällen auch immer an eine sog. **Duldungsvollmacht** zu denken.[763]

**773** Die Handlungsvollmacht **erlischt** beim Erlöschen des Grundverhältnisses (§ 168 S. 1 BGB) und bei ihrem Widerruf, § 168 S. 2 BGB. Grundverhältnis bei der Handlungsvollmacht werden häufig ein Arbeitsverhältnis (§ 611a BGB) oder eine Geschäftsbesorgung (§ 675 BGB) sein.

**774** Schließlich ist bedeutsam, dass jeder Handlungsbevollmächtigte verpflichtet ist, bei der Abgabe von Willenserklärungen im Namen des Kaufmanns einen Zusatz zu verwenden, der seine Bevollmächtigung ausdrückt und nicht mit der Prokura verwechselt werden kann, etwa „i.V.", „in Vollmacht" oder „i.A.".[764], § 57 HGB. Die Regelung ist aber nur eine Ordnungsvorschrift. Bei einem Verstoß wird die Wirksamkeit des Vertretergeschäfts nicht beeinträchtigt.[765] Es kommt lediglich auf die tatsächliche Bevollmächtigung an, nicht auf die Art der Zeichnung.

### cc.) Vertretung durch Ladenangestellte, § 56 HGB

**775** Wer in einem Laden oder in einem offenen Warenlager[766] angestellt ist, gilt als ermächtigt zu <u>Ver</u>käufen (einschließlich der dinglichen Geschäfte) und Empfangnahmen, die in einem derartigen Laden oder Warenlager gewöhnlich geschehen, § 56 HGB (ausgeschlossen sind damit <u>An</u>käufe). Trotz der Verwendung des Verbs „gilt" handelt es sich

---

[760] *Brox/Henssler*, HandelsR, Rn 197.
[761] *Brox/Henssler*, HandelsR, Rn 182.
[762] Vgl. *K. Schmidt*, HandelsR, § 16 IV 2 a cc.
[763] Zur Duldungsvollmacht vgl. Rn 826 ff.
[764] *Roth*, in: Koller/Kindler/Roth/Drüen, HGB, § 57 Rn 2.
[765] *Roth*, in: Koller/Kindler/Roth/Drüen, HGB, § 54 Rn 3.
[766] Darunter ist jede dem Publikum zugängliche offene Verkaufsstätte zu verstehen (st. Rspr.). Beispiele: Fabrikverkauf, Lagerverkauf.

nach h.M. bei § 56 HGB nicht um eine gesetzliche Fiktion, sondern (lediglich) um eine **widerlegliche Vermutung für die Bevollmächtigung** der Ladenangestellten in dem gesetzlich umschriebenen Rahmen.[767] Gleichwohl schützt § 56 HGB damit in besonderer Weise das Vertrauen eines Dritten auf das Bestehen einer Vertretungsmacht. Analog § 54 III HGB muss der Dritte aber auch redlich sein.[768] Der Kaufmann kann die Ladenvollmacht nur dadurch ausschließen, dass er auf den Ausschluss besonders hinweist (z.B. durch ein Schild „Zahlung nur an der Kasse").

Der Ladenangestellte braucht kein Angestellter im arbeitsrechtlichen Sinne zu sein. Es kann sich z.B. auch um ein Familienmitglied des Kaufmanns handeln, das in keinem arbeitsrechtlichen Rechtsverhältnis zum Kaufmann steht. Notwendig ist allerdings, dass der Betroffene mit Wissen und Wollen des Inhabers durch eine entsprechende Funktionszuweisung mit einer auf den Verkauf ausgerichteten Tätigkeit in dessen Geschäftsräumen betraut ist.[769] Die Regelung des § 56 HGB über die Vertretungsmacht des Ladenangestellten ist damit nicht anwendbar auf andere für den Kaufmann tätige Personen wie etwa Packer, Reinigungspersonal oder Buchhalter. Nur wer wenigstens beim Verkauf in Räumen mitwirkt, die der Kundschaft offenstehen, ist Ladenangestellter im Sinne von § 56 HGB.[770]

### ff. Vorsorgevollmacht

Bei der in § 1901c S. 2 BGB geregelten Vorsorgevollmacht handelt es sich um ein Rechtsgeschäft (dazu Rn 191), durch das eine Person (der Vollmachtgeber) auf der Grundlage zumeist eines Auftrags (§ 662 BGB) eine andere Person dazu bevollmächtigt, im Namen und mit Wirkung für den Vollmachtgeber Erklärungen abzugeben, zu denen der Vollmachtgeber selbst infolge des Verlustes der Entscheidungsfähigkeit nicht mehr in der Lage ist. Rechtskonstruktiv handelt es sich dabei um eine Bevollmächtigung i.S.d. §§ 164 ff. BGB, mittels derer der Bevollmächtigte im Fall des Verlustes der Entscheidungsfähigkeit des Vollmachtgebers nach dessen vorgefertigtem Willen handelt. Eine Vorsorgevollmacht kann entweder für einen bestimmten Fall (z.B. bei Betreuungsbedürftigkeit), allgemein (die sog. Generalvollmacht) oder für bestimmte Angelegenheiten (z.B. Bankvollmacht) erteilt werden. Eine bestimmte Form sieht das Gesetz nicht vor. Um Rechtssicherheit herzustellen, ist aber zumindest Schriftform zu empfehlen. | **775a**

Da die Erteilung einer Vorsorgevollmacht eine rechtsgeschäftliche Handlung darstellt, bei der daher auch die Regeln über die Geschäftsfähigkeit anwendbar sind, erfordert sie die **Geschäftsfähigkeit** des Vollmachtgebers zum Zeitpunkt der Vollmachtserteilung. Aus ihrer Rechtsnatur folgt zudem, dass sie auch über den Tod des Vollmachtgebers hinaus Gültigkeit bewahrt, soweit nichts anderes geregelt ist (vgl. §§ 168 S. 1, 672 S. 1 BGB). Angelegenheiten wie die Bestattung oder eine mögliche Organspende können also in eine Vorsorgevollmacht einbezogen werden und von dem Bevollmächtigten ausgeführt werden.[771] | **775b**

### b. Erlöschen der Vollmacht

Tätigt der Vertreter im Namen des Geschäftsherrn Rechtsgeschäfte, obwohl die Vollmacht erloschen ist, handelt er als Vertreter ohne Vertretungsmacht. Insofern gilt das Gleiche, wie wenn sich sein Handeln außerhalb der Vollmacht bewegte. Die Rechtsfolgen seines Handelns richten sich dann – sofern nicht eine Rechtsscheinvollmacht angenommen werden kann (dazu Rn 809 ff.) – nach §§ 177 ff. BGB. Doch bevor näher zu diesen | **776**

---

[767] *Ehlers/Krumm*, JuS 2016, 135, 136 (mit Verweis auf *Hopt*, in: Baumbach/Hopt, HGB, § 56 Rn 1-6). Zu den Fiktionen und Vermutungen vgl. i.Ü. oben Rn 56.
[768] *Brox/Henssler*, HandelsR, Rn 195.
[769] *Roth*, in: Koller/Kindler/Roth/Drüen, HGB, § 56 Rn 4; BGH NJW 1975, 2191.
[770] Vgl. *Brox/Henssler*, HandelsR, Rn 193.
[771] Vgl. auch *R. Schmidt*, FamR, Rn 739 ff.

Vorschriften Stellung genommen wird, sollen zunächst die Erlöschensgründe erläutert werden. Das Erlöschen der Vollmacht richtet sich nach deren Inhalt (also gemäß Vereinbarung) oder nach gesetzlichen Vorschriften. So bestimmt sich nach § 168 S. 1 BGB das Erlöschen der Vollmacht nach dem ihrer Erteilung zugrunde liegenden Rechtsverhältnis. Darüber hinaus kann die Vollmacht gem. § 168 S. 2 BGB grundsätzlich frei widerrufen und gem. §§ 119 ff. BGB angefochten werden. Es kommen insgesamt folgende Erlöschensgründe in Betracht:

- **Zeitablauf**, sofern die Vollmacht befristet erteilt wurde,
- Eintritt einer **auflösenden Bedingung**, wenn die Vollmacht bedingt erteilt wurde,
- **Zweckerreichung**, wenn die Vollmacht nur ein bestimmtes Rechtsgeschäft betrifft, sobald das Rechtsgeschäft abgeschlossen oder endgültig gescheitert ist,
- **Verzichtserklärung** des Bevollmächtigten,
- Gemäß dem **zugrunde liegenden Rechtsverhältnis**, § 168 S. 1 BGB,
- **Widerruf**, § 168 S. 2 BGB
- **Anfechtung** (etwa nach § 119 BGB oder § 123 BGB).

### aa. Erlöschen nach dem Inhalt der Vollmacht

**777** Unbeschadet der in § 168 BGB genannten gesetzlichen Erlöschensgründe bestimmt sich das Erlöschen einer Vollmacht in erster Linie nach deren Inhalt.

**778** **a.)** Wurde die Vollmacht etwa **befristet** (§ 163 BGB) erteilt, erlischt sie automatisch, wenn die Frist abgelaufen ist.

**Beispiel:** Hauseigentümer G erteilt am 2.1.2019 dem Hausverwalter V die Vollmacht, für ihn bis zum 29.6. des Jahres einen Mieter für die noch leer stehende Wohnung zu suchen und ggf. einen entsprechenden Mietvertrag abzuschließen.

Hier erlischt die (Spezial-)Vollmacht automatisch mit Ablauf des 29.6.2018, ohne dass ein weiterer Erlöschensgrund hinzukommen müsste.

**779** **b.)** Wurde die Vollmacht unter einer auflösenden **Bedingung** (§ 158 II BGB) erteilt, erlischt die Vollmacht automatisch mit dem Eintritt der Bedingung.

**Beispiel:** G des obigen Beispiels liegt im Krankenhaus. Von dort aus erteilt er dem V die Vollmacht, bis zu seiner Rückkehr aus dem Krankenhaus für ihn einen Mieter zu suchen.

In diesem Fall erlischt die Vollmacht, sobald G aus dem Krankenhaus entlassen wird.

**780** **c.)** Wurde die Vollmacht zu einem bestimmten **Zweck** erteilt, etwa für die Vornahme eines bestimmten Rechtsgeschäfts (sog. Spezialvollmacht, s.o.), erlischt sie, wenn das Rechtsgeschäft entweder getätigt wurde oder wenn es (endgültig) gescheitert ist.

**Beispiel:** Bäcker B bittet V, für ihn eine neue Knetmaschine der Marke „Bäckerglück" zu erwerben. Allerdings soll V nicht mehr als 1.500,- € bezahlen. Schon nach einer Woche wird V fündig und erwirbt eine Maschine im Namen des B zu einem Preis von 1.380,- €.

Hier erlischt die Vollmacht mit dem Erwerb der Knetmaschine durch V.

**Variante:** Wie im Ausgangsfall, nur diesmal bringt V in Erfahrung, dass die Herstellerfirma der Marke „Bäckerglück" liquidiert wurde und dass Maschinen dieser Marke nicht mehr auf dem Markt erhältlich sind.

In diesem Fall ist das beabsichtigte Rechtsgeschäft gescheitert, sodass auch hier die Vollmacht erloschen ist.

**d.)** Schließlich kann die Vollmacht auch durch **Verzicht** des Bevollmächtigten erlö- 781
schen. Dies gilt selbst dann, wenn der Bevollmächtigte damit gegen Pflichten aus dem
Grundverhältnis verstößt.

## bb. Erlöschen nach dem zugrunde liegenden Rechtsverhältnis

### a.) Abhängigkeit der Vollmacht vom Bestehen des Grundverhältnisses

Enthält die Bevollmächtigung selbst keine Regelung bezüglich ihres Erlöschens, ist da- 782
nach zu fragen, ob ein gesetzlich geregelter Erlöschensgrund greift. Einen solchen normiert § 168 BGB. Gemäß S. 1 dieser Vorschrift bestimmt sich das Erlöschen der Vollmacht
nach Erlöschen des Rechtsverhältnisses, das der Erteilung der Vollmacht zugrunde lag
(z.B. Arbeits-, Dienst-, Geschäftsbesorgungsvertrag oder Auftrag). Als Erlöschensgründe
kommen in diesem Fall insbesondere Rücktritt, Kündigung, Widerruf, Erfüllung oder auch
Zeitablauf in Betracht. Liegt der Vollmacht kein Rechtsverhältnis zugrunde (sog. isolierte
Vollmacht), können die Erlöschensgründe des Auftragsrechts in der Regel analog herangezogen werden.[772]

> **Beispiele**[773]**:** Der Auftrag endet gem. § 671 BGB durch Widerruf des Auftraggebers oder
> durch Kündigung des Beauftragten, ein Geschäftsbesorgungsvertrag und ein Werkvertrag
> enden gem. §§ 620 ff., §§ 643, 649 BGB durch Kündigung und ein Dienst- bzw. Arbeits-
> verhältnis endet gem. §§ 620, 626 BGB durch Zeitablauf oder Kündigung.

Wird das Grundverhältnis beendet, erlischt auch die Vollmacht. Anders als in ihrer Ent- 783
stehung (dazu Rn 703 ff.), ist die Vollmacht in ihrem Erlöschen also nicht vom Grundgeschäft abstrakt.

---

**Fazit:** 784

- In ihrer **Entstehung** ist die Vollmacht von dem Rechtsgeschäft, das ihr zugrunde liegt
  (Auftrag etc.), **abstrakt**. D.h., die wirksam erteilte Vollmacht bleibt auch dann beste-
  hen, wenn das Grundgeschäft (etwa wegen Minderjährigkeit) nichtig ist (sog. isolierte
  Vollmacht).

- Dagegen **erlischt** die Vollmacht stets mit **Beendigung** des Grundgeschäfts.

---

### b.) Im Zweifel Erlöschen durch Tod des Bevollmächtigten

Gemäß der Auslegungsregel der §§ 673, 675 i.V.m. § 168 S. 1 BGB führt der Tod des 785
Bevollmächtigten im Zweifel zum Erlöschen der Vollmacht, da normalerweise nicht anzunehmen ist, dass sich der Vollmachtgeber durch die (möglicherweise sogar unbekannten)
Erben (die ja gem. § 1922 BGB in die Rechte und Pflichten eintreten, sofern sie das Erbe
nicht ausschlagen) vertreten lassen möchte. Etwas anderes gilt aber, wenn die Vollmacht
gerade *im Interesse des Bevollmächtigten* erteilt wurde. In diesem Fall besteht sie auch
nach seinem Tod noch fort und geht gem. § 1922 BGB auf seine Erben über.[774]

> **Beispiel:** G hat dem V formgerecht ein Grundstück verkauft, §§ 433, 311b I BGB. Darauf-
> hin erteilt G dem V eine Auflassungsvollmacht[775] unter Befreiung des § 181 BGB.
>
> Hier hat G dem V die Vollmacht gerade in dessen Interesse erteilt, sodass für den Fall des
> Ablebens des V die Auflassungsvollmacht entgegen der Auslegungsregel des § 673 i.V.m.
> § 168 S. 1 BGB auf V´s Erben übergeht.

---

[772] *Ellenberger*, in: Palandt, § 168 Rn 1; *Stadler*, AT, § 30 Rn 29.
[773] Nach *Stadler*, AT, § 30 Rn 29.
[774] *Schubert*, in: MüKo, § 168 Rn 33; *Ellenberger*, in: Palandt, § 168 Rn 3; *Boecken*, AT, Rn 641; *Stadler*, AT, § 30 Rn 29;
*Wolf/Neuner*, AT, § 50 Rn 59; OLG Schleswig MDR 1963, 675.
[775] Vgl. dazu näher *R. Schmidt*, SachenR II, Rn 208.

**786**  Wird der Bevollmächtigte (lediglich) geschäftsunfähig, ergibt sich schon aus § 165 BGB, wonach ein Geschäftsunfähiger nicht Vertreter sein kann, dass die Vollmacht erlischt.

### c.) Im Zweifel kein Erlöschen durch Tod des Vollmachtgebers

**787**  Stirbt der Vollmachtgeber, ist die Regel umgekehrt, nämlich, dass ein solches Ereignis auf den Bestand der Vollmacht im Zweifel keinen Einfluss hat (vgl. §§ 672, 675 BGB). Die Vollmacht besteht also grundsätzlich fort, sodass der Bevollmächtigte nach dem Tod des Vollmachtgebers dessen Erben vertritt (sog. **postmortale Vollmacht**).[776] Etwas anderes wird man jedenfalls bei höchstpersönlichen Angelegenheiten annehmen müssen, aber auch dann, wenn die Auslegung nach §§ 133, 157 BGB ergibt, dass der Tod des Vollmachtgebers das Erlöschen der Vollmacht zur Folge haben soll.

> Beispiel: Die 87-jährige O erteilt ihrer Haushaltshilfe H eine Bankvollmacht, damit diese die Bankgeschäfte verrichten kann. Nach dem Tod der O fragt sich H, ob sie noch Inhaberin der Vollmacht sei.

> Dies wird man verneinen müssen. Nach allgemeinen Rechtsgrundsätzen wird man annehmen müssen, dass die Erben der O, die ja nach § 1922 I BGB in alle Rechte und Pflichten eingetreten sind, kein Interesse daran haben, dass H über eine Bankvollmacht verfügt.

**788**  Diese Grundsätze dürften entsprechend auch dann gelten, wenn der Vollmachtgeber (lediglich) geschäftsunfähig wird oder für ihn eine Betreuung mit Einwilligungsvorbehalt (§§ 1903 BGB) angeordnet wurde.

### cc. Widerruf der Vollmacht durch den Vollmachtgeber

**789**  Dem Vollmachtgeber steht es grds. frei, die Vollmacht jederzeit zu widerrufen, und zwar auch beim Fortbestehen des Grundverhältnisses, § 168 S. 2 BGB. Der Widerruf ist eine einseitige, empfangsbedürftige Willenserklärung, für die gem. § 168 S. 3 BGB die Vorschrift des § 167 I BGB entsprechend gilt. Danach kann der Widerruf also durch Erklärung gegenüber dem Bevollmächtigten oder gegenüber dem Dritten, demgegenüber die Vertretung stattfinden sollte, erfolgen. Die Verweisung in § 168 S. 3 BGB bedeutet aber nicht, dass der Widerruf auf dieselbe Art und Weise erfolgen muss, auf der die Vollmachtserteilung erfolgte. Vielmehr hat der Vollmachtgeber erneut ein Wahlrecht, gegenüber wem er die Vollmacht widerrufen will!

> **Beispiel:** A hat den V bevollmächtigt, den bereits mit dem Autoverkäufer B anvisierten Autokauf in seinem Namen abzuwickeln. Doch als sich V auf dem Weg zu B befindet, kommen A Zweifel an der Integrität des V. Er ruft bei B an und teilt diesem mit, er solle den V unverrichteter Dinge zurückschicken.

> Mit dieser Mitteilung an B hat A die gegenüber V abgegebene Innenvollmacht im Außenverhältnis widerrufen. Der Widerruf wirkt für die Zukunft (ex nunc).

**790**  Der Wortlaut des § 168 S. 2 BGB schließt nicht aus, dass der Widerruf vertraglich ausgeschlossen werden kann (**unwiderrufliche Vollmacht**). So kann es bspw. sein, dass im zugrunde liegenden Auftragsvertrag für die Geltungsdauer des Vertrags die Widerrufsmöglichkeit ausgeschlossen ist. Freilich birgt die Unwiderruflichkeit für den Vollmachtgeber mitunter ein großes Risiko und ist deshalb nicht zu empfehlen. Wo sie sich aber (aus tatsächlichen Gründen) nicht vermeiden lässt, muss eine Widerrufsmöglichkeit jedenfalls dann zugelassen werden, wenn besondere Umstände eintreten, die ein Festhalten an der Vollmacht für den Vollmachtgeber untragbar erscheinen lassen. Das ist namentlich der Fall, wenn das Vertrauensverhältnis nachhaltig gestört ist, etwa, wenn

---

[776] *Brox/Walker*, AT, Rn 509; *Stadler*, AT, § 30 Rn 29; *Wolf/Neuner*, AT, § 50 Rn 60; *Boecken*, AT, Rn 641; *Sprau*, in: Palandt, § 672 Rn 1; *Schilken*, in: Staudinger, § 168 Rn 29; *Ellenberger*, in: Palandt, § 168 Rn 4.

der Vollmachtinhaber seine Vertretungsmacht missbraucht oder seine Pflichten in sonstiger Weise grob verletzt.[777] Zudem kann § 138 BGB einer Wirksamkeit der Unwiderruflichkeit entgegenstehen.

Kommt demnach eine Widerrufsmöglichkeit in Betracht, sind die allgemeinen Grundsätze **791** gem. §§ 314 I, 626 I, 723 I S. 2 BGB über die Kündigung von Dauerschuldverhältnissen aus wichtigem Grund heranzuziehen.[778]

Unwirksam ist der Ausschluss des Widerrufsrechts von vornherein bei einer Generalvoll- **792** macht, da sie die Freiheit des Vollmachtgebers in sittenwidriger Weise (§ 138 I BGB) einschränkt.[779] Darüber hinaus ist ein Ausschluss des Widerrufsrechts nach h.M. auch bei der sog. isolierten Vollmacht[780], der kein Rechtsverhältnis zugrunde liegt, sowie bei der Vollmacht, die ausschließlich im Interesse des Vollmachtgebers erteilt worden ist[781], unwirksam.

### dd. Anfechtung der Vollmacht durch den Vollmachtgeber

Da es sich bei der Bevollmächtigung um eine (einseitige, empfangsbedürftige) Willens- **793** erklärung handelt, muss sie grds. auch nach den allgemeinen Regeln der §§ 119 ff. BGB anfechtbar sein. Als Anfechtungsgründe kommen hier insbesondere der Inhaltsirrtum nach § 119 I Var. 1 BGB und die arglistige Täuschung nach § 123 I Var. 1 BGB in Betracht. Die Folge ist dann eine Nichtigkeit der Vollmacht mit Wirkung von Anfang an (Ex-tunc-Wirkung, § 142 I BGB), was bei bereits getätigter Vollmacht die entscheidende Bedeutung gegenüber der Ex-nunc-Wirkung des Widerrufs ausmacht (Rn 794 ff.). Allerdings bedarf es einer Anfechtung dann nicht, wenn die Vollmacht noch nicht ausgeübt wurde. Denn dann genügt bereits der Widerruf, um die Vollmacht zu zerstören. Etwas anderes gilt lediglich dann, wenn eine unwiderrufliche Vollmacht erteilt wurde. Da diese gerade *nicht* widerrufen werden kann, muss sie angefochten werden. Hinsichtlich des richtigen Anfechtungsgegners ist gem. § 143 III S. 1 BGB nach der Art der Vollmachtserteilung zu unterscheiden:

- Bei einer Innenvollmacht muss die Anfechtungserklärung gegenüber dem *Bevollmächtigten* erfolgen.

- Bei einer Außenvollmacht muss der Vollmachtgeber gegenüber dem *Geschäftsgegner* anfechten.

> **Hinweis für die Fallbearbeitung:** Handelt der ehemals Bevollmächtigte trotz Widerrufs bzw. Anfechtung der Vollmacht weiterhin im Namen des Vollmachtgebers, handelt er als Vertreter ohne Vertretungsmacht und ist den Ansprüchen aus § 179 BGB ausgesetzt. Liegen jedoch die Voraussetzungen eines Rechtsscheintatbestands nach den §§ 170-172 BGB (dazu Rn 809 ff.) oder einer Anscheins- oder Duldungsvollmacht (dazu Rn 837 ff., 826 ff.) vor, genügt die Anfechtung gegenüber dem Bevollmächtigten nicht, um den jeweilig einschlägigen Rechtsscheintatbestand zu beseitigen. Denn Wesen eines Rechtsscheintatbestands ist gerade, dass er (aus Gründen des Verkehrsschutzes, derentwegen der Rechtsschein ja angenommen wird) keiner Anfechtung unterliegt. Der Vollmachtgeber ist vielmehr gehalten, den bestehenden Rechtsschein separat zu beseitigen, um eine Wirksamkeit des Vertretergeschäfts auszuschließen. Daher muss er dem Geschäftsgegner die Anfechtung der Bevollmächtigung mitteilen, da

---

[777] Vgl. BGH NJW 1991, 439, 441; *Ellenberger*, in: Palandt, § 168 Rn 6; *Brox/Walker*, AT, Rn 554; *Wolf/Neuner*, AT, § 50 Rn 43. Vgl. auch BayObLG NJW-RR 2002, 444; ausführlich *Schilken*, in: Staudinger, § 168 Rn 4 ff.

[778] BGH NJW 1988, 2603; *Ellenberger*, in: Palandt, § 168 Rn 6; *Wolf/Neuner*, AT, § 59 Rn 43; *Brox/Walker*, AT, Rn 510; *Stadler*, AT, § 30 Rn 30; *Boecken*, AT, Rn 641. Vgl. auch BGH WM 2011, 66 (Widerruf bei Generalvollmacht).

[779] *Leptien*, in: Soergel, § 168 Rn 25; *Brox/Walker*, AT, Rn 554; *Ellenberger*, in: Palandt, § 168 Rn 6.

[780] BGH NJW 1991, 439, 441; BGHZ 110, 363, 367; *Brox/Walker*, AT, Rn 554; *Medicus/Petersen*, AT, Rn 942; *Ellenberger*, in: Palandt, § 168 Rn 6; *Stadler*, AT, § 30 Rn 30.

[781] BGH DNotZ 1972, 229; BGH NJW-RR 1991, 439, 441.

> dieser sonst in seinem Vertrauen auf den Bestand der Vollmacht geschützt wird. Bleibt der Vollmachtgeber also untätig, kann das Vertretergeschäft trotz Anfechtung der Bevollmächtigung für und gegen ihn wirken.

**794** **Anfechtung einer bereits ausgeübten Innenvollmacht:** Problematisch ist es, wenn der Geschäftsherr die Innenvollmacht anficht, *nachdem* der Vertreter von der Vollmacht schon Gebrauch gemacht, er also das Vertretergeschäft bereits abgeschlossen hat.

**Beispiel:** Antiquitätensammler G beauftragt V, für ihn beim Antiquitätenhändler H einen maritimen Kompass aus der Rickmer Vollmers zu kaufen. Nach getätigtem Kauf ficht G die gegenüber V erteilte Vollmacht an mit der Begründung, dass er sich bei der Vollmachtserteilung geirrt habe; er habe das Schwesterschiff Rickmer Rickmers gemeint.

Die Anfechtung einer bereits ausgeübten Innenvollmacht ist deswegen problematisch, weil durch die Ex-tunc-Wirkung der Anfechtung der Bevollmächtigung zugleich dem vom Vertreter mit dem Dritten vorgenommenen Rechtsgeschäft (etwa einem Vertrag) der Boden entzogen wird, wodurch sowohl die Interessen des Vertreters als auch die des Geschäftsgegners berührt werden:

**795** ▪ Die Interessen des **Vertreters** werden berührt, weil durch die Ex-tunc-Nichtigkeit der angefochtenen Innenvollmacht dem vom Vertreter mit dem Dritten vorgenommenen Rechtsgeschäft (etwa einem Vertrag) der Boden entzogen wird, er dadurch nachträglich und rückwirkend zum Vertreter ohne Vertretungsmacht (§§ 177 ff. BGB) wird und der Haftung nach § 179 BGB gegenüber dem Geschäftsgegner ausgesetzt ist. Unterstellt, der Vertreter hat den durch die Anfechtung verursachte Mangel der Vollmacht nicht gekannt (vgl. §§ 122, 179 BGB), könnte man zwar argumentieren, dass der Vertreter den Vertrauensschaden, den er dem Geschäftsgegner gem. § 179 II BGB ersetzen muss, wiederum vom Geschäftsherrn ersetzt bekommt, weil dieser dem Anfechtungsgegner (vorliegend dem Vertreter) gem. § 122 I BGB verpflichtet ist. Dieser Gedanke ist aber dann problematisch, wenn der Geschäftsherr zahlungsunfähig ist. Der Vertreter würde dann das Insolvenzrisiko tragen.

**796** ▪ Spiegelbildlich werden auch die Interessen des **Geschäftsgegners** berührt, weil durch die Ex-tunc-Nichtigkeit der angefochtenen Innenvollmacht die Rechtsfolge aus § 164 BGB nicht greift. Der Geschäftsgegner hat also keine Ansprüche gegen den Geschäftsherrn, sondern allenfalls Ansprüche aus § 179 BGB gegen den Vertreter ohne Vertretungsmacht. Dieser Gedanke kann für den Geschäftsgegner deswegen nachteilig sein, da er sich „nur" an den Vertreter ohne Vertretungsmacht halten muss und dieser nicht über die erforderliche Liquidität verfügen könnte wie der Geschäftsherr, den sich der Geschäftspartner ja ausgesucht hatte.[782]

**797** | **Fazit:** Problematisch wird die Anfechtung einer bereits ausgeübten Vollmacht also immer dann, wenn entweder der Vollmachtgeber oder der Vertreter **zahlungsunfähig** sind. Im ersten Fall würde der Vertreter, im zweiten Fall der Geschäftsgegner das Risiko der Uneinbringbarkeit der Forderung tragen.

**798** ▪ Wegen dieser Nachteile wird teilweise[783] die (rückwirkende) **Anfechtung** der betätigten Vollmacht generell **abgelehnt**. Zur Begründung wird auf die Prozessvollmacht verwiesen, die ebenfalls nicht mit Ex-tunc-Wirkung angefochten werden könne. Auch sei § 166 BGB zu entnehmen, dass es bei Willensmängeln grundsätzlich auf die Person des Vertreters ankomme. Schließlich wird argumentiert, dass wenn der Vollmachtgeber durch die Anfechtung der Bevollmächtigung das vom Vertreter geschlossene Geschäft zu Fall bringen

---

[782] Zur gutachtlichen Problemdarstellung der Anfechtung einer betätigten Innenvollmacht vgl. *Barth*, JA 2016, 12 ff.
[783] *Brox/Walker*, AT, Rn 574; *ders*, JA 1980, 449, 451; *Maier-Reimer*, in: Erman, § 167 Rn 27; *Prölss*, JuS 1985, 577, 582 f.

könne, er besser stünde, als wenn er das Geschäft selbst getätigt habe. Durch die Arbeitsteilung könnte er sich also eine zusätzliche Anfechtungsmöglichkeit schaffen. Hiergegen sprächen jedoch schutzwürdige Interessen des Geschäftsgegners.

■ Dennoch steht die h.M.[784] auf dem Standpunkt, dass die Bevollmächtigung wie jede andere Willenserklärung **grundsätzlich anfechtbar** sei, da die Erteilung der Vollmacht ein vom Vertretergeschäft getrenntes Rechtsgeschäft darstelle, das deshalb bei einem Irrtum des Vollmachtgebers selbstständig angefochten werden könne. Die sich im Einzelfall ergebenden Unbilligkeiten könnten zum einen über die Grundsätze der Rechtsscheinhaftung vermieden werden und zum anderen könne das Risiko der Zahlungsunfähigkeit des Vertreters gegenüber dem Anspruch aus § 179 BGB (wegen derer die Anfechtbarkeit ja teilweise abgelehnt wird) bei der Frage des Anfechtungsgegners Berücksichtigung finden.

**799**

■ Eine weitere, in der Sache sehr überzeugende Auffassung geht zwar ebenfalls von der grundsätzlichen Anfechtbarkeit einer bereits ausgeübten Innenvollmacht aus, schließt jedoch eine Anfechtung wegen Irrtums über verkehrswesentliche Eigenschaften des Vertreters (vgl. § 119 II BGB) aus. Wer sich das Sachwissen einer Person zunutze mache (etwa eines Kfz-Experten), um ein optimales Vertragsergebnis zu erzielen, dürfe, wenn der Vertreter dann doch nicht über die angenommenen Fähigkeiten verfüge, das damit verbundene Risiko nicht durch Ausübung der Anfechtung wegen Irrtums über eine verkehrswesentliche Eigenschaft des Vertreters auf den Geschäftsgegner abwälzen.[785]

**799a**

Da sich G im **Beispiel** von Rn 794 kein besonderes Fachwissen des V zunutze gemacht hat, erscheint es angebracht, auf dem Boden der h.M. die Anfechtung wegen Erklärungsirrtums (§ 119 I Var. 2 BGB) anzuerkennen. V haftet dann gem. § 179 II BGB gegenüber H, hat seinerseits aber einen Schadensersatzanspruch gem. § 122 I BGB gegenüber G. Sollte sich dies für V als unbillig herausstellen (etwa, weil er das Risiko der Uneinbringbarkeit gegenüber G übernehmen muss), ist eine Korrektur dieses Ergebnisses über die Wahl des Anfechtungsgegners herbeizuführen (dazu sogleich).

Bejaht man also die grundsätzliche Möglichkeit der Anfechtung einer bereits ausgeübten Innenvollmacht, ist des Weiteren die Frage nach dem **Anfechtungsgegner** zu beantworten. Wem die Anfechtung zu erklären ist, bestimmt sich grundsätzlich nach § 143 BGB. Gemäß § 143 III S. 1 BGB müsste daher die Anfechtung gegenüber dem Adressaten der Bevollmächtigung erfolgen. Bei einer Innenvollmacht wäre das der Vertreter, bei einer Außenvollmacht der Geschäftsgegner.

**800**

■ Nach einer Ansicht ist der Wortlaut des § 143 III S. 1 BGB denn auch so zu verstehen, dass dahingehend zu unterscheiden sei, gegenüber welcher Person der Vollmachtgeber die Vollmacht erklärt habe.[786]

**801**

Danach sind bei der *Innenvollmacht* der Vertreter und bei der *Außenvollmacht* der Geschäftsgegner der richtige Anfechtungsgegner.

■ Nach der Gegenauffassung ist der Wortlaut des § 143 III S. 1 BGB so zu verstehen, dass die bei der Erteilung der Vollmacht bestehende Wahlmöglichkeit nach § 167 I BGB auch für die Person des Anfechtungsgegners bestehe, und zwar unabhängig davon, wem gegenüber die Vollmacht erteilt wurde.[787]

**802**

Danach kann sich der Vollmachtgeber also aussuchen, wem gegenüber er die Anfechtung erklären will. Dies hätte zur Konsequenz, dass die Vollmacht – unabhängig davon, ob eine Innen- oder Außenvollmacht vorliegt – wahlweise sowohl gegenüber dem Vertreter als auch gegenüber dem Geschäftsgegner angefochten werden kann.

---

[784] *Giesen/Hegermann*, Jura 1991, 357, 368; *Schubert*, in: MüKo, § 167 Rn 45 ff.; *Leptien*, in: Soergel, § 166 Rn 21 ff.; *Valenthin*, in: Bamberger/Roth, 3. Aufl. 2012, § 167 Rn 55; *Schilken*, in: Staudinger, § 167 Rn 78; *Ellenberger*, in: Palandt, § 167 Rn 3; *Jauernig*, in: Jauernig, § 167 Rn 11; *Stadler*, AT, § 30 Rn 31.
[785] *Wolf/Neuner*, AT, § 50 Rn 25.
[786] *Schubert*, in: MüKo, § 167 Rn 48; *Leptien*, in: Soergel, § 166 Rn 21 f.
[787] *Jauernig*, in: Jauernig, § 167 Rn 11.

**803** ▪ Gegen diese Auffassungen wird wiederum von dritter Seite die Kritik erhoben, dass es bedenklich sei, dass der Vollmachtgeber bei der Innenvollmacht (nur) gegenüber dem Bevollmächtigten anfechten müsse bzw. könne, da dadurch dem Geschäftsgegner, ohne dass er davon erfahren müsse, sein schon begründeter Anspruch gegen den Vertretenen rückwirkend entzogen werde. Zudem sei es unbillig, den Geschäftsgegner auf den Anspruch aus § 179 II BGB gegenüber dem Vertreter zu verweisen und ihm damit das Risiko aufzubürden, dass der Vertreter mittellos sei. Schließlich sei § 179 III S. 2 BGB zu beachten, wonach der vollmachtlose, jedoch beschränkt geschäftsfähige Vertreter eventuell gar nicht haften müsse. Daher müsse dem Geschäftsgegner ein direkter Anspruch gegenüber dem Anfechtenden aus § 122 I BGB zustehen. Um diesen zu gewährleisten, müsse die Anfechtung stets[788] oder zumindest auch[789] gegenüber dem Geschäftsgegner erklärt werden (also auch bei einer bereits betätigten Innenvollmacht).

Diese Auffassung bedeutet also eine (hier zulässige) Durchbrechung des § 143 BGB unter Abstellen auf die Partner des im Ergebnis beabsichtigten Rechtsgeschäfts.

**804** Bewertung: Die dritte Auffassung überzeugt, da sie zum einen den Vertreter aus den Folgen der Anfechtung heraushält und zum anderen dazu führt, dass durch die Anfechtung letztlich das Geschäft, um das es eigentlich geht, vernichtet wird.

**805** Folge dieser sachgerechten Lösung ist, dass sich der Geschäftsgegner nicht über § 179 II BGB an den Vertreter und dieser wiederum nicht über § 122 I BGB an den Geschäftsherrn halten muss, sondern dass dem Geschäftsgegner (analog) § 122 BGB ein unmittelbarer **Ersatzanspruch gegen den Vollmachtgeber** zusteht.[790]

Wäre es im **Beispiel** von Rn 794 unbillig, H das Insolvenzrisiko des V bzw. V das Insolvenzrisiko des G aufzubürden, kommt eine Korrektur dergestalt in Betracht, dass G gegenüber H anfechten muss und diesem gegenüber analog § 122 I BGB zum Schadensersatz verpflichtet ist.

**806** Problematisch ist schließlich, ob die **nach außen kundgetane Innenvollmacht** angefochten werden kann, sodass der Vertreter auch in diesem Fall ohne Vertretungsmacht gehandelt hat.

**807** ▪ Geht man davon aus, dass die Kundgabe einer Innenvollmacht lediglich eine Wissenserklärung darstellt, dürfte diese an sich nicht anfechtbar sein, da grds. nur Willenserklärungen (nicht auch Wissenserklärungen) angefochten werden können.[791]

Dafür spricht, dass es sich bei der Verpflichtung des Vertretenen nach §§ 171, 172 BGB um einen Fall der Rechtsscheinhaftung handelt. Auch sonst verneint die h.M. bei Rechtsscheintatbeständen die Möglichkeit der Anfechtung des Rechtsscheins, da eine Anfechtung den einmal gesetzten Rechtsschein nicht beseitigen könne.

**808** ▪ Jedoch setzt die h.M. – jedenfalls soweit es um die Anfechtung geht – die Mitteilung einer Innenvollmacht der Außenvollmacht gleich. Bei der Mitteilung einer Innenvollmacht handele es sich um eine geschäftsähnliche Handlung, deren Rechtsfolge zwar als gesetzliche Rechtsfolge eintrete, aber doch an ein gewolltes Verhalten anknüpfe und deshalb mit einer Willenserklärung vergleichbar sei, sodass sie ebenfalls angefochten werden könne. Insoweit seien die Anfechtungsregeln analog anwendbar. Es sei zudem nicht sachgerecht, den Empfänger einer bloßen Kundmachung nach §§ 171, 172 BGB stärker zu schützen als jemanden, dem gegenüber eine Außenvollmacht erklärt wurde. Deshalb müsse auch die

---

[788] So BGH NJW 1998, 531, 532 f.; *Feuerborn*, in: NK, § 143 Rn 20.
[789] So *Medicus/Petersen*, BR, Rn 96; *Flume*, AT, § 52 sub 5 c und e; *Stadler*, AT, § 30 Rn 31.
[790] Im Ergebnis auch *Wolf/Neuner*, AT, § 50 Rn 26; *Schubert*, in: MüKo, § 167 Rn 48; *Medicus/Petersen*, BR, Rn 96; *Stadler*, AT, § 30 Rn 31.
[791] Vgl. nur *Ellenberger*, in: Palandt, Überbl v § 104 Rn 7 und § 119 Rn 4.

Anfechtung der Kundmachung zulässig sein, sofern eine erteilte Außenvollmacht selbst anfechtbar sei.[792]

Die Anfechtung der Vollmachtserteilung setzt aber auch nach dieser Auffassung voraus, dass diese selbst auf einem Willensmangel beruht (vgl. dazu das Beispiel bei Rn 819). Liegt also nur ein Irrtum über die *Rechtsfolge* der Mitteilung vor, scheidet eine Anfechtung aus. Desgleichen ist eine Anfechtung bei einem Irrtum über das Bestehen der mitgeteilten Vollmacht nicht möglich. In diesem Fall handelt es sich um einen (nach dem BGB AT) unbeachtlichen Motivirrtum.

### 3. „Vertretungsmacht" kraft Rechtsscheins – Der gute Glaube an die Vollmacht

### a. Der Schutz des Geschäftsgegners nach §§ 170-172 BGB

Bisher wurde stets darauf hingewiesen, dass vollmachtloses Vertreterhandeln den Ge- **809** schäftsherrn grundsätzlich nicht bindet. Gesetzliche Ausnahmen von diesem Grundsatz regeln die nunmehr zu untersuchenden §§ 170 bis 172 BGB. Diese Vorschriften dienen dem **Verkehrsschutz** und schützen das **Vertrauen gutgläubiger Geschäftspartner** auf das Vorliegen einer (in Wirklichkeit nach § 168 BGB erloschenen) Vollmacht und damit letztlich auf die Wirksamkeit des Vertretergeschäfts. Während § 170 BGB sich auf die Außenvollmacht bezieht, behandeln die §§ 171, 172 BGB die nach außen kundgegebene Innenvollmacht. Nach h.M.[793] handelt es sich aber in allen Fällen um **Tatbestände der Rechtsscheinhaftung**: Der Geschäftsgegner darf auf die Behauptung des Vertreters i.V.m. der externen Vollmachtserteilung, der Vollmachtsmitteilung oder der Vorlage der Vollmachtsurkunde vertrauen, es sei denn, der kannte das Erlöschensein der Vertretungsmacht oder kannte dies fahrlässig nicht (§ 173 BGB).

**§ 170 BGB** bezieht sich auf eine wirksam erteilte **Außenvollmacht** nach § 167 I Var. 2 **810** BGB und ordnet an, dass diese gegenüber dem Adressaten der Außenvollmacht (i.d.R. also dem Geschäftsgegner) so lange **wirksam** bleibt, bis ihr **Erlöschen** dem Adressaten vom Vollmachtgeber **angezeigt** wird. Widerruft also der Vollmachtgeber die Außenvollmacht lediglich im Innenverhältnis, d.h. gegenüber dem Bevollmächtigten, bringt dies die Außenvollmacht nicht zum Erlöschen. Der Vollmachtgeber muss das Erlöschen der Vollmacht vielmehr dem Geschäftsgegner anzeigen. Diese Anzeige des (internen) Erlöschens der Vollmacht ist eine **geschäftsähnliche Handlung**, auf die die Vorschriften über Willenserklärungen (und damit auch §§ 119 ff. BGB) analoge Anwendung finden.[794] Auch sie wird also erst mit ihrem **Zugang** beim Geschäftsgegner wirksam (§ 130 BGB analog).

> **Beispiel (Außenvollmacht):** G hat Interesse an einer Digitalkamera. Da er jedoch mit **811** den Begriffen *Speicherkarte* und *Pixel* nichts anfangen kann, entschließt er sich, seinem Freund V, einem Experten auf dem Gebiet digitaler Fotografie, eine Vollmacht zu erteilen, damit dieser für ihn in seinem Namen einen entsprechenden Kauf tätigen kann. Auch ruft er den Inhaber des Elektronikfachgeschäfts D, bei dem V die Kamera kaufen soll, an und teilt diesem mit, dass er V befuge, für ihn eine Digitalkamera zu erwerben. Dann aber kommt es zu einem Zerwürfnis zwischen G und V, in dessen Folge G dem V mitteilt, dass er keinen Wert mehr auf dessen Hilfe lege. Allerdings vergisst er, D zu informieren. Am nächsten Tag kauft V bei D im Namen des G eine Digitalkamera. Ist zwischen G und D ein Kaufvertrag zustande gekommen?

---

[792] *Wolf/Neuner*, AT, § 50 Rn 29; *Medicus/Petersen*, AT, Rn 947; *Ellenberger*, in: Palandt, § 171 Rn 1; *Schubert*, in: MüKo, § 171 Rn 9; *Leptien*, in: Soergel, § 171 Rn 4; *Flume*, AT II, § 49 2c.
[793] Vgl. nur *Ellenberger*, in: Palandt, § 173 Rn 1; *Leptien*, in: Soergel, § 170 Rn 1; *Schubert*, in: MüKo, § 170 Rn 2; *Wolf/Neuner*, AT, § 50 Rn 62 ff.; *Schreiber*, Jura 1997, 104, 105.
[794] *Schubert*, in: MüKo, § 170 Rn 11; *Leptien*, in: Soergel, § 171 Rn 4; vgl. auch *Schilken*, in: Staudinger, § 170 Rn 1 ff.

Ein Kaufvertrag (§ 433 BGB) setzt zwei aufeinander bezogene und inhaltlich einander entsprechende Willenserklärungen, Angebot und Annahme, voraus.

G selbst hat gegenüber D kein Angebot abgegeben. Diesbezüglich hat aber V gehandelt. Dieses Handeln könnte dem G über § 164 BGB zuzurechnen sein.

V hat eine eigene Willenserklärung abgegeben. Zudem hat er im Namen des G gehandelt. Fraglich ist allein, ob V Vertretungsmacht hatte. In Betracht kommt eine Vertretungsmacht kraft Bevollmächtigung.

G hatte zunächst eine Vollmacht als Innenvollmacht (§ 167 I Var. 1 BGB) gegenüber V und als Außenvollmacht (§ 167 I Var. 2 BGB) gegenüber D erteilt. Allerdings sprach G gegenüber V einen Widerruf aus und brachte damit die Innenvollmacht gem. §§ 168 S. 3 i.V.m. § 167 I Var. 1 BGB zum Erlöschen.

Der Widerruf dieser Innenvollmacht wirkt sich aber nicht auf die ebenfalls erteilte Außenvollmacht aus. Aus § 170 BGB ergibt sich, dass diese gegenüber dem Adressaten der Außenvollmacht so lange wirksam bleibt, bis ihr Erlöschen dem Adressaten vom Vollmachtgeber angezeigt wird. G hätte das Erlöschen der Vollmacht also dem D anzeigen müssen. Da er dies nicht tat, galt die Vollmacht gegenüber D fort.

<u>Ergebnis:</u> V handelte somit mit Vertretungsmacht und seine auf Vertragsschluss mit D gerichtete Willenserklärung wird gem. § 164 I BGB dem G zugerechnet. Es liegt ein Kaufvertrag zwischen G und D vor.

<u>Weiterführender Hinweis:</u> Anderes hätte gegolten, wenn D das Erlöschen der Vollmacht gekannt hätte oder hätte kennen müssen. In diesem Fall hätte dem Zustandekommen des Kaufvertrags zwischen G und D die Vorschrift des **§ 173 BGB** entgegengestanden. Freilich hätte es dann G freigestanden, das Geschäft gem. § 177 BGB zu genehmigen.

**812**  **§ 171 BGB** geht von dem Fall aus, dass der Vollmachtgeber das Bestehen einer Vollmacht durch besondere Mitteilung an einen Dritten oder durch öffentliche Bekanntmachung (etwa durch Zeitungsanzeigen, Postwurfsendungen, Anschläge an Anschlagsäulen, Eintragung ins Handelsregister etc.) kundgegeben hat. Für diesen Fall ordnet § 171 I BGB an, dass der Bevollmächtigte aufgrund der Kundgebung im ersteren Falle dem Dritten gegenüber, im letzteren Falle jedem Dritten gegenüber zur Vertretung befugt ist. Aus Gründen des Verkehrsschutzes ordnet § 171 II BGB an, dass die Vertretungsmacht so lange bestehen bleibt, bis die Kundgebung in derselben Weise, wie sie erfolgt ist, widerrufen wird. § 171 schützt somit den **gutgläubigen Dritten**.[795]

> **Beispiel (nach außen kundgetane Innenvollmacht):** G des obigen Beispiels erteilt V eine Vollmacht zum Kauf einer Digitalkamera. Später ruft er bei D an und teilt diesem mit, dass er V befugt habe, für ihn eine Digitalkamera zu erwerben. Nach dem Zerwürfnis zwischen G und V teilt G dem V mit, dass er keinen Wert mehr auf dessen Hilfe lege. Allerdings vergisst er, D zu informieren. Am nächsten Tag kauft V bei D im Namen des G eine Digitalkamera. Ist zwischen G und D ein Kaufvertrag zustande gekommen?
>
> In diesem Fall lag zunächst eine Innenvollmacht gem. § 167 I Var. 1 BGB vor, die G auch gem. § 168 S. 3 BGB im Innenverhältnis wirksam widerrufen hat. Allerdings hat er es versäumt, dies dem D mitzuteilen. Zum Schutz des redlichen Rechtsverkehrs ordnet § 171 II BGB an, dass die Vertretungsmacht so lange bestehen bleibt, bis die Kundgebung in derselben Weise, wie sie erfolgt ist, widerrufen wird. G hätte das Erlöschen der Vollmacht also dem D kundtun müssen. Da er dies nicht tat, galt die Vollmacht gegenüber D fort.
>
> <u>Ergebnis:</u> V handelte somit mit Vertretungsmacht und seine auf Vertragsschluss mit D gerichtete Willenserklärung wird gem. § 164 I BGB dem G zugerechnet. Es liegt ein Kaufvertrag zwischen G und D vor.
>
> <u>Weiterführende Hinweise:</u> Im vorliegenden Beispiel war dies zwar nicht relevant, aber nach dem Wortlaut des § 171 II BGB hat der Widerruf in „derselben Weise" zu erfolgen,

---

[795] *Schilken*, in: Staudinger, § 171 Rn 1.

in der die Vollmacht erteilt wurde. Allerdings wird das Erfordernis „derselben Weise" allgemein nicht überbetont, sodass es als ausreichend erachtet wird, dass z.B. bei einer schriftlichen Mitteilung der Widerruf mündlich erfolgt.[796]

Im Übrigen sollten die Beispiele deutlich gemacht haben, dass die Abgrenzung zwischen Außenvollmacht und nach außen kundgetaner Innenvollmacht jedenfalls dann nicht immer einfach ist, wenn die im Außenverhältnis getätigten Aussagen mehrdeutig sind. Hier sind dann die Erklärungen gem. §§ 133, 157 BGB auszulegen.

Im Übrigen handelt es sich bei der Kundgabe der Innenvollmacht um eine **geschäftsähnliche Handlung**, auf die nach h.M. die Vorschriften über Willenserklärungen analoge Anwendung finden (Rn 808/810). Wichtig ist dies für die Frage nach der **Anfechtbarkeit** (vgl. dazu das Beispiel bei Rn 819). 813

Im Fall des **§ 172 I BGB** liegt ein objektiver Rechtsscheintatbestand vor, wenn der Geschäftsherr dem Vertreter eine **Vollmachtsurkunde** ausgehändigt hat und der Vertreter sie dem Geschäftsgegner vorlegt, obwohl die Vollmacht vor der Vornahme des Vertretergeschäfts erloschen war.[797] In diesem Fall wirkt also die Vollmachtsurkunde als Rechtsscheinträger. Dieser Rechtsscheintatbestand wirkt gem. **§ 172 II BGB** so lange fort, bis die Vollmachtsurkunde dem Vollmachtgeber zurückgegeben oder (von diesem, vgl. § 176 BGB) für kraftlos erklärt wird. 814

§ 172 BGB schützt also den Geschäftsgegner in seinem Vertrauen auf die Urkunde. Die Urkunde muss allerdings **echt** sein, d.h., von der durch die Unterschrift als Aussteller ausgewiesenen Person stammen. Beglaubigte Abschriften oder Fotokopien genügen diesem Erfordernis nicht, es kommt aber eine Rechtsscheinhaftung nach den Grundsätzen der Anscheins- oder Duldungsvollmacht (Rn 825 ff.) in Betracht.[798] **Vorgelegt** ist die Urkunde, wenn sie dem Geschäftsgegner zur sinnlichen Wahrnehmung unmittelbar zugänglich gemacht wurde.[799] Nicht erforderlich ist, dass der Geschäftsgegner tatsächlich Einsicht nimmt.[800] 815

**Verhindern** kann der Geschäftsherr das Entstehen eines Rechtsscheintatbestands, indem er sich die Vollmachtsurkunde nach Erlöschen der Vollmacht gem. § 172 II BGB **zurückgeben** lässt (vgl. § 175 BGB hinsichtlich des Anspruchs auf Rückgabe) oder sie für **kraftlos erklärt** (vgl. § 176 BGB), s.o. Der Rechtsscheintatbestand des § 172 BGB greift demnach nicht, wenn der Vollmachtgeber die Urkunde dem „Vertreter" nicht übergeben hat. Denn dann liegt kein „Aushändigen" i.S.v. § 172 I BGB vor. Das ist namentlich der Fall, wenn die Urkunde **abhandengekommen** ist[801], was insbesondere bei einer eigenmächtigen Ansichnahme durch den „Vertreter" anzunehmen ist. 816

**Beispiel:** V ist bei G zu Besuch. Im Verlauf des Gesprächs über Digitalkameras stellt G eine Vollmachtsurkunde aus, in der er V zum Erwerb einer Digitalkamera ermächtigt. Die Urkunde möchte er jedoch erst am nächsten Morgen an V übergeben, um „noch mal eine Nacht darüber zu schlafen". Doch noch am späten Abend kommt es zu einer heftigen Kontroverse zwischen den beiden, in deren Folge G dem V mitteilt, dass er keinen Wert mehr auf dessen Hilfe lege. Um G „eins auszuwischen", nimmt V die Urkunde in einem unbeobachteten Moment an sich und verlässt das Haus des G. Die Urkunde gerät bei G in Vergessenheit. Am nächsten Tag kauft V bei D unter Vorlage der Urkunde im Namen des G eine Digitalkamera der Referenzklasse.

---

[796] *Schubert*, in: MüKo, § 171 Rn 16; *Leptien*, in: Soergel, § 171 Rn 5.
[797] Besteht die Innenvollmacht hingegen fort, besteht gar kein Bedarf für die Prüfung einer Rechtsscheinvollmacht, da dann die Innenvollmacht dem Vertreter die Vertretungsmacht verleiht.
[798] BGHZ 102, 60, 63 f. Vgl. auch BGH NJW 2002, 2325, 2326; NJW 2003, 2088; OLG Karlsruhe ZIP 2003, 109, 113; *Stöhr*, JuS 2009, 106 ff.
[799] BGHZ 76, 76, 78; 102, 60, 63; *Schilken*, in: Staudinger, § 172 Rn 3.
[800] BGHZ 76, 76, 78 f.; *Leptien*, in: Soergel, § 172 Rn 4; *Schilken*, in: Staudinger, § 172 Rn 3.
[801] *Ellenberger*, in: Palandt, § 172 Rn 2 mit Verweis auf BGHZ 65, 13, 15 f.

In diesem Fall ist der Rechtsscheintatbestand des § 172 II BGB zu beachten, wonach die Vertretungsmacht des V durch Vorlage der Vollmachtsurkunde so lange bestehen bleibt, bis die Urkunde zurückgegeben oder für kraftlos erklärt wird. Allerdings wurde die Urkunde dem V zu keiner Zeit „ausgehändigt" i.S.v. § 172 I BGB. Dieser hat sie vielmehr eigenmächtig in Besitz genommen. In diesem Fall greift § 172 BGB nicht.

Trotz Schutzbedürftigkeit des D (vgl. den Umkehrschluss aus § 173 BGB) liegt damit kein zurechenbares Verhalten vor. V handelte als Vertreter ohne Vertretungsmacht mit den Konsequenzen aus §§ 177 ff. BGB.

**817** Im Übrigen handelt es sich auch bei der Aushändigung der Urkunde um eine **geschäftsähnliche Handlung**, sodass (wie bei § 171 BGB) die Vorschriften über Willenserklärungen und damit die der Anfechtung analoge Anwendung finden.[802]

**818** §§ 170, § 171 II und 172 II BGB finden gem. **§ 173 BGB** keine Anwendung, wenn der Dritte das Erlöschen der Vertretungsmacht bei der Vornahme des Rechtsgeschäfts kennt oder kennen muss. Mit „kennen muss" ist fahrlässige Unkenntnis gemeint.

## b. Der Schutz des Geschäftsgegners nach Handelsrecht

**819** Gerade im Rahmen des Handelsrechts ist der Vertrauensschutz von besonderer Bedeutung. Insbesondere § 15 HGB ist in diesem Zusammenhang in Verbindung mit einer **Prokura** (§§ 48 ff. HGB) relevant (zur Prokura vgl. Rn 748 ff.).[803] Für die **Handlungsvollmacht** (§§ 54 ff. HGB, vgl. Rn 769 ff.), die nicht eintragungsfähig ist, gilt der Schutz des § 15 HGB **nicht**.

## aa. Negative Publizität des Handelsregisters, § 15 I HGB

**820** § 15 I HGB schützt das Vertrauen auf das **Schweigen des Handelsregisters**. Das bedeutet, dass in das Handelsregister einzutragende Tatsachen als nicht existierend betrachtet werden, solange sie nicht eingetragen und nicht bekannt gemacht worden sind. Allerdings greift der Rechtsscheintatbestand des § 15 I HGB nur dann, wenn derjenige, der sich darauf beruft, keine anderweitige positive Kenntnis von der eingetragenen oder nicht bekannt gemachten Tatsache hat. Erfährt er aber erst später von der wahren Sachlage, steht es ihm frei, sich auf die Wirkung des § 15 I HGB zu berufen oder die Rechtsfolge zu wählen, die sich aus dem wahren Sachverhalt ergibt.[804]

**821** **Beispiel:** Kaufmann K hat dem P wirksam Prokura erteilt, §§ 48 ff. HGB. Dieses hat er als eintragungspflichtige Tatsache (vgl. § 53 I HGB) auch ins Handelsregister eintragen lassen. Später widerruft er die Prokura, unterlässt es jedoch, diese (eintragungspflichtige, vgl. § 53 II HGB) Tatsache ins Handelsregister einzutragen. P hat aber (nach dem Widerruf) noch mit dem Kunden B einen Kaufvertrag über Büromöbel für K geschlossen. Kann B Lieferung verlangen, wenn K den Vertrag nicht will?

B könnte gegen K einen Anspruch auf Übereignung und Übergabe der Möbel nach § 433 I S. 1 BGB haben, wenn zwischen ihnen ein wirksamer Kaufvertrag zustande gekommen ist.
Da K nicht selbst handelte, kann der Kaufvertrag nur zustande gekommen sein, wenn P den K wirksam vertreten hat. P gab eine eigene Willenserklärung im Namen des K ab. Er müsste aber auch mit Vertretungsmacht gehandelt haben. Die Prokura war aufgrund des Widerrufs bereits erloschen. P handelte daher als Vertreter ohne Vertretungsmacht, sodass der Vertrag nach § 177 BGB eigentlich unwirksam war (von einer Genehmigung des K ist nicht auszugehen). Zu prüfen ist aber, ob nicht das Vertrauen des B auf den Fortbestand der Prokura durch § 15 I HGB geschützt ist.

---

[802] *Leptien*, in: Soergel, § 172 Rn 3.
[803] So nun auch *Körber/Schaub*, JuS 2012, 303.
[804] *Ruß*, in: Heidelberger Kommentar zum HGB, § 15 Rn 10a; *Brox/Henssler*, HandelsR, § 6 Rn 78.

Gemäß § 53 II HGB ist auch das Erlöschen der Prokura eine eintragungspflichtige Tatsache. Diese Eintragung und Bekanntmachung hatte K unterlassen. B war auch gutgläubig, da er bei Abschluss des Vertrags nichts von dem Erlöschen der Prokura wusste. K kann dem B gemäß § 15 I HGB das Erlöschen der Prokura also nicht entgegenhalten.

Trotz mangelnder Vertretungsmacht ist der Kaufvertrag zwischen B und K, vertreten durch P, daher wirksam zustande gekommen. Mangels anderer entgegenstehender Gesichtspunkte kann B von K gemäß § 433 I S. 1 BGB Übereignung und Übergabe der Möbel verlangen.

### bb. Positive Publizität des Handelsregisters, § 15 III HGB

Nach § 15 III HGB kann sich ein Dritter auf eine unrichtig bekannt gemachte Tatsache berufen, soweit er die Unrichtigkeit nicht kannte. Im Gegensatz zu § 15 I HGB wird hier auf das „Reden" des Handelsregisters abgestellt und die Vorschrift somit als **„positive Publizität"** des Handelsregisters beschrieben.[805]

**822**

### cc. Vertretungsmacht von Ladenangestellten, § 56 HGB

Nach § 56 HGB gilt derjenige, der in einem Laden oder offenen Warenlager angestellt ist, als ermächtigt zu Verkäufen und Empfangnahmen, die in einem derartigen Laden oder Warenlager gewöhnlich geschehen. Auch § 56 HGB schützt damit das Vertrauen eines Dritten auf das Bestehen einer Vertretungsmacht. Analog § 54 III HGB muss der Dritte aber auch in diesem Fall redlich sein. Vgl. dazu ausführlich Rn 775.

**823 -824**

### c. Duldungs- und Anscheinsvollmacht

Die gesetzlich geregelten Rechtsscheintatbestände der §§ 170-172 BGB decken nicht alle denkbaren Fälle ab, in denen das Vertrauen des Geschäftspartners in die bestehende Vollmacht des Vertreters schützenswert ist. Daher erscheint es sachgerecht, über §§ 170-172 BGB hinaus Rechtsscheintatbestände anzuerkennen. Dabei ist jedoch Zurückhaltung geboten, immerhin hat der Gesetzgeber auf die (generelle) Anerkennung des guten Glaubens an die Vertretungsmacht verzichtet. Denn grundsätzlich steht es jedem, dem gegenüber die Vertretung erfolgt, ja frei, sich z.B. über das Bestehen der Vertretungsmacht durch Nachfrage beim „Vertretenen" oder durch Vorlage der die Vollmacht bestätigenden Urkunde Gewissheit zu verschaffen. Andererseits darf nicht verkannt werden, dass das Nachfragen beim „Vertretenen" insbesondere dann, wenn der „Vertreter" bereits des Öfteren oder regelmäßig für den „Vertretenen" tätig war, für den Geschäftspartner unzumutbar sein kann. Gerade bei laufender Geschäftsbeziehung könnte die (ständige) Nachfrage beim „Vertretenen", ob Vertretungsmacht (auch diesmal) tatsächlich bestehe, als Misstrauen oder Belästigung aufgefasst werden und die Geschäftsbeziehung gefährden. Das Stellen überspitzter Anforderungen an die Überprüfung des Bestehens einer Vertretungsmacht würde letztlich die Stellvertretung als geschäftliches Hilfsmittel aushöhlen. Daher haben Rechtsprechung[806] und Literatur[807] unter Berücksichtigung des sich aus **§ 242 BGB** ergebenden Grundsatzes von Treu und Glauben Erweiterungen der gesetzlichen Rechtsscheintatbestände entwickelt, nach denen dem „Vertretenen" auch dann das vom „Vertreter" getätigte Rechtsgeschäft zugerechnet wird, wenn er keine Vollmacht erteilt hat. Gemeint sind Duldungs- und Anscheinsvollmacht, die nach folgenden Kriterien zu bestimmen sind:

**825**

---

[805] Vgl. dazu OLG Brandenburg ZIP 2012, 2103 f. (mit Bespr. v. *K. Schmidt*, JuS 2013, 360).

[806] Vgl. nur BGHZ 5, 111, 116; 102, 60, 64; BGH NJW 2002, 2325, 2327; NJW 2003, 2091; BB 2007, 955 ff.; NJW 2011, 2421 ff.

[807] *Brox/Walker*, AT, Rn 562; *Ellenberger*, in: Palandt, § 173 Rn 9; *Leptien*, in: Soergel, § 167 Rn 22; *Wolf/Neuner*, AT, § 50 Rn 84 ff.; *Köhler*, AT, § 11 Rn 43.

### aa. Duldungsvollmacht

**826** Nach allgemeiner Auffassung liegt eine **Duldungsvollmacht** vor,

**(1)** wenn ein Unbefugter **ohne Vollmacht** (grds. während einer gewissen Dauer und wiederholt) für den Geschäftsherrn **als Vertreter auftritt**,

**(2)** der Geschäftsherr dies **weiß**, aber trotz entsprechender Verhinderungsmöglichkeit (also in zurechenbarer Weise) **nichts dagegen unternimmt** und

**(3)** der Geschäftsgegner dieses Dulden nach Treu und Glauben dahin verstehen darf, dass der als Vertreter Handelnde bevollmächtigt ist (Vorliegen eines **Vertrauenstatbestands**).[808]

**827** Eines Rückgriffs auf die Figur der Duldungsvollmacht bedarf es aber nicht, wenn das fragliche Verhalten des Geschäftsherrn bereits als konkludente Bevollmächtigung angesehen werden kann. Denn dann liegt ein echter Fall des § 164 BGB vor.

**828** Eine **konkludente Bevollmächtigung** liegt vor, wenn dem Geschäftsherrn das Auftreten des nicht ausdrücklich Bevollmächtigten zur Kenntnis kommt und er dieses Auftreten *mit rechtsgeschäftlichem Willen* billigt (vgl. bereits Rn 711).

**829** Maßgebliches Unterscheidungskriterium ist der Bevollmächtigungswille des Geschäftsherrn. Während dieser Wille bei der konkludent erteilten Vollmacht besteht, fehlt er gerade bei der Duldungsvollmacht.[809] Zu ermitteln ist der Wille im Wege der Auslegung (§§ 133, 157 BGB), und zwar vom objektiven Empfängerhorizont her, d.h. bei der konkludenten Innenbevollmächtigung aus der objektivierten Sicht des „Vertreters", bei der Außenvollmacht aus derjenigen des Geschäftsgegners. So ist eine konkludente Bevollmächtigung insbesondere dann zu verneinen, wenn der unbefugt Handelnde weiß, dass der Geschäftsherr ihn nicht bevollmächtigen will und die Duldung durch den Geschäftsherrn nur auf seine Unentschlossenheit und Schwäche zurückzuführen ist.[810]

**830** Ist demnach eine konkludente Bevollmächtigung ausgeschlossen und ist eine Duldungsvollmacht in Betracht zu ziehen, sind deren **Voraussetzungen** zu prüfen:

**831** **(1)** Der Geschäftsherr muss durch sein Verhalten den **Rechtsschein** einer Bevollmächtigung setzen. Dieser Rechtsschein liegt bei der Duldungsvollmacht darin, dass der „Vertreter" ohne Vollmacht (grds. während einer gewissen Dauer und wiederholt[811]; ein einmaliges Gewährenlassen genügt nur ausnahmsweise, etwa wenn anderenfalls inakzeptable Ergebnisse erzielt würden[812]) für den Geschäftsherrn als Vertreter auftritt. Objektive Umstände, welche auf eine bestehende Vollmacht hindeuten, sind bspw. die Verwendung von Briefpapier, Briefkopf, Stempel etc.[813] Weiteres Merkmal ist, dass der „Vertretene" das Verhalten des vermeintlichen Vertreters **kannte**, aber nicht einschritt, obwohl ihm das möglich und zumutbar gewesen wäre.[814]

---

[808] H.M. seit BGHZ 5, 111, 116. Aus jüngerer Zeit vgl. BGH NJW 2007, 987, 989; NJW 2011, 2421 f.; vgl. auch BGH NJW 2017, 2273, 2276. Aus der Lit. vgl. *Ellenberger*, in: Palandt, § 172 Rn 8-9; *Wolf/Neuner*, AT, § 50 Rn 84 ff.; *Schubert*, in: MüKo, 167 Rn 102; *Schilken*, in: Staudinger, § 167 Rn 29a ff.

[809] Daher kann die Duldungsvollmacht auch nicht als konkludent erteilte Vollmacht angesehen werden (wie hier die heute ganz h.M.). Die Auffassung *Flumes* (AT II, 3. Aufl. 1979, § 49, 3), der die Duldungsvollmacht als eine konkludent erteilte Vollmacht ansieht, wird – soweit ersichtlich – heute nicht mehr vertreten. Bedeutung hat diese Einordnung bei der Frage nach der Anfechtbarkeit. Denn während eine konkludent (und damit rechtsgeschäftlich) erteilte Vollmacht als Willenserklärung der Anfechtbarkeit unterliegt, ist es einem Rechtsscheintatbestand eigentümlich, dass er (zumindest nach h.M.) gerade nicht durch Anfechtung beseitigt werden kann (dazu Rn 835).

[810] *Wolf/Neuner*, AT, § 50 Rn 85.

[811] BGH NJW 1998, 1854, 1855; *Schubert*, in: MüKo, § 167 Rn 102; *Boecken*, AT, Rn 652.

[812] Dem denkbaren Einwand, diese „Öffnungsklausel" könne willkürliche Ergebnisse zulassen, kann damit begegnet werden, dass die gesamte Rechtsfigur der Duldungsvollmacht ja aus Verkehrsschutzgründen aus § 242 BGB entwickelt wurde und daher auch keinen starren Voraussetzungen unterliegen kann. Vgl. näher *Schubert*, in: MüKo, § 167 Rn 102.

[813] BGH NJW 1990, 827, 829; NJW 1991, 1225; *Wolf/Neuner*, AT, § 50 Rn 87; *Stadler*, AT, § 30 Rn 33.

[814] BGH NJW 2011, 2421, 2422.

**(2)** Der gesetzte Rechtsschein muss **zurechenbar** sein. Grundsätzlich ist die Zurechenbarkeit durch das pflichtwidrige Gewährenlassen indiziert, sodass es eines Eingehens auf diesen Prüfungspunkt i.d.R. nicht bedarf. Etwas anderes gilt nur dann, wenn der duldende Geschäftsherr nicht voll geschäftsfähig ist. Denn dadurch, dass bei der Duldungsvollmacht nur die Bevollmächtigung ersetzt wird, nicht aber die übrigen Wirksamkeitsvoraussetzungen der Vollmacht entfallen dürfen, ist die **Geschäftsfähigkeit** des Geschäftsherrn notwendige Voraussetzung für die Zurechnung. 832

**(3)** Auf Seiten des Geschäftsgegners ist erforderlich, dass er dieses Dulden nach Treu und Glauben dahingehend **verstehen darf**, dass der als Vertreter Handelnde **bevollmächtigt** ist[815]; d.h., dass er das Fehlen der Vollmacht weder kennen noch fahrlässig nicht kennen darf[816] (insoweit kann der Rechtsgedanke aus § 173 BGB herangezogen werden). Gemeint ist also das Vorliegen eines **Vertrauenstatbestands**. 833

Liegen die genannten Voraussetzungen vor, greift die Rechtsscheinwirkung: Die (auf Vertragsabschluss gerichtete) Willenserklärung des „Vertreters" wird dem „Vertretenen" zugerechnet. Der „Vertretene" (nicht der „Vertreter") wird Vertragspartner des Dritten. 834

> **Beispiel einer Duldungsvollmacht:** S ist Angestellter im Versandgroßhandelsunternehmen U. Sein Aufgabenbereich umfasst die Wartung und Instandhaltung des lokalen Netzwerks. Für Einkäufe des Unternehmens wurde lediglich dem Abteilungsleiter V eine Vollmacht erteilt, nicht aber S. Gleichwohl kauft S hin und wieder bei Lieferant L Computer- und Netzwerkkomponenten, die für den Betrieb des Netzwerks erforderlich sind. V hat bis jetzt auch immer alle Rechnungen des L beglichen, nicht zuletzt, um Ärger mit dem Geschäftsführer G zu vermeiden. Als S dann bei L einen neuen Router nebst Netzwerkkarten zu einem Preis von 3.000,- € kauft, geht dies V zu weit; er verweigert die Zahlung. Er macht gegenüber L geltend, dass er S zu keiner Zeit eine Vollmacht für die Einkäufe (bei L) erteilt habe. Hat L dennoch einen Kaufpreisanspruch gegen U? Hinweis: Eine etwaige Handlungsvollmacht nach § 54 HGB (Rn 769 ff.) ist nicht zu prüfen.
>
> Anspruchsgrundlage ist § 433 II BGB, sofern ein Kaufvertrag zwischen L und U vorliegt. U ist Vertragspartei, wenn ihm das Verhalten des S (d.h. dessen auf Vertragsabschluss gerichtete Willenserklärung) zugerechnet wird. In Betracht kommt eine Zurechnung über § 164 BGB. Das setzt eine Vertretungsmacht voraus. Ausdrücklich hat V dem S keine Vollmacht erteilt. Auch liegt keine konkludente Vollmachtserteilung vor, weil S wusste, dass V ihn nicht bevollmächtigen wollte und die Duldung durch V nur auf dessen Unentschlossenheit und Schwäche zurückzuführen ist. Es liegen aber die Voraussetzungen für eine Duldungsvollmacht vor: V kannte das Verhalten des S, ist aber nicht dagegen eingeschritten, obwohl ihm das möglich gewesen wäre. L durfte die Umstände nach Treu und Glauben dahingehend verstehen, dass der als Vertreter handelnde S bevollmächtigt war; weder kannte er das Fehlen der Vollmacht noch handelte er fahrlässig in Bezug auf die fehlende Kenntnis. Mithin durfte L auf das Bestehen einer Vertretungsmacht des S vertrauen.
>
> Liegt demnach eine Duldungsvollmacht vor, wird die von S auf den Vertragsabschluss gerichtete Willenserklärung U zugerechnet, sodass U Vertragspartner von L geworden ist. L hat demgemäß gegen U einen Kaufpreisanspruch aus § 433 II BGB.

Die eigentliche Bedeutung der Duldungsvollmacht liegt darin, dass sie nach umstrittener, aber zutreffender Auffassung **nicht anfechtbar** ist. Denn dadurch, dass sich die Duldungsvollmacht von der konkludent erteilten (echten) Vollmacht insofern unterscheidet, als dem Dulden gerade *kein* Erklärungswert beigemessen werden soll, liegt in der Duldung folgerichtig auch *keine* Willenserklärung. Da aber nur Willenserklärungen angefochten werden können, nicht jedoch Rechtsscheintatbestände, die ja gerade zugunsten des Verkehrsschutzes entwickelt wurden, ist eine Anfechtung einer Duldungsvollmacht nach der hier vertretenen Auffassung ausgeschlossen.[817] 835

---

[815] BGH NJW 1997, 312, 314; NJW 2007, 987, 989; NJW 2011, 2421 f.
[816] *Schubert*, in: MüKo, § 167 Rn 102; *Wolf/Neuner*, AT, § 50 Rn 88.
[817] Vgl. auch die in der folgenden Fußnote Genannten.

Die im **Beispiel** von Rn 834 angenommene Duldungsvollmacht könnte gem. § 142 I BGB als von Anfang an nichtig anzusehen sein, wenn die Weigerung der Kaufpreiszahlung als Anfechtungserklärung i.S.v. § 143 I BGB angesehen werden kann, eine Duldungsvollmacht überhaupt angefochten werden kann und ein anerkannter Anfechtungsgrund greift.

V möchte das Geschäft des S nicht gelten lassen, was gem. §§ 133, 157 BGB als Anfechtungserklärung i.S.v. § 143 I auszulegen ist. Fraglich ist aber, ob V die Duldungsvollmacht überhaupt anfechten kann, weil sein Dulden den Rechtsschein einer Vollmacht auslöst.

⇨ Nach der heute h.M. ist die Duldungsvollmacht als Rechtsscheinvollmacht nicht anfechtbar. Denn dadurch, dass sich die Duldungsvollmacht von der konkludent erteilten (echten) Vollmacht insofern unterscheide, als dem Dulden gerade *kein* Erklärungswert beigemessen werden solle, liege in der Duldung folgerichtig auch *keine* (anfechtbare) Willenserklärung.[818]

Danach ist die Duldungsvollmacht also keine Willenserklärung, sondern ein reiner Rechtsscheintatbestand. Da aber nur Willenserklärungen angefochten werden könnten, nicht jedoch Rechtsscheintatbestände, die ja gerade zugunsten des Verkehrsschutzes entwickelt wurden, ist die Anfechtung einer Duldungsvollmacht ausgeschlossen. V kann also von vornherein nicht anfechten.

⇨ Nach der Gegenauffassung ist die Duldungsvollmacht als rechtsgeschäftliche Vollmachterteilung durch konkludentes Verhalten anzusehen. Dem Wissen und Dulden des Handelns durch den Unbefugten sei ein objektiver Erklärungswert beizumessen.[819]

Folge dieser Auffassung ist, dass die Duldungsvollmacht wie eine „echte" konkludent erteilte Vollmacht zu behandeln ist, was insbesondere die Anfechtung ermöglicht, wenn eine rechtsgeschäftliche Außenvollmacht anfechtbar wäre. Dies wird damit begründet, dass der Rechtsschein nicht weiter reichen könne als eine entsprechende rechtsgeschäftliche Vollmacht. Es sei wertungswidersprüchlich, wenn die wirklich erteilte Vollmacht anfechtbar sei, die nur scheinbar erteilte aber nicht.

Nach dieser Ansicht kann V die Duldungsvollmacht also anfechten, wenn er sich auf einen anerkannten Anfechtungsgrund stützen kann. Möglicherweise hat sich V über die Rechtsfolgen der Duldung geirrt. Dieser Irrtum wäre aber als Rechtsfolgenirrtum unbeachtlich. V könnte damit auch nach dieser Ansicht nicht anfechten. Eine Entscheidung, welcher Auffassung zu folgen ist, kann damit dahinstehen.

836 Fazit: Liegen die Voraussetzungen für eine Duldungsvollmacht vor, muss sich der Geschäftsherr so behandeln lassen, als hätte er eine wirksame Vollmacht erteilt. Er kann sich nicht auf die fehlende Vollmacht berufen. Eine Anfechtung wegen nicht bestehender Vertretungsmacht ist nach der hier vertretenen Auffassung ausgeschlossen. Denn sieht man die Duldungsvollmacht als einen Rechtsscheintatbestand an, muss man konsequenterweise auch die mit einem Rechtsscheintatbestand verbundene Unanfechtbarkeit annehmen.

## bb. Anscheinsvollmacht

837 Auch bei der Anscheinsvollmacht geht es darum, ob es der sich aus § 242 BGB ergebende Grundsatz von Treu und Glauben gebietet, dass das vom „Vertreter" getätigte Rechtsgeschäft dem „Vertretenen" zugerechnet wird, obwohl dieser keine Vollmacht erteilt hat. Anders als bei der Duldungsvollmacht kennzeichnet sich die Anscheinsvollmacht aber dadurch, dass der „Vertretene" das in Rede stehende Verhalten des vermeintlichen Vertreters nicht kannte, aber bei Anwendung pflichtgemäßer Sorgfalt hätte erkennen und

---

[818] *Leptien*, in: Soergel, § 167 Rn 22; *Maier-Reimer*, in: Erman, § 167 Rn 27; Valenthin: in: Bamberger/Roth, 3. Aufl. 2012, § 167 Rn 19; *Jauernig*, in: Jauernig, § 167 Rn 9; *Valentin*, in: BeckOK-BGB § 167 Rn 19; *Schilken*, in: Staudinger, § 167 Rn 45; *Stadler*, AT, § 30 Rn 43.

[819] *Flume*, AT II, 3. Aufl. 1979, § 49 sub 3 u. 4; *Schubert*, in: MüKo, § 167 Rn 103; *Medicus/Petersen*, BR, Rn 101; *Köhler*, AT, § 11 Rn 45; *Becker*, JA 2006, 597, 600 f.

verhindern können. In Übereinstimmung mit der Duldungsvollmacht ist aber auch hier ein schutzwürdiges Vertrauen auf Seiten des Geschäftspartners erforderlich. Es ergeben sich folgende Grundsätze:

## a.) Allgemeines

Nach allgemeiner Auffassung liegt eine **Anscheinsvollmacht** vor, wenn

**838**

**(1)** wenn ein Unbefugter **ohne Vollmacht** (grds. während einer gewissen Dauer und wiederholt) für den Geschäftsherrn **als Vertreter auftritt,**

**(2)** der Geschäftsherr das Auftreten des unbefugt als Vertreter Handelnden zwar **nicht kennt,** es bei pflichtgemäßer Sorgfalt aber **hätte erkennen und verhindern können,**

**(3)** und wenn der Geschäftsgegner nach **Treu und Glauben** mit Rücksicht auf die Verkehrssitte **angenommen hat** und **annehmen durfte,** der Vertretene billige und dulde das Handeln des Vertreters.[820]

Der offensichtliche Unterschied zur Duldungsvollmacht besteht darin, dass der Geschäftsherr das Verhalten seines angeblichen Vertreters **nicht kannte,** es aber hätte **erkennen** und **verhindern** können (s.o.). Zurechnungsgrund sind also die fahrlässige Unkenntnis des „Vertretenen" sowie der Vertrauensschutz desjenigen, der vom Bestehen einer Vollmacht ausgeht. Letztlich liegt dem der Rechtsgedanke zugrunde, dass ein Teilnehmer am Rechtsverkehr für das seiner Risikosphäre zuzurechnende Verhalten Dritter einzustehen hat.[821]

**839**

- Da also auch bereits eine leicht fahrlässige Unkenntnis genügt, damit der Geschäftsherr sich so behandeln lassen muss, als habe er eine wirksame Vollmacht erteilt, werden teilweise Bedenken gegen die Figur der Anscheinsvollmacht erhoben.[822] Die Anscheinsvollmacht sei mit den Grundsätzen der Privatautonomie kaum vereinbar, da nicht der Wille, sondern fahrlässiges Verhalten Anknüpfungspunkt für das Entstehen von Erfüllungsansprüchen sei. Sie könne auch nicht auf eine Analogie zu den gesetzlich geregelten Rechtsscheinvorschriften (§§ 170 ff. BGB) gestützt werden, weil diese voraussetzten, dass der Rechtsschein willentlich gesetzt worden sei.

**840**

  Folge dieser ablehnenden Auffassung ist, dass lediglich ein Anspruch aus **§ 179 BGB** gegen den vermeintlichen Vertreter sowie ein Anspruch aus **c.i.c. (§§ 280 I, 311 II Nr. 2, 241 II BGB)** auf das negative Interesse gegen den „Vertretenen" in Betracht kommen, da ein Anspruch auf das Erfüllungsinteresse nicht aus einer Sorgfaltspflichtverletzung, sondern allein aus einem privatautonomen Handeln des Vertretenen hergeleitet werden kann.[823]

- Nach h.M. greifen die geäußerten Bedenken nicht.[824] Vielmehr gäben die §§ 170 ff. BGB auch für die Entwicklung der Anscheinsvollmacht eine wichtige Stütze. Der Schutz, den die §§ 170 ff. BGB gewähren, knüpfe zwar jeweils an eine bewusste Äußerung des Vertretenen an. Dass der Geschäftsgegner danach vom Fortbestand der Vollmacht ausgehen dürfe, beruhe jedoch – eine tatsächliche Vermutung für den Fortbestand gebe es nicht – rechtlich darauf, dass der Vertretene es unterlasse einzuschreiten, was in aller Regel auf mangelnder Sorgfalt beruhe. Damit sei die Verbindung zur Anscheinsvollmacht als **Rechtsscheintatbestand** hergestellt.

**841**

---

[820] BGH NJW 2017, 2273, 2276; NJW 2011, 2421 f.; NJW 1998, 1854, 1855; NJW-RR 1987, 308; BGHZ 5, 111, 116; OLG Schleswig CR 2011, 52; *Schubert,* in: MüKo, § 167 Rn 107 ff.; *Ellenberger,* in: Palandt, § 172 Rn 11; *Brox/Walker,* AT, Rn 566; *Schilken,* in: Staudinger, § 167 Rn 31; *Wolf/Neuner,* AT, § 50 Rn 95 (mit der Einschränkung, dass es bei der Zurechnung nicht auf die fahrlässige Unkenntnis ankommen könne).
[821] Siehe BGH NJW 2017, 2273, 2276.
[822] *Flume,* AT II, 3. Aufl. 1979, § 49 sub 3 u. 4; *Medicus/Petersen,* BR, Rn 101.
[823] So nun auch *Wolf/Neuner,* AT, § 50 Rn 95.
[824] St. Rspr., vgl. nur BGH VersR 1992, 898, 990; NJW 1998, 1854 ff. Aus der Lit.: *Leptien,* in: Soergel, § 167 Rn 17; *Ellenberger,* in: Palandt, § 172 Rn 11 ff.; *Schubert,* in: MüKo, § 167 Rn 107 ff.; *Schreiber,* Jura 1997, 104, 106; *Stadler,* AT, § 30 Rn 46; *Köhler,* AT, § 11 Rn 44; *Larenz/Wolf,* AT, 9. Aufl. 2004, § 48 Rn 20; *Brox/Walker,* AT, Rn 566.

Demnach steht die Anscheinsvollmacht also in ihrer **_Wirkung_** einer rechtsgeschäftlichen Vollmacht gleich und verleiht entsprechend dem gesetzten Umfang des Rechtsscheins Vertretungsmacht, sodass sich der Geschäftsherr so behandeln lassen muss, als habe er den Handelnden tatsächlich bevollmächtigt. Bei gegebenen Voraussetzungen (sowohl der Anscheinsvollmacht als auch der Stellvertretung im Übrigen) kann also z.B. ein Vertrag mit entsprechenden Erfüllungsansprüchen zustande kommen.

### b.) Voraussetzungen

842 Erkennt man also auch die Rechtsfigur der Anscheinsvollmacht an, ergeben sich folgende **Voraussetzungen**:

843 **(1)** Der Rechtsscheintatbestand der Anscheinsvollmacht setzt zunächst voraus, dass ein Unbefugter **ohne Vollmacht** für den Geschäftsherrn als Vertreter aufgetreten ist. Da bei der Anscheinsvollmacht aber an die fahrlässige Unkenntnis des Geschäftsherrn bezüglich des vollmachtlos Handelnden angeknüpft wird, ist (um das Zurechnungsrisiko für den „Vertretenen" erträglich zu halten) einschränkend zu fordern, dass dessen Auftreten als Vertreter grundsätzlich (nicht nicht zwingend!) von einer **gewissen Häufigkeit und Dauer** ist.[825]

Das ist bspw. bei einer wiederholten Verwendung überlassener Geschäftspapiere oder Firmenstempel[826], der Verwendung des Namens eines ausgeschiedenen oder eines Nicht-Sozius auf dem Praxisschild oder Briefbogen[827] der Fall. Das Gleiche gilt, wenn ein Bankkunde seine PIN und die weiteren Zugangsdaten für das Onlinebanking an einen Dritten weitergibt (etwa, weil dieser für ihn bestimmte Bankgeschäfte verrichten soll) und dieser dann die Daten missbräuchlich verwendet (etwa, indem er weitere, nicht abgesprochene Zahlungen vom Konto des Bankkunden vornimmt).[828] Aber auch bei einem erstmaligen Handeln ohne Vertretungsmacht kann eine Anscheinsvollmacht anzunehmen sein, wenn die Schutzbedürftigkeit des Geschäftsgegners dies fordert.

844 **(2)** Eine Zurechnung des objektiv bestehenden Rechtsscheins kann nur dann erfolgen, wenn der Geschäftsherr von diesem Verhalten zwar nichts wusste, es jedoch bei Anwendung der im Verkehr erforderlichen Sorgfalt **hätte erkennen und verhindern können**.

845 **(3)** Eine Einstandspflicht unter dem Aspekt der Anscheinsvollmacht kommt allerdings nur in Betracht, wenn der Geschäftsherr **geschäftsfähig** ist, da der Rechtsschein und der gute Glaube des Geschäftsgegners nur die fehlende Bevollmächtigung, nicht aber die sonstigen Wirksamkeitsvoraussetzungen einer Bevollmächtigung ersetzen können und der vorrangige Schutz des Geschäftsunfähigen bzw. beschränkt Geschäftsfähigen sonst durch Rechtsscheinerwägungen verdrängt würde.[829]

846 **(4)** Schließlich muss der Geschäftsgegner bei der Vornahme des Vertretergeschäfts analog § 173 BGB **gutgläubig** auf das Vorhandensein einer Bevollmächtigung **vertraut** haben und das Vertrauen muss **schutzwürdig** sein.[830] Die Kriterien der Schutzwürdigkeit sind letztlich **Treu und Glauben** (§ 242 BGB) und die **Zumutbarkeit** für den Geschäftsgegner, (ständig) beim „Vertretenen" nachzufragen, ob Vertretungsmacht besteht. Eben dies kann aber unzumutbar sein, will man die Geschäftsbeziehung nicht gefährden. Ist der Vertrauenstatbestand demnach gegeben, müssen der Rechtsschein und das Vertrauen darauf für das Handeln des Geschäftspartners auch **ursächlich**

---

[825] BGH NJW 2011, 2421 f.; NJW 1998, 1854, 1855; NJW-RR 1986, 1169; _Ellenberger_, in: Palandt, § 172 Rn 12; _Wolf/Neuner_, AT, § 50 Rn 95; _Stadler_, AT, § 30 Rn 46.
[826] BGHZ 5, 111, 116.
[827] BGH NJW 1991, 1225.
[828] OLG Schleswig CR 2011, 52.
[829] Allg. Auffassung; vgl. nur _Schubert_, in: MüKo, § 167 Rn 116; _Wolf/Neuner_, AT, § 50 Rn 88; _Köhler_, AT, § 11 Rn 45.
[830] Siehe nur BGH NJW 2017, 2273, 2276.

gewesen sein.[831] An der Ursächlichkeit des Handelns fehlt es, wenn der Geschäftsgegner die gleichen Vermögensdispositionen auch ohne Rücksicht auf den Rechtsschein vorgenommen hätte, z.B. weil er bereit gewesen wäre, sich mit der Haftung des Handelnden aus § 179 BGB zu begnügen.

Liegen die genannten Voraussetzungen vor, greift (wie bei der Duldungsvollmacht) die Rechtsscheinwirkung: Die (auf Vertragsabschluss gerichtete) Willenserklärung des „Vertreters" wird dem „Vertretenen" zugerechnet. Der Dritte wird Vertragspartner des „Vertretenen".   **847**

Sofern man die Figur der Anscheinsvollmacht mit der h.M. als Rechtsscheintatbestand anerkennt, ist gleichzeitig zu beachten, dass dann auch eine **Anfechtung** der Anscheinsvollmacht grds. *nicht* möglich ist, da der gesetzte Rechtsschein (wie bei der Duldungsvollmacht, vgl. Rn 835) nicht rückwirkend vernichtet werden kann.[832]   **848**

> **Beispiel zur Anscheinsvollmacht:** G ist leidenschaftlicher Sammler von nautischen Geräten früherer Epochen; bereits mehrfach hat er bei H, einem Händler maritimer Antiquitäten, einige Kompasse und Sextanten gekauft. Da er aber stets verhindert war, beauftragte er jedes Mal seinen Bekannten V, die Stücke in seinem Namen auszusuchen und ggf. auch zu kaufen. Dort, wo es zu Käufen kam, hatte H die Rechnungen stets an G geschickt, die dieser auch fortwährend beglich. Kurz nachdem sich G und V wegen einer privaten Angelegenheit überwarfen, machte V einen Stadtbummel, um seinem Ärger „Luft zu machen". Als er dabei auch an dem Geschäft des H vorbeikam, sah er in dessen Schaufenster ein altes Schiffschronometer. Er betrat das Geschäft des H und erkundigte sich nach dem Objekt, woraufhin H antwortete, dass es sich bei dem Chronometer um ein nautisches Gerät aus der berühmten Rickmer Rickmers (19. Jahrhundert) handele und 550,- € koste. Nachdem V den Preis auf 500,- € herunterhandeln konnte, teilte er H mit, dass das Gerät – wie immer – für G bestimmt sei, der auch wie sonst den Kaufpreis überweisen werde. Daraufhin übergab H dem V das Schiffschronometer, das dieser bei G vor die Türe stellte. Im Glauben, es sei als „Wiedergutmachung" für das Zerwürfnis gedacht, nahm G das Gerät an und stellte es in die Vitrine zu den anderen nautischen Geräten. Umso verwunderter war G, als er einige Tage später von H eine Rechnung über 500,- € erhielt. G ist der Meinung, dass die Rechnung unberechtigt sei, und verweigert die Zahlung. Er habe V nicht beauftragt, für ihn ein Chronometer zu kaufen. H hält gleichwohl an seiner Forderung fest.   **849**
>
> Kann H von G Zahlung der 500,- € verlangen?
>
> Anspruchsgrundlage ist § 433 II BGB, sofern ein Kaufvertrag zwischen H und G vorliegt. G ist Vertragspartei, wenn ihm das Verhalten des V (d.h. dessen auf Vertragsabschluss gerichtete Willenserklärung) zugerechnet wird. In Betracht kommt eine Zurechnung über § 164 BGB. Das setzt eine Vertretungsmacht voraus. Ursprünglich hatte V stets Vertretungsmacht (Innenvollmacht), aber immer nur im Einzelfall, niemals eine Dauervollmacht. Die Möglichkeit einer konkludenten Vollmachtserteilung in Bezug auf den Chronometer allein deswegen, weil G Sammler nautischer Geräte ist, ginge wohl zu weit. Daher besteht im Ergebnis insoweit keine Vertretungsmacht.
>
> Fraglich ist daher, ob eine Zurechnung über die Grundsätze der Anscheinsvollmacht erfolgen kann. V ist zwar diesmal ohne Vollmacht im Namen des G aufgetreten, sein bisheriges Auftreten als Vertreter war aber von gewisser Häufigkeit und Dauer.[833] Zweifelhaft

---

[831] *Wolf/Neuner*, AT, § 50 Rn 96; *Stadler*, AT, § 30 Rn 46 f.; *Köhler*, AT, § 11 Rn 45; *Ellenberger*, in: Palandt, § 172 Rn 14; *Schilken*, in: Staudinger, § 167 Rn 43.

[832] Vgl. auch *Brox/Walker*, AT, Rn 574; *Stadler*, AT, § 30 Rn 46; *Leptin*, in: Soergel, § 167 Rn 22; *Valenthin*, in: Bamberger/Roth, 3. Aufl. 2012, § 167 Rn 19; a.A. *Wolf/Neuner*, AT, § 50 Rn 91; *Schubert*, in: MüKo, § 167 Rn 107 ff.

[833] Zwar muss man die bei Rn 838 genannte Einschränkung „grds. während einer gewissen Dauer und wiederholt" so verstehen, dass das *unbefugte Auftreten* grds. während einer gewissen Dauer und wiederholt erfolgt sein müsse. Wenn man aber den Rechtsschein an dem wiederholten Auftreten festmacht, muss dies auch gelten, wenn der „Vertreter" zuvor wiederholt als tatsächlicher Vertreter aufgetreten ist, solange nur das schutzwürdige Interesse des Geschäftsgegners überwiegt. Wird die Figur der Anscheinsvollmacht auf § 242 BGB gestützt, können die Voraussetzungen ohnehin nicht starr sein.

ist aber, ob G das Auftreten des V gegenüber H bei Anwendung der im Verkehr erforderlichen Sorgfalt hätte erkennen und verhindern können. Andererseits war H gutgläubig und hat auf den gesetzten Rechtsschein bestehender Bevollmächtigung vertraut. Allein das Vertrauen genügt aber nicht; vielmehr muss das Vertrauen auch schutzwürdig sein. Die Kriterien der Schutzwürdigkeit sind letztlich Treu und Glauben (§ 242 BGB) und die Zumutbarkeit für H, (ständig) bei G nachzufragen, ob V über eine Vollmacht verfügt. Eben dies kann H aber unzumutbar sein, weil er damit die Geschäftsbeziehung gefährden könnte. Letztlich dürfte von Relevanz sein, dass V „im Lager" des G steht; dieser hat sich V als Vertreter „ausgesucht". Daher erscheint es sachgerecht, dass *er* sich und nicht H das Fehlverhalten des V zurechnen lassen muss.

Geht man daher vom Vorliegen einer Anscheinsvollmacht aus, wird die Willenserklärung des V in Bezug auf den Abschluss des Kaufvertrags G zugerechnet; dieser ist dann Vertragspartner des H.

Ergebnis: Es ist ein Kaufvertrag zwischen H und G zustande gekommen. H hat gegen G einen Anspruch auf Zahlung der 500,- € aus § 433 II BGB.

Hinweis: Sollte man die Grundsätze der Anscheinsvollmacht für nicht gegeben erachten, wäre eine Zurechnung der Willenserklärung des V ausgeschlossen. Dann hätte H gegen G allenfalls einen auf das negative Interesse gerichteten Schadensersatzanspruch aus §§ 280 I, 311 II Nr. 2, 241 II BGB. H könnte aber in jedem Fall gegen V vorgehen und diesen aus § 179 I BGB in Anspruch nehmen.

## 4. Beschränkung/Ausschluss der Vertretungsmacht

**850**   Da die (gesetzlich oder rechtsgeschäftlich eingeräumte) Vertretungsmacht die Wirkungen des Vertretergeschäfts unmittelbar beim Geschäftsherrn eintreten lässt, birgt das Institut der Stellvertretung auch Risiken des Missbrauchs und der Interessenkollision in sich. Solche Risiken können etwa darin bestehen, dass der Vertreter die Vertretungsmacht schlicht überschreitet[834] oder zum eigenen Vorteil ausnutzt und dadurch die Interessen seines Geschäftsherrn bzw. des Vertretenen gefährdet. Daher gibt es sowohl gesetzliche als auch gewohnheitsrechtlich anerkannte Beschränkungen bzw. Ausschlüsse der Vertretungsmacht. So schließt das Gesetz eine Vertretungsmacht der **Eltern** in allen Fällen aus, in denen eine **höchstpersönliche** Vornahme des Rechtsgeschäfts durch das Kind erforderlich ist. Das ist insbesondere der Fall

- bei der Testamentserrichtung (§ 2064 BGB),
- beim Abschluss eines Erbvertrags (§ 2274 BGB)
- und bei der Erklärung des Erbverzichts (§ 2347 BGB).

**851**   Die bislang vorhandenen Bestimmungen, die den Ausschluss der Vertretungsmacht in ehebezogenen (und damit in ebenfalls höchstpersönlichen) Angelegenheiten betrafen, wie bspw. in Bezug auf

- das Verlöbnis (vgl. §§ 1297 I, 1301 S. 1 BGB),
- die Eheschließung (§ 1311 S. 1 BGB, § 125 I FamFG)
- und den Abschluss eines Ehevertrags (§ 1411 I S. 4 BGB a.F.),

sind mit dem am 22.7.2017 in Kraft getretenen „Gesetz zur Bekämpfung von Kinderehen"[835] aufgehoben worden (betrifft § 1411 I S. 4 BGB a.F.) oder zumindest insoweit gegenstandslos geworden, als nunmehr keine Eheschließungen unter Beteiligung Minderjähriger mehr zulässig sind und daher auch nicht mehr vorgenommen werden. Das ändert freilich nichts daran, dass das Verlöbnis, die Eheschließung und der Abschluss eines Ehevertrags höchstpersönliche Rechtsgeschäfte sind, bei denen generell eine

---

[834] Zu Überschreitung der Vollmacht und den damit verbundenen Konsequenzen siehe Rn 727.
[835] BGBl I 2017, S. 2429 – siehe dazu *R. Schmidt*, FamR, Rn 2g, 54, 56 und 61.

Stellvertretung ausgeschlossen ist. Lediglich im Fall der Eheverträge kommt eine gesetzliche Stellvertretung seitens des Betreuers in Betracht (§ 1411 BGB), sofern eine Betreuung angeordnet wurde.[836]

Die wichtigste gesetzliche Beschränkung der Vertretungsmacht aus dem Bereich des BGB AT enthält **§ 181 BGB** (Verbot des Selbstkontrahierens und der Mehrfachvertretung), dazu sogleich Rn 854 ff.  **852**

Als **gewohnheitsrechtliche Grenze** sind die **Grundsätze vom Missbrauch der Vertretungsmacht** anerkannt, vgl. dazu Rn 871 und 1089.  **853**

## a. Das Insichgeschäft, § 181 BGB

§ 181 BGB beschränkt sowohl die gesetzliche als auch die rechtsgeschäftliche Vertretungsmacht. Danach kann der Vertreter im Namen des Vertretenen weder mit sich selbst (**Selbstkontrahierung**) noch mit einem Dritten Rechtsgeschäfte vornehmen, wenn er gleichzeitig als Vertreter dieses Dritten handelt (**Mehrvertretung**). Etwas anderes gilt nur dann, wenn ihm dies **gestattet** ist oder wenn das Rechtsgeschäft, das er vornimmt, ausschließlich in der **Erfüllung einer Verbindlichkeit** besteht.  **854**

**Zweck** des § 181 BGB ist es, **Interessenkollisionen vorzubeugen**. Die Vorschrift beruht auf dem Gedanken, dass die Mitwirkung derselben Person auf beiden Seiten des Rechtsgeschäfts stets die Gefahr eines Interessenkonflikts und damit die Schädigung eines Teils in sich birgt.[837] Dem liegt folgende Überlegung zugrunde: Grundsätzlich vertreten die Parteien eines Vertrags gegenläufige Interessen. So will bspw. der Käufer einer Sache einen möglichst geringen Kaufpreis zahlen und der Verkäufer will einen möglichst hohen Preis erzielen. In der Regel müssen beide Parteien einen Kompromiss finden, damit das Geschäft zustande kommt. Steht nun auf Verkäuferseite ein Stellvertreter, der zugleich als Stellvertreter des Käufers auftritt, entsteht zwangsläufig eine Interessenkollision. Dieser Situation will § 181 BGB entgegentreten, wobei die genannte Interessenkollision freilich nicht besteht, wenn der Geschäftsherr das Insichgeschäft gestattet. Der Geschäftsherr kann den Vertreter von den Beschränkungen des § 181 BGB befreien. In diesem Fall ist das Insichgeschäft wirksam (siehe Rn 863).  **855**

## aa. Die Selbstkontrahierung, § 181 Var. 1 BGB

Die erste in § 181 BGB genannte Fallgruppe betrifft das Verbot des Selbstkontrahierens. Ein Selbstkontrahieren liegt vor, wenn der Vertreter auf der einen Seite für den Vertretenen als dessen Stellvertreter und auf der anderen Seite für sich selbst im eigenen Namen auftritt („Insichgeschäft").  **856**

> **Beispiel:** Geschäftsmann G ist wieder einmal eilig unterwegs, obwohl er sich eigentlich um den Verkauf seiner Motorjacht kümmern müsste. Diese ist erst ein Jahr alt, muss aber weg, weil bereits die neue, noch größere Luxusjacht bestellt ist und bald eintrifft. Daher bevollmächtigt er seinen Freund V, für ihn die Jacht zu verkaufen. V, der gerade eine solche sucht, aber nicht über die nötige Liquidität verfügt, wittert eine Chance, um äußerst günstig an die Jacht des G heranzukommen: Er fertigt einen Vertrag, wonach G die Jacht, vertreten durch V, für 1.000,- € an V verkauft. Sodann unterzeichnet er den Vertrag einmal als Vertreter des Verkäufers G und einmal als Käufer.  **857**

---

[836] Weitere Beispiele gesetzlicher Vertretungsverbote aus dem Bereich des Familienrechts (und Möglichkeiten der Genehmigung durch das Familiengericht) finden sich bei *R. Schmidt*, FamR, Rn 534 ff.
[837] BGHZ 51, 209, 215; 56, 97, 101; 59, 236, 239; *Ellenberger*, in: Palandt, § 181 Rn 2.

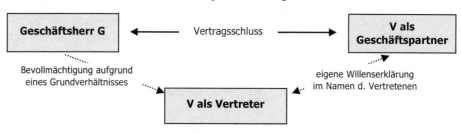

### bb. Die Mehrfachvertretung, § 181 Var. 2 BGB

**858**  Die zweite in § 181 BGB genannte Fallgruppe betrifft das Verbot der Mehrvertretung. Eine Mehrfachvertretung liegt vor, wenn jemand auf beiden Seiten eines Rechtsgeschäfts als Stellvertreter für die jeweiligen Vertragsparteien auftritt.

> **Beispiel:** Wieder ist G eilig unterwegs, obwohl er sich diesmal um den Verkauf seines Jaguars kümmern müsste, weil der neue bereits beim Händler steht. Er bevollmächtigt seinen Freund V, für ihn den Wagen zu verkaufen, sagt diesem allerdings, dass er so etwas wie beim letzten Mal nicht noch einmal erleben wolle. V, der schon immer gerissen war, wittert auch hier eine Chance, um zwar die Vorgabe des G zu beachten, aber dennoch äußerst günstig an den Jaguar heranzukommen: Er fertigt einen Vertrag, wonach G den Wagen, vertreten durch V, für 1.000,- € an D, wiederum vertreten durch V, verkauft. Sodann unterzeichnet V den Vertrag einmal als Vertreter des Verkäufers G und einmal als Vertreter des Käufers D. Später kauft er den Wagen von D, der gegen eine kleine „Provision" mitgespielt hatte, zurück.

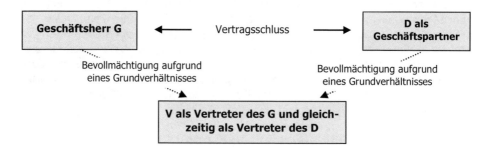

### cc. Anwendbarkeit des § 181 BGB

**859**  In sachlicher Hinsicht ist § 181 BGB grundsätzlich auf das gesamte Privatrecht anwendbar und gilt grundsätzlich bei allen Arten von Rechtsgeschäften (z.B. auch für die dingliche Einigung, für familien- oder erbrechtliche Verträge). Die Vorschrift gilt auch für einseitige Rechtsgeschäfte (z.B. Kündigung, Bevollmächtigung, Zustimmung, Anfechtung, Erklärung des Rücktritts von einem Vertrag etc.) sowie für geschäftsähnliche Handlungen (z.B. Mahnung und Fristsetzungen). § 181 BGB tritt allerdings zurück, wenn Sondervorschriften wie bspw. §§ 34 BGB, 136 AktG, 47 IV GmbHG, 43 VI GenG, 25 V WEG greifen. Für Versteigerungen gilt § 450 BGB.

**860**  In persönlicher Hinsicht gilt § 181 BGB nicht nur für die rechtsgeschäftliche, sondern auch für die gesetzliche und organschaftliche Stellvertretung.

### dd. Gesetzliche Ausnahmen

**861**  Die Rechtsfolge der § 181 BGB (Nichtigkeit des Rechtsgeschäfts, wenn der Geschäftsherr nicht genehmigt), findet *keine* Anwendung, wenn ein **zulässiges Insichgeschäft** vorliegt. § 181 BGB nennt zwei Fälle:

- Dem Vertreter ist die Mitwirkung auf beiden Seiten des Geschäfts **gestattet**.
- Der Vertreter hat zum Zwecke der **Erfüllung einer Verbindlichkeit** gehandelt.

Darüber hinaus nimmt die h.M. eine **teleologische Reduktion** des § 181 BGB vor, wenn das Rechtsgeschäft für den Vertretenen **lediglich rechtlich vorteilhaft** ist (dazu Rn 867).

**862**

### a.) Das Insichgeschäft wurde gestattet

Das Insichgeschäft ist von Anfang an wirksam, wenn es dem Vertreter **gestattet** ist. Die Gestattung kann **gesetzlich** erfolgen (vgl. etwa §§ 1009 II BGB, 125 II HGB, 78 IV AktG), aber auch **rechtsgeschäftlich** erteilt werden.[838] Insb. kann sie bereits in der Vollmachtserteilung enthalten sein (z.B.: „Hiermit bevollmächtige ich V unter Befreiung von den Beschränkungen des § 181 BGB ...") oder durch eine gesonderte einseitige, empfangsbedürftige Willenserklärung erfolgen (z.B.: „Hiermit befreie ich Sie von den Beschränkungen des § 181 BGB."). Die rechtsgeschäftliche Gestattung kann freilich auch **konkludent** erfolgen. Um aber den Schutz aus § 181 BGB nicht zu gefährden, muss in diesem Fall die Gestattung unzweifelhaft aus den Umständen hervorgehen.[839] Im Zweifel ist also eine rechtsgeschäftliche Gestattung zu verneinen.

**863**

> So enthält zum **Beispiel** eine **Generalvollmacht** nicht per se die Befreiung von den Beschränkungen des § 181 BGB.

Eine konkludente Gestattung ist aber insbesondere dann anzunehmen, wenn nach den Umständen des Falls unter Berücksichtigung des der Vertretungsmacht zugrunde liegenden Rechtsverhältnisses das Vertretergeschäft nur durch ein Insichgeschäft abgeschlossen werden kann.

**864**

> Dies ist zum **Beispiel** dann der Fall, wenn beide Parteien wissentlich denselben Dritten bevollmächtigt haben, eine Auflassung vorzunehmen.[840]

Auch **Organe juristischer Personen** können aufgrund entsprechender Satzungsbestimmungen von den Beschränkungen des § 181 BGB befreit werden.[841]

**865**

### b.) Erfüllung einer Verbindlichkeit

Nach § 181 BGB ist ein Insichgeschäft auch dann gestattet, wenn das Rechtsgeschäft ausschließlich in der Erfüllung einer Verbindlichkeit besteht. Dieser Ausnahme liegt der Umstand zugrunde, dass auch der Vertretene selbst oder ein anderer Vertreter die Verbindlichkeit erfüllen müssten. Der von § 181 BGB geregelte Interessenkonflikt besteht nicht.

**866**

> **Beispiel:** Geschäftsinhaber G hat von seinem Prokuristen P ein Faxgerät gekauft. Erfüllt P die Pflicht des G zur Kaufpreiszahlung (§ 433 II BGB) dadurch, dass er den entsprechenden Betrag aus der Betriebskasse nimmt und an sich selbst übereignet, handelt er zur Erfüllung einer Verbindlichkeit.

### ee. Teleologische Reduktion

§ 181 BGB ist nach seinem **Normzweck unanwendbar**, wenn das Insichgeschäft dem Vertretenen **lediglich einen rechtlichen Vorteil** bringt. Denn in diesem Fall ist ein

**867**

---

[838] § 181 BGB ist also dispositiv, vgl. BGH NJW 2002, 1488.
[839] *Schubert*, in: MüKo, § 181 Rn 67 f.
[840] KG JW 1937, 471; LG Kassel DNotZ 1958, 429.
[841] *Ellenberger*, in: Palandt, § 181 Rn 19; *Medicus/Petersen*, AT, Rn 957.

Interessenkonflikt ausgeschlossen und Belange Dritter stehen nicht entgegen[842] (sog. **teleologische Reduktion**).

> **Beispiel:** Die Eltern möchten ihrer 6-jährigen Tochter T einen Tablet-PC schenken. Sie fragen an, ob das rechtlich zulässig wäre.
>
> Da T geschäftsunfähig ist, kann sie keine wirksame Willenserklärung abgeben (vgl. §§ 104 Nr. 1, 105 I BGB). Der Vertrag und die Übereignung wären daher nur wirksam, wenn T von ihren Eltern wirksam vertreten würde, §§ 164 ff. BGB. Die Vertretungsmacht ergäbe sich aus §§ 1626, 1629 BGB. Bedenken an einer zulässigen Stellvertretung würden aber an den Umstand knüpfen, dass damit die Eltern sowohl für sich als Schenkende als auch im Namen ihrer Tochter als Beschenkte aufträten. In diesem Fall könnte deren Vertretungsmacht gem. §§ 1629 II S. 1, 1795 II, 181 BGB beschränkt sein, sodass ein Ergänzungspfleger (§ 1909 BGB) zu bestellen wäre.
>
> Auf der anderen Seite wäre die Schenkung für T lediglich rechtlich vorteilhaft, da für T weder unmittelbare persönliche Pflichten begründet noch bereits vorhandene Rechte aufgehoben oder gemindert würden. Sie würde durch die Schenkung und die für die Eigentumsübertragung erforderliche Einigung lediglich einen rechtlichen Vorteil erlangen (Anspruch auf Übereignung und Erlangung des Eigentums am Tablet). Es bestünde also weder ein Interessenkonflikt noch würden Belange Dritter beeinträchtigt, sodass der Normzweck des § 181 BGB nicht griffe. § 181 BGB wäre teleologisch einzuschränken mit der Folge, dass die Eltern wirksam das Tablet an ihre Tochter verschenken und übereignen könnten (vgl. auch das Beispiel bei Rn 989).
>
> Weiterführender Hinweis: Freilich wäre anders zu entscheiden, wenn die Konstellation umgekehrt wäre, wenn die Eltern also das Tablet, das sich im Eigentum ihrer Tochter befindet, in deren Namen auf sich selbst übereignen wollten.

### ff. Teleologische Extension

**868**  Wie bereits erwähnt, stellt § 181 BGB auf die Personenidentität ab. Daher könnte ein Vertreter, der im Namen seines Geschäftsherrn mit sich selbst kontrahieren möchte, auf die Idee kommen, doch einfach einen Untervertreter einzuschalten, um auf diese Weise die Rechtsfolge des § 181 BGB zu umgehen.

> **Beispiel:** Geschäftsmann G muss schon wieder auf Reisen, obwohl er sich eigentlich um den Verkauf seiner antiken Uhrensammlung kümmern müsste. Daher bevollmächtigt er seinen Freund V, für ihn die Sammlung zu verkaufen. V, der gerade eine solche sucht, aber nicht über die nötige Liquidität verfügt, wittert eine Chance, um äußerst günstig an die Uhrensammlung des G heranzukommen: Er fertigt einen Vertrag, wonach G die Uhrensammlung, vertreten durch V, untervertreten durch U, für 100,- € an V verkauft. Sodann lässt er den Vertrag auf Verkäuferseite von U im Namen des G unterzeichnen. Er selbst unterzeichnet auf Käuferseite den Vertrag in seinem Namen.

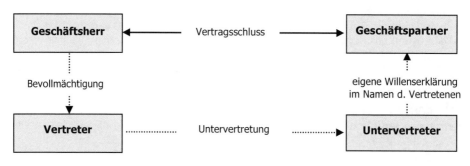

[842] BGHZ 59, 236, 240; 94, 232, 235; BayObLG 1998, 139; *Medicus/Petersen*, AT, Rn 961; *Schilken*, in: Staudinger, § 181 Rn 32; *Ellenberger*, in: Palandt, § 181 Rn 9; *Köhler*, AT, § 11 Rn 64; *Boecken*, AT, Rn 664; *Brox/Walker*, AT, Rn 592.

Um solche Umgehungsmöglichkeiten zu verhindern, legt die h.M. die Vorschrift des § 181 **869**
BGB diesbezüglich extensiv aus bzw. wendet sie nach ihrem Normzweck analog an, wenn
trotz Personenverschiedenheit ein Interessenkonflikt droht und der Vertreter selbst als
Partei an dem Rechtsgeschäft beteiligt ist.[843]

### gg. Rechtsfolge des § 181 BGB

Liegt ein Missbrauchsfall nach § 181 BGB vor, handelt der Vertreter ohne Vertretungs- **870**
macht. Entgegen dem Wortlaut des § 181 BGB („kann ... nicht vornehmen") ist das
(mehrseitige) Rechtsgeschäft nach allgemeiner Ansicht aber nicht endgültig nichtig, sondern analog § 177 BGB „nur" **schwebend unwirksam**, sodass es dem Geschäftsherrn
möglich ist, das Rechtsgeschäft zu genehmigen und so an sich zu ziehen. Genehmigt der
Geschäftsherr nicht, haftet der Vertreter als ein Vertreter ohne Vertretungsmacht analog
**§ 179 BGB**. Bei einseitigen Rechtsgeschäften gilt **§ 180 BGB**.

### b. Der Missbrauch der Vertretungsmacht

Ein Missbrauch der Vertretungsmacht ist auch außerhalb des § 181 BGB denkbar. So **871**
kann es sein, dass der Vertreter sich nicht an die Vorgaben seines Geschäftsherrn hält,
diesen aufgrund der Regelung des § 164 BGB und des stellvertretungsrechtlichen Abstraktionsprinzips (Rn 717) aber dennoch verbindlich im Außenverhältnis gegenüber Dritten bindet. Hat der Vertreter also (im Außenverhältnis) im Namen und mit Vollmacht des
Vertretenen gehandelt, wirkt das Rechtsgeschäft grds. selbst dann für und gegen den
Vertretenen, wenn der Bevollmächtigte die **im Innenverhältnis gesetzten Grenzen
missachtet** (dazu bereits Rn 657 und 725-729). Dies wird besonders deutlich, wenn die
nach außen wirkende Vertretungsbefugnis einen festen Umfang hat wie zum Beispiel bei
der **Prokura**. Bei dieser können zwar im Innenverhältnis bestimmte Einschränkungen
gemacht werden, wegen § 50 I HGB, wonach die Prokura Dritten gegenüber nicht beschränkt werden kann, gelten diese aber nicht im Außenverhältnis.

Verkürzt kann man sagen, dass ein Missbrauch der Vertretungsmacht vorliegt, wenn der **872**
Vertreter **im Rahmen des rechtlichen Könnens** unter **Verletzung des rechtlichen
Dürfens** handelt.

**Kein** Missbrauch der Vertretungsmacht im dargelegten Sinne liegt vor, wenn der Vertre- **873**
ter auch den **Rahmen seines rechtlichen Könnens überschreitet**. In diesem Fall
handelt der Vertreter ohne weiteres als **Vertreter ohne Vertretungsmacht** mit der
Folge der §§ 177 ff. BGB (Rn 879 ff.).

Das **Risiko** des Missbrauchs der Vertretungsmacht trägt grundsätzlich der **Vertre-** **874**
**tene**.[844] Dem Geschäftsgegner obliegt – da er regelmäßig keine Kenntnis von den internen Weisungen des Geschäftsherrn hat – im Allgemeinen auch keine besondere Prü-
fungspflicht, ob und inwieweit der Vertreter im Innenverhältnis gebunden ist.[845]

Anders kann zu entscheiden sein, wenn der Geschäftsgegner nicht schutzwürdig ist. **875**
Dann muss der Vertretene das Rechtsgeschäft nicht gegen sich gelten lassen. Dies ist in
zwei Fällen anzunehmen, bei der **Evidenz** und der **Kollusion**.

---

[843] BGHZ 56, 97, 102; *Köhler*, AT, § 11 Rn 64; *Schilken*, in: Staudinger, § 181 Rn 34; *Maier-Reimer*, in: Erman, § 181 Rn
2; *Ellenberger*, in: Palandt, § 181 Rn 12.
[844] BGHZ 127, 239, 241.
[845] BGH NJW 1994, 2082, 2083; *Ellenberger*, in: Palandt, § 164 Rn 13.

### aa. Evidenz

**876** Weiß der Geschäftsgegner, dass der Vertreter von seiner Vollmacht objektiv pflichtwidrig Gebrauch macht (etwa wenn er den Vertreter bestochen hat, um zum Vertragsschluss zu gelangen[846]), ist er selbstverständlich nicht schutzwürdig. Da der Vorsatz bzw. die Kenntnis des Geschäftsgegners von der Überschreitung der Vertretungsmacht auf Seiten des Vertreters jedoch kaum nachweisbar ist, sieht der BGH den Geschäftsgegner daher auch dann als nicht schutzwürdig an, wenn der Missbrauch der Vertretungsmacht für ihn ohne weiteres *erkennbar* war.[847] Das soll aber nicht schon bei bloß fahrlässiger Unkenntnis vom Missbrauch der Fall sein; vielmehr müsse der Vertreter von seiner Vertretungsmacht in ersichtlich verdächtiger Weise Gebrauch gemacht haben, sodass beim Geschäftsgegner (oder bei dessen Stellvertreter) offensichtliche Zweifel darüber entstünden, dass ein Treueverstoß des Vertreters gegenüber dem Vertretenen vorliege. Notwendig sei dabei eine – massive Verdachtsmomente voraussetzende – objektive **Evidenz** des Missbrauchs.[848] Die objektive Evidenz sei insbesondere dann gegeben, wenn sich die Notwendigkeit einer Rückfrage des Geschäftsgegners bei dem Vertretenen geradezu aufdränge.[849] Darauf, ob der Vertreter *vorsätzlich* pflichtwidrig gehandelt habe, komme es nicht an.[850]

> **Beispiel:** G hat einen antiken Maschinentelegraphen (Sammlerwert: 850,- €) geerbt, den er nunmehr verkaufen möchte. Da er sich jedoch auf eine Geschäftsreise begeben muss und im Übrigen der Meinung ist, bei dem Telegraphen handele es sich um ein relativ geringwertiges Stück, bevollmächtigt er seinen Nachbarn V, dies für ihn zu erledigen. V sieht hierin eine Gelegenheit, G „eins auswischen", da von einiger Zeit der Sohn des G bei V eine Fensterscheibe eingeworfen hatte, was V aber nicht beweisen konnte. V bietet den Telegraphen im Namen des G dem Trödler T für 50,- € an und teilt ihm nebenbei mit, dass G, der „Großkotz", „ruhig einmal bluten" solle. T erkennt zwar den Wert des Telegraphen, ist aber der Meinung, G müsse selber wissen, wem er eine Vollmacht erteile. Er nimmt den Telegraphen für 50,- € entgegen.
>
> Aufgrund des äußerst geringen Preises und der Äußerung des V konnte T ohne weiteres erkennen, dass ein Missbrauch der Vollmacht vorliegt. Es bestand daher für T die Pflicht, bei G nachzufragen, ob dieser wirklich wolle, dass V den wertvollen Telegraphen zu einem solch geringen Preis verkaufe.

**877** Ist nach dem Gesagten der Geschäftsgegner nicht schutzwürdig, kann der Vertretene ihm den **Einwand der unzulässigen Rechtsausübung** (§ 242 BGB) entgegenhalten. Der Geschäftsgegner muss sich dann so behandeln lassen, als habe keine ausreichende Vertretungsmacht vorgelegen. Auf das vorgenommene Rechtsgeschäft sind die §§ 177 ff. BGB anzuwenden[851] mit der Möglichkeit der Genehmigung. Allerdings wird in der Geltendmachung des Einwands des Missbrauchs der Vertretungsmacht regelmäßig die (konkludente) Verweigerung der Genehmigung liegen. Der Vertreter ist dann dem Geschäftsgegner nach § 179 I BGB verantwortlich, wobei jedoch die Haftung wegen § 179 III S. 1 BGB regelmäßig ausgeschlossen ist.

> Im obigen **Beispiel** ist zwar zunächst ein Kaufvertrag (§ 433 BGB) zwischen G und T zustande gekommen, allerdings wird das Geschäft wegen § 242 BGB so behandelt, als habe keine wirksame Stellvertretung vorgelegen mit der Folge der Anwendbarkeit der §§ 177 ff. BGB. Da davon auszugehen ist, dass G das „Vertretergeschäft" aufgrund des

---

[846] BGHZ 141, 357, 361.
[847] BGHZ 113, 315, 320; 127, 239, 241.
[848] BGHZ 94, 132, 138; BGH NJW 1994, 2082, 2083. Vgl. auch *Wolf/Neuner*, AT, § 49 Rn 102; *Schack*, AT, Rn 498.
[849] BGH NJW 1999, 2883.
[850] BGH NJW 1988, 3012, 3013; *Medicus/Petersen*, AT, Rn 968; *Brox/Walker*, AT, Rn 582; *Köhler*, AT, § 11 Rn 63; *Ellenberger*, in: Palandt, § 164 Rn 14. Vgl. aber auch BGHZ 50, 112, 114, wonach das Gericht nur in den Fällen der kraft Gesetzes unbeschränkten handelsrechtlichen Vertretungsmacht (z.B. bei der Prokura, § 50 HGB, und der OHG, § 126 II HGB) ein vorsätzliches Verhalten des Vertreters fordert. Generell Vorsatz fordernd *Leptien*, in: Soergel, § 177 Rn 17.
[851] BGHZ 141, 357, 364.

evidenten Missverhältnisses nicht genehmigen wird, wird das Geschäft sodann endgültig unwirksam.

G kann also den Telegraphen gem. § 985 BGB bzw. gem. § 812 BGB von T herausverlangen (welche Vorschrift letztlich greift, kann hier nicht ausgeführt werden). Im Verhältnis V-T haftet V grds. aus § 179 I BGB. Da T andererseits die Schädigungsabsicht des V nicht verborgen blieb, greift der Ausschlusstatbestand des § 179 III S. 1 BGB.

## bb. Kollusion

Wirken Vertreter und Geschäftsgegner **bewusst zum Nachteil des Vertretenen zusammen**, liegt ein Fall der **Kollusion** vor.[852] In diesem Fall ist das Vertretergeschäft nach allgemeiner Ansicht nach § 138 I BGB nichtig mit der Folge, dass der Geschäftsherr schon deshalb nicht gebunden wird. Entsteht dem Geschäftsherrn aus dem kollusiven Zusammenwirken ein Schaden, haften ihm der Vertreter und der Geschäftsgegner sogar (als Gesamtschuldner) nach **§§ 826, 840 BGB** auf Schadensersatz.

878

> **Beispiel:** G will seinen top restaurierten Ford Capri Bj. 1976 (objektiver Verkehrswert: 8.500,- €) verkaufen. Da er sich jedoch auf eine Geschäftsreise begeben muss, bevollmächtigt er seinen Nachbarn V, dies für ihn zu erledigen. Da V jedoch noch eine „alte Rechnung offen hat", möchte er G „eins auswischen". V verkauft den Wagen im Namen des G an K, der über alles informiert ist, für 500,- €. Dabei wissen V und K sehr genau, dass der Wagen technisch und optisch einwandfrei und in Fachkreisen sehr beliebt ist und teuer gehandelt wird.
>
> Hier ist der Kaufvertrag zwischen G und K nichtig. G hat einen Anspruch auf Rückübereignung und Herausgabe des Wagens gem. § 812 I S. 1 Var. 1 BGB (*condictio indebiti*). Sollte man die Sittenwidrigkeit auch auf das Verfügungsgeschäft erstrecken, hat G einen Herausgabeanspruch aus § 985 BGB.

---

[852] BGH NJW 1999, 2882, 2883; *Medicus/Petersen*, AT, Rn 966; *Schubert*, in: MüKo, § 164 Rn 212; *Schilken*, in: Staudinger, § 167 Rn 93; *Ellenberger*, in: Palandt, § 164 Rn 13; *Köhler*, AT, § 11 Rn 63; *Brox/Walker*, AT, Rn 531; *Wolf/Neuner*, AT, § 49 Rn 107.

## D. Vertreter ohne Vertretungsmacht, §§ 177 ff. BGB

**879** Hat der Vertreter lediglich Weisungen und Beschränkungen hinsichtlich des der Vollmacht zugrunde liegenden Grundverhältnisses (bspw. hinsichtlich des Auftrags) missachtet, greift nach der hier vertretenen Auffassung das stellvertretungsrechtliche Abstraktionsprinzip mit der Folge, dass die Wirksamkeit der Vollmacht unberührt bleibt (siehe Rn 718). Es bleibt danach bei der Zurechnung der Willenserklärung. Missachtet der Vertreter aber Beschränkungen der Vollmacht („Überschreitung der Vertretungsmacht"), gilt das nach zutreffender h.M. nicht. Hier erfolgt wegen des klaren Wortlauts des § 164 I S. 1 BGB („...die jemand innerhalb der ihm zustehenden Vertretungsmacht ... abgibt, wirkt unmittelbar für und gegen den Vertretenen") eine Zurechnung nicht (siehe Rn 727). Selbstverständlich gilt das erst recht, wenn der „Vertreter" gänzlich ohne Vertretungsmacht gehandelt hat. In solchen Fällen wirken die Folgen des von ihm getätigten Rechtsgeschäfts – von den genannten Rechtsscheintatbeständen der §§ 170-173 BGB, Duldungs- und Anscheinsvollmacht, einmal abgesehen – nicht für und gegen den Vertretenen, da es insoweit an einer Zurechnungsvoraussetzung des § 164 I S. 1 BGB fehlt. Man spricht bei dem Vertreter ohne Vertretungsmacht von einem *falsus procurator*. Gleichwohl kann der „Vertretene" ein Interesse daran haben, die Rechtsfolgen des „Vertretergeschäfts" gegen sich gelten zu lassen, etwa weil sie für ihn vorteilhaft wären. Daher sieht das Gesetz die Möglichkeit vor, das insoweit schwebend unwirksame Geschäft zu genehmigen (§ 177 I BGB). Demgegenüber steht freilich das Interesse des Geschäftsgegners, den Schwebezustand und die damit verbundene Rechtsunsicherheit rasch zu beenden. Die §§ 177, 178, 180 BGB treffen hierzu einen Ausgleich, der im Wesentlichen den §§ 108, 109, 111 BGB im Minderjährigenrecht entspricht.[853] I.Ü. unterscheidet das Gesetz zwischen den Folgen der fehlenden Vertretungsmacht bei Verträgen und bei einseitigen Rechtsgeschäften:

### I. Folgen der fehlenden Vertretungsmacht bei Verträgen

**880** Schließt der Vertreter ohne Vertretungsmacht einen Vertrag, ist dieser Vertrag zunächst **schwebend unwirksam** (§ 177 I BGB). Zur Beseitigung dieses Schwebezustands nennt das Gesetz mehrere Möglichkeiten:

- **Genehmigung** des Vertrags durch den Geschäftsherrn
- **Verweigerung der Genehmigung** durch den Geschäftsherrn
- **Aufforderung zur Erklärung** durch den Geschäftsgegner
- **Widerruf** durch den Geschäftsgegner

### 1. Genehmigung des Vertrags durch den Geschäftsherrn

**881** Zunächst sieht das Gesetz die Möglichkeit vor, dass der Geschäftsherr den schwebend unwirksamen Vertrag **genehmigt** (§§ 177 I i.V.m. 182 ff. BGB). Sie kann – bis zur Aufforderung zur Abgabe durch den Geschäftsgegner – gem. § 177 II S. 1 BGB sowohl gegenüber dem Vertreter als auch gegenüber dem Geschäftsgegner abgegeben werden. *Nach* dieser Aufforderung ist die Genehmigung nur noch gegenüber dem Geschäftsgegner möglich.

Da die Genehmigung eine einseitige, empfangsbedürftige Willenserklärung darstellt, auf die wiederum die §§ 104 ff., 145 ff. und 119 ff. BGB anwendbar sind, ist auch eine Anfechtung möglich mit der Folge, dass die Genehmigung rückwirkend wieder aufgehoben wird.[854]

---

[853] *Köhler*, AT, § 11 Rn 65. Vgl. auch *Brox/Walker*, AT, Rn 594/595. Ausführlich zur Genehmigung i.S.d. § 177 *Schilken*, in: Staudinger, § 177 Rn 1 ff.
[854] Vgl. dazu auch den Fall von *Binder/Ehlgen*, JuS 2012, 426, 430.

Durch die Genehmigung wird den Vertrag **rückwirkend wirksam** (§§ 182, 184 I BGB). **882**
Nach dem Wortlaut des § 182 II BGB und der Auffassung des BGH[855] ist die Genehmigung
**formfrei**, kann also auch konkludent erfolgen (dazu sogleich). Dies gilt auch dann, wenn
das zugrunde liegende Geschäft (z.B. nach § 311b I BGB) formbedürftig war. Das ist
nicht ganz unproblematisch, da dadurch der Schutzzweck der Formvorschriften (insbesondere Aufklärung durch den Notar; Übereilungsschutz) praktisch leerläuft (vgl. dazu
Rn 652 ff.).

Die Genehmigung kann **ausdrücklich**, aber auch durch **schlüssiges Verhalten** erklärt **883**
werden. Letzteres kann etwa dadurch angenommen werden, dass der Geschäftsherr die
Herausgabe der Früchte des Vertretergeschäfts verlangt (Geltendmachung des Leis-
tungsanspruchs gegenüber dem Geschäftsgegner; Leistungserbringung an den Geschäftsgegner; Begehren gegenüber dem „Vertreter", dieser möge das durch das Vertretergeschäft Erlangte herausgeben).

> **Beispiel:** Diesmal will G seinen ebenfalls top restaurierten Ford Mustang Cabrio Bj. 1969
> (objektiver Verkehrswert: 28.500,- €) verkaufen. Da er sich jedoch erneut auf eine Ge-
> schäftsreise begeben muss, bevollmächtigt er seinen Freund F, dies für ihn zu erledigen.
> F schaltet eine Verkaufsanzeige, auf die sich K meldet. Gleich am nächsten Tag erscheint
> K, um den Wagen zu besichtigen. Jedoch können sich F und K nicht einigen. Als K im
> Begriff ist, unverrichteter Dinge abzureisen, erblickt er den mittlerweile wieder eingetroffe-
> nen Ford Capri des G und wird sich mit F schnell einig. Für 9.000,- € verkauft F im Namen
> des G den Wagen an K. Eine Anzahlung i.H.v. 500,- € leistet K noch vor Ort an F. Über-
> eignung und Übergabe sollten jedoch durch G vorgenommen werden, wenn dieser in zwei
> Tagen von der Reise zurückgekehrt sei.
>
> Hier ist der Kaufvertrag zwischen G und K schwebend unwirksam (§ 177 I BGB), da F über
> keine Vertretungsmacht in Bezug auf den Verkauf des Ford Capri verfügte. G hat daher
> die Wahl: Er kann das Geschäft genehmigen oder nicht. Genehmigt er (etwa dadurch,
> dass er von F die 500,- € herausverlangt und ihn anweist, den Wagen vor der Übergabe
> noch einmal zu putzen), wird den Vertrag rückwirkend wirksam (§§ 182, 184 I BGB);
> anderenfalls wird der Vertrag endgültig unwirksam mit der Folge des § 179 I BGB.

Bei einem **kaufmännischen Bestätigungsschreiben** des Geschäftsgegners wird der **884**
Vertrag auch dann wirksam, wenn der Geschäftsherr nicht widerspricht (vgl. Rn 246 und
459). Im Übrigen genügt ein bloßes **Schweigen** nur dann, wenn der Vertretene nach
Treu und Glauben verpflichtet gewesen wäre, seinen abweichenden Willen zu äußern
(vgl. Rn 243).

Ein **Widerruf** der Genehmigung ist **nicht möglich**.[856] Als Willenserklärung ist sie aber **885**
nach den allgemeinen Voraussetzungen (§§ 119 ff. BGB) **anfechtbar**.

## 2. Verweigerung der Genehmigung durch den Geschäftsherrn

Verweigert der Vertretene die Genehmigung, wird der Vertrag endgültig unwirksam. Die **886**
Verweigerung der Genehmigung ist ebenso wie die Genehmigung eine einseitige, empfangsbedürftige, nicht an eine Form gebundene Willenserklärung, die darauf gerichtet
ist, das ohne Vollmacht abgeschlossene Rechtsgeschäft unwirksam werden zu lassen.[857]
Auch die Verweigerung kann nicht widerrufen werden, ist aber – wie die Genehmigung
– nach den allgemeinen Regeln (§§ 119 ff. BGB) anfechtbar.[858]

---

[855] BGHZ 125, 218, 219.; a.A. *Einsele*, DNotZ 1996, 835; *Medicus/Petersen*, AT, Rn 976.
[856] *Schubert*, in: MüKo, § 177 Rn 31.
[857] *Schubert*, in: MüKo, § 177 Rn 52.
[858] *Leptien*, in: Soergel, § 177 Rn 31.

### 3. Aufforderung zur Erklärung durch den Geschäftsgegner

**887**  Da auch der Geschäftsgegner ein Interesse daran haben kann, den (unbefristet möglichen) Schwebezustand und die damit verbundene Rechtsunsicherheit zu beenden, räumt ihm § 177 II S. 1 BGB die Möglichkeit ein, den Vertretenen zur Erklärung über die Genehmigung aufzufordern. Die Aufforderung[859] stellt eine geschäftsähnliche Handlung dar, auf die die §§ 104 ff., 145 ff. BGB analoge Anwendung finden. Ist eine solche Aufforderung durch den Geschäftsgegner erfolgt, kann die Genehmigung nur noch ihm gegenüber erfolgen (§ 177 II S. 1 Halbs. 1 BGB); eine vor der Aufforderung dem Vertreter gegenüber erklärte Genehmigung oder Verweigerung der Genehmigung werden unwirksam (§ 177 II S. 1 Halbs. 2 BGB).

**888**  Hat der Geschäftsgegner den Geschäftsherrn zur Abgabe einer Erklärung über die Genehmigung aufgefordert, kann dieser die Genehmigung nur noch bis zum Ablauf von zwei Wochen nach dem Empfang der Aufforderung erklären. Schweigt der Geschäftsherr, *gilt* die Genehmigung als verweigert (§ 177 II S. 2 BGB). Hier liegt also ein Fall vor, in dem einem Schweigen ausnahmsweise ein Erklärungswert zukommt. Eine spätere Genehmigung ist ausgeschlossen. Zudem folgt aus der Formulierung „gilt", dass das Gesetz die Genehmigungsverweigerung fingiert (vgl. dazu Rn 42a a.E.). Folge einer solchen gesetzlichen Fiktion ist, dass der Vertretene sich nicht darauf berufen kann, er habe die Bedeutung seines Schweigens verkannt; zudem ist eine Irrtumsanfechtung nicht möglich.[860]

### 4. Widerruf durch den Geschäftsgegner

**889**  Der Geschäftsgegner hat nicht nur die Möglichkeit, den Geschäftsherrn zur Erklärung über die Genehmigung aufzufordern, sondern er kann gem. § 178 S. 1 BGB auch bis zur Genehmigung durch den Geschäftsherrn *seine* Vertragserklärung widerrufen, und zwar sowohl gegenüber dem Vertretenen als auch gegenüber dem Vertreter (§ 178 S. 2 BGB). Der Widerruf, der als Willenserklärung den allgemeinen Vorschriften der §§ 104 ff., 145 ff. und 119 ff. BGB unterliegt, muss nicht ausdrücklich erfolgen. Auch ein konkludenter Widerruf ist zulässig, was etwa in dem Fall anzunehmen ist, in dem der Geschäftsgegner den Anspruch aus § 179 BGB gegen den Vertreter geltend macht.[861] Allerdings muss die Erklärung stets erkennen lassen, dass der Vertrag *gerade* wegen des Vertretungsmangels (und nicht wegen eines anderen Grundes) nicht gelten soll.[862] Die Erklärung eines auf andere Gründe gestützten Rücktritts ist demnach kein Widerruf. Entsprechendes gilt für einen Änderungsvorschlag.

Das Widerrufsrecht besteht, wie § 178 S. 1 BGB ausdrücklich anordnet, allerdings nicht, wenn der Geschäftsgegner den Mangel der Vertretungsmacht bei dem Abschluss des Vertrags gekannt hat.[863] Denn in diesem Fall hat er das Risiko einer Verweigerung der Genehmigung auf sich genommen.[864]

### II. Folgen der fehlenden Vertretungsmacht bei einseitigen Rechtsgeschäften

**890**  Gemäß § 180 S. 1 BGB ist bei einseitigen Rechtsgeschäften eine Vertretung ohne Vertretungsmacht unzulässig. Daher kann ein einseitiges Rechtsgeschäft, das ein Vertreter ohne Vertretungsmacht tätigt, auch **nicht genehmigt** werden. In einem solchen Fall

---

[859] Vgl. dazu BGH NJW 2000, 3128, 3129.
[860] *Wolf/Neuner*, AT, § 51 Rn 12; *Boecken*, AT, 669.
[861] BGH NJW 1988, 1199, 1200.
[862] BAG NJW 1996, 2594, 2595; *Leptien*, in: Soergel, § 178 Rn 1.
[863] Bezüglich der Kenntnis des Mangels der Vertretungsmacht ist positives Wissen zu verlangen. *Kennenmüssen* und selbst *grob fahrlässige Unkenntnis* schaden nicht (*Schubert*, in: MüKo, § 178 Rn 5; *Leptien*, in: Soergel, § 178 Rn 1). Maßgebend für den Zeitpunkt der Kenntnis ist der Zeitpunkt des Vertragsschlusses.
[864] *Medicus/Petersen*, AT, Rn 979; *Wolf/Neuner*, AT, § 51 Rn 10.

kann das Rechtsgeschäft nur neu vorgenommen werden.[865] Da § 180 S. 1 BGB auch keine Haftung des Vertreters gem. § 179 BGB vorsieht und auch eine analoge Anwendung dieser Vorschrift nicht möglich ist, kommt eine Haftung nur nach allgemeinen Grundsätzen, insbesondere aus Delikt (§§ 823 ff. BGB), in Betracht.[866] Etwas anderes gilt jedoch gem. § 180 S. 2 und 3 BGB für einseitige, *empfangsbedürftige* Rechtsgeschäfte (dazu zählen etwa Kündigung, Anfechtung und Rücktritt). Hier wird der Schwebezustand vom Gesetz akzeptiert, weil der Dritte weniger schutzbedürftig ist als im Fall des § 180 S. 1 BGB. Hat also der Geschäftsgegner bei Vornahme des Rechtsgeschäfts die vom Vertreter behauptete Vertretungsmacht nicht beanstandet (d.h. er hat nicht das Rechtsgeschäft zurückgewiesen, vgl. §§ 111 S. 2, 174 S. 1 BGB) oder war er mit dem Handeln ohne Vertretungsmacht einverstanden, gelten die Regeln über Verträge (d.h. die §§ 177-179 BGB) analog.

## III. Haftung des Vertreters ohne Vertretungsmacht, § 179 BGB

Verweigert der Geschäftsherr die Genehmigung des zunächst schwebend unwirksamen Vertretergeschäfts oder liegt ein Fall des § 177 II S. 2 oder des § 180 S. 2 oder 3 BGB i.V.m. § 177 II S. 2 BGB vor, wird das Geschäft endgültig unwirksam. In diesem Fall haftet der Vertreter ohne Vertretungsmacht (*falsus procurator*) dem Geschäftsgegner nach § 179 I oder II BGB. Diese Vorschriften begründen eine (verschuldensunabhängige) gesetzliche **Garantiehaftung**, die auf dem Gedanken beruht, dass der *falsus procurator* beim Geschäftsgegner den Eindruck hinterlassen hat, er habe die erforderliche Vertretungsmacht.[867] Dagegen sieht § 179 III BGB unter den dort normierten Voraussetzungen einen Haftungsausschluss vor, da in diesen Fällen kein Anlass besteht, den Geschäftsgegner zu schützen.

**891**

**892**

---

**Haftung des Vertreters ohne Vertretungsmacht gem. § 179 BGB**

### I. Anwendbarkeit des § 179 BGB
Keine Anwendbarkeit des § 179 BGB, wenn Spezialvorschriften greifen (z.B. §§ 54 S. 2 BGB, 11 II GmbHG und 41 I S. 2 AktG), wenn ein ohne Vertretungsmacht geschlossenes Rechtsgeschäft kraft Rechtsscheins (§§ 170-173, §§ 15, 56 HGB, Anscheins- oder Duldungsvollmacht) rechtswirksam ist oder wenn das Vertretergeschäft aufgrund eines Widerrufs des Geschäftsgegners (§ 178 BGB) endgültig unwirksam wird.

### II. Voraussetzungen des § 179 BGB
⇨ Vertreter muss im fremden Namen **ohne Vertretungsmacht** gehandelt haben.
⇨ Es darf **keine Genehmigung** durch den Geschäftsherrn oder es muss eine **Fiktion der Verweigerung** (§ 177 II S. 2 BGB) vorliegen.
⇨ Es dürfen keine **sonstigen Wirksamkeitshindernisse** wie z.B. §§ 125, 134, 138, 142 I BGB vorliegen. Liegen derartige Wirksamkeitsmängel vor, haftet der Vertreter „nur" unter den Voraussetzungen der §§ 311 III, 280 I BGB, nicht aber nach § 179 BGB analog.
⇨ Es darf kein Haftungsausschluss gem. **§ 179 III BGB** vorliegen. Nach S. 1 dieser Vorschrift besteht die Haftung nach § 179 I oder II BGB nicht, wenn der Geschäftsgegner den Mangel der Vertretungsmacht kannte oder kennen musste. S. 2 sieht einen Haftungsausschluss vor, wenn der Vertreter in der Geschäftsfähigkeit beschränkt war, es sei denn, dass er mit Zustimmung seines gesetzlichen Vertreters gehandelt hat.

### III. Rechtsfolgen des § 179 BGB
⇨ Weiß der Vertreter um das Fehlen seiner Vertretungsmacht, haftet er nach **§ 179 I BGB** dem Geschäftsgegner **nach dessen Wahl** auf **Erfüllung** oder auf **Schadensersatz**, der auf das **positive (Erfüllungs-)Interesse** gerichtet ist.

---

[865] *Medicus/Petersen*, AT, Rn 980; *Wolf/Neuner*, AT, § 51 Rn 21.
[866] *Schubert*, in: MüKo, § 180 Rn 1.
[867] BGHZ 73, 266, 269; BGH NJW 2000, 1407, 1408; *Larenz/Wolf*, AT, 9. Aufl. 2004, § 49 Rn 17; *Ellenberger*, in: Palandt, § 179 Rn 1.

> ⇨ Fehlt dem *falsus procurator* bei Vertragsschluss die Kenntnis von seiner fehlenden Vertretungsmacht, trifft ihn nach **§ 179 II BGB** nur die (mildere) Haftung auf den **Vertrauensschaden**, der der Höhe nach – wie bei § 122 BGB – auf das Erfüllungsinteresse begrenzt ist.

### 1. Anwendbarkeit des § 179 BGB

**893**  Die Vorschrift des § 179 BGB gilt für alle Arten von Rechtsgeschäften, auch für Verfügungen (wobei jedoch ein Erfüllungsanspruch nach § 179 I BGB nicht in Betracht kommt[868]), und sowohl für Bevollmächtigte als auch für gesetzliche Vertreter und Organe juristischer Personen. Dort finden sich aber oftmals Spezialvorschriften, die insoweit den § 179 BGB verdrängen, z.B. in §§ 54 S. 2 BGB, 11 II GmbHG und § 41 I S. 2 AktG. § 179 BGB ist auch nicht anwendbar, wenn ein ohne Vertretungsmacht geschlossenes Rechtsgeschäft kraft Rechtsscheins (§§ 170-173, §§ 15, 56 HGB, Anscheins- oder Duldungsvollmacht) rechtswirksam ist. Hier kommt lediglich eine Haftung des Vertreters gegenüber dem Geschäftsherrn wegen einer Pflichtverletzung (§ 280 I BGB) im Grundverhältnis in Betracht. Schließlich findet § 179 BGB keine Anwendung, wenn das Vertretergeschäft aufgrund eines **Widerrufs des Geschäftsgegners** (§ 178 BGB) endgültig unwirksam wird.[869] Indes ist § 179 BGB (entsprechend) anwendbar, wenn der Vertretene nicht existiert.[870]

### 2. Voraussetzungen des § 179 BGB

#### a. Vertretergeschäft im fremden Namen ohne Vertretungsmacht

**894**  Die Haftung nach § 179 I oder II BGB setzt zunächst ein Handeln des Vertreters im fremden Namen ohne Vertretungsmacht voraus. Es müssen also alle Voraussetzungen einer wirksamen Stellvertretung bis auf die Vertretungsmacht vorliegen.

#### b. Keine Genehmigung oder Fiktion des § 177 II S. 2 BGB

**895**  Weiterhin setzt die Haftung nach § 179 I oder II BGB voraus, dass der Geschäftsherr die Genehmigung verweigert oder dass die Genehmigung als verweigert gilt (§ 177 II S. 2 BGB).

#### c. Fehlen anderer Unwirksamkeitsgründe

**896**  Da der Anspruch aus § 179 I oder II BGB voraussetzt, dass der Vertrag bei bestehender Vertretungsmacht wirksam zustande gekommen wäre, ist er folgerichtig nicht gegeben, wenn sonstige Wirksamkeitsmängel (z.B. §§ 125, 134, 138, 142 I BGB) vorliegen. Liegen derartige Wirksamkeitsmängel vor, kommt eine „Eigenhaftung" des Vertreters unter den Voraussetzungen der §§ 311 III, 241 II, 280 I BGB in Betracht (Rn 914a). Nicht ausgeschlossen ist auch eine Haftung nach Deliktsrecht (§§ 823 ff. BGB).

**897**  Hat der Geschäftsgegner den Vertreter arglistig getäuscht, hat der Vertreter ein selbstständiges Anfechtungsrecht aus § 123 BGB, um die Haftung aus § 179 BGB abzuwehren.[871] Er braucht also nicht abzuwarten, ob der *Vertretene* anficht.

---

[868] *Leptien*, in: Soergel, § 179 Rn 13; *Schubert*, in: MüKo, § 179 Rn 6.
[869] *Ellenberger*, in: Palandt, § 179 Rn 4; *Leptien*, in: Soergel, § 179 Rn 5.
[870] BGH NJW 2009, 215 f.
[871] BGH NJW 2002, 1867, 1868.

### d. Kein Haftungsausschluss gemäß § 179 III BGB

Eine Negativvoraussetzung enthält § 179 III BGB. Nach S. 1 dieser Vorschrift besteht die **898** Haftung nach § 179 I oder II BGB nicht, wenn der Geschäftsgegner den Mangel der Vertretungsmacht kannte oder kennen musste. Grund für den Haftungsausschluss ist die fehlende Schutzwürdigkeit des Geschäftsgegners.[872] S. 2 sieht einen Haftungsausschluss vor, wenn der Vertreter in der Geschäftsfähigkeit beschränkt war, es sei denn, dass er mit Zustimmung seines gesetzlichen Vertreters gehandelt hat. Auch hier ist der Geschäftsgegner nicht schutzwürdig.

▪ Nach **§ 179 III S. 1 BGB** haftet der Vertreter nicht, wenn der Geschäftsgegner den **899** Mangel der Vertretungsmacht **kannte** oder **kennen musste**. Kennenmüssen bedeutet nach der Legaldefinition in § 122 II BGB „infolge von Fahrlässigkeit nicht kennen". Eine solche fahrlässige Unkenntnis liegt allerdings nicht schon dann vor, wenn der Geschäftsgegner Nachforschungen über Bestand und Umfang der Vertretungsmacht unterlassen hatte. Denn grundsätzlich darf der Gegner die Behauptung des Vertreters, er habe Vertretungsmacht, glauben. Um eine fahrlässige Unkenntnis von der nicht bestehenden Vertretungsmacht anzunehmen, muss zu solchen Nachforschungen aufgrund der Umstände des Einzelfalls schon begründeter Anlass bestanden haben.[873] Liegt demnach Fahrlässigkeit vor, ist die Haftung des Vertreters auch dann ausgeschlossen, wenn der Vertreter um seine fehlende Vertretungsmacht wusste.

Ein **Mitverschulden** führt nicht wie bei § 254 BGB zur Schadensteilung, sondern zum **900** vollständigen Haftungsausschluss. Auf einen konkurrierenden Anspruch aus c.i.c. (§§ 280 I, 311 II, 241 II BGB) ist § 179 III S. 1 BGB aber nicht anzuwenden.

**Maßgeblicher Zeitpunkt** für das Kennen bzw. Kennenmüssen ist der Zeitpunkt der Vor- **901** nahme des Vertretergeschäfts. Eine nachträglich erlangte Kenntnis oder schuldhafte Vernachlässigung von Verdachtsmomenten schließen die Haftung für den bis dahin entstandenen Schaden nicht aus, wohl aber den Ersatz eines weiteren Schadens, sofern der früher entstandene Schaden nicht „weiterfrisst", ohne dass der Geschäftsgegner darauf Einfluss nehmen konnte.[874]

▪ **§ 179 III S. 2 BGB** schließt die Haftung des Vertreters aus, wenn dieser in der **Ge-** **902** **schäftsfähigkeit beschränkt** war, es sei denn, dass er mit Zustimmung seines gesetzlichen Vertreters gehandelt hat. Grund für diese Ausnahmeregelung ist der allgemeine Grundsatz des Vorrangs des Minderjährigenschutzes. § 179 III S. 2 BGB schützt die **beschränkt Geschäftsfähigen** entsprechend den Wertungen der §§ 107 ff. BGB vor den Haftungsrisiken der Vertretung ohne Vertretungsmacht. War der Vertreter im Zeitpunkt der Vornahme des Vertretergeschäfts sogar geschäfts**un**fähig, haftet er auch dann nicht, wenn der gesetzliche Vertreter mit dem Geschäft einverstanden war. Anderenfalls würde die Wertung der §§ 104 Nr. 1, 105 I BGB unterlaufen.

Entsprechendes gilt, sofern eine Haftung des beschränkt Geschäftsfähigen aus **c.i.c.** in **903** Betracht kommt, da diese eine vertragsähnliche Haftung begründet und der Minderjährigenschutz Vorrang genießt. Eine **deliktische** Haftung des beschränkt geschäftsfähigen Vertreters bleibt von § 179 III S. 2 BGB jedoch unberührt (vgl. aber § 828 III BGB).[875]

### 3. Rechtsfolge des § 179 BGB

Liegen die genannten Voraussetzungen (insbesondere Weigerung der Genehmigung) **904** vor, haftet der *falsus procurator* dem Geschäftsgegner in Abhängigkeit davon, ob er den Mangel der Vertretungsmacht kannte oder nicht, nach § 179 I oder II BGB (vgl. bereits Rn 891).

---

[872] Vgl. BGH NJW 2000, 215 f.
[873] BGH NJW 2000, 1407, 1405.
[874] *Schubert*, in: MüKo, § 179 Rn 57.
[875] *Schubert*, in: MüKo, § 179 Rn 59.

## a. Haftung nach § 179 I BGB

**905** Schließt der Vertreter im Namen des Vertretenen einen Vertrag in **Kenntnis** seiner fehlenden Vertretungsmacht, ist er gem. § 179 I BGB dem Geschäftsgegner nach dessen Wahl zur **Erfüllung** oder zum **Schadensersatz** verpflichtet, wenn der Vertretene die Genehmigung des Vertrags verweigert. Hintergrund dieses strengen Haftungsregimes ist, dass der Vertreter ohne Vertretungsmacht ganz bewusst das Vertrauen des Geschäftsgegners in die Wirksamkeit des Geschäfts enttäuscht[876], er also den Geschäftsgegner dem Risiko aussetzt, keine Ansprüche gegen den Vertretenen geltend machen zu können.

Wählt der Geschäftsgegner Erfüllung und ist der *falsus procurator* zur Leistungserbringung in der Lage, kann dieser folgerichtig auch die vertragliche Gegenleistung fordern. Ist die Erfüllung durch den Vertreter unmöglich (z.B. bei einem Anspruch auf Übereignung), bleibt dem Geschäftsgegner von vornherein nur der Schadensersatzanspruch. Dieser ist auf das **positive (Erfüllungs-)Interesse** gerichtet. Das bedeutet, dass der Geschäftsgegner vom Vertreter durch Geldleistung so zu stellen ist, als habe der Vertretene ordnungsgemäß erfüllt.

**906** **Beispiel:** Wissentlich ohne Vertretungsmacht verkauft V dem D im Namen des G einen Computer für 1.000,- €, obwohl er weiß, dass dieser einen tatsächlichen Wert von 1.500,- € hat. Da G das schwebend unwirksame Vertretergeschäft nicht genehmigt (§ 177 I BGB), macht D einen Schadensersatz wegen Nichterfüllung gemäß § 179 I Var. 2 BGB gegen V geltend.

Nach der Differenztheorie berechnet sich die Höhe des Anspruchs nach der Differenz zwischen Leistung (= 1.500,- €) und Gegenleistung (= 1.000,- €). D hat gegen V also einen Anspruch aus § 179 I Var. 2 BGB in Höhe von 500,- €.

**907** Umstritten ist, ob die Garantiehaftung des § 179 I BGB auch dann eingreift, wenn ein wirksamer Anspruch des Geschäftsgegners gegen den Geschäftsherrn zwar bestünde, aber **nicht durchsetzbar** wäre.

**908** **Beispiel:** V hat im Namen des G, ohne jedoch Vertretungsmacht zu haben, mit D einen Vertrag geschlossen. G verweigert die Genehmigung nach § 177 I BGB und wird zahlungsunfähig, noch bevor der Anspruch aus dem Vertrag fällig gewesen wäre. Daher verlangt D nun von V gemäß § 179 I BGB Erfüllung. Mit Erfolg?

Hätte hier eine wirksame Stellvertretung stattgefunden, hätte D seinen Erfüllungsanspruch gegen den intendierten Vertragspartner G wegen der zwischenzeitlich eingetretenen Zahlungsunfähigkeit nicht durchsetzen können.

⇨ Dennoch will eine Minderheitsmeinung[877] eine Haftung des *falsus procurator* annehmen mit der Begründung, dass es im Rahmen der Garantiehaftung des § 179 I BGB nicht auf den Geschäftsherrn ankomme.

⇨ Da § 179 I BGB jedoch nur das Vertrauen auf die Vertretungsmacht schützt und daher der Vertreter nicht auf mehr haften soll als auf das, was der Geschäftsgegner erlangt hätte, wenn der Vertrag wirksam gewesen wäre, nimmt die h.M.[878] an, dass der **Vertreter** dann **nicht hafte**, wenn der **Vertretene vermögenslos** gewesen sei und der Geschäftsgegner deshalb von ihm weder Erfüllung noch Schadensersatz habe verlangen können.

---

[876] BGHZ 73, 266, 269; *Boecken*, AT, Rn 674.
[877] *Medicus/Petersen*, BR, Rn 120, und *Medicus/Petersen*, AT, Rn 987.
[878] OLG Hamm MDR 1993, 515; *Schubert*, in: MüKo, § 179 Rn 50; *Leptien*, in: Soergel, § 179 Rn 16; *Ellenberger*, in: Palandt, § 179 Rn 1.

## b. Haftung nach § 179 II BGB

Fehlte dem *falsus procurator* bei Vertragsschluss die Kenntnis von seiner fehlenden Vertretungsmacht, trifft ihn nach **§ 179 II BGB** nur die (mildere) Haftung auf den **Vertrauensschaden**. Diese Haftung ist für den Vertreter trotz der höhenmäßigen Begrenzung auf den Vertrauensschaden nicht ganz unproblematisch, weil sie ihn ja nur bei fehlendem Vorsatz privilegiert. Bei fahrlässiger Unkenntnis haftet der falsus procurator also, wenn auch nur auf den Vertrauensschaden.

909

Der Vertrauensschaden ist in gleicher Weise wie der nach § 122 BGB zu berechnen. Der Geschäftsgegner ist also so zu stellen, wie er gestanden hätte, wenn er nicht auf die Gültigkeit des Vertrags vertraut hätte (dazu Rn 1468). Dieser Ersatzanspruch ist dabei durch die Höhe des Erfüllungsanspruchs begrenzt, vgl. § 179 II a.E. BGB.

910

> **Beispiel:** V verkauft dem D im Namen des G einen Computer für 1.000,- €, obwohl er weiß, dass dieser einen tatsächlichen Wert von 1.500,- € hat. Allerdings weiß V nichts von dem Fehlen der Vertretungsmacht; irrtümlich ging er davon aus, Vertretungsmacht zu haben. Da G das schwebend unwirksame Vertretergeschäft nicht genehmigt (§ 177 I BGB), macht D Schadensersatz wegen des enttäuschten Vertrauens in die Wirksamkeit der Vertretungsmacht geltend. Er verlangt Ersatz für die bisher geleisteten Aufwendungen in Höhe von 10,- €.
>
> Da V keine Kenntnis von dem Fehlen der Vertretungsmacht hatte, kommt eine Haftung gem. § 179 I BGB auf Erfüllung bzw. auf Schadensersatz, der auf das positive Interesse gerichtet ist, nicht in Betracht. V haftet nach § 179 II BGB nur auf das negative Interesse. D ist so zu stellen, wie er gestanden hätte, wenn er nicht auf die Wirksamkeit des Vertrags vertraut hätte, also so, wie er stünde, wenn er von dem Angebot niemals etwas gehört und daher das Geschäft niemals geschlossen hätte. D kann daher nur den Ersatz seiner Auslagen gemäß § 179 II BGB verlangen.

## 4. Anfechtung von Willenserklärungen des Vertreters ohne Vertretungsmacht

Fraglich ist, ob der Vertreter ohne Vertretungsmacht die von ihm abgegebene, auf den Abschluss eines Vertrags gerichtete Willenserklärung **anfechten** kann.

911

> **Beispiel:** V kauft bei D im Namen des G einen Computer für 1.000,- €, obwohl er dafür von G nicht bevollmächtigt ist. V weiß auch um das Fehlen der Vertretungsmacht. Unabhängig vom Fehlen der Vertretungsmacht irrt sich V aber über eine verkehrswesentliche Eigenschaft des Computers.
>
> Da V keine Vertretungsmacht hatte und ihm dies auch bewusst war, kommt gegenüber D eine Haftung gem. § 179 I BGB auf Erfüllung bzw. auf Schadensersatz, der auf das positive Interesse gerichtet ist, in Betracht. V muss allerdings die Möglichkeit haben, seine Willenserklärung wegen Eigenschaftsirrtums gem. § 119 II BGB anzufechten. Zwar wird ein Vertreter ohne Vertretungsmacht nicht Vertragspartner und unterfällt vielmehr gem. § 179 BGB einer gesetzlichen Garantiehaftung, aufgrund derer er verpflichtet ist, nach Wahl des anderen den Vertrag zu erfüllen oder Schadensersatz zu leisten. Dennoch stehen dem Vertreter ohne Vertretungsmacht auch etwaige Widerrufs- bzw. Anfechtungsrechte zu.[879] Ließe man dies nicht zu, würde derjenige, der den Vertreter ohne Vertretungsmacht in Anspruch nimmt, bessergestellt, als er stünde, wenn der Vertrag wirksam zustande gekommen wäre. V kann daher seine Willenserklärung wegen Eigenschaftsirrtums anfechten. Rechtsfolge ist streng genommen dann zwar nicht die Nichtigkeit nach § 142 I BGB, da ja gerade kein wirksamer Vertrag vorliegt, der vernichtet werden könnte. Allerdings hat die erfolgreiche Anfechtung zur Folge, dass die Rechtsfolge des § 179 I BGB nicht greift. Nach erfolgter Anfechtung müsste V gegenüber D ggf. aber gem. § 122 BGB den Vertrauensschaden ersetzen.

---

[879] BGH NJW 2002, 1867; NJW-RR 1991, 1074, 1075; *Ellenberger*, in: Palandt, § 179 Rn 2.

## 5. Verhältnis der Haftung nach § 179 BGB zu anderen Haftungsansprüchen

### a. Ansprüche des Vertreters gegen den Geschäftsherrn

912 Nimmt der Geschäftsgegner den Vertreter ohne Vertretungsmacht aus § 179 I oder II BGB in Anspruch, stellt sich die Frage, ob dem Vertreter ohne Vertretungsmacht Ausgleichsansprüche gegen den Geschäftsherrn zustehen. In Betracht kommt ein Aufwendungsersatzanspruch unter dem Gesichtspunkt einer berechtigten Geschäftsführung ohne Auftrag (**§§ 683 S. 1, 670 BGB**). Für den Fall, dass der Vertretene den Vertreter pflichtwidrig nicht über die fehlende Vertretungsmacht informiert, kommt zudem ein Schadensersatzanspruch aus **§ 280 I BGB** in Betracht, wobei der Vertreter sich ggf. ein Mitverschulden (§ 254 BGB) anrechnen lassen muss[880].

### b. Ansprüche des Geschäftsherrn gegen den Vertreter

913 Genehmigt der Geschäftsherr den Vertrag, stehen ihm mitunter Ausgleichs- und Schadensersatzansprüche gegen den Vertreter zu. In Betracht kommt zunächst ein Schadensersatzanspruch nach § 280 I BGB, wenn der Vertreter schuldhaft eine Pflicht aus dem Grundverhältnis verletzt oder pflichtwidrig das Bestehen einer Vertretungsmacht angenommen oder diese sich sogar angemaßt hat. Im zuletzt genannten Fall wird aber vorrangig ein Anspruch wegen unberechtigter Geschäftsführung ohne Auftrag (**§ 678 BGB**) zu prüfen sein. Schließlich sind Schadensersatzansprüche wegen unerlaubter Handlung (**§§ 823 ff. BGB**) denkbar. Dies alles ist sachgerecht, denn bei Verweigerung der Genehmigung hätte der Vertreter ohne Vertretungsmacht ja auch dem Geschäftsgegner nach Maßgabe des § 179 I oder II BGB gehaftet. Nur weil der Vertretene das Geschäft genehmigt, darf der Vertreter nicht privilegiert werden.

### c. Ansprüche des Geschäftsgegners gegen den Geschäftsherrn

914 § 179 BGB schließt **Schadensersatzansprüche** des Geschäftsgegners **gegen den Geschäftsherrn** nicht aus. Derartige Schadensersatzansprüche können z.B. aus **§ 831 BGB** resultieren, wenn der *falsus procurator* als Verrichtungsgehilfe des Geschäftsherrn den Geschäftsgegner deliktisch geschädigt hat. Denkbar ist auch eine Haftung des Geschäftsherrn aus **c.i.c.** (§§ 280 I, 311 II, 241 II BGB), wenn dieser wusste oder wissen musste, dass der von ihm eingesetzte Mittler keine Vertretungsmacht hatte und daher kein wirksamer Vertrag zustande kommen konnte.[881]

Auch ist ein Anspruch des Geschäftsgegners aus **c.i.c.** (§§ 311 II, 241 II, 280 I BGB) **i.V.m. § 278 BGB** gegeben, wenn der Geschäftsherr den *falsus procurator* willentlich in die Vertragsverhandlungen eingeschaltet hat. Hat der Geschäftsgegner im Vertrauen auf die Wirksamkeit des Vertrags bereits an den Geschäftsherrn geleistet, kann er diese Leistung nach **§ 812 I S. 1 Var. 1 BGB** zurückfordern.[882]

---

[880] BGH NJW 2001, 3184, 3185; *Wolf/Neuner*, AT, § 51 Rn 39.
[881] *Wolf/Neuner*, AT, § 51 Rn 41; *Ellenberger*, in: Palandt, § 179 Rn 9.
[882] *Köhler*, AT, § 11 Rn 75.

## E. Eigenhaftung des Vertreters

Liegen die Voraussetzungen einer Stellvertretung vor, treffen gemäß der gesetzlichen Systematik (§ 164 I S. 1 BGB) die Rechtsfolgen des Geschäfts den Vertretenen, nicht den Vertreter. Unter besonderen Umständen kommt dennoch daneben eine Eigenhaftung des Vertreters in Betracht. Gemäß § 311 III S. 1 BGB kann ein Schuldverhältnis mit den Pflichten nach § 241 II BGB (Rücksicht auf die Rechte, Rechtsgüter und Interessen des anderen Teils) auch zwischen Vertreter und Geschäftsgegner entstehen, obwohl ein wirksames Vertretergeschäft besteht. Ein solches Schuldverhältnis zwischen Vertreter und Geschäftsgegner entsteht insbesondere, wenn der Vertreter in besonderem Maße Vertrauen für sich in Anspruch nimmt und dadurch die Vertragsverhandlungen oder den Vertragsschluss erheblich beeinflusst (§ 311 III S. 2 BGB). Namentlich sind die Fälle angesprochen, in denen der Vertreter (etwa ein Kfz-Händler, der für einen Kunden einen Gebrauchtwagen verkauft) unter Anwendung besonderer Sachkunde den Eindruck besonderer persönlicher Zuverlässigkeit erweckt und dabei ein besonderes wirtschaftliches Interesse (etwa weil er auf Provisionsbasis arbeitet) an dem Geschäft hat, er praktisch in eigener Sache auftritt („Quasi-Verkäufer").[883] Dann hat der Geschäftsgegner einen Schadensersatzanspruch aus c.i.c. (§§ 311 III, 241 II, 280 I BGB) gegen den Vertreter, sofern dieser eine Pflicht aus § 241 II BGB verletzt. Ob daneben eine Haftung aus §§ 823 ff. BGB besteht, ist eine Frage des Einzelfalls.

914a

---

[883] Vgl. zu dieser sog. **Sachwalterhaftung** BGH NJW 2010, 858; NJW-RR 2011, 462; *Grüneberg*, in: Palandt, § 311 Rn 66; *Schilken*, in: Staudinger, § 164 Rn 15; *R. Schmidt*, SchuldR AT, Rn 609.

# 7. Kapitel – Rechtshindernde Einwendungen im Bereich des BGB AT

## A. Einführung und Einordnung in den Prüfungsaufbau

### I. Bedeutung der rechtshindernden Einwendungen

**915** Die Einigung der Parteien über alle vertragswesentlichen Umstände – gegebenenfalls auch unter Hinzuziehung von Stellvertretern – ist zwar eine notwendige, nicht aber eine hinreichende Voraussetzung für das Zustandekommen eines Vertrags und damit eines Vertragsanspruchs. Neben der *positiven* Anspruchsvoraussetzung der Einigung ist es auch erforderlich, dass bestimmte *negative* Anspruchsvoraussetzungen **nicht** vorliegen. Damit sind die im BGB normierten **Wirksamkeitshindernisse**, die **rechtshindernden Einwendungen** gemeint.

**916** So lassen die mangelnde **Geschäftsfähigkeit** (§§ 104 ff. BGB), die **Schein- oder Scherzerklärung** (§§ 116-118 BGB), bestimmte **Formmängel** (§§ 125 ff. BGB), der **Gesetzesverstoß** (§ 134 BGB) oder die **Sittenwidrigkeit** (§ 138 BGB) einen Anspruch erst gar nicht entstehen, sodass es auf weitere Voraussetzungen des geltend gemachten Anspruchs nicht ankommt.

**917** **Rechtshindernde Einwendungen** stehen also dem Entstehen eines Anspruchs entgegen. **Rechtsfolge** solcher Einwendungen ist grundsätzlich die **Nichtigkeit** des Rechtsgeschäfts, und zwar von Anfang an (*ex tunc*).[884]

**918** Der Grund dafür, dass der Anspruch bei Vorliegen einer rechtshindernden Einwendung grds. erst gar nicht entsteht (und die Prüfung des Primäranspruchs damit scheitert), liegt darin, dass der Gesetzgeber in ihnen einen **zwingenden Schutzzweck** sieht, der einen Anspruch schon in seiner Entstehung hindern und dem besonderen Schutzbedürfnis des Anspruchsgegners Rechnung tragen soll. Eine **Ausnahme** von diesem Grundsatz ist nur dort zu machen, wo der Gesetzgeber diese selbst festgelegt hat.

**919** So hat der Gesetzgeber vorgesehen, dass der Vollzug einer **Schenkung** (§ 518 II BGB) den Formmangel des Schenkungsvertrags (§ 518 I BGB) heilt und damit die Schenkung wirksam macht. Entsprechendes gilt für Verträge über **Grundstücke** (§ 311b I S. 1 BGB), wenn die Auflassung und die Eintragung in das Grundbuch erfolgen (§ 311b I S. 2 BGB). Vgl. ferner die Regelungen hinsichtlich der **Bürgschaft** (§ 766 S. 3 BGB) und der **Schenkung von Todes wegen** (§ 2301 II BGB).

**920** Ist demnach eine Heilung erfolgt, ist das Rechtsgeschäft vollgültig; einer Neuvornahme bedarf es – zumindest in diesem Zusammenhang – nicht.

### II. Abgrenzung zu rechtsvernichtenden Einwendungen

**921** Anders als eine rechtshindernde Einwendung steht eine **rechtsvernichtende Einwendung** zwar dem Entstehen eines Anspruchs nicht entgegen, bewirkt aber, dass der zunächst entstandene Anspruch (ggf. auch rückwirkend) **entfällt** (daher werden rechtsvernichtende Einwendungen bisweilen auch **Erlöschensgründe** genannt).

**922** **Beispiele:** Ein Anspruch auf Zahlung des Kaufpreises (§ 433 II BGB) erlischt, wenn der Schuldner die Leistung bewirkt, also zahlt (sog. **Erfüllung**, § 362 I BGB). Das Gleiche gilt, wenn der Gläubiger dem Schuldner die Schuld erlässt (sog. **Erlass**, § 397 BGB) oder der Schuldner gegen den geltend gemachten Anspruch mit einer eigenen Forderung **aufrech-**

---

[884] *Ellenberger*, in: Palandt, Überbl v § 104 Rn 27.

**net** (§§ 387-389 BGB). Auch erlischt ein gem. § 433 II BGB bestehender Kaufpreisanspruch, wenn der Käufer infolge eines Sachmangels den **Rücktritt** erklärt (vgl. §§ 433, 434, 437 Nr. 2 Var. 1, 440, 323, 346 ff. BGB). Der ausgeübte Rücktritt hat zur Folge, dass der Käufer von der Zahlungspflicht befreit wird. Gleiches gilt hinsichtlich der **Minderung** (vgl. §§ 433, 434, 437 Nr. 2 Var. 2, 441, 323, 346 ff. BGB), sofern noch eine Restzahlung aussteht und der Käufer die Minderung in Höhe der noch ausstehenden Restzahlung erklärt.[885]

Einen besonderen Erlöschensgrund stellt der **Widerruf nach Verbraucherschutzvorschriften** dar, § 355 BGB (auf den etwa in § 312g I BGB verwiesen wird).

Hinsichtlich der **Anfechtung** (§§ 119, 120, 123 BGB) wird teilweise vertreten, dass diese eine rechts<u>hindernde</u> Einwendung sei. Zur Begründung wird auf die Regelung des § 142 I BGB verwiesen, wonach das angefochtene Rechtsgeschäft von Anfang an als nichtig anzusehen ist (sog. Ex-tunc-Wirkung). Das ist insoweit nachvollziehbar. Wenn die Vertreter dieser Auffassung dann aber nach erfolgter Anfechtung nicht den Kondiktionsanspruch wegen fehlenden Rechtsgrunds von Anfang an (§ 812 I S. 1 Var. 1 BGB), sondern den Kondiktionsanspruch wegen *späteren Wegfalls* des Rechtsgrunds (§ 812 I S. 2 Var. 1 BGB) gewähren und dies damit begründen, dass das angefochtene Rechtsgeschäft nun einmal bis zur Ausübung der Anfechtung wirksam sei und dass die Ex-tunc-Wirkung des § 142 I BGB nur eine Fiktion darstelle, ist dies nicht konsequent. Daher muss man nach erfolgreicher Anfechtung entweder den Kondiktionsanspruch wegen fehlenden Rechtsgrunds von Anfang an (§ 812 I S. 1 Var. 1 BGB) gewähren oder (wie vorliegend vertreten) die *Anfechtung* so behandeln, als habe sie einen zunächst entstandenen Anspruch nachträglich vernichtet (mit der Konsequenz der Gewährung des Kondiktionsanspruchs wegen *späteren Wegfalls* des Rechtsgrunds, § 812 I S. 2 Var. 1 BGB). Und das ist die Konstellation einer rechts<u>vernichtenden</u> Einwendung.

---

**Hinweis für die Fallbearbeitung:** Da rechtshindernde Einwendungen den Anspruch erst gar nicht entstehen lassen und rechtsvernichtende Einwendungen den zunächst entstandenen Anspruch (nachträglich) vernichten, sind **rechtsvernichtende Einwendungen** in einer Klausur folgerichtig grds. **nach den rechtshindernden Einwendungen zu prüfen**. Eine Ausnahme von diesem Grundsatz ist nur nach der Lehre von der Doppelnichtigkeit (bzw. Lehre von der Doppelwirkung im Recht) zuzulassen. Danach kann auch (entgegen der Logik) ein nichtiges Rechtsgeschäft angefochten werden. Das hat mehrere Gründe. Hat der Gläubiger bspw. auf eine Anfechtung verzichtet, weil er das Geschäft wegen Sittenwidrigkeit für nichtig hält, wird die angenommene Sittenwidrigkeit später vom Gericht jedoch nicht bestätigt, ist eine Anfechtung i.d.R. verfristet. Daher ist eine (vorsorgliche) Anfechtung eines vermeintlich nichtigen Rechtsgeschäfts zuzulassen. Der zweite Grund besteht darin, dass nach h.M. die Nichtigkeit eines Rechtsgeschäfts nichts anderes als dessen Nichtgeltung im Hinblick auf einen *bestimmten* Nichtigkeitsgrund bedeutet. Dies ist vor allem wegen der Rechtsfolge des § 122 BGB relevant, die durch eine ggf. mögliche (nochmalige) Anfechtung nach § 123 BGB umgangen werden kann.

**Beispiel:** A wird von B beim Abschluss eines Kaufvertrags arglistig getäuscht (§ 123 I Var. 1) und verschreibt sich auch noch (§ 119 I Var. 2). Als A seinen Schreibfehler bemerkt, ficht er den Kaufvertrag nach § 119 I Var. 2 BGB an. Später erfährt er auch von der arglistigen Täuschung durch B.
Rechtsfolge einer Anfechtung wegen Erklärungsirrtums (wozu auch das Sichverschreiben gehört) ist neben der Nichtigkeit des Kaufvertrags (§ 142 I BGB) auch die ggf. zur Geltung kommende Schadensersatzpflicht nach § 122 BGB. Diese kann A aber dadurch umgehen, dass er den bereits nichtigen Kaufvertrag noch einmal nach § 123 I Var. 1 BGB wegen der arglistigen Täuschung anficht.

Auch bei Fragen des gutgläubigen Erwerbs nach §§ 932, 142 II BGB wirkt die Anfechtung stärker als die Nichtigkeit wegen fehlender Geschäftsfähigkeit (vgl. dazu ausführlich Rn 1289 ff.). Nach der Systematik des BGB-AT ist aber auch in diesem Fall die Nichtigkeit wegen Geschäftsunfähigkeit vor der Anfechtung zu prüfen.

923

---

[885] Vgl. dazu den Fall BGH NJW 2014, 1086.

### III. Abgrenzung zu rechtshemmenden Einwendungen (Einreden)

**924**    Schließlich sind die rechtshindernden Einwendungen von den **rechtshemmenden Einwendungen** (**Einreden**) zu unterscheiden. Letztere betreffen nicht die Wirksamkeit, sondern (lediglich) die **Durchsetzbarkeit** eines (bestehenden!) Anspruchs. Darunter versteht man das subjektive Recht einer Person, die Ausübung des Rechts einer anderen Person zu hemmen. Das bedeutet, dass der Anspruch an sich zwar bestehen bleibt, jedoch nicht mehr durchgesetzt werden kann (wie z.B. bei der **Verjährung**). Es besteht ein Leistungsverweigerungsrecht.[886]

**925**    Zur Verdeutlichung sei noch einmal auf die einführenden Erläuterungen bei Rn 97 und auf die bei Rn 1629 dargestellte Übersicht zur Prüfungsreihenfolge von Einwendungen und Einreden im **Anspruchsaufbau** verwiesen.

## B. Geschäftsfähigkeit, §§ 104 ff. BGB

### I. Der Schutz des Minderjährigen vor den Gefahren des Rechtsverkehrs

**926**    Wie schon bei Rn 1 ff. erläutert, geht das bürgerliche Recht vom Grundsatz der Privatautonomie aus. Der Einzelne soll seine Lebensverhältnisse im Rahmen der Rechtsordnung eigenverantwortlich gestalten können. Der wichtigste Grundpfeiler und Ausfluss der Privatautonomie ist die **Vertragsfreiheit**, also die Freiheit, Verträge zu schließen und auf deren Inhalt Einfluss zu nehmen. Mittel der Privatautonomie ist wiederum das **Rechtsgeschäft**. Da die rechtliche Bindung an Willenserklärungen aber nur dann gerechtfertigt ist, wenn der Handelnde über eine bestimmte geistige Reife und Willenskraft verfügt, muss derjenige, der die erforderliche geistige Reife und Willenskraft nicht besitzt, vor den Gefahren des Rechtsverkehrs besonders geschützt werden. Dieser Schutz hat Vorrang vor den Interessen des Rechtsverkehrs. In Abstufung des jeweiligen Schutzbedürfnisses unterscheidet das Gesetz zwischen Rechtsfähigkeit, Geschäftsfähigkeit, Ehefähigkeit und Testierfähigkeit.[887] Für das Deliktsrecht ist die Deliktsfähigkeit maßgeblich.

**927**    **Rechtsfähigkeit** ist unabhängig von der Handlungsfähigkeit die Fähigkeit, Träger von Rechten und Pflichten zu sein. Diese Fähigkeit beginnt bei natürlichen Personen mit Vollendung der Geburt (§ 1 BGB) und endet mit dem Tod (Hirntod) des Menschen.[888] Auch der Geschäfts<u>un</u>fähige ist daher unabhängig von einer Einsichtsfähigkeit rechtsfähig und kann daher ohne weiteres z.B. Eigentümer über eine Sache werden. Da er aber nicht selbst in rechtlich relevanter Weise handeln kann, muss er auf andere Weise am Rechtsverkehr teilnehmen können. Dies geschieht durch seinen gesetzlichen Vertreter (bei Minderjährigen i.d.R. durch die Eltern, §§ 1626, 1629 BGB). Handelt der gesetzliche Vertreter (wirksam) im Namen des Geschäftsunfähigen, treffen diesen die Rechtsfolgen des Vertretergeschäfts (vgl. zur gesetzlichen Vertretungsmacht und zu den Beschränkungen schon Rn 689 ff.). Juristische Personen sind nach Maßgabe der Rechtsordnung rechtsfähig (vgl. § 13 I GmbHG für die GmbH, § 1 I S. 1 AktG für die AG usw.).

**928**    Die **Geschäftsfähigkeit** ist ein besonderer Fall der Handlungsfähigkeit, nämlich die Fähigkeit, Rechtsgeschäfte selbstständig voll wirksam vorzunehmen. Sie tritt mit der Volljährigkeit,

---

[886] Anders als rechtshindernde und rechtsvernichtende Einwendungen (Rn 97 und 1622 ff.) sind rechtshemmende Einwendungen gemäß ihrer Rechtsnatur als subjektive Rechte vom Anspruchsgegner geltend zu machen, damit sie vom Gericht beachtet werden (vgl. nur BGHZ 156, 269, 271). Sollten nicht geltend gemachte rechtshemmende Einwendungen vom Gericht berücksichtigt werden, kann dies wegen einseitiger Parteinahme einen Befangenheitsgrund darstellen.

[887] Vgl. zu den nachfolgenden Definitionen auch *Spickhoff*, in: MüKo, § 104 Rn 1 ff.; *Wendtland*, in: Bamberger/Roth, 3. Aufl. 2012, § 104 Rn 1 ff.; *Ellenberger*, in: Palandt, § 104 Rn 1 ff.; *Wolf/Neuner*, AT, § 11 Rn 1 ff., § 12 Rn 4 ff., § 34 Rn 1 ff.; *Stadler*, AT, § 23 Rn 1 ff.; *Köhler*, AT, § 10 Rn 1 ff. und *Brox/Walker*, AT, Rn 259 ff.

[888] Auf die Besonderheiten der pränatalen Rechtsposition und des postmortalen Persönlichkeitsschutzes soll hier nicht weiter eingegangen werden (vgl. dazu *R. Schmidt*, Grundrechte, 24. Aufl. 2019, Rn 50 ff.).

d.h. mit Vollendung des 18. Lebensjahres (§ 2 BGB) ein. Der Gesetzgeber hat damit eine Altersgrenze festgelegt, bei der bei einem Menschen erfahrungsgemäß ein genügendes Urteilsvermögen und eine entsprechende Einsichtsfähigkeit angenommen werden können, damit er Folgen einer Willenserklärung erfassen und begreifen kann. Vor Erreichen der Volljährigkeitsgrenze ist der Mensch nicht voll geschäftsfähig und besonders schutzbedürftig. Der minderjährige Mensch soll davor geschützt werden, sich aufgrund mangelnder Einsichtsfähigkeit beim Geschäftsabschluss selbst zu schädigen. Dabei trägt der Gesetzgeber mit Hilfe einer differenzierten Regelung der sich allmählich steigernden Urteilsfähigkeit und Reife des heranwachsenden Menschen Rechnung. So nimmt er bei Minderjährigen, die noch nicht das 7. Lebensjahr vollendet haben, eine Geschäftsunfähigkeit an (§ 104 Nr. 1 BGB). Willenserklärungen sind stets unwirksam (§ 105 I BGB – Rn 934 ff.). Bei Minderjährigen, die zwar das 7., aber noch nicht das 18. Lebensjahr vollendet haben, nimmt der Gesetzgeber keine Geschäftsunfähigkeit, sondern eine beschränkte Geschäftsfähigkeit an (§ 106 BGB). Hier hängt die Wirksamkeit einer Willenserklärung von bestimmten Voraussetzungen ab, die der zunehmenden Verstandesreife Rechnung tragen (§§ 107 ff. BGB – dazu Rn 966 ff.).

Personen können aber auch unabhängig von ihrem Alter geschäftsunfähig sein (§ 104 Nr. 2 BGB: den freien Willen ausschließender Zustand). Rechtsfolge der im Zustand der Geschäftsunfähigkeit abgegebenen Willenserklärung ist deren Nichtigkeit (§ 105 II BGB). Abgeschwächt wird die Nichtigkeitsfolge lediglich bei geschäftsunfähigen Volljährigen i.S.v. § 104 Nr. 2 BGB, das allerdings auch nur bei vollzogenen Bargeschäften des täglichen Lebens (dazu Rn 948 f.). Juristische Personen als solche können schon allein deshalb nicht geschäftsfähig sein, weil sie nicht handlungsfähig sind. Das können nur natürliche Personen sein. Juristische Personen werden gesetzlich vertreten durch ihre verfassungsmäßig bestimmten Vertretungsorgane; diese sind als natürliche Person handlungsfähig und schließen im Namen der juristischen Person Rechtsgeschäfte (vgl. § 35 I GmbHG: Geschäftsführer, § 76 AktG: Vorstand usw.).

**929** Unterfälle der Geschäftsfähigkeit sind die **Ehefähigkeit** und die **Testierfähigkeit**. Die Ehefähigkeit (d.h. die Fähigkeit, wirksam eine Ehe einzugehen) ist vom Gesetzgeber an die Volljährigkeit, also an die Vollendung des 18. Lebensjahres (§ 2 BGB) gekoppelt (§ 1303 BGB). Die früher bestehende Möglichkeit, dass das Familiengericht auf Antrag eine Befreiung von dem erforderlichen Mindestalter erteilen kann, wenn der Antragsteller das 16. Lebensjahr vollendet hat, sein künftiger Ehepartner volljährig ist (§ 1303 II BGB a.F.) und der Eheschließung keine triftigen Gründe entgegenstehen (vgl. § 1303 III BGB a.F.), ist mit Gesetzesänderung vom 17.7.2017 (BGBl I 2017, S. 2429) aufgehoben worden.[889] Die Testierfähigkeit (d.h. die Fähigkeit, wirksam ein Testament zu errichten oder einen Erbvertrag zu schließen) tritt mit Vollendung des 16. Lebensjahres ein (§ 2229 I BGB).

**930** Von der Geschäftsfähigkeit wiederum abzugrenzen ist insbesondere die **Deliktsfähigkeit**. Mit „Deliktsfähigkeit" ist die Eigenschaft gemeint, dass man für unerlaubtes Handeln (§§ 823 ff. BGB) verantwortlich und ggf. schadensersatzpflichtig ist. Die Deliktsfähigkeit wird also vorausgesetzt, wenn man für eine unerlaubte Handlung haften soll. Wie die Geschäftsfähigkeit, ist auch die Deliktsfähigkeit insbesondere vom Alter abhängig (vgl. dazu § 828 I-III BGB sowie ausführlich *R. Schmidt*, SchuldR BT II, Rn 719 ff.).

**931** Das Gesetz geht in seinen Regelungen von dem Grundsatz der **Geschäftsfähigkeit aller Menschen** aus. Die Regelungen der §§ 104 ff. BGB betreffen daher nicht die Geschäftsfähigkeit, sondern die **Ausnahmefälle**, nämlich die Geschäfts<u>un</u>fähigkeit und die <u>beschränkte</u> Geschäftsfähigkeit.

> **Hinweis für die Fallbearbeitung:** Daraus folgt auch für die Fallbearbeitung, dass stets **von der Geschäftsfähigkeit auszugehen ist**, sofern nicht konkrete Anhaltspunkte im Sachverhalt vorliegen, die Gegenteiliges vermuten lassen.

**932** Man kann also insgesamt sagen, dass durch die §§ 104 ff. BGB die Geschäftsunfähigen und die beschränkt Geschäftsfähigen vor den Folgen ihrer Erklärungen und daher vor

---

[889] Vgl. dazu ausführlich *R. Schmidt*, FamR, Rn 2g, 54, 56 und 61.

möglichen Nachteilen geschützt werden sollen. Dieser Schutz hat Vorrang vor den Verkehrsinteressen und wird auch dann nicht durchbrochen, wenn z.B. der Geschäftspartner des nicht voll Geschäftsfähigen diesen für geschäftsfähig gehalten hat.[890] Der Minderjährigenschutz wirkt so stark, dass der **gute Glaube** an die Geschäftsfähigkeit **nicht geschützt** wird[891], und zwar auch dann nicht, wenn der Geschäftsgegner vom beschränkt Geschäftsfähigen bzw. Geschäftsunfähigen über dessen Geschäftsfähigkeit **getäuscht** worden ist. Der nicht voll Geschäftsfähige haftet in diesem Fall allenfalls deliktisch.

> **Beispiel:** Der 17-jährige M möchte mit seinen Freunden ausgiebig die bestandene Führerscheinprüfung feiern. Er bestellt im Feinkostladen des T Schnittchen zu einem Gesamtpreis von 380 €. Dabei suggeriert er gegenüber T, dass er gestern 18 Jahre alt geworden sei und den Geburtstag feiern wolle.[892] Tatsächlich wird M aber erst in 2 Monaten volljährig. T hat die Personalien nicht überprüft. Später weigert sich M, die Rechnung zu begleichen. Auch M´s Eltern verweigern die Zahlung.
>
> Unterstellt, dass kein Fall des § 110 BGB („Taschengeldparagraph") vorliegt, war das Rechtsgeschäft zustimmungspflichtig (§§ 106, 107, 108 I BGB). In der Weigerung der Eltern, den Preis zu zahlen, liegt konkludent die Zustimmungsverweigerung. Aus der zunächst schwebenden Unwirksamkeit wurde damit eine endgültige. T hat daher keinen vertraglichen Vergütungsanspruch.
>
> Fraglich ist, ob T gegen M einen Schadensersatzanspruch geltend machen kann. Ein quasivertraglicher (Schadensersatz-)Anspruch aus c.i.c. (§§ 311 II, 241 II, 280 I BGB)[893] kommt nicht in Betracht, da anderenfalls der von §§ 104 ff. BGB gewährleistete Minderjährigenschutz unterlaufen werden würde.
>
> In Betracht kommt daher lediglich ein deliktischer Anspruch auf Schadensersatz. M hat T über die Volljährigkeit getäuscht und damit den Tatbestand des § 823 II BGB i.V.m. § 263 I StGB verwirklicht. M ist auch deliktsfähig, was sich nach Maßgabe des § 828 III BGB bejahen lässt, da bei M die für eine Haftung erforderliche Einsichtsfähigkeit und Reife angenommen werden können.[894] Allerdings ist die Haftung auf das negative Interesse begrenzt. Auch ein etwaiges Mitverschulden (§ 254 BGB) des T, das darin gesehen werden könnte, dass er es unterließ, sich zuvor von der Geschäftsfähigkeit des M zu überzeugen, ist zu berücksichtigen.

**933** Da das Gesetz mit den Regelungen der §§ 104 ff. BGB zwischen Geschäfts<u>un</u>fähigen (§§ 104, 105, 105a BGB) und <u>beschränkt</u> Geschäftsfähigen (§§ 106-113 BGB) unterscheidet, soll diese Unterscheidung auch der nachfolgenden Darstellung zugrunde gelegt werden.

## II. Mangel der Geschäftsfähigkeit, §§ 104, 105 BGB

### 1. Voraussetzungen der Geschäftsunfähigkeit, § 104 BGB

### a. § 104 Nr. 1 BGB

**934** Da unter Geschäftsfähigkeit die Fähigkeit zu verstehen ist, Willenserklärungen wirksam abzugeben und entgegenzunehmen und somit am Rechtsverkehr teilzunehmen, fehlt diese Fähigkeit folgerichtig bei Geschäftsunfähigen. Geschäftsunfähig ist gem. § 104 Nr. 1 BGB, wer das siebente Lebensjahr noch nicht vollendet hat. Für die Fristberechnung gelten §§ 187 II, 188 II BGB. Danach dauert die Geschäftsunfähigkeit bis zum Ende des Tages vor dem Geburtstag, an dem das Kind sieben Jahre alt wird. Unerheblich ist dabei, zu welcher Uhrzeit es geboren wurde.

---

[890] Vgl. BGHZ 115, 38, 45.

[891] BGH ZIP 1988, 829, 831; *Wolf/Neuner*, AT, § 34 Rn 71; *Müller*, in: Erman, Vor § 104 Rn 6.

[892] Von dieser Konstellation zu unterscheiden ist diejenige, bei der der Minderjährige nicht über seine Volljährigkeit täuscht, sondern sich der andere Teil autonom hinsichtlich der Geschäftsfähigkeit irrt, vgl. dazu Rn 1040.

[893] Vgl. dazu Rn 1598, 1610 sowie ausführlich *R. Schmidt*, SchuldR AT, Rn 602 ff.

[894] Bei Minderjährigen, die zunächst nicht haften, ist § 1629a I BGB zu beachten, wonach die Haftung auf das Vermögen bei Eintritt der Volljährigkeit beschränkt ist.

**Beispiel:** M wurde am 3.1.2012 um 15:54 Uhr geboren. Gemäß §§ 187 II, 188 II Halbs. 2 BGB wurde er am 3.1.2019 um 00:00 Uhr (nicht 15:54 Uhr) beschränkt geschäftsfähig.

## b. § 104 Nr. 2 BGB

Weiterhin ist gem. § 104 Nr. 2 BGB – unabhängig vom Lebensalter – geschäftsunfähig, wer sich in einem die freie Willensbildung ausschließenden Zustand krankhafter Störung der Geistestätigkeit befindet, sofern nicht der Zustand seiner Natur nach ein vorübergehender ist. Es muss also eine

935

- **krankhafte**, nicht nur vorübergehende **Störung der Geistestätigkeit** vorliegen,
- die die **freie Willensbildung** des Betroffenen **ausschließt**.

### aa. Krankhafte, nicht nur vorübergehende Störung der Geistestätigkeit

Der Zustand einer **krankhaften Störung der Geistestätigkeit** setzt das Vorliegen einer irgendwie gearteten geistigen Anomalie voraus, wobei unerheblich ist, unter welchen medizinischen Begriff die Geistesstörung fällt.[895]

936

Damit jedoch eine generelle (und nicht nur eine partielle, dazu sogleich) Geschäftsunfähigkeit vorliegt, verlangt § 104 Nr. 2 BGB weiterhin, dass die krankhafte Störung von gewisser Dauer ist. Sie darf also **nicht nur bloß vorübergehender Natur** sein, wobei dauernd nicht mit unheilbar gleichzusetzen ist. Es können also auch psychische Störungen, deren Behandlung eine längere Zeit in Anspruch nimmt, als dauernd i.S.d. § 104 Nr. 2 BGB anzusehen sein. Auch eine schwere Hirnverletzung mit anschließender wochenlanger Intensivbehandlung ist nicht mehr von vorübergehender Natur. Tritt die geistige Störung dagegen nur periodisch auf, fehlt es an dem Erfordernis der dauerhaften Störung.

937

**Beispiel:** K leidet an Zyklomanie. Dies ist eine Krankheit, bei der der Betroffene abwechselnd in mehr oder weniger regelmäßigen Abständen in Phasen übersteigerter Euphorie und Depression gerät. Kauft K nun bei V ein Auto, ist fraglich, ob die §§ 104 Nr. 2, 105 I BGB der Wirksamkeit dieses Kaufvertrags entgegenstehen.

938

Da die Störung der Geistestätigkeit nur vorübergehend ist, liegt kein Fall der §§ 104 Nr. 2, 105 I BGB vor. Die Wirksamkeit der Willenserklärung des K hängt somit gem. § 105 II BGB davon ab, ob K seine Willenserklärung während oder außerhalb einer Krankheitsphase abgegeben hat. Sofern dies außerhalb einer solchen geschah, ist der Kaufvertrag wirksam zustande gekommen.

Erst recht ist daher nicht geschäftsunfähig, wer bspw. hohes Fieber hat oder volltrunken ist. In einem solchen Fall ist aber ebenfalls § 105 II BGB zu beachten, der insbesondere Bedeutung erlangt, wenn es um den Zugang von Willenserklärungen geht.

**Hinweis für die Fallbearbeitung:** Trotz Verneinung der Voraussetzungen der §§ 104 Nr. 2, 105 I BGB ist bei **Bewusstlosigkeit** und nur **vorübergehender Störung** die Willenserklärung des Handelnden nichtig. Wichtig ist dieser Umstand insbesondere bei der Frage nach dem *Zugang* von Willenserklärungen, da die Regelung des § 105 II BGB nicht auf den Zugang von Willenserklärungen übertragbar ist, wenn es sich z.B. um bewusstlose oder berauschte Personen handelt. Diese können gemäß § 105 II zwar keine wirksamen Willenserklärungen *abgeben*, bezüglich des Zugangs gelten bei diesen aber die allgemeinen Regeln (vgl. § 130 BGB), sodass z.B. bei **schriftlichen Erklärungen** unter Abwesenden die generelle Möglichkeit zur Kenntnisnahme ausreicht. Ist daher der Empfänger in dem Zeitpunkt, in dem die Post in

939

---

895 *Spickhoff*, in: MüKo, § 104 Rn 10 ff.; *Wolf/Neuner*, AT, § 34 Rn 3. Vgl. auch OLG Koblenz NJW 2015, 79 f.

> seinen Briefkasten (seinen Machtbereich) gelangt, gerade berauscht, hindert dies den Zugang der Willenserklärung nicht. § 131 BGB ist nicht anwendbar!

**940**  Wie sich aus dem Wortlaut „sich in einem Zustand befindet" ergibt, besteht auch in **luziden Intervallen** (lat. *lucida intervalla*, d.h. in lichten Augenblicken), also in Zeiträumen, in denen eine an sich dauerhafte psychische Erkrankung Unterbrechungen erfährt, Geschäftsfähigkeit, sofern das Urteilsvermögen wieder weitgehend normal ist. In diesen Momenten kann der ansonsten nach § 104 Nr. 2 BGB Geschäftsunfähige selbst wirksame Willenserklärungen abgeben.[896]

### bb. Ausschluss der freien Willensbildung

**941**  § 104 Nr. 2 BGB verlangt, dass durch die krankhafte, nicht nur vorübergehende Störung der Geistestätigkeit die **freie Willensbildung ausgeschlossen** ist.

**942**  Ein **Ausschluss der freien Willensbildung** i.S.d. § 104 Nr. 2 BGB liegt vor, wenn der Betroffene aufgrund der Störung der Geistestätigkeit nicht mehr in der Lage ist, seine Entscheidungen von vernünftigen Erwägungen abhängig zu machen.[897]

**943**  **Beispiele/Gegenbeispiele[898]:** Eine bloße Willensschwäche oder eine leichte Beeinflussbarkeit reichen daher ebenso wenig für die Annahme des § 104 Nr. 2 BGB aus wie das Unvermögen, die Tragweite der abgegebenen Willenserklärung zu erfassen. Für einen Ausschluss der freien Willensbildung besteht auch dann keine Vermutung, wenn der Betroffene seit längerem an geistigen Störungen leidet. Das gilt auch bei fortschreitender Demenz. Bei Debilität kommt ein Ausschluss der freien Willensbildung i.d.R. erst bei einem IQ von weniger als 60 in Betracht. Chronischer Alkoholmissbrauch rechtfertigt die Bejahung des § 104 Nr. 2 BGB nur dann, wenn durch den suchtbedingten Abbau der Persönlichkeit psychopathologische Störungen entstanden sind, die die freie Willensbildung ausschließen. Unter bestimmten Voraussetzungen kann auch die übermäßige krankhafte Beherrschung durch den Willen anderer zur Anwendung von § 104 Nr. 2 BGB führen.

**944**  Nach dem Wortlaut des § 104 Nr. 2 BGB bezieht sich diese Geschäftsunfähigkeit auf alle Rechtsgeschäfte. Es ist aber anerkannt, dass sich die Geschäftsunfähigkeit auch nur auf einen bestimmten gegenständlich abgegrenzten Bereich von Angelegenheiten beschränken kann. Hier wird von einer **partiellen Geschäftsunfähigkeit** gesprochen.[899] Für alle übrigen Rechtsgeschäfte besteht weiterhin Geschäftsfähigkeit.

**Beispiel[900]:** Partielle Geschäftsunfähigkeit kann etwa bei einem Querulantenwahn für die Prozessführung, bei krankhafter Eifersucht in ehebezogenen Fragen und sogar beim Schock eines Rechtsanwalts wegen Fristversäumung für die Führung eines bestimmten Prozesses vorliegen.

**945**  Fraglich ist, ob auch eine auf schwierige Rechtsgeschäfte begrenzte Geschäftsunfähigkeit (sog. **relative Geschäfts(un)fähigkeit**) anzuerkennen ist. Dies ist von Bedeutung für jene Personengruppe, die aufgrund ihres Geisteszustands (z.B. geistig Zurückgebliebene, Altersschwachsinnige) zwar die einfachen Geschäfte des täglichen Lebens zu besorgen vermag, nicht dagegen komplexe Rechtsgeschäfte.[901] Diese Frage beantwortet der am 1.8.2002 in Kraft getretene § 105a BGB. Nach dieser Vorschrift sind Geschäfte des täg-

---

[896] BGH NJW 1988, 3011; *Köhler*, AT, § 10 Rn 3; *Stadler*, AT, § 23 Rn 4; *Wolf/Neuner*, AT, § 34 Rn 4.

[897] OLG Saarbrücken NJW 1999, 871, 872; BGH NJW 1996, 918; NJW 1970, 1680, 1681; *Ellenberger*, in: Palandt, § 104 Rn 5; *Medicus/Petersen*, AT, Rn 542; *Köhler*, AT, § 10 Rn 3; *Wolf/Neuner*, AT, § 34 Rn 5. Vgl. auch OLG Koblenz NJW 2015, 79 f.

[898] Vgl. *Ellenberger*, in: Palandt, § 104 Rn 5 m.w.N.

[899] Vgl. nur BayObLG NJW 1992, 2100, 2101; *Coester-Waltjen*, Jura 1994, 331, 332; *Brox/Walker*, AT, Rn 265; *Medicus/Petersen*, AT, Rn 542; *Köhler*, AT, § 10 Rn 4; *Wolf/Neuner*, AT, § 34 Rn 5.

[900] Vgl. die Nachweise bei *Ellenberger*, in: Palandt, § 104 Rn 6.

[901] Vgl. auch *Wolf/Neuner*, AT, § 34 Rn 7; *Müller*, in: Erman (13. Aufl.), § 114 Rn 5; *Knothe*, in: Staudinger, § 114 Rn 15.

lichen Lebens, die ein volljähriger Geschäftsunfähiger mit geringwertigen Mitteln bewirken kann, in Ansehung von Leistung (und evtl. Gegenleistung) als wirksam anzusehen, wenn Leistung (und ggf. Gegenleistung) bewirkt sind. Unerheblich ist dabei, ob der Geschäftsunfähige als Käufer oder Verkäufer auftritt (vgl. Rn 947).

## 2. Rechtsfolgen der Geschäftsunfähigkeit, §§ 105 I, 105a BGB

Gemäß **§ 105 I BGB** ist die Willenserklärung eines Geschäftsunfähigen **nichtig**. Das gilt ausnahmslos, also auch dann, wenn das Geschäft lediglich rechtlich vorteilhaft ist (wie die Schenkung, die keinerlei Gegenleistungspflicht enthält) oder die Interessen des Geschäftsunfähigen gewahrt wurden. Auch Willenserklärungen, die der Geschäftsunfähige als **Vertreter** eines anderen abgibt, sind nichtig (vgl. § 165 BGB). Rechtssicherheit und Verkehrsschutz treten daher auch dann zurück, wenn der Geschäftspartner (im Fall des § 104 I Nr. 2 BGB) **gutgläubig** von der Geschäftsfähigkeit ausgeht (der gute Glaube an die Geschäftsfähigkeit wird also nicht geschützt). Demgegenüber kann der Geschäftsunfähige durchaus **Bote** sein, da dieser nicht rechtsgeschäftlich handelt (vgl. schon Rn 630 ff.). Die Geschäftsunfähigkeit ist auch beim Zugang von Willenserklärungen von Bedeutung. So wird eine Willenserklärung, die gegenüber einem Geschäftsunfähigen abzugeben ist, gem. § 131 I BGB erst dann wirksam, wenn sie seinem gesetzlichen Vertreter zugeht. Gesetzliche Vertreter sind insbesondere die Eltern für ihre minderjährigen Kinder (§§ 1626, 1629 BGB), der Vormund für den Mündel (§§ 1793 ff. BGB) oder der Betreuer für den unter Betreuung Stehenden (§§ 1896 ff. BGB). Vgl. dazu auch Rn 686 ff.

**946**

> **Beispiel:** Der 6-jährige M bekommt von seiner Tante T eine DVD mit dem Film „Planet der Affen" geschenkt. Noch bevor die Eltern als gesetzliche Vertreter davon erfahren, kommen der T Bedenken an der Kindertauglichkeit des Films; sie fordert die DVD von M zurück. Doch dieser weigert sich, die DVD herauszugeben. Zu Recht?
>
> Rechtsgrund für das Behaltendürfen wäre ein Schenkungsvertrag (§ 516 BGB). Dieser Vertrag müsste jedoch wirksam sein. M ist geschäftsunfähig (§ 104 Nr. 1 BGB). Seine Willenserklärung in Bezug auf den Abschluss eines Schenkungsvertrags ist daher nichtig (§ 105 I BGB). Möglicherweise konnten aber die Eltern eine diesbezügliche Willenserklärung abgeben. Doch dazu hätten sie zumindest Kenntnis über das Schenkungsvorhaben der T, d.h. über deren Antrag in Bezug auf die Schenkung haben müssen. Zwar hat T eine Willenserklärung abgegeben, doch dies geschah gegenüber M. Gemäß § 131 I BGB wird eine Willenserklärung, die einem Geschäftsunfähigen gegenüber abgegeben wird, erst wirksam, wenn sie dem gesetzlichen Vertreter zugeht. Da die Willenserklärung der T den Eltern nicht zugegangen ist, kann sie auch nicht wirksam werden. Damit ist der Schenkungsvertrag – unabhängig von der Frage, ob die Eltern die Annahme erklärt hätten – nicht wirksam zustande gekommen. Dasselbe gilt hinsichtlich des Übereignungsgeschäfts. M ist daher nicht Eigentümer geworden. T kann die DVD herausverlangen (über § 985 BGB und über § 812 BGB).

Hinsichtlich **volljähriger Geschäftsunfähiger** ist die bereits erwähnte, mit Wirkung zum 1.8.2002 in Kraft getretene Vorschrift des § 105a BGB zu beachten, wonach Geschäfte des täglichen Lebens, die ein volljähriger Geschäftsunfähiger mit geringwertigen Mitteln bewirken kann, in Ansehung von Leistung (und evtl. Gegenleistung) als wirksam anzusehen, wenn Leistung (und ggf. Gegenleistung) bewirkt sind. Diese Regelung ändert damit also nichts an der Nichtigkeit des Vertrags, sondern modifiziert lediglich die Rechtsfolge: Der (nichtige) Vertrag *gilt* nach Erbringung von Leistung und Gegenleistung als wirksam.

**947**

Hinsichtlich des Anwendungsbereichs des § 105a BGB ist zunächst zu beachten, dass dieser sich nur auf **volljährige** Geschäftsunfähige bezieht. Auf **Minderjährige**, die gem. § 104 Nr. 1 BGB geschäftsunfähig sind, kann § 105a BGB angesichts des eindeutigen Wortlautes nicht, auch nicht analog, angewendet werden. Unklar ist lediglich, ob §

**948**

105a BGB auch dann eingreift, wenn auf beiden Seiten des Rechtsgeschäfts volljährige Geschäftsunfähige stehen, die miteinander einen alltäglichen Vertrag schließen. Dies wäre bspw. dann denkbar, wenn der eine Geschäftsunfähige dem anderen einen Lutscher abkauft. Legt man den Schutzzweck der Norm zugrunde, steht § 105a BGB einem solchen Vertrag nicht entgegen. Etwas anderes würde nur dann gelten, wenn durch das Geschäft eine erhebliche Gefahr für die Person oder das Vermögen des Geschäftsunfähigen bestünde, § 105a S. 2 BGB. Mit dieser Regelung wurde der aus § 1903 I S. 1 BGB bekannte Grundgedanke übernommen, dass der Betreute unter Umständen vor sich selbst geschützt werden muss. § 105a S. 2 BGB würde daher bspw. dann eingreifen, wenn es um den Kauf billiger, aber gefährlicher Feuerwerkskörper oder von Alkohol durch einen Alkoholkranken ginge.

**949** Auf Tatbestandsseite fordert § 105a BGB zunächst, dass es sich um ein **Geschäft des täglichen Lebens** handelt. Insoweit wird man sich an der zu § 1903 III S. 2 BGB entwickelten Kasuistik orientieren können, in der es um die Entbehrlichkeit des Einwilligungsvorbehalts bei alltäglichen Geschäften des Betreuten (etwa beim Kauf von Süßigkeiten, eines Zigarettenpäckchen oder einer Zeitung) geht. Für die Bewirkbarkeit mit geringfügigen Mitteln stellt die amtliche Begründung im Interesse der Rechtssicherheit auf das durchschnittliche Preis- und Einkommensgefälle und nicht auf die individuellen Vermögensverhältnisse beim Geschäftsunfähigen ab.[902]

**950** Weiterhin fordert § 105a BGB, dass – bei gegenseitig verpflichtenden Verträgen – sowohl die Leistung als auch die Gegenleistung **bewirkt sein müssen**, bevor die Wirksamkeitsfiktion eingreift. Dies kann insbesondere in Vorleistungsfällen zu Wertungswidersprüchen führen.

**951** **Beispiel:** Der volljährige, aber geschäftsunfähige K kauft bei V einen Sack Hundefutter. Den Kaufpreis i.H.v. 20,- € bezahlt er in bar. Da K an dem Tag aber noch andere Dinge erledigen möchte, vereinbart er mit V, den Futtersack erst am folgenden Tag abzuholen. Als K am nächsten Tag bei V erscheint, möchte dieser am liebsten mit der ganzen Sache nichts mehr zu tun haben, weil er negative Folgen befürchtet. Er verweigert daher die Herausgabe des Futtersacks. Zu Recht?

Mit „Bewirken" ist die vollständige Leistungserbringung gemeint, vorliegend also die Übereignung und Übergabe gem. § 929 BGB (vgl. § 433 I S. 1 BGB, wonach Übereignung und Übergabe geschuldet werden). Da jedoch noch keine Übergabe stattfand, wurde die Leistung noch nicht bewirkt. Wäre der Kaufvertrag demnach wegen §§ 105 I, 105a S. 1 BGB nichtig, könnte V in der Tat die Herausgabe verweigern. Denn dann fehlte der Rechtsgrund für eine Herausgabe. Da andererseits K bereits geleistet hat, greift der Schutzzweck des § 105a BGB nicht. Entgegen dem Wortlaut des § 105a BGB kann V daher die Übergabe des Futtersacks an K nicht verweigern.

**952** Nach der amtlichen Begründung ordnet die Neuregelung zwar die Wirksamkeitsfiktion geringfügiger Geschäfte an, sofern Leistung und Gegenleistung bewirkt worden sind, jedoch sollen andere vertragliche Ansprüche, z.B. Schadensersatz, nicht begründet werden.[903]

**953** **Beispiel:** Der volljährige geschäftsunfähige V verkauft an K Fischfutter für 2,- €. Dabei sichert er ihm ausdrücklich zu, das Futter eigne sich auch für K´s sehr wertvolle Zierkarpfen. Nachdem K die Fische damit gefüttert hat, verenden diese. K verlangt von V Schadensersatz nach §§ 437 Nr. 3, 280 I BGB.

Der geltend gemachte Anspruch setzt einen wirksamen Kaufvertrag zwischen V und K voraus. Aufgrund der Geschäftsunfähigkeit des V ist der Kaufvertrag jedoch nichtig (§ 105

---

[902] BT-Drs. 14/9266, S. 43; *Ellenberger*, in: Palandt, § 105a Rn 4. Vgl. auch *Wolf/Neuner*, AT, § 34 Rn 14.
[903] BT-Drs. 14/9266, S. 43.

I BGB). Da es sich aber um ein Geschäft des täglichen Lebens handelt und sowohl Leistung als auch Gegenleistung bewirkt worden sind, greift § 105a BGB ein mit der Folge, dass das nichtige Geschäft als wirksam gilt. Dies hätte möglicherweise aber zur Folge, dass V dann auch Ansprüchen wegen Sachmängeln ausgesetzt wäre. Diese Möglichkeit hat auch der Gesetzgeber erkannt und in der Gesetzesbegründung zum Ausdruck gebracht, dass vertragliche Sekundäransprüche gegen den Geschäftsunfähigen nicht bestehen sollen. Fraglich ist allerdings, warum ein solcher Ausschluss nicht in die Formulierung des § 105 a BGB aufgenommen wurde.

Im vorliegenden Fall bedarf es jedoch keiner weiteren Diskussion, weil V bereits wegen der Regelung des § 827 BGB, die einen allgemeinen Rechtsgrundsatz darstellt und daher auch auf vertragliche Verhältnisse anwendbar ist[904], nicht verantwortlich ist.

Unklar ist auch die umgekehrte Konstellation, nämlich die Beantwortung der Frage, ob wenigstens *zugunsten* des volljährigen Geschäftsunfähigen (wenn sich *dieser* also in der Rolle des Käufers befindet) vertragliche Folgeansprüche (Rücktrittsrecht wegen Schlechterfüllung; Schadensersatzansprüche etc.) bestehen können. Unter Zugrundelegung des Normzwecks des § 105a BGB sollte man diese Frage bejahen.[905]

**954**

Schließlich ist unklar, welche Auswirkung die Regelung des § 105a BGB auf die **dingliche** Rechtslage, also auf das Erfüllungsgeschäft, hat. Wenn man aber auch hier den Schutzzweck des § 105a BGB berücksichtigt, dürfte im Ergebnis außer Frage stehen, dass sich die Fiktionswirkung des § 105a BGB im Ergebnis (und damit in Abweichung zu § 105 I BGB) **auch auf das Erfüllungsgeschäft** beziehen muss. Die Übereignung einer Sache aufgrund eines nach § 105a BGB wirksamen Verpflichtungsgeschäfts gilt also ebenfalls als wirksam.[906]

**955**

### 3. Die Nichtigkeit der Willenserklärung nach § 105 II BGB

Nach § 105 II BGB ist eine Willenserklärung (eines Geschäftsfähigen!) nichtig, die im Zustand der Bewusstlosigkeit oder der vorübergehenden Störung der Geistestätigkeit abgegeben wird. **Bewusstlosigkeit** im Sinne des § 105 II BGB bedeutet aber nicht ein völliges Fehlen des Bewusstseins, da in diesem Fall mangels eines Handlungswillens schon bereits tatbestandlich keine Willenserklärung vorliegen würde. Gemeint ist vielmehr eine hochgradige Bewusstseinstrübung, die das Erkennen von Inhalt und Wesen der Handlung ganz oder in bestimmter Richtung ausschließt.[907]

**956**

> **Beispiele:** Volltrunkenheit (i.d.R. ab 3 ‰), Fieberdelirium, hochgradiger Drogenrausch, epileptische Anfälle etc.

Wie auch bei § 104 Nr. 2 BGB muss die Störung der Geistestätigkeit die **freie Willensbestimmung ausschließen**[908] (Rn 935 ff.). Darüber hinaus darf sie nur **vorübergehender** Natur sein, da sonst § 104 Nr. 2 BGB mit der Folge der Geschäftsunfähigkeit einschlägig wäre.

**957**

Der entscheidende Unterschied zwischen einer Willensstörung, die gem. §§ 104 Nr. 2, 105 I BGB zur Geschäftsunfähigkeit führt, und einer solchen nach § 105 II BGB liegt – wie schon gesagt – darin, dass im letzteren Fall dem Bewusstlosen oder Volltrunkenen eine Willenserklärung wirksam **zugehen** kann.

**958**

---

[904] Vgl. nur *Sprau*, in: Palandt, § 827 Rn 1.
[905] Vgl. auch *Casper*, NJW 2002, 3425, 3427; *Ellenberger*, in: Palandt, § 105a Rn 6; a.A. *Hein*, JuS 2003, 141, 144; *Ulrici*, Jura 2003, 520, 521.
[906] Wie hier *Casper*, NJW 2002, 3425, 3427; *Hein*, JuS 2003, 141, 144; *Ulrici*, Jura 2003, 520, 521.
[907] *Ellenberger*, in: Palandt, § 105 Rn 2.
[908] OLG Saarbrücken NJW 1999, 871, 872.

**959**    **Beispiel:** J hat sein bestandenes 1. Staatsexamen ausgiebig gefeiert. Er liegt daher vom 1.-5.11. zu Hause im Delirium. Seine Vermieterin, die keinen Juristen als Mieter haben möchte, kündigt ihm die Wohnung wegen Eigenbedarfs. Die Kündigung wirft sie am Morgen des 3.11. in J´s Briefkasten.

J kann wegen § 105 II BGB keine wirksame Willenserklärung abgeben. Dennoch geht ihm die Kündigung wirksam nach § 130 BGB am 3.11. zu. Die Vorschrift des § 131 BGB greift nicht ein, da sie sich nur auf Geschäftsunfähige bezieht. Nimmt J die Kündigung erst am 5.11. nüchtern zur Kenntnis, kann er sie nicht wegen verspäteten Zugangs als unwirksam zurückweisen, da sie bereits am 3.11. in seinen Machtbereich gelangt ist und er die Möglichkeit der Kenntnisnahme hatte.

## III. Die Betreuung, §§ 1896 ff. BGB

**960**    Kann ein Volljähriger aufgrund einer psychischen Krankheit oder einer körperlichen, geistigen oder seelischen Behinderung seine Angelegenheiten ganz oder teilweise nicht besorgen, so bestellt das Betreuungsgericht (eine Abteilung des Amtsgerichts, vgl. § 23c GVG) auf seinen Antrag oder von Amts wegen für ihn einen Betreuer (Wortlaut § 1896 I S. 1 BGB). Das Verfahren ist im 3. Buch des FamFG (Verfahren in Betreuungs- und Unterbringungssachen) in den §§ 271 ff. FamFG geregelt. Die Bestellung ist aber nur hinsichtlich der Aufgabenkreise (z.B. Gesundheitssorge, Aufenthaltsbestimmung, Vermögensverwaltung) zulässig, in denen der Betroffene konkret der Hilfe bedarf (Erforderlichkeitsgrundsatz). Darauf, ob der zu Betreuende geschäftsfähig oder geschäftsunfähig nach § 104 Nr. 2 BGB ist, kommt es nicht an.[909]

**961**    Die Vorschriften im BGB über die Betreuung sind mit Wirkung zum 1.1.1992 eingeführt worden. Vor diesem Zeitpunkt war der wegen Geisteskrankheit „Entmündigte" nach § 104 Nr. 3 a.F. BGB geschäft<u>un</u>fähig (bzw. nach § 114 a.F. BGB beschränkt geschäftsfähig). Er wurde durch einen gerichtlich bestellten Vormund vertreten (§§ 1896 ff. a.F. BGB). Diese – wegen ihres starren Eingriffs in die Persönlichkeitsrechte – stark angegriffene Regelung wurde im Rahmen der genannten Gesetzesänderung grundlegend geändert. So gibt es nun keine Entmündigung mehr und die §§ 104 Nr. 3, 114, 115 BGB wurden aufgehoben. In den §§ 1896 ff. n.F. BGB wurde der Vormund durch den Betreuer ersetzt.

**962**    Anders als die frühere Entmündigung hebt die Betreuung eine (vorhandene) **Geschäftsfähigkeit** des Betreuten nicht auf.[910] Der Betreute bleibt also nach wie vor in der Lage, wirksam Rechtsgeschäfte vorzunehmen, solange er geschäftsfähig ist. Da der Betreute andererseits eines Schutzes vor den Gefahren des Rechtsverkehrs bedarf, ist das Betreuungsgericht verpflichtet, einen sog. **„Einwilligungsvorbehalt"** anzuordnen, soweit dies zur Abwendung einer erheblichen Gefahr für die Person oder das Vermögen des Betreuten erforderlich ist (§ 1903 I S. 1 BGB). Jedoch darf ein Einwilligungsvorbehalt nicht gegen den freien Willen des Betroffenen angeordnet werden.[911] Das ergibt sich zwar nicht unmittelbar aus dem Gesetz, ist aber das Ergebnis einer verfassungskonformen Auslegung des § 1903 I S. 1 BGB.[912] Denn Art. 2 I i.V.m. 1 I GG garantiert das Selbstbestimmungsrecht, über das sich der Staat nicht hinwegsetzen darf, solange die betreffende Person zur freien Willensbildung in der Lage ist. Ist die betreffende Person also (noch) in der Lage, einen freien Willen zu bilden, und lehnt den gegen sie angeordneten Einwilligungsvorbehalt für die Vermögenssorge ab, verstößt ein gleichwohl angeordneter Einwilligungsvorbehalt für die Vermögenssorge gegen ihr Selbstbestimmungsrecht und ist rechtswidrig.[913] Ist aber ein Einwilligungsvorbehalt rechtmäßig an-

---

[909] Vgl. dazu *R. Schmidt*, FamR, Rn 689 ff.
[910] Vgl. nur *Cypionka*, NJW 1992, 207, 208; *Zimmermann/Damrau*, NJW 1991, 538, 539.
[911] BGH MDR 2017, 947 f.
[912] BGH MDR 2017, 947 f.
[913] BGH MDR 2017, 947 f.

geordnet, bedarf der Betreute zu einer Willenserklärung, die den betreffenden Aufgabenkreis des Betreuers betrifft, dessen **Einwilligung** i.S.d. § 183 BGB. Der Einwilligungsvorbehalt kann sich jedoch nicht auf Willenserklärungen erstrecken, die höchstpersönliche Aspekte betreffen wie z.B. die Eingehung einer Ehe oder die Errichtung eines Testaments. Auch Willenserklärungen, zu denen ein beschränkt Geschäftsfähiger nach den Vorschriften des 4. und 5. Buches des BGB nicht der Zustimmung seines gesetzlichen Vertreters bedarf, können selbstverständlich nicht Gegenstand eines Einwilligungsvorbehalts sein (§ 1903 II BGB).

Trotz angeordneten Einwilligungsvorbehalts bedarf der Betreute dennoch nicht der Einwilligung seines Betreuers, wenn die Willenserklärung dem Betreuten **lediglich einen rechtlichen Vorteil** bringt (§ 1903 III S. 1 BGB).[914] Soweit das Gericht nichts anderes anordnet, gilt dies auch, wenn die Willenserklärung eine **geringfügige** Angelegenheit des täglichen Lebens betriff (§ 1903 III S. 2 BGB). **963**

Hat der Betreute ohne die erforderliche Einwilligung gehandelt, gelten gem. § 1903 I S. 2 BGB die §§ 108 bis 113, 131 II BGB entsprechend. Auch damit wird klar, dass die genannten Vorschriften – soweit ein Einwilligungsvorbehalt angeordnet ist – eine Annäherung der Rechtsstellung des Betreuten an diejenige eines Minderjährigen bedeuten. Daher ist es nur folgerichtig, dass der Betreuer in seinem Aufgabenkreis die Stellung eines gesetzlichen Vertreters des Betreuten hat (§ 1902 BGB). Er hat die Angelegenheiten des Betreuten so zu besorgen, wie es dessen Wohl entspricht (§ 1901 II BGB). **964**

Soweit kein Einwilligungsvorbehalt nach § 1903 BGB besteht, ist es also möglich, dass **sich widersprechende Rechtsgeschäfte** zustande kommen: Liegen kollidierende *Verpflichtungen* vor, sind beide wirksam. Bei *Verfügungen* hat die frühere den Vorrang, sodass nur diese gilt.[915] Die spätere kann also nur dann wirksam sein, wenn die Voraussetzungen für einen Erwerb vom Nichtberechtigten vorliegen (vgl. z.B. §§ 932 ff. BGB); ansonsten bleibt nur ein Schadensersatzanspruch wegen Unmöglichkeit (§§ 275 I, IV, 280 ff., 311a BGB). **965**

> **Beispiel:** Für den senilen V wurde ein Betreuer bestellt. Ein Einwilligungsvorbehalt (§ 1903 BGB) wurde nicht angeordnet. Nunmehr verkauft und übereignet V seinen alten Rollator an K, um demnächst ein neues Modell zu erwerben. Da auch der Betreuer B die Notwendigkeit des Verkaufs sieht, verkauft er den alten Rollator an D. Davon, dass bereits V den Rollator verkauft (und übereignet) hat, weiß B nichts.
>
> Da hier kein Einwilligungsvorbehalt bestand, sind beide Kaufverträge wirksam. Übereignet werden kann der Rollator aber nur einmal. Gemäß dem im Sachenrecht geltenden Prioritätsprinzip ist die zuerst vorgenommene Verfügung wirksam. Bezüglich des von B geschlossenen Kaufvertrags ist Unmöglichkeit eingetreten, weil er nicht mehr dem D das Eigentum verschaffen kann. D hat daher lediglich einen Schadensersatzanspruch wegen Nichterfüllung (Unmöglichkeit) gem. §§ 275 I, IV, 311a II S. 1, 281 I S. 1 und 3 BGB, sofern die in diesen Vorschriften genannten Voraussetzungen vorliegen.

## IV. Die beschränkte Geschäftsfähigkeit, §§ 106-113 BGB

Während in den Fällen des § 105 I und II BGB der Mangel der Geschäftsfähigkeit stets zur Nichtigkeit des Rechtsgeschäfts führt, hat der Gesetzgeber im Falle der beschränkten Geschäftsfähigkeit nicht die sofortige Nichtigkeit angeordnet, sondern mit § 108 I BGB dem gesetzlichen Vertreter die Möglichkeit eingeräumt, das (schwebend unwirksame) Geschäft zu genehmigen. Damit trägt der Gesetzgeber dem Umstand der zunehmenden **966**

---

[914] Hierzu gelten die gleichen Maßstäbe wie bei Minderjährigen i.S.d. § 107 BGB, dazu Rn 971 ff.
[915] *Ellenberger*, in: Palandt, Einf v § 104 Rn 2; *Medicus/Petersen*, AT, Rn 550; *Taupitz*, JuS 1992, 9, 11 f.

geistigen Reife heranwachsender Menschen Rechnung. Verweigert der gesetzliche Vertreter allerdings die Genehmigung, ist das Geschäft endgültig unwirksam.

**967** **Beschränkt geschäftsfähig** ist der Minderjährige, der das 7. Lebensjahr, aber noch nicht das 18. Lebensjahr vollendet hat (§§ 2, 106 BGB).

**968** Für die Fristberechnung gelten §§ 187 II S. 2, 188 II Halbs. 2 i.V.m. 106 BGB. Danach beginnt bei einem Minderjährigen die beschränkte Geschäftsfähigkeit an seinem 7. Geburtstag um 00.00 Uhr und endet mit Erreichung des 18. Geburtstags.

**969** Die Vorschriften über die beschränkte Geschäftsfähigkeit werden auch auf Personen angewandt, die **unter Betreuung mit Einwilligungsvorbehalt** stehen (§ 1903 I S. 2 BGB).

**970** Welche Rechtsfolgen sich aus der beschränkten Geschäftsfähigkeit der von Minderjährigen abgegebenen Willenserklärungen ergeben, ist vom Gesetzgeber unterschiedlich geregelt worden. Zu unterscheiden ist zum einen zwischen rechtlich vorteilhaften und rechtlich nachteiligen Willenserklärungen (d.h. Geschäften), §§ 107, 108 BGB, und zum anderen zwischen einseitigen und mehrseitigen Rechtsgeschäften, §§ 111, 108 BGB.

## 1. Rechtlich vorteilhafte (zustimmungsfreie) Rechtsgeschäfte, § 107 BGB

**971** Nach § 107 BGB bedarf der Minderjährige zu einer Willenserklärung, durch die er nicht lediglich einen rechtlichen Vorteil erlangt, der Einwilligung seines gesetzlichen Vertreters. Da § 108 BGB von „Genehmigung" und damit von „nachträglicher Zustimmung" i.S.v. § 184 I BGB spricht, kann der Begriff der „Einwilligung" in § 107 BGB als „vorherige Zustimmung" i.S.v. § 183 S. 1 BGB verstanden werden.[916] Daher spricht man von „zustimmungsbedürftigen Rechtsgeschäften", sofern der beschränkt Geschäftsfähige nicht lediglich einen rechtlichen Vorteil erlangt. „Zustimmungsfrei" ist ein Rechtsgeschäft also immer dann, wenn es für den beschränkt Geschäftsfähigen keinen rechtlichen Nachteil mit sich bringt, wobei es gemäß dem Normzweck genügt, wenn das Geschäft für den Minderjährigen juristisch **neutral** ist[917]. Auf der anderen Seite ist aber kaum ein Rechtsgeschäft denkbar, das keine, seien es auch nur entfernte, Rechtsnachteile mit sich bringt. Die Frage nach dem lediglich rechtlichen Vorteil erfordert daher eine Wertung, welche Rechtsnachteile noch beachtlich sein sollen. Die wohl h.L. stellt darauf ab, welche **rechtlichen Folgen** das Geschäft für den beschränkt Geschäftsfähigen hat und ob der Rechtsnachteil (Rechtsminderung, Rechtsaufhebung) eine **unmittelbare** oder nur eine **mittelbare** Folge des Rechtsgeschäfts ist. Denn wolle man auch mittelbare Nachteile berücksichtigen, gebe es praktisch keine zustimmungsfreien Rechtsgeschäfte.[918] Die Rspr. und der andere Teil der Lit. stellen auf den **Normzweck** des § 107 BGB ab, und zwar auf den Schutz des materiellen und persönlichen Wohls des Minderjährigen, den Schutz der elterlichen Sorge, die durch Erteilung oder Verweigerung der Zustimmung ausgeübt wird, und den Schutz des Verkehrsinteresses an einer klaren Abgrenzbarkeit.[919]

**972** **Beispiel:** Die 13-jährige M bekommt von ihrer Tante einen 3 Monate alten Mops geschenkt. Die Eltern sind darüber verärgert, weil dies mit gewissen (Folge-)Kosten verbunden sei. So müssten zunächst ein Hundekorb und auch ständig Futter und Tierpflegemittel

---

[916] Zu beachten ist, dass die von §§ 183 S. 1, 184 I BGB gewählte Terminologie nicht durchgängig im gesamten BGB anzutreffen ist. So ist mit „Genehmigung" in § 1821 BGB die vorherige Zustimmung gemeint, wie sich aus 1829 I S. 1 BGB ergibt, der von „nachträglicher Genehmigung" spricht.
[917] Zu den juristisch neutralen Geschäften vgl. Rn 1004 ff.
[918] *Ellenberger*, in: Palandt, § 107 Rn 2; *Larenz/Wolf*, AT, 9. Aufl. 2004, § 25 Rn 19; *Stadler*, AT, § 23 Rn 9.
[919] BGHZ 161, 170, 179; *Köhler*, § 10 Rn 11; *Scholl/Claeßens*, JA 2010, 765, 768.

gekauft werden. Auch könnten Tierarztkosten anfallen, es bestünden eine Tierhalterhaftung (§ 833 S. 1 BGB), die Pflichten eines Tierhalters nach § 2 TierSchG und dem Hundegesetz sowie eine Hundesteuerpflicht.

Stellt man sich auf den Standpunkt, dass lediglich unmittelbare Folgen des Erwerbs rechtlich nachteilig sein können, mögen die Einwände der Eltern zwar (wirtschaftlich) berechtigt sein, sie änderten aber nichts an der Wirksamkeit des Eigentumserwerbs (§§ 929 S. 1, 90a BGB). Denn die genannten Kosten sind lediglich mittelbare Folgen des Eigentumserwerbs. Nach der (m.E. überzeugenden) Gegenauffassung wäre der Erwerb des Hundes wohl nicht lediglich rechtlich vorteilhaft, weil laufende Kosten, Pflichten (s.o.) und Risiken anfallen, denen keine materiellen Erträge gegenüberstehen.[920] Gleichwohl wird man im vorliegenden Fall den Streit unentschieden lassen können, weil der Erwerb des Hundes (und zwar auch das Verfügungsgeschäft) bereits wegen Verstoßes gegen § 11c TierSchG nichtig ist (§ 134 BGB), und zwar unabhängig davon, ob der Erwerb für M rechtlich vorteilhaft i.S.v. § 107 BGB wäre. Denn § 11c TierSchG verbietet die Abgabe von Wirbeltieren an Personen, die das 16. Lebensjahr noch nicht vollendet haben, wenn die Erziehungsberechtigten nicht eingewilligt haben. Auf § 107 BGB käme es also nur dann an, wenn M 16 oder 17 Jahre alt wäre (vgl. dazu das Bsp. bei Rn 997).

Auf dem Boden der h.M. lässt sich somit folgende Positivdefinition aufstellen:

**Lediglich rechtlich vorteilhaft** sind nur solche Zuwendungen oder Rechtsgeschäfte, die die Rechtsstellung des beschränkt Geschäftsfähigen ausschließlich *verbessern* oder für diesen zumindest *neutral* wirken. 973

Unstreitig ist, dass es bei der Beurteilung der lediglich rechtlichen Vorteilhaftigkeit **nicht** auf den **wirtschaftlichen** Vor- oder Nachteil für den Minderjährigen ankommt. Denn anderenfalls würde die Beurteilung eines Sachverhalts zu einer Rechtsunsicherheit führen. Daraus folgt, dass auch wenn ein Rechtsgeschäft *wirtschaftlich* noch so vorteilhaft ist, es durch den beschränkt Geschäftsfähigen nicht vorgenommen werden kann, wenn damit ein *rechtlicher* Nachteil verbunden ist.[921] 974

> **Beispiel:** V ist mit dem 9-jährigen M sehr gut befreundet. Um ihm einen Gefallen zu tun, „verkauft" er ihm seinen erst 3 Monate alten, sehr gut erhaltenen PC für 20,- €. 975
>
> Obwohl dieses Rechtsgeschäft (d.h. der Kaufvertrag) wirtschaftlich betrachtet für M sehr vorteilhaft ist, kann er es gemäß § 107 BGB nicht ohne Einwilligung seines gesetzlichen Vertreters vornehmen, da durch den Kaufvertrag die Verpflichtung des M zur Zahlung des Kaufpreises (= Nachteil) begründet wird (§ 433 II BGB). Verweigert der gesetzliche Vertreter die Zustimmung, ist der Kaufvertrag endgültig unwirksam (§ 108 I BGB).
>
> Weiterführender Hinweis: Aufgrund des Abstraktionsprinzips ist die dingliche Rechtslage anders: Hätte V den PC an M gem. § 929 S. 1 BGB übereignet, wäre M Eigentümer des PC geworden, weil der reine Eigentumserwerb lediglich rechtlich vorteilhaft ist und nach dem bisher Gesagten keiner Zustimmung des gesetzlichen Vertreters bedarf. Daran ändert auch die Herausgabepflicht gem. § 812 I S. 1 Var. 1 BGB nichts (dazu sogleich).

Wie bereits dem vorstehenden Hinweis zu entnehmen ist, muss bei der Beurteilung, ob ein Rechtsgeschäft rechtlich lediglich vorteilhaft ist oder nicht, insbesondere zwischen Verpflichtungsgeschäften und Verfügungsgeschäften unterschieden werden. 976

## a. Verpflichtungsgeschäfte

Der Abschluss eines schuldrechtlichen Vertrags, mit dem sich der Minderjährige zu einer Leistungserbringung verpflichtet, ist stets rechtlich nachteilig und deshalb zustimmungs- 977

---

[920] Wie hier nun auch *Timme*, JuS 2010, 174, 175.
[921] Vgl. BGH NJW 2005, 415, 418 sowie die Fallbearbeitung von *Obergfell/Hauck*, JA 2012, 178, 179.

pflichtig. Ob diesem Nachteil möglicherweise (viel größere) rechtliche und/oder wirtschaftliche Vorteile gegenüberstehen, ist – wie im obigen Beispiel verdeutlicht – bei der maßgeblichen juristischen Betrachtungsweise irrelevant.

**978**  **Gegenseitige Verträge** wie Kauf, Miete, Tausch oder Werkvertrag sind wegen der Pflicht, eine Leistung bzw. Gegenleistung zu erbringen, niemals rechtlich vorteilhaft und damit stets zustimmungspflichtig. Die Zustimmungspflicht besteht aber auch bei **einseitigen Rechtsgeschäften**, die der Minderjährige vornimmt. Als Beispiel sei die Vollmacht, also die rechtsgeschäftlich erteilte Vertretungsmacht (vgl. § 166 II S. 1 BGB), genannt. Denn durch den Vorgang der Bevollmächtigung wird der Vertretene an das Rechtsgeschäft, das der Vertreter im Namen des Vertretenen abgibt, gebunden.[922] Das Zustimmungserfordernis gilt aber auch für Verträge, die für den Minderjährigen bestimmte Nebenpflichten mit sich bringen. Das betrifft in erster Linie **unvollkommene zweiseitige Verträge**, bei denen für einen Vertragsteil immer Verpflichtungen entstehen, für den anderen dagegen nur unter bestimmten Voraussetzungen. Diese sind nicht rechtlich vorteilhaft, da Verpflichtungen entweder schon mit Vertragsschluss begründet werden oder unter weiteren Voraussetzungen entstehen können. So können bei einem Leihvertrag (§ 598 BGB), einem Auftrag (§ 662 BGB) oder einem Verwahrungsvertrag (§ 688 BGB) für den anderen Teil, der durch den Vertragsschluss noch nicht unmittelbar verpflichtet wurde, Pflichten zur Herausgabe (§§ 604, 667, 695 BGB) oder zum Aufwendungsersatz (§§ 670, 693 BGB) entstehen.[923]

**979**  **Beispiel:** Die 13-jährige M leiht sich von ihrer Freundin F deren Smartphone, um sich mit der Funktionalität vertraut zu machen. Ihren Eltern sagt sie nichts.

Zwar zeichnet sie die Leihe dadurch aus, dass die Gebrauchsüberlassung unentgeltlich erfolgt (§ 598 BGB), das macht den Vertrag für M aber nicht lediglich rechtlich vorteilhaft. Denn mit einem Leihvertrag sind vertragliche Pflichten verbunden. So darf der Gegenstand nur vertragsgemäß benutzt werden; auch begründet der Leihvertrag nach Beendigung die Pflicht zur Rückgabe der Sache (§ 604 BGB). Bei schuldhafter Verletzung dieser Vertragspflicht bestünde zudem eine Schadensersatzpflicht (§ 280 I BGB).

Daraus folgt, dass ein Leihvertrag niemals zustimmungsfrei sein kann.

**980**  **Zustimmungsfrei** ist ein Verpflichtungsgeschäft aber dann, wenn der Minderjährige daraus einen Anspruch erwirbt, ohne selbst eine Verpflichtung eingehen zu müssen. Das betrifft namentlich die **einseitig verpflichtenden Verträge**, bei denen sich immer nur *eine* Vertragspartei verpflichtet. Solche Geschäfte sind für den beschränkt Geschäftsfähigen folglich dann lediglich rechtlich vorteilhaft, wenn er nicht der sich verpflichtende Vertragsteil ist.[924] So ist insbesondere der **Schenkungsvertrag** (§ 516 BGB) für den beschränkt Geschäftsfähigen grundsätzlich lediglich rechtlich vorteilhaft und kann von diesem selbstständig vorgenommen werden, da er selbst einen Übereignungs- bzw. Abtretungsanspruch (gem. §§ 929 ff. BGB für bewegliche und §§ 873, 925 BGB für unbewegliche Sachen; § 398 für Abtretung von Rechten) erhält, ohne selbst eine Verpflichtung einzugehen.[925] Dasselbe gilt für einen (notariellen) Schenkungsvertrag in Bezug auf eine **Eigentumswohnung** (etwas anderes gilt hinsichtlich des Verfügungsgeschäfts, vgl. Rn 993). Räumt sich der Schenker im Schenkungsvertrag etwa ein Rücktrittsrecht ein (etwa für den Fall, dass der Beschenkte später die Wohnung verkaufen möchte), ist dies in jedem Fall rechtlich nachteilig, weil der Beschenkte im Falle der Ausübung des Rücktrittsrechts gem. § 346 I BGB zur Herausgabe der Wohnung und der gezogenen

---

[922] Demgegenüber kann auf Seiten des Vertreters durchaus ohne weiteres ein Minderjähriger stehen (vgl. § 165 BGB – dazu Rn 1004 ff.). Vgl. dazu auch die Fallbearbeitung von *Fleck/Schweinfest*, JuS 2010, 885 ff.
[923] Vgl. auch *Wolf/Neuner*, AT, § 34 Rn 23.
[924] *Brox/Walker*, AT, Rn 275; *Wolf/Neuner*, AT, § 34 Rn 24.
[925] Davon unberührt bleibt selbstverständlich die Nichtigkeit aus anderen Gründen, etwa wegen Fehlens der notariellen Beurkundung, §§ 518 I S. 1, 125 BGB, wobei wiederum die Heilungsmöglichkeit nach § 518 II BGB beachtet werden muss.

Nutzungen verpflichtet ist. Des Weiteren bestehen ggf. eine Wertersatzpflicht gem. § 346 II BGB und eine Schadensersatzpflicht gem. §§ 346 IV, 280 I BGB.[926] Ein mit derartigen rechtlichen Nachteilen verbundener Schenkungsvertrag bedarf der Zustimmung der gesetzlichen Vertreter gem. § 107 BGB.[927] Auch ist ein Schenkungsvertrag unter einer (einklagbaren) Auflage (vgl. § 525 BGB) rechtlich nachteilig, da sie eine persönliche Verpflichtung des beschränkt Geschäftsfähigen begründet. Wiederum vorteilhaft für den Minderjährigen ist die Annahme eines Schuldversprechens (§ 780 BGB) bzw. eines Schuldanerkenntnisses (§ 781 BGB).

## b. Verfügungsgeschäfte

### aa. Grundsatz

Allgemein sagt man, dass Verfügungsgeschäfte für den Minderjährigen lediglich rechtlich **981** *vorteilhaft* seien, wenn zu seinen Gunsten ein Recht übertragen, aufgehoben, verändert oder belastet werde.[928] Lediglich rechtlich vorteilhaft seien daher zum Beispiel die Übereignung von Sachen *an den* beschränkt Geschäftsfähigen, der Erlass einer diesem gegenüber bestehenden Forderung oder der Verzicht auf sonstige diesem gegenüber bestehende Rechte. Jedoch wird man differenzieren müssen. So kann der Verfügungsgegenstand belastet sein (man denke an ein mit einer Grundschuld oder Hypothek belastetes Grundstück), unmittelbare gesetzliche Verpflichtungen nach sich ziehen (man denke an eine Eigentumswohnung) oder sonstige Nachteile in sich bergen, vgl. dazu Rn 987 ff. Doch zunächst die Grundlagen:

**Beispiel:** Der 18-jährige V verkauft (§ 433 BGB) und übereignet (§ 929 S. 1 BGB) seine **982** Playstation an seinen 17-jährigen Freund K. Dieser bezahlt 10,- €. Als dies die Eltern des K in Erfahrung bringen, verlangen sie (im Namen des K) von V das Geld zurück. Mit Recht?

Unterstellt, dass kein Fall des § 110 BGB vorliegt, stellt das Herausgabeverlangen der Eltern eine konkludente Verweigerung der Genehmigung dar. Somit ist jedenfalls der **Kaufvertrag nichtig** (vgl. §§ 107, 108 I BGB). V muss wegen § 985 BGB oder zumindest wegen § 812 I S. 1 Var. 1 BGB den Kaufpreis erstatten.

Da der reine Eigentumserwerb für K jedoch lediglich rechtlich vorteilhaft ist und daher nicht der Zustimmung des gesetzlichen Vertreters bedarf, hat K Eigentum an der Playstation erworben. Die **Übereignung** der Playstation nach § 929 S. 1 BGB ist daher wirksam. K ist Eigentümer der Playstation geworden. V kann diese daher nicht gem. § 985 BGB vindizieren. Da es jedoch unbillig wäre, wenn K die Playstation behalten dürfte, steht V ein Kondiktionsanspruch gem. § 812 I S. 1 Var. 1 BGB auf Herausgabe der Playstation zu. Dieser Anspruch ginge allerdings ins Leere, wenn K (etwa aufgrund einer Beschädigung oder Zerstörung der Playstation) entreichert wäre (§ 818 III BGB). Dieses Risiko muss derjenige, der mit einem Minderjährigen kontrahiert, in Kauf nehmen.

Umgekehrt sind Verfügungen des Minderjährigen für diesen immer nachteilig. **983**

**Beispiel:** Der 17-jährige M verkauft (§ 433 BGB) und übereignet (§ 929 S. 1 BGB) seine **984** Playstation an seinen 18-jährigen Freund F. Dieser bezahlt 10,- €. Als die Eltern des M dies in Erfahrung bringen, verlangen sie (im Namen des M) von F die Playstation zurück. Mit Recht?

---

[926] Vgl. auch BGH NJW 2010, 3643, 3644.
[927] Gesetzliche Vertreter sind i.d.R. die Eltern (§§ 1626 I, 1629 I BGB). Ob die Eltern aber letztlich auch zustimmungsberechtigt i.S.d. § 107 BGB sind, hängt vom konkreten Sachverhalt ab. So ist es möglich, dass die Eltern gem. §§ 1629 II S. 1, 1795 I Nr. 1 BGB nicht vertretungsberechtigt und damit nicht zustimmungsberechtigt sind (etwa weil die Großmutter der Enkelin eine Eigentumswohnung schenken möchte). Zur Zustimmung muss dann gem. § 1909 BGB ein Ergänzungspfleger bestellt werden. Die Hinzuziehung des Familiengerichts gem. §§ 1821, 1822, 1643 I BGB wäre indes nur dann erforderlich, wenn es sich um einen entgeltlichen Erwerb handelte. Zum Verfügungsgeschäft vgl. sogleich Rn 981 ff.
[928] Allgemeine Auffassung, vgl. nur *Brox/Walker*, AT, Rn 276; *Köhler*, AT, § 10 Rn 14; *Wolf/Neuner*, AT, § 34 Rn 26; *Boecken*, AT, Rn 344.

Weil in dem Herausgabeverlangen die konkludente Verweigerung der Genehmigung gesehen werden muss, ist nicht nur der **Kaufvertrag**, sondern – weil der Eigentumsverlust stets rechtlich nachteilig ist – auch die **Übereignung** der Playstation **nichtig** (vgl. §§ 107, 108 I BGB). M bleibt also Eigentümer und kann die Playstation gem. § 985 BGB vindizieren (bzw. die Eltern im Namen des M). Daneben steht M auch ein Kondiktionsanspruch gem. § 812 I S. 1 Var. 1 BGB auf Herausgabe der Playstation zu.

Selbstverständlich kann umgekehrt auch F einen entsprechenden Kondiktionsanspruch gem. § 812 I S. 1 Var. 1 BGB gegen M hinsichtlich des Kaufpreises geltend machen. Allerdings ist auch hier das Risiko der Entreicherung (§ 818 III BGB) zu beachten. Dagegen kommt zugunsten des F ein Vindikationsanspruch aus § 985 BGB nicht in Betracht, weil der Eigentumserwerb am Geld für M lediglich rechtlich vorteilhaft war.

**985** Schließlich ist eine dritte Konstellation denkbar, nämlich die, dass auf *beiden* Seiten ein Minderjähriger steht.

**986** **Beispiel:** Der 17-jährige M verkauft (§ 433 BGB) und übereignet (§ 929 S. 1 BGB) seine Playstation an seinen gleichaltrigen Freund F. Dieser bezahlt 10,- €. Als die Eltern des M dies in Erfahrung bringen, verlangen sie (im Namen des M) von F die Playstation zurück. Mit Recht?

Weil in dem Herausgabeverlangen die konkludente Verweigerung der Genehmigung gesehen werden muss, ist jedenfalls der **Kaufvertrag nichtig** (vgl. §§ 107, 108 I BGB).

Fraglich ist die dingliche Rechtslage. Aus Sicht des M ist auch das Übereignungsgeschäft unwirksam, weil der Eigentumsverlust für ihn rechtlich nachteilig ist. Ihm müsste daher der Vindikationsanspruch aus § 985 BGB zustehen mit der Folge, dass er die Playstation von F herausverlangen kann. Umgekehrt war aus Sicht des F der Eigentumserwerb an der Playstation für *ihn* lediglich rechtlich vorteilhaft, sodass (von dieser Prämisse ausgehend) *er* wiederum wirksam Eigentum erwerben konnte, was einen Vindikationsanspruch des M ausschließen würde.

Da das Minderjährigenrecht insgesamt vom Schutz vor Eigentumsverlust ausgeht, ist auch im vorliegenden Fall M stärker schutzbedürftig als F. Deshalb scheint es angemessen, M nicht nur einen Kondiktionsanspruch, sondern vor allem einen Vindikationsanspruch zu gewähren. M kann demnach die Playstation von F gem. § 985 BGB herausverlangen.

Selbstverständlich gilt diese Wertung auch im umgekehrten Verhältnis. F hat daher gegen M nicht nur einen Kondiktionsanspruch gem. § 812 I S. 1 Var. 1 BGB auf Rückerstattung des Kaufpreises, sondern auch einen diesbezüglichen Herausgabeanspruch aus § 985 BGB, sofern nicht ein gesetzlicher Erwerbstatbestand (vgl. § 948 BGB) zugunsten des M greift (vgl. dann aber auch § 951 BGB).

## bb. Zuwendung belasteter Gegenstände

**987** Problematisch ist die Beurteilung von **Grundstücksschenkungen** an Minderjährige. Grundstücksschenkungen werden oft im Rahmen einer vorweggenommenen Erbfolge vorgenommen, um Erbschaftsteuer zu sparen. Denn werden zu Lebzeiten Grundstücke verschenkt, können schon einmal die Freibeträge der Schenkungsteuer ausgenutzt werden, ohne dass später im Erbfall die volle Erbschaftsteuer anfiele (vgl. §§ 14 I, 16 ErbStG).

**988** Bei der rechtlichen Würdigung von Grundstücksschenkungen an Minderjährige ist selbstverständlich zunächst – entsprechend dem Trennungs- und Abstraktionsprinzip – zwischen dem Verpflichtungsgeschäft (Schenkungsversprechen, § 518 I BGB) und dem Verfügungsgeschäft (Übereignung des Grundstücks gem. §§ 873, 925 BGB) zu unterscheiden.[929] Jedenfalls ist das schuldrechtliche Schenkungsversprechen für den Minderjährigen zustimmungsfrei, da dieser dadurch nur einen schuldrechtlichen Anspruch auf Übereignung erlangt, jedoch keinerlei Verpflichtungen ausgesetzt ist. Dagegen dürfte die **Übereignung** wohl kaum zustimmungsfrei sein. Denn mit dem Erwerb von Grundeigentum sind regelmäßig bestimmte Pflichten und Lasten verbunden. So kann das Grundstück mit **Grundpfandrechten** belastet sein. Auch können den Eigentümer privatrechtliche Pflichten (z.B. **Vermieterpflichten, nachbarrechtliche** und **Verkehrssicherungspflichten**) sowie öffentlich-rechtliche Lasten (z.B. **Anlieger- und Erschließungsbeiträge**) treffen. Hinzu kommen **öffentliche**, i.d.R. **steuerliche** Belastungen (z.B. Schenkungs-, Grund- und Grunderwerbsteuer, aber auch Erschließungsbeiträge).[930]

## a.) Privatrechtliche Belastungen

Die Zuwendung eines **dinglich belasteten Grundstücks** ist dann zustimmungsfrei, wenn die Belastung in Form einer **Hypothek** besteht. Zwar wird der beschenkte Minderjährige Hypothekenschuldner, jedoch wird die Grundstücksübertragung dadurch nicht rechtlich nachteilig, weil der Hypothekenschuldner nämlich nur aus dem Grundstück und nicht mit seinem sonstigen persönlichen Vermögen haftet.

**989**

> **Beispiel**[931]**:** Mutter M schenkt ihrer 17-jährigen Tochter T mit notariellem Schenkungsvertrag ein Hausgrundstück. Beide erklären vor dem Notar die Auflassung. Das Grundstück hat einen Verkehrswert von 250.000,- €, ist aber auch mit einer Hypothek (vgl. § 1113 BGB) i.H.v. 100.000,- € belastet. Das Grundbuchamt verweigert daher die Grundbuchänderung, weil es der Meinung ist, dass die Genehmigung durch einen Ergänzungspfleger nötig sei. Beurteilen Sie die Rechtslage!
>
> Variante: Im Schenkungsvertrag behält sich M einen Rückübereignungsanspruch (d.h. ein Rücktrittsrecht) für den Fall vor, dass T später das Grundstück ohne Zustimmung der M an einen Dritten veräußern sollte.
>
> Vorbemerkung: Für die Lösung des Falls sind fundierte Kenntnisse des Minderjährigen-, Schenkungs- und Grundstücksrechts erforderlich, was die Ausbildungs- und Prüfungsrelevanz ausmacht. Hinsichtlich der **Schenkung** (und des Kaufs) eines Grundstücks ist gem. § 311b I BGB eine notarielle Beurkundung des Vertrags erforderlich. Die bloße notarielle Beurkundung des (vorgelagerten) Schenkungsversprechens nach § 518 I BGB genügt dieser Anforderung nicht. Vorliegend wurde der Schenkungsvertrag indes formgerecht gem. § 311b I BGB beurkundet.
>
> Auf **sachenrechtlicher** Ebene bestimmt § 873 I BGB, dass zur Übertragung des Eigentums an einem Grundstück die **Einigung der Parteien** sowie die **Eintragung** der Rechtsänderung in das **Grundbuch** erforderlich sind. Die Einigung der Parteien (sog. **Auflassung**) ist – anders als der Schenkungsvertrag – nicht beurkundungspflichtig. Sie muss lediglich gem. § 925 I BGB bei gleichzeitiger Anwesenheit der Parteien vor einer zuständigen Stelle (i.d.R. vor einem **Notar**) erklärt werden. Gleichwohl ist in der Praxis auch die notarielle Beurkundung der Auflassung der Regelfall. Denn für die Eintragung ins Grundbuch gem. §§ 20, 29 GBO ist es erforderlich, dass die Auflassung in öffentlich beurkundeter Form nachgewiesen wird.[932] Ergo bietet es sich an, bereits bei der Beurkundung des Kauf- bzw. Schenkungsvertrags gleichzeitig auch die Auflassung notariell zu beurkunden. Zudem tritt (erst) mit einer notariellen Beurkundung der Auflassung eine

---

[929] *Wolf/Neuner,* AT, § 34 Rn 26; *Köhler,* AT, § 10 Rn 16; *Stadler,* AT, § 23 Rn 11; *Brox/Walker,* AT, Rn 276; *Jauernig,* § 107 Rn 2; BGH NJW 2005, 415, 416 f. (mit Bespr. v. *Lorenz,* LMK 2005, 25; *Everts,* ZEV 2005, 69; *Emmerich,* JuS 2005, 457; *Schmitt,* NJW 2005, 1090); BGH NJW 2010, 3643; BayObLG NJW 2004, 2264; a.A. noch BGHZ 78, 28, 30 f.: „Gesamtbetrachtung des schuldrechtlichen und dinglichen Vertrags".

[930] *Köhler,* AT, § 10 Rn 16.

[931] In Anlehnung an BGH NJW 2005, 415 ff.; BayObLG NJW 2004, 2264. Vgl. auch OLG Brandenburg NJW-RR 2014, 1045 f.; *Brox/Walker,* AT, Rn 275/276.

[932] Vgl. dazu ausführlich *R. Schmidt,* SachenR II, Rn 217.

Bindung an die Einigung ein (vgl. § 873 II BGB).

Da im vorliegenden Fall Form- oder Verfahrensverstöße nicht ersichtlich sind, könnte allein die Minderjährigkeit der T problematisch sein. Diese ist beschränkt geschäftsfähig (vgl. §§ 2, 106 BGB). Gemäß § 107 BGB kann ein beschränkt geschäftsfähiger Minderjähriger eine Willenserklärung, durch die er nicht lediglich einen rechtlichen Vorteil erlangt, nur mit der Einwilligung seines gesetzlichen Vertreters vornehmen. Es ist – dem Trennungs- und Abstraktionsprinzip folgend – zwischen dem schuldrechtlichen Verpflichtungsgeschäft und dem sachenrechtlichen Verfügungsgeschäft zu unterscheiden:

Verpflichtungsgeschäft: Vorliegend ergibt sich die gesetzliche Vertretungsmacht der M grds. aus §§ 1626 I, 1629 I S. 1 und 3 BGB. Aufgrund der Art des Geschäfts ist aber auch § 1629 II S. 1 i.V.m. § 1795 I Nr. 1 BGB zu beachten. Danach können die sorge-berechtigten Eltern ihr Kind bei einem Rechtsgeschäft zwischen ihnen und ihrem minder-jährigen Kind nicht vertreten, es sei denn, das Rechtsgeschäft besteht ausschließlich in der Erfüllung einer Verbindlichkeit (vgl. § 1795 I Nr. 1 a.E. BGB). Die Grundstücksschen-kung gegenüber T besteht nicht in der Erfüllung einer Verbindlichkeit, sondern sie be-gründet sie. Folge ist, dass gem. § 1909 I S. 1 BGB ein Ergänzungspfleger zu bestellen wäre. Daneben ist die Regelung des § 181 BGB (Verbot der Selbstkontrahierung und der Mehrfachvertretung – dazu Rn 854 ff.) zu beachten. Die Eltern können ihr Kind bei der Annahme des Schenkungsangebots also an sich nicht wirksam vertreten: Folgerichtig wä-ren sie auch von der Erteilung der Einwilligung gem. § 107 BGB ausgeschlossen. Zwar sieht § 181 a.E. BGB (wie § 1795 I Nr. 1 a.E. BGB) eine Ausnahme für den Fall der Erfüllung einer Verbindlichkeit vor, ein solcher Fall ist bei der Grundstücksschenkung der Eltern an ihr Kind aber nicht gegeben (s.o.). Allerdings gelten in dem Fall, in dem das Geschäft dem Minderjährigen lediglich einen rechtlichen Vorteil bringt, auch bei Grundstücksgeschäften die zu § 181 BGB entwickelten, allgemein akzeptierten Grundsätze (Rn 854 ff.). §§ 1795 I Nr. 1 und 181 BGB finden demnach im Wege der teleologischen Reduktion auch vorliegend keine Anwendung. Daraus folgt: Sollte (wie im Ausgangsfall) die Schenkung für T lediglich rechtlich vorteilhaft sein, wäre die Hinzuziehung eines Ergänzungspflegers überflüssig und auch die Beschränkungen des § 181 BGB würden nicht greifen. Lediglich rechtlich vorteilhaft ist eine Schenkung aber nicht, wenn (wie in der Variante) im Schenkungsvertrag ein aufschiebend bedingter Rückübereignungsanspruch vorbehalten wird. Der Rechtsnachteil besteht hier in der Verpflichtung zur Rückübertragung des Grundstücks und ggf. zum Wertersatz oder zum Schadensersatz (vgl. § 346 I-IV BGB) für den Fall, dass die Bedingung eintritt.

Auch hinsichtlich des Übereignungsgeschäfts greifen diese Überlegungen, wobei hier be-reits die tatbestandlichen Ausnahmen der §§ 181 a.E. und 1795 I Nr. 1 a.E. BGB vorliegen: Die Übereignung erfolgt in Erfüllung des Schenkungsversprechens. Jedoch sind nach h.M. diese Ausnahmen einzuschränken, sofern das Geschäft gem. § 107 BGB zustimmungs-pflichtig ist (Rn 1008 ff.), da anderenfalls der Minderjährigenschutz unterlaufen werde.[933]

Mithin ergibt sich für das Beispiel (im Ausgangsfall):

**Lösungsgesichtspunkte:**

**1. Schuldrechtliches Verpflichtungsgeschäft**
Der Schenkungsvertrag zwischen M und T ist für T lediglich rechtlich vorteilhaft, weil der Schenkung keinerlei Gegenleistungspflicht gegenübersteht. §§ 1795 I Nr. 1 und 181 BGB finden im Wege der teleologischen Reduktion keine Anwendung.

**2. Sachenrechtliches Verfügungsgeschäft**
Das Grundbuchamt hat die Änderung des Grundbuchs vorzunehmen, wenn T gem. §§ 873 I, 925 I BGB wirksam Eigentum an dem Hausgrundstück erlangen konnte.

Das Verfügungsgeschäft dient der Erfüllung einer Verbindlichkeit, sodass bereits die tat-bestandlichen Ausnahmen der §§ 181 a.E. und 1795 I Nr. 1 a.E. BGB greifen. Zwar will die h.M. diese Ausnahmen für den Fall, dass das Geschäft zustimmungspflichtig ist, wieder

---

[933] Vgl. BGH NJW 2005, 415, NJW 2010, 3643; *Müller*, in: Erman, § 107 Rn 5; *Köhler*, AT, § 10 Rn 17; *Gitter/Schmitt*, JuS 1982, 253; BGHZ 78, 28, 30; *Eickelmann*, JuS 2011, 997, 1001; a.A. noch BGHZ 15, 168, 170 ff.

einschränken, da anderenfalls der Minderjährigenschutz unterlaufen werde, fraglich ist allerdings, ob vorliegend das Verfügungsgeschäft überhaupt zustimmungspflichtig ist.

T würde ein um die Hypothekenschuld gemindertes Eigentum im Wert von 150.000,- € erlangen. Die h.M.[934] sieht eine solche Belastung als unbeachtlich an, weil sie nicht unmittelbare, sondern nur mittelbare Folge des Rechtsgeschäfts sei. Die Übereignung an einen Minderjährigen sei auch dann lediglich rechtlich vorteilhaft, wenn das Grundstück mit einer Grundschuld (ergänze: Hypothek) belastet sei. Die mit dem hypothekenbelasteten Grundstückserwerb verbundenen Pflichten (Duldung der Zwangsvollstreckung, vgl. §§ 1113, 1147 BGB) könnten in der Regel aus den laufenden Erträgen, zumindest aber aus der Substanz des Grundstücks abgedeckt werden, sodass typischerweise keine Gefährdung des sonstigen Vermögens des Minderjährigen eintrete. Insbesondere stehe dem *Hypotheken*gläubiger lediglich ein dingliches Verwertungsrecht *an dem belasteten Grundstück* zu, das den Grundstückseigentümer nur zur Duldung der Zwangsvollstreckung verpflichte (vgl. §§ 1113, 1147 BGB).[935] Die Auflassung war damit lediglich rechtlich vorteilhaft[936], sodass die tatbestandlichen Ausnahmen der §§ 181 a.E. und 1795 I Nr. 1 a.E. BGB greifen.

### 3. Ergebnis
T konnte also wirksam Eigentum an dem belasteten Hausgrundstück erwerben. Das Grundbuchamt ist somit verpflichtet, die Eigentumsänderung einzutragen.

Entsprechendes gilt, wenn das Grundstück mit einer **Grundschuld** (1191 BGB) oder einem dinglichen **Wohnrecht** (§§ 1018, 1093 BGB) belastet ist, da die Belastung auch hier nur den Vorteil einschränkt, nicht aber aufhebt.[937] Für die Belastung mit einem **Nießbrauch** (1030 BGB) gilt dies jedenfalls dann, wenn der Nießbraucher auch die Kosten außergewöhnlicher Ausbesserungen und Erneuerungen sowie die außergewöhnlichen Grundstücksbelastungen zu tragen hat.[938]
990

Rechtlich **nachteilig** ist dagegen der Erwerb eines Grundstücks, das mit einer **Reallast** belastet ist, da in diesem Fall der Grundstückseigentümer auch persönlich zur Leistung verpflichtet ist (vgl. § 1108 BGB).[939] Gleiches gilt für die Annahme einer **Erbschaft**, da gem. § 1922 BGB auch Pflichten übernommen werden.
991

Rechtlich **nachteilig** ist auch der Erwerb von **beschränkt dinglichen Rechten**, wenn dem Recht zugleich Pflichten gegenüberstehen und diese nicht als bloße Beschränkung des Rechtsinhalts anzusehen sind.
992

> **Beispiele:** Zustimmungsbedürftig sind daher der Erwerb eines Erbbaurechts wegen der Pflichten aus § 9 ErbbauRG und § 1108 BGB und der Erwerb eines Nießbrauchs wegen der Pflichten aus §§ 1041, 1045, 1047 BGB (es sei denn, der Nießbraucher trägt diese Kosten).

Rechtlich **nachteilig** ist auch der Erwerb von **Wohnungseigentum**. Denn mit dem Wohnungseigentum sind Pflichten verbunden, insbesondere die persönliche Haftung des
993

---

[934] Vgl. BGH NJW 2005, 415, 416 f.; *Wolf/Neuner*, AT, § 34 Rn 29; *Keller*, JA 2009, 561, 565; a.A. *Köhler*, AT, § 10 Rn 16, der mit dem Argument, dass der Grundstückseigentümer zunächst mit seinem sonstigen Vermögen in Vorleistung treten müsse, den Grundstückserwerb generell für zustimmungspflichtig hält.

[935] Für die Grundschuld vgl. nun ausdrücklich BGH NJW 2005, 415, 416 f.; vgl. auch abermals BGHZ 15, 168; BayObLGZ 1979, 49, 53. Freilich ist dieser Befund für die Praxis nur bedingt tauglich. Denn häufig verlangt der Sicherungsgeber vom Sicherungsnehmer, dass dieser sich zusätzlich zur Hypothek bzw. Grundschuld auch hinsichtlich seines persönlichen Vermögens (durch Schuldanerkenntnis, § 781 BGB) der sofortigen Zwangsvollstreckung unterwirft. Sollte so etwas auch zu Lasten eines Minderjährigen der Fall sein, dass also der beschenkte Minderjährige eine solche Haftung mitübernehmen müsste, kann der Erwerb eines belasteten Grundstücks niemals lediglich rechtlich vorteilhaft sein. Zum Grundschuld- und Hypothekenrecht vgl. im Übrigen ausführlich *R. Schmidt*, SachenR II, Rn 365 ff. und Rn 483 ff.

[936] Zur Frage, ob öffentlich-rechtliche Belastungen das Geschäft rechtlich nachteilig machen, vgl. Rn 995 ff.

[937] Vgl. BGH NJW 2005, 415, 416 f.; BayObLG NJW 2004, 2264; OLG Celle MDR 2001, 931; *Ellenberger*, in: Palandt, § 107 Rn 4; *Lorenz*, JuS 2010, 11, 12; *Boecken*, AT, Rn 345.

[938] Vgl. auch diesbezüglich BGH NJW 2005, 415, 416 f.; ferner OLG Hamm NJW-RR 2014, 1350. Ausführlich zum Nießbrauch vgl. *R. Schmidt*, SachenR II, Rn 682 ff.

[939] Wie hier später auch *Berger*, LMK 2005, 89 f.

Wohnungseigentümers (so ist der Wohnungseigentümer Mitglied der Wohnungseigentümergemeinschaft und haftet kraft Gesetzes für die Verbindlichkeiten der Wohnungseigentümergemeinschaft, die während der Zugehörigkeit zur Gemeinschaft entstehen oder während dieser Zeit fällig werden, §§ 16 II, 10 VIII S. 1 WEG). Daher ist auch die unentgeltliche Übertragung einer Eigentumswohnung an einen Minderjährigen für diesen nicht lediglich rechtlich vorteilhaft, sodass der Rechtserwerb der Einwilligung bzw. Genehmigung seines gesetzlichen Vertreters bedarf, §§ 107, 108 BGB.[940]

**994**  Auch der Erwerb eines **vermieteten (Haus-)Grundstücks/einer vermieteten Eigentumswohnung** ist rechtlich nachteilig, weil es nicht auf die wirtschaftliche, sondern auf die rechtliche Betrachtung ankommt (der Eigentümer hat hier bestimmte Pflichten zu beachten, vgl. insbesondere die §§ 566 i.V.m. 578 BGB).[941]

### b.) Öffentlich-rechtliche Belastungen

**995**  Vereinzelt wird vertreten, dass öffentliche Lasten wie z.B. **Grundsteuer, Grunderwerbsteuer** sowie **Erschließungs- und Anliegerbeiträge** ungeachtet der Verwertbarkeit des Grundstücks einen rechtlichen Nachteil darstellten, weil der Minderjährige zunächst mit seinem sonstigen Vermögen für diese einzustehen habe. Etwas anderes anzunehmen sei mit dem Schutzzweck des § 107 BGB nicht vereinbar. Bei solchen Geschäften bedürfe es aufgrund der Art und des Umfangs der damit verbundenen Nachteile einer Kontrolle durch den gesetzlichen Vertreter bzw. eines Ergänzungspflegers (vgl. § 1909 BGB).[942]

**996**  Dagegen sollen nach h.M. die auf dem Grundstückseigentum ruhenden öffentlich-rechtlichen Lasten das Geschäft **nicht rechtlich nachteilig** machen. Begründet wurde dieser Standpunkt bislang damit, dass ein rechtlicher Nachteil schon deswegen nicht angenommen werden könne, da die Pflichten aus gesetzlichen Vorschriften herrührten und nicht Gegenstand der zwischen den Parteien getroffenen rechtsgeschäftlichen Abrede seien.[943] Dieser dogmatischen Herleitung (nicht dem Ergebnis!) ist der BGH in seiner neuesten Entscheidung zu dieser Thematik entgegengetreten. Er argumentiert dahingehend, dass die Belastungen nicht auf dem Rechtsgeschäft, sondern auf einem alle Grundstückseigentümer treffenden Gesetz beruhten, also lediglich gesetzliche Folge eines rechtlich vorteilhaften Rechtsgeschäfts seien. Dem stehe auch nicht der Schutzzweck des § 107 BGB entgegen, da öffentliche Lasten ihrem Umfang nach typischerweise beschränkt seien; die Belastung könne aus laufenden Erträgen gedeckt werden und führten daher zu keiner Vermögensgefährdung.[944]

Wenn auch die Entscheidung des BGH aus praktischen Gesichtspunkten heraus erging, ist ihr doch zu folgen. Das Gefährdungspotential aufgrund der öffentlich-rechtlichen Belastung ist in der Tat ganz unerheblich im Vergleich zum wirtschaftlichen Nutzen. In teleologischer Auslegung des § 107 BGB ist daher auch das dingliche Erfüllungsgeschäft wirksam, sodass es weder der Zustimmung der gesetzlichen Vertreter noch des Ergänzungspflegers bedarf. Lediglich in Fällen, in denen der Minderjährige geschäftsunfähig ist (§§ 104, 105 BGB), ist eine Vertretung durch die gesetzlichen Vertreter zwingend.

---

[940] BGH NJW 2010, 3643, 3644 (mit Bespr. v. *Stadler*, JA 2011, 466; *Kölmel*, FamRZ 2011, 206; *Zorn*, FamRZ 2011, 776); OLG München ZMR 2008, 662; LG Celle NJW-RR 2000, 1611; BayObLG NJW 2004, 2264; a.A. *Wendtland*, in: Bamberger/Roth, 3. Aufl. 2012, § 107 Rn 8; *Spickhoff*, in: MüKo, § 107 Rn 48; *Ellenberger*, in: Palandt, § 107 Rn 4; *Völzmann-Stickelbrock*, in: Prütting/Wegen/Weinreich, § 107 Rn 9. Zu den Problemen, die entstehen können, wenn die gesetzlichen Vertreter das minderjährige Kind nicht vertreten können wegen (etwa wegen §§ 1629 II, 1705 BGB mit der Folge der Notwendigkeit eines Ergänzungspflegers, § 1909 I BGB) vgl. *Stadler*, JA 2011, 466 f.
[941] Vgl. dazu BGH NJW 2005, 1430, 1431; BayObLG NJW 2003, 1129.
[942] *Köhler*, AT, § 10 Rn 17; *Preuß*, JuS 2006, 305, 307.
[943] So *Müller*, in: Erman, § 107 Rn 7; *Hefermehl*, in: Soergel, § 107 Rn 4; *Spickhoff*, in: MüKo, § 107 Rn 39; *Ellenberger*, in: Palandt, § 107 Rn 4. Im Ergebnis auch *Wolf/Neuner*, AT, § 34 Rn 31.
[944] BGH NJW 2005, 415, 416 f.; BayObLG NJW 2004, 2264 (unter Berufung auf *Larenz/Wolf*, AT, 9. Auf. 2004, § 25 Rn 23); OLG Brandenburg NJW-RR 2014, 1045.

Im **Beispiel** von Rn 989 wird die Grundstücksübertragung also nicht deshalb rechtlich nachteilig, weil T Grunderwerb- bzw. Grundsteuern zahlen muss.

Dasselbe dürfte auch hinsichtlich **sonstiger Steuern** gelten, die an das bewegliche wie unbewegliche Eigentum anknüpfen.    **997**

**Beispiel:** Der 17-jährige M bekommt von seinem Onkel einen Hund geschenkt. Die Eltern sind darüber verärgert, weil dies mit gewissen (Folge-)Kosten verbunden sei. So müssten zunächst Korb, Bürste, Futter etc. gekauft werden. Auch würden regelmäßig Tierarztkosten anfallen. Schließlich sei Hundesteuer zu entrichten.

Die Einwände der Eltern mögen zwar (wirtschaftlich) berechtigt sein, ändern aber nichts an der Wirksamkeit des Eigentumserwerbs (str.). Denn die genannten (privatrechtlichen) Kosten für Korb, Bürste, Futter, Tierarzt etc. sind lediglich mittelbare Folgen des Eigentumserwerbs bzw. der Minderjährigenschutz ist nicht verletzt.[945]
Hinsichtlich der Hundesteuer gilt von vornherein, dass diese als öffentlich-rechtliche Last nicht dazu führt, dass der Eigentumserwerb rechtlich nachteilig ist. M ist also Eigentümer des Hundes geworden (§§ 929 S. 1, 90a BGB). Davon unabhängig ist es den Eltern als den gesetzlichen Vertretern (§§ 1626, 1629 BGB) selbstverständlich unbenommen, den Hund im Namen ihres Sohnes wieder abzugeben. Zur Frage, ob sich die Nichtigkeit des Schenkungsvertrags und des Eigentumserwerbs nicht aus anderen Vorschriften (§ 11c TierSchG) ergibt, vgl. Rn 972.

Im Übrigen ist zu beachten, dass die Ausführungen zum lediglich rechtlichen Vorteil nicht für Minderjährige gelten, die noch nicht das siebente Lebensjahr vollendet haben, also noch geschäftsunfähig sind. Denn § 107 BGB befindet sich im systematischen Bereich der Vorschriften über die beschränkte Geschäftsfähigkeit (§§ 106-113 BGB). Geschäftsunfähige können keine wirksamen Willenserklärungen abgeben (§ 105 I BGB) und damit auch keine Willenserklärungen in Bezug auf die sie begünstigende Übereignungen. Erforderlich ist damit stets eine entsprechende Willenserklärung der gesetzlichen Vertreter, auch wenn das Geschäft für das geschäftsunfähige Kind lediglich rechtlich vorteilhaft ist. Das gilt auch für geschäftsunfähige Erwachsene.    **998**

### c. Annahme einer geschuldeten Leistung durch den beschränkt Geschäftsfähigen

Nach § 362 I BGB erlischt das Schuldverhältnis, wenn die geschuldete Leistung an den Gläubiger bewirkt wird. Fraglich und streitig ist, ob mit befreiender Wirkung an den beschränkt Geschäftsfähigen geleistet werden kann.    **999**

**Beispiel:** Der 17-jährige M hat sein Fahrrad für 100,- € an den volljährigen K verkauft. Dieser hat auch gleich an M bezahlt. M verprasst das Geld. Als die Eltern am Abend von der ganzen Sache erfahren, verlangen sie von K erneut Bezahlung. Mit Recht?

In dem Verlangen nach Bezahlung des Kaufpreises ist die Genehmigung des Kaufvertrags zu sehen (§ 108 BGB). Die Eltern können daher (im Namen des M) erneut Kaufpreiszahlung (§ 433 II BGB) verlangen, wenn noch keine Erfüllungswirkung i.S.d. § 362 I BGB eingetreten ist. Für die Beantwortung dieser Frage sind folgende Überlegungen anzustellen:
Einerseits hat M Eigentum an dem geschuldeten Geld erlangt. Dies ist für ihn insoweit lediglich rechtlich vorteilhaft. Andererseits führt die Erfüllung nach § 362 I BGB aber zum Erlöschen der Forderung und somit zum Verlust einer bestehenden Rechtsposition. Dies könnte nachteilig sein.

---

[945] Vgl. bereits Rn 972; Wie hier nun auch *Timme*, JuS 2010, 174, 175.

⇨ Gleichwohl ist nach einer Minderheitsmeinung[946] eine Erfüllung gegenüber dem beschränkt Geschäftsfähigen auch ohne Mitwirkung des gesetzlichen Vertreters möglich. Insgesamt sei die Erfüllung rechtlich vorteilhaft, da es besser sei, den Leistungsgegenstand zu haben als bloß die Forderung.

Demzufolge hat K erfüllt, sodass die Eltern keine nochmalige Bezahlung verlangen können.

⇨ Dagegen betont die herrschende Meinung[947] den Rechtsverlust, den die Erfüllung der Kaufpreisforderung mit sich bringt. Allerdings ist sie in ihrer Begründung uneins: Nach einer Auffassung (**Theorie der Erfüllungsvereinbarung**) ist das Geschäft trotz Erfüllung für den Minderjährigen nachteilig, weil dieser den für die Erfüllung erforderlichen Vertrag wegen § 107 BGB nicht wirksam schließen könne. Nach einer anderen Auffassung (**Theorie der realen Leistungsbewirkung**) fehlt dem Minderjährigen die „Empfangszuständigkeit", die sich nach den Grundsätzen der Verfügung (also auch nach § 107 BGB) beurteile.

Im Ergebnis ist sich die h.M. aber einig, dass die Leistung an den beschränkt Geschäftsfähigen nur dann befreiende Wirkung nach § 362 I BGB habe, wenn der gesetzliche Vertreter dieser zustimme oder die Leistungsbewirkung an den gesetzlichen Vertreter erfolge. Demzufolge muss K noch einmal den Kaufpreis zahlen.

Der h.M. ist zuzustimmen. Denn mit der Annahme einer Erfüllungswirkung kann eine Gefährdung des Vermögens des Minderjährigen verbunden sein, und zwar gerade durch unüberlegtes Handeln des Minderjährigen, wie der vorliegende Fall zeigt. Grundsätzlich kann daher der Schuldner mit befreiender Wirkung nur an den gesetzlichen Vertreter direkt oder an den Minderjährigen mit Zustimmung des gesetzlichen Vertreters leisten. In Ausnahmefällen (z.B. bei Überweisung des geschuldeten Betrags auf ein Konto des Minderjährigen) kann anders zu entscheiden sein.[948]

Für die Entgegennahme des Kaufpreises fehlte M somit die Empfangszuständigkeit, sodass trotz Eigentumsübergangs die Forderung des M gegen K nicht gemäß § 362 I BGB erloschen ist. Eine andere Sache ist es, dass K das Geleistete nach den Vorschriften über die ungerechtfertigte Bereicherung (§§ 812 ff. BGB) zurückfordern kann. Denn Bereicherungsrecht ist Billigkeitsrecht und soll das Vermögen demjenigen zuordnen, dem es eigentlich zusteht. Allerdings ist in diesem Zusammenhang stets auf die Gefahr der **Entreicherung** (§ 818 III BGB) hinzuweisen.

Auch kann die Frage nach der **verschärften Haftung** gem. §§ 818 IV, 819 I BGB relevant werden. Nach h.M. ist diesbezüglich zwischen der Leistungs- und der Eingriffskondiktion zu unterscheiden. Bei der Leistungskondiktion komme es wegen ihrer Rechtsgeschäftsähnlichkeit auf die Kenntnis des gesetzlichen Vertreters an (§ 166 I BGB). Bei der Eingriffskondiktion sei dagegen wegen ihrer Deliktsähnlichkeit auf den Rechtsgedanken der §§ 827, 828 BGB zurückzugreifen. War der Minderjährige also einsichtsfähig, reicht seine Kenntnis aus. Im vorliegenden Fall wäre auf die Kenntnis des gesetzlichen Vertreters abzustellen.

### d. Übertragung von Gesellschaftsanteilen

**1000**

Es ist denkbar, dass ein Minderjähriger Anteile einer Gesellschaft geschenkt und übertragen bekommt. Hinsichtlich des Schenkungsvertrags wurde bereits gesagt, dass dieser insoweit lediglich rechtlich vorteilhaft und damit zustimmungsfrei ist, weil der Beschenkte isoliert betrachtet keine Leistung erbringen muss. Rechtlich **nachteilig** kann indes das Verfügungsgeschäft sein, weil mit der Beteiligung an einer Gesellschaft Verpflichtungen verbunden sein können. Lediglich, wenn z.B. bei einer Kommanditgesellschaft (KG) Kommanditanteile, die bereits voll valutiert worden sind, auf einen Minderjährigen übertragen

---

[946] So *Harder*, JuS 1977, 149, 152; *van Venrooy*, BB 1980, 1017, 1018 f.
[947] *Ellenberger*, in: Palandt, § 107 Rn 2; *Medicus/Petersen*, AT, Rn 566; *Brox/Walker*, AT, Rn 277; *Köhler*, AT, § 10 Rn 18 *Wolf/Neuner*, AT, § 34 Rn 35; *Boecken*, AT, Rn 349.
[948] Vgl. *Köhler*, AT, § 10 Rn 18; *Wolf/Neuner*, AT, § 34 Rn 36.

werden, kann dies für ihn lediglich rechtlich vorteilhaft sein, weil sich die Haftung eines Kommanditisten auf die (hier bereits erbrachte) Kommanditeinlage beschränkt.[949]

### e. Ausübung von Gestaltungsrechten (einseitige Rechtsgeschäfte) und Ablehnung von Angeboten

Mit der Ausübung von Gestaltungsrechten wie z.B. Anfechtung (§§ 119 ff. BGB), Minderung des Kaufpreises wegen eines Sachmangels (§ 437 Nr. 2 Var. 2 BGB)[950], Rücktritt nach §§ 323 ff. BGB (bzw. nach § 437 Nr. 2 Var. 1 i.V.m. §§ 323 ff. BGB) und Widerruf (i.S.d. § 355 BGB) sind nicht nur Vorteile, sondern ggf. auch Nachteile verbunden. Denn wird ein Vertrag angefochten, gehen nicht nur primäre Vertragsansprüche unter (vgl. § 142 I BGB), sondern es entstehen ggf. auch Ersatz- oder Abwicklungspflichten (z.B. aus §§ 122, 346 ff. BGB). Gestaltungsrechte sind daher – wie § 110 S. 1 BGB klarstellt – grds. **zustimmungspflichtig.** Erforderlich ist eine vorherige Zustimmung (§ 183 S. 1 BGB); demzufolge kommt eine Genehmigung (§ 184 I BGB) nicht in Betracht, da Schwebezustände hier vermieden werden sollen. Allerdings wendet der BGH die Genehmigungsmöglichkeit nach § 108 BGB analog an, wenn der Erklärungsempfänger mit der Genehmigung in Kenntnis der beschränkten Geschäftsfähigkeit einverstanden ist.[951] | **1001**

> **Beispiel:** Der 17-jährige K hat mit Einverständnis seiner Eltern über das Internet bei V auf Rechnung eine Digitalkamera gekauft und geliefert bekommen. Gemäß den (wirksamen) AGB des Verkäufers trägt der Käufer die Kosten für die Rücksendung, falls dieser die Vertragserklärung widerruft. K erklärt innerhalb der verbraucherschutzrechtlichen Widerrufsfrist (§§ 312c, 312g, 355 BGB) den Widerruf. V verlangt, dass K die Kamera auf dessen Kosten zurückschickt. Mit Recht?
>
> Rein verbraucherschutzrechtlich betrachtet kann V von K die Übernahme der Rücksendekosten verlangen (§ 357 VI S. 1 BGB). Allerdings war der von K ausgeübte Widerruf mit Blick auf das Minderjährigenrecht grds. unwirksam, da es sich um ein Gestaltungsrecht handelt, das zur Wirksamkeit der vorherigen Zustimmung des gesetzlichen Vertreters bedarf (§ 111 S. 1 BGB). Eine etwaige Genehmigung der Eltern (§ 108 BGB) ist nur beachtlich, wenn V einverstanden ist.

**Keiner Zustimmung** bedarf die **Mahnung**. Zwar stellt diese lediglich eine geschäftsähnliche Handlung dar, allerdings gelten die §§ 104 ff. BGB analog, sodass es auf die Frage nach dem lediglich rechtlichen Vorteil ankommt. Eine Mahnung ist lediglich rechtlich vorteilhaft, da sie u.a. den Verzug begründet (wenn nicht bereits ein Fall des § 286 II oder III BGB vorliegt) und so die Voraussetzungen für die weitere Wahrnehmung von Rechtspositionen des Minderjährigen schafft. | **1002**

Dasselbe gilt hinsichtlich der Kündigung eines unverzinslichen Darlehens durch den minderjährigen Darlehensgeber. Denn auch hier ändert sich die Rechtslage ausschließlich zugunsten des Minderjährigen. | **1003**

---

[949] Vgl. dazu sowie zu der Frage, ob (wegen Beitritts zu der Gesellschaft) eine Zustimmung des Familiengerichts gem. §§ 1643 I, 1822 Nr. 3 Var. 2 BGB erforderlich ist, OLG Hamburg NZG 2008, 750 f.
[950] Siehe BGH NJW 2018, 2863, 2865: Minderungsrecht ist Gestaltungsrecht.
[951] BGHZ 110, 363, 370.

## f. Rechtlich neutrale Geschäfte

**1004**   **Neutrale** (indifferente) **Geschäfte** sind solche, die dem beschränkt Geschäftsfähigen weder einen rechtlichen Vorteil noch einen rechtlichen Nachteil bringen, da sie nicht für ihn selbst, sondern allenfalls für einen Dritten wirken.

**1005**   Wenngleich der Wortlaut des § 107 BGB einen lediglich rechtlichen Vorteil verlangt und das neutrale Geschäft daher zustimmungsbedürftig zu sein scheint, ist unter Zugrundelegung der Ratio des Minderjährigenrechts in teleologischer Extension des § 107 BGB auf den fehlenden rechtlichen Nachteil und damit auf die fehlende Schutzbedürftigkeit des Minderjährigen abzustellen. Einer Zustimmung des gesetzlichen Vertreters bedarf es daher nicht.[952]

> **Beispiele:** Für den Minderjährigen rechtlich neutral sind z.B. Rechtsgeschäfte, die ein Minderjähriger als **Vertreter** eines anderen tätigt (vgl. § 165 BGB), weil er daraus weder berechtigt noch verpflichtet wird. Auch die **Bestimmung der Leistung** bei einem Vertrag, den Dritte miteinander geschlossen haben (vgl. § 317 I BGB), ist für den beschränkt Geschäftsfähigen rechtlich neutral.

**1006**   Umstritten ist, ob auch Verfügungen des Minderjährigen über fremde Rechte (**„Verfügung eines Nichtberechtigten"**) für diesen rechtlich neutral sind mit der Folge, dass sie auch ohne Zustimmung des gesetzlichen Vertreters vorgenommen werden können.

**1007**   **Beispiel:** Der 15-jährige M leiht sich mit Einwilligung seiner Eltern von seinem Nachbarn N ein Mountainbike (§ 598 BGB), damit er mit Freunden eine Ausfahrt machen kann. Noch bevor er von der Ausfahrt zurückkehrt, verkauft er das Mountainbike unter Vorspiegelung, Eigentümer zu sein, an K (§ 433 BGB) und übereignet es ihm (§§ 929 S. 1, 932 BGB). N ist äußerst ungehalten darüber und fragt an, welche Rechte ihm zustehen.

Der Kaufvertrag ist – da er für M nicht lediglich rechtlich vorteilhaft ist – selbstverständlich nichtig, sofern der gesetzliche Vertreter nicht zustimmt (vgl. §§ 107, 108 I BGB).
Anders verhält es sich mit der Übereignung: M ist nicht Eigentümer, kann also durch die Übereignung auch keinen Rechtsverlust erleiden. Dies könnte dazu führen, dass ein solches Geschäft nicht der Zustimmung des gesetzlichen Vertreters bedarf.

⇨ Dennoch werden vereinzelt[953] Bedenken gegen diese Überlegung erhoben. Die Gutglaubensvorschriften verfolgten den Zweck, den Erwerber nur so zu stellen, wie er bei Richtigkeit seiner Vorstellung stehen würde. Gemäß § 932 I BGB erwerbe der Erwerber das Eigentum nur deswegen, weil er den Minderjährigen für den Eigentümer halte. Sei dies aber tatsächlich der Fall, könne er das Eigentum gemäß § 107 BGB nur mit Zustimmung des gesetzlichen Vertreters erwerben, da der Verlust des Eigentums einen rechtlichen Nachteil darstelle. Es gebe keinen Grund, einen Eigentumserwerb des gutgläubigen Dritten, der auch bei Richtigkeit seiner Vorstellung kein Eigentum erwerben könne, zu Lasten des bisherigen Eigentümers zu ermöglichen.

⇨ Demgegenüber liegt nach ganz h.M.[954] auch bei der Verfügung als Nichtberechtigter ein neutrales Rechtsgeschäft vor, das der Minderjährige ohne Mitwirkung seines gesetzlichen Vertreters vornehmen könne. Der Eigentumsverlust nach § 932 BGB (sofern die Voraussetzungen vorliegen) treffe allein den wahren Eigentümer, sodass für den Minderjährigen kein rechtlicher Nachteil eintrete. Unerheblich sei dabei, dass der Minderjährige ggf. Ansprüchen aus §§ 687 II, 682, 816 I, 989, 990 oder 823 ff. BGB ausgesetzt sei, da insoweit andere Vorschriften (vgl. §§ 818 III, 828 BGB) zu seinem Schutze eingriffen.

---

[952] Allgemeine Auffassung, vgl. nur *Spickhoff*, in: MüKo, § 107 Rn 33; *Ellenberger*, in: Palandt, § 107 Rn 7; *Brox/Walker*, AT, Rn 277 f.; *Stadler*, AT, § 23 Rn 18; *Boecken*, AT, Rn 350.
[953] *Medicus/Petersen*, AT, Rn 568.
[954] *Larenz/Wolf*, AT, 9. Aufl. 2004, § 25 Rn 29; *Ellenberger*, in: Palandt, § 107 Rn 7; *Schreiber*, Jura 1987, 221, 222; *Coester-Waltjen*, Jura 1994, 668, 669; *Köhler*, AT, § 10 Rn 20; *Boecken*, AT, Rn 350.

Die h.M. überzeugt. Entgegen der Minderheitsmeinung, die ihre Argumentation auf die Anwendbarkeit des § 107 BGB aufbaut, ist es doch gerade die Frage, *ob* § 107 BGB hier überhaupt heranzuziehen ist. Denn diese Norm will lediglich den Minderjährigen schützen. Insbesondere sind ihr keine Wertungen für das Verhältnis zwischen dem (früheren) Eigentümer und dem Erwerber zu entnehmen.

Mit der h.M. ist daher die Übereignung des Mountainbikes gem. § 932 BGB als wirksam anzusehen. N muss sich wegen seiner Folgerechte auf den Herausgabeanspruch aus § 816 I BGB stützen, wobei zwar an eine Entreicherung nach § 818 III BGB zu denken wäre, diese aber wegen der verschärften Haftung nach §§ 818 IV, 819 I BGB nicht greift. Denn wegen der Nähe der Eingriffskondiktion zum Deliktsrecht („Eingriff in den Zuweisungsgehalt eines fremden Rechts") ist auf die Regelung des § 828 III BGB analog und somit auf die Einsichtsfähigkeit des Minderjährigen abzustellen. Ist dieser (was bei einem 15-Jährigen regelmäßig anzunehmen ist) einsichtsfähig, kann er sich *nicht* auf Entreicherung berufen. Zu den übrigen Folgerechten (aus §§ 687 II, 682, 816 I, 989, 990 oder 823 ff. BGB) vgl. den Anwendungsfall bei Rn 1630.

## 2. Zustimmungspflichtige Rechtsgeschäfte

Kernaussage des Minderjährigenrechts ist, dass die Rechtsgeschäfte, die für den beschränkt Geschäftsfähigen nicht lediglich einen rechtlichen Vorteil bedeuten, zu ihrer Wirksamkeit der Zustimmung des **gesetzlichen Vertreters** bedürfen. Die gesetzliche Vertretung wird durch Gesetz oder Staatsakt begründet. Eine derartige Vertretungsmacht ergibt sich z.B. für die Eltern unmittelbar aus dem Gesetz (vgl. §§ 1626, 1629 BGB). Vgl. auch §§ 1789, 1793 BGB für den Vormund, §§ 1896 ff., 1902 BGB für den Betreuer und §§ 1909 ff. BGB für den Pfleger. Ohne die erforderliche Zustimmung durch den gesetzlichen Vertreter ist das getätigte Rechtsgeschäft **schwebend unwirksam** (zur Genehmigung vgl. Rn 1033 ff.).

**1008**

## a. Die Einwilligung des gesetzlichen Vertreters, § 107 BGB

## aa. Begriff und Bedeutung der Einwilligung nach § 107 BGB

Die Einwilligung (= vorherige Zustimmung, vgl. § 183 S. 1 BGB) ist eine **einseitige, empfangsbedürftige Willenserklärung**, die sowohl gegenüber dem Minderjährigen als auch gegenüber dem anderen Teil erklärt werden kann (§ 182 I BGB). Die dem beschränkt Geschäftsfähigen gegenüber erklärte Einwilligung geht diesem nach § 131 II S. 2 BGB zu. Sie kann bis zur Vornahme des Geschäfts grundsätzlich frei **widerrufen** werden, § 183 S. 1 BGB. Der Widerruf kann sowohl dem Adressaten der Einwilligung als auch dem anderen Teil gegenüber erklärt werden, § 183 S. 2 BGB.[955]

**1009**

Eine interessante Frage, die sich in diesem Zusammenhang stellt, ist, ob der die Einwilligung widerrufende gesetzliche Vertreter dem anderen Teil gegenüber zum Ersatz des Schadens verpflichtet ist, den dieser im Vertrauen auf den Bestand der Zustimmung und damit die Gültigkeit des Vertrags erleidet. Richtig ist, dass die Ausübung des Widerrufs grds. mit keinen Konsequenzen verbunden ist, da anderenfalls die Wertung, die der Gesetzgeber mit § 183 BGB geschaffen hat, unterlaufen werden würde. Etwas anderes kann allenfalls dann gelten, wenn der Widerruf gegen Treu und Glauben (§ 242 BGB) verstößt.

Es liegt auch dann eine Einwilligung und keine Genehmigung (= nachträgliche Zustimmung, vgl. § 184 I BGB) vor, wenn die Zustimmung gleichzeitig mit der Erklärung des Minderjährigen abgegeben wird.[956] Selbst wenn das vom Minderjährigen getätigte Rechtsgeschäft einer bestimmten Form bedarf, ist sie gem. § 182 II BGB formlos gültig. Die Einwilligung kann also auch konkludent erteilt werden.

---

[955] *Ellenberger*, in: Palandt, § 183 Rn 1.
[956] *Ellenberger*, in: Palandt, § 107 Rn 8.

**1010**  Zur Wirksamkeit der Einwilligung ist es ferner erforderlich, dass sie vom Umfang der gesetzlichen Vertretungsmacht gedeckt ist. Bedarf der gesetzliche Vertreter zu einem Rechtsgeschäft der Genehmigung des Familiengerichts (§§ 1643, 1821 ff. BGB), ist die Einwilligung selbstverständlich nur dann rechtswirksam, wenn eine solche Genehmigung vorliegt.

### bb. Umfang der Einwilligung

**1011**  Nach allgemeiner Auffassung richtet sich der Umfang der Einwilligung nach dem geäußerten Willen des gesetzlichen Vertreters. Ist die Willensäußerung unklar, ist der Umfang durch Auslegung (§§ 133, 157 BGB) zu ermitteln.[957] Eine Einwilligung kann

- für ein **einzelnes Rechtsgeschäft**,
- für einen **Kreis zunächst noch nicht individualisierter Rechtsgeschäfte** oder
- für **unbestimmte Geschäfte durch Überlassung von Mitteln** erteilt werden.

### a.) Einzeleinwilligung

**1012**  Willigt der gesetzliche Vertreter nur in ein bestimmtes Rechtsgeschäft ein, handelt es sich um eine **Einzeleinwilligung** (Spezialeinwilligung).[958]

> **Beispiel:** Der 17-jährige M beabsichtigt, nach dem Abitur Jura zu studieren. Um sich schon einmal ein Bild darüber zu machen, was ihn im Studium erwartet, möchte er das Buch „BGB Allgemeiner Teil" von Rolf Schmidt kaufen. Seine Mutter gibt ihm 23,50 €, damit er das Buch kaufen kann.
>
> Diese Handlung stellt die konkludente Einwilligung in diesen speziellen Kaufvertrag dar.

**1013**  Da sich der Umfang der Einwilligung nach dem verbindlich geäußerten Willen des gesetzlichen Vertreters richtet, ist die Einzeleinwilligung nicht mehr gegeben, wenn der Minderjährige etwas anderes kauft als besprochen.

> **Beispiel:** Wegen guter schulischer Leistungen geben die Eltern dem 16-jährigen K 400,-€ für den Kauf eines neuen Computers. K nimmt das Geld, kauft davon jedoch bei V ein neues Smartphone.
>
> Hier bezog sich die Einwilligung der Eltern auf den Kauf eines Computers. Der Kauf des Smartphones war nicht von der Einwilligung gedeckt und ist damit zunächst (d.h. schwebend) unwirksam (§ 108 I BGB). Sollten die Eltern die Genehmigung (= nachträgliche Zustimmung, vgl. § 184 I BGB) verweigern, wird das Geschäft (der Kaufvertrag) endgültig unwirksam. V hat dann einen Herausgabeanspruch aus § 812 I S. 1 Var. 1 BGB (hier: Anspruch auf Rückübereignung, da K zunächst aufgrund des lediglich rechtlichen Vorteils, der mit der bloßen Eigentumserlangung verbunden ist, Eigentümer geworden ist). Umgekehrt kann K die Erstattung des Kaufpreises verlangen.

**1014**  Die grundsätzliche Unwirksamkeit mit der Möglichkeit der Genehmigung ist sachgerecht: Sie dient dem Minderjährigenschutz sowie dem Recht der Eltern, ihre Kinder auch in Fragen des sorgsamen Umgangs mit Geld zu erziehen und an selbstständiges Handeln heranzuführen.

### b.) Beschränkter Generalkonsens

**1015**  Wortlaut und Ratio des § 107 BGB lassen es auch zu, dass sich die Einwilligung auf eine bestimmte Art oder einen bestimmten, abgrenzbaren Kreis noch nicht individualisierter Rechtsgeschäfte bezieht (beschränkte Generaleinwilligung; auch beschränkter General-

---

[957] Vgl. nur BGHZ 47, 352, 359.
[958] *Spickhoff*, in: MüKo, § 107 Rn 13.

konsens genannt). Im Interesse eines wirksamen Minderjährigenschutzes bedarf sie jedoch einer Konkretisierung und ist im Zweifel eng auszulegen. Sie darf auf keinen Fall zu einer partiell erweiterten Geschäftsfähigkeit (wie in den Fällen der §§ 112, 113 BGB) führen, denn sonst würde sie die volle Geschäftsfähigkeit des Minderjährigen begründen und die §§ 107 ff. BGB umgehen.[959] Der beschränkte Generalkonsens kann sich daher nur auf solche Geschäfte erstrecken, die **üblicherweise** mit dem Vorhaben des Minderjährigen verbunden sind.[960]

> **Beispiel:** Die Eltern des 13-jährigen M – beide Juraprofessoren – möchten, dass ihr Sohn später Bundesverfassungsrichter wird. Daher schicken sie ihn auf ein Eliteinternat. Positiver Nebeneffekt ist, dass sich beide ausgiebig ihrer Arbeit widmen können. Sie geben M monatlich 200,- €, damit er diejenigen Geschäfte vornehmen kann, die für einen Internatsschüler üblich sind. M, der seinen sozialen Kontakt in einer „Verbindung" sucht, kauft von dem Geld Zigaretten, Bier und anderes.
>
> Hier beschränkt sich die Einwilligung der gesetzlichen Vertreter nach dem Normzweck der §§ 107 ff. BGB auf Geschäfte, die *üblicherweise* mit dem Internatsbesuch des M verbunden sind. Dazu gehört z.B. der Kauf von Büchern, Schreibmaterial, Lebensmitteln und notwendigen Fahrscheinen[961], nicht jedoch von Zigaretten, Bier und anderem[962].

1016

Äußerst schwierig ist die rechtliche Behandlung von sog. **„Schwarzfahrten"**, die der Minderjährige im Rahmen eines an sich gegebenen beschränkten Generalkonsenses unternimmt.

1017

> **Beispiel:** Die Eltern des 13-jährigen M geben ihm täglich 1,30 € für das Straßenbahnticket, damit er zur Schule kommt. Als M eines morgens „vergisst", einen Fahrschein zu lösen, gerät er prompt in eine Fahrkartenkontrolle. Er soll nicht nur den Fahrpreis nachzahlen, sondern auch das in den Beförderungsbedingungen der Straßenbahn-AG vorgesehene „erhöhte Beförderungsentgelt" i.H.v. 40,- € bezahlen. Die Eltern des M sind aufgebracht über dieses in ihren Augen kinderfeindliche Verhalten. Muss das „erhöhte Beförderungsentgelt" bezahlt werden?
>
> M ist zur Zahlung des Entgelts verpflichtet, wenn zwischen ihm und der Straßenbahn-AG ein wirksamer Beförderungsvertrag geschlossen wurde.
> Ein Vertragsschluss nach den Grundsätzen des faktischen Vertrags kommt aus den schon bei Rn 481 ff. ausführlich genannten Gründen nicht in Betracht.
> Der Betrieb einer Straßenbahn stellt ein Angebot zum Abschluss eines Beförderungsvertrags an jedermann dar (sog. Offerta *ad incertas personas*, vgl. Rn 440 f.). Mit dem Besteigen der Straßenbahn nahm M dieses Angebot konkludent an (§ 151 BGB). Fraglich ist allerdings, ob diese konkludente Annahmeerklärung *wirksam* ist. Da M durch den Beförderungsvertrag zur Entrichtung des Entgelts verpflichtet wird, stellt dieses Rechtsgeschäft einen rechtlichen Nachteil für ihn dar, sodass es gemäß § 107 BGB zu seiner Wirksamkeit grundsätzlich der Einwilligung seiner Eltern bedarf.
>
> Möglicherweise liegt aber eine sog. beschränkte Generaleinwilligung vor, die sich auf sämtliche Bahnfahrten zur Schule bezog - somit auch auf die Schwarzfahrt. Diese Auslegung widerspricht aber dem eindeutigen Willen der Eltern und den Interessen des M. Nach h.M.[963] gilt die Einwilligung des gesetzlichen Vertreters zur Benutzung öffentlicher Verkehrsmittel daher im Zweifel nicht für Schwarzfahrten. Die Eltern des M hatten ihre Einwilligung also auf die Fahrten beschränkt, bei denen M den Fahrpreis auch entrichtet. Schwarzfahrten waren von der Einwilligung nicht gedeckt. Auch § 110 BGB kommt in die-

1018

---

[959] BGHZ 47, 352, 359; *Harder*, NJW 1990, 857, 858; *Stadler*, AT, § 23 Rn 23; *Boecken*, AT, Rn 352.
[960] *Spickhoff*, in: MüKo, § 107 Rn 13; *Ellenberger*, in: Palandt, § 107 Rn 9; *Stadler*, AT, § 23 Rn 23; *Boecken*, AT, Rn 353.
[961] Vgl. auch *Boecken*, AT, Rn 353 und *Stadler*, AT, § 23 Rn 23.
[962] Der Erwerb von Alkohol und Zigaretten wäre zudem wegen §§ 9, 10 JuSchG unwirksam (vgl. § 134 BGB).
[963] AG Hamburg, NJW 1987, 448; AG Wolfsburg NJW-RR 1990, 1142 f.; AG Bergheim NJW-RR 2000, 202; AG Jena NJW-RR 2001, 1469; *Ellenberger*, in: Palandt, § 107 Rn 9; *Harder*, NJW 1990, 857, 858; a.A. *Fielenbach*, NZV 2000, 358; *Weth*, JuS 1998, 795, 797 f.; *Stacke*, NJW 1991, 875 ff.

sem Fall nicht zur Anwendung, da M die Leistung nicht *bewirkt hat* (s.u.). Der Beförderungsvertrag war also zunächst schwebend unwirksam, § 108 I BGB. Nachdem die Eltern des M die Genehmigung der Schwarzfahrt auch konkludent verweigert haben, wurde der Beförderungsvertrag (von Anfang an) endgültig unwirksam.

Es könnte aber ein bereicherungsrechtlicher Anspruch der Straßenbahn-AG auf Zahlung des normalen Fahrpreises bestehen. Fraglich ist, ob der Anspruch auf einer Leistungs- oder Eingriffskondiktion zu stützen wäre. Eine Leistungskondiktion würde eine bewusste und zweckgerichtete Mehrung fremden Vermögens erfordern.[964]

⇨ Sofern man die Auffassung teilt, der Bereicherungsgläubiger (vorliegend die Straßenbahn-AG) könne gar nicht an den Bereicherungsschuldner (vorliegend der M) leisten, wenn er diesen nicht bemerke, kommt eine Herausgabe des Erlangten (hier: Wertersatz in Form des Fahrpreises, § 818 II BGB) nur unter dem Aspekt der **Eingriffskondiktion** in Betracht. Bei dieser ist wegen deren Nähe zum Deliktsrecht („Eingriff in den Zuweisungsgehalt eines fremden Rechts") auf die Regelung des § 828 III BGB analog und somit auf die Einsichtsfähigkeit des Minderjährigen abzustellen. Ist dieser (was bei Schwarzfahrten auch bei einem 13-Jährigen regelmäßig anzunehmen ist) einsichtsfähig, kann er sich *nicht* auf Entreicherung (§ 818 III BGB) berufen.

⇨ Vertritt man demgegenüber die Auffassung, die Straßenbahn-AG habe ein generelles Leistungsbewusstsein gegenüber allen in der Straßenbahn befindlichen Fahrgästen, ist eine **Leistungskondiktion** zu bejahen. Wegen deren Nähe zu den Rechtsgeschäften wäre dann im Rahmen der Entreicherung hinsichtlich der verschärften Haftung (§§ 818 IV, 819 I BGB) auf die Kenntnis des gesetzlichen Vertreters (§ 166 BGB) abzustellen. Ist also nur der Minderjährige bösgläubig, nicht aber der gesetzliche Vertreter, ist bei Annahme einer Leistungskondiktion eine Entreicherung anzunehmen, wenn diese auch unabhängig von dem Problem der Minderjährigkeit vorläge. Da es im vorliegenden Fall nicht um ersparte Luxusaufwendungen ging, ist im Ergebnis bei Annahme einer Leistungskondiktion also keine Entreicherung gegeben.[965]

Anders als beim berühmten **Flugreisefall**[966] kann beim Schwarzfahren durchaus von einem Leistungsbewusstsein der Betreibergesellschaft hinsichtlich aller in der Straßenbahn befindlichen Fahrgäste ausgegangen werden. Denn die bei der Flugreise geäußerten Bedenken bestehen hier gerade nicht (insbesondere spielt die Anzahl der Passagiere für die Balance des Zuges/der Bahn kaum eine Rolle). Für eine **Leistungskondiktion** spricht darüber hinaus, dass – ebenfalls anders als im Flugreisefall – die Betreibergesellschaft bei lebensnaher Betrachtung ohne individuelle Zugangskontrolle eine Beförderungsleistung gegenüber allen in das Beförderungsmedium einsteigenden Personen erbringen möchte.

M muss den Fahrpreis gem. §§ 812 I S. 1 Var. 1, 818 II BGB entrichten, nicht jedoch das „erhöhte Beförderungsentgelt". Auch Ansprüche der Straßenbahn-AG aus § 823 I BGB scheitern daran, dass kein absolutes Rechtsgut verletzt wurde, und § 823 II BGB i.V.m. § 265a StGB scheitert am mangelnden Vorsatz des M.

### c.) Generaleinwilligung durch Überlassung von Mitteln („Taschengeldparagraph", § 110 BGB)

1019    Nach § 110 BGB gilt ein von dem Minderjährigen ohne Zustimmung des gesetzlichen Vertreters geschlossener Vertrag als von Anfang an wirksam, wenn der Minderjährige die vertragsgemäße Leistung mit Mitteln bewirkt (hat), die ihm zu diesem Zweck oder zur freien Verfügung von dem Vertreter oder mit dessen Zustimmung von einem Dritten überlassen worden sind. Nach dieser Vorschrift kann also auch ein nicht lediglich rechtlich

---

[964] BGHZ 40, 272, 277; 58, 184, 188, BGH ZIP 1999, 435, 437; BGH ZIP 2002, 1419; *Sprau*, in: Palandt, § 812 Rn 3; *Brox/Walker*, BT, § 37 Rn 6; *Messerle*, JuS 2001, 28, 33; *Lorenz*, JuS 2003, 729, 730.
[965] Vgl. dazu ausführlich *R. Schmidt*, SchuldR BT II, Rn 196 ff.
[966] Vgl. dazu ebenfalls ausführlich *R. Schmidt*, SchuldR BT II, Rn 85, 266, 281.

vorteilhaftes Rechtsgeschäft unter bestimmten Voraussetzungen von dem beschränkt Geschäftsfähigen selbstständig wirksam vorgenommen werden.

**Beispiel:** Der 15-jährige M erhält von seinen Eltern monatlich 80,- € Taschengeld. Er kauft von einem Schulfreund dessen gebrauchtes Smartphone.

Da M den Kaufpreis entrichtet (also die Leistung „bewirkt") hat, ist gem. § 110 BGB der Kaufvertrag wirksam. Denn nach dieser Vorschrift konnte M über sein Taschengeld frei verfügen. Dabei spielt es grds. keine Rolle, ob die Eltern als gesetzliche Vertreter (§§ 1626, 1629 BGB) damit einverstanden sind.

Bei § 110 BGB handelt es sich um einen **besonderen Anwendungsfall des § 107 BGB**.[967] In der Überlassung der Mittel liege eine **konkludente Einwilligung** des gesetzlichen Vertreters, deren Umfang sich aus der mit der Überlassung der Mittel verbundenen Zweckbestimmung ergebe. Die Worte „ohne Zustimmung" seien i.S.v. „ohne ausdrückliche Zustimmung" zu verstehen. | **1020**

Weitere rechtsgeschäftliche Erklärungen in diesem Zusammenhang (z.B. die Ausübung von Gestaltungsrechten wie Anfechtung, Minderung, Rücktritt etc.) sind regelmäßig vom Zweck des § 110 BGB aber nicht gedeckt und bedürfen daher trotz Wirksamkeit des zugrunde liegenden bewirkten Rechtsgeschäfts jedenfalls dann der Zustimmung der Eltern, wenn sie mit Nachteilen verbunden sind (vgl. dazu Rn 1001). | **1021**

§ 110 BGB gilt ausweislich seines Wortlauts („Vertrag") nur für **Verpflichtungsgeschäfte**[968] nicht auch für Verfügungsgeschäfte. Für letztere gelten die allgemeinen Regeln der §§ 107 ff. BGB.[969] Allerdings kann in der Überlassung von Mitteln im Rahmen des § 110 BGB die Zustimmung des gesetzlichen Vertreters auch für das Verfügungsgeschäft gesehen werden.[970] Denn anderenfalls könnte der Minderjährige nicht wirksam verfügen und der Sinn des Generalkonsenses wäre in Frage gestellt. Allerdings folgt aus § 183 BGB, dass der gesetzliche Vertreter die Einwilligung bis zur Vornahme des Rechtsgeschäfts widerrufen kann. | **1022**

## aa.) Bewirken der vertragsgemäßen Leistung

Für die Wirksamkeit des Rechtsgeschäfts setzt § 110 BGB zunächst voraus, dass der Minderjährige die vertragsgemäße Leistung mit den Mitteln (dazu sogleich) **bewirkt hat**. Der Minderjährige muss also die <u>gesamte</u> (fiktiv) geschuldete Leistung <u>tatsächlich</u> erbracht haben i.S.d. § 362 I BGB. Neben der Erfüllung genügen hier auch die Erfüllungssurrogate wie die Leistung an Erfüllungs statt (§ 364 BGB), die Hinterlegung (§ 378 BGB) oder die Aufrechnung (§ 389 BGB). | **1023**

Da § 110 BGB nicht nur von „bewirkt" spricht, sondern zudem den Minderjährigen vor Verschuldung schützen soll, fehlt es folgerichtig an der Wirksamkeit des Rechtsgeschäfts, wenn bspw. bei einem **Ratenzahlungsvertrag** noch nicht alle Raten gezahlt worden sind. Bis zur Erbringung der letzten Rate ist das Geschäft schwebend unwirksam; die Wirksamkeit hängt gem. §§ 107-109 BGB von der separaten Zustimmung des gesetzlichen Vertreters ab. | **1024**

**Beispiel:** Der 17-jährige M erhält von seinen Eltern monatlich 100,- € Taschengeld. Gleichwohl möchte er von seinem Schulfreund F dessen gebrauchtes Mountainbike kaufen, das 300,- € kosten soll. Da er bislang aber lediglich 150,- € angespart hat, vereinbaren beide, dass M die restlichen 150,- € in drei Monatsraten zu je 50,- € bezahlen soll. Seinen

---

[967] *Ellenberger*, in: Palandt, § 110 Rn 1; *Spickhoff*, in: MüKo, § 110 Rn 4 f.; *Wolf/Neuner*, AT, § 34 Rn 42; *Boecken*, AT, Rn 354; *Stadler*, AT, § 23 Rn 24; *Brox/Walker*, AT, Rn 281.
[968] Vgl. nur *Knothe*, in: Staudinger, § 110 Rn 7.
[969] *Stadler*, AT, § 23 Rn 24.
[970] *Jauernig*, § 110 Rn 2; *Stadler*, AT, § 23 Rn 24. Vgl. auch *Keller/Purnhagen*, JA 2006, 844, 849.

Eltern sagt M nichts. Als diese von dem Kauf erfahren, äußern sie ihre Missbilligung und tragen M auf, das Fahrrad zurückzugeben.

Das Verhalten der Eltern ist als Verweigerung der Genehmigung (§ 108 I BGB) zu sehen. Jedoch kommt es auf die Zustimmung nicht an, wenn ein Fall des § 110 BGB vorliegt. Diese Vorschrift setzt allerdings voraus, dass der Minderjährige die vertragsgemäße Leistung mit den Mitteln „bewirkt" hat. Der Minderjährige muss also die gesamte (fiktiv) geschuldete Leistung erbracht haben i.S.d. § 362 I BGB. Verpflichtungen für die Zukunft, zu denen auch Ratengeschäfte zählen, sind nicht vom Begriff „bewirkt" und damit nicht von § 110 BGB umfasst. M hat zwar 150,- € sofort bezahlt. Er hätte aber auch die restlichen 150,- € vollständig mit seinem Taschengeld beglichen haben müssen. Das war jedoch nicht der Fall. Er hat somit noch nicht die ihm obliegende vertragsgemäße Leistung bewirkt. Damit liegen die Voraussetzungen des § 110 BGB nicht vor. Es bleibt also beim Genehmigungserfordernis des § 108 I BGB. Da die Eltern die Genehmigung verweigert haben, ist der Kaufvertrag unwirksam.

**1025** Etwas anderes gilt bei **Dauerschuldverhältnissen**, sofern Leistung und Gegenleistung teilbar sind. So wird zum Beispiel ein **Mietvertrag** jeweils für den gezahlten Zeitraum (ggf. rückwirkend) wirksam. Auch ein **Abonnementvertrag** ist für den Zeitraum wirksam, für den der Minderjährige die Leistung erbracht hat. Im Übrigen gilt aber: Dadurch, dass nach § 110 BGB die Leistung vollständig bewirkt sein muss, ist im Rahmen des § 110 BGB eine **Verschuldung** des Minderjährigen **ausgeschlossen**. Aus diesem Grund sind auch sog. „App-Käufe" oder „In-App-Käufe", also Käufe von Download-Application-Software, regelmäßig (schwebend) unwirksam, sofern die damit verbundene Zahlungspflicht das zur Verfügung stehende Taschengeld überschreitet bzw. nicht sofort erfüllt werden kann.[971]

### bb.) Überlassung von Mitteln

**1026** Weiterhin setzt § 110 BGB voraus, dass dem Minderjährigen die Mittel, mit denen er die vertragsgemäße Leistung bewirkt, zu diesem Zweck oder zur freien Verfügung vom gesetzlichen Vertreter oder mit dessen Zustimmung von einem Dritten **überlassen** worden sind. Keine Rolle spielt es, ob die Mittel *ausdrücklich* oder *stillschweigend* überlassen worden sind.

**1027** Zu den Mitteln, über die der Minderjährige wirksam verfügen kann, zählt nicht nur das **Taschengeld**, sondern **jeder Vermögensgegenstand**, der ihm überlassen wurde, auch zählen (Geld-)Geschenke oder andere Leistungen **Dritter** (etwa der 20-€-Schein, den die Tante zusteckt, oder der Lohn aus einer Ferientätigkeit, der direkt an den Minderjährigen ausgezahlt wird) dazu. Entscheidend ist allein, dass die Drittmittel **mit Zustimmung des gesetzlichen Vertreters** dem Minderjährigen überlassen werden.

Die Ratio des § 110 BGB besteht darin, den Minderjährigen an die (wirtschaftliche) Eigenständigkeit heranzuführen. Daher sollte man die Formulierung „ihm zu freier Verfügung ... überlassen worden sind" in § 110 BGB **weit auslegen** auch und die Fälle erfassen, in denen der Minderjährige das Taschengeld anspart und Gegenstände von dem Angesparten erwirbt. Der gesetzliche Vertreter kann (wegen Art. 6 II GG, §§ 1626, 1629 I BGB) aber den **Rahmen** vorgeben, innerhalb dessen der Minderjährige selbstständig über seine Mittel frei verfügen kann. Wie weit der Generalkonsens also reicht, ist letztlich durch **Auslegung** zu ermitteln.[972] Vom gesetzlichen Vertreter grundsätzlich nicht gebilligte Rechtsgeschäfte sind im Zweifel nicht von § 110 BGB erfasst.

---

[971] Vgl. dazu *Bisges*, NJW 2014, 183, 184.
[972] *Ellenberger*, in: Palandt, § 110 Rn 1; *Spickhoff*, in: MüKo, § 110 Rn 27; *Wolf/Neuner*, AT, § 34 Rn 42; *Stadler*, AT, § 23 Rn 24; *Köhler*, AT, § 10 Rn 27; *Boecken*, AT, Rn 354.

**Beispiel:** Der 15-jährige M hat über mehrere Jahre hinweg von seinem Taschengeld einen stattlichen Betrag angespart. Nunmehr kauft er ohne Wissen seiner Eltern von dem Ersparten eine Playstation und gewaltverherrlichende Spiele.

Da M den Kaufpreis entrichtet (also die Leistung „bewirkt") hat, ist gem. § 110 BGB der Kaufvertrag wirksam. Denn nach dieser Vorschrift konnte M über sein Taschengeld frei verfügen. Dabei macht es keinen Unterschied, dass der Minderjährige den für das Geschäft erforderlichen Betrag erst ansparen muss.

Da wegen Art. 6 II GG, §§ 1626, 1629 I BGB der gesetzliche Vertreter jedoch den Rahmen vorgeben darf, innerhalb dessen der Minderjährige selbstständig über seine Mittel frei verfügen kann, könnten die Eltern den Generalkonsens gegenständlich beschränken, wenn anderenfalls die Gefahr bestünde, dass die Persönlichkeitsentwicklung nachhaltig gestört würde, wenn der Minderjährige ohne Einschränkung frei über die ihm überlassenen Mittel verfügen dürfte.[973]

Bei **Surrogaten**, die der Minderjährige mit den ihm überlassenen Mitteln erwirbt, ist im Wege der erwähnten Auslegung zu bestimmen, ob auch diese als überlassene Mittel i.S.d. § 110 BGB angesehen werden können, mit der Folge, dass der Minderjährige auch über diese wirksam verfügen kann.      **1028**

**Beispiel:** Der 13-jährige M kauft von seinem Taschengeld eine Musik-CD und veräußert sie mit einem Gewinn von 100% weiter an D. Von dem Verkaufserlös kauft er eine andere CD.

Hier ergibt eine Auslegung des § 110 BGB, dass M von dem Erlös eine andere CD kaufen darf, wenn er diesen späteren Kauf auch schon mit den ihm überlassenen Mitteln hätte tätigen können.

Anders verhält es sich hinsichtlich solcher Surrogate, die **den Wert der überlassenen Mittel erheblich übersteigen** oder einem völlig **anderen Zweck** dienen. Diese fallen regelmäßig nicht unter § 110 BGB und bedürfen zu ihrer Wirksamkeit einer besonderen Einwilligung des gesetzlichen Vertreters.      **1029**

**Beispiel[974]:** Der 17-jährige M kauft von seinem Taschengeld ein Lotterielos und gewinnt 10.000,- €. Seinen Eltern sagt er nichts. Vielmehr kauft er von diesem Gewinn ein Auto. Ist der Autokauf auch dann wirksam, wenn die Eltern die Zustimmung verweigern?      **1030**

Hier ist der Kauf des Lotterieloses von § 110 BGB gedeckt. Das auch an die Lotteriegesellschaften gerichtete gesetzliche Verbot der Teilnahme Minderjähriger an Glücksspielen (vgl. u.a. § 6 II JuSchG) ändert daran nichts. Denn der Verstoß gegen § 134 BGB hat nicht die Nichtigkeit des Spielevertrags zum Ziel, sondern dient dem Jugendschutz. Ist der Kauf eines Loses also vom Taschengeldparagraphen gedeckt, ist auch der Kauf des Loses wirksam. Fraglich ist jedoch, ob dies auch für den Autokauf gilt. Bedenkt man, dass es sich bei § 110 BGB um einen besonderen Anwendungsfall des § 107 BGB handelt und dass in der Überlassung der Mittel eine konkludente Einwilligung des gesetzlichen Vertreters hinsichtlich solcher Geschäfte liegt, deren Umfang sich aus der mit der Überlassung der Mittel verbundenen Zweckbestimmung ergibt, muss man die Wirksamkeit des Autokaufs verneinen. Denn wegen Art. 6 II GG, §§ 1626, 1629 I BGB darf der gesetzliche Vertreter ja den Rahmen vorgeben, innerhalb dessen der Minderjährige selbstständig über seine Mittel frei verfügen kann. Die Eltern können den Generalkonsens also gegenständlich beschränken, wenn anderenfalls die Gefahr bestünde, dass die Persönlichkeitsentwicklung nachhaltig gestört würde, wenn der Minderjährige ohne Einschränkung frei über die ihm überlassenen Mittel verfügen dürfte. Im Zweifel wird man den Generalkonsens so verstehen müs-

---

[973] Der Erwerb von gewaltverherrlichenden Spielen wäre zudem wegen § 15 JuSchG i.V.m. § 134 BGB unwirksam.
[974] In Anlehnung an RGZ 74, 234 ff., dargestellt bspw. auch bei *Brox/Walker*, AT, Rn 280; *Stadler*, AT, § 23 Rn 24; *Köhler*, AT, § 10 Rn 27; *Boecken*, AT, Rn 354.

sen, dass zwar der Loskauf gebilligt wird, nicht aber die freie Verfügung über den Lotteriegewinn. Der Autokauf durch M war daher nicht durch § 110 BGB gedeckt. Freilich steht es den Eltern frei, das Geschäft aufgrund einer Einzelentscheidung zu genehmigen. Bis dahin ist das Geschäft schwebend unwirksam.

**1031**

> **Hinweis für die Fallbearbeitung:** Zwar handelt es sich bei § 110 BGB um einen Spezialfall der Einwilligung (s.o.), gleichwohl ist zu empfehlen, in der Fallbearbeitung die Prüfung mit § 107 BGB zu beginnen:
>
> ⇨ Ist das Rechtsgeschäft danach wegen eines lediglich **rechtlichen Vorteils** zustimmungsfrei, ist es wirksam; eines Eingehens auf § 110 BGB (oder § 108 BGB) bedarf es nicht.
>
> ⇨ Anderenfalls ist (nach wie vor auf Basis des § 107 BGB) danach zu fragen, ob der gesetzliche Vertreter **eingewilligt** hat. Dabei kann die Einwilligung ausdrücklich oder konkludent erfolgen. Eine konkludente Einwilligung könnte etwa in der Überlassung der Mittel zu sehen sein: Die Mittelüberlassung stellt zugleich eine konkludente Einwilligung zum Vertragsschluss dar (vgl. dazu das Beispiel bei Rn 1012). Ist das der Fall, ist der Vertrag nach § 107 BGB bereits mit seinem Abschluss wirksam und nicht erst (wie das bei § 110 BGB der Fall wäre) mit Bewirkung der Leistung. Für einen solchen Willen müssen aber konkrete Anhaltspunkte vorliegen.
>
> ⇨ Ist das Rechtsgeschäft danach nicht zustimmungsfrei und liegt auch keine Einwilligung nach § 107 BGB vor, ist auf den „**Taschengeldparagraphen**" (§ 110 BGB) einzugehen und zu prüfen, ob das Geschäft von dieser Vorschrift gedeckt ist. Besteht die Einwilligung lediglich in der Überlassung der Mittel, ohne dass besondere Umstände hinzutreten, wird der Vertrag mit Erfüllung wirksam.
>
> ⇨ Ist das zu prüfende Rechtsgeschäft des Minderjährigen nicht nach § 110 BGB wirksam, ist schließlich zu prüfen, ob sich die Wirksamkeit aus § 108 BGB (**Genehmigung**) ergibt.[975]

## b. Beendigung des Schwebezustands

**1032**

Liegt kein Fall des § 110 BGB vor und hat der Minderjährige das Rechtsgeschäft ohne die erforderliche Einwilligung des gesetzlichen Vertreters getätigt, dann richtet sich die Rechtsfolge dieses Handelns bei **Verträgen** nach den **§§ 108, 109 BGB** und bei **einseitigen Rechtsgeschäften** nach **§ 111 BGB**.

## aa. Rechtsfolge bei Verträgen, §§ 108, 109 BGB

**1033**

Ein (zustimmungspflichtiges) Rechtsgeschäft, das der Minderjährige ohne die erforderliche Einwilligung vorgenommen hat, ist zunächst **schwebend unwirksam**. Die Wirksamkeit hängt gem. § 108 I BGB von der **Genehmigung** des gesetzlichen Vertreters ab. Mit Genehmigung ist die nachträgliche Zustimmung gemeint (§ 184 I BGB). Sie kann sowohl gegenüber dem Minderjährigen als auch gegenüber dem Vertragspartner erklärt werden (§ 182 I BGB). Wird sie erteilt, ist der Vertrag als von Anfang an wirksam anzusehen (§ 184 I BGB). Wird sie verweigert, wird das bis dahin schwebend unwirksame Geschäft endgültig unwirksam.

**1034**

Der genannte Schwebezustand, der theoretisch unbefristet ist, kann für den Vertragspartner sehr misslich sein. Daher gewährt ihm das Gesetz das Recht, den gesetzlichen Vertreter **aufzufordern**, sich über die Genehmigung zu erklären. Macht der Vertragspartner von diesem Recht Gebrauch, die Erklärung des gesetzlichen Vertreters nur noch ihm gegenüber erfolgen, eine vorher dem Minderjährigen gegenüber erklärte Genehmigung oder Verweigerung der Genehmigung wird unwirksam (§ 108 II S. 1 BGB).

---

[975] *Ellenberger*, in: Palandt, § 110 Rn 1.

Die Genehmigung kann nur bis zum Ablauf von **zwei Wochen** nach dem Empfang der Aufforderung erklärt werden; wird sie nicht erklärt, gilt sie als verweigert (§ 108 II S. 2 BGB).[976] In diesem Fall sowie bei ausdrücklicher Versagung der Genehmigung ist die Willenserklärung des Minderjährigen von Anfang an (ex tunc) nichtig. Der Vertragspartner kann seine an den Minderjährigen erbrachten Leistungen nach §§ 812 ff. BGB zurückverlangen, sofern kein Fall der Entreicherung gem. § 818 III BGB vorliegt.

**1035**

Da es für den Vertragspartner durchaus Sinn macht, trotz bekundeter Einwilligung Gewissheit über das (tatsächliche) Vorliegen einer Zustimmung zu erlangen, ist es nach h.M. geboten, § 108 II BGB auch auf den Fall der **Einwilligung** anzuwenden.[977]

**1036**

> **Beispiel**[978]**:** Der 17-jährige M möchte im Geschäft des V ein Smartphone kaufen. Die Eltern haben ihre Einwilligung hierzu M gegenüber mündlich erteilt. Da V sich jedoch nicht auf die Aussage des M verlassen und auch das Risiko eines (schwebend) unwirksamen Vertrags vermeiden möchte, fragt er bei den Eltern des M schriftlich nach. Doch diese befinden sich auf einer Geschäftsreise im Ausland und kehren erst nach Ablauf der Zwei-Wochen-Frist zurück.
>
> Nach h.M. wird der an sich wirksame Vertrag nach Ablauf von zwei Wochen gem. 108 II BGB analog unwirksam. Zwar hat V hierdurch immerhin Klarheit, es ist aber nicht einzusehen, warum V in diesem Fall schlechter stehen soll, als wenn er nicht nachgefragt hätte. Entgegen der h.M. ist § 108 II BGB nicht für den Fall der tatsächlich bestehenden Einwilligung anzuwenden.

**1037**

Weil der genannte Schwebezustand für den Vertragspartner eine Rechtsunsicherheit darstellt und ihn in seiner Dispositionsfreiheit einschränkt, gewährt ihm § 109 I BGB das Recht, bis zur Genehmigung des Vertrags durch den gesetzlichen Vertreter seine Erklärung (auch gegenüber dem Minderjährigen) zu **widerrufen**. Der Vertragspartner soll, soweit ihm die Minderjährigkeit unbekannt ist, nicht einseitig an das Geschäft gebunden sein. Kennt der Vertragspartner aber die Minderjährigkeit, ist er weniger schutzwürdig, da er ja bewusst das Risiko der schwebenden Unwirksamkeit eingeht. Daher gewährt ihm § 109 II BGB nur dann das Widerrufsrecht, wenn der Minderjährige wahrheitswidrig die Einwilligung des Vertreters behauptet hat (§ 109 II Halbs. 1 BGB). Aber auch in diesem Fall ist der Widerruf ausgeschlossen, wenn dem Vertragspartner das Fehlen der Einwilligung beim Vertragsschluss bekannt war (§ 109 II Halbs. 2 BGB).

**1038**

Fraglich ist, ob die Widerrufsmöglichkeit nach § 109 BGB auch dann greift, wenn der Vertragspartner nicht nur im Hinblick auf die Minderjährigkeit kein Interesse mehr am Vertragsschluss hat, sondern andere Gründe hinzukommen oder sogar dominieren.

**1039**

> **Beispiel:** Der 18-jährige V möchte das von seinem Großvater geerbte BMW-Motorrad Bj. 1951, dem er keinen großen Wert beimisst, verkaufen. Auf die von V geschaltete Verkaufsanzeige meldet sich der 17-jährige K, der deutlich älter aussieht und von dem V annimmt, dass er volljährig sei.[979] V und K werden sich schnell einig. V verkauft das Motorrad an K für einen auch aus dessen Sicht angemessenen Preis von 300,- €. Die Übergabe soll in ein paar Tagen erfolgen, nachdem K das Geld besorgt hat. Nun aber erfährt V, dass das Motorrad einen Marktwert von 1.000,- € hat. Als er bei K nachfragt, ob man noch einmal über den Preis reden könne, erfährt er, dass K erst 17 Jahre alt ist. Daraufhin will V an dem Geschäft nicht mehr festhalten und verweigert deshalb die Übergabe des Motorrads. K ersucht nunmehr seine Eltern um Rat, zumal er es auch nicht schafft, die 300,- € aufzutreiben. Da die Eltern in dem Motorradkauf ein erstklassiges Geschäft sehen,

**1040**

---

[976] Hier handelt es sich also um einen gesetzlich geregelten Fall, in dem ausnahmsweise einem Schweigen ein Erklärungswert beigemessen wird – und zwar in Form einer gesetzlichen Fiktion (Rn 42a a.E.) einer Willenserklärung!

[977] *Köhler*, AT, § 10 Rn 31; *Müller*, in: Erman, § 108 Rn 7; *Ellenberger*, in: Palandt, § 108 Rn 7; ablehnend *Spickhoff*, in: MüKo, § 108 Rn 24.

[978] In Anlehnung an *Köhler*, AT, § 10 Rn 31.

[979] Von dieser Konstellation zu unterscheiden ist diejenige, bei der der Minderjährige über seine Volljährigkeit täuscht, vgl. dazu Rn 932.

geben sie K sofort die 300,- €, damit K das Motorrad bezahlen kann. Kann K von V Übereignung und Übergabe verlangen, obwohl dieser die Herausgabe verweigert?

K hat einen Anspruch auf Übereignung und Übergabe, wenn ein wirksamer Kaufvertrag (§ 433 BGB) zustande gekommen ist.

K war im Zeitpunkt des Vertragsschlusses nur beschränkt geschäftsfähig (§ 106 BGB). Da der Kaufvertrag Pflichten mit sich bringt (insbesondere: Kaufpreiszahlung), ist er nicht lediglich rechtlich vorteilhaft; insbesondere kommt es nicht auf die wirtschaftliche Betrachtungsweise an. Der Vertrag war daher zustimmungspflichtig. Eine Einwilligung (§ 107 BGB) der Eltern als gesetzliche Vertreter (§§ 1626, 1629 BGB) lag nicht vor. Da auch kein Fall des § 110 BGB vorlag, hing die Wirksamkeit der von K in Bezug auf den Kaufvertrag abgegebenen Willenserklärung von der Genehmigung (§ 108 I BGB) der Eltern ab. Eine solche wurde konkludent durch die Überreichung der Mittel zur Begleichung des Kaufpreises erteilt.

Möglicherweise erfolgte die Genehmigung aber zu spät. Denn gem. § 109 I BGB kann die Genehmigung nur bis zum Widerruf des anderen Teils erfolgen. V hat konkludent widerrufen, indem er die Herausgabe verweigerte. Diesem Widerruf steht jedenfalls nicht der Ausschlusstatbestand des § 109 II Halbs. 1 BGB entgegen, da V die Minderjährigkeit des K nicht kannte.

Fraglich ist jedoch, ob das Widerrufsrecht nicht versagt werden sollte, weil V seine Willenserklärung nicht wegen § 109 I BGB widerrufen wollte, sondern nur wegen des Irrtums in Bezug auf den Verkehrswert des Motorrads. An sich liegt hier ein Fall einer Irrtumsanfechtung vor, weil V sich über wertbildende Faktoren geirrt hat (§ 119 II BGB) und das Geschäft aus diesem Grund nicht gelten lassen wollte (§ 143 I BGB). Da andererseits § 109 I BGB nicht nach den Gründen für den Widerruf fragt, dürfen auch andere Gründe als die Beseitigung des Schwebezustands nicht schaden.

V konnte daher wirksam widerrufen. Somit hat K gegen V keinen Anspruch auf Übereignung und Übergabe des Motorrads. V ist dem K auch nicht zum Ersatz des Vertrauensschadens (§ 122 BGB) verpflichtet, da er um eine Anfechtung „herumgekommen" ist.

**1041** Ist der Minderjährige während des Schwebezustands unbeschränkt **geschäftsfähig geworden**, tritt seine Genehmigung an die Stelle der Genehmigung des Vertreters (§ 108 III BGB). Mit Eintritt der Volljährigkeit kann er also selbst genehmigen. Daher ist auch die Aufforderung, sich darüber zu erklären, auch nur noch an ihn zu richten.[980]

### bb. Rechtsfolge bei einseitigen Rechtsgeschäften, § 111 BGB

**1042** Nahm der Minderjährige ein *einseitiges* Rechtsgeschäft ohne die erforderliche Einwilligung seines gesetzlichen Vertreters vor, so richten sich die Rechtsfolgen nach § 111 BGB, wobei zwischen nicht empfangsbedürftigen und empfangsbedürftigen Willenserklärungen zu unterscheiden ist.

### a.) Nicht empfangsbedürftige Willenserklärungen

**1043** Nicht empfangsbedürftige einseitige Rechtsgeschäfte (zu denen etwa die Auslobung gem. § 657 BGB und die Testamentserrichtung gem. §§ 1938, 2247 BGB gehören, vgl. Rn 198/309/405), die der Minderjährige ohne die erforderliche Einwilligung des gesetzlichen Vertreters vornimmt, sind nach § 111 S. 1 BGB unwirksam. Schwebezustände sollen hier vermieden werden. Daher kann auch eine Genehmigung des gesetzlichen Vertreters das Rechtsgeschäft nicht heilen. Es ist nur eine Neuvornahme mit Einwilligung möglich.

---

[980] BGH NJW 1989, 1728. Vgl. auch *Paal/Leyendecker*, JuS 2006, 25, 27.

## b.) Empfangsbedürftige Willenserklärungen

Auch bei empfangsbedürftigen einseitigen Rechtsgeschäften (z.B. Anfechtung, Kündigung, Rücktritt, Aufrechnung, Vollmachtserteilung, vgl. Rn 198) gilt die Regelung des § 111 S. 1 BGB. Dabei ist jedoch Folgendes zu beachten: **1044**

▪ Zum einen ist nach h.M.[981] von dem Grundsatz des § 111 S. 1 BGB eine **Ausnahme** zu machen, wenn der Geschäftsgegner mit der Vornahme des Geschäfts ohne Einwilligung des gesetzlichen Vertreters **einverstanden** war. Dann sollen die §§ 108, 109 BGB analoge Anwendung finden mit der Folge, dass das Rechtsgeschäft zunächst (nur) schwebend unwirksam ist und der gesetzliche Vertreter die Möglichkeit hat, das Rechtsgeschäft zu genehmigen. Da der Erklärungsempfänger, der die rechtliche Unsicherheit, die das Auftreten des Minderjährigen ohne Einwilligung mit sich bringt, bewusst in Kauf nehme, bedürfe es des von § 111 S. 1 BGB gewährten Schutzes nicht. Rechtsdogmatisch lässt sich dies als teleologische Reduktion des § 111 S. 1 BGB begründen. **1045**

**Beispiel:** Mit Einwilligung seiner Eltern mietet der 16-jährige M am Urlaubsort ein kleines Ruderboot (§ 535 BGB). Doch bereits am 2. Tag verliert er die Lust am Paddeln und kündigt – ohne Wissen seiner Eltern – den Mietvertrag.

Gemäß § 111 S. 1 BGB ist die Kündigung unwirksam. Daran ändert sich auch nichts, wenn sich die Eltern im Nachhinein damit einverstanden erklären. Es ist nur eine Neuvornahme mit Einwilligung möglich.

Sollte V aber die Kündigung akzeptiert haben und dabei wissen, dass die Kündigung des M ohne Einwilligung der Eltern ausgesprochen wurde, ist er nicht schutzbedürftig und kann sich nicht auf § 111 S. 1 BGB berufen. Die Eltern können hier die Kündigung des M analog § 108 I BGB genehmigen.

▪ Zum anderen sind die Regelungen des § 111 S. 2 und 3 BGB zu beachten. Nimmt der Minderjährige *mit* der Einwilligung seines gesetzlichen Vertreters ein einseitiges empfangsbedürftiges Rechtsgeschäft vor, dann ist es nach **§ 111 S. 2** BGB **dennoch unwirksam**, wenn er dabei die Einwilligung nicht in schriftlicher Form vorlegt und der andere das Rechtsgeschäft aus diesem Grunde unverzüglich (d.h. ohne schuldhaftes Zögern, vgl. § 121 I BGB) zurückweist. **1046**
Die Zurückweisung ist eine einseitige, empfangsbedürftige Willenserklärung, die nach § 109 I S. 2 BGB analog auch gegenüber dem Minderjährigen erklärt werden kann. Aus der Zurückweisung muss sich ergeben, dass die Zurückweisung deshalb erfolgt, weil die Einwilligung nicht urkundlich nachgewiesen ist.[982] Durch die Zurückweisung wird das Rechtsgeschäft *ex tunc* (rückwirkend) unwirksam.

Nach **§ 111 S. 3 BGB** ist die Zurückweisung aber ausgeschlossen, wenn der Vertreter den anderen von der Einwilligung in Kenntnis gesetzt hat.

## cc. Sonderproblem Vollmachtserteilung durch einen Minderjährigen

Ein hin und wieder in Klausuren und Hausarbeiten geprüftes Thema ist die Frage, ob ein in der Geschäftsfähigkeit Beschränkter einen unbeschränkt Geschäftsfähigen bevollmächtigen kann, damit dieser für ihn ein rechtlich nachteiliges Rechtsgeschäft vornimmt. Das Besondere an dieser Konstellation ist, dass sie Fragen des Stellvertretungsrechts mit solchen des Minderjährigenrechts verbindet. **1046a**

**Beispiel:** Der 17-jährige M bevollmächtigt seine 18-jährige Freundin F, diese solle für ihn eine Wohnung anmieten. So geschieht es. F schließt im Namen des M einen Mietvertrag mit V über eine Wohnung. Ist ein Mietvertrag zwischen M und V zustande gekommen?

---

[981] RGZ 76, 89, 91 f.; BGHZ 110, 363, 370; *Brox/Walker*, AT, Rn 285 f.; *Ellenberger*, in: Palandt, § 111 Rn 3; *Köhler*, AT, § 10 Rn 29; *Boecken*, AT, Rn 364; *Wolf/Neuner*, AT, § 34 Rn 50.
[982] *Ellenberger*, in: Palandt, § 111 Rn 5.

### Mietvertrag zwischen M und V gem. § 535 BGB

Zwischen M und V könnte ein Mietvertrag gem. § 535 BGB zustande gekommen sein. Dies setzt das Bestehen zweier aufeinander bezogener und inhaltlich einander entsprechender Willenserklärungen gem. § 145 ff. BGB voraus. Eine eigene Willenserklärung des M liegt nicht vor. Möglicherweise kann er sich die Willenserklärung der F über §§ 164 ff. BGB zurechnen lassen. F gab eine eigene Willenserklärung ab. Diese gab sie auch im Namen des M ab. Fraglich ist jedoch, ob sie mit Vertretungsmacht gehandelt hat.

Eine gesetzliche Vertretungsmacht bestand nicht. Möglicherweise lag jedoch eine rechtsgeschäftliche Vertretungsmacht, eine sog. Vollmacht, vor. Deren Erteilung setzt eine einseitige, empfangsbedürftige Willenserklärung des Vollmachtgebers voraus. M hat eine entsprechende Erklärung abgegeben. Diese müsste aber auch wirksam gewesen sein. Bedenken an der Wirksamkeit bestehen in dem Umstand, dass M in der Geschäftsfähigkeit beschränkt ist. Schließt ein in der Geschäftsfähigkeit Beschränkter ein nicht für ihn lediglich rechtlich vorteilhaftes Rechtsgeschäft ab, hängt die Wirksamkeit des Rechtsgeschäfts von der Genehmigung des gesetzlichen Vertreters ab, § 108 I BGB. Vorliegend könnte daher die Wirksamkeit der Vollmachtserteilung von der Genehmigung der Eltern des M abhängen. Fraglich ist allerdings, wie es sich auswirkt, dass sich § 108 BGB ausweislich seines Wortlauts auf Verträge bezieht, die Vollmachtserteilung jedoch ein einseitiges Rechtsgeschäft darstellt. Für einseitige Rechtsgeschäfte enthält wiederum § 111 BGB die Rechtsfolge *Unwirksamkeit*, ohne dass eine Genehmigungsmöglichkeit vorgesehen wäre.

Obwohl die Vollmachtserteilung ein einseitiges Rechtsgeschäft darstellt, wird in der Literatur vertreten, Fälle der vorliegenden Art entgegen der Regel des § 111 BGB nicht für unwirksam zu erklären, sondern § 108 BGB analog anzuwenden und so den Eltern eine Genehmigungsmöglichkeit einzuräumen. Da der gesetzliche Vertreter einen von einem vollmachtlosen Vertreter geschlossenen Vertrag für den Minderjährigen gem. § 177 I BGB genehmigen kann, müsse es (erst recht) möglich sein, dass er stattdessen die Erteilung der Vollmacht genehmige. Dabei könne die Genehmigung sowohl dem minderjährigen Vollmachtgeber als auch dem Bevollmächtigten gegenüber erklärt werden.[983] Dem ist jedoch der klare Wortlaut des § 111 S. 1 BGB entgegenzuhalten. Ausnahmen von der dort statuierten Nichtigkeitsregelung hat der Gesetzgeber in § 111 S. 2 und 3 BGB formuliert. Hätte er auch für die vorliegende Konstellation eine schwebende Unwirksamkeit statt einer Nichtigkeit anordnen wollen, hätte er dies ebenfalls gesetzlich zugelassen. Es liegt also keine unbeabsichtigte Regelungslücke vor, sodass die Voraussetzungen für eine Analogie nicht vorliegen.[984]

Auf der Grundlage der hier vertretenen Auffassung ist damit die Vollmachtserteilung des M gem. § 111 S. 1 BGB unwirksam. Eine Genehmigung durch die gesetzlichen Vertreter ist nicht möglich.

Ergebnis: Der Mietvertrag zwischen M und V ist nicht wirksam zustande gekommen.

Weiterführender Hinweis: Aus dem gefundenen Ergebnis ergeben sich folgende Konsequenzen: Da das Vertretergeschäft unwirksam ist, hat F als Vertreter ohne Vertretungsmacht gehandelt. Die Folgen der fehlenden Vertretungsmacht bei Verträgen ergeben sich aus §§ 177 ff. BGB (vgl. dazu Rn 880 ff.). Eine Genehmigung oder eine Verweigerung der Genehmigung durch M kommen aufgrund der Nichtigkeit des Mietvertrags nicht in Betracht. Einschlägig ist vielmehr § 180 S. 1 BGB mit der Folge, dass das Rechtsgeschäft (hier: die Vollmachtserteilung) neu vorgenommen werden muss, und zwar mit Zustimmung der gesetzlichen Vertreter. Stimmen die Eltern des M der (erneuten) Vollmachtserteilung zu, könnte M wiederum als (nunmehr berechtigter) Vollmachtgeber das Vertretergeschäft der F genehmigen (§§ 177 I i.V.m. 182 ff. BGB). Der Mietvertrag würde dann mit Wirkung von Anfang an wirksam (§ 184 I BGB). Verweigern die Eltern aber die Zustimmung bzgl. der erneuten Vollmachtserteilung, besteht keine Möglichkeit der Genehmigung des Mietvertrags durch M. F haftet dann endgültig gem. § 179 BGB als Vertreter ohne

[983] So vertreten von BGHZ 110, 363, 364; *Larenz/Wolf*, AT, 9. Aufl. 2004, § 47 Rn 30 unter Berufung auf *Flume*, AT, § 52 1 a.E.; *Boecken*, AT, Rn 364.
[984] Wie hier *Ellenberger*, in: Palandt, § 111 Rn 1; *Spickhoff*, in: MüKo, § 111 Rn 10.

Vertretungsmacht. Vergleicht man diese Konsequenz mit dem Ergebnis des vorliegenden Falls, wird deutlich, dass letztlich über einen kleinen Umweg dasselbe Ergebnis erzielt wird. Im Übrigen sei darauf hingewiesen, dass der Fall um eine Vielzahl von Facetten erweitert werden kann. So könnte in einer Klausur z.B. ohne weiteres die bei Rn 1045 dargestellte Problematik eingebaut werden. Dies verdeutlicht wieder einmal, dass es nicht darauf ankommt, anhand von Fällen zu lernen, sondern dass ein Strukturwissen unabdingbar ist.

## 3. Die Teilgeschäftsfähigkeit, §§ 112, 113 BGB

**1047** Ist der Minderjährige zum Betrieb eines Erwerbsgeschäfts (§ 112 BGB, sog. Handelsmündigkeit) oder zur Eingehung eines Dienst- oder Arbeitsverhältnisses (§ 113 BGB, sog. Arbeitsmündigkeit) ermächtigt worden, ist er für diesen bestimmten Bereich **partiell) voll geschäftsfähig** (und auch prozessfähig, vgl. § 52 ZPO). Er kann also die diesbezüglichen Rechtsgeschäfte selbstständig voll wirksam vornehmen. Das bedeutet umgekehrt, dass nun der gesetzliche Vertreter, solange die Ermächtigung besteht, nicht mehr für den Minderjährigen handeln kann.[985]

**1048** Wurde für einen Betreuten ein Einwilligungsvorbehalt angeordnet, gelten die §§ 112, 113 BGB entsprechend (§ 1903 I S. 2 BGB).

## a. Selbstständiger Betrieb eines Erwerbsgeschäfts, § 112 BGB

**1049** Ermächtigt der gesetzliche Vertreter mit Genehmigung des Familiengerichts (vgl. §§ 1643 I i.V.m. § 1822 Nr. 3 BGB) den Minderjährigen zum selbstständigen Betrieb eines Erwerbsgeschäfts, ist der Minderjährige für solche Rechtsgeschäfte **unbeschränkt geschäftsfähig**, welche der Geschäftsbetrieb mit sich bringt (§ 112 I S. 1 BGB).

**1050** Ein **Erwerbsgeschäft** i.S.d. § 112 BGB ist jede erlaubte, selbstständig, berufsmäßig ausgeübte und auf Gewinn gerichtete Tätigkeit.[986]

**1051** An der Selbstständigkeit fehlt es, wenn ein anderer das Geschäft im Namen des Minderjährigen betreibt oder wenn die Betriebsführung insgesamt den Weisungen eines anderen unterliegt. Dann liegt bestenfalls eine unselbstständige Tätigkeit i.S.v. § 113 BGB vor.

**1052** Die **Ermächtigung** ist eine einseitig empfangsbedürftige, formfreie Willenserklärung, die aber erst mit Genehmigung des Familiengerichts und dem Zugang beim Minderjährigen wirksam wird.

**1053** § 131 II BGB greift hier nicht ein. Die Erteilung der Genehmigung steht im pflichtgemäßen Ermessen des Familiengerichts. Maßgeblich ist insoweit, ob der Minderjährige die erforderlichen Eigenschaften, Fähigkeiten und Kenntnisse hat, sich im Geschäftsleben wie ein Volljähriger zu verhalten.[987] Die Teilgeschäftsfähigkeit besteht aber dann nicht, wenn der gesetzliche Vertreter der Genehmigung des Familiengerichts bedarf (§§ 112 I S. 2, 1643, 1821 f. BGB).

**1054** **Beispiel:** Der 17-jährige M eröffnet mit Einverständnis seiner Eltern und Genehmigung des Familiengerichts einen kleinen Selbstverlag. Als er Büroräume mieten und diverse Büromöbel sowie eine komplette Büroausstattung kaufen möchte und dafür einen Bankkredit i.H.v. 20.000,- € beantragen will, werden sich die Eltern ihrer kurzsichtigen Entscheidung bewusst und wollen die Verschuldung ihres Sohnes verhindern. Können sie dies?

---

[985] *Coester-Waltjen*, Jura 1994, 668, 670; *Medicus/Petersen*, AT, Rn 583; *Wolf/Neuner*, AT, § 34 Rn 61.
[986] *Ellenberger*, in: Palandt, § 112 Rn 3.
[987] *Ellenberger*, in: Palandt, § 112 Rn 2.

Hier betreibt M ein selbstständiges Erwerbsgeschäft, zu dem auch die Eltern mit Genehmigung des Familiengerichts eingewilligt haben. Insoweit handelt M voll geschäftsfähig. Ein entgegenstehender Wille der Eltern ist hier unbeachtlich.

Hinsichtlich der Kreditaufnahme gilt aber, dass die Eltern zu einem solchen Rechtsgeschäft – wollten sie es unabhängig von dem vorliegenden Fall im Namen des M vornehmen – der Genehmigung des Familiengerichts bedürfen (§§ 1643, 1821 f. BGB). Diese Entscheidung des Familiengerichts ist von der Genehmigung zum Betrieb eines Erwerbsgeschäfts zu unterscheiden. Daher bedarf die Kreditaufnahme nach §§ 1643, 1822 Nr. 8 BGB der Genehmigung des Familiengerichts.

Davon abgesehen sind Fälle dieser Art wenig praxisrelevant und nur in juristischen Lehrbüchern anzutreffen, weil die Vorschriften der §§ 112, 113 BGB durch die bereits vor über 30 Jahren erfolgte Herabsetzung der Volljährigkeitsgrenze auf 18 Jahre entschieden an Bedeutung verloren haben. Außerdem bekommen Minderjährige ohnehin keinen Kredit gewährt, sofern sie nicht eine Realsicherheit oder eine Bürgschaft der Eltern vorweisen. Spätestens hier scheitert das Vorhaben am Widerstand der Eltern.

**1055**  Schließlich ist zu beachten, dass gemäß § 112 II BGB auch die Rücknahme der Ermächtigung durch den gesetzlichen Vertreter nur mit Genehmigung des Familiengerichts (*ex nunc*, d.h. für die Zukunft) erfolgen kann.

### b. Eingehung eines Dienst- oder Arbeitsverhältnisses, § 113 BGB

**1056**  Ermächtigt der gesetzliche Vertreter den Minderjährigen, in Dienst oder Arbeit zu treten, ist der Minderjährige für solche Rechtsgeschäfte unbeschränkt geschäftsfähig, welche die Eingehung oder Aufhebung eines Dienst- oder Arbeitsverhältnisses der gestatteten Art oder die Erfüllung der sich aus einem solchen Verhältnis ergebenden Verpflichtungen betreffen (§ 113 I S. 1 BGB). Eine familiengerichtliche Genehmigung ist hier – anders als bei § 112 BGB – nicht erforderlich.[988]

**1057**  Mit Dienst oder Arbeit ist eine **entgeltliche Verrichtung von Arbeit oder Diensten** gemeint.[989] Dabei kommen nicht nur Dienst- oder Arbeitsverträge, sondern auch Werkverträge in Betracht. **Berufsausbildungsverhältnisse** fallen nach h.M.[990] **nicht** unter § 113 BGB, da hier nicht die Leistung von Arbeit oder Dienst im Vordergrund steht, sondern die Vermittlung der für die Ausübung einer qualifizierten Tätigkeit notwendigen fachlichen Fertigkeiten und Kenntnisse (siehe § 1 Berufsbildungsgesetz).

**1058**  Liegt eine entsprechende Ermächtigung vor, wird der beschränkt Geschäftsfähige für die Rechtsgeschäfte (partiell) **voll geschäftsfähig**, die die Eingehung, Erfüllung und Aufhebung des Arbeits- oder Dienstverhältnisses betreffen und für die Art der Tätigkeit üblich sind. So kann der Minderjährige bspw. den Arbeitsvertrag (§ 611a BGB) selbstständig abschließen und auch sonstige Vereinbarungen über Lohn und sonstige Arbeitsbedingungen treffen. Auch kann er selbstständig kündigen, gekündigt werden oder auch der Kündigung widersprechen. Darüber hinaus kann er den Arbeitslohn mit befreiender Wirkung für den Arbeitgeber entgegennehmen und dazu auch ein ein Gehaltskonto eröffnen. Er kann Beförderungsverträge schließen, Berufskleidung kaufen und nach h.M.[991] auch der Gewerkschaft beitreten. Dagegen kann der Minderjährige nicht schon aufgrund der Ermächtigung frei über den empfangenen **Lohn** verfügen, da sich der Wortlaut des § 113 BGB nicht darauf erstreckt.[992] Soweit der gesetzliche Vertreter dem Minderjährigen den Lohn (oder ein Teil davon) überlässt, erfolgt dies nach § 110 BGB.

---

[988] Vgl. auch *Brox/Walker*, AT, Rn 297.
[989] *Ellenberger*, in: Palandt, § 113 Rn 2.
[990] *Ellenberger*, in: Palandt, § 113 Rn 2; *Knothe*, in: Staudinger, § 113 Rn 5; *Wolf/Neuner*, AT, § 34 Rn 64.
[991] *Ellenberger*, in: Palandt, § 113 Rn 4.
[992] *Spickhoff*, in: MüKo, § 113 Rn 31; *Ellenberger*, in: Palandt, § 113 Rn 4; *Wolf/Neuner*, AT, § 34 Rn 65.

Nach **§ 113 I S. 2 BGB** sind von der Ermächtigung aber solche Rechtsgeschäfte ausgenommen, die auch von dem gesetzlichen Vertreter nur mit Genehmigung des Familiengerichts vorgenommen werden können (vgl. schon oben zu § 112 BGB).

1059

Die für den einzelnen Fall erteilte Ermächtigung gilt im Zweifel als allgemeine Ermächtigung zur Eingehung von Verhältnissen derselben Art (§ 113 IV BGB). Ob Gleichartigkeit vorliegt, ist nach der Verkehrsanschauung zu entscheiden. Sie kann auch bei Arbeit in einem verwandten Beruf anzunehmen sein, scheidet aber aus, wenn sich die rechtliche oder soziale Stellung des Minderjährigen wesentlich verschlechtert. Duldet der gesetzliche Vertreter die Aufnahme eines nicht gleichartigen Arbeitsverhältnisses, kann darin u.U. eine erneute Ermächtigung nach § 113 I BGB zu sehen sein.[993]

1060

---

[993] *Ellenberger*, in: Palandt, § 113 Rn 3. Vgl. auch *Brox/Walker*, AT, Rn 297.

## C. Bewusste Willensmängel, §§ 116-118 BGB

**1061** Weitere Gründe, die dem Entstehen eines Anspruchs entgegenstehen, können sich aus den in §§ 116-118 BGB geregelten bewussten Willensmängeln bzw. Willensvorbehalten ergeben, weil in diesen Fällen der Erklärende eine Erklärung mit Erklärungsbewusstsein abgibt, er sie jedoch innerlich ihrem Inhalt nach nicht gelten lassen will. Zur Einordnung in den Prüfungsaufbau vgl. Rn 925.

## I. Der geheime Vorbehalt, § 116 BGB

**1062** Behält sich der Erklärende insgeheim vor, das Erklärte nicht zu wollen, spricht man von **„Mentalvorbehalt"** (oder Mentalreservation - *reservatio mentalis*). Erkennt der Erklärungsempfänger den geheimen Vorbehalt des Erklärenden, das Erklärte innerlich nicht zu wollen, nicht, ist der innere Vorbehalt des Erklärenden selbstverständlich unbeachtlich. Anderenfalls wäre ein verlässlicher Rechtsverkehr kaum möglich. § 116 S. 1 BGB stellt dies lediglich klar.[994] Schutzwürdig ist hier also der Erklärungsempfänger, der den geheimen Vorbehalt nicht kennt.

**1063** **Beispiel:** V bietet bei einer Internetauktion ein antikes Schiffschronometer zum Startpreis von 100,- € an. Sein Freund F, der dem V noch einen Gefallen schuldet, bietet mit, damit V einen hohen Preis erzielen kann. Sein Plan ist, dass er kurz vor Ende der Auktion sein Gebot zurückzieht, um nicht zum Zuge zu kommen. V weiß von dem jedoch nichts. Als F kurz vor Erreichen des Gebotsendes (den Preis hat F mittlerweile auf 515,- € „getrieben") sein Gebot zurückziehen möchte, bricht die Internetverbindung seines Computers ab, sodass er als Höchstbietender den Zuschlag erhält. Da die Freundschaft zu V doch nicht so groß ist, um das Chronometer zu diesem Preis zu kaufen, verweigert F gegenüber V die Zahlung mit dem Argument, er habe lediglich mitgeboten, um den Preis zu steigern, nicht aber, um das Chronometer zu ersteigern.

Hier ergibt sich sowohl aus den allgemeinen Auslegungsregeln als auch der Regelung des § 116 S. 1 BGB, dass die Erklärung des F ungeachtet des geheimen Vorbehalts, das Erklärte nicht gewollt zu haben, verbindlich ist. Insbesondere ist aus der maßgeblichen objektivierten Sicht des Erklärungsempfängers der Erklärungswille bei F vorhanden. Es ist daher ein Kaufvertrag zustande gekommen. Diesen kann F auch nicht anfechten, weil der geheime Vorbehalt, das Erklärte nicht gewollt zu haben, keinen Anfechtungsgrund darstellt.

**1064** Unerheblich ist, auf welchem Motiv der Vorbehalt beruht. Insbesondere ändert die gute Absicht (wie im obigen Beispiel gegenüber V) nichts an der Unbeachtlichkeit des Vorbehalts. Geht der Erklärende dagegen davon aus, dass der andere die Nichternstlichkeit erkennt, handelt es sich nicht um eine Schein-, sondern um eine Scherzerklärung nach § 118 BGB (siehe Rn 1090).

**1065** Handelt es sich um eine empfangsbedürftige Willenserklärung und **kennt** der Erklärungsempfänger den geheimen Vorbehalt („erkannter Vorbehalt"), ist er nicht schutzbedürftig. Daher ist auch die Rechtsfolge eine andere. In diesem Fall greift nämlich **§ 116 S. 2 BGB**: Die Erklärung ist nichtig. Unerheblich ist, wie der Erklärungsempfänger Kenntnis von dem Vorbehalt erlangt hat. Ein bloßes Kennenmüssen (vgl. § 122 II BGB) ist aber nicht ausreichend.

**Beispiel:** Hätte V des obigen Beispiels erkannt, dass F nur zum Scherz bietet, wäre dessen Gebot gem. § 116 S. 2 BGB nichtig gewesen. Folge wäre gewesen, dass kein Kaufvertrag zustande gekommen wäre.

---

[994] Vgl. dazu auch BGHZ 149, 129, 134.

**Fazit:** Nach **§ 116 S. 1 BGB** (der im Übrigen nicht zwischen empfangsbedürftigen und nicht empfangsbedürftigen Willenserklärungen unterscheidet) ist aus Gründen des Verkehrsschutzes eine nicht ernst gemeinte Willenserklärung gleichwohl **wirksam**. Etwas anderes gilt (bei empfangsbedürftigen Willenserklärungen) gem. **§ 116 S. 2 BGB** dann, wenn der Erklärungsempfänger den geheimen Vorbehalt kennt. Hier ist die Willenserklärung **nichtig**.

Hauptanwendungsfall des § 116 BGB ist der sog. **„böse Scherz"**: Der geheime Vorbehalt soll nach dem Willen des Erklärenden dem Erklärungsempfänger unbekannt bleiben. Sofern er damit rechnet, dass der andere den Vorbehalt erkennt („**guter Scherz**"), ist die Willenserklärung auf jeden Fall gem. **§ 118 BGB** nichtig, allerdings mit der Schadensersatzverpflichtung nach § 122 BGB verknüpft. Sofern *beide* Beteiligte von der Nichternstlichkeit der abgegebenen Willenserklärung wissen und dies auch einverständlich wollen, ist diese nach **§ 117 BGB** nichtig.

**1066**

Liegt eine **Stellvertretung** vor, genügt es für die Kenntnis i.S.d. § 116 S. 2 BGB, wenn lediglich der Stellvertreter wusste, dass der Vertragspartner seine Erklärung nur zum Schein abgeben wollte.[995] § 166 I BGB stellt dies klar.

**1067**

## II. Das Scheingeschäft, § 117 BGB

### 1. Voraussetzungen

Nach § 117 BGB ist eine *empfangsbedürftige* Willenserklärung **nichtig**, wenn die Parteien **einverständlich** nur den äußeren Schein des Abschlusses eines Rechtsgeschäfts hervorrufen, aber die mit dem Rechtsgeschäft verbundenen Rechtswirkungen nicht eintreten lassen wollen.[996] Kennzeichnend für das Scheingeschäft ist also der **einverständliche Mangel eines Rechtsbindungswillens**.

**1068**

In der Einvernehmlichkeit, das Erklärte nicht zu wollen, liegt der entscheidende Unterschied zu § 116 S. 2 BGB. Dort geht es um den Fall, dass der Erklärungsempfänger zwar den geheimen Vorbehalt des Erklärenden kennt, nicht aber mit diesem „gemeinsame Sache" macht.

**1069**

Zweck des Scheingeschäfts ist regelmäßig (aber nicht begriffsnotwendig) die **Täuschung eines Dritten**.

**1070**

**Beispiele:** T möchte riskante, aber sehr aussichtsreiche Spekulationsgeschäfte tätigen. Da er aber nicht über die nötigen Mittel verfügt, will er einen Bankkredit in Anspruch nehmen. Doch weiß er, dass keine Bank ihm einen Kredit für derartige Zwecke bewilligen würde. Daher fasst er gemeinsam mit seinem Schwager S, einem Bauunternehmer, folgenden Plan: S soll (gegen eine „Provision") eine „Pro-Forma-Rechnung" über einen Hausbau i.H.v. 250.000,- € ausstellen, damit T bei der Bank eine Immobilienfinanzierung bewilligt bekommt. So geschieht es. Selbstverständlich fliegt die Sache auf.

**1071**

Hier sind die Willenserklärungen von T und S bezüglich eines Werkvertrags (§ 631 BGB) nur zum Schein abgegeben worden, um der Bank eine Rechnung vorlegen zu können. § 117 BGB ordnet für diesen Fall an, dass die Willenserklärungen nichtig sind. Es ist also kein wirksamer Werkvertrag zwischen T und S zustande gekommen.

Weitere Anwendungsfälle des § 117 BGB bestehen darin, dass bei einer Auktion der Bieter und der Auktionator gemeinsame Sache machen, um das Gebot eines Dritten in die Höhe zu treiben. Einen „Klassiker" stellt jedoch der Fall dar, dass bei einem Grundstückskauf Verkäufer und Käufer offiziell einen weit niedrigeren Kaufpreis angeben, um die mit einem Grundstückserwerb verbundenen Nebenkosten wie Notargebühren, Gebühren des Grundbuchamts und Grunderwerbsteuer zu verringern. Zumeist fallen solche Geschäfte nur dann auf, wenn sich eine der Parteien nicht an die Absprachen hält (dazu sogleich Rn 1072 ff.).

---

[995] BGH NJW 1996, 663, 664.
[996] BGHZ 36, 84, 88; 67, 334, 339; NJW 1980, 1572, 1573; NJW 2011, 2785.

## 2. Rechtsfolgen

**1072**  Hinsichtlich der Rechtsfolgen ist zwischen dem **Scheingeschäft** (sog. simuliertes Geschäft) und dem ggf. vorliegenden **verdeckten Geschäft** (sog. dissimuliertes Geschäft) zu unterscheiden.

### a. Rechtsfolge bezüglich des Scheingeschäfts

**1073**  Gemäß § 117 I BGB ist eine simulierte Willenserklärung gegenüber jedermann **nichtig**. Ein gewisser **Drittschutz** wird jedoch durch die Vorschriften über den **gutgläubigen Erwerb** (§§ 892, 932 ff. BGB bei Sachen; § 405 BGB bei Forderungen) erreicht. Auch helfen die §§ 823 ff. BGB oft weiter.[997]

**1074**  **Beispiel:** A hat sich auf eine Stelle als Fahrer bei einem Kurierdienst beworben. Das Unternehmen würde A auch anstellen, wenn er einen eigenen Pkw besäße. Da A aber nicht Eigentümer eines Wagens ist, vereinbart er mit seinem Freund F, dass dieser ihm dessen Pkw zum Schein übereignet. Auch wird A als Halter in den Fahrzeugpapieren eingetragen.

Da hier die Übereignung des Pkw von F auf A nur zum Schein erfolgte, ist die Eigentumsübertragung wegen § 117 I BGB nichtig; F bleibt insoweit Eigentümer.

Würde A nun bspw. den Wagen an D veräußern, könnte dieser gem. §§ 929, 932 BGB Eigentum erwerben, wenn er hinsichtlich der Eigentümerstellung des F gutgläubig wäre.

### b. Rechtsfolge bezüglich des verdeckten Geschäfts

**1075**  Hinter dem Scheingeschäft steckt häufig ein anderes, verdecktes und auch ernstlich gewolltes Rechtsgeschäft. Der Sinn des Ganzen besteht darin, bestimmten nachteiligen Folgen des eigentlich gewollten Rechtsgeschäfts durch „Vorschieben" eines vordergründigen Geschäfts zu entgehen. Um einem solchen Missbrauch entgegenzutreten, hat der Gesetzgeber in § 117 II BGB angeordnet, dass hinsichtlich des dissimulierten Rechtsgeschäfts die allgemeinen Vorschriften gelten. Das verdeckte Rechtsgeschäft ist also dann wirksam und gültig, wenn alle erforderlichen Voraussetzungen (z.B. Formerfordernisse, Nichtvorliegen der §§ 134, 138 BGB etc.) gegeben sind.[998] Es ist jedenfalls nicht deshalb nichtig, weil es verdeckt wurde.[999]

**1076**  Hauptanwendungsfall des § 117 BGB ist – um die mit einem Grundstückserwerb verbundenen Nebenkosten wie Notargebühren, Gebühren des Grundbuchamts und Grunderwerbsteuer zu verringern – der **Grundstücksverkauf unter Angabe eines geringeren als des vereinbarten Preises**.

**1077**  **Beispiel**[1000]**:** V und K schließen einen Kaufvertrag über ein Hausgrundstück. Um Grunderwerbsteuern und Notargebühren „zu sparen", geben sie bei der notariellen Beurkundung des Kaufvertrags vor dem Notar einen Kaufpreis von 150.000,- € statt der in Wirklichkeit vereinbarten 300.000,- € an. Ist der Kaufvertrag wirksam?

Einander entsprechende Willenserklärungen liegen vor. Allerdings könnten die Erklärungen nach § 134 BGB bzw. § 138 I BGB nichtig sein, weil die Schwarzgeldabrede den Tatbestand der Steuerhinterziehung (§ 370 Abgabenordnung) zum Nachteil der Steuerbehörde und den des Betrugs (§ 263 StGB) zum Nachteil des Notars erfüllt. Jedoch ist allgemein anerkannt, dass zur Bejahung der in § 134 BGB bzw. § 138 BGB angeordneten Nichtigkeitsfolge der *Hauptzweck* des Vertrags in der Verwirklichung eines gesetzlichen Verbots oder einer Strafnorm oder der Sittenwidrigkeit liegen muss. V und K hätten also den Grundstückskaufvertrag gerade deswegen schließen müssen, um Steuern zu hinterziehen

---

[997] Vgl. auch *Ellenberger*, in: Palandt, § 117 Rn 7.
[998] BGH NJW 1983, 1843, 1844.
[999] *Ellenberger*, in: Palandt, § 117 Rn 8; *Wolf/Neuner*, AT, § 40 Rn 19.
[1000] Vgl. (auch) nahezu alle anderen Lehrbücher zum BGB AT; vgl. auch *Büchler/Möllinger*, JuS 2008, 144, 146.

und Notargebühren zu reduzieren. Das ist aber nicht der Fall. Hauptzweck des zwischen ihnen geschlossenen Vertrags ist eine Grundstücksübertragung. V und K wollten lediglich die damit verbundenen Nebenkosten reduzieren. Die von V und K vor dem Notar abgegebenen Willenserklärungen sind daher nicht gem. § 134 BGB oder § 138 I nichtig.

Allerdings sind die von V und K abgegebenen Erklärungen wegen des nur zum Schein angegebenen Kaufpreises nach § 117 I BGB nichtig. Das verdeckte Rechtsgeschäft (Kauf des Hausgrundstücks zum Preis von 300.000,- €) ist dagegen wegen § 117 II BGB wirksam, wenn es den diesbezüglich anwendbaren Vorschriften und Voraussetzungen entspricht.

Nach den allgemeinen Vorschriften ist ein Grundstückskaufvertrag aber nach § 311b I S. 1 BGB formbedürftig (notarielle Beurkundung, s.o.). An dieser Form mangelt es vorliegend jedoch (beurkundet wurde nur das unwirksame Scheingeschäft), sodass der Vertrag hinsichtlich des Grundstückskaufs zu einem Preis von 300.000,- € nach §§ 125 S. 1, 311b I S. 1 BGB unwirksam ist.

Nach § 311b I S. 2 BGB kann der verdeckte Kaufvertrag aber dadurch geheilt werden, dass Auflassung (§ 925 BGB) und Eintragung ins Grundbuch (§ 873 BGB) erfolgen. Geschieht dies, dann wird der gewollte und nicht beurkundete Kaufvertrag gültig. Insofern gilt auch hier: *falsa demonstratio non nocet*. Freilich können in der Praxis Beweisprobleme auftreten, weil der wahre Kaufpreis ja gerade nicht notariell beurkundet wurde.

Der vorstehende Fall, der in nahezu allen Lehrbüchern zum BGB AT zu finden ist, kann aber nur als Ausgangsbasis dienen. Spätestens im Examen wird eine Auseinandersetzung mit Problemen der folgenden Art erforderlich: **1078**

**Beispiel:** Wie oben, nur dass für K eine Auflassungsvormerkung (883 BGB) eingetragen wird. Drei Wochen später wird für D eine Vormerkung auf Eintragung einer Grunddienstbarkeit eingetragen. Danach wird K als Eigentümer des Grundstücks eingetragen. D begehrt nun von K die Zustimmung zur Eintragung der Grunddienstbarkeit. **1079**

Der von D gegen K geltend gemachte Anspruch auf Zustimmung zur Eintragung der Grunddienstbarkeit könnte sich aus § 888 I BGB ergeben. Ein solcher Anspruch setzt voraus, dass die für K bestellte Auflassungsvormerkung unwirksam ist. Denn wäre diese wirksam, hätte dies zur Folge, dass wiederum die (spätere) Vormerkung für D unwirksam wäre (vgl. § 883 II BGB). Dann bestünde für D schon deshalb kein Anspruch auf Zustimmung.

Nach § 883 I S. 1 BGB kann eine Vormerkung zur Sicherung eines schuldrechtlichen Anspruchs an einem Grundstück bestellt werden, sog. Auflassungsvormerkung. Diese dient der Sicherung des schuldrechtlichen Übereignungsanspruchs (§ 873 BGB) des Käufers, damit der Verkäufer daran gehindert wird, zwischenzeitlich das Grundstück an einen gutgläubigen Dritten zu veräußern. Durch die im Grundbuch eingetragene Auflassungsvormerkung kann sich der Käufer nämlich nicht auf Gutgläubigkeit berufen (vgl. 892 BGB). Weil die Auflassungsvormerkung jedoch nicht kostenlos eingetragen wird, verzichtet der Käufer – um die Nebenerwerbskosten nicht noch höher steigen zu lassen – in der Praxis auf die Auflassungsvormerkung. Kommt es dann zu einer Zwischenveräußerung des Grundstücks an einen Dritten, bleibt ihm nur der Schadensersatzanspruch gegen den Verkäufer wegen Nichterfüllung bzw. Unmöglichkeit aus § 280 I BGB.

Vorliegend wurde zugunsten des K jedoch eine Auflassungsvormerkung eingetragen. Zu prüfen ist demnach, ob sie hätte eingetragen werden dürfen. Das ist nicht der Fall, wenn der ihr zugrunde liegende Kaufvertrag unwirksam ist.
Einander entsprechende Willenserklärungen liegen vor. Allerdings sind die von V und K vor dem Notar abgegebenen Erklärungen wegen des nur zum Schein angegebenen Kaufpreises nach § 117 I BGB nichtig. Das verdeckte Rechtsgeschäft (Kauf des Hausgrundstücks zum Preis von 300.000,- €) ist dagegen wegen § 117 II BGB wirksam, wenn es den diesbezüglich anwendbaren Vorschriften und Voraussetzungen entspricht.

Nach den allgemeinen Vorschriften ist ein Grundstückskaufvertrag aber nach § 311b I S. 1 BGB formbedürftig (notarielle Beurkundung, s.o.). An dieser Form mangelt es vorliegend (beurkundet wurde nur das unwirksame Scheingeschäft), sodass der Vertrag hinsichtlich des Grundstückskaufs zu einem Preis von 300.000,- € nach §§ 125 S. 1, 311b I S. 1 BGB unwirksam ist. Nach § 311b I S. 2 BGB kann der verdeckte Kaufvertrag aber dadurch geheilt werden, dass Auflassung (§ 925 BGB) und Eintragung ins Grundbuch (§ 873 BGB) erfolgen. Geschieht dies, dann wird der gewollte und nicht beurkundete Kaufvertrag gültig. K wurde als Eigentümer ins Grundbuch eingetragen. Das dissimulierte Geschäft (der Kaufvertrag über 300.000,- €) ist somit wirksam.

Fraglich ist aber, ob sich die Auflassungsvormerkung auf dieses dissimulierte Geschäft bezog. Bejaht man dies, würde sich die bereits eingetragene Auflassungsvormerkung auf ein wirksames Kausalgeschäft stützen und wäre ihrerseits wirksam. Dies wiederum hätte zur Folge, dass die (spätere) Vormerkung für D unwirksam wäre (vgl. § 883 II BGB) und der von ihm geltend gemachte Anspruch nicht besteht.

Beachtet man jedoch den Umstand, dass eine Heilung des dissimulierten Grundstückskaufvertrags nicht rückwirkend eintritt (durch § 311b I S. 2 BGB wird nur die Formnichtigkeit des Kaufvertrags geheilt, um nach erfolgter Eintragung im Grundbuch eine Kondiktion des Eigentums zu verhindern;[1001] zudem spricht der Wortlaut des § 311b I S. 2 BGB von „*wird* ... gültig"), kann sich auch die Auflassungsvormerkung nur auf das notariell beurkundete simulierte Geschäft beziehen. Da dieses wegen § 117 I BGB unwirksam ist, fehlt der zugunsten des K eingetragenen Auflassungsvormerkung der Bezugspunkt.

Demnach bleibt die für K eingetragene Auflassungsvormerkung wirkungslos. Der Anspruch des D aus § 888 I BGB auf Zustimmung zur Eintragung ist begründet.

### 3. Abgrenzung zu Treuhand-, Strohmann- und Umgehungsgeschäften

**1080**

Da § 117 I BGB nur eingreift, wenn die Beteiligten ihr Ziel durch den bloßen *Schein* eines wirksamen Rechtsgeschäfts erreichen wollen, liegt folgerichtig **kein** Scheingeschäft vor, wenn es für den von den Parteien gewollten Erfolg erforderlich ist, dass das Rechtsgeschäft gerade **rechtswirksam** ist, sie also nicht nur den Schein, sondern die *Wirksamkeit des Rechtsgeschäfts* wollen, auch wenn sie die damit verbundenen wirtschaftlichen oder sonstigen Folgen insgesamt nicht möchten.[1002] Das Scheingeschäft ist daher insbesondere von folgenden Geschäften abzugrenzen:

- vom **Treuhandgeschäft**,
- vom **Strohmanngeschäft** und
- vom **Umgehungsgeschäft**.

### a. Treuhandgeschäft

**1081**

Ein Treuhandgeschäft (sog. fiduziarisches Geschäft) liegt vor, wenn die Übertragung von Vermögenswerten (nur) mit dem Ziel vorgenommen wird, dass der Treuhänder zwar nach außen hin Eigentümer und Inhaber dieser Gegenstände wird, jedoch im Innenverhältnis die Interessen des Übertragenden wahren soll.[1003] **Zweck** solcher Treuhandgeschäfte ist häufig, Dritten (Gläubigern) den Zugriff auf bestimmte Rechtsgüter zu verwehren.

**1082**

**Beispiele:** S ist überschuldet. Ihm droht die Zwangsvollstreckung (§§ 704 ff. ZPO). Um seinen geliebten Aston Martin vor dem Gerichtsvollzieher „in Sicherheit zu bringen", übereignet er den Wagen schnell an seinen Freund F.

Zwar wurde dieses Geschäft nur zum „Schein" getätigt, anders als bei § 117 I BGB kam es den Parteien – da die Zwangsvollstreckung selbstverständlich nur über Gegenstände

---

[1001] *Grüneberg*, in: Palandt, § 311b Rn 55.
[1002] BAG NJW 1993, 2769.
[1003] *Wolf/Neuner*, AT, § 40 Rn 27; *Brox/Walker*, AT, Rn 406; *Schilken*, in: Staudinger, Vorbem zu §§ 164 ff. Rn 48.

stattfindet, deren Eigentümer der Vollstreckungsschuldner ist – aber gerade auf die Wirksamkeit der Übereignung an. Es liegt also kein nach § 117 BGB zu behandelndes Scheingeschäft vor.

Ein weiteres Beispiel eines Treuhandgeschäfts ist das **Inkassoverfahren**: Ein Gläubiger tritt seine Forderungen, die er gegenüber seinen Schuldnern hat, gem. § 398 BGB an ein Inkassobüro ab. Sofern hier kein echtes Factoring[1004] vorliegt, das Inkassobüro die Forderungen also nur erfüllungshalber (vgl. § 364 II BGB) annimmt, wird es zwar Forderungsgläubiger und zieht die Forderungen für den Treugeber ein, gibt die uneinbringlichen Forderungen diesem aber wieder zurück. Die eingetriebenen Forderungen werden indes an den Treugeber abgeführt.

## b. Strohmanngeschäft

Ein Strohmanngeschäft liegt vor, wenn der an dem Rechtsgeschäft Interessierte nicht selbst als Geschäftspartner auftreten möchte und daher einen anderen als Vertragspartei vorschiebt.[1005] Das Vorschicken eines Stellvertreters hilft hier nicht weiter, weil dieser ja gerade „im Namen" seines Geschäftsherrn auftreten muss. Daher bedient sich der Hintermann eines „Strohmanns".

Soll sich der Strohmann im Außenverhältnis selbst berechtigen und verpflichten, aber letztlich auf Rechnung des Hintermanns handeln, liegt konstruktiv ein Fall der **mittelbaren Stellvertretung** vor[1006], nicht aber ein Scheingeschäft i.S.d. § 117 I BGB, da hier die rechtliche Bindung (zwischen dem Strohmann und dem Geschäftspartner) ja gerade gewollt ist. Unerheblich dabei ist, dass i.d.R. ein weiterer Vertrag zwischen dem Hintermann und dem Strohmann vorliegt und ob der Dritte, mit dem der Strohmann das Geschäft tätigt, Kenntnis von der Strohmanneigenschaft hat. Ausschlaggebend ist nur, ob die Parteien die Rechtsfolge der Vereinbarung wirklich herbeiführen wollen.[1007]

> **Beispiel:** G ist leidenschaftlicher Sammler hochwertiger russischer Kunstgegenstände aus dem 18. und 19. Jahrhundert. Um dies vor der Öffentlichkeit geheim zu halten, bittet er seinen Friseur F, dieser solle für ihn eine Ikone, die er bei D gesehen hatte, kaufen. Dabei soll F aber als Käufer auftreten und dem G die Ikone später aushändigen. So geschieht es.
>
> Hier liegt kein Fall der §§ 164 ff. BGB vor, da F ausdrücklich im eigenen Namen gehandelt hat. F (und nicht G) hat mit D den Kaufvertrag geschlossen und ist nun selbst Eigentümer der Ikone geworden. Im Innenverhältnis besteht zwischen G und F jedoch ein Auftrag (§ 662 BGB). F ist also gem. § 667 BGB verpflichtet, die Ikone an G (weiter) zu übereignen und zu übergeben. G muss umgekehrt dem F den für die Ikone aufgewendeten Kaufpreis – sofern er diesen dem F nicht schon mitgegeben hatte – sowie die sonstigen Aufwendungen ersetzen (§ 670 BGB).[1008]

Ein Scheingeschäft i.S.d. § 117 BGB liegt aber dann vor, wenn der Dritte und der Strohmann einverständlich davon ausgehen, dass die Rechtswirkungen des Geschäfts von vornherein den Hintermann treffen sollen.

1083

1084

1085

---

[1004] Vgl. dazu *R. Schmidt*, SchuldR AT, Rn 312 ff.
[1005] *Schilken*, in: Staudinger, Vorbem zu §§ 164 ff. Rn 49.
[1006] Vgl. dazu Rn 622.
[1007] BGHZ 21, 378, 382; BGH NJW 1980, 1572, 1573; BGH NJW 2002, 2030, 2031.
[1008] Damit G möglichst rasch Eigentümer der Ikone wird, wäre es auch möglich, dass F das Bild an G gem. §§ 929 S. 1, 930 BGB durch antizipierte Einigung und antizipiertes Besitzkonstitut (auch schon vor Erwerb des F von D) bzw. durch Insichgeschäft weiterübereignet. Aber auch hier würde F – zumindest für eine logische Sekunde – Eigentümer des Bildes.

### c. Umgehungsgeschäfte

**1086** Schließlich liegt auch kein Fall des § 117 BGB vor, wenn die Beteiligten ein Rechtsgeschäft tätigen, das allein dazu dient, Rechtsvorschriften, die dem in Wahrheit gewollten Rechtsgeschäft entgegenstehen, zu umgehen. Denn hier wollen die Beteiligten gerade das eigentliche Geschäft, das hinter dem Umgehungsgeschäft steckt. Daher müssen sie zwangsläufig auch das Umgehungsgeschäft wollen.[1009]

**1087** **Beispiel**[1010]**:** S ist überschuldet. Um die bevorstehende Lohnpfändung abzuwenden, vereinbart er mit seinem Arbeitgeber A, auch nicht gerade der Stolz der Nation, arbeitsvertraglich, dass S kein Gehalt mehr bezieht und dass stattdessen Frau S Zahlungsansprüche gegen A zustehen sollen.

Hier liegt ein sog. Lohnverschiebungsvertrag vor (vgl. § 850h ZPO), der allein dazu dient, eine mögliche Lohnpfändung auszuschließen. Es handelt sich um ein Umgehungsgeschäft und nicht um ein Scheingeschäft, weil die Parteien – um die gewünschte wirtschaftliche Folge herbeizuführen – schon den Vertrag wollen müssen. Freilich eine andere Frage ist es, ob das Umgehungsgeschäft nicht aus einem anderen Grund nichtig ist. Zu denken wäre insbesondere an § 134 oder § 138 BGB.

**1088** Nun mag der Leser sich gesagt haben, dass das Umgehungsgeschäft letztlich nicht gewollt war und dass die Parteien dieses Geschäft *doch* nur zum Schein vorgenommen haben. Dieser Gedanke ist in der Tat sympathisch, entspricht aber nicht der h.M., die offenbar die Nichtigkeit des Umgehungsgeschäfts (zumindest aus § 117 BGB) vermeiden möchte. Insbesondere hat sich die auch hier favorisierte Auffassung des OLG Karlsruhe nicht durchsetzen können.

**1089** **Beispiel**[1011]**:** V begehrt eine Anstellung als Versicherungsvertreter. Da er jedoch wegen Betrugs und Untreue vorbestraft ist, sind die Aussichten auf eine Anstellung nicht besonders gut. Daher vereinbart er (gegen ein „kleines" Entgelt) mit F, dem Leiter der Bezirksdirektion, dass formal sein Sohn S angestellt werden solle. Tätig werden wolle jedoch allein V. So geschieht es.

Auch hier müsste man mit der h.M. argumentieren, dass zwar ein Umgehungsgeschäft vorliege, die Parteien aber – um den gewünschten wirtschaftlichen Erfolg herbeizuführen – die Wirksamkeit des Umgehungsgeschäfts in Kauf nehmen müssten. Dann käme man zu dem Ergebnis, dass formal-juristisch S Angestellter der Versicherungsgesellschaft ist. Anders argumentiert das OLG Karlsruhe. Um dem V die Anstellung zu verschaffen, sei nicht die Wirksamkeit des Arbeitsvertrags zwischen der Gesellschaft und S erforderlich, sondern nur ein makeloses Führungszeugnis. Das Einverständnis der Bezirksdirektion sei der Gesellschaft über § 166 I BGB zuzurechnen. Die simulierte Einstellung des S sei deshalb nach § 117 I BGB nichtig.

Folgt man dieser Auffassung, stellt sich die Frage, ob stattdessen ein Anstellungsvertrag zwischen V und der Versicherungsgesellschaft, vertreten durch F, nach § 117 II BGB wirksam zustande gekommen ist. Voraussetzung wäre, dass F die Gesellschaft wirksam vertreten hat.

Die ersten beiden Voraussetzungen einer Stellvertretung (eigene Willenserklärung; Handeln im fremden Namen) liegen vor. Bedenken bestehen aber hinsichtlich der Vertretungsmacht, weil einer solchen die **Grundsätze vom Missbrauch der Vertretungsmacht** entgegenstehen könnten. In Betracht kommt Kollusion.

Ein Fall der **Kollusion** liegt vor, wenn der Vertreter und der Geschäftsgegner bewusst zum Nachteil des Vertretenen zusammenwirken. In diesen Fällen ist das Vertretergeschäft (hier der Anstellungsvertrag zwischen V und der Versicherungsgesellschaft) nach allgemeiner Ansicht gemäß § 138 I BGB nichtig mit der Folge, dass der Geschäftsherr nicht

---

[1009] *Ellenberger*, in: Palandt, § 117 Rn 4; *Armbrüster*, in: MüKo, § 117 Rn 26; *Köhler*, AT, § 7 Rn 10; *Brox/Walker*, AT, Rn 328/406; *Wolf/Neuner*, AT, § 40 Rn 29.
[1010] Nach *Brox/Walker*, AT, Rn 406.
[1011] Nach OLG Karlsruhe NJW 1971, 619 f.

gebunden wird. Ob V und F bewusst *zum Nachteil* der Gesellschaft handelten, mag bezweifelt werden. Immerhin wollten sie nur eine Anstellung des V bewirken; dass die Versicherungsgesellschaft mit V schlechter stehen würde als mit S, kann nicht unterstellt werden. Eine Kollusion scheidet daher aus.[1012]

Einen Missbrauch der Vertretungsmacht mit der Folge, dass der Geschäftsherr nicht an das Vertretergeschäft gebunden ist, liegt nach h.M. aber auch dann vor, wenn der Geschäftsgegner (hier: V) erkannte, dass der Vertreter (hier F) die im Innenverhältnis zum Geschäftsherrn bestehenden Befugnisse überschreitet oder wenn sich die Notwendigkeit einer Rückfrage des Geschäftsgegners bei dem Vertretenen geradezu aufdrängt[1013] (**Evidenz** der Überschreitung der Vertretungsmacht). Evidenz ist im vorliegenden Fall wohl nicht zu bestreiten.

Fraglich ist aber, ob der Missbrauch der Vertretungsmacht in den Fällen der Evidenz ein **vorwerfbares Verhalten des Vertreters** erfordert. Folgt man der h.M., ist das nicht der Fall.[1014]

Die Versicherungsgesellschaft ist daher aufgrund des Missbrauchs der Vertretungsmacht nicht an das Vertretergeschäft gebunden. Es liegt kein Anstellungsvertrag zugunsten des V vor.

## III. Die Scherzerklärung, § 118 BGB

Gemäß § 118 BGB ist eine nicht ernstlich gemeinte Willenserklärung **nichtig**, wenn sie in der Erwartung abgegeben wird, der Mangel der Ernstlichkeit werde nicht verkannt.     1090

Einfach ausgedrückt bedeutet das Folgendes: Wie bei § 116 BGB ist die Erklärung nicht ernst gemeint. Im Unterschied zu § 116 BGB setzt § 118 BGB jedoch voraus, dass der Erklärende davon ausgeht bzw. hofft, der andere werde die Nichternstlichkeit der Erklärung erkennen, sog. „**guter Scherz**". Geht der Erklärende also davon aus, der andere glaube an die Ernstlichkeit, liegen ein geheimer Vorbehalt und damit ein Fall des § 116 BGB vor.     1091

> **Beispiel:** A hat sich einen fabrikneuen BMW 540i V 8 zu einem Preis von 73.000,- € gekauft. Als er nach einer Woche wegen eines Elektronikproblems liegen bleibt und der Wagen abgeschleppt werden muss, lässt er am Abend seinen Frust am Stammtisch aus. Er bietet den Wagen seinem Kumpel B für 1.000,- € zum Kauf an. Dieser ist hocherfreut und willigt sofort ein. Als B am nächsten Tag bei A vor der Tür steht und den Wagen abholen will, fragt A ihn, ob er sie noch alle habe; selbstverständlich sei das Angebot nicht ernst gemeint gewesen.     1092
>
> Hier ist es offensichtlich, dass A sein Angebot nicht ernst meinte. A durfte aufgrund des krassen Missverhältnisses zwischen dem Wert des Wagens und den genannten 1.000,- € auch davon ausgehen, dass die Nichternstlichkeit seines Geplänkels nicht verkannt würde. B hat daher keinen Anspruch auf Übereignung und Übergabe des Wagens. Er kann noch nicht einmal – soweit vorhanden – den Schaden, den er im Vertrauen auf die Wirksamkeit der Erklärung erlitten hat, geltend machen. Zwar sieht § 122 I BGB den Ersatz des Vertrauensschadens auch im Fall des § 118 BGB vor, nicht aber, wenn der Erklärungsempfänger die Nichtigkeit kannte oder – wie vorliegend – infolge Fahrlässigkeit nicht kannte (§ 122 II BGB).

Wie das Beispiel gezeigt hat, ist es für die Annahme des § 118 BGB unerheblich, aus welchem Motiv (Scherz, Prahlerei, bloße Höflichkeit etc.) der Erklärende handelt. Auch     1093

---

[1012] A.A. *Medicus/Petersen*, BR, Rn 128, allerdings ohne jede Begründung.
[1013] BGH NJW 1999, 2883.
[1014] BGH NJW 1988, 3012, 3013; *Medicus/Petersen*, AT, Rn 968; *Brox/Walker*, AT, Rn 579 ff.; *Köhler*, AT, § 11 Rn 63; *Ellenberger*, in: Palandt, § 164 Rn 14. Vgl. aber auch BGHZ 50, 112, 114, wonach das Gericht nur in den Fällen der kraft Gesetzes unbeschränkten handelsrechtlichen Vertretungsmacht (z.B. bei der Prokura, § 50 HGB, und der OHG, § 126 II HGB) ein vorsätzliches Verhalten des Vertreters fordert. Generell Vorsatz fordernd *Leptien*, in: Soergel, § 177 Rn 17.

spielt es keine Rolle, ob der Erklärungsgegner die Nichternstlichkeit (objektiv) überhaupt erkennen kann. Entscheidend ist nur, dass der Erklärende *ohne* Täuschungsabsicht handelt.[1015] Der Erklärungsempfänger wird durch § 122 BGB geschützt.

**1093a**  Kein Fall des § 118 BGB liegt nach der hier vertretenen Auffassung vor, wenn sich der Inhalt der fraglichen Willenserklärung durch Auslegung ermitteln lässt.

> **Beispiel**[1016]**:** V bot sein Auto auf einem Internetportal zum Verkauf an. Der angegebene Kaufpreis lag im unteren 5-stelligen Bereich und entsprach dem tatsächlichen Verkehrswert. In der Kleinanzeige hieß es u.a.: „Ich bitte höflichst, von Preisvorschlägen, Ratenzahlungen, Tauschen gegen (...) abzusehen, der Wagen ist sein Geld echt wert (...). Wenn er Euch zu teuer erscheint, dann bitte auch nicht anrufen (...)".
>
> Auf die Anzeige meldete sich auch K, der mit V in Kaufvertragsverhandlungen trat, die jedoch zu keinem Ergebnis führten. Ein Tauschangebot des K lehnte V ab. Am gleichen Tag versandte V eine E-Mail an K mit dem Wortlaut „Also für 15 kannste ihn haben". K antwortete darauf: „Guten Tag, für 15 € nehme ich ihn" und erkundigte sich, wohin er das Geld überweisen und wo er das Auto abholen könne. Die Antwort des V lautete: „Kannst Kohle überweisen, Wagen bringe ich dann."
>
> Nachfolgend forderte K den V vergeblich zur Mitteilung der Kontodaten auf und schaltete Ende des Monats seinen Rechtsanwalt ein.
>
> Das OLG Frankfurt war der Meinung, dass die Erklärungen des V erkennbar nicht ernst gemeint gewesen seien. V habe die Antwort des K („... für 15 € nehme ich ihn ...") auf seine erste Nachricht („Also für 15 kannste ihn haben") demnach auch nicht als ernsthafte Annahme eines vermeintlichen Kaufvertragsangebots ansehen müssen. Dafür sei der Inhalt seiner ersten Nachricht viel zu fernliegend gewesen. V habe die Reaktion des K vielmehr als ein „Sicheinlassen auf eine Scherzkonversation" verstehen dürfen.
>
> Nach der hier vertretenen Auffassung lässt sich die Aussage des V: „Also für 15 kannste ihn haben" gem. §§ 133, 157 BGB jedenfalls dann als Angebot zum Kauf des Wagens für 15.000 € interpretieren, wenn sich der in der Sachverhaltswiedergabe des OLG Frankfurt genannte Betrag: „lag im unteren 5-stelligen Bereich" zwar über 15.000,- € bewegte, aber nicht etwa im Bereich von 30.000,- €. Zudem ist es beim Autokauf nicht unüblich (jedenfalls unter Privatleuten), Tausender-Beträge ohne Dezimalstellen und (bei Inlandsgeschäften) ohne Währungsangabe zu nennen. Trägt man diese Auffassung und deutet die Aussage des V: „Also für 15 kannste ihn haben" gem. §§ 133, 157 BGB als Angebot zum Kauf des Wagens für 15.000 €, war die Antwort des K: „Guten Tag, für 15 € nehme ich ihn" nicht ernst zu nehmen bzw. nicht als korrespondierende Annahmeerklärung anzusehen. Es bestand daher ein Einigungsmangel (sog. Dissens, vgl. Rn 1302). Die Antwort des V: „Kannst Kohle überweisen, Wagen bringe ich dann" wäre dann die Scherzerklärung, die das OLG Frankfurt hat annehmen wollen.

**1094**  Neben dem sog. „guten Scherz" kann § 118 BGB auch dann zur Anwendung kommen, wenn ein Scheingeschäft nach § 117 BGB misslingt, der Erklärungsgegner den beabsichtigten Scheincharakter des Geschäfts also nicht erkennt, sodass es an der Einverständlichkeit für § 117 BGB fehlt. Denn dieser Umstand ändert nichts daran, dass die Willenserklärung nicht ernstlich gemeint war und der Erklärende auch von der entsprechenden Erkennbarkeit ausgegangen ist.

**1095**  Gemäß § 118 BGB ist eine Willenserklärung, die unter den genannten Voraussetzungen abgegeben wird, **nichtig**. Dem Erklärungsempfänger wird aber **gemäß § 122 I BGB** ein **Ersatzanspruch** hinsichtlich desjenigen Schadens zugebilligt, den er im Vertrauen auf die Gültigkeit der Erklärung erlitten hat (dazu Rn 1468). Dieser Anspruch ist – wie gesehen – nach § 122 II BGB jedoch ausgeschlossen, wenn der Erklärungsempfänger

---

[1015] *Brox/Walker*, AT, Rn 400. Vgl. auch *Wolf/Neuner*, AT, § 40 Rn 8 ff.
[1016] Nach OLG Frankfurt 2.5.2017 – 8 U 170/16.

den Grund der Nichtigkeit kannte oder infolge von Fahrlässigkeit (§ 276 II BGB) nicht kannte.

Erkennt der Erklärende aber, dass der Erklärungsempfänger die Erklärung als ernstlich gewollt ansieht, ist er nach Treu und Glauben (§ 242 BGB) verpflichtet, das Missverständnis aufzuklären. Kommt er dieser Aufklärungspflicht nicht nach, wird aus dem „guten Scherz" ein nach § 116 BGB zu behandelnder „böser Scherz"[1017] mit der Folge, dass sich der Erklärende nicht auf den Nichtgeltungswillen berufen kann, sondern vielmehr an seine Erklärung gebunden wird (es entsteht z.B. ein Erfüllungsanspruch). **1096**

---

[1017] *Armbrüster*, in: MüKo, § 118 Rn 10; *Medicus/Petersen*, AT, Rn 604; *Brox/Walker*, AT, Rn 401; *Wolf/Neuner*, AT, § 40 Rn 1.

# D. Nichtigkeit wegen Formmangels, § 125 BGB

## I. Grundsatz der Formfreiheit

**1097**  Damit der Rechtsverkehr nicht unnötig erschwert wird, sind Rechtsgeschäfte im Grundsatz an keine bestimmte Form gebunden. Sie können daher – sofern keine gesetzlichen Formvorschriften bestehen oder die Parteien selbst eine bestimmte Form festgelegt haben – **formfrei**, insbesondere mündlich, aber auch durch schlüssiges Verhalten getätigt werden.

> **Beispiel:** V und K einigen sich mündlich über den Kauf des Gebrauchtwagens des V. Anschließend übergibt und übereignet V den Wagen nebst Papieren und Schlüsseln an K und K zahlt an V den Kaufpreis.

Ein formlos geschlossener Vertrag kann im Einzelfall erhebliche Rechtsunsicherheit und Probleme in der Beweisführung nach sich ziehen, etwa, wenn sich die Parteien im Nachhinein über das Vorliegen bzw. Nichtvorliegen der vereinbarten Beschaffenheit streiten. Daher kann trotz bestehender Formfreiheit zu empfehlen sein, die Vereinbarungen in einer Vertragsurkunde („schriftlicher Kaufvertrag") festzuhalten. Das schafft Rechtssicherheit und Rechtsklarheit.

> **Beispiel:** So ermöglicht die schriftliche Abfassung einer Vertragserklärung über den Verkauf eines Autos es den Parteien, im Nachhinein klarzustellen und zu beweisen, ob und mit welchem Inhalt das Geschäft zustande gekommen ist.

**1098**  In einigen Fällen ist der Gesetzgeber der Meinung, dass die Parteien vor bestimmten Gefahren geschützt werden müssen oder die Öffentlichkeit ein besonderes Interesse an der Publizität des Erklärten hat. Für diesen Fall hat er Formvorschriften erlassen. Solche sind insbesondere im Immobiliarsachenrecht vorhanden, und zwar hauptsächlich für das Grundbucheintragungsverfahren (§ 29 GBO), aber auch im Familien- und Erbrecht (man denke an Eheverträge, Scheidungsvereinbarungen, Testamente und Erbverträge). Im Schuldrecht ist v.a. an Bürgschaften zu denken. Der Allgemeine Teil des BGB enthält selbst nur wenige Formvorschriften (vgl. z.B. § 32 II und § 111 S. 2 BGB), regelt aber die Formarten und normiert Verstöße gegen Formerfordernisse (vgl. §§ 125 ff. BGB).

## II. Funktionen und Zwecke der Formvorschriften

**1099**  Gesetzlich angeordnete Formerfordernisse erfüllen verschiedene Zwecke, wobei eine gewisse Überschneidung der jeweiligen Zweckinhalte möglich ist.[1018] Die wohl wichtigsten Funktionen sind:

- **Beweisfunktion**
- **Warnfunktion**
- **Aufklärungs- und Belehrungsfunktion**

### 1. Beweisfunktion

**1100**  Einige Formvorschriften verfolgen den Zweck, durch schriftliche Festlegung den Abschluss und den Inhalt des Rechtsgeschäfts zu dokumentieren, damit ein Streit über Ungewissheiten verhindert wird (Beweisfunktion). Sie dienen also der **Rechtssicherheit** und **Rechtsklarheit**.[1019] Die Beweisfunktion kann auch einen Zweck gegenüber Dritten erfüllen.

---

[1018] Vgl. auch *Regenfus*, JA 2008, 161 ff.
[1019] *Wolf/Neuner*, AT, § 44 Rn 4; *Brox/Walker*, AT, Rn 299; *Ellenberger*, in: Palandt, § 125 Rn 3.

**Beispiel:** § 550 S. 1 BGB ordnet bei Wohnraummietverträgen, die für längere Zeit als ein Jahr geschlossen werden, Schriftform an. Allerdings führt ein Verstoß gegen das Schriftformerfordernis (entgegen der Regelung des § 125 BGB) nicht zur Unwirksamkeit des Vertrags, sondern dazu, dass dieser für unbestimmte Zeit gilt. Diese gesetzliche Regelung will also nicht die Mietvertragsparteien schützen (sonst hätte sie die Unwirksamkeit angeordnet), sondern verfolgt vielmehr den Zweck, etwa bei einer späteren Veräußerung des Mietobjekts dem Erwerber, der ja gem. § 566 BGB kraft Gesetzes an die Stelle des bisherigen Vermieters in den bestehenden Mietvertrag mit allen Rechten und Pflichten eintritt, zu ermöglichen, rechtssicher und verlässlich die Vertragsbedingungen nachzulesen, damit er weiß, zu welchen Vertragsbedingungen er den Mietvertrag übernehmen muss.[1020]

## 2. Warnfunktion

Geht es um weit reichende oder riskante Geschäfte, verfolgt das Formerfordernis den Zweck, den Beteiligten die wirtschaftliche Bedeutung des Geschäfts und das mit ihm verbundene Risiko vor Augen zu führen und sie damit vor **Unüberlegtheit** und **Übereilung** zu schützen. Der Erklärende soll durch den Formzwang auf die besondere rechtliche Bedeutung und Tragweite seines Verhaltens hingewiesen und vor vorschnellem Eingehen einer Verpflichtung gewarnt werden.[1021]

**1101**

**Beispiele:** Ein Vertrag, durch den sich jemand verpflichtet, das Eigentum an einem Grundstück zu übertragen oder zu erwerben, bedarf der notariellen Beurkundung (§ 311b I S. 1 BGB); das Gleiche gilt bei einem Vertrag, durch den sich jemand verpflichtet, sein gegenwärtiges Vermögen oder einen Bruchteil dessen zu übertragen oder mit einem Nießbrauch zu belasten (§ 311b III BGB); der Vertrag über ein Verbraucherdarlehen bedarf mindestens der Schriftform (§ 492 I BGB); das Schenkungsversprechen bedarf der notariellen Beurkundung (§ 518 I BGB); die Bürgschaft bedarf der Schriftform (§ 766 S. 1 BGB). Gerade bei der Bürgschaft ist die Warnung vor der Reichweite der Erklärung sehr wichtig, weil der Bürge – anders als der Hypothekenschuldner – unbegrenzt mit seinem gesamten Vermögen haftet. Zudem wird – gerade bei Bankbürgschaften – die selbstschuldnerische Bürgschaft vereinbart, also eine Bürgschaft, bei der die Gläubigerbank noch nicht einmal zuvor die Zwangsvollstreckung beim Hauptschuldner versucht haben muss (sog. Verzicht auf die Einrede der Vorausklage gem. § 771 BGB).

Um diesen Schutzzweck effektiv zu gestalten, ordnet das Gesetz regelmäßig die Nichtigkeit an, wenn die Form nicht beachtet wurde (§ 125 BGB). Ist der Schutzzweck aber nicht mehr erreichbar, sieht das Gesetz bei vollzogenem Rechtsgeschäft oftmals eine Heilung des Formverstoßes vor (vgl. etwa §§ 311b I S. 2, 518 II, 766 S. 3 BGB).

**1102**

## 3. Aufklärungs- und Belehrungsfunktion

Eng verwandt mit der Warnfunktion ist die Aufklärungs- und Belehrungsfunktion. Das gilt insbesondere für die Pflicht zur **notariellen Beurkundung**, die der Gesetzgeber für besonders bedeutsame, mit sehr weit reichenden Folgen verbundene Geschäfte angeordnet hat. Dieser kommt eine **Belehrungsfunktion** zu, da der Notar zur Belehrung der Beteiligten verpflichtet ist (§§ 17 ff. BeurkG; § 24 BNotO). Zweck der notariellen Beurkundung ist, dass die Parteien beraten und vor Risiken gewarnt werden, die mit dem beurkundungspflichtigen Rechtsgeschäft verbunden sind. Dementsprechend verpflichtet § 17 BeurkG den Notar, auf Gefahren, Irrtümer, Lücken sowie auf mögliche Rechtsmän-

**1103**

---

[1020] *Weidenkaff*, in: Palandt, § 566 Rn 1; *Stadler*, AT, § 24 Rn 3; *Köhler*, AT, § 12 Rn 3; *Brox/Walker*, AT, Rn 299.
[1021] *Ellenberger*, in: Palandt, § 125 Rn 3; *Wolf/Neuner*, AT, § 44 Rn 9; *Stadler*, AT, § 24 Rn 4; *Köhler*, AT, § 12 Rn 3; *Brox/Walker*, AT, Rn 299; *Boecken*, AT, Rn 388.

gel des Geschäfts hinzuweisen, die – ohne die Aufklärung und Belehrung – zur Unwirksamkeit des Rechtsgeschäfts geführt hätten. Notarielle Beurkundung bedeutet daher auch eine Gültigkeitsgewähr.[1022]

> **Beispiele:** Grundstückskaufvertrag (§ 311b I BGB); Auflassung (§ 925 BGB); Ehevertrag (§ 1410 BGB); Erbvertrag (§ 2276 BGB); öffentliches Testament (§ 2232 BGB)

**1104**  Auch die **Mitteilungs- und Informationspflichten** nach **Verbraucherschutzrecht** gehören hierher. Diese sollen dem (typischerweise nicht rechtskundigen) Verbraucher die Vertragskonditionen in transparenter Weise vor Augen führen und ihn über seine Rechte (insb. Widerrufs- oder Rückgaberecht, vgl. §§ 312c I, 312d, 312e, 312i, 312j BGB i.V.m. Art. 246 ff. EGBGB – dazu *R. Schmidt*, SchuldR AT, Rn 958 ff.) informieren.

## III. Arten gesetzlicher Formvorschriften

**1105**  Das BGB nennt im Wesentlichen folgende gesetzliche Formtypen:

- **Textform** (§ 126b BGB)
- **Schriftform** (§ 126 I BGB)
- **elektronische Form** (§ 126a BGB)
- **öffentliche Beglaubigung** (§ 129 I BGB)
- **notarielle Beurkundung** bzw. gerichtlicher Vergleich (§§ 127a, 128 BGB)

**1106**  Bei diesen gesetzlichen Formen sind aber teilweise Besonderheiten zu beachten. So ist bei der Auflassung (§ 925 BGB), beim Ehevertrag (§ 1410 BGB) und beim Erbvertrag (§ 2276 BGB) jeweils die gleichzeitige Anwesenheit beider Teile vor einem Notar erforderlich; das Testament ist nur wirksam, wenn es entweder eigenhändig geschrieben und unterschrieben (dazu Rn 1114) oder von einem Notar niedergeschrieben worden ist (§§ 2231, 2247); die Eheschließung, wenn sie von einem Standesbeamten vorgenommen worden ist (§ 1310 BGB).

## 1. Die Textform, § 126b BGB

**1107**  § 126b S. 1 BGB bestimmt, dass bei einer durch Gesetz vorgeschriebenen Textform die Erklärung lesbar auf einem dauerhaften Datenträger abgegeben werden und die Person des Erklärenden genannt sein muss.

**1108**  Dauerhafter Datenträger ist gemäß der Legaldefinition in § 126b S. 2 BGB jedes Medium, das

⇨ es dem Empfänger ermöglicht, eine auf dem Datenträger befindliche, an ihn persönlich gerichtete Erklärung so aufzubewahren oder zu speichern, dass sie ihm während eines für ihren Zweck angemessenen Zeitraums zugänglich ist, und

⇨ geeignet ist, die Erklärung unverändert wiederzugeben.

**1109**  Dauerhaft ist ein Datenträger mithin nur dann, wenn die Speicherung unabhängig von einer aktuellen Energiequelle erfolgt. So ist etwa der Arbeitsspeicher eines Computers kein dauerhafter Datenspeicher, da dieser seine Funktion als temporärer Speicher nach Herunterfahren des Computers verliert. Dauerhaft ist aber die Speicherung auf Papier (vgl. Art. 246a § 4 II S. 1 EGBGB, wo von „Papier oder einem anderen dauerhaften Datenträger" gesprochen wird). Und in dem Muster für eine Widerrufserklärung für Verbraucherdarlehen (Anlage 7 zu Art. 247

---

[1022] Vgl. *Wolf/Neuner*, AT, § 44 Rn 13; *Stadler*, AT, § 24 Rn 5; *Köhler*, AT, § 12 Rn 3; *Brox/Walker*, AT, Rn 299; *Boecken*, AT, Rn 388; *Kanzleiter*, in: MüKo, § 311b Rn 1.

§ 6 II und § 12 I EGBGB) nennt der Gesetzgeber als Beispiele für einen dauerhaften Datenträger Brief, Telefax und E-Mail (wobei sich bei der E-Mail dann wieder Abgrenzungsprobleme in Bezug auf die elektronische Form i.S.d. § 126a BGB stellen). Erst recht sind daher auch CD, DVD, USB-Stick, Speicherkarte etc. dauerhafte Datenträger. Eine Internetseite ist i.d.R. kein dauerhafter Datenträger, da hier keine unveränderte Wiedergabe der gespeicherten Informationen gewährleistet ist.[1023] Auch kein dauerhafter Datenträger ist ein Link in einer E-Mail, da das verlinkte Ziel nicht dauerhaft vom Verbraucher gesichert und vielmehr jederzeit vom Inhaber der Internetseite geändert werden kann.[1024]

Da es zur Wahrung der Textform genügt, dass die Erklärung auf einem dauerhaften Datenträger abgegeben wird und weder eine eigenhändige Unterschrift noch eine qualifizierte elektronische Signatur geleistet werden muss, wird deutlich, dass das Textformerfordernis die schwächste aller Formvorschriften darstellt. Daher ist es nur folgerichtig, dass der Textform nur eine geringe Beweis- und Warnfunktion innewohnt und dass der Gesetzgeber sie meist nur bei rechtsgeschäftsähnlichen Handlungen zulässt.[1025] **1110**

Das Verbraucherschutzrecht verwendet den Begriff der Textform etwa in § 510 I S. 3 BGB (Mitteilung des Inhalts des Ratenlieferungsvertrags in Textform), in § 482a S. 1 BGB (Belehrung über das Widerrufsrecht bei Teilzeit-Wohnrechteverträgen, Verträgen über langfristige Urlaubsprodukte, Vermittlungsverträgen und Tauschsystemverträgen in Textform), in § 312a II BGB i.V.m. Art. 246 III S. 1 EGBGB (Belehrung des Verbrauchers über sein Widerrufsrecht in Textform), § 312d I S. 1 BGB i.V.m. Art. 246a § 1 II S. 2 EGBGB (Übermittlung der Widerrufsbelehrung in Textform). Siehe ferner §§ 555c I, 556a II S. 1, 558a I, 560 I. **1111**

## 2. Die Schriftform, § 126 I BGB

Ordnet das Gesetz die Schriftform an, muss über das Rechtsgeschäft eine **Urkunde** angefertigt werden, die vom Aussteller eigenhändig (d.h. handschriftlich) **unterschrieben** oder notariell **beglaubigt** wird (§ 126 I BGB). Gemäß § 126 III BGB kann – wenn sich nicht aus dem Gesetz etwas anderes ergibt – die schriftliche Form durch die elektronische Form (§ 126a BGB) und gem. § 126 IV BGB durch die notarielle Beurkundung (§ 128 BGB) ersetzt werden (dazu jeweils später). Bei Verträgen ist § 126 II BGB zu beachten. **1112**

> **Beispiele** von Schriftformerfordernissen im BGB sind: Im Allgemeinen Teil §§ 32 II, 37 I, 81 I, 111 S. 2; im Schuldrecht §§ 368, 410, 416 II, 484, 492, 550, 557a, 557b, 568, 574b, 577 III, 585a, 594f, 623, 655b, 761, 766 S. 1[1026], 780, 781, 793; im Sachenrecht § 1154; im Familienrecht §§ 1904 V, 1901a I S. 1 BGB

Das formbedürftige Rechtsgeschäft muss in einer **Urkunde** enthalten sein. Unter einer Urkunde ist jede schriftlich verkörperte Gedankenerklärung zu verstehen, die geeignet und bestimmt ist, im Rechtsverkehr Beweis zu erbringen, und den Aussteller erkennen lässt. Besteht die Urkunde aus mehreren Blättern oder Texten, muss deren Zusammengehörigkeit erkennbar gemacht werden.[1027] Eine körperliche Verbindung ist allerdings nicht erforderlich; es genügt – etwa im Fall des § 550 BGB –, dass sich die Einheitlichkeit der Urkunde aus fortlaufender Paginierung, fortlaufender Nummerierung der einzelnen Bestimmungen, einheitlich graphischer Gestaltung, inhaltlichem Zusammenhang des Textes oder vergleichbaren Merkmalen zweifelsfrei ergibt.[1028] **1113**

---

[1023] EuGH NJW 2012, 2637, 2638; BGH NJW 2010, 3566, 3568

[1024] EuGH NJW 2012, 2637, 2638.

[1025] *Brox/Walker*, AT, Rn 300; *Boecken*, AT, Rn 386.

[1026] Im Handelsrecht ist aber die Ausnahme in § 350 HGB zu beachten.

[1027] BGHZ 136, 357; BGH NJW 2003, 1248, 1249; *Wolf/Neuner*, AT, § 44 Rn 26.

[1028] BGHZ 136, 357; BGH NJW 2003, 1248, 1249.

**1114**  Nach § 126 I BGB ist es zur Wahrung der gesetzlichen Schriftform erforderlich, dass die Urkunde vom Aussteller durch **Namensunterschrift** unterzeichnet wird. In einigen Fällen ist sogar eine qualifizierte Schriftform vorgesehen. So muss das Testament eigenhändig geschrieben und unterschrieben sein (§ 2247 BGB)[1029]; beim Verbraucherdarlehensvertrag muss die Vertragsurkunde einen bestimmten Mindestinhalt aufweisen (§ 492 BGB). Bei einem Vertrag muss die Unterzeichnung der Parteien auf derselben Urkunde erfolgen (§ 126 II S. 1 BGB). Werden über den Vertrag mehrere gleichlautende Urkunden aufgenommen, genügt es, wenn jede Partei die für die andere Partei bestimmte Urkunde unterzeichnet (§ 126 II S. 2 BGB).

§ 127 I BGB ordnet an, dass diese Vorschriften im Zweifel auch für die durch Rechtsgeschäft bestimmte (namentlich: vertraglich vereinbarte) Form (**gewillkürte** Schriftform) gelten, jedoch hat der Gesetzgeber in § 127 II BGB gewisse Erleichterungen vorgesehen; u.a. genügt im Zweifel die „telekommunikative Übermittlung" (z.B. Telefax, Computerfax, E-Mail), bei der auf das Unterschriftserfordernis ganz verzichtet werden kann.[1030] „Im Zweifel" bedeutet, dass sich der entgegenstehende Wille aus dem Gesamtzusammenhang ableiten lassen muss, wobei auf den objektivierten Empfängerhorizont abzustellen ist. Wird der mit der Schriftformvereinbarung verfolgte Zweck auch durch bspw. eine E-Mail erreicht, ist in Ermangelung eindeutiger entgegenstehender Anhaltspunkte die elektronische Form formgerecht.[1031]

**1115**  Das Unterschriftserfordernis erfüllt vier Funktionen[1032]:

- die **Abschlussfunktion** (Erklärung ist abgeschlossen und kein bloßer Entwurf mehr),
- die **Identitätsfunktion** (Unterschrift soll Identität des Erklärenden erkennen lassen),
- die **Echtheitsfunktion** (Erklärung stammt vom Unterzeichnenden) und
- die **Warnfunktion** (Unterzeichner wird vor Übereilung geschützt).

**1116**  Das Gesetz fordert zur Einhaltung der Schriftform, dass bei einem Vertrag entweder beide Parteien auf derselben Urkunde unterschreiben müssen (§ 126 II S. 1 BGB) oder dass mehrere gleichlautende Urkunden aufgesetzt und jeweils vom anderen Teil unterschrieben werden müssen (§ 126 II S. 2 BGB). Es genügt grds. nicht, wenn eine Partei das schriftliche Angebot und der andere Teil die schriftlich fixierte Annahme unterschreibt.[1033]

**1117**  Die Unterschrift muss „**eigenhändig**" geleistet werden. Dies bedeutet aber nicht notwendigerweise eine persönlich geleistete Unterschrift. Auch der Stellvertreter (§ 164 I BGB) kann mit Wirkung für den Vertretenen unterschreiben, wenn er eigenhändig unterschreibt (dazu sogleich). Eigenhändig bedeutet daher vielmehr **handschriftlich**. Nicht „eigenhändig" sind folglich die maschinenschriftliche Wiedergabe des Namens oder gar ein Stempelaufdruck („**Faksimilestempel**") oder eine anderweitige Vervielfältigung des Namens.[1034] Auch wenn die zunächst selbst handschriftlich geleistete Unterschrift auf

---

[1029] Zu den Anforderungen an die Eigenhändigkeit vgl. etwa OLG Hamm ZEV 2013, 42 f. Zum im Testament zum Ausdruck kommenden ernsthaften Testierwillen vgl. OLG Hamm ErbR 2016, 157. Vgl. auch OLG Schleswig MDR 2015, 1188, wonach das Testament unwirksam ist, wenn es selbst von Schriftsachverständigen nicht (vollständig) entziffert werden kann. Dem ist zuzustimmen, da bei einem Testament der erklärte Wille in vollem Umfang aus dem Geschriebenen hervorgehen muss (siehe dazu Rn 405). Daher muss die Schrift auch lesbar sein.
[1030] Vgl. *Riesenkampff*, NJW 2004, 3296; *Köhler*, AT, § 12 Rn 6; *Stadler*, AT, § 24 Rn 9; LG München I ZMR 2015, 930 (mit Bespr. von *Stadler*, JA 2016, 464).
[1031] LG München I ZMR 2015, 930.
[1032] *Köhler*, AT, § 12 Rn 7; *Stadler*, AT, § 24 Rn 12; *Wolf/Neuner*, AT, § 44 Rn 4/27; *Boecken*, AT, Rn 375.
[1033] Etwas anderes gilt aber für die vereinbarte Schriftform (§ 127 II S. 1 BGB): Hier genügt ein Briefwechsel; vgl. des Weiteren auch die Vorschrift des § 492 BGB für Verbraucherdarlehen.
[1034] Gleichwohl lässt der Gesetzgeber auch Ausnahmen von der Eigenhändigkeit zu, etwa bei Schuldverschreibungen (vgl. § 793 II S. 2 BGB: „Zur Unterzeichnung genügt eine im Wege der mechanischen Vervielfältigung hergestellte Namensunterschrift.").

diese Weise drucktechnisch reproduziert wird, handelt es sich nicht mehr um die Originalunterschrift. Daher wird auch bei einem Computerausdruck die Verwendung einer zuvor **eingescannten Unterschrift** dem Schriftformerfordernis des § 126 I BGB **nicht** gerecht. Sofern solche eingescannten Unterschriften in der Praxis verwendet werden, betreffen sie entweder Rechtsgeschäfte, bei denen die elektronische Form (neben der schriftlichen) zulässig ist (§§ 126 III, 126a, 127 III BGB, vgl. Rn 1127 ff.) oder die lediglich einem Textformerfordernis (§ 126a BGB) unterliegen. Anderenfalls sind die schriftlichen Erklärungen schlichtweg unwirksam, sofern Schriftform gesetzlich angeordnet ist.

**Beispiel:** Großkapitalist E ist u.a. Eigentümer eines in die Jahre gekommenen Häuserblocks, in dem insgesamt 314 Mietparteien wohnen. Weil er auf dem Grundstück ein neues Abschreibungsobjekt in Form eines „Space Parks" errichten möchte, muss er sich der Mieter entledigen. Er formuliert entsprechende Kündigungsschreiben. Um jedoch nicht alle Kündigungsschreiben handschriftlich unterzeichnen zu müssen, lässt er von seiner Sekretärin seine Originalunterschrift in den Computer einscannen. Diese druckt die Kündigungsschreiben mit der eingescannten Unterschrift aus und verschickt sie an die 314 Mieter. Mieter M – ein Jurastudent – kann darüber nur schmunzeln, weil er gerade das Buch zum BGB AT von Rolf Schmidt gelesen hat und weiß, dass die ihm gegenüber ausgesprochene Kündigung unwirksam ist.

Die Zulässigkeit der Kündigung von gemietetem Wohnraum richtet sich nach §§ 542, 549, 568 ff. BGB. Gemäß § 568 I BGB bedarf die Kündigung der Schriftform (elektronische Form wäre ebenso zulässig, vgl. §§ 126 III, 126a BGB). Zur Einhaltung der Schriftform verlangt § 126 I BGB die eigenhändige Unterschrift unter die Erklärung. Eigenhändig bedeutet handschriftlich. Das ist weder bei einem Aufdruck eines Faksimilestempels auf das Kündigungsschreiben noch bei einem Ausdruck einer computergeschriebenen Kündigung mit einer zuvor eingescannten Unterschrift der Fall.

Demnach hat E die in §§ 568 I, 126 I BGB vorgeschriebene Schriftform nicht eingehalten. Es fehlt eine eigenhändige (Original-)Unterschrift; die Erklärung ist gem. § 125 S. 1 BGB nichtig. Darauf, ob auch ein Kündigungsgrund (bspw. nach § 573 II Nr. 3 BGB) vorgelegen hätte, kommt es nicht an.

Weiterführender Hinweis: Auch das **Telefax** einer unterschriebenen Kündigung hätte dem Schriftformerfordernis nach § 126 I BGB nicht entsprochen. Denn hier handelt es sich nur um eine fotomechanische Reproduktion, eine Fernkopie, nicht aber um das Original.[1035] Zur **elektronischen Form** siehe sogleich.

**1118**

Ein Faksimilestempel, eine eingescannte Unterschrift, ein Telefax, aber auch ein **Computerfax** und eine **E-Mail** ohne qualifizierte elektronische Signatur genügen jedoch dann dem Formerfordernis, wenn lediglich die schwächste Form aller Formvorschriften, die **Textform**, angeordnet ist (s.o.). Textform lässt – wie gesagt – bspw. § 558a I BGB für das Mieterhöhungsverlangen genügen. Zur elektronischen Form gem. §§ 126 III, 126a, 127 III BGB vgl. Rn 1126 und 1127 ff.

**1119**

Fraglich ist, ob das Eigenhändigkeitserfordernis in § 126 I BGB absolute Geltung beansprucht oder ob § 126 I BGB einer teleologischen Reduktion zugänglich ist, etwa in dem Fall, dass der Unterzeichnende – infolge Krankheit, Behinderung oder Gebrechlichkeit – nicht in der Lage ist, eigenhändig zu unterschreiben und die Zuhilfenahme einer **Schreibhilfe** benötigt.[1036]

**1120**

---

[1035] BGHZ 121, 224, 229; *Ellenberger*, in: Palandt, § 126 Rn 12. Davon zu unterscheiden sind Prozesshandlungen. Hier genügt für bestimmte Schriftsätze die Übermittlung mittels Telefax (BVerfG NJW 2001, 3473; NJW 2000, 574; GSOBG NJW 2000, 2340 ff.; BVerwGE 76, 14; 77, 38 ff.; BGH NJW 1998, 3649, 3650; BAG NJW 2001, 989, 990; zust. *Schwachheim*, NJW 1999, 621 f.; *Pape/Notthof*, NJW 1996, 417, 419).
[1036] BGH NJW 1981, 1900, 1901; BayObLG DNotZ 1986, 299; OLG Hamm ZEV 2013, 42 f.; *Einsele*, in: MüKo, § 126 Rn 14; *Wolf/Neuner*, AT, § 44 Rn 34; *Stadler*, AT, § 24 Rn 10; *Köhler*, AT, § 12 Rn 6.

**1121**    **Beispiel**[1037]**:** Die todkranke und nach einem Schlaganfall schwer mitgenommene O möchte noch ein **Testament** zugunsten ihrer Enkelin E errichten. Da sie jedoch kaum noch die Hand bewegen kann, bittet sie diese, ihr die Hand zu führen. E tut dies.

**Variante 1:** E greift die kraftlose Hand der O, die eigentlich mit der gesetzlichen Erbfolge zufrieden ist, und führt trotz des (wenn auch kaum noch wahrnehmbaren) Widerstands der O deren Hand mit Gewalt über den Schreibblock. Sind die jeweils so zustande gekommenen Testamente wirksam?

**Variante 2:** O ist noch in der Lage, selbst zu schreiben. Sie möchte das von ihr vor 2 Jahren verfasste Testament ändern und statt der E nunmehr ihren Enkel F einsetzen. Da von dem ursprünglichen Testament aber nur eine Fotokopie existiert (das Original hat O aus Versehen mit Altpapier entsorgt), entschließt sich O, diese zu ändern. Sie ersetzt den Namen der E durch den Namen des F und unterschreibt die geänderte Kopie.

Zur Wirksamkeit eines (nicht notariell errichteten) Testaments ist es erforderlich, dass es eigenhändig <u>ge</u>schrieben und <u>unter</u>schrieben ist (§ 2247 I BGB). Es genügt daher nicht, wenn der nach einem Schlaganfall schwer mitgenommene Erblasser, dem das Schreiben schwerfällt, den Text seines Testaments einem Dritten diktiert und dann eigenhändig unterschreibt oder mit Rücksicht auf seine schwer lesbare Handschrift das Testament von jemandem am Computer schreiben und ausdrucken lässt und sodann unterschreibt. Denn das Testament muss in besonderem Maße die o.g. Abschluss-, Echtheits- und Identitätsfunktion erfüllen (schließlich kann man den Erblasser im Nachhinein nicht mehr zu seinem Testament befragen). Aus diesem Grunde ist der gesamte Text handschriftlich zu verfassen (sog. **Gesamtschriftform**).[1038] Denn eigenhändig Geschriebenes hat man unausweichlich auch zur Kenntnis genommen; dagegen kann man auch fremde, inhaltlich kaum oder nicht wahrgenommene Texte unterschreiben. Zudem lässt sich die Echtheit eines Testaments nur aufgrund der individuellen Merkmale, die die Handschrift jedes Menschen aufweist, überprüfen[1039]; demgegenüber lässt sich eine bloße Unterschrift schon eher fälschen. Wer zur eigenhändigen Testamentsverfassung körperlich nicht mehr in der Lage ist, muss ein öffentliches Testament zur Niederschrift eines Notars (§§ 2231 Nr. 1, 2232 BGB) errichten.

Gleichwohl ist nach Auffassung des BGH[1040] und des OLG Hamm[1041] eine unterstützende Schreibhilfe auch bei der Testamentsverfassung möglich, solange der Erblasser die Schriftzeichen selbst formt und der Schriftzug vom Willen des Erblassers abhängig bleibt. Die nach § 2247 I BGB zwingend notwendige Eigenhändigkeit sei aber nicht mehr gegeben, wenn dem Erblasser die Hand geführt werde und dadurch die Schriftzüge von einem Dritten geformt würden. Das wirft freilich Probleme auf, wenn es um den Nachweis der Echtheit des Schriftstückes und der Testierfähigkeit des Erblassers geht.

Im vorliegenden Ausgangsfall besaß O zwar noch die Willensherrschaft, jedoch ist die Eigenhändigkeit des verfassten Textes mehr als fraglich, da E die Hand der O führte.

In der Variante 1, also im Fall der vis absoluta, greift E die kraftlose Hand der O, die eigentlich mit der gesetzlichen Erbfolge zufrieden ist, und führt trotz des (wenn auch kaum noch wahrnehmbaren) Widerstands der O deren Hand mit Gewalt über den Schreibblock. Daher liegt jedenfalls hier kein wirksames Testament vor.[1042]

In der Variante 2 wäre die nachträgliche Änderung unproblematisch, wenn O entweder auf der Originalurkunde einen lesbaren Vermerk angebracht und unterschrieben oder ein neues formgültiges Testament zugunsten des F errichtet hätte (§§ 2255 bzw. 2258 BGB). Sie hat aber lediglich eine Kopie des ursprünglichen Testaments geändert und unterschrieben. Gleichwohl hat das OLG München entschieden, dass die handschriftliche Änderung

---

[1037] In Anlehnung an BGH NJW 1981, 1900 f.; vgl. auch *Stadler*, AT, § 24 Rn 10; *Köhler*, AT, § 12 Rn 6. Vgl. auch BayObLG DNotZ 1986, 299; OLG Hamm ZEV 2013, 42 f.; *Boecken*, AT, Rn 379.
[1038] *Weidlich*, in: Palandt, § 2247 Rn 6.
[1039] BGH NJW 1967, 1124.
[1040] BGH NJW 1981, 1900, 1901.
[1041] OLG Hamm ZEV 2013, 42 f.
[1042] Vgl. auch *Wolf/Neuner*, AT, § 44 Rn 34.

einer Fotokopie und deren Unterschrift dem Formerfordernis des § 2247 I BGB genügen können.[1043] Dem ist nicht zu folgen. Denn es könnte ja sein, dass z.B. F die Fotokopie gefertigt, den Namen der E durchgestrichen, seinen stattdessen eingesetzt und anschließend mit dem Namen der O unterschrieben hätte. Der Zweck des Gesamtschriftformerfordernisses wäre also unterlaufen, teilte man die Auffassung des OLG München.

Um die Identität des Unterzeichnenden feststellen zu können, muss die Unterschrift den **Namen des Unterzeichners** wiedergeben. Da die Unterschrift jedoch Ausdruck des Art. 2 I GG ist, braucht sie nach der Rspr.[1044] nicht unbedingt lesbar zu sein. Es genügt, wenn ein die Identität des Unterzeichners ausreichend kennzeichnender individueller Schriftzug vorliegt, der einmalig und schwer nachzuahmen ist, entsprechende charakteristische Merkmale aufweist, sich als Wiedergabe eines Namens darstellt und die Absicht einer vollen Unterschriftsleistung erkennen lässt. In der Regel ist daher die Unterzeichnung mit dem Familiennamen erforderlich und ausreichend.[1045] Eine Unterzeichnung nur mit dem Vornamen genügt daher ebenso wenig[1046] wie eine Unterzeichnung mit einer Verwandtschaftsbezeichnung („euer Vater") oder mit einem bloßen Kürzel, einer Paraphe. Auch wenn die Unterschrift nur aus einem „Aufstrich mit einer wellenförmig auslaufenden Linie" besteht, genügt dies nicht. Dagegen kann mit einem Pseudonym unterzeichnet werden, allerdings nur, wenn es im Melderegister eingetragen ist. | 1122

Soll das Rechtsgeschäft von einem **Vertreter** vorgenommen werden, kann dieser kraft seiner Vertretungsmacht die Erklärung auch mit seinem eigenen Namen unterzeichnen. Das Vertretungsverhältnis muss aber entweder durch einen Zusatz bei der Unterschrift (z.B. „i.V." = in Vertretung) oder sonst aus der Urkunde zu entnehmen sein, da anderenfalls die Form nicht gewahrt ist bzw. der Vertreter selbst als Vertragspartei behandelt wird (§ 164 II BGB).[1047] Nach der Rechtsprechung[1048] darf der Vertreter aber auch mit dem Namen des Vertretenen unterzeichnen. | 1123

Die Unterschrift kann auch *vor* Fertigstellung des Textes **blanko** geleistet werden. Selbst wenn das Blankett dann abredewidrig ausgefüllt wird, gilt die Urkunde grds. so, wie sie verfasst ist. Derjenige, der also eine Blankounterschrift leistet, geht mitunter ein erhebliches Risiko ein.[1049] Allerdings können es die Sittenwidrigkeit (§ 138 I BGB) oder Treu und Glauben (§ 242 BGB) gebieten, die Erklärung für unwirksam zu erachten. | 1124

> **Beispiel:** Student M suchte in der Universitätsstadt S nach einer Wohnung. Kurz vor Semesterbeginn erhielt er von der Vermieterin V eine feste Zusage. Diese war allerdings mit dem Vorbehalt verbunden, dass er eine von V vorgefertigte Kündigungserklärung „blanko" unterschriebe. Diese lautet: „Hiermit kündige ich das Wohnraummietverhältnis zum … (freies Feld für das Datum)." Auch die Datumsangabe sollte frei bleiben. V meinte, dass dieses Vorgehen üblich sei, um Vermieter vor lauten und streitsuchenden Mietern zu schützen. Da M keine Alternative sah, unterschrieb er.

> Dieses Vorgehen ist unbillig, da V die Wohnungsknappheit ausnutzte. Zudem hätte sie es in der Hand, jederzeit durch Zurückdatierung das Mietverhältnis praktisch fristlos zu beenden und damit jeglichen Mieterschutz auszuhebeln. Die „Blanko-Kündigung" ist unwirksam wegen § 138 BGB oder wegen § 242 BGB.

Vom zeitlichen Element zu unterscheiden ist die Frage, wo die Unterschrift **räumlich** platziert sein muss. Abgesehen vom Wortlaut (Unterschrift, nicht Oberschrift) lässt sich das Erfordernis der Platzierung unterhalb des Textes aus der Funktion der Unterschrift | 1125

---

[1043] OLG München NJW-RR 2011, 1644.
[1044] BGH NJW 1994, 55; NJW 1996, 997.
[1045] BGH NJW 2003, 1120.
[1046] BGH NJW 2003, 1120; krit. *Heinemann*, DNotZ 2003, 243.
[1047] BAG NJW 2005, 2527; *Wolf/Neuner*, AT, § 44 Rn 29; *Köhler*, AT, § 12 Rn 8; *Brox/Walker*, AT, Rn 303.
[1048] BGHZ 45, 193, 195; vgl. auch *Wendtland*, in: Bamberger/Roth, 3. Aufl. 2012, § 126 Rn 9.
[1049] BGHZ 113, 48, 51; *Stadler*, AT, § 24 Rn 12.

erklären. Diese hat nicht nur Beweis- und Warnfunktion, sondern auch Abschluss-, Echtheits- und Identitätsfunktion (s.o.): Die Unterschrift ist der räumliche Abschluss des Textes und grenzt damit ein, welcher Inhalt noch vom Willen des Unterschreibenden erfasst ist (Abschlussfunktion).[1050] Sie soll den Aussteller zweifelsfrei erkennen lassen (Identitätsfunktion) und durch die räumliche Verbindung von Urkunde und Namenszug gewährleisten, dass die Erklärung auch wirklich vom Unterzeichnenden stammt (Echtheitsfunktion). Abschluss- und Echtheitsfunktion sind nicht gewährleistet, wenn die Unterschrift nicht unter dem Ende des Textes platziert wird.

**1126** Folgerichtig müssen auch **Nachträge**, die *unterhalb* der Unterschrift hinzugefügt werden, erneut unterschrieben werden.[1051] Nachträgliche **Änderungen** *oberhalb* der Unterschrift werden von dieser gedeckt, wenn die frühere Unterschrift nach dem Willen der Parteien für den geänderten Inhalt Gültigkeit behalten soll, da es für die Wahrung der Schriftform einer Urkunde ohne Belang ist, ob die Unterzeichnung der Niederschrift des Urkundentextes zeitlich nachfolgt oder vorangeht.[1052]

**1127** Die eigenhändige Unterschrift kann nach § 126 I ersetzt werden durch ein notariell **beglaubigtes** Handzeichen oder eine **elektronische Signatur** (§§ 126 III, 126a BGB). Die gesamte Schriftform wird ersetzt, wenn der Vertrag den Anforderungen an die strengere Form der **notariellen Beurkundung** genügt (§ 126 IV BGB). Da diese wiederum durch einen **gerichtlich protokollierten Vergleich** ersetzt werden kann (§ 127a BGB), genügt auch er einem gesetzlichen Schriftformerfordernis.

### 3. Die elektronische Form, § 126a BGB

**1128-1134** Sofern das Gesetz die Schriftform nicht zwingend vorschreibt (so wie etwa bei §§ 484 I, III S. 1, 623, 766 S. 2, 780 S. 2, 781 S. 2 BGB), kann diese gem. § 126 III BGB durch die elektronische Form ersetzt werden. Jedoch verlangt § 126a BGB, dass die Unterschrift im herkömmlichen Sinne durch eine „**qualifizierte elektronische Signatur**" ersetzt wird. Dieses Verfahren ist aus Gründen der Notwendigkeit einer Authentifizierung und Missbrauchsvorbeugung sehr kompliziert und aufwändig (Chipkarte oder Personalausweis mit Chip, Kartenlesegerät, PIN). Es verwundert daher nicht, dass sich dieses Verfahren in der Praxis nicht durchgesetzt hat. Dort ist mittlerweile weitgehend die einfache E-Mail-Korrespondenz anerkannt, jedenfalls im privaten Bereich und bei weniger bedeutsamen Rechtsgeschäften. Die fehlende Authentizität und die Gefahr des Missbrauchs durch die Verwendung von „Fake-E-Mail-Accounts" sind allerdings nicht ganz unproblematisch. Gängige Praxis ist die einfache E-Mail-Korrespondenz auch im Internethandel, wo der Kunden Ware mittels **E-Mail** oder „**per Mausklick**" bestellt. Diese Vorgehensweise setzt freilich voraus, dass beide Vertragspartner (konkludent) damit einverstanden sind.

**1135** **Beispiel:** V präsentiert im **Internet** Waren zum Verkauf. Dieses „Präsentieren" ist – wie im „herkömmlichen" Leben die Präsentation im Schaufenster – allerdings lediglich als Aufforderung zur Abgabe eines Angebots (*invitatio ad offerendum*) anzusehen, sofern nicht besondere Umstände vorliegen, die auf einen Rechtsbindungswillen schließen lassen (vgl. dazu Rn 608). Das Angebot zum Abschluss eines Kaufvertrags wird daher durch den User abgegeben, der mit der Maus auf die Bestell-Schaltfläche klickt. Dieses Angebot wird spätestens dadurch angenommen, dass der „Anbieter" die Bestellung entgegennimmt und die Ware versendet.[1053] Für den Fall des Absatzvertrags im elektronischen Geschäftsverkehr vgl. zudem die gesetzliche Regelung in §§ 312 ff. BGB.

---

[1050] BGH NJW 1998, 58, 60; BGHZ 113, 48, 54; *Boecken*, AT, Rn 377.
[1051] BGH NJW 1994, 2300.
[1052] BGH NJW 1994, 2300, 2301.
[1053] Zum Vertragsschluss im Internet vgl. ausführlich Rn 606 ff.

## 4. Die öffentliche Beglaubigung, § 129 BGB

Mittels öffentlicher Beglaubigung wird die Echtheit einer Unterschrift des Erklärenden **1136** bestätigt. Der Notar (siehe § 20 I S. 1 BNotO) bestätigt mit dem Beglaubigungsvermerk die Identität des Unterzeichnenden (§ 129 I BGB, §§ 39, 40 BeurkG), der deshalb seine Unterschrift grds. in Gegenwart des Notars leisten muss (§ 40 I BeurkG).

> Vorgesehen ist die Beglaubigung zum **Beispiel** in §§ 77, 371, 403, 411, 1035, 1154 f., 1355, 1491 f., 1560, 1617, 1617a, 1617b, 1617c, 1618, 1945, 1955, 2120 f., 2198, 2215 BGB, §§ 3 I und II LPartG, § 29 GBO, § 12 HGB.

## 5. Notarielle Beurkundung, § 128 BGB

Bei der notariellen Beurkundung (§ 128 BGB) wird nicht nur die Unterschrift, sondern die **1137** gesamte Erklärung von einem Notar beurkundet. Sie ist damit die strengste Form, die das Privatrecht kennt. Sie ist aus Gründen der Aufklärung, Beratung und Beweissicherung bei Geschäften vorgesehen, die besonders gravierende Folgen nach sich ziehen. Unerfahrene und (juristisch) ungewandte Personen sollen über die rechtliche und wirtschaftliche Tragweite des Geschäfts informiert bzw. aufgeklärt werden (vgl. bereits Rn 1103). Voraussetzungen und Einzelheiten des Beurkundungsverfahrens sind im Beurkundungsgesetz geregelt. Geht es um die Beurkundung von Verträgen, müssen in der Regel die Erklärungen *beider* Parteien beurkundet werden.[1054]

> **Beispiele:** Grundstückskaufvertrag (§ 311b I BGB)[1055]; Auflassung (§ 925 BGB); Vertrag über die Veräußerung des gegenwärtigen Vermögens (§ 311b III BGB); Ehevertrag (§ 1410 BGB); Erbvertrag (§ 2276 BGB); Erbverzichtsvertrag (§ 2348 BGB); Vertrag über den Erbschaftskauf (§ 2371 BGB); öffentliches Testament (§ 2232 BGB)

Nur ausnahmsweise ist die Erklärung *einer* Vertragspartei zu beurkunden, so z.B. beim **1138** Schenkungsversprechen (§ 518 I BGB).

Was die zeitliche Abfolge der Beurkundungen von Verträgen betrifft, lässt § 128 BGB **1139** eine sukzessive Beurkundung von Angebot und Annahme genügen. Das Gesetz kann aber auch (wie in § 925 BGB für die Auflassung und in § 1410 BGB für den Ehevertrag[1056]) die **gleichzeitige** oder (wie in §§ 1410, 2274, 2276 für den Ehevertrag bzw. den Abschluss des Erbvertrags bezüglich des Erblassers) die **persönliche Anwesenheit** der oder eines Beteiligten (also i.d.R. keine Stellvertretung möglich) vorschreiben.

Beurkundungspflichtig können auch *einseitige* Rechtsgeschäfte sein, so etwa die Einwil- **1140** ligung des Kindes bei der Annahme als Kind (§§ 1746, 1750 BGB) oder die Anfechtung bzw. der Rücktritt vom Erbvertrag (§§ 2282, 2296 BGB).

Die notarielle Beurkundung kann schließlich auch durch Rechtsgeschäft vereinbart wer- **1141** den; bei Personengesellschaftsverträgen geschieht dies auch häufig. Soweit Schriftform oder öffentliche Beglaubigung vorgesehen sind, genügt stattdessen selbstverständlich auch die notarielle Beurkundung (§§ 126 IV, 129 II BGB).

Ist nach dem Gesetz (oder einer rechtsgeschäftlichen Vereinbarung) eine notarielle Be- **1142** urkundung vorgesehen, richten sich die daran zu stellenden Anforderungen nach dem Beurkundungsgesetz. Der Notar fertigt über die Erklärungen der Parteien eine Niederschrift (§ 8 BeurkG) an, die die Bezeichnung des Notars und der Beteiligten sowie die

---

[1054] *Wolf/Neuner*, AT, § 44 Rn 49; *Stadler*, AT, § 24 Rn 20; *Köhler*, AT, § 12 Rn 11; *Brox/Walker*, AT, Rn 306; *Boecken*, AT, Rn 387 f.

[1055] Der Formzwang gilt nach dem BGH auch für Verträge, die in der Erwartung geschlossen werden, dass ein späterer Grundstückskaufvertrag von ihnen abhängen soll (BGH NJW 2002, 2559, 2560), dazu *Maier-Reimer*, NJW 2015, 273 ff.

[1056] Relativierend sei darauf hingewiesen, dass § 1410 BGB nur die Niederschrift eines Notars verlangt, nicht die Beurkundung i.S.d. § 128 BGB.

Erklärungen der Beteiligten enthält (§ 9 BeurkG). Sie muss vorgelesen, von den Parteien genehmigt und von ihnen sowie dem Notar eigenhändig unterschrieben werden (§ 13 BeurkG). Inhaltlich treffen den beurkundenden Notar Prüfungs- und Belehrungspflichten (§ 17 BeurkG).

**1143**  Ein in Prüfungsarbeiten häufig anzutreffendes Problem besteht in der Beantwortung der Frage, ob für den Fall, dass bei einem beurkundungspflichtigen Rechtsgeschäft eine Partei einen Vertreter einschaltet, das Rechtsgeschäft wegen § 128 BGB nichtig ist, wenn die Bevollmächtigung nicht in der Form erfolgte, die für das Rechtsgeschäft vorgeschrieben ist.

> **Beispiel:** K möchte von V ein Grundstück kaufen. Da er jedoch etwas im Stress ist, schickt er D zum Notartermin, um die Angelegenheit zu regeln. So geschieht es. D unterschreibt zusammen mit V den notariellen Kaufvertrag (§§ 433, 311b I BGB).

> Sollte die Bevollmächtigung eines Vertreters in Bezug auf einen Grundstückskauf nicht notariell beurkundet worden sein, ist dies nach dem Wortlaut des § 167 II BGB für die Wirksamkeit des Kaufvertrags unschädlich, da die Vorschrift bestimmt, dass die Vollmacht nicht der Form bedarf, welche für das Rechtsgeschäft bestimmt ist, auf das sich die Vollmacht bezieht. Allerdings könnte dadurch der Schutzzweck der notariellen Beurkundung unterlaufen werden. Daher ist die Vollmachtserteilung zu einem Grundstückskaufvertrag in derselben Weise formbedürftig (notarielle Beurkundung) wie der Grundstückskaufvertrag selbst.[1057] Freilich verstößt diese Auslegung gegen den eindeutigen Wortlaut des § 167 II BGB, ist aber aus teleologischen Gründen gerechtfertigt.

> Da die Vollmachtserteilung nicht notariell beurkundet wurde, konnte D nicht wirksam einen Grundstückskaufvertrag im Namen des K schließen.

> **Merke:** Die Vollmachtserteilung zu einem **Grundstückskaufvertrag** ist entgegen der Regelung des § 167 II BGB in derselben Weise formbedürftig (notarielle Beurkundung gem. § 311b I BGB) wie der Grundstückskaufvertrag selbst. Auch das sachenrechtliche Verfügungsgeschäft, die **Auflassung**, muss vor dem **Notar** erklärt werden. Dabei sind jedoch **keine Beurkundung** und keine öffentliche Beglaubigung erforderlich. Allein die mündlichen Erklärungen vor dem amtsbereiten Notar sind ausreichend. Vgl. dazu näher *R. Schmidt*, SachenR II, Rn 208.

## IV. Rechtsfolge des Formmangels

**1144**  Bezüglich der Rechtsfolge eines Formverstoßes ist zwischen gesetzlichen und rechtsgeschäftlich vereinbarten Formerfordernissen zu unterscheiden.

### 1. Rechtsfolge bei Nichteinhaltung eines gesetzlichen Formerfordernisses

**1145**  Besteht für die abgegebenen Erklärungen ein gesetzliches Formerfordernis, führt die Nichtbeachtung gem. **§ 125 S. 1 BGB** zur **Nichtigkeit**. Die Nichtigkeitsfolge des § 125 S. 1 BGB ist eine von Amts wegen zu beachtende Einwendung und steht daher auch nicht zur Disposition der Parteien.

**1146**  Die Nichtigkeit wirkt von Anfang an (ex tunc). Die Ex-tunc-Wirkung ergibt sich zwar nicht direkt aus dem Wortlaut des § 125 S. 1 BGB, folgt aber aus der Sinnlogik der Regelung. Freilich kann dies in Einzelfällen unangemessene Folgewirkungen mit sich bringen. Das betrifft namentlich bereits **in Vollzug gesetzte formbedürftige Gesellschafts- und Arbeitsverträge**.[1058] Wirkte hier die Formnichtigkeit ex tunc, führte dies zu der Frage

---

[1057] So zutreffend BGHZ 125, 218, 219. Vgl. auch BGH NJW-RR 2008, 824 mit Bespr. v. *Faust*, JuS 2008, 745.
[1058] Beim Arbeitsvertrag gilt: Das BGB enthält keine Formvorschrift (nur bzgl. der Kündigung nennt § 623 BGB Schriftform), sodass auch mündlich geschlossene Arbeitsverträge nicht wegen Formmangels unwirksam sein können. Zwar

nach der Rückabwicklung erbrachter Leistungen. Das wiederum wäre im Fall des befristeten Arbeitsvertrags nicht unproblematisch, weil erbrachte Arbeitsleistungen nicht herausgegeben werden können. Zu denken wäre dann zwar an Wertersatz (§ 818 II BGB), was wegen § 818 III BGB aber im Fall der „Wertlosigkeit" der Arbeitsleistung zu einem Ausschluss des Rückforderungsanspruchs führen könnte. Auch umgekehrt wäre die Rückzahlungspflicht in Bezug auf das rechtsgrundlos erhaltene Gehalt äußerst problematisch. Wegen Schwierigkeiten dieser Art wird vertreten, eine Ex-nunc-Wirkung (d.h. Unwirksamkeit für die Zukunft, *nicht* rückwirkend) herbeizuführen[1059], was nach der hier vertretenen Auffassung aber ebenfalls nicht sachangemessen ist, weil anderenfalls die Folgen der Nichtbeachtung der Formvorschrift den Arbeitnehmer treffen würden. Richtigerweise beschränkt sich bei befristeten Arbeitsverträgen die Nichtigkeit wegen Formmangels nur auf die Befristung und betrifft nicht den Arbeitsvertrag selbst. Mündlich geschlossene befristete Arbeitsverträge sind daher wie unbefristete Arbeitsverträge zu behandeln.[1060] [1061]

Geht es um eine Beurkundung, tritt die Nichtigkeit allerdings nur dann ein, wenn eine beurkundungspflichtige Vereinbarung nicht beurkundet worden ist. So ist z.B. der Kaufpreis beurkundungspflichtig, nicht aber die Tatsache, zu welchem Zeitpunkt die Bezahlung erfolgt ist bzw. erfolgen soll. Wird also im notariellen Kaufvertrag unrichtig die bereits erfolgte Bezahlung beurkundet, ist der Vertrag nicht formunwirksam.[1062]     **1147**

Betrifft die Formunwirksamkeit nur einen Teil des Rechtsgeschäfts, ist es im Zweifel gemäß § 139 BGB im Ganzen nichtig, und zwar mit Wirkung von Anfang an (*ex tunc*).[1063] Zu beachten ist auch, dass § 125 S. 1 BGB nicht anwendbar ist, wenn Spezialvorschriften eine abweichende Rechtsfolge anordnen (siehe etwa die bereits erwähnten §§ 550 S. 1, 494 BGB). Darüber hinaus macht das Gesetz von der endgültigen Unwirksamkeit formfehlerhafter Rechtsgeschäfte dann eine Ausnahme, wenn die Leistung, derentwegen die Form angeordnet wurde, erbracht ist. Ein formunwirksames Rechtsgeschäft kann in Ausnahmefällen also **geheilt** werden: Durch **Eintritt des durch das Rechtsgeschäft beabsichtigten Erfolgs** wird das gesamte Rechtsgeschäft *ex nunc* (für die Zukunft) **wirksam**.[1064]     **1148**

**Beispiele:** Dies gilt u.a. für den Verpflichtungsvertrag über die Übertragung eines Grundstücks (§ 311b I S. 2 BGB), das Schenkungsversprechen (§ 518 II BGB), die Bürgschaftserklärung (§ 766 S. 3 BGB), das Schenkungsversprechen von Todes wegen (§ 2301 II BGB) und für Verbraucherdarlehensverträge und Finanzierungshilfen (§§ 494 II, 506 I BGB).

Warum der Gesetzgeber in den genannten Fällen eine Heilung des Formmangels durch Erfüllung der vertraglichen Verpflichtung vorsieht, liegt daran, dass der Zweck, derentwegen die Formvorschrift erlassen wurde, auf andere Weise erreicht worden ist. Wird     **1149**

---

hat der Arbeitgeber bei mündlich geschlossenem Arbeitsvertrag die Pflichten aus dem Nachweisgesetz (NachwG) zu beachten (spätestens einen Monat nach dem vereinbarten Beginn des Arbeitsverhältnisses sind die wesentlichen Vertragsbedingungen schriftlich niederzulegen, die Niederschrift ist zu unterzeichnen und dem Arbeitnehmer auszuhändigen, § 2 I S. 1 NachwG). Aber auch hieraus folgt keine Nichtigkeit des Arbeitsvertrags. Ein zwingendes Schriftformerfordernis nennt aber § 14 IV TzBfG hinsichtlich befristeter Arbeitsverträge.

[1059] Siehe *Ellenberger*, in: Palandt, § 125 Rn 12 mit Verweis auf BAG 1958, 397.

[1060] Zur Frage nach der Rückabwicklung fehlerhafter Gesellschaftsverträge und Arbeitsverträge vgl. *R. Schmidt*, SchuldR BT II, Rn 237 ff.

[1061] Weiterführender Hinweis: Geht es um die Anfechtung des Arbeitsvertrags wegen arglistiger Täuschung i.S.d. § 123 I Var. 1 BGB (Beispiel: Arbeitnehmer erhält Anstellung aufgrund gefälschter Zeugnisse; Arbeitgeber entdeckt dies später und ficht Arbeitsvertrag an), besteht für eine Abkehr von der Ex-tunc-Wirkung (hier: aus § 142 I BGB) kein Bedürfnis, da der Arbeitnehmer insoweit nicht schutzwürdig ist; wer täuscht, muss mit der Aufdeckung und den Rückabwicklungsfolgen rechnen. Etwas anderes gilt wiederum für die Irrtumsanfechtung nach § 119 BGB: Ex-nunc-Wirkung (siehe *Ellenberger*, in: Palandt, § 119 Rn 5 mit Verweis auf BAG-Rechtsprechung), da hier der Irrtum im Risikobereich des Anfechtenden liegt.

[1062] BGH NJW 2011, 2785, 2786.

[1063] *Ellenberger*, in: Palandt, § 125 Rn 12.

[1064] *Wolf/Neuner*, AT, § 44 Rn 59; *Boecken*, AT, Rn 404/406.

also das notariell nicht beurkundete Grundstücksgeschäft durch Auflassung und Eintragung des Eigentümerwechsels im Grundbuch vollzogen, hat sich der Beurkundungszweck erledigt. Dasselbe gilt, wenn das Schenkungsversprechen (§ 518 I S. 1 BGB) durch Übereignung und Übergabe des verschenkten Gegenstandes vollzogen wird. In beiden Fällen wurde die Warnfunktion, die mit der notariellen Beurkundung bezweckt war, auf andere Weise erfüllt. Es wird argumentiert, durch die Weggabe bzw. Überschreibung werde der unmittelbar bevorstehende ersatzlose Verlust ebenso vor Augen geführt wie bei einer notariellen Aufklärung im Rahmen der Beurkundung.[1065] Diese Argumentation ist m.E. zirkulär, denn ihr zufolge könnte der Gesetzgeber gleich die Formvorschrift, bei denen er Heilungsmöglichkeiten vorsieht, abschaffen.

**1150** In Prüfungsaufgaben gelegentlich anzutreffen ist auch die Frage, ob die für einen bestimmten Fall gesetzlich angeordnete Heilung auch auf einen anderen, gesetzlich nicht geregelten Fall angewendet werden kann.

**1151** **Beispiel**[1066]: Unternehmer U möchte in das australische Outback „aussteigen". Er übergibt daher – mit Ausnahme der persönlichen Dinge – sein gesamtes Vermögen, das aus einem kleinen Verlag auf einem gepachteten Grundstück besteht, an seinen Neffen N. Als Gegenleistung verpflichtet sich dieser, U bis zu seinem Tod monatlich 5.000,- US $ auf ein australisches Konto zu überweisen. Die Vereinbarung wird schriftlich fixiert und durch Übereignung und Übergabe abgewickelt. Doch bereits nach einem Jahr erfährt U, dass „sein" Betrieb aufgrund von Fehlern im Management in arge Schieflage geraten ist. Er kehrt daher umgehend zurück und will sein Unternehmen wieder selbst führen. Hat er gegen N einen Anspruch auf Herausgabe bzw. Rückübereignung?

U könnte einen Anspruch auf Herausgabe gem. § 985 BGB haben. Dazu müsste er Eigentümer sein und N dürfte kein Recht zum Besitz haben. Ursprünglich war U Eigentümer der Sachgesamtheit *Unternehmen*. Dieses Eigentum könnte er gem. §§ 433, 929 S. 1 BGB an N verloren haben.[1067] Allerdings unterfällt der schuldrechtliche Vertrag zwischen U und N der Beurkundungspflicht nach § 311b III BGB, die nicht eingehalten wurde. Ob aus diesem Formverstoß wegen § 125 S. 1 BGB die Nichtigkeit des Kaufvertrags folgt, ist zwar fraglich, kann jedoch dahinstehen, weil die Sachgesamtheit *Unternehmen* gem. § 929 S. 1 BGB auf N übereignet wurde. Dieser ist also Eigentümer geworden. U kann nicht gem. § 985 BGB vindizieren.

Womöglich kann er aber Rückübereignung gem. § 812 I S. 1 Var. 1 BGB verlangen. Dazu müsste der Rechtsgrund für die Eigentumsübertragung auf N gefehlt haben. Hier ist die fehlende, aber gem. § 311b III BGB erforderliche Beurkundung hinsichtlich des Kaufvertrags zu beachten. Sollte wegen dieses Formverstoßes die Nichtigkeit gem. § 125 S. 1 BGB anzunehmen sein, würde in der Tat der Rechtsgrund für die Übereignung auf N fehlen mit der Folge, dass U die Sachgesamtheit *Unternehmen* kondizieren kann.

Hätte ein Grundstückskauf vorgelegen, wäre die fehlende notarielle Beurkundung nach § 311b I S. 1 BGB durch die dingliche Einigung (Auflassung gem. § 925 BGB) und die Eintragung in das Grundbuch (§ 873 BGB) geheilt gewesen (vgl. §§ 125 S. 1, 311b I S. 2 BGB). Vorliegend geht es aber um ein Unternehmen, das – da es nahezu das gesamte Vermögen des U darstellte, unter § 311b III BGB fällt. Eine Heilung, wie sie § 311b I S. 2 BGB für den Grundstückskaufvertrag vorsieht, enthält § 311b III BGB nicht. Fraglich ist aber, ob ein Unternehmenskauf genauso behandelt werden kann wie ein Grundstückskauf, mit der Folge, dass § 311b I S. 2 BGB analog auf Verträge über das gesamte Vermögen anzuwenden ist.

Betrachtet man jedoch die systematische Stellung der Heilungsvorschrift des § 311b I S. 2 BGB *vor* den Folgeabsätzen, wird klar, dass der Gesetzgeber die Heilungsmöglichkeit

---

[1065] *Wolf/Neuner*, AT, § 44 Rn 59; *Stadler*, AT, § 24 Rn 28.
[1066] Nach *Stadler*, AT, § 12 Rn 27/30.
[1067] Die Vorschriften über den Sachkauf sind nach § 453 I BGB auch auf den Kauf von sonstigen Gegenständen, zu denen auch ein Unternehmen bzw. dessen Sachgesamtheit gehört, entsprechend anzuwenden.

nur auf Grundstücksverträge beschränken will. Es fehlt daher an einer Lücke, die Voraussetzung der analogen Anwendung gesetzlicher Vorschriften ist. Ein Grund für die unterschiedliche Behandlung liegt darin, dass der Vollzug des Grundstückskaufs durch Auflassung (§ 925 BGB) ohnehin (noch einmal) der notariellen Beurkundung bedarf und dadurch eine weitere Sicherung eingebaut ist. Die Übertragung des Vermögens ist, soweit nicht Grundstücke betroffen sind, nach § 929 S. 1 BGB (bewegliche Sachen) und § 398 BGB (Abtretung von Rechten) formfrei möglich. Auch für den Verlag des U, der nicht als Ganzes übertragen werden kann, sondern der Einzelübertragung aller Gegenstände und Rechte bedurfte (s.o.), bot sich also kein weiterer Schutz für U.[1068] Der Kaufvertrag zwischen U und N war daher nichtig, §§ 311b III, 125 S. 1 BGB. N besitzt die Sachgesamtheit *Unternehmen* ohne Rechtsgrund. Er ist gegenüber U zur Rückübereignung verpflichtet, § 812 I S. 1 Var. 1 BGB.

**1152** Selbstverständlich tritt die Heilung nur für den Fall ein, dass der Formmangel der **alleinige** Nichtigkeitsgrund ist. Andere Mängel des Rechtsgeschäfts, wie Willensmängel oder fehlende Vertretungsmacht, werden von der Heilung nicht erfasst.

## 2. Rechtsfolge bei Nichteinhaltung eines rechtsgeschäftlichen Formerfordernisses

**1153** Aufgrund ihrer Privatautonomie können die Parteien vereinbaren, dass sie ihr Rechtsgeschäft einer strengeren Form unterziehen möchten als vom Gesetz vorgesehen. § 127 I BGB stellt dies klar, indem er bestimmt, dass § 126, § 126a oder § 126b BGB im Zweifel auch für die durch Rechtsgeschäft bestimmte (und damit „gewillkürte") Form gelten. In der Praxis am häufigsten anzutreffen ist die sog. **Schriftformklausel**. Danach vereinbaren die Parteien in einem Vertrag, dass „mündliche Nebenabreden keine Wirkung" hätten oder „Vertragsänderungen der Schriftform" bedürften. Die primäre Frage, die sich hierbei stellt, ist, ob die Vertragsparteien wirklich daran gebunden sind, denn stellt ihnen die Vertragsautonomie anheim, die Schriftform zu vereinbaren, verbietet ihnen die Privatautonomie auch nicht, diese gewählte Form durch mündliche Vereinbarung jederzeit wieder aufzuheben. Die Parteien sind stets „Herr ihrer Vereinbarungen" und können diese daher selbstverständlich jederzeit auch formlos wieder ändern (oder aufheben).[1069]

**1154** Eine Ausnahme macht die Rspr. für den Fall, dass die Parteien schriftlich vereinbaren, dass auch die Aufhebung der Schriftformvereinbarung nur schriftlich erfolgen könne („**doppelte Schriftformklausel**" bzw. „qualifizierte Schriftformklausel").[1070] Dann habe gem. § 125 S. 2 BGB die Nichtbeachtung der gewillkürten Form im Zweifel die **Nichtigkeit** des Rechtsgeschäfts zur Folge. Ob allerdings die gewillkürte Form missachtet wurde, ist nicht nach formalen Kriterien, sondern nach der Auslegungsregel des § 125 S. 2 BGB nur im Zweifel anzunehmen, also dann, wenn sich nach dem **Zweck der vereinbarten Form**, der ggf. durch Auslegung (§§ 133, 157 BGB) zu ermitteln ist, kein anderer Wille der Parteien feststellen lässt.[1071]

**1155** **Beispiel**[1072]**:** In einem zwischen A und B schriftlich geschlossenen Vertrag findet sich folgende qualifizierte Formvereinbarung: „Änderungen oder Ergänzungen dieses Vertrags oder eine Vereinbarung über dessen Aufhebung bedürfen zu ihrer Wirksamkeit der Schriftform. Auf das Formerfordernis kann nur durch schriftliche Erklärung verzichtet werden."

---

[1068] Vgl. auch *Stadler*, AT, § 24 Rn 29; *Ellenberger*, in: Palandt, § 125 Rn 27.
[1069] Vgl. nur BGHZ 62, 378, 382; 71, 162, 164; 119, 283, 291; BGH NJW 1985, 320, 322; *Köhler*, AT, § 12 Rn 21; *Wolf/Neuner*, AT, § 44 Rn 83; *Brox/Walker*, AT, Rn 318; *Boecken*, AT, Rn 414.
[1070] BGHZ 66, 368, 382; BAGE 106, 345, 350 ff.; vgl. auch *Ellenberger*, in: Palandt, § 125 Rn 19; *Boecken*, AT, Rn 415.
[1071] *Wolf/Neuner*, AT, § 44 Rn 81; *Brox/Walker*, AT, Rn 317; *Stadler*, AT, § 24 Rn 34; *Köhler*, AT, § 13 Rn 21; *Boecken*, AT, Rn 415.
[1072] Nach BGHZ 66, 378 ff. (doppelte Schriftformklausel).

Die grundsätzliche Möglichkeit, den vereinbarten Formzwang jederzeit auch formlos wieder aufzuheben, gilt nach h.M. nicht bei sog. qualifizierten Formvereinbarungen, d.h. bei solchen ursprünglichen Vereinbarungen, nach denen auch die Aufhebung der gewillkürten Form der festgelegten Form bedarf. A und B haben eine doppelte Schriftformklausel und damit eine qualifizierte Formvereinbarung getroffen. Der h.M. zufolge könnten sie also nicht z.B. durch mündliche Vereinbarung von den vertraglichen Vereinbarungen wirksam abweichen. Für die h.M. spricht zwar das Schutzbedürfnis, derentwegen die qualifizierte Formvereinbarung getroffen wurde, besteht aber im konkreten Fall kein Schutzbedürfnis, weil sich die Parteien der Tragweite ihrer Änderungsvereinbarung bewusst sind, sollte der Vertragsfreiheit Rechnung getragen und die Wirksamkeit einer formlosen Aufhebung auch einer qualifizierten Formvereinbarung angenommen werden.[1073] Ist dies bei A und B der Fall, können sie diese Klausel kraft ihrer Vertragsfreiheit stillschweigend durch eine mündliche Neuregelung aufheben.

## V. Überwindung der Formnichtigkeit nach § 242 BGB

### 1. Durchbrechung des Formzwangs aus Gründen der Einzelfallgerechtigkeit

**1156**   Nach h.M. kann ein formungültiges **schuldrechtliches** Rechtsgeschäft ungeachtet der Nichtigkeit nach § 125 S. 1 BGB ausnahmsweise dann als wirksam zu behandeln sein, wenn die Nichtigkeitsfolge mit dem Grundsatz von **Treu und Glauben** (§ 242 BGB) unvereinbar wäre, d.h. wenn die Nichtigkeit für die betroffene Partei nicht bloß hart, sondern schlechthin untragbar wäre.[1074] Diese immanente Einschränkung des § 125 S. 1 BGB durch § 242 BGB sei von Amts wegen zu beachten.[1075] Hingegen kann bei **Verfügungen** der Formzwang *keinesfalls* durch § 242 BGB durchbrochen werden, da diese absolut wirken und daher auch die Interessen Dritter berühren. Hier geht das Interesse an der Verkehrssicherheit vor.[1076]

### 2. Voraussetzungen

**1157**   Die Überwindung der Formnichtigkeit nach § 242 BGB setzt nach h.M.[1077] voraus:

- ein – abgesehen vom Formmangel – **gültiges Rechtsgeschäft**,
- ein **Vertrauen** der Partei, die an dem Rechtsgeschäft festhalten will, auf die Gültigkeit des Geschäfts und
- die **Erforderlichkeit** der Überwindung des Mangels.

### 3. Konkretisierende Fallgruppen

**1158**   Da die o.g. Voraussetzungen unbestimmt sind, hat die genannte h.M. a.a.O. zugleich konkretisierende Fallgruppen herausgearbeitet.

**1159**   - **Beide Parteien kennen den Formmangel:** Wissen die Vertragsparteien, dass sie bei ihrem Rechtsgeschäft eine Formvorschrift missachten, ist das Rechtsgeschäft **nichtig**. Diese Folge ist konsequent, weil keine der Vertragsparteien den Schutz verdient, den das Gesetz sonst vorsieht.

**1160**   - **Eine Partei hat die andere arglistig über die Formfreiheit getäuscht:** Hat eine Partei die andere von der Wahrung der Form abgehalten, um sich später auf den Formmangel berufen zu können (Arglist), ist der Vertrag trotz Formunwirksamkeit **gültig**. Eine

---

[1073] Wie hier (aber ohne Begründung) *Boecken*, AT, Rn 415; *Dörner*, in: Handkommentar BGB, § 127 Rn 4.
[1074] BGHZ 29, 6, 10; 48, 396, 398; 85, 315, 318; 92, 164, 171 f.; 138, 339, 348; BGH NJW 1996, 2503, 2504.
[1075] BGHZ 29, 6, 12.
[1076] *Brox/Walker*, AT, Rn 316; *Ellenberger*, in: Palandt, § 125 Rn 16.
[1077] Vgl. *Ellenberger*, in: Palandt, § 125 Rn 22 ff.; *Arnold*, in: Erman, § 125 Rn 23 ff.; *Wolf/Neuner*, AT, § 44 Rn 61 ff.; *Brox/Walker*, AT, Rn 312 f.; *Köhler*, AT, § 12 Rn 16 ff.; *Stadler*, AT, § 24 Rn 24 ff.; *Boecken*, AT, Rn 407.

Berufung auf den Formmangel ist gemäß § 242 BGB ausgeschlossen.[1078] Teilt man diese Auffassung nicht, kommen ein Schadensersatzanspruch wegen Pflichtverletzung beim Zustandekommen des Vertrags aus c.i.c. (§§ 280 I, 311 II, 241 II BGB) oder sogar ein Anspruch auf Abschluss eines formgerechten Vertrags gem. § 826 BGB in Betracht.

**Beispiel:** Rechtsanwalt R verkauft dem K ein Grundstück und teilt ihm bewusst wahrheitswidrig mit, dass eine Zusicherung über eine Eigenschaft des Grundstücks zu ihrer Wirksamkeit keiner notariellen Beurkundung bedürfe. K glaubt dem R.

In diesem Fall ist nach h.M. der Vertrag gem. § 242 BGB so zu behandeln, als sei die Zusicherung notariell beurkundet worden. Eine Berufung auf den Formmangel stelle eine unzulässige Rechtsausübung dar.

- **Fahrlässige Nichtbeachtung der Formvorschrift:** Haben die Parteien die Formbedürftigkeit des Vertrags nur fahrlässig nicht gekannt, kommt eine Überwindung der Formnichtigkeit über § 242 BGB nicht in Betracht. Dem anderen Vertragsteil kann, sofern die Voraussetzungen vorliegen, jedoch ein Schadensersatzanspruch nach den Grundsätzen der c.i.c. (§§ 280 I, 311 II, 241 II BGB) zustehen.[1079]   **1161**

**Beispiel:** V verkauft sein Grundstück an K. Die Parteien fixieren ihre Vereinbarung zwar schriftlich, wissen aber nicht, dass der Kaufvertrag der notariellen Beurkundung bedarf.

Hier verdienen V und K keinen Schutz. Daran würde sich auch nichts ändern, wenn nur V die Formbedürftigkeit infolge von Fahrlässigkeit nicht kannte, K aber auf die Erklärungen des V vertrauen durfte. K kann dann aber einen Schadensersatzanspruch gegen V aus c.i.c. (§§ 280 I, 311 II, 241 II BGB) haben.

- **Schwere Treuepflichtverletzung durch eine Partei:** Der Formmangel kann nach § 242 BGB auch dann zurücktreten, wenn sich eine Partei in schwerwiegender Weise treuwidrig verhält und die Nichterfüllung bzw. Rückabwicklung den anderen Teil schwer treffen würde.   **1162**

**Beispiel**[1080]**:** V und K schließen einen notariellen Kaufvertrag über ein Grundstück, wobei (wie vereinbart) ein Kaufpreis i.H.v. 27.500,- € beurkundet wird. Die kurz vor Vertragsschluss erfolgte Vorauszahlung i.H.v. 26.000,- € wurde in dem notariellen Vertrag nicht erwähnt. Kurz nach Vertragsschluss überweist K dem V die Restkaufpreissumme i.H.v. 1.500,- € und verlangt eine Quittung über die 26.000,- € und die 1.500,- €. V will die Quittungen nicht ausstellen und verlangt Zahlung der „noch ausstehenden" 26.000,- €. Nachdem K sich weigert, noch einmal zu zahlen, behauptet V wahrheitswidrig, dass mündlich ein Kaufpreis i.H.v. 57.500,- € vereinbart worden sei. Kann K Übereignung des Grundstücks verlangen, obwohl V sich auf die Formnichtigkeit beruft?

Da die beurkundungsbedürftige Nebenabrede der Anrechnung der Vorauszahlung nicht beurkundet wurde, ist der Vertrag nach §§ 125 S. 1, 311b I S. 1, 139 BGB in seiner Gesamtheit formnichtig. Eine Heilung nach § 311b I S. 2 BGB ist vorliegend nicht eingetreten. Fraglich ist jedoch, ob hier eine Überwindung des Formmangels nach § 242 BGB angenommen werden muss.
Der Grundstückskaufvertrag ist nur aufgrund des Formmangels nichtig. Anderweitige Nichtigkeitsgründe liegen nicht vor. K, der von der Beurkundungspflichtigkeit der Vorauszahlung keine Kenntnis hatte, ist auch schutzbedürftig.
Die Formnichtigkeit müsste aber auch zu einem schlechthin untragbaren Ergebnis führen, sodass eine Überwindung der Nichtigkeit erforderlich ist.
Nach Auffassung des BGH (Z 85, 315, 319) war das Verhalten des V in besonders hohem Maße in sich widersprüchlich und arglistig. Es verstoße in so grober Weise gegen Treu und Glauben, dass dem V die Berufung auf die Formnichtigkeit des Vertrags gem. § 242 BGB verwehrt werden müsse. Der Grundstückskaufvertrag sei daher so zu behandeln, als sei er formwirksam. K hat demnach einen Übereignungsanspruch gegen V.

---

[1078] BGH DNotZ 1973, 18, 19.
[1079] *Ellenberger*, in: Palandt, § 125 Rn 22.
[1080] Nach BGHZ 85, 315 ff.

**1163** ▪ **Existenzgefährdung einer Partei:** Die Überwindung der Formnichtigkeit nach § 242 BGB ist schließlich auch dann möglich, wenn die Rückabwicklung oder Nichterfüllung des Vertrags dazu führen würde, dass die wirtschaftliche **Existenz** einer Partei, die gutgläubig auf die Wirksamkeit des Vertrags vertraut hat, **gefährdet** oder **vernichtet** würde.[1081]

Dies kann zum **Beispiel** dann der Fall sein, wenn ein Verkäufer den Kaufpreis verbraucht hat und daher zur Rückgabe nicht in der Lage ist.

Allerdings ist die Reichweite dieser Fallgruppe sehr gering, da die Existenzgefährdung i.d.R. bereits durch die Ansprüche aus §§ 812 BGB oder c.i.c. (§§ 311 II Nr. 1, 241 II, 280 I BGB) ausgeschlossen wird.

---

[1081] *Ellenberger,* in: Palandt, § 125 Rn 31.

## E. Verstoß gegen ein gesetzliches Verbot, § 134 BGB

Eine Einschränkung der Privatautonomie findet sich in § 134 BGB. Nach dieser Vorschrift ist ein Rechtsgeschäft, das gegen ein gesetzliches Verbot verstößt, unabhängig vom Willen der Beteiligten **nichtig**, wenn sich nicht aus dem Gesetz ein anderes ergibt. Damit also die Nichtigkeit des Rechtsgeschäfts eintritt, müssen folgende Voraussetzungen vorliegen:

**1164**

- Zunächst muss ein **Verbotsgesetz** vorliegen.

- Gegen dieses Gesetz müssen die Parteien bei der Vornahme des fraglichen Rechtsgeschäfts **verstoßen** haben.

- Schließlich muss das Verbotsgesetz die **Nichtigkeit** des Rechtsgeschäfts anordnen.

### I. Vorliegen eines Verbotsgesetzes

Da „Gesetz" i.S.d. BGB **jede Rechtsnorm** ist (vgl. Art. 2 EGBGB), können nach der Rechtsquellenlehre[1082] Verbotsgesetze sowohl in formellen Gesetzen[1083] als auch Rechtsverordnungen[1084], autonomen Satzungen, EU-Recht[1085], Tarifverträgen[1086] oder auch im Gewohnheitsrecht enthalten sein. Auch Landesrecht kann für den Bereich seiner Geltung Verbotsgesetze enthalten.[1087] Welchem Teilrechtsgebiet (Strafrecht, Zivilrecht oder Öffentliches Recht) das Verbotsgesetz entstammt, ist im Übrigen unbedeutend.[1088] Relativ einfach ist die Beantwortung der Frage, ob eine Norm ein Verbotsgesetz i.S.d. § 134 BGB darstellt, wenn sie das Verbot (und die Nichtigkeit des verbotswidrigen Rechtsgeschäfts) explizit nennt, so z.B. § 248 I BGB. In den übrigen Fällen muss sich die Frage nach dem Verbotsgesetz durch Auslegung bestimmen lassen.

**1165**

> **Beispiel:** § 259 StGB stellt die sog. Hehlerei unter Strafe. Unter Hehlerei ist u.a. der Verkauf einer von einem anderen gestohlenen Sache zu verstehen. Verkauft nun z.B. Hehler H einen von T gestohlenen Laptop an den gutgläubigen D, stellt sich die Frage, ob der Kaufvertrag (§ 433 BGB) trotz Gutgläubigkeit des D wegen Verstoßes gegen ein Verbotsgesetz nichtig ist. Dazu müsste es sich bei § 259 StGB um ein Verbotsgesetz i.S.d. § 134 BGB handeln und § 259 StGB müsste die Nichtigkeit des Kaufvertrags fordern. Beides ist der Fall. Bejahte man die Gültigkeit des Kaufvertrags mit der Folge, dass H trotz Strafbarkeit Rechte aus dem Vertrag (Kaufpreiszahlung) zustünden, bedeutete dies einen massiven Wertungswiderspruch der Rechtsordnung. Daher folgt aus dem Vorliegen des Hehlereitatbestands die Nichtigkeit des Kaufvertrags. Gleiches gilt (erst recht) etwa beim Verkauf von illegalen Drogen wie Kokain, Heroin, Marihuana etc.: Der Verstoß gegen §§ 29 ff. BtMG führt zur Nichtigkeit des Kaufvertrags.

> Weiterführender Hinweis: Grundsätzlich führt ein Verstoß gegen ein Verbotsgesetz nur zur Nichtigkeit des schuldrechtlichen Verpflichtungsgeschäfts, nicht auch zur Nichtigkeit des sachenrechtlichen Verfügungsgeschäfts (dazu näher Rn 1174). Im obigen Beispiel könnte D daher durchaus gutgläubig Eigentum erworben haben (§§ 929 S. 1, 932 BGB), wäre möglicherweise aber einer bereicherungsrechtlichen Rückabwicklung ausgesetzt (§§ 812 ff. BGB). Allerdings scheitert der Gutglaubenserwerb vorliegend bereits aus einem anderen Grund: Weil der Laptop gestohlen war, greifen wegen § 935 I BGB die Gutglaubensvorschriften nicht.

---

[1082] Vgl. dazu ausführlich *R. Schmidt*, Staatsorganisationsrecht, 20. Aufl. 2019, Rn 178 ff.
[1083] Das sind Gesetze, die von der Legislative erlassen werden. Beispiele: Strafgesetzbuch, Schwarzarbeitsbekämpfungsgesetz, Ladenschlussgesetze der Länder.
[1084] Das sind Gesetze, die von der Exekutive erlassen werden. Beispiel: Straßenverkehrsordnung.
[1085] BGH EuZW 2003, 444.
[1086] BGH NJW 2000, 1186, 1187 (Bundesangestelltentarifvertrag); *Beckmann*, JZ 2001, 150 ff.; Zur Allgemeinverbindlichkeit von Tarifverträgen vgl. auch BVerfG NJW 1981, 215, 216; BVerfGE 34, 307, 320; 44, 322, 340.
[1087] BGHZ 47, 30, 31 ff.; BGH WM 2003, 788, 791.
[1088] BGHZ 34, 169, 170 ff.; 69, 296, 298; 94, 217, 219 ff.; BGH NJW 1991, 634; *Ellenberger*, in: Palandt, § 134 Rn 2; *Wolf/Neuner*, AT, § 45 Rn 1.

**1166**  **Grundrechte** des Grundgesetzes wirken zwar über die Generalklauseln der §§ 134, 138, 242, 315 BGB in das Privatrecht hinein (Drittwirkung der Grundrechte)[1089], sind aber (mit Ausnahme des Art. 9 III GG) grundsätzlich keine Verbotsgesetze i.S.d. § 134 BGB.[1090] Für Körperschaften und Anstalten des öffentlichen Rechts gelten die Grundrechte hingegen unmittelbar. Kündigt daher bspw. eine öffentlich-rechtliche Sparkasse einer verfassungsfeindlichen, aber nicht vom BVerfG verbotenen politischen Partei die Konten, verstößt dieses Verhalten gegen das Willkürverbot (Art. 3 I GG) und ist daher wegen § 134 BGB nichtig.[1091]

## II. Verstoß gegen ein Verbotsgesetz

**1167**  Ob gegen ein Verbotsgesetz verstoßen wurde, ist dem zu prüfendem Sachverhalt zu entnehmen. Es genügt, wenn *eine* Partei gegen ein gesetzliches Verbot verstößt.

## III. Nichtigkeit als Rechtsfolgeanordnung

**1168**  **1.** Das Verbot muss sich nicht unmittelbar aus dem Wortlaut des Gesetzes ergeben. Es genügt, wenn es sich (nach entsprechender Auslegung) aus dem **Zusammenhang** ergibt.[1092] So kann die Auslegung ergeben, dass ein Rechtsgeschäft wegen der besonderen Umstände, unter denen es vorgenommen wird, wegen seines Inhalts oder wegen seines bezweckten Rechtserfolgs untersagt ist. Dabei bietet wiederum der Gesetzeswortlaut einen Anhaltspunkt: Zwar enthalten die meisten Verbotsbestimmungen nicht Ausdrücke wie „ist verboten" oder „ist untersagt"; jedoch deuten in der Regel die Formulierungen „darf nicht", „ist unzulässig", „ist nicht übertragbar" darauf hin, dass die Rechtsordnung die Vornahme eines bestimmten Rechtsgeschäfts missbilligt.[1093]

> **Beispiele**[1094]: § 259 StGB (An- und Verkauf gestohlener Sachen); § 284 I StGB (verbotenes Glücksspiel); § 334 I StGB (Schenkung zur Bestechung eines Amtsträgers)

**1169**  **2.** Wichtiges **Anzeichen** für ein gesetzliches Verbot, aus dem die Nichtigkeit des Geschäfts folgt, ist es, wenn das Gesetz das Verhalten für **alle Beteiligten** mit Strafe oder Bußgeld bedroht. Das betrifft vor allem den Verstoß gegen Steuervorschriften und das Schwarzarbeitsbekämpfungsgesetz („Ohne-Rechnung-Absprache"):

**1170**  > **Beispiel**[1095]: Fliesenleger Poldi arbeitet nicht nur gelegentlich „schwarz".[1096] Diesmal verlegt er Bodenfliesen im Hause der betuchten Gräfin Anastasia. Als er nach getaner Arbeit einen Lohn i.H.v. 1.500,- € (60 Std. à 25,- €) verlangt, verweist A auf die erheblichen Baumängel. Zudem ist sie der Meinung, dass der Vertrag aufgrund der „Ohne-Rechnung-Absprache" unwirksam sei und dass daher eine Forderung des P nicht bestehe. Mit Recht?
>
> Hier haben sowohl A als auch P eine Steuerhinterziehung begangen und damit zunächst gegen die Abgabenordnung verstoßen (vgl. §§ 370 AO, 25 II StGB), die ohne weiteres ein Verbotsgesetz i.S.d. § 134 BGB darstellt und die Nichtigkeit des Vertrags zur Folge hat. A und P haben aber auch gegen das Schwarzarbeitsbekämpfungsgesetz verstoßen (vgl. § 1 II Nr. 2 SchwarzArbG). Da die von P erbrachte Werkleistung von erheblichem Umfang war (was bei einer Leistung im Umfang von ca. 1.500,- € angenommen werden

---

[1089] Vgl. ausführlich *R. Schmidt*, Grundrechte, 24. Aufl. 2019, Rn 25 ff.

[1090] *Wolf/Neuner*, AT, § 45 Rn 5.

[1091] BGH NJW 2003, 1658, 1659. Vgl. auch BGHZ 68, 280, 286.

[1092] BGHZ 51, 255, 262; 115, 123, 125; OLG Düsseldorf NZG 2012, 1150; *Ellenberger*, in: Palandt, § 134 Rn 2; *Wolf/Neuner*, AT, § 45 Rn 2. Vgl. auch *K. Schmidt*, JuS 2013, 740, 741.

[1093] BGH NJW 1992, 2257, 2258; *Brox/Walker*, AT, Rn 321; *Köhler*, AT, § 13 Rn 12.

[1094] Vgl. *Brox/Walker*, AT, Rn 321. Vgl. auch die umfangreiche Kasuistik bspw. bei *Arnold*, in: Erman, § 134 Rn 26 ff.; *Ellenberger*, in: Palandt, § 134 Rn 14 ff.

[1095] Vgl. auch *Wolf/Neuner*, AT, § 45 Rn 15; *Köhler*, AT, § 13 Rn 10; *Stadler*, AT, § 26 Rn 9. Ähnliche Fälle wurden nunmehr auch vom BGH entschieden (BGH NJW 2013, 3167 ff.; NJW 2014, 1805, 1806 f.; NJW 2015, 2406 f.).

[1096] Schwarzarbeit ist in § 1 II SchwarzArbG definiert. Danach leistet Schwarzarbeit, wer insbesondere Dienst- oder Werkleistungen erbringt und u.a. dabei keine Sozialversicherungsbeiträge oder Steuern abführt.

kann[1097]), liegt ein Verstoß gegen das SchwarzArbG vor, der für *beide Seiten* eine mit Bußgeld sanktionierte Ordnungswidrigkeit darstellt (vgl. § 8 I Nr. 1 und 2 SchwarzArbG). Fraglich ist, ob (auch) dieser Gesetzesverstoß die Nichtigkeit des Werkvertrags zur Folge hat. Zweck des Gesetzes ist die Bekämpfung der Schwarzarbeit wegen ihrer sozialschädlichen Auswirkungen. Zum einen soll der Arbeitslosigkeit und Steuerausfällen entgegengewirkt werden und zum anderen sollen redliche Handwerker vor der Preisunterbietung durch Schwarzarbeiter und Auftraggeber vor minderwertiger Leistung und unsachgemäßer Verwendung von Rohstoffen geschützt werden. Im Vordergrund dürfte aber die Beeinträchtigung des Beitragsaufkommens der Sozial-, Renten- und Arbeitslosenversicherung stehen.[1098]

Dieser Zweck lässt sich aber nur dann erreichen, wenn den auf Schwarzarbeit gerichteten Verträgen die Wirksamkeit versagt wird, weil dann beide Vertragsparteien vom Abschluss solcher Verträge abgeschreckt werden.[1099] Der BGH nimmt eine Nichtigkeit jedenfalls dann an, wenn der Unternehmer vorsätzlich gegen das gesetzliche Verbot der Schwarzarbeit verstößt und der Besteller den Verstoß des Unternehmers kennt und bewusst zum eigenen Vorteil ausnutzt.[1100] Nach dem OLG Hamm ist eine Nichtigkeit sogar dann anzunehmen, wenn die Parteien zum Zeitpunkt des Vertragsschlusses noch keine „Ohne-Rechnung-Abrede" getroffen und damit zunächst einen wirksamen Vertrag geschlossen hatten, nachträglich jedoch vereinbarten, dass auf das Ausstellen einer Rechnung verzichtet werden soll. Die nachträgliche „Ohne-Rechnung-Abrede" habe den Vertrag geändert und insgesamt unwirksam gemacht. Ein Rechtsverständnis, das die Nichtigkeit auf die nachträgliche Abrede begrenze, liefe der ausdrücklichen Absicht des Gesetzgebers zuwider, die Form der Schwarzarbeit in Gestalt von „Ohne-Rechnung-Abreden" wirkungsvoll zu bekämpfen.[1101]

Der Werkvertrag zwischen A und P ist in zweierlei Hinsicht nach § 134 BGB **nichtig**, weil **beide Parteien** zum einen eine Steuerhinterziehung begangen und zum anderen bewusst gegen das SchwarzArbG verstoßen haben und dabei die erbrachte Werkleistung von erheblichem Umfang war.[1102]

P steht also mangels wirksamen Vertrags keine Werklohnforderung aus § 631 I BGB zu.[1103]

Möglicherweise steht P dann aber ein Aufwendungsersatzanspruch aus Geschäftsführung ohne Auftrag gem. §§ 677, 683 S. 1, 670 BGB zu. Jedoch hat P seine Aufwendungen im Hinblick auf den mit der Ausführung des Geschäfts verbundenen Verstoß gegen das Verbotsgesetz des § 1 II Nr. 2 SchwarzArbG nicht für erforderlich halten dürfen.[1104]

Schließlich kommt ein Ausgleichsanspruch über das Bereicherungsrecht in Betracht. Vorliegend ist an einen Wertersatz in Form eines „Quasi-Vergütungsanspruchs" des P aus § 812 I S. 1 Var. 1 BGB und daneben aus § 817 S. 1 BGB jeweils i.V.m. § 818 II BGB zu denken. Doch einem solchen Anspruch könnte der Ausschlusstatbestand des § 817 S. 2 BGB entgegenstehen. Folge wäre, dass den Schwarzarbeiter das volle Risiko einer Zahlungsverweigerung des Auftraggebers trifft. Dies könnte eine unbillige Privilegierung des Auftraggebers nach sich ziehen. Um daher das Risiko der Schwarzarbeit nicht allein dem Schwarzarbeiter aufzubürden und dem „Auftraggeber" nicht zu kostenfreier Leistung zu verhelfen, wendete der BGH in einer Entscheidung aus dem Jahre 1990 auf der Basis der damals geltenden Fassung des SchwarzArbG den an sich greifenden Ausschlusstatbestand des § 817 S. 2 BGB unter dem Gesichtspunkt von Treu und Glauben (§ 242 BGB) einfach

---

[1097] AG Frankfurt/M 20.9.2010 – 4.10 OWi 107/10.
[1098] Vgl. auch BGHZ 85, 39, 43; 89, 369, 373 f.; LG Mainz NJW-RR 1998, 48; *Arnold*, in: Erman, § 134 Rn 63.
[1099] St. Rspr., vgl. nur BGHZ 85, 39, 44; 89, 369, 372; 111, 308, 311; 176, 198, 201; LG Mainz NJW-RR 1998, 48; zustimmend *Köhler/Lange*, JZ 1990, 466; *Medicus/Petersen*, AT, Rn 651; *Armbrüster*, in: MüKo, § 134 Rn 77.
[1100] BGH NJW 2013, 3167, 3168 f. Hier ging es um die Pflasterung einer Einfahrt, für die ein Werklohn von 1.800,- € vereinbart worden war.
[1101] OLG Hamm NJW-RR 2018, 273.
[1102] Ob nach Auffassung des BGH die Nichtigkeitsfolge auch dann eingetreten wäre, wenn die Werkleistung von nicht erheblichem Umfang gewesen wäre, geht aus der BGH-Entscheidung nicht hervor.
[1103] Vgl. auch BGH NJW 2014, 1805, 1806 mit Verweis auf BGH NJW 2013, 3167, 3168 f. Vgl. auch *Lorenz*, NJW 2013, 3132, 3133 f. Anders wäre es gewesen, wenn nur ein einseitiger Verstoß gegen das SchwarzArbG vorgelegen hätte (etwa, weil A davon ausgegangen wäre, dass P Steuern und Sozialabgaben entrichtet, dazu sogleich Rn 1171 f.).
[1104] Vgl. BGH NJW 2014, 1805, 1806 f.

nicht an mit der Folge, dass im Ergebnis gleichwohl ein Anspruch des Schwarzarbeiters auf „Quasi-Vergütung" bestand.[1105] Die Höhe bemaß sich nach dem objektiven Wert der Schwarzarbeit.[1106] Von diesem „Quasi-Vergütungsanspruch" war ggf. der Minderwert der erbrachten Leistung in Abzug zu bringen, da der Auftraggeber insoweit nicht bereichert war (vgl. § 818 III BGB).

Nunmehr hat der BGH aber entschieden, dass die Grundsätze von Treu und Glauben der Anwendung des § 817 S. 2 BGB nicht entgegenstünden. Die Durchsetzung des vom Gesetzgeber mit dem SchwarzArbG verfolgten Ziels, die Schwarzarbeit effektiv einzudämmen, erfordere eine strikte Anwendung dieser Vorschrift. Insoweit sei eine andere Sicht geboten, als sie vom Senat 1990 auf der Grundlage der alten Fassung des SchwarzArbG vertreten wurde.[1107]

Demzufolge hat P keinen Quasi-Vergütungsanspruch gegen A. Diese (vermeintliche) Privilegierung der A mag zwar unbillig erscheinen, erhält diese doch eine „kostenlose Werkleistung", anders aber lassen sich die o.g. Schutzzwecke des SchwarzArbG nicht effektiv durchsetzen. Hinzu kommt, dass A infolge der Nichtigkeit des Vertrags auch keine Mängelrechte gem. §§ 634 ff. BGB geltend machen kann und mitunter das Risiko eines sehr hohen Schadens trägt, was den (vermeintlichen) Vorteil doch spürbar relativiert.

In diesem Zusammenhang hat der BGH folgerichtig auch entschieden, dass § 817 S. 2 BGB auch einer Rückforderung des bislang Geleisteten entgegensteht. Der Besteller hat also keinen bereicherungsrechtlichen Anspruch auf Rückzahlung der Vergütung (oder eines Teils davon), wenn sich das Werk als mangelhaft herausstellt.[1108]

**1171**  **3.** Handelt es sich bei dem Verbotsgesetz um eine Straf- oder Bußgeldandrohung und richtet sich die Vorschrift nur gegen **einen** Beteiligten, ist das Rechtsgeschäft in der Regel **wirksam**.[1109] Ausnahmsweise kann aber auch hier die **Nichtigkeit** des Rechtsgeschäfts angenommen werden, wenn dies dem Gesetzeszweck entspricht. Allerdings ist wegen des damit verbundenen erhöhten Eingriffs in die Privatautonomie Zurückhaltung geboten.

**1172**  **Beispiele:**

(1) Kommt es zum Abschluss eines Kaufvertrags (§ 433 BGB) nur deshalb, weil der Verkäufer über Eigenschaften des Kaufgegenstands täuscht, verstößt das Rechtsgeschäft gegen § 263 StGB (Betrug) – ein gesetzliches Verbot i.S.d. § 134 BGB. Gleichwohl würde eine gesetzlich angeordnete Nichtigkeit den Interessen des Käufers nicht (stets) gerecht werden, denn der Käufer könnte durchaus ein Interesse daran haben, dass der Kaufvertrag gültig bleibt (etwa, weil es sich bei dem Kaufgegenstand um ein Einzelstück handelt und der Käufer es behalten möchte). Die Gültigkeit des Vertrags hätte zudem zur Folge, dass dem Käufer ggf. Mängelrechte (§§ 434 ff. BGB) zustehen, was nicht der Fall wäre, wenn der Vertrag wegen § 134 BGB nichtig wäre. Der Vertrag ist daher **nicht** wegen § 134 BGB **nichtig**.[1110]

(2) Verstößt beim Abschluss eines Werkvertrags nur *eine Partei* (i.d.R. der Schwarzarbeiter) gegen das bereits genannte **Schwarzarbeitsbekämpfungsgesetz** (Rn 1170), d.h. kennt der Besteller/Auftraggeber den Verstoß nicht, gebieten es die Interessen des gesetzestreuen Bestellers, ihm seine Erfüllungs- und Gewährleistungsansprüche zu belassen; deshalb ist der Vertrag auch hier **nicht** nach § 134 BGB **nichtig**.[1111]

(3) Ob eine Nichtigkeit auch bei einem Verstoß gegen das **Rechtsdienstleistungsgesetz** (RDG) angenommen werden kann, ist fraglich. Gemäß § 3 RDG darf derjenige, der in konkreten fremden Angelegenheiten selbstständig eine rechtliche Prüfung des

---

[1105] BGHZ 111, 308, 311 ff.; vgl. dazu *Ellenberger*, in: Palandt § 134 Rn 22.
[1106] Vgl. BGHZ 111, 308, 311 ff. Vgl. dazu ausführlich *R. Schmidt*, SchuldR BT II, Rn 305 ff.
[1107] BGH NJW 2014, 1805, 1806 f.; vgl. auch BGH NJW 2015, 2406 f.
[1108] BGH NJW 2015, 2406 f.
[1109] BGHZ 132, 313, 318. Vgl. auch *Köhler*, AT, § 13 Rn 12; *Boecken*, AT, Rn 440.
[1110] *Brox/Walker*, AT, Rn 325.
[1111] BGHZ 89, 369, 373 f.; BGH NJW 1985, 2403, 2404. Zustimmend *Köhler*, JZ 1990, 466, 467; *Köhler*, AT, § 13 Rn 10.

Einzelfalls (= Rechtsdienstleistung) vornehmen möchte, dies nur, soweit es ihm nach dem RDG oder anderen Gesetzen erlaubt ist. Nach bisheriger Rspr. zum Rechtsberatungsgesetz, das durch das Rechtsdienstleistungsgesetz ersetzt worden ist, war ein auf eine verbotene Rechtsberatung gerichteter Vertrag **nichtig**, weil nur so der Gefährdung des rechtsuchenden Publikums vor unsachgemäßer Rechtsberatung vorgebeugt werden könne.[1112] Diese Rspr. beruht eher auf Standesgebaren als auf sachlichen Argumenten. Denn wer bei einem juristischen Laien Rechtsrat sucht, bedarf keines besonderen staatlichen Schutzes, der den Eingriff in die Privatautonomie rechtfertigen würde. Möchte der Betroffene zuverlässig und verbindlich beraten werden, steht ihm der Weg frei, einen zugelassenen Rechtsanwalt aufzusuchen. Für denjenigen, der z.B. bei einem qualifizierten, aber nicht als Rechtsanwalt oder sonst zur Rechtsdienstleistung zugelassenen Juristen Rechtsrat sucht, ist die Nichtigkeitsfolge des „Beratungsvertrags" ebenfalls nicht sachgerecht.

**4.** Wendet sich das Gesetz dagegen nicht gegen den Inhalt, sondern nur gegen die **äußeren Umstände** der Vornahme des Rechtsgeschäfts (Ort, Zeit, Personenkreis), ist in der Regel **Wirksamkeit** anzunehmen.     **1173**

**Beispiel:** § 3 **Ladenschlussgesetz** des Landes X erlaubt Ladenöffnungszeiten montags bis samstags von 8-22 Uhr. Der Inhaber eines Einzelhandelsgeschäfts verkauft einem Kunden um 23 Uhr Waren.

Gesetzlich festgelegte Ladenschlusszeiten verfolgen nicht das Ziel, die Unwirksamkeit der nach Ladenschluss zustande gekommenen Kaufverträge herbeizuführen; vielmehr geht es darum, dass sich kleinere Läden gegen große Ketten behaupten können und dass das Personal auch mal „Feierabend" hat. Öffnet also ein Ladeninhaber sein Geschäft außerhalb der erlaubten Zeiten, hat dies **nicht** die **Nichtigkeit** der an diesem Tage geschlossenen Kaufverträge zur Folge. Das über das Ordnungswidrigkeitenrecht bereitgestellte Sanktionensystem genügt völlig, Verstößen zu begegnen.

**Anders** verhält es sich aber, wenn das Gesetz die Nichtigkeit will, was insbesondere bei Verstößen gegen das **Jugendschutzgesetz** oder das **Jugendarbeitsschutzgesetz** der Fall ist. So ist gem. § 9 I Nr. 1 JuSchG die Abgabe von Bier, Wein, weinähnlichen Getränken oder Schaumwein oder Mischungen von Bier, Wein, weinähnlichen Getränken oder Schaumwein mit nichtalkoholischen Getränken an Kinder und Jugendliche unter 16 Jahren verboten. Und gem. § 9 I Nr. 2 JuSchG ist die Abgabe von anderen alkoholischen Getränken oder Lebensmitteln, die andere alkoholische Getränke in nicht nur geringfügiger Menge enthalten, an Kinder und Jugendliche (also an Personen unter 18 Jahren, siehe § 1 I Nr. 2 JuSchG) verboten. Schließlich ist gem. § 10 I JuSchG die Abgabe von Tabakwaren etc. an Personen unter 18 Jahren verboten. Ein Verstoß gegen diese Bestimmungen hat zwingend die Unwirksamkeit des Rechtsgeschäfts zur Folge; denn würde man die Wirksamkeit annehmen, führte dies zur Pflicht des Jugendlichen, Alkohol und Zigaretten abzunehmen und den Kaufpreis zu entrichten (die §§ 104 ff. BGB sollen im vorliegenden Zusammenhang außer Betracht bleiben). Der mit den Verbotsnormen verfolgte Zweck wäre unterlaufen. Mit den gleichen Erwägungen sind auch Arbeitsverträge mit Jugendlichen, die z.B. gegen Jugendarbeitszeiten (vgl. etwa § 8 I JArbSchG) verstoßen, nichtig.

**5.** Richtet sich das Verbotsgesetz gegen den Inhalt des Rechtsgeschäfts, führt ein Gesetzesverstoß – dem Trennungs- und Abstraktionsprinzip folgend – grundsätzlich zur **Nichtigkeit nur des Verpflichtungsgeschäfts**. Die in Erfüllung des nichtigen Verpflichtungsgeschäfts erfolgten **Verfügungen** bleiben grundsätzlich **wirksam**, können aber über die Regeln der ungerechtfertigten Bereicherung nach §§ 812 ff. BGB rückabgewickelt werden (wobei jedoch stets § 817 S. 2 BGB zu beachten ist).[1113] Lediglich, wenn sich der Gesetzesverstoß auch auf das dingliche Verfügungsgeschäft erstreckt, ist     **1174**

---

[1112] Vgl. nur BGH NJW 1995, 3122, 3124; BayObLG NJW 2004, 86 f.
[1113] Vgl. dazu auch BGH NJW 2011, 373 f.

auch dieses unwirksam. Ob das der Fall ist, ist wiederum durch Auslegung der Verbotsnorm zu ermitteln. Es ist danach zu fragen, ob die Verbotsnorm auch die Güterbewegung erfassen oder nur das insoweit vorbereitende schuldrechtliche Kausalgeschäft sanktionieren will.[1114]

**1175**   **Beispiel:** Verkauft A an B ein Kilogramm Marihuana und übereignet diesem die Ware auch, erstreckt sich der Gesetzesverstoß (Verstoß gegen das Betäubungsmittelgesetz) auch auf das Übereignungsgeschäft. Aus rechtsgeschäftlicher Sicht kann B also nicht wirksam Eigentum erwerben.

**1176**   **6.** Schließlich erfasst die Nichtigkeitsfolge des § 134 BGB auch die sog. **Umgehungsgeschäfte**. Ein Umgehungsgeschäft liegt vor, wenn die Parteien den Zweck eines gesetzlich nicht erlaubten Geschäfts mit Hilfe eines anderen, nicht ausdrücklich verbotenen zu erreichen versuchen.[1115] Für die Frage, ob ein Umgehungsgeschäft nach § 134 BGB nichtig ist, muss – sofern sich das Umgehungsverbot nicht ausdrücklich aus dem Gesetz ergibt wie bspw. aus §§ 306a, 312k I S. 2, 476 I S. 2, 511 S. 2 BGB – auch hier auf den **Sinn und Zweck** der **jeweilig maßgeblichen Verbotsnorm** abgestellt werden. Will diese nur die Vornahme eines Geschäfts bestimmter Art, nicht aber einen rechtlichen oder wirtschaftlichen Erfolg verhindern, dann ist das den gleichen Erfolg in anderer Weise herbeiführende Geschäft unbedenklich. Unwirksam ist aber ein Geschäft, das einen verbotenen Erfolg durch Verwendung von rechtlichen Gestaltungsmöglichkeiten erreichen will, die (scheinbar) nicht von der Verbotsnorm erfasst werden.[1116]

So sind zum **Beispiel** Geschäfte zur Umgehung einer Konzession oder Erlaubnispflicht unwirksam (z.B. wenn einem Gastwirt seine Konzession entzogen wird, er die Gastwirtschaft verkauft und als „Angestellter" weiterbeschäftigt wird, obwohl er in Wahrheit wirtschaftlicher Inhaber bleiben soll, sog. Kastellanvertrag).[1117]

**1177**   Von § 134 BGB abzugrenzen sind **spezielle Nichtigkeitsanordnungen**, etwa im BGB-Familienrecht. So ist eine Ehe nichtig, wenn einer der Eheschließenden zum Zeitpunkt der Eheschließung noch nicht das 16. Lebensjahr vollendet hat (§ 1303 S. 2 BGB).[1118] Unwirksam ist auch eine Ehe, wenn sie nicht vor einem Standesbeamten unter dessen Mitwirkung geschlossen wurde (§ 1310 I S. 1 BGB: „wird nur dadurch geschlossen, dass"). Eines Rückgriffs auf die Nichtigkeitsvorschriften des BGB AT bedarf es insoweit nicht.

---

[1114] Siehe dazu auch BGHZ 115, 123, 130 ff.; *Wolf/Neuner*, AT, § 45 Rn 25.

[1115] BGH NJW 2006, 1066; *Armbrüster*, in: MüKo, § 134 Rn 11; *Ellenberger*, in: Palandt, § 134 Rn 28; *Wolf/Neuner*, AT, § 45 Rn 26.

[1116] *Ellenberger*, in: Palandt, § 134 Rn 28; *Wolf/Neuner*, AT, § 45 Rn 26.

[1117] Vgl. OLG Hamm NJW 1986, 2440; OLG Koblenz NJW-RR 1994, 493; *Ellenberger*, in: Palandt, § 134 Rn 29. Zur Anstellung eines „Strohmanns", um eine Spielhalle betreiben zu können, vgl. BGH NJW-RR 2003, 1116.

[1118] Vgl. dazu ausführlich *R. Schmidt*, FamR, Rn 2g, 54, 56 und 61.

## F. Sittenwidrigkeit, Wucher, § 138 BGB

Der Entstehung eines Anspruchs kann auch ein Verstoß gegen die guten Sitten entgegenstehen. Zur Einordnung des § 138 BGB in den Anspruchsaufbau vgl. Rn 1629.

**1178**

### I. Einführung

Es leuchtet ein, dass der Gesetzgeber nicht für alle denkbaren Fälle sozialschädlichen Verhaltens gesetzliche Verbotsvorschriften aufstellen kann. Jedoch muss er die Einhaltung ethischer Mindestanforderungen im rechtsgeschäftlichen Verkehr gewährleisten.[1119] Daher hat er mit der Vorschrift des § 138 I BGB angeordnet, dass ein Rechtsgeschäft, das **gegen die guten Sitten verstößt**, **nichtig** ist. Mit § 138 II BGB hat der Gesetzgeber eine Konkretisierung vorgenommen, wonach ein Rechtsgeschäft insbesondere dann nichtig ist, wenn sich jemand unter Ausbeutung der Zwangslage, der Unerfahrenheit, des Mangels an Urteilsvermögen oder der erheblichen Willensschwäche eines anderen sich oder einem Dritten für eine Leistung Vermögensvorteile versprechen lässt, die in einem auffälligen Missverhältnis zu der Leistung stehen (sog. **Wucher**).

**1179**

> **Hinweis für die Fallbearbeitung/Konkurrenzen: § 138 II BGB** ist also gegenüber **§ 138 I BGB speziell** und in der Fallbearbeitung daher **vorrangig** zu prüfen. Auf § 138 I BGB darf nur dann zurückgegriffen werden, wenn das Rechtsgeschäft nicht nach § 138 II BGB nichtig ist.
>
> Im Übrigen gilt die Vorschrift des § 138 BGB für jede Art von Rechtsgeschäft. Sie ist auch auf Verfügungsgeschäfte anwendbar, wenn der Sittenverstoß gerade in der veränderten Güterzuordnung liegt. Die Nichtigkeit eines Verfügungsgeschäfts ist aber nicht schon deswegen anzunehmen, weil das der Verfügung zugrunde liegende Verpflichtungsgeschäft nach § 138 BGB nichtig ist. § 138 I BGB gilt darüber hinaus auch für einseitige Rechtsgeschäfte (z.B. Kündigung[1120], Rücktritt etc.) und für geschäftsähnliche Handlungen (z.B. Mahnung, Fristsetzung etc.). Im Gesellschaftsrecht gelten spezielle Grundsätze, die § 138 BGB verdrängen.[1121]
>
> **§ 134 BGB** geht dem gesamten § 138 BGB grundsätzlich als *lex specialis* vor. Verstößt ein Rechtsgeschäft also sowohl gegen ein zur Nichtigkeit führendes Verbotsgesetz als auch gegen die guten Sitten, ist es grundsätzlich allein nach § 134 BGB zu behandeln.[1122] Werden aber bei der Vornahme eines Rechtsgeschäfts begangene Rechtsverletzungen von § 134 BGB nicht erfasst, sei es, dass kein entsprechendes Verbotsgesetz existiert oder sei es, dass aus der Anwendung des § 134 BGB nicht die Gesamtnichtigkeit des Rechtsgeschäfts folgt, dann kann sich eine Nichtigkeit noch aus § 138 BGB ergeben. Bezüglich der §§ 134, 138 BGB empfiehlt sich also folgende (zumindest gedankliche) Prüfungsreihenfolge: § 134 BGB ⇨ § 138 II BGB ⇨ § 138 I BGB.
>
> Auch **§ 123 BGB** geht dem § 138 BGB grundsätzlich vor. Eine Anwendung des § 138 BGB kommt somit auch dann nicht in Betracht, wenn das Rechtsgeschäft durch **arglistige Täuschung** oder **widerrechtliche Drohung** zustande gekommen ist.[1123] In diesem Fall ist es lediglich nach § 123 BGB anfechtbar. Nur wenn über die unzulässige Willensbeeinflussung hinaus weitere (sittenwidrige) Umstände hinzutreten, kann § 138

**1180**

---

[1119] *Köhler*, AT, § 13 Rn 18.
[1120] Vgl. hier aber die arbeitsrechtliche Spezialnorm des § 13 II KSchG.
[1121] Vgl. §§ 77 GmbHG, 241 ff. (insb. 241 Nr. 4), 277 II AktG.
[1122] Vgl. auch *Wolf/Neuner*, AT, § 46 Rn 6. Eine Ausnahme von diesem Grundsatz ist nach wohl überwiegender Meinung dann zu machen, wenn § 134 BGB i.V.m. § 291 StGB n.F. und § 138 II BGB zusammentreffen. In diesem Fall sollen beide Nichtigkeitsgründe *nebeneinander* gelten. Vgl. *Ellenberger*, in: Palandt, § 138 Rn 76.
[1123] So auch *Wolf/Neuner*, AT, § 46 Rn 5.

BGB zur Anwendung kommen.[1124] Anderweitig würde das Gestaltungsrecht nach § 123 BGB leerlaufen.[1125]

Im Verhältnis zu **§ 826 BGB** ist zu beachten, dass § 138 BGB und § 826 BGB unterschiedliche Funktionen haben. Während § 138 BGB sittenwidrigen Rechtsgeschäften die rechtliche Anerkennung versagt, sanktioniert § 826 BGB eine vorsätzliche sittenwidrige Schädigung mit einer Schadensersatzpflicht. In den meisten Fällen, in denen § 138 BGB anwendbar ist, sind die Voraussetzungen des § 826 BGB nicht erfüllt (beiderseitiger objektiver und subjektiver Sittenverstoß, Fehlen eines Schädigungsvorsatzes). Umgekehrt gilt Entsprechendes (Schädigung durch eine nichtrechtsgeschäftliche Handlung). Zu einem Konkurrenzverhältnis dieser beiden Vorschriften kann es aber dann kommen, wenn ein Rechtsgeschäft wegen eines sittenwidrigen Verhaltens gegenüber dem redlichen Geschäftspartner nichtig ist. In diesem Fall kann die Anwendung des § 826 BGB dazu führen, dass dem Geschädigten die Vorteile des sittenwidrigen Rechtsgeschäfts ganz oder teilweise erhalten bleiben. In Betracht kommt dann neben einem Schadensersatzanspruch auch ein Anspruch auf Vornahme des gewünschten, sittengemäßen Verhaltens (Abschluss eines Vertrags).[1126] Anspruchsgrundlage ist § 826 BGB i.V.m. § 249 ff. BGB, aber auch c.i.c. (§§ 280 I, 311 II, 241 II BGB).

# II. Wucher, § 138 II BGB

**1181**  Nach § 138 II BGB ist ein Rechtsgeschäft insbesondere dann nichtig, wenn jemand unter Ausbeutung der Zwangslage, der Unerfahrenheit, des Mangels an Urteilsvermögen oder der erheblichen Willensschwäche eines anderen sich oder einem Dritten für eine Leistung Vermögensvorteile versprechen lässt, die in einem auffälligen Missverhältnis zu der Leistung stehen. Aus der Voraussetzung „auffälliges Missverhältnis von *Leistung* und *Gegenleistung*" folgt, dass § 138 II BGB nur auf Verträge **anwendbar** ist, die einen **Leistungsaustausch** zum Gegenstand haben, die also synallagmatischer Natur sind wie z.B. Darlehens-, Kauf-, Miet- oder Werkverträge.[1127] Auf unentgeltliche Verträge wie z.B. zinslose Darlehen, Schenkung, Leihe, Auftrag, Verwahrung ist § 138 II BGB daher ebenso unanwendbar wie für eine Bürgschaft[1128] (für diese kommt aber § 138 I BGB in Betracht).

## 1. Voraussetzungen

**1182**  Damit ein Rechtsgeschäft wucherisch i.S.v. § 138 II BGB ist, müssen objektiv ein auffälliges Missverhältnis zwischen Leistung und Gegenleistung und eine Schwächesituation des Bewucherten vorliegen. Subjektiv ist es erforderlich, dass der Wucherer diese Schwächesituation bewusst ausnutzt.

### a. Objektive Voraussetzungen

### aa. Auffälliges Missverhältnis von Leistung und Gegenleistung

**1183**  § 138 II BGB verlangt als objektive Voraussetzung zunächst ein „auffälliges Missverhältnis" zwischen Leistung und Gegenleistung. Der Wuchertatbestand gilt daher – wie gesagt – für *alle* gegenseitigen Verträge („Austauschgeschäfte"), vgl. Rn 1181. Zweites Merkmal ist das „auffällige Missverhältnis" von Leistung und Gegenleistung, was von den konkreten Gegebenheiten des einzelnen Geschäfts abhängt. Maßgeblich ist, ob sich das, was sich nach den gesamten Umständen gerade noch rechtfertigen lässt, überschritten ist.[1129]

---

[1124] BGH NJW 1995, 1988; BGH NJW 1995, 2599.
[1125] Der Getäuschte bzw. Bedrohte hat daher also die *Möglichkeit* anzufechten, muss es aber nicht. Folglich steht es in seinem Belieben, das Rechtsgeschäft gelten zu lassen. § 138 BGB hat dagegen *unabhängig vom Willen des Betroffenen* die Nichtigkeit des Rechtsgeschäfts zur Folge.
[1126] *Ellenberger*, in: Palandt, § 138 Rn 17.
[1127] Wohl einhellige Auffassung, vgl. nur *Ellenberger*, in: Palandt, § 138 Rn 66. Vgl. auch OLG Oldenburg RNotZ 2015, 157.
[1128] BGH NJW 1991, 2015, 2017; *Armbrüster*, in: MüKo, § 138 Rn 143; *Wolf/Neuner*, AT, § 46 Rn 50.
[1129] *Wolf/Neuner*, AT, § 46 Rn 51; *Wendtland*, in: Bamberger/Roth, 3. Aufl. 2012, § 138 Rn 47.

Im Allgemeinen ist ein **auffälliges Missverhältnis** dann anzunehmen, wenn die Gegenleistung den Wert der Leistung um **100%** über- oder unterschreitet. Doch kommt es letztlich auf den jeweiligen Vertragstyp und die Umstände des Einzelfalls an. 1184

Da letztlich sämtliche Umstände des Einzelfalls zu berücksichtigen sind, finden auch Kriterien wie z.B. die Risikoverteilung, der Spekulationscharakter des Geschäfts, die allgemeine Marktlage und die Marktüblichkeit Eingang in die Beurteilung.[1130] Zu vergleichen sind dabei die **marktüblichen** Preise/Zinsen mit den **vertraglich vereinbarten** Preisen/Zinsen.[1131] So ist bei einem Mietvertrag ein auffälliges Missverhältnis anzunehmen, wenn der Mietzins die Vergleichsmiete um mehr als 50% übersteigt[1132]; bei einem Darlehen ist ein auffälliges Missverhältnis i.d.R. dann zu bejahen, wenn der Vertragszins den marktüblichen Effektivzins relativ um 100% oder absolut um 12 Prozentpunkte übersteigt.[1133] 1185

**Beispiele:** 1186

**(1)** Beträgt der marktübliche Zins 5% p.a., ist bei einem mit 12% p.a. zu verzinsenden Darlehen ein auffälliges Missverhältnis gegeben, da der marktübliche Zins um mehr als 100% überschritten wird.

**(2)** Beträgt der marktübliche Zins 14% p.a., ist schon dann (ohne dass der marktübliche Zins um 100% überschritten wird) ein auffälliges Missverhältnis gegeben, wenn ein Darlehen mit 27% p.a. zu verzinsen wäre, da dieser Zinssatz den marktüblichen Zins um mehr als 12 Prozentpunkte übersteigt.

Durch die erste Möglichkeit (Überschreitung um mehr als 100%) wird der Darlehensnehmer also in Niedrigzinsphasen geschützt, durch die zweite Möglichkeit (Überschreitung um mehr als 12 Prozentpunkte) in Hochzinsphasen.

Aber auch wenn die Grenzwerte von 100% oder 12 Prozentpunkten nicht erreicht werden, kann bei einer relativen Abweichung zwischen 90 und 100% eine **Gesamtwürdigung** aller Umstände die Anwendung des § 138 II BGB rechtfertigen.[1134] Vgl. dazu auch den Beispielsfall bei Rn 1259. 1187

Als Faustregel gilt, dass ein auffälliges Missverhältnis zwischen Leistung und Gegenleistung besteht, sobald der Wert einer vertraglich vereinbarten Leistung und deren marktüblicher Wert im Verhältnis 1:2 und mehr stehen.[1135] Liegen besondere Umstände vor, kann im Einzelfall aber auch eine kleinere Differenz für den Wuchervorwurf genügen bzw. – bei hohen Risiken – eine größere Differenz gerechtfertigt sein. 1188

**Beispiel:** Bauherr B beauftragt den Generalunternehmer U, ein Gebäude zu errichten, und zwar unter Einschluss aller erforderlichen Erdarbeiten (§§ 631 ff. BGB). Über den Umfang der Erdarbeiten wurde nicht gesprochen (daher gilt diesbezüglich § 632 II BGB, sofern nicht die Geltung der VOB vereinbart wurde). U wiederum beauftragt den Subunternehmer S, die Erdarbeiten vorzunehmen. Dieser stellt U nach getaner Arbeit 5,90 € pro m³ für Aushub und Entsorgung des überschüssigen Oberbodens in Rechnung. Mit dem Argument, dass die Risiken bei den Erdarbeiten sehr hoch gewesen seien (der Oberboden bestand aus Moor, das bei Nässe nur mit teuren Spezialfahrzeugen befahren werden kann), stellt U dem B nunmehr 22,50 € pro m³ in Rechnung. 1189

---

[1130] *Ellenberger*, in: Palandt, § 138 Rn 67.
[1131] BGHZ 125, 135, 137. Zum wucherähnlichen Geschäft (gem. § 138 I BGB) bei überhöhtem Pachtzins vgl. BGH NJW 2004, 3553 ff.
[1132] BGH NJW 1997, 1846; *Wolf/Neuner*, AT, § 46 Rn 52; *Wendtland*, in: Bamberger/Roth, 3. Aufl. 2012, § 138 Rn 47.
[1133] BGHZ 110, 336, 339; *Köhler*, AT, § 13 Rn 36.
[1134] BGHZ 104, 102, 105. Vgl. auch BGH NJW 1982, 2433: 91%; 1987, 183: 96%; OLG Frankfurt/M NJW-RR 1993, 879: 92%.
[1135] BGH NJW 1994, 1344, 1347; 1992, 899, 900. Vgl. auch OLG Oldenburg RNotZ 2015, 157.

Hier stehen Leistung und Gegenleistung in einem krassen Missverhältnis. Zwar müssen bei der Bestimmung des auffälligen Missverhältnisses auch Risiken der Leistungserbringung berücksichtigt werden, vorliegend stand der tatsächliche Preis des Subunternehmers aber fest, sodass der „Risikozuschlag" nicht gerechtfertigt war.

**1190** **Maßgeblicher Zeitpunkt** für die Beurteilung des auffälligen Missverhältnisses ist selbstverständlich der Zeitpunkt der **Vornahme des Geschäfts**.[1136] Es wäre mit dem Grundsatz der Privatautonomie nicht zu vereinbaren, wenn ein bei Abschluss des Rechtsgeschäfts wirksamer Vertrag sittenwidrig würde, weil *nachträglich* ein Missverhältnis zwischen Leistung und Gegenleistung etwa dadurch entstünde, dass im Nachhinein die Marktpreise bzw. Zinssätze sinken. Wegen des maßgeblichen Zeitpunkts bleibt umgekehrt ein Rechtsgeschäft auch dann grundsätzlich sittenwidrig, wenn nach Vornahme des Rechtsgeschäfts die Marktpreise bzw. Zinssätze steigen.

**1191** Wirken mehrere Personen als Leistende, Vermittler oder in anderer Weise mit, genügt es, wenn zwischen der Summe der Leistungen und der Gesamtheit der Gegenleistungen ein auffälliges Missverhältnis besteht (vgl. § 291 I S. 2 StGB). Diese **Additionsklausel** ist auch für die zivilrechtliche Beurteilung heranzuziehen.[1137]

### bb. Schwächesituation des Bewucherten

**1192** Allein das Vorliegen eines auffälligen Missverhältnisses von Leistung und Gegenleistung genügt zur Annahme eines Wuchergeschäfts noch nicht. Erforderlich ist auch, dass sich der Bewucherte mindestens in einer der in § 138 II BGB aufgezählten Schwächepositionen befindet. Diese sind:

- Zwangslage
- Unerfahrenheit
- Mangel an Urteilsvermögen
- Erhebliche Willensschwäche

### a.) Zwangslage

**1193** Eine **Zwangslage** ist bei einem zwingenden Bedürfnis nach der Leistung des Wucherers gegeben, mag es auf wirtschaftlicher Bedrängnis, psychischer Zwangslage oder sonst ernsthafter Bedrängnis beruhen, die dem Bewucherten das Eingehen auf dieses Geschäft noch als das kleinere Übel erscheinen lassen.[1138]

**1194** Existenzbedrohende Notlagen sind hier nicht erforderlich. Es genügt, wenn dem Betroffenen schwere Nachteile drohen. Es muss sich aber um die Gefährdung von etwas Bestehendem handeln. Daher genügt es nicht, wenn z.B. ohne einen erstrebten Kredit bloße Zukunftspläne scheitern.[1139]

**1195** Gleichgültig ist, ob die Zwangslage verschuldet herbeigeführt wurde. Sie kann auch durch die Notwendigkeit, schnell handeln zu müssen, entstehen.

**1196** **Beispiel:** Oma O hat sich am Heiligabend aus dem Haus ausgesperrt. Da im Ofen eine Gans brät und O in 2 Stunden Gäste erwartet, ruft sie schnell den Schlüsselnotdienst U an. Dieser erklärt sich bereit, die Türe zu öffnen, verlangt jedoch 450,- €. Unter dem Druck der Zwangslage willigt O ein. Nach getaner Arbeit überreicht U der O eine entsprechende Rechnung. Marktüblich sind etwa 150,- €. Schöne Bescherung!

---

[1136] *Ellenberger*, in: Palandt, § 138 Rn 66.
[1137] BGH NJW 1980, 1155, 1156.
[1138] *Wolf/Neuner*, AT, § 46 Rn 54; *Köhler*, AT, § 13 Rn 37; vgl. auch OLG Oldenburg RNotZ 2015, 157.
[1139] BGH NJW 1994, 1275, 1276.

Ob U gegen O einen Anspruch auf Zahlung des Werklohns gem. § 631 I BGB hat, ist fraglich. Voraussetzung wäre ein wirksamer Werkvertrag. Bedenken an der Wirksamkeit bestehen wegen der Höhe der Werklohnforderung, die – weil sie ca. 300% über dem marktüblichen Tarif liegt – zur Nichtigkeit des Werkvertrags wegen Wuchers (§ 138 II BGB) führen könnte.

Zwischen der von U geforderten Leistung und der Gegenleistung liegt ein **auffälliges Missverhältnis**, da der von U verlangte Werklohn den marktüblichen Werklohn um das Dreifache übersteigt.

Darüber hinaus müsste sich O auch in einer der in § 138 II BGB aufgezählten Schwächepositionen befunden haben. In Betracht kommt eine **Zwangslage**. Eine solche ist bei einem zwingenden Bedürfnis nach der Leistung des Wucherers gegeben, mag es auf wirtschaftlicher Bedrängnis oder anderen Umständen beruhen. Durch das Aussperren aus der Wohnung war O auf die sofortige Reparatur durch U (Sachleistung) angewiesen, da jede weitere Verzögerung zu einem Küchenbrand hätte führen können. Es bestand mithin für O eine Zwangslage. Diese hat U auch **ausgebeutet**, da er wusste, dass O in dieser Situation gerade am Heiligabend auf seine Dienste angewiesen war.

Somit liegen alle Voraussetzungen des § 138 II BGB vor, sodass der Werkvertrag nichtig ist. Eine **geltungserhaltende Reduktion**, aufgrund derer U einen Anspruch auf den marktüblichen Werklohn haben könnte (vgl. § 632 II BGB), wird nach h.M. (Rn 1207) **abgelehnt**.[1140]

Ausreichend ist auch, wenn die Zwangslage bei einer anderen Person (z.B. bei einem Familienangehörigen) besteht. **1197**

Sittenwidrig i.S.d. § 138 II BGB wäre es im obigen **Beispiel** daher auch gewesen, wenn nicht O, sondern z.B. deren Sohn S den U beauftragt hätte.

## b.) Unerfahrenheit

**Unerfahrenheit** ist ein Mangel an allgemeiner Lebens- oder Geschäftserfahrung.[1141] **1198**

Eine Unerfahrenheit ist allerdings nicht schon dann gegeben, wenn lediglich bei dem Geschäft der fraglichen Art keine Erfahrungen und Geschäftskenntnisse vorliegen.[1142] Daher führen auch eine mangelnde Rechtskenntnis oder mangelnde Sonderkenntnis für das Fachgebiet, dem das fragliche Geschäft zuzuordnen ist, nicht zur Unerfahrenheit i.S.v. § 138 II BGB. In der Regel wird Unerfahrenheit daher nur bei Jugendlichen, Greisen, langjährig Inhaftierten, geistig Beschränkten oder Aussiedlern angenommen werden können.[1143] **1199**

**Beispiel:** Der 15-jährige M hat eine antike Armbanduhr geerbt. Der Verkehrswert beläuft sich auf gut 500,- €, was aber weder M noch seine Eltern wissen. Während eines Schulausflugs, bei dem M die Uhr trägt, veräußert er die Uhr an T, der sie M „abgeschwatzt" hat, für 100 €.

Hier kommt ein wucherisches Geschäft i.S.v. § 138 II BGB in Betracht (vgl. Rn 1206).

---

[1140] Anders hätte der Fall gelegen, wenn U und O vor Vertragsschluss nicht über die Höhe der Vergütung gesprochen hätten. Denn dann wäre wegen § 632 II BGB von vornherein lediglich ein Anspruch des U auf Zahlung des marktüblichen Werklohnes (also i.H.v. 150,- €) entstanden. Der Werkvertrag wäre wirksam gewesen und das Problem der geltungserhaltenen Reduktion hätte sich ebenfalls nicht gestellt.

[1141] *Wolf/Neuner*, AT, § 46 Rn 56; *Köhler*, AT, § 13 Rn 37; *Ellenberger*, in: Palandt, § 138 Rn 71.

[1142] BGH NJW 1979, 758; *Hefermehl*, in: Soergel, § 138 Rn 79; *Wolf/Neuner*, AT, § 46 Rn 56.

[1143] *Köhler*, AT, § 13 Rn 37; *Wolf/Neuner*, AT, § 46 Rn 56 f.

### c.) Mangel an Urteilsvermögen

**1200**  **Mangel an Urteilsvermögen** setzt voraus, dass der Betroffene den Inhalt und die Bedeutung des konkreten Geschäfts, insbesondere des Verhältnisses von Leistung und Gegenleistung, nicht rational beurteilen kann.[1144]

**1201**  Die bloße Unkenntnis von den Nachteilen eines Vertrags reicht hierfür nicht aus. Es muss vielmehr die Fähigkeit zur Beurteilung, z.B. aufgrund von (auch momentaner) Verstandesschwäche oder allgemeiner Sorglosigkeit, fehlen oder getrübt sein.[1145]

>**Beispiel:** Der etwas einfältige X lässt sich von Y zum Kauf eines 10-bändigen Werkes über Astrophysik überreden.

**1201a**  Ein Mangel an Urteilsvermögen liegt nicht vor, wenn der Betroffene nach seinen Fähigkeiten in der Lage ist, Inhalt und Folgen eines Rechtsgeschäfts sachgerecht einzuschätzen, diese Fähigkeiten aber nicht oder nur unzureichend einsetzt und deshalb ein unwirtschaftliches Rechtsgeschäft abschließt.[1146]

### d.) Erhebliche Willensschwäche

**1202**  **Erhebliche Willensschwäche** liegt vor, wenn der Betroffene zwar in der Lage ist, Umfang und Bedeutung des Geschäfts an sich zu erfassen, aber nicht die psychische Widerstandskraft hat, sich sachgerecht zu verhalten.[1147]

**1203**  Insbesondere bei Alkohol- und Drogenabhängigkeit ist die erforderliche erhebliche Willensschwäche zu bejahen. Die Ausübung eines sog. „psychischen Kaufzwangs" (etwa bei einer sog. „Kaffeefahrt") reicht dagegen trotz des Umstands, dass sie regelmäßig eine sittenwidrige Wettbewerbshandlung i.S.v. §§ 3, 4a UWG darstellt, wohl noch nicht aus, um eine erhebliche Willensschwäche annehmen zu können, es sei denn, der psychische Kaufzwang wird durch massive Dankbarkeitsappelle erzeugt.[1148] Allerdings kann die Frage nach der Sittenwidrigkeit hier offen bleiben, wenn dem Verbraucher ein Widerrufsrecht nach § 312g I BGB zusteht und er davon Gebrauch macht.

### b. Subjektive Voraussetzung

Subjektiv muss der Wucherer eine der vorstehenden Schwächesituationen **ausbeuten**.

**1204**  Eine **Ausbeutung** liegt vor, wenn sich der Wucherer die Schwächesituation des Bewucherten bewusst (vorsätzlich) **zunutze macht** und dabei **Kenntnis** vom auffälligen Missverhältnis von Leistung und Gegenleistung hat.[1149] Nicht erforderlich ist, dass der Anstoß zu dem Geschäft vom Wucherer ausgegangen ist.[1150]

**1205**  Es ist also ein doppelter Vorsatz erforderlich, der sich zum einen auf das Ausnutzen der Schwächesituation des Bewucherten und zum anderen auf das auffällige Missverhältnis von Leistung und Gegenleistung bezieht. Hinsichtlich der Vorsatzform genügt Eventualvorsatz.[1151] Eine besondere Ausbeutungsabsicht ist nicht erforderlich.[1152]

---

[1144] BGH NJW 2006, 3054, 3055 ff.; *Wolf/Neuner*, AT, § 46 Rn 60; *Köhler*, AT, § 13 Rn 37; *Ellenberger*, in: Palandt, § 138 Rn 72. Vgl. auch *Stadler*, JA 2007, 294 f.

[1145] *Köhler*, AT, § 13 Rn 37.

[1146] BGH NJW 2006, 3054, 3055 ff. mit Bespr. v. *Stadler*, JA 2007, 294 f.

[1147] *Wolf/Neuner*, AT, § 46 Rn 58; *Köhler*, AT, § 13 Rn 37; *Ellenberger*, in: Palandt, § 138 Rn 73.

[1148] *Sack/Fischinger*, in: Staudinger, § 138 Rn 247; *Wolf/Neuner*, AT, § 46 Rn 59; *Köhler*, AT, § 13 Rn 37.

[1149] Vgl. BGHZ 154, 47, 51; BGH NJW 2004, 3553 ff.; *Wendtland*, in: Bamberger/Roth, 3. Aufl. 2012, § 138 Rn 55; *Wolf/Neuner*, AT, § 46 Rn 62.

[1150] Vgl. BGH NJW 1994, 1275, 1276; NJW 1985, 3006, 3007; *Medicus/Petersen*, AT, Rn 710; *Köhler*, AT, § 13 Rn 37.

[1151] BGH NJW 1985, 3006, 3007.

[1152] BGH NJW-RR 1990, 1199; NJW 1982, 2767; 1985, 3006; *Ellenberger*, in: Palandt, § 138 Rn 74.

Im **Beispiel** von Rn 1199 könnte der Kaufvertrag wegen Wuchers gem. § 138 II BGB **1206** nichtig sein. In Betracht kommt nicht nur die Unerfahrenheit des M, sondern auch eine Ausbeutung der Schwächesituation, namentlich des mangelnden Urteilsvermögens. Ob dies jedoch bei M angenommen werden kann, ist fraglich. So kann man sich auf den Standpunkt stellen, M hätte es durchaus freigestanden, sich zunächst über den Wert des Erbstücks zu informieren. Bejaht man dies, kann von einem mangelnden Urteilsvermögen bzw. von einer Schwächesituation nicht gesprochen werden.[1153] Aus demselben Grund würde dann auch die Sittenwidrigkeit wegen Wuchers unter dem Aspekt der Unerfahrenheit ausscheiden. Dieses Ergebnis wäre nicht unbillig. Denn M bliebe die Möglichkeit, den Kaufvertrag wegen Eigenschaftsirrtums (§ 119 II BGB) anzufechten. Folge wäre dann ebenfalls die Nichtigkeit, aber nicht gem. § 138 II BGB, sondern gem. § 142 I BGB. Da T auch die Anfechtbarkeit kannte oder zumindest kennen musste, wäre M auch nicht zum Ersatz des Vertrauensschadens (§ 122 BGB) verpflichtet. Jedenfalls würde dem T unter dem Gesichtspunkt von Treu und Glauben (§ 242 BGB) kein Ersatzanspruch zustehen.[1154]

## 2. Rechtsfolgen

Rechtsfolge des § 138 II BGB ist die **Nichtigkeit** des Rechtsgeschäfts. Eine **geltungs-** **1207** **erhaltende Reduktion**, aufgrund derer der Wucherer einen Anspruch auf die marktübliche Gegenleistung haben könnte, wird von der h.M.[1155] grundsätzlich abgelehnt, da ansonsten ein sittenwidriges Rechtsgeschäft für die begünstigte Partei das Risiko verliere, wenn sie damit rechnen könne, durch gerichtliche Festsetzung das zu bekommen, was gerade noch vertretbar und sittengemäß ist.[1156] Etwas anderes gilt aber bspw. bei Dauerschuldverhältnissen (insbesondere Miete und Arbeitsverhältnis). Da hier eine Gesamtnichtigkeit den Schutzinteressen des bewucherten Schuldners zuwiderlaufen würde, ist der betreffende Vertrag im Wege der geltungserhaltenden Reduktion aufrechtzuerhalten.[1157]

Wie sich aus der Formulierung „oder gewähren lässt" ergibt, ist unter Durchbrechung **1208** des Abstraktionsprinzips auch das Verfügungsgeschäft des Bewucherten nichtig.[1158] Dagegen erstreckt sich nach Wortlaut und Zweck des § 138 II BGB die Unwirksamkeit nicht auf die Verfügung des Wucherers.[1159] Daraus folgt, dass der **Bewucherte** seine Leistung nach § 985 BGB (aufgrund der Nichtigkeit ist er ja Eigentümer geblieben) sowie nach § 812 I S. 1 Var. 1 BGB (*condictio indebiti*) zurückfordern kann. Daneben ist auch die Geltendmachung von Schadensersatzansprüchen aus § 826 BGB sowie aus c.i.c. (§§ 280 I, 311 II, 241 II BGB) möglich. Dagegen bleibt dem **Wucherer** nur der Anspruch nach § 812 I S. 1 Var. 1 BGB, der u.U. jedoch nach § 817 S. 2 BGB ausgeschlossen ist.

---

[1153] Vgl. zu einer ähnlichen Konstellation auch BGH NJW 2006, 3054, 3055 ff. mit Bespr. v. *Stadler*, JA 2007, 294.
[1154] Zum Ausschluss des Ersatzanspruchs auch nach § 242 vgl. BayObLG NJW 2003, 367.
[1155] BGHZ 68, 204, 207; BGH NJW 1983, 1420, 1423; *Ellenberger*, in: Palandt, § 138 Rn 75; *Wendehorst*, in: Bamberger/Roth, 3. Aufl. 2012, § 812 Rn 21; *Wolf/Neuner*, AT, § 46 Rn 65; a.A.: *Lorenz*, in: Staudinger, § 817 Rn 12; *Peters*, AcP 205 (2005), 159, 197.
[1156] BGHZ 68, 204, 207; BGH NJW 1987, 2014, 2015; *Wolf/Neuner*, AT, § 46 Rn 65.
[1157] Vgl. BGHZ 89, 316, ff. (zum Mietwucher); *Ellenberger*, in: Palandt, § 138 Rn 75 (zur Gewährung des „üblichen" Lohns gem. § 612 II BGB).
[1158] BGH NJW 1994, 1275; 1470.
[1159] *Medicus/Petersen*, AT, Rn 712; *Ellenberger*, in: Palandt, § 138 Rn 75; *Armbrüster*, in: MüKo, § 138 Rn 164; *Wolf/Neuner*, AT, § 46 Rn 69.

## III. Sittenwidrigkeit, § 138 I BGB

### 1. Voraussetzungen

### a. Objektiver Verstoß gegen die guten Sitten

### aa. Begriff der guten Sitten

**1209** Der Ausdruck der „guten Sitten" ist **äußerst unbestimmt** und zudem dynamisch, was zugleich die methodischen Schwierigkeiten bei der Feststellung der „guten" Sitten" verdeutlicht. In der Rechtsprechung wird er wie folgt definiert:

**1210** Was zu den guten Sitten gehört bzw. ihnen zuwiderläuft, ist nach dem **Rechts- und Anstandsgefühl aller billig und gerecht Denkenden** zu bestimmen.[1160]

**1211** Diese Definition löst das Problem jedoch nicht, da hierdurch lediglich der eine unbestimmte Ausdruck durch andere Begriffe ersetzt wird. Zudem ist fraglich, wie ein Richter beurteilen können soll, was „dem Anstandsgefühl aller billig und gerecht Denkenden" entspricht. Da es sehr naheliegt, die eigenen Moralvorstellungen bei der Beurteilung mit einfließen zu lassen, ist die Vorschrift des § 138 I BGB nach der hier vertretenen Auffassung wegen einer Kollision mit dem verfassungsrechtlich verankerten Bestimmtheitsgebot[1161] zumindest verfassungsrechtlich bedenklich. Daher ist der Gesetzgeber berufen, dem dynamischen Begriff der „Sittenwidrigkeit" (was heute noch verwerflich ist, kann morgen gesellschaftlich anerkannt sein) Konturen zu verleihen.[1162] Geht man dennoch mit der h.M. von der Verfassungsmäßigkeit des § 138 I BGB aus, ist es entscheidend, ob das Rechtsgeschäft seinem Inhalt nach mit den grundlegenden Wertungen der Rechts- oder Sittenordnung unvereinbar ist.[1163] Immerhin kommt auch nach Auffassung des BGH bei der Frage, was unter „guten Sitten" i.S.v. § 138 I BGB zu verstehen ist, der Wertordnung des Grundgesetzes, wie sie insbesondere in den Grundrechten niedergelegt ist, eine wesentliche Bedeutung zu.[1164] Generell gilt, dass die zivilrechtlichen Generalklauseln (und damit auch § 138 I BGB) allgemein als „Einfallstore" der Grundrechte bezeichnet werden, die insoweit im Rahmen einer mittelbaren Drittwirkung auch auf das Zivilrecht ausstrahlen.[1165] Das wird bei Verträgen, die den höchstpersönlichen Lebensbereich betreffen, besonders virulent. Zu nennen sind der **Prostitutionsvertrag** (dazu ausführlich Rn 1241 ff.) und im Bereich des Familienrechts speziell der **„Leihmuttervertrag"**, der sich etwa dadurch kennzeichnet, dass eine Eizelle der Ehefrau mit dem Samen des Ehemanns oder eines anderen Mannes in vitro befruchtet und anschließend in die Gebärmutter einer anderen Frau (der „Leihmutter") eingesetzt wird, damit diese das Kind austrägt und gebärt (Fall des § 13a Nr. 2 AdVermiG – dazu ausführlich Rn 1257 ff.). Zu nennen ist aber auch der **Ehevertrag**, jedenfalls, sofern er höchstpersönliche Aspekte regelt, aber auch vermögensrechtliche Regelungen trifft, die mit dem Wesen der Ehe unvereinbar sind. Zwar gilt auch im Bereich der Eheverträge grundsätzlich Vertragsfreiheit (Art. 2 I GG, § 1408 BGB), diese Vertragsfreiheit ist jedoch wegen Art. 6 GG (i.V.m. Art. 3 II GG) stark eingeschränkt. Rechtstechnisch vollzieht sich die erforderliche Einschränkung über die genannten Korrekturvorschriften, die allgemein als „Einfallstore" der Grundrechte bezeichnet werden. So sind (wegen Art. 6 GG) Vereinbarungen, die **gegen das Wesen der Ehe verstoßen**, sittenwidrig und **nichtig** (dazu ausführlich Rn 1250 ff.).

---

[1160] BGHZ 10, 228, 232; 69, 295, 297; 141, 357, 361; BGH NJW 2005, 1490 f.; BGH NJW 2014, 1380.

[1161] Vgl. dazu ausführlich *R. Schmidt*, Staatsorganisationsrecht, 20. Aufl. 2019, Rn 191.

[1162] Dieser Appell wird besonders deutlich, wenn man die antiquierte Auffassung des BVerwG zur „Sittenwidrigkeit" von Prostitution und „Peep-Shows" betrachtet.

[1163] BGH NJW 1998, 2531, 2532.

[1164] BGH NJW 1999, 566, 568.

[1165] *Köhler*, AT, § 13 Rn 20; *Stadler*, AT, § 26 Rn 30; *Boecken*, AT, Rn 446. Zur mittelbaren Drittwirkung vgl. grundlegend BVerfGE 7, 198, 203 ff. (Lüth) und später BVerfGE 58, 377, 396; 73, 261, 268 ff.; 89, 214, 229; BVerfG NJW 2002, 2521 ff. und BVerfG NJW 2002, 2626 ff. Siehe auch *R. Schmidt*, Grundrechte, 24. Aufl. 2019, Rn 105 ff.

Zu berücksichtigen ist aber nicht nur der objektive Gehalt des Rechtsgeschäfts, sondern es fließen auch die **Umstände**, die zu seiner Vornahme geführt haben, sowie die **Absichten, Motive und Beweggründe** der Parteien in die Bewertung ein.[1166] In ständiger Rechtsprechung betont der BGH, es sei auf „eine umfassende Würdigung von Inhalt, Beweggrund und Zweck" abzustellen.[1167] Siehe dazu auch Rn 1220. | **1212**

> **Beispiel:** Setzt ein (verheirateter) Mann seine (außereheliche) **Geliebte** als Alleinerbin in sein **Testament** ein (sog. **Mätressentestament**), ist dieses Rechtsgeschäft nicht schon wegen seines Inhalts – der Testamentseinsetzung – sittenwidrig, möglicherweise aber wegen der Umstände, die zur Testamentserrichtung geführt haben. Denn nach der Rspr. kann sich eine Sittenwidrigkeit auch aus den Gesamtumständen und Intentionen des Erblassers ergeben: Erfolge die Erbeinsetzung, um die Geliebte zur Fortsetzung der ehewidrigen Beziehung zu bewegen oder sie für ihre sexuellen Dienste zu entlohnen, dann sei das Rechtsgeschäft sittenwidrig.[1168] Diene die Testamentseinsetzung dagegen dazu, die Geliebte in der Zukunft abzusichern, scheide eine Sittenwidrigkeit aus.[1169] | **1213**

Diese Rspr. ist m.E. infolge sich gewandelter Einstellung der Rechtsgemeinschaft nicht mehr haltbar. Es ist nicht (mehr) sittenwidrig, die Geliebte als Erbin einzusetzen (vgl. dazu Rn 1249). | **1214**

## bb. Maßgeblicher Zeitpunkt

Da sich die Moralvorstellungen der Menschen mit der Zeit ändern, ist auch der Inhalt der Sittenwidrigkeit stetiger Änderung unterworfen. Was heute noch sittenwidrig ist, kann morgen gesellschaftlich anerkannt sein (s.o.). Das sollte anhand des Beispiels des Mätressentestaments deutlich geworden sein. Daher ist es von Bedeutung festzulegen, welcher Zeitpunkt für die Beurteilung der Sittenwidrigkeit maßgeblich ist. | **1215**

Nach h.M. ist bei der Beurteilung der Sittenwidrigkeit grundsätzlich auf die Verhältnisse **im Zeitpunkt der Vornahme** des Rechtsgeschäfts abzustellen, nicht auf den des Eintritts der Rechtswirkungen.[1170] | **1216**

- Ein bei Abschluss des Rechtsgeschäfts wirksamer Vertrag wird daher nicht deswegen sittenwidrig, weil nachträglich ein Missverhältnis zwischen Leistung und Gegenleistung entsteht.[1171] Führt jedoch die Änderung der Verhältnisse dazu, dass das Rechtsgeschäft (nachträglich) sittenwidrige Auswirkungen zeigt, ist die Rspr. um einen Ausweg nicht verlegen: So könne sich das Festhalten am Vertrag als **unzulässige Rechtsausübung** (§ 242 BGB) darstellen oder es könne die **Geschäftsgrundlage** beeinträchtigt und damit eine Anpassung geboten sein (§ 313 I BGB).[1172] Zu beobachten ist diese Rspr. insbesondere bei **Eheverträgen**, wenn sich die wirtschaftlichen Verhältnisse eines Ehepartners nach der Eheschließung in nicht vorhersehbarer Weise geändert haben. | **1217**

- Umgekehrt bleibt ein bei seiner Vornahme sittenwidriges Rechtsgeschäft auch dann grundsätzlich sittenwidrig, wenn inzwischen eine Liberalisierung der „guten Sitten" eingetreten ist und der Vorwurf der Sittenwidrigkeit im Zeitpunkt der Erfüllung des Rechtsgeschäfts nicht mehr begründet wäre. Das Rechtsgeschäft kann aber durch eine Bestätigung (§ 141 BGB) wirksam werden. | **1218**

**Anders** stellt sich die Lage aber bei der Beurteilung von **Testamenten** dar. Da diese regelmäßig noch bis zum Erbfall frei geändert werden können, stellt sich die Frage nach | **1219**

---

[1166] BGHZ 86, 82, 88; 106, 269, 272; 107, 92, 97; BGH NJW 2002, 361, 362. Vgl. auch BGH NJW 2015, 548 f.
[1167] BGH NJW 2014, 1380 mit Verweis u.a. auf BGH NJW-RR 2013, 1448. Siehe auch *Heese*, NJW 2019, 257 ff.
[1168] BGHZ 53, 369, 376.
[1169] BGH NJW 1983, 674.
[1170] BGHZ 120, 272, 276; 125, 206, 209; BGH NJW 1998, 156, 159; NJW 2015, 1668; OLG Brandenburg NJW-RR 2002, 578; *Sack/Fischinger*, in: Staudinger, § 138 Rn 79.
[1171] BGHZ 123, 281, 284; 126, 226, 239.
[1172] Vgl. BGHZ 126, 226, 241.

ihrer Wirksamkeit überhaupt erst zu diesem Zeitpunkt. Nach Auffassung der Literatur[1173] ist daher bei der Beurteilung letztwilliger Verfügungen auf die sittlichen Maßstäbe **im Zeitpunkt des Erbfalls** abzustellen.

> So kann zum **Beispiel** eine (nach der Rspr.) zunächst sittenwidrige Erbeinsetzung der Geliebten wirksam sein, wenn der Erblasser diese später geheiratet hat und als seine Witwe hinterlässt. Nach Auffassung des BGH ist auch hier maßgeblicher Zeitpunkt die Testamentsverfassung.[1174]

### b. Subjektive Voraussetzungen

**1220**  Ist ein Rechtsgeschäft schon wegen seines **Inhalts** *objektiv sittenwidrig*, kommt es auf die Vorstellungen der beteiligten Parteien nicht an, da ein solches Rechtsgeschäft auch trotz Gutgläubigkeit der Parteien zum Schutz der Allgemeinheit nichtig sein muss. Unerheblich ist also, ob die Parteien das Bewusstsein der Sittenwidrigkeit hatten oder ob sie die Tatsachen kannten, die das Rechtsgeschäft sittenwidrig machen.[1175] Führt dagegen erst die **Gesamtbeurteilung** des Rechtsgeschäfts zu dessen Sittenwidrigkeit, ist zur objektiven Sittenwidrigkeit auch eine subjektive Seite erforderlich. Dafür müssen die Beteiligten die Tatsachen kennen, die die Sittenwidrigkeit des Rechtsgeschäfts begründen. Ausreichend ist diesbezüglich, dass sich die Parteien dieser Kenntnis grob fahrlässig verschließen.[1176] Ein Bewusstsein der Sittenwidrigkeit oder eine Schädigungsabsicht sind aber nicht erforderlich.[1177] Besteht der Sittenverstoß in einem Verhalten **gegenüber dem Geschäftspartner**, brauchen die Kenntnis bzw. grob fahrlässige Unkenntnis der Tatsachen, aus denen sich die Sittenwidrigkeit ergibt, nur bei dem sittenwidrig Handelnden vorzuliegen, nicht aber bei dem anderen Teil.[1178] Beim sittenwidrig Handelnden muss eine **verwerfliche Gesinnung** vorliegen.[1179] Bei einem sittenwidrigen Verhalten **gegenüber der Allgemeinheit oder Dritten** müssen demgegenüber grundsätzlich alle Beteiligten subjektiv sittenwidrig handeln.[1180] Der gute Glaube eines Beteiligten ist aber dann unerheblich, wenn ihn die anderen Beteiligten für vollständig informiert hielten.[1181]

### 2. Fallgruppen des § 138 I BGB

**1221**  Da auch die zumeist gebrauchte Definition des „Rechts- und Anstandsgefühls aller billig und gerecht Denkenden" zur Präzisierung des Begriffs der guten Sitten kaum weiterhilft, haben sich im Laufe der Zeit repräsentative Fallgruppen[1182] herausgebildet, deren Kenntnis für das juristische Studium unabdingbar ist:

* Machtmissbrauch/Missbrauch einer Monopolstellung
* Gläubigergefährdung/Veranlassung zur Täuschung über Kreditwürdigung/Verleitung zum Vertragsbruch („Zusammentreffen von verlängertem Eigentumsvorbehalt und Globalzession")
* Knebelungsverträge/Bürgschaftsübernahmen

---

[1173] *Medicus/Petersen*, AT, Rn 692; *Sack/Fischinger*, in: Staudinger, § 138 Rn 86 f.; *Wolf/Neuner*, AT, § 46 Rn 26; *Köhler*, AT, § 13 Rn 21; *Stadler*, AT, § 26 Rn 33.
[1174] BGHZ 20, 71, 73; zust. *Ellenberger*, in: Palandt, § 138 Rn 9.
[1175] BGHZ 94, 268, 272 f.; *Sack/Fischinger*, in: Staudinger, § 138 Rn 62 f.; *Ellenberger*, in: Palandt, § 138 Rn 7; *Medicus/Petersen*, AT, Rn 683. Diesen Punkt übersieht *Löhnig*, JA 2005, 344, 345.
[1176] BGH NJW 2001, 1127; 1998, 2531, 2532; 1990, 567, 568; *Sack/Fischinger*, in: Staudinger, § 138 Rn 62 f.; *Ellenberger*, in: Palandt, § 138 Rn 8; *Medicus/Petersen*, AT, Rn 690; *Köhler*, AT, § 13 Rn 23.
[1177] BGH NJW 1993, 1587, 1588; BGH NJW 2002, 361, 362. Vgl. auch BGH NJW 2004, 3553 ff. (zum wucherähnlichen Geschäft gem. § 138 I BGB bei überhöhtem Pachtzins).
[1178] Vgl. BGH NJW 2015, 548, 549. Freilich ändert sich nichts an der Sittenwidrigkeit, wenn das krasse Missverhältnis zwischen Leistung und Gegenleistung dem anderen Teil bekannt ist (BGH NJW 2007, 2841 ff.).
[1179] BGH NJW 2010, 363, 364; BGHZ 160, 8, 14. Vgl. auch BGH NJW 2015, 548 f. (*R. Schmidt*, SchuldR BT II, Rn 606a).
[1180] BGH NJW 1990, 568; *Ellenberger*, in: Palandt, § 138 Rn 8.
[1181] BGH NJW-RR 1990, 750, 751.
[1182] Vgl. zu den im Folgenden dargestellten Fallgruppen *Wolf/Neuner*, AT, § 46 Rn 29 ff.; *Schmidt-Räntsch*, in: Erman, § 138 Rn 61 ff.; *Ellenberger*, in: Palandt, § 138 Rn 34d ff./77 ff.; *Boecken*, AT, Rn 451 ff.; *Köhler*, AT, § 13 Rn 24 ff.; *Stadler*, AT, § 26 Rn 34 ff.; *Brox/Walker*, AT, Rn 336 ff.

- Wettbewerbsverbote
- Verstöße gegen die Sexualmoral
- Ehe- und familienbezogene Verträge
- Wucherähnliche Geschäfte
- Rechtsgeschäfte, die darauf gerichtet sind, dass eine der Parteien gegen die Rechtsordnung verstößt

## a. Machtmissbrauch/Missbrauch einer Monopolstellung

Zwar folgt aus Art. 2 I GG eine umfassende Vertragsfreiheit, missbraucht aber eine am Markt tätige Person ihre Machtstellung, kann dies zur Sittenwidrigkeit und damit zur Nichtigkeit des Rechtsgeschäfts führen.

**1222**

> **Beispiel**[1183]**:** Ein Energieversorgungsunternehmen mit Monopolstellung verlangt von einem Abnehmer ohne sachlich gerechtfertigten Grund Preise, die mehr als 13% über dem marktüblichen Tarif liegen.
>
> Die Frage, ob in Fällen dieser Art Sittenwidrigkeit anzunehmen ist, richtet sich insbesondere nach der kartellrechtlichen Bewertung von Machtmissbräuchen (vgl. §§ 19, 20 GWB).[1184]

Auch der durch eine monopolartige Stellung vermittelte Zwang, ein „Koppelungsgeschäft" abzuschließen, kann sittenwidrig sein.

**1223**

> **Beispiel:** Die Gemeinde G macht den Verkauf von Grundstücken in einem Neubaugebiet von der Verpflichtung abhängig, die Versorgungsenergien von dem gemeindeeigenen Energieversorgungsunternehmen zu beziehen. Eine solche „Koppelung" fußt auf keinem sachlichen Grund.[1185]

Schließlich wird die Privatautonomie durch den sog. **Kontrahierungszwang** eingeschränkt. Leistungen, die der Einzelne in Anspruch nehmen *muss*, um ein menschenwürdiges Leben zu führen, dürfen ihm nicht verwehrt werden. Es besteht ein Zwang zum Abschluss eines entsprechenden Vertrags. Ein Kontrahierungszwang kann sich zunächst unmittelbar aus dem Gesetz ergeben (z.B. aus §§ 17, 20, 36 EnWG für den Bezug von Versorgungsenergien wie Strom und Gas, aus §§ 22 PBefG, 21 II LuftVG gegenüber Beförderungsunternehmen, aus § 10 AEG gegenüber Eisenbahnbetreibern, aus § 3 PDLV i.V.m. §§ 11 ff. PostG gegenüber Postdienstleistern, aus § 5 II PflVG für den Abschluss einer Kfz-Haftpflichtversicherung oder aus § 21 I S. 1 AGG gegenüber Arbeitgebern, wenn die Ablehnung einer Person, die sich um einen Arbeitsplatz bewirbt, diese diskriminiert[1186]). Ein Kontrahierungszwang kann sich auch im Wege eines Schadensersatzanspruchs ergeben, wenn die Weigerung des Vertragsabschlusses eine vorsätzliche sittenwidrige Schädigung darstellt (§§ 826, 249 S. 1 BGB), was insbesondere bei einer monopolähnlichen Stellung der sich weigernden juristischen oder natürlichen Person in Betracht kommt.

**1224**

> **Beispiel:** Die Stadt S betreibt ihre Stadthalle in der Rechtsform einer GmbH. Schon seit Jahren vermietet sie diese an politische Parteien zwecks Abhaltung der gesetzlich vorgesehenen (vgl. § 9 PartG) Parteitage. Als nun die missliebige, aber nicht verbotene P-Partei die Halle zu diesem Zweck anmieten möchte, verweigert die Stadthallen-GmbH den Abschluss eines Mietvertrags. Ein anderer Raum, in dem der Parteitag abgehalten werden könnte, steht auch in der weiteren Umgebung nicht zur Verfügung.

---

[1183] Vgl. *Stadler*, AT, § 26 Rn 34; *Köhler*, AT, § 13 Rn 25.
[1184] Vgl. dazu insgesamt *Deutsch/Ahrens*, Deliktsrecht, Rn 245; *Brox/Walker*, § 41 Rn 83; *Sprau*, in: Palandt, § 826 Rn 41 und 41a; *R. Schmidt*, SchuldR BT II, Rn 768 ff.
[1185] A.A. BGH NJW 2002, 3779, 3780 f.
[1186] Vgl. dazu *Thüsing/von Hoff*, NJW 2007, 21 ff.; *Armbrüster*, NJW 2007, 1494 ff.

Hier könnte die Versagung der Überlassung sittenwidrig i.S.d. § 826 BGB sein. Lassen sich keine sachlichen Gründe für die Verweigerung finden, folgt aus § 826 BGB ein Kontrahierungszwang; die Vertragsfreiheit wird insoweit eingeschränkt.[1187]

## b. Gläubigergefährdung/Veranlassung zur Täuschung über Kreditwürdigkeit/Verleitung zum Vertragsbruch

**1225** Sicherungsverträge, durch die sich ein Gläubiger eigennützig über die Interessen anderer Gläubiger desselben Schuldners hinwegsetzt und sich im Übermaß Sicherungsobjekte verschafft, sodass für andere kaum Haftungsobjekte übrig bleiben (Aspekt der sog. **Übersicherung**), sind sittenwidrig.[1188] Ein Fall von Sittenwidrigkeit (infolge von Übersicherung) liegt ebenfalls vor, wenn das Verhalten des Gläubigers den Schuldner veranlasst, nachfolgende Gläubiger über die Kreditwürdigkeit zu täuschen oder bestehende Verträge mit diesen zu verletzen.[1189] Das wird beim **Zusammentreffen** einer **Globalzession** mit einem **verlängerten Eigentumsvorbehalt**[1190] besonders deutlich:

**1226** ■ **Verlängerter Eigentumsvorbehalt:** Bei einem (einfachen) Eigentumsvorbehalt (vgl. §§ 433, 449 BGB; §§ 929, 158 I BGB – dazu bereits Rn 525/540) bleibt der Verkäufer so lange Eigentümer der Kaufsache, bis der Käufer den Kaufpreis restlos bezahlt hat. Die Übereignung der Sache (d.h. die dingliche Einigung) wird also aufschiebend bedingt durch die Kaufpreiszahlung (§§ 929, 158 I[1191] BGB). Sinn und Zweck des Eigentumsvorbehalts ist die Schaffung eines dinglichen Kreditsicherungsrechts: Der Verkäufer kann die Sache (nach entsprechendem Rücktritt vom Kaufvertrag, vgl. § 449 II BGB) schlicht über § 985 BGB vindizieren, wenn der Käufer seiner Zahlungsverpflichtung nicht nachkommt.[1192] Davon zu unterscheiden ist der verlängerte Eigentumsvorbehalt. Dieser liegt vor, wenn der (Vorbehalts-)Verkäufer dem (Vorbehalts-)Käufer die Verarbeitung oder die Weiterveräußerung der Kaufsache an einen Dritten gestattet. Da sich dies jedoch nachteilig auf den Eigentumsvorbehalt bzgl. der gelieferten Sache auswirkt, wird als „Ausgleich" der Rechtskreis des Lieferanten an anderer Stelle erweitert. Im Einzelnen gilt:

⇨ Gestattung der Verarbeitung: Ausgangspunkt der Überlegung ist der Umstand, dass der Verarbeiter (Hersteller) wegen § 950 BGB originäres, d.h. lastenfreies Eigentum an der verarbeiteten, d.h. neu hergestellten Sache erwirbt (gesetzlicher Eigentumserwerb). Der Eigentumsvorbehalt des Verkäufers (d.h. des Lieferanten) erlischt damit. Da § 950 BGB nach zutreffender h.M. zwingendes Recht darstellt, können die Parteien diese Vorschrift aber nicht durch Parteivereinbarung abbedingen. Aus diesem Grund versucht der Lieferant, eine vertragliche Konstruktion herbeizuführen, die ihm ein anderweitiges dingliches Sicherungsrecht gewährleistet: Er vereinbart mit dem Erwerber, dass sich der Eigentumsvorbehalt auf die verarbeitete bzw. neue Sache erstreckt bzw. dass *er* als Hersteller der verarbeiteten bzw. neuen Sache gilt (und *er* damit gem. § 950 BGB auch Eigentümer wird). In diesem Fall spricht man von „verlängertem Eigentumsvorbehalt": Der Vorbehaltsverkäufer wird als Hersteller angesehen und wird damit Eigentümer der verarbeiteten bzw. neu hergestellten Sache („Hersteller- oder Verarbeitungsklausel").[1193]

---

[1187] Vgl. dazu ausführlich *R. Schmidt*, SchuldR BT II, Rn 768 ff.

[1188] *Stadler*, AT, § 26 Rn 36 mit Verweis auf die st. Rspr., vgl. nur BGH NJW 1995, 1668.

[1189] *Stadler*, AT, § 26 Rn 36.

[1190] Vgl. *Hefermehl*, in: Soergel, § 138 Rn 176 ff.; *Roth/Kieninger*, in: MüKo, § 398 Rn 140 ff.; *Haertlein*, JA 2001, 808, 812 f.; *Habersack/Schürnbrand*, JuS 2002, 833 ff. Zu den verschiedenen (weiteren) Arten des Eigentumsvorbehalts vgl. *Hütte/Hütte*, SachenR I, Rn 887 ff.

[1191] Geht man bei § 158 BGB davon aus, dass sich die dort genannte „Bedingung" auf ein objektiv ungewisses künftiges Ereignis bezieht, dürfte man im Fall des Eigentumsvorbehalts streng genommen § 158 I BGB lediglich analog anwenden, weil der „Bedingungseintritt" i.d.R. allein vom Verhalten des Vorbehaltskäufers abhängt. In der Sache ändert sich dadurch aber nichts.

[1192] Vgl. dazu auch NJW 2006, 3488, 3489 f. mit Bespr. v. *Wolf*, JA 2007, 298 ff. Zu den Kreditsicherungsrechten vgl. *R. Schmidt*, SachenR II, Rn 350 ff.

[1193] BGHZ 14, 114, 117; 20, 159, 163 f.; 56, 88, 89; BGH NJW 2006, 990; *Herrler*, in: Palandt, § 950 Rn 9.

**Beispiel:** Frischfleischlieferant L liefert unter verlängertem Eigentumsvorbehalt Frischfleisch an den Fleischkonservenfabrikanten F. Dieser verarbeitet das Frischfleisch zu Dosenfleisch.

An sich erwirbt F durch die Verarbeitung kraft Gesetzes (§ 950 BGB) Eigentum am Fleisch mit der Folge, dass ein etwaiger einfacher Eigentumsvorbehalt des L erlischt. Um diese Folge auszuschließen, lässt es die Rechtsprechung des BGH zu, dass L unter verlängertem Eigentumsvorbehalt liefert, d.h., dass die Parteien eine Hersteller- oder Verarbeitungsklausel vereinbaren. In diesem Fall gilt L als Hersteller und erwirbt damit gem. § 950 BGB zur Sicherung seiner Zahlungsforderung das Eigentum an den von F hergestellten Fleischkonserven.

⇨ Gestattung der Weiterveräußerung: Ausgangspunkt dieser Überlegung ist, dass der Dritte, der die Sache vom Ersterwerber erwirbt, i.d.R. gutgläubig Eigentum erwirbt (§§ 929 S. 1, 932 BGB). Da der Erstverkäufer diese Folge i.d.R. kaum verhindern kann, gestattet er (i.S.v. § 185 BGB) dem Erwerber oft sogar ausdrücklich die Weiterveräußerung der Sache, sodass es auf die Gutglaubensvorschriften nicht ankommt: Als „Ausgleich" lässt er sich die aus einem künftigen Weiterverkauf der verarbeiteten Produkte resultierende Kundenforderung abtreten (§ 398 BGB). Diese Vorausabtretung (künftiger Forderungen) durch verlängerten Eigentumsvorbehalt ist zulässig, sofern der Vorbehalt nur hinreichend bestimmt ist. Bei einer Vertragsformulierung wie „bei Weiterveräußerung der Waren werden die Forderungen gegen den jeweiligen Kunden aus dieser Warenlieferung, jedoch in maximaler Höhe des Rechnungswertes unserer Lieferung im Voraus abgetreten" ist das der Fall.[1194]

- Bei einer **Globalzession** lässt sich der Gläubiger von seinem Schuldner sämtliche, auch zukünftige, Forderungen, die dieser gegenüber Dritten hat bzw. haben wird, im Voraus abtreten. Eine Globalzession wird oftmals von Kreditinstituten zur Sicherung von Darlehen verlangt und stellt sich insbesondere für Jungunternehmer häufig als das einzige Mittel dar, um überhaupt ein Darlehen zu bekommen. Nach der nicht ganz unumstrittenen, aber ständigen Rechtsprechung des BGH ist auch die Globalzession wirksam, sofern sie nur bestimmbar ist.[1195]

**1227**

Für den Fall, dass eine Globalzession mit einem verlängerten Eigentumsvorbehalt zusammentrifft, hat der BGH entschieden, dass eine Globalzession künftiger Kundenforderungen an ein Kreditinstitut **ohne dingliche (Teil-)Verzichtsklausel** i.d.R. **sittenwidrig** sei, soweit sie auch Forderungen umfassen soll, die der Schuldner seinen Lieferanten aufgrund verlängerten Eigentumsvorbehalts künftig abtreten muss und abtritt.[1196]

**1228**

**Beispiel**[1197]**:** Camilla hat ein Internetversandhandelsgeschäft gegründet. Da sie zunächst einen Lagerbestand anlegen und diesen auch vorfinanzieren muss, erhält sie von ihrer Hausbank B ein Darlehen i.H.v. 20.000,- €, zu deren Sicherung sich diese alle Forderungen aus künftigen Geschäftsbeziehungen im Voraus abtreten lässt. Einige Wochen später bekommt sie Ware vom Großhändler Virgilius geliefert. Im Kaufvertrag ist ein Eigentumsvorbehalt vereinbart. Weiter ist darin bestimmt, dass bei Weiterveräußerung der Waren die Forderung gegen den jeweiligen Kunden „aus dieser Warenlieferung" im Voraus an V abgetreten werde. Gleichzeitig wird C eine Ermächtigung (§ 185 I BGB) erteilt, die Forderungen im eigenen Namen einzuziehen, solange sie ihre Verpflichtungen gegenüber V erfüllt. Obwohl C bereits verschiedene Kunden beliefert hat (u.a. auch Dietwald in Höhe eines Rechnungswertes von 2.000,- €), gerät sie in finanzielle Schwierigkeiten. Sie informiert die B. Diese zeigt daraufhin dem D an, dass dieser den Rechnungsbetrag an sie zahlen solle. D folgt dieser „Anweisung". Als kurze Zeit später auch V informiert wird, fordert er von B Herausgabe der von D erhaltenen 2.000,- €.

**1229**

---

[1194] Vgl. BGH NJW 1998, 303, 312.
[1195] Vgl. nur BGH NJW 2000, 276.
[1196] Vgl. BGH NJW 1999, 940.
[1197] In Anlehnung an BGH NJW 1999, 940.

V könnte seinen geltend gemachten Anspruch auf **§ 816 II BGB** stützen. Diese Vorschrift setzt eine Leistung des Schuldners (hier des D) an einen Nichtberechtigten (hier an B) voraus, die dem Berechtigten (hier dem V) gegenüber wirksam ist. Fraglich ist, ob B bei der Entgegennahme der Zahlung durch D Nichtberechtigter war. Das ist der Fall, wenn ihr die Forderung, die sie D gegenüber zuvor geltend gemacht hat, nicht zustand.

**1.** Jedenfalls ist die Forderung, die sie gegenüber D geltend gemacht hat, nicht dadurch nichtig, dass sie im Zeitpunkt der Abtretung nicht bestand. Auch eine Vorausabtretung ist wirksam, wenn sie bestimmbar ist. Das ist vorliegend anzunehmen. Dasselbe gilt hinsichtlich des verlängerten Eigentumsvorbehalts, der zwischen V und C vereinbart wurde.

**2.** Problematisch ist allein, dass C ihre Forderung gegen D letztlich zweimal abgetreten hat, nämlich einmal im Rahmen der Globalzession an B und dann noch ein weiteres Mal im Rahmen des verlängerten Eigentumsvorbehalts an V.
Treffen zwei Abtretungen der gleichen Forderung zusammen, gilt grundsätzlich das sog. **Prioritätsprinzip**, wonach die zuerst vorgenommene Abtretung wirksam ist und die zweite leerläuft. Das gilt auch für das Zusammentreffen von Globalzession und verlängertem Eigentumsvorbehalt. Demzufolge wäre vorliegend die Vorausabtretung an B wirksam und die an V liefe leer. D hätte also an einen Berechtigten geleistet. Da § 816 II BGB aber eine Leistung an einen Nichtberechtigten voraussetzt, würde V demzufolge seinen geltend gemachten Anspruch nicht auf § 816 II BGB stützen können.

**3.** Allerdings besteht bei einer Globalzession stets die Möglichkeit, dass sie wegen Übersicherung gegen § 138 I BGB verstößt und damit nichtig ist. Nach der zwar nicht ganz unumstrittenen, aber bestätigten Rechtsprechung ist eine solche Globalzession häufig deswegen nichtig, weil sie den Abtretenden zum Vertragsbruch gegenüber seinen Lieferanten verleite, sog. **Vertragsbruchtheorie.**[1198] Da Lieferungen unter verlängertem Eigentumsvorbehalt üblich seien und der Abnehmer, der nicht bar zahlen kann, häufig auch keine andere Möglichkeit habe, an neue Ware zu kommen, sei er praktisch gezwungen, seinen Lieferanten gegenüber die Unwahrheit zu sagen. Er müsse ihnen das Nichtvorliegen einer Globalzession vortäuschen. Wenn die Bank so etwas bei ihrem Handeln aber in Kauf nehme, sei dies sittenwidrig.

**4.** Die Sittenwidrigkeit der Globalzession tritt nach der Rechtsprechung allerdings nicht ein, wenn der Abtretungsvertrag eine sog. **dingliche Verzichtsklausel** enthält. Damit ist der Fall gemeint, dass bei einem Zusammentreffen mit einem verlängerten Eigentumsvorbehalt die Forderung durch die Bank automatisch freigegeben, also erklärt wird, dass sie in diesem Falle nicht der Bank zustehen solle. Dagegen verhindert eine lediglich *schuldrechtliche* Teilverzichtsklausel, die dem Vorbehaltsverkäufer nur einen schuldrechtlichen Anspruch auf Freigabe einräumt, die Sittenwidrigkeit wegen Übersicherung nicht.[1199]
Vorliegend ist noch nicht einmal eine schuldrechtliche Verzichtsklausel ersichtlich. Daher war die Abtretung an B wegen Übersicherung **sittenwidrig** und nichtig (§ 138 I BGB). B war bei der Entgegennahme der Zahlung durch D also Nichtberechtigter.

**5.** Die Leistung an B müsste auch V gegenüber wirksam gewesen sein. Das BGB nennt eine Reihe von Fällen, in denen der Schuldner, der gutgläubig den Nichtberechtigten für seinen Gläubiger hält und an diesen leistet, wirksam leistet und damit frei wird. Neben § 407 BGB kommen insbesondere auch die §§ 408 und 409 BGB (die allesamt auch bei der Forderungspfändung gem. §§ 829, 835 ZPO entsprechend angewendet werden) sowie ferner die §§ 566 c ff., 807, 808 I S. 1, 851, 893, 969, 1056, 1275, 2041, 2367 BGB und §§ 25 ff. HGB in Betracht. Auch bei einer nachträglichen Zustimmung (Genehmigung – vgl. § 185 II BGB) kommt ein Anspruch aus § 816 II BGB in Betracht.
Vorliegend greift keiner der genannten Fälle ein. Insbesondere greift § 408 BGB (zumindest direkt) nicht ein, da D an den Erstzessionar geleistet hat, nicht aber an den Zweitzessionar. Mit Verweis auf die gleiche Interessenlage wendet die Rechtsprechung jedoch §§ 408, 407 BGB analog an. Demnach war die Leistung *D an B* gegenüber V wirksam.

---

[1198] Zur Vertragsbruchtheorie vgl. ausführlich *R. Schmidt*, SchuldR AT, Rn 308.
[1199] BGH NJW 1999, 940, 941.

Selbst wenn man diese Auffassung nicht teilt, liegt im Herausgabeverlangen eine konkludente Genehmigung (§§ 362 II, 185 II BGB).

**6.** Ergebnis: Der von V gegen B geltend gemachte Anspruch auf Herausgabe der von D an B überwiesenen 2.000,- € besteht also.

## c. Knebelungsverträge/Bürgschaftsübernahmen

Sittenwidrig kann auch eine einseitige Vertragsgestaltung sein, die die **wirtschaftliche Bewegungsfreiheit** einer Partei in sachlich nicht gerechtfertigter Weise übermäßig einschränkt.[1200] Das ist etwa bei einer Vereinbarung mit **langfristiger Bezugsbindung** (= Sukzessivlieferungsvertrag) häufig zu beobachten.

**1230**

### Beispiele:

**1231**

(1) Ein Gastwirt verpflichtet sich gegenüber einem **Automatenaufsteller**, bei Eröffnung eines weiteren Lokals wiederum Automatenaufstellungsverträge mit ihm abzuschließen.[1201]

(2) Ein **Schriftsteller** verpflichtet sich gegenüber dem Verleger, der sein Erstlingswerk veröffentlichen soll, für den Fall des Vertragsschlusses in Zukunft sämtliche Arbeiten ausschließlich diesem Verleger zu überlassen, der dann darüber entscheiden kann, ob die Werke tatsächlich (bei ihm) gedruckt werden.[1202]

(3) **Bierbezugsverträge** („Brauereiverträge") sind i.d.R. dann sittenwidrig, wenn die vertraglich vereinbarte Laufzeit 20 Jahre überschreiten.[1203] Bei der Beurteilung der Sittenwidrigkeit kommt es aber auch maßgeblich auf die von ihrem Vertragspartner zu erbringenden Gegenleistung an.[1204] Ist ein solcher Vertrag nach § 138 I BGB sittenwidrig, ist unter entsprechender Anwendung des § 139 BGB weiter zu prüfen, mit welcher Laufzeit der Vertrag unter Berücksichtigung des tatsächlichen oder vermuteten Parteiwillens aufrechterhalten werden kann (s.u.).[1205]

Vor allem **Bürgschaftsübernahmen** durch nahe Angehörige (Kinder, Ehegatten, Lebenspartner, Geschwister) des Schuldners haben die Gerichte beschäftigt.[1206] In der Regel waren es Fälle, in denen die finanziellen Mittel des Bürgen im Vergleich zur übernommenen Haftung völlig unzulänglich waren, somit die Gefahr einer lebenslangen Verschuldung bestand, und außerdem der Bürge unter Ausnutzung der ehelichen Bindung an den Schuldner zur Übernahme der Bürgschaft veranlasst worden war. Die Rspr.[1207] hat hier – auf Veranlassung des BVerfG[1208] – zunächst teilweise mit dem (freilich flexibleren) Institut der Störung der Geschäftsgrundlage gem. § 313 BGB (n.F.), später aber einheitlich mit § 138 I BGB helfend eingegriffen. Danach ist ein Bürgschaftsvertrag (§ 765 BGB)[1209] zwischen einem **gewerblichen oder beruflichen Kreditgeber** und einer dem Hauptschuldner **persönlich nahestehenden Person** unwirksam,

**1232**

- wenn der Bürge **finanziell krass überfordert** wird. Das ist etwa der Fall, wenn der Bürge noch nicht einmal die laufenden Zinsen der Hauptschuld aufzubringen vermag.[1210] Andererseits ist eine krasse Überforderung ggf. zu verneinen, wenn der Bürge z.B. sein

---

[1200] BGH NJW 1998, 2531, 2533; *Köhler*, AT, § 13 Rn 27.
[1201] Vgl. BGH NJW 1983, 159.
[1202] BGHZ 22, 347 ff.
[1203] Vgl. dazu BGH NJW 1972, 1459 f.; 1985, 2693, 2695; 1988, 2362 f.; 1992, 2145 f.
[1204] BGH NJW 1992, 2145, 2146; 1982, 1692; 1998, 156, 159 (bzgl. eines Tankstellenbelieferungsvertrags).
[1205] BGH NJW 1972, 1459; 1998, 156, 160.
[1206] Vgl. BGH NJW 2005, 971 ff.; BGHZ 136, 347, 350 und BGH NJW 2002, 2228, 2229 (Ehegatten und Verlobte für ihre Partner); BGH NJW 2002, 744 (Partner einer nichtehelichen Lebensgemeinschaft für ihre Partner); BGH ZIP 2001, 1190 (Eltern für ihre Kinder); BGH NJW 2000, 1182 und ZIP 2002, 167 (Kinder für ihre Eltern).
[1207] BGH NJW 2002, 2228, 2229. Vgl. auch BGH NJW 2005, 971 ff.
[1208] BVerfG NJW 1994, 36 ff.
[1209] Zur Bürgschaft vgl. ausführlich *R. Schmidt*, SachenR II, Rn 559 ff.
[1210] BGHZ 135, 66, 70; BGH NJW 2000, 1182; 2001, 815; 2002, 744; 2005, 973, 975; *Wolf/Neuner*, AT, § 46 Rn 42; *Ellenberger*, in: Palandt, § 138 Rn 38b.

Eigenheim verwerten kann.[1211] Dann aber sind (zur Ermittlung der tatsächlichen Leistungsfähigkeit) die dinglichen Belastungen (Hypothek, Grundschuld) wertmindernd zu berücksichtigen.[1212] Jedenfalls ändert die Möglichkeit der Privatinsolvenz gem. §§ 286 ff. InsO und der damit verbundenen Restschuldbefreiung nichts an der Bejahung der Sittenwidrigkeit. Denn zum einen setzt eine Restschuldbefreiung per definitionem eine bestehende vertragliche Forderung voraus, die wiederum nur bei einem gültigen Vertrag bestehen kann. Zum anderen würde die Regelung des § 138 I BGB praktisch ausgehebelt, wenn man mit Verweis auf die Restschuldbefreiung stets die Sittenwidrigkeit des Vertrags verneinen könnte.[1213]

- und wenn weitere „erschwerende Umstände" hinzukommen, etwa dass der Gläubiger die **Gefahren des Geschäfts verharmlost** oder die **Geschäftsunerfahrenheit** bzw. **familiäre Bindung** des Bürgen (**„seelische Zwangslage"**) zum Hauptschuldner ausnutzt.[1214] An der „seelischen Zwangslage ändert auch z.B. der Umstand nichts, dass der finanziell krass überforderte Ehepartner, der für ein Existenzgründungsdarlehen des anderen bürgt, in dem künftigen Gewerbebetrieb an verantwortlicher Stelle mitarbeiten soll, sozusagen **ein eigenes wirtschaftliches Interesse** hat.[1215]

**1233** Hinzukommen muss aber stets das **Ausnutzen der Zwangslage** durch den Kreditgeber, und zwar in **sittlich anstößiger Weise**. Allerdings wird von der Rechtsprechung dieses Merkmal in den genannten Fällen widerlegbar vermutet.[1216]

**1234** Allerdings kann der Gläubiger an der Bürgschaft eines Ehegatten, Lebenspartners oder Angehörigen **ein berechtigtes Interesse** haben, wenn die Gefahr besteht, dass der Schuldner sein Vermögen dem Zugriff des Gläubigers im Vertrag sonst durch Verlagerung auf eben diese Personen entzieht (**Vermögensverschiebung**). In einem solchen Fall ist die Sittenwidrigkeit allerdings nur dann zu verneinen, wenn der Schutz vor Vermögensverschiebungen ausdrücklich im Bürgschaftsvertrag vereinbart worden ist.[1217]

**1235** Die Lösung der beschriebenen Fälle über die Nichtigkeitsfolge gem. § 138 I BGB ist jedoch nicht zwingend. Denn dadurch, dass den Vertragspartner (d.h. den Gläubiger) im Vertragsvorfeld gewisse **Pflichten zu Aufklärung** (erkennbare Fehleinschätzung des Haftungsrisikos durch den Bürgen) und zu Unterlassung irreführender Angaben (Bagatellisierung des Haftungsrisikos) treffen, bietet sich eine vorrangige Lösung über die Grundsätze der **culpa in contrahendo** (c.i.c., §§ 311 II, 280 I, 241 II BGB)[1218] an, deren Rechtsfolgen flexibler sind als die Alles-oder-nichts-Lösung des § 138 I BGB. Denn anders als § 138 I BGB ist die c.i.c. nicht auf die Nichtigkeit des Vertrags gerichtet, sondern auf die Anpassung des Vertrags bzw. Gewährung vertraglicher Ersatzansprüche, was wiederum einen wirksamen Vertrag voraussetzt. So kann der Geschädigte nur bei Bestehen eines Bürgschaftsvertrags über das Institut der c.i.c. einen Anspruch auf Schadensersatz in Form von Geldersatz, mit dem gegen die Bürgschaftsforderung aufgerechnet werden kann (§ 387 BGB), geltend machen. Vor allem aber besteht der Vorteil der Lösung über die c.i.c. darin, dass die Entscheidungsfreiheit des Bürgen nicht beeinträchtigt wird. Im Übrigen steht der Anspruch aus c.i.c. dem aus § 138 I BGB auch nicht nach, weil der Schadensersatz i.S.d. c.i.c. auch auf Vertragsaufhebung gerichtet sein kann.

---

[1211] BGH NJW 2001, 2466.
[1212] BGH NJW 2002, 2228, 2229.
[1213] Richtig daher OLG Frankfurt NJW 2004, 2392, 2393 f.
[1214] BGHZ 136, 347, 355; BGH NJW 1998, 597, 598 und 2138, 2140; NJW 1999, 135.
[1215] BGH NJW 2005, 971, 972 f.
[1216] BGH NJW 2005, 973, 975; BGHZ 156, 302, 307. *Widerlegbare Vermutung* bedeutet hier, dass der Kreditgeber beweisen muss, dass kein Ausnutzen in sittlich anstößiger Weise vorliegt.
[1217] BGH NJW 1999, 58, 60; BGH NJW 2002, 2228, 2229.
[1218] Vgl. zu diesem Institut ausführlich *R. Schmidt*, SchuldR AT, Rn 595 ff.

## d. Wettbewerbs- und Konkurrenzverbote

Wenn z.B. in Dienst-, Makler- oder Gesellschaftsverträgen, aber auch in Verträgen hinsichtlich der Übernahme von Kanzleien, Praxen etc. eine Vereinbarung enthalten ist, die es der ausscheidenden Vertragspartei untersagt, nach Vertragsbeendigung wettbewerblich am Markt tätig zu sein bzw. in Konkurrenz zur anderen Partei aufzutreten, stellt sich die Frage nach der Sittenwidrigkeit einer solchen Vereinbarung. Wenn dann auch noch die Vereinbarung der Zahlung einer Konventionalstrafe für den Fall der Zuwiderhandlung hinzukommt, wird die Frage nach der Sittenwidrigkeit solcher Vereinbarungen besonders virulent. Jedoch sind Wettbewerbs- bzw. Konkurrenzverbote nicht schlechterdings sittenwidrig und damit unstatthaft; vielmehr ist eine umfassende Güterabwägung vorzunehmen. **1236**

Für eine Zulässigkeit von Wettbewerbs- oder Konkurrenzverboten spricht das Interesse des „Verbietenden", die ausgeschiedene Partei daran zu hindern, ihre Insiderkenntnisse und Verbindungen aus ihrer früheren Tätigkeit illoyal zum Nachteil der begünstigten Partei im Wettbewerb zu nutzen.[1219] Andererseits stellen derartige Vereinbarungen die davon betroffene Partei in die Perspektivlosigkeit oder behindern sie zumindest stark in ihrer beruflichen oder gewerblichen Tätigkeit. **1237**

Die Rechtsprechung versucht, die widerstreitenden Interessen in einen Ausgleich zu bringen, indem sie davon ausgeht, dass nicht jedes Wettbewerbs- oder Konkurrenzverbot sittenwidrig ist, sondern nur ein solches, das dem Verpflichteten hinsichtlich des Umfangs der ihm untersagten Tätigkeit, des örtlichen Betätigungsfelds oder der Dauer seiner Geltung eine unangemessene Beschränkung auferlegt.[1220] Eine gesetzliche Regelung für kaufmännische Angestellte findet sich in §§ 74 ff. HGB, die von der Rspr. auch auf andere Angestelltenverhältnisse sowie auf abhängige freie Mitarbeiter entsprechend angewandt wird.[1221] **1238**

Ein Verbot wettbewerbsbeschränkender Maßnahmen kann sich auch aus dem (insoweit spezielleren) Wettbewerbsrecht ergeben. So sind gem. § 1 GWB Vereinbarungen zwischen Unternehmen, Beschlüsse von Unternehmensvereinigungen und aufeinander abgestimmte Verhaltensweisen, die eine Verhinderung, Einschränkung oder Verfälschung des Wettbewerbs bezwecken oder bewirken (sog. Kartelle), verboten. Auf EU-Ebene greift Art. 101 I AEUV. Jedoch ist zu beachten, dass das Wettbewerbsrecht primär den Schutz der Allgemeininteressen am Wettbewerb verfolgt, wohingegen § 138 I BGB gerade Individualinteressen schützt. **1239**

Hinsichtlich nachvertraglicher Wettbewerbsverbote zu Lasten von Arbeitnehmern ist ein Verstoß gegen die Arbeitnehmerfreizügigkeit gem. Art. 45 AEUV möglich[1222] – freilich nicht in Bezug auf reine Inländerdiskriminierung. **1240**

## e. Verstöße gegen die Sexualmoral

Die Rechtsauffassung hinsichtlich der Beurteilung von Verträgen, die die Sexualmoral betreffen, hat sich in den letzten Jahren liberalisiert. Das gilt auch in Bezug auf **Prostitutionsverträge**, also Verträge, die die Erbringung einer sexuellen Dienstleistung gegen Entgelt zum Gegenstand haben und daher dem Typenvertrag des Dienstvertrags (§ 611 I BGB) zuzuordnen sind. Denn nach § 611 II BGB können Gegenstand des Dienstvertrags Dienste jeder Art sein – und somit auch sexuelle Handlungen. **1241**

---

[1219] *Köhler*, AT, § 13 Rn 28.
[1220] BGH NJW 2010, 1210 f.; NJW 2005, 3061, 3062; NJW 2004, 66; NJW 2000, 2584; NJW 1997, 3089; vgl. auch *Sack/Fischinger*, in: Staudinger, § 138 Rn 360 ff.; *Ellenberger*, in: Palandt, § 138 Rn 105; *Wolf/Neuner*, AT, § 46 Rn 33 f.
[1221] BGH NJW 2003, 1864; vgl. auch *Wolf/Neuner*, AT, § 46 Rn 34.
[1222] Vgl. dazu ausführlich *Koenig/Steiner*, NJW 2002, 3583 ff.

**1242**  Die einzige Frage kann daher sein, ob einem solchen Vertrag Unwirksamkeitsgründe entgegenstehen. Eine Nichtigkeit unter dem Aspekt des § 134 BGB (Verstoß gegen ein Verbotsgesetz) kann allenfalls angenommen werden, wenn die sexuelle Dienstleistung entgegen einem gem. Art. 297 EGStGB durch Rechtsverordnung erlassenen Verbot, der Prostitution an bestimmten Orten überhaupt oder zu bestimmten Tageszeiten nachzugehen (siehe auch § 120 I OWiG), erbracht wird. Außerhalb derartiger (lokaler) Verbotsregelungen[1223] – deren Verfassungsgemäßheit durchaus anzuzweifeln ist – greift aber kein (generelles) Prostitutionsverbot. Damit bleibt allenfalls die Annahme einer Sittenwidrigkeit, die gem. § 138 I BGB zur Unwirksamkeit führen könnte.[1224] Doch auch dies erweist sich als nicht tragfähig. Bereits mit dem am 1.1.2002 in Kraft getretenen Prostitutionsgesetz (ProstG – BGBl I 2001, S. 3983) hat der Gesetzgeber aufgezeigt, dass er nicht (mehr) von der Sittenwidrigkeit der Prostitution (und entsprechend der Prostitutionsverträge) ausgeht, sondern davon, dass Verträge zwischen Prostituierten und Kunden den Status zivilrechtlich wirksamer Vereinbarungen haben sollen.[1225] Ein Verstoß gegen § 138 I BGB liegt seitdem also nicht (mehr) vor.[1226]

**1243**  Auch der BGH trägt diese Auffassung, indem er formuliert: „Mit dem Prostitutionsgesetz hat der Gesetzgeber einem Wandel in weiten Teilen der Bevölkerung, die die Prostitution nicht mehr schlechthin als sittenwidrig ansehen, Rechnung getragen. (...). Die Vereinbarung zwischen Prostituierten und Kunden über die Vornahme sexueller Handlungen gegen Entgelt unterfällt nach § 1 Satz 1 ProstG nicht mehr dem Verdikt der Sittenwidrigkeit, sondern begründet eine rechtswirksame Forderung der Prostituierten."[1227]

**1244**  Spätestens aber mit dem Erlass des Prostituiertenschutzgesetzes (ProstSchutzG) am 21. 10.2016 (BGBl I 2016, S. 2372), das am 1.7.2017 vollständig in Kraft getreten ist, hat der Gesetzgeber klargestellt, dass die Ausübung der Prostitution nicht (mehr) sittenwidrig ist. Das geht deutlich aus BT-Drs. 18/8556, S. 1 hervor, wo es heißt: „...die zwischen den Prostituierten und ihren Kunden und Kundinnen geschlossenen Vereinbarungen nicht mehr sittenwidrig..."

**1245**  Freilich kann der Begriff der Sittenwidrigkeit nicht ohne Beachtung des übergeordneten **Verfassungskreises** interpretiert werden. Denn die **Grundrechte** begründen nicht nur subjektive Rechte gegenüber dem Staat, sondern verkörpern auch eine **objektive Wertordnung**[1228] und sind für die gesamte Rechtsordnung interpretationsleitend. Sie gelten als Impulsgeber einer objektiven Wertordnung auch *mittelbar* zwischen Privaten.[1229]

---

[1223] Vgl. etwa die hamburgische Verordnung über das Verbot der Prostitution, die „zum Schutze der Jugend und des öffentlichen Anstandes" die Ausübung der Prostitution in bestimmten Stadtteilen bzw. zu bestimmten Tageszeiten verbietet. In anderen Ländern bestehen ähnliche Regelungen.

[1224] So die frühere Rspr. BVerwGE 84, 314 ff. (zurückgehend auf BVerwG 22, 286, 289); BGHZ 67, 119, 120 f. (Prostitution); BGH NJW 1998, 2895, 2896 f. (Telefonsex).

[1225] BT-Drs. 14/5958, S. 2 ff.

[1226] Vgl. auch *Rautenberg*, NJW 2002, 650 ff.; *Caspar*, NVwZ 2002, 1322 ff.; *Ellenberger*, in: Palandt, Anhang zu § 138 Rn 2 („zunächst nichtiger, aber nachträglich zum Teil wirksam werdender Vertrag"); *Köhler*, AT, § 13 Rn 29 („...Prostitution nicht mehr als sittenwidrig angesehen"); *Dörner*, in: Handkommentar BGB, § 138 Rn 9; *Wolf/Neuner*, AT, § 46 Rn 36. Für Sittenwidrigkeit der Prostitution aber *Ellenberger*, in: Palandt, § 138 Rn 52 („Vertrag ist sittenwidrig"); OLG Schleswig NJW 2005, 225. Auf diesem Standpunkt steht auch der BGH in Strafsachen (BGH NStZ 2016, 283, 284). Nicht überzeugend ist es, wenn einerseits gesagt wird, dass die Prostitution selbst zwar nicht mehr sittenwidrig sei (so *Ellenberger*, in: Palandt, Anhang zu § 138 Rn 2; *Majer*, NJW 2018, 2294), jedoch die Prostitutionsverträge schon, weil die vertragliche Verpflichtung, sexuelle Dienstleistungen zu erbringen, gegen die Menschenwürde verstoße (so *Majer*, a.a.O.). Nach der hier vertretenen Auffassung kann man hinsichtlich der Frage nach dem Menschenwürdeverstoß bzw. der Sittenwidrigkeit nicht zwischen der Ausübung der Prostitution und der diesbezüglichen Verpflichtung zur Vornahme sexueller Handlungen gegen Entgelt unterscheiden.

[1227] BGHZ 168, 314, 318.

[1228] Grundlegend BVerfGE 7, 198, 203 ff. (Lüth); vgl. auch *R. Schmidt*, Grundrechte, 24. Aufl. 2019, Rn 21 ff.

[1229] Allgemeine Ansicht, vgl. etwa BVerfG NJW 2018, 1667, 1668 (Stadionverbot); BGH NJW 2015, 489, 491; BGH NJW 2018, 1884, 1886 (jeweils jameda.de). Vgl. auch BVerfG NJW 2015, 2485 f. Grundlegend – wie aufgezeigt – BVerfGE 7, 198, 203 ff. (Lüth).

Diesbezüglich hat sich der Begriff **„mittelbare Drittwirkung der Grundrechte"** etabliert.[1230] Die interpretationsleitende Funktion gilt insbesondere hinsichtlich der Generalklauseln und sonstiger auslegungsfähiger und auslegungsbedürftiger Begriffe, im vorliegenden Zusammenhang also hinsichtlich der Auslegung des Begriffs „Sittenwidrigkeit". Wäre also die Prostitution mit der (unantastbaren und damit auch nicht zur Disposition der oder des Prostituierten stehenden) Menschenwürde (Art. 1 I GG) der oder des Prostituierten unvereinbar, führte diese zur Annahme der Sittenwidrigkeit und zur Bejahung des § 138 I BGB mit der Folge der Unwirksamkeit des Prostitutionsvertrags. Entscheidend ist daher, ob durch die vertragliche Verpflichtung zur Vornahme sexueller Dienstleistungen die Menschenwürde verletzt wird. Das BVerfG stellt bei der Frage nach der Verletzung der Menschenwürde auf den sozialen Wert- und Achtungsanspruch ab, der dem Menschen kraft seines Menschseins zukommt.[1231] Und nach der auf Dürig zurückgehenden „Objektformel" ist die Menschenwürde verletzt, wenn der Mensch zum Objekt, d.h. „zu einem bloßen Mittel, zur vertretbaren Größe herabgewürdigt wird".[1232] Präziser erscheint aber das Hervorheben des Schutzes vor Erniedrigung, Demütigung, Brandmarkung, Verfolgung und Ächtung. Folgt man diesem Ansatz, ist die Menschenwürde (nur) dann verletzt, wenn dem Betroffenen in menschenverachtender Weise seine Menschqualität abgesprochen und er zum Objekt eines beliebigen Verhaltens erniedrigt bzw. zu einer vertretbaren Größe herabgewürdigt wird oder sich selbst herabwürdigt. Die Herabwürdigung der eigenen Person wird von denjenigen, die eine Sittenwidrigkeit der Prostitution vertreten, offenbar angenommen, wenn sie behaupten, der sich prostituierende Mensch degradiere sich zum Objekt einer Handelsware.[1233] Doch von einer Erniedrigung, auf die bei der Frage nach der Menschenwürdeverletzung richtigerweise abzustellen ist, kann keine Rede sein. Der Begriff der Menschenwürde ist nicht statisch, sondern von den Empfindungen und Entscheidungen des Menschenwürdeträgers abhängig. Solange also die Entscheidung zur Prostitution frei von Zwängen ist, der oder die Prostituierte eigenverantwortlich handelt und sich auch nicht selbst als „Handelsware" versteht, geht die Annahme einer Menschenwürdeverletzung fehl. Wenn man aber schon die Menschenwürde bemüht, muss man eher umgekehrt argumentieren und bei Annahme der Unwirksamkeit des Prostitutionsvertrags einen Verstoß gegen die Menschenwürde bejahen, weil man sich damit über den Willen zur Ausübung der Prostitution hinwegsetzt, der gerade *auch* Bestandteil der Menschenwürde ist.

**1246**

Insofern gehen die Vertreter der entgegengesetzten Auffassung schon von einem unzutreffenden Ansatz aus. Der Verneinung der Menschenwürdeverletzung steht auch nicht entgegen, dass der Prostitutionsvertrag als Dienstvertrag i.S.d. § 611 BGB eine grundsätzliche Leistungspflicht für den oder die Prostituierte(n) begründet. Denn sollte sich der grundsätzlich gegebene Leistungsanspruch des Kunden für den oder die Prostituierte(n) als unzumutbar erweisen (etwa wegen einer nach Vertragsschluss offenkundig gewordenen Krankheit oder eines sonstigen Defizits des Kunden bzw. der Kundin), wird man im Rahmen der (ergänzenden) Vertragsauslegung ein **Leistungsverweigerungsrecht** annehmen können. Rechtlich lässt sich ein solches Leistungsverweigerungsrecht mit Hilfe des Instituts der **auflösenden Bedingung** gem. § 158 II BGB realisieren: Danach gelten unter Heranziehung des Instituts der (ergänzenden) Vertragsauslegung der Vertrag und damit der Leistungsanspruch des Kunden nur unter der Bedingung der Zumutbarkeit für den oder die Prostituierte(n). Denkbar wäre auch, einen Fall der **Störung der Geschäftsgrundlage** (§ 313 BGB) anzunehmen mit der Folge der Ver-

---

[1230] Auch hier wieder grundlegend BVerfGE 7, 198, 204 ff. (Lüth). Aktuell BVerfG NJW 2018, 1667, 1668 (Stadionverbot).
[1231] BVerfGE 87, 209, 228.
[1232] *Dürig*, AöR 81 (1956), S. 117, 126. Siehe auch BVerfGE 27, 1, 1; 45, 187, 228.
[1233] *Majer*, NJW 2018, 2294 unter Bezugnahme auf die „Objektformel" und die frühere Rspr. BGHZ 67, 119, 120 f. (Prostitution); BGH NJW 1998, 2895, 2896 f. (Telefonsex), jedoch unter Außerachtlassung der jüngeren gegenteiligen Rspr. BGHZ 168, 314, 318.

tragsanpassung (§ 313 I BGB) oder des Rücktritts vom Vertrag (§ 313 III BGB). Zumindest aber gäbe § 242 BGB (**unzulässige Rechtsausübung**) dem oder der Prostituierten ein Leistungsverweigerungsrecht. Ein anderer Ansatz bestünde darin, die Vorschrift des § 120 III FamFG analog anzuwenden. Nach dieser Vorschrift unterliegt die Verpflichtung zur Eingehung der Ehe und zur Herstellung des ehelichen Lebens nicht der Vollstreckung. Dieses Vollstreckungshindernis könnte in analoger Anwendung des § 120 III FamFG auch für den Prostitutionsvertrag gelten. Folge wäre, dass zwar ein Erfüllungsanspruch bestünde, dieser aber (wegen der Höchstpersönlichkeit) nicht der Vollstreckung unterläge. Da – wie aufgezeigt – weder die (freiwillige!) Prostitution selbst noch der Prostitutionsvertrag gegen die Menschenwürde verstoßen, stünde es dem Gesetzgeber selbstverständlich offen, den Prostitutionsvertrag gesetzlich zu regeln.

**1247** Verstoßen also Dienstleistungsverträge über die Vornahme sexueller Handlungen nicht mehr gegen die „guten Sitten", muss dies erst recht für Verträge über Telefonsex und über das Zur-Schau-Stellen des Körpers („Peepshow") – jeweils als „Minusmaßnahmen" zur Prostitution – gelten.[1234]

**1248** Das ProstG hat auch Auswirkungen auf Bordellkauf- und Bordellpachtverträge. Diese können zumindest nicht mehr wegen der in den Räumlichkeiten stattfindenden legalen Prostitution als sittenwidrig angesehen werden.

**1249** Schließlich folgt aus der nicht mehr gegebenen Sittenwidrigkeit der Prostitution, dass auch das sog. Mätressentestament nicht mehr gegen § 138 I BGB verstößt. Denn ist die Verwerflichkeit des Entlohnungscharakters der außerehelichen geschlechtlichen Hingabe entfallen, kann auch keine Anstößigkeit der testamentarischen Einsetzung der Geliebten mehr bestehen[1235]; die Anstößigkeit müsste ggf. aus anderen Aspekten abgeleitet werden.

### f. Ehe- und familienbezogene Verträge

**1250** Eheverträge sind zwar – wie sich aus der in Art. 2 I GG verankerten Vertragsfreiheit sowie einfachgesetzlich aus §§ 1408 ff. BGB ergibt – grundsätzlich zulässig, sie sind aber auch – wie alle anderen Verträge – an den schuldrechtlichen Korrekturvorschriften (z.B. an den Generalklauseln der §§ 313, 242 BGB) sowie an den zum Allgemeinen Teil des BGB gehörenden Schutzvorschriften der §§ 134 und 138 BGB zu messen. Die Überprüfung ehevertraglicher Vereinbarungen am Maßstab der zivilrechtlichen Generalklauseln lässt sich daher praktisch in jede familienrechtliche Klausur einbauen, sodass sich insbesondere Examenskandidaten mit diesem Problemkreis auseinandersetzen sollten. Denn dieser Personenkreis muss mit Klausuren rechnen, die sich über alle fünf Bücher des BGB erstrecken. Ausgangspunkt jeder Kontrolle ist die Feststellung, dass zwar auch im Bereich der Eheverträge grundsätzlich Vertragsfreiheit (Art. 2 I GG) besteht (s.o.), diese Vertragsfreiheit wegen Art. 6 I GG jedoch stark eingeschränkt ist. Rechtstechnisch vollzieht sich die erforderliche Einschränkung über die genannten Korrekturvorschriften, die allgemein als „Einfallstore" der Grundrechte bezeichnet werden.[1236] Vereinbarungen, die **gegen das Wesen der Ehe verstoßen**, sind (wegen Art. 6 I GG) daher sittenwidrig und **nichtig**.

**1251** **Beispiele[1237]:** Vereinbarung eines Entgelts oder eines Darlehens für das Eingehen einer Scheinehe; Eheversprechen eines Verheirateten oder eines bereits Verlobten; Vereinbarung über ein dauerndes Recht zum Getrenntleben; Vereinbarung einer Vertragsstrafe zur

---

[1234] Hinsichtlich Telefonsex nunmehr auch BGH NJW 2008, 140, 141 und *Wolf/Neuner*, AT, § 46 Rn 36.
[1235] Vgl. bereits die 2. Aufl. 2005; wie hier nun auch *Wolf/Neuner*, AT, § 46 Rn 36 und *Hengemühle*, JA 2015, 177, 179.
[1236] Sog. Drittwirkung oder mittelbare Geltung der Grundrechte, vgl. oben Rn 1210 sowie *R. Schmidt*, Grundrechte, 24. Aufl. 2019, Rn 105 ff.
[1237] Vgl. die Nachw. bei *Ellenberger*, in: Palandt, § 138 Rn 46; BGH NJW 2013, 380, 381.

Sicherung ehegemäßen Verhaltens; Vereinbarung über den Ausschluss einer Scheidung oder die Zahlung einer (hohen) Abfindung für den Fall einer Scheidung; Vereinbarung, wonach der scheidungswillige Partner dem anderen sein Miteigentum an dem gemeinsamen Haus übertragen muss, damit der andere der Scheidung zustimmt; Abschluss eines Ehevertrags unter Ausnutzung einer Zwangslage[1238]. Zur „Leihmutterschaft" vgl. unten Rn 1256 sowie ausführlich *R. Schmidt*, FamR, Rn 462 ff.

Neben den genannten höchstpersönlichen Aspekten des ehelichen Zusammenlebens, **1252** deren ehevertragliche Regelung regelmäßig sittenwidrig ist, sind insbesondere vermögensrechtliche Regelungen verbreitet. Ein (ehevertraglich vereinbarter) Verzicht auf **Trennungsunterhalt** (§ 1361 I S. 1 BGB) ist bereits gesetzlich ausgeschlossen (§§ 1361 IV S. 4, 1360a III i.V.m. § 1614 BGB). Eine Parteiabrede mit dem Inhalt, sich nicht auf das gesetzliche Verbot berufen zu wollen („pactum de non petendo"), ist als Umgehungsgeschäft ebenso unwirksam und wegen § 134 BGB nichtig.[1239] Dagegen sind nach dem klaren Wortlaut des BGB (vgl. § 1408 I BGB) **ehevertragliche** Vereinbarungen über den Ausschluss des gesetzlichen Güterstands (mit der Folge des Eintritts in die **Gütertrennung**, § 1414 S. 1 BGB) ebenso zulässig wie Vereinbarungen hinsichtlich des **Zugewinnausgleichs** (§ 1414 S. 2 BGB), des **Unterhalts** (§ 1585c BGB) und des **Versorgungsausgleichs** (§ 1408 II BGB). Diese güterrechtlichen Vereinbarungen können auch schon vor der Eheschließung getroffen werden und auch den Ausschluss der Regelung des § 1365 BGB einbeziehen. Nach der gesetzgeberischen Intention ist auch (freilich unter engen Grenzen[1240]) der Ausschluss des **Unterhalts wegen Kindesbetreuung** (§ 1570 BGB) möglich. Sind solche Vereinbarungen aber darauf gerichtet, einen Dritten (etwa das Sozialamt) zu schädigen, sind sie sittenwidrig und damit gem. § 138 I BGB **nichtig**. Sittenwidrig können nach der Rspr. auch an sich zulässige Eheverträge sein, wenn sie eine Partei **unangemessen benachteiligen**. Nach dem Grundsatzurteil des BGH[1241], das auf zwei Entscheidungen des BVerfG[1242] zurückzuführen ist, steht es gemäß den genannten Vorschriften den Ehepartnern zwar frei, ehevertragliche Vereinbarungen über den nachehelichen Unterhalt, den Versorgungsausgleich oder ihre Vermögensverhältnisse abweichend von den gesetzlichen Vorschriften zu treffen. Allerdings machen die Gerichte auch deutlich, dass solche Vereinbarungen der **richterlichen Kontrolle** unterlägen. Die grundsätzliche Vertragsfreiheit, d.h. die Disponibilität der Scheidungsfolgen, dürfe nämlich nicht dazu führen, dass der am Maßstab des Art. 6 I GG zu orientierende Schutzzweck der gesetzlichen Regelungen durch vertragliche Regelungen beliebig unterlaufen werde.[1243] Rechtsdogmatisch stellt der BGH dabei auf die mittelbare Geltung der Grundrechte im Zivilrecht ab und nimmt die Einschränkung der Vertragsfreiheit gem. Art. 6 I GG i.V.m. Art. 3 II GG vor, die über die genannten zivilrechtlichen Korrekturvorschriften der §§ 138 I, 242 BGB Beachtung finden und den übervorteilten bzw. unangemessen benachteiligten Ehepartner schützen.

Im Rahmen der Inhaltskontrolle unterscheidet der BGH zwischen einer **Wirksamkeits-** **1253** **kontrolle** gemäß § 138 BGB und einer **Ausübungskontrolle** gemäß § 242 BGB. Dabei sei bei der Wirksamkeitskontrolle auf den Zeitpunkt des Zustandekommens des Ehevertrags abzustellen, und zwar losgelöst von der späteren Entwicklung der Ehegatten und deren Lebensverhältnisse. Sei demnach der Ehevertrag wirksam, werde er nicht dadurch unwirksam, dass sich die Verhältnisse später verändert hätten. Hätten sich die

---

[1238] Vgl. nur BGH NJW 2018, 1015 ff. (Ehevertrag mit einem von der Ausweisung bedrohten Ausländer).
[1239] BGH NJW 2014, 1101, 1106; *Weber-Monecke*, in: MüKo, § 1361 Rn 49; *Hammermann*, in: Erman, § 1614 Rn 5.
[1240] Vgl. BGH NJW 2013, 380, 381. Noch restriktiver BGH NJW 2013, 457 f.
[1241] BGHZ 158, 81, 94 ff. (fortgeführt von BGH NJW 2004, 3431 ff.; NJW 2005, 142 f.; NJW 2005, 1370 ff.; OLG Hamm NJW 2006, 753 ff.). Vgl. auch BGH NJW 2013, 380 f.; NJW 2014, 1101 ff.; NJW 2018, 1015 ff.
[1242] BVerfG NJW 2001, 957 ff. und 2248 ff.
[1243] Grundlegend BGHZ 158, 81, 94 f.; danach BGH NJW 2005, 1370, 1371; NJW 2008, 1076, 1077 ff.; NJW 2014, 1101, 1102; NJW 2015, 52, 53. Vgl. auch BGH NJW 2017, 1883, 1885.

Lebensverhältnisse später aber so krass verändert, dass ein Festhalten an der ehevertraglichen Vereinbarung für den benachteiligten Ehepartner unzumutbar sei, müsse der Scheidungsrichter überprüfen, ob die Berufung der bevorteilten Partei auf einzelne vertragliche Regelungen nunmehr unzulässig sei und ob daher eine Vertragsanpassung vorgenommen werde müsse. Abzustellen sei dabei auf die aktuellen Lebensverhältnisse der Parteien im Zeitpunkt der Beendigung der Lebensgemeinschaft.

**1254** Diese Vorgehensweise ist nicht etwa eine Neuentwicklung der Rechtsprechung, sondern bereits von dem Institut der **Störung der Geschäftsgrundlage** her bekannt, wonach wirksame Verträge, deren Geschäftsgrundlage sich im Nachhinein derart verändert hat, dass das Festhalten an dem Vertrag für eine Partei unzumutbar geworden ist, inhaltlich an die nunmehr bestehende Interessenlage der Parteien anzupassen sind. Der BGH überträgt diese Rechtsfigur lediglich auf Eheverträge, prüft aber zunächst die Wirksamkeit des Ehevertrags. Sind lediglich einzelne ehevertragliche Klauseln unwirksam, ist gem. § 139 BGB im Zweifel der gesamte Ehevertrag nichtig. Salvatorische Klauseln[1244], die diese Folge verhindern sollen, werden von der Rechtsprechung oft nicht anerkannt[1245] (zu § 139 BGB siehe auch Rn 1261).

**1255** Im Übrigen sind kaum verlässliche Aussagen über die Grenzen der Vertragsfreiheit bei Eheverträgen zu treffen, weil die zu entscheidenden Konstellationen zu sehr voneinander abweichen.[1246] Zumindest lässt sich sagen, dass ein wirksam geschlossener Ehevertrag nicht deswegen sittenwidrig wird, weil nachträglich ein Missverhältnis zwischen dem, was den Parteien im Scheidungsfalle zusteht, eintritt. Führt jedoch die Änderung der Verhältnisse dazu, dass die Vereinbarung nunmehr sittenwidrige Auswirkungen zeigt, ist die Rspr. um Auswege nicht verlegen: So könne sich das Festhalten am Vertrag als **unzulässige Rechtsausübung** (§ 242 BGB) darstellen oder es könne die **Geschäftsgrundlage** beeinträchtigt und damit eine **Anpassung** geboten sein (§ 313 I BGB). Die Anpassung sei im Rahmen einer **Inhaltskontrolle**, die im tatrichterlichen Ermessen liege, vorzunehmen.

**1256** Auch kann ein notarieller Vertrag, der einen umfassenden **Erb- und Pflichtteilsverzicht** zum Gegenstand hat, sittenwidrig und damit nichtig sein, wenn dadurch ein erhebliches Ungleichgewicht entsteht bzw. kein angemessener Ausgleich geschaffen wird.[1247]

**1257** Ein weiteres Beispiel für die hier genannte Fallgruppe bildet schließlich der **Leihmuttervertrag**, wobei der Begriff der „Leihmutter" vom Gesetz nicht verwendet wird. Vielmehr spricht das Gesetz ausschließlich von **Ersatzmutterschaft**.

- Ersatzmutter ist nach der Legaldefinition in **§ 1 I Nr. 7 ESchG** eine Frau, die bereit ist, das aufgrund künstlicher Befruchtung gezeugte oder aufgrund Embryonenspende von ihr ausgetragene Kind nach der Geburt Dritten auf Dauer zu überlassen. Hauptfall ist der, dass einer Frau (der „Tragemutter") entweder eine noch nicht befruchtete Eizelle einer anderen Frau eingepflanzt (sog. Eizellspende) und diese dann natürlich oder künstlich befruchtet (inseminiert) wird oder ihr eine bereits natürlich oder künstlich befruchtete Eizelle einer anderen Frau (Embryo[1248]) eingepflanzt wird (sog. Embryonenspende), damit sie das Kind austrägt, gebärt und danach den Wunscheltern überlässt. In diesem Fall ist

---

[1244] In der Regel enthalten Verträge Bestimmungen der folgenden Art: „Sofern sich eine Klausel als unwirksam herausstellen sollte, bleibt die Gültigkeit der anderen Bestimmungen hiervon unberührt."
[1245] BGH NJW 2017, 1883, 1885 (mit Verweis auf BGH FamRZ 2014, 629; FamRZ 2005, 691, 693; FamRZ 2008, 2011), siehe dazu *R. Schmidt*, FamR, Rn 417b.
[1246] Selbst die bei *Brudermüller*, in: Palandt, § 1408 Rn 15 ff. genannten Fallkonstellationen decken nicht alle denkbaren Fälle ab.
[1247] OLG Hamm NJW 2017, 576 f.
[1248] Als Embryo gilt gem. § 8 I ESchG die befruchtete, entwicklungsfähige menschliche Eizelle. „Befruchtet" ist die Eizelle nicht bereits dann, wenn ein Spermium in die Eizelle eingedrungen ist (sog. Imprägnation), sondern erst dann, wenn ein Spermium in den Zellkern der Eizelle gelangt ist und sich die jeweiligen Chromosomensätze vereinigt haben (Kernverschmelzung - sog. Konjugation); vgl. dazu *Taupitz/Hermes*, NJW 2015, 1802 m.w.N.; *Taupitz*, NJW 2019, 337.

es somit nicht die Eizelle der Ersatzmutter, aus der das Kind entsteht. Die Ersatzmutter ist in diesem Fall daher nicht die genetische Mutter des Kindes. Genetische und gebärende Mutter sind in diesem Fall personenverschieden („gespaltene" Mutterschaft). Wegen § 1591 BGB ist jedoch die gebärende Frau die rechtliche Mutter.

- Enger ist die Legaldefinition in **§ 13a AdvermiG**. Danach ist Ersatzmutter eine Frau, die aufgrund einer Vereinbarung bereit ist, sich entweder einer künstlichen oder natürlichen Befruchtung zu unterziehen oder einen nicht von ihr stammenden Embryo auf sich übertragen zu lassen oder sonst auszutragen und das Kind nach der Geburt Dritten zur Annahme als Kinder oder zur sonstigen Aufnahme auf Dauer zu überlassen. Im Fall des § 13a Nr. 1 AdvermiG ist Ersatzmutter i.S.d. § 13a AdvermiG i.d.R. eine Frau, die sich aufgrund einer vorherigen Vereinbarung mit den „Bestelleltern" mit dem Samen des Bestellvaters (natürlich oder künstlich) befruchten lässt, das Kind austrägt, gebärt und anschließend der Bestellmutter überlässt. Die Ersatzmutter ist in diesem Fall die genetische und wegen § 1591 BGB auch die rechtliche Mutter des Kindes. Eine „gespaltene" Mutterschaft, wie dies nach § 1 I Nr. 7 ESchG bzw. § 13a Nr. 2 AdvermiG möglich ist, existiert in diesem Fall also nicht.

Die Motive für den Abschluss eines Ersatzmutterschaftsvertrags sind mannigfaltig. Zunächst kommt die „klassische" Konstellation in Betracht, bei der ein verheiratetes heterosexuelles Paar seinen Kinderwunsch nicht selbst erfüllen kann oder möchte, weil mindestens einer der Partner zeugungsunfähig ist oder an einer Erbkrankheit leidet. Zwar kommt immer auch eine Adoption in Betracht, zumeist wünscht sich das Paar jedoch, dass zumindest einer der Partner genetischer Elternteil sein soll. Virulenter wird die Frage nach der Ersatzmutterschaft jedoch bei homosexuellen männlichen Paaren. Diese sind zwingend auf eine „Leihmutterschaft" angewiesen, wenn einer der beiden Partner mit dem Kind genetisch verwandt sein soll. **1257a**

In allen Konstellationen gilt aber: Wenn die Parteien, d.h. die Wunscheltern (wobei es bei der Frage nach der (Un-)Wirksamkeit von Ersatzmutterverträgen nicht darauf ankommt, ob diese miteinander verheiratet sind) und die Ersatzmutter, versuchen, über einen **Vertrag** (vgl. § 311 I BGB) versuchen, die Ersatzmutter (und wegen § 1591 BGB die rechtliche Mutter) zu verpflichten, das Kind nach der Geburt an die Wunschmutter zu übergeben, damit diese im Außenverhältnis (insbesondere gegenüber dem Standesamt) angeben kann, sie habe das Kind geboren, stellt sich die Frage nach der **Wirksamkeit** eines solchen Vertrags. Einer Wirksamkeit könnte zunächst § 134 BGB entgegenstehen. Ein direktes gesetzliches Verbot einer Ersatzmutterschaft im Verhältnis zwischen Wunscheltern und Ersatzmutter existiert nicht. Straf- bzw. bußgeldbewehrte Verbote sind zwar insbesondere in § 1 I Nr. 7 ESchG und §§ 13c, 14b I sowie § 14b II AdvermiG enthalten (davon ausgenommen sind aber die Wunscheltern und die Ersatzmutter, siehe ausdrücklich § 14b III AdvermiG). Zu einer Nichtigkeit des zwischen den Wunscheltern und der Ersatzmutter geschlossenen „Leihmuttervertrags" wegen Verstoßes gegen § 134 BGB kommt man also nur, wenn man die genannten Sanktionstatbestände so auslegt, dass daraus ein umfassendes Verbot der Ersatzmutterschaft folgt. Das wäre angesichts der differenzierten gesetzlichen Regelung zumindest problematisch. Nicht unbeabsichtigt hat der Gesetzgeber Wunscheltern und Ersatzmutter von der Sanktionsandrohung ausgenommen. Auch aus § 1591 BGB lässt sich kein Verbotsgesetz i.S.d. § 134 BGB herleiten. Zwar nimmt diese Vorschrift eine rechtliche Zuordnung vor („Mutter ist die Frau, die das Kind geboren hat"), was ggf. zu einer rechtlichen Unmöglichkeit der vertraglichen Leistungsverpflichtung führt. Jedoch ist auch ein auf eine unmögliche Leistung gerichteter Vertrag ist per se nichtig, wie sich aus dem Wegfall der bis zum 31.12.2001 geltenden Regelung des § 306 a.F. BGB ergibt. Wegen § 311a I BGB ist auch ein solcher Vertrag wirksam. Daher ist der Frage nachzugehen, ob sich eine Nichtigkeit des „Leihmuttervertrags" aus § 138 I BGB ergeben kann. Ebenso wie bei der Auslegung des Begriffs der Sittenwidrigkeit im Rahmen des Prostitutionsvertrags (Rn 1241 ff.) ist **1257b** auch bei der Frage nach der Sittenwidrigkeit des „Leihmuttervertrags" der übergeordnete Verfassungskreis dominierend. So sind die Grundrechte der Beteiligten in ein Verhältnis praktischer Konkordanz[1249] mit den jeweils widerstreitenden Grundrechten zu bringen. Aufseiten der Wunscheltern kommen die Grundrechte aus Art. 6 I GG (hier: Grundrecht auf Familie), aus Art. 6 II GG (Elternrecht, das das Recht auf Elternschaft beinhaltet) sowie aus Art. 2 I i.V.m. 1 I GG (allgemeines Persönlichkeitsrecht) in Betracht. Bei der „Leihmutter" ist zu differenzieren: Sollte diese aus wirtschaftlichen Gründen handeln (sog. kommerzielle Leihmutterschaft), steht nach wohl h.M. die Menschenwürde des (noch ungeborenen) Kindes[1250] dem Schutz aus Art. 12 I GG auch dann entgegen, wenn die „Leihmutter" aus finanzieller Not heraus handelt (etwa, um ihre Familie zu versorgen). Denn in diesem Fall werde das Kind zu einer „Handelsware".[1251] Die theoretisch denkbare altruistische Leihmutterschaft, also die uneigennützige und unentgeltliche Leihmutterschaft, ist nach der hier vertretenen Auffassung hingegen von vornherein unproblematisch, und zwar selbst dann, wenn die „Leihmutter" eine Aufwandsentschädigung erhält. Denn in diesem Fall wird das Kind nicht zur „Handelsware". Aber auch bei der kommerziellen Leihmutterschaft steht am Ende ein Mensch, der ohne die Leihmutterschaft nicht gezeugt und geboren worden wäre. Es leuchtet nicht ein, wie man darin einen Menschenwürdeverstoß sehen kann. Ebenso wenig überzeugt es, einen Menschenwürdeverstoß aufseiten der Ersatzmutter anzunehmen. Zwar ist es richtig, dass die Menschenwürde indisponibel ist und daher auch nicht zur Disposition der Ersatzmutter steht. Dass sich die Ersatzmutter durch ihr Verhalten aber ihren sozialen Wert- und Achtungsanspruch abspricht, der dem Menschen kraft seines Menschseins zukommt[1252], oder sich zum Objekt, d.h. zu einem bloßen Mittel, zur vertretbaren Größe herabwürdigt[1253], kann nicht angenommen werden. Das gilt erst recht, wenn man bei der Frage nach der Menschenwürde den Schutz vor Erniedrigung, Demütigung, Brandmarkung, Verfolgung und Ächtung hervorhebt. Von alledem kann bei einer (freiwilligen!) Ersatzmutterschaft keine Rede sein. Solange also die Entscheidung zur Ersatzmutterschaft frei von Zwängen ist, die Ersatzmutter eigenverantwortlich handelt und sich auch nicht selbst als „Handelsware" versteht, geht die Annahme einer Menschenwürdeverletzung fehl.

**1257c**  Aber auch Gleichheitsaspekte spielen eine Rolle. So könnten heterosexuelle Ehepaare, bei denen der Mann zeugungsunfähig ist oder wegen einer (schweren) Erbkrankheit keine Kinder zeugen möchte, völlig legal von einer Reproduktionsklinik eine heterologe Insemination[1254] vornehmen lassen. Das Gleiche gilt für homosexuelle weibliche Ehepaare; bei diesen könnten sogar beide Ehepartner eine künstliche Befruchtung vornehmen lassen. Bei homosexuellen männlichen Ehepaaren ist all dies nicht möglich; diese gleichheitswidrige Differenzierung ließe sich nur mit einer Leihmutterschaft beseitigen.

**1257d**  Verneint man in allen genannten Konstellationen einen Menschenwürdeverstoß, ist die Annahme einer Sittenwidrigkeit der Leihmutterschaft nicht (mehr) zwingend. Sie richtet sich dann unterverfassungsrechtlich allein nach dem „Rechts- und Anstandsgefühl aller billig und gerecht Denkenden"[1255] und es ist danach zu fragen, ob das Rechtsgeschäft seinem Inhalt nach mit den „grundlegenden Wertungen der Rechts- oder Sittenordnung" unvereinbar ist.[1256] Gerade wegen der Verneinung der Menschenwürdeverletzung ist der Prüfungsmaßstab aber stark herabgesetzt.

---

[1249] Begriff nach *Hesse*, Grundzüge des Verfassungsrechts, Rn 317 ff. Später verwendet bspw. auch von BVerfGE 89, 214, 232; 129, 78, 101 f.; 134, 204, 223; 142, 74, 101 ff. (Verwendung von Samples in Musikstück).
[1250] Zur Grundrechtsträgereigenschaft des noch ungeborenen Kindes siehe *R. Schmidt*, Grundrechte, 24. Aufl. 2019, Rn 50.
[1251] *Majer*, NJW 2018, 2294, 2295 ff. m.w.N.
[1252] So die Definition des BVerfG (BVerfGE 87, 209, 228).
[1253] So die Objektformel *Dürings* (*Dürig*, AöR 81 (1956), S. 117, 126). Siehe auch BVerfGE 27, 1, 1; 45, 187, 228.
[1254] Siehe dazu *R. Schmidt*, FamR, Rn 462m.
[1255] BGHZ 10, 228, 232; 69, 295, 297; 141, 357, 361; BGH NJW 2005, 1490 f.
[1256] BGH NJW 1998, 2531, 2532.

- Sollte man gleichwohl eine Sittenwidrigkeit annehmen, wäre der „Leihmuttervertrag" gem. § 138 I BGB nichtig. Folge wäre, dass keine Ansprüche bestünden. Die Wunscheltern hätten keinen Anspruch auf Herausgabe des Kindes; die „Leihmutter" hätte umgekehrt keinen Anspruch auf das vereinbarte Entgelt. Selbstverständlich hätte dann die „Leihmutter" auch keinen Anspruch auf „Abnahme" des Kindes durch die Wunscheltern. Es bliebe bei der Regelung des § 1591 BGB.

- Sollte man (mit der hier vertretenen Auffassung) eine Sittenwidrigkeit verneinen, wäre der „Leihmuttervertrag" wirksam. Grundsätzliche Folge wäre die Verpflichtung zur Erbringung aller Primärpflichten und Beachtung aller Sekundärpflichten. Dann aber stellten sich (unlösbare) Probleme bei „Leistungsstörungen". Sollen die Wunscheltern ein Recht zur Verweigerung der „Abnahme" haben, wenn das Kind mit einer Behinderung zur Welt gekommen ist? Oder können die Wunscheltern (bei „Abnahme" des Kindes) einen Schadensersatzanspruch geltend machen, wenn die Tragemutter während der Schwangerschaft Drogen (auch Alkohol) konsumiert hat, wodurch das Kind geschädigt wurde? Ein gangbarer Weg bestünde darin, die Vorschrift des § 120 III FamFG analog anzuwenden. Nach dieser Vorschrift unterliegt die Verpflichtung zur Eingehung der Ehe und zur Herstellung des ehelichen Lebens nicht der Vollstreckung. Dieses Vollstreckungshindernis könnte in analoger Anwendung des § 120 III FamFG auch für den Leihmuttervertrag gelten. Folge wäre, dass zwar Leistungsansprüche bestünden, diese aber nicht der Vollstreckung unterlägen. Die Wunscheltern könnten also nicht gezwungen werden, ihren Vertragspflichten nachzukommen. Wegen des Fehlverhaltens der Ersatzmutter wäre diese auch nicht schutzwürdig. Was aber soll gelten, wenn das Kind mit einer Behinderung zur Welt kommt, die nicht auf ein Fehlverhalten der Ersatzmutter zurückzuführen ist? Möglicherweise kommt es auf all diese Aspekte überhaupt nicht an, wenn man auf die Regelung des § 1591 BGB abstellt. Wie bereits bei Rn 462f ausgeführt, lässt sich aus der rechtlichen, nicht anfechtbaren Zuordnung des Kindes zu der Frau, die es geboren hat, schließen, dass ein Ersatzmuttervertrag ggf. zu einer rechtlichen Unmöglichkeit der vertraglichen Leistungsverpflichtung führt. Folgt man diesem Ansatz, ist der Ersatzmuttervertrag zwar nicht allein deswegen nichtig, sondern wegen § 311a I BGB (zunächst) wirksam. Jedoch kommt dann gem. §§ 346 I, 323 I, 326 V, 275 I BGB ein sofortiges Rücktrittsrecht in Betracht mit der Folge, dass zunächst entstandene Ansprüche untergingen. Sollten die Wunscheltern „Vorkasse" geleistet haben, stünde einem Rückzahlungsanspruch gegenüber der Leihmutter aus § 812 BGB auch nicht § 817 S. 2 BGB entgegen. So oder so gilt im Ergebnis: Die Ersatzmutter ist (und bleibt) rechtliche Mutter und muss die Folgen tragen. Freilich stünde es dem Gesetzgeber offen, die Leihmutterschaft gesetzlich zu regeln und eine von § 1591 BGB abweichende Regelung zu treffen.

Wird das Kind im Ausland gezeugt und geboren, kommt eine weitere Problematik hinzu, der Ordre-public-Vorbehalt der deutschen Rechtsordnung. Mit „ordre public" (franz.) ist nicht etwa die „öffentliche Ordnung" gemeint, sondern es handelt sich um einen Rechtsbegriff des internationalen Privatrechts, der die grundlegenden inländischen Wertvorstellungen beschreibt. Gemäß Art. 6 S. 1 EGBGB ist eine Rechtsnorm eines anderen Staates (nur dann) nicht anzuwenden, wenn ihre Anwendung zu einem Ergebnis führt, das mit wesentlichen Grundsätzen des deutschen Rechts offensichtlich unvereinbar ist. Sie ist gem. Art. 6 S. 2 EGBGB insbesondere nicht anzuwenden, wenn die Anwendung mit den Grundrechten unvereinbar ist. Daraus folgt umgekehrt, dass bei Sachverhalten mit einer Verbindung zu einem ausländischen Staat (vgl. Art. 3 EGBGB) die Anwendbarkeit einer Rechtsnorm dieses Staates nicht von vornherein ausgeschlossen ist, wenn Art. 6 EGBGB nicht greift. Ist also die Leihmutterschaft in dem Staat, in dem sie vorgenommen wird, erlaubt und wurde dies von einem „oberen Gerichtshof" dieses Staates bestätigt, geht auch der BGH davon aus, dass dies in der Bundesrepublik Deutschland anzuerkennen ist.[1257]

**1257e**

---

[1257] BGHZ 203, 350 ff. (Anerkennung einer kalifornischen Gerichtsentscheidung zur Leihmutterschaft) – dazu *R. Schmidt*, FamR, Rn 462l.

**1257f** Fazit: Wie die vorstehenden Ausführungen verdeutlicht haben, ist die Problematik der Leihmutterschaft sehr differenziert zu betrachten, zumal auch moralische und rechtsethische Vorstellungen die rechtliche Beurteilung prägen. Da nach Auffassung des Verfassers weder die Menschenwürde der Leihmutter noch die des (zu zeugenden) Kindes verletzt ist, wäre eine gesetzliche Regelung der Leihmutterschaft in Deutschland – abweichend von der gegenwärtigen Regelung des § 1591 BGB – möglich. Voraussetzung wäre, dass sie – ähnlich wie die Samenspende – altruistisch (bzw. nur gegen Aufwandsentschädigung) erfolgte, dem Kind dieselben Rechte zustünden wie dem durch Samenspende gezeugten Kind und dass ein formalisiertes, der staatlichen Kontrolle unterworfenes Verfahren eingeführt würde.

## g. Wucherähnliches Geschäft

**1258** Sind die Voraussetzungen des Wuchertatbestands (§ 138 II BGB, dazu Rn 1181 ff.) nicht vollständig erfüllt, kann § 138 I BGB als Auffangtatbestand für wucherähnliche Geschäfte eingreifen. Der BGH[1258] wendet § 138 I BGB insbesondere dann an, wenn ein **grobes Missverhältnis zwischen Leistung und Gegenleistung** besteht und dabei eine **verwerfliche Gesinnung** des begünstigten Vertragsteils hervorgetreten ist. Ein solches grobes Missverhältnis wird angenommen, wenn der Wert der Leistung etwa doppelt so hoch ist wie der Wert der Gegenleistung.[1259] Darauf, ob der Begünstigte diese Wertrelation kannte, kommt es nicht an (BGH a.a.O.). Insgesamt bahnt sich damit eine rein objektive Beurteilung des Wuchers an. Allerdings lässt der BGH[1260] auch eine Widerlegung der tatsächlichen Vermutung einer verwerflichen Gesinnung zu, etwa wenn sich die Parteien sachgerecht um eine Wertermittlung bemüht haben.

**1259** **Beispiel (sittenwidriger Ratenkreditvertrag):** Grimhild ist finanziell am Ende. Ihre Hausbank gewährt ihr keinen Kredit mehr. Da entdeckt sie zufällig das Zeitungsinserat der Kredithai GmbH, in dem diese damit wirbt, man vergebe Kredite bis zu 10.000,- € ohne Bonitätsprüfung. Grimhild sieht hierin die einzige Chance, die drohende Zwangsvollstreckung in ihr mittlerweile bescheidenes Vermögen abzuwenden. Deshalb ist sie auch bereit, einen Zinssatz zu akzeptieren, der 200% über dem marktüblichen Zinssatz liegt (dieser liegt bei 8,9% p.a. effektiv, Grimhild soll dementsprechend 26,7% p.a. effektiv leisten). Sie unterzeichnet den Darlehensvertrag (§ 488 BGB) über ein Tilgungsdarlehen mit einer Laufzeit von 24 Monaten. Später empfiehlt ihr Freund Friedrich, ein Jurastudent, der vor kurzem eine Vorlesung über sittenwidrige Kreditverträge gehört hat, sie solle wegen Sittenwidrigkeit des Kreditvertrags die hohen Zinsen nicht zahlen.

Hier könnte der Darlehensvertrag tatsächlich wegen Verstoßes gegen ein Verbotsgesetz (§ 134 BGB i.V.m. § 291 StGB – Wucher) und/oder wegen **Wuchers** gem. § 138 II BGB nichtig sein. Hinsichtlich des § 291 StGB hätte die Kredithai GmbH die G aber ausgebeutet haben müssen. Dazu hätte sie subjektiv die Erlangung der durch den hohen Zinssatz ermöglichten Vorteile bezwecken müssen. Hinsichtlich des § 138 II BGB gelten ähnlich hohe subjektive Anforderungen (zweckgerichtete Ausbeutung einer Zwangslage).[1261] Die Frage, ob diese Voraussetzungen erfüllt sind, kann aber dahinstehen, wenn bereits der Tatbestand des § 138 I BGB (der auf der Rechtsfolge ebenfalls die Nichtigkeit vorsieht) verwirklicht ist.

---

[1258] Vgl. BGHZ 80, 153, 159 f.; 128, 255, 257 f. (st. Rspr.). Vgl. auch BGHZ 146, 298, 303; BGH NJW 2003, 1860, 1861; NJW 2010, 363, 364; NJW 2012, 1570; MMR 2012, 451; OLG Hamm NJW 2017, 576.
[1259] BGHZ 146, 298, 303. Vgl. auch BGH NJW 2004, 3553 ff. zum wucherähnlichen Geschäft gem. § 138 I BGB bei überhöhtem Pachtzins; BGH NJW 2010, 363, 364 zum Kauf einer völlig überteuerten Wohnung; BGH NJW 2012, 1570 zum Kauf eines Grundstücks, wenn der Kaufpreis etwa das Doppelte des Grundstückswerts ausmacht; OLG Hamm 8.11.2016 – 7 U 80/15 zum Kauf zweier Diamantohrringe als „Pärchen". Vgl. auch *Stadler*, AT, § 26 Rn 41a; *Brox/Walker*, AT, Rn 344; *Köhler*, AT, § 13 Rn 30.
[1260] BGH NJW 2002, 3165, 3166.
[1261] Vgl. dazu instruktiv BGH NJW 2003, 1860, 1861.

Zur Sittenwidrigkeit von Ratenkreditverträgen am Prüfungsmaßstab des **§ 138 I BGB** hat der BGH den Rechtsgrundsatz entwickelt, dass ein schuldrechtliches Rechtsgeschäft sittenwidrig und damit nichtig sei, wenn zwischen Leistung und Gegenleistung ein grobes Missverhältnis besteht und der Kreditgeber die schwächere Lage des Kreditnehmers bewusst zu seinem Vorteil ausnutze oder sich leichtfertig der Erkenntnis verschließe, dass der Kreditnehmer sich nur wegen seiner schwächeren Lage auf die drückenden Bedingungen einlasse (sog. „wucherähnliches Geschäft").[1262] Das grobe Missverhältnis sei i.d.R. zu bejahen, wenn der Vertragszins den marktüblichen Effektivzins relativ um 100%[1263] oder absolut um 12 Prozentpunkte[1264] übersteige. Subjektiv sei die Sittenwidrigkeit zu bejahen, wenn der Kreditgeber vorsätzlich oder zumindest grob fahrlässig die schwächere Lage des Kreditnehmers ausnutzt, was i.d.R. dann anzunehmen sei, wenn auf der Seite des Kreditgebers ein gewerblicher Kreditgeber stehe und auf Seiten des Kreditnehmers ein Nichtkaufmann. Bei einem besonders groben Missverhältnis (Überschreiten des marktüblichen Effektivzinses relativ um 200%) sei die verwerfliche Gesinnung zu unterstellen; der Kreditgeber müsse dann besondere Gründe vorbringen, um den Vorwurf der Sittenwidrigkeit zu entkräften.

---

**Hinweis für die Fallbearbeitung:** Vergleicht man die vom BGH aufgestellten Grundsätze zum „wucherähnlichen Geschäft" nach § 138 I BGB mit den Voraussetzungen des § 134 BGB i.V.m. § 291 StGB bzw. des § 138 II BGB, ist die Frage berechtigt, warum der BGH nicht gleich den Prüfungsmaßstab des § 134 BGB i.V.m. § 291 StGB bzw. § 138 II BGB heranzieht. Die Antwort ist auf der Rechtsfolgenseite zu suchen:

- Liegt ein „wucherähnliches Geschäft" i.S.d. **§ 138 I BGB** vor, ist zwar das Kausalgeschäft (der Kreditvertrag) unwirksam, nicht aber das dingliche Erfüllungsgeschäft (Übertragung des Eigentums an dem Geld sowie die Zinszahlungen), sodass die Leistungen zwar kondizierbar, nicht aber vindizierbar sind. Hier ist dann aber insbesondere der Ausschlusstatbestand des § 817 S. 2 BGB zu beachten.[1265]

- Bei § 134 BGB i.V.m. § 291 StGB bzw. **§ 138 II BGB** dagegen schlägt der Mangel auf das dingliche Erfüllungsgeschäft durch. Dieses ist nichtig. Hier greift dann der Vindikationsanspruch aus § 985 BGB, auf den nach Auffassung des BGH der Ausschlusstatbestand des § 817 S. 2 BGB nicht anwendbar ist (der BGH steht auf dem Standpunkt, bei der Vorschrift des § 817 S. 2 BGB handele es sich um eine Ausnahmevorschrift und wegen ihres Strafcharakters um einen Fremdkörper im BGB, der nicht über das Bereicherungsrecht hinaus angewendet werden dürfe); vgl. dazu sogleich.

---

Folgt man dieser Rechtsprechung, ist der Kreditvertrag zwischen der Kredithai GmbH und G nach **§ 138 I BGB** sittenwidrig und damit **nichtig**. Da aber zum einen *nur* die Kredithai GmbH sittenwidrig handelte und zum anderen wegen der Nichtigkeit des Kreditvertrags der Rechtsgrund für die Vermögensverschiebung fehlte und damit die *condictio indebiti* einschlägig ist, richtet sich der Rückforderungsanspruch der Kredithai GmbH nicht nach § 817 S. 1 BGB, sondern allein nach § 812 I S. 1 Var. 1 BGB.

G hat etwas durch Leistung der Kredithai GmbH erlangt, nämlich Eigentum und Besitz am Geld (bzw. im Fall einer Banküberweisung auf das Girokonto das Schuldversprechen der Hausbank gem. §§ 780 i.V.m. 676f BGB). Fraglich ist jedoch, ob ein Kondiktionsanspruch der Kredithai GmbH nicht wegen § 817 S. 2 BGB ausgeschlossen ist.

Wegen seiner systematischen Stellung und der Formulierung „gleichfalls" müsste man annehmen, dass sich der Ausschlusstatbestand des § 817 S. 2 BGB nur auf die Leistungskondiktion nach § 817 S. 1 BGB bezieht. Dennoch dehnt die h.M. den Anwendungsbereich des § 817 S. 2 BGB auf **alle Fälle der Leistungskondiktion** aus und lässt es folgerichtig auch genügen, wenn **nur dem Leistenden ein Gesetzes- oder Sittenverstoß zur**

---

[1262] Vgl. BGHZ 80, 153, 159 f.; 128, 255, 257 f. (st. Rspr.). Vgl. auch BGH NJW 2002, 429 ff.; NJW 2003, 1860, 1861.
[1263] BGHZ 104, 102, 105; 110, 336, 338.
[1264] BGHZ 110, 336, 338.
[1265] Vgl. auch den Fall BGH NJW 2003, 1860 ff.

**Last fällt**. Dieser Ausdehnung des Ausschlusstatbestands liegt die zutreffende Überlegung zugrunde, dass wenn man die Vorschrift nur auf die Fälle des § 817 S. 1 BGB beschränkte, sich das widersinnige Ergebnis ergäbe, dass der selbst gesetzes- oder sittenwidrig handelnde Empfänger einer Leistung bessergestellt wäre als derjenige, der durch die Annahme nicht gegen ein gesetzliches Verbot oder die guten Sitten verstößt. Denn der sittenwidrig handelnde Empfänger, gegen den ein Anspruch nach § 817 S. 1 BGB besteht, könnte die Leistung aufgrund des Ausschlusstatbestands des § 817 S. 2 BGB behalten, während der „anständige" Empfänger aufgrund einer *condictio indebiti* oder *condictio ob rem* das Geleistete herausgeben müsste, wenn für diese Fälle § 817 S. 2 BGB nicht gelten sollte.

Im Ergebnis muss der Ausschlusstatbestand des § 817 S. 2 BGB daher „erst recht" auch für § 812 I S. 1 Var. 1 BGB anwendbar sein.

Ist die Anwendbarkeit des § 817 S. 2 BGB auf *alle* Fälle der Leistungskondiktion sowie auf den Fall, dass *allein* dem Leistenden ein Gesetzes- oder Sittenverstoß zur Last fällt, geklärt, ist des Weiteren die Frage nach der Rechtsfolge zu beantworten.

Im obigen Beispiel zum **sittenwidrigen Ratenkredit** wurde festgestellt, dass zwar das Kausalgeschäft (also der Kreditvertrag), nicht aber das dingliche Erfüllungsgeschäft (Übereignung des Geldes) nichtig sei. Das führt zu einem grundsätzlichen Kondiktionsanspruch der Kredithai GmbH aus § 812 I S. 1 Var. 1 BGB, der aber wegen der ebenfalls bejahten Anwendbarkeit des § 817 S. 2 BGB ausgeschlossen sein könnte.

Speziell zum sittenwidrigen Kreditvertrag steht der BGH auf dem Standpunkt, dass das Geleistete i.S.d. § 817 S. 2 BGB anders zu verstehen sei als bei den Leistungskondiktionen, nämlich, dass nur das, was **endgültig in das Eigentum des Bereicherungsschuldners übergehe**, als **nicht kondizierbare** „Leistung" i.S.d. § 817 S. 2 BGB gelte.[1266] Demzufolge muss bei einem Darlehen folgendermaßen differenziert werden:

⇨ Das Darlehenskapital (die Valuta) geht wertmäßig nicht endgültig in das Vermögen des Darlehensnehmers über; vielmehr muss es in Raten oder nach Endfälligkeit zurückgeführt werden. Man kann also sagen, das Kapital werde lediglich vorübergehend zur Nutzung gewährt.

⇨ Endgültig in das Vermögen des Darlehensnehmers soll nach Auffassung des BGH aber die zeitlich begrenzte Nutzungsmöglichkeit des Kapitals übergehen.

Als **nicht kondizierbare „Leistung" i.S.d. § 817 S. 2 BGB** stellt sich demnach nur die **Nutzungsmöglichkeit** des Kapitals für die vereinbarte Zeit dar. Die Kredithai GmbH kann also trotz Nichtigkeit des Darlehensvertrags nicht die sofortige Rückzahlung des Kredits verlangen, sondern ist darauf verwiesen, das Kapital so zurückzufordern, wie sie es auch bei Gültigkeit des Vertrags nur hätte zurückfordern können, vorliegend also in 24 Monatsraten.

Weiterführender Hinweis: Würde es sich um ein auf unbestimmte Zeit gewährtes Darlehen handeln, müsste man dem Darlehensgläubiger selbstverständlich ebenso ein Kündigungsrecht einräumen, als wenn der Darlehensvertrag wirksam gewesen wäre.[1267] § 488 III BGB wäre dann entsprechend anzuwenden.

Da G sowieso das Kapital hätte zurückzahlen müssen, kann sie sich auch nicht auf den Wegfall der Bereicherung berufen (vgl. §§ 819 I, 818 IV, 276 I BGB). Etwas anderes hätte nur dann gegolten, wenn die Zweckverfolgung bei dem sittenwidrigen Darlehen von vornherein mit einem dem Darlehensgeber bekannten Risiko verbunden gewesen wäre, dieses Risiko sich verwirklicht hätte und G deswegen nicht mehr bereichert gewesen wäre.[1268] Doch dafür liegen keine Anhaltspunkte vor.

Damit bleibt noch die Frage nach dem ursprünglich vereinbarten **Darlehenszins** zu beantworten. Aufgrund der Nichtigkeit des Darlehensvertrags besteht ein vertraglicher Zinsanspruch gem. § 488 I S. 2 BGB jedenfalls nicht. Richtigerweise besteht ein solcher auch

---

[1266] BGH NJW 1995, 1152 und ZIP 1995, 456, 457 f.
[1267] Vgl. BGHZ 99, 333, 338.
[1268] Vgl. BGH NJW 1995, 1152.

nicht nach Bereicherungsrecht, da dem Anspruch aus §§ 812 I S. 1 Var. 1, 818 I und II BGB insoweit der Ausschlusstatbestand des § 817 S. 2 BGB entgegensteht.[1269]

**Ergebnis:** Die Kredithai GmbH kann die Darlehenssumme wie vereinbart in 24 Monatsraten zurückverlangen, allerdings zinslos. F´s Auffassung ist also zutreffend.

> **Hinweis für die Fallbearbeitung:** Prüfungstechnisch bleibt lediglich anzumerken, dass aus der Formulierung in § 817 S. 2 BGB „ist ausgeschlossen" folgt, dass es sich bei dem Ausschlusstatbestand des § 817 S. 2 BGB nicht um eine (geltend zu machende) Einrede, sondern um eine (von Amts wegen zu berücksichtigende) **Einwendung** handelt.[1270] Daher sind in der Fallbearbeitung die Voraussetzungen des § 817 S. 2 BGB selbst dann zu prüfen, wenn der Anspruchsgegner sie nicht geltend gemacht hat.

Hinsichtlich **„Onlineauktionen"** („Internetauktionen"), bei denen der Vertrag dadurch zustande kommt, dass der Anbieter an den Meistbietenden verkauft (vgl. dazu Rn 606 ff.), hat der BGH klargestellt, dass bei einem nur geringen erzielten Kaufpreis eine „verwerfliche Gesinnung" seitens des Bieters nicht angenommen werden kann. Denn es ist ja gerade Eigenart einer solchen „Onlineauktion", bei der ein nur sehr geringer Startpreis angegeben wurde, dass Bieter nur knapp über dem vorherigen Höchstgebot bieten. Ein wucherähnliches Geschäft kann daher nicht angenommen werden.[1271]

**1259a**

## h. Rechtsgeschäfte, die darauf gerichtet sind, dass eine der Parteien gegen die Rechtsordnung verstößt

Anerkannt ist schließlich die Fallgruppe, in der das Rechtsgeschäft darauf gerichtet ist, dass eine der Parteien mit seiner Hilfe die Rechtsordnung verletzt. Exemplarisch soll der Kauf eines sog. **Radarwarngeräts** dargestellt werden. Der BGH hat entschieden, dass der Kaufvertrag über ein solches Gerät wegen Sittenwidrigkeit nichtig sei mit der Folge, dass (wegen § 817 S. 2 BGB) der Käufer den Kaufpreis nicht zurückverlangen könne.

**1259b**

> **Beispiel[1272]:** Raser Roland (R) erwirbt von der Verkehrsrüpel GmbH (V) ein Radarwarngerät mit einer Basis-Codierung für Deutschland.[1273] Einen Monat nach Inbetriebnahme verlangt er von V die Rückabwicklung des Kaufvertrags mit der Begründung, das Gerät funktioniere nicht; es habe an verschiedenen polizeilichen Radarmessstellen im Bundesgebiet kein Warnsignal abgegeben. Muss V den Kaufpreis zurückzahlen?[1274]

V muss den erhaltenen Kaufpreis zurückzahlen, wenn R sein Begehren auf eine Anspruchsgrundlage stützen kann, die die gewünschte Rechtsfolge anordnet.

Besteht ein Sachmangel, bieten die Sachmängelrechte nach §§ 434 ff. BGB abschließende Regelungen über die Pflichten des Verkäufers. R macht einen Rückerstattungsanspruch geltend. Damit ist der Rücktritt nach §§ 437 Nr. 2, 323, 346 ff. BGB gemeint. Unabhängig vom Vorliegen der dort genannten Voraussetzungen besteht vorliegend die Besonderheit, dass der Kaufvertrag möglicherweise gem. § 134 BGB oder § 138 I BGB wegen Verstoßes gegen ein Verbotsgesetz bzw. wegen Sittenwidrigkeit nichtig ist und damit Ansprüche wegen Sachmängel ausgeschlossen sind.

<u>Verstoß gegen § 134 BGB?</u>
Sollte der Kauf eines Radarwarngeräts gegen ein gesetzliches Verbot verstoßen, kommt grds. die Nichtigkeitsfolge des § 134 BGB in Betracht. Ein „Verbotsgesetz" i.S.d. § 134 BGB könnte die Vorschrift des § 23 Ic S. 1 StVO sein, wonach das Betreiben bzw. Mitführen

---

[1269] BGH a.a.O.; *Larenz/Canaris*, § 68 III 3 c; *Sprau*, in: Palandt, § 817 Rn 21.
[1270] *Brox/Walker*, SchuldR BT, § 37 Rn 45.
[1271] BGH MMR 2012, 451; bestätigt von BGH NJW 2015, 548 f.
[1272] In Anlehnung an BGH NJW 2005, 1490 f. Vgl. auch BGH NJW 2010, 610 ff.
[1273] Zur Funktionsweise von Radarwarngeräten vgl. *R. Schmidt*, Fälle zum POR, 8. Aufl. 2018, Fall 8.
[1274] Zur Frage, ob R ein Widerrufsrecht gem. §§ 312g I, 355 BGB zugestanden hätte, wenn er das Gerät im Rahmen eines Fernabsatzvertrags erworben hätte, vgl. *R. Schmidt*, SchuldR AT, Rn 968 ff.

eines betriebsbereiten Geräts zur Anzeige von Verkehrsüberwachungsmaßnahmen verboten ist; Radarwarngeräte werden in S. 2 der Vorschrift beispielhaft genannt. Ein Verstoß gegen diese Norm ist als Ordnungswidrigkeit gem. §§ 49 I Nr. 22 StVO, 24 StVG bußgeldbewehrt. Daraus folgt jedoch im Umkehrschluss, dass der bloße Besitz nicht verboten ist. Daher kann auch nicht der Erwerb eines Radarwarngeräts verboten sein.

Der Kaufvertrag zwischen R und V verstößt daher nicht gegen ein Verbotsgesetz i.S.v. § 134 BGB.

<u>Verstoß gegen § 138 I BGB?</u>
Möglicherweise ist der Kaufvertrag aber wegen Verstoßes gegen die guten Sitten nichtig. Als „sittenwidrig" wird es allgemein angesehen, wenn ein Verhalten gegen das Anstandsgefühl aller billig und gerecht Denkenden verstößt. Da sich dieser Formel kaum konkrete Erkenntnisse entnehmen lassen, sind in Rspr. und Lit. bestimmte Fallgruppen entwickelt worden (vgl. dazu Rn 1221 ff.). Der vorliegend zu entscheidende Fall ist der Fallgruppe *Rechtsgeschäfte, die darauf gerichtet sind, dass (mindestens) eine der Parteien gegen die Rechtsordnung verstößt*, zuzuordnen.

Nach Auffassung des BGH dient der Kauf eines Radarwarngeräts, das aufgrund seiner Codierung zum Einsatz im deutschen Straßenverkehr bestimmt sei, der Begehung eines nach § 23 Ic StVO verbotenen Verhaltens im Straßenverkehr, durch das Geschwindigkeitskontrollen unterlaufen und Geschwindigkeitsübertretungen mit den damit verbundenen Gefahren für Leib und Leben Dritter begünstigt würden. Ein solches Rechtsgeschäft, das letztlich darauf gerichtet sei, die Sicherheit im Straßenverkehr zu beeinträchtigen, verstoße gegen die guten Sitten und sei deshalb von der Rechtsordnung nicht zu billigen (§ 138 I BGB). Zwar untersage § 23 Ic StVO nicht schon den Erwerb eines Radarwarngeräts, sondern erst dessen Betrieb oder betriebsbereites Mitführen im Kraftfahrzeug. Jedoch sei der Erwerb des Geräts eine unmittelbare Vorbereitungshandlung für dessen Betrieb, wenn das Gerät für den Betrieb im deutschen Straßenverkehr erworben werde. Deshalb sei bereits ein solcher Erwerb sittenwidrig und rechtlich zu missbilligen.

Diese Auffassung ist erheblichen Zweifeln ausgesetzt. Denn nicht der Einsatz eines Radarwarngeräts steht zur Diskussion, sondern der bloße Erwerb. Dieser aber ist gerade nicht in § 23 Ic StVO verboten. Auch verkennt der BGH die EG-Richtlinie 1999/5/EG und das sie in nationales Recht umsetzende FTEG[1275], wonach der Besitz von Funkanlagen wie dem Radarwarngerät ebenfalls nicht verboten ist.[1276]

Weitere Bedenken an der Auffassung des BGH bestehen darin, dass auch im Rundfunk regelmäßig vor Radarkontrollen gewarnt wird („Flitzer-Blitzer" o.Ä.), ohne dass die Gerichte hier sittliche Bedenken äußerten. Sogar die Polizei selbst gibt über den Rundfunk gelegentlich Standorte von Radarkontrollen preis. Der BGH könnte sich damit in Widerspruch setzen, wenn er andererseits den (gesetzlich nicht verbotenen!) Erwerb eines Radarwarngeräts als sittenwidrig erachtet.[1277] Der BGH lässt diese kritischen Überlegungen nicht gelten. Durch die Bekanntgabe des Standorts einzelner Geschwindigkeitskontrollen im Rundfunk laufe die Verbotsnorm des § 23 Ic StVO nicht ins Leere. Denn anders als beim Einsatz eines Radarwarngeräts werde dem Fahrzeugführer nicht das Gefühl vermittelt, er könne jederzeit und überall eine Radarkontrolle rechtzeitig erkennen und deshalb insoweit risikolos die Geschwindigkeit überschreiten. Deshalb stünde die Praxis der Rundfunkwarnungen der Einstufung des Erwerbs eines Radarwarngeräts als sittenwidrig nicht entgegen.[1278]

Schließlich ist die Rechtsauffassung des BGH auch deshalb bedenklich, weil er dem Käufer eines Radarwarngeräts eine generelle verkehrsfeindliche Gesinnung unterstellt und auch

---

[1275] Gesetz über Funkanlagen und Telekommunikationsendeinrichtungen.
[1276] Diese Aspekte verkennt auch *Würdinger*, JuS 2012, 234, 237.
[1277] Vgl. zu dieser Kritik *R. Schmidt*, Fälle zum POR, 8. Aufl. 2018, Fall 8 Rn 19a ff.; LG München I NJW 1999, 2600, 2601.
[1278] BGH NJW 2005, 1490, 1491. Vgl. auch BGH ZGS 2010, 78, 79 f.

die gesetzgeberische Wertung unterläuft, nur den Betrieb und das betriebsbereite Mitführen im Kfz, nicht jedoch den bloßen Besitz zu sanktionieren.[1279]

Teilt man dennoch die (zweifelhafte) Auffassung des BGH, sind aufgrund der Unwirksamkeit des Kaufvertrags vertragliche Gewährleistungsansprüche des R wegen der von ihm behaupteten Mängel des Radarwarngeräts nicht entstanden.

Rechtsfolge der Nichtigkeit des Kausalgeschäfts

Ist das Kausalgeschäft nichtig, kommt hinsichtlich der Rückabwicklung ein bereicherungsrechtlicher Anspruch auf Rückübereignung und Herausgabe des Kaufpreises gem. § 812 I S. 1 Var. 1 BGB (*condictio indebiti*) in Betracht. V hat „etwas" erlangt, nämlich Eigentum und Besitz an dem Geld. Bezüglich dieses Eigentums- und Besitzerwerbs hat wegen der Nichtigkeit des Kaufvertrags auch der Rechtsgrund nie bestanden.

Damit richtet sich der Rückzahlungsanspruch nach § 812 I S. 1 Var. 1 BGB. Aber auch ein Anspruch auf Rückzahlung des zur Erfüllung des nichtigen Vertrags geleisteten Kaufpreises steht R nach Auffassung des BGH nicht zu. Zwar greife nicht der Ausschlusstatbestand des § 814 BGB, da bei R nicht unterstellt werden könne, dass er die Unwirksamkeit des Kaufvertrags kannte, allerdings sei nach § 817 S. 2 BGB der Rückforderungsanspruch ausgeschlossen, wenn - wie im vorliegenden Fall - beiden Parteien ein Verstoß gegen die guten Sitten zur Last falle. Der Ausschluss des Rückforderungsanspruchs treffe R auch unter Berücksichtigung des Umstands, dass V infolge der Anwendung des § 817 S. 2 BGB aus dem sittenwidrigen Vertrieb von Radarwarngeräten wirtschaftliche Vorteile ziehe, nicht unbillig. Denn R habe ebenfalls sittenwidrig gehandelt und stehe dem verbotenen Verhalten noch näher als V, weil er das Radarwarngerät zu dem Zweck erworben habe, es entgegen dem Verbot des § 23 Ic StVO zu verwenden. Daher verdienten beide Parteien im Hinblick auf das sittenwidrige Geschäft nicht den Schutz der Rechtsordnung. Es müsse somit dabei bleiben, dass die in § 817 S. 2 BGB geregelte Rechtsschutzverweigerung („Kondiktionssperre") grundsätzlich die Vertragspartei treffe, die aus dem sittenwidrigen Geschäft Ansprüche herleite.[1280]

Ergebnis: Auf der Grundlage der Auffassung des BGH hat R keinerlei Rechte gegen die Verkehrsrüpel GmbH.

## 3. Rechtsfolge

Rechtsfolge der Sittenwidrigkeit ist grundsätzlich die **Nichtigkeit** des Rechtsgeschäfts im Ganzen *ex tunc* (rückwirkend). Dies gilt insbesondere für Fälle, bei denen das **Entgelt** sittenwidrig **überhöht** ist (nicht beim Wucher, s.o.). Eine Aufrechterhaltung einer angemessenen Leistung (**geltungserhaltende Reduktion**) ist grundsätzlich *nicht* möglich[1281], da ansonsten die begünstigte Partei risikolos gestellt würde, wenn sie damit rechnen könnte, durch gerichtliche Festsetzung das zu bekommen, was gerade noch vertretbar und sittengemäß ist. Das ist im obigen Beispielsfall zum sittenwidrigen Ratenkreditvertrag deutlich geworden. Auch eine Umdeutung gem. § 140 BGB[1282] in ein zulässiges Rechtsgeschäft ist nicht möglich.

**1260**

Ausnahmsweise kann das Rechtsgeschäft jedoch gem. **§ 139 BGB** ohne den sittenwidrigen Teil **aufrechterhalten** werden, wenn dies dem mutmaßlichen Parteiwillen entspricht.[1283] Voraussetzung dafür ist jedoch, dass sich der Sittenverstoß eindeutig auf ei-

**1261**

---

[1279] Aber auch die Auffassung des Gesetzgebers ist nicht frei von Bedenken. Denn offenbar hält auch er es für ausgeschlossen, dass der Erwerb eines Radarwarngeräts auch zu dem Zweck erfolgen kann, sich vor unrichtigen Messungen zu schützen. Denn dass Radarmessungen nicht unerhebliche Fehlerquoten aufweisen, ist ebenso allgemein bekannt wie die Tatsache, dass Einsprüche gegen Bußgeldbescheide wenig Aussicht auf Erfolg haben, selbst wenn die Messungen tatsächlich falsch gewesen sind.

[1280] BGH NJW 2005, 1490, 1491.

[1281] BGHZ 68, 204, 207; BGH NJW 1987, 2014, 2015; *Ellenberger*, in: Palandt, § 138 Rn 19.

[1282] Zur Umdeutung vgl. *Lieder*, JuS 2015, 1063 ff.

[1283] BGHZ 52, 17, 24.

nen abtrennbaren Teil beschränkt und im Übrigen gegen den Inhalt und das Zustande-kommen des Vertrags keine Bedenken bestehen.[1284] Eine solche „geltungserhaltende Reduktion" ist zum Beispiel bei Bierbezugsverträgen[1285] oder Tankstellenbelieferungsver-trägen[1286] möglich, aber auch bei Lohnwucher[1287] und Mietwucher[1288], wo die Rspr. die Gegenleistung auf das übliche Maß korrigiert, nicht aber bei sittenwidrigen Eheverträgen.

**1262**  Ist ein Verpflichtungsgeschäft sittenwidrig, bleibt das „sittlich neutrale" abstrakte **Ver-fügungsgeschäft** von dieser Sittenwidrigkeit grundsätzlich unberührt.[1289] Liegt der Sit-tenverstoß aber gerade in der Veränderung der Güterzuordnung (Vollzug der Leistung), dann ist auch das Verfügungsgeschäft nichtig.[1290] Eine Nichtigkeit auch des Verfügungs-geschäfts ist insbesondere bei sittenwidrigen Sicherungsübereignungen und Abtretungen gegeben.

**1263**  Infolge sittenwidriger und damit nichtiger schuldrechtlicher Verträge vollzogene dingliche Verfügungsgeschäfte sind grds. über das **Bereicherungsrecht** (§§ 812 ff. BGB) rück-abzuwickeln, wobei stets die Kondiktionssperre des § 817 S. 2 BGB zu beachten ist (vgl. *R. Schmidt*, SchuldR BT II, Rn 313 ff.). Ist auch das Verfügungsgeschäft vom Sittenver-stoß betroffen, kommt ein Herausgabeanspruch aus § 985 BGB in Betracht. Des Weiteren sind Schadensersatzansprüche aus § 826 BGB sowie aus §§ 311 II, 241 II, 280 I BGB denkbar.

---

[1284] BGH NJW 1979, 1605, 1606; *Ellenberger*, in: Palandt, § 138 Rn 19.
[1285] Vgl. BGH NJW 1972, 1459.
[1286] Vgl. BGH NJW 1998, 156, 160.
[1287] BAG NZA 2009, 837 f.
[1288] BGHZ 89, 316, 320 f.
[1289] BGH NJW 1990, 384; *Ellenberger*, in: Palandt, § 138 Rn 20; *Wolf/Neuner*, AT § 46 Rn 67.
[1290] BGH NJW-RR 1992, 593, 594; *Ellenberger*, in: Palandt, § 138 Rn 20.

# 8. Kapitel – Die Anfechtung

## A. Die rechtsvernichtenden Einwendungen im Anspruchsaufbau

Das Prüfungsschema zum Anspruchsaufbau wurde bereits bei Rn 1629 vorgestellt. Zur Wiederholung sei lediglich darauf hingewiesen, dass sich bei der Prüfung eines vertraglichen Anspruchs folgender Grobaufbau anbietet: **1264**

- **Anspruch entstanden?**
  - ⇨ Einigung der Vertragsparteien über Vertragsart und konkreten Inhalt
  - ⇨ Keine Wirksamkeitshindernisse (**rechtshindernde Einwendungen**)

- **Anspruch untergegangen?** (⇨ kein Erlöschen des Anspruchs, d.h., es dürfen keine **rechtsvernichtenden Einwendungen** vorliegen)

- **Anspruch durchsetzbar?** (⇨ es dürfen keine **rechtshemmenden Einwendungen** (**Einreden**) wie Verjährung vorliegen)

Während in den vorangegangenen Kapiteln die Grundlagen und das Zustandekommen eines Vertrags (ggf. unter Einbeziehung eines Stellvertreters) sowie die Auswirkungen eventuell eingreifender rechtshindernder Einwendungen erläutert wurden, soll nunmehr untersucht werden, welche Gründe den Anspruch zum Erlöschen bringen können. Damit sind die **rechtsvernichtenden Einwendungen** angesprochen, die das (nachträgliche) Erlöschen eines bereits entstandenen Anspruchs bewirken. **1265**

Rechtsvernichtende Einwendungen finden sich in erster Linie im allgemeinen Schuldrecht, und zwar bspw. in Form der Erfüllung (§§ 362 ff. BGB), der Kündigung von Dauerschuldverhältnissen (z.B. nach §§ 314, 543 BGB), der (nachträglichen) Unmöglichkeit (§§ 275 I, 326 I BGB), der Hinterlegung (§§ 372 ff. BGB), der Aufrechnung (§§ 387 ff. BGB), des Erlasses (§§ 397 ff. BGB), des Änderungsvertrags/Aufhebungsvertrags, der Novation/Konfusion, des Rücktritts (§§ 346 ff. BGB), des Widerrufs (insb. nach Verbraucherschutzvorschriften (§ 355 BGB, auf den etwa in § 312g I BGB verwiesen wird), des Gläubiger- und Schuldnerwechsels (Abtretung, §§ 398 ff. BGB); der Schuldübernahme (§§ 414 ff. BGB); des gesetzlichen Forderungsübergangs (§ 412 BGB) sowie der Störung der Geschäftsgrundlage (§ 313 III BGB). **1266**

Die hier im Rahmen des BGB AT interessierende rechtsvernichtende Einwendung ist die **Anfechtung** nach §§ 119 ff. BGB. **1267**

Es wird auch vertreten, dass die Anfechtung eine rechts<u>hindernde</u> Einwendung sei. Zur Begründung wird auf die Regelung des § 142 I BGB verwiesen, wonach das angefochtene Rechtsgeschäft von Anfang an als nichtig anzusehen ist (sog. Ex-tunc-Wirkung). Das ist insoweit nachvollziehbar. Wenn die Vertreter dieser Auffassung dann aber nach erfolgter Anfechtung nicht den Kondiktionsanspruch wegen fehlenden Rechtsgrunds von Anfang an (§ 812 I S. 1 Var. 1 BGB), sondern den Kondiktionsanspruch wegen *späteren Wegfalls* des Rechtsgrunds (§ 812 I S. 2 Var. 1 BGB) gewähren und dies damit begründen, dass das angefochtene Rechtsgeschäft nun einmal bis zur Ausübung der Anfechtung wirksam sei und dass die Ex-tunc-Wirkung des § 142 I BGB nur eine Fiktion darstelle, ist dies nicht konsequent. Daher muss man nach erfolgreicher Anfechtung entweder den Kondiktionsanspruch wegen fehlenden Rechtsgrunds von Anfang an (§ 812 I S. 1 Var. 1 BGB) gewähren oder (wie vorliegend vertreten) die *Anfechtung* so behandeln, als habe sie einen zunächst entstandenen Anspruch nachträglich vernichtet (mit der Konsequenz der Gewährung des Kondiktionsanspruchs wegen *späteren Wegfalls* des Rechtsgrunds, § 812 I S. 2 Var. 1 BGB). Und das ist die Konstellation einer rechts<u>vernichtenden</u> Einwendung.[1291] **1268**

---

[1291] Vgl. zum Meinungsstand *R. Schmidt*, SchuldR BT II, Rn 374 ff.

## B. Zweck der Anfechtung

**1269**  Der Gesetzgeber geht von einer bestimmten vertraglichen Risikoverteilung aus. Grundsätzlich muss sich derjenige, der eine Vertragserklärung abgibt, diese (und deren Folgen) so zurechnen lassen, wie sie der Erklärungsempfänger nach Treu und Glauben unter Berücksichtigung der Verkehrssitte verstehen durfte, was sich in dem für maßgeblich erachteten objektiven Empfängerhorizont widerspiegelt (vgl. §§ 133, 157 BGB). Aus Gründen des Verkehrsschutzes ist eine Willenserklärung daher auch dann wirksam, wenn der Erklärende bei der Abgabe seiner Erklärung einer Fehlvorstellung unterlegen ist.

> **Beispiel:** So leuchtet es ein, dass der vom Gläubiger in Anspruch genommene Bürge nicht einwenden kann, er habe die Bürgschaftserklärung (§ 765 BGB) nur abgegeben, weil er davon ausgegangen sei, der Bürgschaftsfall werde nicht eintreten. Zweck der Bürgschaft ist es gerade, einen Zahlungsausfall beim Hauptschuldner abzusichern. Die Fehlvorstellung über den Zweck einer Bürgschaft kann an der gesetzlich vorgesehenen Risikoverteilung nichts ändern. Es gilt der Primat des Verkehrsschutzes.

**1270**  In bestimmten Fällen nimmt der Gesetzgeber aber eine abweichende Risikoverteilung an, so etwa bei der Leistungsgefahr (§ 275 I BGB), beim Versendungskauf (§ 447 BGB) und im gesamten Verbraucherschutzrecht (man denke insoweit an die verbraucherschützenden Widerrufsrechte, die einen zunächst wirksam geschlossenen Vertrag durch einseitige Widerrufserklärung vernichten).[1292] Unter bestimmten Voraussetzungen gewährt die Rechtsordnung dem Erklärenden auch die Möglichkeit, sich von den Folgen seiner Vertragserklärung durch Anfechtung zu lösen, etwa weil er sich über vertragswesentliche Umstände geirrt hat. Da damit aber eine Durchbrechung bzw. Relativierung der grundsätzlichen gesetzlichen oder vertraglichen Risikozuordnung verbunden ist, hat der Gesetzgeber die möglichen Anfechtungsgründe geregelt. Im Bereich des BGB AT sind §§ 119, 120, 123 BGB zu nennen. Nach erfolgter Anfechtung (§ 143 BGB) ist das Rechtsgeschäft als von Anfang an nichtig anzusehen, § 142 I BGB. Um auf der anderen Seite den Anfechtungsgegner nicht völlig schutzlos zu stellen, hat das Gesetz die möglichen Anfechtungsgründe nicht nur abschließend normiert, sondern auch – jedenfalls im Fall der Irrtumsanfechtung nach §§ 119, 120 BGB – die Anfechtungsfrist sehr kurz bemessen (vgl. § 121 I S. 1 BGB: unverzüglich). Schließlich steht dem Anfechtungsgegner unter bestimmten Voraussetzungen ein Schadensersatzanspruch zu (§ 122 BGB – Rn 1468).

> **Beispiel:** So übernimmt ein Bürge vertraglich das Risiko des Zahlungsausfalls des Hauptschuldners. Sofern also das Gesetz keine Abweichung der damit verbundenen Risikozuordnung anordnet (etwa im Fall der arglistigen Täuschung über Art und Höhe des übernommenen Risikos, 123 I Var. 1 BGB, oder bei Sittenwidrigkeit, § 138 I BGB), kann sich der Bürge seiner Bürgschaftserklärung nicht entledigen. Insbesondere kann er sich nicht darauf berufen, er sei irrtümlich davon ausgegangen, der Hauptschuldner werde schon nicht zahlungsunfähig werden. Eine solche Fehlvorstellung stellt keinen zur Anfechtung berechtigenden Inhaltsirrtum gem. § 119 I Var. 1 BGB dar, sondern einen bloßen unbeachtlichen Motivirrtum (dazu Rn 1303). Gleiches würde z.B. gelten, wenn sich eine Partei eines Kaufvertrags über den Wert der Sache geirrt hat (siehe dazu Rn 1303/1348 f.).

## C. Prüfung der Anfechtung in der Fallbearbeitung

**1271**  Der Einstieg in eine Anfechtungsprüfung erfolgt i.d.R. über das **Bereicherungsrecht**. Das hat folgenden Hintergrund: Ficht der Erklärende seine Willenserklärung an, hat dies zur Folge, dass die Willenserklärung (mit Wirkung von Anfang an) vernichtet wird, **§ 142 I BGB**. War diese Willenserklärung Bestandteil eines schuldrechtlichen Vertrags, ist damit auch dieser vernichtet. Nach erfolgter Anfechtung fehlt also die Grundlage (die sog. *Causa*) für die sachenrechtliche Verfügung. Diese ist dann ohne Rechtsgrund erfolgt, was

---

[1292] Siehe dazu im Einzelnen *R. Schmidt*, SchuldR AT, passim.

wiederum zur Rückgewähr des Erlangten über das Bereicherungsrecht (§§ 812 ff. BGB) führt.

Anfechtungsrecht und Bereicherungsrecht gehen somit einher. Insoweit gilt im Grundsatz: **Keine Anfechtung ohne Ausgleich durch das Bereicherungsrecht**. Das Bereicherungsrecht erfüllt nämlich die Funktion, einen materiell nicht gerechtfertigten Zuwachs an Vermögenswerten an den Berechtigten zurückzuführen, der aufgrund des Trennungs- und Abstraktionsprinzips ermöglicht wurde. Zur Wiederholung sei darauf hingewiesen, dass das **Trennungsprinzip** besagt, dass zwischen dem Verpflichtungs- und dem Verfügungsgeschäft strikt zu trennen ist, dass also neben dem Verpflichtungsgeschäft (das Kausalgeschäft) noch ein weiteres Rechtsgeschäft (das Verfügungs- bzw. Erfüllungsgeschäft) erforderlich ist. Bei synallagmatischen Verträgen sind sogar zwei Verfügungsgeschäfte erforderlich.

**1272**

> **Beispiel:** Verkäufer V und Käufer K schließen einen Kaufvertrag über ein Auto (§ 433 BGB). Durch dieses **Verpflichtungsgeschäft** erlangt K (nur) einen schuldrechtlichen *Anspruch* auf Übereignung und Übergabe des Fahrzeugs. V erlangt (nur) einen schuldrechtlichen *Anspruch* auf Übereignung und Übergabe des Kaufpreises. Zur *Erfüllung* dieses Geschäfts müssen noch zwei weitere Rechtsgeschäfte (**Verfügungsgeschäfte**) getätigt werden: V und K müssen sich darüber einig sein, dass das Eigentum an dem Auto auf K übergeht (dingliche Einigung), und V muss dem K das Auto übergeben (§ 929 S. 1 BGB). Darüber hinaus müssen K und V sich darüber einig sein, dass das Eigentum an dem Geld auf V übergeht, und K muss V das Geld übergeben (§ 929 S. 1 BGB).

Das **Abstraktionsprinzip** baut auf dem Trennungsprinzip auf und führt es weiter. Es besagt, dass das Fehlen der Wirksamkeit des Verpflichtungsgeschäfts die Wirksamkeit des Verfügungsgeschäfts im Grundsatz ebenso wenig berührt, wie dies umgekehrt der Fall ist. Ist also das Verpflichtungsgeschäft (bspw. wegen erfolgter Anfechtung) unwirksam, so berührt diese Unwirksamkeit grundsätzlich nicht die Wirksamkeit des Verfügungsgeschäfts. Der Leistende kann also nicht einfach die Sache gem. § 985 BGB herausverlangen (vindizieren). Vielmehr bedarf es einer gesetzlichen Grundlage, die die Folgen des Abstraktionsprinzips wieder rückgängig macht. Eine solche bietet das Bereicherungsrecht.

**1273**

> **Beispiel:** K will von V einen antiken Kompass kaufen und macht ihm per E-Mail ein Angebot in Höhe von 250,- €, er wollte aber eigentlich 150,- € schreiben. V ist über dieses Angebot erfreut und übereignet dem K am nächsten Tag den Kompass. Dabei vereinbaren sie, dass K mit der Zahlung des Kaufpreises (wobei in diesem Zeitpunkt über die Höhe nicht gesprochen wird) noch eine Woche warten kann, da dieser gerade „knapp bei Kasse" ist. Als V dann die 250,- € verlangt, stellt sich der Irrtum des K heraus. Dieser ficht seine Erklärung sofort nach § 119 I Var. 2 BGB wegen eines Erklärungsirrtums wirksam an (§ 143 I BGB). V möchte „seinen" Kompass zurück.
>
> Anspruchsgrundlage könnte § 985 BGB sein. Dazu müsste V im Zeitpunkt des Herausgabeverlangens Eigentümer gewesen sein und K hätte kein Recht zum Besitz haben dürfen. Ursprünglich war V Eigentümer des Kompasses. Dieses Eigentum hat er aber durch Einigung und Übergabe gem. § 929 S. 1 BGB an K verloren. Zwar war die ursprünglich von K abgegebene Willenserklärung aufgrund der Anfechtung nichtig (vgl. § 142 I BGB), diese Anfechtung bezog sich jedoch nur auf das der Verfügung zugrunde liegende Verpflichtungsgeschäft (der Kaufvertrag), sodass nur dieses nicht mehr existiert. Das Verfügungsgeschäft bleibt von der (Un-)Wirksamkeit des Verpflichtungsgeschäfts unberührt. Daher bleibt K Eigentümer des Kompasses. § 985 BGB ist somit nicht einschlägig. Auch Ansprüche aus §§ 1007, 861 und 823 BGB scheiden aus.
>
> Da es aber unbillig wäre, wenn K den Kompass behalten dürfte, ohne dafür bezahlen zu müssen, führt das Bereicherungsrecht zu gerechten Ergebnissen: Da K durch die Leistung des V das Eigentum und den Besitz am Kompass ohne rechtlichen Grund (der Kaufvertrag ist aufgrund der Anfechtung nichtig) erlangt hat, ist er dem V zur Herausgabe verpflichtet. V kann also nach § 812 I S. 1 Var. 1 BGB bzw. nach § 812 I S. 2 Var. 1 BGB Eigentumsübertragung und Besitzverschaffung verlangen.

Selbstverständlich ist K dem V gem. § 122 BGB zum Ersatz des Vertrauensschadens verpflichtet.

**1274**  Da das Abstraktionsprinzip zur Folge hat, dass auch (nur) das Verfügungsgeschäft angefochten werden kann, besteht aufgrund der damit verbundenen Unwirksamkeit (§ 142 I BGB) des Verfügungsgeschäfts – anders bei Unwirksamkeit nur des Verpflichtungsgeschäfts – durchaus ein Herausgabeanspruch aus § 985 BGB.

> **Beispiel:** V und K schließen einen Kaufvertrag über den antiken Sextanten des V. Sodann will V dem K den Sextanten übereignen (§ 929 S. 1 BGB). Jedoch vergreift sich V und übergibt dem K aus Versehen einen ähnlich aussehenden Oktanten, der aber sehr viel wertvoller ist.
>
> Als V am Abend sein Missgeschick bemerkt, ruft er K an und verlangt den Oktanten zurück.
>
> Das Herausgabeverlangen könnte sich auf § 985 BGB stützen. Dazu müsste V aber noch Eigentümer des Oktanten sein. Ursprünglich war er Eigentümer. Eigentum hat er aber durch Übereignung an K gem. § 929 S. 1 BGB verloren. Jedoch könnte die der Übereignung zugrunde liegende dingliche Einigung unwirksam sein mit der Folge, dass V rückwirkend wieder Eigentümer wird (§ 142 I BGB). Die Unwirksamkeit der dinglichen Einigung könnte durch eine Anfechtung herbeigeführt worden sein. Das Herausgabeverlangen stellt eine konkludente Anfechtungserklärung dar (§ 143 BGB). Der zur Anfechtung berechtigende Grund besteht darin, dass V bei der Übereignung ein anderes Erklärungszeichen gesetzt hat, als er setzen wollte (Rn 1307); er irrte über die Identität des Verfügungsgegenstandes (§ 119 I BGB). Damit hat er seine dingliche Einigungserklärung wirksam angefochten. Die dingliche Einigung nach § 929 S. 1 BGB ist damit ex tunc (rückwirkend) unwirksam. V ist Eigentümer geblieben und kann den Oktanten gem. § 985 BGB von K, der auch kein Recht zum Besitz hat, herausverlangen. Daneben kann er den Oktanten auch nach § 812 I S. 2 Var. 1 BGB herausverlangen (hier: Kondiktion des Besitzes). Denn ein Vindikationsanspruch lässt einen Kondiktionsanspruch unberührt. Umgekehrt hat K selbstverständlich einen Anspruch auf Übereignung und Übergabe des Sextanten (§ 433 I S. 1 BGB).

---

**Fazit:** Wegen der Nichtigkeitsfolge der Anfechtung ist (wenn auch mit Wirkung von Anfang an) der Rechtsgrund für die erbrachten Leistungen entfallen. Daher ist der Einstieg in die Anfechtungsprüfung regelmäßig über das Bereicherungsrecht vorzunehmen. § 985 BGB hilft nicht weiter, sofern nur das Verpflichtungsgeschäft angefochten wurde. Für die Anfechtung selbst bietet sich folgende Prüfung an:

* Bestehen eines **Anfechtungsgrundes** (§§ 119, 120, 123 BGB, Rn 1292 ff.)
* Vorliegen einer **Anfechtungserklärung** (§ 143 BGB, Rn 1447 ff.)
* Wahrung der **Anfechtungsfrist** (§§ 121, 124 BGB, Rn 1457 ff.)
* Kein **Ausschluss** der Anfechtung (§§ 121 II, 144 BGB, Rn 1458 ff., 1465)

---

## D. Anfechtbare Willenserklärungen

**1275**  Die Anfechtungsgründe des BGB AT sind in den §§ 119 ff. BGB geregelt. Dabei geht das Gesetz davon aus, dass grundsätzlich **alle Willenserklärungen** anfechtbar sind, also empfangsbedürftige, nicht empfangsbedürftige, ausdrückliche und konkludente Erklärungen. Dabei spielt es grundsätzlich auch keine Rolle, ob die Willenserklärung auf das schuldrechtliche Verpflichtungsgeschäft oder das sachenrechtliche Verfügungsgeschäft bezogen ist. Denn auch den sachenrechtlichen Verfügungsgeschäften liegen Willenserklärungen zugrunde, die sog. dingliche Einigung. Jedoch sollten die obigen Ausführungen verdeutlicht haben, dass es hinsichtlich des Verfügungsgeschäfts i.d.R. am Anfechtungsgrund fehlt, weil sich der Irrtum zumeist nur auf das schuldrechtliche Verpflichtungsgeschäft bezieht. Etwas anderes gilt aber, wenn der Irrtum gerade bei der dinglichen Einigung festzumachen ist (Rn 1274). Auch wenn der Fehler beim Verpflichtungsgeschäft ausnahmsweise auf das Verfügungsgeschäft „durchschlägt", was bei arglistiger Täuschung oder widerrechtlicher Drohung (§ 123 BGB) angenommen werden kann (sog. Fehleridentität, dazu Rn 1453), ist eine Anfechtbarkeit des Verfügungsgeschäfts gegeben.

Sollte demnach eine Willenserklärung hinsichtlich des Verfügungsgeschäfts erfolgreich angefochten werden, hat dies zur Folge, dass das Verfügungsgeschäft rückwirkend vernichtet wird. Der Sachverhalt wird also so behandelt, als habe nie ein Eigentumsübergang zwischen Veräußerer und Erwerber stattgefunden. Das wiederum ist höchst problematisch, wenn der Erwerber zwischenzeitlich zugunsten eines Dritten über die Sache verfügt hat. Dann nämlich werden die Gutglaubensvorschriften aktiviert.

> **Hinweis für die Fallbearbeitung:** Das soeben angesprochene Dreipersonenverhältnis ist zwar schwierig, aber äußerst prüfungsrelevant. Daher soll auch vorliegend auf sie eingegangen werden: Auch bei Verfügungsgeschäften hat die Anfechtung zur Folge, dass die dingliche Einigung von Anfang an als nichtig gilt. Hat nun der Anfechtungsgegner zwischenzeitlich eine Verfügung zugunsten eines Dritten getroffen, stellt sich die Verfügung aufgrund der Rückwirkung der Anfechtung als eine Verfügung eines Nichtberechtigten dar. Es finden die Vorschriften über den Gutglaubenserwerb (§§ 929 S. 1, 932 BGB bei beweglichen Sachen) Anwendung. Hier ist wiederum die Regelung in **§ 142 II BGB** zu beachten, die dem gutgläubigen Erwerb des Dritten entgegenstehen kann. Diese überaus prüfungs- und examenswichtige Vorschrift sollte – soweit erlaubt – im Gesetzestext hinter den §§ 932 und 892 BGB notiert werden.

**1276**

**Beispiel:** Die A hat dem B ein Gemälde verkauft und übereignet (§§ 433, 929 S. 1 BGB). Dabei ist sie von B über die Herkunft des Gemäldes arglistig getäuscht worden (vgl. § 123 I Var. 1 BGB). B verkauft und übereignet das Gemälde weiter an den gutgläubigen C. Später ficht A erfolgreich alle gegenüber B abgegebenen Willenserklärungen (also sowohl hinsichtlich des Kaufvertrags als auch hinsichtlich der Übereignung) an.

**1277**

**Vindikationsanspruch A gegen C gem. § 985 BGB:**
A könnte gegen C einen Herausgabeanspruch gem. § 985 BGB haben. Dazu müsste sie Eigentümerin des Bildes sein und C dürfte kein Recht zum Besitz haben. Ursprünglich war A Eigentümerin. Dieses Eigentum könnte sie aber durch die Übereignung an B verloren haben. Allerdings konnte sie das Übereignungsgeschäft mit B erfolgreich anfechten mit der Folge der Rückwirkung gem. § 142 I BGB. A wird diesbezüglich also so behandelt, als wäre sie Eigentümerin geblieben. Folge ist, dass B nachträglich zum Nichtberechtigten i.S.d. § 816 I S. 1 BGB wird. In dieser Funktion hat er das Bild an C veräußert. Da C wiederum gutgläubig hinsichtlich der Eigentümerstellung des B war, konnte er gem. §§ 929 S. 1, 932 I BGB Eigentum an dem Gemälde erwerben. A hat im Ergebnis also keinen Vindikationsanspruch gegen C.

**Kondiktionsanspruch A gegen C gem. § 812 I S. 2 Var. 1 BGB:**
Fraglich ist, ob A wenigstens das Eigentum an dem Gemälde kondizieren kann. Gegen B kommt ein Kondiktionsanspruch, der auf die Rückübertragung des Eigentums gerichtet ist, nicht in Betracht, da B insoweit wegen des Gutglaubenserwerbs durch C entreichert ist. Auch gegen C besteht ein solcher Anspruch nicht. Der Gutglaubenserwerb ist (zumindest hinsichtlich des entgeltlichen Erwerbs vom Nichtberechtigten) kondiktionsfest.

Damit ist zu prüfen, ob ein bereicherungsrechtlicher Wertersatzanspruch gegen B angenommen werden kann. An sich wäre § 818 II BGB einschlägig. Da B aber als Nichtberechtigter verfügt hat, ist er gem. *§ 816 I S. 1 BGB* zur Herausgabe des durch die Verfügung Erlangten verpflichtet. Er muss also den Kaufpreis, den er von C erhalten hat (nach h.M. auch den Mehrerlös, soweit erzielt), an A herausgeben. Selbstverständlich ist B der A auch zum Schadensersatz (deliktisch aus § 823 I BGB, aus § 823 II BGB i.V.m. § 263 StGB und aus § 826 BGB; sachenrechtlich aus §§ 989, 990 BGB) und nach § 687 II BGB (Geschäftsanmaßung) verpflichtet.

Weiterführender Hinweis: Hätte C gewusst (oder wissen müssen), dass A von B arglistig getäuscht wurde, wäre § 142 II BGB zur Anwendung gekommen. Diese Vorschrift hätte dem gutgläubigen Erwerb entgegengestanden (vgl. § 932 II BGB). A hätte dann von C das Bild gem. § 985 BGB vindizieren können. Parallel dazu hätte ihr der Herausgabeanspruch gem. §§ 812 I S. 2 Var. 1, 818 I BGB gegen C zugestanden. Gegen B hätte ihr der Herausgabeanspruch in Bezug auf den erlangten Kaufpreis aus § 816 I S. 1 BGB zugestanden. C hätte wiederum über § 812 I S. 2 Var. 1 BGB den an B gezahlten Kaufpreis kondizieren können, den B wiederum von A hätte kondizieren können.

**1278**  Da eine Willenserklärung auch bei einem **Schweigen** angenommen werden kann, soweit diesem eine Erklärungswirkung beigemessen werden kann (vgl. Rn 236 ff.), ist auch das Schweigen anfechtbar. Dies gilt jedoch nicht, soweit sich der Irrtum auf die rechtliche Bedeutung des Schweigens bezieht. Erforderlich ist, dass sich der Irrtum auf den Inhalt oder die Erklärung bezieht, wie sie beim Empfänger verstanden werden. Fingiert das Gesetz ein Schweigen als Willenserklärung (vgl. etwa § 516 II S. 2 BGB, wonach Schweigen als Zustimmung gilt), scheidet eine Anfechtung aus, weil eine gesetzliche Fiktion bzw. eine unwiderlegliche gesetzliche Vermutung nicht der Anfechtung zugänglich sein kann. Anderenfalls würde der Sinn gesetzlicher Fiktionen unterlaufen.

**1279**  Auch bei **einseitigen Rechtsgeschäften** (Rn 198) wie z.B. Rücktritt, Genehmigung oder Kündigung greifen die Anfechtungsregeln direkt (arg. § 143 III, IV BGB); bei **rechtsgeschäftsähnlichen Handlungen** (Rn 195) wie z.B. Mahnung oder Vorsorgevollmacht finden die Anfechtungsregelungen analoge Anwendung.[1293] Hingegen sind **Tathandlungen** („Realakte", dazu Rn 194) nicht anfechtbar, da sie gerade nicht auf die Herbeiführung eines rechtlichen Erfolgs gerichtet sind.

**1279a**  Ob die Anfechtungsregeln der §§ 119 ff. BGB auf das Gebot in der Zwangsvollstreckung (d.h. bei der **Zwangsversteigerung**) anwendbar sind, ist umstritten. Die h.M. bejaht dies[1294]; es gibt aber gewichtige Stimmen in der Lit., nach denen das Gebot bei einer Zwangsversteigerung eine Prozesshandlung darstellt und damit nicht der rechtsgeschäftlichen Anfechtung zugänglich ist[1295]. Der BGH hat sich bislang einer Entscheidung enthalten, weil er in den konkreten Fällen bereits die Voraussetzungen der §§ 119 ff. BGB verneint hat.[1296]

**1280**  Ganz oder teilweise **ausgeschlossen** ist die Anfechtung nach §§ 119 ff. BGB, soweit gesetzliche **Sonderregelungen** greifen. Solche Sonderregelungen hat der Gesetzgeber insbesondere im Familien- und Erbrecht geschaffen, wie z.B. bei der Aufhebung der Ehe (§§ 1313 ff. BGB), der Anfechtung der Vaterschaft (§§ 1599 ff. BGB), der Erbschaft (§§ 1949, 1950, 1954 ff. BGB, ergänzend zu §§ 119 ff. BGB), der letztwilligen Verfügung (§§ 2078 ff. BGB) und beim Erbvertrag (§ 2281 BGB).[1297]

**1281**  Nicht anfechtbar sind die Gründungs- und Beitrittserklärungen zu Kapitalgesellschaften des **Handelsrechts** nach Eintragung der Gesellschaft im Handelsregister.[1298]

**1282**  Besonders problematisch ist die Frage nach der Anfechtbarkeit von Willenserklärung bzgl. in Vollzug gesetzter **Arbeits- oder Personengesellschaftsverträge**. Hier würde die Ex-tunc-Wirkung der Anfechtung ggf. zu untragbaren Ergebnissen führen. Daher ist die

---

[1293] Vgl. BGHZ 106, 163 ff.; *Busche*, in: MüKo, § 142 Rn 9/13; *Wolf/Neuner*, AT, § 41 Rn 141.
[1294] OLG Dresden OLGE 17, 355, 356; OLG Frankfurt Rpfleger 1980, 441, 442; OLG Hamm Rpfleger 1998, 438, 439; *Baur/Stürner/Bruns*, ZwangsvollstrR, § 36.15; *Hintzen*, in: Dassler u.a., ZVG, § 71 Anm. 3.1; *Brox/Walker*, ZwangsvollstreckungsR, Rn 910.
[1295] *Eickmann*, Zwangsversteigerungs- und ZwangsverwaltungsR, 2. Aufl. 2004, § 15 II 2; *Gaul*, in: GS Arens, 1993, S. 89, 123; *Stadlhofer-Wissinger*, Das Gebot in der Zwangsversteigerung, 1993, S. 149 ff.
[1296] BGH NJW-RR 2008, 222, 223; NJW 2008, 2442, 2443 (dazu *K. Schmidt*, JuS 2008, 1036).
[1297] Auf diese speziellen Anfechtungsregeln kann im Rahmen des BGB AT nicht weiter eingegangen werden, vgl. dazu aber z.B. *Löhnig*, JA 2016, 801 ff.
[1298] *Wolf/Neuner*, AT, § 41 Rn 146; *Stadler*, AT, § 25 Rn 15.

Rechtsfolge der Anfechtung modifiziert, und zwar dergestalt, dass die Nichtigkeit grds. nur mit Wirkung für die Zukunft (also ex nunc) eintritt.[1299]

Hinsichtlich in Vollzug gesetzter **fehlerhafter Arbeitsverträge** hat die Rechtsprechung einen Ausgleichsmodus entwickelt, der der Ex-tunc-Wirkung des § 142 I BGB vorgeht. Insoweit gilt: Auch der fehlerhafte (ja sogar der nichtige) Arbeitsvertrag ist ein Arbeitsvertrag (und damit auch Rechtsgrund i.S.d. §§ 812 ff. BGB). Der Grund für diese „Sonderbehandlung" liegt darin, dass es bei der Ex-tunc-Nichtigkeit und damit der Anwendung des Bereicherungsrechts aufgrund der Regelung des § 818 III BGB (Entreicherung) zu unbilligen Ergebnissen kommen kann. Auch umgekehrt wäre die Rückzahlungspflicht in Bezug auf das rechtsgrundlos erhaltene Gehalt äußerst problematisch. Bei fehlerhaften Arbeitsverträgen gilt daher grds. nicht das Bereicherungsrecht, sondern Vertragsrecht, das allerdings einige Besonderheiten aufweist.[1300] Bezüglich etwaiger Formmängel wurde darauf bereits bei Rn 1145 f. eingegangen. Auch im Rahmen der Irrtumsanfechtung kann die in § 142 I BGB angeordnete Rückwirkung der Nichtigkeit zu äußerst unangemessenen Folgen führen, weshalb nach h.M. eine Ex-nunc-Wirkung gilt. Ist der Arbeitnehmer allerdings nicht schutzwürdig (etwa im Fall der arglistigen Täuschung), besteht kein Grund, von der Ex-tunc-Wirkung des § 142 I BGB und damit von den Wirkungen des Bereicherungsrechts abzurücken.

**1283**

> **Beispiel:** Peppo ist seit einigen Wochen als Paketpacker bei der *Versandhandel GmbH* beschäftigt (vgl. § 611a BGB). Im Anstellungsgespräch hatte er wider besseres Wissen seine Schwerbehinderung (ausgeprägte bipolare affektive Störung, die in akuten Schüben einen Zustand i.S.d. § 105 II BGB bedingt) verschwiegen. Als P dann infolge der Schwerbehinderung arbeitsunfähig wird, ficht gem. § 123 I Var. 1 BGB der Geschäftsführer G seine im Namen der Gesellschaft abgegebene Willenserklärung bzgl. der Anstellung an und verweigert nicht nur die Gehaltsfortzahlung, sondern fordert auch die überwiesenen Gehaltszahlungsbeträge zurück.
>
> Rechtsgrundlage für den Rückforderungsanspruch könnte § 812 I S. 1 Var. 1 BGB bzw. § 812 I S. 2 Var. 1 BGB sein. Der Rechtsgrund für die Gehaltszahlungen bestand im Arbeitsvertrag, der aber infolge der Anfechtung unwirksam ist. Somit fehlte der Rechtsgrund von Anfang an bzw. fiel später weg. Folge wäre die „Herausgabe des Erlangten" bzw. Wertersatz nach § 818 II BGB.
>
> Bei in Vollzug gesetzten Arbeitsverträgen ist allgemein anerkannt, dass im Rahmen der Irrtumsanfechtung die in § 142 I BGB angeordnete Rückwirkung der Nichtigkeit zu äußerst unangemessenen Folgen führen kann, weshalb nach h.M. eine Ex-nunc-Wirkung gilt. Ist der Arbeitnehmer allerdings nicht schutzwürdig (etwa im Fall der arglistigen Täuschung), macht das BAG jedoch eine Ausnahme, wenn es um die Rückforderung von Gehaltszahlungen geht. Es bestehe mangels Schutzwürdigkeit kein Grund, von der rückwirkenden Rechtsfolge der Anfechtung (§ 142 I BGB) abzusehen.[1301]

**1284**

Die Grundsätze des fehlerhaften Arbeitsverhältnisses gelten auch für die **fehlerhafte Gesellschaft**. Tätigt ein vertretungsberechtigter Gesellschafter im Namen der Gesellschaft (z.B. GbR oder OHG) Rechtsgeschäfte im Außenverhältnis, so bindet er die anderen Mitgesellschafter grds. auch dann, wenn der Gesellschaftsvertrag sich später als nichtig (etwa wegen Anfechtung durch einen Gesellschafter) erweist. Würde man ein anderes Ergebnis zulassen, wäre der handelnde Gesellschafter im Vergleich zu den anderen Gesellschaftern benachteiligt, weil er allein das Risiko der Unwirksamkeit des Gesellschaftsvertrags tragen würde. Der Gesellschaftsvertrag ist dann lediglich *ex nunc* unwirksam, denn die Fehlerhaftigkeit des Gesellschaftsvertrags stellt grds. einen wichtigen Auflösungsgrund i.S.d. § 723 BGB bzw. § 133 HGB dar. Etwas anderes gilt lediglich dann,

**1285**

---

[1299] Vgl. näher *Wolf/Neuner*, AT, § 41 Rn 145 ff.
[1300] Siehe dazu näher *R. Schmidt*, SchuldR BT II, Rn 237 f. nebst Beispiel.
[1301] BAGE 90, 251 ff.

wenn der Schutzzweck der §§ 104 ff. BGB unterlaufen würde. Dann ist der Gesellschaftsvertrag *ex tunc*, also von Anfang an unwirksam.[1302]

**1286**  **Beispiel:** Willi, Domi und Herbert gründen einen Pizzadienst in der Rechtsform einer GbR.[1303] Da W und D nicht besonders finanzstark sind und auch das Gesellschaftskapital der GbR bereits investiert ist, bezahlt H den von der GbR verpflichteten Warenlieferanten Ludwig im Namen der GbR aus eigener Tasche. Kurz darauf stellt sich heraus, dass W beim Unterzeichnen des Gesellschaftsvertrags einem Erklärungsirrtum (§ 119 I BGB) unterlegen ist. Er ficht erfolgreich seine Willenserklärung bzgl. des Gesellschaftsvertrags an. Folge dieser Anfechtung ist die rückwirkende Unwirksamkeit des Gesellschaftsvertrags (§ 142 I BGB). Dummerweise wird nun auch noch von Unbekannten in das Lager des Pizzadienstes eingebrochen und es werden sämtliche Warenbestände gestohlen. Da H nicht alleine auf den Kosten sitzen bleiben möchte, verlangt er von W und D je ein Drittel des Betrags, den er L überwiesen hatte.

Zwar konnte W durch seine Anfechtung den Gesellschaftsvertrag an sich vernichten, es wäre jedoch unbillig, wenn H das Risiko der Unwirksamkeit des Gesellschaftsvertrags und die Kosten für die bereits erfolgte Warenlieferung nicht anteilig auf W und D abwälzen könnte. Würde man allerdings Bereicherungsrecht anwenden, könnten sich W und D auf Entreicherung berufen. Um dieses unbillige Ergebnis zu vermeiden, wendet die h.M. die Grundsätze der fehlerhaften Gesellschaft an. Danach wird die unwirksame Gesellschaft auch mit Wirkung für die Vergangenheit wie eine wirksame Gesellschaft behandelt. Etwas anderes gilt nur dann, wenn der Zweck der an sich anzunehmenden rückwirkenden Unwirksamkeit unterlaufen würde (etwa beim Minderjährigen- bzw. Geschäftsunfähigenschutz, §§ 104 ff. BGB, oder bei Haustürgeschäften[1304]).

Vorliegend ist W nicht schutzwürdiger als H. Im Gegenteil entspricht es der Billigkeit, wenn H die Kosten anteilig auf W und D abwälzen kann. W und D müssen sich daher so behandeln lassen, als sei die Gesellschaft zum Zeitpunkt des Geschäfts mit L wirksam gewesen. Da H in diesem Fall W und D gem. § 426 I und II BGB[1305] in Regress hätte nehmen können, gilt diese Folge auch vorliegend. Die Nichtigkeit des Gesellschaftsvertrags ist demnach erst nach dem Zeitpunkt des Geschäfts mit L anzunehmen.

Weiterführender Hinweis: Kein Fall einer fehlerhaften Gesellschaft liegt vor, wenn ein Mitgesellschafter die ihm erteilte Vollmacht überschreitet.[1306]

**1286a**  Problematisch ist auch die Anfechtung von Willenserklärungen in Bezug auf (sonstige) **Dauerschuldverhältnisse** (Miete, Leihe etc.), weil sich wegen der gesetzlich angeordneten Ex-tunc-Wirkung unbillige Ergebnisse ergeben können.

**Beispiel**[1307]**:** M hat von V Büroräume gemietet (§§ 535 ff. BGB). Mietzinszahlungen hat er bislang nicht erbracht. Später erfährt M von dritter Seite, dass die Räume bauordnungsrechtlich nicht als Büroräume nutzbar sind. V war dies bekannt. M möchte daher den Mietvertrag wegen arglistiger Täuschung anfechten mit dem Ziel der Nichtigkeit des Vertrags von Anfang an (§ 142 I BGB). M weiß zwar, dass er auch (fristlos) kündigen könnte, mit der Absicht der Anfechtung verfolgt er aber das Ziel, keinen Mietzins für die vergangene Zeit leisten zu müssen.

Bei Dauerschuldverhältnissen, die in Vollzug gesetzt wurden, wird die Rückwirkung (Ex-tunc-Wirkung) der Anfechtung (§ 142 I BGB) vielfach als unangemessen angesehen, weil ein solches Dauerschuldverhältnis i.d.R. nur unter erheblichen Schwierigkeiten rückabgewickelt werden kann; zudem wird durch das Invollzugsetzen ein sozialer Tatbestand geschaffen, der Bestands- und Vertrauensschutz begründet und nicht mit Wirkung für die

---

[1302] Vgl. näher *Ulmer*, in: MüKo, § 705 Rn 323 ff.; *Wolf/Neuner*, AT, § 41 Rn 145 ff.
[1303] Zur GbR vgl. Rn 127 ff.
[1304] Vgl. BGH NJW 2010, 3096 ff. - dazu *Kliebisch*, JuS 2010, 958 ff.
[1305] Bei einer OHG wäre § 426 I und II BGB über § 128 HGB anwendbar gewesen.
[1306] BGH NZG 2011, 1225 f.
[1307] In Anlehnung an BGH NZM 2008, 886 f.

Vergangenheit aufgehoben werden soll.[1308] Eine Anfechtung wäre eine unzulässige Rechtsausübung (§ 242 BGB). Möchte sich also ein Vertragspartner von einem Dauerschuldverhältnis lösen, steht ihm daher regelmäßig nicht die Anfechtung, sondern das Institut der Kündigung zur Verfügung. In schwerwiegenden Fällen, in denen die Einhaltung einer Kündigungsfrist unzumutbar wäre, ist auch eine außerordentliche bzw. fristlose Kündigung möglich (vgl. § 314 BGB). Die gegenseitigen Rechte und Pflichten enden in jedem Fall dann mit Wirkung für die Zukunft (ex nunc).

Unbillige Ergebnisse lassen sich aber auch bei Anwendung der Anfechtungsregeln vermeiden, wenn man die in § 142 I BGB angeordnete Rechtsfolge dergestalt modifiziert, dass die Wirkung einer Anfechtung – wie beim fehlerhaften Arbeitsvertrag und der fehlerhaften Gesellschaft – nur mit Wirkung für die Zukunft (also *ex nunc*) greift.

Besonderheiten, die bei in Vollzug gesetzten Arbeits- und Gesellschaftsverträgen dazu geführt haben, dass von der Rückwirkung abgesehen wurde, liegen nach Auffassung des BGH bei der Geschäftsraummiete aber nicht vor. Weder bestehe – wie beim Arbeitsverhältnis – eine besonders intensive Leistungsbeziehung mit starkem Persönlichkeitsbezug und mit Eingliederung in eine soziale Organisation, noch sei – wie beim Gesellschaftsverhältnis – ein erhöhtes Verkehrsschutzbedürfnis für Gläubiger vorhanden, die durch eine rückwirkende Anfechtung ihr Haftungssubjekt verlieren würden. Vielmehr handele es sich bei dem Mietvertrag – anders als beim Arbeits- oder Gesellschaftsvertrag – um ein einfach strukturiertes synallagmatisches Austauschverhältnis, bei dem die Rückabwicklung (über das Bereicherungsrecht gem. §§ 812 ff. BGB) keine besonderen Schwierigkeiten aufwerfe.[1309]

M kann demnach seine Willenserklärung in Bezug auf den Mietvertrag wegen arglistiger Täuschung mit Ex-tunc-Wirkung anfechten. V kann daher auch die ausstehenden Mietzinszahlungen nicht verlangen. Allerdings steht diesem gem. §§ 812 I S. 1 Var. 1, 818 II BGB der Ersatz des Werts der Gebrauchsüberlassung zu; dieser ist nach der Miete zu bemessen, die auf dem örtlichen Markt für vergleichbare Objekte (Gewerberäume ohne Büronutzungsmöglichkeit) zu erzielen ist.

Anmerkung: Wie der BGH entschieden hätte, wenn es sich nicht um Geschäftsraummiete, sondern um Wohnraummiete gehandelt hätte, bleibt offen. Mit Blick auf den stark ausgeprägten Verbraucherschutz und die Vergleichbarkeit der Interessenlage mit derjenigen des fehlerhaften Arbeitsvertrags kann nicht ausgeschlossen werden, dass der BGH eine Ex-nunc-Wirkung annehmen würde.

Im Zusammenhang mit der **Sachmängelhaftung** nach §§ 434 ff. BGB sind die §§ 119 ff. BGB nur eingeschränkt anwendbar (Rn 1481). **1287**

Anfechtbar sind auch Willenserklärungen eines **Vertreters ohne Vertretungsmacht**, die nichts mit der fehlenden Vertretungsmacht zu tun haben. **1287a**

**Beispiel:** V schließt im Namen des G einen Vertrag mit X über den Kauf eines Gebrauchtwagens, ohne jedoch eine Vertretungsmacht inne zu haben. Eine Genehmigung des G bleibt aus, sodass V dem X aus § 179 I oder II BGB haftet (dazu Rn 904 ff.). Kann V nun geltend machen, er habe sich bei der Abgabe der zum Kaufvertrag führenden Willenserklärung geirrt, steht ihm trotz § 179 BGB die Möglichkeit der Anfechtung offen, da der Irrtum nichts mit der fehlenden Vertretungsmacht zu tun hat. Verwehrte man V die Anfechtungsmöglichkeit, privilegierte dies X unangemessen, da dieser ja auch bei Bestehen einer Vertretungsmacht einer Anfechtung ausgesetzt gewesen wäre.

Schließlich kann das Recht zur Anfechtung vertraglich **abbedungen** werden, wegen § 307 II Nr. 1 BGB aber **nicht** in **AGB**. **1288**

---

[1308] *Faust*, JuS 2009, 178.
[1309] BGH NZM 2008, 886 f.

## E. Anfechtung einer nichtigen Willenserklärung/§ 142 II BGB

**1289**　Die Anfechtung ist nicht bereits dadurch ausgeschlossen, dass das Rechtsgeschäft schon aus einem anderen Grund nichtig ist, etwa wegen § 105 BGB oder wegen bereits erfolgter Anfechtung aus einem anderen Grund. Zwar könnten gegen die **„Anfechtung eines nichtigen Rechtsgeschäfts"** begriffslogische Bedenken angeführt werden („so wenig, wie ein am Meeresgrund liegendes Schiff untergehen oder ein Toter getötet werden kann, kann ein nicht mehr existierendes Rechtsgeschäft vernichtet werden"[1310]), allerdings geht es bei den Anfechtungsregeln nicht um die Beschreibung von Tatsachen, sondern um rechtliche Wertungen.[1311] Daher hat sich die **„Lehre von der Doppelwirkung im Recht"** durchgesetzt. Bedeutsam ist die Anfechtung nichtiger Rechtsgeschäfte in zwei Fällen:

**1290**　⇨　Zum einen ist sie bedeutsam, wenn der Nichtigkeitsgrund **nicht bewiesen** werden kann oder das Anfechtungsrecht für den Anfechtungsberechtigten **günstiger** ist. So können bei einem nach § 119 BGB angefochtenen oder nach § 134 BGB nichtigen Rechtsgeschäft Schadensersatzpflichten bestehen (§ 122 BGB; §§ 241 II, 311 II, 280 I BGB), die bei einer Anfechtung nach § 123 BGB gerade nicht bestehen. Hier muss es dem Betroffenen möglich sein, noch einmal (und zwar nach § 123 BGB) anzufechten, damit er die mit der ursprünglichen Anfechtung verbundene Schadensersatzpflicht beseitigen kann. Entsprechendes gilt hinsichtlich der wegen Gesetzesverstoßes nichtigen Willenserklärung.

　　**Beispiel:** V verkauft und übereignet an K ein Gemälde. Später stellt sich heraus, dass V sich hinsichtlich des Malers geirrt hat. Er ficht seine Willenserklärung bzgl. des Kaufvertrags wegen Eigenschaftsirrtums erfolgreich an (§§ 119 II, 142 I BGB), muss aber dem K den entstandenen Vertrauensschaden ersetzen (§ 122 I BGB).

　　Zwei Tage nach erklärter Anfechtung stellt sich nunmehr heraus, dass K den V bei den Vertragsverhandlungen durch Vorspiegelung der geringen Bedeutung des Malers arglistig getäuscht hat. Würde man dem V hier das Anfechtungsrecht aus § 123 Var. 1 BGB versagen, hätte dies zur Folge, dass K unangemessen bevorzugt würde. Trotz der bereits vorliegenden Nichtigkeit infolge der Anfechtung nach § 119 II BGB muss V nochmals anfechten können, um den Schadensersatzanspruch nach § 122 I BGB zu vermeiden. Nach dem Normzweck des § 123 BGB darf der arglistig Täuschende nicht auf die Gültigkeit des Rechtsgeschäfts vertrauen. Die bereits erfolgte Anfechtung darf nicht zu seinen Gunsten wirken.

**1291**　⇨　Die Anfechtung nichtiger Rechtsgeschäfte ist aber auch wegen der bereits erörterten Regelung des **§ 142 II BGB** bedeutsam, wenn der Anfechtungsgegner oder ein Dritter die Anfechtbarkeit kannte oder kennen musste.

　　**Beispiel:** V des obigen Beispiels ist im Zeitpunkt des Kaufvertrags und der Übereignung erst 17 Jahre alt und damit beschränkt geschäftsfähig (vgl. § 106 BGB). Eine Genehmigung der Eltern hat nicht stattgefunden (§ 107 BGB). K hat das Gemälde an den gutgläubigen D weiterverkauft und übereignet (§§ 929 S. 1, 932 I BGB). Die Eltern verlangen nun im Namen des V von D das Bild heraus.

　　V könnte, vertreten durch seine Eltern, gegen D einen Herausgabeanspruch aus § 985 BGB haben. Dazu müsste er im Zeitpunkt der Anspruchstellung Eigentümer sein und D dürfte kein Recht zum Besitz haben.
　　Ursprünglich war V Eigentümer des Bildes. Dieses Eigentum hat er jedenfalls nicht durch die „Übereignung" an K verloren, weil diesem Übereignungsgeschäft die Minderjährigkeit und die nicht gegebene Genehmigung der Eltern entgegenstanden (der Eigentumsverlust ist nicht lediglich rechtlich vorteilhaft).

---

[1310] *Kipp*, in: FS für v. Martitz, 1911, 211, 220; *Wolf/Neuner*, AT, § 41 Rn 143.
[1311] Vgl. nur *Ellenberger*, in: Palandt, Überbl v § 104 Rn 35; *Wolf/Neuner*, AT, § 41 Rn 143.

V hat das Eigentum an dem Bild aber dann verloren, wenn D das Eigentum an dem Bild gem. §§ 929 S. 1, 932 BGB gutgläubig von K erworben hat. Diesem gutgläubigen Eigentumserwerb liegt jedenfalls kein Abhandenkommen i.S.v. § 935 BGB i.V.m. § 828 BGB analog entgegen, da bei V die erforderliche Einsichtsfähigkeit zur willentlichen Weggabe des Bildes anzunehmen ist. Einem gutgläubigen Erwerb könnten aber zwei andere Gründe entgegenstehen:

⇨ Kennt D die Minderjährigkeit des V, kennt er damit gleichzeitig die Nichtigkeit der Übereignung V auf K. Denn dann weiß er, dass K nicht Eigentümer des Bildes sein kann, und ist dementsprechend nicht gutgläubig in Bezug auf die Eigentümerstellung des K (§ 932 II BGB).

⇨ Kennt D dagegen nicht die Minderjährigkeit des V, dafür aber die Anfechtbarkeit der Übereignung V auf K, kann V das Bild nur dann gem. § 985 BGB vindizieren, wenn er das Übereignungsgeschäft mit K wegen arglistiger Täuschung des K anficht. Denn D konnte zwar hinsichtlich der ihm nicht bekannten Minderjährigkeit des V gutgläubig Eigentum erwerben, dieser gutgläubige Erwerb ist aber gem. §§ 932 II, 142 II BGB ausgeschlossen, weil D die Anfechtbarkeit der Übereignung V auf K kannte und die Anfechtung auch erfolgt ist.

## F. Die Anfechtungsgründe im BGB AT

**1292**  Die möglichen Anfechtungsgründe des BGB AT sind in den §§ 119, 120 und 123 BGB normiert. Geordnet nach Art und Inhalt sind folgende Anfechtungsgründe voneinander zu unterscheiden:

⇨ Fehler bei der Willens<u>äußerung</u>

> ⇨ **Erklärungsirrtum**, § 119 I Var. 2 BGB
>
> ⇨ **Inhaltsirrtum**, § 119 I Var. 1 BGB
>
> ⇨ **Falsche Übermittlung**, § 120 BGB

Diesen Anfechtungsgründen ist gemeinsam, dass trotz Auslegung das objektiv Erklärte vom subjektiv Gewollten abweicht.

⇨ Fehler bei der Willens<u>bildung</u>

> ⇨ **Eigenschaftsirrtum**, § 119 II BGB ⇨

Hier stimmen zwar Wille und Erklärtes überein, jedoch ist bei der Willensbildung ein Fehler unterlaufen; es liegt ein ausnahmsweise beachtlicher Motivirrtum vor.

> ⇨ **arglistige Täuschung**, § 123 I Var. 1 BGB
>
> ⇨ **widerrechtliche Drohung**, § 123 I Var. 2 BGB

Auch hier stimmen Wille und Erklärtes überein, jedoch liegt der Willensbildung eine Täuschung oder widerrechtliche Drohung zugrunde.

## I. Die Anfechtung wegen Irrtums

**1293**  Liegt einer der vier in §§ 119 und 120 BGB genannten Irrtümer vor, ist der Betroffene zur Anfechtung berechtigt. Alle anderen Fälle des einseitigen Irrtums, insbesondere der **Motivirrtum** (dazu sogleich), berechtigen **nicht** zur Anfechtung nach Maßgabe dieser Vorschriften.

**1294**  **Irrtum** ist das unbewusste Auseinanderfallen von objektiv Erklärtem und subjektiv Gewolltem.

**1295**  Das Kriterium des *unbewussten* Auseinanderfallens spielt für die Abgrenzung zu den §§ 116-118 BGB eine Rolle, die gerade nicht zur Anfechtung berechtigen.

**1296**  Ob jedoch im konkreten Fall das objektiv Erklärte und das subjektiv Gewollte auseinanderfallen, ist durch **Auslegung** (§§ 133, 157 BGB) zu ermitteln. Hat nämlich der Erklärungsempfänger die Erklärung nach Treu und Glauben unter Berücksichtigung der Verkehrssitte und der Umstände des Einzelfalls so verstanden oder musste er sie so verstehen, wie sie der Erklärende verstanden wissen wollte, gilt die Erklärung auch mit dieser Bedeutung. Für eine Anfechtung wegen Irrtums ist dann kein Raum. Es gilt der allgemein anerkannte Grundsatz:

**1297**  **Auslegung vor Anfechtung**

**1298**  Bevor also eine Anfechtung wegen Irrtums geprüft wird, ist vorab durch Auslegung zu ermitteln, ob das Erklärte und das Gewollte tatsächlich auseinanderfallen.

**1299**  **Beispiel:** Der Deutsche D möchte vom Amerikaner A 1.000 Computerfestplatten kaufen. Dazu bittet D den A, ihm ein Angebot zuzusenden. In diesem Angebot verschreibt sich A und bietet dem D die Festplatten statt für 50.000,- € für 50.000,- $ an. Dieses Angebot nimmt D sofort an, weil der Wechselkurs 1,- € zu 1,35 $ steht, er also somit nur rund 37.037,- € zahlen muss. A verlangt demgegenüber Zahlung von 50.000,- €, weil die Parteien ihre Geschäfte bislang stets in € abgewickelt hätten und es daher für D klar gewesen sei, dass A auch dieses Mal € gemeint habe.

In Betracht kommt eine Anfechtung wegen Erklärungsirrtums, § 119 I Var. 2 BGB. Voraussetzung für eine Irrtumsanfechtung wäre das Vorliegen eines Irrtums, mithin ein unbewusstes Auseinanderfallen von gewollter und wirksam gewordener Erklärung. Vorliegend kannte D den wirklichen Willen des A oder hätte diesen zumindest kennen müssen. Er konnte das Angebot daher nur dahingehend verstehen, dass A ihm die Festplatten trotz des (für ihn aus den vorigen Kontakten erkennbaren) Schreibfehlers für 50.000,- € anbot. Die Auslegung nach dem insoweit maßgeblichen objektiven Empfängerhorizont (vgl. Rn 406 ff.) ergibt daher, dass vorliegend kein Irrtum und damit auch kein Anfechtungsrecht gegeben ist. Vielmehr ist ein Vertrag zwischen D und A über 1.000 Festplatten zu einem Preis von 50.000,- € zustande gekommen. Insoweit gilt auch hier: *falsa demonstratio non nocet* (vgl. dazu ausführlich Rn 408, 413 und 416).

**1300** Liegt aber ein Irrtum vor, spielt es für die Berechtigung zur Anfechtung keine Rolle, ob der Irrtum vermeidbar oder vom Erklärungsempfänger erkennbar war. Mittels Anfechtung kann sich der Irrende von seiner Erklärung lösen.

**1301** **Beispiel:** Im Beispiel von Rn 1299 gingen D und A im Vorgespräch nicht näher auf den Preis ein. D bat den A nur, ihm ein Angebot zuzusenden. In diesem Angebot verschreibt sich A und bietet dem D die Festplatten statt für 50.000,- € für 50.000,- $ an. D nimmt das Angebot sofort an.

Dieser Fall unterscheidet sich vom obigen dahingehend, dass D hier den wirklichen Willen des A nicht kannte und nach Treu und Glauben unter Berücksichtigung der Verkehrssitte das Angebot so, wie es ihm von A zugesendet worden war, verstehen durfte. Daher ist zunächst ein wirksamer Kaufvertrag zwischen D und A über 1.000 Festplatten zum Preis von 50.000,- $ zustande gekommen. Da A subjektiv aber etwas anderes erklären wollte, kann er den Kaufvertrag nach § 119 I Var. 2 BGB anfechten.

**1302** Ergibt die Auslegung, dass die beiderseitigen Erklärungen *weder* im objektiven *noch* im subjektiven Tatbestand übereinstimmen, liegt ein **versteckter Dissens** (§ 155 BGB) vor mit der Folge, dass wegen des Einigungsmangels schon gar kein Vertragsschluss vorliegt (dazu Rn 443, 504). Zwar unterliegt der Erklärende auch im Fall des versteckten Dissenses typischerweise einem Irrtum, er irrt sich aber nicht über die *eigene* Erklärung, sondern über die seines Geschäftsgegners. Der Erklärende nimmt also irrigerweise an, dass beide Erklärungen korrespondieren. Die Abgrenzung zwischen Irrtum und Dissens ist durch Auslegung unter sorgfältiger Würdigung aller Umstände zu bestimmen.[1312]

Eine Anfechtung scheidet auch dann (und zwar mangels Irrtums) aus, wenn der Erklärende eine Erklärung *in dem Bewusstsein* abgibt, ihren Inhalt nicht zu kennen.[1313]

Wer zum **Beispiel** einen Vertrag *ungelesen* unterschreibt, hat i.d.R. kein Anfechtungsrecht.[1314] Hat sich der Unterzeichnende dagegen eine bestimmte Vorstellung vom Inhalt der Urkunde gemacht, kann er seine Erklärung anfechten, sofern der Erklärungsinhalt von seinen Vorstellungen abweicht.[1315]

**1303** Schließlich berechtigt der **Motivirrtum** nicht zur Anfechtung nach §§ 119 I, 120 BGB. Ein Motivirrtum liegt vor, wenn der Erklärende irrtümlich von einem für die Bildung des

---

[1312] *Ellenberger*, in: Palandt, § 119 Rn 8.
[1313] *Ellenberger*, in: Palandt, § 119 Rn 9.
[1314] OLG Hamm NJW-RR 1991, 1141.
[1315] BGH NJW 1995, 190, 191; *Ellenberger*, in: Palandt, § 119 Rn 9.

*Geschäftswillens* bedeutsamen falschen Umstand ausgeht. Es besteht also keine Diskrepanz zwischen Wille und Erklärung; vielmehr ist dem Erklärenden im Vorfeld der Erklärung, und zwar bei der Willens*bildung*, ein Irrtum unterlaufen. Ein solcher **Irrtum im Beweggrund** kann grundsätzlich nichts an der vertraglichen Risikozuordnung ändern und ist daher i.d.R. **unbeachtlich.**

**Beispiele für unbeachtliche Motivirrtümer:**

**(1)** Irrtum des Verkäufers bzw. Käufers über den Wert der Sache

**(2)** Irrtum des Bürgen über die Zahlungsfähigkeit des Hauptschuldners und die damit verbundene Erwartung, der Bürgschaftsfall werde nicht eintreten

**(3)** Anerkenntnis einer (in Wirklichkeit nicht bestehenden) Verpflichtung in der irrigen Annahme, sie bestehe

**(4)** Irrtum über die Entwicklung der Kaufkraft des Geldes

**(5)** Fehler bei der Kalkulation, sofern dem Gegner lediglich das Ergebnis der Berechnung mitgeteilt, nicht aber die Kalkulation offengelegt wird (sog. **verdeckter Kalkulationsirrtum**).[1316] Zum Kalkulationsirrtum vgl. ausführlich Rn 1328 ff.

**1304** Nur *ausnahmsweise* berechtigt ein Motivirrtum in gesetzlich geregelten Fällen der arglistigen Täuschung (§ 123 I Var. 1 BGB) und ggf. des Eigenschaftsirrtums (§ 119 II BGB) zur Anfechtung (vgl. dazu Rn 1370 ff./1343 ff.).[1317]

## 1. Der Erklärungsirrtum, § 119 I Var. 2 BGB

**1305** Das BGB regelt in § 119 I sowohl den Erklärungs- als auch den Inhaltsirrtum. Beiden Irrtümern ist gemeinsam, dass jeweils das subjektiv Gewollte und das objektiv Erklärte auseinanderfallen. Jedoch unterscheiden sie sich wie folgt:

**1306** ▪ Im Fall des **Inhaltsirrtums** (§ 119 I Var. 1 BGB) gibt der Erklärende eine Erklärung ab, die objektiv etwas anderes bedeutet als innerlich gemeint war.

**Beispiel:** Bestellt ein Gast einen Palatschinken, also einen Eierkuchen, im Glauben, es handele sich um geräuchertes Schweinefleisch, irrt er über die Bedeutung oder Tragweite (also den Inhalt) seiner Erklärung.

Kennzeichen eines Inhaltsirrtums ist also das unbewusste **Auseinanderfallen von subjektiv Gewolltem und objektiv Erklärtem.**[1318]

**1307** ▪ Beim **Erklärungsirrtum** (§ 119 I Var. 2 BGB) ist sich der Erklärende über die Worte und Zeichen, die er benutzt, nicht im Klaren; er setzt **ein anderes Erklärungszeichen als gewollt**. Der Erklärungsirrtum bezieht sich also nicht wie der Inhaltsirrtum auf das Stadium der Willens*bildung*, sondern auf das Stadium der Willens*äußerung*. Gleichwohl weicht auch hier das objektiv Erklärte vom subjektiv Gewollten ab. Vom Erklärungsirrtum erfasst werden in erster Linie Fälle des Sichversprechens, Sichverschreibens, Sichvertippens, Sichvergreifens, Sichverklickens etc.[1319]

**Beispiele:**

**(1)** A, Inhaberin einer Modeboutique, möchte beim Großhändler G 100 Seidenschals bestellen. Bei der Bestellung vertippt sie sich jedoch, sodass bei G eine Bestellung von 1000 Schals eingeht.

**(2)** B, Inhaber eines Kiosks, vergreift sich beim Wechselgeld und gibt statt eines 10-€-Scheins einen 20-€-Schein heraus.[1320]

---

[1316] Allg. Auffassung, vgl. nur BGH NJW 2002, 2312, 2313; *Wolf/Neuner*, AT, § 41 Rn 79.

[1317] Weitere Ausnahmen bestehen auch im Erbrecht: §§ 1949 I, 2078 II, 2079, 2308 BGB. Regelmäßig gehen die Anfechtungsgründe des BGB AT in diesen speziellen und zugleich umfassenden Anfechtungsgründen auf.

[1318] Vgl. auch *Armbrüster*, in: MüKo, § 119 Rn 56 f.

[1319] *Ellenberger*, in: Palandt, § 119 Rn 10; *Wolf/Neuner*, AT, § 41 Rn 38; *Boecken*, AT, Rn 509.

[1320] An diesem Beispiel wird noch einmal deutlich, dass ausnahmsweise auch die dingliche Einigungserklärung Gegenstand eines Irrtums und daher auch einer Anfechtung sein kann (Rn 1274).

**(3)** C möchte über die Internetseite des V eine Computermaus bestellen und klickt aus Versehen auf den benachbarten Bestell-Button, der einer Tastatur zugeordnet ist.

> **Hinweis für die Fallbearbeitung:** Eine Abgrenzung zwischen Inhalts- und Erklärungsirrtum kann im Einzelfall sehr schwierig sein. Aufgrund ihrer Gemeinsamkeit (das subjektive Gewollte und das objektiv Erklärte fallen auseinander), aufgrund derselben Anfechtungsfrist (§ 121 BGB) und aufgrund derselben Rechtsfolge (Nichtigkeit von Anfang an, § 142 I BGB) kann eine Zuordnung in Zweifelsfällen aber auch dahinstehen.

1308

Ein Fall des Erklärungsirrtums liegt auch dann vor, wenn ein **Blankett** abredewidrig ausgefüllt wird. Der Unterschied zu dem Fall, dass der Betroffene einen Vertrag ungelesen unterzeichnet (s.o.) besteht darin, dass sich der Unterzeichnende – aufgrund der vorherigen Abrede mit dem Ermächtigten – regelmäßig bestimmte Vorstellungen über den (künftigen) Inhalt des Schriftstücks gemacht hat. Damit enthält das abredewidrig ausgefüllte Blankett also gerade *nicht* die Erklärung, die eigentlich vom Unterzeichnenden gewollt war. Da er jedoch das unterzeichnete Blankett freiwillig aus der Hand gab und eine abredewidrige Ausfüllung niemals ausgeschlossen werden kann, ist die Anfechtung gegenüber einem gutgläubigen Dritten nach dem Rechtsgedanken der §§ 172 II, 173 BGB ausgeschlossen.[1321]

1309

**Beispiel:** K möchte von seinem (bisherigen) Freund V das Auto kaufen. Da sich die beiden aber noch nicht über den genauen Kaufpreis einig sind, K jedoch eine Auslandsreise antreten muss, schickt er dem V schon einmal einen blanko unterschriebenen Bankscheck zu. V solle dann nach erzielter Einigung den vereinbarten Kaufpreis einsetzen. V setzt jedoch abredewidrig einen um 1.000,- € höheren Betrag ein und löst den Scheck bei der Bank ein.

1310

Im Verhältnis zu V bedarf es keiner Anfechtung, da bereits die Auslegung ergibt, dass das Gewollte gilt. V ist auch nicht schutzwürdig.

Im Verhältnis zur Bank liegt zwar ein Erklärungsirrtum vor, allerdings ist K hier nicht schutzwürdig, da er hinsichtlich der Hingabe des blanko unterschriebenen Schecks grob fahrlässig handelte. Wer einen Blanko-Scheck in den Verkehr bringt, muss damit rechnen, dass dieser abredewidrig ausgefüllt wird. Wegen der hier vergleichbaren Interessenlage zur Vollmachtsurkunde ist die Anfechtung gegenüber der gutgläubigen Bank nach dem Rechtsgedanken der §§ 172 II, 173 BGB ausgeschlossen.

Wie das Beispiel (3) von Rn 1307 vermuten lässt, sind die Irrtumsregeln (und damit auch die über den Erklärungsirrtum) auch auf Rechtsgeschäfte anwendbar, die im **Internet** geschlossen werden.

1311

**Beispiel:** Verbraucher K möchte über die Internetseite des V eine Computermaus bestellen und klickt aus Versehen auf den benachbarten Bestell-Button, der einer Tastatur zugeordnet ist. Daraufhin schließt K die Bestellung ab, ohne seinen Fehler zu bemerken. Nachdem er eine Bestätigungsmail über den Kauf einer Tastatur erhalten hat, erkennt K, dass er sich offenbar verklickt hat.

Unbeschadet des K zustehenden verbraucherschützenden Widerrufsrechts[1322] kommt ein Anfechtungsrecht gem. § 119 I BGB in Betracht: Ursprünglich wollte K eine Willenserklärung in Bezug auf den Kauf einer Computermaus abgeben. Versehentlich hat er jedoch auf den Bestell-Button geklickt, der einer Tastatur zugeordnet war. K hat also objektiv etwas anderes erklärt, als er subjektiv erklären wollte. Er hat sich über die Bedeutung des

---

[1321] BGHZ 40, 65, 68; 40, 297, 305; *Einsele*, in: MüKo, § 126 Rn 11; *Wolf/Neuner*, AT, 50 Rn 100 ff.; *Brox/Walker*, AT Rn 422; *Stadler*, AT, § 25 Rn 25; *Ellenberger*, in: Palandt, § 119 Rn 10.
[1322] Vgl. dazu oben Rn 382 und ausführlich *R. Schmidt*, SchuldR AT, Rn 968 ff.

Bestell-Buttons, den er angeklickt hat, geirrt. Diese Fehlvorstellung berechtigt zur Anfechtung nach § 119 I Var. 2 BGB. Erklärt K die Anfechtung, muss er dem V gem. § 122 I BGB aber den Vertrauensschaden (dazu Rn 1468) ersetzen.

Weiterführender Hinweis: Sollte die Tastatur bereits ausgeliefert worden sein, bevor K seinen Irrtum bemerkt, kann V bei erfolgter Anfechtung durch K wegen der in § 142 I BGB angeordneten Nichtigkeitsfolge die Tastatur nach § 812 I S. 2 Var. 1 BGB herausverlangen.

**1312** **Kein Irrtum** liegt vor, wenn der Erklärende überhaupt nicht die Absicht hatte, eine Willenserklärung abzugeben. In diesem Fall gelten die Grundsätze über das **Fehlen des Erklärungsbewusstseins** (vgl. dazu Rn 252 ff.).

**Beispiel:** Anton nimmt an der Mitgliederversammlung seines Schützenvereins teil. Dort laufen zwei Unterschriftenlisten um, eine mit einer Glückwunschadresse für den langjährigen Vorsitzenden, die andere mit einer Sammelbestellung für ein Abonnement einer Sportschützenzeitschrift. A will die Glückwunschadresse unterschreiben, unterzeichnet jedoch versehentlich die Bestellung. Der Verlag verlangt Bezahlung, weil ein Abonnementvertrag zustande gekommen sei.

A wollte keine rechtlich erhebliche Erklärung abgeben und hatte daher auch **kein Erklärungsbewusstsein**. Auf dem Boden der h.M. ist ihm sein Verhalten dennoch als Willenserklärung zuzurechnen. Denn wer ein Schriftstück unterzeichnet, hat die Möglichkeit, sich zu vergewissern, worum es sich handelt.

Dies gilt umso mehr, wenn der Erklärende weiß oder Grund zur Annahme hat, dass sich unter den vorgelegten Schriftstücken auch solche befinden, die eine rechtsgeschäftliche Erklärung enthalten.

A muss sich daher die durch seine Unterschrift gedeckte Erklärung zurechnen lassen. Er kann sie jedoch gem. **§ 119 I Var. 1 BGB** unter Beachtung der Frist des § 121 I BGB anfechten mit der Folge, dass er analog § 122 BGB den Vertrauensschaden ersetzen muss.

**1312a** Zur **Kausalität** zwischen Irrtum und Abgabe der Willenserklärung vgl. Rn 1364.

## 2. Der Inhaltsirrtum, § 119 I Var. 1 BGB

### a. Der Inhaltsirrtum i.e.S. (Irrtum über den Erklärungsinhalt)

**1313** Wie bereits gesagt, liegt ein Inhaltsirrtum vor, wenn der Erklärende eine Erklärung abgibt, die objektiv etwas anderes bedeutet als innerlich gemeint war. Der Erklärende irrt über die Bedeutung oder Tragweite seiner Erklärung. **Objektiver und subjektiver Erklärungstatbestand fallen auseinander** (Rn 1306).

**1314** **Beispiel**[1323]**:** Hotelier H bestellt bei D 500 Gros Toilettenpapier und glaubt dabei, Gros sei die Größenbezeichnung für „groß". Tatsächlich bedeutet Gros aber ein Dutzend mal ein Dutzend, also 144 Stück. Nachdem 72.000 Rollen Toilettenpapier angeliefert worden sind, erkennt H seinen Irrtum.

Hier hat H objektiv etwas anderes erklärt, als er subjektiv meinte. Er hat sich über die Bedeutung der Bezeichnung Gros geirrt. Diese Fehlvorstellung berechtigt zur Anfechtung nach § 119 I Var. 1 BGB. H muss dem D gem. § 122 I BGB aber den Vertrauensschaden ersetzen, sofern D nicht die Anfechtbarkeit kannte oder (aufgrund der ungewöhnlich großen Menge) kennen musste (§ 122 II BGB).

Rechtsfolge einer erfolgreichen Anfechtung ist die in § 142 I BGB angeordnete Nichtigkeit mit Wirkung von Anfang an (ex tunc). D kann also die 72.000 Rollen Toilettenpapier nach § 812 I S. 1 Var. 1 BGB bzw. nach § 812 I S. 2 Var. 1 BGB herausverlangen.[1324]

---

[1323] Vgl. LG Hanau NJW 1979, 721. Weitere Beispiele von Inhaltsirrtümern finden sich bei Rn 1306 und 1317 ff.
[1324] Zur Frage, ob sich H wenigstens auf das Gewollte einlassen muss, vgl. Rn 1466.

> **Hinweis für die Fallbearbeitung:** Hinsichtlich von Fällen der vorliegenden Art gilt, 1315
> dass der Prüfungseinstieg nicht systematisch, sondern über die gewünschte Rechts-
> folge erfolgt. Sofern eine Partei z.B. das Geleistete zurückverlangt, erfolgt der Einstieg
> in die Prüfung – abhängig davon, ob nur das Verpflichtungsgeschäft oder auch das
> Verfügungsgeschäft nichtig ist – entweder über das Bereicherungsrecht oder über den
> Vindikationsanspruch gem. § 985 BGB. Erst in einem zweiten Schritt ist der Grund für
> die Nichtigkeit des Verpflichtungs- bzw. Verfügungsgeschäfts festzustellen.

Ein Inhaltsirrtum i.e.S. ist also immer dann gegeben, wenn der Erklärende einer Fehlvor- 1316
stellung über die objektive Bedeutung eines von ihm verwendeten Erklärungszeichens
(Wort, Zeichen) unterliegt. Daher wird dieser Irrtum gelegentlich auch **Bedeutungsirr-
tum** oder **Verlautbarungsirrtum** genannt. Ein solcher kommt namentlich in Betracht,
wenn der Erklärende Fremdsprachen oder Fachausdrücke verwendet, die er nicht beherrscht[1325] („terminologische Falschbezeichnung").

> **Beispiel:** B möchte seine Hofeinfahrt pflastern. Hierzu bestellt er beim Baustoffhändler H 1317
> Pflastersteine im Farbton Grau, wobei er davon ausgeht, dunkelgraue Steine geliefert zu
> bekommen. Als eine Woche später mittelgraue Steine geliefert werden, stellt sich heraus,
> dass B einer Fehlvorstellung unterlegen ist. Hätte er Pflastersteine im gewünschten Farb-
> ton haben wollen, hätte er den Farbton Anthrazit wählen müssen. Dass bei Pflastersteinen
> nach der Fachterminologie zwischen den Farbtönen Grau und Anthrazit unterschieden
> wird, war B nicht bekannt.
>
> Hier kann B seine Willenserklärung in gleicher Weise anfechten, wie es G des letzten Bei-
> spiels konnte. Auch hinsichtlich der Rechtsfolge gilt dasselbe.

Da sich ein Inhaltsirrtum auf alle rechtlich relevanten Inhalte einer Erklärung beziehen 1318
kann, werden herkömmlicherweise folgende (weitere) Fallgruppen unterschieden[1326]:

- Irrtum über den **Geschäftstyp**
- Irrtum über die **Identität des Geschäftspartners oder -gegenstands**
- Irrtum über die **Rechtsfolgen des Geschäfts**
- Irrtum über die **Kalkulationsgrundlage**

## b. Der Irrtum über den Geschäftstyp

Ein Irrtum über den Geschäftstyp (auch Irrtum über die Geschäftsart genannt) liegt vor, 1319
wenn sich der Wille des Erklärenden auf die Herbeiführung eines anderen Vertragstyps
bezieht als er objektiv zum Ausdruck gebracht hat (error in negotio).[1327] Die Anfechtbarkeit wegen Inhaltsirrtums ist damit zu begründen, dass die Rechtswirkungen des tatsächlich abgeschlossenen Geschäfts wesentlich von denen des gewollten Geschäfts abweichen. Typischer Fall ist, dass jemand einen Gegenstand „verleiht" (§ 598 BGB) in der
Annahme, hierfür ein Entgelt zu bekommen, er also in Wahrheit einen Mietvertrag (§ 535
BGB) abschließen wollte. Einem Irrtum über den Geschäftstyp unterliegt auch, wer objektiv ein Schenkungsangebot (§ 516 BGB) unterbreitet, subjektiv aber verkaufen (§ 433
BGB) will.[1328]

> **Beispiel[1329]:** H erzählt auf einer „Tupperparty", dass ihre Mischlingshündin namens Kia 1320
> Welpen bekommen habe und sie nicht wisse, was sie mit den 6 Welpen machen solle.
> Wenn A wolle, könne sie einen Hund haben. Nach einiger Überlegung geht A am nächsten
> Tag zu H. Diese sagt ihr, sie solle sich einen Welpen aussuchen, was A auch tut. Beide

---

[1325] Vgl. *Hefermehl*, in: Soergel, § 119 Rn 22; *Ellenberger*, in: Palandt, § 119 Rn 11; *Stadler*, AT, § 25 Rn 27.
[1326] *Wolf/Neuner*, AT, § 41 Rn 43 ff.; *Ellenberger*, in: Palandt, § 119 Rn 12 ff.
[1327] *Stadler*, AT, § 25 Rn 34.
[1328] *Wolf/Neuner*, AT, § 41 Rn 44.
[1329] In Anlehnung an *Stadler*, AT, § 25 Rn 33-35.

vereinbaren, dass A „ihren" Hund in drei Wochen abholen könne. Als A drei Wochen später mit Halsband und Leine vor H´s Tür steht und den Hund bereits in den Armen hält, verlangt H unter Berufung auf einen Kauf für den Hund 200,- €. Da A davon ausging, den Hund geschenkt zu bekommen, und sie unter keinen Umständen bezahlen will, verlangt H den Hund zurück. Mit Recht?

## I. Anspruch H gegen A auf Herausgabe des Hundes gem. § 985 BGB

H könnte einen Anspruch auf Herausgabe des Hundes gem. § 985 BGB haben. Dazu müsste sie im Zeitpunkt der Anspruchsstellung Eigentümerin gewesen sein und A hätte kein Recht zum Besitz haben dürfen.

Ursprünglich war H Eigentümerin des Hundes. Dieses Eigentum könnte sie aber infolge Übereignung und Übergabe (§§ 929 S. 1, 90a BGB) an A verloren haben. Zwar regelt § 929 BGB die sachenrechtliche Übertragung beweglicher Sachen, die Eigentumsübertragung enthält jedoch auch das Element der (dinglichen) Einigung, dass das Eigentum übergehen soll. Insoweit gelten die Regeln über Willenserklärungen auch für die sachenrechtliche Einigung.

Vorliegend kann daher mit guten Gründen angenommen werden, dass H nur unter der aufschiebenden Bedingung (§ 158 I BGB) der vollständigen Kaufpreiszahlung der A Eigentum an dem Hund verschaffen wollte. Da diese Bedingung nicht eingetreten ist, hat H – sofern man als Kausalgeschäft einen Kaufvertrag annimmt und die sachenrechtliche Bedingung in diesem Zusammenhang nicht ablehnt – folglich kein Eigentum verloren. Auf dieser Grundlage kann sie den Hund gem. § 985 BGB vindizieren.

Geht man indes nicht von einem Kaufvertrag, sondern von einem Schenkungsvertrag als Kausalgeschäft aus, muss man die Annahme eines aufschiebend bedingten Eigentumserwerbs ablehnen, weil dann eine Übereignung nicht aufschiebend bedingt durch die Kaufpreiszahlung erfolgen kann. In diesem Fall bleibt danach zu fragen, ob H die dingliche Einigung durch Anfechtung vernichten konnte. Es würde aber auf jeden Fall ein Anfechtungsgrund fehlen. Der überhaupt nur in Betracht kommende Anfechtungsgrund wegen Inhaltsirrtums läge in Bezug auf das sachenrechtliche Verfügungsgeschäft nicht vor. Denn H wollte das Eigentum an A übertragen und A durfte dies aufgrund der Umstände auch so verstehen. Ein möglicher Irrtum hinsichtlich des Kausalgeschäfts würde die dingliche Einigung (jedenfalls beim Inhaltsirrtum) nicht berühren (Trennungs- und Abstraktionsprinzip!). Demzufolge hätte H das Eigentum an A verloren, § 985 BGB auf Herausgabe des Hundes wäre dann **nicht** gegeben.

## II. Anspruch H gegen A auf Herausgabe des Hundes gem. § 812 I BGB

Zu prüfen bleibt in jedem Fall ein Anspruch auf Herausgabe (je nach Befolgung der einen oder anderen der o.g. Auffassungen entweder auf Besitzverschaffung oder auf Rückübereignung) des Hundes.

A hat „etwas erlangt", nämlich Besitz bzw. Eigentum und Besitz bzgl. des Hundes, und zwar durch „Leistung" i.S.d. § 812 I BGB.

Als Rechtsgrund, der für einen Anspruch aus § 812 I BGB fehlen müsste, kommt entweder ein Kaufvertrag (§ 433 BGB) oder ein Schenkungsvertrag (§ 516 BGB) in Betracht.

H hat bei der Übergabe des Hundes nicht ausdrücklich gesagt, ob sie der A das Tier schenken oder verkaufen wolle. Die Erklärung ist somit aus der objektivierten Sicht der A auszulegen, §§ 133, 157 BGB. Aus den vorangegangenen Äußerungen der H konnte A schließen, dass H die Welpen in jedem Fall abgeben wollte, da sie selbst offenbar keine Verwendung für die Tiere hat. Aufgrund dieser Umstände musste A die Erklärung der H als Angebot zur Schenkung, also zur unentgeltlichen Überlassung des Welpen, verstehen, zumal H auch nichts hinsichtlich eines Preises gesagt hatte und es sich bei den Hunden auch nicht um „Rassehunde" handelt, bei denen eine kostenlose Abgabe wohl kaum in Betracht kommen dürfte. A konnte also nicht ohne weiteres ersehen, dass H das Tier nur gegen Entgelt abgeben wolle. Mithin war die Erklärung der H aus der maßgeblichen Sicht eines objektiven Dritten in der Rolle der Empfängerin A als ein Angebot zum Abschluss eines Schenkungsvertrags zu verstehen; dieses Angebot hat A angenommen (§ 518 II BGB heilt die fehlende Form). Im Ergebnis liegt damit ein Schenkungsvertrag vor.

Diese *Causa* könnte gem. § 142 I BGB nichtig sein. Als Nichtigkeitsgrund kommt eine Irrtumsanfechtung der H in Betracht. Die Anfechtungserklärung gem. § 143 BGB kann in dem Herausgabeverlangen erblickt werden. Es müsste aber auch ein Anfechtungsgrund bestehen. In Betracht kommt ein Inhaltsirrtum gem. § 119 I Var. 1 BGB in Form eines Irrtums über den Geschäftstyp.

Da der objektivierte Empfängerhorizont entscheidet, durfte A auf eine Schenkung schließen, obwohl H von einem Kauf ausging (s.o.). Wenn H den Willen hatte, das Tier nur gegen Entgelt abzugeben, hätte sie dies zum Ausdruck bringen müssen. Insoweit weicht das von ihr objektiv Erklärte („Schenkung") von ihrem Willen („Kauf") ab. Mithin liegt ein Irrtum über den Geschäftstyp vor.

H kann daher ihre Willenserklärung in Bezug auf den Schenkungsvertrag wegen Inhaltsirrtums anfechten. Der Schenkungsvertrag ist aufgrund der Anfechtung nichtig. Damit fehlt der Rechtsgrund für die Übereignung. A ist verpflichtet, nach § 812 I S. 2 Var. 1 BGB den Welpen zurückzuübereignen. Ob H umgekehrt der A zum Schadensersatz verpflichtet ist (§ 122 I BGB), ist eine Tatfrage.

## c. Der Irrtum über die Identität des Geschäftspartners oder des Geschäftsgegenstands

Irrt der Erklärende über die Identität (nicht die Eigenschaften!) des Geschäftsgegners oder -gegenstands, liegt ein sog. Identitätsirrtum vor. Bei einem solchen error in persona oder error in objecto meint der Erklärende, eine andere Person oder Sache (i.S. einer Individualisierung) bezeichnet zu haben, als er in seiner Erklärung tatsächlich bezeichnet hat. **1321**

> **Beispiel für einen error in persona:** A will den ihm bekannten Malermeister Meier 1 beauftragen und beauftragt irrtümlicherweise den Malermeister Meier 2, da er im Telefonbuch übersieht, dass es zwei gleichnamige Malermeister gibt, und er meint, mit Meier 1 zu sprechen.
>
> In diesem Fall hat A seinen Geschäftsgegner falsch individualisiert. Ihm kommt daher ein Anfechtungsrecht nach § 119 I Var. 1 BGB zu.
>
> **Beispiel für einen error in objecto:** Der aus Kiel stammende B ist auf Geschäftsreise in Köln und will abends in einem Restaurant noch eine Kleinigkeit essen. Er bestellt den an der Speisetafel angebotenen „halven Hahn". Dabei ist er im Glauben, es handele sich um ein halbes Hähnchen. In Wahrheit ist „halver Hahn" aber der rheinische Ausdruck für ein Roggenbrötchen mit Käse.
>
> In diesem Fall hat sich B in Bezug auf den Geschäftsgegenstand geirrt.

Die Grenzen zwischen einem Identitätsirrtum als Unterfall des § 119 I Var. 1 BGB und einem **Eigenschaftsirrtum** nach § 119 II BGB (dazu Rn 1343) sind fließend. Da dieselben Rechtsfolgen gelten und auch dieselbe Anfechtungsfrist zu beachten ist, könnte eine Unterscheidung an sich dahinstehen. Dennoch ist eine Unterscheidung bedeutsam, und zwar im Hinblick auf das **Gewährleistungsrecht**, das nur mit dem Eigenschaftsirrtum, nicht auch mit dem Inhaltsirrtum in Konkurrenz steht: Während eine Anfechtung nach § 119 I BGB immer zulässig ist, kann das Anfechtungsrecht wegen Eigenschaftsirrtums gem. § 119 II BGB in diesen Fällen nur beschränkt geltend gemacht werden (dazu Rn 1343). Beim Eigenschaftsirrtum sind im Gegensatz zum Identitätsirrtum der Geschäftsgegenstand oder der Vertragspartner körperlich zutreffend ausgewählt, aber ihnen fehlen bestimmte, zugeschriebene Eigenschaften. **1322**

> **Beispiel:** A telefoniert mit B und bietet ihm den Mops namens *Frank* zum Kauf an. B nimmt das Angebot in der (irrigen) Annahme an, dass es sich bei dem Mops um den Hund handelt, der in dem Film „Men in Black II" eingesetzt wurde. **1323**

In diesem Fall diente der Name des Hundes als Identifizierungsmerkmal der Kaufsache. Es liegt daher ein Irrtum über die Identität des Hundes vor (also ein error in objecto), der zur Anfechtbarkeit nach § 119 I Var. 1 BGB führt.

**Abwandlung:** B ist bei A zu Besuch. Bei dieser Gelegenheit stellt A den Mops namens *Frank* vor und bietet ihn B zum Kauf an. B nimmt das Angebot in der (irrigen) Annahme an, dass es sich bei dem Mops um den Hund handelt, der in dem Film „Men in Black II" eingesetzt wurde.

In diesem Fall wurde der Mops bereits durch seine Anwesenheit als Kaufgegenstand individualisiert. Hier bildete die irrige Annahme lediglich das Motiv des B, den (zuvor schon individualisierten) Hund zu kaufen. In diesem Fall hätte B aber ein grundsätzliches Anfechtungsrecht nach § 119 II BGB, da er sich über eine verkehrswesentliche Eigenschaft geirrt hat. Ob ihm dieses Anfechtungsrecht aber wegen des abschließenden Charakters der Sachmängelhaftung nach §§ 434 ff. BGB letztlich zusteht, hängt davon ab, ob man anderenfalls die fein abgestufte Regelung der Gewährleistungsrechte unterlaufen würde (dazu Rn 1481 ff.).

### d. Der Irrtum über die Rechtsfolgen des Geschäfts

**1324**  Es kommt vor, dass der Erklärende mit einem Rechtsgeschäft eine bestimmte Rechtsfolge verbindet, objektiv dann aber wegen Verkennung der rechtlichen Bedeutung eine andere Rechtsfolge bewirkt. Da aber eine Fehlvorstellung über bestimmte Rechtsfolgen nur selten ganz ausgeschlossen werden kann und daher die (uneingeschränkte) Anerkennung eines Rechtsfolgenirrtums das Anfechtungsrecht ungerechtfertigt erweitern würde, besteht Einigkeit darüber, dass ein Rechtsfolgenirrtum grundsätzlich nicht zur Anfechtung befugt. Ein klassischer Fall eines unbeachtlichen Rechtsfolgenirrtums liegt vor, wenn der Käufer eines Gebrauchtwagens irrig davon ausgeht, die gesetzliche Gewährleistungsfrist betrage (gem. § 438 I Nr. 3 BGB) stets zwei Jahre, während tatsächlich im Rahmen eines Verbrauchsgüterkaufs bei gebrauchten Sachen in den Fällen des § 437 BGB (außer beim Schadensersatz, § 476 III BGB) eine Verkürzung auf ein Jahr nach Ablieferung der Sache (§ 438 I, II BGB) möglich ist, § 476 II BGB. Der Käufer eines Gebrauchtwagens kann also nicht anfechten mit dem Argument, dass er dachte, die Gewährleistungsfrist betrage zwei Jahre, obwohl sie tatsächlich auf ein Jahr verkürzt wurde.

**1325**  Ausnahmsweise ist der Rechtsfolgenirrtum aber beachtlich, wenn sich die Fehlvorstellung nicht auf eine Nebenfolge des Geschäfts beschränkt, sondern sich auf eine wesentlich abweichende Rechtsfolge erstreckt.[1330]

**Beispiel**[1331]**:** V und K schließen einen Kaufvertrag über eine Gaststätte, die sich auf einem gepachteten Grundstück befindet. In dem Vertrag heißt es, dass sich der Vertragsgegenstand auch auf das Zubehör erstrecke. Dabei geht V stillschweigend davon aus, K werde nicht verkennen, dass damit (nur) das fest eingebaute Mobiliar gemeint sei. Tatsächlich glaubt K aber, dass sich der Begriff „Zubehör" auch auf das gesamte bewegliche Zubehör (Geschirr, Bestecke, Kochgeschirr etc.) erstrecke.

Da die Auslegungsregel des § 926 i.V.m. § 97 BGB nicht greift (die Gaststätte als solche ist keine Immobilie, zumal das Grundstück nur gepachtet ist), ist die Willenserklärung des V nach §§ 133, 157 BGB auszulegen. Es ist somit auf den objektiven Empfängerhorizont abzustellen. Demzufolge ergibt sich für V ein Irrtum: Er hat objektiv etwas anderes erklärt, als er subjektiv gemeint hat. Ob dieser sog. Rechtsfolgenirrtum zur Anfechtung gem. § 119 I Var. 1 BGB berechtigt, richtet sich danach, ob sich die Erklärung unmittelbar auf das

---

[1330] *Ellenberger*, in: Palandt, § 119 Rn 15.
[1331] Vgl. *Wolf/Neuner*, AT, § 41 Rn 88; *Medicus/Petersen*, AT, Rn 751.

bewegliche Zubehör bezieht. Das ist wohl anzunehmen. Demnach hat V ein Anfechtungsrecht nach § 119 I Var. 1 BGB wegen eines Irrtums hinsichtlich der Rechtsfolgen seiner Erklärung.

Wiederum unbeachtlich ist ein Rechtsfolgenirrtum, wenn sich die Rechtsfolgen unabhängig vom Willen des Erklärenden, insbesondere kraft Gesetzes oder im Wege ergänzender Vertragsauslegung, ergeben. **1326**

### Beispiele[1332]:

**(1)** V veräußert an K ein größeres Wohnhaus, in dem seit vielen Jahren mehrere Familien zur Miete wohnen. Als K erfährt, dass die Mietverträge auch ihm gegenüber wirksam sind und er kraft Gesetzes in die Vermieterposition des V eintritt (§ 566 I BGB), möchte er den Kaufvertrag anfechten.

Zwar hat sich K über die Rechtsfolgen seiner Erklärung geirrt, dieser Irrtum ist allerdings unbeachtlich, da die Übernahme der Mietverträge mit der Veräußerung des Grundstücks – unabhängig vom Willen der Parteien – gesetzlich angeordnet ist. Es liegt eine mittelbare – nicht in der Erklärung selbst enthaltene – Rechtsfolge vor; eine Anfechtung scheidet somit aus.

**(2)** Gleiches würde umgekehrt auch für den Veräußerer gelten, wenn dieser bspw. meinte, er habe nicht gewusst, dass er auch für Sachmängel hafte, bzw. bei einer schuldhaften Vertragsverletzung zur Zahlung von Schadensersatz verpflichtet sei bzw. im Falle des Verzugs den Verzugsschaden ersetzen müsse.

**(3)** Der BGH hat auch einen unbeachtlichen Rechtsfolgenirrtum in dem Fall angenommen, dass ein Bieter bei einer Zwangsversteigerung bei der Abgabe seines Gebots über das Bestehen von dinglichen Belastungen irrt, weil er von deren Existenz nicht gewusst hat (vgl. bereits Rn 1279a).[1333] Die Entscheidung ist im Ergebnis richtig, denn ließe man bei einer Zwangsversteigerung die Anfechtung wegen bestehender Rechte zu, bestünde eine große Rechtsunsicherheit, die bei Zwangsversteigerungen gerade vermieden werden soll.

**(4)** Ein unbeachtlicher Rechtsfolgenirrtum liegt insbesondere auch dann vor, wenn ein Unternehmer auf ein kaufmännisches Bestätigungsschreiben (Rn 246 und 459) schweigt, weil er sich über die **rechtliche Bedeutung seines Schweigens** geirrt hat (weil er also irrtümlich glaubt, Schweigen habe keine rechtliche Bedeutung). Denn diese Bedeutung des Schweigens beruht unabhängig vom Willen auf dem allgemein anerkannten Handelsbrauch (Gewohnheitsrecht), ein Irrtum hierüber ist unbeachtlich.

**(5)** Etwas **anderes** gilt aber, wenn der Erbe durch Stillschweigen in Unkenntnis seines Ausschlagungsrechts die Erbschaft annimmt (§ 1943 BGB). Dann liegt ein beachtlicher und zur Anfechtung berechtigender Rechtsfolgenirrtum vor.

## e. Der Irrtum über die Kalkulationsgrundlage

Von einem Kalkulationsirrtum spricht man, wenn sich der Erklärende über einen Umstand (z.B. Menge, Größe, Gewicht, Einstandspreis oder Mehrwertsteuerpflichtigkeit), den er seiner Berechnung zugrunde gelegt hat, irrt (er sich also verkalkuliert).[1334] **1327**

**Beispiel:** Nach einer Ortsbesichtigung und Besprechung des genauen Auftrags bietet Malermeister M dem Bauherrn B die Verrichtung der besprochenen Malerarbeiten zu einem Festpreis von 5.000,- € an. B nimmt das Angebot sofort an. Am nächsten Tag bemerkt M jedoch, dass er bei seiner Kalkulation übersehen hat, dass die in zwei Räumen zu verwendende Spezialfarbe im Einkauf dreimal so teuer ist wie normale Farbe.

---

[1332] Beispiele nach *Ellenberger*, in: Palandt, § 119 Rn 16; *Stadler*, AT, § 25 Rn 36 (speziell Bsp. 1).
[1333] BGH NJW 2008, 2442 f. (mit Bespr. v. *K. Schmidt*, JuS 2008, 1036).
[1334] *Wolf/Neuner*, AT, § 41 Rn 71. Vgl. auch *Boecken*, AT, Rn 506.

M reicht daher bei B ein überarbeitetes Angebot ein und verlangt nunmehr 5.500,- €. B ist damit gar nicht einverstanden und verweist auf den bereits geschlossenen Vertrag. Kann M seine ursprüngliche Willenserklärung anfechten? – Rn 1328/1331.

### aa. Sog. verdeckter Kalkulationsirrtum

**1328** War die interne Kalkulation nicht in die Willenserklärung aufgenommen (sog. **verdeckter Kalkulationsirrtum**), liegt nach allgemeiner Auffassung ein **unbeachtlicher Motivirrtum** vor[1335], sodass nicht nur eine Anfechtung wegen Erklärungsirrtums, sondern auch wegen Inhaltsirrtums ausscheidet. Auch eine Anfechtung nach § 119 II BGB scheidet aus, da der Wert einer Leistung keine verkehrswesentliche Eigenschaft darstellt. Der Anbieter trägt also (aus Gründen des Verkehrsschutzes) das Risiko, dass seine Kalkulation zutrifft.

Daher muss auch M des **Beispiels** von Rn 1327 das Risiko seiner Fehlkalkulation tragen. Er kann nicht anfechten, sondern muss den Vertrag so erfüllen, wie er ihn zuvor mit B geschlossen hat: Zu einem Festpreis von 5.000,- €.

**1329** Fraglich ist jedoch, ob das Anfechtungsrecht auch dann ausgeschlossen ist, wenn der Gegner den Kalkulationsirrtum hätte erkennen können oder sogar positiv kannte.

**1330** ▪ Nach einer Minderheitsmeinung[1336] soll in diesem Fall das Anfechtungsrecht analog § 119 I Var. 1 BGB nicht ausgeschlossen sein, da der Empfänger aufgrund seiner Kenntnis bzw. der fahrlässigen Nichtkenntnis nicht schutzbedürftig sei.

**1331** ▪ Demgegenüber versagt die h.M.[1337] dem Erklärenden auch in diesem Fall das Anfechtungsrecht. Sollte der Ausschluss der Anfechtung allerdings im Einzelfall für den Erklärenden unbillige Folgen haben, stelle es eine unzulässige Rechtsausübung (§ 242 BGB) dar, wenn der Gegner das von einem Kalkulationsfehler betroffene Angebot annehme und Vertragsdurchführung verlange, obwohl er den Kalkulationsirrtum gekannt habe bzw. die Kenntnis sich ihm geradezu habe aufdrängen müssen und er daher eine Pflicht aus dem (vorvertraglichen) Schuldverhältnis (§§ 311 II, 241 II BGB) verletzt habe[1338].

Im obigen **Beispiel** wäre das Festhalten des M an seinem Angebot für ihn wohl kaum ruinös. Daher muss er auch für den Fall, dass B den Kalkulationsirrtum kannte oder kennen musste, nach h.M. den Vertrag so durchführen, wie er ihn angeboten hat. Etwas anderes hätte bspw. dann gegolten, wenn es sich um ein weitaus größeres Auftragsvolumen gehandelt und ein Irrtum größeren Ausmaßes vorgelegen hätte.

**1332**

> **Hinweis für die Fallbearbeitung:** Zunächst sollte man die Möglichkeit der Anfechtung prüfen und im Ergebnis verneinen. Sodann sollte man auf die vorvertragliche Pflichtverletzung eingehen, die darin besteht, trotz erkannten Kalkulationsirrtums des anderen Teils den Vertrag geschlossen zu haben. Folge dieser sich aus §§ 311 II, 241 II BGB ergebenden Pflichtverletzung ist Schadensersatz gem. § 280 I S. 1 BGB, der in Folge zu einem Anspruch auf Naturalrestitution (Wiederherstellung des früheren, d.h. wirtschaftlich gleichwertigen Zustands) führt (vgl. § 249 I BGB). Dieser Anspruch führt vorliegend dazu, dass derjenige, der dem Kalkulationsirrtum unterliegt, gegen den anderen Teil, der diesen Kalkulationsirrtum erkennt und ausnutzt, gem. § 242 BGB einen Anspruch auf Freistellung von den Vertragsfolgen hat.

---

[1335] BGHZ 139, 177, 183; NJW 2002, 2312 f.; NJW 2005, 976, 977 (vgl. dazu Rn 1311); BayObLG NJW 2003, 367; *Wolf/Neuner*, AT, § 41 Rn 79; *Brox/Walker*, AT, Rn 426; *Köhler*, AT, § 7 Rn 25; *Stadler*, AT, § 25 Rn 41; *Ellenberger*, in: Palandt, § 119 Rn 18. Vgl. auch BGH NJW 2015, 1513 f.
[1336] *Singer*, JZ 1999, 342 ff; *Wieser*, NJW 1972, 708, 709 f.; RGZ 64, 268; 162, 201.
[1337] BGH NJW 2015, 1513 f.; NJW 2002, 2312 f.; BGHZ 139, 177, 183; BayObLG NJW 2003, 367; *Köhler*, AT, § 7 Rn 25; *Stadler*, AT, § 25 Rn 41; *Brox/Walker*, AT, Rn 426; *Wolf/Neuner*, AT, § 41 Rn 79.
[1338] Zum zuletzt genannten Aspekt vgl. BGH NJW 2015, 1513 f.

## bb. Sog. offener Kalkulationsirrtum

Wieder anders zu beurteilen ist der Fall, wenn die Kalkulationsgrundlage dem anderen Teil offengelegt wird und damit **beide Parteien gemeinsam** von einer bestimmten Kalkulationsgrundlage ausgehen und diese zur **Grundlage ihrer Verhandlungen** gemacht haben (**offener Kalkulationsirrtum**).[1339] Ob und inwieweit der Irrtum korrigiert werden kann, hängt von den Umständen des Einzelfalls ab:  **1333**

- Ergibt die **Auslegung** (§§ 133, 157 BGB), dass die Parteien nicht den ziffernmäßig genannten Preis als maßgeblich erachten, sondern dass eine bestimmte Preisgestaltung (Einzelpreis, Tageskurs etc.) eindeutig im Vordergrund steht, ist die Angabe des falschen Endpreises irrelevant. Insofern gilt auch hier der Auslegungsgrundsatz *„falsa demonstratio non nocet"* (Unschädlichkeit einer Falschbezeichnung). Maßgebend ist dann der richtig kalkulierte Preis.  **1334**

  **Beispiel:** K kauft seit Jahren bei V Hundefutter in Dosen. Als er auch diesmal 20 Dosen kauft, übergibt V ihm die Dosen mit der Bemerkung: „20 Dosen wie immer zu je 1,50 €, macht zusammen 25,- €." Später bemerkt V, dass er sich verrechnet hat und 30,- € hätte verlangen müssen. Kann V noch die restlichen 5,- € verlangen?

  Ein Weg, zu den restlichen 5,- € zu kommen, könnte darin bestehen, dass V seine Willenserklärung gem. § 119 I Var. 1 BGB **anficht** und dann einen „korrigierten" Vertrag mit K schließt.[1340] Da jedoch eine Irrtumsanfechtung ausgeschlossen ist, wenn die Auslegung gem. §§ 133, 157 BGB ergibt, dass gar kein Irrtum vorliegt, muss die Willenserklärung des V zunächst **ausgelegt** werden. Ausgehend von der Sicht eines objektiven Dritten in der Rolle des Erklärungsempfängers K ergibt die Auslegung, dass es den Parteien auf die richtigen Einzelpreise ankam und dass sie daher einen Kaufvertrag über 20 Dosen Hundefutter zu je 1,50 € geschlossen haben. Der von V falsch genannte Gesamtpreis von 25,- € ist somit bedeutungslos. V hat einen verbleibenden Kaufpreisanspruch gegen K gem. § 433 II BGB i.H.v. 5,- €.

- Sollte die (u.U. auch ergänzende) Vertragsauslegung nicht zum Ziele führen, kommt – soweit die Kalkulation der anderen Partei mitgeteilt wurde und damit Geschäftsgrundlage geworden ist – eine Anpassung des Vertrags nach den Grundsätzen der **Störung der Geschäftsgrundlage** (§ 313 BGB) in Betracht.[1341] Diese Lösung überzeugt und ist derjenigen, die die Anfechtung nach § 119 I BGB (wegen „erweiterten" Inhaltsirrtums) zulässt, vorzuziehen, weil letztlich ein **gemeinsamer Irrtum** der Parteien vorliegt und § 313 BGB es aufgrund seiner vorrangigen Rechtsfolge „**Vertragsanpassung statt Vertragsvernichtung**" vermeidet, den zufällig Benachteiligten mit dem Vertrauensschaden zu belasten.  **1335**

  Die Kalkulation wird insbesondere dann zur Geschäftsgrundlage, wenn sie im Einvernehmen beider Parteien von einem (neutralen) Dritten erstellt wurde.

  **Beispiel:** Aufgrund einer unrichtigen Auskunft über den Durchschnittspreis von Bauland in einer bestimmten Gemeinde einigen sich die Parteien über einen Grundstückspreis von 50.000,- €, während der Verkehrswert bei 75.000,- € liegt.

  Hier bildet die unrichtige Auskunft die Geschäftsgrundlage, weil für beide Teile klar war, das Geschäft so, und nicht anders abzuschließen. Der Verkäufer kann daher nach § 313 I BGB grds. eine angemessene Erhöhung des Kaufpreises verlangen (Anpassung des Vertrags an die wirkliche Sachlage). Der Käufer kann sich lediglich dann vom Vertrag lösen (und zwar durch Rücktritt nach § 313 III S. 1 BGB, nicht durch Anfechtung nach § 119 I Var. 1 BGB), wenn eine Vertragsanpassung für ihn unzumutbar ist.

---

[1339] *Wolf/Neuner*, AT, § 41 Rn 79; *Ellenberger*, in: Palandt, § 119 Rn 19; *Boecken*, AT, Rn 507.

[1340] So das RG im Rubelfall (RGZ 105, 406 ff.) und im Silberfall (RGZ 101, 107 ff.); vgl. auch RGZ 64, 266 ff.; 162, 201 ff.; OLG München NJW-RR 1990, 1406: „erweiterter Inhaltsirrtum".

[1341] So BGH NJW 2002, 2312 f.; BGHZ 139, 177, 181 ff. (dazu *Waas*, JuS 2001, 14 ff.); BayObLG NJW 2003, 367; *Köhler*, AT, § 7 Rn 26; *Stadler*, AT, § 25 Rn 43; *Brox/Walker*, AT, Rn 426; *Wolf/Neuner*, AT, § 41 Rn 76. Vgl. nun auch *Emmerich*, JuS 2006, 1021 ff.

1336 Sowohl die ergänzende Vertragsauslegung als auch die Lösung über die Störung der Geschäftsgrundlage finden ihre Grenzen jedoch dort, wo keine Möglichkeit besteht, das zu Ergänzende als sinngemäß miterklärt anzusehen oder eine Vertragsanpassung vorzunehmen. Insbesondere scheidet eine Auslegung aus, wenn der bezifferte Endbetrag und die Berechnungsgrundlage den gleichen Stellenwert haben.[1342] In diesem Fall liegt ein **Widerspruch** vor, sodass die Erklärung wegen **Perplexität** nichtig ist.

> **Beispiel**[1343]: X bietet Y an, ihm eine Baugrube auszuheben. Das Angebot des X lautet: „Um die Baugrube auszuheben, müssen 100 m³ Erdreich bewegt werden. Jeder m³ kostet 100,- €. Daher mache ich Ihnen ein diesbezügliches Angebot zum Preis von 1.000,- €." Anders als im obigen Fall („Durchschnittspreis") ist hier gar nicht ersichtlich, welcher Preis tatsächlich stimmt. Während bei den Durchschnittspreisen ein eindeutiger Verkehrswert vorlag und lediglich ein Auskunftsfehler auftrat, ist bei der Baugrube gar nicht ersichtlich, ob der Endbetrag von 1.000,- € gewollt ist oder der Preis pro m³ i.H.v. 100,- € (womit dann ein Gesamtpreis von 10.000,- € gemeint wäre).

Zur **Kausalität** zwischen Irrtum und Abgabe der Willenserklärung vgl. Rn 1364 ff.

### 3. Falsche Übermittlung, § 120 BGB

1337 Es entspricht dem Grundsatz des Verkehrsschutzes, dass der Erklärende seine Erklärung so gegen sich gelten lassen muss, wie sie dem Empfänger zugeht und dieser sie unter Berücksichtigung von Treu und Glauben und der Verkehrssitte verstehen durfte. *Er* (und nicht der Empfänger) trägt also das Risiko der falschen Übermittlung. Da das Festhalten an der unrichtig übermittelten Willenserklärung aber unzumutbar sein kann, gewährt § 120 BGB dem Erklärenden das Recht, die unrichtig übermittelte Willenserklärung anzufechten. Da § 120 BGB bezüglich des Anfechtungsrechts auf § 119 BGB verweist, ist es aber auch erforderlich, dass er sie bei verständiger Würdigung nicht mit dem zugegangenen Inhalt abgegeben hätte.

1338 Der *Erklärende* muss zunächst einen **Erklärungsboten** (z.B. einen Dolmetscher) oder eine **Einrichtung** (z.B. Telekom oder Post, aber auch andere Anbieter, die Erklärungen bspw. via Brief, Paket, Fax, E-Mail, SMS etc. übermitteln) zur Übermittlung *seiner* Willenserklärung einsetzen. § 120 BGB ist auch dann anzuwenden, wenn der Preis eines Artikels in der *invitatio ad offerendum* und in der Auftragsbestätigung infolge eines Fehlers der Software des Providers i.H.v. 1/100 des richtigen Preises erscheint.[1344] Auf den **Vertreter** ist § 120 BGB dagegen **nicht** anwendbar, da dieser keine *fremde*, sondern eine *eigene* Erklärung abgibt und es nach § 166 I BGB grds. auf seine Willensmängel ankommt (vgl. dazu Rn 643 ff.). Auch der **Empfangsbote** fällt nicht unter § 120 BGB, da dieser nicht für den Erklärenden tätig wird. Gibt der Empfangsbote die bei ihm richtig angekommene Nachricht falsch an den Empfänger weiter, geht diese falsche Übermittlung zu Lasten des Empfängers (Rn 361, 641).

1339 Eine falsche Übermittlung i.S.d. § 120 BGB liegt jedenfalls dann vor, wenn der Übermittler die Erklärung **unbewusst** falsch übermittelt.

1340 **Beispiel:** Juraprofessor P der hiesigen Universität schickt seine Hausangestellte A zum Buchhändler B, damit sie dort für ihn ein Buch seines Kollegen *Hubert Meier* kauft. Den Kaufpreis will er später selbst zahlen. A, die im Zimmer der Tochter des P, die Jura studiert, stets nur Bücher von *Herbert Meier*, einem Fachhochschulprofessor und Autor beliebter Studienliteratur, sieht, verwechselt die Namen und verlangt bei B ein Buch von *Herbert Meier*. Als A dem P das Buch übergibt, bemerkt dieser sofort, dass es sich nicht um ein

---

[1342] RGZ 101, 107 ff.
[1343] *Medicus/Petersen*, BR, Rn 134.
[1344] OLG Frankfurt/M MDR 2003, 677.

Buch von *Hubert Meier* handelt. Da P sich stets gegenüber „Nichtkollegen" verschließt, geht er zu B, um ihn über den Fehler aufzuklären und ihm zu sagen, dass er dieses Buch nicht haben möchte. Kann B Zahlung des Kaufpreises für das Buch von *Herbert Meier* verlangen?

B hat gegen P einen Anspruch auf Kaufpreiszahlung aus § 433 II BGB, wenn ein entsprechender Kaufvertrag zwischen den beiden besteht. Dieser setzt wiederum zwei aufeinander bezogene und inhaltlich einander entsprechende Willenserklärungen, Angebot und Annahme, voraus. B hat von A als Botin des P scheinbar eine von diesem herrührende Willenserklärung (Angebot zum Abschluss eines Kaufvertrags) übermittelt bekommen. Dieses Angebot hat B auch angenommen.

Fraglich ist aber, ob die falsche Übermittlung durch A die Wirksamkeit der Willenserklärung des P berührt.

§ 120 BGB bestimmt, dass eine Willenserklärung, die durch die zur Übermittlung verwendete Person oder Einrichtung unrichtig übermittelt worden ist, unter den gleichen Voraussetzungen angefochten werden kann wie nach § 119 BGB eine irrtümlich abgegebene Willenserklärung. Daraus folgt, dass jedenfalls eine von einem Boten *unbewusst* falsch übermittelte Willenserklärung zunächst wirksam ist, aber durch Anfechtung rückwirkend (*ex tunc*) wieder zerstört werden kann (§§ 120, 142 I BGB).

P ist also zunächst an die Willenserklärung gebunden, sodass ein Kaufvertrag über das Buch von *Herbert Meier* wirksam zustande gekommen ist.

Der Anspruch könnte aber durch eine Anfechtung des P wieder erloschen sein. P wies den B auf den Fehler der A hin und sagte ihm, dass er das Buch nicht haben wolle. Eine Anfechtungserklärung (§ 143 BGB) liegt also vor. Auch ein Anfechtungsgrund ist gegeben, da A die Erklärung des P unbewusst falsch übermittelte (§ 120 BGB).

Die Anfechtung erfolgte auch unverzüglich, nachdem P von dem Anfechtungsgrund Kenntnis erlangt hatte, sodass die Frist des § 121 BGB ebenfalls gewahrt ist. Der Anspruch des B gegen P aus § 433 II BGB ist daher gemäß § 142 I BGB (rückwirkend) untergegangen. B kann aber ggf. einen Vertrauensschaden nach § 122 I BGB (dazu Rn 1468) geltend machen.

**Keine** Übermittlung i.S.d. § 120 BGB liegt dagegen vor, wenn der Bote die Erklärung **1341** **bewusst** falsch überbringt (h.M.). In diesem Fall ist die Erklärung dem Geschäftsherrn erst gar nicht zuzurechnen, sodass es auch keiner Anfechtung der Erklärung bedarf.

**Beispiel:** Juraprofessor P schickt seine Tochter T (die Jurastudentin) zum Buchhändler B, **1342** damit sie dort für ihn ein Buch seines Kollegen *Hubert Meier* kauft. Den Kaufpreis will er später selbst zahlen. T, die sich mit exzellenter Studienliteratur bestens auskennt, möchte auch ihrem Vater einmal etwas Gutes tun. Daher sagt sie zu B, sie solle für ihren Vater ein Buch von *Herbert Meier* kaufen.

Als sie P das Buch übergibt, bemerkt dieser sofort, dass es kein Buch von *Hubert Meier* ist, sondern, dass es aus der Feder des Fachhochschulprofessors *Herbert Meier* stammt. Da er sich schon immer gegen Bücher von „Nichtkollegen" gesträubt hat, geht er zu B, um ihn über den Fehlgriff seiner Tochter aufzuklären und ihm zu sagen, dass er dieses Buch nicht haben wolle. Kann B Zahlung des Kaufpreises für das Buch von *Herbert Meier* verlangen?

Der Anspruch müsste zunächst entstanden sein. Bedenken bestehen insoweit, als T die Erklärung des P absichtlich falsch übermittelt hat.

Teilweise wird § 120 BGB auch bei einer absichtlich falsch übermittelten Willenserklärung angewendet, weil der Auftraggeber durch die Einschaltung des Boten die Gefahr der absichtlich falschen Übermittlung begründet habe.[1345] Dies allein rechtfertigt jedoch noch nicht, ihm die Erklärung als eigene zuzurechnen. Vielmehr liegt eine Situation vor, die mit

---

1345 *Medicus/Petersen*, AT, Rn 748.

der des **Boten ohne Botenmacht** vergleichbar ist, für die die §§ 177 ff. BGB analog gelten.

Es liegt also keine Willenserklärung des P vor. Daher bedarf es auch keiner Anfechtung.[1346] Allerdings kommt eine Haftung des P aus *culpa in contrahendo* (§§ 280 I, 311 II, 241 II BGB) auf Ersatz des Vertrauensschadens in Betracht. Dagegen ist die teilweise vertretene Auffassung, der Geschäftsherr müsse verschuldensunabhängig nach § 122 BGB analog haften[1347], abzulehnen, da dies im Ergebnis eine Gleichstellung zur Anfechtung bedeuten würde. Zudem ist der Erklärungsempfänger nach der hier vertretenen Auffassung hinreichend über die analoge Anwendung der §§ 177 ff. BGB geschützt.

Vorliegend ist P also nicht an die bewusst falsche Übermittlung der T gebunden. Er braucht daher auch nicht anzufechten. B kann sich an T halten und von dieser Erfüllung oder Schadensersatz verlangen (§ 179 I BGB analog).

Zur **Kausalität** zwischen Irrtum und Abgabe der Willenserklärung vgl. Rn 1364.

### 4. Der Eigenschaftsirrtum, § 119 II BGB

1343 Dem Inhaltsirrtum stellt § 119 II BGB den „Irrtum über solche Eigenschaften der Person oder Sache, die im Verkehr als wesentlich angesehen werden" gleich, sog. **Eigenschaftsirrtum**.

1344 Allein aus der gesetzlichen Formulierung des § 119 II BGB ergibt sich, dass – anders als bei § 119 I BGB – Erklärung und Wille übereinstimmen. Dem Erklärenden ist jedoch bei der Willensbildung ein Fehler unterlaufen, er irrt über die verkehrswesentliche Eigenschaft einer Person oder Sache. Daher handelt es sich bei dem Eigenschaftsirrtum dem Wesen nach weniger um einen Inhaltsirrtum als um einen ausnahmsweise **beachtlichen Motivirrtum**.[1348]

### a. Eigenschaften einer Sache

1345 **Eigenschaften einer Sache** sind alle tatsächlichen und rechtlichen Verhältnisse, die infolge ihrer Beschaffenheit auf Dauer für die Brauchbarkeit und den Wert der Sache von Einfluss sind.[1349]

1346 Der Begriff der „**Sache**" i.S.v. § 119 II BGB ist weit zu verstehen, umfasst also nicht nur körperliche Gegenstände (§ 90 BGB), sondern auch unkörperliche Gegenstände wie Rechte, Forderungen, Sachgesamtheiten, Unternehmen etc.

1347 Zu den Eigenschaften einer Sache gehören die sog. „**wertbildenden Faktoren**" (z.B. Urheberschaft eines Bildes[1350], Alter des Kunstwerks, Alter und Herkunft einer Antiquität, Lage und Beschaffenheit des Grundstücks, Umsatz des Betriebs, Goldgehalt eines Schmuckstücks, Alter und Laufleistung eines Fahrzeugs etc.).[1351]

1348 Dagegen ist der **Wert** der Sache selbst, ihr Preis, **keine** Eigenschaft, da sich dieser erst aus den Eigenschaften ergibt und das BGB zudem das System der freien Preisbildung voraussetzt. Im Einzelfall kann allerdings die Bestimmung der Grenze zwischen dem Wert einer Sache und den wertbildenden Faktoren schwierig sein.[1352]

---

[1346] So die ganz h.M., vgl. nur *Wolf/Neuner*, AT, § 41 Rn 40; *Brox/Walker*, AT, Rn 414; *Köhler*, AT, § 7 Rn 22; *Stadler*, AT, § 25 Rn 55; *Ellenberger*, in: Palandt, § 120 Rn 4; *Arnold*, in: Erman, § 120 Rn 5.

[1347] So *Armbrüster*, in: MüKo, § 120 Rn 4; *Brox/Walker*, AT, Rn 417.

[1348] Allgemeine Auffassung, vgl. nur *Wolf/Neuner*, AT, § 41 Rn 51; *Ellenberger*, in: Palandt, § 119 Rn 23.

[1349] BGH NJW 2001, 226, 227; *Wolf/Neuner*, AT, § 41 Rn 56; *Brox/Walker*, AT, Rn 418.

[1350] BGH NJW 1988, 2597, 2599 („Echtheit des Bildes"). Siehe auch OLG Frankfurt a.M. KUR 2018, 91.

[1351] *Ellenberger*, in: Palandt, § 119 Rn 23; *Wolf/Neuner*, AT, § 41 Rn 57; *Stadler*, AT, § 25 Rn 49; *Brox/Walker*, AT, Rn 417 f.

[1352] BGHZ 16, 54, 57; *Armbrüster*, in: MüKo, § 119 Rn 131; *Ellenberger*, in: Palandt, § 119 Rn 27; *Wolf/Neuner*, AT, § 41 Rn 56; *Köhler*, AT, § 7 Rn 19; *Brox/Walker*, AT, Rn 418.

**Beispiel:** K kauft von V einen antiken nautischen Kompass für 750,- €. Später stellt sich 1349
heraus, dass dieses Modell in fast allen Schiffen verwendet wurde und dass der Wert des
Kompasses aufgrund der hohen Stückzahl dieses Modells lediglich 300,- € beträgt.

Vordergründig hat sich K lediglich über den Wert des Kompasses geirrt. Denn er ist irrtümlich von einem Wert von 750,- € ausgegangen. Folgt man diesem Gedanken, kann er
nicht gem. § 119 II BGB anfechten; weil dann ein nach dem BGB AT unbeachtlicher Motivirrtum vorliegt.

Man kann sich aber auch auf den Standpunkt stellen, dass K sich darüber geirrt hat, dass
der Kompass in einer sehr hohen Stückzahl hergestellt wurde. Dann läge ein beachtlicher
Eigenschaftsirrtum vor. Denn insbesondere bei antiken Gegenständen ist die Stückzahl ein
wertbildender Faktor. Folgt man diesem Gedanken, liegt ein beachtlicher Eigenschaftsirrtum i.S.d. § 119 II BGB vor.[1353]

Jedenfalls eindeutig wäre der Fall, wenn V dem K bspw. vorgegaukelt hätte, dass es sich
bei dem Kompass um ein sehr seltenes Modell handele. Dann hätte er den K arglistig
getäuscht und diesem hätten das Anfechtungsrecht nach § 123 Var. 1 BGB zugestanden
sowie Schadensersatzansprüche aus *culpa in contrahendo* (§§ 280 I, 311 II, 241 II BGB)
und § 823 II BGB i.V.m. § 263 StGB sowie aus § 826 BGB.

## b. Eigenschaften einer Person

**Eigenschaften einer Person** sind Merkmale, die ihr für eine gewisse Dauer anhaften 1350
oder sie charakterisieren.[1354]

Zu den Eigenschaften einer Person gehören z.B. Alter, Geschlecht, Beruf, Gesundheits- 1351
zustand, Vorstrafen, Ansehen, Zahlungsfähigkeit und Kreditwürdigkeit. Keine Eigenschaft
ist z.B. eine Schwangerschaft, da diese nur vorübergehend besteht und unterhalb der
Schwelle der „gewissen Dauer" liegt.[1355]

**Beispiel:** Die A-GmbH, vertreten durch V, hat mit „Unternehmensberater" T einen Beratervertrag geschlossen. Später bringt V in Erfahrung, dass T wegen Kapitalanlagebetrugs
vorbestraft ist.

Hier ist an eine Anfechtung des Beratervertrags unter dem Gesichtspunkt *Irrtum über eine
Eigenschaft der Person des Vertragspartners* (§ 119 II BGB) zu denken. Jedoch ist zu
bedenken, dass T seine Strafe verbüßt hat und aus seinem früheren Fehler gelernt haben
könnte. Ob eine Anfechtung daher gerechtfertigt ist, ist nicht ohne Hinzuziehung weiterer
Umstände zu beantworten.

## c. Verkehrswesentlichkeit der Eigenschaft

Die Eigenschaft muss nach dem Wortlaut des § 119 II BGB **verkehrswesentlich** sein. 1352
Mit dieser Einschränkung will das Gesetz ausschließen, dass nur der Standpunkt des
Erklärenden maßgeblich ist, was erhebliche Unsicherheiten im Rechtsverkehr hervorru-
fen könnte. Was dies aber im Übrigen bedeutet, ist unklar und sehr umstritten.

- Die *Lehre vom geschäftlichen Eigenschaftsirrtum*[1356] verlangt, dass die Eigenschaft in dem 1353
konkreten Rechtsgeschäft als wesentlich vereinbart worden ist. Dabei sollen aber auch

---

[1353] Wobei zu beachten ist, dass der wertbildende Faktor nicht nur gerade für das geschlossene Geschäft von Bedeutung
sein muss, sondern auch irgendwie im Vertrag oder bei den Vertragsverhandlungen für den Vertragspartner erkennbar
zum Ausdruck gekommen sein muss. Hätte K also nur im Inneren vorgestellt, der Kompass sei antik und daher wertvoll,
ohne dass dieser Umstand für V erkennbar war, wäre eine Anfechtung wegen Eigenschaftsirrtum ausgeschlossen gewesen
(vgl. dazu sogleich Rn 1352 ff.).
[1354] BGH NJW 1992, 1222; *Wolf/Neuner*, AT, § 41 Rn 58; *Wendtland*, in: Bamberger/Roth, 3. Aufl. 2012, § 119 Rn 41.
[1355] *Wolf/Neuner*, AT, § 41 Rn 57; *Stadler*, AT, § 25 Rn 50; *Brox/Walker*, AT, Rn 417.
[1356] *Flume*, AT II, § 24, 2; *Medicus/Petersen*, BR, Rn 140.

stillschweigende Vereinbarungen anerkannt werden. Ausreichen soll auch, dass die betreffenden Eigenschaften bei entsprechenden Verträgen üblicherweise erwartet werden. Die „Verkehrswesentlichkeit" wird hier eher durch eine „Vertragswesentlichkeit" ersetzt.

1354   ▪ Die (uneinheitliche) *Rechtsprechung*[1357] vertritt einen ähnlichen Standpunkt. Nach ihr ist eine Eigenschaft verkehrswesentlich, die von dem Erklärenden in irgendeiner Weise für den Erklärungsempfänger erkennbar dem Vertrag zugrunde gelegt wurde, ohne dass er sie gerade zum Inhalt seiner Erklärung gemacht haben muss. Nach dem Sinn und Zweck des § 119 II BGB sei dabei von dem konkreten Rechtsgeschäft auszugehen.

1355   ▪ Richtigerweise sollte man bei der Feststellung der Verkehrswesentlichkeit danach fragen, ob die fragliche Eigenschaft nicht nur vom Standpunkt des Erklärenden aus zum Vertragsgegenstand erhoben wurde, sondern ob sie auch objektiv verkehrswesentlich ist. Das ist der Fall, wenn sie den objektiv zu bestimmenden wirtschaftlichen Zweck des Vertrags ausmacht und dies für den Vertragspartner auch erkennbar ist.[1358]

Ausgehend von diesen Überlegungen sollte bei der Prüfung, welche Eigenschaften verkehrswesentlich sind, von folgender Definition ausgegangen werden:

1356   **Verkehrswesentlich** ist eine Eigenschaft immer dann, wenn sie den objektiv zu bestimmenden wirtschaftlichen Zweck des Vertrags ausmacht und dies auch für den Vertragspartner erkennbar ist.

1357   Aus dem Inhalt des konkreten Rechtsgeschäfts kann sich dann ergeben, dass bestimmte Eigenschaften wesentlich, andere aber unwesentlich sind. Ergeben sich aus dem Rechtsgeschäft keine besonderen Anhaltspunkte, ist die Verkehrsanschauung Beurteilungsgrundlage.

1358   **Beispiel:** K ist Sammler hochwertiger nautischer Antiquitäten. Eines Tages erblickt er in Hamburg in einem kleinen Trödelladen eine mit einem Preis von 200,- € ausgezeichnete Schiffsuhr mit der Bezeichnung „Rickmer Rickmers", die er für ein Original aus dem 19. Jahrhundert hält und von der er glaubt, dass sie an Bord der legendären „Rickmer Rickmers" gehangen habe. Ohne lange zu zögern schließt er sofort mit dem Inhaber des Geschäfts, T, einen Kaufvertrag, teilt diesem aber mit, er müsse noch schnell zum Geldautomaten gehen und Bargeld abheben. Als K nach wenigen Minuten zurückkehrt, um die Uhr abzuholen und zu bezahlen, muss er jedoch feststellen, dass T noch mehrere dieser Uhren hat und die Bezeichnung „Rickmer Rickmers" nur auf den Hersteller dieser Uhren hinweist. Der Preis von 200,- € für derartige Uhren ist allerdings angemessen. Da K aber von falschen Voraussetzungen ausgegangen ist, erklärt er nun gegenüber T, dass er unter diesen Voraussetzungen nicht am Vertrag festhalten wolle. T besteht dennoch auf Bezahlung gegen Übereignung und Übergabe der Uhr. Hat T gegen K einen Kaufpreisanspruch?

Der von T geltend gemachte Kaufpreisanspruch setzt einen wirksamen Kaufvertrag gem. § 433 BGB voraus. Ein solcher ist zumindest zunächst entstanden.

K könnte jedoch seine zum Vertragsschluss führende Willenserklärung wirksam angefochten haben. Dann wäre die Willenserklärung als von Anfang an nichtig anzusehen, § 142 I BGB. Eine diesbezügliche Anfechtungserklärung (§ 143 BGB) liegt vor. K hat erklärt, dass er nicht am Vertrag festhalten wolle.

Fraglich ist jedoch, ob auch ein Anfechtungsgrund gegeben ist. Der Anfechtungsgrund des § 119 I BGB scheidet aus. K wollte ein Geschäft dieser Art bezüglich dieses Gegenstands mit genau dieser Person abschließen.

Möglicherweise kann K seine Willenserklärung (Angebot) aber gemäß § 119 II BGB wegen des Irrtums über eine verkehrswesentliche Eigenschaft einer Sache anfechten. Verkehrs-

---

[1357] BGH NJW 2001, 226, 227; BGHZ 88, 240, 246; 16, 54, 57; LG Darmstadt NJW 1999, 365, 366; RGZ 64, 266, 269. Vgl. auch *Ellenberger*, in: Palandt, § 119 Rn 25/27.
[1358] Vgl. auch *Wolf/Neuner*, AT, § 41 Rn 64 f.; *Brox/Walker*, AT, Rn 419; *Köhler*, AT, § 7 Rn 21.

wesentlich ist eine Eigenschaft immer dann, wenn sie den objektiv zu bestimmenden wirtschaftlichen Zweck des Vertrags ausmacht und dies auch für den Vertragspartner erkennbar ist. Hierzu gehört beim Kauf von Kunstwerken deren Alter, Herkunft, Echtheit etc.[1359] K hat sich über die Herkunft der Uhr geirrt. Geht man davon aus, dass die Herkunft für T erkennbar dem Vertrag zugrunde gelegt worden ist und sie den objektiv zu bestimmenden wirtschaftlichen Zweck des Vertrags ausmacht, besteht mithin ein Anfechtungsgrund gem. § 119 II BGB.

K hat die Anfechtung auch in der im Falle des § 119 BGB geltenden Anfechtungsfrist des § 121 BGB, nämlich unverzüglich nach Kenntnis des Anfechtungsgrundes, erklärt. Ein Ausschluss der Anfechtung (etwa wegen Bestätigung (§ 144 BGB) ist nicht ersichtlich.

Da alle Voraussetzungen einer wirksamen Anfechtung vorliegen, ist die Willenserklärung des K gemäß § 142 I BGB als von Anfang an nichtig anzusehen. Mithin fehlt es an einer der beiden, für einen Vertragsabschluss erforderlichen, Willenserklärungen. Also existiert auch kein Kaufvertrag. T hat gegen K keinen Anspruch auf Kaufpreiszahlung gemäß § 433 II BGB. Soweit T einen Vertrauensschaden (dazu Rn 1468) erlitten hat, kann er diesen von K ersetzt verlangen (§ 122 I BGB).

Weiterführende Hinweise:

&#8658; Auch hier hätte selbstverständlich etwas anderes gegolten, wenn T dem K bspw. vorgegaukelt hätte, dass es sich bei der Uhr um die Original-Schiffsuhr der legendären „Rickmer Rickmers" handele. Dann hätte er den K arglistig getäuscht und diesem hätten das Anfechtungsrecht nach § 123 Var. 1 BGB sowie Schadensersatzansprüche aus *culpa in contrahendo* (§§ 280 I, 311 II, 241 II BGB) und § 823 II BGB i.V.m. § 263 StGB sowie aus § 826 BGB zugestanden.

&#8658; Zu beachten ist auch, dass wenn die Mängelhaftung nach §§ 437 ff. BGB eingreift, eine Anfechtung gemäß § 119 II BGB ausgeschlossen ist. Die Gewährleistungsrechte gehen der Anfechtung nach § 119 II BGB - nicht aber der Anfechtung nach § 119 I BGB oder § 123 BGB - vor. Das gilt für Sachmängel und für Rechtsmängel i.S.d. § 437 BGB. Durch den Ausschluss der Anfechtung soll gewährleistet werden, dass die fein abgestufte Regelung der Gewährleistungsrechte nicht unterlaufen wird. Auch würde § 438 I Nr. 3 BGB (Verjährung) unterlaufen, wenn die Anfechtung nach § 119 II BGB nicht ausgeschlossen wäre. Im obigen Beispiel spielten diese Aspekte allerdings keine Rolle, weil die Gewährleistungsrechte nach §§ 437 ff. BGB nicht einschlägig waren. Es ist kein Fehler einer Schiffsuhr, nicht „original" zu sein.

**1359**

Schließlich ist zu beachten, dass nach strittiger Auffassung der Eigenschaftsirrtum nur zur Anfechtung des Verpflichtungsgeschäfts (z.B. Kauf), nicht auch des Verfügungsgeschäfts (z.B. Übereignung) berechtigt.[1360] Denn das Verfügungsgeschäft hat nur die Änderung der sachenrechtlichen Zuordnung des Gegenstands zum Inhalt, nicht auch dessen Eigenschaften.[1361]

**1360**

## d. Beidseitiger Eigenschaftsirrtum

Irren sich bei Vertragsschluss *beide* Parteien über ein dem Vertrag zugrunde liegendes Motiv, ist – sofern kein spezielles Rechtsinstitut (vgl. etwa §§ 311a, 314, 434 ff., 626 BGB) greift – grundsätzlich der Anwendungsbereich des § 313 BGB gegeben.[1362] Die Parteien hätten ohne den Motivirrtum den Vertrag überhaupt nicht oder jedenfalls nicht zu den vereinbarten Bedingungen geschlossen. Dabei sind etwaige Subsidiaritätsprobleme zu § 119 II BGB nicht relevant, weil der bloße (nach dem BGB AT unbeachtliche) Motivirrtum ohnehin nicht zu einer Anfechtung berechtigt (s.o.).

**1361**

---

[1359] Siehe dazu etwa OLG Frankfurt a.M. KUR 2018, 91.
[1360] Vgl. auch *Wolf/Neuner*, AT, § 41 Rn 50.
[1361] *Grigoleit*, AcP 199 (1999), 379, 396; *Köhler*, AT, § 7 Rn 21; (str.).
[1362] RGZ 122, 200, 203 ff.; BGHZ 25, 390, 392.

**1362** Probleme ergeben sich aber dann, wenn sich der gemeinschaftliche Irrtum auf eine **Eigenschaft** der Sache bezieht, weil der Eigenschaftsirrtum generell und gerade zur Anfechtung nach § 119 II BGB berechtigt.

**1363** **Beispiel:** V und K haben sich über den Verkauf eines alten Schiffskompasses zum Preis von 500,- € geeinigt. Dabei gingen beide davon aus, dass der Schiffskompass aus einem alten Schiff der Handelsmarine stamme und der Preis daher angemessen sei. In Wirklichkeit handelt es sich jedoch um einen Kompass der Bismarck, einem Schlachtschiff der deutschen Kriegsmarine. Der Wert des Kompasses der Bismarck wird in Fachkreisen auf einen Wert von 10.000,- € taxiert. Vor der Übergabe des Kompasses an K erfährt V von diesem Umstand und möchte den Vertrag nicht mehr gelten lassen; zudem verweigert er die Herausgabe.

Dass V den Vertrag nicht mehr gelten lassen möchte sowie seine Weigerung, den Kompass herauszugeben, stellen eine konkludente Anfechtungserklärung i.S.d. § 143 I BGB dar. V müsste aber auch ein Anfechtungsrecht zustehen. Ein Anfechtungsgrund nach § 119 I BGB oder § 123 BGB ist nicht ersichtlich. V könnte sich aber bei der Abgabe seiner Willenserklärung über eine verkehrswesentliche Eigenschaft geirrt haben. Dann würde ihm ein Anfechtungsrecht nach § 119 II BGB zustehen. Der Wert des Kompasses selbst stellt keine verkehrswesentliche Eigenschaft dar. Ein wertbildender Faktor liegt jedoch in der Herkunft und der damaligen Verwendung des Kompasses. V stünde also eigentlich ein Anfechtungsrecht nach § 119 II BGB zu.

Allerdings hat sich auch K über diese Eigenschaft i.S.d. § 119 II BGB geirrt. Da sich eine solche Situation des beiderseitigen Eigenschaftsirrtums wohl nicht über eine ergänzende Vertragsauslegung lösen lässt, ist ihre Behandlung im Einzelnen umstritten.

⇨ Nach h.M.[1363] sollen die Fälle des beidseitigen Eigenschaftsirrtums über die Grundsätze der Störung der Geschäftsgrundlage gelöst werden. § 119 II BGB regele nur den *einseitigen* Eigenschaftsirrtum. Begründet wird diese Ansicht damit, dass es unbillig sei, denjenigen, der zufällig als Erster seine Willenserklärung anficht, mit der Ersatzpflicht des § 122 BGB zu belasten. Darüber hinaus sei eine Anwendung der Grundsätze der Störung der Geschäftsgrundlage, **§ 313 BGB**, im Falle eines beidseitigen Eigenschaftsirrtums flexibler. Dadurch werde eine Vertragsanpassung an die wirklichen Umstände ermöglicht. Eine Anfechtung hingegen führe auf jeden Fall zur Beseitigung des Vertrags.

Nach dieser Ansicht könnte V den Vertrag nicht durch eine Anfechtung beseitigen. Es stünde ihm jedoch eventuell nach § 313 III BGB ein Rücktrittsrecht zu.

⇨ Nach der Gegenauffassung[1364] sind die Anfechtungsregelungen der **§§ 119 ff. BGB** auch bei beidseitigem Eigenschaftsirrtum anwendbar. Diese Ansicht wird damit begründet, dass beim Doppelirrtum immer nur derjenige anfechten werde, für den das Geschäft nachteilig sei. Dementsprechend hänge es auch nicht vom Zufall ab, welche Partei anfechten werde. Das werde nur derjenige tun, zu dessen Nachteil die Wirklichkeit von der gemeinsamen Vorstellung abweiche, weil nur er an einer Beseitigung des Vertrags nach § 142 I BGB interessiert sei. Daher sei es auch nicht unbillig, der anfechtenden Partei die Pflicht zum Schadensersatz nach § 122 BGB aufzuerlegen.

Nach dieser Ansicht könnte V den Kaufvertrag mit K nach § 119 II BGB anfechten.

⇨ Stellungnahme: Für die zweite Ansicht spricht, dass letztlich immer nur der anficht, der aus dem Geschäft einen Nachteil zieht. Auch ist schwer einzusehen, dass der benachteiligten Partei das Anfechtungsrecht versagt werden sollte, nur weil sich zufällig auch ihr Vertragspartner irrte. Auf der anderen Seite darf jedoch nicht verkannt

---

[1363] So BGH NJW 2002, 2312 f.; BGHZ 139, 177, 181 ff. (dazu *Waas* JuS 2001, 14 ff.); BGHZ 25, 390, 392 ff.; BayObLG NJW 2003, 367; *Stadler*, AT, § 25 Rn 95 ff.; *Köhler*, AT, § 7 Rn 26; *Wolf/Neuner*, AT, § 41 Rn 76; *Hefermehl*, in: Soergel, § 119 Rn 85.

[1364] *Medicus/Petersen*, BR, Rn 162; *R. Schmidt*, SchuldR AT, Rn 828.

werden, dass letztlich ein gemeinsamer Irrtum der Parteien vorliegt und § 313 BGB es aufgrund seiner vorrangigen Rechtsfolge „Vertragsanpassung statt Vertragsvernichtung" vermeidet, den zufällig Benachteiligten mit dem Vertrauensschaden zu belasten. § 313 BGB ermöglicht in solchen Fällen eine flexiblere Handhabung als die Anfechtung.

Der h.M. ist damit zu folgen. Danach ist eine Anpassung des Vertrags nach den Grundsätzen der **Störung der Geschäftsgrundlage** (§ 313 BGB) vorzunehmen. Es ist danach zu fragen, was die Parteien redlicherweise vereinbart hätten, wenn ihnen die wahre Herkunft des Kompasses bekannt gewesen wäre. An diese Vereinbarung wird die ursprüngliche Vereinbarung angepasst. Sollte eine Anpassung für V unbillig sein, kann er nach § 313 III BGB den Rücktritt erklären.

## e. Kausalzusammenhang zwischen Irrtum und Willenserklärung

Alle bisher behandelten Anfechtungsrechte setzten voraus, dass der Irrtum für die Willenserklärung auch kausal ist. Denn nach § 119 I a.E. BGB ist es für die Anfechtung erforderlich, dass der Erklärende die Willenserklärung bei Kenntnis der Sachlage (subjektive Erheblichkeit) und bei verständiger Würdigung des Falls (objektive Erheblichkeit) nicht abgegeben haben würde. Dieses Erfordernis gilt gemäß der Formulierung in § 119 II BGB und § 120 BGB auch für die anderen bisher behandelten Irrtümer. **1364**

An der **subjektiven Erheblichkeit** fehlt es, wenn der Erklärende die Willenserklärung ohne Irrtum in gleicher Weise abgegeben hätte. **1365**

> **Beispiel:** A bestellt bei B Farbe und verschreibt sich bei der Artikelnummer. Daher liefert B nicht die gewollte Farbe vom Hersteller X, sondern die in Ton, Qualität und Preis völlig gleichwertige Farbe des Herstellers Y.
>
> Hier fehlt es an der subjektiven Erheblichkeit.

Das Erfordernis einer **objektiven Erheblichkeit** soll die Anfechtungsmöglichkeit einschränken, sodass letztlich entscheidend ist, ob der Irrende als ein verständiger Mensch und „frei von Eigensinn, subjektiven Launen und törichten Anschauungen"[1365] die Abgabe der Willenserklärung unterlassen hätte. **1366**

> **Schulbeispiel:** X bestellt im Gasthaus statt des Zimmers Nr. 31 das Zimmer Nr. 13. Obwohl die beiden Zimmer absolut gleichwertig sind, will X das Zimmer aus Aberglauben (zu oft hat er den Film „Freitag der 13." gesehen) nicht beziehen.
>
> In diesem Fall liegt zwar eine subjektive Erheblichkeit vor. Mangels objektiver Erheblichkeit (einen verständigen Menschen hätte die Bezeichnung des Zimmers mit der Nr. 13 nicht gestört) scheidet ein Anfechtungsrecht jedoch aus.

Ein Anfechtungsrecht besteht daher i.d.R. nicht, wenn der Erklärende durch den Irrtum keine wirtschaftlichen Nachteile erleidet, wenn die Abgabe der Erklärung rechtlich geboten war oder wenn sich der Irrtum ausschließlich auf unwesentliche Nebenpunkte bezieht.[1366] Eine Anfechtung ist somit ausnahmsweise auch dann ausgeschlossen, wenn der ermittelte Wille zwar von dem wirklichen Willen abweicht, der so ermittelte Wille für den Erklärenden aber **günstiger** ist als das, was er wirklich gewollt hat. **1367**

In diesem Fall ist der Irrende durch seine irrtümliche Erklärung nicht schlechter gestellt, sodass für eine Anfechtung kein Raum ist. Er hat keinen vernünftigen Grund, seine Erklärung durch Anfechtung zu vernichten.

---

[1365] RGZ 62, 201, 206; BAG NJW 1991, 2723, 2726.
[1366] *Ellenberger*, in: Palandt, § 119 Rn 31.

**Beispiel:** K bittet den V, ihm ein Angebot bezüglich des Verkaufs von dessen Auto zuzusenden. In diesem Angebot verschreibt sich V und bietet dem K den Wagen statt für 2.500,- € für 3.500,- € an. K nimmt das Angebot an.

Da K den wirklichen Willen des V nicht kannte und er das Angebot nach Treu und Glauben so, wie es ihm von V zugesendet worden war, verstehen durfte, ist mit seiner Annahme zunächst ein wirksamer Kaufvertrag zwischen V und K über das Auto zum Preis von 3.500,- € zustande gekommen. V wollte subjektiv zwar etwas anderes erklären, durch seinen Irrtum gestaltete sich seine Lage jedoch günstiger, sodass ein Anfechtungsrecht nach § 119 I Var. 2 BGB mangels objektiver Erheblichkeit ausscheidet.

Darüber hinaus steht dem Erklärenden auch dann ein Anfechtungsrecht nicht zu, wenn zwar der ermittelte Wille vom wirklichen Willen abweicht und das Erklärte für den Erklärenden ungünstiger ist als das von ihm Gewollte, der **Erklärungsempfänger** aber nach Aufdeckung des Irrtums damit **einverstanden** ist, das vom Erklärenden Gewollte statt des tatsächlich Erklärten gelten zu lassen. In diesem Fall muss sich der Erklärende an dem von ihm Gewollten festhalten lassen, da er durch das Entgegenkommen des Erklärungsempfängers so gestellt wird, wie er ohne Irrtum stehen würde. Er darf seinen Irrtum also nicht dazu benutzen, um von seiner Erklärung loszukommen.[1367]

1368

**Beispiel:** V bietet dem K sein Auto statt für 2.500,- € versehentlich für 1.500,- € an. K nimmt das Angebot an. Als V den Kaufvertrag dann anficht, erklärt K, dass er das Auto auch für 2.500,- € nehme. Dies will V aber nicht, da er mittlerweile von D ein Kaufangebot i.H.v. 4.500,- € erhalten hat.

In diesem Fall greift die Anfechtung nicht durch, da V durch das Entgegenkommen so gestellt wird, als sei ihm kein Irrtum unterlaufen.

### f. Rechtsfolge und Anfechtungsfrist/Konkurrenz zum Gewährleistungsrecht

1369

Vgl. dazu die zusammenhängenden Ausführungen bei Rn 1466 und Rn 1481.

### 5. Anfechtung wegen arglistiger Täuschung, § 123 I Var. 1 BGB

1370

Nach § 123 BGB ist derjenige zur Anfechtung berechtigt, der durch **arglistige Täuschung** oder **widerrechtliche Drohung** zur Abgabe der Willenserklärung bestimmt worden ist. § 123 BGB soll den Erklärenden somit vor einer unzulässigen Beeinträchtigung der freien Willensentschließung schützen. Er beruht auf dem Gedanken, dass die Willenserklärung nur dann Ausdruck wirklicher rechtlicher Selbstbestimmung ist, wenn sich die Willensbildung frei von Täuschung und Drohung vollzogen hat.[1368] Daher kann das Anfechtungsrecht auch nicht durch vorherige vertragliche Vereinbarung ausgeschlossen werden.[1369] § 123 BGB ist nicht disponibel.

1371

In den Fällen der arglistigen Täuschung liegen oft auch die Voraussetzungen eines Eigenschaftsirrtums vor. Wurde der Erklärende über den Gegenstand des Rechtsgeschäfts oder verkehrswesentliche Eigenschaften des Geschäftsgegenstands oder -partners getäuscht, können §§ 119, 123 BGB nebeneinander vorliegen. Der Erklärende kann dann wählen, welches Anfechtungsrecht er ausüben will.[1370]

1372

**Hinweis für die Fallbearbeitung:** Kommt sowohl eine Anfechtung wegen § 119 BGB als auch wegen § 123 BGB in Betracht, ist in einer Fallbearbeitung zugunsten des Anspruchstellers auszulegen, welches Anfechtungsrecht er ausüben möchte. So sollte

---

[1367] *Medicus/Petersen*, BR, Rn 144.
[1368] Vgl. nur BGH NJW 2012, 297; *Ellenberger*, in: Palandt, § 123 Rn 1; *Armbrüster*, in: MüKo, § 123 Rn 1.
[1369] BGH NJW 2012, 297, 298.
[1370] *Ellenberger*, in: Palandt, § 123 Rn 28.

vor allem im Hinblick auf die unterschiedlichen Rechtsfolgen[1371] laiengünstig von einer Anfechtung nach § 123 BGB ausgegangen werden. Hat der Erklärende bereits nach § 119 BGB angefochten und stellt sich später heraus, dass er auch nach § 123 BGB hätte anfechten können, ist zu beachten, dass auch eine Anfechtung bereits nichtiger Erklärungen möglich ist und insbesondere auch vor dem Hintergrund der Schadensersatzpflicht nach § 122 BGB, die durch eine Anfechtung nach § 123 BGB beseitigt werden kann, wünschenswert ist. Zu dieser sog. **Lehre von der Doppelwirkung im Recht** vgl. schon Rn 1289.

## a. Voraussetzungen

## aa. Täuschung über Tatsachen

**Täuschung** ist die Erregung, Verstärkung oder Aufrechterhaltung einer Fehlvorstellung (Irrtum) über Tatsachen bei einem anderen. **Tatsachen** sind dem Beweis zugängliche Ereignisse oder Zustände der Gegenwart oder Vergangenheit.[1372]

**1373**

### a.) Abgrenzung zu tatbestandlich nicht erfassten Werturteilen

Die Begrenzung auf Tatsachen ist vor allem deshalb wichtig, weil derjenige, der lediglich subjektiven **Werturteilen** ohne objektiv nachprüfbaren Gehalt Glauben schenkt, nicht schutzwürdig ist und auch schon begriffslogisch keiner Täuschung unterliegt. Zudem bestünde eine nicht hinzunehmende Rechtsunsicherheit, wollte man die Vermittlung von subjektiven Wertungen und Eindrücken als Täuschung ansehen.

**1374**

> **Beispiel:** Konrad ist auf der Suche nach einem Gebrauchtwagen. Der Gebrauchtwagenhändler Hendrik schwatzt K einen 7 Jahre alten Mercedes S 500 V8 zu einem Preis von 15.000,- € auf. Der Wagen passe ausgezeichnet zu K und K könne nun endlich standesgerecht fahren. Mit dem Wagen zu Hause vorgefahren, muss sich K von seiner Frau sagen lassen, dass die Unterhaltskosten dieses Fahrzeugs (Steuer, Versicherung, Wartung, Kraftstoffkosten) das Budget der Familie bei Weitem übersteigen. Sie verlangt daher von K, den Wagen zurückzugeben. Doch H steht auf dem Standpunkt, Vertrag sei Vertrag, und verweigert die Rücknahme.
>
> Hier hat H zwar auf K eingeredet und ihm den Wagen „aufgedrängt", er hat bei K aber keine Fehlvorstellung (Irrtum) über Tatsachen erregt. H war auch nicht verpflichtet, K über die Folgekosten zu beraten. Eine Anfechtung wegen arglistiger Täuschung ist daher ausgeschlossen.

Die Abgrenzung zwischen Tatsachenbehauptungen und Werturteilen ist allerdings fließend. Maßgebend ist, ob der Sinn der Äußerung einen nachprüfbaren Kern ergibt. Von besonderer Relevanz sind Äußerungen im Bereich der **Werbung**. Hier stellt sich die Frage, ob die Verantwortlichkeit des Verkäufers für Werbeaussagen (vgl. § 434 I S. 3 BGB) Einfluss auf die Frage hat, ob eine arglistige Täuschung vorliegt. Werden in der Werbung *bestimmte Eigenschaften* der Sache beschrieben, die der Käufer gerade aufgrund der Werbeaussage von der Sache erwarten kann, hat er gegen den Verkäufer einen kaufrechtlichen Anspruch auf Lieferung einer mangelfreien Sache (§§ 433 I, 434 I S. 3, 437 Nr. 1, 439 I BGB)[1373] bzw. auf Schadensersatz (§ 437 Nr. 3 BGB) oder er kann von seinen Gestaltungsrechten auf Minderung oder Rücktritt (§ 437 Nr. 2 BGB) Gebrauch

**1375**

---

[1371] Bei einer Anfechtung nach § 119 BGB macht sich der Anfechtende ggf. nach § 122 BGB schadensersatzpflichtig, bei einer Anfechtung nach § 123 BGB nicht; auch sind die Anfechtungsfristen unterschiedlich, vgl. § 121 BGB („unverzüglich") für die Anfechtung nach § 119 BGB und § 124 BGB (binnen Jahresfrist) für die Anfechtung nach § 123 BGB.

[1372] BGH NJW 2011, 1213; *Hillenkamp*, JuS 2003, 157; *Ellenberger*, in: Palandt, § 123 Rn 2; *Wendtland*, in: Bamberger/Roth, 3. Aufl. 2012, § 123 Rn 7; *Boecken*, AT, Rn 522.

[1373] Dieser sog. Nacherfüllungsanspruch besteht deshalb, weil die Mangelfreiheit der Sache zur Primärleistungspflicht des Verkäufers gehört (§ 433 I S. 2 BGB).

machen, wenn die Sache die in der Werbung beschriebenen Eigenschaften nicht aufweist. Gleichzeitig ist eine **arglistige Täuschung** anzunehmen, da die zugesicherten Eigenschaften **Tatsachen** darstellen, über die getäuscht wurde. Insbesondere ist das Anfechtungsrecht aus § 123 BGB neben der Sachmängelhaftung aus §§ 434 ff. BGB nicht ausgeschlossen.

**1376**

**Beispiel:** Der Gebrauchtwagenhändler Hendrik macht gegenüber Konrad, einem begeisterten Classic-Fan, Angaben über den jeweiligen Kraftstoffverbrauch seiner von ihm angebotenen Gebrauchtwagen. Bei einem Opel Diplomat 5,4 V8 Bj. 78 gibt er einen Kraftstoffverbrauch von 12 l/100 km an. K kauft daraufhin den Wagen. Doch schon bei dem nächsten Tankstopp muss er überrascht feststellen, dass der Wagen tatsächlich 22 l/100 km verbraucht.

Da die Angabe über den Kraftstoffverbrauch dem Beweis zugänglich ist und daher eine Tatsache darstellt, über die H den K getäuscht hat, hat dieser nicht nur ein Anfechtungsrecht gem. § 123 BGB, sondern auch einen Schadensersatzanspruch aus *culpa in contrahendo* (§§ 280 I, 311 II, 241 II BGB), aus § 823 II BGB i.V.m. § 263 StGB und aus § 826 BGB jeweils i.V.m. § 249 S. 1 BGB. Alternativ stehen ihm Sachmängelrechte (Schadensersatz/Minderung/Rücktritt) aus §§ 434 ff. BGB zu.

**1377**

> **Hinweis für die Fallbearbeitung:** Wie das Beispiel gezeigt hat, liegt also stets ein Konkurrenzverhältnis zwischen den genannten Rechtsinstituten vor. In der Fallbearbeitung müssen demzufolge – sofern die Fallfrage nicht eine Eingrenzung vornimmt – sämtliche genannten Ansprüche durchgeprüft werden. Daran ändert sich auch nichts, wenn – aus Platzgründen – in den nachfolgenden Beispielen eine Beschränkung auf § 123 BGB vorgenommen wird.

**1378**

Schwieriger ist die Rechtslage, wenn die Werbung **übertriebene Anpreisungen** enthält oder **marktschreierische Reklame** darstellt. Sofern keine anderweitige Beschaffenheitsvereinbarung besteht, können in solchen Fällen die o.g. Ansprüche nicht geltend gemacht werden, da § 434 I S. 3 BGB die Relevanz von Werbeaussagen auf *konkrete Eigenschaften* der Kaufsache, die der objektive Dritte in der Rolle des Erklärungsempfängers (also des Käufers) *erwarten kann*, beschränkt.[1374] Eigenschaften, die übertrieben angepriesen oder im Rahmen marktschreierischer Reklame genannt werden, kann der durchschnittliche Käufer gerade nicht erwarten. Anpreisende oder reißerische Werbeaussagen können also grds. nicht die Qualität einer Eigenschaftszusicherung erlangen. Da sie andererseits aber durchaus dem Gegenbeweis zugänglich sein können, und bei der arglistigen Täuschung nicht auf den Durchschnittsmenschen, sondern auf den *konkreten* Erklärungsempfänger abzustellen ist, ist § 123 BGB nicht ausgeschlossen.

**1379**

**Beispiel:** Wigand ist selbstständiger Handelsvertreter für Heimsportgeräte. Vormittags stattet er nach einer teuren Werbekampagne Hausbesuche ab und beschreibt in diesem Rahmen noch einmal die Funktionalität eines von ihm angebotenen „Fitnessgeräts". Ein 10minütiges, tägliches Training verschaffe dem Benutzer bereits nach 3 Monaten eine Figur wie die Arnold Schwarzeneggers (in dessen jungen Jahren).

In Fällen solcher Art bestehen zwar keine Ansprüche aus § 434 I S. 3 BGB, wohl aber aus §§ 433 I S. 2, 434 I S. 1 BGB.

Anfechtungsrechtlich verbleibt nach Auffassung des BGH (in Strafsachen) in Fällen dieser Art trotz der übertriebenen Anpreisung ein nachprüfbarer Kern, sodass nach der Verkehrsauffassung eine Tatsachenbehauptung i.S.d. § 123 BGB vorliegt.[1375] Folgt man dieser Auffassung, dürfte auch die maßlos übertriebene und marktschreierische Aussage einiger pri-

---

[1374] BT-Drs. 14/6040, S. 211.
[1375] Vgl. BGHSt 34, 199, 200 (Schlankheitspillenfall); BGHZ 169, 109 („Schrottimmobilien"); *Wolf/Neuner*, AT, § 41 Rn 101; *Ellenberger*, in: Palandt, § 123 Rn 3.

vater Repetitoren wie „Ohne uns ist das Examen nicht zu schaffen" nicht mehr der erlaubten Geschäftstüchtigkeit, sondern dem Tatbestand des § 123 Var. 1 BGB (und natürlich dem des § 263 StGB) unterfallen.

Zu den **Insertionsofferten** (Zuschicken von rechnungsähnlich aufgemachten Angeboten) vgl. *R. Schmidt*, StrafR BT II, Rn 534 ff.   **1380**

### b.) Täuschungshandlung

Die Täuschung kann sowohl durch *ausdrückliches* oder *konkludentes **aktives*** Tun als auch durch ***Unterlassen*** erfolgen.[1376]   **1381**

- Eine **ausdrückliche Täuschung** liegt vor, wenn der Täuschende Wörter, Formulierungen oder Gesten verwendet, die nach Herkommen oder Vereinbarung die Aufgabe haben, Erklärungen zu ermöglichen.   **1382**

- Eine **konkludente (= schlüssige) Täuschung** liegt vor, wenn das Gesamtverhalten des Gegners nach der Verkehrsanschauung als Erklärung über eine Tatsache zu verstehen ist. Entscheidend ist, ob sich der Betroffene in einer bestimmten Situation auf das Vorliegen bzw. Nichtvorliegen einer relevanten Tatsache verlassen darf.   **1383**

- Schließlich verwirklicht eine **Täuschung durch Unterlassen**, wer entgegen einer Aufklärungspflicht die Entstehung eines Irrtums nicht verhindert oder einen entstandenen Irrtum nicht beseitigt.   **1384**

  **aa.)** Bei der Täuschung durch **positives Tun** (Vorspiegeln von Tatsachen) kommen sowohl **ausdrückliche** als auch **konkludente** wahrheitswidrige Behauptungen bedeutsamer Umstände in Betracht.   **1385**

Eine **ausdrückliche Täuschung** liegt vor, wenn der Täter Wörter, Formulierungen oder Gesten verwendet, die nach Herkommen oder Vereinbarung die Aufgabe haben, Erklärungen zu ermöglichen.[1377]   **1386**

**Beispiele:**   **1387**
**(1)** Bezeichnet jemand ein Gerät als „generalüberholt", „neu" oder „neuwertig", täuscht er den anderen, wenn diese Eigenschaften nicht vorhanden sind.

**(2)** Gleiches gilt, wenn ein Preis als „Sonderpreis" bezeichnet wird, der in Wirklichkeit nicht unter der Preisempfehlung des Herstellers liegt.

**(3)** Auch die Erklärung beim Kauf eines Hauses, das Objekt werde sich durch Mieten und Steuerersparnis selbst tragen, ist keine bloße unverbindliche werbemäßige Anpreisung, sondern eine objektiv nachprüfbare Angabe.[1378]

**(4)** Nickt der Verkäufer eines Kfz aufgrund der Nachfrage seitens des Käufers, ob der Wagen unfallfrei sei, mit dem Kopf, gibt er damit ausdrücklich eine bestimmte Erklärung ab.[1379]

**(5)** Gleiches gilt für das Unterschreiben falscher Beweismittel, namentlich unwahrer oder unechter Urkunden, das Manipulieren von Verbrauchsmessgeräten (Strom-, Wasser- oder Gaszählern) oder Kilometerzählern bei Kfz.

---

[1376] Vgl. BGHSt 47, 1, 3 f.; OLG Stuttgart NStZ 2003, 554, 555; *Ellenberger*, in: Palandt, § 123 Rn 3 ff.; *Wolf/Neuner*, AT, § 41 Rn 101 ff.

[1377] Vgl. OLG Stuttgart NStZ 2003, 554, 555; *Jaguttis/Parameswaran*, NJW 2003, 2277 ff.; *Ellenberger*, in: Palandt, § 123 Rn 3 ff.

[1378] KG NJW 1998, 1082, 1083.

[1379] „Unfallfrei" ist ein Fahrzeug nur dann, wenn der (Vor-)Schaden lediglich dem Bagatellbereich zuzuordnen ist. Das wiederum ist nur bei einem ganz geringfügigen Schaden anzunehmen, der die Käuferentscheidung nicht beeinflusst hätte. Hätte die Angabe des (Vor-)Schadens also die Käuferentscheidung beeinflusst, stellen die vorsätzliche Nichtangabe bzw. das vorsätzliche Verschweigen eine arglistige Täuschung dar. Vgl. dazu auch Rn 1394.

**(6)** Verkauft jemand einem türkischen Familienvater, der kaum Deutsch spricht, ein 18-bändiges Konversationslexikon mit dem Hinweis, dass dieses für das schulische Fortkommen seiner Kinder, die die Hauptschule besuchen, notwendig sei, täuscht er über eine Tatsache, nämlich über die Bedeutung des Lexikons für die Schulausbildung.[1380]

**(7)** Macht jemand bei der Beantragung einer Lebensversicherung falsche Angaben über den Gesundheitszustand, liegt eine Täuschung vor.

**(8)** Auch das Zuschicken einer fingierten Liebeserklärung via SMS mit der Aufforderung zum Rückruf unter einer (teuren) 0900er-Nummer verwirklicht nach der hier vertretenen Auffassung den Tatbestand des § 123 I Var. 1 BGB (und natürlich auch den des § 263 StGB). Daran ändert auch die Naivität des Geschädigten nichts.[1381]

**1388**  **bb.)** Gibt es keine ausdrücklichen Angaben oder Gesten, die auf das Vorstellungsbild des anderen einwirken, ist zu prüfen, ob eine konkludente Täuschung vorliegt.

**1389**  Eine **konkludente Täuschung** liegt vor, wenn das Gesamtverhalten des Erklärenden nach der Verkehrsanschauung als Erklärung über eine Tatsache zu verstehen ist.

**Beispiel:** Wer eine Sache auf Kredit kauft und aufgrund seiner gegenwärtigen Vermögenslage weiß, dass er im Fälligkeitszeitpunkt nicht zahlen kann, täuscht konkludent über einen gegenwärtigen Zahlungswillen.

**1390**  Dem Angebot oder der Lieferung einer Sache kann grundsätzlich nicht die Erklärung entnommen werden, dass diese mangelfrei sei. Hat der Verkäufer jedoch täuschende Manipulationen vorgenommen, um dem Erwerber die Vertragsgemäßheit der Ware vorzuspiegeln, ist i.d.R. ein Anfechtungsgrund wegen arglistiger Täuschung anzunehmen.

**Beispiel:** Liefert ein Futtermittellieferant einem Ökobetrieb Futtermittel, das in Wahrheit auf konventionelle Art hergestellt worden ist, täuscht er über eine verkehrswesentliche Eigenschaft.

**1391**  **cc.)** Kommt eine Täuschung durch aktives (ausdrückliches oder konkludentes) Tun nicht in Betracht oder ist eine solche nach entsprechender Prüfung zu verneinen, stellt sich die Frage nach einer Täuschung durch Unterlassen.

**1392**  Eine **Täuschung durch Unterlassen** verwirklicht, wer entgegen einer Aufklärungspflicht die Entstehung eines Irrtums nicht verhindert oder einen entstandenen Irrtum nicht beseitigt.[1382] In der Sache geht es um das Verschweigen eines offenbarungspflichtigen Umstands.

**1393**  Da aufgrund der Privatautonomie im Grundsatz jeder für sich selbst verantwortlich ist, besteht keine generelle Aufklärungspflicht. Vielmehr bedarf es schon besonderer Gründe, um die Pflicht, den anderen über bestimmte Umstände aufzuklären, der aktiven Täuschungshandlung gleichstellen zu können. Wann und in welchem Umfang eine solche Pflicht besteht, ist nach der Verkehrsauffassung unter Berücksichtigung von Treu und Glauben (§ 242 BGB) und den Umständen des Einzelfalls zu entscheiden.[1383] Danach findet also eine Einzelfallabwägung der Interessenlage anhand der Verantwortungsbereiche der Beteiligten statt.

**1394**  ▪ So muss in Bezug auf den Verkauf eines Gegenstands nicht jeder negative Umstand offengelegt werden, denn im Grundsatz ist jede Vertragspartei, und damit auch der Käufer, selbst dafür verantwortlich, sich über den Kaufgegenstand zu informieren und ggf. kritisch nachzufragen. Es müssen aber solche Umstände ungefragt offenbart werden, die für die

---

[1380] Vgl. AG Ibbenbüren NJW 2005, 2464.

[1381] Vgl. dazu ausführlich *Jaguttis/Parameswaran*, NJW 2003, 2277 ff.

[1382] BGH NJW 2015, 1669, 1670; *Wolf/Neuner*, AT, § 41 Rn 103. Aus dem Bereich des Strafrechts vgl. *Perron*, in: Schönke/Schröder, § 263 StGB Rn 18 ff.; *Fischer*, § 263 StGB Rn 22 ff.; *Lackner/Kühl*, § 263 StGB Rn 12 ff.

[1383] Vgl. BGH NJW 2015, 1669, 1670.

Willensbildung des anderen Teils **offensichtlich von ausschlaggebender Bedeutung** sind.[1384] Dies gilt vor allem für Umstände, die den Vertragszweck vereiteln oder erheblich gefährden können.[1385]

**Beispiel:** Gebrauchtwagenhändler Hendrik verkauft der sachunkundigen Liesbeth ein einwandfrei aussehendes Fahrzeug und verschweigt, dass es sich um einen wiederhergestellten Unfallwagen handelt, der – als solcher gekennzeichnet – tatsächlich nur einen (wesentlich) geringeren Preis einbringen würde. Da L keinen Anlass zur Skepsis sieht, stellt sie diesbezüglich auch keine Fragen und unterschreibt den Kaufvertrag.

Hier hat H einen vertragswesentlichen Umstand (Schaden oberhalb des Bagatellbereichs) nicht offenbart. Da davon auszugehen ist, dass L den Vertrag nicht oder nicht so geschlossen hätte, steht ihr ein Anfechtungsrecht nach § 123 I Var. 1 BGB zu.[1386]

Das Gleiche würde gelten, wenn H z.B. verschwiegen hätte, dass die Laufleistung wesentlich höher ist, als auf dem Kilometerzähler angezeigt wird.

- Erst recht müssen **Fragen** des anderen vollständig und richtig beantwortet werden.[1387]    **1395**

**Beispiel:** Stellt L des obigen Beispiels dem H die Frage, ob der Wagen einmal in einen Unfall verwickelt gewesen sei, muss er darauf wahrheitsgemäß antworten, und zwar auch dann, wenn nur ein „Blechschaden" vorgelegen hätte.[1388] Auch muss er die Frage, ob die Angabe des Kilometerzählers stimme, wahrheitsgemäß beantworten.

Ist eine Frage indes *unzulässig* (Beispiel: im Anstellungsgespräch wird nach einer Schwangerschaft gefragt), besteht grds. ein Recht zur Lüge (dazu Rn 1401 f.).[1389]

- Eine Aufklärungspflicht kann auch dann bestehen, wenn eine **besondere Sachkunde**    **1396** des Erklärenden in Anspruch genommen wird; sie kann sich auch aus einer von einem **besonderen Vertrauen** geprägten Beziehung ergeben.

**Beispiel:** Der Mieter ist verpflichtet, den Vermieter vor Abschluss eines Gewerberaummietvertrags über die geplante außergewöhnliche Verwendung der Mieträume zu informieren. Das gilt etwa dann, wenn in dem in der Nachbarschaft einer Grundschule befindlichen Gebäude ein Bordell betrieben oder in einem Verkaufsraum ein der rechtsradikalen Szene zugeordnetes Warensortiment angeboten werden soll[1390].

- Auch die **Stellung des Erklärenden im Wirtschaftsverkehr** kann Auslöser einer Auf-    **1397** klärungspflicht sein.

**Beispiel**[1391]**:** Gebrauchtwagenhändler V bietet K einen Gebrauchtwagen an mit der Angabe „TÜV neu". Da der Wagen trotz leichten Rostansatzes im Radkastenbereich einen guten Eindruck macht und auch der Preis akzeptabel ist, kauft K den Wagen. Drei Monate später, im Rahmen eines Werkstattbesuchs, stellt sich heraus, dass der Wagen aufgrund massiver Durchrostungen im Unterbodenbereich verkehrsunsicher ist und dass die HU-Plakette niemals hätte erteilt werden dürfen.

Da die Angabe „TÜV neu" eine Verkehrssicherheit suggeriert und die Verkehrssicherheit eine dem Beweis zugängliche Tatsache darstellt, kommt für K ein Anfechtungsrecht gem. § 123 I Var. 1 BGB in Betracht. Allerdings hat der BGH entschieden, dass auch ein Gebrauchtwagenhändler keine generelle, anlassunabhängige Untersuchungspflicht hat, sondern nur dann, wenn er aufgrund bestimmter Umstände den Verdacht hegt, der Wagen

---

[1384] Vgl. auch *Brox/Walker*, AT, Rn 451.
[1385] *Ellenberger*, in: Palandt, § 123 Rn 5a.
[1386] Vgl. auch LG Coburg 11.7.2014 – 22 O 127/14 (zur Beweislast bei Verschweigen eines Unfalls am Kfz, der einen wirtschaftlichen Totalschaden bedeutet).
[1387] BGHZ 74, 383, 392; *Wolf/Neuner*, AT, § 41 Rn 103.
[1388] BGH NJW 1977, 1914, 1915.
[1389] *Wolf/Neuner*, AT, § 41 Rn 103.
[1390] Vgl. BGH NJW 2010, 3362 f. („Thor Steinar"); *Wolf/Neuner*, AT, § 41 Rn 103.
[1391] In Anlehnung an BGH NJW 2015, 1669 ff.

könne nicht verkehrssicher sein.[1392] Fehlt es daran, obliegt ihm nur eine äußere (fachmännische) Sichtprüfung.[1393] Ergibt diese keine Verdachtsmomente, die auf eine fehlende Verkehrssicherheit schließen lassen, darf sich der Händler auf das Ergebnis der Hauptuntersuchung („TÜV") verlassen. Mithin liegt keine arglistige Täuschung vor. Unabhängig hiervon greifen aber selbstverständlich Gewährleistungsrechte.[1394]

Auch trifft nach st. Rspr. des BGH den Gebrauchtwagenhändler ohne Vorliegen besonderer Anhaltspunkte für einen Unfallschaden nicht die Obliegenheit, das zum Verkauf stehende Fahrzeug umfassend auf etwaige Unfallschäden zu untersuchen.[1395] Der Händler ist aber grds. (auch hier) zu einer (fachmännischen) äußeren Besichtigung verpflichtet („Sichtprüfung").[1396] Nicht verpflichtet hingegen ist er etwa zur Einsichtnahme in eine zentrale Datenbank des Fahrzeugherstellers[1397] oder zum Abgleich mit einer anderen Datenbank (etwa „carfax"), um nach eventuellen Vorschäden zu schauen. Nutzt der Händler eine solche Datenbank, so entbindet ihn dies dennoch nicht von der Pflicht zur Vornahme einer Sichtprüfung.[1398] Zur Arglist und zur Beweislast vgl. Rn 1410 ff. (insb. Rn 1413).

1398
> **Fazit:** Eine **Täuschung** liegt vor, wenn ein Irrtum über Tatsachen erregt, verstärkt oder aufrechterhalten wird. Sie kann insbesondere durch Vorspiegeln von Tatsachen erfolgen. Dem steht das Verschweigen von Tatsachen gleich, wenn eine Aufklärungspflicht besteht. Eine Aufklärungspflicht über bestimmte Tatsachen besteht immer dann, wenn
>
> - danach in zulässiger Weise gefragt wird oder
> - sie für die Entschließung des Gegners von entscheidender Bedeutung sind und ihre Mitteilung nach der Verkehrsauffassung erwartet werden darf oder
> - ein besonderes Vertrauensverhältnis besteht bzw. begründet werden soll bzw. eine besondere Sachkunde des Erklärenden in Anspruch genommen wird.

## bb. Widerrechtlichkeit der Täuschung

1399
Da eine arglistige Täuschung (jedenfalls im Grundsatz) an sich schon rechtswidrig ist, hat der Gesetzgeber darauf verzichtet, sie im gesetzlichen Tatbestand des § 123 I Var. 1 BGB zu fordern. Insoweit bedarf es auch in der Fallbearbeitung keiner expliziten Prüfung. Es ist schlicht festzustellen, „dass in Ermangelung gegenteiliger Anhaltspunkte von der Widerrechtlichkeit der Täuschung auszugehen ist".

1400
Allerdings kann in Einzelfällen das Bedürfnis bestehen, falsche Angaben zu machen, um eigene Rechte zu wahren und einen Rechtsverstoß durch die Gegenseite zu vermeiden. Ließe man in solchen Fällen die Frage nach der Rechtmäßigkeit der Handlung nicht zu, hätte dies stets eine zur Anfechtung berechtigende Sachlage zur Folge; denn dass eine Täuschungshandlung vorgenommen wurde, lässt sich nicht leugnen.

1401
Die Frage der Widerrechtlichkeit ist vor allem im **Arbeitsvertragsrecht** von Bedeutung. So darf der Befragte bei **unzulässigen Fragen** nicht nur die Antwort verweigern, sondern auch eine unrichtige Antwort geben.[1399] Denn anderenfalls wird er im Regelfall die erstrebte Anstellung nicht bekommen. Die Chance, eingestellt zu werden, hat er also realistischerweise nur, wenn er wahrheitswidrige Angaben macht. Diese „Zwangslage" hat die Rechtsprechung dazu bewegt, die an sich indizierte Widerrechtlichkeit ausnahmsweise zu verneinen und ein Anfechtungsrecht desjenigen, der durch die Falschangabe getäuscht wurde, jedenfalls nach § 123 I Var. 1 BGB zu verneinen.

---

[1392] BGH NJW 2015, 1669, 1670.
[1393] BGH NJW 2015, 1669, 1670.
[1394] In Betracht kommt insbesondere Rücktritt gem. §§ 437 Nr. 2 Var. 1, 440, 323, 326 V BGB.
[1395] BGH NJW 2014, 211, 212.
[1396] BGH NJW 2014, 211, 212.
[1397] BGH a.a.O.
[1398] OLG Oldenburg 28.2.2014 - 11 U 86/13 (vgl. auch BGH NJW 2015, 1669, 1670).
[1399] BAG NZA 2003, 848; *Ellenberger*, in: Palandt, § 123 Rn 10; *Ehrich*, DB 2000, 421 ff.

**Beispiele:**  1402

(1) **Vorstrafen** brauchen nicht offenbart zu werden, wenn sie im Bundeszentralregister getilgt wurden (vgl. § 53 I BZRG). Denn nach Tilgung einer Strafe darf sich der Betroffene (diesbezüglich) als unbestraft bezeichnen. Auch im Übrigen sind Fragen nach Vorstrafen gegenüber Arbeitssuchenden nur soweit zulässig, als die Art des zu besetzenden Arbeitsplatzes dies erfordert, die Strafe also „einschlägig" ist. So ist bei einer Bewerbung zum Bilanzbuchhalter die Frage nach einer Vorstrafe wegen Bilanzfälschung berechtigt, nicht aber die Frage nach einer Vorstrafe wegen (einfacher) Körperverletzung.[1400]

(2) Auch nach dem Bestehen einer **Schwangerschaft** darf grds. nicht gefragt werden. Die Frage des Arbeitgebers nach einer Schwangerschaft vor der geplanten Einstellung verstößt regelmäßig gegen § 3 I S. 2 AGG. Eine schwangere Frau braucht deshalb weder von sich aus noch auf Nachfrage vor Abschluss eines Arbeitsvertrags eine bestehende Schwangerschaft zu offenbaren. Dies gilt auch dann, wenn sich nur Frauen beworben haben[1401] oder wenn die Frau nur befristet zur Vertretung einer schwangeren Mitarbeiterin eingestellt werden soll („schwangere Schwangerschaftsvertretung")[1402].

(3) Nach der **politischen Gesinnung** darf nur gefragt werden, wenn anderenfalls die Loyalität für den Arbeitgeber nicht zu erwarten wäre (vgl. auch § 118 I BetrVG). Bei einer Bewerbung für eine Stelle im öffentlichen Dienst darf daher nicht die frühere MfS-Tätigkeit verschwiegen werden. Eine (spätere) Anfechtung ist jedoch nach § 242 BGB ausgeschlossen, wenn die Rechte des getäuschten Arbeitgebers nicht mehr beeinträchtigt sind.[1403] Für Beamte gelten die Bestimmungen der Beamtengesetze.

### cc. Irrtum

Infolge der Täuschung (Kausalität, dazu sogleich) muss beim Kommunikationspartner  1403
ein Irrtum erregt oder unterhalten werden.

Ein **Irrtum** ist jede Fehlvorstellung über Tatsachen, die Gegenstand der Täuschung waren.[1404]  1404

Hinsichtlich der Irrtumsarten kann auf die Ausführungen zum Inhalts-, Erklärungs- und  1405
Eigenschaftsirrtum verwiesen werden.

### dd. Kausalität zwischen Täuschung und Willenserklärung

§ 123 I Var. 1 BGB verlangt, dass der Getäuschte „... zur Abgabe der Willenserklärung  1406
*durch* arglistige Täuschung ... bestimmt worden ist". Erforderlich ist daher, dass die Täuschung zu einem Irrtum des Getäuschten führt und dieser Irrtum für die Abgabe der Willenserklärung kausal war. Der Entschluss zur Willenserklärung muss gerade durch die Täuschung und den dadurch hervorgerufenen Irrtum beeinflusst worden sein.[1405]

An dieser Kausalität zwischen Täuschung und Willenserklärung fehlt es jedoch, wenn  1407
derjenige, der getäuscht werden soll, den wahren Sachverhalt kannte oder mit der Täuschung (in diesem Umfang) rechnete und die Erklärung auf alle Fälle abgegeben hätte.[1406]

---

[1400] Vgl. dazu BAG NJW 1991, 2723, 2724.

[1401] EuGH NJW 1994, 2077, 2078; BAG NJW 1993, 1154; 1994, 148, 149; NJW 1999, 3653, 3654 f. (jeweils zu § 611a BGB a.F.).

[1402] LAG Köln DB 2012, 2872. Der EuGH hat bereits vor einiger Zeit entschieden, dass generell nicht nach einer bestehenden Schwangerschaft gefragt werden darf, wenn ein befristeter Arbeitsvertrag begründet werden soll und die Bewerberin während eines wesentlichen Teils der Vertragszeit nicht arbeiten kann (EuGH NJW 2002, 123).

[1403] Vgl. dazu BVerfG NJW 1997, 2307, 2309; BAG NZA 1998, 1052, 1053 (jeweils Stasi-Tätigkeit).

[1404] BGH NStZ 2003, 313, 314.

[1405] Vgl. nur BGH NJW 2012, 297.

[1406] *Köhler*, AT, § 7 Rn 42; *Brox/Walker*, AT, Rn 452; *Stadler*, AT, § 25 Rn 80.

1408 **Beispiel:** K interessiert sich beim halbseidenen Trödler T einen antiken nautischen Kompass. Da sich K ein wenig mit nautischen Antiquitäten auskennt, will er nicht ausschließen, dass das Stück aus einem Einbruchdiebstahl stammt, von dem er letzte Woche in der Zeitung berichtet wurde. Da er das Stück aber unbedingt haben will, fragt er nicht weiter nach und kauft den Kompass. Als einige Tage später die Polizei vor der Tür steht und den Kompass beschlagnahmt, will K sich (zumindest zivilrechtlich) schadlos halten und von V den Kaufpreis zurückfordern.

In dem Rückforderungsbegehren liegt eine konkludente Anfechtungserklärung. K hat aber kein Anfechtungsrecht (auch nicht wegen arglistiger Täuschung über das fehlende Eigentum), da die Kausalität nicht gegeben ist.

Anmerkung: Es wäre auch möglich gewesen, schon den Irrtum bei K zu verneinen.

1409 Weiterführender Hinweis: Das Kausalitätserfordernis gilt nicht für den Haftungsausschluss nach § 444 BGB. Auch wenn ein arglistig verschwiegener Sachmangel für den Willensentschluss des Käufers nicht ursächlich war, ist dem Verkäufer die Berufung auf den vereinbarten Haftungsausschluss (vgl. § 444 BGB) verwehrt. Bei arglistiger Täuschung über einen Sachmangel ist ein Haftungsausschluss des Verkäufers also immer unwirksam.[1407]

### ee. Arglist

1410 Allein der Begriff „Täuschung" impliziert an sich ein vorsätzliches Vorgehen. Denn nach allgemeiner Auffassung ist eine Täuschungshandlung jedes Verhalten, das darauf abzielt, bei einem anderen eine unrichtige Vorstellung hervorzurufen, sie zu bestärken oder aufrechtzuerhalten.[1408] Und eben das ist nicht ohne Vorsatz vorstellbar. Gleichwohl spricht der Gesetzgeber in § 123 I Var. 1 BGB (in m.E. redundanter Weise) von „arglistiger" Täuschung. Jedenfalls ist **vorsätzliches** Verhalten erforderlich, wobei **Eventualvorsatz** genügt.[1409]

1411 Der Täuschende handelt dann vorsätzlich und somit **arglistig**, wenn er die Unrichtigkeit seiner Angaben zumindest für möglich hält und billigend in Kauf nimmt, dass der Vertragspartner den entscheidenden Umstand nicht kennt, bei Kenntnis den Vertrag aber nicht oder zumindest nicht mit dem vereinbarten Inhalt geschlossen hätte.[1410]

1412 Eventualvorsatz i.S.d. § 123 I Var. 1 BGB ist z.B. gegeben, wenn der Handelnde, obwohl er mit der möglichen Unrichtigkeit seiner Angaben rechnet, „**ins Blaue hinein**" unrichtige Behauptungen aufstellt[1411] und dabei billigend in Kauf nimmt, dass der andere Teil durch das Täuschungsverhalten zur Abgabe der Willenserklärung bestimmt wird, d.h. in Kauf nimmt, dass dieser bei wahrheitsgemäßen Erklärungen nicht oder nur zu anderen Bedingungen abgeschlossen hätte.[1412]

**Beispiel:** Gebrauchtwagenhändler V verkauft dem K einen Pkw, den er kurz zuvor erst angekauft hatte. Als K fragt, ob es sich bei dem Auto um ein Unfallfahrzeug handelt, erklärt V, obwohl er dies nicht weiß, dass das Kfz ganz sicher noch nie in einen Unfall verwickelt gewesen sei. Stellt sich später heraus, dass es sich bei dem Pkw doch um ein wiederhergestelltes Unfallfahrzeug handelt, kann K aufgrund arglistiger Täuschung anfechten.[1413]

---

[1407] BGH NJW 2011, 3640 f. (dazu *Looschelders*, JA 2012, 64). Vgl. auch OLG Oldenburg 5.2.2015 – 1 U 129/13 (Verschweigung der Alufolie hinter Tapete, die zur Verdeckung von Feuchtigkeit angebracht worden war).
[1408] Vgl. nur *Ellenberger*, in: Palandt, § 123 Rn 2.
[1409] BGH NJW 2015, 1669, 1670; *Ellenberger*, in: Palandt, § 123 Rn 11.
[1410] BGH NJW 2015, 1669, 1670 (st. Rspr.).
[1411] BGHZ 63, 382, 388; 74, 383, 391 f.; 168, 64, 66; OLG Naumburg NJW 2014, 1113, 1114. Siehe auch OLG Frankfurt a.M. KUR 2018, 91.
[1412] BGH NJW 2015, 1669, 1670 mit Verweis u.a. auf BGH NJW 2004, 1032; *Ellenberger*, in: Palandt, § 123 Rn 11.
[1413] Selbstverständlich könnte er auch Sachmängelrechte gem. 437 BGB (insbesondere Rücktritt) geltend machen. Da diese aber einen wirksamen Kaufvertrag voraussetzen, dürfte K in diesem Fall nicht anfechten.

Jedoch ist zu beachten, dass eine allgemeine Untersuchungspflicht des Gebrauchtwa-**1413**
genhändlers nicht besteht. Daher handelt er grds. nicht arglistig, wenn er den Käufer
nicht darüber aufklärt, dass er das Fahrzeug nicht zuvor auf etwaige Mängel untersucht
hat. Denn den Gebrauchtwagenhändler trifft keine generelle, anlassunabhängige Obliegenheit, das Fahrzeug vor dem Verkauf umfassend zu untersuchen.[1414] Lediglich dann,
wenn der Verkäufer das Vorhandensein eines offenbarungspflichtigen Mangels mindestens für möglich hält, diesen aber verschweigt und billigend in Kauf nimmt, dass der
Käufer den Mangel nicht kennt und bei Kenntnis den Kaufvertrag nicht oder nicht mit
dem vereinbarten Inhalt geschlossen hätte, ist Arglist anzunehmen.[1415]

> **Beispiel**[1416]**:** K kaufte von V, einem Gebrauchtwagenhändler, einen 13 Jahre alten Ge-
> brauchtwagen mit einer Laufleistung von 144.000 km zum Preis von 5.000 €. Der Kauf-
> vertrag enthielt unter der Rubrik "Zubehör/Sonderausstattung" den Eintrag "HU neu". Am
> Tag des Fahrzeugkaufs hatte der Technische Überwachungsverein (TÜV) die Hauptunter-
> suchung durchgeführt und das Fahrzeug beanstandungsfrei mit einer TÜV-Plakette verse-
> hen. Am nächsten Tag fuhr K zu ihrem rund 900 km entfernten Wohnort. Auf der Fahrt
> dorthin blieb der Wagen aufgrund eines defekten Kraftstoffrelais mehrmals liegen und es
> entstanden der K Kosten für Pannenhilfe und Reparatur in Höhe von 315,99 €. Bei den
> anschließenden, von K veranlassten Untersuchungen des Fahrzeugs wurde u.a. eine starke
> Korrosion an den Bremsleitungen, den Längsträgern, den Querlenkern, den Achsträgern
> und dem Unterboden sowie an sämtlichen Zuleitungen zum Motor festgestellt. K erklärte
> daraufhin die Anfechtung des Kaufvertrags wegen arglistiger Täuschung. V behauptet, er
> habe das Fahrzeug vor dem Verkauf durchgesehen und nur vordergründigen Rost festge-
> stellt; im Übrigen habe er sich auf die Untersuchung des TÜV verlassen.
>
> Zugunsten des V ist davon auszugehen, dass er die Mängel nicht kannte. Allerdings ist
> arglistige Täuschung auch dann gegeben, wenn der Handelnde, obwohl er mit der mögli-
> chen Unrichtigkeit seiner Angaben rechnet, „ins Blaue hinein" unrichtige Behauptungen
> aufstellt (s.o.) und dabei billigend in Kauf nimmt, dass der andere Teil durch das Täu-
> schungsverhalten zur Abgabe der Willenserklärung bestimmt wird, d.h. in Kauf nimmt,
> dass dieser bei wahrheitsgemäßen Erklärungen nicht oder nur zu anderen Bedingungen
> abgeschlossen hätte (s.o.). Aber auch diesbezüglich muss zugunsten des V davon ausge-
> gangen werden, dass er die TÜV-Prüfung für ordnungsgemäß hielt und auf deren Richtig-
> keit vertraute. Von einer Behauptung „ins Blaue hinein" kann dann nicht gesprochen wer-
> den.[1417]

Geht es um eine Täuschung durch **Unterlassen**, bspw. um die Frage, ob der Verkäufer **1414**
einen offenbarungspflichtigen Umstand verschwiegen hat, ist Vorsatz auch dann zu bejahen, wenn der Verkäufer erkannt hat, dass der Käufer den Vertrag nicht oder nicht so
geschlossen hätte, wenn er über den Umstand aufgeklärt worden wäre. Allerdings entscheidet in der Praxis die **Beweislast** (dazu allgemein oben Rn 64 ff.). Geht es um die
Frage, ob der Verkäufer den Käufer getäuscht hat, und behauptet in diesem Fall der
Verkäufer (im Rahmen seiner sekundären Darlegungslast[1418]) substantiiert, den Käufer
vor Vertragsschluss über einen offenbarungspflichtigen Umstand aufgeklärt zu haben,
muss der Käufer beweisen, dass die Aufklärung nicht erfolgt ist.[1419] Das gilt auch dann,
wenn im Kaufvertrag ausgeführt ist, dass dem Verkäufer „vom Vorhandensein wesentlicher unsichtbarer Mängel nichts bekannt" sei[1420] oder dass er „keine wesentlichen Mängel verschwiegen habe".

---

[1414] BGH NJW 2015, 1669, 1670 mit Verweis u.a. auf BGH NJW 2014, 211.
[1415] BGH NJW 2015, 1669, 1670 mit Verweis u.a. auf BGH NJW 2004, 1032.
[1416] BGH NJW 2015, 1669 ff. Vgl. bereits oben Rn 1397.
[1417] Selbstverständlich könnte auch hier K auch Sachmängelrechte gem. 437 BGB (insbesondere Rücktritt) geltend machen.
Da diese aber einen wirksamen Kaufvertrag voraussetzen, dürfte K in diesem Fall nicht anfechten.
[1418] Siehe dazu Rn 65.
[1419] BGH NJW 2014, 3296, 3297.
[1420] BGH NJW 2003, 754, 755.

### ff. Kein Ausschluss durch § 123 II BGB

**1415**   Hat nicht der Erklärungsempfänger, sondern ein **Dritter** die Täuschung verübt, ist die Anfechtung nur zulässig, wenn der Erklärungsempfänger **„die Täuschung kannte oder kennen musste"** (§ 123 II S. 1 BGB).

### a.) „Dritter"

**1416**   Das Gesetz definiert den Begriff des „Dritten" nicht. Er ist daher durch Auslegung zu bestimmen.

**1417**   Würde man bei der Frage, wer „Dritter" i.S.v. § 123 II S. 1 BGB ist, allein auf die Personenverschiedenheit zum Vertragspartner abstellen, hätte dies zur Folge, dass insbesondere dessen Stellvertreter immer „Dritter" wäre und eine Anfechtung des Getäuschten nur dann bestünde, wenn dieser die Täuschung kannte oder kennen musste. Diese Folge kann vom Gesetzgeber ersichtlich nicht gewollt sein, weil in der Praxis Vertretergeschäfte üblich sind und nur in den seltensten Fällen bewiesen werden kann, dass der Geschäftsherr die Täuschungshandlung seines Vertreters kannte oder fahrlässig nicht kannte. Zudem findet eine Zurechnung der Willenserklärung des Vertreters über § 164 I BGB statt, sodass schon von daher der **Stellvertreter niemals „Dritter"** i.S.v. § 123 II S. 1 BGB sein kann. Täuscht also der Stellvertreter den Geschäftspartner, kann dieser gem. § 123 I Var. 1 BGB unproblematisch anfechten, weil der Vertretene so behandelt wird, als habe er die Willenserklärung selbst abgegeben.[1421]

**1418**   **„Nicht-Dritter"** ist auch der vom Erklärungsempfänger eingesetzte **Verhandlungsführer** oder **Verhandlungsgehilfe**, der die Schwelle zum Stellvertreter nicht erreicht. Das ist richtig, da sich der Geschäftsherr sonst aus der Verantwortung ziehen könnte.

**1419**   Nach Auffassung des BGH[1422] ist **„Nicht-Dritter"** auch derjenige, dessen Verhalten dem Erklärungsempfänger wegen sonstiger **besonders enger Beziehungen** zwischen beiden oder wegen sonstiger besonderer Umstände **billigerweise zugerechnet** werden muss. Das sei insbesondere dann der Fall, wenn der „Geschäftsherr" bei Zugrundelegung einer Haftung aus *culpa in contrahendo* das Verschulden seines „Werkzeugs" über § 278 BGB zugerechnet bekomme.

**1420**   > **Hinweis für die Fallbearbeitung:** Hier ist unbedingt eine hypothetische Betrachtungsweise geboten. Es ist hypothetisch anzunehmen, es bestünde eine Haftung des Geschäftsgegners aus c.i.c. Dann ist danach zu fragen, ob eine Zurechnung der Täuschungshandlung des „Erfüllungsgehilfen" über den Rechtsgedanken des § 278 BGB besteht. Bejaht man beide Fragen (die wegen der Anspruchskonkurrenz zwischen § 123 BGB und der c.i.c. sowieso später im Gutachten beantwortet werden müssen), liegt ein „Nicht-Dritter" vor. Eine Anfechtung wegen arglistiger Täuschung richtet sich dann allein nach § 123 I BGB.

**1421**   Als **„Dritter"** kann daher nur derjenige angesehen werden, der – ohne Stellvertreter, Verhandlungsführer, Verhandlungsgehilfe zu sein oder in sonstiger besonders enger Beziehung zum Geschäftsherrn zu stehen – sonst wie auf Seiten des Erklärungsempfängers steht und am Geschäftsabschluss mitwirkt. Sein Verhalten muss sich der Erklärungsempfänger dann wie eigenes zurechnen lassen, sodass die Anfechtung nach § 123 I Var. 1 BGB eingreift.

**1422**   **Beispiel:** „Dritter" ist der beim Gebrauchtwagenhändler beschäftigte **Kfz-Mechaniker**, der mit dem Verkauf sonst nichts zu tun hat, sich einem Kunden gegenüber aber „als zu

---

[1421] Vgl. näher *Wolf/Neuner*, AT, § 41 Rn 111; BGH NJW 2011, 2874.
[1422] BGH NJW 1996, 1051. Vgl. auch OLG Koblenz NJW-RR 2003, 119.

Verkaufsgesprächen befugt" ausgibt. Täuscht er diesen Kunden bspw. über die Unfallfreiheit eines zum Verkauf stehenden Kfz, hängt nach vollzogenem Vertrag die Anfechtungsmöglichkeit des Kunden dann davon ab, ob der Geschäftsherr von dieser Täuschung wusste oder wissen musste.

> **Hinweis für die Fallbearbeitung:** Bei der Frage, ob die Täuschung von einem „Dritten" vorgenommen wurde, empfiehlt es sich, auf die erläuterte hypothetische Betrachtungsweise unter **Heranziehung des Rechtsgedankens des § 278 BGB** abzustellen. Im Zweifel sollte § 123 I Var. 1 BGB verneint werden, um Folgeprobleme (etwa Anpassung des Vertrags über § 313 BGB) noch behandeln zu können.

**1423**

§ 123 II S. 2 BGB betrifft ein Vierpersonenverhältnis. Die Vorschrift regelt die Anfechtung gegenüber einer begünstigten Person, die aus der Erklärung unmittelbar ein Recht erworben hat. Hauptfall ist der Vertrag zugunsten Dritter, § 328 BGB. Hier ist nach § 123 II S. 2 BGB die Erklärung gegenüber dem Begünstigten anfechtbar, wenn dieser die Täuschung kannte oder kennen musste.

**1424**

**Beispiel:** A hat mit der Versicherungsgesellschaft V einen Lebensversicherungsvertrag zugunsten seiner Freundin F abgeschlossen. Verübt nun der unabhängige Versicherungsmakler D (auf den § 43 VVG nicht zutrifft) die arglistige Täuschung gegenüber V, kann V gegenüber F anfechten, wenn diese die Täuschung kannte oder kennen musste.

**1425**

### b.) „Kennen oder Kennenmüssen"

Mit **Kenntnis** ist positives Wissen i.S.v. *dolus directus* 2. Grades gemeint. **Kennenmüssen** (vgl. § 122 II BGB) stellt auf die fahrlässige Unkenntnis ab, wobei jede Form der Fahrlässigkeit genügt. Anders als bei § 254 BGB führt ein Mitverschulden hier zum *völligen Ausschluss* des Rechts nach § 123 I Var. 1 BGB.

**1426**

### b. Rechtsfolge, Fristen und Konkurrenzen

Zur **Rechtsfolge** vgl. die Ausführungen zur Anfechtung wegen widerrechtlicher Drohung bei Rn 1445, zur Frage, ob nur das **Verpflichtungsgeschäft**, sondern auch das **Erfüllungsgeschäft** angefochten werden kann (Stichwort: „**Fehleridentität**"), vgl. Rn 1451 ff.; zur **Frist** vgl. Rn 1457 und zu den **Konkurrenzen** Rn 1474.

**1427**

## II. Die Anfechtung wegen widerrechtlicher Drohung

1428 Im Gegensatz zu den bisher behandelten Anfechtungsgründen schützt § 123 I Var. 2 BGB die Freiheit der Willensentschließung. Daher setzt dieser Anfechtungsgrund auch **keinen Irrtum** voraus. Es kommt allein auf die Willensbeeinflussung an.

### 1. Voraussetzungen

### a. Drohung

1429 Eine **Drohung** ist das (auch konkludente) Inaussichtstellen eines künftigen Übels, auf dessen Eintritt der Drohende Einfluss hat oder zu haben vorgibt.[1423] Als **Übel** genügt jeder Nachteil, auch bei einem Dritten. Eine besondere Schwere ist nicht erforderlich.[1424]

> So liegt zum **Beispiel** in der Ankündigung der Kündigung eines Kredit- oder Arbeitsvertrags eine Drohung.[1425] Weitere Beispiele sind die Drohung mit einer Strafanzeige, Ankündigung körperlicher Gewalt etc.

1430 Die Drohung muss den Anfechtungsberechtigten in eine *psychische* (nur willens*beugende*) **Zwangslage** (*vis compulsiva*) versetzen (arg. § 124 II BGB). Bei Anwendung von *physischem* (willens*ausschließendem*) Zwang (*vis absoluta*) liegt schon tatbestandlich (mangels Handlungswillens) keine Willenserklärung vor.

> **Beispiel:** A will, dass seine 96-jährige Großmutter G einen Kaufvertrag unterschreibt, wonach er das Meissner Porzellan „Fürst von Metternich", das G bereits vor 70 Jahren von ihrer Großmutter geerbt hatte, für 100,- € bekommen soll. Da G sich widerspenstig zeigt und ihre letzte Kraft mobilisiert, führt der der G körperlich weit überlegene A gewaltsam deren Hand und bringt so eine „Unterschrift der G" zustande.
>
> Hier liegt mangels Handlungswillens schon tatbestandlich keine Willenserklärung vor, sodass es auch keiner Anfechtung bedarf.

1431 Ferner muss der Drohende beim Bedrohten den Eindruck erwecken, dass der **Eintritt des Übels von *seinem* Willen abhänge**. Der Hinweis auf eine objektiv bestehende Zwangslage genügt ebenso wenig wie die Mitteilung einer bereits vollzogenen Maßnahme[1426] oder die bloße Ausnutzung einer bereits bestehenden Zwangslage[1427]. Unerheblich ist, ob der Drohende die Drohung ernst meint. Es ist auch dann eine Willensbeeinflussung gegeben, wenn der Bedrohte die Drohung **für ernst gemeint hält**.[1428]

1432 Da die Beschränkung des **§ 123 II BGB** ausweislich *nicht* für die widerrechtliche Drohung gilt, spielt es für die Anfechtung nach § 123 I Var. 2 BGB keine Rolle, wenn die Drohung von einem „**Dritten**" ausgeht. Selbst bei Gutgläubigkeit des „Geschäftsherrn" kann der Bedrohte anfechten (Umkehrschluss aus § 123 II BGB).[1429]

### b. Kausalität zwischen Drohung und Willenserklärung

1433 § 123 I Var. 2 BGB setzt voraus, dass der Bedrohte „durch die Drohung zur Abgabe einer Willenserklärung bestimmt worden ist". Damit ist Kausalität zwischen Drohung und Abgabe der Willenserklärung gemeint. Kausal ist die Drohung für die Abgabe der Willenserklärung, wenn der Bedrohte die Willenserklärung gar nicht, nicht in der vorliegenden

---

[1423] BGHZ 2, 287, 295; BGH NJW 1988, 2599, 2600 f.; *Wolf/Neuner*, AT, § 41 Rn 124.
[1424] *Brox/Walker*, AT, Rn 464.
[1425] BGH NJW 1997, 1980, 1981; BAG NJW 1994, 1021.
[1426] *Ellenberger*, in: Palandt, § 123 Rn 16.
[1427] BGH NJW 1988, 2599, 2601.
[1428] BGH NJW 1982, 2301, 2302.
[1429] Aus Billigkeitsgründen kann dem gutgläubigen Anfechtungsgegner aber ein Ersatzanspruch analog § 122 BGB zustehen (dazu Rn 1467 ff.).

Form oder zu einem anderen Zeitpunkt abgegeben hätte. Ausreichend ist auch hier – wie bei der arglistigen Täuschung –, dass die Drohung **mitursächlich** war.

Nach der Ratio der Norm kommt es bei der Prüfung der Kausalität auf objektive Erwägungen oder eine objektive Erheblichkeit nicht an. Entscheidend ist allein die **Sicht des Bedrohten**.[1430]

1434

> **Beispiel:** A des Beispiels von Rn 1430 lehnt körperliche Gewalt ab. Daher sagt er zu G: „Wenn Du den Vertrag nicht unterschreibst, sperre ich Dich so lange in Dein kleines Kämmerlein ein, bis Du verhungerst".
>
> Sollte G diese Drohung ernst nehmen und *daher* den Kaufvertrag unterzeichnen, liegt Kausalität vor.

### c. Widerrechtlichkeit der Drohung

Zuletzt muss die Drohung auch widerrechtlich gewesen sein. Die Widerrechtlichkeit kann sich dabei (wie bei § 240 StGB) aus dem angedrohten Mittel, dem erstrebten Zweck oder aus der Zweck-Mittel-Relation ergeben.

1435

### aa. Widerrechtlichkeit des Mittels

Die Bestimmung durch Drohung ist bereits dann rechtswidrig, wenn allein das angedrohte Übel widerrechtlich ist, also gegen ein Gesetz, einen Vertrag oder die guten Sitten verstößt.[1431]

1436

Bei einer Drohung mit einem rechtswidrigen Verhalten ist die Willensbeeinflussung also auch dann widerrechtlich, wenn sie der Durchsetzung eines bestehenden Anspruchs dient. Die Drohung mit einem strafbaren oder sittenwidrigen Verhalten berechtigt daher stets zur Anfechtung.

1437

> **Beispiel:** Das Einsperren der G in das kleine Kämmerlein, um sie zur Unterzeichnung des Vertrags zu bewegen, ist gesetzes- (§ 239 StGB) und sittenwidrig und daher widerrechtlich i.S.d. § 123 I Var. 2 BGB.

### bb. Widerrechtlichkeit des Zwecks

Die Bestimmung durch Drohung ist auch dann rechtswidrig, wenn der erstrebte Erfolg widerrechtlich ist.[1432] Das gilt selbst dann, wenn das eingesetzte Mittel nicht zu beanstanden ist.[1433]

1438

> **Beispiel:** T hat ihre Haushälterin H bei einem Diebstahl ertappt. Nun droht sie mit einer Strafanzeige, wenn H sich nicht bereit erklärt, täglich eine Stunde unentgeltlich zu arbeiten.

Da eine auf einen rechtswidrigen Erfolg gerichtete Erklärung zumeist wegen § 134 BGB oder § 138 BGB nichtig ist, kommt der Anfechtung in Fällen dieser Art keine große Bedeutung zu.[1434] Jedenfalls hätte wegen der Lehre von der Doppelnichtigkeit im Recht eine mögliche Anfechtung nur deklaratorische Bedeutung. Der Anfechtende kann mit seiner Anfechtung lediglich mögliche Gegenansprüche, die sich aus § 134 BGB oder § 138 BGB ergeben könnten, ausschließen.

1439

---

[1430] BGH NJW 1982, 2301, 2302.
[1431] *Ellenberger,* in: Palandt, § 123 Rn 19; *Brox/Walker,* AT, Rn 468; *Köhler,* AT, § 7 Rn 55.
[1432] *Hefermehl,* in: Soergel, § 123 Rn 46; *Ellenberger,* in: Palandt, § 123 Rn 20.
[1433] *Brox/Walker,* AT, Rn 469.
[1434] *Wolf/Neuner,* AT, § 41 Rn 133; *Ellenberger,* in: Palandt, § 123 Rn 20.

## cc. Widerrechtlichkeit der Mittel-Zweck-Relation

**1440** Die Bestimmung durch Drohung kann schließlich auch dann rechtswidrig sein, wenn Mittel und Zweck für sich allein nicht widerrechtlich sind, aber ihre Verbindung – der Einsatz dieses Mittels zu diesem Zweck – gegen die guten Sitten oder gegen Treu und Glauben verstößt (**Inadäquanz von Mittel und Zweck**).[1435]

**1441** Entscheidend ist hier, ob der Drohende an der Erreichung des verfolgten Zwecks ein berechtigtes Interesse hat und die Drohung nach Treu und Glauben noch als ein angemessenes Mittel zur Erreichung dieses Zwecks anzusehen ist.[1436] Maßgeblich ist also eine an sittlichen Maßstäben orientierte Gesamtwürdigung aller Umstände unter besonderer Berücksichtigung der Belange nicht nur des Bedrohten, sondern auch des Drohenden.[1437]

**1442** ▪ Die Drohung mit einer *Zivilklage* ist i.d.R. stets zulässig, weil sie das von der Rechtsordnung vorgesehene Mittel der Anspruchsdurchsetzung ist.[1438]

**Beispiel:** Gläubiger G droht seinem Schuldner S mit der Erhebung einer Leistungsklage, falls dieser nicht binnen einer Woche die Schuld begleichen werde.

Diese Drohung ist rechtmäßig, da Klage und Zwangsvollstreckung gerade die Mittel sind, die nach der Rechtsordnung für den verfolgten Zweck zur Verfügung stehen. Bestünde der geltend gemachte Anspruch allerdings nicht und wüsste G dies, so käme für den bedrohten S die Anfechtung wegen arglistiger Täuschung in Betracht.

**1443** ▪ Die Drohung mit einer *Strafanzeige* ist dann zulässig, wenn die geforderte Erklärung mit der Straftat in einem inneren Zusammenhang steht, also die Wiedergutmachung des angerichteten oder die Verhütung weiteren Schadens angestrebt werden.[1439]

**Beispiel:** A, der gegen B noch einen Schadensersatzanspruch aus § 823 I BGB wegen einer Eigentumsverletzung hat, droht ihm, dass er ihn wegen eines von ihm begangenen Diebstahls (der mit der Forderung nichts zu tun hat) anzeigen werde, wenn er nicht zahle. ⇨ Hier wird das Mittel zweckwidrig eingesetzt, sodass die Drohung rechtswidrig ist.

## d. Subjektive Voraussetzung

**1444** Der Drohende muss den **Willen** haben, den anderen Teil zur Abgabe einer Willenserklärung zu bestimmen. Auch muss ihm bewusst sein, dass seine Drohung geeignet war, den anderen Teil zu einer Willenserklärung zu bewegen. Ein Schädigungsvorsatz ist hingegen nicht erforderlich.[1440]

## 2. Rechtsfolge

**1445** Auch die Anfechtung nach § 123 BGB führt zur **Nichtigkeit** des Rechtsgeschäfts mit Wirkung von Anfang an (§ 142 I BGB). Eine Pflicht zum Ersatz des Vertrauensschadens besteht nicht, da § 122 BGB sich grammatikalisch und systematisch nur auf §§ 119 und 120 BGB bezieht. Jedoch kann es angebracht sein, § 122 BGB analog anzuwenden, wenn die Drohung (nicht die Täuschung!) von einem Dritten ausgegangen ist. Denn im Verhältnis zwischen Erklärendem und Erklärungsempfänger besteht kein Grund, Letzterem die Risiken aus dem Handeln des Bedrohten aufzuerlegen. Der Bedrohte mag seinerseits beim Drohenden Regress nehmen.[1441]

---

[1435] *Hefermehl*, in: Soergel, § 123 Rn 47; *Ellenberger*, in: Palandt, § 123 Rn 21; *Wolf/Neuner*, AT, § 41 Rn 135; *Köhler*, AT, § 7 Rn 57; *Brox/Walker*, AT, Rn 470.
[1436] BGH NJW 1983, 384, 385; *Ellenberger*, in: Palandt, § 123 Rn 21; *Wolf/Neuner*, AT, § 41 Rn 135; *Köhler*, AT, § 7 Rn 57.
[1437] BGHZ 25, 217, 221; *Hefermehl*, in: Soergel, § 123 Rn 47; *Ellenberger*, in: Palandt, § 123 Rn 21.
[1438] *Köhler*, AT, § 7 Rn 57.
[1439] *Köhler*, AT, § 7 Rn 57.
[1440] *Hefermehl*, in: Soergel, § 123 Rn 50 f.; *Ellenberger*, in: Palandt, § 123 Rn 23.
[1441] *Köhler*, AT, § 7 Rn 59.

Zur Frage, ob nur das **Verpflichtungsgeschäft**, sondern auch das **Erfüllungsge-** **1446** **schäft** angefochten werden kann (Stichwort: „**Fehleridentität**"), vgl. Rn 1451 ff. Zur **Anfechtungsfrist** vgl. Rn 1457 ff., zu den **Konkurrenzen** Rn 1474 ff.

## G. Vorliegen einer Anfechtungserklärung, § 143 BGB

1447 Da es sich bei dem Anfechtungsrecht um ein **Gestaltungsrecht** handelt (siehe Rn 99), tritt die Rechtsfolge des fehlerhaften Rechtsgeschäfts (Nichtigkeit des Rechtsgeschäfts bei Vorliegen eines Anfechtungsgrundes) nicht *ipso jure* ein, sondern muss durch Erklärung ausgelöst werden. § 143 BGB stellt dies lediglich klar. Bedeutung erlangt diese Vorschrift aber insofern, als sie die Voraussetzungen der Anfechtungserklärung normiert. So bestimmt § 143 I BGB, dass die **Anfechtungserklärung** (durch den **Anfechtungsberechtigten**) gegenüber dem **Anfechtungsgegner** erfolgen muss.

1448 Die **Anfechtungserklärung** ist eine formfreie einseitige, empfangsbedürftige Willenserklärung, die als Gestaltungsrecht unwiderruflich und bedingungsfeindlich ist.[1442] Zulässig ist aber eine **Eventualanfechtung** für den Fall, dass sich die von der Partei primär vorgetragene Rechtsansicht, die Erklärung sei nichtig oder in einem bestimmten Sinne auszulegen, als irrig erweist (zur Bedingung vgl. bereits Rn 515 ff.).

1449 Die Erklärung kann **ausdrücklich** oder **konkludent** erfolgen. Insbesondere ist die Erwähnung des Begriffs „Anfechtung" nicht erforderlich. Es genügt, wenn die Erklärung nach den Grundsätzen der §§ 133, 157 BGB erkennen lässt, dass die Partei das Rechtsgeschäft **wegen eines Willensmangels nicht gelten lassen will**.[1443]

> **Beispiel:** Bestreitet der Vertragspartner das Vorliegen einer Verpflichtung oder fordert das bereits Geleistete zurück, genügt dies ebenso, als wenn er sagt: „Behalten Sie Ihren Schrott, ich will mit Ihnen nichts mehr zu tun haben". Auch in der Verweigerung, den Kaufpreis (oder den Werklohn) zu zahlen, wird teilweise eine konkludente Anfechtungserklärung gesehen.[1444] Das ist aber nicht ganz unbedenklich, weil allein der Zahlungsverweigerung die erforderliche unzweideutige Aussage nicht entnommen werden kann. Genauso gut könnte darin nämlich die Mängeleinrede gem. § 438 IV S. 2 BGB gesehen werden.

1450 Auch der **Anfechtungsgrund** braucht in der Anfechtungserklärung **nicht** ausdrücklich angegeben zu werden. Erforderlich ist aber, dass für den Anfechtungsgegner nach den Grundsätzen der §§ 133, 157 BGB erkennbar ist, auf welchen tatsächlichen Grund die Anfechtung gestützt wird.[1445]

> **Beispiel:** A hat von B ein Auto gekauft und ist dabei von diesem über die Unfallfreiheit des Autos arglistig getäuscht worden (§ 123 I Var. 1 BGB). Geht A nun zu B und sagt zu ihm: „Nehmen Sie Ihren Schrott zurück, ich will mit Ihnen nichts mehr zu tun haben", dürfte es für B klar sein, auf welchen tatsächlichen Anfechtungsgrund sich die Erklärung des A stützt. Zu beachten ist aber, dass bei einer solchen unklaren Erklärung auch eine Rücktrittserklärung (§ 349 BGB in Bezug auf § 437 Nr. 2 BGB) in Betracht kommt.

1451 Da wegen des Trennungs- und Abstraktionsprinzips das Verpflichtungs- und Verfügungsgeschäft grundsätzlich unabhängig voneinander zu beurteilen sind, muss sich auch aus der Anfechtungserklärung ergeben, auf welches der Geschäfte sie sich bezieht. Insbesondere hat die Anfechtung nur des Verpflichtungsgeschäfts nicht automatisch zur Folge, dass damit auch das Verfügungsgeschäft vernichtet wird. Anfechtbar ist vielmehr nur das Geschäft, das mit einem Willensmangel behaftet ist, auf das sich also der Anfechtungsgrund bezieht. Da sich allerdings der rechtliche Laie oftmals nichts unter dem Trennungs- und Abstraktionsprinzip vorstellen kann, ist die Anfechtungserklärung im Zweifel zugunsten des Anfechtungsberechtigten auszulegen. Allerdings fehlt es i.d.R. an einem Anfechtungsgrund für das Verfügungsgeschäft.

---

[1442] Vgl. auch *Wolf/Neuner*, AT, § 41 Rn 16.
[1443] Vgl. nur BGH NJW-RR 1995, 859.
[1444] So *Stadler*, JA 2007, 454, 456.
[1445] *Ellenberger*, in: Palandt, § 143 Rn 3; *Roth*, in: Staudinger, § 143 Rn 11; *Hefermehl*, in: Soergel, § 143 Rn 2; *Brox/Walker*, AT, Rn 433; *Wolf/Neuner*, AT, § 41 Rn 15.

**Beispiel:** K ist Sammler hochwertiger Ming-Vasen. Eines Tages erblickt er in Hamburg in einem kleinen Trödelladen eine mit einem Preis von 200,- € ausgezeichnete Vase mit der Bezeichnung *„Ming Art Collection"*, die er für ein Original aus dem 14. Jahrhundert hält. Ohne lange zu zögern schließt er sofort mit dem Inhaber des Geschäfts, dem T, einen Kaufvertrag (§ 433 BGB) und bekommt die Vase übereignet und übergeben (§ 929 S. 1 BGB). Zu Hause muss K jedoch zu seinem Bedauern feststellen, dass es sich bei der *„Ming Art Collection"* um eine „auf Alt getrimmte" aktuelle Serienproduktion handelt. Daraufhin ruft K sofort bei T an und teilt diesem mit, dass er die Vase nur deshalb gekauft habe, weil er sie für ein Original gehalten habe. Er wolle sie nun zurückgeben. T erwidert jedoch, dass es nicht sein Problem sei, wenn K keine Ahnung habe. Außerdem sei der Preis von 200,- € für Vasen aus der *„Ming Art Collection"* angemessen. Hat K gegen T einen Anspruch auf Rückzahlung des Geldes?

**1452**

Der Anspruch auf Rückgabe könnte sich auf § 985 BGB stützen (dessen Voraussetzungen in der Fallbearbeitung nunmehr näher zu prüfen wären). Zwar hat K sein ursprüngliches Eigentum an dem Geld durch Übereignung auf T verloren, diese Übereignung könnte er aber durch Anfechtung vernichtet haben. Diese setzt aber nicht nur einen Anfechtungsgrund, sondern auch eine Anfechtungserklärung gerade in Bezug auf die Eigentumsübertragung voraus. Ob sich die Anfechtungserklärung des K auch auf dieses Erfüllungsgeschäft erstreckt und ob überhaupt eine Geldwertvindikation zulässig wäre (dazu Rn 1454), ist fraglich, kann aber letztlich dahinstehen, weil es schon an einem diesbezüglichen Anfechtungsgrund fehlt: K´s Fehler bei der Willenserklärung bezog sich nur auf die Eigenschaft der Vase, die nur im Rahmen des schuldrechtlichen Verpflichtungsgeschäfts, dem Kaufvertrag, eine Rolle spielt. Das dingliche Erfüllungsgeschäft, die Eigentumsübertragung hinsichtlich des Geldes, bleibt von diesem Irrtum unberührt. K hat also keinen Anspruch auf Herausgabe des Geldes gem. § 985 BGB. Er kann dieses aber gem. § 812 I S. 2 Var. 1 BGB herausverlangen, da er das Kausalgeschäft angefochten und damit den Rechtsgrund i.S.d. § 812 I BGB beseitigt hat (wäre in der Fallbearbeitung näher auszuführen).

Die laiengünstige Auslegung der Anfechtungserklärung dergestalt, dass sie sich auch auf das sachenrechtliche Verfügungsgeschäft bezieht, wird also immer dann relevant, wenn auch hinsichtlich des Verfügungsgeschäfts ein Anfechtungsgrund besteht. Das ist insbesondere im Fall der **Fehleridentität** anzunehmen, wenn also **derselbe Unwirksamkeitsgrund** sowohl das Verpflichtungsgeschäft als auch das Verfügungsgeschäft betrifft. Erstreckt man in einem solchen Fall die Anfechtungserklärung auch auf das Erfüllungsgeschäft, hat dies für den Anfechtenden den Vorteil, dass er über § 985 BGB vorgehen kann (sofern dem keine sonstigen Hindernisse wie z.B. § 932 BGB oder §§ 946 ff. BGB entgegenstehen) und nicht auf einen bereicherungsrechtlichen Anspruch mit seinen Gefahren (vgl. § 818 III BGB) angewiesen ist. Ob dies der Fall ist, ist im Wege der genannten (laiengünstigen) Auslegung (§§ 133, 157 BGB) zu ermitteln.

**1453**

**Beispiel:** Hätte T des obigen Beispiels den K über die Echtheit der Vase arglistig getäuscht (§ 123 I Var. 1 BGB), hätte sich der Irrtum des K auch auf das Erfüllungsgeschäft erstreckt. Denn im Fall des § 123 BGB nimmt die h.M.[1446] an, dass der Fehler im Kausalgeschäft regelmäßig auch noch beim Abschluss des Verfügungsgeschäfts fortbestehe. Zugunsten des K hätte man seine Anfechtungserklärung dann auch auf das dingliche Erfüllungsgeschäft erstrecken müssen mit der Folge, dass er auch dieses erfolgreich hätte anfechten können. Sofern kein Ausschlussgrund der genannten Art vorgelegen hätte, hätte K sein Geld vindizieren können.

**1454**

Weiterführender Hinweis: Im Eigentum des Gläubigers stehendes Bargeld, das sich vom Geld des Schuldners unterscheiden lässt, kann vindiziert werden.[1447] Ist das Geld jedoch durch Einbringung in eine Kasse oder einen Geldbeutel mit dem Geld des Schuldners vermengt, liegt ein Fall des gesetzlichen Erwerbstatbestands der §§ 948 I, 947 II BGB vor.

---

[1446] Vgl. nur BGH DB 1966, 818.
[1447] Allgemeine Auffassung, vgl. nur *Strohe*, JuS 2002, 858, 859; *Ebbing*, in: Erman, § 985 Rn 6; *Wiegand*, in: Staudinger, § 929 Rn 78.

Erwirbt der Schuldner auf diese Weise Eigentum an den Geldscheinen und -münzen des Gläubigers, scheidet ein Vindikationsanspruch aus. Zu denken wäre dann zwar an einen Anspruch auf Herausgabe der Wertsumme (beliebige Scheine und Münzen in Höhe der geschuldeten Summe), eine solche sog. **Geldwertvindikation** wird heute aber nicht mehr vertreten, da sonst Geldeigentümer gegenüber Sacheigentümern im Rahmen eines Insolvenzverfahrens (vgl. § 47 InsO) oder einer Zwangsvollstreckung (vgl. § 771 ZPO) unangemessen bevorzugt würden.[1448] Erst recht scheidet eine Geldwertvindikation aus, wenn es gewechselt oder auf ein Konto eingezahlt wurde. Hier gelten ausschließlich §§ 989, 990 und 812 ff. BGB.[1449] In Betracht kommt aber ein Anspruch aus § 951 I BGB.

**1455**    **Anfechtungsberechtigt** ist der Vertragspartner des Anfechtungsgegners. Das gilt ohne weiteres dann, wenn er selbst die anfechtbare Willenserklärung abgegeben hat. Aber auch, wenn ein Stellvertreter zwischengeschaltet worden sein sollte, ist der Geschäfts-herr anfechtungsberechtigt. Denn wegen § 166 I BGB wird ihm (auch) die anfechtbare Willenserklärung zugerechnet.

So ist also auch bei der **Stellvertretung** jedenfalls der *Vertretene* anfechtungsberechtigt. Er kann dem Vertreter aber auch bezüglich der Ausübung des Anfechtungsrechts eine entspre-chende Vertretungsmacht (ausdrücklich oder konkludent[1450]) einräumen, sodass in diesem Fall der Stellvertreter im Namen des Vertretenen anfechten kann.[1451] Zur Anfechtung eines Ver-treters ohne Vertretungsmacht vgl. Rn 911.

**1456**    **Anfechtungsgegner** ist derjenige, gegenüber dem die Anfechtungserklärung abzuge-ben ist.

- Gemäß § 143 II BGB muss bei einem **Vertrag** die Anfechtungserklärung gegenüber dem Vertragspartner erklärt werden, im Fall des § 123 II S. 2 BGB gegenüber demjenigen, der aus dem Vertrag unmittelbar ein Recht erworben hat.

- Gemäß § 143 III S. 1 BGB ist bei **einseitigen empfangsbedürftigen Rechtsgeschäf-ten** (z.B. einer Kündigungserklärung) Anfechtungsgegner die Person, der gegenüber das Rechtsgeschäft vorzunehmen war.

- Da bei einem **einseitigen *nicht* empfangsbedürftigen Rechtsgeschäft** (z.B. Testa-ment) kein Erklärungsgegner vorgesehen ist, ist gem. § 143 IV S. 1 BGB demjenigen gegenüber anzufechten, der aufgrund des Rechtsgeschäfts unmittelbar einen rechtlichen Vorteil erlangt hat.

---

[1448] Vgl. *Medicus*, JuS 1983, 897; *Herrler*, in: Palandt, § 985 Rn 8. Zur gutachterlichen Prüfung einer Geldwertvindikation vgl. auch *Strohe*, JuS 2002, 858 ff.
[1449] Vgl. ausführlich *R. Schmidt*, SchuldR BT II, Rn 196 ff.
[1450] In Ermangelung einer Absprache entscheidet die Verkehrsauffassung. Danach wird man von der Einräumung einer Anfechtungsberechtigung ausgehen müssen, wenn der Vertreter dies nach Treu und Glauben unter Berücksichtigung der Verkehrsauffassung (vgl. §§ 133, 157 BGB) so verstehen durfte.
[1451] *Ellenberger*, in: Palandt, § 143 Rn 4.

## H. Einhaltung der Anfechtungsfrist, §§ 121, 124 BGB

Bei der Frage, innerhalb welcher Frist der Anfechtungsberechtigte seine Anfechtungser-klärung beim richtigen Adressaten abgegeben haben muss, ist gem. §§ 121 und 124 BGB hinsichtlich des Anfechtungsgrundes zu unterscheiden:

1457

### I. Die Frist des § 121 BGB

Gemäß § 121 S. 1 BGB muss die Anfechtung in den Fällen der §§ 119 und 120 BGB ohne schuldhaftes Zögern (unverzüglich) erfolgen, nachdem der Anfechtungsberechtigte von dem Anfechtungsgrund Kenntnis erlangt hat.

1458

> **Hinweis für die Fallbearbeitung:** Bei der Anfechtungsfrist nach § 121 BGB handelt es sich nicht um eine Verjährungsfrist, sondern um eine **Ausschlussfrist** (Rn 99). Das hat folgende Bewandtnis:
>
> - Zum einen handelt es sich bei der Anfechtung – wie gesehen – nicht um einen Anspruch, sondern um ein Gestaltungsrecht. Gemäß § 194 I BGB unterliegen je-doch nur Ansprüche der Verjährung. Daher kann es sich bei der Frist des § 121 BGB schon deshalb nicht um eine Verjährungsfrist handeln.
>
> - Zum anderen führt die Ausübung des Anfechtungsrechts zum Erlöschen des An-spruchs, also zu dessen Untergang. Demgegenüber führt die Verjährung gem. ihrer Natur als rechtshemmende Einwendung nicht zum Erlöschen des Anspruchs, son-dern bewirkt nur ein dauerndes Leistungsverweigerungsrecht des Verpflichteten.
>
> Daher ist die Unterscheidung zwischen Ausschlussfrist und Verjährung auch von überaus großer praktischer Bedeutung: Während die Anfechtung als rechtsvernich-tende Einwendung von Amts wegen zu berücksichtigen ist, muss die Verjährung gemäß ihrer Natur als rechtshemmende Einwendung nach h.M. vom Anspruchsgegner geltend gemacht werden, damit sie vom Gericht beachtet werden darf.[1452] Sollte eine nicht geltend gemachte rechtshemmende Einwendung vom Gericht berücksichtigt werden, kann dies wegen einseitiger Parteinahme einen Befangenheitsgrund darstellen.

1459

Mit der Formulierung „ohne schuldhaftes Zögern (unverzüglich)" hat der Gesetzgeber zumindest klargestellt, dass ein sofortiges Handeln nicht erforderlich ist. Vielmehr billigt er dem Anfechtungsberechtigten eine angemessene Überlegungsfrist zu. Das wiederum führt zu einer gewissen Rechtsunsicherheit. Was angemessen ist, beurteilt sich daher stets nach den Umständen des Einzelfalls, insbesondere nach der Bedeutung und Kom-plexität des Geschäfts. In der Regel wird jedoch eine Entscheidung innerhalb weniger Tage zumutbar sein.

1460

Die Frist **beginnt** mit Kenntniserlangung des Irrtums bzw. der falschen Übermittlung (§ 121 I S. 1 BGB). Bloßes Kennenmüssen genügt ebenso wenig wie das Vorliegen von Verdachtsgründen. Andererseits ist es jedoch auch nicht erforderlich, dass der Betroffene von dem Bestehen des Anfechtungsrechts vollständig überzeugt ist.[1453]

1461

Zur **Fristwahrung** genügt die rechtzeitige Absendung der Anfechtungserklärung (§ 121 I S. 2 BGB). Kommt es also zu Verzögerungen des Zugangs, gehen diese grds. zu Lasten des Anfechtungsgegners. Etwas anderes gilt, wenn der die Anfechtung Erklärende einen umständlichen Übermittlungsweg (z.B. Anfechtung in der Klageschrift statt durch unmit-telbare Mitteilung) gewählt hat (BGH NJW 1975, 39). Davon zu unterscheiden ist jedoch das Erfordernis des **Zugangs**, der sich nach § 130 BGB richtet. Die Anfechtungserklärung muss also dergestalt in den Machtbereich des Erklärungsempfängers gelangt sein, dass dieser die Möglichkeit der Kenntnisnahme hat.[1454] Sind seit Abgabe der anzufechtenden

1462

---

[1452] Vgl. nur BGHZ 156, 269, 272 ff.
[1453] BayObLG NJW-RR 1998, 797, 798; *Ellenberger*, in: Palandt, § 121 Rn 2.
[1454] Zum Zugang vgl. Rn 304 ff. und 329 ff.; vgl. auch BGHZ 101, 49, 52; *Köhler*, AT, § 7 Rn 30.

Erklärung **10 Jahre** verstrichen, ist die Anfechtung generell ausgeschlossen (§ 121 II BGB). Es kommt also nicht darauf an, ob der Irrtum bis dahin unerkannt geblieben ist.

## II. Die Frist des § 124 BGB

**1463** Auch bei der Frist des § 124 BGB handelt es sich um eine von Amts wegen zu beachtende Ausschlussfrist. Nach § 124 I BGB kann sie nur innerhalb der **Jahresfrist** erfolgen (die Fristberechnung erfolgt nach §§ 186 ff. BGB). Nach § 124 II S. 1 BGB **beginnt** die Frist im Fall der **arglistigen Täuschung** mit dem Zeitpunkt, in welchem der Anfechtungsberechtigte die Täuschung entdeckt, im Fall der **Drohung** mit dem Zeitpunkt, in welchem die Zwangslage aufhört.

**1464** Wie auch bei § 121 II BGB, ist nach § 124 III BGB die Anfechtung ausgeschlossen, wenn seit der Abgabe der anzufechtenden Erklärung **10 Jahre** verstrichen sind.

## I. Kein Ausschluss der Anfechtung nach §§ 121 II oder 144 BGB

**1465** Die Anfechtung darf nicht ausgeschlossen sein. Auf § 121 II BGB wurde bereits eingegangen. Nach § 144 I BGB ist die Anfechtung ausgeschlossen, wenn das anfechtbare Rechtsgeschäft von dem Anfechtungsberechtigten bestätigt wird. Bei der Bestätigung eines (noch) *gültigen* Rechtsgeschäfts[1455] handelt es sich um eine **nicht empfangsbedürftige Willenserklärung**, durch die der Anfechtungsberechtigte auf sein Anfechtungsrecht verzichtet. Die Bestätigung ist nach § 144 II BGB **formfrei** und kann daher auch konkludent erfolgen. Erforderlich ist ein **Verhalten, das den Willen offenbart, trotz der Anfechtbarkeit an dem Rechtsgeschäft festzuhalten**, wobei jede andere den Umständen nach mögliche Deutung ausgeschlossen sein muss.[1456]

> Als **Beispiele** werden genannt[1457]: Nehme der Anfechtungsberechtigte eine Verfügung über den Vertragsgegenstand vor, erfülle er den Vertrag freiwillig oder nehme er die Gegenleistung entgegen, könne darin jeweils eine Bestätigung i.S.v. § 144 BGB zu sehen sein. Damit ist jedoch nicht der Fall bedacht worden, dass z.B. der Käufer eines Autos, der vom Verkäufer über die Unfallfreiheit arglistig getäuscht wurde, i.d.R. zunächst den Wagen bezahlt und benutzt, bevor er von der arglistigen Täuschung Kenntnis erlangt. ⇨ Hier das Anfechtungsrecht wegen Bestätigung zu versagen, kann nicht sachgerecht sein. Um dieses Ergebnis zu vermeiden, stellt denn auch der BGH klar, dass eine Bestätigung i.S.d. § 144 BGB nur dann angenommen werden könne, wenn der Bestätigende die Anfechtbarkeit gekannt oder mit ihr gerechnet habe.[1458]

---

[1455] Im Gegensatz zu § 141 BGB, der ein *nichtiges* Rechtsgeschäft voraussetzt, muss sich die Bestätigung nach § 144 BGB auf ein noch gültiges Rechtsgeschäft beziehen.
[1456] BGHZ 110, 220, 222; NJW-RR 1992, 779, 780; *Ellenberger*, in: Palandt, § 144 Rn 2.
[1457] Vgl. *Ellenberger*, in: Palandt, § 144 Rn 2.
[1458] BGHZ 129, 371, 377.

## J. Rechtsfolgen der Anfechtung

## I. Nichtigkeit des Rechtsgeschäfts, § 142 BGB

Wird ein anfechtbares Rechtsgeschäft angefochten, ist es als von Anfang an (rückwirkend - *ex tunc*) **nichtig** anzusehen, § 142 I BGB.[1459]

1466

Ist der Anfechtungsgegner bereit, die Erklärung so gelten zu lassen, wie der Anfechtende sie tatsächlich gemeint hat, muss sich der Anfechtende in teleologischer Reduktion des § 142 I BGB an dem irrtumsfreien Teil festhalten lassen (**„Reduktion auf das Gewollte"**).[1460] Denn eine Irrtumsanfechtung darf nicht dazu führen, dass der Anfechtende durch die Anfechtung besser steht wie er ohne den Irrtum stünde.

> **Beispiel**[1461]**:** Hotelier H bestellt bei D 500 Gros Toilettenpapier und glaubt dabei, Gros sei die Größenbezeichnung für „groß". Tatsächlich bedeutet Gros aber ein Dutzend mal ein Dutzend, also 144 Stück. Nachdem 72.000 Rollen Toilettenpapier angeliefert worden sind, erkennt H seinen Irrtum.
>
> Hier hat sich H über die Bedeutung der Bezeichnung Gros geirrt. Diese Fehlvorstellung berechtigt zur Anfechtung nach § 119 I Var. 1 BGB. Wegen der in § 142 I BGB angeordneten Nichtigkeitsfolge könnte D die 72.000 Rollen Toilettenpapier nach § 812 I S. 2 Var. 1 BGB herausverlangen und zudem Schadensersatz nach § 122 I BGB verlangen.
>
> D könnte jedoch auch verlangen, dass H zumindest 500 Rollen abnimmt, da dies dessen tatsächlichem Willen entsprach. Rechtstechnisch ließe sich dies auf zwei verschiedene Weisen realisieren: Man könnte die Anfechtung auf 71.500 Rollen reduzieren, auf die sich dann auch der Vertrauensschaden nach § 122 I BGB bezöge. Man könnte aber auch die Anfechtung des kompletten Geschäfts annehmen, verbunden mit der Verpflichtung, ein neues Rechtsgeschäft mit dem gewollten Inhalt vorzunehmen.

Die Anfechtung ist grundsätzlich **endgültig** und kann **nicht zurückgenommen** werden. Da aber auch die Anfechtungserklärung eine Willenserklärung darstellt, kann sie ihrerseits bei Vorliegen eines Anfechtungsgrundes angefochten werden. Sind die Anfechtung wirksam und das Rechtsgeschäft nichtig, sind vertragliche Ansprüche ausgeschlossen. Das Rechtsgeschäft kann aber nach **§ 141 BGB** bestätigt werden (§ 144 BGB ist hier nicht einschlägig, da diese Vorschrift ein *gültiges* Rechtsgeschäft voraussetzt). Zur Vorschrift des **§ 142 II BGB** vgl. bereits ausführlich Rn 1289 ff.

## II. Schadensersatzpflicht, § 122 BGB

Ist eine Willenserklärung aufgrund ihrer Nichternstlichkeit (§ 118 BGB) oder infolge einer Anfechtung wegen Irrtums nach §§ 119, 120 BGB (nicht § 123 BGB![1462]) nichtig, ist der Anfechtungsgegner in seinem schutzwürdigen Vertrauen auf die Gültigkeit der Erklärung enttäuscht. Der Anfechtende ist daher nach § 122 BGB zum **Ersatz des Vertrauensschadens** verpflichtet, d.h. zum Ausgleich der Nachteile, die dem anderen durch das Vertrauen auf die Gültigkeit des Rechtsgeschäfts entstanden sind. Geschützt ist mithin das sog. **negative Interesse**.

1467

**Vertrauensschaden** ist der Schaden, den der Anspruchsteller dadurch erleidet, dass er auf die Gültigkeit der Erklärung und damit des Rechtsgeschäfts vertraut (vgl. § 122 I BGB). In diesem Fall ist er so zu stellen, wie er stünde, wenn er nicht auf die Gültigkeit

1468

---

[1459] Zu den Sonderfällen der *in Vollzug gesetzten Arbeits- und Gesellschaftsverträge* vgl. Rn 1283 und 1285.
[1460] *Roth*, in: Staudinger, § 142 Rn 38; *Busche*, in: MüKo, § 142 Rn 16; *Wolf/Neuner*, AT, § 41 Rn 130.
[1461] Vgl. LG Hanau NJW 1979, 721.
[1462] Der wegen arglistiger Täuschung oder Drohung Anfechtende ist nicht verpflichtet, dem Erklärungsempfänger den Vertrauensschaden zu ersetzen. § 122 BGB betrifft nur die Anfechtung wegen Irrtums. Es soll nur derjenige geschützt werden, der auf die Gültigkeit der Erklärung vertraut hat. Für den Empfänger einer durch Täuschung oder Drohung beeinflussten Erklärung trifft das nicht zu; er ist nicht schutzwürdig.

der Erklärung vertraut, von dem Geschäft also niemals etwas gehört und es daher auch nicht abgeschlossen hätte (allg. Auffassung).

**Beispiele:** Zu ersetzen sind bspw. die unnütz aufgewendeten Kosten wie Porto-, Fax-, Anfahrts-, Liefer-, Lagerkosten etc. Ersatzfähig sind auch Kosten des Vertragsschlusses (etwa Notarkosten bei beurkundungspflichtigen Rechtsgeschäften), Kosten der Vertragsdurchführung (etwa Kosten einer Kreditfinanzierung) sowie die Nachteile durch das Nichtzustandekommen eines möglichen anderen Geschäfts, das im Vertrauen auf die Wirksamkeit des angefochtenen Geschäfts nicht geschlossen wurde ("entgangenes anderes Geschäft").[1463] Als Vertrauensschaden anerkannt sind schließlich die Kosten für ein Deckungsgeschäft ("Ersatzgeschäft"), das der Anfechtungsgegner tätigen musste, weil das eigentliche Geschäft infolge der Anfechtung vernichtet wurde, allerdings nur insoweit, wie die Kosten des eigentlichen Geschäfts überschritten werden.

**1469** Der Höhe nach ist der Vertrauensschaden durch das **Erfüllungsinteresse** (sog. positives Interesse) begrenzt, § 122 I Halbs. 2 BGB.

Der **Erfüllungsschaden** ist der Schaden, der dadurch entsteht, dass der andere nicht erfüllt. In diesem Fall muss der Geschädigte so gestellt werden, wie er stünde, wenn ordnungsgemäß erfüllt worden wäre.

**1470** Die Begrenzung des Vertrauensschadens durch das Erfüllungsinteresse am angefochtenen Vertrag soll verhindern, dass der Berechtigte durch die Anfechtung bessergestellt wird als bei Erfüllung des Vertrags (allg. Auffassung).

**1471** Ein Schadensersatzanspruch besteht **nicht**, wenn der Erklärungsempfänger den Anfechtungsgrund **kannte** oder **kennen musste**. "Kennenmüssen" bedeutet gem. der Legaldefinition in § 122 II BGB (die im Übrigen für das gesamte Zivilrecht gilt) **fahrlässige Unkenntnis**. In diesem Fall ist der Geschädigte nicht schutzwürdig, er durfte nicht auf die Gültigkeit der Erklärung vertrauen. Das Gleiche gilt, wenn der Geschädigte sich sonst wider Treu und Glauben (§ 242 BGB) verhält.[1464]

**Beispiel zur Schadensberechnung:** M will bei V eine Ferienwohnung für eine Woche im Juni mieten. Der Mietzins soll 270,- € betragen. Bei seiner Buchung schreibt er versehentlich Juli statt Juni. Nachdem er seinen Irrtum bemerkt hat, ficht er die Erklärung nach § 119 I Var. 2 BGB wirksam an. V will daraufhin die Telefonkosten in Höhe von 3,50 € sowie 260,- € ersetzt haben, die ihm dadurch entgangen sind, dass er den Vertrag mit M geschlossen und einem anderen Interessenten, der die Wohnung im Juli mieten wollte und bereit war, 260,- € zu zahlen, abgesagt hat.

**Abwandlung:** Der andere Interessent wäre bereit gewesen, 280,- € zu zahlen.

V könnte gegen M einen Anspruch aus § 122 I BGB haben. Die Voraussetzungen dieser Norm liegen vor, da es sich um eine nach §§ 119, 142 I BGB angefochtene Willenserklärung des M handelt und V als Erklärungsempfänger anspruchsberechtigt ist. Ein Ausschluss nach § 122 II BGB ist nicht ersichtlich.
Fraglich ist lediglich der Umfang des Ersatzanspruchs. Nach § 122 I BGB ist der Vertrauensschaden zu ersetzen. Dieser beträgt in dem Ausgangsbeispiel 263,50 €.

In der **Abwandlung** übersteigt der Schaden i.H.v. 283,50 € das Erfüllungsinteresse (270,- €), sodass V nach § 122 I Halbs. 2 BGB nur 270,- € verlangen kann.

**1472** Anders als bei § 254 BGB führt ein **Mitverschulden** des Anfechtungsgegners hier zum *völligen Ausschluss* des Anspruchs nach § 122 I BGB. Hat der Anfechtungsgegner den

---

[1463] *Ellenberger*, in: Palandt, § 122 Rn 4 mit Verweis auf BGH NJW 1984, 1950.
[1464] BayObLG 2003, 367.

Nichtigkeits- bzw. Anfechtungsgrund nach den §§ 118-120 BGB aber **schuldlos mitverursacht** (§ 122 II BGB greift dann nicht, da keine Fahrlässigkeit vorliegt), kann der Schadensersatzanspruch analog § 254 I BGB gemindert sein oder sogar ganz entfallen.[1465]

Trifft den Anfechtenden ein **Verschulden**, tritt neben die Schadensersatzpflicht aus § 122 I BGB eine solche aus **c.i.c.** (§§ 280 I, 311 II, 241 II BGB). Streitig ist allerdings, ob der Anspruch aus c.i.c. ebenfalls auf das Erfüllungsinteresse begrenzt ist[1466] oder ob die Begrenzung auf das Erfüllungsinteresse nicht gilt[1467]. Die Ausschlussklausel des § 122 II BGB ist jedenfalls nicht anwendbar, es gilt hier § 254 BGB.[1468]  **1473**

## K. Konkurrenzen

### I. Verhältnis § 123 BGB zu § 119 BGB

Das Anfechtungsrecht aus § 123 BGB schließt eine Anfechtung wegen Irrtums nicht aus, z.B. wenn ein Eigenschaftsirrtum durch eine arglistige Täuschung herbeigeführt wurde. In einem solchen Fall wird dem Anfechtungsberechtigten die Wahl gelassen, auf welchen Anfechtungsgrund er sich berufen will. Wenn man bedenkt, dass die Anfechtung wegen Drohung oder Täuschung innerhalb der längeren Frist nach § 124 BGB erklärt werden kann und zudem auch keine Schadensersatzpflicht nach § 122 BGB nach sich zieht, liegt der Vorteil einer Anfechtung nach § 123 BGB auf der Hand.  **1474**

Da aufgrund der Lehre von der Doppelwirkung im Recht auch ein nichtiges Rechtsgeschäft angefochten werden kann, steht dem Berechtigten auch dann noch die Möglichkeit zur Anfechtung nach § 123 BGB offen, wenn er zuvor bereits nach § 119 BGB angefochten hat.  **1475**

### II. Verhältnis § 123 BGB zu § 138 I BGB

Grundsätzlich sind rechtshindernde Einwendungen (zu denen auch § 138 I BGB zählt) vorrangig vor rechtsvernichtenden Einwendungen (zu denen nach strittiger, aber vorzugswürdiger Auffassung die Anfechtung gehört[1469]) zu prüfen. Im Verhältnis zu § 138 I BGB ist § 123 BGB (unabhängig von dessen Einordnung) aber dennoch vorrangig. Anderenfalls würde die Wertung des § 123 BGB unterlaufen. Denn während § 138 BGB stets die Nichtigkeit des Rechtsgeschäfts zur Folge hat, hat der Gläubiger nach § 123 BGB die Wahl, ob er anficht (und damit das Rechtsgeschäfts vernichtet) oder davon absieht, etwa weil er am Geschäft festhalten und weitergehende Rechte geltend machen möchte. Die Anwendung des § 138 BGB nimmt ihm diese Möglichkeit. Eine Anwendung des § 138 I BGB kommt daher nicht in Betracht, wenn das Rechtsgeschäft (nur) durch **arglistige Täuschung** oder **widerrechtliche Drohung** zustande gekommen ist. In diesem Fall ist es lediglich nach § 123 BGB anfechtbar. Nur wenn über die unzulässige Willensbeeinflussung hinaus weitere (sittenwidrige) Umstände hinzutreten, kann § 138 BGB zur Anwendung kommen.  **1476**

### III. Verhältnis § 123 BGB zu §§ 823 ff. BGB

Die Anfechtung nach § 123 BGB schließt Schadensersatzansprüche wegen unerlaubter Handlung (vgl. § 823 I BGB, § 823 II BGB i.V.m. §§ 263 oder 253 StGB, § 826 BGB) nicht aus. Die Anfechtungsfrist nach § 124 BGB gilt für die deliktischen Ansprüche nicht. Dafür  **1477**

---

[1465] BGH NJW 1969, 1380; *Ellenberger*, in: Palandt, § 122 Rn 5; *Stadler*, AT, § 25 Rn 67.
[1466] So *Hefermehl*, in: Soergel § 122 Rn 7.
[1467] So *Ellenberger*, in: Palandt, § 122 Rn 6.
[1468] *Ellenberger*, in: Palandt, § 122 Rn 6.
[1469] Siehe dazu Rn 1267 f.

kann der Getäuschte dem Anspruch des Vertragspartners aber auch nach Ablauf der Anfechtungsfrist die Einrede aus § 853 BGB entgegenhalten.

## IV. Verhältnis § 123 BGB zur c.i.c. (§§ 280 I, 311 II, 241 II BGB) oder zu Schadensersatzansprüchen aus Vertrag

1478 Arglistige Täuschung und Drohung können auch **Schadensersatzansprüche** aus c.i.c. (§§ 280 I, 311 II, 241 II BGB) oder aus Vertrag (§§ 280, 281 BGB) auslösen. Mit Ausnahme der vertraglichen Schadensersatzansprüche können diese Ansprüche auch im Falle der Anfechtung geltend gemacht werden.[1470]

> **Beispiel**[1471]**:** K möchte ein Unternehmen kaufen. Er schlägt ein Angebot des A aus, weil B ihm arglistig vorspiegelt, sein Unternehmen sei lukrativer, woraufhin K das Unternehmen des B kauft. Ficht K den Kaufvertrag mit B an, kann er zwar nicht Schadensersatz statt der Leistung gem. §§ 280, 281 BGB verlangen, er kann aber nach § 823 II BGB i.V.m. § 263 StGB den Schaden ersetzt verlangen, der ihm aus der Ausschlagung des Angebots des A entsteht.[1472] Dieser Vertrauensschaden kann höher sein als das Erfüllungsinteresse.

1479 Weniger eindeutig ist das Verhältnis des § 123 BGB zur c.i.c., wenn es nicht um Schadensersatz, sondern um **Vertragsaufhebung** geht. Denn hat jemand einen Vertrag infolge einer Täuschung oder Drohung geschlossen, kann die Rechtsfolge der c.i.c. in Verbindung mit § 249 S. 1 BGB auch die Aufhebung des Vertrags sein (sog. Naturalrestitution). Ansprüche aus c.i.c. entstehen schon aus fahrlässigem Verhalten und unterliegen grundsätzlich der regelmäßigen (dreijährigen) Verjährungsfrist, § 195 BGB. Dies führt zu einem möglichen Wertungswiderspruch zu § 123 BGB, der zum einen Arglist (also Vorsatz) voraussetzt und zum anderen früher verfristet (gem. § 124 I BGB nach einem Jahr bzw. gem. § 124 III BGB nach 10 Jahren).

1480 Die heute ganz h.M.[1473] geht von einer parallelen Anwendbarkeit beider Rechtsinstitute aus. Bei einer vorrangigen Anwendung des § 123 BGB stünde der vorsätzlich Getäuschte u.U. schlechter als der fahrlässig Getäuschte. Denn bei Letzterem greife § 123 I BGB nicht ein, da es an der Arglist fehle. Über die c.i.c. i.V.m. § 249 S. 1 BGB könne dann mindestens 3 Jahre (unter bestimmten Umständen sogar 30 Jahre, vgl. § 199 III und II BGB) lang Aufhebung des geschlossenen Vertrags verlangt werden. Der vorsätzlich Getäuschte sei durch § 124 BGB eingeschränkt. Außerdem verfolgten § 123 BGB und die c.i.c. verschiedene Schutzzwecke. § 123 BGB schütze die Willensfreiheit, die c.i.c. das Vermögen. Daher sei die c.i.c. unabhängig vom Vorliegen des § 123 BGB möglich. In der Literatur wird aber zum Teil erwogen, die Vorschrift des § 124 BGB auf die c.i.c. dann analog anzuwenden.[1474] Dies ist jedoch mit dem BGH[1475] abzulehnen. Denn § 124 BGB ist eine Ausschlussfrist, wohingegen es sich bei § 199 BGB um eine rechtshemmende Einrede handelt (zur Bedeutung dieses Unterschieds vgl. Rn 1457 ff.). Dieser Unterschied verbietet eine analoge Anwendung des § 124 BGB auf die c.i.c.[1476]

## V. Verhältnis § 119 II BGB zu §§ 434 ff. BGB

1481 Soweit es um einen Irrtum über verkehrswesentliche Eigenschaften geht, die gleichzeitig eine Sachmängelhaftung nach den §§ 434 ff. BGB begründen, ist eine Anfechtung des

---

[1470] *Köhler*, AT, § 7 Rn 65.

[1471] Nach *Köhler*, AT, § 7 Rn 65.

[1472] Vgl. auch BGH NJW 2006, 845, 847; *Staudinger/Ewert*, JA 2010, 241, 246.

[1473] BGH NJW 1979, 1983, 1984; 1984, 2814, 2815, 1997, 254; 1991, 1673, 1675; VersR 2000, 511; NJW-RR 2002, 308; *Ellenberger*, in: Palandt, § 123 Rn 27; *Stadler*, AT, § 25 Rn 93; *Arnold*, JuS 2013, 865, 869.

[1474] *Armbrüster*, in: MüKo, § 123 Rn 90.

[1475] BGH NJW-RR 2002, 308.

[1476] Ansprüche wegen Verletzung vorvertraglicher Pflichten können jedoch wiederum durch die Sonderregelung der §§ 434 ff. BGB verdrängt sein (str.), wenn sich die Pflichtverletzung in einem Mangel nach §§ 434, 435 BGB niederschlägt (Beispiel: Verkäufer verschweigt arglistig einen Sachmangel).

**Käufers** nach § 119 II BGB jedenfalls <u>nach</u> Gefahrübergang (§ 446 BGB) **ausgeschlossen**. Das hat zwei Gründe:

- Ließe man eine Anfechtung nach § 119 II BGB nach Gefahrübergang zu, würden § 438 I **1482**
Nr. 3 (**Verjährung**) und § 442 I BGB (vertraglicher **Ausschluss der Gewährleistung**, wenn der Käufer den Mangel kennt oder fahrlässig nicht kennt) unterlaufen:

  Im Fall eines Sach- oder Rechtsmangels kann der Käufer die ihm nach § 437 BGB zustehenden Rechte (von Sonderregelungen abgesehen, § 438 I Nr. 1, 2 BGB) zwei Jahre lang geltend machen (§ 438 I Nr. 3 BGB). Bei beweglichen Sachen läuft die Frist mit Übergabe der Sache (§ 438 II BGB). Diese Zweijahresfrist (bei gebrauchten Sachen im Rahmen eines Verbrauchsgüterkaufs vgl. § 476 II BGB, worauf hier nicht weiter eingegangen werden soll) würde unterlaufen, wenn man die Anfechtung nach § 119 II BGB zuließe. Denn die Anfechtungsfrist läuft erst ab Kenntnis des Erklärenden vom Irrtum (§ 121 I BGB). Erkennt also bspw. der Käufer den Mangel erst *nach* Ablauf von zwei Jahren und ließe man die Anfechtung nach § 119 II BGB zu, könnte der Käufer anfechten, obwohl die Mängelrechte nach Kaufrecht verjährt sind. Der Zweck der Verjährungsfristen des § 438 I Nr. 3 BGB wäre damit in Frage gestellt.

  **Beispiel:** Kunstliebhaber K kauft vom Galeristen G einen Kandinsky für 10.000,- €. Nach zweieinhalb Jahren stellt sich heraus, dass es sich nur um eine – wenn auch gut gemachte – Fälschung handelt.

  K stehen an sich Sachmängelrechte nach § 437 BGB zu, die jedoch gem. § 438 I Nr. 3 BGB bereits verjährt und somit nicht mehr durchsetzbar sind. Die Echtheit des Gemäldes war als wertbildender Faktor zugleich eine verkehrswesentliche Eigenschaft des Bildes i.S.d. § 119 II BGB. Trotzdem kann K den Kaufvertrag nicht anfechten, da sonst die (hier eingreifende) kurze Verjährung umgangen würde.

  Darüber hinaus lässt § 442 BGB die Geltendmachung von Mängelrechten nur noch sehr eingeschränkt zu, wenn der Käufer den Mangel bei Vertragsschluss infolge grober Fahrlässigkeit nicht kannte. Eine entsprechende Beschränkung des Anfechtungsrechts fehlt, § 119 II BGB ermöglicht die Anfechtung auch, wenn der Erklärende seinen Eigenschaftsirrtum grob fahrlässig selbst verursachte.

- Des Weiteren würde der gesetzestechnische **Vorrang der Nacherfüllung** unterlaufen: **1483**
Nach der Systematik des Kaufrechts hat der Käufer grundsätzlich die Obliegenheit, dem Verkäufer eine Gelegenheit zur Nacherfüllung (Nachbesserung oder Ersatzlieferung, § 439 BGB) einzuräumen („Recht zur zweiten Andienung" des Verkäufers). Wäre der Verkäufer aufgrund eines Irrtums nach § 119 II BGB berechtigt, den Kaufvertrag sofort und rückwirkend (§ 142 I BGB) zu zerstören, würde er i.d.R. privilegiert, weil er sich infolge der Anfechtung insbesondere der Nacherfüllung und der Schadensersatzpflicht gem. § 437 BGB entziehen könnte. Aber auch für den Käufer ergäbe sich der (nicht zu rechtfertigende) Vorteil, dass er durch seine Anfechtung den Kaufpreis über § 812 BGB zurückverlangen könnte, ohne auf das „Recht der zweiten Andienung" des Verkäufers Rücksicht nehmen zu müssen. Eine Anfechtung durch den Käufer wegen Eigenschaftsirrtums bei gleichzeitigem Vorliegen eines Sachmangels kommt aber dann in Betracht, wenn die anfechtungsbegründende Eigenschaft nicht identisch mit dem Sachmangel ist. Denn dann greifen die soeben genannten Bedenken nicht. Vgl. dazu das Beispiel bei Rn 1358.

Fraglich ist, ob eine Anfechtung des Käufers nach § 119 II BGB auch <u>vor</u> Gefahrübergang **1484**
(§ 446 BGB) ausgeschlossen ist.

  **Beispiel:** K bestellt bei V 1.000 Computerfestplatten. V bestätigt den Auftrag und verweist **1485**
auf seine Lieferzeit von drei Wochen. K ist damit einverstanden. Nach einer Woche erfährt K, dass die bestellten Festplatten aufgrund eines Fabrikationsfehlers nicht die normale Rotationsgeschwindigkeit aufweisen. K möchte anfechten.

  Die Rotationsgeschwindigkeit einer Festplatte ist eine verkehrswesentliche Eigenschaft i.S.v. § 119 II BGB. Fraglich ist jedoch, ob das Anfechtungsrecht überhaupt besteht. § 119

II BGB könnte nämlich durch die §§ 437 ff. BGB ausgeschlossen sein, weil die vorgegebene Rotationsgeschwindigkeit nicht erreicht wird und die Festplatten daher einen Sachmangel i.S.d. § 434 I S. 2 Nr. 2 BGB aufweisen.

Bis der Gefahrübergang eingetreten ist, ist zwar nicht das Gewährleistungsrecht des Kaufrechts, sondern das allgemeine Leistungsstörungsrecht anzuwenden, jedoch ist damit noch nicht die Frage beantwortet, ob auch erst von diesem Zeitpunkt an eine Anfechtung nach § 119 II BGB ausgeschlossen ist.

⇨ In der Literatur wird vertreten, dass das Anfechtungsrecht nach § 119 II BGB erst nach Gefahrübergang ausgeschlossen sei, denn das spezielle Gewährleistungsrecht erfordere aufgrund der Formulierung des § 434 I S. 1 BGB als Voraussetzung gerade diesen Gefahrübergang.[1477]

⇨ Auf der anderen Seite muss jedoch die vom Gesetzgeber geschaffene Vorschrift des § 442 BGB berücksichtigt werden, nach der die Kenntnis des Käufers vom Sachmangel bei Vertragsschluss geregelt ist. Es werden nämlich seine Rechte versagt, wenn er den Mangel bei Vertragsschluss kannte oder hätte kennen müssen. Ließe man daher die Anfechtung vor Gefahrübergang zu, könnte der Käufer diese Regelung umgehen und sich seiner Verantwortung entgegen § 442 BGB entziehen. Dies wäre ein eklatanter Wertungswiderspruch im Gewährleistungsrecht, das zudem dem BGB AT im Anwendungsbereich vorgeht. Eine Anfechtung nach § 119 II BGB ist somit durch die Vorschriften über die Mängelrechte generell ausgeschlossen, und zwar auch für die Zeit vor Gefahrübergang.[1478]

K kann nicht anfechten; er ist auf die Mängelrechte angewiesen.

**1486**

> **Fazit:** Die Mängelrechte greifen ab dem Zeitpunkt des Gefahrübergangs. Vor diesem Zeitpunkt ist das allgemeine Leistungsstörungsrecht anwendbar. Dagegen ist das Anfechtungsrecht des Käufers nach § 119 II BGB vor Gefahrübergang ausgeschlossen, wenn ein Irrtum über eine verkehrswesentliche Eigenschaft vorliegt, die gleichzeitig eine Sachmängelhaftung nach §§ 434 ff. BGB begründet (str.).

Will der **Verkäufer** nach § 119 II BGB anfechten, besteht von vornherein kein Konkurrenzverhältnis zu den Ansprüchen wegen Sachmängel, da dem Verkäufer naturgemäß keine Gewährleistungsrechte zustehen. Gleichwohl ist fraglich, ob ihm nicht aus anderen Gründen die Irrtumsanfechtung versagt ist. Die Ausübung der Irrtumsanfechtung führt nämlich zur Vernichtung des Vertrags und damit zum **Wegfall der Mängelrechte** des Käufers. Dieser wäre dann nur auf die Geltendmachung des Vertrauensschadens nach § 122 BGB verwiesen und könnte bspw. nicht den „großen" Schadensersatz nach §§ 437 I Nr. 3, 440, 280, 281, 282 BGB geltend machen. In diesem Fall bedeutete die Anfechtung eine **deutliche Einschränkung** der Rechte des Käufers. Im Hinblick darauf kann dem Verkäufer daher nur dann ein Anfechtungsrecht nach § 119 II BGB eingeräumt werden, wenn dadurch die Rechte des Käufers auf Geltendmachung seiner Mängelrechte nicht eingeschränkt werden.[1479]

**Beispiel:** V wollte K einen PC mit einem 2-GHz-Prozessor verkaufen. Tatsächlich verkaufte er K aber einen PC mit einem sehr viel teureren 4-GHz-Prozessor. Nachdem V seinen Irrtum bemerkt hat, ficht er seine Vertragserklärung wegen Eigenschaftsirrtums an.

Sofern V keine Gewährleistungsrechte des K einschränkt, ist § 119 II BGB nicht in seiner Anwendung gesperrt.

---

[1477] Vgl. *Westermann*, in: MüKo, § 437 Rn 53; *Weidenkaff*, in: Palandt, § 437 Rn 53; *Staudinger/Ewert*, JA 2010, 241, 245; *Saenger*, in: Hk-BGB, § 437 Rn 27.

[1478] Vgl. *Huber*, in: Huber/Faust, Schuldrechtsmodernisierung, 2002, Kap. 14 Rn 1 ff.; *Fikentscher/Heinemann*, SchuldR, Rn 896; *Lorenz/Riehm*, LB zum neuen Schuldrecht, 2002, Rn 573; *Ellenberger*, in: Palandt, § 119 Rn 28; *Medicus/Petersen*, AT, Rn 775.

[1479] So auch BGH NJW 1988, 2597; OLG Oldenburg NJW 2005, 2556; *Lorenz/Riehm*, Rn 573.

## VI. Verhältnis § 119 I BGB zu §§ 434 ff. BGB

Die Möglichkeit der Anfechtung gem. § 119 I BGB bleibt neben der Sach- und Rechtsmängelhaftung bestehen, da §§ 434 ff. BGB keine Sonderregelungen enthalten, die durch die Anfechtung nach § 119 I BGB unterlaufen werden könnten. **1486a**

## VII. Verhältnis § 123 BGB zu §§ 434 ff. BGB

Aus demselben Grund bleibt die Möglichkeit der Anfechtung gem. § 123 BGB neben den Vorschriften über die Sach- und Rechtsmängelhaftung gem. §§ 434 ff. BGB unberührt. Der arglistig getäuschte Käufer einer mangelhaften Sache hat also die Wahl, den Vertrag nach § 123 BGB anzufechten oder die Rechte nach §§ 434 ff. BGB wahrzunehmen.[1480] Macht er aber von seinem Anfechtungsrecht Gebrauch, ist zu beachten, dass er damit den Vertrag rückwirkend vernichtet (vgl. § 142 I BGB) und sich damit seiner Sach- und Rechtsmängelrechte aus §§ 434 ff. BGB begibt, weil diese gerade einen bestehenden Kaufvertrag voraussetzen. Möchte der getäuschte Käufer also lediglich den Kaufpreis mindern oder begehrt er Schadensersatz, möchte den Kaufvertrag im Übrigen aber gelten lassen, darf er nicht anfechten. Möchte er sich indes vom Vertrag lösen, kann er das durch Rücktritt oder durch Anfechtung. Hier muss er sich dann entscheiden, welches der beiden Rechte er ausüben möchte. **1486b**

- Die Anfechtung vernichtet den Vertrag ex tunc (§ 142 I BGB), wohingegen der Rücktritt gem. §§ 346, 348 BGB zu einem Rückgewährschuldverhältnis führt.

- Die Rückabwicklung nach erfolgreicher Anfechtung erfolgt über §§ 812 ff. BGB, wohingegen sich das Rückgewährschuldverhältnis nach ausgeübtem Rücktrittsrecht nach §§ 346 ff. BGB richtet.

- Die Verjährungsfrist bei der Anfechtung wegen arglistiger Täuschung richtet sich nach § 124 BGB, wohingegen sich die Verjährungsfrist des kaufrechtlichen Rücktritts wegen arglistigen Verschweigens eines Mangels nach § 438 III BGB richtet.

## VIII. Verhältnis §§ 119 ff. BGB zu § 313 BGB

Soweit ein Irrtum in den Anwendungsbereich der §§ 119 ff. BGB fällt, ist § 313 BGB nicht anwendbar. Daraus ergibt sich, dass der Anwendungsbereich der Regeln über die Störung der Geschäftsgrundlage nur dann eröffnet sein kann, wenn ein Motivirrtum vorliegt, der nicht zur Anfechtung berechtigt, aber gleichwohl im Parteiwillen bei Vertragsschluss enthalten war. Die subjektive Geschäftsgrundlage in § 313 II BGB erweitert also den Kreis der rechtlich relevanten Irrtumsfälle über denjenigen der Irrtumsanfechtung nach § 119 BGB hinaus.[1481] Lediglich bei einem *beidseitigen* Eigenschaftsirrtum ist umstritten, ob die Regeln der Anfechtung vor denen des § 313 BGB Vorrang haben sollen. Siehe dazu Rn 1361 ff. **1487**

---

[1480] Vgl. auch BGH NJW 2008, 1371, 1372 f.; *Staudinger/Ewert*, JA 2010, 241, 245; *Weidenkaff*, in: Palandt, § 123 Rn 54.
[1481] *Finkenauer*, in: MüKo, § 313 Rn 146 ff.

# 9. Kapitel – Allgemeine Geschäftsbedingungen

## A. Die Bedeutung von AGB

**1488** In seiner ursprünglichen Fassung ging das BGB davon aus, dass beim Abschluss von Verträgen der Vertragsinhalt von den Parteien gemeinsam in rechtsgeschäftlicher Privatautonomie individuell ausgehandelt werden kann und dass lediglich eventuelle Lücken in der vertraglichen Vereinbarung durch das Gesetzesrecht geschlossen werden können. Jedoch hat sich sehr schnell gezeigt, dass diese Vorstellung des ursprünglichen Gesetzgebers nicht den realen Bedingungen des Wirtschaftsverkehrs entspricht. Mit zunehmender Industrialisierung gingen nämlich Massenproduktion und Massenkonsum einher. Die Erbringung von Waren- und Dienstleistungen musste daher standardisiert werden, was dazu führte, dass von Unternehmen (Versicherungen, Banken, Warenherstellern, Transportunternehmen etc.) bei Vertragsabschlüssen zunehmend Allgemeine Geschäftsbedingungen (AGB) verwendet werden, die zumeist von Rechtsberatern oder Interessenverbänden ausgearbeitet worden sind und die die Rechtsstellung des Verwenders verbessern sollen. Von der Vorstellung des ursprünglichen Gesetzgebers, es bestehe „Verhandlungsgleichgewicht" und „Privatautonomie", konnte daher nicht mehr die Rede sein, was zu einer gesetzlichen Regelung des Rechts der Allgemeinen Geschäftsbedingungen führte. Der Verwendung von AGB liegen vor allem folgende Ziele zugrunde[1482]:

**1489** ■ **Rationalisierung:** AGB dienen zunächst dem Zweck, den Geschäftsablauf zu standardisieren, d.h. zu vereinheitlichen und zu vereinfachen (z.B. durch Verkürzung des Zeitbedarfs beim Aushandeln des Vertrags; damit zusammenhängend: Senkung der Kosten etc.).

**1490** ■ **Umfassende Regelung, Lückenausfüllung:** Da oft die gesetzlichen Regelungen nicht ausreichen, sollen AGB helfen, das Rechtsverhältnis umfassend zu regeln. Dies gilt insbesondere für bestimmte gesetzlich nicht oder nicht abschließend geregelte (aber für den Wirtschafts- und Rechtsverkehr wichtige) Vertragstypen (z.B. Leasing-, Franchise-, Factoring-Verträge, Automatenaufstellungsverträge, Softwareüberlassungsverträge etc.).

**1491** ■ **Verbesserung der eigenen Rechtsstellung; Risikoabwälzung:** Vor allem aber dient die Verwendung von AGB der Stärkung der Rechtsstellung des Verwenders im Verhältnis zum anderen Vertragsteil. Mit Hilfe von AGB versucht der Verwender, sich z.B. von Verpflichtungen freizuzeichnen und Risiken auf den Partner abzuwälzen. Insbesondere Haftungsausschlüsse oder -beschränkungen werden gerne in AGB aufgenommen. Das führt zur stetigen Gefahr eines **Missbrauchs.**

**1492** Der Vertragsinhalt wird also regelmäßig nicht von den Vertragsparteien *gemeinsam* festgelegt, sondern im Wesentlichen allein vom Verwender der AGB vorgegeben („diktiert"). Die Vertragsfreiheit des Geschäftsgegners beschränkt sich damit nur auf die Wahl, den Vertrag so zu schließen, wie er vom Verwender „angeboten" wurde, oder vom Vertragsschluss abzusehen. Das kann im Einzelfall extrem unbillig sein, da auch ein Konkurrenzunternehmen kaum auf AGB verzichtet und daher der auf einen Vertragsschluss angewiesene Kunde nicht wirklich eine Chance hat, einen Vertrag ohne Einbeziehung von (gleichlautenden, oft von Interessenverbänden vorformulierten) AGB zu schließen. Daher bedarf es einer Rechtskontrolle von AGB.

**1493** Eine solche könnte im Einzelfall durch den Richter erfolgen, und zwar am Maßstab der §§ 138 I, 242 BGB. Dies würde allerdings zu einer Kasuistik führen, die kaum überschaubar wäre. Daher hat sich der Gesetzgeber (nicht zuletzt aufgrund europarechtlicher Vorgaben) veranlasst gesehen, das Recht der AGB zunächst in Form des AGBG und nun – seit 2002 – integriert im BGB (§§ 305-310 BGB n.F.)[1483] gesetzlich zu regeln.

---

[1482] Vgl. *Wolf/Neuner*, AT, § 43 Rn 1 f.; *Grüneberg*, in: Palandt, Überbl v § 305 Rn 4 ff.; *Brox/Walker*, AT, Rn 220.

[1483] Die Vorschriften des früheren AGBG zur Definition, Einbeziehung und Inhaltskontrolle sind nahezu ohne inhaltliche Veränderung bzw. mit nur wenigen klarstellenden Änderungen in das BGB integriert worden (lediglich die bisherigen §§

# B. Die Prüfung von AGB in der Fallbearbeitung

In der Fallbearbeitung wird das Vorhandensein von AGB insbesondere im Rahmen einer **konkreten Anspruchsprüfung** (also inzident) relevant. In dieser Konstellation ist zu untersuchen, ob es sich bei den im Sachverhalt formulierten fraglichen Klauseln um AGB handelt, ob sie in den Vertrag einbezogen wurden, ob sie darüber hinaus auch wirksam sind und ob sie den geltend gemachten Anspruch ausschließen oder beschränken.

**1494**

Da AGB je nach ihrer Ausrichtung unterschiedliche Auswirkungen haben, sie zum Beispiel anspruchsbegründend oder anspruchsausschließend sein können, ist ihre Platzierung im Prüfungsaufbau nicht einheitlich festzulegen. Sie sind vielmehr dort zu prüfen, wo sie sich auswirken. Die zahlreichen, im Laufe der folgenden Bearbeitung angeführten Beispiele werden dies verdeutlichen. Abgesehen vom variierenden Prüfungsstandort folgt aber die Kontrolle der AGB selbst einem einheitlichen Schema:

**1495**

---

## Prüfung von Allgemeinen Geschäftsbedingungen

**1496**

### I. Anwendbarkeit des AGB-Rechts

### 1. Kein Ausschluss durch Vorschriften des Verbrauchsgüterkaufs, § 476 BGB

Das AGB-Recht der §§ 305 ff. BGB kann ausgeschlossen sein, wenn spezielle Vorschriften eine Vertragsbedingung des Verwenders für unwirksam erklären. Das trifft insbesondere auf den **Verbrauchsgüterkauf** (§§ 474 ff. BGB) im Anwendungsbereich des § 476 I, II BGB zu. Vgl. ferner § 639 BGB für den **Werkvertrag**.

### 2. Vorliegen von AGB i.S.d. § 305 I BGB

Sodann ist festzustellen, ob AGB i.S. der §§ 305 ff. BGB vorliegen. Zentrale Vorschrift hierfür ist § 305 I BGB, der den Begriff der AGB definiert. Handelt es sich demnach bei der fraglichen Klausel nicht um eine AGB i.S.d. § 305 I BGB, erübrigt sich deren weitere Prüfung am Maßstab des AGB-Rechts. Zu prüfen sind dann §§ 138, 242 BGB.

### 3. Sachlicher und persönlicher Anwendungsbereich, § 310 BGB

Sodann ist der sachliche und persönliche Anwendungsbereich des AGB-Rechts zu prüfen. So sind die §§ 305 ff. BGB unanwendbar auf Verträge im Erb-, Familien- und Gesellschaftsrecht sowie Tarifverträge, Betriebs- und Dienstvereinbarungen (§ 310 IV BGB). Eine modifizierte (genauer gesagt: eingeschränkte) Anwendung schreibt § 310 BGB in seinen Absätzen 1 bis 3 vor. Sind die §§ 305 ff. BGB demnach auf den zu prüfenden Sachverhalt unanwendbar, gilt hier ebenfalls, dass als Prüfungsmaßstab die §§ 138, 242 BGB heranzuziehen sind.

### II. Einbeziehung der AGB in den Vertrag, §§ 305 II, III; 305c I BGB

Sind die §§ 305 ff. BGB anwendbar, ist zu untersuchen, ob die AGB **Vertragsbestandteil** geworden sind. Die allgemeinen Voraussetzungen für die Einbeziehung des Gesamtklauselwerks sind in § 305 II und III BGB festgelegt. Trotz wirksamer Einbeziehung des Gesamtklauselwerks besteht gemäß § 305c I BGB immer noch die Möglichkeit, dass einzelne Klauseln nicht Vertragsbestandteil werden, wenn sie **überraschend**, d.h. nach den Umständen, insbesondere nach dem äußeren Erscheinungsbild des Vertrags, so **ungewöhnlich** sind (Auslegungsfrage!), dass der Vertragspartner des Verwenders mit ihnen nicht zu rechnen braucht.

### III. Vorrang der Individualabrede, § 305b BGB

Bestehen **individuelle** Vertragsabreden, haben diese Vorrang vor den AGB.

---

13-22a AGBG wurden ausgegliedert und sind nun in einem gesonderten Gesetz normiert, dem „Gesetz über Unterlassungsklagen bei Verbraucherrechts- und anderen Verstößen", UKlaG). Daher behalten Rechtsprechung und Literatur, die zum AGBG ergangen sind, grundsätzlich ihre Bedeutung. Im Übrigen sollte deutlich geworden sein, dass das AGB-Recht selbstverständlich seinerseits nicht zur Disposition (durch AGB) steht, vgl. BGH NJW 2014, 1725, 1728.

### IV. Inhaltskontrolle, §§ 309, 308, 307 BGB

Die Schutzregelung der §§ 305 ff. BGB besteht aus einer Generalklausel (§ 307 BGB) und einem Katalog verbotener Klauseln (§§ 308, 309 BGB). Gemäß den allgemeinen Aufbaugrundsätzen gilt daher i.d.R. folgende Prüfungsreihenfolge:

⇨ Zunächst sind die Verbote des **§ 309 BGB** heranzuziehen, da diese keine Wertungsmöglichkeit enthalten.

⇨ Sodann ist zu prüfen, ob die fragliche AGB-Klausel unter eines der Verbote des **§ 308 BGB** zu subsumieren ist, da hier eine Wertungsmöglichkeit besteht.

⇨ Dann ist die Auslegungsregel des **§ 307 II BGB** zu prüfen.

⇨ Zuletzt ist zu untersuchen, ob die fragliche AGB-Klausel der Generalklausel des **§ 307 I BGB** unterfällt.

### V. Rechtsfolge, § 306 BGB

Sind AGB-Bestimmungen unwirksam, bleibt nach § 306 I BGB der Vertrag im Übrigen wirksam. Diese Abweichung von der Regel des § 139 BGB, wonach bei Teilnichtigkeit im Zweifel der ganze Vertrag nichtig ist, ist zum Schutz des Kunden geboten, da er sonst überhaupt keine vertraglichen Rechte hätte. Das Gleiche gilt, wenn AGB-Bestimmungen ganz oder teilweise aufgrund der §§ 305 II und 305c I BGB nicht Vertragsbestandteil geworden sind. An die Stelle der AGB-Bestimmungen, die nicht Vertragsbestandteil geworden oder unwirksam sind, treten gem. § 306 II BGB die gesetzlichen Vorschriften. Fehlt es an gesetzlichen Regelungen oder werden sie der besonderen Sachlage nicht gerecht, ist die Vertragslücke nach allgemeinen Auslegungsgrundsätzen zu schließen. Sollte die Aufrechterhaltung des Vertrags dennoch unzumutbar sein, sieht § 306 III BGB eine Ausnahmeregelung vor: der Vertrag ist unwirksam, wenn das Festhalten an ihm auch unter Berücksichtigung der nach Absatz 2 vorgesehenen Änderung eine unzumutbare Härte für eine Vertragspartei darstellen würde. Solche Härtefälle sind weniger beim Kunden als beim Verwender denkbar.

### VI. Gerichtliche Durchsetzbarkeit, §§ 1-11 UKlaG

Neben der „normalen" zivilrechtlichen (Leistungs-)Klage besteht die Möglichkeit, nach dem Unterlassungsklagengesetz vorzugehen. Dieses Gesetz sieht vor, dass Verbraucher- und Wirtschaftsverbände gegen die Verwender und Empfehler von unwirksamen Klauseln auf Unterlassung klagen können (vgl. §§ 1-11 UKlaG).

## I. Anwendbarkeit des AGB-Rechts

### 1. Kein Ausschluss des AGB-Rechts durch spezielle Vorschriften

1497    Das AGB-Recht der §§ 305 ff. BGB kann ausgeschlossen sein, wenn spezielle Vorschriften eine Vertragsbedingung des Verwenders für unwirksam erklären.

1498    ▪ Liegt ein **Verbrauchsgüterkauf** (§§ 474 ff. BGB) vor und weicht die fragliche Klausel von einer der in §§ 433-435, 437, 439-443 sowie in §§ 474 ff. BGB genannten Bestimmungen ab, kann sich der Unternehmer bereits wegen **§ 476 I** und II BGB auf diese nicht berufen. Eine Prüfung am Maßstab der §§ 305 ff. BGB kommt dann nicht in Betracht. Insbesondere kommt es im Anwendungsbereich des speziellen § 476 I und II BGB nicht auf § 310 III BGB an. Lediglich der Ausschluss und die Beschränkung des Anspruchs auf Schadensersatz sind – wie sich aus § 476 **III** BGB ergibt, der auf **§§ 307-309 BGB** verweist – nicht von vornherein unzulässig.[1484] Die Grenzen der Haftungsfreizeichnung in Bezug auf Schadensersatz ergeben sich danach – wie bei einem Nicht-Verbrauchsgüterkauf – aus den §§ 307-309 BGB. Selbstverständlich bleibt die Regelung des § 276 III BGB davon unberührt, wonach ein Ausschluss der Haftung bei Vorsatz stets unzulässig ist.

1499    ▪ Liegt ein **Verbrauchsgüterkauf** vor, sind aber die Voraussetzungen des **§ 476 I oder II BGB nicht erfüllt**, ist die Anwendbarkeit der §§ 305 ff. BGB nicht gesperrt. Dann

---

[1484] Zur Frage, ob eine geltungserhaltende Reduktion des § 476 III BGB in Betracht kommt, vgl. Rn 1585.

finden auf Verbraucherverträge die Vorschriften der §§ 305 ff. BGB unter der Maßgabe des **§ 310 III BGB** Anwendung.

- Liegt ein **„normaler" Kauf** vor, ist der Anwendungsbereich der §§ 305 ff. BGB von vornherein nicht versperrt, weil außerhalb des § 476 BGB im Kaufrecht keine Ausschlussklausel (hinsichtlich des AGB-Rechts) existiert.     **1500**

- Liegt ein **Werkvertrag** (§ 631 BGB) vor, kommt es auf die §§ 305 ff. BGB im Anwendungsbereich des § 639 BGB nicht an, da § 639 BGB zwingendes Recht darstellt. Bei einem **Werklieferungsvertrag**, also einem Vertrag, der die Lieferung herzustellender oder zu erzeugender beweglicher Sachen zum Gegenstand hat (Beispiel: Fertigung eines Regals durch einen Möbelschreiner), gilt Kaufvertragsrecht (§ 650 BGB) mit der Folge, dass die (zwingenden) kaufrechtlichen Verbraucherschutzvorschriften greifen.     **1501**

## 2. Vorliegen von AGB i.S.d. § 305 I BGB

Nach § 305 I BGB sind **Allgemeine Geschäftsbedingungen** „alle für eine Vielzahl von Verträgen vorformulierten Vertragsbedingungen, die eine Vertragspartei (Verwender) der anderen Vertragspartei bei Abschluss eines Vertrags stellt".     **1502**

Mit dieser bewusst sehr weiten Fassung sollen alle Klauselwerke unabhängig von ihrer äußeren Form und ihrem Umfang erfasst werden. So geht aus § 305 I S. 2 BGB hervor, dass Formularverträge, auf der Rückseite der Vertragsurkunde abgedruckte oder als integrierter Bestandteil aufgenommene AGB, EDV-Textbausteine, der einfache gedruckte Hinweis an der Theatergarderobe oder an der Einfahrt eines Parkhauses „Wir übernehmen keinerlei Haftung" ebenso vom Anwendungsbereich der §§ 305 ff. BGB erfasst sind wie ein mehrseitiges Klauselwerk, das an das Vertragsformular angeheftet ist. Schließlich ist unbeachtlich, ob auf Seiten des Verwenders ein Unternehmer oder eine Privatperson steht, ob es sich also um einen Verbrauchervertrag oder um einen Vertrag zwischen Privaten handelt.[1485] Des Weiteren ist irrelevant, ob die Klauseln vom Verwender selbst entwickelt oder von dritter Seite übernommen wurden. Zerlegt man die o.g. gesetzliche Formulierung, ergeben sich folgende Bestandteile:     **1503**

- **Vertragsbedingungen**
- **Vorformulierung** für eine **Vielzahl von Verträgen**
- **einseitiges Stellen** durch den Verwender
- **Vertragsschluss**

## a. Vertragsbedingungen

Unter einer **Vertragsbedingung** i.S.d. § 305 I BGB versteht man eine Bestimmung, die den Abschluss und/oder den Inhalt eines Vertrags regelt.[1486]     **1504**

Art und Rechtsnatur des Vertrags, auf den sich die Klauseln beziehen, spielen (von § 310 IV BGB einmal abgesehen) grundsätzlich keine Rolle. So sind sowohl schuldrechtliche Verträge als auch Verfügungen („Abtretungsklauseln") von §§ 305 ff. BGB erfasst.[1487] Auch einseitige Rechtsgeschäfte des Kunden, die vom Verwender vorformuliert werden, fallen unter diesen Begriff, sofern sie im Zusammenhang mit einem Vertrag stehen.[1488] Zwar ist dies nicht dem Wortlaut des § 305 I BGB zu entnehmen, es entspricht aber der Ratio der Norm, dass der Schutz des Gesetzes nicht von der äußerlichen Gestaltung abhängen darf. Entscheidend ist, dass der Verwender bei einseitig von ihm vorformulierten     **1505**

---

[1485] Vgl. dazu die Fälle BGH NJW 2010, 1131 und OLG Oldenburg MMR 2011, 656 f.
[1486] Vgl. BGHZ 99, 374, 376; 104, 99, 101 f.; 133, 184, 187 zu § 1 AGBG. Vgl. auch BGH NJW 2009, 1337 und *Wolf/Neuner*, AT § 47 Rn 8.
[1487] BGH MDR 2016, 1261 f.
[1488] Vgl. BGH NJW 2000, 2677; *Köhler*, AT, § 16 Rn 4.

(oder von einem Dritten übernommenen) „Kundenerklärungen" die rechtsgeschäftliche Gestaltungsfreiheit ebenso in Anspruch nimmt wie bei der Ausarbeitung eines Vertragstextes. Er greift sogar noch stärker in die rechtsgeschäftliche Gestaltungsfreiheit des Kunden ein und muss daher auch dessen Interessen berücksichtigen. Entsprechendes gilt für rechtsgeschäftsähnliche Erklärungen des Kunden, die auf einer Vorformulierung des anderen Teils beruhen, z.B. die Einwilligungserklärung in eine ärztliche Heilbehandlung.

**1506**    **Beispiele**[1489]: Bürgschaftserklärungen[1490], Abfindungserklärungen, Bestellformulare, Garantiebedingungen[1491], Bevollmächtigungen, Einziehungsermächtigungen, Eintrittserklärungen, Überweisungsaufträge, Einwilligungen in Operationen oder zur Weitergabe von Daten, Abtretungsklauseln[1492] u.a. fallen ebenso in den Anwendungsbereich der §§ 305 ff. BGB wie das „Kleingedruckte" bei zweiseitigen Rechtsgeschäften. Auch Leistungsbeschreibungen, die den Vertragsgegenstand betreffen und Preisangaben fallen darunter (str.), unterliegen nach § 307 III BGB allerdings nicht der Inhaltskontrolle. Sehr wohl aber unterliegen sog. Preisanpassungsklauseln, also Klauseln, die es dem Verwender erlauben, den Preis (etwa für die Lieferung von Erdgas) zu bestimmten Terminen und/oder an andere Umstände (etwa an den Erdölpreis) anzupassen, ebenso der Inhaltskontrolle[1493] wie AGB-mäßig vereinbarte Darlehensabschlussgebühren (Bearbeitungsentgelte)[1494] und Entgeltklauseln in Preis- und Leistungsverzeichnissen von Kreditinstituten[1495].

**1507**    Wie sich schon aus der Begriffsdefinition des § 305 I S. 2 BGB ergibt, kommt es auf das äußere Erscheinungsbild der Vertragsbedingungen nicht an. Es ist also gleichgültig, ob die Bestimmungen räumlich getrennt sind oder in die Vertragsurkunde selbst aufgenommen werden, welchen Umfang sie haben, in welcher Schriftart sie verfasst sind und welche Form der Vertrag hat.[1496] Ist im Einzelfall zweifelhaft, ob eine rechtsgeschäftliche Erklärung oder eine rechtlich unverbindliche Äußerung vorliegen, ist gemäß der Auslegungsregel des § 305c II BGB der Eindruck maßgebend, den die Erklärung bei den Empfängern hervorruft.

**1508**    **Beispiele:**

   **(1)** Im Eingangsbereich eines Supermarkts werden die Kunden durch ein Hinweisschild gebeten, ihre Taschen abzugeben. Daran schließt sich folgender Text an: „Anderenfalls bitten wir Sie um Verständnis, dass wir an den Kassen gegebenenfalls Taschenkontrollen durchführen müssen".[1497] ⇨ Hier liegt trotz der höflichen Formulierung eine AGB vor. Denn unter Anwendung der Auslegungsregel des § 305c II BGB gewinnt der Durchschnittskunde den Eindruck, der Kaufmann behalte sich das Recht einer Taschenkontrolle vor und es solle dadurch der Inhalt eines (vor-)vertraglichen Rechtsverhältnisses geregelt werden.[1498]

   **(2)** Eindeutig eine AGB liegt auch in dem in Supermärkten oft anzutreffenden Hinweis: „Das Aufreißen der Verpackung verpflichtet zum Kauf der Ware" oder in dem in Backwaren- bzw. Obst- und Gemüseabteilungen von Supermärkten oft anzutreffenden Hinweis: „Berühren verpflichtet zum Kauf" (siehe dazu bereits Rn 440 sowie näher unten Rn 1564).

---

[1489] Vgl. die Nachweise bei *Grüneberg*, in: Palandt, § 305 Rn 3, 4.
[1490] Zur Bürgschaft vgl. ausführlich *R. Schmidt*, SachenR II, Rn 559 ff.
[1491] BGH NJW 2009, 3714, 3715; BGH 9.10.2012 – VIII ZR 349/11; BGH NJW 2014, 209, 210 f.
[1492] BGH MDR 2016, 1261 f.
[1493] Vgl. BGH NJW 2010, 2789 ff.
[1494] BGH NJW 2014, 2420, 2422 – dazu Rn 1576 Bsp. (4).
[1495] BGH NJW 2015, 1440, 1441 – dazu Rn 1576 Bsp. (5).
[1496] *Wolf/Neuner*, AT § 47 Rn 10; *Köhler*, AT, § 16 Rn 4.
[1497] Beispiel nach BGH NJW 1996, 2574 ff., dargestellt auch bei *Köhler*, AT, § 16 Rn 4. Vgl. auch BGH NJW 2011, 139.
[1498] *Köhler*, AT, § 16 Rn 4.

## b. Vorformulierung für eine Vielzahl von Verträgen

Die Vertragsbedingungen müssen für eine Vielzahl von Verträgen **„vorformuliert"** sein. **1509**
„Vorformuliert" bedeutet, dass die Bedingungen bereits *vor* Vertragsschluss vollständig formuliert (d.h. schriftlich oder auf andere Weise fixiert) und abrufbar sind. Die Art der Speicherung (Schriftstück; PC-Speicherung; Gedächtnis) ist unerheblich.[1499] Auch handschriftlich in einen Vertragstext eingefügte Klauseln können daher AGB sein, wenn sie öfters verwendet werden (sollen) und „im Kopf gespeichert" sind.[1500]
Die Vertragsbedingungen müssen dabei nicht vom Verwender selbst abgefasst sein. Es genügt, wenn er auf von Dritten entworfene Klauseln oder Musterverträge zurückgreift (z.B. Formularmietvertrag des Mieterbundes oder des Vereins der Haus- und Grundstückseigentümer; Kfz-Kaufvertragsformular, das kostenlos aus dem Internet heruntergeladen werden kann[1501]).

Das Merkmal **„für eine Vielzahl von Verträgen"** ist bereits dann erfüllt, wenn der **1510**
Verwender die Bedingungen **erstmalig** verwendet. Entscheidend ist, dass er (oder der Verfasser der Bedingungen) die **Absicht** hat, dass diese mehrmals verwendet werden. Der BGH verlangt, dass mindestens eine **dreimalige** Verwendung beabsichtigt wird.[1502] Dem ist zuzustimmen, weil eine zweifache Verwendungsabsicht zwar eine Mehrzahl bedeuten kann, keinesfalls aber eine „Vielzahl".

> **Beispiel:** E ist Eigentümer eines Zweifamilienhauses. Da sein Sohn, der bislang in der **1511**
> zweiten Wohnung lebte, ausgezogen ist, möchte E die freigewordene Wohnung vermieten. Über eine Zeitungsanzeige findet er M, mit dem er nun einen schriftlichen Mietvertrag schließt. Hierbei verwendet er ein Mietvertragsformular, das er (kostenlos) aus dem Internet heruntergeladen und ausgedruckt hat und in das lediglich die Namen der Parteien, der Mietzins und die Vertragsdauer eingesetzt werden müssen.
>
> Hier handelt es sich um AGB (in Gestalt des „Formularvertrags"), da die Vertragsbedingungen nach der Absicht des Verfassers des Formulars für eine Vielzahl von Mietverträgen verwendet werden sollen. Dass E selbst nur eine einmalige Verwendung planen könnte, ist unerheblich.[1503]
>
> Ist zwischen den Vertragsparteien streitig, ob eine Mehrfachverwendungsabsicht bestand, besteht nach der Rspr. des BGH eine **widerlegliche Vermutung**, dass eine Vertragsklausel zur mehrfachen Verwendung in das Vertragswerk aufgenommen wurde. Dieser Anschein einer Mehrfachverwendung werde auch nicht dadurch widerlegt, dass der Vertrag an anderer Stelle Individualvereinbarungen enthält.[1504] Daraus folgt für die Praxis, dass der Verwender, nicht der Vertragspartner, darlegen und beweisen muss, dass eine Mehrfachverwendungsabsicht nicht bestand.

Bei Verbraucherverträgen gilt wiederum eine Besonderheit: Sofern sich (bei Verbrauchs- **1512**
güterkaufverträgen) wegen § 476 BGB kein Ausschluss des gesamten AGB-Rechts ergibt (siehe Rn 1498 f.), genügt gem. **§ 310 III Nr. 2 BGB** eine nur **einmalige** Verwendungsabsicht.[1505] Ist das der Fall und verstößt die fragliche Klausel gegen AGB-Recht, ist das dispositive Recht anwendbar.

---

[1499] BGH NJW 1999, 2180, 2181.
[1500] BGH NJW 1999, 2180, 2181; BGHZ 115, 391, 394; OLG Frankfurt/M NJW-RR 2001, 55.
[1501] Zum Letzteren vgl. BGH NJW 2010, 1131 f.; OLG Oldenburg MMR 2011, 656 f.
[1502] BGH NJW 2004, 1454; NJW 2002, 138, 139; NJW 1998, 2286, 2287.
[1503] Vgl. auch den Fall OLG Oldenburg MMR 2011, 656 f., wo es um die Verwendung eines vom Verkäufer aus dem Internet heruntergeladenen Kfz-Kaufvertragsformulars geht.
[1504] BGH NJW 2004, 502, 503.
[1505] Vgl. den Fall BGH NJW 2010, 2873.

1513  Aus alledem folgt, dass in der Praxis kaum eine AGB-kontrollfreie Individualvereinbarung angenommen werden kann. Allenfalls, wenn aufgrund von Vertragsverhandlungen vorformulierte Vertragsklauseln nicht nur unerheblich abgeändert werden, besteht eine Chance, dass dies von den Gerichten als Individualvereinbarung angesehen wird.[1506]

### c. Einseitiges „Stellen" durch den Verwender

### aa. Veranlassung der Einbeziehung durch eine Partei

1514  Weiterhin hängt die Einordnung der Klauseln als AGB davon ab, dass sie von dem Verwender bei Abschluss des Vertrags „gestellt" worden sind.

1515  Das Merkmal des **„Stellens"** ist erfüllt, wenn eine Partei die Einbeziehung der vorformulierten Bedingungen in den Vertrag veranlasst und der andere Vertragsteil, der mit einer solchen Regelung konfrontiert wird, auf ihre Einbeziehung und Ausgestaltung gewöhnlich keinen Einfluss nehmen kann.[1507]

1516  **Verwender** ist dabei derjenige, auf dessen Veranlassung die Einbeziehung der AGB in den Vertrag zurückgeht.[1508] Nicht anwendbar ist § 305 BGB, wenn die Einbeziehung der AGB in den Vertrag von der Partei ausgeht, die sich später auf die Unwirksamkeit der AGB beruft. Ebenso wenig werden AGB „gestellt", wenn beide Parteien unabhängig voneinander die Einbeziehung desselben branchenüblichen Klauselwerks („Drittbedingungen" wie bspw. ein Vertragsformular eines Automobilclubs) verlangen.[1509] Auch wenn von den beiden Vertragsparteien entweder keine oder beide als Verwender anzusehen sind, ist der Formulartext nicht i.S.v. § 305 I S. 1 BGB gestellt. So liegt kein „einseitiges Stellen" vor, wenn sich die Parteien (telefonisch) darauf einigen, dass beide jeweils bei Vertragsschluss ein Vertragsformular bereithalten sollen und die Gegenseite in der Auswahl des Vertragsformulars dann frei sei.

> **Beispiel**[1510]: V verkaufte einen gebrauchten Pkw, den er 2 Jahre zuvor von einem Gebrauchtwagenhändler gekauft hatte, zum Preis von 4.600,- € an K. Vor Vertragsschluss sprachen sie telefonisch darüber, wer ein Vertragsformular mitbringen solle, und einigten sich schließlich auf das dem V bereits vorliegende Vertragsformular einer Versicherung, das als „Kaufvertrag Gebrauchtwagen – nur für den Verkauf zwischen Privatpersonen" gekennzeichnet war. V stellte dieses Formular zur Verfügung. In ihm hieß es: „Die Rechte des Käufers bei Mängeln sind ausgeschlossen, es sei denn, der Verkäufer hat einen Mangel arglistig verschwiegen und/oder der Verkäufer hat eine Garantie für die Beschaffenheit des Vertragsgegenstandes abgegeben, die den Mangel betrifft".
> Einige Zeit nach der Übergabe des Fahrzeugs stellte sich heraus, dass es vor der Übergabe an K einen erheblichen Unfallschaden gehabt hat. K beanspruchte daher eine Minderung des von ihm gezahlten Kaufpreises um 1.000,- €
>
> Der geltend gemachte Minderungsanspruch (d.h. der sich aus dem Minderungsanspruch ergebende Rückzahlungsanspruch i.H.v. 1.000,- €) könnte sich auf § 441 IV S. 1 BGB stützen. Die Voraussetzungen für einen Minderungsanspruch lagen an sich auch vor. Allerdings könnte der Anspruch aufgrund des entgegenstehenden formularmäßigen Gewährleistungsausschlusses ausgeschlossen sein. Dazu müsste dieser aber wirksam sein.
>
> Die Unwirksamkeit der Gewährleistungsausschlussklausel ergibt sich jedenfalls nicht aus § 310 III Nrn. 1 und 2 BGB, da es sich nicht um einen Verbrauchervertrag handelt.
>
> Auch stand der Eigenschaft als AGB nicht entgegen, dass die Klausel von dritter Seite entworfen wurde und V nicht vorhatte, die Klausel auch bei späteren Geschäften zu verwenden.

---

[1506] Vgl. dazu näher *Miethaner*, NJW 2010, 3121 ff.; *Kappus*, NJW 2016, 33 ff.
[1507] Vgl. nur BGH NJW 2017, 2346, 2347.
[1508] BGH NJW-RR 2010, 39; NJW 2010, 1131 f.
[1509] *Wolf/Neuner*, AT, § 47 Rn 15.
[1510] Nach BGH NJW 2010, 1131.

Nach Auffassung des BGH sind die §§ 305 ff. BGB jedoch deshalb nicht anwendbar, weil deren Normzweck bei der vorliegenden Konstellation nicht greife. Ein Stellen von Vertragsbedingungen i.S.d. § 305 I S. 1 BGB liege nicht vor, weil die Einbeziehung der vorformulierten Vertragsbedingung in den Vertrag auf einer freien Entscheidung des K beruhe habe. Dieser habe V sogar vorgeschlagen, das vorformulierte und mit einem Gewährleistungsausschluss versehene Vertragsformular zu verwenden. Insbesondere habe K auch die Gelegenheit gehabt, alternativ eigene Textvorschläge mit der effektiven Möglichkeit ihrer Durchsetzung in die Verhandlungen einzubringen. Daher liege kein „Verwenden" i.S.d. § 305 I S. 1 BGB durch V vor. Der von K geltend gemachte Anspruch ist daher nicht wegen AGB-Rechts ausgeschlossen.

Bewertung: Das Urteil des BGH überzeugt. Da keine der beiden Parteien „ihr" Vertragsformular zur Grundlage des Vertrags machen wollte, liegt kein „Stellen" i.S.v. § 305 I S. 1 BGB vor. Sind also Vertragsbedingungen bei einvernehmlicher Verwendung eines bestimmten Formulartextes nicht i.S.v. § 305 I S. 1 BGB gestellt, finden die §§ 305 ff. BGB auf die Vertragsbeziehung keine Anwendung. Es gilt dann dispositives Recht. Jedoch ist stets zu prüfen, ob die einverständliche Verwendung eines bestimmten Formulars nicht als „Individualabrede" i.S.v. § 305 I S. 3 BGB gewertet werden kann.

## bb. Abgrenzung zur Individualvereinbarung nach § 305 I S. 3 BGB

An einer einseitigen Auferlegung der Vertragsbedingungen durch den Verwender **fehlt** es, wenn die Vertragsbedingungen zwischen den Parteien im Einzelnen **ausgehandelt** wurden, § 305 I S. 3 BGB. [1517]

Nach ständiger Rechtsprechung liegt ein **Aushandeln** (nur) vor, wenn der Verwender den Kerngehalt seiner AGB inhaltlich ernsthaft zur Disposition stellt, dem anderen Teil Gestaltungsfreiheit zur Wahrung eigener Interessen einräumt und dieser die inhaltliche Ausgestaltung der Vertragsbedingungen auch wirklich beeinflussen bzw. den Inhalt tatsächlich mitgestalten kann.[1511] [1518]

Zumeist hat ein Aushandeln i.S.d. § 305 I S. 3 BGB die *Änderung* des vorformulierten Textes zur Folge. Aber auch wenn der Text unverändert bleibt, kann § 305 I S. 3 BGB greifen, wenn der andere Teil nach ausgiebiger Erörterung von der Sachgerechtigkeit der Regelung überzeugt wird und er dem Text in freier Entscheidung zustimmt.[1512] Erforderlich ist für die Annahme einer Individualvereinbarung aber stets, dass der Vertragspartner des Verwenders alternativ eigene Textvorschläge mit der effektiven Möglichkeit ihrer Durchsetzung in die Verhandlungen einbringen kann.[1513] Die Darlegungs-(und Beweis-)last für das Vorliegen einer Individualvereinbarung trägt der Verwender.[1514] Gelingt diesem der Beweis nicht, geht der BGH also vom Vorliegen einer AGB aus und bemisst die Wirksamkeit der betreffenden Klauseln am Maßstab des (strengen) AGB-Rechts. [1519]

Ein Aushandeln (nur) **einzelner Klauseln** ändert aber grds. nichts daran, dass die übrigen Klauseln AGB bleiben (vgl. § 305 I S. 3 BGB: „soweit").[1515] [1520]

## d. Bei Vertragsschluss

Schließlich verlangt § 305 I S. 1 BGB, „… dass die Vertragsbedingungen bei Abschluss des Vertrags gestellt werden". Bei systematischer Betrachtung kann dieser Satzbestandteil jedoch nicht Bestandteil der Definition von AGB sein. Wollte man Derartiges annehmen, hätte das zur Folge, dass alle Klauseln, die nicht *bei* Vertragsschluss, sondern erst [1521]

---

[1511] BGH NJW 2017, 2346, 2347; NJW 2014, 1725, 1727; NJW 2005, 2543, 2544; NJW 2000, 1110, 1111; NJW 1998, 2600, 2601; 1992, 2759, 2760; NJW-RR 1996, 783, 787; *Grüneberg*, in: Palandt, § 305 Rn 20.
[1512] BGH NJW 2017, 2346; NJW 1992, 2283, 2285; 2000, 1110; *Grüneberg*, in: Palandt, § 305 Rn 20.
[1513] BGH NJW 2017, 2346 f. mit Verweis u.a. auf BGH NJW 2010, 1131; NJW-RR 2006, 758.
[1514] BGH NJW 2014, 1725, 1727; NJW 2017, 2346, 2347.
[1515] *Grüneberg*, in: Palandt, § 305 Rn 23.

*später* dem Vertragspartner vorgelegt werden, schon begrifflich keine AGB wären. Dies wäre ersichtlich unsinnig. Vielmehr beschreibt die fragliche Gesetzesformulierung in überflüssiger Weise die Einbeziehung von AGB in den Vertrag. Denn bereits gem. § 305 II a.E. BGB werden AGB (nur) dann in den Vertrag einbezogen, wenn der Vertragspartner sich mit ihnen - bei Vertragsschluss - einverstanden erklärt, sog. **Einbeziehungsvereinbarung**. Diese Einbeziehungsvereinbarung ist jedoch etwas anderes als ein Bestandteil der Definition von AGB. Diese gesetzgeberische Ungereimtheit zeigt einmal mehr, welche Auswirkungen eine übereilte Gesetzesnovelle haben kann. Zur Einbeziehungsvereinbarung vgl. Rn 1528 ff.

### 3. Sachlicher und persönlicher Anwendungsbereich, § 310 BGB

### a. Sachlicher Anwendungsbereich

1522 Ist die Frage geklärt, ob die fraglichen Klauseln AGB darstellen, ist sodann der sachliche und persönliche Anwendungsbereich des AGB-Rechts zu prüfen.

So sind die §§ 305 ff. BGB unanwendbar auf Verträge im Erb-, Familien- und Gesellschaftsrecht sowie auf Tarifverträge, Betriebs- und Dienstvereinbarungen (§ 310 IV S. 1 BGB – sog. Bereichsausnahmen).

1523 Demgegenüber nimmt § 310 IV BGB **Arbeitsverträge** nicht generell aus dem Anwendungsbereich heraus. § 310 IV S. 2 BGB bestimmt, dass „bei der Verwendung auf Arbeitsverträge die im Arbeitsrecht geltenden Besonderheiten angemessen zu berücksichtigen sind".

1524 Zu welchen Folgen eine solche höchst unbestimmte Formulierung führen kann, zeigen zwei erstinstanzliche Entscheidungen, in denen die Zulässigkeit von Vertragsstrafen im Rahmen von Arbeitsverhältnissen unterschiedlich beurteilt wird. Nach Ansicht des ArbG Duisburg ist § 309 Nr. 6 BGB auf Arbeitsverträge wegen der Besonderheiten des Arbeitsrechts nicht anwendbar.[1516] Das ArbG Bochum hingegen sieht solche Besonderheiten nicht, wendet § 309 Nr. 6 BGB an und kommt so zur Unzulässigkeit von Vertragsstrafenvereinbarungen außerhalb von Individualvereinbarungen.[1517]

1525 Eine weitere Bereichsausnahme findet sich in § 310 IV S. 3 BGB hinsichtlich Tarifverträge, Betriebs- und Dienstvereinbarungen. Nach § 310 II BGB werden bestimmte Vorschriften (§§ 308 und 309 BGB) der Inhaltskontrolle von der Anwendung auf die in der Vorschrift genannten Versorgungsunternehmer ausgeschlossen.

### b. Persönlicher Anwendungsbereich

1526 Aus § 310 I und III BGB folgt, dass nicht nur Verbraucher (§ 13 BGB), sondern auch Unternehmer (§ 14 I BGB), Kaufleute und juristische Personen grundsätzlich in den Schutz- und Anwendungsbereich des AGB-Rechts fallen. In § 310 I und III BGB werden jedoch einige Einschränkungen (I) und Erweiterungen (III) hinsichtlich des persönlichen Anwendungsbereichs formuliert. So bestimmt § 310 I S. 1 BGB, dass die Vorschriften des § 305 II und III BGB (Einbeziehung von AGB in den Vertrag) und die der Inhaltskontrolle nach § 308 Nr. 1, 2-8 und § 309 BGB **keine Anwendung** finden, wenn die AGB **gegenüber einem Unternehmer** (§ 14 I BGB), einer **juristischen Person des öffentlichen Rechts** oder einem **öffentlich-rechtlichen Sondervermögen** verwendet werden. Dieser Gruppe von Adressaten hat der Gesetzgeber – wohl aufgrund der unterstellten Geschäftserfahrenheit – kein besonderes Schutzbedürfnis beigemessen. Alleinige Grundlage einer Inhaltskontrolle sind demnach § 307 BGB und § 308 Nr. 1a und 1b BGB.

---

[1516] ArbG Duisburg ZGS 2002, 378 ff.
[1517] ArbG Bochum ZGS 2002, 338 ff. Vgl. zur Problematik eingehend die klärende Entscheidung BAG NZA 2004, 727 ff.; *Coester*, Jura 2005, 251 ff.

Allerdings ist es herrschende Rechtsauffassung, dass die besonderen Klauselverbote der §§ 309, 308 Nr. 1, 2-8 BGB mittelbar über § 307 BGB auch bei der Inhaltskontrolle von AGB im unternehmerischen Geschäftsverkehr zu beachten sind[1518], soweit dies nach geltenden Gewohnheiten und Gebräuchen angezeigt ist[1519]. Hintergrund ist, dass auch Unternehmer (wenn auch abgeschwächt) schutzbedürftig sind. Stünde auf Käuferseite also ein Verbraucher und läge in einer Klausel ein Verstoß gegen §§ 309, 308 Nr. 1, 2 bis 8 BGB, ist das nach dem BGH ein Indiz dafür, dass die Klausel auch im Falle der Verwendung gegenüber Unternehmern zu einer unangemessenen Benachteiligung führt und damit gegen § 307 BGB verstößt, es sei denn, sie kann wegen der besonderen Interessen und Bedürfnisse des unternehmerischen Geschäftsverkehrs ausnahmsweise als angemessen angesehen werden.[1520] In jedem Fall aber gewährt § 310 I S. 2 BGB auch für diesen Personenkreis mittels § 307 BGB eine Mindestkontrolle (dazu Rn 1566 ff.).

**1527**

Zum Schutz vor missbräuchlichen Klauseln in **Verbraucherverträgen** (also bei Verträgen zwischen Verbrauchern und Unternehmern, §§ 13, 14 I BGB, s.o.) bestimmt § 310 III BGB, dass das AGB-Recht mit den weiter in der Vorschrift genannten Sonderregelungen für Verbraucherverträge Anwendung findet. So wird gem. § 310 III Nr. 1 BGB fingiert, dass die AGB vom Unternehmer gestellt wurden, es sei denn, dass sie durch den Verbraucher in den Vertrag eingeführt wurden. Und gem. § 310 III Nr. 2 BGB sind u.a. die Vorschriften über die Inhaltskontrolle (§§ 307-309 BGB) sowie § 305c II BGB zugunsten des Verbrauchers auch dann anwendbar, wenn die Klausel nur zur einmaligen Verwendung bestimmt ist und soweit der Verbraucher aufgrund der Vorformulierung auf ihren Inhalt keinen Einfluss nehmen konnte.[1521] Zu beachten ist aber, dass das gesamte AGB-Recht (und damit auch die Regelung des § 310 III BGB) nicht greift, wenn spezielle Vorschriften eine Vertragsbedingung des Verwenders für unwirksam erklären. Das trifft insbesondere auf den bereits erwähnten Verbrauchsgüterkauf (§§ 474 ff. BGB) im Anwendungsbereich des **§ 476 I und II BGB** zu[1522], aber auch auf **§ 639 BGB** im Rahmen des **Werkvertrags**. Beim **Werklieferungsvertrag** gilt wiederum Kaufvertragsrecht (§ 650 BGB) und damit auch § 476 BGB.

## II. Einbeziehung der AGB in den Vertrag, §§ 305 II, III, 305c I BGB

### 1. Allgemeine Voraussetzungen für die Einbeziehung, § 305 II, III BGB

Sind die §§ 305 ff. BGB sowohl in sachlicher als auch persönlicher Hinsicht anwendbar, ist nunmehr zu untersuchen, ob die AGB in den Vertrag einbezogen wurden. Denn nur dann sind sie Vertragsbestandteil geworden. Die allgemeinen Voraussetzungen für die Einbeziehung des Gesamtklauselwerks sind in § 305 II, III BGB festgelegt. Demnach bedarf es zur Einbeziehung von AGB in den Vertrag

**1528**

- eines **ausdrücklichen Hinweises** durch den Verwender **bei Vertragsschluss**,
- der **zumutbaren Möglichkeit der Kenntnisnahme** und
- des **Einverständnisses** der anderen Partei.[1523]

---

[1518] BGH NJW 2007, 3774, 3775 zu § 309 BGB.

[1519] BGH NJW 2007, 3774, 3775 mit Verweis auf § 310 I S. 2 BGB.

[1520] BGH NJW 2007, 3774, 3775.

[1521] Vgl. dazu den Fall BGH NJW 2010, 2873.

[1522] Siehe aber § 476 III BGB, wonach die Schutzvorschriften des § 476 I und II BGB unbeschadet der §§ 307-309 BGB nicht für den Ausschluss oder die Beschränkung des Anspruchs auf Schadensersatz gelten (dazu Rn 1563 ff.).

[1523] Trotz wirksamer Einbeziehung des Gesamtklauselwerks besteht gemäß § 305c I BGB immer noch die Möglichkeit, dass einzelne Klauseln nicht Vertragsbestandteil werden, wenn sie überraschend sind. Für diese ist dann der Prüfungsmaßstab der §§ 138, 242 BGB heranzuziehen.

## a. Ausdrücklicher Hinweis durch den Verwender, § 305 II Nr. 1 BGB

**1529**  Der Verwender muss den Kunden schriftlich oder mündlich, in jedem Fall aber ausdrücklich darauf **hinweisen**, dass der Vertrag unter Einbeziehung seiner AGB abgeschlossen werden soll.[1524] Ein solcher Hinweis in einem Vertragsformular, einem Angebotsschreiben oder in einem vom Kunden verwendeten Bestellschein muss so gefasst sein, dass er einem „Durchschnittskunden" auch bei flüchtiger Betrachtung ins Auge fällt.[1525] Nicht ausreichend ist daher bei schriftlicher Vertragsgestaltung, dass der Hinweis auf der Rückseite des Vertragstextes oder am Fußende eines Angebotsschreibens enthalten ist.[1526] Wo die AGB selbst dann abgedruckt sind, ist insoweit irrelevant. Diese können auf der Rückseite des Vertragsformulars, auf einem separaten Schriftstück oder sonst wie abgedruckt und zugänglich gemacht werden. Für § 305 II Nr. 1 BGB allein wichtig ist der ausdrückliche Hinweis auf der Vorderseite des Vertragsformulars.

> **Beispiel:** Befinden sich die AGB auf der Rückseite des Vertragsformulars oder auf einem separaten Ausdruck, werden sie nur dann in den Vertrag einbezogen, wenn ein entsprechender Hinweis auf der Vorderseite des Vertragsformulars angebracht ist, § 305 II Nr. 1 BGB. Das hat den Grund, weil der Vertragspartner sonst kaum Veranlassung hat, auf die Rückseite des Blattes oder auf separate Schriftstücke zu schauen.

**1530**  Der Hinweis muss **bei Vertragsschluss** erfolgt sein. Die einseitige Mitteilung des Verwenders **nach Vertragsschluss**, dass AGB gelten sollen, z.B. auf der Rechnung, der Quittung, der Eintrittskarte, dem Fahrschein, dem Flugticket oder dem Lieferschein, macht die AGB daher nicht mehr zum Bestandteil des bereits zustande gekommenen Vertrags.[1527] Allerdings können die Parteien einverständlich einen bereits geschlossenen Vertrag abändern und die AGB noch nachträglich einbeziehen. Dies bedarf aber der erneuten Einigung (Angebot und Annahme) unter den Voraussetzungen von § 305 II BGB. In vielen Fällen wird der ausdrückliche Hinweis auf die AGB nach der Art des Vertragsschlusses nur unter verhältnismäßig großen Schwierigkeiten möglich sein (z.B. bei der Benutzung eines Parkhauses oder einer Kfz-Waschanlage, beim Theater- oder Kinobesuch, dem Einschließen von Wertgegenständen in automatisierten Schließfächern, beim Besuch von Sportveranstaltungen, bei der Benutzung von Schwimmbädern, beim Beziehen eines Hotelzimmers etc.). In diesen Fällen reicht gemäß § 305 II Nr. 1 Var. 2 BGB ein **deutlich sichtbarer Aushang** am Ort des Vertragsschlusses.

> **Beispiel/Gegenbeispiel:** Ausreichend ist ein am Ort des Vertragsschlusses deutlich sichtbares Schild, auf dem steht: „Für alle Verträge gelten unsere AGB. Diese liegen für Sie an der Kasse zur Einsicht bereit." Dagegen genügt es nicht, wenn die AGB – oder der Hinweis auf diese – im Hotelzimmer (Ort der Erfüllungshandlung) ausgehängt sind, sofern zuvor an der Rezeption der Beherbergungsvertrag geschlossen wurde.

Bei **Distanzgeschäften**, v.a. beim Vertragsschluss im **Internet**, muss der Hinweis auf die Geltung von AGB so deutlich angebracht sein, dass ihn der Kunde auch bei flüchtiger Betrachtung nicht übersehen kann.[1528] Spätestens aber vor Abschluss des Bestellvorgangs ist der Kunde auf die Geltung der AGB hinzuweisen und es ist ihm die Möglichkeit der Kenntnisnahme (und des Herunterladens und Speicherns) zu geben, bevor er die verbindliche Bestellung aufgibt (d.h. den Bestellbutton klickt), siehe auch Rn 1532.

---

[1524] BGH NJW 1983, 816, 817; OLG Nürnberg WM 1990, 1370, 1371. Der Hinweis ist auch dann erforderlich, wenn das Vertragsangebot vom Vertragsgegner ausgeht (BGH NJW 1988, 2106, 2108).

[1525] BGH NJW-RR 1987, 112; *Grüneberg*, in: Palandt, § 305 Rn 27.

[1526] OLG Nürnberg WM 1990, 1370, 1371.

[1527] Vgl. *Grüneberg*, in: Palandt, § 305 Rn 28. Ausreichend kann aber die Übergabe der AGB mit der Rechnung an der Kasse sein (OLG Hamm NJW-RR 1998, 199, 200).

[1528] Vgl. *Grüneberg*, in: Palandt, § 305 Rn 26 mit Verweis auf LG Essen NJW-RR 2003, 1207.

Im **unternehmensbezogenen** Rechtsverkehr ist § 310 I S. 1 BGB zu beachten, wonach § 305 II BGB (und damit das Erfordernis eines ausdrücklichen Hinweises durch den Verwender) keine Anwendung findet auf AGB, die gegenüber einem Unternehmer verwendet werden. Das heißt jedoch nicht, dass der Verwender einseitig oder gar nachträglich die Geltung seiner AGB anordnen könnte. Denn auch wenn das Gesetz bei der Verwendung von AGB gegenüber einem Unternehmer weder einen ausdrücklichen Geltungshinweis fordert noch die Möglichkeit zumutbarer Kenntnisnahme verlangt, ergibt sich schon allein aus dem Grundsatz der Vertragsautonomie (Art. 2 I GG, § 311 I BGB), dass auch bei der Verwendung von AGB gegenüber einem Unternehmer stets eine rechtsgeschäftliche Einbeziehungsabrede notwendig ist, die auch stillschweigend (d.h. konkludent) getroffen werden kann. So ist es nach der Rechtsprechung im kaufmännischen Geschäftsverkehr für die Einbeziehung von AGB erforderlich, aber regelmäßig auch ausreichend, dass der Verwender im Zusammenhang mit dem Vertragsschluss (etwa im Angebot) auf seine AGB hinweist und der Vertragspartner der Geltung nicht widerspricht.[1529] Selbstverständlich muss der Verwender aber auch in diesem Fall seine AGB zur Verfügung stellen bzw. dem Vertragspartner die Möglichkeit eröffnen, die AGB ohne weiteres zur Kenntnis nehmen zu können (etwa durch Abdruck auf der Rückseite des Vertragsformulars oder durch Veröffentlichung auf der Internetseite).

## b. Zumutbare Möglichkeit der Kenntnisnahme, § 305 II Nr. 2 BGB

Erfolgt ein deutlich sichtbarer Aushang der AGB (oder der Hinweis auf diese), besteht regelmäßig auch die zumutbare Möglichkeit der Kenntnisnahme durch den Vertragspartner. Daher bestehen gewisse Überschneidungen dieses Prüfungspunkts zum vorigen. Das zeigt sich insbesondere beim **fernmündlichen Vertragsschluss** (der wegen § 147 I S. 2 BGB als Vertragsschluss unter Anwesenden gilt). Hier gilt, dass das Vorlesen der AGB – sofern der Vertragspartner die AGB nicht schon während der Vorverhandlungen oder bei früheren Geschäften zur Kenntnis genommen hat – keine praktikable Lösung ist. Auch das Angebot, die AGB zu übersenden, ist nicht ausreichend, da der Vertragspartner dann erst *nach* Vertragsschluss die Möglichkeit der Kenntnisnahme hätte.[1530] Hier ist es jedoch denkbar, dass der Vertragspartner durch eine Individualvereinbarung auf die Kenntnisnahme der AGB verzichtet.

1531

Eigenständige Bedeutung erlangt § 305 II Nr. 2 BGB aber dann, wenn das Angebot zum Vertragsschluss gegenüber einem **Abwesenden** abgegeben wird. Hier muss der Verwender dem Vertragspartner die AGB i.d.R. zusenden oder sie ihm sonst wie vor Vertragsschluss zugänglich machen. Das betrifft insb. den Vertragsschluss im **Internet**.

1532

**Beispiel:** Im elektronischen Geschäftsverkehr („Verträge via Internet") muss der Verwender – um seiner Pflicht nach § 305 II Nr. 1 BGB nachzukommen – *vor* Vertragsschluss (etwa durch den Hinweis auf der Bestellseite: „Hiermit bestelle ich unter Anerkennung der Allgemeinen Geschäftsbedingungen folgende Artikel ..." und einen Link zu den AGB) darauf hinweisen, dass AGB in den Vertrag einbezogen werden sollen. Den Anforderungen des § 305 II Nr. 2 BGB genügt das Einblenden der AGB dann, wenn sie dem Kunden eine kritische Prüfung (durch Anschauen am Monitor oder durch Ausdrucken) ermöglichen.[1531] Der Nachweis, dass der Unternehmer dem Kunden die Möglichkeit der Kenntnisnahme eröffnet hat, kann etwa dadurch geführt werden, dass die Vervollständigung des Bestellvorgangs vom Setzen eines Häkchens in einer Checkbox abhängig gemacht wird. Dadurch „quittiert" der Kunde, dass er die Möglichkeit der Kenntnisnahme erhielt.

Davon zu unterscheiden ist die Pflicht nach §§ 312d, 312i, 312j BGB (i.V.m. Art. 246 ff. EGBGB), u.a. dem Verbraucher die Möglichkeit zu verschaffen, die Vertragsbestimmungen

---

[1529] BGH NJW-RR 2003, 754, 755; OLG Bremen OLGR Bremen 2004, 299; OLG Hamm RdTW 2016, 219, 220 ff.
[1530] BGH NJW-RR 1999, 1246.
[1531] OLG Hamburg WM 2003, 581; *Wolf/Neuner*, AT, § 47 Rn 30.

einschließlich der AGB bei Vertragsschluss abzurufen und in wiedergabefähiger Form zu speichern. Diese Vorschriften entscheiden nicht über die Frage nach der Einbeziehung der AGB. Diese richtet sich allein nach § 305 II Nr. 2 BGB.

**1533**  Des Weiteren erlangt das Kriterium der zumutbaren Möglichkeit der Kenntnisnahme eigenständige Bedeutung, wenn die AGB **schwer lesbar** oder **inhaltlich unverständlich** sind. Da hier ebenfalls auf den „Durchschnittsmenschen" abzustellen ist, werden AGB daher nur dann Vertragsbestandteil, wenn sie ein **Mindestmaß an Übersichtlichkeit** und einen im Verhältnis zur Bedeutung des Geschäfts **vertretbaren Umfang** haben[1532], wenn sie in ihrem Schriftbild auch **optisch erfasst** und sie inhaltlich so formuliert sind, dass sie **nicht nur von einem Juristen verstanden** werden können.[1533]

**1534**  Dieses sog. **Transparenzgebot**, das zugleich auch Maßstab der Inhaltskontrolle nach § 307 I und II BGB ist[1534] (Rn 1577), besagt, dass die Einbeziehung einer Klausel, die in ihrem Kernbereich unklar oder für einen Durchschnittskunden unverständlich ist, schon an § 305 II Nr. 2 BGB scheitert. Zur Anwendung des § 305c II BGB kommt es nur dann, wenn sich die im Grunde verständliche Klausel in Einzelpunkten als mehrdeutig erweist.[1535]

**1535**  So ist zum **Beispiel** die Klausel, dass der Mieter die *Nebenkosten* zu tragen habe, bereits wegen § 305 II Nr. 2 BGB unwirksam, wenn nicht angegeben ist, *welche* Kosten auf den Mieter abgewälzt werden sollen.[1536] Anderes soll (wegen der bereits mehrfach erörterten allgemein angenommenen geringen Schutzbedürftigkeit von Unternehmen) bei Geschäftsraummieten gelten.[1537]

**1536**  Schließlich muss der Verwender auf eine (ihm) erkennbare **körperliche Behinderung** des Vertragspartners **Rücksicht** nehmen (§ 305 II Nr. 2 BGB). Diese Regelung soll gewährleisten, dass z.B. einem erkennbar Sehbehinderten, der die ausliegenden oder aushängenden AGB nicht lesen kann, der Inhalt der AGB in geeigneter Weise zugänglich gemacht wird, etwa durch Übergabe in elektronischer oder akustischer Form oder in Braille-Schrift.[1538] Freilich kann dies auf praktische Schwierigkeiten stoßen, insbesondere bei Kleinunternehmen. Für diese wird es in solchen Fällen oft einfacher sein, schlicht auf die Einbeziehung von AGB zu verzichten, zumal der Vertrag wegen § 306 BGB im Übrigen wirksam ist.

### c. Einverständniserklärung der anderen Partei, § 305 II a.E. BGB

**1537**  Letzte Voraussetzung der Einbeziehungsvereinbarung nach § 305 II BGB ist, dass der Vertragspartner mit der Geltung der AGB **einverstanden** ist. Das Einverständnis ist nicht dadurch ausgeschlossen, dass der Gegner nur widerwillig die AGB akzeptiert, um den Vertragsschluss überhaupt herbeizuführen. Denn oftmals hat der Vertragsgegner keine andere Wahl, als die AGB zu akzeptieren, möchte er den Vertrag abschließen. Die Irrelevanz eines entgegenstehenden Willens ergibt sich dann aus § 116 S. 1 BGB.

### aa. Ausdrückliche oder schlüssige Einverständniserklärung

**1538**  Das Einverständnis kann **ausdrücklich**, aber auch – sofern für den Vertrag keine bestimmte Formvorschrift besteht – **schlüssig** erklärt werden.

---

[1532] OLG Schleswig NJW 1995, 2858, 2859; *Grüneberg*, in: Palandt, § 305 Rn 37.
[1533] OLG Schleswig NJW 1995, 2858, 2859.
[1534] Zum Transparenzgebot des § 307 I BGB vgl. BGH NJW 2003, 1447 und 2234; *Kellermann*, JA 2004, 89; *v. Westphalen*, NJW 2004, 1993, 1994 f.
[1535] *Grüneberg*, in: Palandt, § 305 Rn 11.
[1536] OLG Düsseldorf MDR 1991, 964.
[1537] OLG Hamburg NJW-RR 2002, 802.
[1538] BT-Drs. 14/6040 S. 150; *Ellenberger*, NZM 2003, 8; *Basedow*, in: MüKo, § 305 Rn 68.

**Beispiele:** 1539

**(1)** A macht B ein Vertragsangebot, dem er die AGB hinzufügt und ausdrücklich auf sie hinweist. Nimmt B, ohne sich weiter auf die AGB zu beziehen, das Angebot an, sind sie Vertragsbestandteil geworden.[1539]

**(2)** B macht dem A ein Vertragsangebot. A nimmt dieses unter dem Hinweis auf seine AGB an. In diesem Fall liegt in der „Annahme" des A eine Ablehnung des Angebots des B, verbunden mit einem neuen Antrag, § 150 II BGB (vgl. Rn 453).

### bb. Rahmenvereinbarung, § 305 III BGB

Nach § 305 III BGB können die Vertragsparteien für eine bestimmte Art von Rechtsgeschäften die Geltung bestimmter AGB unter Beachtung der in § 305 II BGB bezeichneten Erfordernisse im Voraus vereinbaren. 1540

Solche Rahmenvereinbarungen gehen vor allem von **Banken** aus und sind dort Teil des allgemeinen Grund- oder Rahmenvertrags. Damit die Bankbedingungen auch für die künftigen Geschäfte gelten, muss die Bank den Kunden beim *Erstkontakt* auf die AGB hinweisen. Dieser muss von ihrem Inhalt Kenntnis nehmen können und er muss mit ihnen einverstanden sein. Allerdings führen allein die Einrichtung eines Girokontos oder die Inanspruchnahme eines Kredits noch nicht zum Abschluss eines allgemeinen Grund- oder Rahmenvertrags und damit nicht zur Einbeziehung aller dem Kunden zugänglich gemachten AGB.[1540] 1541

**Unzulässig** sind nach allgemeiner Meinung[1541] aber solche Vereinbarungen, nach denen die **AGB in ihrer jeweiligen Fassung** gelten sollen, da es der Verwender anderenfalls in der Hand hätte, die AGB ohne Einverständnis des Partners einseitig zu seinen Gunsten zu verändern. Demgegenüber wirksam in den Vertrag einbezogen sind nachträglich geänderte AGB bei Dauerschuldverhältnissen (z.B. Gasversorgungsvertrag, Telekommunikationsvertrag), wenn der Kunde über die Änderung informiert wird mit der Aufforderung, innerhalb einer bestimmten Frist zu widersprechen, falls er nicht einverstanden ist. Widerspricht der Kunde innerhalb der Frist nicht, erklärt er damit sein Einverständnis in die Geltung der Neufassung.[1542] 1542

### cc. Sich widersprechende AGB im kaufmännischen Geschäftsverkehr

In §§ 305 ff. BGB ist nicht geregelt, ob und inwieweit im kaufmännischen Geschäftsverkehr sich widersprechende AGB Vertragsbestandteil werden können. 1543

**Beispiel:** Kaufmann V macht dem Kaufmann K ein Vertragsangebot unter Hinweis auf seine beigefügten Verkaufsbedingungen. K bezieht sich in seiner Annahmeerklärung auf seine beigefügten Einkaufsbedingungen. Trotz dieser Divergenz führen die Parteien den Vertrag durch. 1544

In diesem Fall einen Dissens (§§ 154, 155 BGB) anzunehmen, wäre verfehlt, weil die Parteien ja einen Vertrag schließen wollten und auch schon mit der Vertragsdurchführung begonnen haben. Es kann also nur darum gehen, ob und inwieweit die sich widersprechenden AGB Vertragsbestandteil geworden sind.

Nach heute ganz herrschender Meinung[1543] werden die AGB beider Teile nur insoweit Bestandteil des Vertrags, wie sie übereinstimmen (sog. **Prinzip der Kongruenzgeltung**). Verweisen also zwei Unternehmen jeweils auf ihre AGB, werden beide AGB-Werke nur

---

[1539] Vgl. BGH NJW-RR 2003, 754.

[1540] BGH NJW 2002, 3695, 3696.

[1541] Vgl. nur *Grüneberg*, in: Palandt, § 305 Rn 46 f.

[1542] *Basedow*, in: MüKo, § 305 Rn 82; *Grüneberg*, in: Palandt, § 305 Rn 47.

[1543] BGH NJW-RR 2001, 484; NJW 1991, 1604, 1606; *Grüneberg*, in: Palandt, § 305 Rn 54; *Medicus/Petersen*, BR, Rn 75; *Köhler*, AT, § 16 Rn 19. Die früher vom BGH (BGHZ 18, 212, 215 ff.) vertretene „Theorie des letzten Wortes", die unter Bezugnahme auf § 150 II BGB annahm, dass die *zuletzt gestellten* AGB in den Vertrag einbezogen worden seien, wird – soweit ersichtlich – nicht mehr vertreten.

insoweit Vertragsinhalt, wie sie übereinstimmen. Sich widersprechende Klauseln aus beiden AGB-Werken werden nicht in den Vertrag einbezogen. An ihre Stelle tritt das Gesetzesrecht.

**1545** Eine Besonderheit gilt aber bei einem **einfachen Eigentumsvorbehalt**: Da der Eigentumsübergang durch eine einseitige Erklärung ausgeschlossen werden kann und bei der Auslegung der Erklärung des Verkäufers der Inhalt seiner AGB berücksichtigt werden muss, setzt sich der Eigentumsvorbehalt grundsätzlich auch dann durch, wenn die Verkäufer-AGB wegen Kollision mit den Käufer-AGB nicht Bestandteil des schuldrechtlichen Vertrags werden.[1544] Der **erweiterte** und **verlängerte Eigentumsvorbehalt** wird dagegen bei einer Abwehrklausel in den Käufer-AGB nicht Vertragsinhalt, es sei denn, dass die Käufer-AGB ihn (an anderer Stelle) erkennbar akzeptieren.[1545]

## 2. Vorliegen überraschender Klauseln, § 305c I BGB

**1546** Liegen die Einbeziehungsvoraussetzungen des § 305 II und III BGB vor, kann es trotz der Gesamteinbeziehung der AGB sein, dass einzelne Bestimmungen *nicht* Vertragsbestandteil werden, weil sie nach den Umständen, insbesondere dem äußeren Erscheinungsbild des Vertrags, so **ungewöhnlich** sind, dass der Vertragspartner des Verwenders mit ihnen **nicht zu rechnen braucht**, § 305c I BGB. Nach dieser Regelung soll der Vertragspartner darauf vertrauen dürfen, dass sich die AGB im Rahmen dessen halten, was bei Würdigung aller Umstände bei Verträgen dieser Art zu erwarten ist.

**1547** **Ungewöhnlich** ist eine Klausel, wenn ihr ein Überrumpelungs- oder Überraschungseffekt innewohnt und zwischen ihrem Inhalt und den Erwartungen des Kunden eine deutliche Diskrepanz besteht.[1546]

**1548** Die Erwartungen des Kunden können durch den **Vertragstyp**[1547] bestimmt sein und etwa durch den **Grad der Abweichung** vom dispositiven Recht oder von der üblichen Vertragsgestaltung enttäuscht werden. Maßgebend sind insoweit der Erwartungshorizont und die Erkenntnismöglichkeiten des in Frage kommenden Kundenkreises.[1548]

**1549** **Beispiele:**
(1) Bei der Übernahme einer Bürgschaft aus Anlass der Gewährung eines bestimmten Darlehens ist die formularmäßige Ausdehnung der Bürgenhaftung auf alle bestehenden und künftigen Verbindlichkeiten des Hauptschuldners grundsätzlich überraschend.[1549] Denn der Bürge muss nicht ohne weiteres damit rechnen, über das Darlehen hinaus zu haften. Etwas anderes gilt aber dann, wenn es sich bei dem Bürgen um den Geschäftsführer der Hauptschuldnerin (etwa eine GmbH) handelt, weil man bei einem Geschäftsführer davon ausgehen darf, dass dieser die Höhe der weiteren Verbindlichkeiten der Gesellschaft zu bestimmen vermag.[1550]

(2) Der Internetuser, der auf ein „Gratisangebot" klickt, muss nicht ohne weiteres mit einer AGB-Klausel rechnen, die eine Vergütungspflicht begründet.[1551]

(3) Wird eine Leistung (z.B. ein Grundeintrag in ein internetbasiertes Branchenverzeichnis) in einer Vielzahl von Fällen unentgeltlich angeboten, wird eine Entgeltklausel, die nach

---

[1544] BGHZ 104, 137, 139; *Grüneberg*, in: Palandt, § 305 Rn 55.
[1545] BGH NJW-RR 1991, 357; OLG Düsseldorf NJW-RR 1997, 946; *Köster*, JuS 2000, 22, 23.
[1546] BGHZ 102, 152, 158 f.; 106, 42, 49; BGH NJW 1995, 2637, 2638; WM 2012, 2171 f.; NJW 2015, 49, 51.
[1547] BAG NJW 2000, 3299, 3300: Gesamtumstände des Falls.
[1548] BGHZ 102, 152, 159; 109, 197, 203; AG Frankfurt 2.3.2018 – 32 C 2278/17 (90).
[1549] BGHZ 130, 19; BGH NJW 2009, 2883; *Wolf/Neuner*, AT, § 47 Rn 41.
[1550] BGH NJW 2009 2883; *Wolf/Neuner*, AT, § 47 Rn 41.
[1551] AG Hamm NJW-RR 2008, 1078; *Wolf/Neuner*, AT, § 47 Rn 41. Diesbezüglich ist aber die Regelung in § 312j III, IV BGB zu beachten, wonach Verträge im elektronischen Geschäftsverkehr nur dann zustande kommen, wenn die Schaltfläche, über die die Bestellung erfolgt, gut lesbar mit nichts anderem als den Wörtern „zahlungspflichtig bestellen" oder mit einer entsprechenden eindeutigen Formulierung beschriftet ist, vgl. dazu Rn 607.

der drucktechnischen Gestaltung des Aufnahmeformulars so unauffällig in das Gesamtbild eingefügt wird, dass sie von dem Vertragspartner des Klauselverwenders dort nicht vermutet wird, gem. § 305c I BGB nicht Vertragsbestandteil.[1552]

**(4)** Beauftragt ein Unfallgeschädigter einen Sachverständigengutachter mit der Erstellung eines Schadensgutachtens und lässt sich der Gutachter zur Sicherung seines Vergütungsanspruchs formularmäßig sämtliche Forderungen des Auftraggebers, die dieser gegen den Unfallverursacher bzw. dessen Haftpflichtversicherung hat (Ersatz der Sachverständigenkosten, Wertminderung, Nutzungsausfall, Nebenkosten und Reparaturkosten), in Höhe seines Vergütungsanspruchs abtreten, handelt es sich bei dieser Abtretungsklausel um eine überraschende Klausel i.S.d. § 305c I BGB, da sich der Geschädigte ggf. zwei Schuldnern gegenübersieht, wenn die Kfz-Haftpflichtversicherung des Unfallgegners die Sachverständigenkosten nicht in voller Höhe übernehmen möchte.[1553]

**(5)** Schließlich muss der Empfänger eines Fax-Schreibens, bei dem es um die Eintragung in ein Online-Branchenbuch geht und das die Überschrift „Eintragungsantrag/Korrekturabzug" trägt, nicht mit einer Kostenpflicht rechnen. So hat das AG Frankfurt entschieden, dass die berechtigte Kundenerwartung gewesen sei, es handele sich um einen kostenlosen Eintrag in ein Branchenverzeichnis, weil im oberen Teil des Schreibens das Wort „Korrekturabzug" gestanden habe. Ein Empfänger erwarte daher nicht den Abschluss eines kostenpflichtigen Vertragsverhältnisses. Der Hinweis auf die Vergütungspflicht im Fließtext im unteren Teil des Schreibens sei so gewählt, dass der Empfänger diesen nicht zur Kenntnis nehme. Gerade durch die drucktechnisch hervorgehobene Fristsetzung von 14 Tagen werde beim unbefangenen Leser die Chance zur sorgfältigen Lektüre und zur Wahrnehmung der Entgeltklausel herabgesetzt. Daher handele es sich bei der Entgeltklausel um eine überraschende Klausel i.S.d. § 305c I BGB.[1554] Das kann man sicherlich auch anders sehen. Gerade von Gewerbetreibenden erwartet die Rechtsprechung wegen des stark herabgesetzten Schutzbedürfnisses auch sonst, dass sie die Grundlagen des Rechtsverkehrs kennen und daher auch Anträge sorgfältig lesen, bevor sie sie unterschreiben. Gleichwohl ist dem AG Frankfurt im Ergebnis zuzustimmen, da es dem Herausgeber des „Online-Branchenbuchs", das im Übrigen ohne jeden Nutzen sein dürfte, klar darum ging, die Adressaten zu überrumpeln und sich in betrügerischer Absicht an ihnen zu bereichern.

Ist danach eine Klausel „überraschend" i.S.d. § 305c I BGB, wird sie nicht Vertragsbestandteil; an ihre Stelle tritt das dispositive Recht (§ 306 II BGB). Im Übrigen bleibt der Vertrag wirksam (§ 306 I BGB), es sei denn, dass ein Festhalten an dem Vertrag eine unzumutbare Härte für eine Vertragspartei darstellen würde (§ 306 III BGB) **1550**

> **Hinweis für die Fallbearbeitung:** Dem Leser dürfte aufgefallen sein, dass mit der Formulierung „ungewöhnlich" letztlich materielle Aspekte angesprochen sind, die gerade im Rahmen der Inhaltskontrolle nach §§ 307-309 BGB eine Rolle spielen. Hier hat der Gesetzgeber wieder einmal unsauber gearbeitet, was zu einer Überschneidung der Anwendungsbereiche führt. Das entbindet den Klausurenschreiber jedoch nicht von dem Erfordernis, eine systematisch korrekte Fallbearbeitung durchzuführen; mithin ist also zunächst zu prüfen, ob die Einbeziehungsvoraussetzungen vorliegen, bevor eine Inhaltskontrolle durchgeführt wird. Diese Prüfungsreihenfolge ist systematisch zwingend, weil gemäß § 305c I BGB die überraschende Klausel gar nicht erst Vertragsbestandteil wird, während sie gemäß §§ 307 ff. BGB zwar in den Vertrag einbezogen wird, aber nicht wirksam ist. Es gilt: **Einbeziehungskontrolle vor Inhaltskontrolle!**

---

[1552] BGH WM 2012, 2171 f. (überraschende Entgeltklausel).
[1553] BGH MDR 2016, 1261 f. Siehe dazu auch *Schwab*, JuS 2017, 163, 165 mit ausführlicher Erläuterung sowie der zutreffenden Empfehlung, dass sich Gutachter nur die Ansprüche auf Übernahme der Gutachterkosten abtreten lassen sollten.
[1554] AG Frankfurt 2.3.2018 – 32 C 2278/17 (90).

### III. Vorrang der Individualabrede, § 305b BGB

**1551**  Nach § 305b BGB haben (auch stillschweigende, mündliche und nachträgliche[1555]) Individualabreden (siehe dazu bereits Rn 1517 ff.) Vorrang vor AGB. Wenn also die Vertragsparteien in einem Punkt eine individuelle Vereinbarung treffen, kann eine der Parteien nicht hinterher auf die dieser Vertragsvereinbarung entgegenstehenden AGB verweisen.

> **Beispiel:** K möchte sich einen Neuwagen zulegen. Nachdem er sich beim Autohändler V einen entsprechenden Wagen ausgesucht hat, fügt V aufgrund des Drängens des K in das Formular über die „verbindliche Bestellung eines Kraftfahrzeugs" handschriftlich als Liefertermin den 15.7. ein. Als der Wagen dann nicht rechtzeitig vom Hersteller geliefert und K ungehalten wird, verweist V auf seine Allgemeinen Geschäftsbedingungen, nach denen „Liefertermine unverbindlich sind" und darauf, dass K mit seiner Unterschrift auf dem Bestellformular diese anerkannt habe.
>
> Zwar können auch handschriftlich in einen Vertragstext eingefügte Klauseln AGB sein, wenn sie öfters verwendet werden (sollen) und „im Kopf gespeichert" sind[1556], allerdings bezog sich der Liefertermin 15.7. auf den konkreten (einmaligen) Vertrag. Daher liegt eine Individualabrede vor, die gem. § 305b BGB Vorrang vor den AGB hat. V ist den Ansprüchen des K wegen Verzugs (§§ 280 II, 286 ff. BGB) ausgesetzt.

**1552**  AGB werden aber nicht durch Individualabreden verdrängt, wenn diese wiederum unwirksam sind.

> **Beispiel:** Gebrauchtwagenhändler H verkauft an K ein gebrauchtes Kfz und fügt aufgrund des Drängens des K im Formularvertrag handschriftlich die Zusage ein, dass er die innerhalb eines Monats auftretenden Mängel kostenfrei beseitigen werde. Als der Wagen nach drei Wochen wegen defekter Bremsen zu H in die Werkstatt gebracht wird, repariert H den Wagen. Anschließend verlangt er jedoch unter Verweis auf seine AGB, die einen Haftungsausschluss vorsehen, von K Reparaturkosten.
>
> Hier liegt eine Individualvereinbarung vor, die den in den AGB enthaltenen Gewährleistungsausschluss verdrängen könnte. Allerdings verstößt diese Individualabrede bereits gegen § 476 BGB und ist damit unwirksam. Zwar kann die Verjährungsfrist für Sachmängel bei gebrauchten Objekten rechtsgeschäftlich verkürzt werden, gem. § 476 II BGB aber nicht unter ein Jahr. Ist demnach die Zusage des H, die innerhalb eines Monats auftretenden Mängel kostenfrei zu beseitigen, unwirksam, kann sie auch nicht den durch AGB normierten Haftungsausschluss verdrängen. Dessen Unwirksamkeit richtet sich demnach nicht nach § 305b BGB, sondern nach § 476 BGB.

**1553**  Unbeschadet der vorstehenden Problematik gilt aber, dass der Grundsatz des Vorrangs der Individualabrede auch dann gilt, wenn die Individualabrede nur **mündlich** getroffen wurde, die AGB aber eine sog. **Schriftformklausel** (z.B. „Nebenabreden bedürfen zu ihrer Wirksamkeit der Schriftform") enthalten. Denn jede Schriftformklausel kann auch formlos von den Parteien außer Kraft gesetzt werden. Ist die Geltung einer formlos getroffenen Individualabrede gewollt, verdrängt sie eine abweichende Vereinbarung in den AGB.[1557]

**1554**  Problematisch sind die sog. **Bestätigungsklauseln** (z.B. „Mündliche Nebenabreden bedürfen zu ihrer Wirksamkeit der schriftlichen Bestätigung"), weil diese in den meisten Fällen nur dazu verwendet werden, um auf eine nur beschränkte Vertretungsmacht der Angestellten des Verwenders hinzuweisen.[1558] Trifft bspw. ein Angestellter ohne ausrei-

---

[1555] BGH NJW 2006, 138, 139.

[1556] BGH NJW 1999, 2180, 2181; BGHZ 115, 391, 394; OLG Frankfurt/M NJW-RR 2001, 55.

[1557] BGH NJW 2006, 138, 139; BGH NJW 1986, 3131, 3132; NJW-RR 1995, 179; *Köhler*, AT, § 16 Rn 23; *Wolf/Neuner*, AT, § 47 Rn 43; anders BGH NJW 1995, 1488, 1489.

[1558] Vgl. BGH NJW 1982, 1389, 1390; *Medicus/Petersen*, AT, Rn 425; *Wolf/Neuner*, AT, § 47 Rn 44; *Köhler*, AT, § 16 Rn 23.

chende Vertretungsmacht eine mündliche Nebenabrede, können hier – je nach den Umständen des Falls – eine Rechtsscheinvollmacht nach §§ 171, 172 BGB oder eine Duldungs- oder Anscheinsvollmacht vorliegen. Die Bestätigungsklausel könnte dann dazu führen, dass der Kunde die Beschränkung der Vertretungsmacht kennt oder kennen muss (vgl. § 173 BGB; § 54 III HGB) mit der Folge, dass daher eine wirksame Vertretung nicht vorliegt.[1559] Eine derartige generelle Annahme wird jedoch nicht möglich sein; vielmehr kommt es auf die Umstände an, etwa auf die besondere drucktechnische Hervorhebung der Klausel.[1560]

Jedoch können Schriftform- und Bestätigungsklauseln auch der Kontrolle nach **§ 307 BGB** unterliegen. Wichtig ist diese Erkenntnis v.a. für die Unterlassungsklagen nach § 1 UKlaG, weil hier die Klausel als solche (d.h. ohne Rücksicht auf das Vorhandensein einer Individualabrede) überprüft wird und daher § 305b BGB als Prüfungsmaßstab nicht in Betracht kommt. Soweit Klauseln mit § 305b BGB unvereinbar sind, verstoßen sie auch gegen § 307 BGB.[1561]    **1555**

Schließlich ist bei **Internetversteigerungen**[1562] problematisch, in welchem Verhältnis Individualbestimmungen des Anbieters zu den AGB des Auktionshauses stehen. Die Konkurrenzfrage stellt sich immer dann, wenn ein Anbieter von den durch das Auktionshaus festgelegten und von den Teilnehmern akzeptierten Auktionsregeln abweicht. Dem Grunde nach geht es um die Frage, ob die vom Internetauktionshaus aufgestellten AGB auch im Verhältnis zwischen Anbieter und Bieter gelten oder ob die vom Anbieter formulierten Einschränkungen eine Individualvereinbarung darstellen, die Vorrang vor den AGB des Auktionshauses haben.    **1555a**

> **Beispiel:** In den AGB des Internetauktionshauses X heißt es: „Bei privaten Auktionen erklärt der anbietende Teilnehmer bereits mit der Freischaltung seiner Angebotsseite die Annahme des höchsten wirksam abgegebenen Kaufangebots."

> In Fällen dieser Art stellt sich nicht nur die Frage nach der Vereinbarkeit der Auktionshaus-AGB mit den §§ 305 ff. BGB, sondern auch – bei unterstellter Wirksamkeit – nach der Geltung im Verhältnis zwischen Anbieter und Bieter. Der BGH steht auf dem Standpunkt, dass die AGB des Internetauktionshauses das Rechtsverhältnis zwischen Anbieter und Bieter dergestalt beeinflussen, dass sie jedenfalls als Auslegungshilfe bei der gem. §§ 133, 157 BGB vorzunehmenden Feststellung der Bedeutung der Willenserklärungen der Vertragsparteien heranzuziehen seien.[1563] Aus diesem Grund spielen die Auktionshaus-AGB auch eine Rolle bei der Frage, inwieweit eine der Parteien sich von einer laufenden Auktion lösen kann.

## IV. Inhaltskontrolle, §§ 309, 308, 307 BGB

Auch wenn Allgemeine Geschäftsbedingungen die bisher genannten Hürden übersprungen haben und somit Vertragsbestandteil geworden sind, bedeutet das noch lange nicht, dass sie auch im Ergebnis wirksam sind. Vielmehr müssen sie nunmehr einer **inhaltlichen Prüfung** unterzogen werden, der sog. Inhaltskontrolle. Diese in den §§ 305 ff. BGB normierte, äußerst detaillierte und daher in ihren Einzelheiten kaum im Rahmen der vorliegenden Darstellung beschreibbare Schutzregelung besteht aus einer **Generalklausel** (§ 307 BGB) und einem aus einer Vielzahl von Ziffern mit teilweise weiteren Untergliederungen bestehenden **Katalog verbotener Klauseln** (§§ 308, 309 BGB). Die in §§ 308 und 309 BGB genannten Klauselverbote **konkretisieren die Generalklausel**    **1556**

---

[1559] *Köhler*, AT, § 16 Rn 23; vgl. auch *Wolf/Neuner*, AT, § 47 Rn 44.
[1560] BGH NJW 1986, 1809, 1810; *Köhler*, AT, § 16 Rn 23; *Wolf/Neuner*, AT, § 47 Rn 44; *Grüneberg*, in: Palandt, § 305b Rn 5.
[1561] Vgl. BGH NJW 1986, 1809 f.; BB 1991, 1591; *Grüneberg*, in: Palandt § 305b Rn 5; *Köhler*, AT, § 16 Rn 24.
[1562] Vgl. dazu bereits ausführlich Rn 277, 440, 594, 606 ff., 610.
[1563] BGHZ 149, 129, 134 ff. (ricardo.de). Deutlicher für die Geltung von Auktionshaus-AGB im Verhältnis der Parteien zueinander BGH NJW 2014, 1292 f. und NJW 2015, 1009, 1010. Zum (rechtsmissbräuchlich orientierten) Shill-Bidding (Mitbieten des Verkäufers, um den Preis hochzutreiben) vgl. BGH NJW 2017, 468 ff. (dazu oben Rn 611).

des § 307 BGB und machen gem. dem allgemeinen Grundsatz *lex specialis derogat legi generali* einen **Rückgriff auf § 307 BGB entbehrlich**, soweit die Voraussetzungen der §§ 308, 309 BGB vorliegen.

**1557**

> **Hinweis für die Fallbearbeitung:** Das bedeutet, dass in einer Fallbearbeitung grundsätzlich mit der Prüfung der §§ 308, 309 BGB begonnen werden muss und auf § 307 BGB nur dann eingegangen werden darf, wenn die Voraussetzungen der §§ 308, 309 BGB nicht erfüllt sind. Eine Ausnahme von diesem Grundsatz gilt ggf. für **Verträge zwischen Unternehmern**. Denn gem. § 310 I S. 1 BGB gelten die speziellen Klauselverbote der §§ 308 Nr. 1, 2-8 und 309 BGB nicht gegenüber Unternehmern, wenn der Vertrag zum Betrieb ihres Unternehmens gehört.[1564] In einem solchen Fall ist ausschließlich § 307 BGB heranzuziehen. Allerdings berücksichtigt die Rechtsprechung neben den Gepflogenheiten des betreffenden Rechtsverkehrs die Verbotszwecke der §§ 308 und 309 BGB auch im Rahmen des § 307 BGB und wertet einen Verstoß der fraglichen Klausel gegen (die nicht anwendbaren Bereiche der) §§ 308 oder 309 BGB als Indiz für einen Verstoß gegen § 307 BGB[1565] (dazu Rn 1572 ff.). Von dieser Ausnahme jedoch abgesehen gilt gemäß den allgemeinen Aufbaugrundsätzen folgende Prüfungsreihenfolge:
>
> - Zunächst sind die Verbote des **§ 309 BGB** heranzuziehen, da diese keine Wertungsmöglichkeit enthalten und somit den strengsten Maßstab bilden.
> - Ist § 309 BGB im Ergebnis nicht einschlägig, ist sodann zu prüfen, ob die fragliche AGB-Klausel unter eines der Verbote des **§ 308 BGB** zu subsumieren ist, da hier eine Wertungsmöglichkeit besteht.
> - Ist auch § 308 BGB nicht einschlägig, ist die fragliche AGB-Klausel am Maßstab der Auslegungsregel des **§ 307 II BGB** zu prüfen.
> - Hilft auch § 307 II BGB nicht weiter, ist zu untersuchen, ob die fragliche AGB-Klausel der Generalklausel des **§ 307 I BGB** unterfällt.

**1558**  Nach **§ 307 III S. 1 BGB** unterliegen der Inhaltskontrolle aber nur solche Bestimmungen in AGB, die von einer **Rechtsvorschrift abweichen oder diese ergänzen**.

**1559**  Dadurch sind der Prüfung insbesondere **Leistungsbeschreibungen** (Baubeschreibungen, Kataloge, Prospekte)[1566] und **Preisvereinbarungen** bzw. **Preisnebenabreden** entzogen, *soweit* sie unmittelbar die Hauptleistungspflicht betreffen.[1567] Wegen der Privatautonomie findet sich im dispositiven Gesetzesrecht keine Vorschrift, die den Vertragsgegenstand oder die zu erbringende Gegenleistung festlegt. Das sei am Beispiel der **Gebrauchtwagengarantien** verdeutlicht, wobei der BGH maßgeblich danach unterscheidet, ob die Garantie (d.h. der Garantievertrag) entgeltlich oder unentgeltlich gewährt wird.

> **Beispiel:** Enthält beim Kauf eines Gebrauchtwagens von einem Händler der Kaufvertrag die Klausel, dass eine Gebrauchtwagengarantie gewährt werde, unterliegen die formularmäßigen Garantiebestimmungen nur dann der Inhaltskontrolle nach §§ 307 ff. BGB, wenn der Kunde für die Garantie **ein selbstständiges Entgelt zahlt**. Denn dann liegt keine bloße Leistungsbeschreibung des Verkäufers vor, sondern das Entgelt bildet die Gegenleistung für das Hauptleistungsversprechen des Garantiegebers, bei Material- oder Herstellungsfehlern für die kostenlose Reparatur oder den kostenlosen Ersatz des betreffenden Teils einstehen zu wollen. Macht der Garantiegeber in einem solchen Fall die Einstandspflicht davon abhängig, dass das Fahrzeug auf eine bestimmte Art und Weise gewartet werde und dass Wartungsarbeiten/Reparaturen nur von einer Vertragswerkstatt

[1564] Dasselbe gilt zwar auch für Verträge gegenüber juristischen Personen des öffentlich-rechtlichen und bei öffentlich-rechtlichem Sondervermögen, ist jedoch von keiner allzu großen Klauselrelevanz.
[1565] Vgl. BGH NJW 2014, 2708, 2713; NJW 2014, 210, 213; NJW 2007, 3421, 3422 f.
[1566] BGH NJW 2009, 3714, 3715; NJW 2008, 214. Vgl. auch EuGH NJW 2015, 1811 ff.
[1567] Vgl. dazu BGH NJW 2001, 2014, 2016 ff.; NJW 2001, 2399, 2400 f. (jeweils zur Leistungsbeschreibung); WM 2002, 1970, 1971 (zur Preisvereinbarung); NJW 2014, 209, 210 („unselbstständiger" Garantievertrag). Vgl. auch *Wolf/Neuner*, AT, § 47 Rn 52.

des Garantiegebers oder Fahrzeugherstellers durchgeführt werden, unterliegt die betreffende AGB-Bestimmung der Inhaltskontrolle nach §§ 307 ff. BGB.[1568] Zum in diesem Fall anwendbaren § 307 I S. 1 BGB vgl. Rn 1576 (Bsp. 2) sowie Rn 1583.

Anders verhält es sich bei einer **unentgeltlichen** Garantievereinbarung. In diesem Fall schränkt die entsprechende Garantiebestimmung, dass das Fahrzeug auf eine bestimmte Art und Weise gewartet werden müsse und dass Reparaturen nur von einer Vertragswerkstatt des Garantiegebers durchgeführt werden dürften, die Käuferrechte nicht ein, sondern beschreibt lediglich die Voraussetzungen, unter denen der Garantiegeber sein Garantieversprechen abgibt, stellt also eine Leistungsbeschreibung dar.[1569] Eine Inhaltskontrolle findet mithin nicht statt.

Fazit: Gewährt der Verkäufer eines Gebrauchtwagens unentgeltlich eine Garantie, ist davon auszugehen, dass diese Garantieübernahme eine Beschreibung der Hauptleistungspflicht des Verkäufers darstellt. Abreden, die Art und Umfang der vertraglichen Hauptleistungspflicht und den dafür zu zahlenden Preis regeln, sind gem. § 307 III S. 1 BGB der Inhaltskontrolle nach §§ 307 ff. BGB entzogen.[1570] Das ist sachgerecht. Unterliegt bei einer unentgeltlichen Garantievereinbarung die fragliche Garantiebestimmung also nicht der Inhaltskontrolle, kann sie auch nicht den Käufer bzw. Garantienehmer unangemessen benachteiligen i.S.v. § 307 I BGB. Ist aber für die Garantie ein Entgelt zu zahlen, unterliegt die betreffende AGB-Bestimmung der Inhaltskontrolle nach §§ 307 ff. BGB.[1571]

Entscheidend für eine Inhaltskontrolle ist also, ob eine unentgeltliche oder entgeltliche Garantievereinbarung getroffen wird. Diese Feststellung kann im Einzelfall schwierig sein. Erhält der Käufer eine gesonderte Rechnung über den Garantievertrag, die mit der Rechnung und dem Preis für das Fahrzeug nichts zu tun hat, ist die Sache eindeutig: Es liegt eine entgeltliche Garantievereinbarung vor und die betreffende AGB-Bestimmung über die Wartungsobliegenheit unterliegt der Inhaltskontrolle nach §§ 307 ff. BGB.[1572]

Erhält der Käufer aber keine gesonderte Rechnung über den Garantievertrag, sondern ist die Garantie lediglich in der Rechnung über den Fahrzeugkauf mit aufgeführt, ist es nach Auffassung des BGH für das Vorliegen einer entgeltlich gewährten Garantie nicht erforderlich, dass hierfür in der Rechnung eine gesonderte Vergütung ausgewiesen ist. Eine Entgeltlichkeit der gewährten Garantie liege vielmehr auch dann vor, wenn vom Kunden ein Gesamtpreis für Fahrzeug und Garantie gezahlt werde. Heißt es im Kaufvertrag etwa: „Preis inkl. 1 Jahr Gebrauchtwagengarantie gem. den Bestimmungen der Car-Garantie", enthalte dieser Gesamtpreis auch die Kosten für den Garantievertrag, sodass die Garantie nicht unentgeltlich gewährt werde. In diesem Fall stehe § 307 III S. 1 BGB einer Inhaltskontrolle nach §§ 307 ff. BGB ebenfalls nicht entgegen.[1573]

Einer Inhaltskontrolle nach §§ 307 ff. BGB sind Garantiebestimmungen also nur dann entzogen, wenn die Unentgeltlichkeit der Garantie klar und deutlich zum Ausdruck kommt. Das dürfte bei einer Formulierung wie: „Beim Kauf eines Gebrauchtwagens aus unserem Haus gewähren wir kostenlos 1 Jahr Gebrauchtwagengarantie gemäß den Bestimmungen der Car-Garantie" der Fall sein.

<u>Weiterführender Hinweis:</u> Von den soeben genannten Fällen ist wiederum derjenige Fall zu unterscheiden, in dem der *Hersteller* eine Garantie beim Neuwagenkauf gewährt (sog. **Herstellergarantie**). Da die Garantieerklärung eine freiwillige Entscheidung des Garantiegebers ist, kann sie (unter Beachtung höherrangigen Rechts, insbesondere des EU-Rechts und der Bestimmungen der §§ 443, 479 BGB) auch frei, d.h. zeitlich und inhaltlich gestaltet werden bzw. von der Einhaltung bestimmter Voraussetzungen abhängig gemacht werden.

---

[1568] BGH 9.10.2012 – VIII ZR 349/11; BGH NJW 2014, 209, 210 f.
[1569] BGH 9.10.2012 – VIII ZR 349/11; BGH NJW 2014, 209, 210 f.
[1570] BGH 9.10.2012 – VIII ZR 349/11; BGH NJW 2011, 3510 f.
[1571] BGH 9.10.2012 – VIII ZR 349/11; BGH NJW 2014, 209, 210 f.
[1572] BGH 9.10.2012 – VIII ZR 349/11; BGH NJW 2014, 209, 210 f.
[1573] BGH NJW 2014, 209, 210 f. Vgl. dazu auch *Steimle*, NJW 2014, 192, 194. Zur Inhaltskontrolle vgl. Rn 1583.

**Beispiel:** Der Automobilhersteller H gibt eine 2-jährige Garantie auf alle Neuwagen ohne Kilometerbegrenzung. In den Garantiebestimmungen heißt es, dass die Garantieansprüche u.a. nur gewährt werden, wenn die herstellerseitig vorgeschriebenen Wartungsarbeiten ordnungsgemäß, d.h. nach Herstellervorgaben vorgenommen werden.

Eine solche Beschränkung ist zulässig, da sie höherrangiges Recht nicht verletzt. Etwas anderes würde aber gelten, wenn es hieße, dass alle vorgeschriebenen Wartungsarbeiten von einer Vertragswerkstatt des Herstellers vorgenommen werden müssten. Denn eine solche Bestimmung verstieße gegen Art. 4 der EU-Verordnung Nr. 461/2010 der Kommission (sog. Gruppenfreistellungsverordnung), wonach die Herstellergarantie nicht erlischt, wenn der Kunde die vorgeschriebenen Wartungsarbeiten (oder Unfallreparaturen) während der Garantiezeit von einer freien Werkstatt vornehmen lässt. Freilich trägt der Kunde die Beweislast dafür, dass die vorgeschriebenen Wartungsarbeiten ordnungsgemäß durchgeführt wurden, was ihm z.B. durch eine entsprechende Bescheinigung der freien Werkstatt gelingen dürfte.

Hinsichtlich einer **Neuwagen-Anschlussgarantie** hat der BGH entschieden, dass eine formularmäßige Bindung an das Vertragswerkstattnetz wegen unangemessener Benachteiligung unwirksam sei, wenn sie Garantieansprüche unabhängig davon ausschließe, ob eine Verletzung der Wartungsobliegenheit für den eingetretenen Schaden ursächlich geworden sei.[1574]

Uneingeschränkt kontrollfähig sind Klauseln über Änderungen und Erhöhungen des angegebenen Vertragspreises oder über das Wann und Wie der Zahlung (**Preisanpassungsklauseln** bzw. **Preisnebenabreden**).[1575] Auch klauselmäßige Darlehensabschlussgebühren ("Bearbeitungsentgelte")[1576] und Abweichungen von der gesetzlichen Regelung über den Leistungsort (Festlegung einer Schuld als Schickschuld, obwohl in Wahrheit eine Bringschuld vorliegt)[1577] sind uneingeschränkt kontrollfähig.

1560     Allerdings unterliegen auch nicht der Inhaltskontrolle zugängliche Regelungen der **Angemessenheitsklausel** des § 307 I S. 1 BGB sowie dem **Transparenzgebot** des § 307 I S. 2 BGB und können *aus diesem Grund* unwirksam sein (§ 307 III S. 2 BGB).

## 1. Klauselverbote ohne Wertungsmöglichkeit, § 309 BGB

1561     Ist ein in § 309 BGB enthaltenes Klauselverbot einschlägig, führt dieser Umstand unweigerlich zur Unwirksamkeit der betroffenen Klausel. Anders als bei § 308 BGB ist für eine wertende Betrachtung des Gerichts – in Ermangelung auslegungsbedürftiger unbestimmter Rechtsbegriffe – kein Raum.[1578]

Bedeutsam sind vor allem die Nr. 1 (Verbot kurzfristiger Preiserhöhungen), Nr. 5 (Pauschalierung von Schadensersatzansprüchen), Nr. 6 (Vertragsstrafen), Nr. 7 (Haftungsausschluss bei Verletzung von Leben, Körper, Gesundheit und – in anderen Fällen – bei grobem Verschulden) sowie Nr. 8 (sonstige Haftungsausschlüsse bei Pflichtverletzung).

1562     Im Zentrum der nachfolgenden Darstellung steht die Frage nach der Wirksamkeit des formularmäßigen Ausschlusses bzw. der Begrenzung der Haftung auf **Schadensersatz** (§ 309 Nr. 7 BGB) und bei Pflichtverletzungen, insbesondere in Bezug auf **Mängelrechte** (§ 309 Nr. 8 BGB). Im Einzelnen gilt:

1563     Zunächst ist zu beachten, dass bei einem **Verbrauchsgüterkauf**, also in erster Linie bei einem Kaufvertrag über eine bewegliche Sache von einem Unternehmer an einen

---

[1574] BGH NJW 2011, 3510 f.

[1575] Vgl. dazu BGHZ 106, 46, 48 ff.; 124, 256, 258 ff.; BGH NJW 2010, 2789, 2788 ff.; BGH NJW 2019, 47, 48 f. (dazu Rn 1576 Bsp. 5 – Gebühr für Ticketausdruck zu Hause); *Grüneberg*, in: Palandt, § 307 Rn 60. Vgl. dazu auch Rn 1582.

[1576] BGH NJW 2014, 2420, 2422 – dazu Rn 1576 Bsp. (4).

[1577] BGH NJW 2014, 454, 455 – dazu *Schwab*, JuS 2014, 836 und *R. Schmidt*, SchuldR AT, Rn 79a. Zur Frage nach der Vereinbarkeit solcher Klauseln mit § 309 Nr. 7b BGB und § 307 II Nr. 1 BGB vgl. Rn 1562 und 1569 (Bsp. 4).

[1578] Vgl. dazu etwa BGH NJW 2007, 504, 505 f.; NJW 2008, 360, 361.

Verbraucher (§ 474 I S. 1 BGB), wegen § 476 I S. 1 BGB ein **Ausschluss der Gewähr-leistung** schlicht **unwirksam** ist. Das gilt entsprechend auch für einen Verbraucher-vertrag i.S.d. § 310 III BGB, der die Lieferung herzustellender oder zu erzeugender beweglicher Sachen zum Gegenstand hat (sog. Werklieferungsvertrag, § 650 BGB, auf den die Vorschriften über den Kauf – und damit auch diejenigen über den Verbrauchs-güterkauf – Anwendung finden), und sowohl individualvertraglich als auch beim Formu-larvertrag. Es macht auch keinen Unterschied, ob es sich um eine neue oder gebrauchte Sache handelt. Lediglich der Ausschluss und die Beschränkung des Anspruchs auf **Schadensersatz** sind – wie sich aus § 476 III BGB ergibt, der auf §§ 307-309 BGB verweist – nicht von vornherein unzulässig. Die Grenzen der Haftungsfreizeichnung in Bezug auf Schadensersatz ergeben sich danach – wie bei einem Nicht-Verbrauchs-güterkauf – aus den §§ 307-309 BGB. Selbstverständlich bleibt die Regelung des § 276 III BGB davon unberührt, wonach ein Ausschluss der Haftung bei Vorsatz unzulässig ist.

Greift – außerhalb des Verbrauchsgüterkaufs (bzw. des Verbrauchervertrags) – das **AGB-Recht**, ist zunächst zu beachten, dass gem. § 310 I S. 1 BGB die Vorschriften der § 305 II, III, § 308 Nr. 1, 2 bis 8 und § 309 BGB bei Verwendung von AGB gegenüber einem Unternehmer nicht gelten (siehe dazu Rn 1497 ff.). Alleinige Grundlage einer Inhaltskontrolle sind demnach § 307 BGB und § 308 Nr. 1a und 1b BGB. Allerdings ist es herrschende Rechtsauffassung, dass die besonderen Klauselverbote der §§ 309, 308 Nr. 1, 2-8 BGB mittelbar über § 307 BGB auch bei der Inhaltskontrolle von AGB im unter-nehmerischen Geschäftsverkehr zu beachten sind[1579], soweit dies nach geltenden Ge-wohnheiten und Gebräuchen angezeigt ist[1580]. Hintergrund ist, dass auch Unternehmer (wenn auch abgeschwächt) schutzbedürftig sind. Stünde auf Käuferseite also ein Ver-braucher und läge in einer Klausel ein Verstoß gegen §§ 309, 308 Nr. 1, 2 bis 8 BGB, ist das nach dem BGH ein Indiz dafür, dass die Klausel auch im Falle der Verwendung gegenüber Unternehmern zu einer unangemessenen Benachteiligung führt und damit gegen § 307 BGB verstößt, es sei denn, sie kann wegen der besonderen Interessen und Bedürfnisse des unternehmerischen Geschäftsverkehrs ausnahmsweise als angemessen angesehen werden.[1581]

**1564**

Auf dieser Grundlage ist bei der Verwendung von Formularverträgen gegenüber Unter-nehmern wie folgt zu unterscheiden:

**1564a**

- Geht es um **Schadensersatz**, sind Ausschluss und Beschränkung der Haftung bei vor-sätzlicher oder fahrlässiger Verletzung von <u>Leben</u>, <u>Körper</u>, <u>Gesundheit</u> unzulässig (§ 309 Nr. **7 a)** BGB). Ein Ausschluss oder eine Begrenzung der Haftung für <u>sonstige Schäden</u> (i.d.R. Sachschäden) ist bei Vorsatz oder grober Fahrlässigkeit ausgeschlossen (§ 309 Nr. **7 b)** BGB).[1582] Daraus folgt: Ein Ausschluss der Haftung für einfache und mittlere Fahrläs-sigkeit ist hier (d.h. bei den „sonstigen Schäden") also möglich. Das gilt selbstverständlich auch für Verbrauchsgüterkaufverträge, da § 476 III BGB die Regelungen der §§ 307-309 BGB unberührt lässt.

**1564b**

    **Beispiel**[1583]**:** K hatte von V (beide privat) einen gebrauchten VW Golf zum Preis von 6.900,- € erworben. Als Kaufvertrag hatte V ein Formular aus dem Internet verwendet.

---

[1579] BGH NJW 2007, 3774, 3775 zu § 309 BGB.
[1580] BGH NJW 2007, 3774, 3775 mit Verweis auf § 310 I S. 2 BGB.
[1581] BGH NJW 2007, 3774, 3775.
[1582] Nr. 7b betrifft Verträge aller Art. Verboten ist nicht nur der Haftungsausschluss, sondern jede Haftungsbegrenzung. Eine unzulässige Haftungsbegrenzung liegt auch vor, wenn formularmäßig die **Verjährungsfrist** (wegen Sachmängelhaf-tung) **abgekürzt** wird (BGH NJW 2014, 210, 213), was ja selbst bei Verbrauchsgüterkaufverträgen an sich gem. § 476 BGB möglich wäre. Auch formularmäßige Abweichungen von der gesetzlichen Regelung über den Leistungsort (Festlegung einer Schuld als Schickschuld, obwohl in Wahrheit eine Bringschuld vorliegt, s.o.) verstoßen gegen Nr. 7b, wenn dadurch das Verschulden des Transportunternehmens entgegen §§ 278, 280 I BGB ausgeschlossen wird (BGH NJW 2014, 454, 455 – dazu *Schwab*, JuS 2014, 836). Nr. 7b gilt auch für Reisevermittler (OLG München MDR 2018, 1111: kein genereller Ausschluss der Haftung für falsche oder irreführende Beschreibung der Reiseleistungen auf Internetseite).
[1583] In Anlehnung an BGH MMR 2011, 656 f.

Darin hieß es: „Der Verkäufer übernimmt für die Beschaffenheit des verkauften Kfz keine Gewährleistung". Einige Monate nach dem Kauf stellte K einen schweren Unfallschaden am Pkw mit gravierenden Restschäden fest. Er verlangte von V, der von dem Vorschaden keine Kenntnis hatte, die Rückabwicklung des Vertrags. V berief sich jedoch auf den vereinbarten Gewährleistungsausschluss.

Der von K geltend gemachte Anspruch könnte sich auf §§ 433, 434 I S. 2 Nr. 2, 437 Nr. 2 Var. 1 i.V.m. §§ 440, 323 I, 326 V, 346 ff. BGB („Rücktritt vom Vertrag") stützen.

Möglicherweise ist das Rücktrittsbegehren aber wegen der Vertragsklausel, die einen Ausschluss der Gewährleistung vorsieht, ausgeschlossen. Bei Kaufvertragsklauseln aus dem Internet handelt es sich um AGB, weil diese für eine mehrfache Verwendung vorformuliert sind. Darauf, dass V sie möglicherweise nur einmal verwenden wollte, kommt es nicht an.

Jedoch müsste die Klausel auch wirksamer Vertragsbestandteil geworden sein. Dies richtet sich nach den §§ 305 ff. BGB. Vorliegend gelten die strengen Wirksamkeitsvoraussetzungen des § 309 Nr. 7 a) und 7 b) BGB. Danach ist ein Gewährleistungsausschluss nur dann wirksam, wenn er sich nicht auf Schadensersatzansprüche erstreckt, die auf einer vorsätzlichen oder grob fahrlässigen Verletzung von Pflichten des Verkäufers beruhen oder auf einer schuldhaften Verletzung von Leben, Körper und Gesundheit. Da diese Einschränkungen im konkreten Fall fehlen, ist der vereinbarte Gewährleistungsausschluss insgesamt unwirksam.

K kann daher vom Vertrag zurücktreten. Mit der Ausübung des Rücktrittsrechts „wandelt" sich das vertragliche Kaufverhältnis in ein gesetzliches Rückgewährschuldverhältnis mit den Rechtsfolgen aus §§ 346 ff. BGB. Es sind die jeweils empfangenen Leistungen zurückzugewähren.

**1564c**  Ein Anwendungsfall des § 309 Nr. 7 a) und 7 b) BGB besteht auch darin, dass Mängelrechte der für gebrauchte Sachen zulässigen **verkürzten Verjährungsfrist** des § 476 II BGB (ein Jahr) unterstellt werden, Ansprüche auf Schadensersatz jedoch davon nicht ausgenommen sind.

**Beispiel**[1584]: K kaufte von einem Autohaus einen Gebrauchtwagen, den er durch das Autohaus vor Übergabe mit einer Autogasanlage ausstatten ließ. Die Gebrauchtwagen-AGB des Autohauses sahen u.a. vor: *„Sachmangel: Ansprüche des Käufers wegen Sachmängeln verjähren in einem Jahr ab Ablieferung des Kaufgegenstandes an den Kunden. (...). Haftung: Hat der Verkäufer aufgrund der gesetzlichen Bestimmungen nach Maßgabe dieser Bedingungen für einen Schaden aufzukommen, der leicht fahrlässig verursacht wurde, so haftet der Verkäufer beschränkt: Die Haftung besteht nur bei Verletzung vertragswesentlicher Pflichten und ist auf den bei Vertragsabschluss vorhersehbaren typischen Schaden begrenzt. Diese Beschränkung gilt nicht bei Verletzung von Leben, Körper und Gesundheit."* Alsbald nach der Übergabe des Wagens traten Funktionsstörungen an der Gasanlage auf, sodass K das Fahrzeug mehrmals zum Autohaus zwecks Reparatur brachte. K setzte dem Autohaus schließlich eine Frist zur Erklärung der Reparaturbereitschaft und kündigte an, anderenfalls die Reparatur von einer anderen Werkstatt vornehmen zu lassen. K forderte die zu erwartenden Beseitigungskosten für den Sachmangel (ca. 1.300,- €), Schadensersatz (800,- €) und die Erstattung vorgerichtlicher Anwaltskosten. Das Autohaus hingegen berief sich auf die mittlerweile eingetretene Verjährung der geltend gemachten Ansprüche, da zwischen der Übergabe des Fahrzeugs und den geltend gemachten Ansprüchen mehr als ein Jahr liege.

An sich ist beim Verbrauchsgüterkauf bei gebrauchten Sachen eine Verkürzung der gesetzlichen Verjährungsfristen von 2 Jahren auf 1 Jahr möglich (§ 476 II BGB). Allerdings fand diese Vereinbarung nicht auf individueller Basis, sondern auf Basis von AGB statt. Das eröffnet die Prüfung der Wirksamkeit nach §§ 305 ff. BGB.

Eine Klausel in AGB, die die gesetzliche Verjährungsfrist für die Gewährleistungsrechte des Käufers wegen eines Sachmangels verkürzt, verstößt nach Auffassung des BGH gegen §

---

[1584] BGH NJW 2013, 2584, 2585.

309 Nr. 7 a) und 7 b) BGB. Zwar sei die Verkürzung der Verjährungsfristen bei Sachmängelhaftung grds. AGB-fest, nicht aber, wenn die in § 309 Nr. 7 a) und 7 b) BGB bezeichneten Schadensersatzansprüche nicht von der Verkürzung der Verjährungsfrist ausgenommen werden.

Grundsätzlich unwirksam ist gem. § 309 **Nr. 5** BGB auch die **Pauschalierung von Schadensersatzansprüchen.**[1585]                1564d

**Beispiel:** In der Backwarenabteilung des Supermarkts S befinden sich mit Backwaren (Brötchen, Croissants etc.) gefüllte Plexiglas-Boxen. Kunden ist es gestattet, mittels bereitliegender Greifzangen die gewünschten Backwaren zu entnehmen. Die Bezahlung soll später an der Hauptkasse erfolgen. Um zu verhindern, dass Kunden trotz bereitliegender Greifzangen die Backwaren anfassen, befindet sich an jedem der Plexiglas-Boxen ein Aufkleber mit der Aufschrift: „Berührung der Ware verpflichtet zum Kauf". Kundin K, der es offenbar zu lästig ist, eine Greifzange zu benutzen, greift mit einer Hand in eine der Boxen und „sucht" sich Brötchen heraus. Dann aber überlegt sie es sich anders und legt die Brötchen wieder in die Box zurück, was dem Supermarktpersonal nicht unbemerkt bleibt. Man verlangt von K Zahlung des gesamten Inhalts der Box mit dem Argument, dass man aus hygiene- und lebensmittelrechtlichen Gründen die Backwaren nicht mehr anderweitig verkaufen dürfe. Hilfsweise verlangt S Schadensersatz. K ist indes der Meinung, dass kein Kaufvertrag vorliege und sie daher auch nicht verpflichtet sei, die Backwaren zu bezahlen. Auch für den geltend gemachten Schadensersatzanspruch gebe es keine Grundlage.

a. Der von S geltend gemachte Zahlungsanspruch könnte sich auf §§ 433 II BGB stützen. Dazu müsste aber zunächst ein Kaufvertrag zwischen S und K über die Brötchen zustande gekommen sein, was sich nach den Grundsätzen von Angebot und Annahme (§§ 145 ff. BGB) richtet (vgl. dazu Rn 424 ff.). Wie ausführlich bei Rn 440 dargelegt und begründet, ist das Bereitstellen von Ware im Supermarkt grds. kein rechtsverbindliches Angebot i.S.d. § 145 BGB, sondern lediglich eine invitatio ad offerendum, wobei das endgültige Angebot erst durch den Kunden abgegeben wird, der die Ware an der Kasse vorzeigt, damit das Kassenpersonal die Ware erfassen kann.

Auf der Grundlage dieser Überlegung müsste also das rechtsverbindliche Kaufangebot von K ausgegangen sein, was jedoch nicht der Fall ist. Möglicherweise liegt der Fall aber anders, wenn man den Aufkleber mit der Aufschrift: „Berührung der Ware verpflichtet zum Kauf" als AGB qualifiziert. Dann wäre K in der Tat gezwungen, einen Kaufvertrag zu schließen. Da jedoch gerade kein Kaufvertrag vorliegt, in den die Klausel hätte einbezogen sein können, ist die Klausel insoweit unbeachtlich und verpflichtet nicht zum Kauf.

Wie aber ebenfalls bei Rn 440 dargelegt, wird man unter Zugrundelegung der allgemeinen Grundsätze der §§ 145 ff. BGB etwas anderes für den Fall annehmen müssen, dass der Kunde unverpackte Lebensmittel anfasst. Denn aufgrund von lebensmittel- und hygienerechtlichen Vorschriften darf der Ladenbetreiber von Kunden berührte unverpackte Lebensmittel nicht mehr anderweitig anbieten. Daher wird man in einem solchen Fall entweder bereits in dem Bereitstellen der Lebensmittel ein rechtsverbindliches Angebot sehen müssen mit der Folge, dass der Kaufvertrag mit Berühren der Lebensmittel durch den Kunden zustande kommt[1586], oder man wird zumindest in dem Berühren der Lebensmittel durch den Kunden ein rechtsverbindliches Kaufangebot sehen müssen, sodass der Kaufvertragsabschluss von der Annahmeerklärung des Supermarktpersonals abhängt.

b. Davon unbeschadet ist die Frage nach dem Schadensersatzanspruch zu beantworten. Anspruchsgrundlage könnte zunächst die zum Kauf verpflichtende AGB-Bestimmung sein. Geht man mit der hier vertretenen Auffassung von einem Kaufvertrag zwischen S und K aus (s.o.), ist die fragliche Klausel jedenfalls einbezogen. Jedoch erachtet die Rechtsprechung eine solche AGB-Bestimmung für mit § 309 Nr. 5b BGB unvereinbar, da mit ihr

---

[1585] Vgl. dazu auch BGH NJW 2010, 2122 ff. (Autokaufvertrag).
[1586] Davon geht *Henke* (JA 2017, 339, 342) aus.

dem Kunden die Möglichkeit genommen werde, nachzuweisen, dass der tatsächlich entstandene Schaden geringer sei als der Kaufpreis.[1587] Das überzeugt nicht, da K der Gegenbeweis nicht gelingen wird. Denn dadurch, dass sie die angefassten Brötchen wieder zurück in die Box legte, wird man diese wohl nicht mehr eindeutig identifizieren können. Und selbst wenn das möglich wäre, kann nicht ausgeschlossen werden, dass etwaige Krankheitserreger auf unberührte Backwaren übertragen worden sind. Es darf davon ausgegangen werden, dass andere Kunden solche Backwaren nicht kaufen würden, vom hygiene- und lebensmittelrechtlichen Verkaufsverbot einmal abgesehen. Entgegen der Rechtsprechung des OLG Düsseldorf liegt also kein Verstoß gegen § 309 Nr. 5b BGB (oder eine andere Bestimmung des AGB-Rechts) vor. K ist dem Grunde nach zum Schadensersatz verpflichtet, der nach § 252 BGB auch den entgangenen Gewinn umfasst. Freilich ließe sich dem entgegenhalten, es sei nicht nachgewiesen, dass S den gesamten Boxeninhalt verkauft hätte. Jedoch wird man Erfahrungswerte zugrunde legen und einen pauschalierten Schadensersatzanspruch (i.S.v. § 309 Nr. 5b BGB) annehmen können.

Sollte man den Weg über die AGB-Bestimmung nicht beschreiten wollen, bliebe jedenfalls die Prüfung eines Schadensersatzanspruchs auf der Grundlage des § 280 I BGB, der selbst bei Verneinung eines Kaufvertrags über §§ 311 II, 241 II BGB Anwendung findet. Die (nicht überzeugende) Rechtsprechung tut sich aber auch hier schwer, einen Schaden auf Seiten des Supermarkts anzunehmen, da diesem regelmäßig der Nachweis nicht gelinge, dass der gesamte Boxeninhalt verkauft worden wäre, wenn der Kunde die Ware nicht berührt hätte.

c. Ergebnis: Nach der hier vertretenen Auffassung liegt ein vertraglicher Kaufpreisanspruch hinsichtlich der berührten Backwaren vor. Darüber hinaus ist K zum (pauschalierten) Schadensersatz hinsichtlich aller in der Box befindlichen Backwaren verpflichtet, da man zum einen die berührten Backwaren regelmäßig nicht mehr sicher identifizieren kann, jedenfalls aber deshalb, weil eine Übertragung etwaiger gesundheitsschädlicher Keime nicht ausgeschlossen werden kann, und der Supermarkt zum anderen aus hygiene- und lebensmittelrechtlichen Vorschriften die Ware nicht mehr anderweitig verkaufen darf. Die Rechtsprechung, die Backwaren anfassende Kunden derart privilegiert, überzeugt nicht.

**1564e**   ▪   Bei (**anderen**) **Mängelrechten** aufgrund von Pflichtverletzungen gilt § 309 Nr. 8 BGB. Hierbei ist zu differenzieren:

⇨   Gemäß § 309 **8 a)** BGB kann das <u>Recht, sich vom Vertrag zu lösen</u>, unter den in der Vorschrift genannten Voraussetzungen nicht ausgeschlossen werden.

⇨   Bei Verträgen über <u>neu</u> hergestellte Sachen und Werkleistungen greift darüber hinaus § 309 Nr. **8 b)** BGB, der im Wesentlichen den Ausschluss bzw. die Beschränkung von Mängelrechten sanktioniert. Dadurch, dass die Mängelrechte des Verbrauchers aber bereits wegen § 476 BGB (der über § 650 BGB auch für Verbraucherwerklieferungsverträge Anwendung findet) nicht beschränkt werden können, also zwingendes Recht darstellen, reduziert sich die praktische Relevanz des § 309 Nr. 8 b) BGB auf

⇨   Verträge über neu herzustellende unbewegliche Sachen (Hauptfall: Neubau einer Immobilie),

⇨   Werkleistungen außerhalb der Werklieferungsverträge,

⇨   Kaufverträge zwischen Unternehmern („Business to Business", sog. B2B-Geschäfte), sofern es um neue Sachen und Werkleistungen geht und man den betreffenden Tatbestand des § 309 Nr. 8 b) BGB über § 307 BGB auch gegenüber Unternehmern anwendet)

⇨   und Verträge zwischen Verbrauchern („Privat an Privat", sog. C2C-Verträge) in Bezug auf neue Sachen und Werkleistungen.

Ist die Vorschrift des § 309 Nr. 8 b) BGB danach anwendbar, sind etliche Fallgruppen zu unterscheiden:

---

[1587] OLG Düsseldorf NJW-RR 2001, 1563.

⇨ Zunächst geht es um das Verbot, die <u>Mängelrechte</u> (nach § 437 BGB) <u>schlechthin auszuschließen</u> (§ 309 Nr. 8 b) **aa)** BGB). In Bezug auf neu hergestellte Sachen und Werkleistungen wäre ein vollständiger Ausschluss der Gewährleistung in AGB also unwirksam. Die Beschränkung der Mängelhaftung auf Rücktritt unter Ausschluss der Minderung verstößt aber nicht gegen diesen Verbotstatbestand. Unwirksam ist aber die Beschränkung auf Minderung unter Ausschluss des Rücktrittsrechts.[1588] Nach der Rechtsprechung des BGH gilt die Unwirksamkeitsregelung des § 309 Nr. 8 b) aa) BGB (über § 307 BGB) auch bei der Verwendung gegenüber Unternehmern, also im unternehmerischen Rechtsverkehr.[1589]

⇨ Von Relevanz ist auch das Verbot, die Ansprüche gegen den Verwender insgesamt oder bezüglich einzelner Teile auf ein Recht <u>auf Nacherfüllung zu beschränken</u>, sofern dem anderen Vertragsteil nicht ausdrücklich das Recht vorbehalten wird, bei Fehlschlagen der Nacherfüllung zu mindern oder nach seiner Wahl vom Vertrag zurückzutreten (§ 309 Nr. 8 b) **bb)** BGB). Nach der Rechtsprechung des BGH gilt die Unwirksamkeitsregelung des § 309 Nr. 8 b) bb) BGB auch im unternehmerischen Rechtsverkehr.[1590]

**Beispiel:** K kauft von V eine landwirtschaftliche Maschine für seinen Hofbetrieb. Nach den AGB (die wirksam Vertragsbestandteil geworden sind) steht dem Käufer bei Mangelhaftigkeit der Kaufsache nur ein Anspruch auf Nachbesserung zu. Als sich drei Monate nach Übergabe der Maschine ein größerer Defekt zeigt, will K den Kauf rückgängig machen (§ 437 Nr. 2 Var. 1 BGB). V verweist auf die AGB und bietet dem K Mangelbeseitigung (§ 437 Nr. 1 BGB) an. Muss K sich darauf verweisen lassen?

K muss sich nur dann auf den Mangelbeseitigungsanspruch verweisen lassen, wenn die entsprechende Klausel wirksamer Vertragsbestandteil geworden ist.

Von einer AGB i.S.d. § 305 I BGB ist auszugehen. Auch sind die Einbeziehungsvoraussetzungen des § 305 II BGB gegeben. Insbesondere handelt es sich nicht um eine überraschende Klausel i.S.d. § 305c I BGB.

Die Klausel könnte jedoch gem. § 309 Nr. 8 b) bb) BGB unwirksam sein. Dazu müsste die Vorschrift zunächst anwendbar sein. Daran könnte es fehlen, weil K Unternehmer i.S.d. § 14 I BGB ist und gem. § 310 I S. 1 BGB u.a. die Vorschrift des § 309 BGB bei Verwendung von AGB gegenüber einem Unternehmer nicht gilt. Alleinige Grundlage einer Inhaltskontrolle wäre demnach § 307 BGB. Allerdings ist es herrschende Rechtsauffassung, dass die besonderen Klauselverbote des § 309 BGB mittelbar über § 307 BGB auch bei der Inhaltskontrolle von AGB im unternehmerischen Geschäftsverkehr zu beachten sind[1591], soweit dies nach geltenden Gewohnheiten und Gebräuchen angezeigt ist[1592]. Wäre K also ein Verbraucher i.S.d. § 13 BGB und läge in einer Klausel ein Verstoß gegen § 309 Nr. 8 b) bb) BGB, ist das nach dem BGH ein Indiz dafür, dass die Klausel auch im Falle der Verwendung gegenüber Unternehmern zu einer unangemessenen Benachteiligung führt und damit gegen § 307 BGB verstößt, es sei denn, sie kann wegen der besonderen Interessen und Bedürfnisse des unternehmerischen Geschäftsverkehrs ausnahmsweise als angemessen angesehen werden.[1593]

Das kann vorliegend angenommen werden. Denn schlägt die Nachbesserung fehl, hat K keinerlei Rechte wegen des Mangels der Maschine. Deshalb widerspricht die Klausel der Regelung in § 309 Nr. 8 b) bb) BGB, weil sie dem K das Recht versagt, bei Fehlschlagen der Nachbesserung (hier: Mangelbeseitigung) Herabsetzung des Kaufpreises geltend zu machen oder vom Vertrag zurückzutreten.

---

[1588] *Grüneberg*, in: Palandt, § 309 Rn 63.
[1589] BGH NJW-RR 1993, 560, 561.
[1590] BGH WM 1995, 1455, 1456.
[1591] BGH NJW 2007, 3774, 3775.
[1592] BGH NJW 2007, 3774, 3775 mit Verweis auf § 310 I S. 2 BGB.
[1593] BGH NJW 2007, 3774, 3775.

⇨ Auch der Versuch, die Kostentragungspflicht in Bezug auf die zum Zwecke der Nacherfüllung erforderlichen Aufwendungen (d.h. die Kosten der Nacherfüllung) auszuschließen oder zu beschränken, ist unwirksam (§ 309 Nr. 8 b) **cc)** BGB). Zu den nicht ausschließbaren oder einschränkbaren Aufwendungen zählen die erforderlichen Transport-, Wege-, Arbeits- und Materialkosten (§ 439 II BGB) und die mit dem Aus- und Wiedereinbau einer mangelhaften Sache verbundenen Aufwendungen (§ 439 III BGB). Das gilt auch für Werklieferungsverträge, da § 650 BGB auf die Vorschriften des Kaufrechts (und damit auch auf § 439 III BGB) verweist. Geht es im Zusammenhang mit den Kosten der Nacherfüllung um einen Verbrauchervertrag (gleichgültig, ob Verbrauchsgüterkaufvertrag oder Werklieferungsvertrag mit einem Verbraucher), ist § 475 IV BGB zu beachten, der nicht über AGB eingeschränkt oder abbedungen werden kann. Das heißt, dass der Unternehmer die Höhe der zu übernehmenden Kosten der Nacherfüllung nur nach Maßgabe des § 475 IV S. 2 und 3 BGB beschränken kann. Auf der Basis der Rechtsprechung des BGH greift § 309 Nr. 8 b) cc) BGB (über § 307 BGB) auch bei Formularverträgen gegenüber Unternehmern.

⇨ Unzulässig ist es nach § 309 Nr. 8 b) **dd)** BGB (der ebenfalls über § 307 BGB auch bei Formularverträgen gegenüber Unternehmern gilt), wenn der Verwender die Nacherfüllung von der vorherigen Zahlung des vollständigen Entgelts oder eines unter Berücksichtigung des Mangels unverhältnismäßig hohen Teils des Entgelts abhängig macht.

⇨ Und § 309 Nr. 8 b) **ee)** BGB schließt es aus, dass der Verwender dem anderen Vertragsteil für die Anzeige nicht offensichtlicher Mängel eine Ausschlussfrist setzt, die kürzer ist als die nach § 309 Nr. 8 b) ff) BGB zulässige Frist. Gegenüber Unternehmern gilt die Regelung des § 309 Nr. 8 b) ee) BGB nicht.

⇨ Der grundsätzlich auch gegenüber Unternehmern geltende § 309 Nr. 8 b) **ff)** BGB betrifft zunächst die Verjährungsfristen des § 438 I Nr. 2 und des § 634a I Nr. 2 BGB. Danach ist die formularmäßige Verkürzung der 5-jährigen Verjährung für Bauleistungen unzulässig. In allen anderen Fällen der Mängelhaftung ist eine Verkürzung der Verjährung auf weniger als ein Jahr verboten. Daraus folgt: Sofern es sich **nicht** um einen **Verbrauchsgüterkauf** handelt, darf der Verkäufer auch beim Verkauf neuer Sachen (und nicht nur bei Gebrauchtsachen) die Gewährleistungsfrist von zwei Jahren auf ein Jahr verkürzen. Im Einzelnen gilt:

   ⇨ Beim Verkauf von <u>neuen</u> Sachen (und bei Werkleistungen) ist in AGB eine Beschränkung der Verjährungsfrist auf ein Jahr möglich, vgl. § 309 Nr. 8 b) ff) BGB. Das gilt jedoch nicht für Bauleistungen i.S.d. § 438 I Nr. 2, § 634a Nr. 2 BGB (keine formularmäßige Verkürzung der 5-jährigen Verjährungsfrist zulässig) und nicht für Schäden, die auf einer grob fahrlässigen oder vorsätzlichen Verletzung von Pflichten des Verkäufers beruhen (§ 309 Nr. 7 b) BGB), sowie bei fahrlässiger (oder vorsätzlicher) Verletzung von Leben, Körper oder Gesundheit (§ 309 Nr. 7 a) BGB).

   ⇨ Bei <u>gebrauchten</u> Sachen kann – da die Gewährleistung gänzlich ausgeschlossen werden kann (es sei denn, der Verkäufer handelt vorsätzlich, § 276 Abs. 3 BGB, oder hat den Käufer arglistig über den Mangel getäuscht bzw. ihm eine Beschaffenheitsgarantie gegeben, § 444 BGB) – auch die Verjährungsfrist verkürzt werden. Dies ist erst recht zulässig. Das gilt jedoch nicht für Schäden, die auf einer grob fahrlässigen oder vorsätzlichen Verletzung von Pflichten des Verkäufers beruhen (§ 309 Nr. 7 b) BGB), sowie bei fahrlässiger (oder vorsätzlicher) Verletzung von Leben, Körper oder Gesundheit (§ 309 Nr. 7 a) BGB).

Bei **Verbrauchsgüterkaufverträgen**, also in erster Linie bei Kaufverträgen über bewegliche Sachen, bei denen auf Verkäuferseite ein Unternehmer und auf Käuferseite ein Verbraucher steht (vgl. § 474 I S. 1 BGB), ist der Ausschluss der Gewährleistung niemals zulässig (siehe § 476 I S. 1 BGB). Das gilt auch für Werklieferungsverträge (§ 650 BGB), die *Verbraucherverträge* sind (bei denen also ein Unternehmer an einen Verbraucher leistet, siehe § 310 III BGB), da § 650 BGB auf die Kaufvertragsvorschriften (und damit auch auf § 476 BGB) verweist. Allein hinsichtlich der Frage, ob wenigstens eine Fristverkürzung möglich ist, bleibt Raum für eine Unterscheidung:

⇨ Beim Verbrauchsgüterkauf einer **neuen Sache** ist jegliche vertragliche Verkürzung der Verjährungsfrist bzgl. der in § 437 BGB bezeichneten Ansprüche auf weniger als zwei Jahre stets unzulässig (vgl. § 476 II BGB). Dabei spielt es keine Rolle, ob die Fristverkürzung einzelvertraglich (d.h. individualvertraglich) oder formularmäßig (also durch AGB) vereinbart wurde. Denn § 476 BGB ist zwingendes Recht. Die in § 476 III BGB angeordnete Geltung der §§ 307-309 BGB ändert daran nichts, da eine Erleichterung der Verjährung auch nach § 309 Nr. 8 b) ff) BGB unzulässig wäre.

⇨ Beim Verbrauchsgüterkauf einer **gebrauchten Sache** ist eine Verkürzung bis auf ein Jahr zulässig (§ 476 II BGB). Dabei spielt es ebenfalls keine Rolle, ob die Fristverkürzung individualvertraglich oder formularmäßig vereinbart wurde. § 309 Nr. 8 b) ff) BGB ist nicht anwendbar auf Kaufverträge über gebrauchte Sachen. Allerdings verstößt eine Klausel in AGB, die die gesetzliche Verjährungsfrist für die Gewährleistungsrechte des Käufers wegen eines Sachmangels verkürzt, nach Auffassung des BGH gegen § 309 Nr. 7 a) und 7 b) BGB. Zwar sei die Verkürzung der Verjährungsfristen bei Sachmängelhaftung grds. AGB-fest, nicht aber, wenn die in § 309 Nr. 7 a) und 7 b) BGB bezeichneten Schadensersatzansprüche nicht von der Verkürzung der Verjährungsfrist ausgenommen werden.[1594]

▪ Fazit: Da sich die Unwirksamkeitstatbestände des § 309 Nr. 8 b) BGB allesamt auf neu hergestellte Sachen und Werkleistungen beziehen, folgt daraus für Kaufverträge über gebrauchte Sachen, die nicht Verbrauchsgüterkaufverträge sind, dass die Mängelrechte grundsätzlich ausgeschlossen werden können. Freilich sind auch hier die Grenzen des § 309 Nr. 7 a) BGB (Unzulässigkeit des Ausschlusses oder der Beschränkung der Haftung bei vorsätzlicher oder fahrlässiger Verletzung von Leben, Körper, Gesundheit) und des § 309 Nr. 7 b) BGB (Unzulässigkeit des Ausschlusses oder der Begrenzung der Haftung für sonstige Schäden (i.d.R. Sachschäden) bei Vorsatz oder grober Fahrlässigkeit) zu beachten. Dies erklärt, warum die in Formularverträgen vorzufindenden Formulierungen wie: **1564f**

„Das ... wird unter Ausschluss der Sachmängelhaftung verkauft, soweit der Verkäufer nicht nachstehend eine Garantie für die Beschaffenheit oder eine Zusicherung abgibt. Der Ausschluss der Sachmängelhaftung gilt nicht für Schadensersatzansprüche, die auf einer vorsätzlichen oder grob fahrlässigen Verletzung von Pflichten des Verkäufers beruhen oder auf einer schuldhaften Verletzung von Leben, Körper und Gesundheit".

wirksam sind.

▪ Die Schadensersatzpflicht, die auf leicht (d.h. einfach) fahrlässiger Verletzung von wesentlichen Vertragspflichten (sog. Kardinalpflichten) beruht, kann nicht durch AGB ausgeschlossen werden (vgl. § 307 II Nr. 2 BGB – dazu Rn 1570). Wesentliche Vertragspflichten sind solche Pflichten, deren Verletzung den Vertragszweck gefährden würde und die für den Vertragspartner von grundlegender Bedeutung sind[1595]. Das sind bei gegenseitigen Verträgen zunächst die Primärleistungspflichten, beim Kaufvertrag bspw. die Pflicht zur sachmängelfreien Lieferung. Aber auch Nebenleistungspflichten, auf deren Erfüllung der Vertragspartner berechtigterweise vertrauen darf, wie Beratungs-, Schutz- und Obhutspflichten, die die Durchführung des Vertrags oder die vertragsgemäße Verwendung des **1564g**

---

[1594] BGH NJW 2013, 2584, 2585.
[1595] Siehe etwa BGH NJW 1985, 3016, 3017 (Substanzschädigung an Rechtsgütern des Vertragspartners).

Liefergegenstands erst ermöglichen, gehören ebenso zu den Kardinalpflichten i.S.d. § 307 II Nr. 2 BGB wie die Pflicht, Eigentum, Leib oder Leben des Vertragspartners vor erheblichen Schäden zu schützen.

## 2. Klauselverbote mit Wertungsmöglichkeit, § 308 BGB

**1565**  Zu diesen Klauselverboten zählt das Gesetz eine Reihe von Regelungen auf, die regelmäßig den Vertragspartner des Verwenders unangemessen benachteiligen. Jedoch ist zu beachten, dass eine Klausel, die unter § 308 BGB fällt, nicht per se unwirksam ist. Vielmehr sind die in Nrn. 1-8 verwendeten unbestimmten Rechtsbegriffe anhand der Maßstäbe des § 307 I S. 1, II BGB im Wege einer umfassenden Interessenabwägung auszufüllen.[1596] § 308 BGB gewährt dem Richter also einen „Freiraum" für die Beurteilung, ob aufgrund von Besonderheiten des Einzelfalls eine Klausel, die unter § 308 BGB fällt, dennoch wirksam ist.[1597] Im unternehmerischen Verkehr ist § 308 BGB nach der Gesetzessystematik nicht anwendbar (vgl. § 310 I S. 1 BGB), ggf. aber nach der Rechtsprechung des BGH (siehe Rn 1526).

## 3. Klauselverbote nach der Generalklausel, § 307 I und II BGB

**1566**  Da der Gesetzgeber nicht alle denkbaren AGB-Klauseln, die gegen Treu und Glauben verstoßen, auflisten und für unwirksam erklären kann (dazu bietet das Wirtschaftsleben zu viele Besonderheiten), hat er in § 307 I BGB eine Generalklausel geschaffen, die er wiederum in § 307 II BGB mit einer Auslegungsregel versehen hat.

**1567**
> **Hinweis für die Fallbearbeitung:** Ist also keines der speziellen Klauselverbote der §§ 309, 308 BGB einschlägig (oder keines anwendbar[1598]), ist zu prüfen, ob die fragliche Klausel mit § 307 BGB vereinbar ist. Hier ist dann zunächst über § 307 I BGB einzusteigen und im Obersatz zu formulieren, dass „die fragliche Klausel unwirksam ist, wenn sie den Vertragspartner des Verwenders entgegen Treu und Glauben unangemessen benachteiligt". Bevor jedoch versucht wird, die fragliche Klausel unter diese äußerst ungriffige Formel zu subsumieren, ist zunächst die Auslegungsregel des **§ 307 II BGB** (mit der Rechtsfolge des § 307 I BGB) heranzuziehen, die eine Konkretisierung der in § 307 I BGB enthaltenen Generalklausel darstellt. Erst wenn diese nicht weiterhilft, ist danach zu fragen, ob die fragliche Klausel der Generalklausel des **§ 307 I BGB** unterfällt.

### a. Die Regelung des § 307 II BGB

**1568**  § 307 II BGB enthält zwei **Regelbeispiele** einer unangemessenen Benachteiligung des Vertragspartners.

**1569**  ▪ So ist eine unangemessene Benachteiligung im Zweifel anzunehmen, wenn eine Bestimmung mit **wesentlichen Grundgedanken der gesetzlichen Regelung**, von der abgewichen wird, nicht zu vereinbaren ist (§ 307 II Nr. 1 BGB).

**Beispiele:**

(1) Da die Vorschriften über den Maklervertrag (§§ 652 ff. BGB) ausdrücklich einen **Maklerlohn** nur dann vorsehen, wenn die Vermittlung ursächlich für einen Vertragsabschluss war (§ 652 I S. 1 BGB), ist die Klausel in einem Maklervertrag, durch die sich der Makler allein für die Besichtigung eines Objekts ein Entgelt versprechen lässt, auch wenn es nicht zum Abschluss eines Mietvertrags kommt, nach § 307 II Nr. 1 BGB

---

[1596] Das dürfte auch für die mit Gesetz v. 22.7.2014 in § 308 BGB eingefügten Nrn. 1a und 1b gelten.
[1597] Vgl. dazu BGH NJW 2010, 2873 ff. und BGH NJW 2014, 854 f.
[1598] Siehe aber Rn 1526 und die Fallgruppen zu § 309 BGB bei Rn 1564 ff., wo darauf eingegangen wird, dass nach der Rechtsprechung des BGH die besonderen Klauselverbote der §§ 309, 308 Nr. 1, 2-8 BGB mittelbar über § 307 BGB auch bei der Inhaltskontrolle von AGB im unternehmerischen Geschäftsverkehr zu beachten sind, soweit dies nach geltenden Gewohnheiten und Gebräuchen angezeigt ist (§ 310 I S. 2 BGB).

unwirksam.[1599] Denn die genannte Klausel gewährt ja etwas, was nach dem Gesetz gerade nicht gewährt werden soll. Sie ist mit dem wesentlichen Grundgedanken des § 652 I S. 1 BGB daher nicht zu vereinbaren. Und bei einem Werkvertrag ist eine AGB-Klausel, wonach der **Werklohn** bereits vor Fertigstellung des Werks zu zahlen ist, mit dem Leitgedanken des § 641 I BGB unvereinbar und daher unwirksam.[1600]

**(2)** Eine Zweckerklärung, die formularmäßig die **Bürgenhaftung** über die Verbindlichkeit des Hauptschuldners, die objektiver Anlass der Verbürgung war, ausdehnt, wird vom BGH nicht nur dahingehend überprüft, ob sie eine überraschende Klausel i.S.v. 305c I BGB darstellt (Rn 1549), sondern sie wird auch am Maßstab des § 307 II BGB geprüft.[1601] Auch die Inanspruchnahme eines Bürgen wegen Kreditschulden, die erst nach der Bürgschaftsübernahme entstanden sind, ist wegen § 767 I S. 3 BGB unzulässig (Verbot der Fremddisposition für Geschäfte nach der Übernahme der Bürgschaft). Eine Abweichung von dieser Norm hinsichtlich zukünftiger Forderungen, die nicht Anlass der Bürgschaft waren, ist mit den wesentlichen Grundgedanken der gesetzlichen Regelung nicht vereinbar (§ 307 II Nr. 1 BGB). Auch die Erreichung des Vertragszwecks ist gefährdet, weil wesentliche Rechte des Bürgen, die sich aus dem gesetzlichen Typus des Bürgschaftsvertrags ergeben, eingeschränkt werden (§ 307 II Nr. 2 BGB), dazu sogleich.

**(3)** Bei Formularklauseln in Wohnraummietverträgen, die die Mieter zur Ausführung von „**Schönheitsreparaturen**" verpflichten, ist in mehrfacher Hinsicht zu unterscheiden: Ausgangspunkt der Überlegung ist, dass zur gesetzlichen Instandhaltungspflicht des Vermieters (§ 535 I S. 2 BGB) auch sog. Schönheitsreparaturen gehören, also Maßnahmen zur Verbesserung des Aussehens der Räumlichkeiten und zur Behebung von oberflächlichen Schäden. Mit der formularmäßigen Verpflichtung des Mieters zur Vornahme laufender Schönheitsreparaturen wälzt der Vermieter also diese an sich ihm obliegende Pflicht auf den Mieter ab, was der BGH jedoch grds. nicht beanstandet.[1602] So verstößt nach Auffassung des BGH eine Schönheitsreparaturklausel grundsätzlich nicht gegen AGB-Recht, wenn der Mieter eine renovierte bzw. nicht renovierungsbedürftige Wohnung übernommen hat.[1603] Denn übernimmt der Mieter eine solche Wohnung, ist es nicht unbillig, wenn er den einwandfreien Zustand auch erhalten muss. In diesem Fall sind nach der hier vertretenen Auffassung Schönheitsreparaturklauseln grds. auch dann wirksam, wenn sie zur Ausführung von Renovierungsarbeiten in Küchen- und Sanitärräumen spätestens nach zwei und in den übrigen Räumen spätestens nach fünf Jahren verpflichten. Wenn dieser Zeitplan aber „starr" ist, d.h. die Reparaturen auch dann vorsieht, wenn die gemieteten Räume nach ihrem tatsächlichen Erscheinungsbild noch nicht renovierungsbedürftig sind, ist er mit der gesetzlichen Regelung in § 535 I S. 2 BGB nicht vereinbar und gem. § 307 II Nr. 1 BGB unwirksam.[1604] Überlässt aber der Vermieter dem Mieter eine unrenovierte oder renovierungsbedürftige Wohnung, ist eine formularmäßige Übertragung der Pflicht zur Vornahme laufender Schönheitsreparaturen in jedem Fall unwirksam gem. § 307 II Nr. 1 BGB, sofern nicht der Vermieter dem Mieter einen angemessenen Ausgleich (etwa mietfreies Wohnen für einen angemessenen Zeitraum) gewährt bzw. ihn so stellt, als sei ihm eine renovierte oder nicht renovierungsbedürftige Wohnung überlassen worden.[1605] Die Begründung für die Annahme der Unwirksamkeit einer solchen Klausel besteht darin, dass diese den Mieter zur Beseitigung sämtlicher vorvertraglicher Gebrauchsspuren (also solcher des Vormieters) verpflichtet und dazu führen kann, dass der Mieter die

---

[1599] Vgl. BGHZ 99, 374, 382; wiedergegeben auch bei *Stadler*, AT, § 21 Rn 28.

[1600] BGH NJW 2013, 1431 f.

[1601] BGHZ 130, 19; BGH NJW 2009, 2883; *Wolf/Neuner*, AT, § 47 Rn 41.

[1602] BGHZ 92, 363, 368; 101, 253, 261 f.

[1603] Das folgt aus BGH NJW 2015, 1594, 1596.

[1604] So die frühere, nach der hier vertretenen Auffassung aber auch auf der Grundlage der aktuellen Rspr. des BGH gültige Rspr. des BGH (BGH NJW 2004, 2586, 2587; NJW 2006, 2113, 2114; NJW 2006, 2115 f.; NJW 2006, 2915, 2916; NJW 2009, 62 f.).

[1605] BGH NJW 2015, 1594, 1596 unter teilweiser Aufgabe seiner bisherigen Rspr. (BGHZ 101, 253, 264 ff.). Vgl. auch BGH NJW 2015, 1871 f.; NJW 2015, 1874 f.; NJW 2018, 3302, 3303.

Wohnung vorzeitig renovieren oder u.U. sogar in einem besseren Zustand zurückgeben muss, als er sie übernommen hat.[1606] Unrenoviert bzw. renovierungsbedürftig ist die Wohnung, wenn sie bei Übernahme Gebrauchsspuren aufweist, die nicht so unerheblich sind, dass sie nicht ins Gewicht fallen, wenn die Wohnung also nicht den Gesamteindruck einer renovierten Wohnung vermittelt.[1607]

Die soeben aufgezeigten Grundsätze gelten auch für den Fall, dass ein Mieter einen Mietvertrag übernimmt und sich aufgrund einer Vereinbarung mit dem Vormieter bereiterklärt, an dessen Stelle die erforderlichen Schönheitsreparaturen durchzuführen. Auch hier gilt, dass im Falle einer dem Mieter unrenoviert oder renovierungsbedürftig überlassenen Wohnung die formularvertragliche Abwälzung der nach der gesetzlichen Regelung (§ 535 I S. 2 BGB) den Vermieter treffenden Verpflichtung zur Vornahme laufender Schönheitsreparaturen der Inhaltskontrolle am Maßstab des § 307 II Nr. 1 BGB nicht standhält, sofern nicht der Vermieter dem Mieter einen angemessenen Ausgleich gewährt, der diesen so stellt, als sei ihm eine renovierte oder nicht renovierungsbedürftige Wohnung überlassen worden.[1608]

Unwirksam ist auch die Regelung, dass die Renovierung „auf fachhandlichem Niveau" erfolgen muss. Denn dadurch könnte der (fälschliche) Eindruck vermittelt werden, der Mieter dürfe die obligatorischen Schönheitsreparaturen nur dann selbst vornehmen, wenn er über fachhandwerkliche Kenntnisse und Fähigkeiten verfüge, und müsse anderenfalls einen Handwerksbetrieb beauftragen.[1609]

Zur Frage nach der Vereinbarkeit von Mietvertragsklauseln mit § 307 I S. 1 BGB vgl. Rn 1576 Bsp. 6.

**(4)** Eine Formularklausel, die die Haltung von Haustieren (hier: von Katzen und Hunden) von vornherein und kategorisch ausschließt, ist nach zutreffender Auffassung des BGH gem. § 307 II Nr. 1 BGB wegen Abweichung von einem wesentlichen Grundgedanken der gesetzlichen Mietvorschriften unwirksam.[1610] Denn ob eine **Tierhaltung** zum vertragsgemäßen Gebrauch i.S.v. § 535 I BGB gehört, erfordere eine umfassende Abwägung der Interessen des Vermieters und des Mieters sowie der weiteren Beteiligten. Diese Abwägung lass sich nicht allgemein, sondern nur im Einzelfall vornehmen, weil die dabei zu berücksichtigenden Umstände so individuell und vielgestaltig seien, dass sich jede schematische Lösung verbiete. Zu berücksichtigen seien insbesondere Art, Größe, Verhalten und Anzahl der Tiere, Art, Größe, Zustand und Lage der Wohnung und des Hauses, in dem sich die Wohnung befinde, Anzahl, persönliche Verhältnisse, namentlich Alter, und berechtigte Interessen der Mitbewohner und Nachbarn, Anzahl und Art anderer Tiere im Haus, bisherige Handhabung durch den Vermieter sowie besondere Bedürfnisse des Mieters. In einer Klausel, die die Haltung von Katzen und Hunden von vornherein und kategorisch ausschließe, liege zugleich eine unangemessene Benachteiligung des Mieters i.S.d. § 307 I BGB. Eine unangemessene Benachteiligung liege insbesondere dann vor, wenn das Hunde- und Katzenhaltungsverbot uneingeschränkt sogar dann gelte, wenn von den gehaltenen Tieren keine Beeinträchtigungen der Mietsache und keine Störungen anderer Hausbewohner oder sonstiger Nachbarn ausgingen. Folge der Unwirksamkeit des formularmäßigen Ausschlusses der Hunde- und Katzenhaltung sei aber nicht, dass Mieter ungezügelt Hunde und Katzen halten dürften, sondern eine in Anwendung der gesetzlichen Regelung (§ 535 I BGB) gebotene umfassende Abwägung der im Einzelfall konkret betroffenen Belange und Interessen der Mietvertragsparteien und anderer Hausbewohner und Nachbarn erforderlich sei.[1611]

---

[1606] BGH NJW 2015, 1594, 1596. Die tragenden Gründe der Entscheidung gelten – wie sich aus dem Gesamtkontext ergibt – auch für Gewerbemieträume (freilich mit § 307 BGB als Prüfungsmaßstab).
[1607] BGH NJW 2015, 1594, 1596.
[1608] BGH NJW 2018, 3302, 3303.
[1609] AG Köln MietRB 2017, 3.
[1610] BGH NJW 2013, 1526 f. Siehe auch AG Nürnberg 18.11.2016 – 30 C 5357/16; LG Nürnberg-Fürth 16.3.2017 – 7 S 8871/16.
[1611] BGH NJW 2013, 1526 f. Zur Zulässigkeit der Tierhaltung im Einzelfall vgl. AG München 3.8.2018 – 411 C 976/18 (hier: Versagung nur aus wichtigem Grund, etwa wegen Beißgefahr, ständigen Jaulens oder Bellens).

**(5)** Eine Klausel in AGB, die ohne sachlichen Grund von der gesetzlichen Regelung über den Leistungsort (Festlegung einer Schuld als Schickschuld, obwohl in Wahrheit eine für den Käufer günstigere Bringschuld vorliegt[1612]) abweicht, verstößt gegen § 307 II Nr. 1 BGB, weil dadurch zum Nachteil des Käufers der Gefahrübergang (§ 446 BGB) verändert wird.[1613] Zum Ticketversand vgl. Rn 1576 Bsp. 5.

**(6)** Eine Klausel in Banken-AGB, die den Kunden die Zahlung eines Bearbeitungsentgelts auferlegt, ist mit § 307 II Nr. 1 BGB unvereinbar, weil die Bonitätsprüfung usw. im Interesse der Banken steht.[1614]

■ Weiterhin ist eine unangemessene Benachteiligung im Zweifel anzunehmen, wenn wesentliche Rechte oder Pflichten, die sich aus der Natur des Vertrags ergeben (also **Kardinalpflichten**), so eingeschränkt werden, dass die Erreichung des **Vertragszwecks gefährdet** ist (§ 307 II Nr. 2 BGB), siehe bereits Rn 1564g. **1570**

**Beispiel:** Kaufmann K lässt sich von der EDV-GmbH ein Computerprogramm schreiben, das speziell seine Auftragsabwicklungswünsche berücksichtigt. In ihren Vertragsbedingungen schließt die EDV-GmbH die Haftung für Programmierfehler aus.

Hier liegt ein Verstoß gegen § 307 II Nr. 2 BGB vor, weil ein funktionierendes Auftragsabwicklungsprogramm ja gerade Vertragsgegenstand war. Wäre eine solche Freizeichnungsklausel wirksam, bedeutete dies, dass die EDV-GmbH praktisch risikolos schlechtleisten dürfte. Daher verstößt die genannte Freizeichnungsklausel gegen eine vertragliche Kardinalpflicht und ist unwirksam.

## b. Die Regelung des § 307 I BGB

Nach § 307 I S. 1 BGB sind Bestimmungen in AGB unwirksam, wenn sie den Vertragspartner des Verwenders entgegen den Geboten von Treu und Glauben **unangemessen benachteiligen**. **1571**

Bei der Beurteilung, ob eine Klausel gegen § 307 I BGB verstößt, ist auf die Verhältnisse im **Zeitpunkt des Vertragsschlusses** abzustellen.[1615] **Gegenstand der Inhaltskontrolle** ist der ggf. durch Auslegung ermittelte objektive Inhalt der Klausel (s.o.). **Prüfungsmaßstab** ist eine überindividuelle generalisierende Betrachtungsweise.[1616] Abzuwägen sind dabei die Interessen des Verwenders gegenüber denen der typischerweise beteiligten Kunden. **1572**

Eine **Benachteiligung** i.S.d. § 307 I BGB liegt vor, wenn die Interessen des Kunden gegenüber denen des Verwenders so sehr zurückgedrängt werden, dass kein vollständiger Interessenausgleich stattgefunden hat.[1617] **1573**

**Unangemessen** ist eine Benachteiligung, wenn der Verwender missbräuchlich eigene Interessen auf Kosten des Vertragspartners durchzusetzen versucht, ohne von vornherein die Interessen seines Partners hinreichend zu berücksichtigen und ihm einen angemessenen Ausgleich zuzugestehen.[1618] **1574**

Zur Beurteilung der **Unangemessenheit** der Benachteiligung bedarf es somit einer umfassenden Würdigung, in die die **Interessen beider Parteien** und die Anschauungen **1575**

---

[1612] Zu den Begriffen Schickschuld und Bringschuld und deren Bedeutung vgl. *R. Schmidt*, SchuldR AT, Rn 71 ff.
[1613] BGH NJW 2014, 454, 455 – dazu *Schwab*, JuS 2014, 836 f.
[1614] *Medicus*, NJW 2014, 2420, 2427 ff.
[1615] *Medicus*, NJW 1995, 2577, 2580.
[1616] BGHZ 105, 24, 31; BGH NJW 1996, 2155, 2156. Vgl. auch *v. Westphalen*, NJW 2004, 1993, 1999.
[1617] BGH NJW 1980, 2518, 2519; NJW 2004, 2586, 2587.
[1618] BGHZ 90, 280, 284; 120, 108, 118; 175, 102, 107; NJW 2010, 57, 58; NJW 2010, 3222, 3224; NJW 2011, 514; NJW 2011, 1726, 1728; NJW 2015, 928, 929; NJW 2016, 2589, 2490.

der beteiligten Kreise einzubeziehen sind. Auszugehen ist dabei von Gegenstand, Zweck und Eigenart des Vertrags.[1619]

**1576**  **Beispiele:**

**(1)** Eine Klausel in AGB eines Anbieters von Gutscheinheften, wonach die Vertragspartner (etwa Gastronomen), die Werbeanzeigen in den Gutscheinheften schalten und im Gegenzug Gutscheine ihrer Kunden aus den Gutscheinheften einlösen müssen, eine Vertragsstrafe von pauschal 2.500 € zahlen müssen für den Fall eines vorsätzlichen Vertragsbruchs (hier: Nichteinlösen von Gutscheinen), benachteiligt die Vertragspartner unangemessen i.S.d. § 307 I S. 1 BGB und ist unwirksam.[1620]

**(2)** Eine Klausel in AGB eines entgeltlich erworbenen Gebrauchtwagengarantievertrags, nach der Voraussetzung für jegliche Garantieansprüche ist, dass der Käufer/Garantienehmer an dem Kfz die vom Hersteller vorgeschriebenen oder empfohlenen Wartungs-, Inspektions- und Pflegearbeiten ausschließlich beim Verkäufer/Garantiegeber oder in einer vom Hersteller anerkannten Vertragswerkstatt durchführen lässt, benachteiligt den Vertragspartner unangemessen i.S.d. § 307 I S. 1 BGB und ist unwirksam.[1621] Vgl. auch das Beispiel bei Rn 1583.

**(3)** Eine Klausel in AGB eines Gebrauchtwagenhändlers, die die Frist für die gesetzliche Gewährleistung (auf 1 Jahr) verkürzt, benachteiligt den Käufer unangemessen und verstößt gegen § 307 I S. 1 BGB.[1622] Zwar ist in einem solchen Fall an sich § 309 Nr. 7 BGB einschlägig, handelt es sich bei dem Käufer aber (ebenfalls) um einen Unternehmer, greift § 309 Nr. 7 BGB nur mittelbar über die Generalklausel des § 307 I BGB (vgl. dazu bereits Rn 1557).

**(4)** Auch formularmäßig „vereinbarte" Bearbeitungsentgelte (d.h. „Abschlussgebühren") in Verbraucherdarlehensverträgen benachteiligen die Kunden entgegen dem Gebot von Treu und Glauben unangemessen. Denn solche Kosten haben die Kreditinstitute im eigenen Interesse oder aufgrund von Rechtsvorschriften zu erbringen.[1623]

**(5)** Auf sämtliche Buchungen bezogene Bestimmungen in Preis- und Leistungsverzeichnissen von Kreditinstituten („Preis pro Buchung 0,35 €") sind nach § 307 I S. 1 BGB gegenüber Verbrauchern unwirksam, weil sie zu deren Nachteil von § 675y BGB, der den Kreditinstituten nicht stets einen Entgeltanspruch zubilligt, abweichen.[1624] Gleiches gilt bei pauschalen SMS-Gebühren beim Online-Banking: Stellt ein Kreditinstitut gemäß den Benutzungsbedingungen (= AGB) einem Kunden den Versand einer PIN per SMS auch dann in Rechnung, wenn der Kunde diese nicht nutzt (er also keinen Zahlungsauftrag erteilt), verstößt dies gegen § 307 I S. 1 BGB.[1625] Auch in Preis- und Leistungsverzeichnissen enthaltene pauschalierte Gebühren („5 € für die Unterrichtung über die berechtigte Ablehnung der Einlösung einer SEPA-Basis-Lastschrift bei Postversand", „2 € für Einrichtung/Änderung/Aussetzung/Löschung eines Dauerauftrags" oder „7 € je angefangenen Monat für Führung eines Pfändungsschutzkontos") verstoßen gegen § 307 I S. 1 BGB, da sie nicht an den tatsächlich anfallenden Kosten ausgerichtet sind.[1626] Bereits ein Fall des § 307 II Nr. 1 BGB liegt vor, wenn ein Internetportal für den „Premiumversand" von zuvor erworbenen Eintrittskarten ein Entgelt von 29,90 € „inklusive Bearbeitungsgebühr" vorsieht, dann jedoch für die Bereitstellung der Möglichkeit des Selbstausdrucks von Tickets („print@home-Option") in AGB eine zusätzliche „Servicegebühr" von 2,50 € nennt, die bei Inanspruchnahme zu entrichten ist. Der Verstoß gegen § 307 II Nr. 1 BGB ist darin zu sehen, dass nach § 448 I BGB der Käufer

---

[1619] BGH NJW 1987, 2575, 2576; NJW 2005, 422, 423; ZIP 2008, 1729; NVwZ 2013, 382, 38; NJW 2013, 1526 f.; *Grüneberg*, in: Palandt, § 307 Rn 8.
[1620] BGH NJW 2017, 3145, 3146.
[1621] BGH 9.10.2012 – VIII ZR 349/11; BGH NJW 2014, 209, 210 f.
[1622] BGH NJW 2014, 210, 213.
[1623] BGH NJW 2014, 2420, 2427 ff.
[1624] BGH NJW 2015, 1440, 1441.
[1625] BGH NJW 2017, 3222, 3223 f.
[1626] BGH ZIP 2017, 1992, 1993.

nur die Gebühren für einen Versand zu tragen hat. Fällt kein Versand an, verstößt eine gleichwohl erhobene Gebühr gegen den Grundgedanken des § 448 I BGB.[1627]

**(6)** Gegen § 307 I S. 1 BGB verstößt eine Wohnraummietvertragsklausel über eine anteilige Kostenabwälzung („Quotenabgeltungsklausel"), wenn sie dem Mieter zum Zeitpunkt des Vertragsschlusses keine realistische Einschätzung der auf ihn zukommenden Kostenbelastung ermöglicht.[1628]

**(7)** Gleiches gilt bzgl. der durch AGB auferlegten Duldung von Taschenkontrollen in Supermärkten (dazu bereits Bsp. 1 bei Rn 1508). Derartige Klauseln stellen wegen des tiefen Eingriffs in die grundrechtlich geschützte Privatsphäre (Art. 2 I i.V.m. 1 I GG) eine unangemessene Benachteiligung i.S.d. § 307 I BGB dar und sind unwirksam.[1629] Zudem stehen Privatpersonen lediglich Notwehr-, Notstands-, Selbsthilfe- und Festnahmerechte zu, die aber grds. nicht das Recht zur Durchsuchung umfassen. Auch das Hausrecht kann grds. keine Durchsuchung legitimieren. Durchsuchungen stehen grds. nur den staatlich durch Gesetz (Polizeigesetz, Strafprozessordnung) legitimierten Stellen zu. Privatpersonen dürfen (auf der Grundlage von § 127 I StPO) lediglich vorläufig festnehmen, und das auch nur bei einer tatsächlich begangenen Straftat.[1630]

**(8)** Dagegen verstößt die formularmäßige Verpflichtung des Mieters in einem Einkaufszentrum, einer bestehenden Werbegemeinschaft in Form eines eingetragenen Vereins beizutreten, nicht gegen § 307 I S. 1 BGB.[1631]

---

**Hinweis für die Fallbearbeitung:** Es ist also zu prüfen, ob ein **angemessener Interessenausgleich** vorliegt. Diese Prüfung erfolgt in zwei Schritten:

- Zunächst sind sowohl die Interessen des Verwenders als auch die des Kunden festzustellen.
- Sodann sind die beiderseitigen Interessen bezüglich der Wirksamkeit der Klausel gegen- und miteinander abzuwägen.

1577

---

Gemäß § 307 I S. 2 BGB kann sich eine unangemessene Benachteiligung auch daraus ergeben, dass die fragliche Bestimmung – auch oder gerade im Vergleich zu anderen Bestimmungen der AGB – **nicht klar und verständlich** ist. § 307 I S. 2 BGB verpflichtet also den Verwender, seine AGB möglichst klar und verständlich zu formulieren. Man spricht daher auch von **„Transparenzgebot".**[1632] Eine sprachlich komplizierte oder grammatikalisch falsche Formulierung kann ebenso wie die Platzierung einer Klausel an einer unsystematischen Stelle der AGB gegen das Transparenzgebot verstoßen, wenn sich dem Durchschnittskunden dadurch ihr Sinn nicht erschließt.[1633] Gleiches gilt, wenn sich die Folgen, die sich aus der Klausel ergeben, nicht deutlich erkennen lassen.[1634]

1578

**Beispiele:** Eine Klausel in AGB eines Internetversandhauses, wonach sich der Verkäufer vorbehält, eine gleichwertige Ersatzsache zu liefern, verstößt gegen das Transparenzgebot i.S.d. § 307 I S. 2 BGB, weil der Kunde kaum verlässlich einschätzen kann, was eine „gleichwertige Sache" ist.[1635] Auch verstößt eine widersprüchliche Formulierung in Gebrauchtwagen-AGB (Verkürzung der Gewährleistung für Gebrauchtwagen auf 1 Jahr in einer Klausel, Hinweis auf gesetzliche Gewährleistungsrechte in anderer Klausel) gegen

---

[1627] BGH NJW 2019, 47, 50.
[1628] BGH NJW 2015, 1871, 1872.
[1629] BGH NJW 1996, 2574, 2575.
[1630] Etwas anderes kann aber bei Konzerten, in Stadien etc. gelten, weil dort eine nicht zu vergleichende Risiko- bzw. Gefährdungslage besteht. Hier können per AGB vereinbarte Taschenkontrollen statthaft sein.
[1631] BGH NJW 2016, 2489, 2490 f.
[1632] Zum Transparenzgebot des § 307 I S. 2 BGB vgl. BGH NJW 2008, 360, 361 (dazu Rn 1583); NJW 2015, 152 f.; NJW 2015, 2244 f.; NJW 2016, 2101, 2103; NJW 2016, 2489, 2491.
[1633] *Wurmnest*, in: MüKo, § 307 Rn 58. Vgl. auch BGH NJW 2015, 152 f.; NJW 2016, 2101, 2103.
[1634] BGH MDR 2016, 1261 f. Siehe dazu auch *Schwab*, JuS 2017, 163 ff.
[1635] BGH NJW 2006, 211.

das Transparenzgebot des § 307 I S. 2 BGB.[1636] Gleiches gilt für „undurchsichtige" Abtretungsklauseln[1637] (dazu Bsp. 4 bei Rn 1549). Des Weiteren ist eine Klausel, wonach Vertragsanpassungen (ausgenommen Preisanpassungen) innerhalb einer bestimmten Frist (hier: 6 Wochen) wirksam werden, wenn der Kunde nicht kündigt, mit § 307 I S. 2 BGB unvereinbar, weil der Durchschnittskunde die Art der Vertragsanpassung nicht einschätzen kann.[1638] Dagegen ist eine Klausel bei einem Prepaid-Mobiltelefonvertrag, nach der ein Negativsaldo auszugleichen ist, der dadurch entsteht, dass die Inanspruchnahme von Roaming-, Premium- oder Mehrwertdiensten erst später und damit u.U. erst dann belastet wird, wenn das Guthaben verbraucht ist, als solche sprachlich und inhaltlich unmissverständlich.[1639] Zudem stellt eine derartige Klausel auch keine unangemessene Benachteiligung i.S.d. § 307 I S. 1 BGB dar.[1640]

**1579**  Weicht eine Klausel von gesetzlichen Bestimmungen ab, die ein allgemeines Gerechtigkeitsgebot ausdrücken, gilt dies als Indiz der Unangemessenheit.[1641] Dabei können auch die Nebenpflichten, deren Einhaltung der Vertragspartner des Verwenders redlicherweise erwarten darf, als Indiz herangezogen werden.

> **Beispiel**[1642]: K benutzte mit seinem Mercedes S 500 L, der zwei anklappbare Seitenspiegel hatte, die **Waschanlage** des W. Beim Einfahren in die Waschstraße waren die Spiegel äußerlich unbeschädigt. Nach Beendigung des Waschvorgangs zeigte K dem W an, dass der rechte Seitenspiegel im Gelenk beschädigt war und die Zierleiste der Beifahrertür im Drehradius des angeklappten Spiegels gelegene Kratzer aufwies. K ließ die beschädigten Fahrzeugteile ersetzen und verlangt nunmehr die Reparaturkosten, den Nutzungsausfall für die Reparaturdauer und eine Unkostenpauschale ersetzt. W beruft sich demgegenüber u.a. auf folgende in seinen AGB enthaltenen Haftungsbeschränkungsklauseln:
>
> „Eine Haftung für die Beschädigung der außen an der Karosserie angebrachten Teile, wie z.B. Zierleisten, Spiegel, Antennen, sowie dadurch verursachte Lack- und Schrammschäden, bleibt ausgeschlossen, es sei denn, dass den Waschanlagenunternehmer eine Haftung aus grobem Verschulden trifft." (...). „Folgeschäden werden nicht ersetzt, es sei denn, dass den Waschanlagenunternehmer eine Haftung aus grobem Verschulden trifft."
>
> Aus der Überlegung heraus, dass die Benutzer der Waschanlage berechtigterweise eine Reinigung ihrer Fahrzeuge ohne Beschädigung erwarten, hat der BGH entschieden, dass diese Freizeichnungsklauseln unwirksam seien, weil sie die Kunden entgegen den Geboten von Treu und Glauben unangemessen benachteiligten (§ 307 I BGB).
>
> Sind demnach die genannten AGB-Klauseln unwirksam, richtet sich die Rechtslage nach dispositivem Recht, vorliegend – da K Schadensersatz begehrt – nach §§ 631, 633, 634 Nr. 4, 280 I BGB.

**Fazit:** Klauseln in AGB des Betreibers einer **Autowaschanlage**, mit denen der Betreiber seine Haftung für außen an der Karosserie angebrachte Teile auf Vorsatz und grobe Fahrlässigkeit beschränkt und sich auch für sämtliche Folgeschäden – unabhängig von der Art des unmittelbaren Schadens – von leichter Fahrlässigkeit freizeichnen möchte, sind unwirksam.

**1580**  Von besonderer Bedeutung sind auch **Schönheitsreparatur- und Endrenovierungsklauseln in Mietverträgen**. Die aktuelle Rechtsprechung des BGH differenziert hinsichtlich der Wirksamkeit maßgeblich danach, ob sich die betreffende Klausel auf nicht

---

[1636] BGH NJW 2015, 2244, 2245.
[1637] BGH MDR 2016, 1261 f.
[1638] BGH NJW 2016, 2101, 2103.
[1639] BGH NJW 2015, 152 f.
[1640] BGH NJW 2015, 152 f.
[1641] BGH NJW 1999, 942, 943; NJW 1998, 2600; 3200.
[1642] Nach BGH NJW 2005, 422 ff.

renovierte bzw. renovierungsbedürftige oder auf neue, renovierte bzw. nicht renovierungsbedürftige Mieträume bezieht, vgl. dazu bereits Rn 1569.

**Nicht** gegen § 307 I oder II BGB verstößt dagegen eine Bestimmung in einem Formularmietvertrag über Wohnraum, wonach eine ordentliche **Kündigung** innerhalb der ersten zwei Jahre nach Vertragsschluss *für beide Seiten* **ausgeschlossen** ist.[1643] Zum Ausschluss von Hunde- und Katzenhaltung in Mietwohnungen vgl. bereits Rn 1569.

1581

Nicht selten sind auch sog. **Preisanpassungsklauseln** anzutreffen. Darunter sind Vertragsbestimmungen insbesondere bei Dauerschuldverhältnissen (Abonnementverträgen, Lieferverträgen, Mietverträgen etc.) zu verstehen, die auf der Grundlage sich verändernder Kosten Preisanpassungen vorsehen. Unabhängig davon, ob Preisanpassungsklauseln gegen § 1 PrKG (Preisklauselgesetz) verstoßen und deshalb bereits nach § 8 PrKG unwirksam sind, ist die (parallele) Prüfung am Maßstab des § 307 I S. 1 BGB angezeigt.[1644]

1582

> **Beispiel**[1645]**:** In einem Vertrag über ein Pay-TV-Abonnement heißt es: „Die Pay-TV-GmbH kann die vom Abonnenten monatlich zu zahlenden Beträge erhöhen, wenn sich die Kosten für die Bereitstellung des Programmangebots erhöhen".
>
> Preisanpassungsklauseln sind grds. nicht zu beanstanden. Sie sind ein geeignetes und anerkanntes Instrument zur Bewahrung des Gleichgewichts von Preis und Leistung bei langfristigen Lieferverträgen. Sie dienen dazu, einerseits dem Verwender das Risiko langfristiger Kalkulation abzunehmen und ihm seine Gewinnspanne trotz nachträglicher, ihn belastender Kostensteigerungen zu sichern und andererseits den Vertragspartner davor zu bewahren, dass der Verwender mögliche künftige Kostenerhöhungen vorsorglich schon bei Vertragsschluss durch Risikozuschläge aufzufangen versucht. Die Schranke des § 307 I S. 1 BGB wird jedoch dann überschritten, wenn die Preisanpassungsklausel es dem Verwender ermöglicht, über die Abwälzung konkreter Kostensteigerungen hinaus den zunächst vereinbarten Preis ohne Begrenzung anzuheben und so nicht nur eine Gewinnschmälerung zu vermeiden, sondern einen zusätzlichen Gewinn zu erzielen. Dementsprechend sind Preisanpassungsklauseln nur dann zulässig, wenn die Befugnis des Verwenders zu Preisanhebungen von Kostenerhöhungen abhängig gemacht wird und die einzelnen Kostenelemente sowie deren Gewichtung bei der Kalkulation des Gesamtpreises offengelegt werden, sodass der andere Vertragsteil bei Vertragsschluss die auf ihn zukommenden Preissteigerungen einschätzen kann.[1646]
>
> Die im vorliegenden Fall formulierte Preisanpassungsklausel wird diesen Anforderungen nicht gerecht. Zum einen verstößt sie gegen das Transparenzgebot des § 307 I S. 2 BGB, weil sie zu unbestimmt ist; der Abonnent kann nicht erkennen, wann und in welchem Umfang Preisänderungen auf ihn zukommen. Zum anderen führt die Klausel auch nach ihrem Inhalt zu einer unangemessenen Benachteiligung des Abonnenten, weil sie Preiserhöhungen nicht auf den Umfang der Kostensteigerung begrenzt und sogar dann gestattet, wenn der Anstieg eines Kostenfaktors durch rückläufige Kosten in anderen Bereichen ausgeglichen wird. Somit ermöglicht die Bestimmung die Abonnementpreise ohne jede Begrenzung zu erhöhen und nicht nur insgesamt gestiegene Kosten an ihre Kunden weiterzugeben, sondern auch einen zusätzlichen Gewinn zu erzielen. Gerade eine solche Verschiebung des vertraglichen Gleichgewichts durch einen praktisch unkontrollierbaren Preiserhöhungsspielraum will § 307 I S. 1 BGB verhindern. Die Klausel ist daher unwirksam[1647] (zur Rechtsfolge vgl. sogleich).
>
> Fazit: Preisanpassungsbestimmungen sind nicht von vornherein unangemessen i.S.d. § 307 I S. 1 BGB. Sie sind es aber dann, wenn sie mögliche Kostenentwicklungen auf

---

[1643] BGH NJW 2004, 3117 f.; NJW 2004, 1448; kritisch *Derleder*, NZM 2004, 247.
[1644] Zum Verhältnis zwischen §§ 1, 8 PrKG und § 307 I S. 1 BGB vgl. BGH NJW 2010, 2793, 2796.
[1645] In Anlehnung an BGH NJW 2008, 360 ff. Vgl. auch BGH NJW 2010, 2789 ff. und 2794 ff. (Preisanpassungsklauseln bei Erdgaslieferungsverträgen: Koppelung des Erdgaspreises an den Heizölpreis).
[1646] Vgl. dazu insgesamt BGH NJW 2010, 2789, 2793; NJW 2010, 2793, 2795 ff.; NJW 2008, 360, 361; NJW-RR 2008, 134; NJW 2007, 1054, 1055.
[1647] BGH NJW 2008, 360, 361.

Seiten des Verwenders nicht in jedem Fall zutreffend abbilden, sondern diesem die Möglichkeit einer verdeckten und damit unzulässigen Gewinnmaximierung eröffnen.[1648]

**1583** Häufig sind auch **Garantievereinbarungen** anzutreffen, bei denen der Garantiegeber die Garantie von der Wartung bei der Werkstatt des Verkäufers bzw. einer Vertragswerkstatt des Fahrzeugherstellers abhängig macht.

> **Beispiel**[1649]**:** K kaufte von einem Autohändler einen Mercedes Benz C 280 mit einer Laufleistung von 88.384 km. Der Verkäufer V gewährte dabei gegen ein Entgelt[1650] auf bestimmte Bauteile des Fahrzeugs eine Garantie, die von der Garantiegesellschaft G übernommen wurde. Allerdings machten die Garantiebestimmungen die Leistungen davon abhängig, dass der Käufer/Garantienehmer die vom Hersteller vorgeschriebenen oder empfohlenen Wartungsarbeiten ausschließlich beim Verkäufer/Garantiegeber oder einer Vertragswerkstatt des Fahrzeugherstellers durchführen lässt.
>
> Einige Monate nach dem Kauf ließ K die herstellerseitig vorgeschriebene 96.000-km-Inspektion von einer freien Kfz-Meisterwerkstatt durchführen. Kurze Zeit später blieb das Fahrzeugs wegen eines Motorschadens liegen. Ursache war eine defekte Ölpumpe. Da der Motor zu den von der Garantie erfassten Fahrzeugteilen gehört, verlangte K von V bzw. G Übernahme der Kosten für die Instandsetzung, was V bzw. G mit Verweis auf die Garantiebestimmungen ablehnte.
>
> Der von K geltend gemachte Anspruch könnte sich auf den Garantievertrag stützen. Allerdings könnten dem Anspruch die Garantiebedingungen entgegenstehen. Dazu müssten diese jedoch wirksam sein. Der BGH hat entschieden, dass eine Klausel in einem formularmäßig abgeschlossenen, durch separates Entgelt erworbenen Gebrauchtwagengarantievertrag, die dem Käufer/Garantienehmer die Obliegenheit auferlegt, vom Fahrzeughersteller vorgeschriebene oder empfohlene Wartungsarbeiten ausschließlich in der Werkstatt des Verkäufers oder einer Vertragswerkstatt des Fahrzeugherstellers durchführen zu lassen, gem. § 307 I S. 1 BGB wegen **unangemessener Benachteiligung** des Käufers/Garantienehmers unwirksam sei.[1651]
>
> Die Auffassung des BGH überzeugt. Denn die Obliegenheit, die Wartungsarbeiten ausschließlich von der Werkstatt des Verkäufers oder von einer Vertragswerkstatt des Herstellers durchführen zu lassen, stellt eine unzumutbare Einschränkung der Entscheidungsfreiheit des Käufers dar. Ist demnach die genannte Klausel (wegen § 307 I S. 1 BGB) unwirksam, steht K der aus dem Garantievertrag geltend gemachte Anspruch zu.
>
> Etwas anderes gilt aber, wenn der Garantievertrag nicht durch separates Entgelt erworben wurde, sondern **im Kaufpreis enthalten** ist. In diesem Fall stellt die Obliegenheit, vom Fahrzeughersteller vorgeschriebene oder empfohlene Wartungsarbeiten ausschließlich in der Werkstatt des Verkäufers oder einer Vertragswerkstatt des Fahrzeugherstellers durchführen zu lassen, *keine* unangemessene Benachteiligung des Käufers/Garantienehmers dar.[1652] Eine solche formularmäßige Klausel ist wirksam.

## V. Rechtsfolge, § 306 BGB

**1584** Sind AGB-Bestimmungen unwirksam oder ganz oder teilweise aufgrund der §§ 305 II und 305c I BGB nicht Vertragsbestandteil geworden, bleibt nach § 306 I BGB der Vertrag im Übrigen wirksam. Diese Abweichung von der Regel des § 139 BGB, wonach bei Teilnichtigkeit im Zweifel der ganze Vertrag nichtig ist, ist sachgerecht, weil der Kunde sich ja regelmäßig auf die Durchführung des Vertrags eingerichtet haben wird und ihm daher nicht gedient wäre, wenn das Gesetz die Nichtigkeit des (gesamten) Vertrags anordnete.

---

[1648] BGH NJW 2010, 2789, 2793; NJW 2010, 2793, 2795 ff.

[1649] In Anlehnung an BGH NJW 2009, 3714 ff.; BGH 9.10.2012 – VIII ZR 349/11; BGH NJW 2014, 209, 210 f.

[1650] Bei einer **unentgeltlich** gewährten Garantie kann einer Inhaltskontrolle die Bestimmung des § 307 III S. 1 BGB entgegenstehen, vgl. dazu Rn 1559.

[1651] BGH 9.10.2012 – VIII ZR 349/11; BGH NJW 2014, 209, 210 f.

[1652] BGH 9.10.2012 – VIII ZR 349/11.

An die Stelle der AGB-Bestimmungen, die nicht Vertragsbestandteil geworden oder unwirksam sind, tritt gem. § 306 II BGB das dispositive Recht, d.h. das für einen Vertrag der vorliegenden Art anwendbare Gesetzesrecht. Soweit das dispositive Recht Lücken aufweist, ist es durch analoge Heranziehung anderer gesetzlicher Vorschriften zu schließen.[1653] Ist auch dies nicht möglich, bleibt Raum für eine ergänzende Vertragsauslegung[1654], wobei jedoch Zurückhaltung geboten ist, da der Richter sich nicht über den Willen der Vertragsparteien hinwegsetzen darf.

Eine Ausnahme von § 306 I BGB macht das Gesetz für den Fall, dass das Festhalten am Vertrag auch unter Berücksichtigung der Anwendung des dispositiven Rechts für eine Vertragspartei unzumutbar wäre. Dann wäre der Vertrag unwirksam.

Grundsätzlich **unzulässig** ist eine **geltungserhaltende Reduktion**, bei der durch eine restriktive Auslegung eine unzulässige Klausel auf das gerade noch Vertretbare beschränkt wird. Zum einen widerspräche eine solche Reduktion dem eindeutigen Wortlaut der §§ 307 ff. BGB und dem Schutzzweck des gesamten AGB-Rechts, das die Verwendung von verbotswidrigen Klauseln als eine objektiv zur Täuschung geeignete Störung des Rechtsverkehrs wertet, und zum anderen wäre anderenfalls die Verwendung unzulässiger und überzogener Klauseln risikolos, wenn sich der Verwender darauf verlassen könnte, dass die Klausel nicht gänzlich unwirksam ist, sondern nur auf ein noch erträgliches Maß reduziert wird.[1655]

**1585**

Anders ist es aber, wenn sich eine Formularklausel nach ihrem Wortlaut aus sich heraus verständlich und sinnvoll in einen inhaltlich zulässigen und in einen unzulässigen Regelungsteil trennen lässt. Dann sind nach ständiger Rechtsprechung[1656] eine Streichung des unzulässigen und eine Aufrechterhaltung des zulässigen Teils erlaubt.

**1586**

## VI. Gerichtliche Durchsetzbarkeit, §§ 1-11 UKlaG

Neben der „normalen" zivilrechtlichen (Leistungs-)Klage besteht die Möglichkeit, nach dem Unterlassungsklagengesetz vorzugehen. Dieses Gesetz sieht vor, dass Verbraucher- und Wirtschaftsverbände gegen die Verwender und Empfehler von unwirksamen Klauseln auf Unterlassung klagen können (vgl. §§ 1-11 UKlaG).[1657] Die besondere Bedeutung einer Verbandsklage besteht darin, dass ein durch einen Verband erwirktes Gerichtsurteil eine erhöhte Breitenwirkung entfaltet. Auch andere Verwender gleichlautender oder inhaltsgleicher AGB müssen sich die gerichtlich festgestellte Unwirksamkeit entgegenhalten lassen (vgl. § 11 UKlaG).

**1587**

---

[1653] Vgl. auch *Wolf/Neuner*, AT, § 47 Rn 84.
[1654] BGHZ 90, 69, 73 f.; 117, 98.
[1655] BGHZ 84, 109, 116; 92, 312, 315; 124, 380; BGH NJW 2000, 1113; KG NJW 1998, 829, 831; *Wolf/Neuner*, AT, § 47 Rn 87; *Brox/Walker*, AT, Rn 238; *Stadler*, AT, § 21 Rn 31; *Stadler*, JA 2010, 823, 824.
[1656] BGH NJW 1998, 2284, 2286 m.w.N.
[1657] Vgl. dazu auch NJW 2014, 2420 ff. (Bearbeitungsentgelt bei Darlehensverträgen).

# 10. Kapitel – Aufbau einer materiellen Anspruchsklausur

**1588** Der grundsätzliche Aufbau einer Klausurbearbeitung richtet sich nach der zumeist am Ende des Sachverhalts gestellten Fallfrage. Ist diese Frage auf ein konkretes Ziel gerichtet (Beispiele: „Ist der von K geltend gemachte Anspruch auf Schadensersatz begründet?" oder „Kann K von V Herausgabe der Sache verlangen?" oder „Hat V gegen K einen Kaufpreisanspruch?"), muss der Fallbearbeiter nach einer **Anspruchsgrundlage** suchen, die dem Anspruchsteller den gewünschten Anspruch gewährt. Kommen mehrere Anspruchsgrundlagen in Betracht, müssen diese in eine Ordnung gebracht und deren Konkurrenzverhältnis zueinander bestimmt werden. Denn es macht wenig Sinn, einen Schadensersatzanspruch nach § 823 I BGB zu prüfen, wenn das gesamte Normengefüge der §§ 823 ff. BGB bspw. wegen Vorliegens eines Eigentümer-Besitzer-Verhältnisses gem. §§ 987 ff. BGB schon nicht anwendbar ist (vgl. § 993 I a.E. BGB).

**1589** Häufig beschränkt sich die Fallfrage jedoch nicht auf ein bestimmtes Anspruchsziel, sondern ist darauf gerichtet, was der Anspruchsteller alles vom Anspruchsgegner verlangen kann (Beispiel: „Welche Ansprüche hat K gegen V"?). Hier ist dann anhand der jeweiligen **Rechtsfolgen** der in Betracht kommenden Anspruchsgrundlagen zu prüfen, welche Rechtsfolge für den Anspruchsteller am sinnvollsten ist und bei welcher Anspruchsgrundlage er sich die wenigsten Einwendungen/Einreden des Anspruchsgegners entgegenhalten lassen muss.

> **Beispiel:** Ist der Käufer einer Sache vom Verkäufer arglistig getäuscht worden, steht ihm selbstverständlich das Recht zu, seine diesbezüglichen Willenserklärungen gem. § 123 I Var. 1 BGB anzufechten. Da eine Anfechtung aber gem. § 142 I BGB zur Folge hat, dass das Geschäft rückwirkend nichtig ist, schneidet er sich unter Umständen weitergehende vertragliche Sachmängelrechte aus §§ 434 ff. BGB ab (diese setzen gerade einen wirksamen Kaufvertrag voraus). So kann der arglistig getäuschte Käufer nur dann, wenn er auf die Anfechtung verzichtet, gem. § 437 BGB
>
> **(1)** nach § 439 BGB **Nacherfüllung** verlangen,
>
> **(2)** nach §§ 440, 323, und 326 V BGB von dem Vertrag **zurücktreten** oder nach § 441 BGB den Kaufpreis **mindern** *und*
>
> **(3)** nach §§ 440, 280, 281, 283 und 311a BGB **Schadensersatz** oder nach § 284 BGB **Ersatz vergeblicher Aufwendungen** verlangen.

**1590** Sind mehr als zwei Personen beteiligt, wird regelmäßig ganz allgemein nach der **Rechtslage** gefragt. Hier empfiehlt sich folgende Vorgehensweise[1658]:

    I.   Gliederung des Sachverhalts in **Zweipersonenverhältnisse**

    II.  Auffinden der jeweiligen **Anspruchsziele**

    III. Suche nach den geeigneten **Anspruchsgrundlagen**

    IV.  **Prüfung** der **Ansprüche**

**1591** Hinsichtlich der ersten drei Prüfungsschritte hat sich allgemein folgende Fragestellung durchgesetzt:

**Wer** (Bestimmung des Gläubigers bzw. Anspruchstellers)

    **will was** (Bestimmung des Anspruchsinhalts/der erstrebten Rechtsfolge)

        **von wem** (Bestimmung des Schuldners bzw. Anspruchsgegners)

            **woraus** (Bestimmung der Anspruchsgrundlage)?

---

[1658] *Brox/Walker,* AT, Rn 834 ff.; *Medicus/Petersen,* BR, Rn 6.

Die Frage *„wer von wem"* betrifft also den ersten Schritt, die Bestimmung des Zweiper- **1592**
sonenverhältnisses. Das *„Was"* bezieht sich auf den zweiten Schritt, das Anspruchsziel
des Gläubigers, und das *„Woraus"* betrifft die Frage nach der geeigneten Anspruchsgrundlage. Im Einzelnen gilt:

## I. Gliederung des Sachverhalts in Zweipersonenverhältnisse

Wird nach der Rechtslage gefragt, ist in einem ersten Schritt der Sachverhalt dahinge- **1593**
hend zu untersuchen, welche darin genannte Person von einer anderen Person überhaupt etwas verlangen könnte.[1659] In diesem Schritt sind also der jeweilige Anspruchsteller und der Anspruchsgegner zu ermitteln. Sind zwei Personen beteiligt, kommen zwei
Anspruchsrichtungen in Betracht, bei drei Personen sind es bereits sechs usw.

> **Beispiel:** In einem Sachverhalt sind A, B und C beteiligt. Als mögliche Anspruchsrichtun-
> gen kommen daher in Betracht:
>
> 1. $A \Rightarrow B$     3. $A \Rightarrow C$     5. $B \Rightarrow C$
>
> 2. $B \Rightarrow A$     4. $C \Rightarrow A$     6. $C \Rightarrow B$

Die Bestimmung der maximal möglichen Anspruchsrichtungen bedeutet nicht, dass auch **1594**
alle in der Fallbearbeitung separat auszugliedern und zu prüfen wären. Denn hat eine
Person gegen eine andere offensichtlich keinen Anspruch, erübrigt sich eine Erörterung.
Allenfalls ist mit einem kurzen Satz festzuhalten, dass „gegen C keine Ansprüche in Betracht kommen". Erst recht sind bestimmte Anspruchsrichtungen nicht zu prüfen, wenn
die Fallfrage sie ausschließt.

## II. Auffinden der Anspruchsziele der Beteiligten

Sind die Zweipersonenverhältnisse/Anspruchsrichtungen bestimmt, ist sodann nach den **1595**
jeweils in Betracht kommenden Anspruchszielen der Parteien zu fragen. Richtet sich die
Fallfrage nicht auf ein konkretes Anspruchsziel, sondern wird ganz allgemein nach der
Rechtslage gefragt, ist nun zu prüfen, „was (z.B.) A von B verlangen kann". Diese Prüfung ist wiederum in zwei Schritte zu untergliedern[1660]:

- Ermittlung der in Betracht kommenden **Anspruchsziele** der A gegenüber B,
- Konkretisierung dieser Ziele zu juristischen **Rechtsfolgen**.

Die wichtigsten und am häufigsten zu prüfenden Anspruchsziele sind: **1596**

- Erfüllungsanspruch aus dem Vertrag (sog. Primäranspruch), etwa Anspruch auf Übereig-
  nung und Übergabe der Kaufsache gem. § 433 I S. 1 BGB; Anspruch auf Kaufpreiszahlung
  gem. § 433 II BGB
- Herausgabeanspruch, etwa aus § 985 BGB oder aus § 812 BGB
- Anspruch auf Nutzungs- oder Verwendungsersatz, etwa aus §§ 987, 988 BGB bzw. aus §§
  994, 996 BGB
- Schadensersatzanspruch, etwa aus §§ 122 I, 823 I, II, 826, 832, 833, 989, 280-283 BGB
- Unterlassungs- oder Beseitigungsanspruch, etwa aus § 1004 I BGB

## III. Bestimmung der einschlägigen Anspruchsgrundlage

Im dritten Schritt sind Anspruchsgrundlagen zu suchen, die das erstrebte Ziel zur Rechts- **1597**
folge haben. Kommen mehrere Anspruchsgrundlagen in Betracht, müssen diese nach
den **materiell-rechtlichen Regeln über die Anspruchskonkurrenz** in eine Ordnung

---

[1659] *Medicus/Petersen*, BR, Rn 6.
[1660] *Medicus/Petersen*, BR, Rn 5.

gebracht werden. Es wäre ein methodischer und nicht mehr wiedergutzumachender Fehler, den Anspruch auf eine Anspruchsgrundlage zu stützen, die von einer anderen Anspruchsgrundlage verdrängt, möglicherweise sogar in ihrer Anwendung gesperrt wird.

> **Beispiel:** Liegt ein wirksames Auftragsverhältnis zwischen dem Auftraggeber A und dem Auftragnehmer B vor (vgl. §§ 662 ff. BGB), kann B nicht von A Aufwendungsersatz nach den Regeln der berechtigten Geschäftsführung ohne Auftrag (§§ 677, 683 S. 1 BGB) verlangen, obwohl diese ebenfalls auf § 670 BGB verweisen. Denn es liegt gerade keine Geschäftsführung „ohne" Auftrag vor.

**1598** Zweckmäßigerweise und unter Umständen sogar zwingend sollte beim Prüfungsaufbau daher folgende allgemein anerkannte **Reihenfolge der möglichen Anspruchsgrundlagen** eingehalten werden:

1. Ansprüche aus **Vertrag**
2. **Vertragsähnliche** (**quasivertragliche** Ansprüche - *culpa in contrahendo* gem. § 311 II BGB[1661]; Geschäftsführung ohne Auftrag (GoA) gem. §§ 677 ff. BGB; Schadensersatzpflicht des Anfechtenden gem. § 122 I BGB; Schadensersatzpflicht des Vertreters ohne Vertretungsmacht gem. § 179 BGB)[1662]
3. **Dingliche** (= sachenrechtliche) Ansprüche (insb. §§ 861, 862, 985, 987 ff., 888, 894, 1007, 1065, 1147, 1227 BGB)
4. Ansprüche aus **ungerechtfertigter Bereicherung** (§§ 812 ff. BGB)
5. Ansprüche aus **unerlaubter Handlung** (§§ 823 ff. BGB)

**1599**

> **Hinweis für den Studienanfänger:** Die nachfolgenden Ausführungen zur **Reihenfolge der möglichen Anspruchsgrundlagen** sowie der **Anwendungsfall zum Zusammenspiel der Rechtsinstitute des BGB** bei Rn 1630 könnten insbesondere den Studienanfänger überfordern und abschrecken. Auf der anderen Seite ist nicht auszuschließen, dass die behandelten Inhalte bereits in der Zwischenprüfung (früher: Anfängerübung) relevant werden. Um daher nicht eine Einfachheit des Zivilrechts zu suggerieren, die den Anforderungen an einen Leistungsnachweis nicht – auch nicht im Rahmen der Zwischenprüfung – gerecht wird, ist der nachfolgenden Darstellung ein **realistisches Niveau** zugrunde gelegt worden.

## 1. Ansprüche aus Vertrag

**1600** Nach den materiell-rechtlichen Regeln über die Anspruchskonkurrenz sind bei jeder Fallbearbeitung zunächst **Ansprüche aus Vertrag zu prüfen** oder – für den Fall, dass sie nicht in Betracht kommen – zumindest **auszuschließen**. Dem liegt folgende Überlegung zugrunde[1663]:

- Die GoA bspw. setzt voraus, dass der Geschäftsführer vom Geschäftsherrn nicht beauftragt worden ist (vgl. § 677 BGB). Liegt also ein vertragliches Auftragsverhältnis (etwa gem. §§ 662 ff. BGB) vor, ist der Geschäftsführer *gerade* beauftragt. Ansprüche aus GoA scheiden also zwingend aus. Daher müssen vertragliche Ansprüche stets vor Ansprüchen aus GoA geprüft werden.

---

[1661] Das auf *Rudolf von Jhering* zurückgehende Institut der *culpa in contrahendo* hat mit der Schuldrechtsreform 2002 seine gesetzliche Grundlage gefunden (§ 311 II BGB – dazu *R. Schmidt*, SchuldR AT, Rn 602 ff.). Bei der Verletzung vorvertraglicher Sorgfaltspflichten durch den Verkäufer können dem Käufer damit Rechte wie z.B. Schadensersatz gem. § 280 I BGB i.V.m. §§ 311 II, 241 II BGB entstehen.

[1662] Neuerdings wird teilweise versucht, die genannte Fallgruppe nicht mehr „vertragsähnliche Ansprüche" zu nennen, sondern „Ansprüche aus Vertrauenshaftung". Dem ist zwar zuzugeben, dass es in der Tat um den Ersatz des enttäuschten Vertrauens geht, allerdings hat auch die nunmehr erfolgte gesetzliche Normierung der c.i.c. nichts daran geändert, dass es sich um eine vorvertragliche Pflichtverletzung handelt und dass ein wirksamer Vertrag gerade nicht zustande gekommen ist. Daher geht es nach wie vor um „vorvertragliche" Pflichtverletzungen, die den Begriff „vertragsähnlich" nicht haben obsolet werden lassen.

[1663] Vgl. *Medicus/Petersen*, BR, Rn 8.

- Im Verhältnis zu den Ansprüchen aus §§ 985 ff. BGB sind vertragliche Ansprüche vorrangig, sofern sie ein Recht zum Besitz verleihen (vgl. § 986 BGB; das Recht zum Besitz kann sich bspw. aus einem Miet- oder Leihvertrag ergeben).

- Im Verhältnis zum Bereicherungsrecht (§§ 812 ff. BGB) ist zu beachten, dass dort der Bereicherungsschuldner etwas *ohne rechtlichen Grund* erlangt haben muss. Da ein Vertrag gerade Rechtsgrund für die Vermögensverschiebung sein kann, müssen auch hier stets vertragliche Ansprüche vorrangig geprüft werden.

- Im Verhältnis zur unerlaubten Handlung (§§ 823 ff. BGB) sind vertragliche Ansprüche vorrangig zu prüfen, da ein Vertrag die *Widerrechtlichkeit* einer Handlung ausschließen kann. Außerdem besteht immer die Möglichkeit, dass bestimmte vertragliche Haftungsprivilegien bestehen, die z.B. im Deliktsrecht zu berücksichtigen sind und zur Folge haben, dass die deliktische Haftung nicht weiterreichen darf als die vertragliche.

## a. Vertragliche Primärpflichten (Hauptleistungspflichten)

Des Weiteren wird es dem Anspruchsteller – bei Vorliegen eines Vertrags – um **Erfüllung** der primären Leistungspflichten seines Vertragspartners gehen. d.h. um Erfüllung der **vertraglichen Primärpflichten**. Daher sind (aus der Sicht des Anspruchstellers) zunächst vertragliche Primäransprüche zu prüfen. **1601**

Dieser Aussage liegt folgende Überlegung zugrunde: Dem Primäranspruch des Anspruchstellers stehen die **Primärpflichten** des Anspruchsgegners gegenüber. Die Primärpflichten (auch **Hauptleistungspflichten** genannt) sind die konkreten Pflichten, die unmittelbar aus einem Vertrag resultieren, also durch ihn **primär bezweckt sind**. Sie bestimmen den Schuldvertragstyp (z.B. Kauf, § 433 BGB) und stehen bei gegenseitigen Verträgen im **Synallagma**[1664] („ich gebe, weil Du gibst"). **1602**

> **Beispiel:** K kauft im Elektronikmarkt V ein Smartphone. Infolge dieses Kaufvertrags (§ 433 BGB) hat K gegen V einen Anspruch auf Übereignung und Übergabe des Smartphones gem. § 433 I S. 1 BGB (= Primäranspruch des K). Umgekehrt hat V gegen K nach § 433 II BGB einen Anspruch auf Zahlung des vereinbarten Kaufpreises (= Primäranspruch des V). Der Primäranspruch des einen korrespondiert also mit der Primärpflicht des anderen – sog. Synallagma.

## b. Vertragliche Sekundärpflichten (ebenfalls Hauptleistungspflichten)

Aber auch für den Fall, dass der mit dem Vertrag bezweckte Erfolg nicht eintritt oder **Leistungsstörungen** (Nichtleistung, Schlechtleistung oder sonstige Pflichtverletzungen) auftreten, darf nicht sofort auf die bei Rn 1598 genannten Institute zurückgegriffen werden. Denn häufig enthalten entweder die Vorschriften über die vertragliche Sonderverbindung oder die Vorschriften des allgemeinen Schuldrechts auch Regelungen hinsichtlich begangener **Pflichtverletzungen** (sog. **vertraglicher Sekundäranspruch** – die Kardinalnorm bildet **§ 280 BGB**, vgl. dazu sogleich die Übersicht). Auch diese Anspruchsgrundlagen sind (insbesondere mit Blick auf unterschiedliche Verjährungsfristen oder spezielle Tatbestandsvoraussetzungen, die nicht durch andere Institute einfach unterlaufen werden dürfen) vorrangig vor denen der §§ 677 ff., 985 ff., 812 ff. und 823 ff. BGB zu prüfen. **1603**

- So kann der **Käufer** gem. § 437 BGB nach § 439 BGB **Nacherfüllung** verlangen, nach den §§ 440, 323 und 326 V BGB von dem Vertrag **zurücktreten** oder nach § 441 BGB den Kaufpreis **mindern** *und* nach den §§ 440, 280, 281, 283 und 311a BGB **Schadensersatz** oder nach § 284 BGB **Ersatz vergeblicher Aufwendungen** verlangen. Es stellt sich also stets die Frage, ob der Käufer (weitergehende) Rechte nach Bereicherungsrecht **1604**

---

[1664] Vgl. dazu näher *Vollkommer*, in: Jauernig, § 241 Rn 9; *Ellenberger*, in: Palandt, § 241 Rn 5.

und/oder Deliktsrecht geltend machen kann oder ob die vertraglichen Sekundärrechte abschließenden Charakter haben.[1665] In der Regel können aber vertragliche Schadensersatzansprüche (§ 280 I BGB) neben den deliktischen Schadensersatzansprüchen (§ 823 I BGB) geltend gemacht werden (Anspruchskonkurrenz).

**1605**  ▪ Auch dem **Besteller eines Werkes** i.S.d. § 633 BGB können bestimmte Rechte zustehen: nach §§ 634 Nr. 1, 635 BGB vorrangiger Anspruch auf Nacherfüllung; nach §§ 634 Nr. 2, 637 BGB Selbstvornahme durch den Besteller und Aufwendungsersatzanspruch; nach §§ 634 Nr. 3, 636, 323, 326 V BGB Rücktritt vom Vertrag oder wahlweise nach §§ 634 Nr. 3, 638 BGB Minderung der Vergütung und nach §§ 634 Nr. 4, 636, 280 ff. BGB Schadensersatz nach den Vorschriften des allgemeinen Leistungsstörungsrechts oder wahlweise Aufwendungsersatz nach §§ 634 Nr. 4, 284 BGB. Ein Aufwendungsersatzanspruch nach Bereicherungsrecht ist mithin ausgeschlossen. Dagegen sind Ansprüche aus Delikt neben §§ 634 ff. BGB anwendbar[1666], wenn durch die fehlerhafte Ausführung des Werkes auch zugleich ein absolutes Recht des Bestellers im Sinne des § 823 I BGB verletzt wird.[1667]

### c. Leistungsbezogene Nebenpflichten

**1606**  Von den vertraglichen Primär- bzw. Sekundärpflichten sind die **leistungsbezogenen Nebenpflichten** (= **Nebenleistungspflichten**) zu unterscheiden. Während die **Hauptleistungspflichten** die von den Parteien primär bezweckten Vertragspflichten darstellen und die Eigenart des jeweiligen Schuldverhältnisses prägen (s.o.), dienen die Nebenleistungspflichten der Vorbereitung, Durchführung und Sicherung der Hauptleistung. Sie sind auf die Herbeiführung des Leistungserfolgs bezogen und ergänzen die Hauptleistungspflicht.[1668] Obwohl sie nicht im Synallagma stehen und lediglich eine untergeordnete Rolle spielen, hat der Gläubiger einen einklagbaren Anspruch auf ihre Erfüllung.

> **Beispiele:** Nebenleistungspflichten stellen die Auskunftspflicht des Beauftragten (§ 666 BGB), des Zedenten (§ 402 BGB) oder des Verkäufers[1669] dar. Auch die Abnahmepflicht des Käufers aus § 433 II BGB stellt regelmäßig eine leistungsbezogene Nebenpflicht dar, wenn sich nicht ausnahmsweise aus der Vereinbarung ergibt, dass sie als (primäre) Hauptleistungspflicht gelten soll.[1670]

### d. Nichtleistungsbezogene Nebenpflichten

**1607**  Von den leistungsbezogenen Nebenpflichten sind wiederum die **nichtleistungsbezogenen Nebenpflichten** zu unterscheiden. Das sind solche Pflichten, die der Schuldner grundsätzlich zu wahren hat, denen aber kein durchsetzbarer Anspruch gegenübersteht. Diese so genannten unselbstständigen Nebenpflichten werden teilweise auch als Schutz- oder Verhaltenspflichten bezeichnet. Sie werden in § 241 II BGB ausdrücklich genannt. Dazu gehören folgende Gruppen:

▪ Die **Schutzpflichten** halten die Parteien dazu an, sich bei der Abwicklung des Schuldverhältnisses so zu verhalten, dass Körper, Leben, Eigentum und sonstige Rechtsgüter des anderen Teils nicht verletzt werden.

▪ Die **Aufklärungs- und Hinweispflichten** begründen die Pflicht, die andere Partei über alle für den Vertragsschluss, seine Durchführung und die Erreichung des Vertragszwecks erheblichen Umstände aufzuklären.

▪ Aus § 241 II BGB kann sich unter engen Voraussetzungen auch die Pflicht ergeben, bereits bestehende **Vertragsverhandlungen nicht willkürlich abzubrechen**.

---

[1665] Vgl. dazu ausführlich *R. Schmidt*, SchuldR BT II, Rn 196 ff.; 579 ff.
[1666] BGH NJW-RR 1996, 1121, 1121.
[1667] Vgl. dazu ausführlich *R. Schmidt*, SchuldR BT II, Rn 590 ff.
[1668] *Ellenberger*, in: Palandt, § 241 Rn 5.
[1669] *Weidenkaff*, in: Palandt, § 433 Rn 24.
[1670] *Weidenkaff*, in: Palandt, § 433 Rn 44.

- Auch der **Abschluss oder die absichtliche Herbeiführung unwirksamer Verträge** können eine Verletzung der Pflichten aus § 241 II BGB darstellen.

- Die sog. **Leistungstreuepflicht** hält die Parteien dazu an, den Vertragszweck nicht zu beeinträchtigen oder zu gefährden.

- Schließlich ergibt sich aus § 241 II BGB für den Gläubiger die Pflicht, an der Herbeiführung des Leistungserfolgs mitzuwirken (**Mitwirkungspflichten**).

Eine eigenständige Kategorie bilden die bloßen **Obliegenheiten**. Diese stellen keine Verpflichtungen der anderen Partei gegenüber dar, sondern lediglich Maßnahmen im eigenen Interesse. Ihre Verletzung hat nicht zur Folge, dass die Gegenseite einen Schadensersatzanspruch erhält. Vielmehr verschlechtert sich durch eine Obliegenheitsverletzung die rechtliche Stellung der Person, ohne dass die andere Person einen zusätzlichen Anspruch erwirbt. Die Obliegenheiten können daher als „Verpflichtung gegen sich selbst" bezeichnet werden.

**1608**

> **Beispiele:** Schadensminderungspflicht gem. § 254 BGB; Anzeige gem. § 149 BGB. Auch die Annahme einer Leistung stellt eine Obliegenheit dar, weil die Partei bei einer Nichtannahme in Gläubigerverzug gerät, §§ 293 ff. BGB. Zu beachten ist aber, dass die Abnahme einer *Kaufsache* zugleich eine Nebenleistungspflicht darstellt (s.o.) und auch die Abnahme beim *Werkvertrag* eine Leistungspflicht ist, § 640 BGB. Sofern der Gläubiger eine Kaufsache oder ein Werk nicht entgegennimmt, kann er daher in Gläubigerverzug und zugleich in Schuldnerverzug geraten.

---

### Übersicht über Primär- und Sekundäransprüche

**1609**

Bei der Frage, ob dem Anspruchsteller der gewünschte Anspruch zusteht, sind aus den genannten Gründen zunächst **vertragliche** Anspruchsgrundlagen zu prüfen. Bei diesen ist zwischen **primären** und **sekundären** Ansprüchen zu differenzieren.

Ein vertraglicher **Primäranspruch** ist der Anspruch, der direkt aus einem wirksamen Vertrag entsteht (Anspruch auf Vertragserfüllung, sog. **Erfüllungsanspruch**). Dieser Anspruch ist mit dem Abschluss des Vertrags „primär bezweckt".

Ein vertraglicher **Sekundäranspruch** kann (auch *neben* dem Primäranspruch) entstehen, wenn eine Störung bei der Durchführung des primären Anspruchs im Vertragsverhältnis vorliegt.

Im Gegensatz zu den Primäransprüchen, bei denen der (wirksame) Vertragsschluss direkt zur Anspruchsbegründung führt, muss bei den **Sekundäransprüchen** regelmäßig noch eine objektive **Pflichtverletzung** und zumeist wenigstens noch ein weiterer Umstand (z.B. Vertretenmüssen des Schuldners, Rücktrittserklärung etc.) hinzutreten. Als Pflichtverletzungen und damit als vertragliche Sekundäransprüche kommen **drei Typen** in Betracht:

**I. Ansprüche wegen Nicht- oder Späterfüllung einer Leistungspflicht**
1. Ansprüche wegen Unmöglichkeit, § 275 BGB (Schadensersatz nach §§ 280 I, 283 BGB)
2. Ansprüche wegen Verzugs (Schadensersatz, §§ 280 II, 286 BGB)

**II. Ansprüche wegen Schlechterfüllung**
1. Ansprüche aus speziellem Leistungsstörungsrecht (Sachmängelrechte insb. nach Kauf-, Werk-, Reise- und Mietrecht)
2. Bei Fehlen von Sondervorschriften Ansprüche wegen allgemeiner Pflichtverletzung (§ 280 I BGB)

### III. Verletzung von Nebenpflichten

1. Leistungsbezogene Nebenpflichten (**Nebenleistungspflichten**) sind auf die Herbeiführung des Leistungserfolgs bezogen und ergänzen die Hauptleistungspflicht; sie dienen der Vorbereitung, Durchführung und Sicherung der Hauptleistung und sind – obwohl sie nicht im Synallagma stehen – gerichtlich durchsetzbar.

2. **Nichtleistungsbezogene Nebenpflichten** sind solche Pflichten, die der Schuldner grds. zu wahren hat, denen aber kein durchsetzbarer Anspruch gegenübersteht. Diese sog. unselbstständigen Nebenpflichten werden auch als Schutz- oder Verhaltenspflichten bezeichnet (insb. Aufklärungs-, Hinweis- oder Mitwirkungspflicht).

In der **Fallbearbeitung** sind (sofern die Fallfrage nicht anders lautet) Primäransprüche stets *vor* den Sekundäransprüchen zu prüfen, da diese kraft Vertragsschlusses automatisch entstehen, schon aufgrund des Rechtsschutzziels spezieller sind und zudem weniger als die Sekundäransprüche voraussetzen, somit einfacher zum Ziel führen.

## 2. Vertragsähnliche (quasivertragliche) Ansprüche

**1610** Aufgrund ihrer (systematischen) Nähe zu den vertraglichen Ansprüchen sind sodann die vertragsähnlichen Ansprüche zu prüfen. Dazu zählen:

- Schadensersatz nach erklärter Anfechtung, § 122 I BGB
- Schadensersatz wegen nicht vorhandener Vertretungsmacht, §§ 177, 179 BGB
- Anspruch des Geschäftsherrn gegen den Geschäftsführer auf Schadensersatz im Rahmen einer GoA, § 678 BGB
- Aufwendungsersatzanspruch des Geschäftsführers, §§ 677, 683 S. 1, 670 BGB
- Anspruch auf Herausgabe des Erlangten, §§ 677, 681 S. 2, 667 BGB
- Wertersatz bei unberechtigter GoA, §§ 677, 684 S. 1 BGB
- Wertersatz bei angemaßter Eigengeschäftsführung, §§ 687 II S. 2, 684 S. 1 BGB
- Schadensersatz wegen der Verletzung vorvertraglicher Pflichten, §§ 311 II, 241 II, 280 I S. 1 BGB (früher ungeschriebene c.i.c.) oder wegen anfänglicher Unmöglichkeit, § 311a II BGB.

## 3. Dingliche (sachenrechtliche) Ansprüche

**1611** Die dinglichen (sachenrechtlichen) Ansprüche schützen dingliche Rechte vor Beeinträchtigungen und richten sich gegen jeden, der diese Rechte beeinträchtigt.

**1612** Zu diesen dinglichen Ansprüchen gehören insbesondere die **Herausgabeansprüche**:

- §§ 985, 1065, 1227 BGB: Anspruch des Eigentümers, Nießbrauchers, Pfandgläubigers gegen den unrechtmäßigen Besitzer i.S.v. § 986 BGB
- § 861 I BGB: Anspruch desjenigen, dem der Besitz durch verbotene Eigenmacht (§ 858 I BGB) entzogen wurde gegen denjenigen, der fehlerhaft besitzt (§ 858 II)
- § 1007 I BGB: Anspruch des früheren Besitzers einer beweglichen Sache gegen deren jetzigen Besitzer, wenn dieser beim Besitzerwerb bösgläubig war
- § 1007 II BGB: Anspruch des früheren Besitzers einer beweglichen Sache gegen deren jetzigen Besitzer, wenn die Sache dem früheren Besitzer gestohlen wurde, verloren gegangen oder sonst abhandengekommen ist

**1613** Darüber hinaus zählen auch **Unterlassungs- und Beseitigungsansprüche** zu den dinglichen Ansprüchen:

- §§ 1004[1671], 1065, 1227 BGB: Anspruch des Eigentümers, Nießbrauchers, Pfandgläubigers gegen den Störer

---

[1671] Beachte auch die Spezialvorschrift des § 894 BGB zu § 1004 BGB.

- § 862 BGB: Anspruch des Besitzers gegen denjenigen, der den Besitzer durch verbotene Eigenmacht (§ 858 I BGB) im Besitz stört

Von besonderer Bedeutung sind auch die **Nebenansprüche aus §§ 987 ff. BGB**. Diese begründen trotz ihrer systematischen Stellung im 3. Buch des BGB (Sachenrecht) ein gesetzliches Schuldverhältnis. Sie betreffen das Rechtsverhältnis zwischen dem Eigentümer und dem Besitzer einer Sache, wobei sowohl das Eigentum als auch der Besitz zumindest in der Vergangenheit bestanden haben müssen. Hinsichtlich der in Betracht kommenden Ansprüche muss zwischen den genannten Vorschriften folgendermaßen differenziert werden:    **1614**

- §§ 987 bis 993 BGB regeln Nebenansprüche des Eigentümers auf **Nutzungsherausgabe** und/oder **Schadensersatz**.
- Gegenansprüche des Besitzers werden in §§ 994 bis 1003 BGB (**Verwendungsersatz**) geregelt.

Grundgedanke der §§ 987 ff. BGB ist die Privilegierung des unverklagten und redlichen Besitzers, also desjenigen Besitzers, der sich in den Grenzen seines vermeintlichen (tatsächlich jedoch nicht bestehenden) Besitzrechts gehalten hat. Um diese Privilegierung nicht zu unterlaufen, stellt das EBV innerhalb seines Regelungsbereichs auch grundsätzlich eine abschließende Regelung dar. Andere Ansprüche des *Eigentümers* bezüglich Schadensersatz (etwa aus §§ 823 ff. BGB) und Nutzungsherausgabe (etwa aus §§ 812 ff. BGB) sind neben denen aus §§ 987 ff. BGB also grundsätzlich ausgeschlossen („Sperrwirkung des EBV" – das ergibt sich aus §§ 992, 993 I a.E. BGB). Umgekehrt kann der *Besitzer* Verwendungsersatz ausschließlich nach §§ 994 und 996 bzw. § 999 BGB verlangen; ein Anspruch aus §§ 812 ff. BGB scheidet insoweit auch hier aus. Daher sind Ansprüche aus §§ 987 ff. BGB zwingend vor solchen aus dem Bereicherungs- und/oder dem Deliktsrecht zu prüfen!

Näher zum EBV vgl. *R. Schmidt*, Schuldrecht BT II, Rn 121 ff.

## 4. Ansprüche aus ungerechtfertigter Bereicherung

Ist das Bereicherungsrecht nicht durch vertragliche Ansprüche oder durch Ansprüche aus dem Eigentümer-Besitzer-Verhältnis ausgeschlossen, sind sodann §§ 823 ff. bzw. §§ 812 ff. BGB zu prüfen. Welches der beiden Institute man zuerst prüft, ist eine Frage des Schwerpunkts des Sachverhalts. Ein Konkurrenzverhältnis, das eines der beiden Institute bei Vorliegen des anderen ausschließen würde, gibt es jedenfalls nicht. Vorliegend werden zunächst §§ 812 ff. BGB behandelt. Diese Vorschriften erfüllen die Funktion, einen materiell nicht gerechtfertigten Zuwachs an Vermögenswerten an den Berechtigten zurückzuführen. Mithin geht es um den **Ausgleich ungerechtfertigter Vermögensverschiebungen**, der insbesondere dann in Betracht kommt, wenn ein zunächst rechtswirksamer Vermögenserwerb vorliegt, dieser aber mit der materiellen Gerechtigkeit nicht im Einklang steht (Kondiktionsrecht ist Billigkeitsrecht).    **1615**

> **Beispiel:** Der minderjährige M kauft auf Rechnung ein Fahrrad. Als die Eltern später die Rechnung nicht bezahlen wollen, verlangt der Verkäufer V das Fahrrad zurück. Mit Recht? Ein Anspruch des V aus § 985 BGB auf Herausgabe des Fahrrads besteht nicht, weil V das Eigentum wirksam auf M übertragen hat. Insbesondere steht diesem Erwerbstatbestand nicht die Minderjährigkeit des M entgegen, da der reine Eigentumserwerb für M lediglich rechtlich vorteilhaft war und es somit zu seiner Gültigkeit nicht der Zustimmung der Eltern bedurfte (M ist mithin Eigentümer geworden).
> In Betracht kommt daher lediglich ein bereicherungsrechtlicher Anspruch auf Rückübereignung und Herausgabe der Sache. M hat „etwas" erlangt, nämlich Eigentum und Besitz an dem Fahrrad. Dieser Eigentums- und Besitzerwerb erfolgte „ohne Rechtsgrund", da das Kausalgeschäft – der Kaufvertrag – aufgrund der Minderjährigkeit des M und der fehlenden Genehmigung durch die Eltern (vgl. § 107 BGB) nichtig ist.
> M muss also das Fahrrad zurückübereignen und herausgeben (§ 812 I S. 1 Var. 1 BGB).

1616 Nun mag man sich fragen, warum es hinsichtlich der Rückgängigmachung fehlgeschlagener Verträge *überhaupt* eines Bereicherungsrechts bedarf. Die Antwort auf diese Frage ist im bereits beschriebenen **Trennungs- und Abstraktionsprinzip** des BGB zu finden, das ja gerade zur Folge hat, dass das dingliche Erfüllungsgeschäft grundsätzlich wirksam ist und der Veräußerer sein Eigentum verliert. Da er in einem solchen Fall über keinen Herausgabeanspruch nach § 985 BGB verfügt, es aber unbillig wäre, wenn es bei diesem Zustand bliebe, kann er über § 812 BGB vorgehen und Eigentum und Besitz kondizieren.

1617 Die Vorschriften der §§ 812 ff. BGB gehen auf das römische Recht zurück; deshalb spricht man auch heute noch von Kondiktionen. Da man schon frühzeitig erkannt hat, dass es nicht möglich ist, einen einheitlichen Tatbestand der ungerechtfertigten Bereicherung aufzustellen, und dass insbesondere das Merkmal „ohne rechtlichen Grund" nicht für die verschiedenen in Betracht kommenden Fallgruppen einheitlich bestimmt werden kann, unterscheidet folgerichtig auch das Gesetz zwischen verschiedenen Arten von Leistungskondiktionen und Nichtleistungskondiktionen. Besonders deutlich wird diese Unterscheidung bei § 812 I S. 1 BGB, der zwei Grundtatbestände enthält, nämlich Bereicherung „durch die Leistung eines anderen" (= **Leistungskondiktion**) und Bereicherung „in sonstiger Weise" (= allgemeine **Nichtleistungskondiktion** in Form von Eingriffs-, Rückgriffs- und Verwendungskondiktion). Insgesamt unterscheidet das Gesetz für das Nichtbestehen bzw. den Wegfall des rechtlichen Grundes für die Vermögensverschiebung fünf Leistungskondiktionen und vier Nichtleistungskondiktionen:

1618 **Leistungskondiktionen**[1672]**:**

- § 812 I S. 1 Var. 1 BGB (**fehlender Rechtsgrund von Anfang an** – *condictio indebiti*)
- § 812 I S. 2 Var. 1 BGB (**späterer Wegfall des Rechtsgrundes** – *condictio ob causam finitam*)
- § 812 I S. 2 Var. 2 BGB (**Nichteintritt des mit der Leistung verfolgten Zwecks** – *condictio ob rem*)
- § 817 S. 1 BGB (**Empfänger verstößt mit der Leistungsannahme gegen ein gesetzliches Verbot oder die guten Sitten** – *condictio ob turpem vel iniustam causam*)
- § 822 BGB (**Herausgabepflicht Dritter**)

1619 **Nichtleistungskondiktionen:**

- § 812 I S. 1 Var. 2 BGB: **allgemeine Nichtleistungskondiktion**
- § 816 I S. 1 BGB: **Entgeltliche**, dem Berechtigten gegenüber wirksame Verfügung eines **Nichtberechtigten**
- § 816 I S. 2 BGB: **Unentgeltliche**, dem Berechtigten gegenüber wirksame Verfügung eines **Nichtberechtigten**
- § 816 II BGB: **Leistung des Schuldners an einen Nichtberechtigten**

Zum Bereicherungsrecht vgl. ausführlich *R. Schmidt*, Schuldrecht BT II, Rn 196 ff.

### 5. Ansprüche aus unerlaubter Handlung

1620 Schließlich sind Ansprüche aus unerlaubter Handlung („**Delikt**") zu prüfen (wobei zwischen dem Bereicherungsrecht und dem Deliktsrecht nicht wirklich ein Vorrangverhältnis besteht). Die Schadensersatzpflicht wegen unerlaubter Handlung wird ausgelöst, wenn unerlaubte Eingriffe in einen fremden Rechtskreis unter den Voraussetzungen der §§ 823 ff. BGB oder einiger Sondertatbestände (z.B. § 18 I StVG) erfolgen. Rechtsdogmatisch lässt sich das Deliktsrecht in drei Gruppen von Tatbeständen einteilen.[1673]

---

[1672] In der Literatur wird teilweise auch § 813 I S. 1 BGB als Leistungskondiktion angesehen (so etwa von *Wandt*, § 9 Rn 22). Das ist abzulehnen, da § 813 I S. 1 BGB lediglich eine Erweiterung der Kondiktion nach § 812 I S. 1 Var. 1 BGB darstellt (dazu *R. Schmidt*, SchuldR BT II, Rn 295 ff.).

[1673] Vgl. *Medicus/Petersen*, BR, Rn 604; *Deutsch/Ahrens*, Deliktsrecht, Rn 5 ff.; *Brox/Walker*, BT, § 44 Rn 2.

- Haftung für **verschuldetes Unrecht**. Beispiele sind § 823 I, § 823 II, §§ 824-826, Art. 34 GG i.V.m. § 839 BGB

- Haftung für (widerlegbares) **vermutetes Verschulden**. Beispiele sind §§ 831, 832, 833 S. 2, 834, 836-838 BGB; § 7 III S. 1 Halbs. 2 StVG; § 18 StVG; §§ 44 und 45 LuftVG

- Haftung aus **Gefährdung** ohne Rücksicht auf Unrecht und Verschulden (z.B. Betrieb eines Kraftfahrzeugs oder Kernkraftwerks ⇒ allein der Betrieb genügt für die Begründung der Verantwortlichkeit; auf ein Verschulden kommt es nicht an). Beispiele sind § 833 S. 1 BGB; § 7 I StVG; § 7 III S. 1 Halbs. 1 StVG; §§ 1 und 2 HaftpflG; § 33 I LuftVG, §§ 33 II S. 1 und S. 3, 53 f. LuftVG; §§ 25, 26 AtomG; § 89 WHG; § 1 ProdHaftG; § 84 AMG; § 1 UmwHaftG und § 32 GentechnikG

Zum Deliktsrecht vgl. ausführlich *R. Schmidt*, Schuldrecht BT II, Rn 579 ff.

## IV. Gutachterliche Prüfung der gefundenen Anspruchsgrundlagen

Sind Anspruchsgrundlagen gefunden, die dem Anspruchsteller die gewünschte Rechtsfolge (insb. Leistung aus dem Vertrag) möglicherweise gewähren, ist in der Klausur nunmehr zu prüfen, ob die gefundenen Anspruchsgrundlagen anwendbar sind, ihre Tatbestandsvoraussetzungen vorliegen und ob dem Anspruch keine Hindernisse entgegenstehen. In Anlehnung an die Systematik des BGB erfolgt die Prüfung nach allgemeiner Auffassung in drei Schritten:

**1621**

### 1. Anspruch muss zunächst entstanden sein

Voraussetzung für das Entstehen eines vertraglichen Erfüllungsanspruchs oder eines sonstigen vertraglichen Anspruchs ist das Vorliegen einer Einigung der Parteien über alle wesentlichen Vertragsbestandteile (die sog. *essentialia negotii*) in Form entsprechender Willenserklärungen, denen keine Wirksamkeitshindernisse oder Ausschlusstatbestände entgegenstehen (sog. **rechtshindernde Einwendungen**[1674]). Diese haben zur Folge, dass der Anspruch grds. **erst gar nicht entsteht**.

**1622**

> **Beispiel:** Ein Anspruch auf Übereignung und Übergabe der Kaufsache (§ 433 I S. 1 BGB) entsteht erst gar nicht, wenn der Kaufvertrag unter Nichtbeachtung einer zwingenden **Formvorschrift** (etwa notarielle Beurkundung gem. § 311b I S. 1 BGB) geschlossen wurde (§ 125 BGB) oder wenn einer der beiden Vertragspartner zum Zeitpunkt des Vertragsschlusses **geschäftsunfähig** war (etwa nach §§ 104 ff. BGB). Das Gleiche gilt, wenn der Vertrag **gegen ein Gesetz verstößt** (§ 134 BGB) oder **sittenwidrig** (§ 138 BGB) ist.

Der Grund, dass der Anspruch bei Vorliegen einer rechtshindernden Einwendung grds. erst gar nicht entsteht (und die Prüfung des Primäranspruchs damit scheitert), liegt darin, dass der Gesetzgeber in den rechtshindernden Einwendungen einen zwingenden Schutzzweck sieht, der einen Anspruch schon in seiner Entstehung hindern und dem besonderen Schutzbedürfnis des Anspruchsgegners Rechnung tragen soll. Eine Ausnahme von diesem Grundsatz ist nur dort zu machen, wo der Gesetzgeber diese selbst festgelegt hat, z.B. in §§ 311b I S. 2, 766 S. 3, 518 II, 2301 II BGB hinsichtlich eines Formmangels. Liegt ein solcher „Heilungstatbestand" vor, verliert die Formvorschrift ihren Zweck mit der Folge, dass der Mangel „geheilt" ist. Der Anspruch ist dann zumindest entstanden.

**1623**

---

[1674] Prozessual sind rechtshindernde Einwendungen vom Richter von Amts wegen zu beachten; der Anspruchsgegner, dem sie zustehen, braucht sich also nicht auf sie zu berufen. Allein ihr Vorliegen bewirkt, dass der geltend gemachte Anspruch nicht besteht. Jedoch darf dieser Umstand nicht darüber hinwegtäuschen, dass der Anspruchsgegner, der sich auf rechtshindernde oder rechtvernichtende Tatsachen beruft, deren Voraussetzungen beweisen muss (vgl. Rn 97).

## 2. Anspruch darf nicht untergegangen, d.h. erloschen sein

1624 Der entstandene Anspruch ist untergegangen, wenn ihm eine **rechts<u>vernichtende</u> Einwendung** entgegensteht. Anders als eine rechtshindernde Einwendung steht eine rechtsvernichtende Einwendung zwar dem Entstehen eines Anspruchs nicht entgegen, bewirkt aber, dass der zunächst entstandene Anspruch (ggf. auch rückwirkend) **entfällt** (daher auch Erlöschensgrund genannt).

> **Beispiel:** Ein Anspruch auf Zahlung des Kaufpreises (§ 433 II BGB) erlischt, wenn der Schuldner die Leistung bewirkt, also zahlt (sog. **Erfüllung**, § 362 I BGB). Das Gleiche gilt, wenn der Gläubiger dem Schuldner die Schuld erlässt (sog. **Erlass**, § 397 BGB) oder der Schuldner gegen den geltend gemachten Anspruch mit einer eigenen Forderung **aufrechnet** (§§ 387-389 BGB).[1675] Einen besonderen Erlöschensgrund stellt der Widerruf nach Verbraucherschutzvorschriften dar, § 355 BGB (vgl. § 312g I BGB).

1625 Hinsichtlich der **Anfechtung** (§§ 119, 120, 123 BGB) wird teilweise vertreten, dass diese eine rechts<u>hindernde</u> Einwendung sei. Zur Begründung wird auf die Regelung des § 142 I BGB verwiesen, wonach das angefochtene Rechtsgeschäft von Anfang an als nichtig anzusehen ist (sog. Ex-tunc-Wirkung). Das ist insoweit nachvollziehbar. Wenn die Vertreter dieser Auffassung dann aber nach erfolgter Anfechtung nicht den Kondiktionsanspruch wegen fehlenden Rechtsgrunds von Anfang an (§ 812 I S. 1 Var. 1 BGB), sondern den Bereicherungsanspruch wegen *späteren Wegfalls* des Rechtsgrunds (§ 812 I S. 2 Var. 1 BGB) gewähren und dies damit begründen, dass das angefochtene Rechtsgeschäft nun einmal bis zur Ausübung der Anfechtung wirksam sei und dass die Ex-tunc-Wirkung des § 142 I BGB nur eine Fiktion darstelle, ist das widersprüchlich. Daher muss man auch die *Anfechtung* so behandeln, als habe sie einen zunächst entstandenen Anspruch nachträglich vernichtet. Und das ist die Konstellation einer rechts<u>vernichtenden</u> Einwendung.[1676]

1626
> **Hinweis für die Fallbearbeitung:** Da rechtshindernde Einwendungen den Anspruch erst gar nicht entstehen lassen und rechtsvernichtende Einwendungen den zunächst entstandenen Anspruch (nachträglich) vernichten, sind **rechtsvernichtende Einwendungen** in einer Klausur folgerichtig grds. **<u>nach</u> den rechtshindernden Einwendungen zu prüfen**.
>
> Ausnahmsweise kann es angebracht sein, hinsichtlich desselben Verhaltens des Gegners sowohl eine rechtshindernde als auch eine rechtsvernichtende Einwendung zu prüfen. Insbesondere kann (entgegen der Logik) ein nichtiges Rechtsgeschäft angefochten werden. Das hat mehrere Gründe: Hat der Gläubiger bspw. auf eine Anfechtung verzichtet, weil er das Geschäft wegen Sittenwidrigkeit für nichtig hält, wird die angenommene Sittenwidrigkeit später vom Gericht jedoch nicht bestätigt, ist eine Anfechtung i.d.R. verfristet. Daher ist eine (vorsorgliche) Anfechtung eines vermeintlich nichtigen Rechtsgeschäfts zuzulassen. Der zweite Grund besteht darin, dass nach h.M. die Nichtigkeit eines Rechtsgeschäfts nichts anderes als dessen Nichtgeltung im Hinblick auf einen *bestimmten* Nichtigkeitsgrund bedeutet. Dies ist vor allem wegen der Rechtsfolge des § 122 BGB relevant, die durch eine ggf. mögliche (nochmalige) Anfechtung nach § 123 BGB umgangen werden kann (sog. Lehre von der Doppelnichtigkeit bzw. Lehre von der Doppelwirkung im Recht).
>
> **Beispiel:** A wird von B beim Abschluss eines Kaufvertrags arglistig getäuscht (§ 123 I Var. 1 BGB) und verschreibt sich auch noch (§ 119 I Var. 2 BGB). Als A seinen Schreibfehler bemerkt, ficht er den Kaufvertrag nach § 119 I Var. 2 BGB an. Später erfährt er auch von der arglistigen Täuschung durch B.

---

[1675] Auch rechtsvernichtende Einwendungen sind vom Richter von Amts wegen zu beachten, obwohl einige von ihnen ihre Grundlage in subjektiven Gestaltungsrechten finden, wie im Fall der Aufrechnung. Bei dieser hat es der Schuldner in der Hand, der Forderung des Gläubigers eine eigene (gleichartige) Forderung entgegenzuhalten. Die Aufrechnung erfolgt durch einseitige, empfangsbedürftige Willenserklärung (§ 388 S. 1 BGB). Ist eine solche vorhanden, bewirkt sie ein Erlöschen des Anspruchs in Höhe der Summe, mit der aufgerechnet wird. Diese Tatsache ist vom Richter von Amts wegen zu beachten, freilich ist auch hier die genannte Beweislastregelung zu beachten (Rn 97).

[1676] Vgl. zum Meinungsstand *R. Schmidt*, SchuldR BT II, Rn 374 ff.

Rechtsfolge einer Anfechtung wegen Erklärungsirrtums (wozu auch das Sichverschreiben gehört) ist neben der Nichtigkeit des Kaufvertrags (§ 142 I BGB) auch die ggf. zur Geltung kommende Schadensersatzpflicht nach § 122 BGB. Diese kann A aber dadurch umgehen, dass er den bereits nichtigen Kaufvertrag noch einmal nach § 123 I Var. 1 BGB wegen der arglistigen Täuschung anficht. Zudem wären die Anfechtungsfristen nach § 124 BGB länger als nach § 121 BGB.

Auch bei Fragen des gutgläubigen Erwerbs nach §§ 932, 142 II BGB wirkt die Anfechtung stärker als die Nichtigkeit wegen fehlender Geschäftsfähigkeit (vgl. dazu ausführlich Rn 962 ff.). Nach der Systematik des BGB-AT ist aber auch in diesem Fall die Nichtigkeit wegen Geschäftsunfähigkeit vor der Anfechtung zu prüfen.

## 3. Anspruch muss durchsetzbar sein

Schließlich muss der Anspruch auch durchsetzbar sein, d.h. ihm darf keine **rechtshemmende Einwendung** (**Einrede**) entgegenstehen. Darunter versteht man das subjektive Recht einer Person (hier: Anspruchsgegner), die Ausübung des Rechts einer anderen Person (hier: Anspruchsteller) zu hemmen. Das bedeutet, dass der Anspruch an sich zwar bestehen bleibt, jedoch nicht mehr durchgesetzt werden kann (wie z.B. bei der Verjährung gem. §§ 194 ff. BGB oder der Unzumutbarkeit der Nacherfüllung gem. § 439 IV BGB). Es besteht ein Leistungsverweigerungsrecht des Schuldners.[1677]

1627

Geht es um die Voraussetzungen eines **vertraglichen Erfüllungsanspruchs**, bietet sich hinsichtlich der Prüfung folgendes, allgemein anerkanntes Schema an:

1628

1629

---

### Prüfung eines vertraglichen Primäranspruchs

**I. Anspruch entstanden?**
1. **Einigung** der Vertragsparteien über die (wesentlichen) Vertragsbestandteile (sog. *essentialia negotii*), d.h. Vorliegen entsprechender **Willenserklärungen** (§§ 145 ff. BGB – Rn 191, 227), ggf. **Auslegung** dieser Willenserklärungen (§§ 133, 157 BGB – Rn 400 ff.) und deren **Zugang** (§§ 130 ff. BGB – Rn 304 ff., 329 ff.); kein **Dissens** (§§ 154, 155 BGB – Rn 495 ff.)
2. Gegebenenfalls: Wirksame **Stellvertretung** (§§ 164 ff. BGB – Rn 612 ff.)
3. Nichtvorliegen einer **Bedingung** (§§ 158 ff. BGB - Rn 515 ff.)
4. Nichtvorliegen von **rechtshindernden** Einwendungen:
   a. Mangelnde Geschäftsfähigkeit (§§ 104 ff. BGB – Rn 926 ff.)
   b. Bewusste Willensmängel (Schein- oder Scherzerklärung, §§ 116-118 BGB – Rn 1061 ff.)
   c. Verletzung der gesetzlichen oder vertraglich vorgeschriebenen **Form** (§ 125 BGB – Rn 1097 ff.)
   d. Verstoß gegen ein Verbotsgesetz (§ 134 BGB – Rn 1164 ff.)
   e. Wucher (§ 138 II BGB – Rn 1181 ff.)
   f. Sittenwidrigkeit (§ 138 I BGB – Rn 1209 ff.)
   g. Anfängliche Unmöglichkeit (§§ 275 I, 326 I BGB – SchuldR AT, Rn 364 ff.)
   h. Vertrag über künftiges Vermögen oder Nachlass (§ 311b II, IV BGB – SchuldR AT, Rn 113 ff.)

**II. Anspruch (nicht) untergegangen (rechtsvernichtende Einwendungen)?**
1. Anfechtung (§§ 119 ff. BGB, § 142 I BGB, str. – Rn 1264 ff.)
2. Erfüllung (§§ 362 ff. BGB – SchuldR AT, Rn 118 ff.)
3. Kündigung von Dauerschuldverhältnissen (z.B. nach §§ 314, 543 BGB etc.

---

[1677] Gemäß ihrer Natur als subjektive Rechte sind rechtshemmende Einwendungen vom Anspruchsgegner geltend zu machen, damit sie vom Gericht beachtet werden (vgl. nur BGHZ 156, 269, 272 ff.). Sollten nicht geltend gemachte rechtshemmende Einwendungen vom Gericht berücksichtigt werden, kann dies wegen einseitiger Parteinahme einen Befangenheitsgrund darstellen.

– Rn 1286a und SchuldR AT, Rn 838 ff.)

4. Nachträgliche Unmöglichkeit (§§ 275 I, 326 I BGB – SchuldR AT, Rn 364 ff.)
5. Hinterlegung (§§ 372 ff. BGB – SchuldR AT, Rn 171 ff.)
6. Aufrechnung (§§ 387 ff. BGB – SchuldR AT, Rn 188 ff.)
7. Erlass (§ 397 BGB – SchuldR AT, Rn 233 ff.)
8. Änderungsvertrag/Aufhebungsvertrag (§ 311 I BGB – SchuldR AT, Rn 240 ff.)
9. Novation/Konfusion (SchuldR AT, Rn 243 ff.)
10. Rücktritt (§§ 346 ff. BGB – SchuldR AT, Rn 442 ff.)
11. Widerruf, insb. nach Verbraucherschutzvorschriften (§ 355 BGB, auf den etwa in § 312g I verwiesen wird – SchuldR AT, Rn 968 ff.)
12. Gläubiger- und Schuldnerwechsel (Abtretung, §§ 398 ff. BGB; Schuldübernahme, §§ 414 ff. BGB; gesetzl. Forderungsübergang, § 412 BGB – SchuldR AT, Rn 247)
13. Störung der Geschäftsgrundlage (§ 313 III BGB – der sich daraus ergebende Rücktritt ist aber nur letztes Mittel der Konfliktlösung – SchuldR AT, Rn 785 ff.)
14. Unredlicher Erwerb einer eigenen Rechtsstellung (§ 242 BGB – SchuldR AT, Rn 65 ff./116)

**III. Anspruch durchsetzbar (rechts<u>hemmende</u> Einwendungen)?**

1. Leistungsverweigerungsrechte aus § 275 II, III BGB (SchuldR AT, Rn 394 ff.)
2. Ausschluss der Nacherfüllungspflicht nach § 439 IV BGB (SchuldR AT, Rn 702)
3. Verjährung (§§ 214 ff. BGB)
4. Zurückbehaltungsrecht (§ 273 BGB – SchuldR AT, Rn 332 ff.)
5. Nichterfüllter Vertrag (§ 320 BGB – SchuldR AT, Rn 352 ff.)

# V. Übungsfall zum Zusammenspiel der Rechtsinstitute des BGB

**1630**  **Sachverhalt:** Jurastudent Willi hat sich von seiner Kommilitonin Emelie deren *Schmidt, BGB Allgemeiner Teil* geliehen, um sich – wie er sagt – für die nächste BGB-Klausur vorzubereiten. Doch weil er lieber ins Kino gehen möchte, veräußert er das Buch an den wissbegierigen Kommilitonen Konrad für 10,- €. Objektiv war das Buch jedoch aufgrund nur geringer Gebrauchsspuren noch 14,- € wert.

Als E am nächsten Tag zufällig bei K ihren *Schmidt* sieht, erfährt sie den Sachverhalt und überlegt, ob sie das Buch nicht herausverlangen soll. Da sie andererseits aufgrund der Lektüre des Buches die Klausur bereits mit 14 Punkten bestanden hat, wäre sie auch dem Verkaufserlös gegenüber nicht abgeneigt. K verweigert die Herausgabe des Buches, weil er meint, dieses gehöre nun ihm. Dagegen sieht W zwar ein, dass das mit dem Buch nicht in Ordnung war, meint aber, E stünden lediglich 10,- € zu.

Wie ist die Rechtslage?

**Vorbemerkung:** Lautet wie vorliegend die Fallfrage „Wie ist die Rechtslage", empfiehlt sich folgende Vorgehensweise:

I. Gliederung des Sachverhalts in **Zweipersonenverhältnisse**
II. Auffinden der jeweiligen **Anspruchsziele**
III. Suche nach den geeigneten **Anspruchsgrundlagen**
IV. **Prüfung** der **Ansprüche**

Vorliegend sollte gemäß der Interessenlage (das Buch befindet sich bei K) mit Ansprüchen E gegen K begonnen werden. Erst dann sollten Ansprüche E gegen W, und schließlich (soweit überhaupt in Betracht kommend) Ansprüche K gegen W geprüft werden.

## Lösungsgesichtspunkte:

### 1. Ansprüche E gegen K

### a. Herausgabeanspruch aus § 604 IV BGB bzw. § 985 BGB

Eigene vertragliche Ansprüche der E gegen K bestehen nicht, da keine vertragliche Beziehung vorliegt.

In Betracht kommt aber ein Anspruch auf Herausgabe des Buches gem. **§ 604 IV BGB**. Ein Leihvertrag (§§ 598 ff. BGB) zwischen E und W liegt vor. Des Weiteren ist Voraussetzung, dass W das Buch dem K „überlassen" hat. W hat das Buch an K veräußert. Ob auch eine Veräußerung ein „Überlassen" i.S.d. § 604 IV BGB ist, kann dahinstehen, wenn dem Herausgabeanspruch der E die Gutgläubigkeit des K entgegensteht. Glaubt der Erwerber einer beweglichen Sache, diese stehe im Eigentum des (tatsächlich nichtberechtigten) Veräußerers, erwirbt er – sofern er nicht grob fahrlässig die Eigentumsverhältnisse verkennt – Eigentum daran, §§ 929 S. 1, 932 BGB. Der bisherige Rechtsinhaber verliert also sein Eigentum. Vorliegend hat W dem K das Buch verkauft (§ 433 BGB) und ihm übereignet (§ 929 S. 1 BGB). Zwar war er zu diesen Geschäften nicht befugt, aufgrund der Regelung des § 932 BGB konnte K gleichwohl Eigentum an dem Buch erwerben, wenn er an die Eigentümerstellung des W glaubte. Davon ist auszugehen. E kann das Buch daher weder nach § 604 IV BGB noch nach **§ 985 BGB** herausverlangen (E ist – wie gesagt – wegen der wirksamen Übereignung keine Eigentümerin mehr und K hat aufgrund des Gutglaubenserwerbs ein Recht zum Besitz). Etwas anderes hätte nur dann gegolten, wenn das Buch gestohlen oder sonst wie abhandengekommen wäre (§ 935 BGB). Doch das ist nicht der Fall. E hatte das Buch freiwillig weggegeben, wenn auch nur vorübergehend im Rahmen einer Leihe.

### b. Herausgabeanspruch aus § 1007 BGB

Zwar ist stets auch an einen petitorischen Herausgabeanspruch aus **§ 1007 BGB** zu denken, doch vorliegend war K beim Erwerb des Besitzes zum einen in gutem Glauben (§ 1007 I BGB i.V.m. § 932 BGB) und zum anderen war das Buch auch nicht abhandengekommen (§ 1007 II BGB i.V.m. § 935 BGB).

### c. Herausgabeanspruch aus § 869 BGB i.V.m. § 861 BGB

Auch ein possessorischer Herausgabeanspruch aus **§ 869 BGB i.V.m. § 861 BGB** liegt nicht vor, weil K den Besitz am Buch nicht durch verbotene Eigenmacht erlangt, sondern von W im Rahmen eines Kaufvertrags freiwillig übergeben bekommen hat.

### d. Herausgabeanspruch aus § 816 I S. 2 BGB

Möglicherweise hat E jedoch einen Herausgabeanspruch aus **§ 816 I S. 2 BGB**. Jedenfalls steht der Anwendung dieser Vorschrift nicht der Gutglaubenserwerb auf Seiten des K entgegen, da bei § 816 I S. 2 BGB das Eigentum aufgrund der Unentgeltlichkeit des Erwerbs kondizierbar ist (Schwäche des unentgeltlichen Erwerbs). Auf seiner Tatbestandsseite setzt § 816 I S. 2 BGB zunächst eine wirksame Verfügung eines Nichtberechtigten voraus. W war nichtberechtigt; auch war seine Verfügung gegenüber E wirksam, weil K wegen § 932 BGB Eigentum an dem Buch erwerben konnte. Im Gegensatz zu § 816 I S. 1 BGB tritt an die Stelle der Entgeltlichkeit aber die Unentgeltlichkeit der Verfügung (d.h. des Kausalgeschäfts). Vorliegend bestand eine Unentgeltlichkeit jedenfalls hinsichtlich des Differenzbetrags von 4,- €. Hinsichtlich des überwiegenden Teils des Geschäfts bestand jedoch eine Gegenleistung, nämlich die Zahlung von 10,- €. Allein aufgrund dieses Unterschieds kann kaum von einer Unentgeltlichkeit des Geschäfts zwischen W und K ausgegangen werden. Zudem ging auch der Parteiwille kaum von einer gemischten Schenkung aus. E hat daher auch aus § 816 I S. 2 BGB keinen Herausgabeanspruch.

### e. Ergebnis zu 1:

E hat gegen K keine Ansprüche.

### 2. Ansprüche E gegen W

### a. Schadensersatzanspruch aus §§ 604, 275 I, 280 I, 283 BGB

Gegen W könnte E einen Anspruch auf Schadensersatz unter dem Gesichtspunkt der Verletzung der Pflichten aus dem Leihvertrag haben (**§§ 604, 275 I, 280 I, 283 BGB**). Ein wirksamer Leihvertrag liegt vor. Auch ist W die Rückgabe des Buches aufgrund des gutgläubigen

Erwerbs auf Seiten des K unmöglich geworden. Diese Pflichtverletzung in Form der Unmöglichkeit hat W auch zu vertreten (vgl. § 280 I S. 2 BGB). W hat der E daher Schadensersatz i.H.v. 14,- € zu leisten.

### b. Schadensersatz aus §§ 687 II i.V.m. 678 BGB

Möglicherweise hat E auch einen Schadensersatzanspruch wegen angemaßter Eigengeschäftsführung (**§§ 687 II i.V.m. 678 BGB**). Bei dieser behandelt der Geschäftsführer ein fremdes Geschäft als eigenes, obwohl er weiß, dass er dazu nicht berechtigt ist. Er maßt sich die Geschäftsführung an. Vorliegend hat W in seinem Namen und unter Vortäuschung, Eigentümer zu sein, das Buch an K veräußert. Dieses Geschäft stand ihm nicht zu. Er hat daher unter dem Aspekt des Übernahmeverschuldens der E Schadensersatz zu leisten. Die Höhe beträgt ebenfalls 14,- €.

### c. Herausgabeanspruch aus §§ 687 II i.V.m. 681 S. 2 i.V.m. 667 BGB

E könnte gegen W auch einen Anspruch auf Herausgabe des durch die angemaßte Geschäftsführung Erlangten haben (**§§ 687 II i.V.m. 681 S. 2 i.V.m. 667 BGB**). W hat etwas erlangt, nämlich einen Kaufpreis von 10,- €. Diesen Kaufpreis hat er auch im Rahmen einer angemaßten Geschäftsführung erhalten. Aufgrund des Verweises auf § 667 BGB muss er der E diesen Kaufpreis herausgeben.

### d. Schadensersatzanspruch aus §§ 990 I, 989 BGB

Möglicherweise hat E auch einen Schadensersatzanspruch aus **§§ 990 I, 989 BGB**. Dazu müsste zunächst ein EBV vorliegen. Dies setzt eine Vindikationslage im Zeitpunkt der Verletzungshandlung voraus. E müsste im Zeitpunkt der Veräußerung des Buches an K also Eigentümerin gewesen sein und W hätte in diesem Zeitpunkt kein Recht zum Besitz haben dürfen. W hatte jedoch aufgrund des Leihvertrags ein Recht zum Besitz. Dass er dabei lediglich zum Besitz und nicht zur Veräußerung berechtigt war (sog. nicht-so-Berechtigter), ändert daran nichts. E hat also keinen Schadensersatzanspruch aus §§ 990 I, 989 BGB.

### e. Herausgabeanspruch aus § 816 I S. 1 BGB

Fraglich ist, ob E einen Herausgabeanspruch aus **§ 816 I S. 1 BGB** hat. Dazu müsste W als Nichtberechtigter eine gegenüber E wirksame Verfügung getroffen haben.

W war zur Veräußerung (= Verfügung) nicht berechtigt, da er das Buch lediglich geliehen hatte (§ 598 BGB) und von E auch nicht zur Veräußerung ermächtigt wurde (§ 185 I BGB). Da K gutgläubig hinsichtlich der Eigentumsverhältnisse war (er durfte berechtigterweise davon ausgehen, W sei Eigentümer des Buches), konnte er gem. §§ 929 S. 1, 932 BGB Eigentum an dem Buch erwerben (s.o.). E kann also nicht von K gem. § 985 BGB das Buch vindizieren. Die Verfügung des W ist mithin wirksam. Da der Gutglaubensschutz im Hinblick auf § 816 I S. 1 BGB (aber auch mit Blick auf § 812 I S. 1 Var. 2 BGB, nicht aber hinsichtlich § 816 I S. 2 BGB) kondiktionsfest ist, kann E von K Eigentum und Besitz am Buch auch nicht kondizieren. Um den Eigentumsverlust zumindest zu mildern, kann E von W gem. § 816 I S. 1 BGB den erlangten Kaufpreis (also 10,- €) kondizieren.

### f. Schadensersatz aus § 823 I BGB, § 823 II BGB i.V.m. § 246 StGB, § 826 BGB

Selbstverständlich ist W der E auch zum Schadensersatz wegen unerlaubter Handlung verpflichtet. Die Voraussetzungen der genannten Vorschriften liegen vor. Die Höhe des Anspruchs beträgt 14,- €.

### g. Ergebnis zu 2:

E hat gegen W einen Anspruch auf Herausgabe des von K erlangten Kaufpreises i.H.v. 10,- € aus §§ 687 II i.V.m. 681 S. 2 i.V.m. 667 BGB und aus § 816 I S. 1 BGB. Daneben hat sie einen Anspruch auf Schadensersatz i.H.v. 14,- € aus §§ 604, 275 I, 280 I, 283 BGB, aus §§ 687 II i.V.m. 678 BGB und aus §§ 823 I BGB, 823 II BGB i.V.m. 246 StGB, 826 BGB.

# Sachverzeichnis

　　Ziffer = Randnummer

Ziffer = Randnummer

Ziffer = Randnummer

Sehr geehrte Leserinnen und Leser,

an dieser Stelle möchte ich hinweisen auf die auf meiner Internetseite verlag-rolf-schmidt.de präsentierten aktuellen Entwicklungen in Form von Urteilsanmerkungen. Für den Bereich Zivilrecht sind u.a. folgende Entscheidungen aufbereitet:

## 18.11.2018: Zur Frage, ob die Ehefrau der Kindsmutter (allein) aufgrund der Ehe Mitelternteil des Kindes wird

BGH, Beschluss v. 10.10.2018 – XII ZB 231/18

Mit Beschluss v. 10.10.2018 hat der XII. Zivilsenat des BGH (XII ZB 231/18) über die Frage entschieden, ob die Ehefrau der das Kind gebärenden Mutter (allein) aufgrund der bestehenden Ehe als weiterer Elternteil des Kindes in das Geburtenregister einzutragen ist. Er hat dies verneint, weil die bei verschiedengeschlechtlichen Ehepaaren geltende Abstammungsregelung des § 1592 Nr. 1 BGB bei gleichgeschlechtlichen Ehepaaren nicht gelte und auch eine analoge Anwendung der Vorschrift nicht in Betracht komme. Ob der Beschluss überzeugt, soll im Folgenden untersucht werden.

**Ausgangslage:** Nach der Legaldefinition in § 1591 BGB ist Mutter die Frau, die das Kind geboren hat. Die Vorschrift knüpft damit an den Grundsatz: "mater semper certa est" (sinngemäß: die Mutter ist immer gewiss) an, der auch in Zeiten von Eizellspende und Leihmutterschaft die Geburt als äußeres Beweiszeichen ansieht. Bei der Vaterschaft fehlt es an einem solchen sicheren Beweiszeichen. Denn die Geburt als äußeres Beweiszeichen für die Mutterschaft sagt nichts über die Vaterschaft aus. Eine (automatische) Zuordnung zum genetischen Vater hat die Rechtsordnung nicht vorgenommen. Die Vaterschaft muss daher juristisch bestimmt werden. Regelungen treffen die §§ 1592-1600d BGB. Ausgangslage ist § 1592 BGB, der drei Zurechnungsgründe nennt. Danach ist Vater eines Kindes,

- wer zum Zeitpunkt der Geburt mit der Mutter des Kindes verheiratet ist (Nr. 1),
- wer die Vaterschaft anerkannt hat (Nr. 2) oder
- dessen Vaterschaft nach § 1600d BGB gerichtlich festgestellt ist (Nr. 3).

Gemäß § 1592 Nr. 1 BGB ist Vater eines Kindes, wer im Zeitpunkt der Geburt mit der Mutter des Kindes verheiratet ist oder war. Bei dieser Regelung handelt es sich um eine gesetzliche Vermutung der Vaterschaft des Ehemanns, die immer dann eingreift, wenn im Zeitpunkt der Geburt des Kindes eine Ehe mit der Mutter bestanden hat. Mit dieser Regelung greift der Gesetzgeber den römischen Rechtsgrundsatz: "pater est, quem nuptiae Demonstrant" (Vater ist, wer durch die Heirat als solcher erwiesen ist) auf, um den Status des während der Ehe geborenen Kindes auf eine verlässliche Grundlage zu stellen: Unabhängig davon, wer aus biologischer (d.h. genetischer) Sicht Vater ist, gilt juristisch als Vater, wer zum Zeitpunkt der Geburt mit der Mutter verheiratet ist (siehe R. Schmidt, Familienrecht, 10. Auflage 2018, Rn. 469).

Für gleichgeschlechtliche Ehepartner (hier: die Ehefrau der Kindsmutter) greift § 1592 Nr. 1 BGB ausweislich seines Wortlauts jedenfalls nicht direkt, was die Frage nach einer analogen Anwendung aufwirft. Diese Frage war Gegenstand der BGH-Entscheidung, der folgender Sachverhalt zugrunde lag (leicht abgewandelt, um das Problem zu fokussieren): Die Kindsmutter und die Antragstellerin (deren heutige Ehefrau) lebten seit Mai 2014 in einer eingetragenen Lebenspartnerschaft. Nach Einführung der "Ehe für alle" (siehe dazu ausführlich R. Schmidt, Familienrecht, 10. Auflage 2018, Rn. 20a ff.) schlossen sie am 12.10.2017 durch Umwandlung dieser Lebenspartnerschaft die Ehe. Am 3.11.2017 wurde das Kind geboren, das aufgrund gemeinsamen Entschlusses der beiden Frauen durch medizinisch assistierte künstliche Befruchtung mit Spendersamen einer Samenbank gezeugt worden war. Im Geburtenregister wurde die Mutter eingetragen, nicht aber ihre Ehefrau als weiterer Elternteil. Diese beantragte daraufhin beim Standesamt, den Geburtseintrag dahingehend zu berichtigen, dass sie als weitere Mutter aufgeführt werde. Der Antrag blieb jedoch erfolglos. Daraufhin erhob die Ehefrau Klage beim Familiengericht. Dieses gab der Klage statt und wies den Standesbeamten an, sie "als weiteren Elternteil bzw. als weitere Mutter" einzutragen. Auf die hiergegen vom Standesamt und der Standesamtsaufsicht eingelegten Beschwerden hat das Oberlandesgericht den familiengerichtlichen Beschluss aufgehoben und den Antrag der Ehefrau zurückgewiesen. Die dagegen erhobene Rechtsbeschwerde der Antragstellerin vor dem BGH blieb ebenfalls erfolglos.

Die **Entscheidung** des BGH: Der BGH hat entschieden, dass die Ehefrau der Kindsmutter nicht mit der Geburt rechtlicher Elternteil des Kindes geworden sei. Die allein in Betracht zu ziehende Elternstellung gemäß oder entsprechend § 1592 Nr. 1 BGB scheide aus, weil diese Vorschrift weder unmittelbar noch analog auf die Ehe zweier Frauen anwendbar sei. Mit dem am 1.10.2017 in Kraft getretenen Gesetz zur Einführung des Rechts auf Eheschließung für Personen gleichen Geschlechts vom 20.7.2017 ("Ehe für alle") habe der Gesetzgeber zwar die gleichgeschlechtliche Ehe eingeführt, jedoch das Abstammungsrecht (noch) nicht geändert. Die direkte Anwendung des § 1592 Nr. 1 BGB komme bereits deshalb nicht in Betracht, weil die Norm nach ihrem klaren Wortlaut allein die Vaterschaft regele und diese aufgrund einer widerlegbaren Vermutung einem bestimmten Mann zuweise. Die Abstammungsregeln der §§ 1591 ff. BGB hätten nach wie vor die Eltern-Kind-Zuordnung zu einer Mutter und einem Vater zum Gegenstand. Das Gesetz nehme ausgehend davon, dass ein Kind einen männlichen und einen weiblichen Elternteil habe, eine Zuordnung des Kindes zu zwei Elternteilen unterschiedlichen Geschlechts vor. Die Vorschrift sei auch nicht entsprechend (d.h. analog) anwendbar, weil die Voraussetzungen für eine Analogie nicht vorlägen. Das Gesetz weise schon keine planwidrige Regelungslücke zu der Frage einer Mitelternschaft bei gleichgeschlechtlichen Ehepaaren auf. Zwar sei richtig, dass der Gesetzgeber mit der "Ehe für alle" bestehende Diskriminierungen von gleichgeschlechtlichen Lebenspartnern und von Menschen aufgrund ihrer sexuellen Identität habe beenden und hierzu rechtliche Regelungen, die gleichgeschlechtliche Lebenspartnerschaften schlechterstellen, habe beseitigen wollen. Er habe aber bislang von einer Reform des Abstammungsrechts bewusst Abstand genommen, wie der Umstand belege, dass das Bundesministerium der Justiz und für Verbraucherschutz einen Arbeitskreis eingesetzt habe, der eine umfassende Reform des Abstammungsrechts habe vorbereiten sollen und sich dabei auch intensiv mit der Frage gleichgeschlechtlicher Elternschaft befasst habe. Dieser habe seinen Abschlussbericht am 4.7.2017 und damit wenige Tage vor Erlass des Gesetzes zur "Ehe für alle" vorgelegt, sodass der Bericht nicht mehr in das Gesetz zur Neuregelung der Ehe vom 20.7.2017 habe einfließen können. Daneben fehle es auch an der für eine entsprechende Anwendung erforderlichen Vergleichbarkeit der gleichgeschlechtlichen Ehe zweier Frauen mit der von § 1592 Nr. 1 BGB geregelten Elternschaft des mit der Kindsmutter verheirateten Mannes. Denn die Vaterschaft kraft Ehe beruhe darauf, dass diese rechtliche Eltern-Kind-Zuordnung auch die tatsächliche Abstammung regelmäßig abbilde. Die der gesetzlichen Regelung zugrunde liegende widerlegbare Vermutung der Vaterschaft sei für die mit der Kindsmutter verheiratete Frau dagegen keinesfalls begründet.

Die bestehende Rechtslage verstoße auch nicht gegen das Grundgesetz oder die Europäische Menschenrechtskonvention (EMRK). Insbesondere stelle es keine (ungerechtfertigte) Ungleichbehandlung i.S.v. Art. 3 I GG dar, dass die Ehefrau der Kindsmutter anders als ein Ehemann nicht allein aufgrund der bei Geburt bestehenden Ehe von Gesetzes wegen rechtlicher Elternteil des Kindes sei. Vielmehr sei die Situation insoweit verschieden, als die Ehefrau rein biologisch nicht leiblicher Elternteil des Kindes sein könne. Dieser Unterschied rechtfertige die im Rahmen des Abstammungsrechts nach wie vor bestehende abweichende Behandlung von gleich- und verschiedengeschlechtlichen Ehepaaren und deren Kindern. Der Ehefrau einer Kindsmutter bleibe daher jedenfalls bis zu einer gesetzlichen Neuregelung nur die Möglichkeit einer Adoption nach § 1741 II S. 3 BGB, um in die rechtliche Elternstellung zu gelangen.

**Bewertung:** Handelt es sich bei den Ehepartnern um zwei Frauen und gebärt eine der beiden Frauen (durch natürliche oder künstliche Befruchtung) ein Kind, stellt sich - wie der BGH zu Recht aufzeigt - die Frage nach dem Verwandtschaftsverhältnis des Kindes zur Ehepartnerin der Mutter. § 1592 Nr. 1 BGB greift jedenfalls nicht direkt, da die Vorschrift allein die Vaterschaft regelt und die Ehefrau der Mutter nicht "Vater" sein kann. Eine analoge Anwendung lehnt der BGH - wie aufzeigt - ab. Folgt man dem, wäre mit dem BGH tatsächlich nur an eine Adoption zu denken, wobei aber jedenfalls weder eine Einzeladoption noch eine Stiefkind- oder Sukzessivadoption in Betracht kommen:

- Während eine Einzeladoption nur unverheirateten Personen möglich ist (§ 1741 II S. 1 BGB), muss für eine Stiefkindadoption der eine Ehegatte bereits zum Zeitpunkt der Eheschließung leiblicher Vater/leibliche Mutter eines Kindes sein, das dann der andere, adoptionswillige Ehegatte annehmen kann (§§ 1741 II S. 3, 1749 I S. 1 BGB – dazu R. Schmidt, Familienrecht, 10. Auflage 2018, Rn. 597). Die Annahme eines nach der Eheschließung geborenen Kindes ist danach also - entgegen dem BGH - nicht möglich. Denn § 1741 II S. 3 BGB knüpft - wie aufzeigt - an den Umstand an, dass der Ehepartner des Adoptivwilligen bereits vor der Eheschließung leiblicher Elternteil war. § 1741 II S. 3 BGB passt also schlicht nicht für die vorliegende Konstellation (a.A. der BGH).
- Es scheidet aber auch eine Sukzessivadoption aus: Zum einen betrifft sie nur den Fall, dass der Ehegatte das bereits zuvor vom anderen Ehegatten adoptierte Kind annimmt, und zum anderen muss das vom anderen Ehegatten adoptierte Kind bereits vor der Eheschließung angenommen worden sein, wie sich aus § 1742 BGB ergibt – dazu ebenfalls R. Schmidt, Familienrecht, 10. Auflage 2018, Rn. 597). Nichts von dem trifft auf die vorliegende Konstellation zu.

Selbst wenn man die vom BGH für möglich gehaltene Adoption nach § 1741 II S. 3 BGB in Erwägung zieht, ist Voraussetzung, dass das (sozial zu verstehende) Eltern-Kind-Verhältnis zwischen dem Annehmenden und dem Kind entweder bereits besteht oder die ernsthafte Aussicht seiner Entstehung vorhanden ist. Das darüber entscheidende Familiengericht darf die Annahme erst aussprechen, wenn nach seiner Überzeugung diese Voraussetzungen feststehen (BT-Drs. 7/5087, S. 9). Um Fehlentscheidungen zu vermeiden, soll die Annahme als Kind i.d.R. erst ausgesprochen werden, wenn der Annehmende das Kind eine angemessene Zeit in Pflege gehabt hat (§ 1744 BGB). Weiterhin muss das Gericht bei seiner Entscheidung über das Vorliegen der Adoptionsvoraussetzungen alle (sonstigen) wesentlichen Umstände berücksichtigen. Dazu gehört insbesondere die Eignung des Bewerbers. Zu berücksichtigen sind: Alter und körperliche Leistungsfähigkeit, seelische Belastbarkeit, Charakter, Wohnungs- und Vermögensverhältnisse, berufliche und gesellschaftliche Stellung, Erziehungsfähigkeit und -willigkeit, Vorhandensein weiterer Kinder, Intaktheit der Ehe und sonstige (besondere) Eigenschaften.

Auf das alles kommt es aber nicht an, wenn ein Fall des § 1592 Nr. 1 BGB vorliegt. Denn dann besteht eine Elternschaft kraft Gesetzes ohne weitere Voraussetzungen. Eine direkte Anwendung kommt - wie aufzeigt - allerdings nicht in Betracht, da die Ehefrau der Kindsmutter nicht Vater sein kann. Daher ist an eine **analoge Anwendung des § 1592 Nr. 1 BGB** zu denken (siehe bereits R. Schmidt, Familienrecht, 9. Auflage 2018, Rn. 462o und nunmehr auch BGH 10.10.2018 - XII ZB 231/18). Dazu müssten die Voraussetzungen einer Analogie vorliegen. Diese sind:

- Bestehen einer Regelungslücke (d.h. einer Unvollständigkeit im Gesetz),
- Bestehen einer Interessenlage, die es gebietet, die Lücke bzw. Unvollständigkeit i.S. der vorhandenen Regelung zu schließen (Interessengleichheit),
- Planwidrigkeit der Regelungslücke (d.h. eine versehentliche Unvollständigkeit im Gesetz)

(vgl. dazu auch BGHZ 105, 140, 143; 120, 239, 251 f.; 149, 165, 174; BGH NJW 2003, 1932, 1933; NJW 2016, 2502, 2503; ferner Koch, NJW 2016, 2461, 2463; Kuhn, JuS 2016, 104; R. Schmidt, BGB AT, 17. Auflage 2018, Rn. 40).

Eine **Regelungslücke** besteht. Auch das Gesetz zur Einführung des Rechts auf Eheschließung für Personen gleichen Geschlechts v. 20.7.2017 hat die vorliegende Konstellation nicht erfasst. Insoweit ist dem BGH Recht zu geben. Anders als der BGH meint, besteht jedoch durchaus eine **Interessenlage**, die es gebietet, die Lücke bzw. Unvollständigkeit i.S. der vorhandenen Regelung (hier: § 1592 Nr. 1 BGB) zu schließen. Denn lässt man die Ehe zwischen zwei Menschen gleichen Geschlechts (hier: zwei Frauen) zu und gebärt eine der beiden Frauen während der Ehe ein Kind, gebieten es sowohl die Interessen der Ehepartner als auch die des Kindes, dass eine juristische Elternschaft zu beiden Elternteilen unter denselben Voraussetzungen besteht, wie das bei einer Vaterschaft gem. § 1592 Nr. 1 BGB der Fall wäre. Der vom BGH vorgenommene Verweis auf die Adoptionsmöglichkeit nach § 1741 II S. 3 BGB (falls eine solche überhaupt besteht, s.o.) erscheint angesichts des zum Zeitpunkt der Geburt bereits bestehenden Eheverhältnisses zur Kindsmutter für die Beteiligten nicht zumutbar. Die Interessenlage ist dieselbe wie bei heterosexuellen Ehepaaren. Schließlich ist die vorhandene Regelungslücke auch **planwidrig**. Insbesondere ergeben sich aus der Gesetzesbegründung (BT-Drs. 18/6665, S. 7 f.) keine Hinweise darauf, dass der Gesetzgeber der Ehefrau der Kindsmutter bewusst die Elternschaft verwehren wollte. Selbst wenn man mit dem BGH ein plangemäßes Unterlassen (d.h. einen absichtsvollen Regelungsverzicht) annimmt, ist dem mit Blick auf den übergeordneten Verfassungskreis keine Beachtung zu schenken. Es stellt nicht nur eine Verletzung des Elternrechts aus Art. 6 II GG dar, sondern auch eine Diskriminierung wegen des Geschlechts (siehe Art. 3 III S. 1 GG), wenn der Ehemann der Kindsmutter kraft Gesetzes Elternteil wird und die Ehefrau der Kindsmutter auf den (ungewissen) Adoptionsweg verwiesen wird. Und selbst wenn man den Adoptionsweg als einigermaßen risikolos betrachtet, so stellt doch allein die Auferlegung dieses Verfahrens eine Diskriminierung dar. Entgegen der Auffassung des BGH liegt daher auch ein Verstoß gegen das Recht auf Achtung des Familienlebens gem. Art. 8 I EMRK und das Diskriminierungsverbot gem. Art. 14 EMRK vor (siehe dazu auch EGMR NJW 2011, 1421). Nach EGMR NJW 2013, 2173 diskriminiert die fehlende Möglichkeit der Stiefkindadoption für gleichgeschlechtliche Paare in Österreich diese im Vergleich zu unverheirateten heterosexuellen Paaren und verstößt gegen Art. 14 i.V.m. Art. 8 EMRK. Ein Ausschluss von Stiefkindadoptionen bei gleichgeschlechtlichen Paaren zum Schutz der Familie im traditionellen Sinne oder zum Wohl des Kindes sei nicht notwendig. Daraus folgt, dass der EGMR durchaus geneigt ist, im Sinne gleichgeschlechtlicher Paare zu entscheiden.

**Fazit:** Liegen damit die Voraussetzungen für eine analoge Anwendung des § 1592 Nr. 1 BGB vor, wird die mit der Kindsmutter verheiratete Frau zum Zeitpunkt der Geburt juristische Mutter. Terminologisch kann man (in Anlehnung an das norwegische Recht) von "Mitmutter" sprechen.

Von der Zulässigkeit (und Gebotenheit) einer analogen Anwendung des § 1592 Nr. 1 BGB abgesehen, ist selbstverständlich der Gesetzgeber gefordert, das Versäumnis einer gesetzlichen Regelung auszugleichen und eine entsprechende Regelung nachzuholen. Diese könnte etwa durch eine Änderung des § 1591 BGB erfolgen und lauten (siehe bereits R. Schmidt, Familienrecht, 9. Auflage 2018, Rn. 462o):

§ 1591 Mutterschaft

Mutter eines Kindes ist die Frau, die es geboren hat. Mutter eines Kindes ist auch die Frau, die zum Zeitpunkt der Geburt mit der Mutter des Kindes verheiratet ist.

*R. Schmidt* (18.11.2018)

## 28.10.2018: Zum Anspruch eines Neuwagenkäufers auf Ersatzlieferung eines mangelfreien Fahrzeugs (keine Gestaltungswirkung der gewählten Nacherfüllungsart)

BGH, Urteil v. 24.10.2018 – VIII ZR 66/17

Mit Urteil v. 24.10.2018 hat der VIII. Zivilsenat des BGH (VIII ZR 66/17) über mehrere, bis dahin höchstrichterlich noch nicht geklärte Fragen im Zusammenhang mit dem Gewährleistungsanspruch des Käufers auf (Ersatz-)Lieferung einer mangelfreien Sache gem. § 437 Nr. 1, § 439 BGB entschieden. Insbesondere hat er entschieden, dem vom Käufer wegen eines Sachmangels geltend gemachten Anspruch auf Nacherfüllung (§ 437 Nr. 1 BGB) durch Ersatzlieferung einer mangelfreien Sache (§ 439 I Var. 2 BGB) stehe nicht entgegen, dass er zunächst die andere Art der Nacherfüllung, nämlich die Beseitigung des Mangels (§ 439 I Var. 1 BGB), verlangt hat. Denn die Ausübung des Nacherfüllungsanspruchs sei (anders als die Ausübung des Rücktritts- oder Minderungsrechts) gesetzlich nicht als bindende Gestaltungserklärung ausgeformt, sodass der Käufer nicht daran gehindert sei, von der zunächst gewählten Art der Nacherfüllung wieder Abstand zu nehmen und die andere Art der Nacherfüllung zu wählen.

Ob das Urteil überzeugt, soll im Folgenden untersucht werden.

**Ausgangslage:** Ist die Sache mangelbehaftet, tritt keine Erfüllungswirkung ein. Der Käufer hat einen Anspruch auf Nacherfüllung (§§ 437 Nr. 1, 439 I BGB). Sollte diese nicht möglich oder (für Verkäufer oder Käufer) unzumutbar sein, tritt an die Stelle der Nacherfüllung Minderung des Kaufpreises oder Rücktritt vom Vertrag (§ 437 Nr. 2 BGB). Schadensersatz (§ 437 Nr. 3 BGB) ist daneben ebenfalls möglich, sofern der Schaden nicht schon durch die Minderung oder den Rücktritt abgegolten ist. Diese Rechte setzen allesamt einen Sachmangel (gem. § 434 BGB) voraus (dazu später).

Das genannte Recht auf Nacherfüllung besteht wiederum aus zwei Varianten, der Lieferung einer mangelfreien Sache und der Beseitigung des Mangels (§§ 437 Nr. 1, 439 I BGB). Der Käufer hat ein Wahlrecht (vgl. § 439 I BGB: „…nach seiner Wahl"). Eine Beschränkung des Wahlrechts (etwa durch AGB) ist grds. unzulässig (vgl. § 309 Nr. 8 b) bb) BGB), weil eine solche die gesetzgeberische Entscheidung unterliefe. Der Käufer kann also grds. frei wählen, ob er die Sache repariert haben möchte oder lieber eine mangelfreie Nachlieferung gegen Tausch seiner (defekten) Sache haben möchte. Hat sich der Käufer für eine Form der Nacherfüllung (Reparatur oder Ersatz) entschieden, kann der Verkäufer nur dann die vom Käufer gewählte Art der Nacherfüllung ablehnen, wenn diese unmöglich ist oder nur mit unverhältnismäßig hohen Kosten zu leisten ist und angesichts der Interessen des Käufers sowie des Wertes der Kaufsache die andere Form der Nacherfüllung dem Käufer zumutbar ist. Fraglich ist allein, ob der Käufer an die von ihm gewählte Art der Nacherfüllung gebunden ist oder er nachträglich noch zur anderen Art wechseln kann. Diese Frage war Gegenstand der BGH-Entscheidung.

Dieser lag folgender **Sachverhalt** zugrunde (abgewandelt, um das Problem zu fokussieren): Im August 2018 hatte die K-GmbH, vertreten durch K, beim Autohaus A-GmbH, vertreten durch A, ein Neufahrzeug des Typs Sport Luxury als Dienstwagen erworben, das Anfang September geliefert wurde. Der Kaufpreis betrug 42.000 €. Das Fahrzeug ist mit einem Schaltgetriebe sowie einer Software ausgestattet, die bei drohender Überhitzung der Kupplung eine Warnmeldung einblendet. Ab Anfang Oktober zeigte das Multifunktionsdisplay mehrfach eine Warnmeldung, die den Fahrer aufforderte, das Fahrzeug vorsichtig anzuhalten, um die Kupplung (bis zu 45 Minuten) abkühlen zu lassen. Trotz mehrerer Werkstattaufenthalte ergab sich keine Besserung. A hat auch einen Mangel in Abrede gestellt. Man habe K mehrfach mitgeteilt, dass die Kupplung technisch einwandfrei sei und auch im Fahrbetrieb abkühlen könne; es sei deshalb nicht notwendig, das Fahrzeug anzuhalten, wenn die Warnmeldung der Kupplungsüberhitzungsanzeige erscheine. Nachdem diese

Warnmeldung auch anschließend aufgetreten war, stellte K Ende Oktober das Fahrzeug auf dem Betriebshof der A-GmbH ab und verlangte die Lieferung eines mangelfreien Ersatzfahrzeugs, was A mit dem Argument der Unverhältnismäßigkeit ablehnte. Zudem sei inzwischen ein Softwareupdate verfügbar, das man mittlerweile auch aufgespielt habe, wodurch der Mangel beseitigt worden sei.

**Lösung:** Der geltend gemachte Anspruch auf Nachlieferung könnte sich aus §§ 437 Nr. 1, 439 I Var. 2 BGB ergeben. Ein wirksamer Kaufvertrag, der Grundlage für Gewährleistungsrechte ist, liegt vor. Es müsste aber auch ein Sachmangel vorgelegen haben. Ganz allgemein gesprochen ist jede für den Käufer negative Abweichung des Ist-Zustands vom Soll-Zustand ein Sachmangel. Nach der gesetzlichen Systematik des § 434 BGB ist bei der Mangelfeststellung nach einer ganz bestimmten Stufenfolge vorzugehen. So ist nach § 434 I S. 1 BGB die Sache nur dann frei von Sachmängeln („Fehlern"), wenn sie bei Gefahrübergang die vereinbarte Beschaffenheit hat. Während unter „Gefahrübergang" der Zeitpunkt der Übergabe gem. § 446 BGB zu verstehen ist, bedeutet Beschaffenheitsvereinbarung die auf Vorstellungen der Parteien beruhende Vereinbarung über die Beschaffenheit oder den Verwendungszweck der gekauften Sache. Weicht die objektive Beschaffenheit von der vereinbarten ab, liegt ein Sachmangel vor (= subjektiver Fehlerbegriff). Bei einem Neuwagenkauf versteht es sich von selbst, dass der Käufer ein fabrikneues, ungenutztes und mangelfreies Fahrzeug erwarten kann. Die Kupplung selbst arbeitet vorliegend jedoch fehlerfrei. Insoweit liegt also kein Mangel vor. Allerdings gehört zur Beschaffenheit eines Neufahrzeugs auch, dass keine Falschmeldungen im Display erscheinen. Auch dahin geht die Beschaffenheitsvereinbarung hinsichtlich eines Neufahrzeugs. In jedem Fall aber greift § 434 I S. 2 Nr. 2 BGB, wonach eine Sache (nur dann) frei von Sachmängeln ist, wenn sie sich für die gewöhnliche Verwendung eignet und so beschaffen ist, wie dies bei gleichartigen Sachen üblich ist und wie der Käufer dies nach der Art der Sache erwarten kann. Der Käufer eines Neufahrzeugs darf erwarten, dass nur korrekte Warnmeldungen angezeigt werden. An dieser Beurteilung als Sachmangel ändert sich auch dann nichts – wie der BGH zu Recht formuliert –, wenn der Verkäufer dem Käufer mitteilt, es sei nicht notwendig, die irreführende Warnmeldung zu beachten. Denn wie aufgezeigt hat der Käufer eines Neufahrzeugs die berechtigte Erwartung, nur zutreffende Warnmeldungen zu erhalten. Dieser Mangel lag schließlich zum Zeitpunkt der Übergabe, also des Gefahrübergangs gem. § 446 BGB, vor.

Liegt danach ein Sachmangel vor, richten sich die Rechte des Käufers nach § 437 BGB. Der Käufer hat zunächst einen Anspruch auf Nacherfüllung. Dieser Anspruch besteht aus zwei Varianten, der Lieferung einer mangelfreien Sache und der Beseitigung des Mangels (§§ 437 Nr. 1, 439 I BGB). Hat sich der Käufer für eine Form der Nacherfüllung (Reparatur oder Ersatz) entschieden, kann der Verkäufer nur dann die vom Käufer gewählte Art der Nacherfüllung ablehnen, wenn diese unmöglich oder unzumutbar ist (siehe oben). Ob das vorliegend angenommen werden kann, braucht nicht entschieden zu werden, wenn bereits der Wechsel von der Nachbesserung zur Nachlieferung ausgeschlossen ist.

Fraglich ist daher, ob der Käufer an die von ihm gewählte Art der Nacherfüllung gebunden ist. Bezüglich des Rücktritts und der Minderung ist zunächst klar, dass ein Wechsel vom Rücktritt zur Minderung nicht möglich ist, da mit dem Rücktritt rechtsgestaltend ein Rückgewährschuldverhältnis eingeleitet wird. Was die Frage nach einem Wechsel vom bereits erklärten Minderungsrecht zum Rücktritt betrifft, hat der BGH entschieden, dass auch dies nicht möglich ist. Auch die mangelbedingte Minderung des Kaufpreises sei vom Gesetzgeber als Gestaltungsrecht ausgeformt worden. Mit der Ausübung des Minderungsrechts habe der Käufer von seinem Gestaltungsrecht Gebrauch gemacht. Der Käufer sei daher daran gehindert, hiervon wieder Abstand zu nehmen und stattdessen wegen desselben Mangels auf großen Schadensersatz überzugehen und unter diesem Gesichtspunkt Rückgängigmachung des Kaufvertrags zu verlangen (BGH 9.5.2018 – VIII ZR 26/17 unter Verweis auf BT-Drs. 14/6040, S. 221, 223, 234 f.). Da der große Schadensersatz wie der Rücktritt eine Rückabwicklung des Kaufvertrags zur Folge hat und damit ausscheidet, wenn der Käufer durch

Kaufpreisminderung das Äquivalenzinteresse wiederherstellen möchte, dürfte in Bezug auf das Verhältnis Minderung/Rücktritt nichts anderes gelten.

In Bezug auf die Nacherfüllung hat der BGH jedoch keine Gestaltungswirkung angenommen. Er hat entschieden, dem vom Käufer wegen eines Sachmangels geltend gemachten Anspruch auf Nacherfüllung (§ 437 Nr. 1 BGB) durch Ersatzlieferung einer mangelfreien Sache (§ 439 I Var. 2 BGB) stehe nicht entgegen, dass er zunächst die andere Art der Nacherfüllung, nämlich die Beseitigung des Mangels (§ 439 I Var. 1 BGB), verlangt hat. Denn die Ausübung des Nacherfüllungsanspruchs sei (anders als die Ausübung des Rücktritts- oder Minderungsrechts) gesetzlich nicht als bindende Gestaltungserklärung ausgeformt, sodass der Käufer nicht daran gehindert sei, von der zunächst gewählten Art der Nacherfüllung wieder Abstand zu nehmen und die andere Art zu wählen.

Folgt man dem, war also K nicht an seine ursprüngliche Wahl (Nachbesserung) gebunden und durfte nachträglich zur Nachlieferung wechseln. Damit ist jedoch noch nicht gesagt, dass der Anspruch auf Nachlieferung auch begründet ist. Denn gem. § 439 IV S. 1 BGB kann der Verkäufer – unbeschadet des § 275 II, III BGB – die vom Käufer gewählte Art der Nacherfüllung verweigern (Einrede des Verkäufers), wenn sie nur mit unverhältnismäßigen Kosten möglich ist. Genau dies macht A geltend, indem er meint, die von K gewählte Art der Nacherfüllung (Lieferung eines Ersatzfahrzeugs) würde im Vergleich zur anderen Art (Aufspielen eines Softwareupdates) unverhältnismäßige Kosten verursachen. Ob eine solche relative Unverhältnismäßigkeit besteht, ist aufgrund einer umfassenden Interessenabwägung und Würdigung aller maßgeblichen Umstände des konkreten Einzelfalls zu beurteilen (so der BGH). Dabei sind gem. § 439 IV S. 2 BGB insbesondere der Wert der Sache in mangelfreiem Zustand, die Bedeutung des Mangels und die Frage zu berücksichtigen, ob auf die andere Art der Nacherfüllung ohne erhebliche Nachteile für den Käufer zurückgegriffen werden könnte.

Dass die Kosten einer Ersatzlieferung (Lieferung eines Ersatzwagens) deutlich höher sind als die Kosten der Nachbesserung durch ein Softwareupdate, liegt auf der Hand. Jedoch hat der BGH die Auffassung des Berufungsgerichts bestätigt, dass dem Mangel erhebliche Bedeutung (§ 439 IV S. 2 BGB) zukomme, weil er die Gebrauchsfähigkeit des Fahrzeugs spürbar einschränke. Insoweit sei wiederum ohne Einfluss, dass A die Einblendung der irreführenden Warnmeldung durch das Aufspielen einer korrigierten Software beseitigt hat. Denn für die Beurteilung der relativen Unverhältnismäßigkeit der gewählten Art der Nacherfüllung sei grundsätzlich der Zeitpunkt des Zugangs des Nacherfüllungsverlangens maßgebend.

Allerdings hat der BGH zu Recht darauf hingewiesen, dass nach § 439 IV S. 2 BGB der Verkäufer die vom Käufer gewählte Art der Nacherfüllung durchaus verweigern darf, wenn die vom Verkäufer vorgenommene Beschränkung der Nacherfüllung keine erheblichen Nachteile für den Käufer mit sich bringt. Wenn vorliegend also der Mangel vollständig, nachhaltig und fachgerecht beseitigt werden kann, liegt in der Beschränkung der Nacherfüllung auf die Variante der Nachbesserung kein erheblicher Nachteil für K. Insofern hat der BGH die Sache zwecks Beweisaufnahme zurückverwiesen.

**Ergebnis:** Geht man davon aus, dass die Falschmeldung durch ein Softwareupdate tatsächlich behoben worden ist, war der Wechsel des K von der Nachbesserung zur Nachlieferung wegen relativer Unverhältnismäßigkeit für A ausgeschlossen. Der BGH-Entscheidung ist mithin zuzustimmen.

**Weiterführender Hinweis:** Ist damit höchstrichterlich geklärt, dass der Käufer von der zunächst gewählten Mangelbeseitigung wieder Abstand nehmen und zur Nachlieferung wechseln kann (das war die Konstellation der BGH-Entscheidung), stellt sich die Frage, ob das (zwingend) auch umgekehrt gilt, ob also der Käufer auch von der zunächst gewählten Nachlieferung Abstand nehmen und zur Mangelbeseitigung wechseln darf.

Dafür spricht die Formulierung des BGH: „...sodass der Käufer nicht daran gehindert ist, von der zunächst gewählten Art der Nacherfüllung wieder Abstand zu nehmen und die andere Art zu wählen". Nach dieser offenen Formulierung wäre ein Wechsel von der Nachlieferung zur Nachbesserung also möglich.

Dagegen spricht die der BGH-Entscheidung zugrunde liegende Fallkonstellation, in der es um einen Wechsel von der Nachbesserung zur Nachlieferung ging. Es ist daher ungewiss, ob der BGH einen Wechsel auch zugelassen hätte, wenn es um einen Wechsel von der Nachlieferung zur Nachbesserung gegangen wäre. Denn hier ist die Interessenlage durchaus anders, etwa, wenn der Verkäufer bereits eine Ersatzsache bestellt oder eingekauft hat und der Käufer es sich dann anders überlegt und plötzlich Nachbesserung verlangt.

Beispiel: K kauft im Elektronikfachmarkt des V einen neuen Laptop. Nach einigen Tagen tritt ein (irreparabler) Defekt am Bildschirm auf. K verlangt Nacherfüllung in Form der Nachlieferung. Dann aber wird ihm bewusst, dass der Transfer verschiedener nachträglich erworbener und installierter Programme auf einen neuen Laptop recht mühsam wäre. Daher entscheidet er sich um und verlangt nunmehr Nachbesserung, d.h. Austausch des Monitor-Bauteils.

Lösung: Unter Zugrundelegung der offenen BGH-Formulierung wäre es zulässig, wenn K von seiner ursprünglichen Wahl (Nachlieferung) „zurückträte" und nachträglich zur Nachbesserung wechselte. Dem könnte V dann lediglich die Unverhältnismäßigkeit gem. § 439 Abs. 4 S. 1 BGB entgegenhalten, wenn er bspw. ein Ersatzgerät bei seinem Lieferanten bestellt hätte und dieses nicht mehr ohne weiteres zurückgeben könnte.

*R. Schmidt* (28.10.2018)